KARL LARENZ

LEHRBUCH DES SCHULDRECHTS

II. BAND: BESONDERER TEIL

1. HALBBAND

LEHRBUCH DES SCHULDRECHTS

ZWEITER BAND
BESONDERER TEIL
1. HALBBAND

VON

DR. KARL LARENZ

EM. O. PROFESSOR
AN DER UNIVERSITÄT MÜNCHEN

Dreizehnte, völlig neubearbeitete Auflage

C. H. BECK'SCHE VERLAGSBUCHHANDLUNG
MÜNCHEN 1986

CIP-Kurztitelaufnahme der Deutschen Bibliothek

Larenz, Karl:
Lehrbuch des Schuldrechts / von Karl Larenz. –
München : Beck
Bd. 2. Besonderer Teil.
  Halbbd. 1. – 13., völlig neubearb. Aufl. – 1986.
  ISBN 3 406 09824 X

ISBN 3 406 09824 X

Druck der C. H. Beck'schen Buchdruckerei Nördlingen

Vorwort
zur dreizehnten Auflage

Seit dem Erscheinen der 12. Auflage hat die Rechtsprechung so wie auf kaum einem anderen Gebiete des Bürgerlichen Rechts die im Gesetz enthaltenen wie die von ihr selbst geschaffenen Regeln weiter ausdifferenziert, der Gesetzgeber ist nicht untätig geblieben, und durch das Erscheinen mehrerer Bände des von *Gernhuber* herausgegebenen Handbuchs des Schuldrechts wie auch der von dem Bundesminister der Justiz herausgegebenen „Gutachten und Vorschläge zur Überarbeitung des Schuldrechts" hat die wissenschaftliche Diskussion zahlreiche Anstöße erhalten. Die Neubearbeitung konnte sich daher weniger als je auf eine bloße „Fortschreibung" des bis dahin Erarbeiteten beschränken; vieles mußte überprüft und neu bedacht, die Darstellung an vielen Stellen erweitert oder schärfer gefaßt werden. Das wiederum machte eine erhebliche Vermehrung des Umfangs – allein in diesem Halbband um fast 100 Seiten – unvermeidlich. Ich habe mich daher nun doch dazu entschlossen, den 2. Band des Schuldrechtslehrbuchs in zwei Halbbänden erscheinen zu lassen. Da ich wegen meines vorgerückten Alters auf eine Arbeitsentlastung bedacht sein muß, habe ich mich ferner dazu entschlossen, nur noch den ersten Halbband selbst zu bearbeiten und den zweiten meinen bisherigen Mitarbeitern, den Herren Professoren Dr. Leenen und Dr. Prölss, ganz zu überlassen. Sie werden das Buch in der bisherigen Weise fortführen, aber auch neue Akzente setzen.

Was den dieses Mal noch von mir allein bearbeiteten ersten Halbband betrifft, so umfaßt er im wesentlichen die im BGB geregelten Schuldvertragstypen mit Ausnahme der Gesellschaft. Ich habe mich bemüht, trotz der weiter zunehmenden Stoffülle die Geschlossenheit der Darstellung und den Zusammenhang mit den im 1. Band dargestellten allgemeinen Lehren zu bewahren. Erweitert wurde die Darstellung vornehmlich bei der Miete, dem Darlehen, dem Werkvertrag und dem Reisevertrag. Neu eingefügt habe ich im Anschluß an das Recht des Auftrags (§ 676 BGB) einen Überblick über die nach dem heutigen Stand der Rechtsprechung und der Lehre bestehenden Möglichkeiten einer nichtdeliktischen Haftung für Auskünfte, Rat und Empfehlungen. Er fände aus systematischen Gründen seinen Platz wohl richtiger im 1. Band (im Anschluß etwa an den § 9 des Lehrbuchs), doch würden an dieser Stelle vielleicht manchem Leser noch einige der nötigen Voraussetzungen für das Verständnis fehlen; auch findet dieser Fragenbereich seinen Anknüpfungspunkt im Gesetz nun einmal im § 676. Freilich kann die Darstellung nur zeigen, wie weit man sich in diesem Bereich von der ursprünglichen Konzeption des Gesetzes entfernt hat. Das Landpachtgesetz mit seinen umfangreichen Änderungen des BGB konnte noch voll eingearbeitet

Vorwort

werden. Die durch dieses Gesetz aufgehobenen Vorschriften habe ich nicht mehr dargestellt, obgleich sie erst am 1. 7. 1986 außer Kraft treten werden; sie dürften für den Leser kaum noch von Interesse sein. Dagegen konnte ich das Gesetz über den Widerruf von Haustürgeschäften nur noch kurz erwähnen (im Anschluß an das Abzahlungsgesetz), da die Korrektur schon zu weit fortgeschritten war. Stärker berücksichtigt als in der Vorauflage habe ich nicht nur beim Kauf, sondern auch bei den anderen Vertragstypen die jeweils einschlägigen Bestimmungen des Gesetzes zur Regelung des Rechts der Allgemeinen Geschäftsbedingungen.

Soll das Lehrbuch weiterhin seine Aufgabe erfüllen, das geltende Recht und seine Erfassung in der Dogmatik, den systematischen Zusammenhang und die Interpretationsprobleme der Normen deutlich zu machen und zum Verständnis zu bringen, muß es sich auf diese Aufgabe beschränken und deshalb darauf verzichten, zu den Fragen einer – ,,großen" oder ,,kleinen" – Reform des Schuldrechts Stellung zu nehmen. Die dazu gemachten, zum Teil sehr detaillierten Vorschläge bedürfen einer eingehenden Diskussion; was daraus werden wird, ist noch nicht abzusehen. Nur soweit als die Reformdiskussion ein neues Licht auch auf das geltende Recht wirft, kann sie hier berücksichtigt werden.

Literatur und Rechtsprechung konnten etwa bis Ende Oktober, in einigen Fällen bis zum Ende des Jahres 1985 berücksichtigt werden.

München, im Februar 1986   Karl Larenz

Inhaltsübersicht

(Band I und II)

Erster Band

Einleitung. (Die Struktur des Schuldverhältnisses)

1. Teil. Das Schuldverhältnis

1. Kapitel. Die Begründung von Schuldverhältnissen durch Vertrag und durch geschäftlichen Kontakt
2. Kapitel. Die Rechte und Pflichten aus dem Schuldverhältnis
3. Kapitel. Das Erlöschen der Forderung und die Beendigung des Schuldverhältnisses
4. Kapitel. Pflichtverletzungen und Leistungshindernisse
5. Kapitel. Die Verpflichtung zum Schadensersatz
6. Kapitel. Rechtsnachfolge in Forderungen, Schulden und Schuldverhältnisse
7. Kapitel. Mehrheit der Berechtigten und Verpflichteten

Zweiter Band

2. Teil. Einzelne typische Schuldverhältnisse

1. Halbband:

Einleitung. Bedeutung der Schuldvertragstypen

1. Abschnitt. Schuldverhältnisse des Rechtsverkehrs
   1. Kapitel. Veräußerungsverträge, insbesondere Kauf
   2. Kapitel. Verträge über Gebrauchsüberlassung oder volle Nutzung auf Zeit (Miete, Pacht, Leihe, Darlehen)
   3. Kapitel. Tätigkeit im Dienste oder Interesse eines anderen (Dienstvertrag, Werkvertrag, Auftrag, Geschäftsführung ohne Auftrag, Verwahrung)

2. Halbband:
   4. Kapitel. Gesellschaft und schlichte Rechtsgemeinschaft
   5. Kapitel. Typengemischte Verträge und neue Vertragstypen des Rechtsverkehrs
   6. Kapitel. Sicherung und Bestärkung einer Schuld. Verbriefte Forderungen
2. Abschnitt. Schuldverhältnisse aus ungerechtfertigter Bereicherung
3. Abschnitt. Schuldverhältnisse aus zurechenbarer Schädigung
   1. Kapitel. Haftung für Unrecht (Unerlaubte Handlungen)
   2. Kapitel. Gefährdungshaftung und Haftung für erlaubte Eingriffe

Inhalt des 2. Bandes
1. Halbband

Verzeichnis der Abkürzungen XIII

Schrifttum zum Schuldrecht des BGB XVI

Zweiter Teil. Einzelne typische Schuldverhältnisse

Erster Abschnitt. Schuldverhältnisse des Rechtsverkehrs

§ 38. Einleitung. Bedeutung der Schuldvertragstypen 1

Erstes Kapitel. Veräußerungsverträge, insbesondere Kauf

§ 39. Der Kaufvertrag im allgemeinen 6
    I. Einleitung. Übersicht 6
    II. Kaufvertrag und Übereignung 10
        a) Die Trennung von Kaufvertrag und Übereignung im BGB – b) Die aus der Trennung sich ergebenden Folgerungen – c) Andere Gestaltungen – d) Rechtspolitische Würdigung

§ 40. Die Leistungspflicht des Verkäufers beim Sachkauf 22
    I. Der Inhalt der Leistungspflicht 22
        a) Die Pflicht zur Besitzverschaffung – b) Die Pflicht zur Rechtsverschaffung – c) Nebenpflichten
    II. Die Nichterfüllung der Leistungspflicht 27
        a) Die Folgen der Nichterfüllung im allgemeinen – b) Die Haftung wegen Rechtsmangels

§ 41. Die Haftung des Verkäufers für Sachmängel 35
    I. Voraussetzungen und Umfang der Mängelhaftung 36
        a) Die Haftung für Fehler – b) Die Haftung für zugesicherte Eigenschaften – c) Der maßgebende Zeitpunkt – d) Ausschluß der Mängelhaftung – e) Besondere Voraussetzungen beim Viehkauf
    II. Die Rechte des Käufers beim Stückkauf 51
        a) Wandlung – b) Minderung – c) Schadensersatz – d) Die Verjährung der Mängelansprüche – e) Das Verhältnis der Mängelansprüche zu den allgemeinen Vorschriften
    III. Die Rechte des Käufers beim Gattungskauf 77

§ 41 a. Die Haftung des Warenherstellers für Schäden durch fehlerhafte Produkte (Produzentenhaftung) 80

Inhalt 1. Halbband

§ 42. Die Pflichten des Käufers und die Preisgefahr 90

    I. Übersicht über die Pflichten des Käufers 90
        a) Die Preiszahlungspflicht – b) Die Abnahmepflicht – c) Sonstige Pflichten

    II. Der Übergang der Preisgefahr 95
        a) Der Gefahrübergang im Zeitpunkt der Übergabe – b) Früherer Gefahrübergang bei Grundstücken – c) Der Gefahrübergang beim Versendungskauf

§ 43. Die Sicherung des vorleistenden Verkäufers 104

    I. Die Rechtsstellung des vorleistenden Verkäufers im allgemeinen 104

    II. Der Eigentumsvorbehalt 106
        a) Die Begründung des Eigentumsvorbehalts – b) Schuldrechtliche Wirkungen des Eigentumsvorbehalts – c) Sachenrechtliche Wirkungen des Eigentumsvorbehalts – d) Grenzen der Wirksamkeit des Eigentumsvorbehalts – e) Erweiterungen des Eigentumsvorbehalts

§ 43a. Der Käuferschutz 127

    I. Der Käuferschutz beim Abzahlungskauf 127

    II. Der Käuferschutz durch das AGB-Gesetz 135

§ 44. Besondere Gestaltungen des Kaufs 142

    I. Kauf nach Probe, zur Probe und auf Probe 142

    II. Wiederkauf 146

    III. Vorkauf 150

    IV. Sonstige einseitige Bindungen (Vorvertrag, Vorhand, Optionsrecht) 155

§ 45. Der Kauf von Rechten und von sonstigen unkörperlichen Vermögensgegenständen 159

    I. Der Kauf von Rechten 159

    II. Der Kauf von Vermögensgesamtheiten, insbesondere eines Unternehmens 163
        a) Der Kauf eines Unternehmens – b) Der Erbschaftskauf

    III. Der Kauf sonstiger unkörperlicher Vermögensgegenstände 170

§ 45a. Das Sonderrecht der „Einheitlichen Kaufgesetze" für den internationalen Kauf beweglicher Sachen 172

    I. Zweck und Anwendungsbereich der Einheitlichen Kaufgesetze 172

    II. Die Regelung des Einheitlichen Gesetzes über den internationalen Kauf beweglicher Sachen 177
        a) Grundgedanken und Systematik des Gesetzes – b) Die Pflichten des Verkäufers – c) Die Pflichten des Käufers und das Synallagma – d) Vertragsaufhebung und Schadensersatz

§ 46. Der Tausch 194

§ 47. Die Schenkung 196

    I. Typus und rechtlicher Charakter der Schenkung 196

    II. Rechtsfolgen und Rechtsbeständigkeit der Schenkung 201

Inhalt 1. Halbband

a) Haftungsmaßstab – b) Folgen der Nichterfüllung des Schenkungsversprechens; Haftung für Sachmängel – c) Rechtsbeständigkeit der Schenkung

III. Schenkung unter Auflage 208

Zweites Kapitel. Verträge über Gebrauchsüberlassung oder volle Nutzung auf Zeit

§ 48. Die Miete 212

    I. Typus, Gegenstand, Abschluß 212

    II. Die Pflichten aus dem Mietverhältnis 218

        a) Die Pflichten des Vermieters – b) Die Pflichten des Mieters

    III. Das Gebrauchsrecht des Mieters 229

        a) Inhalt und Grenzen des Gebrauchsrechts – b) Die Rechte des Mieters bei Vorenthaltung oder Entzug des Gebrauchs und im Falle eines Mangels

    IV. Die Rechtsstellung des Mieters im Verhältnis zu Dritten 240

    V. Das Pfandrecht des Vermieters 249

    VI. Die Beendigung des Mietverhältnisses. Der Kündigungsschutz für Mieter von Wohnraum 254

        a) Das eingeschränkte Kündigungsrecht des Vermieters von Wohnraum, und die nachträgliche Erhöhung des Mietzinses – b) Die gesetzlichen Kündigungsfristen – c) Die außerordentliche fristlose Kündigung – d) Die Verlängerung des Mietverhältnisses – e) Die Fortsetzung des Mietverhältnisses über Wohnraum aufgrund der „Sozialklausel" – f) Eintritt von Familienangehörigen nach dem Tode des Mieters

    VII. Abwicklung und Verjährung 270

        a) Die Abwicklung des Mietverhältnisses – b) Die Verjährung der Ansprüche

§ 49. Die Pacht 278

    I. Typus. Allgemeine Regelung 278

    II. Das Recht der Landpacht 285

§ 50. Die Leihe 293

§ 51. Das Darlehen 296

    I. Die rechtliche Natur des Darlehens 296

    II. Der Darlehensvertrag 300

    III. Das Darlehensverhältnis und seine Beendigung 303

Drittes Kapitel. Tätigkeit im Dienste oder Interesse eines anderen

§ 52. Der Dienstvertrag 307

    I. Haupttypen und Abschluß 307

    II. Pflichten und Rechte aus dem Dienstverhältnis 315

        a) Die Pflicht zur Leistung der Dienste – b) Der Anspruch auf die Vergütung – c) Die Fürsorge- und die Treuepflicht – d) Haftungsbeschränkung bei schadensgeneigter Arbeit im Arbeitsverhältnis

Inhalt 1. Halbband

III. Die Beendigung des Dienstverhältnisses	331
a) Beendigungsgründe, Verlängerung – b) Beendigung durch normale Kündigung – c) Der Kündigungsschutz für Arbeitnehmer – d) Die außerordentliche Kündigung – e) Abwicklungsvorschriften. Nachwirkende Pflichten	
§ 53. Der Werkvertrag und ähnliche Verträge	341
I. Typus und Abschluß	341
II. Die Rechte des Bestellers	346
a) Die gesetzlichen Ansprüche des Bestellers wegen eines Mangels des Werkes und wegen nicht rechtzeitiger Herstellung – b) Der Anspruch aus positiver Vertragsverletzung wegen eines Mangelfolgeschadens – c) Die Rechte des Bestellers aus einer vom Unternehmer gegebenen Garantie	
III. Die Pflichten und Obliegenheiten des Bestellers	362
a) Vergütungspflicht, Abnahmepflicht und Gefahrtragung – b) Vergütungspflicht im Falle der Kündigung – c) Die Folgen unterlassener Mitwirkung – d) Die Fürsorgepflicht – e) Die Sicherung des Unternehmers	
IV. Der Werklieferungsvertrag	375
V. Der Reisevertrag	379
a) Vertragstypus und Regelungszweck – b) Die Haftung des Veranstalters für Mängel der Reise – c) Weitere Vorschriften für den Reisevertrag	
§ 54. Der Maklervertrag	395
§ 55. Die Auslobung	405
§ 56. Geschäftsbesorgung auf Grund eines Auftrags	408
I. Geschäftsbesorgung und Auftrag im allgemeinen	408
II. Die Pflichten des Beauftragten	413
III. Die Pflichten des Auftraggebers	417
IV. Die Beendigung des Auftrags	420
V. Entsprechende Anwendung auf Dienst- und Werkverträge	421
VI. Anhang: Haftung für Rat und Empfehlungen	423
§ 57. Geschäftsführung ohne Auftrag	435
I. Berechtigte Geschäftsführung ohne Auftrag	438
a) Voraussetzungen – b) Rechtsfolgen	
II. Unberechtigte und „unechte" Geschäftsführung ohne Auftrag	451
a) Unberechtigte Geschäftsführung – b) „Unechte" Geschäftsführung	
§ 58. Der Verwahrungsvertrag	454
§ 59. Die Einbringung von Sachen bei Gastwirten	461
Sachverzeichnis	467
Verzeichnis der Gesetzesstellen	475

Verzeichnis der Abkürzungen

aA	anderer Ansicht
aaO	am angeführten Ort
ABGB	österreichisches Allgemeines Bürgerliches Gesetzbuch
AbzG	Gesetz betr. die Abzahlungsgeschäfte vom 16. 5. 1894
AcP	Archiv für die civilistische Praxis
aE	am Ende
AGBG	Gesetz zur Regelung des Rechts der Allgemeinen Geschäftsbedingungen vom 9. 12. 1976
AktG	Aktiengesetz vom 6. 9. 1965
AMG	Arzneimittelgesetz vom 24. 8. 1976
AnfG	Gesetz betr. die Anfechtung von Rechtshandlungen eines Schuldners außerhalb des Konkursverfahrens vom 21. 7. 1879
Anm.	Anmerkung
AP	Arbeitsrechtliche Praxis, seit 1. 7. 1954 Nachschlagewerk des Bundesarbeitsgerichts
ArchBürgR	Archiv für Bürgerliches Recht
ArchÖffR	Archiv für Öffentliches Recht
ARSP	Archiv für Rechts- und Sozialphilosophie
BAG	Bundesarbeitsgericht
BAGE	Entscheidungen des Bundesarbeitsgerichts
BB	Der Betriebs-Berater
BBG	Bundesbeamtengesetz vom 14. 7. 1953
BBauG	Bundesbaugesetz vom 23. 6. 1960
BGB	Bürgerliches Gesetzbuch
BGBl.	Bundesgesetzblatt
BGH	Bundesgerichtshof
BGHSt.	Entscheidungen des Bundesgerichtshofs in Strafsachen
BGHZ	Entscheidungen des Bundesgerichtshofs in Zivilsachen
BT Drucks.	Drucksache des Deutschen Bundestages
BVerfG	Bundesverfassungsgericht
BVerfGE	Entscheidungen des Bundesverfassungsgerichts
BVerwG	Bundesverwaltungsgericht
DB	Der Betrieb
DGWR	Deutsches Gemein- und Wirtschaftsrecht
DJT	Deutscher Juristentag
DJZ	Deutsche Juristen-Zeitung
DNotZ	Deutsche Notar-Zeitschrift
DR	Deutsches Recht
DRiZ	Deutsche Richterzeitung
DRWiss.	Deutsche Rechtswissenschaft
DRZ	Deutsche Rechtszeitschrift
EG	Einführungsgesetz
EheG	Ehegesetz
FamRZ	Zeitschrift für das gesamte Familienrecht
Festschr. JT	Hundert Jahre Deutsches Rechtsleben, Festschrift zum hundertjährigen Bestehen des Deutschen Juristentages, 1960, Band I und II
FGG	Gesetz über die Angelegenheiten der freiwilligen Gerichtsbarkeit
GBO	Grundbuchordnung
GewO	Gewerbeordnung

Abkürzungen

GG	Grundgesetz für die Bundesrepublik Deutschland
GmbHG	Gesetz betr. die Gesellschaften mit beschränkter Haftung vom 20. 4. 1892
GruchBeitr.	Gruchot's Beiträge zur Erläuterung des deutschen Rechts
GRUR	Gewerblicher Rechtsschutz und Urheberrecht
GVBl.	Gesetz- und Verordnungsblatt
HaftpflG	Reichshaftpflichtgesetz vom 7. 6. 1871 idF vom 4. 1. 1978
HGB	Handelsgesetzbuch
HEZ	Höchstrichterliche Entscheidungen in Zivilsachen
hL	herrschende Lehre
HRR	Höchstrichterliche Rechtsprechung
idF	in der Fassung
i. S.	im Sinne
JherJb.	Jherings Jahrbücher für die Dogmatik des Bürgerlichen Rechts
JR	Juristische Rundschau
Jura	Juristische Ausbildung
JuS	Juristische Schulung
JW	Juristische Wochenschrift
JZ	Juristenzeitung
KG	Kammergericht
KO	Konkursordnung
KRG	Kontrollratsgesetz
KTS	Zeitschrift für Konkurs-, Treuhand- und Schiedsgerichtswesen
LG	Landgericht
LM	Lindenmaier-Möhring, Nachschlagewerk des Bundesgerichtshofs
LuftVG	Luftverkehrsgesetz
LZ	Leipziger Zeitschrift für Deutsches Recht
MDR	Monatsschrift für Deutsches Recht
MHG	Gesetz zur Regelung der Miethöhe
MilReg.	Militärregierung
MRVO	Verordnung der Militärregierung
NJW	Neue Juristische Wochenschrift
NRW	Nordrhein-Westfalen
OGH	Oberster Gerichtshof für die Britische Zone
OGHZ	Entscheidungen des Obersten Gerichtshofs für die britische Zone in Zivilsachen
OLG	Oberlandesgericht
Prot.	Protokolle der 2. Kommission zum Entwurf des BGB
RabelsZ	Zeitschrift für ausländisches und internationales Privatrecht
RAG	Reichsarbeitsgericht
RdA	Recht der Arbeit
Rdn., Rdz.	Randnote, Randziffer
Recht	Das Recht
RG	Reichsgericht
RGBl.	Reichsgesetzblatt
RGRKomm.	Kommentar der Reichsgerichtsräte
Rspr.	Rechtsprechung
RGZ	Entscheidungen des Reichsgerichts in Zivilsachen
RVO	Reichsversicherungsordnung
SAE	Sammlung arbeitsrechtlicher Entscheidungen
SchlHA	Schleswig-Holsteinische Anzeigen
SeuffA	Seufferts Archiv für Entscheidungen
SeuffBl.	Seufferts Blätter für Rechtsanwendung in Bayern
SGB	Sozialgesetzbuch
SJZ	Süddeutsche Juristenzeitung

Abkürzungen

StGB	Strafgesetzbuch
str.	streitig
st. Rspr.	ständige Rechtsprechung
StVG	Straßenverkehrsgesetz vom 19. 12. 1952
UmstG	Umstellungsgesetz (3. Gesetz zur Neuordnung des Geldwesens)
UWG	Gesetz gegen den unlauteren Wettbewerb vom 7. 6. 1909
u. U.	unter Umständen
VersR	Zeitschrift Versicherungsrecht
VO	Verordnung
VOB	Verdingungsordnung für Bauleistungen
VRS	Verkehrsrechts-Sammlung
VVG	Gesetz über den Versicherungsvertrag
VwGO	Verwaltungsgerichtsordnung
WarnRspr.	Warneyers Rechtsprechung des Reichsgerichts auf dem Gebiet des Zivilrechts
WG	Wechselgesetz vom 21. 6. 1933
WHG	Gesetz zur Ordnung des Wasserhaushalts (Wasserhaushaltsgesetz)
WM	Wertpapiermitteilungen
ZAkDR	Zeitschrift der Akademie für Deutsches Recht
ZBlFG	Zentralblatt für freiwillige Gerichtsbarkeit
ZBlHR	Zentralblatt für das gesamte Handelsrecht
ZfA	Zeitschrift für Arbeitsrecht
ZfW	Zeitschrift für Wasserrecht
ZGR	Zeitschrift für Unternehmens- und Gesellschaftsrecht
ZHR	Zeitschrift für das gesamte Handelsrecht und Wirtschaftsrecht
ZIP	Zeitschrift für Wirtschaftsrecht und Insolvenzpraxis
ZMR	Zeitschrift für Miet- und Raumrecht
ZPO	Zivilprozeßordnung
ZRP	Zeitschrift für Rechtspolitik
ZStaatsw.	Zeitschrift für die gesamte Staatswissenschaft
ZVG	Gesetz über die Zwangsversteigerung und die Zwangsverwaltung vom 24. 3. 1897
ZZP	Zeitschrift für Zivilprozeß

Paragraphen-Angaben ohne weiteren Zusatz beziehen sich, soweit nicht der Zusammenhang etwas anderes ergibt, auf das Bürgerliche Gesetzbuch (BGB).

Erstes Kapitel. Veräußerungsverträge, insbesondere Kauf

§ 39. Der Kaufvertrag im allgemeinen

Literatur: *Bechmann,* Der Kauf nach gemeinem Recht, 3 Bde, 1876–1908; *Brandt,* Eigentumserwerb und Austauschgeschäft, 1940; v. *Caemmerer,* Internationales Kaufrecht, Festschr. f. *Nipperdey* (1965), Bd. I, S. 211 = Ges. Schriften Bd. I, S. 79; Max-Planck-Institut für ausl. u. int. Privatrecht (Hrsg.), Die materielle Gültigkeit von Kaufverträgen, 1968 (rechtsvergleichend); *Oeckinghaus,* Kaufvertrag und Übereignung beim Kauf beweglicher Sachen im deutschen und französischen Recht, 1973; *Rabel,* Das Recht des Warenkaufs, Bd. I, 1936, Bd. II, 1958 (rechtsvergleichend); Art. ,,Kaufvertrag" im Rechtsvergl. Handw. Bd. IV; *Reinicke/Tiedtke,* Kaufrecht (,,Bürgerliches Recht im Querschnitt"), 2. Aufl. 1985 (zit. *Reinicke/Tiedtke*).

I. Einleitung. Übersicht

Der Kaufvertrag ist nach dem BGB (§ 433) ein **gegenseitig verpflichtender Schuldvertrag,** durch den sich der Verkäufer einer *Sache* dazu verpflichtet, dem Käufer die Sache zu übergeben und ihm das Eigentum an ihr zu verschaffen, der Käufer, den vereinbarten Kaufpreis zu zahlen und die Sache abzunehmen. Der Verkäufer eines *Rechts* (z. B. einer Forderung, eines Patentrechts) ist zur Verschaffung des Rechts und, wenn dieses zum Besitze einer Sache berechtigt, auch zur Übergabe der Sache verpflichtet.

Wirtschaftlich ist der Kauf das in einer entwickelten Geldwirtschaft wie der heutigen wichtigste und häufigste *Umsatzgeschäft.* Er bezweckt den Austausch des Kaufgegenstandes – zumeist einer Sache – gegen Geld. Solange ein Geldsystem in normaler Weise funktioniert, vertrauen die Menschen darauf, daß sie sich für Geld entsprechende Güter und Leistungen beschaffen können und sind daher ihrerseits auch bereit, Sachen und andere Gegenstände für Geld zu veräußern. Der **Tausch,** d. h. der Austausch eines Gegenstandes gegen einen bestimmten anderen Gegenstand, spielt, im ganzen gesehen, heute nur eine untergeordnete Rolle. Demgemäß hat das BGB den Kauf in den §§ 433 bis 514 verhältnismäßig ausführlich geregelt, während es sich für den Tausch mit der Verweisung auf die Kaufvorschriften begnügt (§ 515). In Zeiten starker Warenverknappung oder sprunghaft fortschreitender Geldentwertung, wie sie die Verfasser des BGB freilich kaum vor Augen gehabt haben, kann der Tausch jedoch größere Bedeutung erlangen, da in solchen Zeiten der Warenbesitzer geneigt ist, seine Ware nur im Tausch gegen einen anderen Sachwert herzugeben. Indessen führt dies unter den heutigen Verhältnissen zu schweren sozialen Störungen. Es geraten dann unvermeidlich diejenigen Bevölkerungsteile in das Hintertreffen, die keine Sachleistungen anzubieten haben: die große Masse der Lohn-, Gehalts-, Renten- und

§ 38. Einleitung, Bedeutung der Schuldvertragstypen

Die Parteien können, aufgrund ihrer „Privatautonomie", nicht nur die vom Gesetz für den betreffenden Vertragstypus gegebene Regelung im Einzelfall – innerhalb gewisser Grenzen[3] – abändern, sie durch eine andere ersetzen, sie können auch rechtsgültig Verträge schließen, die *keinem gesetzlich geregelten Typus* zugeordnet werden können oder – häufiger – Elemente verschiedener gesetzlicher Typen in unterschiedlicher Weise miteinander verbinden. Von solchen, *typengemischten* Verträgen und, im Anschluß daran, von einigen im Verkehr neu herausgebildeten Vertragstypen soll erst im 5. Kapitel gesprochen werden. Hier ist nur nachdrücklich darauf hinzuweisen, daß die im folgenden dargestellten *gesetzlichen Schuldvertragstypen* bei weitem nicht alle Vertragsarten decken, die im Leben, im Rechtsverkehr, vorkommen, wenn auch viele von ihnen, wie der Kauf, überaus häufig sind. Innerhalb eines Typus werden uns ferner bedeutende Abwandlungen begegnen, wie z. B. beim Kauf der Barkauf, der Ratenkauf und hier besonders der Kauf unter Eigentumsvorbehalt – Abwandlungen, denen das Gesetz oft nur ungenügend Rechnung trägt. Das Recht der besonderen Schuldverträge verlangt daher eine im hohen Maß flexible, die Ausgestaltung des konkreten Vertrages und die hinter ihm stehenden Parteizwecke und Interessenlagen sorgfältig berücksichtigende Anwendung. Vor vorschnellen Subsumtionen unter einzelne Gesetzesbestimmungen ist zu warnen. Es ist stets zu fragen, ob ein Vertrag *im ganzen* einem gesetzlichen Typus voll, oder vielleicht nur in einzelnen Hinsichten, in anderen nicht entspricht. Ist letzteres der Fall, ist zu fragen, ob er vielleicht insoweit einem anderen Typus entspricht; ist das der Fall, können insoweit auch die für diesen anderen Typus geltenden Regeln zur Anwendung gelangen. Fehlt es an einer auf gerade diesen Vertrag zutreffenden Regelung, so kann die Lücke der von den Parteien getroffenen Regelung häufig im Wege der „ergänzenden Vertragsauslegung" geschlossen werden.[4]

Hingewiesen sei noch einmal auf den eigentümlichen Aufbau des BGB,[5] die Voranstellung allgemeiner und allgemeinster Regeln vor denen, die jeweils für einen engeren Kreis von geregelten Sachverhalten gelten. Er hat zur Folge, daß die Regeln für einen engeren Regelungsbereich, etwa für einen bestimmten Vertragstypus, stets im Zusammenhang mit allgemeineren Regeln zu sehen sind, die durch sie teils ergänzt, teils modifiziert werden, aber immer da anzuwenden sind, wo die besondere Regelung nicht eingreift. Das Verständnis der besonderen Regelungen, die in diesem Bande dargestellt sind, setzt daher Grundkenntnisse über die im ersten Bande dargestellten allgemeinen Regeln des Schuldrechts und darüber hinaus über den Allgemeinen Teil des BGB voraus. Von dem Leser muß erwartet werden, daß er solche Kenntnisse mitbringt und sich ihrer, soweit erforderlich, auch bedient.

---

[3] Vgl. Bd. I § 4 II und III.
[4] Vgl. dazu Allg. Teil § 29 I.
[5] Vgl. Bd. I § 3.

werfen bereit sind. (Vgl. Bd. I § 6 I). In der Tat enthält das Gesetz solche, zumeist abdingbare, „dispositive" Regeln, die eingreifen, wenn die Parteien eine durch ihre Abmachung notwendig werdende nähere Regelung unterlassen haben. Aufgabe dieser Regeln ist es, das zur Geltung zu bringen, was, nach Auffassung des Gesetzgebers, verständige und redlich denkende Parteien vereinbart hätten, sofern sie diesen Punkt bedacht hätten. Darüber hinaus enthält das Gesetz für bestimmte Vertragstypen **zwingende Vorschriften,** die meist dem Schutz des schwächeren Vertragsteils dienen. Die Zuordnung eines einzelnen Vertrages zu einem gesetzlichen Vertragstypus entscheidet vielfach über die Anwendbarkeit dieser Vorschriften.

Gesetzliche **Vertragstypen** sind *Regelungsmuster,* die vom Gesetzgeber nicht geschaffen, sondern regelmäßig vorgefunden, mit Rücksicht auf die ihnen zugrundeliegenden Interessenlagen und mögliche Konfliktsituationen aber näher ausgestaltet sind. Diese Ausgestaltung knüpft, anders ist es gesetzestechnisch kaum möglich, an bestimmte, im Gesetz angegebene *typenbildende Merkmale* an. Indessen kennzeichnen diese Merkmale den Typus meist nur erst in seinen Umrissen; sie lassen Raum für mannigfache Varianten, und sie müssen immer in ihrer Verknüpfung miteinander und mit anderen, im Gesetz nicht ausdrücklich genannten, aber aus der gegebenen Regelung erkennbar werdenden Komponenten gesehen werden. Der Ausdruck „Typus" meint, im Gegensatz zum „Begriff" oder zu einer „Klasse" von Gegenständen, ein Merkmalganzes, dessen einzelne „Züge" in gewissem Grade ersetzbar oder verschieden stark ausgeprägt sein können, sich indessen stets zu einem Sinnganzen zusammenfügen.[1] Infolgedessen kann der Typus in einzelnen seiner Erscheinungsformen unterschiedliche Züge aufweisen, Abwandlungen erfahren und sogar, in extremen Fällen, durch das Zurücktreten des einen, die stärkere Betonung eines anderen Zuges oder die Aufnahme neuer Züge in einen anderen Typus „umschlagen". Eben das läßt die Denkform des Typus zur Erfassung der gesetzlich näher geregelten Vertragsverhältnisse als besonders geeignet erscheinen. Denn sie erlaubt es, Besonderheiten einzelner Verträge Rechnung zu tragen, die auf einer von der bei solchen Verträgen regelmäßig vorliegenden *abweichenden Interessenlage* oder *zusätzlichen Abreden* der Parteien beruhen. Bei gleichsam mechanischer Anwendung *aller* vom Gesetz für diesen Vertragstyp gegebenen Regeln würde man hier den Intentionen der Parteien Gewalt antun. Es ist daher im Einzelfall zu fragen, ob eine für typische Verträge dieser Art gegebene Vorschrift auch auf den vorliegenden Vertrag paßt, wenn dieser zwar noch im ganzen gesehen dem gesetzlichen Vertragstypus zuzuordnen ist, im einzelnen aber von ihm stark abweichende Züge aufweist, die die Anwendung gerade dieser Vorschrift verbieten.[2]

---

[1] Vgl. hierzu u. zum Folgenden *meine* „Methodenlehre der Rechtswissenschaft", 5. Aufl. S. 209 ff., 288 ff. (Studienausgabe S. 99 ff., 178 ff.); ferner *Detlef Leenen,* Typus und Rechtsfindung, 1971.
[2] Eine Entscheidung dieser Art findet sich in BGHZ 26, S. 7.

§ 38. Einleitung, Bedeutung der Schuldvertragstypen   **§ 38**

überlassung oder volle Nutzung auf Zeit (Miete, Pacht, Leihe, Darlehen); 3. Tätigkeit im Dienste oder Interesse eines anderen (Dienstvertrag, Werkvertrag, Mäklervertrag, Auslobung, Geschäftsbesorgung aufgrund Auftrags, Geschäftsführung ohne Auftrag, Verwahrung und Einbringung von Sachen bei Gastwirten); 4. Gesellschaft und zufällige Rechtsgemeinschaft; 5. Typengemischte Verträge und (einige) neue, im Gesetz selbst nicht speziell geregelte Vertragstypen des Rechtsverkehrs („Finanzierte Verträge", „Finanzierungsleasing", „Factoring", Automatenaufstellungsvertrag); endlich 6. Geschäfte, die vornehmlich der Sicherung oder Bestärkung einer Forderung dienen (Bürgschaft, selbständige Schuldverpflichtungen und verbriefte Forderungen). Der Vergleich ist bereits im ersten Teil behandelt worden.

Im 2. und im 3. Abschnitt behandeln wir Schuldverhältnisse aus gesetzlich normierten Tatbeständen, die nicht Rechtsgeschäfte sind, nämlich diejenigen aus **„ungerechtfertigter Bereicherung"** und aus **„zurechenbarer Schädigung"** eines anderen. Bei den Tatbeständen der „ungerechtfertigten Bereicherung", die das Gesetz im 24. Titel geregelt hat, handelt es sich überwiegend um solche, die mit dem Rechtsverkehr im Zusammenhang stehen, nämlich um fehlgeschlagene Leistungen oder um Verfügungen eines Nichtberechtigten. Bei den „zurechenbaren Schädigungen" handelt es sich vornehmlich um die im 25. Titel geregelten unerlaubten Handlungen und um die in Sondergesetzen geregelten Tatbestände einer „Gefährdungshaftung". Ihnen ist gemeinsam, daß sie eine gesetzliche Verpflichtung zum Schadensersatz begründen, für deren Inhalt das im 5. Kapitel (§§ 27 ff.) des 1. Bandes Gesagte gilt.

Auf dem Gebiete schuldrechtlicher Beziehungen besteht für die einzelnen grundsätzlich volle **Freiheit in der inhaltlichen Gestaltung** ihrer Verträge (Bd. I § 4 II). Die Parteien sind daher nicht auf die im Gesetz geregelten Schuldvertragstypen beschränkt; sie können, in den Grenzen der allgemeinen Vertragsfreiheit, Schuldverträge beliebigen Inhalts schließen. Im Schuldrecht besteht, anders als im Sachenrecht, **kein Typenzwang**. Es muß daher die Frage aufgeworfen werden, welchen Zweck die Aufstellung von „Vertragstypen" und ihre Regelung im Gesetz hat, welche Bedeutung ihnen für die Findung des Rechts im Einzelfall zukommt.

Die Parteien eines Schuldvertrages regeln zumeist nur das ihnen am wichtigsten Erscheinende: Art, Gegenstand und Umfang der beiderseitigen Leistungen (z. B. bei einem Kauf den Kaufgegenstand und den Preis), vielleicht noch die Leistungszeit (Ratenzahlungen!) und den Leistungsort, seltener schon die Folgen bestimmter Arten von Vertragsverletzungen (z. B. nicht rechtzeitiger Zahlung), bei Dauerverhältnissen (Miete, Pacht) meist noch die Kündigung. Alles übrige lassen sie ungeregelt, sei es, daß sie sich keine Gedanken darüber machen, sei es, daß sie darauf vertrauen, die Rechtsordnung werde für unvorhergesehene Fälle und Konfliktslagen schon eine Lösung bereithalten, der sie sich dann zu unterbedingungen und in der Judikatur zu finden pflegen, ehe ihnen das Gesetz eine spezielle Regelung zuteil werden läßt. Die Ausbildung der Geschäftstypen ist somit weniger das Ergebnis der Gesetzgebung als des sich in ihnen bewegenden Rechtsverkehrs; das BGB hat nur die zur Zeit seiner Entstehung wichtigsten, wie Kauf, Miete, Dienst- und Werkvertrag, geregelt. Erst im Jahre 1979 hinzugekommen ist die Regelung des Reisevertrages (in den §§ 651 a ff.). Andere Vertragstypen, die sich im Verkehr herausgebildet haben, haben bisher keine besondere Regelung im Gesetz gefunden. Für sie gelten einmal die allgemeinen Vorschriften, sodann Vorschriften, die sich auf im Gesetz geregelte ähnliche Vertragstypen beziehen oder aus solchen Vorschriften erschlossen werden können. Dem Richterrecht kommt auf diesem Felde naturgemäß besondere Bedeutung zu. Auf einige dieser neueren Vertragstypen gehen wir in § 63 ein. Andere Rechtsgeschäfte sind nicht im BGB, sondern, weil es sich um solche Geschäfte handelt, die gewöhnlich von Kaufleuten vorgenommen werden, im HGB geregelt – so das Kommissions-, das Speditions-, das Lager- und das Frachtgeschäft. In Sondergesetzen geregelt sind der Versicherungsvertrag und der Verlagsvertrag. Auf diese Regelungen kann hier nicht eingegangen werden.

Mit dem Rechtsverkehr stehen einige Schuldverhältnisse im Zusammenhang, die zwar nicht auf Rechtsgeschäften, sondern auf anderen Vorgängen beruhen, denen jedoch eine nahe Beziehung zum Rechtsverkehr innewohnt. Wenn jemand im Rechtsverkehr oder auch sonst die Interessen eines anderen wahrnimmt, ohne von ihm dazu beauftragt (oder auf Grund eines anderen Rechtsverhältnisses dazu berechtigt oder verpflichtet) zu sein, dann ist es unter gewissen Voraussetzungen angebracht, ihm die gleichen Rechte und Pflichten zu geben wie einem Beauftragten. Die Parteien würden dies vereinbart haben, wenn sie sich vorher über die Geschäftsführung verständigt hätten. Wenn mehrere gemeinsam einen Gegenstand erworben haben, ohne daß unter ihnen schon eine bestimmte Rechtsgemeinschaft vorläge, entstehen eben dadurch unter ihnen bestimmte Rechtsbeziehungen, die mangels einer Vereinbarung durch das Gesetz geregelt werden müssen. Beide Male, bei der Geschäftsführung ohne Auftrag (11. Titel) und bei der zufälligen Rechtsgemeinschaft (15. Titel), handelt es sich um Schuldverhältnisse, die zwar nicht auf Rechtsgeschäften beruhen, jedoch mit dem Rechtsverkehr zusammenhängen. Die gesetzliche Regelung ersetzt nur eine fehlende Vereinbarung. Wir behandeln daher diese Schuldverhältnisse zusammen mit denen aus Rechtsgeschäften im 1. Abschnitt unserer Darstellung als **„Schuldverhältnisse des Rechtsverkehrs"**. Obgleich ihr Entstehungsgrund ein gesetzlich normierter Tatbestand ist, stehen sie inhaltlich bestimmten Geschäftstypen nahe und werden daher auch vom Gesetz im Anschluß an diese behandelt. Dem folgt unsere Darstellung und behält damit im wesentlichen die vom Gesetz befolgte Reihenfolge bei. Die „Schuldverhältnisse des Rechtsverkehrs" gliedern wir in folgende Gruppen: 1. Veräußerungsgeschäfte, insbesondere Kauf; 2. Verträge über Gebrauchs-

Zweiter Teil. Einzelne typische Schuldverhältnisse

(Besonderer Teil)

Erster Abschnitt. Schuldverhältnisse des Rechtsverkehrs

§ 38. Einleitung. Bedeutung der Schuldvertragstypen

„Das" Schuldverhältnis, von dessen Struktur und Bedeutungsgehalt, möglicher Entstehung, Veränderung und Beendigung im ersten Teil unserer Darstellung die Rede war, ist eine Abstraktion, richtiger ein *Grundtypus,* der in mannigfachen Abwandlungen und näheren Ausgestaltungen in unzähligen einzelnen Schuldverhältnissen wiederkehrt, von ihnen in verschiedener Weise konkretisiert und realisiert wird. In der Mitte gleichsam zwischen dem Grundtypus und den einzelnen „realen" Schuldverhältnissen – dem Kaufvertrag des A mit dem B über das Grundstück X, dem Gesellschaftsverhältnis zwischen C, D und E – stehen die besonderen Typen von Schuldverhältnissen. Das Gesetz regelt eine große Anzahl solcher typischer Schuldverhältnisse im siebenten Abschnitt (§§ 433 bis 853). Die in den ersten sechs Abschnitten enthaltene allgemeine Regelung wird dadurch für die besonders geregelten Typen teils abgewandelt, teils ergänzt.

Der Unterscheidung der verschiedenen typischen Schuldverhältnisse liegt kein einheitliches Prinzip zugrunde. Nach dem Entstehungsgrunde sind Schuldverhältnisse *aus Rechtsgeschäften* und aus *gesetzlich normierten Tatbeständen* zu unterscheiden. Die Schuldverhältnisse *aus Rechtsgeschäften,* die weitaus die Mehrzahl bilden, sind durchweg solche, die durch *Schuldverträge* begründet werden, da das Gesetz dem lediglich einseitig gegebenen Versprechen einer Leistung nur ausnahmsweise rechtliche Verbindlichkeit zuerkennt („Vertragsgrundsatz", § 305; vgl. Bd. I § 4 am Anfang). Die im Gesetz geregelten Schuldvertragstypen unterscheiden sich vornehmlich durch die *Art der geschuldeten Leistung* – geschuldet wird etwa die Veräußerung einer Sache oder ihre Überlassung zu zeitweiligem Gebrauch oder Fruchtgenuß, die Leistung von Diensten oder die Herbeiführung eines Erfolgs, eine Geschäftsbesorgung oder ein Zusammenwirken zu einem gemeinsamen Zweck – und ferner durch den vorhandenen oder fehlenden Austauschcharakter. Dem liegt wiederum die Verschiedenheit der *typischen Geschäftszwecke* zugrunde. Die Zahl solcher typischer Geschäftszwecke und damit der Geschäftstypen selbst ist nicht ein für allemal begrenzt. Aus neuen Verkehrsbedürfnissen und Verkehrsgewohnheiten können sich neue typische Geschäftsarten entwickeln, die zuerst ihren Niederschlag in Formularen, allgemeinen Geschäfts-

Schrifttum

Planck, Kommentar zum BGB Bd. II, Recht der Schuldverhältnisse, 4. Aufl., 1. Hälfte, Allgemeiner Teil (bearbeitet von *Siber*), 1914 (zit. *Planck/Siber*); 2. Hälfte, Besonderer Teil, 1928.

Rosenthal, Bürgerliches Gesetzbuch, 15. Aufl. (bearbeitet von *Bohnenberg*), 1965.

Soergel/Siebert, Bürgerliches Gesetzbuch, Bd. 2 (Schuldrecht I, bis § 618), 10. Aufl. 1967; Bd. 3 (Schuldrecht II, ab § 611), 10. Aufl. 1970; 11. Aufl. (§§ 516 bis 704), 1980 (Redaktor: *Mühl*).

Staudinger, Kommentar zum BGB, 2. Buch Recht der Schuldverhältnisse, §§ 433 bis 606 (Redaktor: *Honsell*), 12. Aufl. 1978; §§ 651a bis 651k, 12. Aufl. 1983; § 620 bis 630, 12. Aufl. 1979; §§ 657 bis 740 (Redaktor: *Reuter*), 12. Aufl. 1980; §§ 812 bis 822 bearb. von *Lorenz,* 1979; im übrigen noch 11. Aufl. 1958–60.

Warneyer, Das BGB Bd. I (Allgemeiner Teil und Recht der Schuldverhältnisse), 11. Aufl., bearbeitet von *Bohnenberg,* 1950.

Sonstige, abgekürzt zitierte Werke

Allg. Teil = *mein* Lehrbuch des Allgemeinen Teils des Deutschen Bürgerlichen Rechts, 6. Aufl. 1983.

Enneccerus/Nipperdey (Enn./N.), Allgemeiner Teil des Bürgerlichen Rechts, 15. Aufl., 1. Halbband 1959, 2. Halbband 1960.

Gierke, Deutsches Privatrecht, Bd. II, Schuldrecht 1917.

Medicus, Bürgerl. R. = Bürgerliches Recht, 12. Aufl. 1985.

Motive zum Entwurf eines Bürgerlichen Gesetzbuchs (zit. Mot.).

Protokolle der Kommission für die 2. Lesung des Entwurfs des Bürgerlichen Gesetzbuchs (zit. Prot.).

Mugdan, Die Gesamten Materialien zum BGB, Bd. II, Recht der Schuldverhältnisse, 1899, Neudruck 1979.

v. Tuhr, Der Allgemeine Teil des deutschen Bürgerlichen Rechts, 3 Bände, 1910–1918, Neudruck 1957.

Schrifttum zum Schuldrecht des BGB

Die angeführten Werke werden, soweit nichts anderes vermerkt ist, nur mit dem Namen des Verfassers zitiert.

I. Lehr- und Handbücher; Grundrisse

Blomeyer, Allgemeines Schuldrecht, 4. Aufl. 1969.
Brox, Allgemeines Schuldrecht, 13. Aufl. 1985, Besonderes Schuldrecht, 12. Aufl. 1985.
Cosack/Mitteis, Lehrbuch des deutschen Bürgerlichen Rechts Bd. I (Allgemeiner Teil und Schuldrecht), 8. Aufl. 1927.
Emmerich, BGB, Schuldrecht, Besonderer Teil („Schwerpunkte"), 3. Aufl. 1982.
Enneccerus/Lehmann, Recht der Schuldverhältnisse, 15. Aufl. 1958; (zit. Enn./L.).
Esser, Schuldrecht, Allgemeiner Teil, 4. Aufl. 1970; Besonderer Teil, 4. Aufl. 1971 (zit. *Esser* 4. Aufl.)
Esser/Eike Schmidt, Schuldrecht Bd. I, Allgemeiner Teil, 6. Aufl. 1984.
Esser/Weyers, Schuldrecht Bd. II, Besonderer Teil, 6. Aufl. 1984.
Fikentscher, Schuldrecht, 7. Aufl. 1985.
Gitter u. a., Vertragsschuldverhältnisse (ohne Strafrecht), 1974 (zit. *Gitter,* Vertragsschuldverhältnisse).
Heck, Grundriß des Schuldrechts, 1929; Neudruck 1960.
Kress, Lehrbuch des Allgemeinen Schuldrechts, 1929, Neudruck 1974; Lehrbuch des Besonderen Schuldrechts, 1934 (zit. *Kress* A und B).
Leonhard, Allgemeines Schuldrecht des BGB, 1929; Besonderes Schuldrecht des BGB, 1931 (zit. *Leonhard* A und B).
Medicus, Schuldrecht, Bd. I, Allgemeiner Teil, 2. Aufl. 1984, Bd. II, Besonderer Teil, 2. Aufl. 1985.
Siber, Schuldrecht, 1931.
Titze, Bürgerliches Recht, Recht der Schuldverhältnisse, 4. Aufl. 1948.
Wolf, Lehrbuch des Schuldrechts, Bd. I Allgemeiner Teil, Bd. II Besonderer Teil; beide 1978.

II. Kommentare

Beuthien und andere, Studienkommentar zum BGB, 2. Aufl. 1979.
Erman/Westermann, Handkommentar zum Bürgerlichen Gesetzbuch, 7. Aufl. 1981.
Jauernig und andere, Bürgerliches Gesetzbuch mit Erläuterungen, 3. Aufl. 1984.
Kommentar zum BGB, herausgegeben von Mitgliedern des Bundesgerichtshofes, früher Kommentar der Reichsgerichtsräte (zit. RGRKomm.), Bd. II, 2. Teil (§§ 414–610), 12. Aufl. 1978.
Kommentar zum Bürgerlichen Gesetzbuch (Reihe „Alternativkommentare"), Bd. 3. Besonderes Schuldrecht, 1980).
Münchener Kommentar zum BGB, Bd. 3, Schuldrecht, Besonderer Teil, 1. Halbband (bis § 656) 1980; 2. Halbband (ab § 652) 2. Aufl. 1986.
Oertmann, Recht der Schuldverhältnisse Bd. I, 5. Aufl., 1928; Bd. II, 1929.
Palandt, Bürgerliches Gesetzbuch, 45. Aufl. 1986 (Das Recht der Schuldverhältnisse bearbeitet von *Heinrichs, Putzo* und *Thomas*).

§ 39. Der Kaufvertrag im allgemeinen

Unterstützungsempfänger und ihrer Familienangehörigen. Denn sie sind darauf angewiesen, den notwendigen Lebensbedarf an Nahrung, Kleidung usw. im Wege des Kaufs zu beschaffen. Aber auch der Händler, der Fabrikant sind genötigt, die zur Weiterveräußerung bestimmten Waren, die zur Verarbeitung bestimmten Rohstoffe oder Halbfabrikate käuflich zu erwerben, und können daher ihre Tätigkeit auf die Dauer nicht fortführen, wenn derartige Waren oder Produkte käuflich nicht mehr zu erwerben sind. Auf der Basis des Tausches und verwandter Erscheinungen vermag die moderne, arbeitsteilige und hochdifferenzierte Wirtschaft auf die Dauer nicht zu funktionieren. Diese einfache Überlegung, die durch die Erfahrungen nach zwei Kriegen erhärtet worden ist, zeigt die außerordentlich große wirtschaftliche Bedeutung des Kaufs und damit auch des Kaufrechts, das dazu bestimmt ist, den Ablauf der täglich in Millionenzahl vorgenommenen Kaufgeschäfte zu regeln und die Erwartungen, die Käufer und Verkäufer dabei berechtigterweise hegen, zu schützen, falls sie nicht erfüllt werden.

Dabei ergeben sich von vornherein einige auch rechtlich bedeutsame Unterscheidungen. Nach dem Gegenstande unterscheiden wir den Kauf von **Sachen**, von **Rechten** und von sonstigen **unkörperlichen Vermögensgegenständen,** wie z. B. eines Unternehmens. Das Gesetz erwähnt zwar nur Sachen und Rechte als Gegenstände des Kaufs, doch kennt der Verkehr auch einen Kauf anderer, unkörperlicher Vermögensgegenstände, auf den die Vorschriften des Gesetzes wenigstens zum Teil und entsprechend anzuwenden sind. Beim Kauf von *Sachen* ergeben sich ferner Unterschiede, je nachdem es sich um *bewegliche Sachen* oder um *Grundstücke* handelt. Die Mehrzahl der beweglichen Sachen (Waren) ist in weit höherem Maße zum Umsatz bestimmt und geeignet als Grundstücke. Daher ist der Warenkauf heute formlos, während der Grundstückskauf, mit Rücksicht auf die oft einschneidende Bedeutung für die Beteiligten, der Form des § 313 unterliegt (Bd. I § 5). Der Kaufvertrag über ein land- oder forstwirtschaftliches, oft auch über ein städtisches Grundstück bedarf zu seiner Wirksamkeit überdies einer behördlichen Genehmigung (Bd. I § 4 III). Im Recht des *Warenkaufs* spielen, eben wegen der Massenhaftigkeit und Gleichförmigkeit der Geschäfte, allgemeine Geschäftsbedingungen (Bd. I § 6 III), Lieferbedingungen, Vertragsformulare eine große Rolle. Durch sie werden z. B. Liefer- und Zahlungsfristen festgelegt, der Erfüllungsort bestimmt und vielfach die gesetzlichen Regeln, etwa über die Gefahrtragung, den Zahlungsverzug, die Gewährleistung des Verkäufers für Sachmängel, in sehr erheblichem Maße geändert oder ergänzt. Für grenzüberschreitende Kaufverträge über bewegliche Sachen gilt jetzt unter bestimmten Voraussetzungen die Sonderregelung des Einheitlichen Gesetzes über den internationalen Kauf beweglicher Sachen (unten § 45a), die zum Teil anderen Grundsätzen folgt als das BGB. Beim Warenkauf ist weiter zu unterscheiden, ob ein **Stückkauf** oder ein **Gattungskauf** vorliegt. Während Grundstücke, Rechte und andere unkörperliche Vermögenswerte im allgemeinen nur individuell verkauft werden, werden viele Waren, wie z. B. Kohlen, Kartoffeln, Getreide, Markenartikel aller Art, nur nach Gattungs- und Artmerkmalen bestimmt und nach Maß, Zahl oder Gewicht verkauft. Der Verkäufer schuldet dann die Lieferung nicht bestimmter, sondern irgendwelcher beliebiger Stücke der Gattung, die nur von „mittlerer Art und Güte" sein müssen (§ 243 Abs. 1). Es gilt die früher (Bd. I §§ 11 I u. 21 Id) besprochene Regel, daß der Schuldner, hier also der Verkäufer, so lange zu der Leistung verpflichtet bleibt, als die Leistung (objektiv) möglich ist (§ 279). Untergang der von ihm zur Leistung vorgesehenen Stücke, darüber hinaus: unverschuldetes Unvermögen zur Leistung befreit ihn (entgegen § 275) nicht. Endlich gelten einige besondere Regeln dann, wenn es sich um einen *„Handelskauf"* handelt. Ein solcher liegt dann vor, wenn wenigstens der eine Teil ein Kaufmann (im Sinne des HGB) und der Kauf für ihn ein „Handelsgeschäft" ist, d. h., wenn er zum Betriebe seines Handelsgewerbes gehört, und wenn Waren oder Wertpapiere der Kaufgegenstand sind (vgl. §§ 343, 373, 381 HGB).

Da der Kaufvertrag ein Schuldvertrag, und zwar im näheren ein *gegenseitiger Vertrag* ist, so finden grundsätzlich die (im 1. Bande dargelegten) Vorschriften über Schuldverhältnisse überhaupt und über gegenseitige Verträge Anwendung. So ist gemäß § 306 ein Kaufvertrag nichtig, der auf eine schon im Zeitpunkt seines Abschlusses (objektiv) unmögliche Leistung gerichtet ist. Nichtig ist daher der Verkauf einer nicht oder nicht mehr existierenden Sache sowie einer solchen Sache, die ihrer Natur nach kein möglicher Gegenstand menschlicher Herrschaft ist. Gültig ist aber der Verkauf einer Sache, die einem Dritten gehört; der Verkäufer ist zwar, falls nicht ihr Eigentümer zustimmt, persönlich unvermögend, dem Käufer das Eigentum zu verschaffen, nicht aber ist dies für jedermann und damit „objektiv" unmöglich.[1] Gültig ist auch der Verkauf einer zur Zeit des Kaufabschlusses noch nicht vorhandenen Sache, wenn es nur möglich ist, daß sie künftig entsteht und der Vertrag, was im Zweifel anzunehmen ist, für diesen Fall geschlossen wird (§ 308 I).

Der Verkauf einer künftigen Sache („emtio rei speratae"), z. B. der Ernte auf dem Halm, des nächsten Fohlens der Stute X, steht danach regelmäßig unter der aufschiebenden Bedingung ihrer Entstehung.[2] Fällt die Bedingung aus (die gesamte Frucht wird vor der Ernte vernichtet, das Fohlen tot geboren), so ist der Vertrag hinfällig, der Käufer braucht nicht zu zahlen. Dagegen ist der größere oder geringere Ertrag, die bessere oder schlechtere Beschaffenheit sein Vorteil oder Risiko. Verpflichtet sich der Käufer dagegen zur Zahlung des Preises ohne Rücksicht darauf, ob die erwartete Sache überhaupt entsteht (z. B. die Stute ein Fohlen haben wird), so zahlt er den (in solchen Fällen meist geringeren) Preis in Wahrheit für die gegenwärtige Aussicht oder Chance; diese ist in erster Linie, die

---

[1] Vgl. Bd. I § 8 I.
[2] Nach manchen soll der Kauf, wenn die Parteien die Entstehung als sicher annehmen, unbedingt geschlossen, der Vertrag aber (in erweiterter, sinngemäßer Anwendung des § 308) ebenfalls gültig sein. Dann läge im Falle der Nichtentstehung nachträgliche Unmöglichkeit vor; der Käufer würde auch hier nach § 323 den Kaufpreis nicht zu zahlen brauchen. So *Siber* 221; *Enn/L.* § 101 II 3a; *Esser* 4. Aufl. § 61 I 2; *Staudinger/Köhler* 17 zu § 433.

künftige Sache erst in zweiter Linie Gegenstand des Kaufs („emtio spei").[3] Daher ist der Kauf, obgleich § 308 auf diesen Fall nicht zutrifft, gültig; die Leistung des Verkäufers besteht bereits in der Einräumung der Chance. Ist diese, wie bei einem Lose, in einem Papier verkörpert, so hat der Verkäufer dieses zu übereignen, aber nur, um dadurch dem Käufer die Gewinnchance zu verschaffen. Verkörpert das Los eine solche Chance nicht, weil es ungültig oder schon ausgespielt ist, so ist die Leistung (Verschaffung der Gewinnchance) unmöglich, der Kauf daher nichtig.[4]

Auch die Vorschriften über nachträgliche Unmöglichkeit und Verzug (§§ 275 ff., 323 ff.) finden auf den Kaufvertrag grundsätzlich, wenn auch, wie wir sehen werden, mit einigen Einschränkungen, Anwendung. Wie jeder gegenseitige Vertrag, ist der Kaufvertrag ferner grundsätzlich „Zug um Zug" zu erfüllen (§ 320). Der Verkäufer braucht also nur gegen vollständige Bezahlung zu liefern, der Käufer nur gegen Empfang der Ware zu zahlen. Tatsächlich leistet sehr häufig einer von beiden vor. Leistet der Verkäufer vor und räumt er dem Käufer eine längere Zahlungsfrist ein, oder gestattet er ihm Teilzahlungen, so liegt darin eine Kreditgewährung. Der Kreditkauf stellt gegenüber dem Barkauf einen in besonderer Weise abgewandelten Typus dar. Es entsteht dann, wie auch sonst bei Kreditgeschäften (Darlehen!), vor allem das Problem einer Sicherung des Verkäufers und Kreditgebers, aber auch das eines Schutzes des Käufers gegen allzu harte Vertragsbedingungen für den Fall, daß er nicht pünktlich zahlt (darüber unten § 43).

Die besonderen Gesetzesbestimmungen über den Kauf sind in drei Abschnitte gegliedert. Der erste Abschnitt, der die Überschrift „Allgemeine Vorschriften" trägt, regelt zunächst *den näheren Inhalt der Leistungspflichten* sowie verschiedene Nebenpflichten des Verkäufers und des Käufers. Die Folgen der Nichterfüllung der Leistungspflichten des Verkäufers werden im wesentlichen durch eine Verweisung auf die allgemeinen Vorschriften über Unmöglichkeit und Verzug, jedoch mit gewissen Abweichungen, geregelt. Weiter enthält dieser Abschnitt in den §§ 446 ff. Vorschriften über den Zeitpunkt, von dem ab der Käufer die Nutzungen der verkauften Sache für sich beanspruchen kann und ihre Lasten zu tragen hat, sowie über den *Übergang der Preisgefahr* (vgl. über diesen Begriff Bd. I §§ 21 Ib; 25 IIc). Eine weitere Vorschrift (§ 455) bezieht sich auf den *Eigentumsvorbehalt,* durch den sich der vorleistende Verkäufer wegen seiner Kaufpreisforderung sichern kann. Der zweite Abschnitt (§§ 459 bis 493) regelt *die gesetzliche Gewährleistung des Verkäufers wegen Sachmängel.* Diese tritt, wie wir sehen werden, zu der eigentlichen Leistungspflicht des Verkäufers hinzu; sie schützt die berechtigte Erwartung des Käufers darauf, daß die Sache keine, von ihm nicht bemerkten, Fehler hat und daß sie diejenigen Eigenschaften besitzt, die der Ver-

---

[3] So auch *Enn/L.* § 101 II 3b; *Esser* 3. Aufl. § 61 I 2; *Oertmann* 1b vor § 433; *Palandt/Putzo* 1a zu, *Staudinger/Köhler* 29 vor § 433; dagegen *Leonhard* B 7ff., der einen aus „Kauf" und „Zufallsabrede" gemischten Vertrag annimmt.
[4] *Oertmann* aaO und LeipZ 30, 7ff.; *Staudinger/Köhler* 29 vor § 433; OLG Frankfurt, JW 35, 3054.

käufer zugesichert hat. Im dritten Abschnitt (§§ 494 bis 514) regelt das Gesetz *besondere Gestaltungsarten des Kaufs,* wie den Kauf auf Probe, den Wiederkauf und den Vorkauf. Zu beachten ist, daß nahezu sämtliche Vorschriften *dispositiven Charakters* sind, d. h. durch Parteivereinbarung – zum Teil auch im Wege allgemeiner Geschäftsbedingungen – abgeändert oder ausgeschlossen werden können. Ergänzend ist das Gesetz über Abzahlungsgeschäfte und für den Handelskauf des HGB zu berücksichtigen.

Im folgenden beschäftigen wir uns zunächst mit dem Sachkauf; die Besonderheiten, die sich beim Verkauf eines Rechts oder eines sonstigen unkörperlichen Vermögensgegenstandes ergeben, betrachten wir erst zum Schluß (unten § 45). Das wichtigste Problem, vor das sich der Gesetzgeber bei der Regelung des Sachkaufs gestellt sieht, ist das nach dem Verhältnis des Kaufvertrags und des Eigentumsüberganges.

II. Kaufvertrag und Übereignung

a) **Die Trennung von Kaufvertrag und Übereignung im BGB.** Wer eine Sache kauft, will diese Sache nicht nur zu vorübergehender, sondern zu dauernder, ausschließlicher Nutzung und Verfügung erwerben; er will damit „Eigentümer" der Sache werden. Dem trägt das Gesetz dadurch Rechnung, daß es den Verkäufer ausdrücklich nicht nur zur Verschaffung des Besitzes, sondern auch zu der des Eigentums an der Sache verpflichtet. Mit der Übergabe der Sache allein hat der Verkäufer also seine Verpflichtung noch nicht vollständig erfüllt: er muß dem Käufer obendrein das Eigentum an der Sache verschaffen. Wie aber macht er das?

Die Übertragung des Eigentums regelt das Gesetz im Sachenrecht. Zur Übereignung einer *beweglichen Sache* fordert es in der Regel deren Übergabe und das „Einigsein" beider Teile darüber, daß „das Eigentum übergehen soll" (§ 929). Das geforderte „Einigsein" nun erblickt es nicht etwa schon in dem Kaufvertrag, vielmehr verlangt es einen von diesem zu unterscheidenden, besonderen **„dinglichen" Vertrag,** dessen einziger Inhalt eben der ist, daß „das Eigentum übergehen soll". Dieser „dingliche" Vertrag ist nach der Auffassung des Gesetzes überdies in seiner Wirksamkeit unabhängig von der des ihm zugrunde liegenden Kaufvertrags, d. h. **„abstrakt".**[5] Durch die Übergabe und einen als solchen gülti-

---

[5] Er ist überdies auch unabhängig von dem Vorliegen und der Wirksamkeit einer ihn begleitenden Abrede über den Zweck der Übereignung, etwa über den Zweck, eine Verpflichtung zur Übereignung aus dem Kaufvertrage zu erfüllen. Ist es schon sehr zweifelhaft, ob es einer solchen Vereinbarung über den Erfüllungszweck bedarf, damit die Erfüllungswirkung eintritt (dazu Bd. I § 18 I), so bedarf es ihrer nach dem BGB jedenfalls nicht für die Wirksamkeit des dinglichen Vertrages. Dieser ist, in der Terminologie von *Jahr* (AcP 168, S. 14 ff.) sowohl „inhaltlich", wie „äußerlich" abstrakt. A. A. jedoch *Oeckinghaus* aaO S. 50 ff. 59 f. Vgl. hierzu *Baur*, Sachenrecht, § 5 IV 1.

gen dinglichen Vertrag wird der Käufer daher auch dann Eigentümer, wenn der Kaufvertrag sich hinterher als nichtig erweist oder wirksam angefochten ist. Bei *Grundstücken* tritt zu der dinglichen ,,Einigung" beider Teile über den Eigentumsübergang, die hier ,,*Auflassung*" genannt wird und einer bestimmten Form bedarf (§§ 873, 925), als weiteres Erfordernis die Eintragung im Grundbuch hinzu. Auch die Gültigkeit der formgerecht vollzogenen Auflassung hängt nicht davon ab, ob der Kaufvertrag (oder das sonst etwa zugrunde liegende schuldrechtliche Geschäft) wirksam ist. Der Übergang des Eigentums beruht also *allein auf dem dinglichen Vertrag* in seiner Verbindung mit einem *realen Vollzugsakt* (Übergabe oder Eintragung), der vor allem den Sinn hat, den Eigentumsübergang nach außen (für Dritte) erkennbar zu machen *(Publizitätsprinzip)*. Durch die Vornahme des dinglichen Rechtsgeschäfts (mitsamt dem Vollzugsakt) erfüllt der Verkäufer seine schuldrechtliche Verpflichtung aus dem Kaufvertrag zur Eigentumsverschaffung. Der Kaufvertrag als solcher ändert dagegen noch nichts an der sachenrechtlichen Güterzuordnung (d. h. an den bestehenden Eigentumsverhältnissen), sondern bereitet diese nur vor. Er ist **reines Verpflichtungsgeschäft.** Die *Verfügung* des Verkäufers, mittels derer er sich seines Eigentums entäußert, liegt nicht schon in dem Kaufvertrag selbst, sondern erst in dem hiervon zu unterscheidenden ,,dinglichen" Vertrag, der mit dem Kaufvertrag zeitlich zusammenfallen oder ihm auch nachfolgen kann.

Die Auffassung des Gesetzes deckt sich mit der des ,,Laien" in vielen Fällen nicht. Wer im Laden eine Sache kauft, sie sogleich bezahlt und in Empfang nimmt, wird in der Regel der Meinung sein, nur einen einzigen Vertrag geschlossen zu haben, den er als ,,Kaufvertrag" bezeichnen wird. Nach der Auffassung des Gesetzes sind dagegen nicht weniger als *drei Verträge* zu unterscheiden, nämlich: 1. der Kaufvertrag, durch den nur erst Verpflichtungen beider Teile begründet werden, ohne daß dadurch schon irgend etwas an den Eigentumsverhältnissen geändert würde; 2. der dingliche Vertrag, d. h. die ,,Einigung" zwischen Verkäufer und Käufer darüber, daß das Eigentum an der Kaufsache übergehen solle, durch den in Verbindung mit der Übergabe (§ 929) das Eigentum an ihr übertragen wird; 3. die Zahlung des Kaufpreises, die außer der Übergabe der Geldscheine wiederum einen dinglichen Vertrag (des Inhalts, daß das Eigentum an diesen Geldscheinen übergehen solle) erfordert. Erst diese drei Verträge zusammen führen – in Verbindung mit den von den dinglichen Verträgen begleiteten realen Übergabeakten – alle diejenigen Rechtsfolgen herbei, die sich für die Vorstellung des unbefangenen ,,Laien" an den von ihm als Einheit betrachteten Gesamtvorgang anknüpfen.

Die Sonderung der Übereignung von dem nur erst zu ihrer Vornahme verpflichtenden Kaufvertrag dürfte den Laien weniger befremden, wenn die Lieferung der Ware erst zu einem späteren Zeitpunkt erfolgen soll. Daß dann das Eigentum an ihr nicht schon mit dem Kaufvertrag, sondern erst mit der Übergabe an den Käufer auf ihn übergeht, dürfte seiner Vorstellung schon eher entsprechen. Aber auch in diesem Fall ist sich der Laie wohl meist dessen nicht bewußt, daß es zum Übergang des Eigentums außer der Übergabe noch der in diesem Zeitpunkt vorliegenden Einigung über den Eigentumsübergang bedarf. Praktisch bedeutet dieses Erfordernis, daß *in diesem Zeitpunkt* der Verkäufer rechtlich die Möglichkeit der Verfügung über die Sache haben muß, so daß also das Eigentum nicht übergeht, wenn der Verkäufer inzwischen etwa in Konkurs gefallen ist. Der Verkäufer hat ferner die Möglichkeit, den Eigentumserwerb des Käufers noch dadurch zu hindern, daß er spätestens bei der Übergabe erklärt, er wolle das Eigentum jetzt nicht übertragen („nachgeschobener Eigentumsvorbehalt").

Daß das Gesetz den Kaufvertrag und die Übereignung in der Weise voneinander trennt, daß es für die letztere (außer dem realen Vollzugsakt) *einen besonderen „dinglichen" Vertrag* verlangt, ist gewiß nicht selbstverständlich und entspricht in vielen Fällen nicht den tatsächlichen Vorstellungen der Beteiligten. Für ihre Vorstellung wird die Einigung über den Eigentumsübergang in den meisten Fällen schon in der Kaufabrede selbst beschlossen liegen. Beim Hand- oder Barkauf ist der tatsächliche Wille des Verkäufers in aller Regel nicht darauf gerichtet, sich zur Eigentumsübertragung nur erst zu verpflichten, sondern sogleich das Eigentum auf den Käufer zu übertragen. Den Willen, sich zur Eigentumsverschaffung zu verpflichten, rechnet ihm in diesen Fällen also erst die Rechtsordnung zu.[6] Sie kann es, weil auch da, wo der Wille sogleich auf die Eigentumsübertragung gerichtet ist, *sinngemäß* (wenn auch nicht notwendig für das Bewußtsein des Verkäufers oder für die „unbefangene Anschauung") eine entsprechende Verpflichtung darin eingeschlossen ist. Das zeigt sich, wenn der angestrebte Rechtserfolg, der Eigentumsübergang, nicht eintritt, etwa weil der Verkäufer gar nicht Eigentümer, die Sache einem Dritten gestohlen und daher auch ein gutgläubiger Eigentumserwerb ausgeschlossen war (§ 935), oder wenn dem Verkäufer die Verfügungsmacht fehlte. In diesen Fällen wird man sich nicht damit begnügen wollen, daß die Übereignung eben fehlgeschlagen ist, sondern dem Käufer das Recht geben, von dem Verkäufer Ersatz zu verlangen, mindestens, soweit diesen ein Verschulden trifft. Dies ist aber nur dann gerechtfertigt, wenn der Verkäufer, mag er auch das Eigentum sofort haben übertragen wollen, sinngemäß eben doch auch eine entsprechende Verpflichtung übernommen hat, für deren Erfüllung er dem Käufer einstehen muß. In dem Gesamtvorgang, den der Laie gern als

---

[6] AA. *Oeckinghaus* S. 65 ff. Er meint, der Handkauf sei ein „Realaustauschgeschäft"; die Übereignung erfolge unmittelbar im Austausch gegen den Preis, nicht zur Erfüllung einer – von der Rechtsordnung unterstellten – Verpflichtung zur Übereignung. Gewiß kann man das so ansehen, nur ist das nicht die Sichtweise des BGB. Dieses kennt Austauschverträge nur als gegenseitig verpflichtende Schuldverträge; als einen solchen Vertrag konstruiert es sowohl den Kauf- wie den Tauschvertrag. Gegen eine Sonderbehandlung des Handkaufs *MünchKomm/Westermann* 4 vor § 433.

„Kauf" bezeichnet, sind also, von den angestrebten Rechtsfolgen her gesehen, beide Momente enthalten: die *Verpflichtung* des Verkäufers, dem Käufer nicht nur den Besitz, sondern auch das Eigentum an der Kaufsache zu verschaffen, und die Verschaffung des Eigentums, die *Verfügung* des Verkäufers über sein Recht. Daß diese beiden Momente *gedanklich unterschieden* werden, ist also durchaus in der Sache begründet und muß als eine große Leistung der Rechtswissenschaft angesehen werden. Aber diese gedankliche Unterscheidung würde es freilich nicht erforderlich machen, für jedes dieser Momente ein *besonderes Rechtsgeschäft* zu verlangen und somit die Übereignung als „dinglichen" Vertrag vom Kaufvertrag als *lediglich* verpflichtenden Vertrag abzutrennen. Denkbar wäre doch auch, die verschiedenen Rechtsfolgen auf einen einzigen Vertrag zurückzuführen, wie das in der Tat in vielen Rechtsordnungen geschieht.

Man kann die Abtrennung damit rechtfertigen, daß sie eine systematische Vereinfachung darstellt. Unser Recht kennt, mit gutem Grund, besondere Voraussetzungen für die Wirksamkeit von „Verfügungen". Die Trennung des dinglichen Vertrags von dem schuldrechtlichen Vertrag ermöglicht es, den Kaufvertrag allein nach den für *Schuldverträge* aufgestellten Voraussetzungen zu beurteilen, während der dingliche Vertrag den für *Verfügungsgeschäfte* geltenden Regeln unterliegt. Ergibt sich, daß der Verkäufer zwar die Möglichkeit hatte, sich zu verpflichten, daß ihm aber aus irgendeinem Grunde die Verfügungsmacht über die Kaufsache abging, so ist zwar das Eigentum nicht übergegangen, der Kaufvertrag aber wirksam zustande gekommen. Umgekehrt: ist das Verfügungsgeschäft rechtlich in Ordnung, der Kaufvertrag aber unwirksam, so ist gleichwohl das Eigentum auf den Käufer übergegangen; der Nacherwerber braucht sich daher nicht darum zu bekümmern, ob sein Vormann auf Grund eines gültigen Kaufvertrages erworben hatte (Gesichtspunkt des *Verkehrsschutzes*). Der Kaufvertrag ist nur von Bedeutung im Verhältnis zwischen Käufer und Verkäufer; für die Eigentumsfrage und damit Dritten gegenüber, die ihrerseits die Sache erwerben oder vielleicht als Gläubiger pfänden lassen wollen, kommt es immer nur auf die gültige Vornahme des dinglichen Übertragungsaktes an. Hat man sich erst einmal daran gewöhnt, den Vorgang in dieser Weise anzusehen, so bedeutet das in der Tat eine erhebliche Erleichterung für die Anwendung der Rechtsnormen. Aber freilich wird diese Erleichterung durch einen Verzicht auf Übereinstimmung der vom Gesetz geforderten Betrachtungsweise mit der unbefangenen Anschauung des Lebens (wenigstens in den meisten Fällen) erkauft. Dazu kommt, daß die aus der Trennung sich ergebenden Folgerungen teilweise zu Ergebnissen führen, deren innere Berechtigung mindestens zweifelhaft ist.

b) **Die aus der Trennung sich ergebenden Folgerungen.** Setzen wir zunächst den Fall, daß eine bestimmte bewegliche Sache verkauft, aber dem Käufer noch nicht übergeben und damit auch noch nicht übereignet ist. Der Verkäufer ist dann nach wie vor noch ihr Eigentümer, und als solcher ist er rechtlich in der

Lage, die Sache an einen Dritten (durch Einigung und Übergabe) wirksam zu übereignen. Er verletzt dadurch zwar dem Käufer gegenüber seine Verpflichtung aus dem Kaufvertrag und macht sich ihm wegen des von ihm verschuldeten Unvermögens zur Leistung nach § 325 schadensersatzpflichtig, aber die Sache selbst kann der Käufer von dem Dritten, der ja Eigentümer geworden ist, nicht herausverlangen. Nur dann, wenn der Dritte den Verkäufer zum Vertragsbruch verleitet hat, im Bewußtsein, dadurch den Käufer zu schädigen, hat der Käufer auch gegen den Dritten einen Schadensersatzanspruch (nach § 826).[7] Daraus, daß die verkaufte Sache bis zur Übertragung des Eigentums durch das dingliche Rechtsgeschäft (in Verbindung mit dem Vollzugsakt) immer noch dem Verkäufer gehört, ergibt sich weiter, daß dessen Gläubiger sie immer noch pfänden lassen können. Der Käufer kann, weil er noch kein „dingliches" Recht an der Sache erworben hat, weder die Einzelvollstreckung (durch eine Widerspruchsklage nach § 771 ZPO) verhindern, noch die Sache im Konkurse des Verkäufers „aussondern", d. h. an sich ziehen. Er ist dann wiederum auf einen Ersatzanspruch angewiesen, der als gewöhnliche Konkursforderung nur zu einer entsprechend der vorhandenen Masse verkürzten Befriedigung führt, es sei denn, er habe seinerseits auch noch nicht geleistet und der Konkursverwalter trete gemäß § 17 KO in den Kaufvertrag ein. Alle diese für ihn mißlichen Folgen kann der Käufer eines *Grundstücks* freilich dadurch vermeiden, daß er seinen Anspruch auf Übereignung durch die Eintragung einer „*Vormerkung*" (§ 883) sichern läßt. In diesem Fall sind Verfügungen, die der Verkäufer nach der Eintragung der Vormerkung trifft, sowie auch Verfügungen im Wege der Zwangsvollstreckung oder Arrestvollziehung und durch einen Konkursverwalter <u>insoweit</u> unwirksam, als sie den durch die Vormerkung gesicherten Anspruch des Käufers vereiteln oder beeinträchtigen würden. Auch im Konkurse des Verkäufers kann der Käufer die Befriedigung seines Anspruches verlangen (§ 24 KO). Durch die Vormerkung wird also der zunächst nur schuldrechtliche Anspruch gegen den Verkäufer gleichsam *verdinglicht*, d. h., er wird Dritten gegenüber durchsetzbar. Für *bewegliche Sachen* fehlt es an einem entsprechenden Rechtsinstitut. Hier muß sich der Käufer, wenn er sich dinglich sichern will, sogleich das Eigentum übertragen lassen. Das ist freilich auch ohne Übergabe durch einen besonderen Vertrag, z. B. einen Miet- oder Verwahrungsvertrag, möglich, auf Grund dessen der Verkäufer „Besitzmittler" des Käufers, dieser „mittelbarer Besitzer" (§ 868) wird (sog. „*Besitzkonstitut*", Vereinbarung eines Besitzmittlungsverhältnisses, § 930). Aber abgesehen davon, daß nichtrechtskundige Parteien hierauf nicht leicht verfallen werden, wird sich der Verkäufer in der Regel hierauf wohl nur dann einlassen, wenn der Käufer den Kaufpreis sofort voll bezahlt. Mangels einer dinglichen Einigung (über den Eigentumsübergang als solchen) und einer die Übergabe

---

[7] Vgl. unten § 72 IV Ziff. 5.

ersetzenden besonderen Vereinbarung über die Begründung eines Besitzmittlungsverhältnisses erhält der Käufer durch den Kaufvertrag – selbst wenn er eine erhebliche Anzahlung geleistet oder sogar schon voll bezahlt hat – vor der Übergabe also noch kein Dritten gegenüber durchsetzbares, in diesem Sinne dingliches Recht, sondern nur einen schuldrechtlichen Anspruch gegen den Verkäufer, dessen Verwirklichung vor allem auch im Hinblick auf die Möglichkeit von Pfändungen Dritter unsicher ist.

Eine weitere dem Käufer nachteilige Folge ist die, daß der Verkäufer selbst bei der Übergabe den Eigentumsübergang auf den Käufer noch dadurch ausschließen kann, daß er erklärt, das Eigentum nicht übertragen zu wollen. Denn die Übergabe überträgt das Eigentum ja nur, wenn in diesem Augenblick eine Einigung beider Teile über den Eigentumsübergang besteht. Der Verkäufer kann daher, auch wenn dies im Kaufvertrag nicht vereinbart, also vertragswidrig ist, noch bei der Übergabe wirksam erklären, er übertrage dem Käufer das Eigentum nur unter der aufschiebenden Bedingung der vollständigen Zahlung des Kaufpreises (einseitig erklärter Eigentumsvorbehalt).[8] Der Käufer erhält dann wohl den Besitz und damit die Nutzungsmöglichkeit, aber vorerst noch nicht das Eigentum und damit das volle Verfügungsrecht.

Die Trennung von Kaufvertrag und Übereignung erweist sich anderseits *für den Verkäufer* dann als nachteilig, wenn sich nachträglich herausstellt, daß der Kaufvertrag – z. B. wegen eines versteckten Dissenses – nichtig war, oder wenn er den Kaufvertrag angefochten hat und wenn in der Zwischenzeit die Sache dem Käufer bereits übereignet war. Denn dann ist – sofern sich der Nichtigkeits- oder Anfechtungsgrund nicht ausnahmsweise auch auf das dingliche Geschäft erstreckt – der Eigentumsübergang trotzdem gültig, da er ja nicht auf dem Kaufvertrag, sondern auf dem dinglichen Vertrag beruht und dieser in seiner Wirksamkeit von der des Kaufvertrages unabhängig, d. h. ,,abstrakt" ist. Der Verkäufer, der bei dieser Sachlage selbst den Kaufpreis nicht mehr verlangen kann und den bereits empfangenen als ,,ungerechtfertigte Bereicherung" (§ 812) zurückerstatten muß, hat dann seinerseits gegen den Käufer nur den Bereicherungsanspruch auf Rückgabe und Rückübereignung der Sache oder, falls der Käufer hierzu nicht mehr in der Lage ist, auf Wertersatz (§ 818 Abs. 2). Er kann die Sache aber nicht – wie er es könnte, wenn er Eigentümer geblieben wäre – von einem Dritten herausverlangen, an den sie der Käufer inzwischen weiterveräußert hat; er kann es nicht hindern, daß die Sache von einem Gläubiger des Käufers gepfändet und danach versteigert wird, und er kann sie im Konkurse des Käufers nicht aussondern. Dies gilt selbst dann, wenn Kaufvertrag und Übereignung gleichzeitig vorgenommen wurden, sofern die Parteien nicht – was bei bewegli-

---

[8] Der BGH erschwert neuerdings die Wirksamkeit solcher einseitigen, vertragswidrigen Vobehalte durch erhöhte Anforderungen an deren Erkennbarkeit für den Käufer; vgl. unten § 43 II a.

chen Sachen möglich, aber nicht ohne weiteres anzunehmen ist – die Übereignung nur unter der rechtsgeschäftlichen Bedingung der Gültigkeit des Kaufvertrages vorgenommen haben. Ob eine Geschäftseinheit im Sinne von § 139 – mit der Folge, daß die Nichtigkeit des einen „Teils" die des anderen nach sich zieht – angenommen werden darf, ist zweifelhaft und eher zu verneinen, da das Gesetz ja gerade verlangt, den (für das Bewußtsein der Parteien einheitlichen) Vorgang in zwei voneinander getrennte Rechtsgeschäfte zu zerlegen.[9] Es bleibt also in den meisten Fällen dabei, daß trotz der Ungültigkeit des Kaufvertrages der Käufer durch den dinglichen Erwerbsakt Eigentümer geworden und der Verkäufer auf einen schuldrechtlichen Anspruch gegen ihn angewiesen ist, den er Dritten gegenüber nicht durchzusetzen vermag.

c) **Andere Gestaltungen.** Das im BGB durchgeführte Prinzip der *Trennung* von Kaufvertrag und *abstraktem* (d. h. vom Kaufvertrag als dem „Rechtsgrunde" losgelösten) dinglichen Rechtsgeschäft ist nicht das allein mögliche; es hat sich in der Lehre des „Gemeinen Rechts" endgültig erst im 19. Jahrhundert durchgesetzt[10] und ist auch heute den meisten ausländischen Rechten fremd. Bezeichnen wir das der Trennung entgegengesetzte Prinzip als das der **Einheit von Kaufvertrag und Übereignung,** so bedeutet dieses Prinzip, daß die für den Eigentumsübergang erforderliche Willenseinigung als *bereits im Kaufvertrage selbst enthalten* angesehen wird. Ein besonderer „dinglicher" Vertrag erscheint dann als überflüssig. Im näheren läßt dieses „Einheitsprinzip" wiederum zwei verschiedene Ausgestaltungen zu. Der Übergang des Eigentums kann sich entweder vollziehen auf Grund des Kaufvertrages allein *(reines Vertragsprinzip),* oder auf Grund des Kaufvertrages in Verbindung mit einem realen Vollzugsakt, insbesondere der Übergabe *(Verbindung von Einheitsprinzip und Übergabegrundsatz).* Die erste Gestaltung findet sich im französischen Recht und in den Rechten anderer romanischer sowie der skandinavischen Länder, für bewegliche Sachen auch im englischen Recht; die zweite entsprach der überwiegenden Auffassung der älteren gemeinrechtlichen Theorie und fand einen gesetzlichen Niederschlag vor allem im preußischen Allgemeinen Landrecht vom Jahre 1794. Es ist nötig, einen Blick auf diese Gestaltungen zu werfen, um demgegenüber die Vorzüge und die Nachteile der im BGB durchgeführten Gestaltung zu erkennen und diese beurteilen zu können.[11]

Gemäß Art. 1138 II code civil (c. c.) macht bei „obligations de donner" (wie Kauf, Tausch, Schenkung) *die Willensübereinstimmung der Beteiligten allein* „den Gläubiger zum Eigentümer".[12] Art. 1583 bestimmt, daß der Kaufvertrag zustande gekommen und das Eigentum an der Kaufsache

---

[9] Vgl. dazu Allg. Teil § 23 II a.
[10] Vgl. *Felgentraeger,* Fr. C. v. Savignys Einfluß auf die Übereignungslehre, 1927.
[11] Zum folgenden v. *Caemmerer,* Rechtsvergleichung u. Reform der Fahrnisübereignung, RabelsZ 12, 675.
[12] Zum folgenden vgl. *Ferid,* Französisches Zivilrecht, 1971, Bd. 1 §§ 35, 36.

§ 39. Der Kaufvertrag im allgemeinen II § 39

von dem Käufer erworben ist, sobald sich die Parteien über die Sache und den Preis geeinigt haben, und zwar, wie es ausdrücklich heißt, auch dann, wenn die Sache noch nicht übergeben und der Preis noch nicht bezahlt ist. Der Kaufvertrag allein überträgt also, mit sofortiger Wirkung, das Eigentum. Da somit dem Käufer das Eigentum schon unmittelbar durch den Kaufvertrag verschafft wird, erwähnt der code die Verpflichtung des Verkäufers zur Eigentumsverschaffung nicht. Der Verkäufer wird vielmehr nur für verpflichtet erklärt, die Sache dem Käufer zu liefern und ihm für den ungestörten, durch keine Ansprüche Dritter beeinträchtigten Besitz sowie für die Abwesenheit von Sachmängeln einzustehen (art. 1603ff.) Trotzdem nimmt ein Teil der franz. Lehre[13] an, daß die Pflicht des Verkäufers zur Eigentumsverschaffung vom Gesetz „stillschweigend" vorausgesetzt, d. h. sinngemäß im Vertrage enthalten sei. Daher habe der Verkäufer alles zum Eigentumsübergang seinerseits Erforderliche zu tun, z. B. bei einer Gattungsschuld die Stücke zu individualisieren. Auch ergebe sich die Verpflichtung, für ungestörten Besitz einzustehen, sinngemäß aus der vorausgesetzten Verpflichtung zur Eigentumsverschaffung. Damit erkennen aber diese Autoren der Sache nach an, daß der Kaufvertrag nach dem französischen Recht beides ist: *sowohl Verpflichtungsgeschäft wie Verfügungsgeschäft*. Der Verkäufer wird verpflichtet, dem Käufer das Eigentum zu verschaffen, und verschafft es ihm in der Regel sogleich eben durch denselben Vertrag. Man sagt daher auch, die Verpflichtung des Verkäufers zur Eigentumsverschaffung werde in dem gleichen Augenblick, in dem sie eingegangen wird, und durch den gleichen Vertrag gleichsam „automatisch" erfüllt.[14]

Betrachten wir nun die Folgerungen, die sich aus diesem Prinzip und den weiteren Bestimmungen des code für die Stellung der Beteiligten ergeben. Durch den sofortigen Eigentumserwerb auf Grund des Kaufvertrages allein – zu der bei einer Gattungsschuld allerdings noch die Individualisierung hinzukommen muß –, *erlangt der Käufer sogleich auch einem Dritten*, besonders also den Gläubigern des Verkäufers, *gegenüber wirksamen dinglichen Schutz*. Dieser Schutz versagt jedoch, wenn der Verkäufer die Sache nochmals, und zwar an einen Gutgläubigen, verkauft, und wenn der zweite Käufer vor dem ersten den Besitz erlangt (art. 1141). Demgemäß genießt der Käufer einen vollkommenen dinglichen Schutz auch nach französischem Recht erst von dem Augenblick an, in dem er den Besitz erlangt. Bei Grundstücken tritt an die Stelle des Besitzes die Eintragung. Eine Folge des Einheitsprinzips ist sodann, daß ein erst nach dem Abschluß des Kaufvertrages, etwa bei der Übergabe, erklärter Eigentumsvorbehalt ohne jede Wirkung ist. Nicht schon auf dem Einheitsprinzip, wohl aber auf dem Ausschluß des Übergabegrundsatzes, also auf dem reinen Vertragsprinzip, beruht es, daß nach französischem Recht die *Gefahr des zufälligen Unterganges* der Kaufsache nicht erst mit der Übergabe (vgl. § 446 BGB), sondern bereits mit dem Abschluß des Kaufvertrages übergeht, wie das Art. 1138 II ausdrücklich anordnet. Denn, so begründet die Lehre diesen Satz,[15] die Gefahr zufälligen Unterganges trägt grundsätzlich der Eigentümer („res perit domino"); Eigentümer ist aber vom Moment des Kaufabschlusses an der Käufer. Er muß also die Sache bezahlen, auch wenn er sie gar nicht realiter bekommen hat. Ist der Kaufvertrag nichtig oder erlangt der Verkäufer, was nach dem franz. Recht möglich ist (art. 1654 c. c.), wegen Nichtzahlung des Kaufpreises seine gerichtliche Auflösung, so ist das Eigentum beim Verkäufer geblieben oder jetzt an ihn zurückgefallen, und er kann die Sache daher jetzt von jedem Dritten herausverlangen, es sei denn, dieser habe als gutgläubiger Eigenbesitzer nach art. 2279 c. c.[16] das Eigentum an der Sache erworben.

Im Gegensatz zum code civil verlangte das *preußische Allgemeine Landrecht* (ALR) zum Eigentumsübergang außer dem Kaufvertrag oder einem anderen gültigen Erwerbsgeschäft die Übergabe der Sache (ALR I 9, § 3; I 10, § 1). Es verband also das „Einheitsprinzip" (keine Trennung von Kaufvertrag und dinglichem Rechtsgeschäft!) mit dem *Übergabegrundsatz*. Das zugleich schuldrechtliche Erwerbsgeschäft (oder einen sonstigen Erwerbsgrund) bezeichnete man dann im rechtlichen „Titel", die Übergabe als „modus", d. h. Art und Weise des Eigentumserwerbs. Nur „Titel" und „modus" zusammen übertrugen das Eigentum. Durch den Kaufvertrag oder einen sonstigen Titel erlangte der Erwerber also noch nicht das Eigentum, sondern gewissermaßen nur erst eine Anwartschaft. Diese

---

[13] Vgl. *Planiol/Ripert/Boulanger*, Traité de Droit Civil, 1958, Bd. 3, Nr. 1290; *Ferid* aaO. § 35 B I.
[14] *Planiol/Ripert/Boulanger* Bd. 3, Nr. 508; vgl. auch *Rabel,* Das Recht des Warenkaufs, Bd. 1, S. 195.
[15] Vgl. *Ferid* § 36 D.
[16] Zu dieser Bestimmung vgl. *Ferid* § 67.

war nach dem ALR verbunden mit dem sog. *„jus ad rem"*, demzufolge der Käufer seinen Anspruch auch gegen einen nicht gutgläubigen Dritten durchzusetzen in der Lage war.[17] Haftungsrechtlich gehörte die Sache jedoch noch zum Vermögen des Verkäufers; der Käufer mußte sie im Konkurse des Verkäufers in der Masse lassen. Erst mit der Übergabe erstarkte seine bis dahin durch das jus ad rem nur unvollkommen geschützte Position zum dinglichen Vollrecht, zum Eigentum. Anderseits erwarb er das Eigentum trotz erfolgter Übergabe nicht, wenn es ihm an einem gültigen Titel ermangelte, wenn also etwa der Kaufvertrag nichtig war. In diesem Fall war das Eigentum dem Verkäufer geblieben, dieser also dinglich geschützt.

d) **Rechtspolitische Würdigung.** Die Regelung des BGB ist immer wieder einer heftigen Kritik ausgesetzt gewesen, die sich teils gegen das Trennungsprinzip und damit gegen den besonderen dinglichen Vertrag überhaupt, teils nur gegen die Zuspitzung des Trennungsprinzips durch den Abstraktionsgrundsatz, teils gegen das Erfordernis der Übergabe, oder gegen alles zugleich richtet.[18] Soweit sich diese Kritik auf die „unbefangene Anschauung" gründet, der die Trennung eines schuldrechtlichen und eines dinglichen Geschäfts im allgemeinen fremd sei, ist ihr entgegenzuhalten, daß es nicht nur darauf ankommen kann, was den Geschäftsbeteiligten und dem „unbefangenen Verkehrsteilnehmer" jeweils tatsächlich bewußt ist, sondern was *sinngemäß* in dem Geschäft enthalten ist. Es ist sehr wohl möglich, daß von zwei Momenten, die sinngemäß beide in dem rechtsgeschäftlichen Vorgang enthalten sind, eines für das Bewußtsein der Beteiligten so sehr im Vordergrund steht, daß das andere dadurch für sie gleichsam verdeckt wird. So steht beim gewöhnlichen Hand- oder Barkauf das dingliche Moment, die Einigung über den (hiermit vollzogenen) Eigentumsübergang, für die Beteiligten derart im Vordergrund, daß die sinngemäß auch darin enthaltene Verpflichtung des Verkäufers zur Eigentumsverschaffung nicht zum Bewußtsein gelangt. Die Zerlegung des von den Parteien als einheitlich empfundenen Geschäfts in zwei Rechtsgeschäfte, den schuldrechtlichen Kauf und die gleichzeitig miterklärte dingliche Einigung über den Eigentumsübergang, widerspricht hier dem psychologischen Befund. Sie widerspricht ihm nicht oder doch nicht in dem

---

[17] Hierzu *Dubischar,* Doppelverkauf und „ius ad rem", JuS 70, 6.
[18] Die Reihe der Kritiker eröffnete schon 1887 *Strohal* in Jher Jb. 27, 335. Ihm folgte *Bechmann,* aaO III 1 S. 47 ff. Die umfangreiche Reformliteratur der dreißiger Jahre – deren Anliegen, wenigstens in dieser Frage, keineswegs durch irgendwelche politischen Motive bestimmt war, wenn man sich auch mitunter zur Unterstützung der eigenen Ansicht auf politisch gefärbte Schlagworte berief – wandte sich zum Teil nur gegen den Abstraktionsgrundsatz, wollte also das Trennungsprinzip bestehen lassen und nur seine Wirkungen abschwächen (so *Heck,* Das abstrakte dingliche Rechtsgeschäft, 1937; *Lange,* AcP 146, 28; 148, 188; *Nolte,* Zur Reform der Eigentumsübertragung, 1941; *Locher,* Die Neugestaltung des Liegenschaftsrechts, 1942; zum Teil richtete sie sich gegen das dingliche Geschäft als solches, also gegen das Trennungsprinzip (so vor allem *Brandt* aaO und DRWiss. 6, 67; *Krause,* AcP 145, 312). Während diese Autoren im allgemeinen am Übergabegrundsatz festhalten wollten, steht dieser später im Mittelpunkt der Kritik (vgl. *Süss* in Festschr. f. *M. Wolff,* 1952, S. 141; *Hübner,* Der Rechtsverlust im Mobiliarsachenrecht, 1955, S. 56 ff.). Die gesamte Reformliteratur, insbesondere die Arbeiten von *Heck* und *Brandt,* steht stark unter dem Einfluß des Werkes des dänischen Rechtsgelehrten Vinding *Kruse* über das Eigentumsrecht, das für das reine Vertragsprinzip eintritt (vgl. die deutsche Übersetzung, 1935, Bd. II S. 142 ff.).

§ 39. Der Kaufvertrag im allgemeinen

Maße beim zeitlich gestreckten Kauf, bei dem Lieferung und Eigentumsübertragung erst einige Zeit nach dem Kaufabschluß erfolgen sollen. Allerdings wäre es auch hier, wie es die Rechtsordnungen zeigen, in denen das Rechtens ist, durchaus möglich, die Einigung über den Eigentumsübergang als bereits in dem ersten Akt, dem Kaufvertrag, miterklärt anzusehen, so daß nur der tatsächliche Vollzug noch ausstünde und eine nochmalige, auf Übereignung gerichtete Willenseinigung entbehrlich wäre. Die Entscheidung, welche dieser möglichen Gestaltungen rechtspolitisch den Vorzug verdient, kann nicht davon abhängen, welche Momente gerade für das Bewußtsein der Beteiligten im Vordergrund stehen, da der Rechtsverkehr nach festen Maßstäben und typisierten Geschäftsarten verlangt. Es kommt vielmehr auf eine Würdigung der sich jeweils ergebenden Rechtsfolgen an.

Das *reine Vertragsprinzip* des französischen Rechts empfiehlt sich zwar durch seine scheinbare Einfachheit. Es begünstigt den Verkäufer aber über Gebühr dadurch, daß es die Gefahr des zufälligen Untergangs der Kaufsache schon mit dem Abschluß des Kaufvertrages, ohne Rücksicht auf die Übergabe der Sache, auf den Käufer übergehen läßt. Denn solange er nicht den Besitz erlangt hat, hat der Käufer weder die Nutzungsmöglichkeit, noch befindet sich die Sache in seinem Herrschaftsbereich; es ist daher nicht gerechtfertigt, daß er schon die Gefahr trägt, wenigstens so lange, als sich die Sache noch im Herrschaftsbereich des Verkäufers befindet. Bei Gattungsschulden können sich Schwierigkeiten hinsichtlich der genauen Feststellung des Eigentumsübergangs ergeben, da hierzu noch eine Individualisierung nötig ist.[19] Endlich berücksichtigt das reine Vertragsprinzip zu wenig die naturgegebene Rolle des Besitzes als des *äußeren Kennzeichens des Eigentums*. Zumindest für eine Rechtsordnung, in der, wie in der unsrigen, der Erwerber einer beweglichen Sache, falls die Umstände nicht zu einem anderen Schlusse nötigen, darauf vertrauen kann, daß der besitzende Veräußerer auch Eigentümer ist (§ 932),[20] ist die Verknüpfung des Eigentumserwerbes mit dem Besitzwechsel (wenigstens in den Regelfällen) ein Gebot der Folgerichtigkeit. Auch das französische Recht schützt, wie wir sahen, unter zwei Käufern derselben Sache denjenigen, der zuerst den Besitz erlangt, sofern er nur gutgläubig ist. Daß erst mit der Besitzerlangung die Sache *endgültig* in das Vermögen des Käufers übergegangen und damit auch dem Zugriff der Gläubiger des Verkäufers entzogen ist, dürfte der allgemeinen Anschauung nicht fernliegen. Auch die Natur der Sache spricht dafür. Der Besitz als die tatsächliche Sachherrschaft ist dem Eigentum nicht nur äußerlich und zufällig, sondern dasjenige Moment, durch das das Eigentum als sozialer Tatbestand am sinnfälligsten in die Erscheinung tritt. Besitzloses Eigentum ist gewissermaßen ein der vollen Realität entbehrendes und daher auch (wegen der Möglichkeit des Verlustes infolge des gutgläubigen Erwerbes eines Dritten) in seinem Fortbestand gefährdetes Eigentum. Das ist bei Grundstücken heute insofern anders, als die Sinnfälligkeit des Eigentums hier bereits durch den Grundbucheintrag hergestellt wird. Deshalb genügt als Vollzugsakt hier die Eintragung. Bei beweglichen Sachen aber ist die Übergabe nach wie vor das gegebene Mittel, den Eigentumswechsel auch äußerlich sichtbar zu vollziehen. Richtig ist, daß das Verkehrsbedürfnis hieran nicht unter allen Umständen festzuhalten erlaubt und der Grundsatz daher auch im BGB von Ausnahmen (deren wichtigste das Besitzkonstitut, § 930, ist) durchbrochen ist.[21] Die oft erörterten Bedenken gegen die Sicherungsübereignung legen aber doch die Frage nahe, ob das Gesetz in der Zulassung solcher Ausnahmen nicht zu weit gegangen ist. Jedenfalls scheint es mir nicht gerechtfertigt zu sein, aus dem Vorhandensein und der tatsächlichen Bedeutung solcher Ausnahmen den Schluß zu ziehen, der Grundsatz, daß bei der Übereignung beweglicher Sachen dem Besitzwechsel

---
[19] Vgl. v. *Caemmerer*, RabelsZ 12, 690.
[20] Gegen die Berechtigung dieses Vertrauens wendet sich (rechtspolitisch) freilich *Hübner*, aaO S. 56 ff. Mit Recht hebt *Hübner* (S. 64) aber den Zusammenhang von Übergabegrundsatz und Erwerb des Nichtberechtigten in seiner heutigen Gestalt hervor.
[21] Das betonen vor allem *Süss* und *Hübner*.

wenigstens in der Regel die Bedeutung des notwendigen Vollzugsaktes zukommt, sei ungerechtfertigt und ein ,,bloßer Atavismus des Sachenrechts".[22] Bei der Grundstücksübereignung wird ohnehin niemand auf die Eintragung als notwendigen Vollzugsakt verzichten wollen. Ich halte das reine Vertragsprinzip (das nicht nur auf einen besonderen dinglichen Vertrag, sondern grundsätzlich auch auf einen sichtbaren Vollzugsakt verzichtet) rechtspolitisch daher nicht für empfehlenswert.

Auf der anderen Seite lassen sich aber auch die nachteiligen Folgen des im BGB durchgeführten *Trennungsprinzips* nicht bestreiten. Einmal ist hier die Versagung des dinglichen Rechtsschutzes für den Verkäufer nach Vornahme des Übereignungsaktes im Falle der Nichtigkeit des Kaufvertrages zu nennen. Dem könnte freilich dadurch abgeholfen werden, daß an Stelle des geltenden Abstraktionsgrundsatzes die ,,rechtsgrundabhängige" dingliche Einigung gesetzt würde. An dem Erfordernis des besonderen dinglichen Vertrages würde dann zwar festgehalten, dieser in seiner Rechtsgültigkeit aber kraft Gesetzes von der des zugrunde liegenden Verpflichtungsgeschäftes abhängig gemacht werden. Im Falle der Nichtigkeit des Kaufvertrages würde dann also die zu seiner Erfüllung vorgenommene Übereignung ebenfalls nichtig sein. Doch muß man die Frage stellen, wozu es dann noch der Annahme eines vom Kaufvertrage unterschiedenen, besonderen dinglichen Vertrages bedarf, wenn dieser die ihm eigene dingliche Wirkung doch nur im Zusammenhang mit dem Grundgeschäft soll entfalten können. Mit Recht bemerkt *Dulckeit*[23] dazu, ein kausaler, d. h. rechtsgrundabhängiger dinglicher Vertrag würde nur ,,eine logisch ebenso überflüssige wie praktisch entbehrliche Verdoppelung der im Schuldvertrag bereits vollzogenen Willenseinigung darstellen". Der Widersinn solcher Verdoppelung zeigt sich vornehmlich in der auch in dem System der rechtsgrundabhängigen dinglichen Einigung gegebenen Möglichkeit des nachträglich vom Verkäufer einseitig erklärten Eigentumsvorbehaltes. Der Verkäufer, der sich im Kaufvertrag zu unbedingter Übereignung verpflichtet hat, kann im Widerspruch hierzu immer noch durch die bei der Übergabe abgegebene Erklärung, nur bedingt übereignen zu wollen, den Eigentumsübergang hinausschieben. Schließlich: wenn man schon die Zerlegung des in der Mehrzahl der Fälle von den Beteiligten als einheitlich betrachteten Kaufvorganges in zwei verschiedene Rechtsgeschäfte als ,,lebensfremd" und ,,gekünstelt" ansieht, dann ist es die Zerlegung und gleichzeitige Wiederzusammenfügung durch das Mittel der ,,Rechtsgrundabhängigkeit" des zweiten Vertrages erst recht.

Überdies ist der abstrakte dingliche Vertrag auch unter dem einstmals dafür angeführten Gesichtspunkt des *Verkehrsschutzes* heute durchaus entbehrlich.[24] Unter dem ,,Verkehrsschutz" ist in diesem Zusammenhange zu verstehen, daß der Dritterwerber sich nur darauf zu stützen braucht, daß er selbst von seinem Vormann durch einen gültigen dinglichen Übertragungsakt Eigentum erworben habe, daß es seinem Erwerb aber nicht schadet, wenn der Kaufvertrag oder das sonstige Verpflichtungsgeschäft, auf Grund dessen *sein Vormann* erworben hat, nichtig oder angefochten ist, weil der Vormann ja trotzdem durch den gültigen dinglichen Erwerbsakt Eigentümer geworden war. Dieser Gesichtspunkt war in der Tat von erheblicher Bedeutung unter dem Gemeinen Recht, das einen (sofortigen) Eigentumserwerb des Gutgläubigen auch vom Nichteigentümer nicht kannte. Nachdem dieser Erwerb aber im BGB (§§ 892, 932) anerkannt ist, wenn nur der Veräußerer durch seine Eintragung im Grundbuch oder seinen Besitz dem Erwerber gegenüber als legitimiert erscheint, ist dem Verkehrsschutzbedürfnis auf diese Weise Genüge getan, so daß es einer Loslösung des Eigentumserwerbes von dem zugrunde liegenden Vertrag aus diesem Grunde nicht mehr bedarf.

Man wird daher *rechtspolitisch* am ehesten einer Gestaltung den Vorzug geben müssen, die zwar an dem Erfordernis eines realen Vollzugsaktes (Übergabe oder Eintragung) festhält, nicht aber an der Zerlegung des rechtsgeschäftlichen Akts in einen obligatorischen und einen besonderen dinglichen Vertrag. Bei einer solchen Gestaltung bedürfte es also im Falle des Kaufs *nur eines einzigen Vertrages*, des Kaufvertrages, der dann, mit Rücksicht auf seine sowohl obligatorische wie dinglichen Rechtsfolgen, anders als heute zugleich Verpflichtungs- und Verfügungsgeschäft wäre, beide (gedanklich auch dann zu unterscheidenden) Momente in sich vereinte.[25] Die Erklärung des Verkäufers müßte dann

---

[22] So *Süss* aaO.
[23] *Dulckeit*, Die Verdinglichung obligatorischer Rechte S. 32.
[24] Vgl. auch *Westermann*, Lehrb. d. Sachenrechts § 4 III.
[25] Die gedankliche Unterscheidung der obligatorischen und der dinglichen Rechtsfolgen des (einheitlichen) Vertrages würde es m. E. auch erlauben, nur die letzteren durch Parteiabrede von einer

sinngemäß so interpretiert werden: Ich verpflichte mich, Dir das Eigentum zu verschaffen (Verpflichtungsmoment), und übertrage es Dir hiermit (Verfügungsmoment) – vorbehaltlich der Übergabe (oder Eintragung). Auf Grund des so verstandenen Kaufvertrages würde das Eigentum übergehen, jedoch regelmäßig erst dann, wenn der reale Vollzugsakt hinzuträte. Einer erneuten Willenseinigung bedürfte es in diesem Falle nicht; der erst bei der Übergabe erklärte Eigentumsvorbehalt wäre wirkungslos. Ohne gültigen Vertrag würde trotz der Übergabe oder Eintragung das Eigentum nicht übergehen; der Dritterwerber wäre trotzdem bei Gutgläubigkeit geschützt. Bis zur Übergabe oder Eintragung hätte der Käufer nur den Anspruch auf Verschaffung des Besitzes und des Eigentums; ob er Dritten gegenüber etwa schon durch ein „jus ad rem" zu schützen wäre, bliebe zu überlegen.[26] Nicht für empfehlenswert halte ich den weiteren Vorschlag von *Brandt*, den Eigentumsübergang auch dann, wenn noch kein realer Vollzugsakt stattgefunden hat, mit der Zahlung des Kaufpreises eintreten zu lassen. Das wird zwar dem Gedanken des Austausches gerecht, widerspricht aber dem Kundbarkeitsprinzip und würde den Nachweis des Eigentums sehr erschweren.

Unabhängig von der rechtspolitischen Stellungnahme hat die Darstellung des geltenden Rechts von den Prinzipien auszugehen, die das BGB durchgeführt hat. Diese sind das *Trennungsprinzip,* und zwar in seiner folgerichtigen Durchführung und Vollendung durch den *Abstraktionsgrundsatz,* sowie die Verbindung des *dinglichen Vertrages* mit einem *Vollzugsakte,* dem Besitzwechsel oder der Eintragung. Für den Kaufvertrag ergibt sich hieraus, daß wir ihn im Sinne des BGB lediglich als Verpflichtungs-, nicht aber zugleich als Verfügungsgeschäft zu verstehen haben, mag man im Leben auch oft beides darunter verstehen. Die Eigentumslage läßt er also noch unberührt. Dies gilt auch für den Hand- oder Barkauf. Die Rechtsfolgen des Kaufvertrages sind auch in diesem Fall allein schuldrechtlicher Natur; der Eigentumsübergang erfordert einen dinglichen Vertrag, den man hier in der sofortigen Übergabe als einer „schlüssigen Handlung"[27] erblicken kann. Das durch den Kaufvertrag begründete Rechtsverhältnis – das „Kaufverhältnis" – ist ein Schuldverhältnis, das als solches mit der vollständigen Erfüllung der beiderseitigen Leistungspflichten sein Ende findet. Wie früher (Bd. I § 2 V a. E.) dargelegt, behält ein Schuldverhältnis jedoch auch nach der Erfüllung rechtliche Bedeutung als „Rechtsgrund" der geschehenen Leistungen im Sinne des Bereicherungsrechts (§ 812). Überträgt der Kaufvertrag also dem Käufer auch noch nicht das Eigentum an der Kaufsache, so sichert er ihn doch vor einer Rückforderung (wegen „ungerechtfertigter Bereicherung"), wenn der Verkäufer dem Käufer (durch die Vornahme des sachenrechtlich erforderlichen Übertragungsaktes)

Bedingung abhängig zu machen, also die Vereinbarung eines Eigentumsvorbehalts im Kaufvertrage. A. A. *Weitnauer* in Festschr. f. K. *Larenz* zum 80. Geburtstag, 1983, S. 708 f. Er hält die Trennung des schuldrechtlichen und des dinglichen Vertrages für „denknotwendig", weil im Falle des Eigentumsvorbehalts nur das letztere bedingt geschlossen würde. Nimmt man aber einmal einen Vertrag an, der ein schuldrechtliches und ein dingliches Element in sich vereint, dann halte ich auch eine Bedingung für denkbar, die sich nur auf das letztere bezieht.

[26] Für ein jus ad rem vor allem *Brandt* aaO; dagegen *Wieacker,* DRWiss. 6, 166, da es dem Kundbarkeitsprinzip widerspreche. Scharf ablehnend (vom Standpunkt der geltenden Dogmatik) *Dubischar,* aaO.

[27] Zu diesem Begriff vgl. Allg. Teil § 19 IV b (S. 347 f.).

§ 40 I   1. Abschn. 1. Kap. Veräußerungsverträge, insbesondere Kauf

das Eigentum verschafft und dadurch seine Leistungspflicht aus dem Kaufvertrage erfüllt hat.

§ 40. Die Leistungspflicht des Verkäufers beim Sachkauf

Literatur: *Grossmann-Doerth,* Das Recht des Überseekaufs, I, 1930; *Grunewald,* Die Grenzziehung zwischen der Rechts- und der Sachmängelhaftung beim Kauf, 1980; *Rabel,* Die Haftung des Verkäufers wegen Mängeln im Recht, 1902. Weiteres Schrifttum bei § 41.

I. Der Inhalt der Leistungspflicht

a) **Die Pflicht zur Besitzverschaffung.** Der Verkäufer einer Sache ist nach § 433 Abs. 1 Satz 1 zu einem Doppelten verpflichtet. Er ist dem Käufer dazu verpflichtet, ihm die Sache zu übergeben und ihm das Eigentum an der Sache zu verschaffen. Unter *„Übergabe"* ist dabei grundsätzlich die Verschaffung des *unmittelbaren* Besitzes durch Einräumung der **tatsächlichen Sachherrschaft** (vgl. § 854 Abs. 1), also die körperliche Übergabe der Sache, zu verstehen. Unter den Voraussetzungen des § 854 Abs. 2 genügt die *Einigung* über den Besitzübergang. Die Übergabe eines sog. [*Traditionspapiers* (Orderlagerschein § 424 HGB, Ladeschein § 450 HGB, Konossement § 647 HGB) steht unter gewissen Voraussetzungen der Übergabe der Ware gleich.[1]]

Die Verpflichtung zur Übergabe *entfällt,* wenn der Käufer bereits im Besitz der Sache ist. Das Eigentum wird in diesem Fall, sofern es sich um eine bewegliche Sache handelt, durch einfache Einigung über den Eigentumsübergang übertragen (sog. *„brevi manu traditio",* § 929 Satz 2). Die Verpflichtung zur Verschaffung des *unmittelbaren* Besitzes kann ferner dadurch entfallen, daß sich die Parteien des Kaufvertrages darüber einig sind, daß die zur Übertragung des Eigentums erforderliche Übergabe durch die Begründung eines Besitzmittlungsverhältnisses unter ihnen (§ 930, *„Besitzkonstitut")* oder durch die Abtretung des Herausgabeanspruchs (§ 931)[2] ersetzt werden soll, und daß die Verpflichtungen des Verkäufers bereits mit der Verschaffung des Eigentums erfüllt sein sollen.

Die Pflicht zur Besitzverschaffung ist erst dann erfüllt, wenn der Käufer den Besitz *tatsächlich erlangt hat* und damit der vom Verkäufer geschuldete Erfolg eingetreten ist; also nicht schon dann, wenn dieser die Ware abgesandt hat, mag die von ihm geschuldete Tätigkeit, wie beim „Versendungskauf", damit auch abgeschlossen sein.[3] Die Übergabe als solche ist *Realakt,* nicht (wie die sie regel-

---

[1] Sind aber mehrere Exemplare der Urkunde ausgestellt, so hat der Verkäufer erst dann erfüllt, wenn er dem Käufer alle Exemplare ausgehändigt hat; so RGZ 98, 166.
[2] Die Abtretung des Herausgabeanspruchs muß unbedingt erfolgt sein; RG, JW 27, 667.
[3] RG, HRR 32, 102.

mäßig begleitende Einigung über den Eigentumsübergang) Rechtsgeschäft; sie erfordert daher keine Geschäftsfähigkeit, kann nicht angefochten werden.[4] Die einmal begründete tatsächliche Sachherrschaft kann daher auch nur durch einen tatsächlichen Vorgang (wie Rückgabe oder Verlust der Sache) wieder beendet werden. Die Übergabe kann aber zugleich derjenige Akt sein, durch den der Verkäufer gegenüber dem Käufer seinen Willen, diesem das Eigentum zu verschaffen, in schlüssiger Weise, ,,konkludent", zum Ausdruck bringt; insoweit stellt sie dann zugleich eine Willenserklärung dar.

Hat der Verkäufer die Sache dem Käufer zum Zwecke der Erfüllung des Kaufvertrages übergeben, so ist der Käufer nunmehr auf Grund des Kaufvertrages *dem Verkäufer gegenüber* – also ,,relativ" – zum Besitz berechtigt. Der Käufer kann dieses **Recht zum Besitz** auch dann, wenn der Verkäufer noch Eigentümer geblieben ist, dessen Herausgabeanspruch (§ 985) entgegensetzen (§ 986 Abs. 1 Satz 1). Er braucht daher das ihm rechtsgültig verkaufte und übergebene, aber nicht aufgelassene Grundstück dem noch als Eigentümer eingetragenen Verkäufer oder dessen Erben selbst dann nicht herauszugeben, wenn sein Anspruch aus dem Kaufvertrag auf die Auflassung inzwischen verjährt sein sollte.[5] Denn das Recht zum Besitz unterliegt der Verjährung (§ 194 Abs. 1) nicht, da es kein ,,Anspruch", sondern seiner Struktur nach ein Herrschaftsrecht – wenn auch kein ,,Sachenrecht" im technischen Sinne – ist. Es darf weder mit dem Recht auf Besitzverschaffung – also der aus dem Kaufvertrage zunächst entspringenden Forderung – noch mit dem Besitz als tatsächlicher und rechtlich (gemäß den §§ 858 ff.) geschützter Sachherrschaft – dem Besitz als ,,Rechtslage" – verwechselt werden. Es ist vielmehr ein bald jedermann gegenüber wirksames (,,absolutes") – so das des Eigentümers, Nießbrauchers, Pfandgläubigers – bald nur einer bestimmten Person gegenüber wirksames (,,relatives") – so das des Käufers, Mieters, Pächters, Entleihers – Recht zur Innehabung und zum Behaltenkönnen, dessen Funktion vornehmlich im Ausschluß des Herausgabeanspruchs des Eigentümers (§ 986) besteht. ,,Relative" Rechte zum Besitz wie das des Käufers gründen in einem nur unter bestimmten Personen bestehenden Rechtsverhältnis, wie dem Kaufverhältnis oder dem Mietverhältnis. Sie bedeuten rechtsdogmatisch die sachenrechtliche Auswirkung eines Schuldverhältnisses.[6] Nächst dem

---

[4] Str.: wie hier *Westermann*, Lehrb. d. Sachenrechts § 13 II 2; *Baur*, Sachenrecht § 7 B II 2b; *Soergel/Ballerstedt* 56, *Staudinger/Köhler* 37 zu § 433.

[5] Vgl. RGZ 138, 296; BGHZ 90, 269. Der BGH läßt das Recht zum Besitz des Käufers analog § 419 Abs. 1, ebenso wie den inzwischen verjährten Anspruch aus dem Kaufvertrag auf die Übereignung des Grundstücks, auch demjenigen gegenüber wirksam sein, der (im Wege vorweggenommener Erbfolge) nahezu das gesamte Vermögen des Verkäufers mit Einschluß des Eigentums an dem Grundstück übernommen hat und nun dessen Herausgabe von dem besitzenden Käufer verlangt.

[6] Man wird davon ausgehen müssen, daß die Sachherrschaft, die die Rechtsordnung grundsätzlich dem Eigentümer zuweist, aufgrund eines diesem gegenüber wirksamen ,,relativen" Rechts zum Besitz im Verhältnis *des Eigentümers gerade zu dem Besitzberechtigten* dem letzteren zugeordnet ist, so

§ 40 I   1. Abschn. 1. Kap. Veräußerungsverträge, insbesondere Kauf

Anspruch auf Rückübereignung wegen „Rechtsgrundlosigkeit" des Erwerbes (§ 812) stellt das „Recht zum Besitz", soweit es auf einem Verhältnis nur schuldrechtlicher Art beruht, die zweite bedeutsame Nahtstelle zwischen dem Schuld- und dem Sachenrecht dar.

Das Interesse des Käufers an der Erlangung des Besitzes ergibt sich vornehmlich daraus, daß ihm dadurch der Gebrauch und die sonstige Nutzung der Sache ermöglicht werden, um die es besonders dem Käufer von Gebrauchswaren in erster Linie zu tun sein wird. So macht es dem Käufer, der eine Sache auf Abzahlung erwirbt, gemeinhin wenig aus, wenn das Eigentum an der Sache erst mit der Zahlung der letzten Rate auf ihn übergeht, sofern er nur sogleich in den Besitz und damit in den praktischen Genuß der Sache kommt. Der Käufer hat aber, sobald er den Besitz an der Kaufsache erlangt hat, nicht nur die tatsächliche Gebrauchsmöglichkeit, er wird sich nunmehr auch dem Verkäufer gegenüber dazu *berechtigt* halten, die Sache zu gebrauchen und in sonstiger Weise – z. B. durch die Gewinnung von Früchten – zu nutzen. Mit Recht bestimmt daher das Gesetz, daß dem Käufer die **Nutzungen** der Sache[7] *„von der Übergabe an gebühren"* (§ 446 Abs. 1 Satz 2). Der Käufer braucht also für die Nutzung der ihm auf Grund des Kaufvertrages übergebenen Sache, auch solange er das Eigentum noch nicht erworben hat, keine Vergütung zu zahlen; er kann anderseits von dem Verkäufer keine Entschädigung oder Vergütung für solche Nutzungen verlangen, die dieser noch nach dem Abschluß des Kaufvertrages, aber vor der Übergabe erlangt hat, soweit sich nicht aus § 101 oder aus der getroffenen Vereinbarung etwas anderes ergibt. Bei *Grundstücken* gebühren die Nutzungen jedoch dem Käufer schon vom Zeitpunkt seiner *Eintragung im Grundbuch* an, falls diese *vor* der Übergabe erfolgt (§ 446 Abs. 2). Von dem Zeitpunkt an, von dem ihm die Nutzungen gebühren, hat der Käufer anderseits die **Lasten** der Sache (z. B. Reallasten, öffentliche Abgaben) zu tragen.

Die *Kosten* der Übergabe, insbesondere die des Messens und Wägens, fallen dem Verkäufer zur Last (§ 448). Nicht darunter fallen jedoch die Kosten der Abnahme und die Versendungskosten nach einem anderen Ort als dem Erfüllungsort.

---

daß also *ihm gegenüber* der Herausgabeanspruch des Eigentümers versagt. Schuldverträge, durch die dem einen Teil – in Verbindung mit der Übergabe – ein relatives Recht zum Besitz eingeräumt wird, enthalten außer der Verpflichtungswirkung auch ein Verfügungselement, eine Zuordnung. Vgl. dazu näher *Diederichsen*, Das Recht zum Besitz aus Schuldverhältnissen, 1965.

[7] Nicht zu den „Nutzungen" einer Sache (§ 100) gehört die Vermehrung ihrer Substanz, etwa des Umfangs eines Grundstücks durch ein Naturereignis wie die Anschwemmung von Land. Tritt sie nach Kaufabschluß, aber vor der Übergabe der Kaufsache ein, so hat der Verkäufer die Sache zu liefern, so wie sie jetzt ist – vgl. dazu auch unten § 41 II c –; die Frage ist, ob er mit Rücksicht auf die eingetretene Werterhöhung jetzt eine analog § 472 zu berechnende Preiserhöhung verlangen kann. Dafür, mit beachtlichen Gründen, *Knütel*, Festschr. f. *Hübner*, 1984, S. 551. Auf die Eigentümerhälfte am Schatzfund (§ 984) hat der Käufer m. E. jedoch keinen Anspruch, solange er nicht (wenigstens bedingtes) Eigentum erworben hat; anders *Knütel* aaO.

b) **Die Pflicht zur Rechtsverschaffung.** Der Verkäufer einer Sache ist zweitens dazu verpflichtet, dem Käufer das *Eigentum an der Sache* zu verschaffen (§ 433 Abs. 1 Satz 1). Er hat daher die zur Eigentumsübertragung erforderlichen Handlungen vorzunehmen, also bei einer beweglichen Sache, sie mit dem (mindestens „stillschweigend") erklärten Willen, Eigentum zu übertragen, zu übergeben oder die in §§ 929 Satz 2, 930, 931 vorgesehenen Abmachungen mit dem Käufer zu treffen, bei einem Grundstück, es aufzulassen und die zur Eintragung des Käufers im Grundbuch erforderlichen Erklärungen abzugeben. Der Eintragung entgegenstehende Hindernisse hat er, soweit das in seiner Macht steht, zu beseitigen, z. B., falls dazu zunächst seine eigene Eintragung erforderlich ist, diese zu veranlassen.[8] Für den durch ihn herbeizuführenden Erfolg, den Eigentumserwerb, hat er dem Käufer in der unten (II b) näher darzulegenden Weise einzustehen.

Der Verkäufer hat dem Käufer **unbelastetes Eigentum** zu verschaffen. Er ist verpflichtet, ihm „den verkauften Gegenstand frei von Rechten zu verschaffen, die von Dritten gegen den Käufer geltend gemacht werden können" (§ 434). Hierhin gehören einmal *dingliche* Rechte Dritter (auch des Verkäufers selbst),[9] die das Eigentum beschränken, wie z. B. Reallasten, Dienstbarkeiten, Pfandrechte, Grundschulden. Es gehören aber auch solche *obligatorischen* Rechte Dritter gegen den Verkäufer hierher, die diesen dazu verpflichten, dem Dritten den Gebrauch oder die Nutzung der Sache zu gewähren oder selbst einen bestimmten Gebrauch zu unterlassen, sofern diese Rechte auf Grund besonderer gesetzlicher Vorschriften (vgl. für die Grundstücksmiete und -pacht die §§ 571 Abs. 1, 581 Abs. 2; ferner § 986 Abs. 2 und § 25 HGB) auch gegen den Käufer geltend gemacht werden können.[10] Der Verkäufer hat derartige Rechte Dritter zu *beseitigen,* sei es, daß er von einem ihm zustehenden Kündigungsrecht Gebrauch macht, den Dritten irgendwie abfindet oder ihn sonst dazu bringt, sein Recht aufzugeben. Eine Einschränkung dieser Pflicht ergibt sich aus § 439. Sie entfällt danach, wenn der Käufer das Recht des Dritten (das Gesetz sagt: den Mangel im Recht des Verkäufers) *bei dem Abschluß des Kaufvertrages kennt,* dennoch aber seine Beseitigung nicht vereinbart. Das gilt jedoch gemäß Absatz 2 nicht für Pfandrechte, Grundpfandrechte und Schiffshypotheken. Sie hat der Verkäufer auch dann zu beseitigen, wenn der Käufer sie kennt, sofern dieser sie nicht im Kaufvertrage übernommen hat. Die Verpflichtung bezieht sich ferner nicht auf die Freiheit eines verkauften Grundstücks[11] von öffentlichen Abgaben (z. B. Grundsteuern, Kana-

---

[8] RGZ 118, 102; RG, JW 31, 2628.
[9] H. L., vgl. *Enn/L.* § 106 I 2; *Leonhard* B 32; *Erman/Weitnauer* 1 zu § 434 aE.
[10] Vgl. RGZ 88, 103 (zum Verkauf eines Handelsgeschäfts).
[11] Ein Teil der Lehre nimmt mit Recht entsprechende Anwendung auf bewegliche Sachen an, soweit diese, wie Kraftfahrzeuge oder Hunde, einer Steuer unterliegen; so *Leonhard* B 34; *Heck* 264; *Oertmann* 4 zu § 436; anders RGZ 105, 290, *Soergel/Ballerstedt* 1, *Palandt/Putzo* 1 b zu § 436. Nach

lisationsgebühren) und anderen öffentlichen Lasten, die zur Eintragung in das Grundbuch ungeeignet sind (§ 436; vgl. dazu unten unter II b).

Eine Erweiterung der Pflicht, dem Käufer unbelastetes Eigentum zu verschaffen, ergibt sich aus § 435. Hat der Verkäufer eines Grundstücks dem Käufer zwar lastenfreies Eigentum verschafft, ist aber im Grundbuch fälschlich ein nicht oder nicht mehr bestehendes Recht für einen Dritten eingetragen, das im Falle seines Bestehens gegen den Käufer geltend gemacht werden könnte, so ist der Käufer gefährdet, weil der zu Unrecht Eingetragene durch eine Verfügung zugunsten eines Gutgläubigen (§ 892) das Recht zur Entstehung bringen könnte. Das Gesetz verpflichtet den Verkäufer deshalb, auf seine Kosten die Löschung des Rechts herbeizuführen, also für eine Berichtigung des Grundbuchs zu sorgen.

c) **Nebenpflichten.** Außer der Hauptpflicht, Besitz und Eigentum zu verschaffen, können den Verkäufer eine Reihe von Nebenpflichten treffen, deren Verletzung Schadensersatzansprüche des Käufers wegen sog. „positiver Vertragsverletzung" nach sich ziehen kann. So ist der Verkäufer dazu verpflichtet, dem Käufer „über die den verkauften Gegenstand betreffenden rechtlichen Verhältnisse", bei einem Grundstück insbesondere über seine Grenzen und die mit dem Eigentum verbundenen Rechte und Lasten, Auskunft zu erteilen und „ihm die zum Beweise des Rechts dienenden Urkunden, soweit sie sich in seinem Besitz befinden, auszuliefern" (§ 444). Weitere Pflichten, wie etwa die Pflicht, die Sache bis zur Übergabe aufzubewahren und vor Schaden zu schützen, sie ordnungsgemäß zu verpacken und abzusenden, können sich aus dem ausdrücklich oder sinngemäß vereinbarten Vertragsinhalt, ergänzender Verkehrssitte (§ 157) und aus dem Grundsatz von „Treu und Glauben" (§ 242) ergeben. Den Verkäufer können aus denselben Rechtsgründen *Schutzpflichten* treffen. So hat er, wenigstens dann, wenn er zugleich Hersteller ist, den Käufer über mögliche gesundheitsschädliche Nebenwirkungen des von ihm vertriebenen Präparats aufzuklären.[12] Weitergehend hat der BGH angenommen,[13] daß der Verkäufer einer Baumaschine dazu verpflichtet sei, den Käufer über die Behandlung und die erforderliche Wartung der Maschine zu unterrichten. Dies allerdings in einem Fall, in dem die verkaufte Maschine, um Störungen zu vermeiden, besonderer, nicht bei allen derartigen Maschinen notwendiger Wartungsmaßnahmen bedurfte. Bediente er sich zur Erfüllung dieser Nebenpflicht einer vom Hersteller verfaßten, aber mangelhaften Bedienungsanleitung, so sei der Hersteller insoweit als sein Erfüllungsgehilfe anzusehen, sodaß er dessen Nachlässigkeit wie eigenes Verschulden zu vertreten habe (§ 278).

Staudinger/Köhler 1 zu § 436 aE ist § 436 hier zwar unanwendbar, doch sei die Übernahme der Steuerlast durch den Käufer als vereinbart anzusehen.
[12] BGHZ 64, 46, 49.
[13] BGHZ 47, 312 = JZ 68, 228 mit Anm. von *Diederichsen*.

Grundsätzlich kann man zwar den Verkäufer nicht für verpflichtet erachten, den Käufer über alle Verwendungsmöglichkeiten der Sache, deren sachgemäße Aufbewahrung und Behandlung, aufzuklären. Jedoch kann sich eine solche Pflicht, so auch der BGH,[14] besonders dann ergeben, wenn der Verkäufer von dem nicht fachkundigen Käufer als Fachmann und Berater angesehen wird, dem er als solchem ein besonderes Vertrauen entgegenbringt. Die Pflicht besteht vor allem dann, wenn der Verkäufer erkennt, daß dem Käufer, wenn er ihn nicht unterrichtet, aus dem Umgang mit der Sache ein Schaden an seinen sonstigen Rechtsgütern droht.[15] Auch wenn der Verkäufer zur Aufklärung oder Beratung nicht verpflichtet ist, sie aber trotzdem, aus eigenem Antrieb oder auf den Wunsch des Käufers, erteilt, ist er verpflichtet, sie sorgfältig zu erteilen. Diese Pflicht zur Sorgfalt trifft ihn auch schon im Stadium der Vertragsverhandlung (vgl. dazu unten § 56 VI). Aus ihrer Verletzung kann sich, je nachdem, wann sie erfolgt, ein Schadensersatzanspruch aus Verschulden beim Vertragsschluß oder aus positiver Vertragsverletzung ergeben.

II. Die Nichterfüllung der Leistungspflicht

a) **Die Folgen der Nichterfüllung im allgemeinen.** Kommt der Verkäufer seiner Leistungspflicht nicht oder nicht rechtzeitig nach, so sind grundsätzlich *die allgemeinen Vorschriften über Leistungshindernisse und Pflichtverletzungen* (§§ 275 ff.), insbesondere bei gegenseitigen Verträgen (§§ 320 ff.), anzuwenden. Dies würde auch dann gelten, wenn es das Gesetz in § 440 Abs. 1 nicht noch einmal ausdrücklich gesagt hätte; die besondere Bedeutung des § 440, die auf dem Gebiet der Haftung für Rechtsmängel liegt, lassen wir dabei zunächst außer Betracht.

Der Verkäufer hat hiernach für nachträgliche Unmöglichkeit, Unvermögen und Verzögerung der Leistung nicht einzustehen, wenn er sie nicht im Sinne der §§ 276 bis 278 zu vertreten hat. Geht also die verkaufte, aber noch nicht übergebene Sache *durch einen Zufall* (z. B. Brand oder Überschwemmung) unter, so daß der Verkäufer sie nun nicht mehr liefern kann, so wird er nach § 275 von seiner Leistungspflicht frei, unbeschadet des Rechts des Käufers, das „stellvertretende commodum" (z. B. die Versicherungssumme) zu verlangen (§ 281). Freilich verliert er, soweit er befreit wird, gemäß § 323 auch seinen Anspruch auf den Kaufpreis. Hat der Verkäufer dagegen *die Unmöglichkeit oder sein Unvermögen zu vertreten* – so, wenn die Sache durch Fahrlässigkeit des Verkäufers oder seines

---

[14] BGH, NJW 58, 866; JZ 84, 36 mit weiteren Nachweisen. Zur Untersuchungspflicht des Kraftfahrzeughändlers im Gebrauchtwagenhandel unten § 41 Id Nr. 1.
[15] Vgl. *MünchKomm/Westermann* 61, *Erman/Weitnauer* 37, *Palandt/Putzo* 4b, *Staudinger/Köhler* 53 d zu § 433.

Gehilfen (§ 278) zerstört wird oder der Verkäufer sie nach Kaufabschluß an einen Dritten übereignet –, so stehen dem Käufer die Rechte aus § 325 zu. *Verzögert* der Verkäufer die Leistung, so hat der Käufer gegenüber dem Kaufpreisanspruch zunächst einmal die Einrede des nicht erfüllten Vertrages (§ 320), falls er nicht vorzuleisten versprochen hatte. Er hat seinerseits gegen den Verkäufer den Erfüllungsanspruch und kann neben der Erfüllung Ersatz seines Verzugsschadens (§ 286) verlangen, sofern der Verkäufer im Verzuge (§§ 284, 285) ist. Darüber hinaus hat er im Verzugsfall die Rechte aus § 326, kann also zurücktreten oder Schadensersatz wegen Nichterfüllung verlangen, wenn er eine Nachfrist gesetzt hat und diese abgelaufen ist oder wenn die Erfüllung für ihn infolge des Verzuges kein Interesse mehr hat. Bei einem *„Fixgeschäft"* (Bd. I § 21 I a) hat der Käufer im Zweifel ein Rücktrittsrecht, wenn die Leistung nicht zu der bestimmten Zeit erfolgt, auch ohne daß beim Verkäufer die Voraussetzungen des Verzuges vorzuliegen brauchten (§ 361). Weitergehend gibt das HGB bei einem Fixkauf, der Handelsgeschäft ist, dem Käufer im Falle nicht rechtzeitiger Leistung stets das Rücktrittsrecht und im Verzugsfall auch das Recht, Schadensersatz wegen Nichterfüllung zu verlangen, ohne daß es einer Fristsetzung oder des Nachweises fehlenden Interesses bedürfte (§ 376 Abs. 1 HGB). Das Recht auf Erfüllung dagegen erlischt, wenn der Käufer nicht sofort nach dem Ablauf der Zeit dem Verkäufer mitteilt, daß er auf der Erfüllung bestehe.

Eine besondere Regelung trifft das Gesetz für den Fall, daß der Käufer trotz Vornahme der zur Übereignung erforderlichen Handlungen durch den Verkäufer (also Übergabe oder Auflassung und Eintragung) kein Eigentum oder doch kein lastenfreies Eigentum erhält, weil ihm der Verkäufer dieses mangels eigener Berechtigung nicht zu verschaffen vermag. Der Verkäufer haftet dann wegen eines „Rechtsmangels".

b) **Die Haftung wegen Rechtsmangels.** Ein „Rechtsmangel" liegt dann vor, wenn der Käufer infolge mangelnder Berechtigung des Verkäufers *weniger an Recht erhält, als ihm der Verkäufer nach dem Kaufvertrage, insbesondere nach den §§ 433, 434, 436, zu verschaffen verpflichtet ist.* Hierher gehören vor allem folgende Fälle (vgl. oben I b):

1. Der Verkäufer vermag dem Käufer *das Eigentum* nicht zu verschaffen, weil er selbst nicht Eigentümer ist und die Sache auch nicht vom Eigentümer erwerben kann.

2. Der Verkäufer vermag kein *lastenfreies Eigentum* zu verschaffen, weil die Sache mit dem dinglichen Rechte eines Dritten belastet ist, das der Verkäufer nicht – wozu ihn § 434 ausdrücklich verpflichtet – beseitigen kann.

3. Der Verkäufer vermag dem Käufer nicht die *ungestörte Ausübung der Eigentumsbefugnisse* zu verschaffen, weil ein Dritter mit Bezug auf die Sache ein obliga-

§ 40. Die Leistungspflicht des Verkäufers beim Sachkauf   II § 40

torisches Nutzungs- oder Verbietungsrecht hat, das gegen den Käufer geltend gemacht werden kann.

Der ,,Rechtsmangel" ist also, was nicht immer deutlich gesehen wird, *kein Mangel des Kaufgegenstandes,* sondern, wie das Gesetz (in § 439) sagt, ein ,,Mangel im Recht", das der Verkäufer dem Käufer verschafft hat, ein Mangel, der sich dahin auswirkt, daß der Käufer weniger an Recht – nämlich kein Eigentum oder kein lastenfreies Eigentum – erhält, als ihm nach dem Kaufvertrag gebührt.

Gemäß der ausdrücklichen Vorschrift des § 436 haftet der Verkäufer nicht für die Freiheit eines Grundstücks von solchen öffentlichen Abgaben und öffentlichen Lasten, die ,,zur Eintragung in das Grundbuch nicht geeignet sind" (oben unter Ib). Derartige öffentliche Abgabepflichten oder Grundstückslasten[16] begründen daher keinen Rechtsmangel. Der Grund liegt darin, daß sie kein Privater beseitigen kann und daß andererseits der Käufer mit dem Bestehen solcher Abgabpflichten und Lasten, die alle Eigentümer gleichmäßig treffen, rechnen muß. Dieser Grund trifft auch zu für alle auf Gesetz beruhenden Eigentumsbeschränkungen, wie etwa die des ,,Nachbarrechts", ferner für Bau- oder sonstige Nutzungsbeschränkungen, die auf Gesetz, Ortssatzung oder allgemeiner Polizeiverordnung beruhen, sofern sie alle Grundstücke in einem bestimmten Gebiet gleichmäßig treffen. Indessen behandelt die Rechtsprechung die sich aus einer öffentlichrechtlichen Baubeschränkung eines Grundstücks ergebende faktische *Unbebaubarkeit* desselben als einen *Sachmangel,* wenn das Grundstück als Bauland verkauft worden ist.[17] Als Sach-, nicht als Rechtsmangel sieht der BGH auch den vom Käufer gemäß § 912 zu duldenden Überbau auf dem Kaufgrundstück an.[18] Anders steht es aber mit einer gesetzlich begründeten Befugnis zur Beschlagnahme oder Einziehung gerade eines bestimmten Gegenstandes. Solche, wenn auch im öffentlichen Recht begründeten, Befugnisse können einen Rechtsmangel darstellen,[19] weil der Käufer mit ihnen nicht zu rechnen braucht. Als einen Rechtsmangel hat es der BGH ferner angesehen, daß ein Teil des verkauften Grundstücks aufgrund des örtlichen Bebauungsplans an die Gemeinde als Straßenland zu veräußern war.[20] Der Verkäufer hätte dem Käufer daher insoweit nur ein Eigentum ohne Rechtsbestand verschaffen können. Da der Verkäufer zur Verschaffung eines ,,beständigen" Eigentums von Anfang an nicht in der Lage war, ließ ihn der BGH wegen anfänglichen Unvermögens über § 440 auch ohne Verschulden auf Schadensersatz haften. Einen Rechtsmangel hat der BGH auch darin gesehen, daß die gekaufte Eigentumswohnung deshalb, weil sie mit Hilfe eines öffentlichen Baudarlehens erbaut worden, vom Käufer nur mit staatlicher Genehmigung bewohnt werden durfte.[21] Ein Sachmangel liege nicht[22] vor, weil der Mangel seinen Grund nicht in der Beschaffenheit der Sache habe. Die Verkürzung der Gebrauchsmöglichkeit sei daher als ein Rechtsmangel anzusehen. Hier wird zweifelhaft, worin der Unterschied zu den Fällen der öffentlichrechtlichen Baubeschränkungen besteht, in denen die Rechtsprechung einen Sachmangel annimmt. Daß sich diese im Verkehr anhand der Beschaffenheit oder der Lage des Grundstücks erkennen ließen, trifft m. E. nicht zu. Allenfalls ließe sich anführen, daß sich der Käufer über solche Beschränkungen leichter orientieren könne – daher die kurze Verjährungsfrist des § 477 hier angebrachter sei – als im Falle des gegebenen öffentlichen Baudarlehens. Es bleiben jedoch Zweifel.

---

[16] Zur Abgrenzung von solchen öffentlichen Lasten, die nicht gerade nur mit dem Grundstück zusammenhängen, vgl. RGZ 127, 130.
[17] So RGZ 131, 348; BGH, BB 69, 422; auch BGHZ 90, 198, 203; vgl. dazu *Grunewald* aaO. S. 48 ff.; *Staudinger/Köhler* 10, *MünchKomm/Westermann* 4 u. 8 zu § 434, *Staudinger/Honsell* 38, *Erman/Weitnauer* 13 vor § 459; *Esser/Weyers* § 5 II 1 c; *Reinicke/Tiedtke* (vor § 39) S. 70 f.
[18] BGH, NJW 81, 1362. Dagegen *Leonhard* B 31; *Flume,* Eigenschaftsirrtum und Kauf S. 167.
[19] Vgl. RGZ 105, 275 und 111, 88; *Staudinger/Köhler* 11, *MünchKomm/Westermann* 8 zu § 434.
[20] BGH, NJW 83, 274. Vgl. auch RGZ 105, 390.
[21] BGHZ 67, 134; ebenso BGH, WM 84, 214.
[22] Vgl. dazu *Koller,* JuS 84, 106. Vgl. ferner BGH, JZ 84, 842 m. Anm. von *Vollkommer/Teske* S. 846.

§ 40 II   1. Abschn. 1. Kap. Veräußerungsverträge, insbesondere Kauf

Die Bedeutung der Haftung für Rechtsmängel wird dadurch erheblich eingeschränkt, daß der Käufer nach den Bestimmungen des BGB über den *„gutgläubigen Erwerb"* in vielen Fällen trotz fehlender Berechtigung des Verkäufers Eigentum und sogar lastenfreies Eigentum erwirbt. Das Gesetz unterscheidet zwischen beweglichen Sachen und Grundstücken. Der Käufer einer beweglichen Sache, dem die Sache vom Verkäufer gemäß § 929 übergeben wird, erwirbt an ihr das Eigentum, auch wenn sie dem Verkäufer nicht gehört, sofern er nur im „guten Glauben" ist, d. h. nicht weiß, daß die Sache nicht dem Verkäufer gehört und diese seine Unkenntnis auch nicht auf grober Fahrlässigkeit beruht (§ 932). Dies gilt freilich, von Ausnahmen abgesehen, für solche Sachen nicht, die dem Eigentümer „gestohlen worden, verlorengegangen oder sonst abhandengekommen sind" (§ 935). Auch dingliche Rechte Dritter an der Kaufsache erlöschen mit dem Erwerbe des Eigentums durch den Käufer, sofern dieser „in Ansehung des Rechts" im guten Glauben ist (§ 936). Der Käufer eines Grundstücks erwirbt durch Auflassung und Eintragung (§§ 873, 925) das Eigentum auch dann, wenn das Grundstück dem Veräußerer nicht gehört, sofern dieser als Eigentümer im Grundbuch eingetragen und die Unrichtigkeit des Grundbuchs dem Käufer nicht bekannt ist (§ 892). Damit erlöschen auch im Grundbuch nicht eingetragene Rechte Dritter, deren Bestehen dem Käufer nicht bekannt ist. Die Haftung wegen Rechtsmangels kommt danach, außer bei gestohlenen oder sonst abhandengekommenen Sachen, vor allem dann in Betracht, wenn der Käufer den Mangel der Berechtigung des Verkäufers zwar erst nach dem Kaufabschluß, aber vor dem nach den §§ 932, 936, 892 Abs. 2 für den „gutgläubigen" Erwerb maßgebenden Zeitpunkt erfährt. (Wenn dagegen der Käufer den Mangel der Berechtigung schon im Augenblick des Kaufabschlusses kannte, dann hat der Verkäufer ihn im Regelfall nicht zu vertreten – § 439). Bei beweglichen Sachen kann die Haftung für Rechtsmängel weiter dann Platz greifen, wenn der Käufer deshalb kein Eigentum erwirbt, weil seine Unkenntnis auf grober Fahrlässigkeit beruht; bei Grundstücken, wenn das Recht des Dritten eingetragen ist.

Liegt ein Rechtsmangel vor und ist die Haftung des Verkäufers nicht etwa nach § 439 ausgeschlossen, weil der Käufer den Mangel bei dem Abschluß des Vertrages gekannt hat, so hat der Käufer zunächst den *Erfüllungsanspruch*. Er kann ja vom Verkäufer Eigentum, und zwar lastenfreies Eigentum im Sinne des § 434, verlangen. Erfüllt aber der Verkäufer seine Verpflichtung nicht, vermag er den Rechtsmangel etwa nicht zu beseitigen oder kommt er mit der Beseitigung in Verzug, so bestimmen sich die Rechte des Käufers grundsätzlich wiederum nach den *allgemeinen Vorschriften über die Nichterfüllung gegenseitiger Verträge*, d. h. nach den §§ 320 bis 327 (§ 440 Abs. 1). Das BGB sieht also in dem Vorliegen eines Rechtsmangels einen Fall der **Nichterfüllung der Leistungspflicht des Verkäufers,** nämlich seiner Rechtsverschaffungspflicht.

§ 40. Die Leistungspflicht des Verkäufers beim Sachkauf   II § 40

Mit dieser Betrachtungsweise ist das BGB bewußt[23] von einer Auffassung abgewichen, die dem römischen Recht zugrunde lag, im Gemeinen Recht lange vorherrschend war und in vielen anderen Rechtsordnungen, z. B. der französischen, auch heute noch die Regelung bestimmt. Nach dieser, vom BGB aufgegebenen Auffassung war der Verkäufer wohl dazu verpflichtet, die zur Übereignung erforderlichen *Handlungen* vorzunehmen, er schuldete aber nicht den *Erfolg*. Er hatte dem Käufer jedoch dafür Gewähr zu leisten, daß diesem der einmal erlangte Besitz und Genuß der Sache nicht wieder dadurch entzogen wurde, daß ein Dritter auf Grund seines besseren Rechts die Herausgabe der Sache erzwang. Er schuldete dem Käufer also nicht so sehr die formale Rechtsstellung, das Eigentum, als die Erhaltung ungestörten Besitzes und Genusses der Sache, das *„habere licere"*. Solange der Besitz dem Käufer von niemandem streitig gemacht wurde, hatte dieser lediglich deshalb, weil er nicht Eigentümer geworden war, keine Ansprüche gegen den Verkäufer. Wurde aber der Besitz dem Käufer von einem Dritten mit der Behauptung streitig gemacht, er sei Eigentümer oder habe ein Recht zum Besitz, dann hatte der Verkäufer ursprünglich dem Käufer im Prozeß gegen den Dritten beizustehen. Schadensersatz zu leisten hatte er dem Käufer erst dann, wenn dieser zur Herausgabe der Sache an den Dritten genötigt war. Der Grund für diese Ersatzpflicht war aber nicht, daß er dem Käufer entgegen seiner Verpflichtung das Eigentum nicht verschafft hatte, sondern daß dem Käufer der Besitz, den behalten zu dürfen der Verkäufer ihm gleichsam garantiert hatte, wieder entzogen war. Man bezeichnete diese Haftung daher als **„Eviktionshaftung"**, Haftung wegen Entziehung des Besitzes und damit des Genusses der Kaufsache.

Bereits das späte römische Recht nahm jedoch einige Erweiterungen der Eviktionshaftung vor, die mit deren Grundgedanken nicht mehr ganz im Einklang standen.[24] Insbesondere haftete der *bösgläubige* Verkäufer, der in Kenntnis seiner mangelnden Berechtigung verkauft hatte, dem Käufer stets, also nicht nur im Falle der Eviktion, auf Schadensersatz. Im 19. Jahrhundert drang dann allmählich die Lehre durch, die sich das BGB zu eigen gemacht hat, daß der Verkäufer nicht nur zur Gewährleistung des ungestörten Besitzes, sondern *zur Verschaffung des unbelasteten Eigentums* verpflichtet sei.[25] Demgemäß haftet der Verkäufer nunmehr nicht nur im Falle der Eviktion (aus dem Gesichtspunkt einer Garantie für „habere licere"), sondern grundsätzlich immer wegen Nichterfüllung (oder nicht vollständiger Erfüllung) seiner Leistungspflicht und daher nach den allgemeinen Vorschriften über die Nichterfüllung eines gegenseitigen Vertrages. Dies wird durch § 440 Abs. 1 noch einmal klargestellt.

Aus der Anwendung der allgemeinen Vorschriften ergibt sich im einzelnen folgendes:

1. Wenn die Nachholung der Leistung – also die Beseitigung des Rechtsmangels – dem Verkäufer *noch möglich ist,* dann bleibt er hierzu verpflichtet. Sie wäre dem Verkäufer einer zuvor gestohlenen Sache beispielsweise möglich, wenn der bestohlene Eigentümer nunmehr bereit wäre, gegen eine Abfindung das Eigentum an der Sache auf den Käufer zu übertragen oder die Verfügung des Verkäufers zu genehmigen (§ 185). Wenn die Sache mit dem Nießbrauch eines Dritten belastet ist, so ist die Beseitigung des Mangels dem Verkäufer möglich, wenn der Nießbraucher sich bereitfinden läßt, auf den Nießbrauch zu verzichten. Bis zur Nachholung der Leistung kann der Käufer gemäß § 320 die Kaufpreiszahlung verweigern. Er kann den Verkäufer durch Mahnung in Verzug setzen und danach gemäß § 326 vorgehen, also nach vergeblicher Fristsetzung (unter Androhung der Nichtannahme) entweder zurücktreten oder Schadensersatz wegen

---

[23] Vgl. die Motive Bd. II S. 213 = *Mugdan* II S. 117.
[24] *Jörs/Kunkel/Wenger,* Römisches Privatrecht S. 232.
[25] Hierzu die Schrift von *Eck,* Die Verpflichtung des Verkäufers zur Gewährung des Eigentums, 1874, in der die Entwicklung ihren Abschluß fand.

Nichterfüllung verlangen – letzteres bei einer beweglichen Sache allerdings nur unter den noch zu erwähnenden Voraussetzungen des § 440 Abs. 2. Grundsätzlich hat der Käufer diese Rechte zwar nur hinsichtlich des vom Verkäufer nicht erfüllten Teils seiner Verpflichtung, doch kann der Käufer vom ganzen Vertrage zurücktreten oder Schadensersatz wegen Nichterfüllung des ganzen Vertrages verlangen, wenn die teilweise Erfüllung für ihn kein Interesse hat.

2. Wird die Beseitigung des Rechtsmangels, also die volle Erfüllung, dem Verkäufer erst *nach Kaufabschluß unmöglich,* so kommt es gemäß den §§ 275, 323, 325 darauf an, ob der Verkäufer dies zu vertreten hat. Hat er es (nach Maßstab der §§ 276 bis 278) nicht zu vertreten – so etwa, wenn ihm die Sache nach Kaufabschluß enteignet wird –, dann werden beide Teile von der Leistungspflicht frei (§§ 275, 323). Hat der Verkäufer dagegen sein nunmehriges Unvermögen zur Erfüllung seiner Rechtsverschaffungspflicht zu vertreten – er bestellt etwa nach Kaufabschluß einem Dritten noch den Nießbrauch oder er übereignet jetzt die Sache an einen Dritten –, dann hat der Käufer die Rechte aus § 325 (wiederum mit der sich aus § 440 Abs. 2 ergebenden Einschränkung).

3. Wie aber, wenn der Verkäufer infolge mangelnder eigener Berechtigung *von Anfang an* nicht in der Lage war, seine Rechtsverschaffungspflicht zu erfüllen? Im Falle, daß die Leistung *objektiv* unmöglich ist (etwa: Verkauf einer ,,res extra commercium"), ist der Vertrag gemäß § 306 nichtig. Meist wird es sich aber nur um ein *Unvermögen des Verkäufers* handeln; so wenn die Sache schon beim Kaufabschluß mit dem Rechte eines Dritten belastet ist oder einem Dritten gehört und dieser nicht gesonnen ist, sich abfinden zu lassen. Die §§ 275, 323 bis 325 beziehen sich indessen unmittelbar nur auf die nachträgliche Unmöglichkeit und das nachträgliche Unvermögen des Schuldners zur Leistung. Über die Rechtsfolgen des anfänglichen Unvermögens sagt das Gesetz, wie früher (Bd. I § 8 II) dargelegt wurde, nichts. Nun handelt es sich aber in den meisten Fällen eines Rechtsmangels gerade um solche des anfänglichen Unvermögens. Die Gesetzesverfasser beabsichtigten, auch diese Fälle in § 440 mit zu regeln,[26] und die hL folgt ihnen darin.[27] Die in § 440 Abs. 1 ausgesprochene Verweisung gilt demnach auch für die Fälle, in denen der Verkäufer schon zur Zeit des Kaufabschlusses zur Beseitigung des Rechtsmangels (und damit zur vollständigen Erfüllung) unvermögend war, Fälle also, in denen ohne diese Verweisung die allgemeinen Bestimmungen nicht angewandt werden könnten. Bedeutet dies aber, daß es in diesen Fällen nun ebenfalls darauf ankommen soll, ob dem Verkäufer hinsichtlich des Rechtsmangels ein Verschulden trifft, was hier nur heißen könnte, ob er den

---

[26] Mot. II S. 216 = *Mugdan* II S. 119.
[27] *Enn./L.* § 107 I; *Leonhard* B 43; *Heck* 266; *Siber* 232; *Titze* 155; *Medicus* Bgl. R, Rdz. 282, SchR II § 73 I 2c; *Fikentscher* § 69 IV 2c; *Oertmann* 2e, *Staudinger/Köhler* 7, *Soergel/Ballerstedt* 1 zu § 440. Aus der Rspr. RGZ 69, 357.

Mangel seiner eigenen Berechtigung (und die Unmöglichkeit, ihn zu beseitigen) kannte oder kennen mußte? Die Antwort auf diese Frage läßt sich dem Gesetz nicht entnehmen. Ein Umkehrschluß aus § 439 ist nicht gerechtfertigt, denn wenn das Gesetz hier auch bestimmt, der Verkäufer habe einen Rechtsmangel nicht zu vertreten, falls ihn der Käufer beim Kaufabschluß kennt, so heißt das doch nicht notwendig, daß der Verkäufer den Rechtsmangel *nur* in diesen Fällen nicht zu vertreten habe. Vielmehr läßt sich die Antwort nur aus allgemeinen Erwägungen geben. Diese haben uns bereits früher (Bd. I § 8 II) dazu geführt, daß der Schuldner für sein *persönliches Leistungsvermögen* im Augenblick der Eingehung seiner Verpflichtung schlechthin einzustehen hat, es sei denn, der Grund seines Unvermögens liege außerhalb seines Geschäftskreises und seiner Einwirkungsmöglichkeiten (Beispiel: die Sache ist dem Verkäufer ohne sein Wissen, kurz bevor er sie verkaufte, gestohlen worden). Dies muß auch, ja gerade in den Fällen des anfänglichen Rechtsmangels gelten. Das bedeutet, daß der Verkäufer sein anfängliches Unvermögen grundsätzlich ohne Rücksicht darauf zu vertreten hat, ob ihn (oder seinen Gehilfen) ein Verschulden trifft.[28] Daher stehen dem Käufer, vom Fall seiner Kenntnis (§ 439) abgesehen, wegen eines anfänglichen Rechtsmangels, den der Verkäufer nicht zu beseitigen vermag, stets die Rechte aus § 325 zu, soweit sich nicht aus § 440 Abs. 2 eine Einschränkung ergibt.

Das bisherige Ergebnis, das aus dem § 440 Abs. 1 allein freilich nicht zu entnehmen ist, ist also folgendes: Der Käufer hat die Rechte aus § 325, von dem Falle, daß er selbst Kenntnis hatte (§ 439), abgesehen, dann, wenn der Verkäufer *von vornherein* zur Beseitigung des Rechtsmangels unvermögend war, *stets,* dagegen dann, wenn der Verkäufer erst *nachträglich* zur Rechtsverschaffung unvermögend wird, *nur unter der weiteren Voraussetzung,* daß der Verkäufer dieses Unvermögen im Sinne der §§ 276 bis 278 *zu vertreten* hat.

Die sich aus § 440 Abs. 1 (in Verbindung mit § 325 oder § 326) ergebenden Rechte des Käufers erfahren jedoch nach § 440 Abs. 2 eine **Einschränkung,** wenn eine *bewegliche Sache* verkauft und dem Käufer zum Zwecke der Eigentumsübertragung *übergeben* worden ist. In einem solchen Fall kann der Käufer wegen des Rechts eines Dritten, *das diesen zum Besitz der Sache berechtigt* (wie Eigentum, Nießbrauch, Pfandrecht), zwar dem Anspruch des Verkäufers auf den Kaufpreis die Einrede des nicht vollständig erfüllten Vertrages (§ 320) entgegensetzen, er kann unter den dargelegten Voraussetzungen (Verzug des Verkäufers und erfolglose Fristsetzung oder anfängliches oder vom Verkäufer zu vertretendes nachträgliches Unvermögen) vom Kaufvertrage zurücktreten oder (gemäß § 323)

---

[28] HL; vgl. *Enn./L.* § 107 I; *Siber* S. 232; *Fikentscher* § 69 IV 2c, *Medicus* aaO. (vorige Anm.); *Soergel/Ballerstedt* 7, *Staudinger/Köhler* 7, *Palandt/Putzo* 1c zu § 440; *Reinicke/Tiedtke* (vor § 39) S. 81; *Brox* Rdz. 30; BGH, NJW 83, 275 aE. Anders jedoch *Esser/Weyers* § 4 III 3d, 4a, *MünchKomm./Westermann* 8 zu §§ 440, 441, *Erman/Weitnauer* 7 ff. zu § 440. Teilweise anders auch *Hetzel,* NJW 58, 1172.

§ 40 II   1. Abschn. 1. Kap. Veräußerungsverträge, insbesondere Kauf

Abstand nehmen, dagegen kann er **Schadensersatz wegen Nichterfüllung** nur unter der weiteren Voraussetzung verlangen, daß er die Sache *dem Dritten mit Rücksicht auf dessen Recht herausgegeben oder sie dem Verkäufer zurückgewährt hat,* sowie in einigen gleichgestellten Fällen (§ 440 Abs. 2 und 3). Der Grund für die Versagung des Schadensersatzanspruchs ist in der Erwägung zu sehen, daß der Käufer, solange er sich noch im Besitz und Genuß der Sache befindet, wegen des Fehlens des Eigentums (oder des vollen Eigentums) allein noch keinen fühlbaren materiellen Schaden erlitten hat oder daß es doch an der Berechnungsgrundlage für einen solchen Schaden fehlt.[29]

Die gleichgestellten Fälle sind:

1. *Der Untergang der Sache.* Zu ersetzen ist in diesem Fall nach der herrschenden,[30] wenn auch nicht unbestrittenen[31] Ansicht nur der Schaden, der dem Käufer jetzt, nach dem Untergang der Sache, deshalb noch verbleibt, weil er das Recht nicht erlangt hatte. Die Sache ist beispielsweise durch das Verschulden eines Dritten zerstört worden, gegen den der Käufer, wenn er Eigentümer geworden wäre, nun einen Schadensersatzanspruch wegen Verletzung seines Eigentums gehabt hätte. Oder der Käufer hat seinem eigenen Abkäufer, der ihm die Sache zurückgewährt hat, Schadensersatz geleistet. Der Ersatzanspruch dürfte dem Käufer aber zu versagen sein, wenn er selbst den Untergang der Sache (in zurechenbarer Weise) herbeigeführt hat (analog § 351; vgl. Bd. I § 26 c).[32] Ist die beim Käufer gebliebene Sache durch einen Zufall zerstört, ohne daß dem Käufer für den Fall, daß er Eigentümer geworden wäre, irgendwelche Ersatzansprüche gegen Dritte erwachsen wären, so ist er durch den Rechtsmangel nicht geschädigt; er kann aber (gemäß § 350) zurücktreten, da ihm das Rücktrittsrecht ja auch vorher nicht versagt war, und dadurch seinen Kaufpreis wiedererlangen.

2. Der Fall, daß *der Dritte den Käufer oder dieser den Dritten beerbt.* Der Kaufvertrag erweist sich als für die nunmehrige Rechtsstellung des Käufers (oder seines Erben) bedeutungslos; sein „Schaden" besteht in dem nutzlos aufgewandten Kaufpreis.

3. Der Fall, daß der Käufer das Recht des Dritten *anderweit erwirbt* oder *den Dritten abfindet.*

Die im Gesetz aufgezählten Fälle stellen keine erschöpfende Regelung dar. Eine analoge Anwendung ist z. B. geboten, wenn der Käufer wegen einer von ihm verschuldeten Unmöglichkeit der Herausgabe dem Dritten gem. § 990 Abs. 1, 989 für die Sache Ersatz geleistet hat.[33]

Die Bestimmung des § 440 Abs. 2 erinnert an das Eviktionsprinzip. Sie stellt jedoch keine volle Rückkehr zum Gedanken der Eviktionshaftung dar, weil sie nur den Schadensersatzanspruch, nicht auch die übrigen, dem Käufer wegen

---

[29] Vgl. die Ausführungen der Motive Bd. II S. 218 (*Mugdan* S. 120).
[30] *Leonhard* B 38, *Staudinger/Köhler* 13, *Oertmann* 2c, *Soergel/Ballerstedt* 14, *Palandt/Putzo* 2c, *MünchKomm/Westermann* 11 zu §§ 440/41.
[31] Gegen sie *Siber,* 227, 233 Anm. 5, Rudolf *Schmidt,* AcP 152, 112 und, ihnen folgend, *Enn./L.* § 107 II b; *Erman/Weitnauer* 15 zu § 440. Nach den Genannten schuldet der Verkäufer dem Käufer auch im Falle des Untergangs der Sache dessen ursprüngliches Erfüllungsinteresse. Sofern nur der Käufer infolge des Rechtsmangels an der Erfüllung des ganzen Vertrages kein Interesse hat, kann er, so argumentieren sie, gem. den §§ 325 Abs. 1 Satz 2, 280 Abs. 2 Satz 2 auch im Falle des zufälligen Untergangs der Sache (§ 350; anders im Falle des § 351!) das ursprüngliche Erfüllungsinteresse verlangen, das durch den nachträglichen Untergang der Sache nicht mehr berührt wird. M. E. entsteht hier jedoch der (vorher ausgeschlossene) Ersatzanspruch erst gerade mit dem Untergang der Sache, und daher muß die Frage, ob und in welcher Höhe dem Käufer durch den Rechtsmangel ein Schaden entstanden ist, von der dadurch eingetretenen Lage aus beurteilt werden.
[32] Vgl. Rudolf *Schmidt* aaO S. 11; *Reinicke/Tiedtke* (vor § 39) S. 70.
[33] RGZ 117, 337.

eines Rechtsmangels zustehenden Rechte beschränkt.[34] Auch genügt es, daß der Käufer die Sache *freiwillig* an den Dritten herausgibt oder sie dem Verkäufer zurückgibt. Sie braucht ihm also nicht erst im Wege eines von dem Dritten durchgeführten Rechtsstreits entzogen zu sein. Allerdings handelt der Käufer, wenn er die Sache dem Dritten freiwillig herausgibt, insofern auf seine Gefahr, als er dem Verkäufer gegenüber für den Rechtsmangel die Beweislast trägt (§ 442). Das Gesetz mutet ihm jedoch nicht zu, die Sache zu behalten, wenn er von dem Rechte des Dritten überzeugt ist, und es auf den Prozeß ankommen zu lassen. Man wird ihm deshalb auch nicht stets wegen einer freiwilligen Herausgabe an den berechtigten Dritten in seinem Verhältnis zum Verkäufer gemäß § 351 das Rücktrittsrecht versagen dürfen. Der Käufer ist eben im allgemeinen dem Verkäufer gegenüber berechtigt, die Sache dem wahren Berechtigten herauszugeben.[35] Tut er dies und hat der Verkäufer für den Rechtsmangel (entweder nach § 325 oder nach § 326) einzustehen, dann ist dem Käufer weder der Rücktritt noch das Recht, das Erfüllungsinteresse zu verlangen, verwehrt.

Auf seine Rechte wegen eines Rechtsmangels kann der Käufer im voraus *verzichten*. Ein solcher Verzicht ist jedoch unwirksam, wenn der Verkäufer den schon bei Kaufabschluß vorhandenen Mangel seiner Berechtigung *arglistig verschweigt* (§ 443). „Arglist" liegt vor, wenn der Verkäufer den Mangel kennt, und wenn er weiß oder doch damit rechnet, daß der Käufer ihn nicht kennt und bei Kenntnis den Kauf nicht abschließen würde. Jede Haftung wegen eines Rechtsmangels ist ausgeschlossen im Falle der Veräußerung einer Sache im Wege der Zwangsvollstreckung auf Grund einer Pfändung (§ 806 ZPO) und der Zwangsversteigerung (§ 56 ZVG).

§ 41. Die Haftung des Verkäufers für Sachmängel

Literatur: *Adler*, Beiträge zum Recht der Gewährleistung, ZHR 75, 453; *Baumann*, Wertungswidersprüche bei Schadensersatzansprüchen wegen Sachmängel, Festschr. f. *Reimer Schmidt*, 1976, S. 701; A. *Blomeyer*, Rechts- und Sachmängelhaftung, in: Deutsche Landesreferate zum 3. Internationalen Kongreß für Rechtsvergleichung in London, 1950, S. 343; Der Anspruch auf Wandlung oder Minderung, AcP 151, 99 (dazu *Larenz*, NJW 51, 497); *Bötticher*, Die Wandlung als Gestaltungsakt, 1938; *Brox*, Die Einrede des nicht erfüllten Vertrages beim Kauf, 1948; *v. Caemmerer*, Falschlieferung, Festschr. f. Martin *Wolff*, 1952, S. 3 = Ges. Schriften Bd. I S. 187; *Christoffel*, Die Garantie im Rahmen kaufrechtlicher Sachmängelgewährleistung, 1984; *Diederichsen*, „Schadensersatz wegen

---

[34] AA *Leonhard* B 35 ff.; wie hier *Medicus* SchR II § 73 I 2 d aE. Kritisch zum Eviktionsprinzip *Fikentscher* § 69 IV 3.

[35] BGHZ 5, 340 (vgl. Bd. I § 26 c). In dem vom BGH entschiedenen Falle lag aber die Sache insofern anders, als sich hier der Eigentümer bereit erklärt hatte, die Sache – nachdem er sich mit dem Verkäufer geeinigt hätte – dem Käufer zu übereignen und sie ihm bis dahin zu belassen. Hier lag in der vorschnellen Rückgabe der Sache – eines gebrauchten Kraftwagens, der durch übermäßige Abnutzung seitens des Käufers stark entwertet worden war, nachdem ihn zuvor der Verkäufer unter erheblichen Kosten hatte instandsetzen lassen – eine Treuwidrigkeit gegenüber dem Verkäufer, die in diesem Falle den Ausschluß des Rücktrittsrechts rechtfertigt. Vgl. hierzu die Aufsätze von *Boehmer*, JZ 52, 521 und 588, *Werner*, NJW 52, 930 und *Wolf*, NJW 53, 164.

Nichterfüllung" und Mangelfolgeschäden, AcP 165, 150; Die Haftung des Warenherstellers, 1967; *Fabricius*, Schlechtlieferung und Falschlieferung biem Kauf, JuS 64, 1 u. 46; *Flume*, Eigenschaftsirrtum und Kauf, 1948 (dazu *Kegel*, AcP 150, 356); *Gillig*, Nichterfüllung und Sachmängelgewährleistung, 1984; *Graue*, Die mangelfreie Lieferung beim Kauf beweglicher Sachen, 1964 (hierzu *Fabricius*, JZ 67, 464); *Haymann*, Anfechtung, Sachmängelgewähr und Vertragserfüllung beim Kauf, 1913; Fehler und Zusicherung beim Kauf, RG Festschr. III 317; *Herberger*, Rechtsnatur, Aufgabe und Funktion der Sachmängelhaftung nach dem BGB, 1974; *Honsell*, Culpa in contrahendo, positive Vertragsverletzung und § 463 BGB, JR 1976, S. 361; Ulrich *Huber*, Zur Haftung des Verkäufers wegen positiver Vertragsverletzung, AcP 177, 281; *Immenga*, Fehler oder zugesicherte Eigenschaft, AcP 171, 1; *Knöpfle*, Zur Problematik des subjektiven Fehlerbegriffs im Kaufrecht, JZ 78, 121; Subjektiver Fehlerbegriff und Gleichbehandlung von Schlechtlieferung und Falschlieferung beim Gattungskauf, JZ 79, 11; Der Begriff des Fehlers im Sinne des § 459 Abs. I BGB bei beweglichen Sachen und seine praktischen Auswirkungen, AcP 180, 462; *Köhler*, Das Verhältnis der Gewährleistungsansprüche zu anderen Rechtsbehelfen des Käufers, JA 1982, S. 157; *Korintenberg*, Abschied von der Gewährleistung, Justizbl. f. den OLG Bezirk Köln, 1947; *Ders*. Die Beschaffenheit der Spezies als Element des Rechtsgeschäfts, 1948; *Kupisch*, Konstruktionsprobleme der Wandlung im BGB, AcP 170, 479; *Medicus*, Vertragliche und deliktische Ersatzansprüche für Schäden aus Sachmängeln, Festschr. f. Ed. *Kern*, 1968, S. 313; *Raape*, Probleme der Wandlung und Minderung, Festschr. für *Lehmann*, 1937, S. 159; Sachmängelhaftung und Irrtum beim Kauf, AcP 150, 481; *Reinicke/Tiedtke*, Kaufrecht, 2. Aufl. 1985; *Schack*, Die Zusicherung beim Kauf, AcP 185, 333; *Schollmeyer*, Erfüllungspflicht und Gewährleistung für Fehler beim Kauf, IherJb. 49, 93; *Schwark*, Kaufvertragliche Mängelhaftung und deliktsrechtliche Ansprüche, AcP 179, 57; *Schwenger*, Der Ersatz von Mangelschäden und Mangelfolgeschäden bei lästigen Verträgen, 1977; *Süss*, Wesen und Rechtsgrund der Gewährleistung für Sachmängel, 1931; *Todt*, Die Schadensersatzansprüche des Käufers, Mieters und Werkbestellers aus Sachmängeln, 1970; Max *Wolf*, Sachmängel beim Kauf, JherJb. 56, 1.

I. Voraussetzungen und Umfang der Mängelhaftung

Der Verkäufer einer individuell bestimmten Sache hat zwar seine in den §§ 433, 434 ausdrücklich erwähnten Leistungspflichten erfüllt, wenn er diese Sache dem Käufer übergeben und ihm an ihr lastenfreies Eigentum verschafft hat. Aber die berechtigte Erwartung des Käufers kann dennoch enttäuscht werden, wenn sich herausstellt, daß die Sache mit einem ihm verborgen gebliebenen Fehler behaftet ist oder eine vom Verkäufer zugesicherte Eigenschaft nicht hat. Denn der Käufer, der für die Sache einen bestimmten Preis zu zahlen sich entschließt, tut dies im allgemeinen nur im Hinblick auf die von ihm angenommene Beschaffenheit der Sache, die für ihren Wert oder ihre Brauchbarkeit zu einem bestimmten Gebrauchszweck ausschlaggebend ist. Weicht die Sache in Wahrheit in erheblichem Maße von dieser vorausgesetzten Beschaffenheit ab, so wird der enttäuschte Käufer den Kauf rückgängig machen oder doch nur einen geringeren Kaufpreis zahlen, unter Umständen Schadensersatz haben wollen. Das Gesetz trägt diesem Verlangen in gewissen Grenzen Rechnung, indem es in § 459 bestimmt, daß der Verkäufer dem Käufer für die Abwesenheit von ,,Fehlern" (Abs. 1) sowie dafür zu haften habe, daß die Sache die von ihm zugesicherten Eigenschaften (Abs. 2) tatsächlich hat. Eine Sache, die mit einem ,,Fehler" (im Sinne des § 459 Abs. 1) behaftet ist oder eine vom Verkäufer zugesicherte Eigen-

§ 41. Die Haftung des Verkäufers für Sachmängel

schaft *nicht* hat, ist, nach der Terminologie des Gesetzes, ,,mangelhaft" (**Sachmangel** – im Gegensatz zum *Rechtsmangel,* oben § 40 II b). Welche Rechtsfolgen sich aus der Haftung des Verkäufers für ,,Sachmängel" ergeben, bestimmen die §§ 462 ff. Das Gesetz regelt diese Folgen zunächst im Hinblick auf den Stückkauf, also den Kauf einer individuell bestimmten Sache. Erst in § 480 regelt es die Folgen beim Gattungskauf. Zwischen beiden Regelungen besteht, was durch die Formulierung des § 480 eher verdeckt wird, ein grundlegender Unterschied. Wir betrachten zunächst (I) die Voraussetzungen der Mängelhaftung, und zwar vornehmlich mit Rücksicht auf den Stückkauf, sodann die Rechte des Käufers beim Stückkauf (II) und endlich die Regelung beim Gattungskauf (III).

Die Bestimmungen über die Haftung des Verkäufers für Sachmängel gehören zu den praktisch wichtigsten des Schuldrechts überhaupt. Ihr Verständnis ist im ganzen wie in vielen Einzelheiten stark umstritten. Das rührt nicht zum wenigsten daher, daß über den Grund und die rechtliche Eigenart der Gewährleistungsansprüche Unklarheiten bestehen. Das Gesetz behandelt, wie wir gesehen haben, die *rechtsmangelhafte* Leistung als unvollständige Erfüllung. Es verpflichtet daher den Verkäufer grundsätzlich zur Beseitigung des Rechtsmangels, d. h. zu nachträglicher Verschaffung des unbelasteten Eigentums; falls der Verkäufer mit der Erfüllung seiner Rechtsverschaffungspflicht in Verzug kommt oder ihm diese unmöglich ist, erklärt es die allgemeinen Vorschriften über Unmöglichkeit oder Verzug mit einigen Einschränkungen für anwendbar. Im Falle eines Gattungskaufs hat der Verkäufer ein Stück oder Stücke von ,,mittlerer Art und Güte" der betreffenden Gattung zu leisten (§ 243 Abs. 1). Mangelhafte Stücke erfüllen diese Forderung nicht; liefert der Verkäufer solche Stücke, so erfüllt er damit seine Leistungspflicht nicht oder nicht in der richtigen Weise. Dagegen sagt das Gesetz nicht, daß der Verkäufer einer individuell bestimmten Sache – also im Falle eines Stückkaufs – zur Lieferung dieser Sache *in mangelfreiem Zustand* verpflichtet sei und daß dem Käufer daher wegen der Lieferung der mangelhaften Sache ein Anspruch auf Beseitigung des Mangels (als von ihm geschuldeter Erfüllung) oder wegen Nichterfüllung zustünde. Trotzdem sehen manche auch hier in der gesetzlichen Gewährleistung eine nähere Ausgestaltung der Haftung für die Erfüllung der Leistungspflicht, während andere die Gewährleistung für Sachmängel beim Stückkauf als ein *nach Grund und Folgen von der Haftung für die Erfüllung ganz verschiedenes Rechtsinstitut* ansehen. Wir stellen die Beantwortung dieser Frage vorerst zurück (vgl. unten II e), um den Leser zunächst mit den zum Verständnis der Frage unerläßlichen Einzelheiten der gesetzlichen Regelung bekannt zu machen.

a) **Die Haftung für Fehler.** Der Verkäufer haftet gemäß § 459 Abs. 1 zunächst einmal dafür, daß die Sache im Zeitpunkt des Gefahrübergangs (darüber unten c) nicht mit Fehlern behaftet ist, die ,,den Wert oder die Tauglichkeit zu dem gewöhnlichen oder dem nach dem Vertrage vorausgesetzten Gebrauch aufheben

§ 41 I   1. Abschn. 1. Kap. Veräußerungsverträge, insbesondere Kauf

oder mindern". Eine nur unerhebliche Minderung des Wertes oder der Tauglichkeit bleibt außer Betracht.

Wann aber ist eine Sache fehlerhaft? Nach dem vom RG anfänglich vertretenen,[1] im Schrifttum vor allem von *Haymann* begründeten sog. *objektiven Fehlerbegriff* ist unter einem „Fehler" nur eine dem Käufer ungünstige Abweichung von der Beschaffenheit zu verstehen, die eine Sache *solcher Art* gewöhnlich hat. Indessen erwartet der Käufer häufig nicht nur, daß die von ihm gekaufte Sache von der normalen Beschaffenheit von Sachen derjenigen Art, der sie angehört, sondern auch, daß sie von derjenigen Beschaffenheit ist, die gerade ihr nach den vorausgegangenen Erklärungen des Verkäufers, etwa ihrer Beschreibung in einem Katalog oder dem Verkaufsgespräch, zukommen sollte. Diese Überlegung führt zur Anerkennung des heute von der Rechtsprechung vertretenen[2] und von der Literatur fast einhellig gebilligten sog. **„subjektiven" oder „konkreten" Fehlerbegriffs.** Danach liegt ein Fehler vor, wenn die Sache nicht von der beim Kaufabschluß von den Parteien vorausgesetzten Beschaffenheit ist. Dabei kommt es wesentlich darauf an, „als was", aber auch, zu welchem besonderen Zweck die Sache verkauft worden ist. Meist wird sich der Käufer vor dem Kaufabschluß bei dem Verkäufer erkundigen, welcher Art dieser Gegenstand ist, ob dieser Ring massiv Gold oder nur vergoldet, der Stein echt oder unecht, das Kleid aus Naturseide oder Kunstseide, die Tasche aus Leder oder Kunstleder ist. Je nach der Auskunft, die der Verkäufer gibt, kauft er dann diesen Ring als goldenen, diesen Stein als echten Saphir, diese Tasche als rindlederne. Ist der Ring nicht aus Gold, sondern nur vergoldet, der Stein kein echter Saphir, sondern eine Nachahmung, die Tasche aus Kunstleder, so ist die Sache mangelhaft, weil sie nicht *von der der Kaufvereinbarung zugrunde gelegten Beschaffenheit* und dadurch ihre Tauglichkeit oder ihr Wert (gegenüber einer Sache von der vorausgesetzten Beschaffenheit) erheblich gemindert ist. Wird ein Grundstück ohne jede nähere Angabe über den Verwendungszweck verkauft, so ist es kein „Fehler", wenn es sich – aus tatsächlichen oder aus rechtlichen Gründen – als unbebaubar erweist. Wird es aber mit der ausdrücklichen Zweckbestimmung als „Baugelände" verkauft, so ist die Unbebaubarkeit ein Fehler, der seine Tauglichkeit zu dem nach dem Vertrage vorausgesetzten Gebrauch aufhebt.[3] Stets kommt es somit auf die Beschaffenheit

---

[1] RGZ 97, 351. Vgl. zu dieser Entsch. aber *Flume* aaO S. 113 Anm. 10.
[2] RGZ 135, 342; 161, 334; BGHZ 16, 55; OLG Frankfurt, NJW 82, 652. Aus dem Schrifttum u. a. *v. Caemmerer, Flume, Wolf* aaO; ferner *Leonhard* B 51, *Enn./L.* § 108 II 1; *Fikentscher* § 70 II 2a; *Esser/Weyers* § 5 II 1a; *Medicus* Bürgerl. R. Rdn. 334; *Reinicke/Tiedtke* aaO S. 93 ff.; *Brox* Rdn. 62; *Soergel/Ballerstedt* 11 vor, *Staudinger/Honsell* 10, 13, *MünchKomm/Westermann* 8 ff., *Palandt/Putzo* 3a, *Erman/Weitnauer* 3 zu § 459. Gegen den subjektiven Fehlerbegriff Rudolf *Schmidt* u. *Knöpfle* aaO, teilweise auch *Fabricius* aaO.
[3] Die Rechtspr. behandelt in diesem Fall die auf öffentlich-rechtlichen Baubeschränkungen beruhende Unbebaubarkeit oder nur beschränkte Bebaubarkeit eines Grundstücks nicht als Rechts-, sondern als Sachmangel; vgl. oben S. 29.

§ 41. Die Haftung des Verkäufers für Sachmängel   I § 41

an, die der Käufer nach der ihm vom Verkäufer gegebenen oder bestätigten Kennzeichnung und näheren Beschreibung des Kaufgegenstandes, ferner nach seiner Eignung für den angegebenen oder, wenn hierüber nichts gesagt wurde, für den gewöhnlichen Zweck einer derartigen Sache, erwarten darf. Man bezeichnet heute diese Beschaffenheit der Sache als ihre „Sollbeschaffenheit", wobei aber der Gedanke fernzuhalten ist, der Verkäufer solle sie herbeiführen;[4] er hat für ihr Vorhandensein lediglich nach Maßgabe der folgenden Vorschriften einzustehen, Gewähr zu leisten. Ein Fehler ist, so gesehen, jede dem Käufer nachteilige Abweichung der „Istbeschaffenheit" der Sache von ihrer „Sollbeschaffenheit".[5]

Eine andere Frage ist, was alles zur „Beschaffenheit" einer Sache gerechnet werden muß. Sicher gehören hierzu die ihr zukommenden *natürlichen Eigenschaften* wie Festigkeit oder Elastizität, Dichte oder Durchlässigkeit, Feuchtigkeit oder Trockenheit, weiter das Material, aus dem sie besteht, der Zustand, in dem sie sich befindet (Neuheit oder Dauer und Grad der Abnutzung) sowie die daraus sich ergebende Verwendbarkeit der Sache für den gewöhnlichen oder vereinbarten Zweck. Die Rechtsprechung[6] rechnet ferner dazu auch *Beziehungen der Sache zur Umwelt,* sofern sie von Dauer und dazu geeignet sind, ihre Brauchbarkeit zu beeinflussen, wie bei einem Grundstück seine Lage an einer Straße oder einem See; endlich auch gewisse Einschränkungen ihrer Verwendbarkeit, die sich aus rechtlichen Vorschriften (aber nicht: aus Rechten Dritter, da diese vielmehr Rechtsmängel darstellen) ergeben, wie Unbebaubarkeit des Grundstücks wegen einer langfristigen Bausperre. (Im näheren vgl. dazu oben § 40 II b.) Sehr weit ist das RG gegangen, wenn es sogar die von den Vertragsparteien angenommene Unbebaubarkeit des Nachbargrundstücks als zur Beschaffenheit des Grundstücks gehörig ansah, da durch die Bebauung des Nachbargrundstücks der dem Grundstück eigentümliche Vorzug „landschaftlich schöner Lage" beeinträchtigt werde. Streitig ist, ob zu den Eigenschaften einer Sache – und damit zu ihrer Beschaffenheit – auch ihr in der Vergangenheit liegender *wirtschaftlicher Ertrag,* etwa der Mietertrag eines Hauses oder der letzte Jahresumsatz eines Geschäfts, der in der Bilanz ausgewiesene Gewinn gerechnet werden kann.[7] Das ist zu bejahen, da es sich auch hierbei um Faktoren handelt, die die Sache in ihrem wirtschaftlichen Wert zu charakterisieren geeignet sind. Dagegen ist der *gemeine Wert* einer Sache,

---

[4] Das betont mit Recht *Medicus,* SchR II § 74 II 1 aE.
[5] Nicht genügt die tatsächliche Erwartung nur des Käufers. Mißverständlich jedoch die Meinung des BGH (WM 84, 815), es bedürfe einer „Willenseinigung" zwischen Käufer und Verkäufer über die Beschaffenheit.
[6] RGZ 161, 332; BGHZ 34, 32; BGHZ 52, 51 (aus der Herkunft der Ware herrührender Verdacht gesundheitsgefährdender Beschaffenheit – „Hasenfleischfall"); ergänzend dazu BGH, NJW 72, 1462.
[7] In der Rechtspr. verschieden beurteilt: RGZ 67, 87 verneint, RG, JW 1912, 910 bejaht; BGH, NJW 70, 653 verneint (dagegen in seiner Anm. *Putzo*); BGH, DB 74, 231 verneint (dagegen *Goltz,* DB 74, 1609); BGH, NJW 80, 1456 (nur zusicherungsfähig). Vgl. dazu *Leonhard* B 45 ff.; *Staudinger/Honsell* 16 ff., *Erman/Weitnauer* 5 u. 9 zu § 459; *Immenga* aaO, S. 12 f.; *Reinicke/Tiedtke* aaO S. 98.

§ 41 I   1. Abschn. 1. Kap. Veräußerungsverträge, insbesondere Kauf

ihr Marktpreis oder handelsüblicher Preis – m. E. auch der Börsenkurs – kein Umstand, der zur Beschaffenheit der Sache zu rechnen ist und gegebenenfalls einen „Fehler" zu begründen vermag.[8] Dies jedoch nicht, weil eine Subsumtion des „gemeinen Wertes" der Sache unter den Eigenschaftsbegriff *begrifflich* ausgeschlossen wäre, sondern weil dies mit dem Sinn der Regelung nicht vereinbar wäre: das Gesetz will dem Käufer nicht das Risiko abnehmen, daß er sich, in Kenntnis der wertbildenden Faktoren, hinsichtlich des Wertes der Sache verschätzt, indem er einen „zu hohen Preis" bewilligt.[9]

> Kann bei einem *Druckwerk* (Buch, Zeitschrift) nicht nur die *äußere Beschaffenheit* (des Papiers, des Einbandes, des Druckes, das Fehlen von Seiten) einen Sachmangel darstellen, sondern auch die nicht den Erwartungen entsprechende *Beschaffenheit des Textes?* Dies wird zu bejahen sein,[10] wenn es sich um einen *nachweislichen* Mangel handelt, der den Gebrauchszweck des Werkes nicht unerheblich beeinträchtigt; so wenn ein Sprachführer eine nicht geringe Zahl einfach falscher Übersetzungen enthält, in einem statistischen Werk viele Zahlen an falscher Stelle stehen. Reine Qualitätsmängel hingegen, für deren Beurteilung es an einem objektivierbaren Maßstab fehlt, etwa Mängel des Stils, schwer verständliche Ausdrucksweise, müssen wohl außer Betracht bleiben und hingenommen werden, wenn nicht bestimmte Zusicherungen gegeben wurden.

Entspricht die Sache nicht der Beschaffenheit, die der Käufer nach den Umständen, insbesondere den Erklärungen des Verkäufers, erwarten durfte, so macht es beim Stückkauf keinen Unterschied, ob sie nur die normalen Eigenschaften der Sachgattung nicht hat, als der zugehörig sie verkauft worden ist, oder ob sie einer **anderen Gattung** angehört, als angenommen worden war. Eine bestimmte Münze, die als „Goldmünze" verkauft worden war, ist in Wahrheit eine Kupfermünze. Eine Kupfermünze, so wird gesagt, sei keine „fehlerhafte Goldmünze"; die Sache sei nicht mangelhaft, sondern eine andere, als die, für die sie der Käufer gehalten hat. Manche halten deshalb die §§ 459 ff. nicht für anwendbar;[11] der Käufer könne nach § 119 Abs. 2 wegen Eigenschaftsirrtums anfechten, was für ihn dann günstiger ist, wenn die Mängelansprüche bei der Entdeckung des Irrtums bereits verjährt sind (§ 477). Indessen ist diese Auffassung wohl in erster Linie eine Nachwirkung des heute aufgegebenen „objektiven" Fehlerbegriffs. Sie führt außerdem zu fast unlösbaren Abgrenzungsschwierigkeiten. Ist ein nur vergoldeter Ring, der als golden verkauft war, nun ein nur teilweise goldener Ring, daher fehlerhaft, oder überhaupt nicht mehr ein „goldener" Ring? Auch die Rechtsprechung hat, ohne sich dessen bewußt zu sein, in verschiedenen Fällen einen Fehler angenommen, in denen der verkaufte Gegen-

---

[8] HL; vgl. *Soergel/Ballerstedt* 2, *Erman/Weitnauer* 18 zu § 459.

[9] Es sind also die gleichen Überlegungen, die zum Eigenschaftsirrtum (§ 119 Abs. 2) anzustellen sind. Vgl. dazu Allg. Teil § 20 II b (S. 226).

[10] Hierzu *Röhl*, Fehler in Druckwerken. JZ 79, 369, und die dort angeführte Rechtspr.

[11] So Rud. *Schmidt*, NJW 62, 710 (die Versagung der Anfechtung nach Ablauf der Verjährungsfrist des § 477 sei unbillig); für das ältere Schrifttum: *Oertmann* 4 zu § 459. Vgl. auch *Fikentscher* § 70 II 2 d; *Esser/Weyers* § 6 I 3; *Medicus*, Bürgerl. R. Rdz. 320 ff.

§ 41. Die Haftung des Verkäufers für Sachmängel   I § 41

stand tatsächlich einer anderen Gattung als der angenommenen angehörte. So in einem Fall,[12] in dem sich das gelieferte Fleisch, das die Parteien als Walfischfleisch verkauft hatten, als Haifischfleisch herausstellte, oder in Fällen,[13] in denen ein Bild, das als dasjenige eines bestimmten Meisters verkauft war, nicht von diesem herrührte. Die maßgebende Gattung war hier eben nicht ein Gemälde schlechthin, sondern ein Bild von Rubens oder aus der Schule von Rubens usw.; ist das Bild dann nicht von Rubens oder aus seiner Schule, so gehört es nicht der Gattung an, als der zugehörig es verkauft worden war. Trotzdem kann man im Sinne des subjektiven Fehlerbegriffs die fehlende Urheberschaft von Rubens als einen „Fehler" des Bildes ansehen. Entscheidend ist auch hier, daß das Bild nicht von derjenigen Beschaffenheit ist, die der Käufer nach dem Inhalt der Vereinbarung zu erwarten berechtigt war.[14]

Nicht identisch mit dem hier behandelten Fall, daß die verkaufte Speziessache einer anderen als derjenigen Gattung angehört, als der zugehörig sie verkauft wurde, ist der Fall, daß dem Käufer, etwa infolge einer Verwechslung, eine *andere Sache* geliefert wird als die von ihm ausgesuchte und gekaufte. (Der Käufer hatte ein Bild des Malers X gekauft; versehentlich wird ihm nicht dieses, sondern ein anderes des Malers Y geschickt.) Hier liegt kein Mangel der gekauften Sache vor, vielmehr ist diese überhaupt noch nicht geliefert worden; geliefert wurde ein anderer als der geschuldete Gegenstand, ein „aliud". Es ist irreführend, wenn man in beiden Fällen von der Lieferung eines „aliud" spricht. Das „Anderssein" bezieht sich einmal nur auf die Gattung, als der zugehörig diese den Kaufgegenstand bildende Sache verkauft wurde, das andere Mal auf die gelieferte Sache selbst, die mit dem Kaufgegenstand nicht identisch ist. Nicht ist im zweiten Fall der Kaufgegenstand von anderer als der „gesollten" Beschaffenheit, sondern der gelieferte Gegenstand ist nicht der Kaufgegenstand. Man spricht in diesem Fall am besten von einer „Falschlieferung". Sie stellt keine Erfüllung im Sinne des § 362 dar; der Käufer hat daher weiter den Erfüllungsanspruch.

Als ein „Fehler" der verkauften Sache kann es auch anzusehen sein, daß sie nicht die beim Kauf zugrunde gelegte Größe hat (sog. **„Quantitätsmangel"**).[15] Hierbei ist nur streng darauf zu achten, ob in der Tat die Sache als eine von dieser Beschaffenheit und Größe verkauft worden ist. So etwa in folgendem Fall: Gekauft ist ein bestimmtes Stück Stoff, dessen Größe von der Verkäuferin mit 3,20 m angegeben ist, für einen nach dieser Größe berechneten Preis. Hernach stellt sich heraus, daß es nur 2,70 m groß und daher für den beabsichtigten Verwendungszweck nicht geeignet ist. Hier muß der Käufer zur Wandlung berechtigt sein. Anders ist jedoch beim Gattungskauf zu entscheiden, sofern hier die fehlende Menge, ohne daß die Leistung deshalb ihren Charakter ändert, nachgeliefert werden kann. So, wenn die Hausfrau bei ihrem Kaufmann ein halbes Pfund Kaffee bestellt und nur ein Viertel geliefert wird: das fehlende Viertel kann, ohne daß damit ein Nachteil verbunden wäre, nachgeliefert

---

[12] RGZ 99, 148. Dazu *Flume* aaO S. 114.
[13] RGZ 114, 240; 135, 341; BGH, JZ 75, 417 (m. Anm. von *Locher*) = NJW 75, 970.
[14] So auch *Heck* 277 sowie *Flume* und *v. Caemmerer; MünchKomm/Westermann* 14, *Erman/Weitnauer* 13, 14 zu § 459; für das skandinavische Kaufrecht *Almén*, Das skandinavische Kaufrecht, II, S. 6.
[15] Vgl. *Flume* aaO S. 121 ff.; *Esser/Weyers* § 5 II 1 a.

werden. Die Käuferin hat hier also keine Ansprüche wegen mangelhafter Lieferung, sondern Anspruch auf Nachlieferung des Fehlenden und gegebenenfalls wegen (teilweisen) Verzugs. Beim Spezieskauf hätte der Anspruch auf Nachlieferung des Fehlenden keinen Sinn, weil diese bestimmte Sache, die gekauft worden ist, wie das besonders deutlich bei einem Grundstück ist, nun einmal nicht größer ist. Hier ist die Anwendung der Bestimmungen über Sachmängel sachgemäß.

b) **Die Haftung für zugesicherte Eigenschaften.** Gemäß § 459 Abs. 2 haftet der Verkäufer ferner dafür, daß die Sache zur Zeit des Übergangs der Gefahr die zugesicherten Eigenschaften hat. Daß die *Größe* eines Grundstücks eine Eigenschaft des Grundstücks ist, die vom Verkäufer zugesichert werden kann, stellt § 468 Satz 1 klar. Die früher vorherrschende Lehre nahm an, und der BGH tut dies heute noch,[16] daß der Begriff der „Eigenschaften" einer Sache im Sinne des § 459 Abs. 2 weiter zu verstehen sei als der der Beschaffenheitsmerkmale, deren Fehlen einen „Fehler" im Sinne des Abs. 1 darstellen kann. Versteht man aber unter „Beschaffenheitsmerkmalen" im Sinne des subjektiven Fehlerbegriffs alle auf die Sache bezogenen Verhältnisse, die für ihren Gebrauch, ihren wirtschaftlichen Wert oder ihre Eignung zu dem nach der Vereinbarung in Aussicht genommenen Zweck von Bedeutung sind, so gehören dazu beispielsweise auch der Mietertrag eines Hauses, seine aus Lage und Umgebung sich ergebende besondere Eignung etwa zum Betriebe einer Fremdenpension, der durchschnittliche Umsatz eines Geschäfts, die Beschlagnahmefreiheit oder Ausfuhrfähigkeit einer Ware. Zwischen Beschaffenheitsmerkmalen im Sinne des ersten und Eigenschaften im Sinne des zweiten Absatzes des § 459 besteht dann kein Unterschied. Das Fehlen einer zugesicherten Eigenschaft stellt zugleich einen Fehler der Sache, weil eine Abweichung von ihrer „Sollbeschaffenheit", dar.[17] Jedoch ist es für die Gültigkeit einer gegebenen Zusicherung nicht erforderlich, daß das Fehlen der zugesicherten Eigenschaft den Wert oder die Tauglichkeit der Sache in erheblichem Maße mindert.[18] Es muß sich nur um eine „Eigenschaft" der Kaufsache in dem oben dargelegten weiten Sinne handeln.[19] Erforderlich ist weiter eine echte Zusicherung, d.h. eine *bindende Erklärung* des Inhalts, daß der Verkäufer für das Vorhandensein dieser Eigenschaft einstehe, die Gewähr dafür übernehme.[20] Bloße, wenn auch ernstlich gemeinte Angaben oder Auskünfte des Verkäufers genü-

---

[16] Vgl. BGH, NJW 70, 653; BGHZ 79, 183; BGH, WM 82, 696; WM 84, 941.

[17] So überzeugend *Immenga* aaO; ebenso *Esser/Weyers* § 5 II 2; *Staudinger/Honsell* 17, 51 zu, *Erman/Weitnauer* 6 vor § 459; *Medicus* SchR II § 74 II 2a; *Reinicke/Tiedtke* aaO S. 94ff.

[18] Eine Ausnahme gilt bei Grundstücken im Falle der Zusicherung einer bestimmten Größe hinsichtlich des Rechts der Wandlung, § 468 Satz 2. Hat der Verkäufer eine bestimmte Größe des Grundstücks zwar nicht zugesichert, sind aber beide Teile übereinstimmend davon ausgegangen, daß das Grundstück eine bestimmte (etwa die im Grundbuch angegebene) Größe habe, so ist § 468 unmittelbar nicht anwendbar. Es handelt sich um einen Fehler des Grundstücks; § 468 Satz 2 ist aber analog anzuwenden.

[19] Vgl. die Entsch. des BGH, NJW 81, 1600. Zur Bedeutung des Ausdrucks „werkstattgeprüft" als einer Zusicherung (im Gebrauchswarenhandel) vgl. BGHZ 87, 302.

[20] So ganz klar RGZ 161, 337.

gen also nicht; sie kommen lediglich im Rahmen des „subjektiven" oder „konkreten" Fehlerbegriffs für die Beantwortung der Frage in Betracht, ob ein Fehler im Sinne einer Abweichung von der nach dem Vertrage vorausgesetzten Beschaffenheit vorliegt. Es muß also unterschieden werden „zwischen der bloßen Warenbezeichnung als vertraglicher Festlegung der Kaufware und einer den Garantiewillen des Verkäufers zum Ausdruck bringenden Zusicherung".[21] Eine Zusicherung erfordert mehr als nur die bestimmte Behauptung oder Versicherung; sie erfordert den erkennbaren Willen des Verkäufers, sich zu *verpflichten,* d. h., dem Käufer für das Vorhandensein der Eigenschaft einzustehen.[22] Zwar genügt, wie auch sonst, ein „schlüssiges Verhalten"; dieses muß aber so beschaffen sein, daß der Käufer daraus die Bereitschaft des Verkäufers entnehmen kann, für eine bestimmte Eigenschaft der Sache „eine über die normale Haftung hinausgehende besondere Gewähr zu übernehmen", d. h. „für alle Folgen einzustehen, wenn diese Eigenschaft fehlt".[23] Fehlt es hieran, nimmt man, wie das die Rechtsprechung manchmal tut,[24] nicht erkennbar als verbindliche Zusage gemeinte Angaben als Zusicherungen, so verwischt man die vom Gesetz gezogene Grenze, was zu Entscheidungen führen muß, die als zufällig oder willkürlich erscheinen. Die Zusicherung muß *Vertragsinhalt* geworden sein; sie bedarf daher in dem Falle, daß das Leistungsversprechen des Verkäufers formbedürftig ist, der für dieses vorgeschriebenen Form.[25]

Auch dann, wenn man, wie das einige Anhänger des subjektiven Fehlerbegriffs tun, alle Angaben des Verkäufers über die Beschaffenheit der Kaufsache, ihre Eignung für einen bestimmten Zweck, über wertbildende Faktoren, wie ihren Ursprung, Umweltbeziehungen usw., zum Vertragsinhalt rechnet, weil dadurch die „gesollte Beschaffenheit" der Sache mit der Folge festgelegt wird, daß eine

---

[21] So zutreffend BGHZ 59, 303, 308. Zu dieser Entsch. *Hüffer,* JuS 73, 606.
[22] HL; vgl. *Enn./L.* § 108 II 1 b; *Siber* 235; *Esser/Weyers* § 5 II 2 c, *Flume* aaO S. 76 ff. und die Kommentare von *Oertmann* 5 a, *Staudinger/Honsell* 60, 69, *MünchKomm/Westermann* 52, 55, *Palandt/Putzo* 4 a zu § 459, *Erman/Weitnauer* 6 vor § 459; *Reinicke/Tiedtke* aaO S. 102 f. Dagegen vertreten *Wolf* aaO S. 43 ff., *Haymann,* Festschr. 336 ff. und *Leonhard* B 51 ff. die Ansicht, daß das Wort „Zusicherung" in § 459 Abs. 2 auch ernstgemeinte Angaben einschließe, während es in § 463 im Sinne der hL zu verstehen sei. Heute vertritt *Christoffel* aaO die Auffassung, als Zusicherung genüge „eine neben der Kaufvereinbarung stehende Zusage bestimmter Eigenschaften, auf die der Käufer vertrauen darf". Dann wäre jede Verständigung über die „Sollbeschaffenheit" schon eine Zusicherung, was mit der gesetzlichen Regelung – § 463 – nicht zu vereinbaren ist. Dasselbe gilt von der Auffassung von *Schack* (AcP 185, 333), nach der es auf einen Haftungs*willen* des Verkäufers überhaupt nicht ankommen soll.
[23] Vgl. BGHZ 59, 160 u. 308; BGH, NJW 75, 970 = JZ 75, 417; BGH, WM 82, 696, Angaben in Prospekten, Werbeanzeigen und dergleichen genügen zur Annahme einer Zusicherung in aller Regel nicht. Vgl. aber *Herrmann,* Kaufrechtliche Grenzen der Händlerwerbung, AcP 183, 215.
[24] Vgl. dazu die berechtigte Kritik an der Rechtspr. bei *Esser/Weyers* § 5 II 2 d.
[25] Ebenso *Esser/Weyers* § 5 II 2 c; *Erman/Weitnauer* 6 vor § 459. Daß sie Vertragsinhalt geworden sein muß, bedeutet nicht, daß sie schon in dem ursprünglichen Vertrage enthalten sein muß; sie kann auch noch nachträglich, in einem zusätzlichen Vertrage, vereinbart werden.

Abweichung von dieser Beschaffenheit als „Fehler" der Sache erscheint, muß man sich doch davor hüten, das, was in diesem Sinne Vertragsinhalt geworden ist, schon als *verbindliche Bestimmung des Inhalts der Leistungspflicht* anzusehen. Der Verkäufer, der den dem Käufer übergebenen Ring als „massiv goldenen" bezeichnet, verpflichtet sich nicht, ihn dazu zu machen; er übernimmt auch nicht eine über die gesetzliche Haftung für „Fehler" hinausgehende Garantie, sofern er dies nicht besonders zum Ausdruck bringt. Verkennt man das, so wird der § 463 Satz 1, der der gegebenen Zusicherung eine über § 462 hinausgehende Rechtsfolge zuordnet, unverständlich. Der „subjektive" oder „konkrete" Fehlerbegriff darf, mit anderen Worten, nicht dazu führen, den im Gesetz angelegten Unterschied zwischen der gesetzlichen Haftung für einen „Fehler" im Sinne des § 459 Abs. 1 und der auf einem zusätzlichen Verpflichtungsakt des Verkäufers beruhenden Haftung für die von ihm gegebene „Zusicherung" im Sinne des § 459 Abs. 2 zu verwischen. Es empfiehlt sich m. E. deshalb, zum Vertragsinhalt *nur* derartige Zusicherungen zu rechnen, nicht aber alle, mehr oder weniger unverbindlich gemachten Angaben des Verkäufers über die Beschaffenheit und die Eignung der Kaufsache, auch wenn diese dafür von Bedeutung sind, ob die Sache als „fehlerhaft" anzusehen ist. Sie liegen im „Vorfeld" des Vertrages, sind aber, anders als eine verbindliche Zusicherung, nicht Bestandteil des Vertrages geworden.

c) **Der maßgebende Zeitpunkt.** Als maßgebenden Zeitpunkt sowohl für das Vorhandensein eines Fehlers wie für das Fehlen einer zugesicherten Eigenschaft erklärt das Gesetz den des *Gefahrüberganges*. Wir werden noch sehen, daß dies in der Regel der Zeitpunkt der Übergabe, bei Grundstücken der der Eintragung ist, falls diese vor der Übergabe erfolgt. Ist der Fehler bereits bei Kaufabschluß vorhanden, vermag ihn der Verkäufer aber noch zu beseitigen, so darf er dies und haftet nicht, wenn dies bis zum Gefahrübergang geschieht. Ob er *danach* noch zur Nachbesserung berechtigt ist, ist streitig.[26] M. E. braucht sich der Käufer hierauf nicht einzulassen; er mag Zweifel haben, ob dem Verkäufer die Nachbesserung gelingt, nicht darauf warten wollen, oder es vorziehen, den Mangel hinzunehmen und dafür den Kaufpreis zu mindern. Läßt sich der Käufer freilich darauf ein, muß er dem Verkäufer die dafür erforderliche Zeit lassen; die Mängelansprüche können so lange nicht geltend gemacht werden und entfallen, wenn der Mangel beseitigt ist. Der Käufer kann die Beseitigung seinerseits nicht verlangen, da ihm das Gesetz keinen Nachbesserungsanspruch gibt (vgl. unten II vor a). Der Verkäufer haftet andererseits für den Mangel auch dann, wenn dieser erst nach dem Kaufabschluß, jedoch vor dem Gefahrübergang entstanden ist. Dabei kommt es für die Haftung aus der Gewährleistung *nicht darauf an*, ob die Entste-

---

[26] Dafür – soweit die nachträgliche Ausbesserung dem Käufer zumutbar ist – gegen die bisher hL *Köhler* JZ 84, 393.

§ 41. Die Haftung des Verkäufers für Sachmängel   I § 41

hung des Mangels auf einem Verschulden des Verkäufers beruht. Hat jedoch der Käufer selbst den Mangel zu vertreten, dann sind ihm, in entsprechender Anwendung des § 324 Abs. 1, die Mängelansprüche zu versagen. Das gleiche gilt, wenn der Mangel, sei es auch durch Zufall, erst zu einer Zeit entsteht, zu der sich der Käufer im Annahmeverzuge befindet (entsprechend § 324 Abs. 2).

Daraus, daß das Gesetz den Zeitpunkt des Gefahrüberganges für maßgeblich erklärt, darf man jedoch nicht, wie dies vielfach und auch in der höchstrichterlichen Rechtsprechung geschieht,[27] schließen, daß die Rechte des Käufers wegen eines Sachmangels erst in diesem Zeitpunkt entstünden. Es wäre äußerst unpraktisch und reiner Formalismus, wenn der Käufer auch dann, wenn feststeht, daß der Mangel (überhaupt oder doch bis zum Erfüllungstermin) nicht mehr beseitigt werden kann oder der Verkäufer ausdrücklich erklärt, daß er ihn nicht beseitigen wolle, so lange mit der Geltendmachung der Rechte warten müßte, bis ihm die mangelhafte Sache angeboten würde. Vielmehr kann er in diesen Fällen nach der heute wohl überwiegenden[28] richtigen Ansicht sofort die Rechte geltend machen. Bei sinngemäßer Auslegung des Gesetzes wird man daher zu dem Ergebnis kommen müssen,[29] daß die Rechte aus der Gewährschaft bei Vorliegen der übrigen Voraussetzungen schon mit dem Kaufabschluß, sonst im Zeitpunkt der Entstehung des Fehlers oder des Fortfalls der zugesicherten Eigenschaft entstehen und lediglich ihre Geltendmachung im Interesse des Verkäufers (um ihm Gelegenheit zur Beseitigung des Mangels zu geben) bis zu dem Zeitpunkte hinausgeschoben ist, in dem endgültig feststeht, daß der Fehler bei fristgerechter Lieferung auch im Zeitpunkt des Gefahrübergangs vorhanden oder die zugesicherte Eigenschaft auch in diesem Zeitpunkt nicht vorhanden sein wird. Damit erweist sich die auch vom RG und vom BGH vertretene Meinung[30] als unhaltbar, da der Käufer vor dem Gefahrübergang noch keine Rechte aus Mängelgewähr habe, müsse er bis zu diesem Zeitpunkt wegen des Mangels andere Rechtsbehelfe (z. B. ein Anfechtungsrecht nach § 119 Abs. 2) geltend machen können, die ihm *neben* den Gewährleistungsansprüchen auch nach der Ansicht des RG nicht zustehen (vgl. dazu unten II e).

d) **Ausschluß der Mängelhaftung.** Die Haftung des Verkäufers kann vertraglich ausgeschlossen werden; sie ist gesetzlich in einer Reihe von Fällen ausgeschlossen, in denen entweder der Käufer nicht schutzwürdig ist oder das Interesse

---

[27] So *Enn./L.* § 112 I (vor 1); BGHZ 34, 34. Dagegen zutreffend *Soergel/Ballerstedt* 19 vor § 459; *Herberger* aaO S. 153f., 170.
[28] *Enn./L.* § 108 II 1 a δ, *Leonhard* B 56, *Esser/Weyers* § 5 II 3; *Medicus* SchR II § 74 II 3b; *Oertmann* 3, *Palandt/Putzo* 2d zu § 459.
[29] So *Oertmann* 3 zu § 459 und die dort Genannten; ferner *Süss* aaO S. 235; *Soergel/Ballerstedt* 19 u. 28, *Staudinger/Honsell* 22 vor § 459.
[30] RGZ 138, 356; BGHZ 34, 34. Dagegen mit überzeugender Begründung *Flume* aaO S. 134 u. *Soergel/Ballerstedt* 28 vor § 459.

des Verkäufers an der Beständigkeit des Vertrages sowie das Bedürfnis nach rascher Abwicklung den Vorzug verdient.

1. Die Haftung des Verkäufers kann *im Vertrage ausgeschlossen oder beschränkt* werden.[31] Eine derartige Vereinbarung ist nach gesetzlicher Vorschrift (§ 476) dann unwirksam, wenn der Verkäufer einen ihm bekannten Mangel arglistig verschweigt. Darüber hinaus ist der Ausschluß der Gewährleistung in den *Allgemeinen Geschäftsbedingungen* des Verkäufers nach näherer Maßgabe des § 11 Nr. 10 Buchst. a und b AGBG, unter Umständen auch nach der Generalklausel des § 9 AGBG unwirksam. (Dazu unten § 43a II.) Zu beachten ist, daß sich die Bestimmung des § 11 Nr. 10 AGBG nur auf einen Verkauf *neu hergestellter Sachen* bezieht. Beim Verkauf bereits gebrauchter Sachen erscheint es nicht immer als eine unbillige Benachteiligung des Käufers, ihm das Risiko des nicht erkannten Sachmangels aufzuerlegen. Beim *Gebrauchtwagenkauf* z. B. ist der Ausschluß der Gewährleistung im allgemeinen sachgemäß; er verstößt daher, wenn in Allgemeinen Geschäftsbedingungen enthalten, auch nicht gegen § 9 AGBG.[32] Der Ausschluß der Gewährleistung wäre freilich beim Kauf eines gebrauchten Wagens von einem Kraftfahrzeughändler von geringerer Bedeutung, wenn dieser stets verpflichtet wäre, den Wagen vor dem Verkauf oder der Aushändigung zu untersuchen und die dabei entdeckten Mängel dem Käufer zu offenbaren. Er würde dann bei einem schuldhaften Verstoß gegen diese Pflicht nach dem unten unter II e Gesagten Schadensersatz zu leisten haben. Der BGH hat jedoch eine *Untersuchungspflicht* für den *Gebrauchtwagenhändler* – einerlei, ob er als Verkäufer oder nur als Vermittler für den Eigentümer und damit als dessen „Sachberater" auftritt – im allgemeinen abgelehnt; anders nur, wenn besondere Gründe dafür vorliegen, so wenn sich ihm der Verdacht eines Mangels aufdrängt, mit dem der Käufer nach den Umständen nicht zu rechnen braucht.[33] Der Ausschluß der Gewährleistung in den Geschäftsbedingungen wäre insoweit nach § 9 AGBG unwirksam. In einer Individualvereinbarung kann die Gewährleistung auch „stillschweigend" ausgeschlossen werden, doch bedarf es hierfür stets besonderer Umstände, die die Annahme einer solchen Abmachung rechtfertigen.[34] Im Kunsthandel hält der BGH den Ausschluß aller Gewährleistungsansprüche je-

---

[31] Hierin liegt nach der Meinung des BGH in der Regel auch ein Ausschluß der Irrtumsanfechtung; so DB 67, 96. Dagegen *Schmidt/Salzer,* JZ 67, 661.
[32] BGHZ 74, 383, 386 ff.; BGH, JZ 84, 436; *Ulmer/Brandner/Hensen* AGB-Gesetz 4. Aufl., Rdz. 434 Anhang zu §§ 9–11. Der Ausschluß umfasst aber nicht die Haftung für eine gegebene Zusicherung; diese geht vor. Vgl. BGHZ 87, 302, 308.
[33] BGHZ 74, 383, 388 ff.; vgl. auch BGH, NJW 81, 928; 83, 217. Zustimmend *Medicus,* SchR II § 76 III 1; für eine nicht abdingbare Untersuchungspflicht des Gebrauchtwagenhändlers dagegen *Esser/Weyers* § 7 II 1; *Teske,* NJW 83, 217.
[34] In der Entsch. BGHZ 83, 334 – zu ihr vgl. unten § 42 I – handelt es sich nicht, wie der BGH meint, um „stillschweigende Erklärungen", sondern um eine ergänzende Vertragsauslegung, für die sich der BGH auf den besonderen Geschäftstypus beruft. Zutreffend *Schack,* NJW 83, 2806.

§ 41. Die Haftung des Verkäufers für Sachmängel   I § 41

denfalls dann für sachlich gerechtfertigt, wenn der Verkäufer im Wege der Auktion als Kommissionär Kunstwerke für fremde Rechnung veräußert.[35] Für arglistiges Verschweigen eines Fehlers und arglistige Vorspiegelung (vgl. unten II c 3) haftet der Verkäufer jedoch auf jeden Fall. Wird dem Käufer – was nicht selten geschieht – für den Fall eines Sachmangels *statt der im Gesetz vorgesehenen Rechte* auf Wandlung oder Minderung ein *Recht auf Nachbesserung* (also auf Beseitigung des Mangels) eingeräumt, so hat der zur Nachbesserung verpflichtete Verkäufer auch die hierzu erforderlichen Aufwendungen, wie Transport-, Arbeits- und Materialkosten, zu tragen (§ 476 a). Diese Bestimmung ist zwar wiederum dispositiv, ihr Ausschluß oder ihre Beschränkung in Allgemeinen Geschäftsbedingungen ist aber unwirksam (§ 11 Nr. 10 Buchst. c AGBG).

2. Der Verkäufer hat einen Fehler der Sache und selbst das Fehlen einer zugesicherten Eigenschaft dann nicht zu vertreten, wenn der Käufer den Fehler oder das Nichtvorhandensein der Eigenschaft *beim Kaufabschluß kennt* (§ 460 Satz 1). „Kenntnis" des Mangels erfordert nach der Rechtsprechung[36] auch die Kenntnis des Käufers davon, daß durch ihn der Wert oder die Tauglichkeit der Sache zu dem gewöhnlichen oder dem vertragsmäßigen Gebrauch gemindert wird. Einen Fehler (im Sinne von § 459 Abs. 1) hat der Verkäufer ferner auch dann nicht zu vertreten, wenn dieser dem Käufer infolge „*grober Fahrlässigkeit*" *unbekannt* geblieben ist (§ 460 Satz 2), sofern der Verkäufer ihn nicht „arglistig" verschwiegen oder die Abwesenheit des Fehlers (im Sinne von § 459 Abs. 2) zugesichert hat. „Fahrlässigkeit" bedeutet hier, ähnlich wie das „Verschulden" im Sinne von § 254, ein Verhalten, das nach den im Verkehr geltenden Maßstäben diejenige Sorgfalt vermissen läßt, die von jedem Verkehrsteilnehmer in seinem eigenen Interesse, um sich selbst vor Schaden zu bewahren, erwartet werden kann. Wer diese Sorgfalt außer acht läßt, handelt zwar nicht eigentlich pflichtwidrig, aber er muß sich den ihm dadurch entstehenden Schaden selbst zurechnen lassen, und deshalb verdient er, gegenüber einem nicht arglistig handelnden Verkäufer, in diesem Fall keinen Schutz. Die Unachtsamkeit des Käufers muß jedoch eine „grobe" sein. Im allgemeinen ist nicht zu verlangen, daß der Käufer die Sache vor dem Abschluß einer genauen Untersuchung unterzieht; anders, wenn „die Umstände zu besonderer Vorsicht mahnen".[37]

Verspricht der Verkäufer, den dem Käufer bei Kaufabschluß bekannten Mangel vor der Übergabe zu beseitigen, so handelt es sich insoweit um die Übernahme einer Nebenleistungspflicht.[38] Erfüllt der Verkäufer diese schuldhaft nicht, so haftet er dafür nach den allgemeinen Vorschriften (Verzug, Unvermögen des Schuldners). Erweist sich die Beseitigung als objektiv unmöglich, so dürfte, da es

---

[35] NJW 75, 970 = JZ 75, 417 (m. Anm. von *Locher*).
[36] RGZ 149, 402; BGH, NJW 61, 1860.
[37] RGZ 131, 353; vgl. *Erman/Weitnauer* 5 zu § 460.
[38] Vgl. hierzu *Oertmann* 4 a, *Soergel/Ballerstedt* 6, *Staudinger/Honsell* 6 zu § 460; *Medicus* SchR II § 74 II 4 a.

sich nur um eine Nebenpflicht handelt, nicht der gesamte Kaufvertrag nach § 306 nichtig sein, man wird aber dem Käufer nun trotz § 460 die Mängelansprüche geben müssen, da sein Wille erkennbar dahin ging, die Sache – zu dem vereinbarten Preis – nur in mangelfreiem Zustand zu erwerben und der Verkäufer, durch die Übernahme der Beseitigungspflicht, das akzeptiert hat.

3. Die Haftung für Mängel entfällt, wenn der Käufer die ihm angebotene mangelhafte Sache, ohne seine Rechte vorzubehalten, *in Kenntnis des Mangels annimmt* (§ 464). Unter ,,Annahme" ist dabei nicht schon die körperliche Entgegennahme der Ware, sondern ihre Annahme ,,als Erfüllung" im Sinne von § 363 (Bd. I § 18 I a. E.) zu verstehen.[39] Bei Grundstücken kann die Annahme sowohl in der Entgegennahme der Auflassung, wie derjenigen der Übergabe gelegen sein. Der Vorbehalt muß daher, wenn der Käufer den Mangel bei der Vornahme schon des ersten dieser beiden Akte kennt, bei diesem erklärt werden.[40] Erlangt der Käufer die Kenntnis des Mangels zwar erst nach der Übergabe des Grundstücks, aber vor der Auflassung, so verliert er seine Rechte, wenn er die Auflassung ohne Vorbehalt entgegennimmt.[41] Grobfahrlässige Unkenntnis steht hier der Kenntnis gleich. Es handelt sich um einen Fall des Rechtsverlustes in Folge der ,,Verschweigung" seiner Rechte. Der Käufer, der vor oder spätestens bei der Annahme den Mangel entdeckt und trotzdem die Sache als Erfüllung annimmt, ohne etwas darüber zu sagen, verliert seine Rechte nicht deshalb, weil in seinem Verhalten, wie manche annehmen,[42] ein ,,stillschweigend" erklärter Verzicht zu finden wäre – dann müßte er nach § 119 Abs. 1 anfechten können –, sondern weil er durch sein Schweigen in Verbindung mit der Annahme einen Tatbestand schafft, auf den der Verkäufer soll vertrauen dürfen.[43] Der Verlust seiner Ansprüche ist eine gesetzliche Folge seines Verhaltens, nicht die Folge einer Willenserklärung. Sehr weitgehend ist es, daß der Käufer seine Rechte selbst bei arglistigem Handeln des Verkäufers verliert, was nach dem Gesetzeswortlaut (vgl. den Hinweis auf § 463) gleichwohl nicht bezweifelt werden kann. Ein Schadensersatzanspruch ist nach h. L. auch dann ausgeschlossen, wenn er, statt auf § 463, auf § 826, also auf Deliktsrecht, oder auf Verschulden beim Vertragsschluß gegründet wird.[44]

§ 464 läßt den Verlust der Gewährleistungsrechte durch Verschweigung nur eintreten, wenn der Käufer den Mangel *spätestens bei der Annahme* erkennt. Wenn er ihn erst später erkennt, dann kann er

---

[39] HL; vgl. *Enn./L.* § 109, 5; *Staudinger/Honsell* 6, *Soergel/Ballerstedt* 4, *Palandt/Putzo* 3 zu § 464.
[40] *Erman/Weitnauer* 3, *Palandt/Putzo* 3 zu § 464.
[41] BGHZ 50, 364.
[42] So *Leonhard* B 75; wohl auch *Erman/Weitnauer* 1 zu § 464. Widersprüchlich *Staudinger/Honsell* 1 zu § 464: die Annahme sei ,,als Verzicht zu werten", ein Verzichtswille aber nicht erforderlich. *Palandt/Putzo* 1a zu § 464 spricht von ,,Verwirkung", nicht von Verzicht.
[43] Vgl. *Krause*, Schweigen im Rechtsverkehr S. 166.
[44] So zuerst RGZ 59, 104; dem folgend *Enn./L.* § 109, 5; *Staudinger/Honsell* 9, *Palandt/Putzo* 1 (bis zur 43. Aufl.), *Soergel/Ballerstedt* 1 zu § 464. Nach *Schlechtriem*, Vertragsordnung und außervertragliche Haftung, 1972, S. 300f. gilt § 464 nur für den Anspruch auf Ersatz des Mangelschadens, nicht auch des Mangelfolgeschadens.

§ 41. Die Haftung des Verkäufers für Sachmängel   I § 41

den Mangel bis zum Ablauf der Verjährungsfrist (§ 477) geltend machen, ohne den Verkäufer sogleich benachrichtigen zu müssen. Auch in dem Weitergebrauch oder Verbrauch der Sache liegt allein noch kein rechtswirksamer „Verzicht" auf das Wandlungsrecht, da ein solcher nach § 397 eines Vertrages und daher des Zugangs einer an den Verkäufer gerichteten Erklärung bedürfte.[45] Die Wandlung wird dann aber meist nach § 351 ausgeschlossen sein. Einen Verzicht wird man dagegen unter Umständen in der Bezahlung des vollen Kaufpreises in Kenntnis des Mangels sehen können; hierbei kommt es jedoch darauf an, ob im einzelnen Fall nach allgemeinen Auslegungsgrundsätzen in der Zahlung eine solche Erklärung zu finden ist.[46]

4. Weitergehend läßt das Handelsgesetzbuch dann, wenn der Kauf *für beide ein Handelsgeschäft* ist, sämtliche Rechte des Käufers wegen eines Mangels (d. h. wegen eines Fehlers im Sinne von § 459 Abs. 1 und wegen des Fehlens einer zugesicherten Eigenschaft) entfallen, wenn der Käufer die Ware nicht unverzüglich nach der Ablieferung durch den Verkäufer untersucht, soweit dies nach ordnungsgemäßem Geschäftsgang tunlich ist, und nicht, falls sich ein Mangel zeigt, ebenfalls unverzüglich dem Verkäufer Anzeige macht (§ 377 Abs. 1 HGB). Die danach den Käufer treffende **Untersuchungs- und Anzeige-(Rüge-)Pflicht** ist keine echte Rechtspflicht, sondern eine sog. Obliegenheit,[47] deren Versäumnis einen Rechtsnachteil mit sich bringt. Im Falle der Versäumnis gilt, wie das Gesetz sagt, die Ware als genehmigt. Das bedeutet aber wiederum nicht, daß das Verhalten des Käufers als Billigung der Ware oder als Verzicht auf seine Rechte *ausgelegt* würde, sondern daß sie die *gesetzliche Folge* hat, daß er seine Rechte verliert.[48] Der Verlust tritt nicht ein, wenn der Mangel bei der Untersuchung nicht erkennbar war. In diesem Fall verliert der Käufer seine Rechte, wenn er den Mangel nicht unverzüglich nach seiner Entdeckung anzeigt (§ 377 Abs. 3 HGB). Der Verkäufer kann sich auf diese Vorschriften nicht berufen, wenn er den Mangel arglistig verschwiegen hat (§ 377 Abs. 5 HGB).

Die Bestimmung des Handelsgesetzbuchs, die den Verkäufer weitgehend davor schützt, noch nach geraumer Zeit wegen eines vom Käufer behaupteten Mangels in Anspruch genommen zu werden, kann auf *Geschäfte unter Nichtkaufleuten* auch nicht analog angewandt werden. Entsprechende Bestimmungen können aber im Vertrage vereinbart werden. Geschieht das in den allgemeinen Geschäftsbedingungen des Verkäufers, so ist § 11 Nr. 10 Buchst. e AGBG zu beachten. Für die Anzeige nicht „offensichtlicher" Mängel darf danach keine Ausschlußfrist gesetzt werden, die kürzer ist als die gesetzliche Verjährungsfrist für

---

[45] Anders RGZ 123, 215; *Enn./L.* § 109, 5.
[46] Vgl. RG, *SeuffA* 74 Nr. 24.
[47] Reimer *Schmidt,* Die Obliegenheiten, 1953; vgl. besonders S. 187 ff.; *Karsten Schmidt,* Handelsrecht, § 28 III 1 d.
[48] Der Käufer verliert nicht nur seine Rechte aus Gewährleistung, sondern auch einen etwaigen Schadensersatzanspruch aus positiver Vertragsverletzung wegen schädigender Folgen des Mangels; so OLG Karlsruhe, NJW 58, 226; *Reinicke/Tiedtke* aaO S. 215 *Karsten Schmidt,* Handelsrecht, § 28 III 5 b. Anders *Schlechtriem,* Vertragsordnung und außervertragliche Haftung, 1972, S. 216 ff., für Ansprüche aus unerlaubter Handlung auch *Reinicke/Tiedtke* aaO S. 189.

§ 41 I   1. Abschn. 1. Kap. Veräußerungsverträge, insbesondere Kauf

die Mängelansprüche. Die Frist für die Geltendmachung offensichtlicher Mängel muß auf jeden Fall angemessen lang sein. Das ergibt sich aus § 242, im Falle, daß das AGB-Gesetz anwendbar ist, aus § 9 AGBG. Das Einheitliche Gesetz über den Kauf beweglicher Sachen, das auch für Nichtkaufleute gilt, sieht ebenfalls eine Obliegenheit des Käufers zur Untersuchung der Ware und zur alsbaldigen Anzeige des festgestellten Mangels vor (unten § 44a II b).

5. Der Verkäufer haftet endlich für Sachmängel dann nicht, wenn die Sache *auf Grund eines Pfandrechts* in öffentlicher Versteigerung und unter der Bezeichnung als Pfand verkauft wird (§ 461). Der Pfandgläubiger, in dessen Namen der Verkauf erfolgt, wird damit auf Kosten des Erstehers geschützt; er soll nicht nachträglich wegen eines Fehlers der Sache belangt werden und dadurch der von ihm rechtmäßig erlangten Befriedigung wegen seiner Forderung wieder verlustig gehen können. Beim Kauf einer Pfandsache ist also erhöhte Vorsicht geboten! Obgleich das Gesetz jede Haftung für einen Mangel ausschließt und unter „Mängeln" der Sache sonst nicht nur Fehler, sondern auch das Fehlen zugesicherter Eigenschaften versteht, wird man sinngemäß hier anders entscheiden müssen. So verständlich es ist, daß der Pfandgläubiger als Verkäufer nicht für verborgene Fehler der Pfandsache einzustehen braucht, die nicht seine eigene war, so unverständlich, ja befremdlich wäre es, sollte er auch nicht für von ihm gegebene Zusicherungen, also für seine eigene, bindend gemeinte Erklärung einzustehen brauchen.[49] Bei arglistigem Verschweigen eines Fehlers ist zwar die Mängelhaftung ausgeschlossen, nicht aber die Verpflichtung zum Schadensersatz wegen einer unerlaubten Handlung.[50]

Die Haftung für Sachmängel ist ferner ausgeschlossen, wenn eine Sache auf Grund einer Pfändung im Vollstreckungsverfahren veräußert wird (§ 806 ZPO), sowie bei der Zwangsversteigerung eines Grundstücks (§ 56 Satz 3 ZVG).

e) **Besondere Voraussetzungen beim Viehkauf.** An besondere, enger gefaßte Voraussetzungen ist die gesetzliche Haftung für Sachmängel gebunden, wenn es sich um den Verkauf von Vieh, und zwar nur einer der in § 481 aufgeführten Arten, handelt. Der Verkäufer hat hier nur bestimmte Fehler, sog. *Hauptmängel,*[51] und diese auch nur dann zu vertreten, wenn sie sich innerhalb bestimmter Fristen, der sog. *Gewährfristen,* zeigen (§ 482). Hauptmängel und Gewährfristen sind in einer besonderen Verordnung (vom 27. 3. 1899) näher bestimmt. Die Gewährfrist kann durch Vertrag verlängert oder verkürzt werden (§ 486). Es wird vermutet, daß ein Hauptmangel, der sich innerhalb der Gewährfrist zeigt, schon zur Zeit des Gefahrübergangs vorhanden war (§ 484). Der Käufer hat einen Hauptmangel binnen zwei Tagen nach dem Ablauf der Gewährfrist oder, falls das Tier vorher getötet worden oder verendet ist, nach dem Tode des Tiers anzuzeigen oder doch entsprechende Handlungen

---

[49] *Enn./L.* § 109, 4; *Staudinger/Honsell* 2 (2), RGR Komm. 1, *Erman/Weitnauer* 2 zu § 461.
[50] Letzteres ist unbestritten; für Unanwendbarkeit des § 461 auch in diesem Fall *Enn./L.* § 109, 4; *Erman/Weitnauer* 2, *Staudinger/Honsell* 2 (3) zu § 461.
[51] Für andere Fehler haftet er, sofern er nicht vertraglich die Gewährleistung übernommen hat (§ 492), auch dann nicht, wenn dadurch der Gebrauchszweck vereitelt ist: RGZ 123, 148. Auch eine Haftung aus „culpa in contrahendo" wegen fahrlässigen Verschweigens eines Mangels, der nicht zu den Hauptmängeln gehört, kommt nicht in Betracht (BGH, NJW 66, 2252).

vorzunehmen. Versäumt er dies, so verliert er seine Rechte, falls nicht der Verkäufer den Mangel arglistig verschwiegen hatte (§ 485).

II. Die Rechte des Käufers beim Stückkauf

Welche Rechte der Käufer einer individuell bestimmten Sache im Falle eines Sachmangels hat, den der Verkäufer auf Grund der besprochenen Bestimmungen zu „vertreten", für den er also einzustehen hat, sagt das Gesetz in den §§ 462 und 463. Der Käufer hat hiernach grundsätzlich die Wahl zwischen zwei Rechten: er kann Wandlung, d. h. Rückgängigmachung des Kaufs, oder Minderung, d. h. Herabsetzung des Kaufpreises, verlangen. Stattdessen kann der Käufer in einigen besonderen Fällen auch Schadensersatz verlangen (§ 463). Dagegen gibt das Gesetz dem Käufer nicht das Recht, die Beseitigung des Mangels zu verlangen, und ebensowenig das Recht, die verkaufte mangelhafte Sache in eine andere, gleichartige, aber mangelfreie umzutauschen. Der Verkäufer einer individuell bestimmten Sache hat eben *diese* Sache, nicht eine andere zu liefern; er hat auch in dem Falle, daß sie sich als mangelhaft erweist, nicht die Verpflichtung, tätig zu werden, um die Sache auszubessern, sofern er nicht etwa eine solche Verpflichtung in dem Vertrage übernommen hat.[52] Er hat dem in seinen berechtigten Erwartungen enttäuschten Käufer lediglich einen Ausgleich in Form einer Preisermäßigung oder, in den besonders bestimmten Fällen, Schadensersatz zu gewähren oder ihn vom Vertrage freizustellen. Diese Regelung ist angemessen, wenn der Verkäufer lediglich Händler ist, dem für eine Beseitigung des Mangels die dazu nötigen Fachkenntnisse und Gerätschaften fehlen. Sie ist es nicht, wenn der Verkäufer, wie das heute oft der Fall ist, zugleich Fachmann ist, etwa eine Reparaturwerkstatt betreibt oder einen entsprechenden „Kundendienst" unterhält. In derartigen Fällen kann sich eine Nachbesserungspflicht des Verkäufers aus den Umständen als vereinbart ergeben.[53] Welches der ihm nach dem Gesetz zustehenden Rechte er wählen will, steht beim Käufer. Es bedarf also seiner Willensäußerung, der der Verkäufer nachzukommen hat.

a) **Wandlung.** Auf die Wandlung finden die meisten Vorschriften über den Rücktritt entsprechende Anwendung (§ 467). Danach werden *mit der Vollziehung der Wandlung* die beiderseitigen Leistungspflichten, soweit sie noch nicht erfüllt waren, aufgehoben, und es werden beide Teile verpflichtet, die empfangenen Leistungen einander zurückzugewähren (§ 346). Demgemäß gestaltet sich das

---

[52] HL; vgl. *Enn./L.* § 112 I 2, *Esser/Weyers* § 5 I 1a, *Fikentscher* § 70 I 5, *Staudinger/Honsell* 13, *Palandt/Putzo* 1b zu § 462; eingehend *Köhler*, JZ 84, 393; aA *Peters*, JZ 78, 92.

[53] Möglich ist, daß der Vertrag dem Käufer ein Nachbesserungsrecht nach seiner Wahl *neben* den gesetzlichen Rechten, oder *statt* ihrer einräumt. Nur im zweiten Fall gilt § 476a, im Falle der Einräumung durch die Allgemeinen Geschäftsbedingungen des Verkäufers § 11 Nr. 10 Buchst. c AGBG.

Schuldverhältnis um zum ,,Abwicklungsverhältnis" (Bd. I § 26, b). Die daraus entstehenden Ansprüche (auf Rückzahlung des Kaufpreises einerseits, auf Rückgabe und Rückübereignung der Sache, unter Umständen auf Schadensersatz wegen schuldhafter Verschlechterung oder Unmöglichkeit der Herausgabe andererseits), die Ansprüche ,,*aus* der (vollzogenen) Wandlung", müssen daher von dem Anspruch *auf* die Wandlung, d. h. dem Recht, die Wandlung zu verlangen, wohl unterschieden werden. So bezieht sich die in § 477 geregelte kurzfristige Verjährung (unten d) richtiger Ansicht nach nur auf den Anspruch *auf* Wandlung, nicht die Ansprüche *aus der* (im Sinne des § 465) *bereits vollzogenen Wandlung*.[54] Mit Recht hat der BGH entschieden,[55] daß der Käufer mit dem Anspruch auf Rückerstattung des Kaufpreises gegen andere Geldforderungen des Verkäufers erst aufrechnen kann, wenn die Wandlung (durch Einigung der Parteien oder richterliches Urteil) ,,vollzogen" ist; vorher besteht noch kein zur Aufrechnung geeigneter Anspruch, sondern eben nur der Anspruch auf die Wandlung, d. h. auf die Zustimmung des Verkäufers, der sich mangels Gleichartigkeit zur Aufrechnung nicht eignet.

Aus der Anwendung der Rücktrittsvorschriften ergibt sich, daß die Wandlung nicht dadurch ausgeschlossen wird, daß die Sache durch einen ,,Zufall" untergegangen ist (§ 350); der Käufer kann also in diesem Fall, ohne seinerseits zum Ersatz verpflichtet zu sein, den Kaufpreis zurückverlangen. Dagegen ist die Wandlung ausgeschlossen, wenn der Käufer eine wesentliche Verschlechterung, den Untergang oder die sonstige Unmöglichkeit der Herausgabe ,,verschuldet" hat (§ 351). Was das heißt, ist umstritten. Um ein echtes Verschulden in der üblichen Bedeutung dieses Terminus kann es sich deshalb nicht handeln, weil der Käufer jedenfalls so lange, als er den Kauf für perfekt ansieht, nicht dazu verpflichtet ist, die ihm übergebene Kaufsache sorgsam zu behandeln, um für den Fall, daß sie sich als mangelhaft herausstellt und er wandelt, unbeschädigt zurückgeben zu können. Wie in Bd. I, § 26b unter Nr. 1 ausgeführt wurde, ist als ,,schuldhaft" im Sinne des § 351 jedes auf seinem Willen beruhende Verhalten des Käufers anzusehen, durch das das Risiko des Untergangs, einer wesentlichen Verschlechterung der Kaufsache oder der sonstigen Unmöglichkeit ihrer Rückgabe in nicht ganz unbedeutendem Maße erhöht wird.[56] ,,Zufällig", mit der Folge, daß dem Käufer die Möglichkeit der Wandlung und damit der Rückforderung des Kaufpreises verbleibt, obwohl die Kaufsache untergegangen ist und er sie daher nicht mehr zurückgeben kann, ist ihr Untergang demgemäß nur dann, wenn er nicht auf einem solchen Verhalten des Käufers beruht. Die Wandlung ist ferner ausgeschlossen in den Fällen der §§ 352, 353; beachte aber § 467 Satz 1, zweiter Halbsatz. Der Ausschluß der Wandlung in den genannten Fällen gilt nicht beim Viehkauf (§ 487 Abs. 2). Der Käufer hat dem Verkäufer die von ihm gezogenen Nutzungen herauszugeben und für ,,schuldhaft" von ihm nicht gezogene Nutzungen Ersatz zu leisten (Ausnahme: § 487 Abs. 4); er kann für die von ihm gemachten ,,notwendigen" Verwendungen nach den Regeln des Eigentümer-Besitzer-Verhältnisses Ersatz verlangen (§ 347 Satz 2 in Verbdg. mit §§ 987, 994). Der Verkäufer hat den empfange-

---

[54] Str. Wie hier *Oertmann* 7 zu § 477; *Boetticher* aaO S. 28 f.; jetzt auch der BGH, BGHZ 87, 104. *Staudinger/Honsell* 9, 17, *Erman/Weitnauer* 5 zu § 477; *Soergel/Ballerstedt* 9 zu § 465; *Fikentscher* § 70 VI 1, *Esser/Weyers* § 5 III 4 a; *Medicus* SchR II § 74 III 4 d; anders RGZ 93, 158; *Blomeyer* AcP 151, 102 ff.; *Enn./L.* § 111 II 1.

[55] BGH, WM 83, 1391.

[56] Dazu *v. Caemmerer* in Festschr. f. *Larenz*, 1973, S. 632 f.; *Staudinger/Honsell* 7 zu § 477. Anders *MünchKomm/Westermann* 4, 5 zu § 467 (nur eine ,,übermäßige" Benutzung der Sache durch den Käufer).

nen Kaufpreis zu verzinsen (§ 347 Satz 3) und dem Käufer die Vertragskosten[57] zu ersetzen (§ 467 Satz 2). Die aus der vollzogenen Wandlung sich ergebenden Verpflichtungen beider Teile sind Zug um Zug zu erfüllen (§ 348).[58] Kommt der Käufer mit der Rückgewähr der Sache (oder eines erheblichen Teils) in Verzug, so kann ihm der Verkäufer eine angemessene Frist setzen, nach deren Ablauf, wenn nicht bis dahin die Rückgewähr erfolgt, die Wandlung unwirksam wird (§ 354).

Behauptet der Käufer dem Verkäufer gegenüber einen Mangel, ohne zu erklären, welches Recht er geltend machen will, so kann ihn der Verkäufer unter gleichzeitigem Erbieten zur Wandlung und unter Fristsetzung zur Erklärung darüber auffordern, ob er Wandlung verlange. Der Käufer kann dann Wandlung nur bis zum Ablauf der Frist verlangen (§ 466). Sein Recht, Minderung und, unter Umständen, Schadensersatz zu verlangen, bleibt aber unberührt. Die Wandlung wegen eines Mangels der Hauptsache erstreckt sich auf die Nebensache; nicht aber gilt das Umgekehrte (§ 470). Sind mehrere Sachen (die nicht als Haupt- und Nebensache anzusehen sind) zu einem Gesamtpreis verkauft, so kann, wenn nur einzelne mangelhaft sind, in der Regel nur wegen dieser Wandlung verlangt werden (§ 469 Satz 1; Ausnahme Satz 2).[59] Der Gesamtpreis ist dann ,,in dem Verhältnisse herabzusetzen, in dem zur Zeit des Verkaufs der Gesamtwert der Sachen in mangelfreiem Zustand zu dem Werte der von der Wandlung nicht betroffenen Sachen gestanden haben würde" (§ 471).

Fehlt es einem verkauften Grundstück an der vom Verkäufer *zugesicherten* Größe, so kann der Käufer deshalb doch nur dann Wandlung verlangen, wenn ,,der Mangel so erheblich ist, daß die Erfüllung des Vertrages für den Käufer kein Interesse hat" (§ 468). Sein Recht, Minderung zu verlangen, bleibt unberührt.

Wann aber ist die Wandlung ,,vollzogen"? Der Rücktritt von einem Vertrage ,,erfolgt" durch Erklärung des Rücktrittsberechtigten gegenüber dem anderen Teil (§ 349). Gerade diese Bestimmung hat das Gesetz jedoch in § 467 nicht für anwendbar erklärt. Vielmehr bestimmt es in § 465, die Wandlung (und entsprechend auch die Minderung) sei ,,vollzogen", wenn sich der Verkäufer auf Verlangen des Käufers mit ihr einverstanden erklärt. Es gibt also unzweideutig zu erkennen, daß die Wandlung nicht schon, wie der Rücktritt, durch eine einseitige, rechtsgestaltende Erklärung des Käufers, sondern erst durch die auf das Verlangen des Käufers hin ausgesprochene Einverständniserklärung des Verkäufers, durch einen zweiseitigen Akt also, zustande kommt oder ,,vollzogen" wird. Erst dieser zweiseitige Akt löst die in den §§ 346 ff. näher bestimmten Rechtsfolgen aus. Erst mit ihm entfallen also die noch nicht erfüllten Leistungsansprüche und entstehen die Ansprüche auf Rückgewähr. Das bedeutet nun freilich nicht, daß der Vollzug oder Nichtvollzug in das Belieben des Verkäufers gestellt sei. Das Gesetz sagt ja, der Käufer könne die Wandlung ,,verlangen" (§ 462), es gibt dem Käufer einen klagbaren Anspruch ,,auf" Wandlung oder Minderung, den es einer besonderen Verjährung unterwirft (§ 477). Ein Anspruch ist das Recht, von

---

[57] Nicht nur Kosten des Vertragsabschlusses, sondern auch solche Kosten, die der Käufer aufgewandt hat, um die Sache ihrer vertragsmäßigen Bestimmung zuzuführen, z.B. Transport- und Montagekosten. So BGHZ 87, 104, *MünchKomm/Westermann* 9 zu § 467.

[58] Der Käufer braucht die Sache dem Verkäufer nur dort anzubieten, wo sie sich dem Vertrag gemäß befindet; so BGHZ 87, 104.

[59] Die Bestimmung ist nach der Meinung des BGH – NJW 72, 155 – auch dann nicht analog anwendbar, wenn die verkaufte Sache teilbar ist, jeder Teil einzeln gehandelt wird und die Trennung und Zusammenfügung der Teile keinen größeren Aufwand erfordert. Das überzeugt nicht. Vgl. auch *Jakobs,* JuS 72, 377.

einem anderen ein Tun oder ein Unterlassen zu verlangen (§ 194 Abs. 1). Was der Verkäufer tun muß, damit die Wandlung oder Minderung zustande kommt, ist danach zuerst die Erklärung seines Einverständnisses mit der vom Käufer verlangten Wandlung oder Minderung. Hierzu, also zur Abgabe einer Willenserklärung, wäre demnach der Verkäufer zu verurteilen, wenn der Käufer seinen Anspruch klageweise geltend macht. Erst mit der Einverständniserklärung des Verkäufers oder, im Falle seiner Verurteilung dazu, mit der Rechtskraft des Urteils, die nach § 894 ZPO seine Erklärung ersetzt, wäre die Wandlung „vollzogen", und damit wären erst der Anspruch auf Rückzahlung des Kaufpreises sowie alle anderen Ansprüche „aus" der vollzogenen Wandlung entstanden.

Die dargelegte Auffassung ist die der sog. „**Vertragstheorie**". Nach ihr geht der Anspruch des Käufers zunächst nur auf Abschluß des für die Vollziehung der Wandlung und die sich daraus ergebenden Rechtsfolgen notwendigen Wandlungsvertrages.[60] Mit der hierauf gerichteten Klage kann allerdings sogleich die Klage auf Rückerstattung des Kaufpreises verbunden werden. Im Urteil ist der beklagte Verkäufer in diesem Fall nach der Vertragstheorie sowohl zur Abgabe der Einverständniserklärung, wie auch zur Rückerstattung des empfangenen Kaufpreises zu verurteilen. Die im Schrifttum wohl noch überwiegende sog. „**Herstellungstheorie**"[61] meint dagegen, der Anspruch des Käufers gehe *von vornherein* auf die Herstellung des der Wandlung entsprechenden Zustandes, d. h. auf Rückzahlung des Kaufpreises oder, falls der Käufer noch nicht gezahlt hat, auf seine Befreiung von der Verbindlichkeit, beides Zug um Zug gegen Rückgabe der Sache. Der Käufer könne sofort auf die Rückzahlung des Kaufpreises klagen; einer Verurteilung des Verkäufers zur Abgabe einer Willenserklärung bedürfe es nicht. Die Herstellungstheorie unterscheidet damit, was für die in § 477 bestimmte Verjährung wichtig ist, nicht zwischen dem Anspruch *auf* die Wandlung und den Ansprüchen des Käufers *aus* der vollzogenen Wandlung.[62] Die Vollziehung der Wandlung, von der in § 465 die Rede ist, hat nach ihr nur die Bedeutung, daß das Wahlrecht des Käufers entfällt, wenn sich der Verkäufer auf sein Verlangen, sei es mit der Wandlung, sei es mit der Minderung, einverstanden erklärt.[63] Vorher kann er sein Begehren noch ändern. Dagegen bedarf es einer „Vollziehung" der Wandlung durch Vertrag nach dieser Auffassung *zur Entstehung des Rückerstattungsanspruches des Käufers* nicht. Er besteht, als ein sog. „verhaltener Anspruch", von vornherein. Die Herstellungstheorie stützt sich vornehmlich auf das praktische Bedürfnis, das eine Verurteilung des Verkäufers zur Erklärung seines Einverständnisses als einen unnötigen Umweg erscheinen

---

[60] So *Leonhard* B 68, *Oertmann* 1 d zu § 465 und die dort Genannten.
[61] *Enn./L.* § 110 I 2; *Siber* 241; *Heck* 272; *Soergel/Ballerstedt* 3 zu § 462; *Kupisch* AcP 170, 479.
[62] Soweit sie das doch tut – vgl. *Soergel/Ballerstedt* 9 zu § 465 –, bleibt sie ihrer Konstruktion nicht treu.
[63] Vgl. *Enn./L.* § 110 I 2.

§ 41. Die Haftung des Verkäufers für Sachmängel   II § 41

läßt. Die Rechtsprechung läßt aus diesem Grunde, ohne damit zu dem Theorienstreit Stellung zu nehmen, jedenfalls die sofortige Klage des Käufers auf Rückzahlung des Kaufpreises und die dem entsprechende Verurteilung des Verkäufers zu.[64]

Die Regelung des Gesetzes – zu verstehen aus dem Gedanken, der Käufer solle zunächst eine gütliche Einigung mit dem Verkäufer versuchen –, ist gewiß nicht gerade glücklich. Aber die Herstellungstheorie ist mit dem Gesetz, wie es ist, nicht zu vereinigen.[65] Sie leidet auch an einer inneren Unklarheit. Der Anspruch auf Rückzahlung des Kaufpreises setzt sinngemäß die Umgestaltung des Kaufvertrages voraus. Wodurch soll er umgestaltet werden? Folgt man der Herstellungstheorie, so müßte er durch das einseitige Wandlungsbegehren des Käufers umgestaltet werden. In der Geltendmachung läge zugleich die Rechtsgestaltung. Der Anspruch „auf" Wandlung wäre der Sache nach dann kein Anspruch, sondern ein Gestaltungsrecht.[66] Dem widerspricht nicht nur der § 465, sondern vor allem der Ausschluß des § 349 in § 467. Die Herstellungstheorie ist auch in sich widersprüchlich, sofern sie für den Fall, daß der Kaufpreis noch nicht vollständig gezahlt ist und der Käufer die Rückzahlung des Geleisteten begehrt, damit noch nicht den Wegfall seiner Verpflichtung zur Zahlung des Restpreises annimmt, sondern dem Käufer nur erst einen *Anspruch auf Befreiung* von dieser Verpflichtung zuerkennt, also insoweit doch die Mitwirkung des Verkäufers verlangt. Schließlich sind die praktischen Ergebnisse, zu denen die Herstellungstheorie hinsichtlich der Verjährung führt, keineswegs befriedigend.[67]

Dennoch wird man die Praxis, die die sofortige Klage des Käufers auf Rückzahlung des Kaufpreises (ohne vorhergehende oder mindestens gleichzeitige Klage auf das Einverständis des Verkäufers mit der Wandlung) zuläßt, als mit dem Gesetz vereinbar ansehen können. Man muß dabei nur beachten, daß in dem Verlangen nach Rückzahlung des Preises *sinngemäß* das Begehren nach Vollziehung der Wandlung liegt. „Vollzogen" wird die Wandlung auf die Klage des Käufers hin durch das Urteil, das, wenn es ausdrücklich auch nur die Verurteilung zur Rückzahlung ausspricht, damit der Sache nach, implicite, doch zugleich die Umgestaltung des Kaufverhältnisses vornimmt. Es handelt sich insoweit um ein **„verdecktes Gestaltungsurteil"**.[68] Die Wandlung wird demnach vollzogen

---

[64] So RGZ 58, 424; 101, 71.
[65] Auch die in mancher Hinsicht klärenden Ausführungen von *Kupisch* beseitigen dieses Bedenken m. E. nicht.
[66] Darum kommt man auch nicht dadurch herum, daß man mit *Leser,* Der Rücktritt vom Vertrag, 1975, S. 232ff. (237) annimmt, der Anspruch auf Wandlung werde erst durch seine Erhebung zum Gestaltungsrecht.
[67] Vgl. dazu *Bötticher* aaO S. 28ff. und *Larenz,* NJW 51, 500.
[68] Dies hat eingehend *Bötticher* begründet. Ähnlich schon *Adler* 485, *Kress* B 19. Vgl. auch *Larenz* aaO sowie Methodenlehre der Rechtswissenschaft, 5. Aufl. 1983 S. 427ff. (Studienausgabe S. 317ff.). *Nikisch,* Zivilprozeßrecht, 1952, S. 149, 267. Zustimmend *Fikentscher* § 70 IV 2b, *Plaandt/Putzo* 1 zu § 465 a. E.; mit eingehender Begründung auch *Herberger* aaO S. 118ff.

§ 41 II   1. Abschn. 1. Kap. Veräußerungsverträge, insbesondere Kauf

entweder gemäß § 465 durch die Einverständniserklärung des Verkäufers oder auf Klage des Käufers durch das rechtskräftige Urteil, das selbst dann, wenn es ausdrücklich nur auf Leistung (nämlich auf Rückzahlung des Kaufpreises) geht, der Sache nach zugleich die Vollziehung der Wandlung im Wege richterlicher Gestaltung enthält.[69] Gewiß wäre es korrekt, wenn das Urteil dies ausdrücklich ausspräche, der Käufer diesen Ausspruch beantragte. Aber man kann den Gerichtsgebrauch, der hiervon absieht, hinnehmen, ohne deshalb genötigt zu sein, zu der mit dem Gesetz nicht zu vereinigenden „Herstellungstheorie" seine Zuflucht zu nehmen. Die Erklärung des Käufers, er begehre Wandlung, ist zunächst als Aufforderung an den Verkäufer zu verstehen, sein nach § 465 zum „Vollzug" der Wandlung und damit zur Ingeltungsetzung ihrer Rechtsfolgen erforderliches Einverständnis zu erklären. Insoweit ist der „Vertragstheorie" zu folgen. Sie ist jedoch durch die Erkenntnis zu ergänzen, daß der grundsätzlich zum Vollzug der Wandlung geforderte Vertrag durch ein in der Sache rechtsgestaltendes Urteil ersetzt werden kann, das entweder der Klage des Käufers auf Rückzahlung des Kaufpreises stattgibt oder die Klage des Verkäufers auf Zahlung deshalb abweist, weil der Käufer einwendet, er sei zur Wandlung berechtigt. Das Recht des Käufers auf Wandlung schließt demgemäß die Befugnis ein, den Wandlungsvollzug durch ein derartiges Urteil zu begehren. Will man für diese Auffassung, die es erlaubt, die herrschende Praxis mit der Konzeption des Gesetzes in Einklang zu bringen, eine Bezeichnung, so mag man von einer *„modifizierten Vertragstheorie"* oder Theorie des „richterlichen Gestaltungsakts" sprechen.[70]

> Dieser Auffassung hat sich nunmehr auch der BGH angeschlossen;[71] er hat damit die Herstellungstheorie für die Praxis verabschiedet. Ein Käufer hatte vor dem Eintritt der Verjährung des Anspruchs auf Wandlung sein Wandlungsbegehren zum Ausdruck gebracht, der Verkäufer aber der Wandlung nicht zugestimmt. Der Käufer wollte nun gegen eine Forderung seines Verkäufers mit seinem vermeintlichen Anspruch auf Rückzahlung des Kaufpreises aufrechnen. Nach der Herstellungstheorie wäre er dazu in der Lage gewesen. Der BGH verneinte die Wirksamkeit der Aufrechnung, da die Wandlung nicht vollzogen, ein Rückzahlungsanspruch („aus" der vollzogenen Wandlung) daher nicht entstanden, der Anspruch „auf" Wandlung aber inzwischen verjährt sei. Er betonte, daß das Gesetz die Wandlung nicht als Gestaltungsrecht, sondern als Anspruch ausgestaltet habe; sie werde nicht schon durch das einseitige Verlangen des Käufers bewirkt, sondern entweder durch eine Einigung der Parteien oder durch Richterspruch. Ihrer Vollziehung durch Richterspruch stand hier die eingetretene Verjährung des Anspruchs entgegen.

---

[69] Ein solches Urteil, das zugleich die Rechtslage gestaltet und zu der danach geschuldeten Leistung verurteilt, kann auch in den Fällen der §§ 315 Abs. 3 Satz 2 und 343 Abs. 1 (vgl. Bd. I §§ 8 I und 23 II) ergehen. Weitere derartige Fälle behandelt Christa *Gaude* in ihrer (ungedr. Kieler) Diss. „Die verdeckte richterliche Gestaltung, insbesondere bei Wandlung und Prozeßaufrechnung", 1953.

[70] Vgl. zu ihr ferner *MünchKomm/Westermann* 3ff. zu § 462; *Staudinger/Honsell* 4 zu § 465; *Brox*, Rdn. 77; *meine* Methodenlehre der Rechtswissenschaft, 5. Aufl. S. 427ff. (Studienausgabe S. 317ff.). Eingewandt wird gegen sie, einige der aus ihr gezogenen Konsequenzen seien mit dem Prozeßrecht unvereinbar. Diesen Einwänden läßt sich m. E. Rechnung tragen, ohne ihren Grundgedanken preiszugeben; vgl. dazu unten unter d.

[71] BGH, WM 83, 1391.

b) **Minderung.** Unter ,,Minderung" versteht das Gesetz eine Herabsetzung des Kaufpreises, und zwar ,,in dem Verhältnisse, in welchem zur Zeit des Verkaufs der Wert der Sache in mangelfreiem Zustand zu dem wirklichen Werte gestanden haben würde" (§ 472 Abs. 1). Der herabgesetzte Preis verhält sich also zu dem vereinbarten Preis so wie der wirkliche Wert der mangelhaften Sache zu dem ,,gesollten" Wert, d. h. zu demjenigen Wert, den sie ohne den Mangel gehabt hätte. Der Wert der Sache ohne den Mangel (im Zeitpunkt des Verkaufs), der ,,gesollte Wert", betrage z. B. 100, ihr tatsächlicher Wert auf Grund des Mangels (im gleichen Zeitpunkt) 80, dann ist der vereinbarte Kaufpreis im Verhältnis 5:4, also wenn er 90 betrug, auf 72 herabzusetzen. Hätte der Kaufpreis 110 betragen, dann wäre er jetzt auf 88 herabzusetzen. Hat der Käufer eine Nebenleistung zu machen, die nicht gerade in vertretbaren Sachen besteht (und daher ebenfalls verhältnismäßig gekürzt werden kann), also z. B. der Käufer eines Grundstücks dem Verkäufer ein lebenslängliches Wohnrecht einzuräumen, dann ist zunächst der Wert dieser Nebenleistung zur Zeit des Verkaufs in Geld zu veranschlagen und der veranschlagte Betrag dem Kaufpreis hinzuzurechnen. Die so ermittelte Gesamtvergütung ist dann in dem angegebenen Verhältnisse herabzusetzen; die Kürzung erfolgt lediglich an dem in Geld festgesetzten Preis. Ergibt sich, daß der abzusetzende Betrag den Preis übersteigt, so bleibt es dennoch bei der Nebenleistungspflicht des Käufers; der Verkäufer hat den Betrag, um den der abzusetzende Betrag den in Geld festgesetzten Preis übersteigt, dem Käufer zu vergüten (§ 473). Der Käufer bekommt also in einem solchen Fall noch etwas heraus.

Die Minderung tritt ebensowenig wie die Wandlung gleichsam automatisch ein – der Käufer kann ja zwischen diesen Rechten wählen –; sie erfordert eine *Umgestaltung der Rechtslage*. Diese erfolgt ebenfalls nicht bereits durch das einseitige Verlangen des Käufers, sondern wiederum entweder durch einen Vertrag (§ 465) oder durch rechtsgestaltendes Urteil. Der ,,Anspruch auf Minderung", von dem das Gesetz in den §§ 477, 478 spricht, ist das Recht, von dem Verkäufer dessen Zustimmung zu der gebotenen Herabsetzung des Kaufpreises zu verlangen, verbunden mit dem Recht, richterliche Gestaltung zu begehren. Er ist keineswegs, wie die Herstellungstheorie meint, das Recht auf Rückerstattung des zuviel gezahlten Kaufpreises,[72] das sich vielmehr erst aus der vollzogenen Minderung, als deren gesetzliche Folge, ergibt. Gerade bei der Minderung erscheint es als sinnvoll, daß das Gesetz die Rechtsfolge, d. h. die Herabsetzung des Kaufprei-

---

[72] Auch hier macht sich die innere Unklarheit der Herstellungstheorie geltend, sofern sie meint, der Minderungsanspruch gehe auf Rückzahlung des zuviel Gezahlten, wenn der Käufer schon gezahlt hat, dagegen auf teilweisen Erlaß seiner Schuld, wenn er noch nicht gezahlt hat. Damit läßt sie die Änderung der Rechtslage im 1. Fall schon durch das Verlangen des Käufers, im 2. Fall dagegen erst durch einen Vertrag eintreten. Der Minderungsanspruch hätte in beiden Fällen einen ganz verschiedenen Inhalt.

ses, nicht schon an das einseitige Verlangen des Käufers knüpft, da gerade hier leicht Streit über das Ausmaß der Wertminderung und der danach gerechtfertigten Preisherabsetzung entstehen wird. Es ist sachdienlich, daß der Käufer zunächst versucht, sich hierüber mit dem Verkäufer zu einigen; gelingt das nicht, so muß der Richter die Entscheidung treffen. Der Vollzug der Minderung durch eine verdeckte richterliche Gestaltung kann auch in der Weise geschehen, daß der auf den vollen Kaufpreis verklagte Käufer auf die von ihm (vor Ablauf der Verjährungsfrist) erhobene Minderungseinrede hin zu dem herabgesetzten Preis verurteilt und die Klage im übrigen abgewiesen wird.[73]

Ist wegen eines bestimmten Mangels die Minderung erfolgt, so wird dadurch eine weitere Minderung oder auch die Wandlung wegen eines anderen, vielleicht erst später entdeckten Mangels nicht ausgeschlossen (§ 475).

Sind an einem Kaufvertrag, sei es als Käufer, sei es als Verkäufer, mehrere beteiligt, so können nur alle Käufer zusammen die Wandlung verlangen und kann die Wandlung nur allen Verkäufern gegenüber beansprucht werden. Erlischt das Wandlungsrecht für einen der mehreren Käufer (z. B. durch vorbehaltlose Annahme), so erlischt es auch für die übrigen (§ 356). Dagegen kann die Minderung von jedem der mehreren Käufer und gegen jeden Verkäufer gesondert verlangt werden (§ 474 Abs. 1). Mit der Vollziehung der Minderung ist das Wahlrecht des die Minderung verlangenden Käufers verbraucht; folgerichtig ist das Verlangen der Wandlung nun nicht nur für ihn, sondern auch für die übrigen Käufer ausgeschlossen (§ 474 Abs. 2).

Beim *Viehkauf* im Sinne des § 481 ist die Minderung ausgeschlossen. Das gilt auch, wenn der Verkäufer wegen eines nicht zu den ,,Hauptmängeln" gehörenden Fehlers die Gewähr übernimmt oder eine Eigenschaft zusichert (§ 492). Der Käufer kann also nur Wandlung und, wenn die Voraussetzungen des § 463 gegeben sind, wahlweise statt dessen Schadensersatz verlangen (§§ 481, 487 Abs. 1).

c) **Schadensersatz.** Der Käufer kann statt der Wandlung oder der Minderung Schadensersatz (das Gesetz sagt: wegen Nichterfüllung) in drei Fällen verlangen:

1. wenn der verkauften Sache **schon zur Zeit des Kaufs eine zugesicherte Eigenschaft fehlt** (§ 463, erster Fall). Vorausgesetzt ist, daß eine Zusicherung im Sinne des § 459 Abs. 2, also eine bindende Erklärung des Verkäufers, die Vertragsinhalt geworden ist, gegeben worden ist,[74] und daß auch die übrigen Voraussetzungen der Mängelhaftung vorliegen, insbesondere also, daß die zugesicherte Eigenschaft auch zur Zeit des Gefahrüberganges fehlt. Das die Haftung verschärfende Moment ist der Umstand, daß die zugesicherte Eigenschaft *bereits im Augenblick des Kaufabschlusses* fehlt. Dabei kommt es auf ein Verschulden (Vorsatz oder Fahrlässigkeit) des Verkäufers nicht an; der Grund der Haftung ist nicht ein etwa zu vermutendes Verschulden des Verkäufers, sondern sein Garantieversprechen.[75] Die Haftung auf das Erfüllungsinteresse – das bedeutet ,,Scha-

---

[73] *Bötticher* aaO S. 49.

[74] HL; vgl. *Enn./L.* § 108 III 1 a; *Heck* S. 273; *Esser/Weyers* 5 II 2c; *Medicus* SchR II § 74 IV 2a; *Brox* Rdn. 67; *Staudinger/Honsell* 21 zu § 463, 60 ff. zu § 459; *Soergel/Ballerstedt* 1 zu § 463, *Erman/Weitnauer* 24 ff. zu § 459.

[75] Anders *Süss* 85 ff. Nach der Meinung von *Soergel/Ballerstedt* 2 zu § 463 ist das Garantieversprechen die Grundlage der Haftung in beiden Fällen des § 463.

§ 41. Die Haftung des Verkäufers für Sachmängel   II § 41

densersatz wegen Nichterfüllung" – entspricht dem Sinne des Garantieversprechens. Im Falle jedoch, daß die zugesicherte Eigenschaft wenigstens beim Kaufabschluß vorhanden ist, aber später, doch noch vor dem Gefahrübergang, wieder wegfällt, ist der Käufer auf die Rechte gemäß § 462, also auf die Wandlung oder die Minderung, beschränkt.

2. wenn der Verkäufer **einen Fehler arglistig verschwiegen** hat (§ 463, zweiter Fall). Es muß sich um einen „Fehler" im Sinne des § 459 Abs. 1 handeln. „Arglistig" handelt der Verkäufer, wenn er den Fehler kennt und weiß, daß die Kenntnis den Käufer von dem Kauf abhalten würde, wenn er sich also den von ihm erkannten Irrtum des Käufers zunutze macht. Hier liegt der Grund für die Verschärfung der Haftung in dem Vorwurf der Arglist, der den Verkäufer trifft. Während aber gewöhnlich ein „Verschulden beim Vertragsschluß" nur zum Ersatz des Vertrauensschadens, nicht des Interesses an der Vertragserfüllung – des „positiven" Interesses mit Einschluß des entgangenen Gewinns – führt, geht das Gesetz hier darüber hinaus und läßt den Verkäufer auf das „positive" Interesse haften.

3. wenn der Verkäufer **das Vorhandensein einer günstigen Eigenschaft arglistig vorgespiegelt** hat. Dieser Fall ist zwar im Gesetz nicht erwähnt, wird aber von der Rechtsprechung[76] zutreffend analog dem zweiten Fall behandelt. Ob sich der Verkäufer durch Verschweigen eines Fehlers den Irrtum des Käufers zunutze macht oder ob er durch Vorspiegelung einer nicht vorhandenen Eigenschaft bei dem Käufer einen Irrtum erregt und ihn dadurch zum Abschluß zu bewegen sucht, kann für die rechtliche Beurteilung keinen Unterschied machen. In beiden Fällen hat der Verkäufer die gleiche Behandlung verdient. Zwar ist es kein unbedingtes Postulat der Gerechtigkeit, den Verkäufer, der einen Fehler arglistig verschwiegen hat, auf das positive Interesse (und nicht nur auf den Vertrauensschaden des Käufers) haften zu lassen, aber wenn eine Rechtsordnung eine solche Haftung anordnet, entspricht es allerdings dem Gebot der Gerechtigkeit (nämlich der Gleichbehandlung des Gleichwertigen), dann diese Haftung auch auf den Fall der arglistigen Vorspiegelung auszudehnen. Das Fehlen einer entsprechenden Vorschrift für den Fall einer arglistigen Vorspiegelung ist unter diesen Umständen als eine *Lücke* des Gesetzes zu erachten, deren Ausfüllung im Wege der Analogie und der Gleichbehandlung des nach dem zugrunde liegenden Maßstab gleich zu Bewertenden willen geboten ist.[77] In der Annahme, die Vor-

---

[76] RGZ 92, 295; 103, 160; OLG Hamburg, DB 59, 108; vgl. *Soergel/Ballerstedt* 9, *Staudinger/Honsell* 33, *Palandt/Putzo* 3 b cc, *Erman/Weitnauer* 7 zu § 463.
[77] Vgl. dazu *meine* Methodenlehre der Rechtswissenschaft 5. Aufl. S. 359 f., 366 (Studienausgabe S. 249 f., 256) u. *Canaris*, Die Feststellung von Lücken im Gesetz, 1964, S. 148. Zutreffend führt *Canaris* aus, daß in derartigen Fällen die Feststellung und die Ausfüllung der Lücke auf dem gleichen Gedankengang beruhen.

spiegelung einer tatsächlich nicht vorliegenden Eigenschaft sei „arglistig", geht die Rechtsprechung weit. Nach dem BGH[78] handelt ein Verkäufer bereits dann arglistig, wenn er „zu Fragen, deren Beantwortung erkennbar maßgebliche Bedeutung für den Kaufentschluß seines Kontrahenten hat" – z. B. nach der Unfallfreiheit des verkauften Wagens –, „ohne tatsächliche Grundlage ins Blaue hinein unrichtige Angaben macht".

Was kann nun der Käufer, wenn einer der Fälle des § 463 vorliegt, im näheren verlangen? Er kann auch in diesem Fall, handelt es sich um einen Spezieskauf, nicht „Erfüllung", etwa Beseitigung des Fehlers oder Lieferung einer anderen, mangelfreien Sache verlangen, sondern nur „Schadensersatz" wegen des Fehlers, d. h. sein in Geld berechnetes „Interesse" an der Fehlerfreiheit der Sache. Dies wäre in der Weise möglich, daß er die Sache trotz ihres Fehlers behielte und Ersatz für den Minderwert (d. h. die Differenz zwischen dem Wert der Sache, wie sie sein sollte, und ihrem Wert so, wie sie ist), gegebenenfalls auch für einen ihm durch die Fehlerhaftigkeit der Sache entstandenen weiteren Schaden, einen „Mangelfolgeschaden", erhielte. Es wäre aber auch in der Weise möglich, daß er die Sache zurückgäbe und sein gesamtes Interesse an der Erfüllung des Vertrages ersetzt erhielte. Er könnte dann den schon gezahlten Kaufpreis in Anrechnung auf den ihm geschuldeten Schadensersatz zurückverlangen und, wenn er den Kaufpreis noch nicht gezahlt hat, ihn einsparen, im übrigen Ersatz des ihm infolge der Nichtausführung des Vertrages entgangenen Gewinns und Ersatz seiner übrigen Schäden verlangen. Ein Teil der Lehre, dem sich die ersten Auflagen dieses Lehrbuchs angeschlossen hatten, gibt dem Käufer grundsätzlich nur das Recht auf Ersatz des durch die Fehlerhaftigkeit begründeten Minderwertes, den sog. „kleinen Schadensersatzanspruch". Nur dann soll es nach dieser Ansicht dem Käufer gestattet sein, unter Rückgabe der Sache das volle Interesse an der Erfüllung *des Vertrages,* den sog. „großen Schadensersatz", zu beanspruchen, wenn er nachweist, daß die Sache infolge des Fehlers für ihn nicht brauchbar, sein Interesse an der Vertragsdurchführung daher fortgefallen ist.[79] Dagegen nahm das RG, dem der BGH gefolgt ist,[80] an, daß der Käufer zwischen beiden Möglichkeiten des Ersatzes die Wahl habe, ohne Fortfall seines Interesses an der Durchführung des Vertrages nachweisen zu müssen. Dieser Auffassung, die im Schrifttum inzwischen zur herrschenden geworden ist,[81] ist der Vorzug zu geben.

---

[78] BGHZ 63, 382, 388; BGH, NJW 81, 1441.
[79] So *Oertmann* 5a zu § 463; *Kress* B 32; *Fikentscher* § 70 III 2d; früher auch *Enneccerus* (vgl. den Hinweis bei *Enn./L.* § 108 Anm. 30).
[80] RGZ 90, 333; 134, 90. BGHZ 27, 215 (für den Werkvertrag); BGHZ 29, 148 (nunmehr auch für § 463).
[81] So *Heck* 273; *Esser/Weyers* § 5 III 3a; *Medicus* SchR II § 74 IV 2c; *Staudinger/Honsell* 42, *Palandt/ Putzo* 4b bb, *Soergel/Ballerstedt* 11 zu § 463, *Erman/Weitnauer* 45a vor § 459. Mit *Erman/Weitnauer* wird man aber die Einschränkung machen müssen, daß der Käufer so nur vorgehen kann, wenn er die Sache noch zurückgeben kann oder doch ein Rücktritt nach den §§ 350ff. nicht ausgeschlossen wäre.

§ 41. Die Haftung des Verkäufers für Sachmängel II § 41

Es wäre in der Tat dann, wenn die Voraussetzungen des § 463 vorliegen, dem Käufer nicht wohl zumutbar, die Sache trotz ihrer nicht vertragsgerechten Beschaffenheit zu behalten, falls er zu einem Schadensersatz kommen will, oder doch ihre Unbrauchbarkeit erst nachweisen zu müssen. Demgegenüber muß das Bedenken zurücktreten, daß der Käufer im Ergebnis so das Recht auf Schadenersatz mit dem Erfolg der Wandlung kombinieren kann, obgleich ihm das Gesetz dieses Recht nur „statt" der ihm ebenfalls zur Wahl gestellten Wandlung einräumt.

Eine hiervon zu sondernde Frage ist die, ob der Käufer auf den Ersatz des Minderwertes (wenn er die Sache behält) oder seines Interesses an der Ausführung des Vertrages (des Erfüllungsinteresses mit Einschluß des ihm durch die Nichtausführung entgangenen Gewinns) beschränkt ist, oder ob er überdies auch Ersatz eines *weiteren* Schadens verlangen kann, der ihm infolge des Mangels der Sache und weil er auf ihre mangelfreie Beschaffenheit vertraute an seinen <u>sonstigen Rechtsgütern,</u> etwa an seiner Gesundheit oder an anderen Sachen in adäquatkausaler Weise entstanden ist. Ich bezeichne diesen letzteren Schaden, der über das Interesse an der Vertragserfüllung als solcher hinausgeht, als **Mangelfolgeschaden.**[82] Dazu können auch solche sachgemäßen Aufwendungen des Käufers gerechnet werden, die dieser im Vertrauen auf die Mangelfreiheit der Sache gemacht hatte und die sich infolge des Mangels nun als nutzlos erweisen.[83]

> Der Verkäufer eines neuartigen Heizgerätes hatte dem Käufer zugesichert, das Gerät sei im Gebrauch „ganz ungefährlich". Infolge eines Materialfehlers oder schlechter Isolierung verursacht es nach kurzem Gebrauch einen Brand, dem wertvolle Sachen des Käufers zum Opfer fallen. – Der Verkäufer von Pferdefutter hat arglistig verschwiegen, daß dieses bereits in Verderbnis übergegangen war. Die damit gefütterten Pferde gehen ein.

Das frühere Schrifttum[84] bezog auch derartige Schäden ohne weiteres in die Ersatzpflicht des Verkäufers nach § 463 ein. Dafür spricht, daß das Gesetz unter „Schadensersatz wegen Nichterfüllung" vollen Schadensersatz, nämlich Ersatz des gesamten, dem Gläubiger gerade aus der Nichterfüllung einer Leistungspflicht entstandenen Schadens – in den Grenzen nur seiner Zurechenbarkeit, also der Adäquanz und des Schutzzwecks des Vertrages (Bd. I § 27 III b) –

---

[82] Die Terminologie ist nicht einheitlich. *Todt* aaO S. 69 ff. spricht von „Begleitschaden", *Fikentscher* § 47 III u. § 70 III 2 von „übererfüllungsmäßigem Interesse". „Begleitschäden" brauchen indessen nicht die Folge eines Mangels zu sein, sondern können auch auf der Verletzung einer „sonstigen Verhaltenspflicht", z. B. einer Auskunftspflicht, beruhen. Der Terminus „Mangelfolgeschaden" hat sich inzwischen durchgesetzt; scharf ablehnend aber *Esser/Weyers* § 6 II 3. *U. Huber* aaO unterscheidet drei Arten von Schäden des Käufers: in Folge des Mangels nutzlos gewordene Aufwendungen des Käufers, Personen- und Sachschäden des Käufers und den „Nichterfüllungsschaden im engeren Sinn" (den eigentlichen Mangelschaden). Zur Abgrenzung vom Mangelschaden vgl. unten § 53 II b.
[83] Vgl. *Huber* aaO S. 288 ff.; BGH, JZ 79, 398, m. Anm. von *Streck*.
[84] Vgl. *Heck* 275 (sein Beispiel zu d); *Enn./L.* § 108 III 2; *Soergel/Ballerstedt* 11 zu § 463. Weitere Nachweise bei *Diederichsen,* AcP 165, S. 125, Anm. 30.

§ 41 II   1. Abschn. 1. Kap. Veräußerungsverträge, insbesondere Kauf

versteht. Dagegen machte sich in der Rechtsprechung zeitweilig eine Tendenz bemerkbar, diese Schäden aus dem Anwendungsbereich des § 463 herauszunehmen und den Käufer insoweit auf Ansprüche wegen culpa in contrahendo oder wegen positiver Vertragsverletzung zu verweisen.[85] Diese Ansprüche sind für ihn ungünstiger als der Anspruch aus § 463, erste Alternative (wegen Zusicherung), da sie, anders als dieser, stets ein Verschulden voraussetzen. Sie sind jedoch günstiger als der Anspruch gemäß der zweiten Alternative, da Fahrlässigkeit für sie genügt. Richtig dürfte sein, mit *Diederichsen*[86] zwischen den Fällen der Zusicherung und denen des arglistigen Verschweigens oder Vorspiegelns zu unterscheiden. Im Falle der Zusicherung kommt es, wie *Diederichsen* überzeugend dargelegt hat, auf deren durch Auslegung zu ermittelnden objektiven (vom Standpunkt eines verständigen Adressaten zu entnehmenden) Sinn und ihre danach von Fall zu Fall zu bestimmende Reichweite an. Dieser Ansicht hat sich auch der BGH angeschlossen.[87] In den Fällen arglistigen Verschweigens oder Vorspiegelns dagegen vermag ich keinen Grund zu sehen, die zurechenbar verursachten Folgeschäden von der Ersatzpflicht gemäß § 463 auszunehmen.[88] Eine ganz andere Frage ist es, ob derartige Schäden vom Verkäufer *nur* unter den strengen Voraussetzungen des § 463, also im Falle *arglistigen* Vorgehens, zu ersetzen sind, oder ob daneben, in den Fällen eines fahrlässigen Verhaltens des Verkäufers in bezug auf den Mangel, Raum für eine Haftung aus culpa in contrahendo oder aus „positiver Vertragsverletzung" bleibt. Dazu Näheres unter e.

Im Falle des feuergefährlichen Heizgerätes bezweckt die Zusicherung seiner Ungefährlichkeit, vom Standpunkt eines verständigen Käufers gesehen, unzweifelhaft eine Sicherung gegen Brandschäden. Der Verkäufer muß für diese einstehen. Hat aber der Käufer, um den drohenden Brand abzuwenden, rechtzeitig das Gerät abgestellt, so wird man die gegebene Zusicherung nicht wohl dahin auslegen können, der Verkäufer wolle auch für den Gesundheitsschaden aufkommen, den der Käufer deshalb erleidet, weil er nunmehr gefroren hat. Hätte der Verkäufer die ihm bekannte Unbrauchbarkeit des Geräts *arglistig* verschwiegen, so müßte er für alle Folgen – Brandschäden, aber auch Gesundheitsschäden infolge der Nichtbenutzbarkeit – gemäß der 2. Alternative des § 463 aufkommen. Ebenso ist im Fall des in Verderbnis übergegangenen Pferdefutters der arglistig handelnde Verkäufer gemäß § 463 verpflichtet, dem Käufer allen Schaden zu ersetzen, den dieser dadurch erlitten hat, daß seine

---

[85] So der BGH, LM Nr. 5 zu § 459 Abs. 1 BGB; NJW 62, 908; OLG Köln, VersR 64, 541; OLG Celle, DB 66, 457. Andrerseits läßt der BGH (NJW 65, 532) die Liquidierung des Schadens, der über das Interesse an der Vertragserfüllung als solcher nicht hinausgeht, *nur* unter den Voraussetzungen des § 463 zu.

[86] AaO S. 159ff. In der Sache übereinstimmend *Esser/Weyers* § 5 III 3b; *Gernhuber*, Bürgerliches Recht, 1976, S. 131; *Staudinger/Honsell* 37, *Palandt/Putzo* 4a zu § 463; *Erman/Weitnauer* 48 vor § 459.

[87] BGHZ 50, 200, 204; 59, 158; BGH, NJW 73, 843.

[88] Anders *Diederichsen* aaO S. 160f. Er meint, es müsse darauf ankommen, „wie weit der Verkäufer den Eintritt eines Mangelfolgeschadens ... voraussehen konnte und mußte". Das widerspricht dem sonst geltenden Grundsatz, daß sich das Verschulden nur auf die Pflichtverletzung, nicht auf deren weitere Folgen zu beziehen braucht. Für die Einbeziehung der Folgeschäden (des „übererfüllungsmäßigen Interesses") in den Fällen der Arglist – nicht aber auch der Garantiehaftung des Verkäufers – *Fikentscher* § 70 III 2d; *Medicus*, SchR II § 74 IV 3; *Gernhuber* aaO (Anm. 86); *Staudinger/Honsell* 40 zu § 463. Einschränkend *Esser/Weyers* § 5 III 3c.

Pferde infolge des Genusses des verdorbenen Futters eingegangen sind. Die Ersatzpflicht nach § 463 Satz 2 findet ihren Grund darin, daß die „Arglist" des Verkäufers einen besonders schweren Fall einer „culpa in contrahendo" darstellt. Sie geht in ihrem Umfang weiter als dies normalerweise bei „culpa in contrahendo" der Fall ist, weil sie auch das Erfüllungsinteresse (im engeren Sinne) einschließt,[89] es ist aber nicht einzusehen, warum sie hinsichtlich der durch die Pflichtverletzung noch adäquat verursachten Folgeschäden hinter ihr zurückstehen sollte. Auch in bezug auf die Verjährung besteht kein Unterschied: die Frist ist hier die normale.

d) **Die Verjährung der Mängelansprüche.** Die Möglichkeit, daß noch nach geraumer Zeit durch den Käufer Mängelansprüche erhoben werden, bedeutet für den Verkäufer eine erhebliche Unsicherheit. Dazu kommt, daß, je mehr Zeit vergeht, um so schwieriger der Beweis sein wird, daß der behauptete Mangel bereits im Zeitpunkt des Gefahrüberganges vorhanden gewesen ist. Berechtigtes Interesse des Verkäufers und allgemeines Rechtssicherheitsinteresse verlangen daher eine möglichst baldige Geltendmachung etwaiger Sachmängel durch den Käufer. Wenn auch das Erfordernis alsbaldiger Mängelrüge (mit der Folge des Verlustes aller Ansprüche bei Versäumnis) nur für den beiderseitigen Handelskauf (oben I d 4) und den Viehkauf (§ 485) gilt, so hat doch das BGB die Ansprüche des Käufers einer kurzen Verjährungsfrist unterworfen, die nur im Falle der Arglist des Verkäufers nicht gilt. Und zwar verjährt der Anspruch auf Wandlung oder Minderung sowie auch der auf Schadensersatz wegen anfänglichen Fehlens einer zugesicherten Eigenschaft – nicht aber der wegen arglistigen Verschweigens eines Fehlers – *bei beweglichen Sachen in 6 Monaten* von der Ablieferung, *bei Grundstücken in einem Jahr* von der Übergabe. Die Frist kann vertraglich verlängert werden (§ 477 Abs. 1).[90] Die Rechtsprechung wendet diese kurzen Fristen auch auf Schadensersatzansprüche wegen einer positiven Vertragsverletzung an, die mit einem Sachmangel in Zusammenhang steht; nicht aber auf deliktische Ansprüche (dazu unten unter e).

Die „Ablieferung" wird meist mit der Übergabe zusammenfallen, erfordert aber jedenfalls, daß die Sache in der Weise in den Herrschaftsbereich des Käufers gelangt ist, daß er sie untersuchen und einen Mangel entdecken kann. Verschaffung nur mittelbaren Besitzes und Übergabe eines Traditionspapiers genügen daher nicht. Die Verjährung tritt auch dann ein, wenn der Käufer den Mangel erst nach dem Ablauf der Frist entdeckt, ja sogar dann, wenn er vorher gar nicht zu bemerken war. Das bedeutet eine kaum zu rechtfertigende Benachteiligung des Käufers.[91] Hat der Käufer nach dem Vertrage zunächst einen Nachbesserungsanspruch und geht er erst zur Wandlung über, nachdem die Nachbesserung fehlgeschlagen ist, dann bleibt es für den Anspruch auf die Wandlung zwar bei der Frist des § 477 Absatz 1, doch ist ihr Lauf dann analog § 639 Abs. 2 solange gehemmt (vgl. § 205), bis

---

[89] Das Erfüllungsinteresse kann also wegen unterlassener Aufklärung nur unter den weitergehenden Voraussetzungen des § 463 verlangt werden; so auch der BGH, LM Nr. 12 zu § 463 (unter b).
[90] Bei Vereinbarung einer Garantiefrist von längerer Dauer als der der Verjährungsfrist verlängert sich auch die Verjährungsfrist; ob sie jedoch erst mit dem Ablauf der Garantiefrist beginnt oder etwa mit der Entdeckung des Mangels während der Garantiefrist, ist Sache der Vertragsauslegung im Einzelfall; RGZ 65, 121; 91, 306; 128, 213; BGH, WM 83, 1391.
[91] Die Bestimmung des § 477 ist deshalb reformbedürftig. Vgl. *Peters/Zimmermann*, Verjährungsvorschriften, in: Gutachten zur Überarbeitung des Schuldrechts, S. 188, 202ff.; ferner *Krapp*, Die Verjährung von Käuferansprüchen bei vertragswidrigen Leistungen, 1983.

der Nachbesserungsversuch beendet ist oder die Nachbesserung verweigert wird.[92] Unterbrochen wird die Verjährung gemäß den allgemeinen Vorschriften, insbesondere also durch Klage und ihr gleichstehende Handlungen (§ 209); außerdem dadurch, daß der Käufer gerichtliche Beweisaufnahme zur Sicherung des Beweises beantragt (§ 477 Abs. 2). Die Anzeige des Mangels genügt dagegen zur Unterbrechung nicht.

Wie bereits erwähnt, betrifft die Verjährung nur den Anspruch „auf" Wandlung oder Minderung. Die Ansprüche „aus" der (durch Einverständniserklärung des Verkäufers oder rechtsgestaltendes Urteil) vollzogenen Wandlung oder Minderung auf Rückerstattung verjähren nach der, allerdings stark umstrittenen, jetzt aber auch vom BGH geteilten richtigen Auffassung erst in 30 Jahren vom Vollzug der Wandlung an.[93] Das ist deshalb gerechtfertigt, weil, wenn die Voraussetzungen der Gewährleistung erst einmal (durch die Zustimmung des Verkäufers oder das Urteil) bindend festgestellt sind, Beweisschwierigkeiten nicht mehr zu besorgen sind und der Verkäufer auch weiß, woran er ist. Ihm jetzt noch weiterhin den Schutz der kurzen Verjährung zukommen zu lassen, wäre nicht angebracht.

Problematisch ist der Fall, daß der die Wandlung begehrende Käufer, um das Prozeßrisiko geringer zu halten, zunächst nur einen *Teilbetrag* des von ihm gezahlten Kaufpreises einklagt und über diesen Betrag ein rechtskräftiges Urteil erstreitet. Muß er sich dann, wenn er später den Rest verlangt, entgegenhalten lassen, der Anspruch auf den Rest sei inzwischen nach § 477 verjährt? *Bötticher,* und mit ihm die Vorauflagen dieses Buches, haben dies verneint: durch das Urteil im ersten Prozeß sei die Wandlung vollzogen, es handle sich jetzt nur noch um einen Anspruch aus der (vollzogenen) Wandlung. Dagegen wird eingewandt,[94] die Rechtskraft des ersten Urteils ergreife nur den Anspruch, der im Streit befangen war (den „Streitgegenstand"); das sei nur der auf den eingeklagten Betrag. Zutreffend meint *Honsell,*[95] nur insoweit könne auch die Gestaltung durch das Urteil wirken. Ich gebe meine bisherige Auffassung daher auf. Auch im zweiten Prozeß geht es erneut, diesmal für den Restanspruch, implizite um den Anspruch auf die Wandlung; § 477 ist daher anzuwenden. Ebenso ist zu entscheiden, wenn die Klage des Verkäufers auf Zahlung des Restkaufpreises auf die vom Käufer erhobene Einwendung, er sei zur Wandlung berechtigt, abgewiesen wird und der Käufer nun die von ihm geleistete Anzahlung zurück verlangt. Auch hier ist die Gestaltungswirkung des ersten Urteils beschränkt auf den damals im Streit befindlichen Betrag.[96] Der Käufer hätte, um das zu vermeiden, sogleich Widerklage erheben können.

Wenn die Anzeige des Mangels vor Ablauf der Verjährungsfrist die Verjährung auch nicht unterbricht, so erhält sie dem Käufer doch wenigstens eine **Einrede.** Er kann nämlich, wenn er die Mängelanzeige nur vor Ablauf der Frist an den

---

[92] OLG Frankfurt, MDR 83, 54 = VersR 83, 449; vgl. ferner BGHZ 39, 287; *Palandt/Putzo* 3 c, *MünchKomm/Westermann* 18, *Erman/Weitnauer* 17 zu § 477. Dasselbe gilt, wenn der Verkäufer, ohne dazu verpflichtet zu sein, sich auf die Nachbesserung einläßt; BGH, JZ 84, 499.

[93] Das ergibt sich für uns bereits aus der „modifizierten" Vertragstheorie, wird aber auch von Gegnern dieser Auffassung angenommen, so von *Erman/Weitnauer* 5 zu § 477. Anders jedoch die Herstellungstheorie, die den Wandlungsanspruch unmittelbar auf die Rückzahlung gehen läßt.

[94] So von *Erman,* JZ 1960, S. 41; *Erman/Weitnauer* 38 vor § 459; *Reinicke/Tiedtke* S. 112 ff.; ebenso BGHZ 85, 367, 372 ff.

[95] *Staudinger/Honsell* 15 zu § 465.

[96] *Staudinger/Honsell* 23 zu § 465; BGHZ 85, 367.

§ 41. Die Haftung des Verkäufers für Sachmängel   II § 41

Verkäufer abgesandt hat, auch nach der Vollendung der Verjährung die Zahlung des Kaufpreises insoweit verweigern, als er „auf Grund der Wandlung oder der Minderung dazu berechtigt sein würde". Das gleiche gilt, wenn er vor der Vollendung der Verjährung gerichtliche Beweisaufnahme beantragt oder in einem zwischen ihm und einem späteren Erwerber der Sache wegen des Mangels anhängigen Rechtsstreit dem Verkäufer gemäß § 72 ZPO den Streit verkündet hatte (§ 478).

Der Käufer kann also unter den Voraussetzungen des § 478 nach Vollendung der Verjährung zwar nicht mehr den Vollzug der Wandlung oder Minderung verlangen und folglich auch nicht den von ihm gezahlten oder zuviel gezahlten Kaufpreis zurückfordern, aber er kann, wenn er selbst noch nicht (oder nicht vollständig) gezahlt hatte, seinerseits die Zahlung verweigern. Es wird also, soweit er sich lediglich zur Verteidigung darauf beruft, sein Anspruch auf Wandlung oder Minderung als nicht durch Verjährung gehemmt behandelt. Da ihm aber das aktive Vorgehen versagt ist, kann er, auch nachdem er die Einrede mit Erfolg geltend gemacht hat, nicht seinerseits die Rückzahlung einer von ihm bereits geleisteten Anzahlung verlangen, auch nicht etwa über § 813, da § 478 eine Sonderregelung darstellt.[97] Wenn allerdings der Käufer die Einrede schon vor Ablauf der Verjährungsfrist im Prozeß geltend gemacht hat, liegt darin das rechtzeitige Begehren der Wandlung und in dem darauf ergehenden klagabweisenden Urteil deren Vollzug.[98] Die Frage ist, wie sich die Rechtslage gestaltet, wenn der Käufer die Einrede erst nach Ablauf der Verjährungsfrist geltend gemacht hat, der Verkäufer darauf mit seiner Klage auf den Kaufpreisrest abgewiesen ist und nun die Rückgabe der Sache gegen Rückerstattung der geleisteten Anzahlung verlangt.[99] Es ist klar, daß diesem Verlangen stattzugeben ist, da der Käufer nicht wohl berechtigt sein kann, die Sache für die von ihm geleistete, vielleicht geringe Anzahlung zu behalten; die Begründung dafür ist aber nicht ganz leicht.[100]

Trotz seiner Verjährung könnte der Käufer mit einem Schadensersatzanspruch gemäß § 463 oder aus positiver Vertragsverletzung wegen eines Mangelfolgeschadens gegen die Kaufpreisforderung des Verkäufers nach allgemeinen Grundsätzen noch aufrechnen, da sich die beiden Forderungen schon vor der Verjährung des Schadensersatzanspruchs aufrechenbar gegenübergestanden (§ 390 Satz 2; vgl. Bd. I § 18 VIe). Das steht mit der Absicht des Gesetzes, eine baldige Abwicklung der Mängelansprüche zu sichern, nicht im Einklang. Deshalb bestimmt § 479, daß die Aufrechnung nur dann noch erfolgen kann, wenn der Käufer wenigstens vor der Vollendung der Verjährung dem Verkäufer den Mangel angezeigt oder doch die Anzeige an ihn abgesandt hat.[101] Diese Beschränkung gilt aber nicht für die Ansprüche wegen arglistigen Verschweigens und arglistiger Vorspiegelung.

---

[97] RGZ 74, 292; 129, 215; 144, 95; *Oertmann* 5c, *Staudinger/Honsell* 13 zu § 478.
[98] So mit Recht auch *Bötticher* S. 49.
[99] Beachtenswert hierzu *Schlosser* in JZ 66, 428.
[100] Über andere Lösungsmöglichkeiten vgl. *Oertmann* 5b, *Staudinger/Honsell* 13 zu § 478. Zur Frage, ob der Käufer noch Schadensersatz gemäß § 463 verlangen kann, wenn zuvor die Klage des Verkäufers auf den restlichen Kaufpreis auf die Wandlungseinrede des Käufers abgewiesen war, vgl. BGHZ 29, 148.
[101] Die hL liest den § 479 so, als schließe er nach Vollendung der Verjährung die Aufrechnung mit einem auf den Mangel gestützten Schadensersatzanspruch grundsätzlich aus und lasse eine Aufrechnung auch unter der Voraussetzung, daß der Käufer eine der in § 478 bezeichneten Handlungen rechtzeitig vorgenommen hat, nur gerade gegen den Kaufpreisanspruch aus demselben Vertrage, nicht gegenüber anderen Ansprüchen des Verkäufers, zu. Sie begründet dies damit, daß der in Bezug genommene § 478 nur der Erhaltung der Einrede gegen den Kaufpreisanspruch dient. So RGZ 56, 166 (171); im Grundsatz, aber mit schwer zu begründender Einschränkung, auch der BGH (MDR 61, 500 und LM Nr. 3 zu § 479; NJW 81, 1156). Ferner RGR-Komm. 2, *Soergel/Ballerstedt*, *Erman/Weitnauer* 1, *Palandt/Putzo* 2 zu § 479; leicht zweifelnd („wohl nur") *Enn./L.* § 111 IV, *Staudinger/Honsell* („nicht ganz zweifelsfrei") 4 zu § 479; anders aber *Oertmann* 2 zu § 479. § 479 ist auch

e) **Das Verhältnis der Mängelansprüche zu den allgemeinen Vorschriften.**
Eine der umstrittensten Fragen des ganzen Kaufrechts ist die nach dem Verhältnis der Gewährleistungsansprüche (§§ 462, 463) zu den allgemeinen Vorschriften,[102] insbesondere zu denen der §§ 320 bis 326 (Folgen der Nichterfüllung eines gegenseitigen Vertrages) und zur Irrtumsanfechtung. Um in dieser Frage Klarheit zu gewinnen, ist es unerläßlich, nunmehr die bisher zurückgestellte Frage nach dem Wesen und dem Grund der Gewährleistung zu beantworten. Es handelt sich vor allem darum, ob die Lieferung einer mangelhaften Sache – im Falle eines Spezieskaufs – einen Fall teilweiser Nichterfüllung der Leistungspflicht des Verkäufers darstellt – dann wären die §§ 320 ff. wenigstens grundsätzlich, wenn auch vielleicht mit Einschränkungen, die daraus zu folgern wären, daß die §§ 459 ff. eine Sonderregelung darstellen, anzuwenden – oder nicht. Wenn sie es nicht ist, kann es sich nur um eine dem Verkäufer *neben* seiner Pflicht, *diese* Sache zu leisten, so wie sie eben ist, zusätzlich auferlegte Einstandspflicht handeln. Die Auffassungen hierüber sind im Schrifttum sehr geteilt.[103]

Kauft jemand einen bestimmten Ring „als goldenen", so wird er zwar sagen, er habe nicht erhalten, was ihm gebühre, wenn der Ring nicht aus Gold ist. Es muß aber beachtet werden, daß er ja nicht einen goldenen Ring schlechthin gekauft hat (das wäre ein Gattungskauf), sondern diesen individuell bestimmten Ring,[104] den er ausgesucht hat, wenn auch in der vom Verkäufer bestätigten

---

anzuwenden auf Schadensersatzansprüche wegen eines Mangelfolgeschadens; nach *Erman/Weitnauer* aaO sogar *nur* auf solche, nicht auf die aus § 463 (gegen diese Einschränkung aber *Staudinger/Honsell* 2 zu § 479).

[102] Sie spielt auch eine große Rolle in der Literatur zur Reform des Schuldrechts; vgl. nur U. *Huber* in Gutachten und Vorschläge zur Überarbeitung des Schuldrechts, Bd. I S. 647; *Vollkommer*, AcP 183, 225.

[103] Die einen sind der Auffassung, die *Leistungspflicht* des Verkäufers erstrecke sich *nicht* auf die Freiheit von Sachmängeln; die Gewährleistungspflicht des Verkäufers könne daher – wenigstens beim Stückkauf – nicht als Sanktion für die (teilweise) Nichterfüllung seiner Leistungspflicht verstanden werden, sondern stelle eine zusätzliche Einstandspflicht des Verkäufers dar. So bereits *Schollmeyer* und, am konsequentesten, *Süss*; ferner *Enn./L.* § 108 I; *Leonhard* B 80; *Siber* 237; *Oertmann* 2a zu § 433; *Soergel/Ballerstedt* 13, *Staudinger/Honsell* 1, 3, 7 aE, *Palandt/Putzo* 2a vor § 459; *Esser/Weyers* § 5 I 1a, *Fikentscher* 70 I 1; *Medicus* SchR II § 74 I. Vgl. ferner *Flume* aaO S. 35 ff. und dazu *MünchKomm/Westermann* 2 zu § 459. Die anderen sehen dagegen die Freiheit von Sachmängeln als Inhalt der Leistungspflicht, die Mängelansprüche daher als Ansprüche wegen teilweiser Nichterfüllung, als „Ersatzerfüllungsansprüche", an. So vor allem *Adler, Brox, Korintenberg, Raape, Graue, U. Huber* u. *Herberger; Erman/Weitnauer* 35 vor § 459. Die dann unabweisbare Konsequenz, daß der Käufer die Beseitigung eines behebbaren Mangels (als restliche Erfüllung) müsse verlangen können, wird aber nur von *Brox* und *Korintenberg* gezogen. *Fabricius* (JZ 67, 464) nimmt an, daß der Käufer einer Speziessache zwar keinen *Erfüllungsanspruch* auf Lieferung dieser Sache als mangelfreier habe, daß aber den Verkäufer eine *Nebenpflicht* zur Lieferung einer mangelfreien Sache treffe. Der Grund der Gewährleistungsansprüche liege in der Verletzung dieser Nebenpflicht. Indessen vermag auch diese Auffassung die Frage nicht zu beantworten, warum der Käufer, wenn der Mangel zu beheben ist, nicht primär seine Beseitigung als Erfüllung der Nebenpflicht verlangen kann.

[104] Individualisiert wird die Kaufsache beim Spezieskauf in der Regel durch Vorweisen, Besehen, Hinzeigen, mitunter auch durch Benennung, falls die Sache (z. B. ein Pferd, ein Hund) einen Namen

§ 41. Die Haftung des Verkäufers für Sachmängel

Annahme, daß er golden sei. Er kann daher nicht einen anderen Ring verlangen, der die Eigenschaft hat, aus Gold zu sein, sondern nur eben *diesen* Ring. Ihn als einen solchen dem Käufer zu übergeben und zu übereignen, der golden ist, wäre, ist er es nicht, jedermann, also objektiv unmöglich. Der Kaufvertrag müßte, wenn dies Inhalt der Leistungspflicht des Verkäufers wäre, nach § 306 nichtig sein.[105] Aber so versteht das Gesetz die in § 433 Abs. 1 normierte Pflicht zur Übergabe und Übereignung der Sache eben nicht. Eine dem § 434 entsprechende Vorschrift, die dahin lauten müßte, daß der Verkäufer verpflichtet sei, die Sache frei von einem Sachmangel (im Sinne des § 459) zu übergeben, enthält es mit gutem Grund gerade nicht. Das Gesetz verpflichtet zum mindesten ausdrücklich den Verkäufer auch nicht dazu, einen vorhandenen Mangel wenigstens dann zu beseitigen, wenn das möglich ist; es gibt dem Käufer, anders als dem Besteller beim Werkvertrag (§ 633 Abs. 2), keinen Beseitigungsanspruch. Das ist unbestritten. Ein solcher Anspruch kann dem Käufer im Vertrag eingeräumt sein; nach dem Gesetz kann er stets nur darauf klagen, daß ihm die Sache, so wie sie nun einmal ist, übergeben und übereignet wird. Entspricht sie nicht der Beschaffenheit, die sie haben soll, dann kann er deshalb nicht etwa auf Lieferung der Sache in der gesollten Beschaffenheit (als geschuldete Erfüllung) klagen, sondern nur die besonderen Rechte aus der Gewährleistung geltend machen. Vergegenwärtigt man sich diese Regelung, so muß man m. E. zu dem Schluß kommen, daß beim Spezieskauf die Verschaffung der Sache „in der gesollten Beschaffenheit" nicht Inhalt der – im Wege der Klage erzwingbaren – primären Leistungspflicht ist. Zu leisten hat der Verkäufer die Sache *nur so, wie sie nun einmal tatsächlich ist.*[106] Lieferung einer mangelhaften Sache ist daher – immer beim Stückkauf! – *nicht teilweise Nichterfüllung der Leistungspflicht.* Sie ist auch nicht Verletzung einer Nebenleistungspflicht, denn auch diese könnte wiederum nur entweder auf etwas Unmögliches, oder auf ein Tun gerichtet sein, zu dem der

---

hat, unter dem sie vorgestellt wird; nicht auch durch ihre Eigenschaften, mögen diese vom Käufer auch mitgedacht und für seinen Kaufentschluß mit bestimmend sein. Vgl. hierzu Allg. Teil § 26 II b. Völlig anderer Ansicht ist *Gillig* aaO. Nach ihm individualisieren die Parteien den zu leistenden Gegenstand durch die ihm von ihnen zugeschriebenen Eigenschaften. Im Fall des als golden verkauften Rings ist daher der geschuldete Gegenstand nicht der Ring, der vor ihnen liegt, sondern ein „idealer Gegenstand" (aaO S. 55), der es *so* gar nicht gibt. Der Verkäufer hat nicht *diesen* Ring zu leisten, sondern einen Ring, der „so ist, wie der ideale Gegenstand ist." (St. 68). Zugespitzt heißt das: nicht der *gekaufte* Ring ist mangelhaft, sondern dieser *mangelhafte* Ring ist gar nicht der *gekaufte* (ideale) Gegenstand. Man mag solche Gedankenspiele ersinnen; sie sind m. E. für das Verständnis der gesetzlichen Regelung wenig hilfreich.

[105] Daß § 306 unanwendbar ist, ist heute hL. Diejenigen, die meinen, es sei Inhalt der Leistungspflicht des Verkäufers, die Sache in der gesollten Beschaffenheit zu liefern, nehmen deshalb an, daß die Regeln über die Gewährleistung als Sonderregeln den § 306 verdrängten. So *Herberger* S. 83 ff.

[106] D. h., wie sie im Zeitpunkt der Lieferung ist (so richtig *Süss* aaO S. 225), nicht: wie sie im Zeitpunkt des Kaufabschlusses ist, wie dies *Schollmeyer* 97, 104, *Leonhard* B 85 u. a. annehmen. Denn andernfalls müßte der Käufer mit dem Erfüllungsanspruch wenigstens die Beseitigung der nach Kaufabschluß, aber vor dem Übergang der Gefahr entstandenen Mängel verdrängen können.

Verkäufer nach dem Gesetz gerade nicht verpflichtet ist. Wozu der Verkäufer in der Tat verpflichtet ist, das ist, dem Käufer für die nach dem Vertrage gesollte Beschaffenheit der Sache nach Maßgabe der gesetzlichen Vorschriften einzustehen. Die Rechte des Käufers wegen eines Sachmangels beruhen auf einer im Kaufvertrag selbst begründeten, zur Leistungspflicht und zu den sonstigen Verhaltenspflichten hinzutretenden *Einstandspflicht* des Verkäufers.

Ihre Rechtfertigung findet diese im Gesetz näher ausgestaltete Einstandspflicht des Verkäufers letzthin darin, daß der Käufer in einer Annahme oder Erwartung getäuscht wird, die er nach den den Vertragsschluß begleitenden Umständen zu hegen berechtigt war. Die Rechtsfolgen ergeben sich wenigstens zum Teil aus dem dem Kaufvertrage immanenten Prinzip der subjektiven Äquivalenz. Es bedeutet, daß, wie *Ballerstedt* es formuliert hat,[107] „die Parteien ihre beiderseitigen Leistungen als wertgleich gelten lassen wollen". Ist die Sache von schlechterer Beschaffenheit, als der Käufer sie erwarten durfte, dann ergibt sich daraus, daß das von den Parteien *angenommene Gleichwertverhältnis* zwischen der Sache und dem vereinbarten Kaufpreis zuungunsten des Käufers nicht besteht. Die Idee der Vertragsgerechtigkeit[108] fordert daher, daß der Käufer in solchen Fällen entweder eine Angleichung des Kaufpreises an das bestehende Wertverhältnis (Minderung) verlangen oder sich von dem Vertrage lösen kann, der infolge des Sachmangels dem angenommenen Wertverhältnis nicht entspricht und daher bei Kenntnis des Mangels so nicht von ihm geschlossen worden wäre. Der Grund für die Haftung des Verkäufers liegt also nicht in einer Verletzung seiner Leistungspflicht,[109] sondern in der *Enttäuschung der bei dem Abschluß des Kaufes den Umständen nach begründeten Erwartung des Käufers* hinsichtlich der Beschaffenheit der Kaufsache. Daraus folgt: **Nichterfüllung der Leistungspflicht und Gewährleistung für Sachmängel sind zweierlei.** Die folgerichtige Sanktion der Nichterfüllung der Leistungspflicht ist der Anspruch auf Nachholung der Leistung, also der Überga-

---

[107] *Soergel/Ballerstedt* 15 vor § 459. Über die Folgen aus dieser Auffassung ebenda 17 bis 20; über den Gattungskauf 21.

[108] Bei der Minderung geht es um den „Ausgleich der Ungerechtigkeit, die in der vollen Bezahlung einer minderwertigen Ware liegen würde". So *Leonhard* B 65. Der Wandlung bedarf es, weil dem Käufer an der minderwertigen Ware, auch wenn er weniger für sie bezahlt, nichts gelegen sein kann. Vgl. auch *Staudinger/Honsell* 11 vor § 459.

[109] *Flume* meint, die Lieferung der mangelhaften Sache sei „Nichterfüllung des Kaufvertrages", Vertragsbruch, wenn auch nicht „Nichterfüllung einer Erfüllungspflicht" (S. 41). Wenn „Erfüllung" in der Rechtssprache soviel bedeutet wie: Bewirken der geschuldeten Leistung (§ 362!), dann kann „Nichterfüllung eines Vertrages" nur heißen: Nichterfüllung der Leistungspflicht. Da aber *Flume* selbst es ablehnt, daß der Verkäufer verpflichtet sei, die Sache „in mangelfreiem Zustand" zu leisten, so dürfte er den Grund der Mängelhaftung m. E. auch nicht in der Nichterfüllung des Vertrages, sondern nur in der Enttäuschung der berechtigten Erwartung des Käufers erblicken, daß die Sache von der vertragsmäßigen Beschaffenheit sei. Dadurch, daß eine Sache als eine derartige (z. B. dieser Ring als goldener) verkauft ist, wird die danach zu erwartende Beschaffenheit Gegenstand einer Einstandspflicht, aber nicht Inhalt der Leistungspflicht und auch nicht notwendig Vertragsinhalt.

§ 41. Die Haftung des Verkäufers für Sachmängel II § 41

be und/oder der Verschaffung lastenfreien Eigentums, bei Unmöglichkeit oder Interessefortfall auf Schadensersatz „wegen Nichterfüllung"; die eines Sachmangels der Anspruch auf Herabsetzung des Kaufpreises oder Rückgängigmachung des Kaufs. Nichterfüllung der in §§ 433 Abs. 1 und 434 vollständig umschriebenen Leistungspflicht und Enttäuschung der berechtigten Erwartung des Käufers im Falle der Mangelhaftigkeit der Sache sind zwei durchaus zu sondernde Tatbestände, die, so gesehen, überhaupt nicht miteinander konkurrieren können.[110]

Demnach können wegen eines Sachmangels, ganz gleich, ob seine Beseitigung vor dem Gefahrübergang noch möglich ist oder nicht, beim Stückkauf weder Ansprüche auf Erfüllung – im Sinne der Lieferung der Sache als mangelfreier – noch wegen Nichterfüllung der Leistungspflicht des Verkäufers – etwa gemäß § 325 – erhoben werden. *Die §§ 320 ff. kommen nicht zur Anwendung* – nicht nur, wie die Rechtsprechung und ein Teil der Lehre meinen,[111] weil ihnen die §§ 459 ff. als Sonderregelung vorgingen, sondern weil ihre Voraussetzung: die wenigstens teilweise Nichterfüllung einer Leistungspflicht, überhaupt nicht gegeben ist. Es macht hierfür auch keinen Unterschied, ob der Mangel schon beim Kaufabschluß bestand oder ob er später entstanden ist.[112] Immer kann der Käufer wegen eines Sachmangels, wenn nicht etwa eine andere Anspruchsgrundlage gegeben ist, *nur Wandlung oder Minderung* oder, unter den Voraussetzungen des § 463, Schadensersatz verlangen, nicht aber, wegen teilweiser „Nichterfüllung", die in ihrer Durchführung davon ganz abweichenden Rechte aus den §§ 323 oder, bei Verschulden des Verkäufers, 325 geltend machen. Dies gilt auch, entgegen der Ansicht des RG,[113] schon *vor dem Gefahrübergang,* da die Mängelansprüche, wie (oben Ic) dargelegt, als „latente" schon vorher entstanden und andernseits die Voraussetzungen der §§ 323, 325 eben gar nicht gegeben sind.[114] Da der Verkäufer zu keiner Zeit zur Beseitigung des Mangels verpflichtet ist, es sei denn, er habe sich im Vertrage dazu verpflichtet, kann er mit der Erfüllung dieser Pflicht auch nicht in Verzug kommen, so daß § 326 ebenfalls nicht in Betracht kommt. Ebensowenig steht dem Käufer wegen eines Sachmangels gegen den Kaufpreisanspruch die Einrede des nicht erfüllten Vertrages (§ 320) zu. Solange er aber Wandlung verlangen kann, kann er gleichwohl die Zahlung verweigern, da ihm im Falle der Wandlung das Recht der Rückforderung zustünde.[115]

---

[110] So überzeugend *Süss* 237 ff.
[111] *Enn./L.* § 108 und die meisten Kommentare; wie hier *Staudinger/Honsell* 15, *Palandt/Putzo* 2a vor § 459.
[112] Anders *Leonhard* B 83, 85; *Enn./L.* § 112 I 4.
[113] RGZ 96, 156.
[114] *Süss* 234; *Flume* 37 f.; *Soergel/Ballerstedt* 19, 27 f., *Palandt/Putzo* 2 vor § 459.
[115] Im Ergebnis hL; vgl. *Flume* aaO S. 38; *Staudinger/Honsell* 18, *Palandt/Putzo* 2a vor § 459; *Reinicke/Tiedtke* S. 164.

§ 41 II   1. Abschn. 1. Kap. Veräußerungsverträge, insbesondere Kauf

Neben den im Gesetz geregelten Fällen der nachträglichen Unmöglichkeit der Leistung und des Schuldnerverzuges kennen wir als eine weitere Möglichkeit der Leistungsstörung die sogenannte *positive Vertragsverletzung*. Die Lieferung einer fehlerhaften Sache oder fehlerhafter Stücke bei einem Gattungskauf kann eine solche darstellen, wenn der Käufer dadurch einen Schaden an seiner Gesundheit oder an anderen Gütern erleidet, einen Schaden, der jedenfalls über denjenigen hinausgeht, der in dem Minderwert der Sache besteht. In solchen Fällen ist der Verkäufer, wenn ihn an der Herbeiführung des Schadens ein Verschulden trifft, weil er es an der nötigen Voraussicht und Sorgfalt hat fehlen lassen, dem Käufer zum Ersatz des *Mangelfolgeschadens* wegen „*positiver Vertragsverletzung*" verpflichtet. Ein derartiger Anspruch wird durch die Regelung der Mängelgewähr nicht ausgeschlossen;[116] da die Gewährleistung unabhängig von einem Verschulden ist, wird der Verstoß gegen eine Vertragspflicht durch schuldhaftes Verhalten von ihr nicht erfaßt. Verlangt werden kann mit dem Anspruch aus positiver Vertragsverletzung aber nur Ersatz des *Mangelfolgeschadens*; hinsichtlich des eigentlichen Mangelschadens (des Interesses an einer mangelfreien Sache als solcher) bleibt es bei § 463 als der maßgeblichen Sondervorschrift. Liegen dessen Voraussetzungen nicht vor, ist der Käufer *insoweit* auf die *Rechte aus § 462*, also auf die Wandelung oder die Minderung, beschränkt.

Während aber Ansprüche aus positiver Vertragsverletzung im allgemeinen der normalen dreißigjährigen Verjährungsfrist (§ 195) unterfallen, wendet der BGH auf diese Ansprüche die kurzen Verjährungsfristen des § 477 an, wenn der Schaden *mit einem Sachmangel im Zusammenhang steht*.[117] Das ist einmal dann der Fall, wenn der Schaden die Auswirkung der schuldhaften Lieferung fehlerhafter Sachen[118] oder eines Mangels ist, den der Verkäufer erst durch die *Verletzung einer kaufvertraglichen Nebenpflicht* schuldhaft herbeigeführt hat.[119] Das gilt auch für einen Schadensersatzanspruch, der darauf gestützt wird, daß der Verkäufer seiner im Rahmen der Gewährleistung übernommenen Pflicht nicht nachgekommen ist, die fehlerhafte durch eine fehlerfreie Sache zu ersetzen.[120] Schließlich wendet

---

[116] HL; vgl. *Esser/Weyers* § 6 II, *Medicus,* SchR II § 74 IV 3; *Reinicke/Tiedtge* S 168 ff.; *Soergel/ Ballerstedt* 33, *Palandt/Putzo* § 2 b, *Erman/Weitnauer* 23 vor § 459; BGH, JZ 67, 321; JZ 79, 398; BGH 7, 77, 215, 217.

[117] So RGZ 59, 200; 117, 315; 129, 280; BGHZ 47, 312, 319; 60, 9, 12; 77, 215, 219 (dazu *Köhler,* JuS 82, 13); 87, 88; LM Nr. 7 zu § 477 BGB; *Soergel/Ballerstedt* 6, *Staudinger/Honsell* 14, *MünchKomm/ Westermann* 24 f., *Erman/Weitnauer* 3, *Palandt/Putzo* 1 d dd zu § 477; *Esser/Weyers* § 6 II 7. Kritisch *Hoche,* Unstimmigkeiten im Verjährungsrecht, Festschr. f. Heinrich *Lange,* 1970, S. 241 ff.; anders auch *Schlechtriem,* Vertragsordnung und außervertragliche Haftung, 1972, S. 289 ff.; Enn./L. § 112 I 3 a.

[118] So im Falle der Lieferung vergifteten Pferdefutters (vgl. Bd. I § 24 I, S 335) und BGHZ 77, 215.

[119] Auch dann, wenn durch die Verletzung der Nebenpflicht – so der zur ordnungsgemäßen Verpackung – allein die Kaufsache selbst beschädigt wird; so BGHZ 87, 88. Anders jedoch BGHZ 66, 208.

[120] BGHZ 60, 9.

§ 41. Die Haftung des Verkäufers für Sachmängel   II § 41

der BGH § 477 auch dann an, wenn sich der Schaden aus der *mangelnden Aufklärung oder fehlerhaften Beratung in Bezug auf eine Eigenschaft der Kaufsache* ergibt, selbst wenn diese keinen Fehler darstellt.[121] Er begründet dies damit, die ratio legis des § 477 treffe auch in diesen Fällen zu. Mißlich, daß in vielen Fällen der Folgeschaden erst nach Ablauf der kurzen Fristen des § 477 deutlich wird. Man sollte daher die Fristen für Folgeschäden erst von deren erkennbaren Eintritt an laufen lassen;[122] Rechtsprechung und hL lehnen das jedoch wegen des Fehlens eines Anhaltspunktes im Gesetz ab.

Der BGH hat die kurze Verjährungsfrist des § 477 analog auch auf einen *Anspruch aus einer Garantie* des – mit dem Verkäufer nicht identischen – Herstellers angewandt, die auch den Mangelfolgeschaden umfaßte und auf 10 Jahre begrenzt war.[123] Zwar handelte es sich hier um einen Anspruch nicht aus einem Kaufvertrag, sondern aus einem selbständigen Garantievertrag; man sollte daher meinen, daß nur die dreißigjährige Verjährungsfrist in Betracht komme. Der BGH rechtfertigte die analoge Anwendung mit den gleichen Erwägungen, die zu der Anwendung des § 477 auf den Anspruch aus positiver Vertragsverletzung (eines Kaufvertrages!) geführt hatten. Er sah aber wohl, daß die 10jährige Garantiefrist illusorisch war, sollte die kurze Verjährungsfrist hier auch schon mit der Besitzerlangung durch den geschädigten Verbraucher beginnen. Deshalb ließ er die Verjährungsfrist hier erst mit der Entdeckung des Fehlers durch den Verbraucher beginnen. Diese Modifikation sollte er für den Anspruch aus positiver Vertragsverletzung wegen Mangelfolgeschäden übernehmen.

Wird der Käufer durch die Fehlerhaftigkeit der gelieferten Sache an seiner Gesundheit oder seinem Eigentum an anderen Sachen geschädigt und war solche Schädigung bei gehöriger Sorgfalt auch voraussehbar, erstreckt sich daher die Fahrlässigkeit des Verkäufers auch auf die Gesundheits- oder Eigentumsverletzung als solche, so haftet er dem Käufer für den *Mangelfolgeschaden* auch aus **unerlaubter Handlung** (§ 823 Abs. 1). Der BGH, und mit ihm die hL,[124] unterwirft diesen Anspruch nicht der kurzen Verjährung des § 477, sondern der erheblich längeren des § 852. Dem ist zu folgen.

Problematisch ist der Fall, daß infolge eines (verborgenen) Fehlers, für den der Verkäufer etwa wegen leichter Fahrlässigkeit verantwortlich gemacht werden kann, die *Kaufsache selbst* bei ihrem Gebrauch beschädigt oder zerstört wird. Gelten dann allein die Regeln über die Haftung für Sachmängel oder kann der Käufer als nunmehriger Eigentümer der Sache nach § 823 Abs. 1 Schadensersatz wegen Verletzung seines Eigentums an ihr verlangen? Während man früher ausschließlich die Mängelvorschriften für anwendbar hielt, hat der BGH erstmalig in der Schwimmerschalter-Entscheidung[125] den Deliktsanspruch zuerkannt. Eine Reinigungs- und Entfettungsanlage für Industrieerzeugnisse war mit einem Schwimmerschalter versehen, der eine automatische Stromabschaltung im Falle

---

[121] BGHZ 88, 130 = JZ 84, 36 mit Anm. von *Schwark*.
[122] Dafür *Schwark* aaO S. 82; *MünchKomm/Emmerich* 288, 293 vor § 275; *Littbarksi*, NJW 81, 2331; *Schubert*, JR 84, 61; dagegen *Staudinger/Honsell* 30 zu § 477; *Köhler* aaO. S. 16; BGHZ 77, 215, 222.
[123] BGH, NJW 81, 2248.
[124] So BGHZ 66, 315; *Esser/Weyers* § 6 II 7 aE; *Staudinger/Honsell* 20, *Palandt/Putzo* 1 d cc zu § 477; vgl. auch *Schmidt*, NJW 73, 2081.
[125] BGHZ 67, 359.

einer Überhitzung bewirken sollte. Da dieser versagte, entstand ein erheblicher Schaden an der gesamten Anlage. Der BGH meinte, der Mangel habe nur „ein funktionell begrenztes Teilstück" der Anlage betroffen, dessen Versagen erst später einen weiteren Schaden an der gesamten Anlage hervorgerufen habe. Bis dahin sei die Anlage „im übrigen einwandfrei" gewesen. Er zerlegte also gedanklich die gelieferte Anlage in einen mangelhaften Teil – den Schwimmerschalter – und den von ihm abgesehen einwandfreien, bis zum Eintritt des Schadens funktionstüchtigen Rest, dessen Schädigung gegenüber dem Mangel des Teilstücks einen zusätzlichen Tatbestand, eben den einer Eigentumsverletzung, darstelle. Diese Begründung vermag nicht zu überzeugen.[126] Denn der Mangel des Teilstücks stellte auch schon einen Mangel der ganzen Anlage dar, die ohne dieses Teilstück eben nur begrenzt funktionstüchtig, nicht hinreichend gegen die mit ihrem Gebrauch verbundene Gefahr der Überhitzung gesichert war. Verwirklicht hat sich gerade die Gefahr, vor der das mangelhafte Teilstück die Anlage schützen sollte; es ist nicht einzusehen, daß hier nur das Teilstück, nicht die gesamte Anlage mangelhaft gewesen sei.

In einer späteren Entscheidung, dem *Gaszug-Fall*,[127] hat der BGH eine andere Begründung gefunden. Hier ging es allein um die deliktische Haftung des *Herstellers* (unten: § 41a), der in diesem Fall nicht der Verkäufer war. Bei einem neuen Personenwagen funktionierte der Gaszug infolge eines Konstruktions- oder Fabrikationsfehlers manchmal nicht; dadurch kam es zweimal zu Auffahrunfällen, bei denen jedesmal erheblicher Schaden an dem Wagen entstand. Erst nach dem zweiten Unfall konnte die Ursache durch einen Sachverständigen festgestellt werden. Der BGH sprach dem Erwerber des Wagens die zweimaligen Reparaturkosten und die Kosten des Sachverständigengutachtens als Schadensersatz zu. Er unterschied jetzt das Interesse des Käufers daran, eine mangelfreie Sache zu erhalten – das „Nutzungs- und Äquivalenzinteresse" –, dessen Befriedigung die Gewährleistung des Verkäufers diene, und das Interesse des Eigentümers an der Erhaltung seiner Sache, das „Integritätsinteresse", dessen Schutz das Deliktsrecht diene. Dabei mache es für die Haftung des Warenherstellers keinen Unterschied, ob infolge der Fehlerhaftigkeit der Sache, die von deren Hersteller zu verantworten ist, andere Sachen des Benutzers beschädigt oder zerstört würden, oder die mit dem Fehler behaftete Sache selbst. In dem am gleichen Tage von ihm entschiedenen *Hebebühnen-Fall*[128] hat der BGH einen Schadensersatzanspruch gegen den Hersteller abgewiesen, weil der geltendgemachte Schaden – Kosten der Reparatur einer fehlerbehafteten Hebebühne und Verdienstausfall

---

[126] Vgl. *Schwark* aaO. S. 80f.; *Plum*, AcP 181, 126; *Schmidt/Salzer* BB 79, 8ff.; *Esser/Weyers* § 6 III 2; *Reinicke/Tiedtke* S. 200ff.; *MünchKomm/Mertens* 84ff. zu § 823.
[127] BGHZ 86, 256 = JZ 83, 499 m. Anm. von *Stoll; Ganter*, JuS 84, 592.
[128] JZ 83, 497.

während der Reparaturzeit – nur den durch den Fehler bedingten Minderwert der Hebebühne manifestiere, daher nur das Nutzungs- und Äquivalenzinteresse betroffen sei. Die Hebebühne war bei ihrem durch den Fehler bedingten Absinken unbeschädigt geblieben; auf den dabei entstandenen Schaden eines Drittten brauchte der BGH nicht einzugehen.

Die Gaszug-Entscheidung des BGH hat im Schrifttum weitgehend Zustimmung gefunden.[129] Gegen die Unterscheidung des Nutzungs- und Äquivalenzinteresses auf der einen, des – weitergehenden – Integritätsinteresses auf der anderen Seite wird eingewandt,[130] daß sich beide Bereiche überschnitten, das zweite auch das erste umfasse. Ist das auch richtig, so halte ich den Ansatz des BGH dennoch für zutreffend. Wenn und so lange die Sache nur mit dem zur Zeit des Gefahrübergangs auf den Käufer vorhandenen, ihren Wert mindernden Fehler behaftet ist und es daher lediglich um dessen Beseitigung oder um einen Ausgleich für den Minderwert geht, sollte der Käufer auf seine Gewährleistungsansprüche gegen den Verkäufer angewiesen sein und nicht, wenn diese ihm nicht genügen oder etwa verjährt sind, den Hersteller neben diesem in Anspruch nehmen können. Anders, wenn an der Sache infolge ihrer Fehlerhaftigkeit ein weitergehender Schaden – durch ihre Beschädigung oder Zerstörung – eingetreten ist. Daß dann durch dessen Beseitigung – durch die Reparatur oder vollen Wertersatz[131] im Falle der Zerstörung – das Nutzungsinteresse des Eigentümers mitbefriedigt, insoweit der Hersteller dann mit für dieses herangezogen wird, kann hingenommen werden. Wenig hilfreich ist die vom BGH zusätzlich gestellte Frage danach, ob der geltendgemachte Schaden mit dem reinen Mangelschaden „stoffgleich" sei oder nicht.

Wenn die Sache mit einem dem Käufer unbekannt gebliebenen Fehler behaftet ist oder ihr eine zugesicherte Eigenschaft fehlt, wird sich der Käufer häufig (nicht notwendig immer) in einem Irrtum befunden haben, da er sich die Sache als von dem Vertrage gemäßer oder, wenn darüber nicht gesprochen wurde, als von normaler Beschaffenheit, die zugesicherte Eigenschaft als tatsächlich vorhanden vorgestellt hatte. Regelmäßig wird die vom Käufer irrtümlich als vorhanden betrachtete Eigenschaft auch verkehrswesentlich sein, so daß sich der Käufer dann in einem nach § 119 Abs. 2 zu beachtenden **Eigenschaftsirrtum** befunden hat.[132] Durch eine Anfechtung würde er aber, wenn auch um den Preis der

---

[129] So von *Schmidt-Salzer*, BB 83, 534; *Schlechtriem*, JA 83, 255; *Harrer*, Jura 84, 80; *Nickel*, VersR 84, 318; im Ergebnis auch *Stoll*, JZ 83, 501; *Hager*, AcP 184, 417. Ablehnend aber *Reinicke/Tiedtke* 5, 202 f.

[130] *Stoll* aaO.; *Mayer*, BB 84, 568.

[131] Wäre der Wagen im Gaszug-Fall total zerstört worden, so hätte der Hersteller den vollen Wert eines derartigen Wagens, ohne Abzug des Minderwertes dieses Wagen wegen seines Mangels, zu ersetzen gehabt. Der schon vor Eintritt des Gesamtschadens vorhandene Minderwert geht in diesem ununterscheidbar auf.

[132] Anders, aufgrund seines Verständnisses des § 119 Abs. 2, *Herberger* 169 ff.

Verpflichtung zum Ersatz des Vertrauensschadens des Verkäufers, annähernd dasselbe erreichen wie durch die Wandlung. Er könnte dies auch dann erreichen, wenn sein Wandlungsrecht ausgeschlossen wäre, weil sein Irrtum auf grober Fahrlässigkeit beruhte (§ 460 Satz 2), und, falls er den Mangel und damit seinen Irrtum erst später entdeckt, auch noch dann, wenn die Gewährleistungsansprüche bereits verjährt wären. Dadurch würde die wohlabgewogene Regelung des Gesetzes über die Rechtsfolgen eines Sachmangels teilweise illusorisch werden. Deshalb muß mit der Rechtsprechung[133] und weit überwiegenden Lehre[134] angenommen werden, daß die Anfechtung wegen eines Irrtums des Käufers über eine verkehrswesentliche Eigenschaft der Kaufsache durch die Vorschriften über die Haftung des Verkäufers wegen Sachmängeln als „Sonderregelung"[135] grundsätzlich ausgeschlossen wird. Das gleiche gilt von den Grundsätzen über das Fehlen der (subjektiven) Geschäftsgrundlage.[136] Haben beide Teile, sowohl der Käufer wie der Verkäufer, den in Wahrheit unechten Stein für echt gehalten und in dieser ihnen gemeinsamen irrtümlichen Voraussetzung den Kauf abgeschlossen, so ist der Kauf doch nicht deshalb unwirksam; vielmehr gelten wiederum, und zwar ausschließlich, die Regeln über die Mängelhaftung.

Abzulehnen ist die, heute im Schrifttum zwar überwiegend aufgegebene, aber von der Rechtsprechung noch festgehaltene, Auffassung,[137] die Möglichkeit einer Anfechtung wegen Eigenschaftsirrtums werde erst vom Zeitpunkt des Gefahrüberganges an ausgeschlossen, da vorher Mängelansprüche noch nicht gegeben seien. Sie beruht auf der (oben I c) von uns bereits zurückgewiesenen Ansicht, daß die Gewährleistungsansprüche erst in diesem Zeitpunkt entstünden, und führt zu einem befremdlichen Ergebnis dann, wenn der Irrtum auf grober Fahrlässigkeit des Käufers beruht, Gewährleistungsansprüche also nach § 460 nicht

---

[133] RGZ 135, 340; 138, 356; BGHZ 16, 57; 34, 34.

[134] *Enn./L.* § 112 III, *Siber* 238; *Heck* 281; *Fikentscher* § 70 IX 5 c; *Medicus,* SchR II; 74 III 5 c; *Köhler,* aaO. S. 158; *Staudinger/Honsell* 19, *Soergel/Ballerstedt* 28, *Palandt/Putzo* 2 e, *Erman/Weitnauer* 29 vor § 459; *Esser/Weyers* § 6 I 1, 3 (anders *Esser,* 4. Aufl. § 64 VI 3 a); aA *Oertmann* 2 g vor § 459, *Leonhard* B 84, *Kress* B 30.

[135] Streng genommen ist die Regelung der Sachmängelgewähr nicht „lex specialis" im Verhältnis zu § 119 Abs. 2, weil nicht *jeder* Sachmangel auf dem Fehlen einer „verkehrswesentlichen" Eigenschaft zu beruhen braucht. So auch *Esser* 4. Aufl. § 64 VI 3 a. Allein soweit sich die Anwendungsbereiche beider Vorschriften decken, „verdrängt" die eingehendere Mängelhaftung die allgemeine Irrtumsregelung. Vgl. *meine Methodenlehre der Rechtswissenschaft* 5. Aufl. S. 258 (Studienausgabe 148) Anm. 28; *Köhler* aaO S. 159.

[136] Vgl. *mein Buch über die Geschäftsgrundlage* 3. Aufl. S. 22 und 95; *Esser/Weyers* § 6 I 6, *Staudinger/Honsell* 28 vor § 459; *Köhler* aaO. S. 160.

[137] So RGZ 138, 356; BGHZ 34, 32; OLG Köln, MDR 58, 160; *Enn./L.* § 112 IV 2; *Fikentscher* § 70 IX 5 c. Der BGH will sogar in den Fällen, in denen die Gewährleistungsansprüche auch nach seiner Meinung schon *vor* dem Gefahrübergang geltend gemacht werden können, bis zu diesem die Anfechtung nach § 119 Abs. 2 *wahlweise neben den Gewähransprüchen* zulassen. Das ist von seinem eigenen Standpunkt aus inkonsequent und verdient keine Billigung. So auch Staudinger/Honsell 22 vor § 459; *Reinicke/Tiedtke* S. 156 f.

§ 41. Die Haftung des Verkäufers für Sachmängel   II § 41

gegeben sind. Man wird vielmehr sagen müssen, daß dem Käufer wegen eines Irrtums über eine Eigenschaft der Kaufsache, deren Vorhandensein oder Nichtvorhandensein einen Sachmangel im Sinne des § 459 darstellt, die Anfechtung gemäß § 119 Abs. 2 *von vornherein* verwehrt ist, weil für eine derartige Anfechtung neben der Regelung der §§ 459ff. kein Raum ist.[138] Das gilt nach unserer Auffassung auch dann, wenn die verkaufte Speziessache einer anderen Gattung angehört, als angenommen wurde (z. B., wenn es sich um Haifischfleisch statt, wie angenommen, um Walfischfleisch handelte).[139]

Die Anfechtung wegen *arglistiger Täuschung* (§ 123) sowie Schadensersatzansprüche gemäß §§ 823 Abs. 2 und 826 läßt die hL dagegen auch dann zu, wenn die Täuschung im Verschweigen eines Mangels besteht.[140] Bei Anfechtung verliert der Käufer freilich die Ansprüche aus der Gewährschaft, da diese einen gültigen Kaufvertrag voraussetzen. Mit den ihm verbleibenden Ansprüchen aus unerlaubter Handlung und Verschulden bei Vertragsschluß kann er nur verlangen, so gestellt zu werden, wie er stehen würde, wenn er nicht getäuscht worden wäre und daher den Vertrag nicht abgeschlossen hätte, also nur seinen Vertrauensschaden, nicht das „positive Interesse". Es wird daher für ihn regelmäßig günstiger sein, beim Vertrage zu bleiben und gemäß § 463 Schadensersatz wegen Nichterfüllung zu verlangen.[141]

Der *Verkäufer,* der das Vorhandensein eines Fehlers nicht kannte, kann ebenfalls nicht nach § 119 Abs. 2 anfechten, da eine solche Anfechtung keinen anderen Zweck haben könnte als den, sich der gesetzlichen Haftung für Sachmängel zu entziehen.[142] Dagegen kann der Verkäufer anfechten, wenn ihm eine besonders wertvolle Eigenschaft der Sache unbekannt war, deren Kenntnis ihn vom Verkauf abgehalten hätte.[143]

Unterläßt es der Verkäufer beim Kaufabschluß entgegen einer ihn treffenden Aufklärungspflicht fahrlässig, den Käufer auf einen Fehler oder auf eine gefahrbringende Beschaffenheit der Kaufsache hinzuweisen, und erleidet der Käufer infolgedessen beim ordnungsgemäßen Gebrauch der Sache einen Schaden an seiner Gesundheit oder an seinen sonstigen Gütern, einen *Mangelfolgeschaden,* so haftet der Verkäufer für *diesen* Schaden richtiger Ansicht nach aus **„culpa in contrahendo".** Dieser Anspruch wird entgegen der herrschenden Ansicht[144]

---

[138] So auch *Flume* aaO 134; *Esser/Weyers* § 6 I 3c; *Medicus,* Bürgerl. R. Rdn. 345; *Soergel/Ballerstedt* 28, *Staudinger/Honsell* 22, *Erman/Weitnauer* 29 vor § 459; *Köhler* aaO. S. 159.
[139] Vgl. *Flume* S. 135 ff.
[140] *Staudinger/Honsell* 29, *Erman/Weitnauer* 32, *Palandt/Putzo* 2d vor § 459; *Köhler* aaO. S. 157 f. Anders nur *Siber* S. 239.
[141] Vgl. dazu auch Allg. Teil § 20 IV c (6. Aufl. S. 395).
[142] So zutreffend *Flume* aaO 148; *Staudinger/Honsell* 25 vor § 459.
[143] RGZ 124, 115; *Staudinger/Honsell* 25 vor § 459.
[144] Dieser Ansicht sind *Staudinger/Honsell* 33; *Erman/Weitnauer* 25, *Palandt/Putzo* 2c vor, *Münch Komm/Westermann* 80 zu § 259. Das RG hat in ständiger Rechtspr. eine Haftung des Verkäufers

nicht durch § 463 oder durch die Regelung der Sachmängel insgesamt ausgeschlossen, so wenig dadurch ein Anspruch aus positiver Vertragsverletzung wegen eines Mangelfolgeschadens ausgeschlossen ist. Die Gegenmeinung hat vor allem *Medicus* begründet.[145] Er sieht in § 463, zweite Alternative, eine Sonderregelung für *alle Fälle* der Nichterwähnung eines Fehlers. Der Verkäufer hafte in diesen Fällen *nur* bei arglistigem Verhalten, daher insbesondere nicht bei bloßer Fahrlässigkeit. Dem steht jedoch der nach Inkrafttreten des BGB erfolgte Ausbau der Haftung für Verschulden beim Vertragsschluß und der damit ebenso wie mit dem Ausbau der Lehre von der positiven Vertragsverletzung in die Wege geleitete gesteigerte Schutz des Erhaltungsinteresses im Rahmen von Sonderverbindungen entgegen. Macht der Verkäufer dem Käufer fahrlässig falsche Angaben über die Feuerfestigkeit des verkauften Stoffes und kommt es infolgedessen zu einem Brand, bei dem andere Sachen des Käufers vernichtet werden, dann kann es keinen Unterschied machen, ob der Verkäufer die Angaben schon während des Verkaufsgesprächs, vor dem Kaufabschluß, oder erst danach gemacht hat. Im ersten Fall liegt eine culpa in contrahendo vor, im zweiten Fall die Verletzung einer kaufvertraglichen Nebenpflicht (zu wahrheitsgemäßer Auskunft). Ebensowenig kann es darauf ankommen, ob die verletzte Aufklärungspflicht über die Vermeidung einer mit dem Gebrauch der Sache verbundenen Gefahr vom Verkäufer vor oder sogleich nach dem Vertragsschluß zu erfüllen gewesen wäre, ob der Verkäufer also gegen eine Pflicht aus dem Verhandlungsverhältnis oder gegen eine vertragliche Nebenpflicht verstoßen hat; die erste Pflicht setzt sich in der zweiten fort. Zu ersetzen ist aber in beiden Fällen nur der an anderen Rechtsgütern des Käufers eingetretene *Mangelfolgeschaden*. Hinsichtlich des Mangelschadens (Minderwert der Sache) und eines von dem Ersatzanspruch des § 463 miterfaßten reinen Vermögensschadens muß es bei dieser Bestimmung bleiben. Ansprüche aus culpa in contrahendo und aus positiver Vertragsverletzung sind also in ihrem Verhältnis zu der Regelung der Gewährleistung, entgegen der noch hL., gleich zu behandeln.[146] Das muß auch hinsichtlich ihrer Verjährung gelten.

---

wegen fahrlässiger falscher Angaben über die Beschaffenheit der Sache beim Vertragsschluß abgelehnt, da die §§ 459ff. die Haftung wegen eines Sachmangels *abschließend* regelten. (So RGZ 135, 339, 346; 161, 325, 337). Der BGH hat sich dem – BGHZ 60, 319 – zwar im Grundsatz angeschlossen, aber mit der entscheidenden Einschränkung: „abgesehen von Mangelfolgeschäden". Bei seiner Ablehnung der obigen Textstelle übersieht er, daß diese sich gerade (und nur) auf Mangelfolgeschäden bezieht. In der Entsch. BGHZ 88, 130 hat der BGH die Einschränkung allerdings nicht wiederholt. Vgl. ferner *meine* Ausführungen in der Festschr. f. *Ballerstedt,* 1975, S. 406ff. In BGHZ 60, 319 handelte es sich um einen Vertrauensschaden, der sich weder als Mangel-, noch als Mangelfolgeschaden einordnen läßt. Nicht hatte der Mangel einen Schaden an anderen Rechtsgütern des Käufers verursacht; seine Nichtangabe hatte den Käufer lediglich zu einer ihm ungünstigen Vermögensdisposition veranlaßt. Für diesen Vermögensschaden hat der BGH den Anspruch mit Recht versagt. So auch *Köhler* aaO. S. 163.

[145] In der Festschr. f. *Kern* S. 317ff. Zurückhaltender SchR II § 74 IV 3.
[146] So auch *Diederichsen,* BB 65, 401, *Köhler* aaO. S. 163; *Esser/Weyers* § 6 II 5 u. 6; *Reinicke/Tiedtke* S. 177.

III. Die Rechte des Käufers beim Gattungskauf

Wer eine bestimmte Menge oder Stückzahl *nur der Gattung nach bestimmter Waren* kauft, kann (mit der Leistungsklage) verlangen, daß ihm Stücke gerade von dieser Gattung geliefert werden, und zwar Stücke von „mittlerer Art und Güte" (§ 243 Abs. 1). Werden ihm also Stücke geliefert, die entweder überhaupt nicht dieser Gattung angehören oder nicht von der gesollten Beschaffenheit, nämlich von „mittlerer Art und Güte", sondern von schlechterer Beschaffenheit sind, dann hat der Verkäufer nicht geleistet, was er zu leisten schuldig war, d. h. er hat nicht oder doch nicht ordnungsgemäß erfüllt. Die Rechtslage ist hier grundsätzlich anders als beim Stückkauf.[147] Dort ist Gegenstand des Kaufs und damit der geschuldeten Leistung *diese bestimmte Sache*; ist sie mangelhaft, so ist ihre Lieferung doch immer noch Erfüllung der Leistungspflicht, die eben nur dahin geht, diese Sache, so wie sie ist, zu übergeben und zu übereignen; der Käufer kann aber, da seine berechtigte Erwartung enttäuscht worden ist, den Verkäufer aus der ihm auferlegten gesetzlichen Gewährleistung in Anspruch nehmen. Hier dagegen ist Gegenstand des Kaufs und damit der geschuldeten Leistung nicht diese bestimmte Sache, sondern eine Menge oder Stückzahl solcher Sachen, die *von der Beschaffenheit der bestimmten Gattung* (und innerhalb derselben mittlerer Art und Güte) sind. Vereinbaren die Parteien bestimmte Eigenschaften der zu liefernden Ware oder deren Eignung zu einem bestimmten Zweck,[148] so bestimmen sie damit im näheren die Gattung und dadurch zugleich auch den Inhalt der Leistungspflicht. Weisen die gelieferten Stücke die bestimmten Eigenschaften oder die Eignung zu dem bestimmten Zweck nicht auf, oder sind sie innerhalb des gesetzten Rahmens von geringerer als „mittlerer" Art und Güte, so sind sie sowohl mangelhaft wie zur Erfüllung der Schuld ungeeignet. Mit ihrer Lieferung hat der Verkäufer nicht das zur Leistung seinerseits Erforderliche getan; daher ist seine Schuld nicht gemäß § 243 Abs. 2 auf diese Stücke konkretisiert, sondern besteht als Gattungsschuld weiter. Bietet der Verkäufer derartige Stücke an, so kann sie der Käufer als nicht leistungsgerecht zurückwei-

---

[147] So auch *Ballerstedt*, Festschr. f. *Nipperdey*, 1955, S. 277 und *Soergel/Ballerstedt* 13, 21 vor § 459, 1 zu § 480. Vgl. ferner *Medicus*, SchR. II § 75 I 1.

[148] Haben die Parteien vereinbart, die Ware solle zu einem bestimmten Zweck geeignet sein – z. B. das verkaufte Pflanzenöl dazu, raffiniert zu werden – oder ist dies der „gewöhnliche Gebrauch", dann ist die Gattung so begrenzt, daß der Verkäufer die Lieferung von „zur Raffinerie geeignetem Pflanzenöl" schuldet. Ist das gelieferte Pflanzenöl überhaupt nicht dazu geeignet, raffiniert zu werden, dann gehört es nicht der Gattung an, aus der zu liefern war; ist es nur im beschränkten Maße dazu geeignet, dann bleibt es hinter dem geschuldeten Mittelmaß zurück. Immer stellt sich die Lieferung „mangelhafter" Stücke als *mangelhafte Erfüllung* der nach § 243 Abs. 1 bestimmten Leistungspflicht dar. Dies verkennen sowohl *Edye*, MDR 61, 908, wie *Mezger*, MDR 62, 253, und *Ostler*, JR 62, 295.

sen und auf Erfüllung, d. h. auf der Lieferung leistungsgerechter und daher auch: mangelfreier Stücke, bestehen. Hat er sie in Unkenntnis ihres Mangels zunächst entgegengenommen, so kann er sie dem Verkäufer zur Verfügung stellen und statt ihrer mangelfreie Stücke verlangen. Das bestätigt das Gesetz in § 480 Abs. 1 Satz 1.

Der Käufer *kann* in dieser Weise vorgehen; er hat aber auch noch andere Möglichkeiten. Weicht die gelieferte Sache von dem Mittelmaß der Gattung so sehr ab, daß sie als „fehlerhaft" im Sinne von § 459 Abs. 1 erscheint, oder entspricht sie sonst nicht der gesollten Beschaffenheit, so kann der Käufer, statt weiterhin auf Erfüllung zu bestehen, die nun einmal gelieferte Sache als den nunmehrigen Kaufgegenstand gelten lassen und wegen der Mangelhaftigkeit dieses Kaufgegenstandes, so wie bei einem Stückkauf, Wandlung oder Minderung verlangen.[149] Das Gesetz sieht diesen Weg sogar als den nächstliegenden an, denn es sagt in § 480 Abs. 1, der Käufer könne „statt der Wandlung oder Minderung" – die es ihm also ohne weiteres zubilligt – auch verlangen, daß ihm an Stelle der mangelhaften Sache eine mangelfreie geliefert wird. Der Käufer hat demnach ein Wahlrecht. Das Verlangen nach Lieferung einer mangelfreien Sache ist kein neuer Anspruch, sondern der, wenn auch teilweise modifizierte, ursprüngliche Erfüllungsanspruch,[150] der eben noch nicht erloschen ist, weil der Verkäufer mit der Lieferung nicht vertragsgemäßer Stücke seine Leistungspflicht nicht erfüllt hat. Er erlischt jedoch, wenn der Käufer die gelieferte Sache als Schuldgegenstand gelten läßt, indem er nunmehr Mängelansprüche geltend macht.[151] Das Gesetz unterwirft den fortbestehenden Erfüllungsanspruch (auf Lieferung einer mangelfreien Sache) aber jetzt den für die Wandlung geltenden Vorschriften (§ 480 Abs. 1 Satz 2). Er verjährt also nunmehr in den Fristen des § 477.[152] Macht der Käufer von diesem Anspruch Gebrauch, so wird er verpflichtet, das Empfangene zurückzugewähren (§ 467 Satz 1 in Verb. mit § 346); sein Recht ist ausgeschlos-

---

[149] Der Verkäufer ist im allgemeinen nicht dazu berechtigt, dem Käufer durch das Angebot sofortiger Ersatzlieferung die Möglichkeit, die Gewährleistungsrechte geltend zu machen, zu nehmen. So der BGH, NJW 67, 33; *Staudinger/Honsell* 2 zu § 480. Etwas anderes kann sich im Einzelfall jedoch aus dem Grundsatz von Treu und Glauben ergeben; vgl. *Ballerstedt*, Festschr. f. *Nipperdey*, 1955, S. 278ff. und *Soergel/Ballerstedt* 1 zu § 480.
[150] *Enn./L.* § 113 I 1; *Süss*, 58; *Staudinger/Honsell* 6, *Erman/Weitnauer* 2 zu § 480; *Herberger* aaO S. 95ff.; *Reinicke/Tiedtke* S. 139.
[151] Darin liegt zugleich die Überleitung der bisherigen Gattungsschuld in eine Speziesschuld („Konkretisierung"), die logisch die Voraussetzung für die Gewährleistungsansprüche ist. Vgl. *Herberger* S. 98ff.; *Medicus*, SchR. II § 75 I 2; *Reinicke/Tiedtke* S. 140 AA. (Nämlich: Die Konzentration erfolge schon durch die Annahme der mangelhaften Stücke) Esser 4. Aufl. § 64 III 4a; *Palandt/Putzo* 1 zu § 480. Vgl. auch *Esser/Weyers* § 5 IV 2.
[152] Das gilt aber nur, solange nicht der Verkäufer sich auf Verlangen des Käufers mit der Ersatzlieferung einverstanden erklärt und „eine völlige Willenseinigung darüber stattgefunden" hat, da von diesem Zeitpunkt an im Falle der Wandlung an die Stelle des kurzfristig verjährenden Anspruchs „auf" Wandlung der nicht mehr der kurzen Verjährung unterliegende Anspruch „aus" der (hier gemäß § 465 „vollzogenen") Wandlung treten würde.

§ 41. Die Haftung des Verkäufers für Sachmängel   III § 41

sen, nicht nur, wenn er die mangelhaften Stücke in Kenntnis des Mangels vorbehaltlos angenommen hat (§ 464), sondern auch, wenn er sie nicht mehr zurückgeben kann und dies zu vertreten hat (§ 467 Satz 1 in Verb. mit § 351).

Da es sich nach wie vor um den ursprünglichen Erfüllungsanspruch handelt, geht er unmittelbar auf die Leistung des Verkäufers, nicht nur, wie der Wandlungsanspruch, auf dessen Zustimmung zur Aufhebung des Kaufvertrages. Wenn das Gesetz daher auch den § 465 für anwendbar erklärt, so kann der „Vollzug" hier in der Tat nur bedeuten, daß der Käufer dadurch – also durch die Einverständniserklärung des Verkäufers, mangelfreie Stücke zu liefern, oder durch seine Verurteilung hierzu – sein Wahlrecht endgültig verliert, die Ansprüche auf Wandlung oder Minderung also nunmehr ausgeschlossen sind.[153] Streitig ist, ob der Käufer, der den Anspruch auf Nachlieferung nicht verloren hat, gegen den weiter säumigen Verkäufer auch dann noch nach § 326 vorgehen kann, wenn er die mangelhaften Stücke zunächst, in Unkenntnis ihrer Fehlerhaftigkeit, entgegengenommen hatte.[154] Das ist zu bejahen, da dem Käufer nicht wohl zugemutet werden kann, ohne die Möglichkeit, eine zeitliche Begrenzung herbeizuführen, auf die Erfüllung seines Anspruchs zu warten oder, um dies zu vermeiden, doch auf die Gewährleistungsansprüche zurückzugreifen.

Der Käufer wird Wandlung wählen, wenn ihm an der verspäteten Lieferung mangelfreier Stücke nichts mehr liegt; Minderung, wenn die gelieferten Stücke für ihn immerhin noch brauchbar sind und er nur die Wertminderung ausgeglichen sehen will. Er kann schließlich statt aller anderen Rechte Schadensersatz wegen Nichterfüllung verlangen (ohne erst den Verkäufer in Verzug setzen und den Erfordernissen des § 326 nachkommen zu müssen), wenn der gelieferten Sache im Zeitpunkt des Gefahrübergangs (nicht: des Kaufs, da die gelieferten Exemplare zu dieser Zeit ja noch nicht Vertragsgegenstand waren) eine zugesicherte Eigenschaft fehlt oder der Verkäufer einen Fehler arglistig verschwiegen hat (§ 480 Abs. 2). Die Bestimmung entspricht der des § 463, die in § 480 Abs. 1 Satz 2 unter den anzuwendenden Vorschriften lediglich deshalb nicht mit angeführt wird, weil hier der Zeitpunkt des Kaufs nicht paßt.[155] Wenn das Gesetz hier stattdessen den Zeitpunkt des Gefahrübergangs gewählt hat, ist das allerdings auch nicht korrekt. Denn wegen der Mangelhaftigkeit der gelieferten Stücke konnte deren Übergabe noch nicht die Konzentration der Schuld auf diese Stücke und damit auch nicht den Übergang der Gefahr hinsichtlich dieser Stücke auf den Käufer bewirken. § 480 Abs. 2 ist deshalb so zu lesen, als laute er: „zu der Zeit, zu welcher die Gefahr in dem Fall, daß die gelieferten Stücke mangelfrei gewesen wären, auf den Käufer übergegangen wäre."[156] Für das Verhältnis der sich aus § 480 ergebenden Ansprüche zu solchen aus positiver Vertragsverletzung und culpa in contrahendo gilt das oben unter II c Gesagte.

---

[153] So auch *Bötticher* aaO S. 63; *Staudinger/Honsell* 12; *MünchKomm/Westermann* 7 zu § 480.
[154] Die Ansicht, mit der obschon mangelhaften Sache habe der Verkäufer „zunächst erfüllt", der Käufer könne daher jetzt nicht mehr nach § 326 vorgehen, hat *Esser* in der 4. Aufl. seines Lehrbuchs § 64 III 4 begründet. Ihr folgt *Palandt/Putzo* 1 b zu § 480. Wie hier *Erman/Weitnauer* 6, *Staudinger/Honsell* 8, *MünchKomm/Westermann* 6 zu § 480.
[155] Man wird deshalb den § 480 Abs. 1 Satz 2 und damit die §§ 464 und 477 auch hier anwenden müssen; vgl. *Wilhelm*, JZ 82, 488.
[156] So zutreffend *MünchKomm/Westermann* 12, *Erman/Weitnauer* 9 zu § 480.

§ 41a   1. Abschn. 1. Kap. Veräußerungsverträge, insbesondere Kauf

Gilt die dargelegte Regelung aber nur dann, wenn die gelieferten Sachen nicht alle Eigenschaften aufweisen, die sie nach der getroffenen Vereinbarung haben sollten, und dadurch „fehlerhaft" sind, oder auch dann, wenn sie nach einer objektiven, verkehrsmäßigen Beurteilung einer *anderen Gattung* angehören – wenn z. B. Sommerweizen statt Winterweizen, oder Äpfel statt Birnen geliefert werden? Sicherlich muß dann dem Käufer der Erfüllungsanspruch zustehen; aber ist dieser Anspruch auch in diesem Fall den sich aus § 480 ergebenden Einschränkungen unterworfen, und kann der Käufer statt dessen auch hier Wandlung oder Minderung verlangen? Man könnte der Meinung sein, daß in derartigen Fällen von einer nur „fehlerhaften" Ware nicht gesprochen werden kann, die Lieferung nicht einmal als Versuch seiner Erfüllung zu werten ist, und es deshalb hier bei den allgemeinen Vorschriften, also bei dem Erfüllungsanspruch und bei § 326, bewenden solle. Indessen ist die Zugehörigkeit zu einer im Verkehr als solcher angesehenen Warengattung auch hier nicht immer ein überzeugendes Kriterium. Man wird daher mit der heute vorherrschenden Lehre ein anderes Kriterium für die Abgrenzung verwenden müssen.[157] Sie entnimmt es der Vorschrift des § 378 HGB, die für den beiderseitigen Handelskauf gilt, von ihr aber auf alle Gattungskäufe übertragen wird. Danach findet § 480 keine Anwendung, wenn die gelieferte Ware „offensichtlich von der Bestellung so erheblich abweicht, daß der Verkäufer die Genehmigung des Käufers als ausgeschlossen betrachten mußte", d. h., wenn der Verkäufer damit, daß der Käufer diese Ware als Erfüllung betrachten und demgemäß so vorgehen wird wie im Falle eines Sachmangels, überhaupt nicht rechnen kann. Der Käufer kann in diesem Fall seinen Erfüllungsanspruch ohne die sich aus § 480 ergebenden Einschränkungen geltend machen; Gewährleistungsansprüche stehen ihm dagegen nicht zu.

§ 41a. Die Haftung des Warenherstellers für Schäden durch fehlerhafte Produkte (Produzentenhaftung)

Literatur: *Baumgärtel,* Die Beweisverteilung bei der Produzentenhaftung, JA 84, 660; *Brüggemeier,* Produzentenhaftung nach § 823 Abs. 1 BGB, WM 82, 1294; *Canaris,* Die Produzentenhaftpflicht in dogmatischer und rechtspolitischer Sicht, JZ 68, 494; *Diederichsen,* Die Haftung des Warenherstellers, 1967; Wohin treibt die Produzentenhaftung; NJW 78, 1281; *Dunz/Kraus,* Haftung für schädliche Ware, 1969; *Ficker,* Produktenhaftung als Gefährdungshaftung?, in Festschr. f. *v. Caemmerer,* 1978, S. 343; *Giesen,* Warenherstellerhaftung ohne Verschulden, NJW 68, 1401; *Hager,* Zum Schutzbereich der Produzentenhaftung, AcP 184, 413; *Lorenz,* Rechtsvergleichendes zur Haftung des Warenherstellers, in Festschr. f. *Nottarp,* 1961, S. 59; Die Haftung des Warenherstellers, Arbeiten zur Rechtsvergleichung Bd. 28, 1966, S. 49; Beweisprobleme bei der Produzentenhaftung, AcP 170, 367; *Müller,* Zur Haftung des Warenherstellers, AcP 165, 285, *Schmidt-Salzer,* Produkthaftung, 1. Aufl. 1973, 2. Aufl. Bd. 2, Freizeichnungsklauseln, 1985; Produkthaftung im französischen, belgischen, deutschen, schweizerischen, englischen, kanadischen und US-amerikanischen Recht, 1974; Entscheidungssammlung Produkthaftung Bd. I, 1975, Bd. II 1979, Bd. III u. IV 1982; Die neuen Dimensionen des Produktrisikos, BB 1980, S. 1; *Simitis,* Grundfragen der Produzentenhaftung, 1965; Gutachten für den 47. Deutschen Juristentag 1968; Produzentenhaftung, Festschr. f. *Duden,* 1977, S. 605;

---

[157] Str., wie hier *v. Caemmerer* und *Flume* aaO; *Heck* 278; *Leonhard* B 82; *Soergel/Ballerstedt* 35 vor § 459; *Medicus,* Bürgerl. R. Rdn. 336, 338; *SchR.* II § 75 I 3; mit eingehender Begründung *Reinicke/Tiedtke* S. 142ff.; zum mindesten rechtspolitisch auch *Enn./L.* § 108 II 1a. Anders *Esser,* 4. Aufl. § 64 II 5a; *Rud. Schmidt,* NJW 62, 710; *MünchKomm/Westermann* 22, 23 zu § 459. Gegen die Gleichbehandlung von „Schlechtlieferung" und „Falschlieferung" beim Gattungskauf (in den Grenzen des § 378 HGB) auch *Knöpfle,* JZ 79, 11, gegen ihre Unterscheidbarkeit, im Ergebnis aber für eine Differenzierung nach genehmigungsfähigen und nicht genehmigungsfähigen Fehlern *Esser/Weyers* § 5 IV 3b bis d. Nach BGH, LM Nr. 3 zu § 276 (K) BGB, gilt § 477 nicht für einen Schadensersatzanspruch wegen Lieferung einer Sache, die einer anderen als der vereinbarten Warengattung angehört.

§ 41a. Die Haftung des Warenherstellers für Schäden   § 41a

Weitnauer, Beweisfragen in der Produktenhaftung, Festschr. f. *Larenz* 1973, S. 905; ferner Karlsruher Forum 1963 (Beiheft der Zeitschrift VersR) u. Verhandlungen des 47. Deutschen Juristentages, 1968, Bürgerlichrechtliche Abtlg.

Mängelansprüche sowie Ansprüche wegen eines Mangelfolgeschadens aus positiver Vertragsverletzung (Schlechtleistung oder Verletzung einer kaufvertraglichen Nebenpflicht) hat der Käufer nur gegenüber seinem Vertragskontrahenten, dem Verkäufer; dieser aber ist meistens nicht mit dem Hersteller der Ware identisch, sondern ein Einzelhändler, der die Ware seinerseits vom Hersteller oder einem Zwischenhändler erworben hat. Erleidet der Käufer (Letztabnehmer) einen Mangelfolgeschaden, so fragt es sich, wenn er von seinem Verkäufer keinen Ersatz zu erlangen vermag, weil diesen kein Verschulden trifft, ob er sich vielleicht an den Hersteller halten kann, sofern anzunehmen ist, daß das Produkt bereits fehlerhaft war, als dieser es in den Verkehr brachte. Diese Frage hat das Schrifttum und die Rechtsprechung eingehend beschäftigt und ist auch heute noch nicht voll gelöst.

Hierfür zunächst einige Beispiele:

1. (*Brunnensalzfall*, RGZ 87, 1). Die Klägerin („Letztkäuferin") hatte in einer Apotheke ein Glas des von der Beklagten („Herstellerin") hergestellten künstlichen Brunnensalzes in der Originalverpackung der Beklagten gekauft. Sie erkrankte nach dem Genuß des Salzes schwer; es stellte sich heraus, daß sich in dem Salze feine Glassplitter befanden. Sie verlangte wegen ihres Gesundheitsschadens Ersatz von der Beklagten, weil die Glassplitter nur in deren Betrieb in das Glas gelangt sein konnten.

2. (*Ledergürtelfall*, BGHZ 40, 91). Die Klägerin („Erstkäuferin"), die eine Gürtelfabrik betreibt, hatte von der Bekl. (im Beispiel als „Herstellerin" zu betrachten) gefärbtes Leder gekauft, zu Gürteln verarbeitet und diese an eine Fabrik, die Damenkleider herstellte, („Zweitkäuferin") verkauft. Diese hatte sie auf Kleider aufgezogen, die sie an ein Versandhaus („Drittkäufer") lieferte. Dort stellte sich heraus, daß die Gürtel abfärbten und die Kleider an den Stellen, an denen sie mit den Gürteln in Berührung kamen, sich verfärbt hatten. Die Zweitkäuferin nahm die von ihr gelieferten Kleider zurück. Die Erstkäuferin verlangte von der Beklagten Ersatz des Schadens (als „Drittschadens"), der infolge des Unbrauchbarwerdens der mit den Gürteln versehenen Kleider ihrer Abnehmerin, der Zweitkäuferin also, entstanden war. Sie machte geltend, die Beklagte sei für die mangelhafte Färbung des von ihr gelieferten Leders verantwortlich.

3. (*Kraftwagenfall*). Wegen eines auch bei verkehrsüblicher Prüfung nicht zu erkennenden Materialfehlers bricht bei einem neuen Kraftfahrzeug eine Zuleitung zwar nicht schon bei den ersten, kurzen Beanspruchungen auf dem Prüfungsstand der Herstellerfrima und der vom Händler mit dem Abnehmer („Letztkäufer") veranstalteten Probefahrt, wohl aber bei der ersten, längeren Beanspruchung auf der Autobahn. Dadurch entsteht ein Unfall, bei dem der Käufer, vielleicht auch andere Personen, verletzt werden. Der Käufer begehrt, außer der „Wandlung", Ersatz des ihm, eventuell auch den mitfahrenden Personen, entstandenen Körper- und Sachschadens – sei es von seinem Verkäufer, dem Händler, sei es von dem Hersteller. Sollten bei dem Unfall auch Dritte verletzt worden sein, denen der Käufer als Kraftfahrzeughalter nach § 7 StVG haftbar ist, so wird er auch den ihm dadurch erwachsenen Vermögensschaden auf den Händler oder den Hersteller zu überwälzen suchen.

Wenn wir in diesen Fällen davon sprechen, die Sache sei „fehlerhaft", und dadurch sei dem Abnehmer ein Schaden entstanden, dann meinen wir nicht, sie sei nicht von der *nach dem Kaufvertrage* zu erwartenden Beschaffenheit, also „fehlerhaft" im Sinne des § 459 Abs. 1, sondern wir meinen, sie sei nicht von der Beschaffenheit, die man erwarten muß, um sie – gegebenenfalls unter Beachtung einer beigegebenen Anweisung und jedenfalls der verkehrsmäßigen Sorgfalt – gefahrlos benutzen zu können. ,,Fehlerhaft" bedeutet hier also *,,gefahrdrohend"*, und zwar über das Maß hinaus, mit dem bei Sachen dieser Art immer zu rechnen ist. Zwar wird eine Sache, die in diesem Sinne ,,fehlerhaft" ist, in aller Regel auch nicht von der dem Vertrage entsprechenden Beschaffenheit sein; dann handelt es sich bei dem Schaden, den der (letzte) Käufer erleidet, um einen ,,Mangelfolgeschaden" (oben II c). Indessen nützt das dem Käufer hier in der Regel nicht. Von *seinem* Verkäufer kann der Letztkäufer regelmäßig den Ersatz dieses Schadens nicht verlangen, weil es hierfür an den gesetzlichen Voraussetzungen meist fehlt.[1] Er könnte das nur, wenn der Verkäufer entweder die Abwesenheit eines derartigen Mangels – im Sinne der Übernahme einer Gewähr für den Nichteintritt eines solchen Schadens – zugesichert (§ 463, erster Fall),[2] oder den Fehler arglistig verschwiegen hätte (§ 463, zweiter Fall), oder wenn dem Verkäufer, wegen schuldhafter Vernachlässigung einer *ihn* treffenden Prüfungs- oder Hinweispflicht, der Vorwurf einer ,,culpa in contrahendo" oder einer ,,positiven Vertragsverletzung" zu machen wäre. Dieser Vorwurf wird aber nur selten begründet sein. So hat der Verkäufer, der Erzeugnisse einer Fabrik – wie im Brunnensalzfall – in deren Originalverpackung verkauft, gar nicht die Möglichkeit, den Inhalt der Packung zu prüfen; dasselbe gilt heute von den meisten Arzneimitteln. In anderen Fällen, z. B. im Kraftfahrzeugfall,[3] vermag häufig die dem Verkäufer als Händler mögliche und zumutbare Prüfung oder Erprobung nicht zur Entdeckung des Fehlers zu führen. Es erscheint auch nicht als gerechtfertigt, dem Verkäufer, der seinen Pflichten als Händler voll nachgekommen ist, eine Gefahr aufzubürden, die er nicht geschaffen, sondern nur, ohne dies wissen zu können, weitergeleitet hat. Der Ursprung, die Quelle der Gefährdung liegt nicht bei ihm, sondern beim Hersteller, in dessen Betrieb oder Tätigkeitsbereich. Kann der letzte Abnehmer, der meist, wenn auch nicht immer, mit dem Verbraucher der Ware identisch sein wird, *von ihm* Ersatz seines Schadens verlangen?

Da zwischen dem Letztabnehmer und dem Hersteller in der Regel keine unmittelbare vertragliche Beziehung besteht, ist an einen Anspruch aus unerlaubter Handlung, wegen fahrlässiger Verletzung des Körpers, der Gesundheit oder des Eigentums des Endabnehmers (§ 823 Abs. 1) zu denken. Deliktsansprüche sind aber für den Geschädigten wegen der Beschränkung auf die in § 823 Abs. 1 genannten Güter (oder die Fälle der §§ 823 Abs. 2, 826), wegen der Beweislast

---

[1] Ein Verschulden des Herstellers hat der Verkäufer nicht zu vertreten, da dieser regelmäßig nicht sein Erfüllungsgehilfe ist; vgl. BGHZ 48, 118 m. weiteren Nachweisen.
[2] Bedenklich die Entsch. BGHZ 48, 118, die dem Verkäufer die Werbung des Herstellers als eigene Zusicherung zurechnet. Hierzu *Teichmann,* JuS 68, 315.
[3] Zur Untersuchungspflicht des *Gebrauchtwagenhändlers Teske,* NJW 83, 2485.

und vor allem wegen des § 831 (im Unterschied zu § 278) im allgemeinen weniger günstig als Ansprüche auf vertraglicher Grundlage. Eine vertragliche Beziehung kann vorliegen, wenn der Hersteller dem Endabnehmer für die einwandfreie Beschaffenheit und Gebrauchsfähigkeit der Sache eine zeitlich begrenzte Garantie leistet. Das kann durch die Übergabe eines vom Hersteller ausgestellten Garantiescheins durch den Händler, der dabei als „Bote" fungiert, an den Käufer geschehen, der seinen Annahmewillen gemäß § 151 durch die Entgegennahme zum Ausdruck bringt. Dann kommt zwischen dem Hersteller und dem Endabnehmer ein (selbständiger) **Garantievertrag** zustande.[4] Möglich ist ferner, daß die Garantie durch einen Vertrag zwischen dem Hersteller und dem Erstabnehmer zugunsten eines Dritten, des Endabnehmers, zustande kommt.[5] Indessen beschränkt sich diese Garantie in der Regel auf den eigentlichen Mangelschaden – der Hersteller verspricht etwa kostenlose Reparatur oder Lieferung von Ersatzteilen oder einer anderen mangelfreien Sache, nicht mehr. Den Ersatz eines dem Käufer entgangenen Gewinns oder gar eines *Mangelfolgeschadens* verspricht er nicht. Der Wille, dafür aufzukommen, läßt sich ihm, da die Erklärungen insoweit eindeutig zu sein pflegen, auch nicht im Wege der Auslegung seiner Erklärung zurechnen. Noch weniger geht es an, dort wo der Hersteller überhaupt keine Garantie gegeben hat, einen „stillschweigenden" Garantievertrag zu konstruieren, der etwa auch die Mangelfolgeschäden umfaßt. Ein derartiger Vertragswille, der zudem irgendwie zum Ausdruck gelangt sein müßte, liegt beim Warenhersteller in aller Regel nicht vor.[6]

Man hat deshalb versucht, den Hersteller für den Schaden des Letztkäufers aus dem *Kaufvertrage des Herstellers mit dem Erstkäufer* haftbar zu machen. Hierfür bieten sich zwei Rechtsinstitute an, die beide erst von der Rechtsprechung entwickelt worden sind: die **Liquidation des Drittschadens** (vgl. Bd. I § 27 IV b) und der **Vertrag mit Schutzwirkung für Dritte** (Bd. I § 17 II).

Im Ledergürtelfall verlangte die Klägerin als Erstkäufer von der Beklagten Ersatz des Schadens, der nicht ihr, sondern ihrer Abnehmerin erwachsen war, also eines „Drittschadens". Mit Recht hat der BGH die Klage abgewiesen.[7] In den anerkannten Fällen des Drittschadensersatzes tritt *der* Schaden, der sich aus der Nichterfüllung oder verspäteten Erfüllung ergibt, *statt* bei dem Ersatzberechtigten bei dem Dritten ein; es liegt also lediglich eine *Verlagerung* des zu ersetzenden Interesses auf einen anderen vor, nicht aber werden die Schäden auch noch weiterer Personen ersetzt. Da es bei dem eigentlichen Erfüllungsinteresse immer nur um das Interesse *einer* Person, nämlich desjenigen, dem die Erfüllung wirtschaftlich zum unmittelbaren Vorteil gereichen würde, geht, wird die Ersatzpflicht im Prinzip

---

[4] So auch der BGH, BGHZ 78, 369. Beschränkt der Hersteller in dem Garantieschein seine Haftung auf kostenlose Reparatur oder kostenlosen Ersatz der mangelhaften Teile, und verweist er den Endabnehmer des weiteren auf seine Vertragsunternehmen, so bleibt er dennoch zur Erfüllung der gegebenen Garantie selbst verpflichtet; seiner Vertragsunternehmen kann er sich hierbei als Erfüllungsgehilfen bedienen. Zur Verjährung vgl. oben § 41 II c.
[5] Ein solcher Fall lag vor in BGHZ 75, 75.
[6] So auch das RG (im Brunnensalzfall).
[7] Gegen die Heranziehung der Drittschadensliquidation zur Begründung der Haftung des Warenherstellers auch v. *Caemmerer*, ZHR 127, 267 = Ges. Schriften Bd. I, S. 622 ff. Kritisch zur Begründung der BGH-Entscheidung im Ledergürtelfall *Diederichsen* aaO S. 107 ff.

§ 41a   1. Abschn. 1. Kap. Veräußerungsverträge, insbesondere Kauf

nicht erweitert. Mangelfolgeschäden können dagegen gleichzeitig oder auch nacheinander bei mehreren Personen eintreten; ihre Einbeziehung könnte daher zu einer Erweiterung der Ersatzpflicht führen. So mögen (im Kraftfahrzeugfall) Letztkäufer und Händler beide bei der gemeinsam unternommenen Probefahrt verunglücken. Im Ledergürtelfall hätte die Klägerin das von ihr auf verschiedene Weise verarbeitete Leder auch an verschiedene Abnehmer geliefert haben können, bei denen oder deren weiteren Abnehmern es ganz verschiedenartige Folgeschäden hätte hervorrufen können. Eine derartige „Schadenshäufung" wird bei der „Drittschadensliquidation" gerade nicht berücksichtigt, da diese Lehre eine Erweiterung der Ersatzpflicht vermeiden will. Dazu kommt, daß dem Erstkäufer, wenn er die Ware weiterverarbeitet oder Großhändler ist, an der Geltendmachung der Schäden, die die ihm völlig unbekannten Endabnehmer erlitten haben, oft nichts gelegen sein wird. Sinnvoll wäre daher allein ein *unmittelbarer Anspruch der Geschädigten* gegen den Hersteller,[8] der aber im Falle einer zulässigen „Drittschadensliquidation" gerade nicht gegeben ist. Ein solcher Anspruch wäre zwar dann begründet, wenn die Endabnehmer als Begünstigte in die Schutzwirkung des ersten Vertrages einbezogen werden könnten, dieser also als ein „Vertrag mit Schutzwirkung für Dritte" anzusehen wäre. Dagegen spricht aber, daß man schwerlich sagen kann, der Erstkäufer (Großhändler) sei, was für die bisher anerkannten Fälle der Schutzwirkung eines Vertrages für Dritte typisch und woran auch festzuhalten ist, den Begünstigten, also den Endabnehmern, zur Fürsorge verpflichtet, oder er habe doch erkennbar ein eigenes Interesse an ihrem Schutz.[9]

Auch der Versuch von *Gernhuber*,[10] durch die Weiterentwicklung und Verschmelzung der Verträge mit Schutzwirkung für Dritte und der Drittschadensliquidation allgemein zur einer „beschränkten Teilnahme" solcher Dritter an einem Schuldverhältnis zu kommen, deren Interessen nach der „Anlage des Schuldverhältnisses" durch dieses mit geschützt seien, überzeugt nicht. Es fehlt eine überzeugende Begründung dafür, daß die Kaufverträge der Händler oder Großhändler mit dem Hersteller gerade auf den Schutz der Interessen der Endabnehmer hin *angelegt* seien.

Von anderen, so von *Lorenz*[11] und von *Markert*,[12] wurde empfohlen, Ansprüche des Endabnehmers gegen den Hersteller nicht aus dem Vertrag, sondern daraus herzuleiten, daß der Hersteller durch seine Werbung, durch die Kennzeichnung seiner Ware als von ihm herrührend, sein Warenzeichen, das dem Käufer für die Güte der Ware bürgt, *das Vertrauen des Abnehmers* in die einwandfreie Beschaffenheit und daher auch in die Ungefährlichkeit der Ware – des Kraftwagens ebenso wie einer Maschine, eines Nahrungsmittels oder eines Medikaments – hervorgerufen und auf dem Wege über den Zwischenhändler in Anspruch genommen hat. Er müsse daher, *analog* § 122, für das von ihm geschaffene und ausgenutzte Vertrauen des Endabnehmers diesem einstehen. Eine solche **Vertrauenshaftung** fände ihre Grundlage nicht in einem Rechtsgeschäft – weder in einem Vertrage des Letztkäufers mit dem Hersteller (Garantievertrag) noch in dem Vertrage zwischen Hersteller und Erstkäufer –, sondern im Gesetz; sie wäre unabhängig von einem Verschulden. Indessen ist es fraglich, ob die Werbung des Herstellers für seine Ware eine so weitgehende Rechtsfolge zu tragen vermag. Wie, wenn er nicht selbst, sondern nur der Händler für die Ware geworben, oder wenn seine Werbung den Letztkäufer gar nicht erreicht, somit dessen Kaufentschluß in keiner Weise beeinflußt hat? Ähnlich problematisch ist auch der Versuch von *Diederichsen*,[13] eine unbedingte *gesetzliche Einstandspflicht* (Garantiepflicht) des Warenherstellers zu begründen. Sie soll sich daraus ergeben, daß dieser „sein Erzeugnis über eine Kette von Zwischenhändlern dem Verbraucher zuführt", der seinerseits darauf vertraut, daß „die empfangene Ware frei von solchen Mängeln ist, die in seiner Rechtssphäre Schäden anrichten können".[14] *Canaris*[15] verbindet den Gedanken des Vertrauensschutzes mit

---

[8] Darauf weist auch *Diederichsen* aaO S. 132 hin.
[9] Das betont zutreffend *Lorenz*, Festschr. f. *Nottarp* S. 82. Ebenso der BGH (im „Hühnerpestfall"), BGHZ 51, 91, 95 f.
[10] In „Karlsruher Forum" 1963.
[11] In der Festschr. f. *Nottarp,* 1961, S. 51, und im „Karlsruher Forum" 1963, S. 8.
[12] In BB 64, 231 und 319.
[13] In seinem Buch „Die Haftung des Warenherstellers", 1967.
[14] aaO S. 363.
[15] aaO S. 501 f.

§ 41 a. Die Haftung des Warenherstellers für Schäden §**41a**

dem Verschuldensgrundsatz. Das vom Verbraucher dem Hersteller entgegengebrachte „Warenvertrauen" begründe zwischen ihnen ein gesetzliches Schuldverhältnis ähnlich dem, das aus der Aufnahme von Vertragsverhandlungen entsteht. Der Hersteller hafte bei schuldhafter Verletzung seiner Schutzpflicht nach den Grundsätzen der Vertragshaftung. Der BGH hat auch diese Konstruktion verworfen,[16] da sie „die im geltenden Rechtssystem bewußt gezogene Grenze zwischen vertraglichen und deliktischen Bereich" aufhebe.

Der BGH hat daran festgehalten, die Haftung des Warenherstellers gegenüber dem durch das Produkt Geschädigten, der es nicht unmittelbar vom Hersteller erworben hat, *allein nach dem Deliktsrecht* zu beurteilen. Als Haftungsgrundlage kommt hier hauptsächlich § 823 Abs. 1 in Betracht. Danach muß der Abnehmer oder ein Dritter, dem dieser den Gebrauch der Sache überlassen hat oder der sonst mit ihr gemäß ihrer Bestimmung in Berührung kommt, gerade infolge der fehlerhaften Beschaffenheit der Sache einen Schaden an seinem Körper, seiner Gesundheit oder anderen Sachen erlitten haben, und für die fehlerhafte Beschaffenheit der Sache muß ein rechtswidriges und schuldhaftes Verhalten des Herstellers selbst oder seiner Leute – sofern er sich für deren Verhalten nicht gemäß § 831 entlasten kann – ursächlich sein. Zwar trifft denjenigen, der Waren herstellt und sie in den Verkehr bringt, nach gefestigter Rechtsprechung die „Verkehrspflicht" (unten: § 72 I d), dafür zu sorgen, daß diese Waren nicht durch mehr oder weniger versteckte Mängel diejenigen gefährden, für die sie letztlich bestimmt sind. Er hat deshalb die nötigen Vorkehrungen auf allen Stufen der Produktion zu treffen und die erforderlichen Kontrollen durchzuführen, um das zu vermeiden. Darüber hinaus hat er dann, wenn es sich um ein Produkt handelt, dessen Gebrauch, auch wenn es fehlerfrei hergestellt ist, für den mit ihm nicht Vertrauten gefährlich sein kann, die Pflicht, durch die Beigabe einer Gebrauchsanweisung, eine sichtbar angebrachte Warnung oder in anderer Weise die Benutzer auf die Gefahr und die Möglichkeit, sie zu vermeiden, hinzuweisen („Instruktionspflicht"). Daß er aber gegen eine dieser Pflichten, vor allem gegen eine Organisations- oder Kontrollpflicht, und zwar schuldhaft, verstoßen hat, wird der Geschädigte nur schwer beweisen können.[17] Denn in der Regel hat er keinen Einblick in die Organisation des Herstellers und in die Vorgänge die zu der Fehlerhaftigkeit des Produkts geführt haben. Er befindet sich dann in einem Beweisnotstand.

Der BGH hat gemeint, an dieser Stelle ansetzen zu sollen. Er hilft dem Geschädigten nunmehr durch eine **Fortbildung des Beweisrechts**. Das Schrifttum ist ihm auf diesem Wege gefolgt.[18] Eingeleitet wurde diese Rechtsprechung im Jahre

---

[16] BGH, NJW 74, 1503.
[17] Zur Beweislastverteilung im Rahmen des § 823 Abs. 1 *Baumgärtel* in Festschr. f. Karl *Schäfer*, 1980, S. 13.
[18] So besonders *Schmidt-Salzer*, Produktenhaftung, der sich um die volle Eingliederung der Produzentenhaftung in die Lehre von den Verkehrssicherungspflichten bemüht und folgerichtig nicht mehr von typischen Fehlern der Sache, sondern von einer „allgemeinen deliktrechtlichen Gefahrabwen-

1968 durch die Entscheidung des „Hühnerpestfalles".[19] Ein Tierarzt hatte unmittelbar von der Herstellerfirma Impfstoff gegen Hühnerpest erworben; die von ihm damit geimpften Hühner der Klägerin gingen daraufhin an Hühnerpest ein. Es wurde festgestellt, daß in dem Impfstoff noch aktive Viren enthalten waren, die nicht ausreichend immunisiert worden waren. Nicht zu ermitteln war, ob hierfür ein schuldhaftes Verhalten der Herstellerfirma selbst (ein „Organisationsverschulden") oder eines ihrer Angestellten ursächlich war. Der BGH half der Klägerin durch eine *Umkehr der Beweislast* gemäß der Lehre von der Beweislastverteilung nach Gefahrenbereichen (vgl. Bd. I § 24 I b) Er stellte folgende Beweisregel auf: „Wird bei bestimmungsgemäßer Verwendung eines Industrieerzeugnisses eine Person oder eine Sache dadurch geschädigt, daß das Produkt fehlerhaft hergestellt war, so muß der Hersteller beweisen, daß ihn hinsichtlich des Fehlers kein Verschulden trifft." Erbringe er diesen Beweis nicht, so hafte er nach Deliktsgrundsätzen. Diese Rechtsprechung hat der BGH in verschiedenen Entscheidungen weitergeführt.[20]

Der Geschädigte, der vom Hersteller Ersatz seines Schadens verlangt, hat hiernach zunächst zu beweisen,[21] daß das Produkt fehlerhaft, also irgendwie von – über das als „normal" angesehene Maß hinaus – gefahrdrohender Beschaffenheit war, daß die Ursache dieses Fehlers im Bereich des Herstellers liegt, und daß die Fehlerhaftigkeit des Produkts ursächlich für seinen Schaden war. Als Beweiserleichterung kann hierbei ein Anscheinsbeweis in Betracht kommen. Sind diese Beweise geführt, dann entgeht der Hersteller der Haftung nur dann, wenn *er* beweist, daß ihn an der Fehlerhaftigkeit des Produkts kein Verschulden trifft. An diesen Beweis werden freilich sehr hohe Anforderungen gestellt. Sie gehen erheblich weiter als diejenigen, die die Rechtsprechung hinsichtlich *seiner* Prüfungs- und Informationspflicht an den bloßen Händler und Verteiler stellt.[22] Um der Verurteilung zur Schadensersatzleistung zu entgehen, muß der Hersteller einmal beweisen, daß er seinen Betrieb so organisiert hat, daß alle denkbaren Fehlerquellen ausgeschaltet oder so weit unter Kontrolle gebracht sind, daß vorkommende Fehler aller Voraussicht nach entdeckt, fehlerhafte Stücke nicht ausgeliefert werden; ferner, daß er den Anforderungen genügt hat, die § 831 hinsichtlich der Auswahl, der Anleitung und Überwachung aller der Angestellten

---

dungspflicht" ausgeht. (S. 135). Vgl. ferner *Medicus,* Bürgerl. R. Rdn. 650; SchR. II § 77 III 3; *Esser/Weyers* § 55 V 3 c bis f (überwiegend kritisch); *Fikentscher* § 103 IV 5; *MünchKomm/Mertens* 286 ff., 309, *Palandt/Thomas* 16 D c ff zu § 823.

[19] BGHZ 51, 91. Zu diesem Urteil *Diederichsen,* NJW 69, 269; *Deutsch,* JZ 69, 387; *Giesen,* NJW 69, 582; *Lorenz,* AcP 170, 367.

[20] BGHZ 59, 303, 309; BGH, NJW 73, 1602; NJW 75, 1827. Eine gute Übersicht über den derzeitigen Stand dieser Rechtspr. und ihre Konsequenzen gibt *Brüggemeier* in WM 82, 1294; ferner *MünchKomm/Mertens* 279 ff. zu § 823 (mit zahlreichen Nachweisen).

[21] Vgl. dazu *Weitnauer* aaO S. 908 ff.; *Schmidt-Salzer* S. 175 ff.; *H. Stoll,* AcP 176, 145, 168 f.; *Baumgärtel* aaO S. 667 f.

stellt, die mit der Herstellung, Überprüfung und Auslieferung des Produkts zu tun gehabt haben oder zu tun gehabt haben können. Das Risiko, daß dieser Beweis mißlingt, weil in einer dieser Hinsichten auch nur die Möglichkeit eines ihm zurechenbaren Verschuldens bleibt, trägt der Hersteller. Es dürfte umso größer sein, je größer der Betrieb ist, je unübersichtlicher der Weg, den, wenn nicht schon ein Konstruktionsfehler vorliegt, gerade *dieses* Produkt bei der Herstellung genommen hat, je größer die Zahl der Angestellten ist, die mit der Herstellung, Überwachung, Prüfung zu tun gehabt haben können, für die also der Entlastungsbeweis geführt werden muß. Freilich kann der Beweis gelingen; insofern trifft auch den Geschädigten ein Prozeßrisiko. Um eine vom Verschulden völlig gelöste Haftung handelt es sich eben nicht. Eine verschuldensunabhängige Haftung der Warenhersteller für ihre Produkte wird zwar von der EG angestrebt, ist im deutschen Recht aber bisher nur, in begrenztem Umfang, für Arzneimittel verwirklicht (unten § 77 VIII).[23] Sie offen, durch ,,richterliche Rechtsfortbildung", einzuführen, dazu hielt sich der BGH, wohl mit Recht, nicht für befugt. So wählte er die ,,Verlegenheitslösung"[24] eines scheinbar nur prozessualen Auswegs, der Beweislastumkehr.

Die Beweislastumkehr, die der BGH vornimmt, geht außerordentlich weit. Vermutet wird nicht nur ein Verschulden, sondern auch ein objektiv unrichtiges Verhalten des Herstellers selbst oder einer Organperson, sei es im Bereich der Organisation des Betriebs, der Schaffung hinreichender Kontrollmöglichkeiten, oder im Bereich der Auswahl, Anleitung oder Überwachung aller Angestellten, die mit der Herstellung oder Überprüfung dieses Produkts zu tun gehabt haben können. Vermutet wird weiter die Ursächlichkeit dieses Verhaltens dafür, daß der Fehler entstanden oder unentdeckt geblieben ist.[25] Schraubt man die Anforderungen an die Erfüllung aller sich daraus ergebenden Sorgfaltspflichten – und damit an den Entlastungsbeweis – sehr hoch, dann hat man eine Haftung für nur *möglicherweise* unrichtiges, schuldhaftes und für den Schaden ursächliches Verhalten, die in der Sache einer Gefährdungshaftung näherkommt als der Verschuldenshaftung, an der man dann nur formal noch festhält. Eine solche Haftung findet zwar im Gesetz keine Grundlage. Indessen ist nicht zu verkennen, daß eine Haftung des Warenherstellers, die über das sonstige Ausmaß der Verschuldenshaftung hinausgeht, unter den heutigen Verhältnissen einem Gerechtigkeitsgebot

---

[22] Zu den Pflichten eines Großhändlers, insbesondere eines Importeurs, BGH, VersR 80, 380 = BB 80, 443, mit Anm. von *Schmidt-Salzer*.

[23] Für eine allgemeine Gefährdungshaftung des Warenhersteller *Ficker* aaO. Eher skeptisch *Esser/Weyers* § 55 V 3e und f.; *Medicus*, Bürgerl. R. Rdn. 650 aE. Zur Arzneimittelhaftung *Schubert*, JuS 83, 748; zum Verhältnis der Haftung für Arzneimittel zur allgemeinen Produzentenhaftung *Deutsch*, Festschr. f. *Larenz*, 1983, S. 118 ff.

[24] Als solche charakterisiert sie zutreffend *Dilcher*, AcP 184, S. 278 f.

[25] Nicht so weit geht die Beweislastumkehr allerdings bei Instruktionsfehlern; dazu *Baumgärtel* aaO S. 668 f.

§ 41a   1. Abschn. 1. Kap. Veräußerungsverträge, insbesondere Kauf

entspricht. Denn es geht nicht wohl an, das hier besonders hohe *Risiko der Unaufklärbarkeit der Vorgänge* allein dem Geschädigten aufzubürden. Solange keine überzeugendere Regelung gefunden ist, wird man daher der Rechtsprechung zustimmen müssen.

Das gilt allerdings nur teilweise von den Erweiterungen, die die Rechtsprechung in der Folge vorgenommen hat. Besonders bedenklich ist es, daß der BGH die von ihm entwickelten Grundsätze über die Umkehr der Beweislast hinsichtlich des *Produzenten* auch auf die Haftung solcher *Einzelpersonen* überträgt, die in dem betreffenden Produktionsbereich „eine herausgehobene und verantwortliche Stellung einnehmen".[26] Auch diesen Personen, meint er, sei zuzumuten, das Schadensrisiko auf sich zu nehmen, wenn sie sich nicht zu entlasten vermöchten. Werden hier ebenso hohe Anforderungen an den Entlastungsbeweis gestellt wie beim Hersteller – nämlich fast bis an die Grenze der Unerfüllbarkeit –, dann bürdet man diesen Personen – und niemand weiß, wer morgen etwa dazu gehören wird – damit eine Haftung auf, die letztlich doch nur für den Hersteller, und zwar damit zu rechtfertigen ist, daß für ihn das Schadensrisiko und das Unaufklärbarkeitsrisiko ein Teil seines Unternehmerrisikos sind. Der Angestellte, auch der in „herausgehobener Stellung" tätige, sollte persönlich nur haften, wenn hinreichende Indizien dafür vorhanden sind, daß gerade ihm ein bestimmtes Fehlverhalten zur Last fällt, und daß dieses Fehlverhalten für den eingetretenen Schaden adäquat ursächlich war. Ihm gegenüber sollte es also bei dem Grundsatz bleiben, daß der Geschädigte alle Voraussetzungen des von ihm behaupteten Anspruchs zu beweisen hat. Es ist nicht unbillig, daß ihm gegenüber das Unaufklärbarkeitsrisiko dem Geschädigten verbleibt.

Auch noch in anderen Hinsichten hat der BGH die Haftung des Warenherstellers nach dem Deliktsrecht verschärft. Seine „Sicherungspflicht" endet nicht schon dann, wenn er ein von ihm sorgfältig geprüftes und danach als sicher (nicht gefahrdrohend) angenommenes Produkt in den Verkehr gebracht hat; er ist auch verpflichtet, es weiter darauf zu beobachten, ob sich bei seiner Anwendung keine schädlichen Wirkungen ergeben, und er hat, jedenfalls bei solchen Produkten wie Arznei- und Pflanzenschutzmitteln, sich über die neuen Ergebnisse der Forschung zu unterrichten, aus denen etwa zu ersehen ist, daß solche Wirkungen eintreten können.[27] Gegebenenfalls hat er den weiteren Vertrieb des als gefährlich erkannten Produkts einzustellen und die Benutzer zu warnen.[28] Als schädigend

---

[26] BGH, NJW 75, 1827; dazu die Anmerkungen von *Lieb*, JZ 76, 526; von *Schmidt-Salzer* u. *Graf v. Westphalen*, BB 75, S. 1032 u. 1033. Ablehnend *Medicus*, SchR. II § 77 3b; *Reinicke/Tiedtke* (vor § 41) S. 205.

[27] BGHZ 80, 199, 202f. Über die Grenzen dieser Pflicht vgl. BGHZ 80, 186, 189f.; *Schmidt-Salzer*, BB 81, 1041.

[28] Zweifelhaft ist, ob er darüber hinaus verpflichtet ist, das Produkt zurückzurufen und *auf seine Kosten* zu reparieren. Dafür *MünchKomm/Mertens* 299 zu § 823; eingehend *Hager*, VersR 84, 799. Aus

kann ein Produkt, das zur Verhütung bestimmter Schäden dienen soll, auch dann angesehen werden, wenn es nur wirkungslos ist, der Benutzer sich aber durch die Erwartung, es sei wirksam, vom Gebrauch eines anderen, wirksamen Mittels hat abhalten lassen.[29]

In diesem Zusammenhang ist noch einmal an die früher besprochene Schwimmerschalter-Entscheidung[30] und den Gaszug-Fall[31] zu erinnern. In der Schwimmerschalter-Entscheidung hatte der Abnehmer eine Reinigungsanlage unmittelbar *vom Hersteller* gekauft; weil der Schwimmerschalter mangelhaft war, wurde die Anlage nach ihrer Inbetriebnahme beschädigt. Es ging um den an der Anlage selbst – infolge der Mangelhaftigkeit eines Teilstücks – eingetretenen Schaden. Der Erwerber hätte vertragliche Ansprüche gegen den Hersteller haben können; diese waren aber bereits verjährt. Der BGH ließ den Hersteller nach den Grundsätzen der Produzentenhaftung aus unerlaubter Handlung, also praktisch unter Verzicht auf einen Verschuldensnachweis, haften. Daß der Hersteller in dieser Weise auch dann haftet, wenn er direkt an den Verbraucher (Endabnehmer) verkauft, in seinem Verhältnis zu diesem daher das Kaufrecht anwendbar ist, ist konsequent; anderenfalls würde der Endabnehmer schlechter stehen, der direkt vom Hersteller kauft. Aber die Produzentenhaftung wurde entwickelt, um den Endverbraucher vor solchen Schäden zu schützen, die ihm infolge der fehlerhaften und d. h. gefahrdrohenden Beschaffenheit des Produkts an seiner Gesundheit oder sonstigen Rechtsgütern (im Sinne des § 823 Abs. 1) erwachsen. Hier geht es um den Schaden an dem Produkt selbst, damit um einen Schaden, für den nach dem Gesetz die Vertragsordnung zuständig ist. Sie wird durch die Herstellerhaftung nunmehr in die zweite Linie gedrängt. Im Gaszug-Fall ging es allein um die Herstellerhaftung. Von seinem Verkäufer, dem Händler, hätte der Käufer des Wagens, da den Händler kein Verschulden traf, keinen Schadensersatz, sondern nur, falls dieser Anspruch nicht bereits verjährt war, Wandlung oder Minderung verlangen können. Was er von seinem Verkäufer nicht verlangen kann, nämlich Ersatz des durch den Mangel verursachten Schadens an der mangelhaften Kaufsache selbst, das soll er nun, statt von dem Verkäufer, von dem Hersteller verlangen können, wenn dieser sich nicht zu exkulpieren vermag. Der Hersteller haftet ihm also strenger als sein Vertragspartner. Hier wird noch einmal deutlich, welchen tiefen Einbruch in das System des BGB die Herstellerhaftung bedeutet.

---

der Pflicht zur Beseitigung der, wiewohl schuldlos, durch die Auslieferung geschaffenen Gefahr läßt sich das m. E. nicht herleiten (so aber *Hager*); es geht darum, wer in solchen Fällen das – nur durch die Reparatur zu behebende – Risiko des Minderwerts des Produkts zu tragen hat. Diese Frage ist doch wohl nach dem Gewährleistungsrecht – wenn der Benutzer vom Hersteller erworben hat –, nicht nach dem Deliktsrecht zu beantworten. Vgl. jedoch oben S. 72f. (zum Gaszugfall).

[29] BGHZ 80, 186, 189f. Kritisch dazu *Hager* aaO. S. 416.
[30] BGHZ 67, 359; vgl. oben S. 71f.
[31] BGHZ 86, 256.

Den vom BGH vorgenommenen Erweiterungen stehen einige *Einschränkungen* seiner Rechtsprechung zur Produzentenhaftung gegenüber. Handelt es sich nicht um einen Fehler des Produkts, der im Produktionsprozeß entstanden oder unentdeckt geblieben ist, sondern um einen Schaden, der durch das Versäumnis hinreichender Aufklärung der Benutzer (*„Instruktionsfehler"*), insbesondere durch die Vernachlässigung der Pflicht zur weiteren Beobachtung der Wirkungen des Produkts entstanden ist, so trifft die *Beweislast* für die Umstände, aus denen sich die Instruktionspflicht des Herstellers ergibt, den Geschädigten.[32] Dies begründet der BGH damit, es ginge hierbei nicht um Vorgänge im Betriebe des Produzenten, die der Geschädigte meist nicht aufzuklären vermag, sondern „um allgemein zugängliche Veröffentlichungen und Erfahrungen, die dessen Benutzer mit dem Produkt inzwischen gemacht haben"; diese aber seien nicht nur dem Produzenten, sondern auch dem Geschädigten zugänglich. Ferner hat der BGH entschieden,[33] daß eine *Vertriebsgesellschaft* auch dann nicht ebenso wie der Hersteller haftet, wenn sie mit diesem rechtlich und organisatorisch eng verbunden ist. Nur ausnahmsweise trifft sie selbst eine Überprüfungs- oder eine Warnungspflicht. Der Geschädigte tut daher in der Regel gut daran, sich nicht an die Vertriebsgesellschaft, sondern direkt an den Hersteller zu halten. Die Vertriebsgesellschaft ist der richtige Adressat, wenn er wegen eines Mangels lediglich wandeln oder mindern will, oder wenn er seinen Anspruch auf § 463 (oder § 480 Abs. 2) stützen kann.

§ 42. Die Pflichten des Käufers und die Preisgefahr

Literatur: *Adler*, Der Übergang beim Handelskauf, ZHR 72, 388; *Beitzke*, Gefahrtragung und Beschlagnahme beim Kauf, MDR 47, 281; *Bettermann*, Transportrisiko und Beschlagnahme, ZHR 111, 102; *Brox*, Die Gefahrtragung bei Untergang oder Verschlechterung der Kaufsache, JuS 75, 1; *Egli*, Die Gefahrtragung beim Kaufvertrag, 1926; *Eisser*, Die Gefahrtragung beim Kaufvertrag in rechtsvergleichender Darstellung, 1927; *Filios*, Die Gefahrtragung beim Kauf im Rahmen des Synallagmas, 1964; *Hager*, Die Gefahrtragung beim Kaufvertrag, 1982; *Kluckhohn*, Der Übergang der Gefahr beim bedingten Kauf, JherJb. 64, 114; *Kuchinke*, Die Haftung des versendungspflichtigen Verkäufers bei Selbstausführung des Transportes, Festschr. f. Heinrich *Lange*, 1970, S. 259; *Schilcher*, Die Preisgefahr beim Kauf, Jur. Blätter (Oesterreich), 1964, S. 295. S. auch zu § 39.

I. Übersicht über die Pflichten des Käufers

a) **Die Preiszahlungspflicht.** Der Käufer – gleich ob einer Sache oder eines Rechts – ist verpflichtet, dem Verkäufer den vereinbarten Kaufpreis zu zahlen (§ 433 Abs. 2). Diese Pflicht ist *die Hauptpflicht des Käufers;* der Kaufpreis bildet die Gegenleistung, das Entgelt für den Kaufgegenstand. Der Kaufpreis ist infolgedessen grundsätzlich Zug um Zug gegen die Leistung des Verkäufers (Übergabe und Übereignung der Kaufsache) zu zahlen (§ 320 Abs. 1 mit § 322).

Die Verpflichtung zur Zahlung eines Preises, d. h. zur Leistung einer Geldsumme, ist ein Wesensmerkmal des Vertragstypus „Kauf". Besteht die Gegenleistung für die Übereignung einer Sache nicht in einer Geldsumme, sondern in etwas anderem, z. B. in einer Dienstleistung, so liegt ein anders gearteter Vertrag

---

[32] BGHZ 80, 186, 197f.
[33] BGH, JZ 81, 589 = WM 81, 765.

§ 42. Die Pflichten des Käufers und die Preisgefahr I § 42

vor. Doch kann sich der Käufer neben der Preiszahlung zu einer sonstigen Nebenleistung verpflichten. Die Höhe des Preises hängt grundsätzlich von der Vereinbarung ab. Das Gesetz läßt hier erkennen, daß es den Grundsatz der Vertragsfreiheit, insbesondere auch: der Freiheit der inhaltlichen Gestaltung (Bd. I § 4 II), wie selbstverständlich voraussetzt. Einschränkungen ergeben sich vornehmlich aus dem Gesichtspunkt des Sittenverstoßes, insbesondere des Wuchers (§ 138). Hierbei handelt es sich um elastisch formulierte Tatbestände; eine starre Wertgrenze, wie sie nach dem Vorbilde des römischen Rechts („laesio enormis") auch einige neuere Rechtsordnungen kennen,[1] ist dem BGB unbekannt. Haben sich die Parteien bei einem Vertrage, den sie als „Kaufvertrag" ansehen, über die Höhe des Preises nicht ausdrücklich geeinigt, so werden ihre Erklärungen häufig dahin auszulegen sein, daß der Ladenpreis oder, falls ein solcher besteht, der „Marktpreis" (§ 453) vereinbart ist. Die Parteien können ferner vereinbaren, daß der Preis durch eine von ihnen oder durch einen Dritten bestimmt werden soll (§§ 315 ff.). Soll die Lieferung erst nach längerer Zeit erfolgen, so wird der Verkäufer häufig versuchen, sich die Möglichkeit einer *Preiserhöhung* vorzubehalten oder den endgültig vom Käufer zu zahlenden Preis noch offenzuhalten, etwa durch die Bestimmung, der Kaufpreis sei der *am Tag der Lieferung gültige Listenpreis* des Verkäufers oder des Herstellers. Geschieht das in den „Allgemeinen Geschäftsbedingungen" (Verkaufsbedingungen) des Verkäufers, so unterliegen solche Klauseln den Gültigkeitsanforderungen des AGBG. (Dazu unten § 43a II e). Grundsätzlich ist der Vertrag erst geschlossen, wenn sich die Parteien über den Preis geeinigt haben. Haben sich die Parteien eines langfristigen Lieferungsvertrages, der in Teillieferungen erfüllt werden soll, über den Preis nicht geeinigt, trotzdem aber die Lieferungen aufgenommen, sie sogar längere Zeit hindurch fortgesetzt und dadurch zu erkennen gegeben, daß sie ihre Beziehungen als kaufvertragliche und nicht als vertraglose ansehen, so kann – besonders wenn für beide oder für eine von ihnen eine gesetzliche Abschlußpflicht besteht – zur Ausfüllung der bestehenden Vertragslücke eine entsprechende Anwendung des § 315 in Betracht kommen.[2] Voraussetzung muß allerdings sein, daß die Parteien darüber einig sind, daß überhaupt ein Preis gezahlt werden soll, und nur über die Höhe keine Einigung zustande gekommen ist. Glauben die Parteien dagegen, sich über die Höhe des Preises geeinigt zu haben, stimmen ihre zutreffend ausgelegten Erklärungen darüber aber nicht überein, so ist der Vertrag nach § 155 („versteckter Dissens") regelmäßig nichtig.

Da es sich bei der Kaufpreisschuld um eine Geldschuld handelt, finden die allgemeinen Vorschriften über die Geldschuld (§§ 244 ff.), über die Übermitt-

---

[1] So das österreich. ABGB, §§ 934, 935; vgl. im übrigen *Rabel*, Rechtsvergl. Hdwb. IV S. 736; Warenkauf Bd. II, S. 3 f.
[2] BGHZ 41, 271.

lungspflicht des Schuldners und die Gefahrtragung (§ 270) und die in der Rechtsprechung ausgebildeten Grundsätze über den bargeldlosen Zahlungsverkehr Anwendung. Kommt der Käufer mit der Zahlung des Kaufpreises in Verzug, so schuldet er dem Verkäufer als von diesem nicht weiter nachzuweisenden Mindestschaden 4% Verzugszinsen (§ 288 Abs. 1 Satz 1); dem Verkäufer ist es unbenommen, einen weiteren Schaden, den er dann aber beweisen muß, geltend zu machen (§ 288 Abs. 2).

Beim Kauf eines neuen Kraftfahrzeugs gibt der Käufer nicht selten dem Fahrzeughändler *seinen alten Wagen in Zahlung*. Dies geschieht meist in der Weise, daß auf den Preis für den neuen Wagen der alte Wagen mit einem bestimmten Betrag angerechnet wird. Es handelt sich dann regelmäßig nicht um zwei Kaufverträge mit bloßer Verrechnungsabrede, sondern um einen *einheitlichen Vertrag*. Dem Händler liegt wenig oder nichts am Erwerb des alten Wagens allein; er will den neuen verkaufen. Der Kunde dagegen ist nur gewillt, den neuen Wagen zu erwerben, wenn ihm der Händler den alten Wagen abnimmt und günstig anrechnet. Er ist vielleicht nur so im Stande, den geforderten Preis für den neuen Wagen aufzubringen. In einer dem Käufer günstigen Anrechnung des alten Wagens liegt faktisch ein Preisnachlaß für den neuen Wagen, zu dem der Händler gegenüber dem Hersteller sonst vielleicht nicht berechtigt wäre. Er gewährt diesen Nachlaß, weil der Neuwagenverkauf auch so für ihn noch von Vorteil ist. Beide sehen so in dem **„Kauf mit Inzahlungnahme"** ein einheitliches Geschäft, das gerade durch die Verkoppelung der darin enthaltenen Elemente jedem einen Vorteil bringt.

Der BGH hat angenommen, es handle sich um einen einzigen Vertrag, den Kauf des Neuwagens, mit der Besonderheit, daß dem Käufer eine *Ersetzungsbefugnis* dahingehend eingeräumt sei, daß er einen Teil seiner Kaufpreisschuld durch die Übereignung des Altwagens tilgen dürfe.[3] Danach schuldet aber der Käufer den vollen Kaufpreis des Neuwagens, wenn er seine Ersetzungsbefugnis nicht ausüben kann, etwa weil der Altwagen ohne sein Verschulden untergegangen ist. Im Falle der Mangelhaftigkeit des Altwagens kann nach dieser Entscheidung bezüglich des Altwagens der Händler Wandlung verlangen und danach wieder den vollen Betrag für den Neuwagen fordern. Der Käufer würde so des Vorteils der „günstigen Anrechnung" verlustig gehen und darüber hinaus in seiner, dem Händler bekannten, Erwartung enttäuscht werden, keinesfalls mehr zahlen zu müssen als die Differenz zwischen dem Neuwagenpreis und dem Anrechnungsbetrag. Die Entscheidung hat deshalb alsbald Kritik erfahren.[4] Die Lieferung des Altwagens und seine Anrechnung ist nicht nur eine Ersatzleistung,

---

[3] BGHZ 46, 338; 89, 126. Zur Ersetzungsbefugnis vgl. Bd. I § 11 IIIa.
[4] *Pfister*, MDR 68, 361; *Dubischar*, JZ 69, 175; *Leenen*, Typus und Rechtsfindung, 1971, S. 157 ff.; dieses Lehrb., 10. u. 11. Aufl. § 63 II; *Mayer-Maly*, Festschr. f. *Larenz*, 1973, S. 673 ff.; *Gernhuber*, Handb. des Schuldrechts Bd. 3, S. 178.

sondern *Teil der vereinbarten Gegenleistung* des Neuwagenkäufers. Der Vertrag ist daher kein „reiner" Kaufvertrag (über den Neuwagen), sondern ein *typengemischter Vertrag;* soweit die Gegenleistung des Neuwagenkäufers in der Hingabe des Altwagens besteht, ist er Tausch. Der Käufer schuldet von vornherein nicht den nur nominellen Preis des Neuwagens, sondern den Altwagen zuzüglich des Differenzbetrages. Allerdings hat er seinerseits die Befugnis, den Neuwagen gegen Zahlung des „vollen" Preises zu erwerben, was dann wichtig wird, wenn er zur Lieferung des Altwagens nicht im Stande ist. Diese Auffassung beginnt, sich im Schrifttum durchzusetzen.[5] Danach ergibt sich Folgendes: Ist die Lieferung des Altwagens ohne Verschulden des Schuldners unmöglich geworden, so liegt an sich Teilunmöglichkeit (§ 323 Abs. 1) vor. Da aber die Gegenleistung des Neuwagenverkäufers unteilbar ist, muß vollständige Unmöglichkeit angenommen werden, wenn nicht der Neuwagenkäufer sich jetzt zur Zahlung des vollen Preises bereit erklärt.[6] Bei Mängeln des Altwagens ist zunächst zu beachten, daß normale Verschleißerscheinungen keine Mängel darstellen, weil und soweit mit ihnen bei gebrauchten Fahrzeugen zu rechnen ist. Darüber hinaus hat der BGH bei solchen Verträgen aus der typischen Interessenlage einen Haftungsausschluß gefolgert.[7] Greift die Mängelhaftung – etwa bei gegebener Zusicherung – trotzdem durch, kann der Neuwagenverkäufer wegen der Einheitlichkeit des Vertrages *Wandlung nur wegen des ganzen Vertrages* oder aber Minderung des Anrechnungsbetrages – insofern dann allerdings eine höhere Zahlung – verlangen.[8] Wandelt schließlich der Käufer wegen eines Mangels des Neuwagens, kann er außer der von ihm geleisteten Barzahlung nur die Rückgabe des Altwagens, nicht etwa den für ihn festgesetzten Anrechnungsbetrag, verlangen.[9]

Aus steuerlichen Gründen – nämlich um zu vermeiden, daß bei dem Händler dann, wenn er den von ihm übernommenen Altwagen weiter verkauft, Umsatzsteuer anfällt –, vereinbaren der Händler und der Neuwagenkäufer häufig, daß der Händler es übernimmt, den Altwagen für diesen, als sein Vertreter, zu verkaufen und den Erlös aus diesem Verkauf in bestimmter Höhe mit dem Neuwagenpreis zu verrechnen. Hier wird, neben dem Kaufvertrag über den Neuwagen, ein Geschäftsbesorgungsvertrag geschlossen. Der Käufer schuldet den vollen Neuwagenpreis; dieser wird ihm aber in der Höhe gestundet, in der er mit dem Erlös des Verkaufs des Altwagens verrechnet werden soll. Erzielt der Händler einen höheren Erlös, verbleibt ihm der Mehrbetrag gleichsam als seine Provision. Wie aber wenn ihm der Verkauf, trotz pflichtgemäßen Bemühens, in der vorgesehenen Zeit nicht

---

[5] Vgl., außer den in der vorigen Anm. Genannten, *Schulin*, JA 83, 161; *Honsell*, Jura 83, 523; wohl auch *Medicus*, SchR II § 76 II 1c. Dagegen aber BGHZ 89, 126. Für eine Lösung allein aus der verkehrstypischen Interessenlage, ohne Rückgriff auf einen der im Gesetz geregelten Vertragstypen, neuestens *Behr*, AcP 185, 401.
[6] So auch *Schulin* aaO. (zu Anm. 35).
[7] BGHZ 83, 334. Es handelt sich um eine ergänzende Vertragsauslegung, die der BGH aus der „typischen Interessenlage der an einem solchen Vertrag Beteiligten" gewinnt.
[8] Dabei bleibt dem Käufer der Vorteil der „günstigen" Anrechnung wenigstens relativ erhalten. Vgl. dazu *Pfister* aaO.
[9] So jetzt auch der BGH, vgl. BGHZ 89, 126, 132 = JZ 84, 376 m. Anm. von *Schulin; Dubischar,* JuS 85, 15.

gelingt, der Wagen sich als unverkäuflich erweist? Dann kann er ihn, wenn nichts anderes vereinbart ist, zurückgeben und kann nunmehr von dem Neuwagenkäufer die Zahlung auch des ihm bisher gestundeten Restpreises verlangen. Dies wäre nur anders, wenn der Händler die Erzielung des erwarteten Kaufpreises garantiert oder sich dazu verpflichtet hätte, im Falle des Scheiterns seiner Verkaufsbemühungen den Wagen selbst zu übernehmen. Das käme praktisch auf eine (nachträgliche) Inzahlungnahme hinaus; der erstrebte steuerrechtliche Effekt dürfte dann aber hinfällig sein.[10]

b) **Die Abnahmepflicht.** Neben der Zahlungspflicht nennt § 433 Abs. 2 als zweite Pflicht des Käufers, die gekaufte Sache abzunehmen. Der Verkäufer soll dadurch von der Sache befreit, d. h. er soll der Last und der Mühe ihrer weiteren Aufbewahrung enthoben werden. „Abnahme" ist daher körperliche Entgegennahme der Sache, nicht „Annahme als Erfüllung". Sie umfaßt darüber hinaus, nach Meinung des BGH,[11] auch die erforderliche Mitwirkung des Käufers bei der Übertragung des Eigentums, bei einem Grundstückskauf daher die Entgegennahme der Auflassung. Der Verkäufer kann an dem Eigentumsübergang ein Interesse haben, weil mit ihm die Grundstückslasten auf den Erwerber übergehen. Die Abnahmepflicht ist aber dem Kaufvertrag als Typus nicht wesentlich; sie kann ausgeschlossen werden, ohne daß der Vertragstypus dadurch geändert würde. Sie hat zumeist auch nur die Bedeutung einer *Nebenpflicht;* die Abnahme bildet dann nicht einen Teil der Gegenleistung für die Leistung des Verkäufers, sondern nur einen zusätzlichen Vorteil für ihn, auf den ihm das Gesetz einen klagbaren Anspruch gibt. Bei Verzug des Käufers mit der Abnahme wird man daher zwar eine Schadensersatzpflicht gemäß § 286 bejahen müssen, dagegen stehen dem Verkäufer die weitergehenden Rechte aus § 326 im allgemeinen nicht zu.[12] Denn diese setzen sinngemäß voraus, daß bei einem gegenseitigen Vertrage der eine Teil gerade mit der Leistung im Verzug ist, die die Gegenleistung für die Leistung des anderen darstellt. § 326 ist wegen Abnahmeverzuges des Käufers nur dann anwendbar, wenn im konkreten Fall, für den Käufer erkennbar, ein besonderes Interesse des Verkäufers gerade an der Abnahme bestand, wie etwa beim Verkauf leicht verderblicher Waren,[13] oder bei dem Verkauf einer Ruine auf Abbruch oder des Restbestandes eines Warenlagers zwecks Räumung. Regelmäßig begründet die Nichtabnahme trotz ordnungsgemäßen Angebots der Sache ferner Gläubigerverzug, sodaß also Gläubigerverzug und Schuldnerverzug hier zusammentreffen.[14]

---

[10] Daß dann der Geschäftsbesorgungsvertrag überhaupt ein Scheingeschäft sei, wie *Honsell* aaO. meint, geht m. E. zu weit; vgl. aber auch *Schulin,* JA 83, 161 zu Anm. 53; BGH, NJW 82, 1699. Hier ist manches noch klärungsbedürftig.
[11] BGHZ 58, 246, 249.
[12] HL; vgl. RGZ 92, 270; *Enn./L.* § 105 II; *Staudinger/Köhler* 74, 76; *MünchKomm/Westermann* 75, 79; *Palandt/Putzo* 6; *Erman/Weitnauer* 14 zu § 433. Vgl. auch Bd. I § 23 II b.
[13] Vgl. OLG München, BB 1957, 663.
[14] Grundsätzlich sind die Vorschriften über den Schuldner- und den Gläubigerverzug nebeneinander anzuwenden, soweit die ersteren nicht deshalb unanwendbar sind, weil es sich nicht um eine Hauptleistungspflicht handelt. Unanwendbar ist auch § 287 Satz 2; vgl. RGZ 57, 405.

c) **Sonstige Pflichten.** Aus der Vereinbarung sowie aus ergänzenden, abdingbaren Gesetzesbestimmungen oder aus § 242 können sich weitere Nebenpflichten des Käufers ergeben.

So fallen ihm, sofern nichts anderes vereinbart ist, die Kosten der Abnahme und der Versendung nach einem anderen Ort als dem Erfüllungsort, bei Grundstücksgeschäften die Kosten der Auflassung und der Eintragung, mit Einschluß der Kosten der zur Eintragung erforderlichen Erklärungen (Kosten der Beglaubigung der Unterschrift), zur Last (§§ 448, 449). Den Kaufpreis hat der Käufer, sofern er ihm nicht gestundet ist, von dem Zeitpunkt an zu verzinsen, von dem an ihm die Nutzungen des Kaufgegenstandes gebühren – eine Folge der Gegenseitigkeit (§ 452). Wenn die Durchführung des Vertrages davon abhängt, daß der Käufer noch eine ihm überlassene Bestimmung trifft, z. B. die Ware abruft,[15] oder für die Lieferung erforderliche Angaben macht oder, falls er das übernommen hat, Verpackungsmaterial stellt und dergleichen, wird man ihn nach „Treu und Glauben" und dem Sinn des Vertrages (§§ 157, 242) deshalb hierzu für verpflichtet ansehen müssen, weil der Verkäufer regelmäßig ein Interesse an der Vertragsdurchführung hat, das ja grundsätzlich auch durch die Abnahmepflicht des Käufers anerkannt ist. Unterläßt der Käufer die erforderlichen Handlungen, so kommt er nicht nur in Gläubigerverzug, sondern begeht auch eine sog. „positive Vertragsverletzung". Darüber hinaus wird man dem Verkäufer, wenn sein Interesse dies verlangt, einen klagbaren Anspruch zuerkennen müssen.[16] Wieweit der Käufer verpflichtet ist, vom Verkäufer gestelltes Verpackungsmaterial, z. B. Kisten, Flaschen, Säcke, zurückzugeben und etwa die Kosten der Rücksendung zu tragen, ist in Ermangelung ausdrücklicher Abrede nach der Verkehrssitte (§ 157) oder einem etwa bestehenden Handelsbrauch zu entscheiden.

Von den – einklagbaren oder auch nichteinklagbaren – Nebenleistungs- und Verhaltenspflichten des Käufers sind die ihm ebenfalls im Interesse des Verkäufers auferlegten „*Obliegenheiten*"[17] (wie z. B. die der unverzüglichen Untersuchung der Ware und Mängelanzeige gemäß § 377 HGB und § 478 BGB) zu unterscheiden. Ihre Nichterfüllung bedeutet zwar keine Pflichtverletzung,[18] auch keine „positive Vertragsverletzung", jedoch ist ihre Erfüllung für den Käufer erforderlich, um sich ein Recht zu erhalten oder Rechtsnachteile zu vermeiden.

II. Der Übergang der Preisgefahr

Der Käufer schuldet den Kaufpreis als das Entgelt für die Leistung des Verkäufers, also für die Verschaffung des Besitzes und des Eigentums der Kaufsache. Der Verkäufer wird nun aber nach § 275 von seiner Leistungspflicht frei, wenn ihm die Leistung nach dem Kaufabschluß infolge eines Umstandes unmöglich wird, den er nicht zu vertreten hat. Es entspricht dem Sinne des Kaufvertrages als eines gegenseitigen Vertrages, daß in einem solchen Fall auch der Käufer seine Gegenleistung nicht mehr zu machen braucht. Aus § 323 ergibt sich, daß der Verkäufer den Anspruch auf den Kaufpreis verliert, wenn seine eigene Leistung

---

[15] Vgl. Bd. I § 6 II a.
[16] So jedenfalls im Falle des Spezifikationskaufs nach § 375 HGB.
[17] Vgl. *Reimer Schmidt*, Die Obliegenheiten, 1953.
[18] Dazu Allg. Teil § 18 II d.

unmöglich wird, ohne daß er selbst oder der Käufer dies zu vertreten hätte. Der Verkäufer trägt also, wie früher (Bd. I § 21 Ib) dargelegt wurde, die *Preis- oder Vergütungsgefahr,* und zwar grundsätzlich so lange, bis er seine eigene Leistung vollständig erbracht hat. Das bedeutet: Er läuft die Gefahr, der Kaufpreisforderung dadurch verlustig zu gehen, daß er selbst ohne sein Verschulden (freilich auch: ohne Verschulden des Käufers) nach dem Abschluß des Kaufvertrages die Möglichkeit verliert, seine eigene Leistung zu erbringen.

Der in § 323 ausgesprochene Grundsatz erfährt dadurch nun eine gewisse Abwandlung, daß das Gesetz unter bestimmten Voraussetzungen die Preisgefahr auf den Käufer übergehen läßt, ehe noch der Verkäufer vollständig erfüllt hat. Der Übergang der Preisgefahr bedeutet, daß der Verkäufer fortan nicht mehr zu besorgen hat, im Falle, daß seine eigene Leistung ohne sein Verschulden unmöglich wird, die Kaufpreisforderung zu verlieren. Von seiten des Käufers gesehen, bedeutet er, daß dieser fortan die Gefahr trägt, zahlen zu müssen, obgleich er die Kaufsache nicht erhalten hat und sie auch nicht mehr verlangen kann, weil der Verkäufer von seiner Verpflichtung frei geworden ist. Solange der Verkäufer die Preisgefahr trägt, trifft ihn der wirtschaftliche Verlust im Falle des zufälligen Untergangs der Sache oder sonstiger unverschuldeter Unmöglichkeit seiner Leistung. Ist dagegen die Preisgefahr auf den Käufer übergegangen, dann trifft diesen der wirtschaftliche Verlust, denn nun muß er zahlen, obgleich er nichts dafür erhält.

Allgemein geht die Vergütungsgefahr auf den Gläubiger, also auch auf den Käufer (als Gläubiger der Forderung auf den Kaufgegenstand), nach § 324 Abs. 2 dann über, wenn er durch Nichtannahme der ihm richtig angebotenen Leistung oder Unterlassung seiner Mitwirkung gemäß den §§ 293 ff. in Annahmeverzug kommt (vgl. Bd. I § 25 IIc). Für den Kauf gelten weitere Sondervorschriften. Beim Verkauf einer Erbschaft (§ 2371) geht die Preisgefahr bereits mit dem Abschluß des Kaufvertrages auf den Käufer über (§ 2380). Im übrigen richtet sich der Übergang der Preisgefahr nach den §§ 446 und 447.

a) **Der Gefahrübergang im Zeitpunkt der Übergabe.** Nach § 446 Abs. 1 geht mit der Übergabe der verkauften Sache „die Gefahr des zufälligen Unterganges und einer zufälligen Verschlechterung auf den Käufer über". Man muß diesen Satz im Zusammenhang mit dem nächsten lesen, nach dem dem Käufer von diesem Zeitpunkt an die Nutzungen der Sache gebühren (vgl. oben § 40 Ia aE). Unter der „Übergabe" ist nicht etwa die Eigentumsverschaffung, sondern *die tatsächliche Übergabe,* also die Besitzverschaffung, zu verstehen.[19] Der Käufer, der mit dem Besitz die tatsächliche Einwirkungsmöglichkeit erhalten hat, darf die

---

[19] Heute hL; vgl. *Enn./L.* § 103 II 1b; *Soergel/Ballerstedt* 5 und 6, *Palandt/Putzo* 3, *Erman/Weitnauer* 3; *Staudinger/Köhler* 7, *MünchKomm/Westermann* 7 zu § 446. Gegen abweichende Meinungen zutreffend *Filios* S. 23 ff.

§ 42. Die Pflichten des Käufers und die Preisgefahr   II § 42

Sache, selbst wenn das Eigentum noch nicht auf ihn übergegangen ist, dem Verkäufer gegenüber fortan sowohl besitzen wie nutzen. Damit ist der von ihm mit dem Kaufvertrag erstrebte wirtschaftliche Erfolg im wesentlichen eingetreten.[20] Aus diesem Grunde ist er nun aber auch „näher daran", den wirtschaftlichen Verlust zu tragen, wenn die Sache jetzt durch einen Zufall, d. h. durch einen Umstand, den weder er noch der Verkäufer zu vertreten hat, vernichtet wird. Zwar kann der Verkäufer dann den noch ausstehenden Teil seiner Leistung, nämlich die Verschaffung des Eigentums, nicht mehr erbringen; aber da er die Sache bereits aus seinem wirtschaftlichen Verfügungsbereich fortgegeben, sich der Möglichkeit ihres Gebrauchs und der tatsächlichen Einwirkung begeben hatte, so wäre es zum mindesten in der Masse der Fälle, auf die das Gesetz bei einer generellen Regelung abstellen muß, nicht mehr der Sachlage entsprechend, ihn jetzt noch mit den Folgen ihres Verlustes, der im Herrschaftsbereich des Käufers eingetreten ist, zu belasten.[21]

Die Gefahr geht *spätestens* mit der Übergabe auf den Käufer über, d. h., wenn sie nicht nach den noch zu erwähnenden Vorschriften in einem früheren Zeitpunkt übergeht. Die Bestimmung ist dann praktisch bedeutungslos, wenn bei einer beweglichen Sache der Eigentumsübergang (gemäß § 929) mit der Übergabe zusammenfällt, weil dann der Verkäufer vollständig erfüllt hat und damit das Gefahrproblem entfällt. Was nach der vollständigen Erfüllung mit der Sache geschieht, berührt den Verkäufer nicht mehr; der Kaufpreisanspruch kann ihm dann nicht mehr genommen werden. Die Bestimmung des § 446 Abs. 1 wird daher bei einer Übereignung von beweglichen Sachen im Wege ihrer Übergabe, also gemäß § 929, nur dann bedeutsam, wenn der Eigentumsübergang, wie vor allem beim Eigentumsvorbehalt, noch hinausgeschoben ist. Die Übereignung beweglicher Sachen kann aber nach den Vorschriften der §§ 930, 931 auch auf andere Weise als durch Übergabe geschehen. Für den Gefahrübergang ist dann zu fragen, ob der Verkäufer mit der Verschaffung des Eigentums und des mittelbaren Besitzes schon vollständig erfüllt hat, oder ob ihm noch die Verschaffung des unmittelbaren Besitzes obliegt. Wenn er bereits vollständig erfüllt hat, berührt ihn das weitere Schicksal der Sache nicht mehr; der Käufer muß dann auf jeden Fall zahlen. Maßgebend ist in erster Linie der durch Auslegung zu ermittelnde Sinn des Vertrages, im Zweifelsfall das, was verständige Parteien typischerweise

---

[20] *Leonhard* B 16 spricht deshalb von „wirtschaftlichem Übergang".
[21] Gegen die obige Begründung des § 446 zum Ausdruck kommenden „Traditionsprinzips" wendet sich *Schilcher* aaO. Die Gefahr dem Käufer deshalb aufzuerlegen, weil sich die Sache bereits in seinem Herrschaftsbereich befindet, sei nur für die Fälle gerechtfertigt, in denen der Käufer die Gefahr tatsächlich beherrscht, daher nicht in den Fällen eines Untergangs der Sache infolge „höherer Gewalt". Vgl. auch *Filios* S. 15 ff., der das „Traditionsprinzip" bei beweglichen Sachen aus den im Text angeführten Gründen für gerechtfertigt hält, dagegen die Regelung des BGB für Grundstücke bedauert. Nachdrücklich für das Traditionsprinzip *Hager* aaO. S. 68 ff.

§ 42 II   1. Abschn. 1. Kap. Veräußerungsverträge, insbesondere Kauf

ergänzende Auslegung

unter derartigen Umständen als vereinbart ansehen (§ 157). Dabei dürfte es entscheidend darauf ankommen, ob der Käufer bereits die wirtschaftliche Nutzung der Sache erhält. Ist das der Fall, soll also der vorerst im Besitz bleibende Verkäufer an den Käufer fortan einen Mietzins zahlen, oder tritt, im Falle des § 931, der Käufer gleichzeitig in den Mietvertrag mit dem Dritten ein, so ist anzunehmen, daß der Verkäufer damit alles getan hat, wozu er sich verpflichten wollte; zum mindesten ist mit dem „wirtschaftlichen Übergang" die Gefahr auf den Käufer übergegangen. Solange dagegen der Käufer die wirtschaftliche Nutzung noch nicht erlangt hat, bleibt der Verkäufer verpflichtet, ihm diese, regelmäßig durch die Verschaffung des unmittelbaren Besitzes, zu ermöglichen; er hat also noch nicht voll erfüllt, und der Eigentumsübergang allein, ohne den „wirtschaftlichen Übergang", vermag nach dem Grundgedanken des § 446 den Gefahrübergang nicht zu rechtfertigen.[22]

Das Gesetz spricht nur von der Gefahr „des zufälligen Untergangs und einer zufälligen Verschlechterung". Ein Teil der Lehre nimmt daher an, daß die Preisgefahr beim Verkäufer bleibt, wenn ihm die Übereignung aus einem anderen Grunde als gerade dem des Untergangs der Sache ohne sein Verschulden unmöglich wird, z. B. deshalb, weil sie jetzt beschlagnahmt wird.[23] Ein innerer Grund hierfür ist nicht einzusehen. Die neuere Rechtsprechung neigt daher dazu, dem Untergang der Sache andere Fälle ihres tatsächlichen Verlustes (etwa den Fall, daß sie in Feindeshand gefallen ist) wenigstens gleichzustellen.[24] Den Vorzug verdient diejenige Meinung des Schrifttums,[25] die im Untergang der Sache nur den wichtigsten Fall des Unmöglichwerdens der Leistung erblickt und die Bestimmung auch auf alle übrigen Fälle des nachträglichen Unmöglichwerdens anwenden will.

Eine in der Zeit zwischen dem Kaufabschluß und der Übergabe eintretende *Verschlechterung* der Kaufsache begründet nach unserer Auffassung keine teilweise Unmöglichkeit der Leistungspflicht, sondern hat nur zur Folge, daß dem Käufer unter den Voraussetzungen der §§ 459 ff. Gewährleistungsansprüche zustehen. Der Übergang der Gefahr der Verschlechterung bedeutet daher, daß der Verkäu-

---

[22] Die Meinungen des Schrifttums sind geteilt. Vgl. *Leonhard* B 21 (Gefahr bleibt dem Verkäufer); *Siber* 226 (Gefahr geht mit dem Eigentum auf den Käufer über); *Esser*, 4. Aufl. § 63 II 2 (mit Eigentumsverschaffung geht Gefahr über, da Verkäufer voll erfüllt hat); *Palandt/Putzo* 3 (Verschaffung mittelbaren Besitzes genügt regelmäßig nicht, abweichende Vereinbarung jedoch möglich); *Erman/Weitnauer* 3b zu § 446 (Verschaffung mittelbaren Besitzes reicht grundsätzlich aus); *Filios* S. 66ff. (Gefahr geht regelmäßig durch Besitzkonstitut über, da dieses die Verpflichtung des Verkäufers zur Übergabe dahin modifiziert, daß er nur mittelbaren Besitz zu verschaffen hat); *Staudinger/Köhler* 7; *MünchKomm/Westermann* 7 zu § 446 (differenzierend).
[23] Die Frage wird meistens nur zu § 447 behandelt. Vgl. aber *Palandt/Putzo* 2 zu § 446; *Filios* S. 55f.
[24] OGHZ 1, 110.
[25] So *Beitzke* und *Bettermann*; *Fikentscher* § 67 IV 2; *Brox* Rdn. 47; *MünchKomm/Westermann* 8; *Soergel/Ballerstedt* 4; *Erman/Weitnauer* 6 zu § 446.

§ 42. Die Pflichten des Käufers und die Preisgefahr

fer wegen einer nach diesem Zeitpunkt eintretenden Verschlechterung, auch wenn die Sache dadurch „fehlerhaft" wird, nicht mehr Gewähr zu leisten hat.

Der Übergang der Gefahr setzt beim *Gattungskauf* voraus, daß das Kaufverhältnis bereits auf diese jetzt untergegangene Sache konzentriert ist. Das wird mit der Übergabe regelmäßig der Fall sein.[26]

Die Übergabe muß aufgrund des Kaufvertrages erfolgt sein. Zweifel ergeben sich bei einem aufschiebend bedingten Kauf, wenn die Sache während des Schwebezustandes bereits übergeben war, hernach durch Zufall untergeht und dann erst die Bedingung eintritt. Da die Leistungspflicht des Verkäufers erst mit dem Eintritt der Bedingung entsteht (§ 158), in diesem Zeitpunkt die Sache aber bereits untergegangen, die Leistung also (objektiv) unmöglich ist, so nehmen einige an, daß der Kaufvertrag in diesem Fall gemäß § 306 nichtig sei.[27] Dann hätte der Käufer also den Kaufpreis nicht zu zahlen. Indessen ist die Leistung nur dann von Anfang an unmöglich und daher § 306 anwendbar, wenn sie bereits im Augenblick des Vertragsschlusses unmöglich war. Man wird daher eine nachträgliche Unmöglichkeit der Leistung anzunehmen haben. Auch dann würde aber der Verkäufer gemäß § 323 den Kaufpreis nicht verlangen können, sofern man annimmt, daß der Übergang der Preisgefahr nach § 446 eine Übergabe voraussetzt, die zur Erfüllung einer (schon bestehenden) Verpflichtung des Verkäufers erfolgt.[28] Indessen zwingt uns das Gesetz zu einer solchen Auslegung nicht. Wenn die Übergabe erfolgt, obgleich die Bedingung noch schwebt, so wird sie meist doch im Hinblick auf den erwarteten Eintritt der Bedingung als vorweggenommene Erfüllung der mit dem Bedingungseintritt entstehenden Übergabepflicht erfolgen.[29] Dem Käufer wird ein, wenn auch erst vorläufiges, Besitz- und Gebrauchsrecht eingeräumt, das nur entfällt, wenn die Bedingung ausfällt, im Falle ihres Eintritts aber zu einem endgültigen werden soll. Das muß aber, wenn die Bedingung hernach eintritt, genügen, um mit der Übergabe wie die Berechtigung, die Nutzungen zu ziehen, so auch den Gefahrübergang eintreten zu lassen.[30] Der Käufer muß also, wenn die Bedingung eintritt, zahlen. Dagegen braucht er nicht zu zahlen, wenn die Bedingung ausfällt, weil eine Leistungspflicht dann für keinen Teil entsteht.[31] Von seiner Rückgabepflicht ist er nach § 275 frei geworden.

Ist der Kaufvertrag *auflösend bedingt* und tritt die Bedingung ein, nachdem die Sache beim Käufer durch Zufall untergegangen ist, so fragt es sich, ob der Verkäufer den schon empfangenen Kaufpreis zurückzuerstatten hat, obgleich der Käufer die Sache nun nicht mehr zurückzugeben vermag und auch keinen Ersatz für sie schuldet. Die hL bejaht das[32] mit unterschiedlichen Begründungen. Der Verkäufer trüge hiernach die Gefahr des zufälligen Untergangs der dem Käufer übergebenen Sache. Soweit sich die hL auf eine bereicherungsrechtliche Bestimmung (§ 820 Abs. 1 Satz 2) beruft, ist das schon deshalb nicht überzeugend, weil das entstehende Rückgewährschuldverhältnis sich richtiger Ansicht nach auf den Kaufvertrag selbst gründet.[33] Auch die hL bestreitet nicht, daß mit der Überga-

---

[26] Anders jedoch, wenn die gelieferte Sache hinter dem Durchschnitt der Gattung zurückbleibt, solange der Käufer nicht etwa Mängelansprüche geltend macht, wodurch er die Konzentration herbeiführt (oben § 41 III).
[27] *Kluckhohn* 117; im Ergebnis ebenso *Siber* 228; *Oertmann* 6 b zu § 446.
[28] So *v. Tuhr* III 295 f.; ähnlich auch *Esser*, 4. Aufl. § 63 II 1; *Enn./L.* § 103 III 1; Staudinger/Köhler 5 aa; Soergel/Ballerstedt 8; Erman/Weitnauer 4 zu § 446 (aber eine Vereinbarung gemäß § 159 möglich).
[29] Anders, wenn die Nutzung bis zum Bedingungseintritt ein Entgelt vereinbart wird. Dann besteht bis dahin ein Mietverhältnis, auf Grund dessen die Sache übergeben worden ist.
[30] So im Ergebnis auch *Adler* 413; *Leonhard* B 25; *Brox* Rdn. 49; Palandt/Putzo 3 b bb zu § 446 (Rückbeziehung gemäß § 159 sei als vereinbart anzusehen); eingehend *Filios* S. 80 ff. Für eine Differenzierung nach typischen Fallgestaltungen *Hager* S. 202 ff.
[31] Vgl. BGH, NJW 75, 776.
[32] So, wenigstens im Ergebnis, *Enn./L.* § 103 III 1; *Brox* Rdn. 49; Soergel/Ballerstedt 8, Erman/Weitnauer 4 zu § 446; *Filios* S. 86; ebenso die früheren Auflagen dieses Buches (bis zur 11.).
[33] So zuerst *Flume*, Allgemeiner Teil Bd. 2, 3. Aufl., § 40 2d; vgl. dazu Allg. Teil § 25 IV (6. Aufl. S. 495); auch *Medicus* Allg. Teil Rdz. 840.

be die Gefahr gemäß § 446 zunächst übergegangen war, da beim auflösend bedingten Kauf die Wirkungen des Kaufvertrages zunächst einmal eintreten. § 446 würde der hL zufolge also rückwirkend unanwendbar werden. Solche Rückwirkung widerspricht aber dem § 158 Abs. 2; das Ergebnis steht auch nicht damit im Einklang, daß dem Käufer unbestritten die zwischenzeitlich gezogenen Nutzungen verbleiben. Die hL verdient daher keine Zustimmung. Mit *Köhler*[34] ist vielmehr anzunehmen, daß sich der Verkäufer auch weiterhin auf den eingetretenen Gefahrübergang berufen kann und daher den Kaufpreis nicht zurückerstatten braucht, wenn der Käufer ohne sein Verschulden nicht mehr in der Lage ist, die Sache zurückzugeben. Hat der Käufer allerdings noch nicht gezahlt, so entfällt seine Zahlungspflicht mit dem Eintritt der auflösenden Bedingung; dagegen wird er von der ihn treffenden Rückgewährpflicht nach § 275 frei. Tritt die auflösende Bedingung nicht ein, so verbleibt es auch nach der hL bei dem gemäß § 446 eingetretenen Gefahrübergang; der Käufer muß demnach zahlen.

b) **Früherer Gefahrübergang bei Grundstücken.** Wird der Käufer eines Grundstücks *vor der Übergabe* als Eigentümer in das Grundbuch eingetragen, so geht die Preisgefahr schon mit der Eintragung auf ihn über (§ 446 Abs. 2).[35] Gleiches gilt, wenn der Käufer eines Schiffs oder Schiffsbauwerks in das Schiffs- oder Schiffsbauregister eingetragen wird. Auch hier wieder gebühren dem Käufer von demselben Zeitpunkt ab die Nutzungen, so daß der Zusammenhang zwischen dem Eintritt des wirtschaftlichen Erfolgs und dem Übergang der Preisgefahr gewahrt ist. Für den Fall, daß die Übergabe vor der Eintragung erfolgt, bleibt sie der maßgebende Zeitpunkt.

Eine weitere Vorverlegung des sowohl für den Übergang der Preisgefahr wie der Nutzungsbefugnis maßgeblichen Zeitpunkts findet sich für den Fall der Versteigerung eines Grundstücks in § 56 ZVG.

c) **Der Gefahrübergang beim Versendungskauf.** Von einem „Versendungskauf" sprechen wir dann, wenn der Verkäufer die Sache auf Wunsch des Käufers *nach einem anderen Ort als dem Erfüllungsort* versendet. Erfüllungsort oder Leistungsort ist der Ort, an dem der Schuldner nach dem Inhalt des Schuldverhältnisses abschließend tätig zu werden hat (Bd. I § 14 IV). Dieser Ort ist im Zweifel der Ort, an dem der Schuldner, also hier: der Verkäufer, seinen Wohnsitz oder seine gewerbliche Niederlassung hat (§ 269). Daran ändert in der Regel auch der

---

[34] So jetzt *Staudinger/Köhler* 5 zu § 446. Anders nur, wenn die Parteien Rückbeziehung (§ 159) vereinbart haben. *Flume* aaO. will auf das Rückgewährschuldverhältnis die §§ 320 ff. anwenden; über § 323 würde er zu dem hier vertretenen Ergebnis gelangen. Vgl. auch *Hager* aaO. S. 202.

[35] Die Bestimmung ist im Wege einer „teleologischen Reduktion" dahin einzuschränken, daß ihre Anwendung voraussetzt, daß der Käufer mit der Eintragung Eigentümer geworden ist, ihr also eine gültige Auflassung zugrunde liegt. So überzeugend *Brox* Rdn. 50, JuS 75, 1; ihm folgend *Palandt/Putzo* 4 d, *Staudinger/Köhler* 8, *MünchKomm/Westermann* 11, anders jedoch *Erman/Weitnauer* 8 b zu § 446. Die 1. Kommission sah den Grund der Bestimmung darin, es widerstrebe der Natur der Sache, den Käufer, nachdem er Eigentümer geworden sei und damit „die volle rechtliche Herrschaft über die Sache" erlangt habe, gleichwohl noch vom Tragen der Gefahr (bis zur Übergabe) zu befreien. (Mugdan II S. 179.) Entscheidend für sie war also der Eigentumsübergang. Daß sie diesem bei Grundstücken die gleiche Bedeutung für die Gefahrtragung zumaß, wie der Übergabe, bei beweglichen Sachen aber nicht, dürfte nur daraus zu erklären sein, daß bei diesen beides in der Regel zusammenfällt.

Umstand nichts, daß er die Mühe und sogar die Kosten der Versendung übernommen hat (§ 269 Abs. 3). Nur dann, wenn der Verkäufer auch die Ausführung des Transports (nicht nur: die Absendung der Ware) übernommen, wenn er sich also verpflichtet hat, die Sache dem Käufer zu bringen („Bringschuld"), ist der Erfüllungsort der Wohnort oder der Ort der Niederlassung des Käufers. In diesem Fall bleibt es bei der Regel des § 446, d. h. der Verkäufer trägt die Preisgefahr bis zur Übergabe.

Beim Versendungskauf dagegen läßt das Gesetz die Gefahr nicht erst mit der Übergabe an den Käufer, sondern bereits in dem Augenblick übergehen, in dem der Verkäufer „die Sache dem Spediteur, dem Frachtführer oder der sonst zur Ausführung der Versendung bestimmten Person oder Anstalt ausgeliefert hat" (§ 447 Abs. 1). Hier hat der Käufer also die Preisgefahr zu tragen, bevor er noch in den Besitz der Sache gelangt ist und sie nutzen kann. <u>Der Grund ist in der Erwägung zu sehen, daß der Verkäufer, der nur am Erfüllungsort tätig zu werden braucht, dadurch kein erhöhtes Risiko laufen soll, daß er die Sache auf den Wunsch des Käufers an einen anderen Ort versendet und dadurch der Leistungserfolg hinausgeschoben wird.</u> Geht also die Sache auf dem Transport verloren und kommt es infolgedessen nicht zur Erfüllung der Leistungspflicht des Verkäufers, so behält dieser gleichwohl, in Abweichung von § 323, seine Preisforderung, sofern er nur mit der Auslieferung an die Transportperson oder Transportanstalt (Bahn, Post usw.) das Seinige getan hatte. Nur dann ist er dem Käufer verantwortlich, wenn diesem ein Schaden daraus entsteht, daß der Verkäufer ohne dringenden Grund von einer Anweisung des Käufers abgewichen ist (§ 447 Abs. 2). Auch hat der Verkäufer bei der ihm obliegenden Vorbereitung der Versendung, also bei der Auswahl des Spediteurs oder der Beförderungsanstalt und der Übergabe der Ware an sie, der Verpackung der Ware und gegebenenfalls dem Abschluß einer Transportversicherung, die vertragsmäßige Sorgfalt zu beobachten. Wenn er gegen eine solche Pflicht schuldhaft verstößt und sich daraus der Untergang oder eine Beschädigung der Sache ergibt, tritt der Gefahrübergang nicht ein, weil es an der Voraussetzung des „zufälligen" Untergangs, der „zufälligen" Verschlechterung fehlt. Das Wort „Gefahr" in § 447 bezieht sich insoweit auf § 446 zurück. Darüber hinaus hat der Verkäufer in einem solchen Fall dem Käufer auch einen weiteren Schaden (aus „positiver Vertragsverletzung") zu ersetzen. Für ein Verschulden derjenigen Personen, die er bei der Vorbereitung der Versendung tätig werden läßt, haftet der Verkäufer nach § 278.[36] Für ein Verschulden des Spediteurs oder der Beförderungsanstalt und ihrer Leute haftet er dagegen nicht.[37]

---

[36] Vgl. *Staudinger/Köhler* 12, 13; *Jauernig/Vollkommer* 2c bb zu § 447; OLG Nürnberg, DB 68, 478.
[37] Deshalb, weil der Transport nicht seine Verkäuferpflicht, der ihn Ausführende daher nicht sein Erfüllungsgehilfe ist. HL., anders *Schultz*, JZ 75, 240.

§ 42 II   1. Abschn. 1. Kap. Veräußerungsverträge, insbesondere Kauf

Es liegt nahe, bei den Zufallsschäden, die die Sache nach dem Beginn der Versendung, aber vor ihrer Ankunft beim Käufer betreffen können, gerade an solche Schäden zu denken, die ursächlich mit dem Transport zusammenhängen. In der Tat nimmt die wohl noch hL an, § 447 habe nur diese Schäden im Auge und regle dementsprechend lediglich die „Transportgefahr".[38] Aus dem Gesetz ergibt sich indessen eine solche Einschränkung nicht; sie ist auch unbegründet. Denn der Grund des früheren Gefahrenübergangs ist nicht allein die erhöhte Gefährdung der Sache gerade durch ihren Transport, sondern auch die zeitliche Hinausschiebung des Leistungserfolges durch die vom Käufer gewünschte Versendung an einen anderen Ort als den Erfüllungsort. Daher muß der Käufer auch dann die Preisgefahr tragen, wenn die Leistung des Verkäufers infolge dieser zeitlichen Hinausschiebung nunmehr, also nach der Absendung, auf andere Weise als durch den Untergang der Sache auf dem Transport, z. B. durch eine Beschlagnahme, unmöglich wird.[39] Im übrigen ist der Ausdruck „Transportgefahr" auch sonst irreführend. Er bezeichnet die tatsächliche Gefährdung, der die Sache auf dem Transport ausgesetzt ist. Das Wort „Gefahr" im Sinne der §§ 446, 447 meint aber nicht diese tatsächliche Gefährdung der Sache, sondern die Preisgefahr, d. h. die Gefahr für den Verkäufer, den Preisanspruch gemäß § 323 zu verlieren, wenn ihm die vollständige Erfüllung ohne sein Verschulden unmöglich wird, oder die Gefahr für den Käufer, den Preis zahlen zu müssen, obgleich der Verkäufer nach § 275 von seiner Leistungspflicht frei geworden ist. § 447 verlegt den Übergang dieser „Preisgefahr", den § 446 an die Übergabe (als den Eintritt des wirtschaftlichen Erfolgs) anknüpft, auf einen früheren Zeitpunkt, eben den Beginn der Versendung, vor, sofern der Verkäufer die Versendung auf Verlangen des Käufers nach einem anderen Ort als dem Erfüllungsort vornimmt.

Da § 447 dem Verkäufer die Preisgefahr gerade mit Rücksicht darauf vom Zeitpunkt des Beginns der Versendung an abnehmen will, daß er infolge des Verlangens des Käufers den Leistungserfolg noch nicht am Erfüllungsort herzustellen vermag, ist er grundsätzlich nur dann anwendbar, wenn der Verkäufer die Sache *vom Erfüllungsort* absendet. Doch läßt die hL. die Gefahr auch dann übergehen, wenn die Versendung *im Einverständnis mit dem Käufer* von einem dritten Ort aus (z. B. dem Einfuhrhafen) erfolgt.[40] Das Einverständnis des Käufers ist zwar nicht schon immer dann zu vermuten, wenn er nur weiß, daß der Verkäufer die Sache von einem dritten Ort kommen läßt. Wenn aber vereinbart ist, die Lieferung solle „ab Werk" (des Verkäufers) erfolgen, dessen Lage dem Käufer bekannt ist, dann kann darin zugleich eine Vereinbarung über den für den Übergang der Gefahr maßgeblichen Ort gesehen werden.

---

[38] So RGZ 106, 17; *Siber* 226; *Enn./L.* § 104 II 3 d; *Oertmann* 3 d; *Palandt/Putzo* 6; *Soergel/Ballerstedt* 19; *Jauernig/Vollkommer* 4 zu § 447; *Esser/Weyers* § 8 III d (im Ergebnis aber von ihr abweichend).
[39] So mit Recht *Beitzke* und *Bettermann* aaO. sowie *Erman/Weitnauer* 12 zu § 447. Differenzierend *Staudinger/Köhler* 11 zu § 447. Gegen die hL auch *MünchKomm/Westermann* 17 zu § 447; *Reinicke/Tiedtke* (vor § 41) S. 56f. Vgl. auch BGH, NJW 65, 1324: Den Käufer trifft auch der Nachteil, daß der Verbleib der vom Spediteur abgeholten Waren nicht aufgeklärt werden kann.
[40] RGZ 111, 25; OLG Hamburg, MDR 48, 15; *Enn./L.* § 103 II 3; *Oertmann* 3 c; *Staudinger/Köhler* 5; *Palandt/Putzo* 3; *Erman/Weitnauer* 6; *Soergel/Ballerstedt* 8 zu § 447.

§ 42. Die Pflichten des Käufers und die Preisgefahr

Bei Versendung *innerhalb desselben Ortes* ist § 447 entsprechend anzuwenden.[41] Doch wird sie der Verkäufer meist wohl nicht durch die Post, einen Spediteur oder sonst durch einen Dritten, sondern durch seine *eigenen Leute* ausführen lassen. Die Frage, ob § 447 auch im Falle der Zusendung durch die eigenen Leute des Verkäufers anzuwenden ist, ist streitig.[42] Zunächst ist zu prüfen, ob nicht die Lieferung in die Wohnung oder das Geschäftslokal des Käufers vom Verkäufer als Teil seiner Erfüllungspflicht übernommen ist, also eine Bringschuld vorliegt, denn wenn das der Fall ist, handelt es sich nicht um einen Versendungskauf. Dies wird vielfach für die sogenannten „Zuschickungskäufe des täglichen Lebens" angenommen,[43] bei denen der Verkäufer die Ware auf Wunsch üblicherweise dem Käufer in das Haus sendet. Das trifft etwa zu bei einem Möbelkauf oder dem Kauf einer Waschmaschine, bei dem der Verkäufer auch deren Montage übernimmt. Ist die Zustellung der Ware an den Käufer bei Geschäften dieser Art jedoch nicht üblich, muß sie der Käufer vielmehr als eine zusätzliche Leistung des Verkäufers ansehen, die dieser im Einzelfall nur aus besonderer Gefälligkeit übernimmt, dann wird die Schuld dadurch noch nicht zur Bringschuld. Nach dem Grundgedanken des § 447 muß er in diesem Fall angewandt werden.[44] Indessen ist der Verkäufer, wenn er die Zustellung einmal freiwillig übernommen hat, so wie ein Beauftragter[45] zur *sorgfältigen* Ausführung verpflichtet. Das ergibt sich aus der allgemeinen Pflicht, bei allen mit der Vertragserfüllung zusammenhängenden Tätigkeiten das Interesse des Vertragspartners zu wahren, ihn nicht zu schädigen, letzten Endes also aus § 242. Daher haftet der Verkäufer für schuldhafte Beschädigung oder Zerstörung der Sache durch seine Leute beim Transport nach § 278.[46] Dagegen haftet er nicht für zufällige Schäden und zufälligen Untergang auf dem Transport. Er geht in diesem Fall seines Kaufpreisanspruchs nicht verlustig, da insoweit die Preisgefahr nach § 447 auf den Käufer mit dem Beginn des Transportes übergegangen war.

---

[41] Ebenso *Enn./L.* § 103 II 3; *Staudinger/Köhler* 4; *Oertmann* 4; *Soergel/Ballerstedt* 9; *Erman/Weitnauer* 6; *Palandt/Putzo* 4 zu § 447; *Medicus* SchR II § 74 III 2c; *Brox* Rdn. 52; *Reinicke/Tiedtke* S. 57. Dagegen *Adler* 415.

[42] Vgl. hierzu *Kuchinke* aaO.; *Adler* 417; *Leonhard* B 27; *Esser/Weyers* § 8 III 3c; *Soergel/Ballerstedt* 12; *Erman/Weitnauer* 14 zu § 447; *Reinicke/Tiedtke* S. 58; OLG Nürnberg, DB 68, 478.

[43] So von *Enn./L.* § 104 II 3b; *Fikentscher* § 67 IV 4f; *Brox* Rdn. 56; *Lücke*, JuS 80, 287 (zu Anm. 11).

[44] AA. *Medicus*, Bürgerl. R., Rdn. 275, SchR II § 73 III 2c. Wie hier *Brox* Rdn. 56; *Reinicke/Tiedtke*, S. 58; *Fikentscher* § 67 IV 4f.

[45] Ob man hier ein neben dem Kaufvertrag eingegangenes Auftragsverhältnis oder eine Nebenabrede zum Kaufvertrag annehmen soll, mag dahinstehen. Gegen beides *Schultz*, JZ 75, 240.

[46] So auch *Esser/Weyers* § 8 III 3c; *Brox* Rdn. 56; *Staudinger/Köhler* 14 zu § 447.

§ 43. Die Sicherung des vorleistenden Verkäufers

Literatur: *A. Blomeyer*, Eigentumsvorbehalt und gutgläubiger Erwerb, AcP 153, 239; Die Rechtsstellung des Vorbehaltskäufers, AcP 162, 193; *Brox*, Das Anwartschaftsrecht des Vorbehaltskäufers, JuS 84, 657; *Bülow*, Recht der Kreditsicherheiten, 1984; *Flume*, Die Rechtsstellung des Vorbehaltskäufers, AcP 161, 383; *Gernhuber*, Freiheit und Bindung des Vorbehaltskäufers nach Übertragung seiner Anwartschaft, Festschr. f. Fr. *Baur*, 1981, S. 31; *Georgiades*, Die Eigentumsanwartschaft beim Vorbehaltskauf, 1963; *Holtz*, Das Anwartschaftsrecht aus bedingter Übereignung als Kreditsicherungsmittel, 1933; *Honsell*, Aktuelle Probleme des Eigentumsvorbehalts, JuS 81, 705; *Hübner*, Zur dogmatischen Einordnung der Rechtsposition des Vorbehaltskäufers, NJW 80, 729; *Jacusiel*, Der Eigentumsvorbehalt, 1932; *Lehmann*, Reform der Kreditsicherung an Fahrnis und Forderungen, 1937; *Letzgus*, Die Anwartschaft des Käufers unter Eigentumsvorbehalt, 1938; *Raiser*, Dingliche Anwartschaften, 1961; *Rühl*, Eigentumsvorbehalt und Abzahlungsgeschäft, 1930; *Serick*, Eigentumsvorbehalt und Sicherungsübertragung, Bd. I, Der einfache Eigentumsvorbehalt, 1963, Bd. IV, Verlängerungs- und Erweiterungsformen des Eigentumsvorbehalts und der Sicherungsübertragung, 1. Teil 1976, Bd. V, Verlängerungs- und Erweiterungsformen, 2. Teil 1982; Rechtsmechanismen beim erweiterten Eigentumsvorbehalt in unterschiedlichem Verbund mit Verlängerungsformen, Festschr. f. *Zweigert*, 1981, S. 703, Causa und Anwartschaft, AcP 166, 129; *Stulz*, Der Eigentumsvorbehalt im in- und ausländischen Recht, 1932. S. auch zu § 39.

I. Die Rechtsstellung des _vorleistenden_ Verkäufers im allgemeinen

Der Verkäufer braucht seine Leistung nach dem Grundgedanken des ,,gegenseitigen Vertrages" (,,do, ut des") nur Zug um Zug gegen die Zahlung des Kaufpreises zu machen. Aber sehr häufig leistet er vor, sei es, daß er die Rechnung der Ware beilegt und die Zahlung alsbald nach Eingang der Ware erwartet, oder daß er dem Käufer eine Zahlungsfrist oder Teilzahlungen bewilligt. Ist die Ware in das Eigentum des Käufers übergegangen, ohne daß ihr Gegenwert effektiv in das Vermögen des Verkäufers übergegangen wäre, so ist die Lage des Verkäufers insofern unsicher, als die Durchsetzbarkeit seiner Forderung von der Zahlungsfähigkeit des Käufers und damit von dem Umfang des dem Gläubiger haftenden Vermögens (vgl. Bd. I § 2 IV) abhängt. Wird der Käufer zahlungsunfähig, so ist die Kaufpreisforderung eine einfache Konkursforderung.

Zahlt der Käufer nach Fälligkeit der Forderung – das ist, sofern nichts anderes ausgemacht ist, sofort (§ 271) – nicht, so kann ihn der Verkäufer durch eine Mahnung in Verzug setzen (§ 284). Er kann dann, neben dem Kaufpreis, Ersatz seines nachweisbaren Verzugsschadens (§ 286), mindestens aber 4% Verzugszinsen (§ 288) verlangen. Er kann weiter eine Frist gemäß § 326 setzen und nach deren Ablauf regelmäßig entweder Schadensersatz wegen Nichterfüllung verlangen oder vom Vertrage zurücktreten. Da der Anspruch auf Schadensersatz aber wiederum ein Geldanspruch ist, so hängt auch seine Durchsetzbarkeit von der Zahlungsfähigkeit des Käufers ab. Will der Verkäufer, weil er in die Zahlungsfähigkeit des Käufers kein Vertrauen mehr setzt, die Sache zurückerhalten, so muß

§ 43. Die Sicherung des vorleistenden Verkäufers

er zurücktreten. § 454 schließt nun aber das Rücktrittsrecht aus § 326 (sowie auch das aus § 325 Abs. 2) für den Fall aus, daß der Verkäufer schon seinerseits erfüllt[1] *und den Kaufpreis gestundet* hat.[2]

Das Gesetz will dem Käufer dann die Rückgabe ersparen, wenn er mit einem Rückgabeverlangen des Verkäufers nicht mehr zu rechnen braucht. Es sieht in der Stundung eine Kreditgewährung und damit eine Lockerung des synallagmatischen Bandes.[3] Der Verkäufer, der selbst leistet, den Kaufpreis aber stundet, steht einem Kreditgläubiger gleich, dessen Forderung keine Beziehung mehr zu dieser Sache hat. Das kann nur dann gelten, wenn der Fälligkeitstermin – gleich ob sofort, oder später – *durch Vereinbarung* hinausgeschoben ist, so daß der Käufer vor dem Termin die Zahlung verweigern kann. Es kann nicht gelten, wenn der Verkäufer freiwillig vorleistet und danach, ohne dem Käufer vertraglich eine Zahlungsfrist einzuräumen, ihm tatsächlich Zeit läßt, die Rechnung nicht anmahnt. Durch bloßes Zuwarten verliert der Verkäufer also das Rücktrittsrecht noch nicht.[4]

Hat demnach der Verkäufer seinerseits geleistet und den Kaufpreis gestundet, so bleibt ihm nur eine Geldforderung, deren Durchsetzung ungewiß ist. Aber auch wenn er das Rücktrittsrecht nicht verloren hat und von ihm Gebrauch macht, hat er doch nur einen schuldrechtlichen Rückforderungsanspruch. Im Konkurse des Käufers ist er daher immer auf eine Konkursforderung angewiesen. Eine Ausnahme macht nur das sog. Verfolgungsrecht (§ 44 KO). Hiernach kann der Verkäufer im Falle des Konkurses des Käufers die noch nicht vollständig bezahlte Ware zurückfordern, wenn er sie von einem anderen Ort an den Käufer abgesandt hat und sie *erst nach der Eröffnung des Konkursverfahrens* angekommen und in dessen Gewahrsam gelangt ist. Er kann in diesem Fall also – vorbehaltlich des Eintrittsrechts des Konkursverwalters, § 17 KO – den Kaufvertrag rückgängig machen und die in das Eigentum des Käufers gelangten Waren aus der Konkursmasse aussondern. Ist aber die Ware *vor der Konkurseröffnung in die Hand des Käufers gelangt* und das Eigentum auf diesen übergegangen, dann ist die Sache dem Verkäufer endgültig verloren. Er hat dann nur noch solche Ansprüche, die im Konkurs des Käufers kein Recht auf vorzugsweise Befriedigung gewähren.

---

[1] Grundsätzlich müssen alle Hauptpflichten voll erfüllt sein. Bei beweglichen Sachen bedarf es dazu der Verschaffung des Besitzes und des Eigentums. Bei Grundstücken genügt jedoch nach der hL. die Übergabe, Auflassung und Eintragungsbewilligung, sofern der Eintragung nicht noch andere, vom Verkäufer zu beseitigende Hindernisse entgegenstehen; die Eintragung selbst braucht noch nicht vorgenommen zu sein. So RGZ 118, 102; *Enn./L.* § 118 Anm. 9; *Rühl* 264; *Staudinger/Honsell* 7; *Erman/Weitnauer* 2; *Palandt/Putzo* 2 zu § 454.

[2] Unter „Stundung" ist hier, anders als in § 202 (vgl. dazu Allg. Teil § 14 III b), nicht nur die nachträgliche Einräumung einer (verzögerlichen) Einrede, sondern auch die im Kaufvertrage vereinbarte Hinausschiebung der Fälligkeit der Kaufpreisforderung über den Zeitpunkt hinaus zu verstehen, in dem der Verkäufer vollständig zu erfüllen hat, also jede Vereinbarung eines Kreditkaufs. Vgl. *Staudinger/Honsell* 12; *Palandt/Putzo* 3 zu § 454.

[3] Auch ein späterer Widerruf der Stundung beseitigt, da er nicht zurückwirkt, die einmal eingetretene Rechtsfolge (d. h. den Fortfall des Rücktrittsrechts) nicht. Der Verkäufer kann sich vor der ihm nachteiligen Wirkung der Stundung, außer durch einen Eigentumsvorbehalt, nur dadurch schützen, daß er mit dem Käufer für den Fall des Ablaufs oder Widerrufs der Stundung ein Rücktrittsrecht vertraglich vereinbart. So der BGH, JZ 58, 167.

[4] *Staudinger/Honsell* 12; *Palandt/Putzo* 3 zu § 452.

§ 43 II 1. Abschn. 1. Kap. Veräußerungsverträge, insbesondere Kauf

Der Verkäufer, der vorleistet, läuft also die Gefahr, seinen Gegenanspruch in der Zwangsvollstreckung nicht durchsetzen zu können und im Konkursfall nur zu einem Bruchteil befriedigt zu werden. Will er diese Gefahr vermeiden, so muß er verhindern, daß der Käufer, wie es bei beweglichen Sachen die Regel ist (§ 929), mit der Übergabe der Sache an ihr bereits das Eigentum erwirbt. Er muß, wenn schon nicht den Besitz, so *wenigstens das Eigentum an der Sache bis zur vollständigen Zahlung des Kaufpreises für sich zurückhalten.* Bei Grundstücken ist der Eigentumsübergang nicht an die Übergabe geknüpft; hier kann die Auflassung ohne weiteres der Übergabe nachfolgen und bis zur Zahlung des Kaufpreises hinausgeschoben werden. Bei beweglichen Sachen spricht im allgemeinen die Vermutung dafür, daß die Übergabe auf Grund des Kaufvertrags auch zum Zwecke gleichzeitiger Eigentumsübertragung vorgenommen wird. Soll also das Eigentum trotz der Übergabe noch nicht übergehen, so bedarf es einer besonderen Abrede, des ,,Eigentumsvorbehalts".

II. Der Eigentumsvorbehalt

Unter dem ,,Eigentumsvorbehalt" verstehen wir eine Abrede zwischen dem Verkäufer und dem Käufer einer beweglichen Sache, der zufolge das Eigentum an ihr trotz der Übergabe an den Käufer bis zur vollständigen Zahlung des Kaufpreises dem Verkäufer verbleiben soll. Seinem wirtschaftlichen Zwecke nach dient der Eigentumsvorbehalt der Sicherung des Verkäufers. Er ersetzt, wenn auch nur bis zu einem gewissen Grade, das nach dem BGB (§ 1205) nicht mögliche besitzlose Pfandrecht des Verkäufers.[5] Er gibt freilich dem Verkäufer nicht, wie dieses, ein Verwertungsrecht an fremder Sache, sondern erhält ihm die dingliche Rechtsstellung als Eigentümer bis zu seiner Befriedigung wegen der Kaufpreisforderung und gibt ihm darüber hinaus ein nicht von einer vorgängigen Fristsetzung abhängiges Rücktrittsrecht im Falle des Zahlungsverzuges des Käufers (vgl. § 455). Zahlt der Käufer nicht, so sichert der Vorbehalt den eventuellen Rückforderungsanspruch des Verkäufers, und zwar dadurch, daß der Verkäufer nun nicht nur schuldrechtliche Ansprüche, sondern auch den gegen Dritte durchsetzbaren dinglichen Herausgabeanspruch des Eigentümers (§ 985) hat. Er ist dadurch geschützt auch für den Fall anderweitiger Verfügung über die Sache durch den Käufer (falls hier nicht § 932 eingreift) und des Konkurses des Käufers, sowie gegenüber Vollstreckungsmaßnahmen seiner Gläubiger.[6] Der Käufer,

---

[5] Das BGB kennt ein rechtsgeschäftliches Pfandrecht (d. h. ein dingliches Verwertungsrecht) ohne Besitz des Gläubigers nicht an beweglichen Sachen (vgl. auch § 1253 Abs. 1), wohl aber an Grundstücken, und zwar in Gestalt der Hypothek (§§ 1113 ff.). Beim Verkauf eines Grundstücks kann daher die Kaufpreisforderung durch Eintragung einer Hypothek (zugleich mit der Übereignung des Grundstücks) gesichert werden.

[6] Vgl. Serick aaO. Bd. I S. 75 ff.

§ 43. Die Sicherung des vorleistenden Verkäufers

dem die Sache unter Eigentumsvorbehalt übergeben worden ist, hat damit zwar die Befugnis erlangt, die Sache wirtschaftlich zu nutzen (§ 446 Abs. 1 Satz 2), aber noch nicht die dauernde, endgültig gesicherte Sachherrschaft; er kann noch nicht über die Sache verfügen und muß gewärtig sein, seine vorläufige Rechtsstellung (als besitzender „Vorbehaltskäufer") wieder zu verlieren, wenn er seinen Verpflichtungen nicht nachkommt.

Die Abrede des Eigentumsvorbehalts betrifft in der Regel sowohl das schuldrechtliche Geschäft, den Kaufvertrag, wie vor allem das dingliche Geschäft, d. h. die nach § 929 zur Übereignung der Sache erforderliche „Einigung". Nur wenn man sich dies klarmacht, kann man die rechtliche Bedeutung des Eigentumsvorbehalts verstehen. Gemäß § 929 geht das Eigentum an einer beweglichen Sache dadurch über, daß sie übergeben wird und beide Teile bei der Übergabe darüber einig sind, daß das Eigentum übergehen soll. Durch den Eigentumsvorbehalt soll erreicht werden, daß das Eigentum trotz der Übergabe noch dem Verkäufer verbleibt, jedoch nur so lange, bis der Kaufpreis bezahlt ist. Dies wird erreicht, wenn sich die Vertragsparteien bei der Übergabe dahin einig sind, daß das Eigentum zwar nicht schon in diesem Augenblick, wohl aber dann übergehen solle, wenn der Kaufpreis bezahlt wird. Das in § 929 geforderte **dingliche Verfügungsgeschäft** wird dann zwar zugleich mit der Übergabe vorgenommen, aber mit der Maßgabe, daß die Rechtsfolge, der Eigentumsübergang, erst eintreten soll, wenn ein vorerst noch ungewisses Ereignis, die Kaufpreiszahlung, eintritt. *Die Verfügung über das Eigentum erfolgt unter einer aufschiebenden Bedingung* (§ 158). Auch ohne daß die Parteien sich dieser rechtlichen Konstruktion bewußt zu sein brauchten, soll sie „im Zweifel" dann gelten, wenn ein Eigentumsvorbehalt vereinbart ist (§ 455), weil sie dem typischerweise erstrebten Zweck am besten entspricht. Entscheidend ist demnach die Aufnahme des Eigentumsvorbehalts in das dingliche Geschäft: *dieses, nicht etwa der Kaufvertrag, ist „aufschiebend bedingt".* Daraus ergibt sich, daß der Eigentumsvorbehalt, soll er die ihm eigentümliche dingliche Wirkung (Hinausschiebung des Eigentumsüberganges) entfalten, *spätestens bei der Übergabe erklärt sein muß.*

Der Eigentumsvorbehalt betrifft aber auch **den Kaufvertrag,** falls er, wie üblich, bereits im Vertrage vereinbart wird. Auf das nach § 455 anzunehmende Rücktrittsrecht wurde bereits hingewiesen. Weiter wird durch ihn die Verpflichtung des Verkäufers besonders geregelt. Hat er unter Eigentumsvorbehalt verkauft, so bedeutet das, daß er sich zwar dazu verpflichtet, die Sache schon vor der vollständigen Bezahlung dem Käufer zu übergeben und ihm damit die Nutzung der Sache zu ermöglichen, insoweit also vorzuleisten, nicht aber, ihm auch schon vorher das Eigentum endgültig zu verschaffen. Der Verkäufer übernimmt also nur eine „inhaltlich beschränkte Vorleistungspflicht";[7] er genügt zunächst ein-

---

[7] So *Rühl* aaO. S. 194.

mal der übernommenen Verpflichtung, wenn er die Sache übergibt und gleichzeitig dem Käufer das Eigentum „aufschiebend bedingt" überträgt.[8] Das Gesagte trifft jedoch nur für den im Kaufvertrage vereinbarten Eigentumsvorbehalt zu. Durch den nicht schon im Kaufvertrag vereinbarten, sondern erst bei der Übergabe vom Verkäufer einseitig erklärten („nachgeschobenen") Eigentumsvorbehalt vermag dieser wohl die dingliche Wirkung hintanzuhalten (es fehlt dann ja an einer unbedingten Einigung), nicht aber, seine Verpflichtung aus dem Kaufvertrag zu ändern.

Der Eigentumsvorbehalt ist als das Sicherungsmittel des vorleistenden Warenverkäufers wirtschaftlich von größter Bedeutung. Er ermöglicht erst den heutigen Umfang des Warenkredits. Rechtspolitische Bedenken bestehen allerdings insofern, als durch die weite Verbreitung des Eigentumsvorbehalts die ohnehin durch Ausnahmen stark abgeschwächte „Publizitätsfunktion" des Besitzes weiterhin durchlöchert wird. Kreditgeber, die im Vertrauen auf die reichen Warenbestände des Käufers diesem einen Geldkredit gewähren, können in ihrem Vertrauen getäuscht werden, wenn sich hernach herausstellt, daß die Waren, weil unter Eigentumsvorbehalt gekauft und noch nicht bezahlt, dem Käufer gar nicht gehören. Indessen müssen sie heute hiermit eben rechnen. Konfliktsmöglichkeiten ergeben sich vor allem dann, wenn der Käufer die Waren einem Geldgeber, ehe er das Eigentum erworben hat, zur Sicherheit übereignet. Trotz solcher Bedenken hat sich der Eigentumsvorbehalt durchgesetzt und ist er wegen des wirtschaftlichen Bedürfnisses des Warenkredits nicht zu entbehren. Das BGB, das ihm nur einen einzigen Paragraphen (§ 455) gewidmet hat, regelt nur die Grundzüge. Die Ausgestaltung dieses Rechtsinstituts im einzelnen ist durch die Rechtsprechung und die Lehre erfolgt. Ihr wenden wir uns nunmehr zu.

a) **Die Begründung des Eigentumsvorbehalts.** Um seine volle, sowohl dingliche wie schuldrechtliche (kaufrechtliche) Wirkung zu entfalten, muß der Eigentumsvorbehalt im Kaufvertrag vereinbart werden und überdies auch Bestandteil des dinglichen Vertrages (der „Einigung" im Sinne von § 929) sein. Ist er im Kaufvertrag vereinbart, so kann angenommen werden, daß auch das dingliche Rechtsgeschäft unter dem Vorbehalt erfolgt, sofern die Übereignung nicht etwa ausdrücklich unbedingt vorgenommen wird. Die Vereinbarung eines Eigentumsvorbehalts wird sich vielfach aus den Allgemeinen Geschäftsbedingungen des Verkäufers (sofern sie Vertragsinhalt geworden sind[9]), aus einem vom Käufer widerspruchslos hingenommenen Bestätigungsschreiben oder von ihm unter-

---

[8] Damit soll nicht gesagt sein, daß der Verkäufer als endgültige „Erfüllung" im Sinne des § 362 nicht doch die Verschaffung des Eigentums schuldete. Vgl. zu der Frage, *wann* der Verkäufer beim Verkauf unter Eigentumsvorbehalt „erfüllt" hat, unten Anm. 29 u. 31.
[9] Das werden sie unter den Voraussetzungen des § 2 AGBG. Das AGBG verbietet den Eigentumsvorbehalt nicht; er gilt heute allgemein als sachgerechtes Sicherungsmittel, das keine unbillige Benachteiligung des Käufers darstellt; vgl. *Staudinger/Honsell* 9 zu § 455; unten § 43a II.

§ 43. Die Sicherung des vorleistenden Verkäufers **II § 43**

zeichneten Formular ergeben. Auch wenn der Eigentumsvorbehalt heute in vielen Geschäftszweigen üblich ist, darf doch allein daraus, daß der Verkäufer vorleistet, nicht schon geschlossen werden, er wolle sich das Eigentum bis zur Zahlung vorbehalten; eine Auslegungsregel dieses Inhalts kennt das Gesetz nicht.[10] Eine Vereinbarung durch ,,schlüssiges Verhalten" kann am ehesten angenommen werden, wenn der Käufer aus früheren Geschäften weiß, daß der Verkäufer nur unter Eigentumsvorbehalt liefert und bei der erneuten Bestellung dem nicht widerspricht. Schwierigkeiten können sich ergeben, wenn beide Parteien den Vertrag unter Hinweis auf ihre Geschäftsbedingungen geschlossen haben, die des Verkäufers den Eigentumsvorbehalt enthalten, die des Käufers ihn ausschließen, beide gleichwohl den Vertrag als geschlossen ansehen und an ihm festhalten.[11]

Nicht selten wird der Eigentumsvorbehalt jedoch nicht schon im Kaufvertrage vereinbart, sondern vom Verkäufer erst bei der Übergabe, etwa auf einem Warenbegleitschein oder einer der Ware beigelegten Rechnung, *einseitig erklärt*. In diesem Fall ist zwischen der schuldrechtlichen und der dinglichen Wirkung zu unterscheiden. Schuldrechtliche Wirkung vermag der Vorbehalt nur zu erlangen, wenn der Käufer ihm jetzt noch zustimmt, denn es handelt sich um eine nachträgliche Abänderung des Kaufvertrags, die eines Vertrages bedarf (§ 305). Die Zustimmung des Käufers darf nicht vermutet werden; nimmt er die Ware ohne zu widersprechen an, so bedeutet das doch nicht notwendig, daß er mit einer Abänderung des Kaufvertrages einverstanden ist.[12] Dagegen vermag er die dingliche Wirkung des Vorbehalts selbst durch ausdrücklichen Widerspruch nicht auszuschließen, weil es nun einmal an einer Einigung über einen sofortigen, bedingungslosen Eigentumsübergang fehlt. Nimmt der Käufer das Angebot über den nur bedingten Eigentumsübergang nicht an, so geht das Eigentum, mangels übereinstimmender Erklärungen, nicht über. Zu beachten ist aber, daß der Käufer mit dem Eigentumsvorbehalt, wenn er nicht schon im Kaufvertrage vereinbart ist, bei der Übergabe im allgemeinen nicht zu rechnen braucht. Der Eigentumsvorbehalt muß ihm daher in solcher Weise erklärt werden, daß erwartet werden kann, er werde von der Erklärung Kenntnis nehmen. Das ist nicht der Fall, wenn sich die Erklärung in unauffälliger Weise auf einem Lieferschein befindet, auf dem der Käufer nach der Verkehrsübung derartige rechtsgeschäftliche

---

[10] Vgl. *Honsell* aaO. S. 706; *Serick* aaO. Bd. I S. 85f.; *Reinicke/Tiedtke* (vor § 41) S. 250; anders *MünchKomm/Westermann* 15 zu § 455.
[11] Dazu Allg. Teil § 29 a Ib (6. Aufl. S. 547f.); *Honsell* aaO. S. 706. Auch wenn wegen der Widersprüchlichkeit der Bedingungen der Eigentumsvorbehalt nicht Bestandteil des Kaufvertrages geworden ist, vermag der Käufer aus den Bedingungen des Verkäufers doch zu ersehen, daß dieser nur bedingt *übereignen* will. Vgl. dazu BGH, NJW 82, 1751; *Palandt/Putzo* 2b ff. zu § 455; *Bülow* aaO. Rdn. 194.
[12] Vgl. *Rühl* aaO. S. 191; *Soergel/Ballerstedt* 4; *Staudinger/Honsell* 14; *MünchKomm/Westermann* 18 zu § 455.

Erklärungen nicht zu erwarten und den er deshalb auch nicht daraufhin durchzulesen braucht.[13] Der BGH verlangt,[14] daß die Erklärung dem Käufer selbst oder, wenn dieser z. B. eine juristische Person ist, „einer für die inhaltliche Ausgestaltung der Verträge zuständigen" Person und zwar in solcher Weise zugeht, daß ihr die Kenntnisnahme zumutbar ist. Er stellt damit an die <u>Wirksamkeit eines nachträglichen, vertragswidrigen Eigentumsvorbehalts erhöhte Anforderungen.</u>

Ist ein Eigentumsvorbehalt weder im Kaufvertrage vereinbart, noch spätestens bei der Übergabe dem Käufer gegenüber <u>in zureichender Weise</u> erklärt, so geht das Eigentum mit der Übergabe der Ware auf den Käufer über. Ein *nach diesem Zeitpunkt,* also z. B. auf der der Ware erst nachfolgenden Rechnung, *einseitig erklärter Vorbehalt ist unwirksam.* Möglich ist jedoch, daß der Käufer einem nachträglich (d. h. nachdem das Eigentum bereits auf ihn übergegangen war) vom Verkäufer verlangten Eigentumsvorbehalt zustimmt, etwa, um dadurch eine Stundung des Kaufpreises zu erreichen. In diesem Falle wollen die Parteien, daß die Rechtslage von jetzt an so sein solle, wie wenn ein Eigentumsvorbehalt von vornherein vereinbart worden wäre. Das Eigentum soll also nun wieder dem Verkäufer zustehen, jedoch mit der vollständigen Zahlung des Kaufpreises endgültig auf den Käufer übergehen, und dieser in der Zwischenzeit gleich wie ein Vorbehaltskäufer zum Besitz und Gebrauch der Sache berechtigt sein, solange er seinen Verpflichtungen nachkommt. Um dies zu erreichen, muß der Käufer die Sache dem Verkäufer zurückübereignen und sich dabei zugleich die Anwartschaft auf den Erwerb für den Fall der Zahlung vorbehalten. Die Rückübereignung kann hier, da der Käufer im Besitz bleiben soll, nur im Wege eines sog. Besitzkonstituts gemäß § 930 vor sich gehen. Ein solches erfordert nach hL und Rechtsprechung die Vereinbarung eines bestimmten spezialisierten Besitzmittlungsverhältnisses. Ältere Entsch. des RG und eine Entsch. des BGH meinen, daß es an einem solchen hier fehlt.[15] Im Schrifttum wird daher die Meinung vertreten, es läge eine (durch die Zahlung des Kaufpreises auflösend bedingte) *Sicherungsübereignung* vor.[16] Dies trifft aber nicht die Absicht der Parteien, die eben die Lage herstellen wollen, wie sie beim Eigentumsvorbehalt bestehen würde. Der Sicherungsnehmer hat beispielsweise im Konkurse des Sicherungsgebers nur das Recht auf abgesonderte Befriedigung, während der Vorbehaltsverkäufer auf Grund seines Eigentums aussondern kann (unten c). Manche nehmen daher an, es werde mit der nachträglichen Vereinbarung des Eigentumsvorbehalts ein *besonderes, der Leihe ähnliches Rechtsverhältnis* vereinbart, durch das dem Erfordernis eines spezialisierten Besitzmittlungsverhältnisses genügt werde.[17] Richtiger Ansicht nach bedarf es dessen jedoch nicht, da vereinbart wird, der Käufer solle fortan die Sache zwar nicht als Eigentümer, wohl aber „als Vorbehaltskäufer", d. h. *auf Grund des (entsprechend geänderten) Kaufvertrages* besitzen und gebrauchen dürfen. Das zur (auflösend bedingten) Rückübertragung des Eigentums erforderliche Besitzmittlungsverhältnis, auf Grund dessen der Käufer fortan dem Verkäufer gegenüber zum Besitz berechtigt sein soll, ist also das (durch die Hinzufügung eines Eigentumsvorbehalts nachträglich abgeänderte) Kaufverhältnis selbst.[18]

Der Verkäufer kann auf den (vereinbarten oder einseitig von ihm erklärten) Eigentumsvorbehalt, d. h. auf seine daraus hervorgehende Rechtsposition, durch *einseitige Erklärung* verzichten. Das kann auch durch eine „schlüssige Handlung" (z. B. Übergabe des Kraftfahrzeugbriefs) geschehen.[19]

b) Schuldrechtliche Wirkungen des Eigentumsvorbehalts. Der *im Kaufvertrag vereinbarte* Eigentumsvorbehalt hat zur Folge, daß der Verkäufer schon damit

---

[13] Bei Verwendung eines Formulars ist auch § 3 AGBG zu beachten.
[14] BGH, NJW 79, 2199; 82, 1749; 82, 1751 (dazu *Lonsannof,* NJW 82, 1727).
[15] RGZ 49, 172; 54, 398; BGH, NJW 53, 217; anders aber RG, JW 15, 446.
[16] *Rühl* 72.
[17] *Enn./L.* § 118 II 2; *Oertmann* 7b zu § 455; ähnlich *Simmet,* JW 11, 705.
[18] So *Flechtheim,* JW 11, 345; *Raiser,* NJW 53, 218; *Westermann,* Sachenrecht § 18, 3; *Serick* aaO. Bd. I S. 93; *Staudinger/Honsell* 15 zu § 455; *Bülow* aaO. Rdn. 188.
[19] BGH, NJW 58, 1231.

das tut, was ihm nach dem Vertrage zu tun obliegt, daß er die Sache dem Käufer mit der Übergabe aufschiebend bedingt übereignet. Er hat, wenn das geschehen ist, wenigstens im Sinne der Vornahme seiner Leistungshandlung „erfüllt", wenngleich der Leistungserfolg noch nicht voll eingetreten ist, und damit würde, da er den Kaufpreis, mindestens zum Teil, kreditiert hat, § 454 eingreifen. Allein durch den Eigentumsvorbehalt gibt der Verkäufer zu erkennen, daß er die synallagmatische Verknüpfung seiner eigenen Leistung mit der Gegenleistung (dem Kaufpreis) noch keineswegs als gelöst ansieht; hält er doch seine Leistung insoweit, als sie in der Übereignung besteht, bis zu vollständigen Bewirkung der Gegenleistung zurück. Daher trifft der Grundgedanke des § 454 hier nicht zu, und folgerichtig bestimmt § 455, wenn auch nur als Auslegungsregel, daß „der Verkäufer zum Rücktritt von dem Vertrag berechtigt ist, wenn der Käufer mit der Zahlung in Verzug kommt". Anders als das Rücktrittsrecht aus § 326, ist dieses Rücktrittsrecht nicht an das Erfordernis vorheriger Fristsetzung gebunden.

Übergibt der Vorbehaltsverkäufer die Sache dem Käufer, so geschieht dies, auch wenn der Käufer dadurch noch nicht sogleich Eigentümer wird, doch bereits *in Erfüllung des Kaufvertrages*. Es treten daher die Rechtsfolgen des § 446 ein: der Käufer ist fortan zur Nutzung der Sache berechtigt, hat ihre Lasten und die Preisgefahr zu tragen. Er ist dem Verkäufer gegenüber zum Besitz der Sache berechtigt.[20] Der Verkäufer ist nach dem Sinne der Abrede verpflichtet, dem Käufer während der Schwebezeit den Besitz und damit den Gebrauch der Sache zu ermöglichen; er hat ihm daher solche Rechte Dritter fernzuhalten, die gegen den Käufer geltend gemacht werden können und dessen Recht zum Besitz beeinträchtigen. Erfüllt er diese Verpflichtung nicht, so kann der Käufer in entsprechender Anwendung des § 440 Abs. 2 Schadensersatz im Falle der Eviktion verlangen; ein Rücktrittsrecht wird man ihm nur bei ernsthafter Gefährdung seiner Rechte zubilligen.[21] Aber der Eigentumsvorbehalt des Verkäufers wäre praktisch nicht sehr wirkungsvoll, wenn das Recht des Käufers zum Besitz hier unter allen Umständen bereits unentziehbar wäre. Da es – als Dauerrecht – auf dem fortbestehenden Kaufvertrag beruht, endet es mit der Auflösung des Kaufverhältnisses, also dann, wenn der Verkäufer wegen Zahlungsverzuges des Käufers gemäß § 455 vom Kaufvertrag zurücktritt oder nach Fristsetzung gemäß § 326 Schadensersatz wegen Nichterfüllung verlangt. Ebenso endet es, wenn im Konkurse des Käufers der Konkursverwalter die Erfüllung des Kaufvertrages gemäß § 17 KO ablehnt.[22] Der Verkäufer ist dann zur „Aussonderung" der Sache berechtigt. Daß er hierzu berechtigt sein muß, ergibt sich aus der Sicherungsfunktion des

---

[20] Vgl. oben § 40 I a.
[21] Vgl. die Entsch. des BGH in NJW 61, 1252 = JZ 61, 697 u. dazu *Wiethölter*, JZ 61, 693.
[22] Vgl. *Serick* Bd. I S. 338 (zur Anwendbarkeit des § 17 KO), 346f. (zum Fortfall des Besitzrechts des Käufers). Vgl. auch gleich unter c.

§ 43 II   1. Abschn. 1. Kap. Veräußerungsverträge, insbesondere Kauf

Eigentumsvorbehalts. Das Recht des Käufers zum Besitz muß demgegenüber zurücktreten. Dasselbe gilt, wenn die Kaufpreisforderung verjährt ist und der Käufer sich hierauf beruft. Der Verkäufer, der seinen Kaufpreisanspruch nun nicht mehr durchsetzen kann, muß, analog § 223 Abs. 1, sein zur Sicherheit zurückbehaltenes Eigentum realisieren können.²³

Streitig dagegen ist, ob der Verkäufer – sofern nicht das Abzahlungsgesetz (unten III) Anwendung findet – im Falle des Zahlungsverzuges des Käufers, *ohne vom Vertrag zurückzutreten,* die Sache aufgrund seines vorbehaltenen Eigentums erst einmal zurückverlangen, also seine Vorleistung rückgängig machen und zur Zug-um-Zug-Leistung zurückkehren kann.²⁴ Wenn er dies kann, steht ihm damit ein zusätzliches Druckmittel gegen den Käufer zur Seite. Voraussetzung dafür wäre, daß der Verkäufer, der sich das Eigentum vorbehält, dem Käufer ein Recht zum Besitz (vgl. oben § 40 Ia) nur erst unter dem Vorbehalt einräumt, daß dieser seinen Verpflichtungen aus dem Kaufvertrage nachkommt. Es ist jedoch die Frage, ob das durch die Sicherungsfunktion des Eigentumsvorbehalts gefordert ist, im Zweifel daher als vereinbart anzusehen ist, oder ob das Recht des Käufers zum Besitz den Vorrang hat, solange der Verkäufer am Vertrage festhält und der Kaufpreisanspruch durchsetzbar ist. Der BGH hat diese Frage, der neueren, inzwischen wohl herrschenden Lehre²⁵ folgend, im zweiten Sinne beantwortet.²⁶ Er meint, die Zubilligung eines Rechts zur vorläufigen Rücknahme der Sache an den Verkäufer würde in den meisten Fällen dem „wirtschaftlichen Sinn" des Kaufvertrages widersprechen, der beim Kauf von Investitionsgütern – um solche handelte es sich in dem entschiedenen Fall – darin bestehe, daß der Käufer sie in der Produktion einsetzen könne, um aus deren Erträgnissen den Kauf zu finanzieren. Will sich der Verkäufer das Recht vorbehalten, die Sache im Falle eines Zahlungsverzuges des Käufers wieder an sich zu nehmen, dann bedarf dies der ausdrücklichen Vereinbarung.

c) **Sachenrechtliche Wirkungen des Eigentumsvorbehalts.** Durch den spätestens bei der Übergabe erklärten Eigentumsvorbehalt – gleich, ob er schon im

---

²³ So der BGH, BGHZ 34, 191; 70, 96; NJW 79, 2195 (auch bei einem Abzahlungskauf). Dagegen *Peters,* JZ 80, 178. Vgl. weiter *Dilcher,* JuS 79, 331; *Staudinger/Honsell* 21; *MünchKomm/Westermann* 38 zu § 455; *Bülow* aaO. Rdn. 208 f.
²⁴ So die früher herrsch. Lehre u. die früheren Auflagen (bis zur 9.); vgl. *Rühl* S. 92 ff.; *Georgiades* S. 22 f.; *Serick* Bd. I S. 136 ff.; *Staudinger/Honsell* 31, *Palandt/Putzo* 5a zu § 455. Ähnlich auch RGZ 144, 65. Nach *Serick* endet nicht nur das Recht zum Besitz mit dem Eintritt des Zahlungsverzuges, der Verkäufer erhält damit auch einen persönlichen Anspruch auf Rückgabe *aus dem Kaufvertrag.* Vgl. auch Klaus *Müller,* DB 69, 1493.
²⁵ Vor allem *J. Blomeyer,* JZ 68, 691; DB 69, 2117; JZ 71, 186; ferner *Raiser* S. 76 (aufgrund seiner Auffassung, daß das Eigentum schon teilweise auf den Käufer übergegangen sei); *Esser* 4. Aufl. § 65 II c. Anm. 4 (anders aber *Esser/Weyers* § 9 I 2a); *Reinicke/Tiedtke* (vor § 41) S. 255; *Bülow* aaO. Rdn. 201; *MünchKomm/Westermann* 35; *Soergel/Ballerstedt* 9, *Erman/Weitnauer* 10 zu § 455.
²⁶ BGHZ 54, 214; dazu *Herm. Lange,* JuS 71, 511; *Niederländer,* Festschr. f. Ed. *Wahl,* 1973, S. 243.

§ 43. Die Sicherung des vorleistenden Verkäufers

Kaufvertrage vereinbart war oder nicht – wird zunächst bewirkt, daß das Eigentum entgegen dem Normalfall des § 929 nicht mit der Übergabe, sondern erst mit dem Eintritt der Bedingung, der Zahlung des Kaufpreises, auf den Käufer übergeht. Das ergibt sich aus § 158. Bis dahin ist der Verkäufer also immer noch Eigentümer,[27] wenn auch sein Eigentum wegen der Anwartschaft des Käufers nunmehr auflösend bedingt ist. Der Käufer, der sein Recht zum Besitz noch von dem des Verkäufers ableitet, ist während der Schwebezeit Fremdbesitzer und Besitzmittler des Verkäufers; dieser ist „mittelbarer Besitzer"[28] (§ 868). Zwar kann man sagen, daß sein mittelbarer Besitz, so wie sein Eigentum, durch die Anwartschaft des Käufers auflösend bedingt ist. Das ändert aber nichts daran, daß dem Verkäufer in seiner Eigenschaft als mittelbarem Besitzer bis zum Bedingungseintritt die Besitzschutzansprüche gemäß § 869 zustehen. Vor allem aber kann der Verkäufer die Sache von dem Käufer mit dem Herausgabeanspruch des Eigentümers (§ 985) herausverlangen, sobald das auf dem Kaufvertrage beruhende Recht des Käufers zum Besitz gemäß dem unter b) Gesagten erloschen ist. Seine Stellung als Eigentümer erlaubt es dem Verkäufer, die Sache im Konkurse des Käufers „auszusondern", sie also wieder an sich zu nehmen, sofern der Konkursverwalter gemäß § 17 KO die Erfüllung des Vertrages abgelehnt hat.[29]

Auch dann muß der Verkäufer nach *Niederländer* dem Käufer den Besitz lassen, wenn er nach Fristsetzung gemäß § 326 Schadensersatz wegen Nichterfüllung wählt. Dem ist jedoch nicht zu folgen.

[27] AA ist vor allem *A. Blomeyer*. Nach seiner Auffassung ist das auf den Käufer sogleich übergehende Recht nicht, wie die hL meint, nur ein Anwartschaftsrecht, sondern, weil es auf die Dauer angelegt ist, bereits Eigentum. Das dem Verkäufer verbleibende Recht sei demgegenüber nur ein beschränktes dingliches Recht, ein (besitzloses) Verfallpfandrecht. Ebenso jetzt *Hübner* aaO. Dagegen mit Recht *Flume* aaO; *Raiser* S. 52ff.; *Georgiades* S. 155. Nach *Raiser* geht das Eigentum auf den Käufer wenigstens teilweise über; Käufer und Verkäufer seien während der Schwebezeit zusammen „der Eigentümer", jeder von ihnen habe „ein Stück Eigentum in Händen" (S. 66ff.). Auch diese Lehre ist vom Standpunkt des geltenden Rechts aus nicht zu halten; vgl. dazu *Georgiades* S. 102f., 155. Solange man an der durch § 455 nahegelegenen Konstruktion einer *aufschiebend* bedingten Übereignung festhält und sie nicht etwa, wie *Georgiades* das vorschlägt, durch die einer *auflösend* bedingten Übereignung ersetzt, ist nicht darum herumzukommen, daß bis zum Bedingungseintritt dem Verkäufer noch das Eigentum mit allen damit verbundenen Befugnissen zusteht, soweit sich nicht eine Einschränkung aus § 161 ergibt. So denn auch die weitaus hL; vgl. *Serick* Bd. I S. 211 ff.; *Baur*, Sachenrecht § 59 IV 1; *Reinicke/Tiedtke* S. 253 ff.

[28] So auch die hL; vgl. *Georgiades* S. 14 (mit Nachweisen); *Flume* S. 398; *Esser* 4. Aufl. § 65 I 1c; *Erman/Weitnauer* 9 zu § 455. Anders, entsprechend ihrer Grundeinstellung (vgl. die vorige Anm.) *Blomeyer* und *Raiser*. Eigenartig *Serick* aaO. Bd. I (232ff., 262f.): der Käufer sei zugleich Fremdbesitzer und – in seiner Eigenschaft als Anwärter – auch schon Eigenbesitzer.

[29] So die hL. Ob hier dem Konkursverwalter das Wahlrecht des § 17 KO zusteht, oder ob der Vorbehaltsverkäufer im Sinne des § 17 KO bereits erfüllt hat, ist str.; die h. L. verneint die vollständige Erfüllung durch den Verkäufer und hält daher den § 17 KO hier für anwendbar; vgl. *Jäger*, KO 11 zu § 17; *Rühl* S. 204ff.; *Letzgus* S. 66ff.; *Leonhard* B 107; *v. Tuhr* III 319 Anm. 41; *Raiser* 95; *Serick* Bd. I S. 333ff.; *Baur*, Sachenrecht § 59 III 1a. Gegen die Anwendbarkeit des § 17 KO, da der Vorbehaltsverkäufer vollständig erfüllt habe, *Georgiades* S. 143ff.; *Palandt/Putzo* 1e, *Erman/Weitnauer* 15; *Staudinger/Honsell* 29, 49 zu § 455 und die dort Genannten; mit der Verweigerung der Restzahlung durch den Konkursverwalter des Käufers endet aber nach Meinung der meisten von ihnen nun das Recht des Käufers zum Besitz; der Verkäufer kann nun daher auch nach dieser Ansicht die Sache aus der Masse aussondern, d. h. sie zurückverlangen.

§ 43 II   1. Abschn. 1. Kap. Veräußerungsverträge, insbesondere Kauf

Hat er dagegen die Erfüllung des Vertrages gewählt, muß der Konkursverwalter den vollen Kaufpreis aus der Masse zahlen. Im Konkurse des *Verkäufers* ist die Konkursmasse dadurch hinreichend gesichert, daß der Konkursverwalter im Falle des Zahlungsverzuges des Käufers gemäß den §§ 455 oder 326 vorgehen und danach den Herausgabeanspruch aus § 985 geltend machen kann. Dem Käufer sollte aber die Möglichkeit bleiben, durch Zahlung des Restkaufpreises das Eigentum an der Kaufsache zu erwerben. Dem steht nicht entgegen, daß der Verkäufer jetzt nicht mehr verfügungsberechtigt ist, denn die Verfügung hat er ja bereits vor der Konkurseröffnung, wenn auch als eine bedingte, getroffen.[30] Der Konkursverwalter könnte freilich durch Ablehnung der Erfüllung gemäß § 17 KO dem Käufer die Möglichkeit nehmen, den Eintritt der Bedingung herbeizuführen; damit würde das Anwartschaftsrecht und auch das Recht des Käufers zum Besitz entfallen, der Konkursverwalter könnte die Rückgabe der Sache verlangen, während der Käufer auf eine Konkursforderung angewiesen wäre. Diese mißliche Konsequenz vermeidet die Lehre, die dem Konkursverwalter das Wahlrecht des § 17 KO versagt, weil der Vertrag vom Verkäufer bereits erfüllt sei.[31]

Aufgrund des ihm noch zustehenden Eigentums kann der Verkäufer ferner Pfändungen der Sache durch die Gläubiger des Käufers gemäß § 771 ZPO widersprechen.[32] Er kann wegen seiner Kaufpreisforderung die Sache auch, statt sie zurückzuverlangen, nach Erzielung eines vollstreckbaren Titels selbst pfänden und versteigern lassen. Allerdings setzt die Entstehung eines Pfändungspfandrechts nach der hL voraus, daß die gepfändete Sache dem Schuldner, das wäre hier also dem Käufer, gehört. Deshalb nimmt sie regelmäßig einen Verzicht des die Vollstreckung betreibenden Verkäufers auf sein vorbehaltenes Eigentum spätestens im Zeitpunkt der Pfandverwertung an.[33]

Erwirbt der Käufer mit der Übergabe auch noch nicht das Eigentum, so ist es ihm doch bereits *unter einer aufschiebenden Bedingung übertragen*. Der endgültige Erwerb des Eigentums hängt nur noch von dem Eintritt der Bedingung, nicht von einer nochmaligen Einigung ab. Der Verkäufer hat mit der Erklärung, die

---

[30] Vgl. BGHZ 27, 360, 367; 30, 374, 377; *Staudinger/Honsell* 50, *MünchKomm/Westermann* 83 zu § 455.

[31] So im Ergebnis, mit unterschiedlicher Begründung, auch *Soergel/Ballerstedt* 7; *Palandt/Putzo* 1e zu § 455; *Medicus,* Bürgerl. R. Rdn. 480; *Musielak* AcP 179, 209f; *Reinicke/Tiedtke* S. 259. Anders RGZ 140, 156, 162; *Serick* Bd. I S. 354ff., der aber auf § 242 verweist.

[32] So auch der BGH; vgl. BGHZ 55, 20, 26; *Staudinger/Honsell* 47 zu § 455. Anders *Raiser.* Da er dem Käufer als Anwartschaftsberechtigten schon weitergehende Eigentumsbefugnisse zuerkennt, rechnet er die Sache, so weit diese Befugnisse reichen, auch haftungsrechtlich schon dem Vermögen des Anwärters zu (S. 91). Der Vorbehalts*verkäufer* sei, gleich einem Pfandgläubiger, auf ein Recht zur vorzugsweisen Befriedigung aus dem Erlös gemäß § 805 ZPO zu beschränken. Folgerichtig gesteht ihm *Raiser* (S. 96) im Falle des Konkurses des Käufers nur ein Absonderungs-, nicht das Aussonderungsrecht zu.

[33] So RGZ 66, 348; 79, 246; *v. Tuhr* III 310; anders *Rühl* S. 183; *Letzgus* 59 ff.

Sache unter der aufschiebenden Bedingung der Kaufpreiszahlung zu übereignen, bereits jetzt für den Fall des Eintritts der Bedingung verfügt; der Übergang des Eigentums auf den Käufer hängt nicht mehr von einem weiteren Verhalten des Verkäufers,[34] sondern allein vom Eintritt der Bedingung ab. Andere Verfügungen, die der Verkäufer jetzt noch zugunsten eines Dritten über die Sache trifft, sind, falls die Bedingung eintritt, gemäß § 161 unwirksam. Der Käufer, dem der Verkäufer das Eigentum bei der Übergabe aufschiebend bedingt übertragen hat, hat damit zwar noch kein „eigentumsähnliches" Herrschaftsrecht, aber doch eine vom Willen des Verkäufers nicht mehr abhängige Rechtsposition erlangt, die von der Rechtslehre als ein bereits gegenwärtiges Vermögensrecht, als ein „**Anwartschaftsrecht**", angesehen wird.[35] Mit dem Eintritt der Bedingung erstarkt dieses ipso jure zum Vollrecht, also zu unbedingtem Eigentum, genauer gesagt, tritt das Eigentum, dessen Vorstufe es ist, an seine Stelle. Dagegen fällt es ersatzlos fort, wenn feststeht, daß die Bedingung nicht mehr eintreten kann; so insbesondere dann, wenn der Verkäufer wegen Zahlungsverzuges des Käufers gemäß § 455 vom Kaufvertrage zurücktritt oder nach Fristsetzung gemäß § 326 Schadensersatz wegen Nichterfüllung des Vertrages verlangt.[36]

Über das Anwartschaftsrecht *als bereits gegenwärtiges Vermögensrecht* kann der Käufer *verfügen*.[37] Dafür besteht ein Verkehrsbedürfnis, da der Käufer daran interessiert ist, zumal wenn er vielleicht den größten Teil des Kaufpreises schon bezahlt hat, den damit von ihm erworbenen *wirtschaftlichen Wert,* den eben das Anwartschaftsrecht repräsentiert, durch Weitergabe schon jetzt zu nutzen. Rechtsprechung und Lehre haben dem seit langem Rechnung getragen, indem sie die Übertragbarkeit der Anwartschaft zuließen. Die Übertragung des Anwartschaftsrechts richtet sich nach den Vorschriften über die Übertragung des Vollrechts, hier also des Eigentums. Danach muß sich der im Besitz befindliche Käufer mit dem Erwerber über die Übertragung des Anwartschaftsrechts einigen und ihm entweder die Sache übergeben, oder ein Besitzmittlungsverhältnis (§ 930) mit ihm vereinbaren. Die letztere Art der Übertragung kommt vornehmlich dann in Betracht, wenn der Käufer das Anwartschaftsrecht einem Kreditgeber zur Sicherheit übertragen will, ohne den Besitz der Sache aufzugeben. Die rechtliche Einordnung der dabei entstehenden Besitzverhältnisse muß den Dar-

---

[34] Unvereinbar hiermit ist die früher (so RGZ 64, 206; 95, 107) vom RG vertretene Auffassung, der Wille des Verkäufers, das Eigentum zu übertragen, müsse noch im Zeitpunkt des Bedingungseintritts vorhanden sein. Richtig dagegen RGZ 140, 226; BGH, NJW 54, 1326. Vgl. dazu *Serick* Bd. I S. 116 (mit Nachw.) u. 267 (zu Anm. 107).

[35] Aus dem älteren Schrifttum: *Rühl* S. 87; *Holtz* 24 ff.; *Letzgus* S. 85; *v. Tuhr* III 305 ff.; *Enn./N.* § 197 II; jetzt vor allem *Raiser; Georgiades* aaO.; *Serick* Bd. I S. 241 ff.; *Esser/Weyers* § 9 I 2b; *Fikentscher* § 71 V 3b; *Baur,* Sachenrecht § 59 V. Kritisch *Münzel,* MDR 59, 345; *Blomeyer;* auch *Flume* aaO.

[36] HL.; vgl. *Rühl* aaO. S. 93; *Serick* aaO. Bd. I S. 415 f.; *Medicus,* Bürgerl. R. Rdn. 479; Münch-Komm/Westermann 45, Erman/Weitnauer 39 b zu § 55; BGHZ 35, 85, 94; 75, 221, 225.

[37] Vgl. zum Anwartschaftsrecht im allgemeinen Allg. Teil §§ 13 I Nr. 9, 25 III c.

stellungen des Sachenrechts überlassen bleiben. Wer anwartschaftsberechtigt ist, erwirbt das Vollrecht (das Eigentum) mit dem Eintritt der Bedingung. Mit der Übertragung des Anwartschaftsrechts verliert daher der Käufer die Möglichkeit, bei Eintritt der Bedingung das Eigentum zu erwerben. Der Eigentumserwerb tritt vielmehr in der Person des Erwerbers als desjenigen ein, dem die Erwerbsaussicht, eben die Anwartschaft, nunmehr zusteht.[38] Einer Zustimmung des Verkäufers bedarf es hierzu, wie auch zur Übertragung des Anwartschaftsrechts, nicht. Mit der Übertragung seines Anwartschaftsrechts hat sich der Käufer der Möglichkeit, über dieses weiterhin zu verfügen, begeben. Er kann es daher auch nicht mehr durch eine neue Vereinbarung mit dem Verkäufer inhaltlich abändern, etwa den Eigentumserwerb von einer weiteren Bedingung abhängig machen. Eine solche Vereinbarung wäre eine Änderung nicht nur des Kaufvertrages, sondern auch des dinglichen Rechtgeschäfts, der bedingten Übereignung. Sie würde damit unmittelbar auf das durch dieses geschaffene Anwartschaftsrecht einwirken, also eine Verfügung über dieses Recht darstellen, das dem Käufer jetzt nicht mehr zusteht. Hierzu bedürfte es gemäß § 185 der Zustimmung des nunmehrigen Inhabers des Anwartschaftsrechts.[39]

Der Anwartschaftserwerber erwirbt die rechtlich gesicherte Aussicht auf den Eigentumserwerb. Er tritt aber als Rechtsnachfolger in das Anwartschaftsrecht nicht automatisch auch in die Rechtsstellung des Käufers *aus dem Kaufvertrag* ein. Hierzu bedürfte es einer Vertragsübernahme und damit der Zustimmung des Verkäufers (Bd. I § 35 III). Das Anwartschaftsrecht des Zweiterwerbers bleibt daher in mehrfacher Hinsicht abhängig von dem weiteren Verhalten des Käufers und Ersterwerbers. An diesem liegt es, durch pünktliche Zahlung des Kaufpreises den Anfall des Eigentums an den Zweiterwerber herbeizuführen, sofern dieser sich nicht entschließt, gemäß § 267 Abs. 1 selbst zu zahlen. Sein Anwartschaftsrecht entfällt, wenn der Verkäufer wegen Zahlungsverzuges des Käufers vom Kaufvertrag zurücktritt. Er muß dann die Sache, war ihm der Besitz übertragen, an den Verkäufer als den Eigentümer herausgeben. Dem Käufer muß auch das Recht bleiben, den Kaufvertrag wegen Irrtums oder Täuschung anzufechten oder wegen eines Sachmangels die Wandlung zu begehren.[40] Dadurch bringt er den Kaufvertrag und damit mittelbar wieder das Anwartschaftsrecht des Zweiterwerbers zum Fortfall. Eine unmittelbare Einwirkung auf das Anwartschaftsrecht und damit eine Verfügung über dieses liegt darin nicht; die

---

[38] Ohne „Durchgangserwerb" des Käufers; h. L., vgl. *Serick* Bd. I S. 267 zu Anm. 6; *Esser/Weyers* § 9 I 2b; *Staudinger/Honsell* 38, *Ermann/Weitnauer* 29 zu § 455; so auch, entgegen der früheren Rspr. des RG (RGZ 95, 107; 140, 226), der BGH; BGHZ 20, 88; 28, 16, 22.
[39] So mit Recht BGHZ 75, 221. Kritisch dazu *Gernhuber* in der Festschr. f. *Baur*. Vgl. dazu ferner die Entsch. BGHZ 92, 280, 290.
[40] So auch BGHZ 75, 221, 225; *Serick* aaO. Bd. I S. 252 f.; *MünchKomm/Westermann* 58 zu § 455; wohl auch *Gernhuber* aaO.

§ 43. Die Sicherung des vorleistenden Verkäufers

mittelbare Einwirkung muß der Zweiterwerber hinnehmen. Sein Erwerb ist mit diesem Risiko belastet. Aus dem Anwartschaftsrecht ergeben sich ferner noch keine gegenwärtigen Herrschaftsbefugnisse; insbesondere gewährt es, entgegen einer im Schrifttum überwiegenden Meinung,[41] der sich die Rechtsprechung jedoch bisher nicht angeschlossen hat,[42] noch kein *dingliches Recht* zum Besitz. Welche Befugnisse der Käufer bis zum Eigentumsübergang vorläufig haben soll – Besitz, Gebrauch, eventuell auch Fruchtgenuß –, das regeln die Parteien im Kaufvertrag; es fehlt jeder Anhalt dafür, daß der Vorbehaltsverkäufer, der sich doch gerade das Eigentum (als das an der Sache bestehende Vollrecht) vorbehält, dennoch wichtige Teilinhalte dieses Rechts abspalten und sogleich übertragen will. Ein solchermaßen aufgespaltenes Eigentumsrecht kennt zudem das Gesetz nicht; es besteht auch kein unabweisbares Verkehrsbedürfnis dafür, es dennoch zuzulassen.[43] Das auf den Kaufvertrag begründete Recht des Käufers zum Besitz und zum Gebrauch der Sache ist, ebenso wie das entsprechende Recht eines Mieters oder Pächters, ein „relatives" Herrschaftsrecht, nicht ein Bestandteil des im Eigentum enthaltenen „absoluten" Besitzrechts. Der Käufer kann es gleichwohl dem auf sein Eigentum gestützten Herausgabeanspruch des Verkäufers gemäß § 986 Abs. 1 entgegensetzen. Ein aus dem ihm erst bedingt übertragenen Eigentum abgeleitetes dingliches Besitzrecht steht ihm daneben nicht zu.

Wenn somit derjenige, der das Anwartschaftsrecht vom Vorbehaltskäufer (oder dessen Rechtsnachfolger) erwirbt, damit noch kein dingliches Recht zum Besitz erlangt, dann scheint allerdings seine besitzrechtliche Position nicht hinreichend gesichert zu sein, was die Übertragbarkeit der Anwartschaft entwerten würde. Denn solange er nicht in den Kaufvertrag eintritt – was die Zustimmung des Verkäufers erfordern würde –, steht ihm das Recht des Käufers zum Besitz *aus dem Kaufvertrage* nicht zu. In Ermangelung eines Rechtes zum Besitz, das er gemäß § 986 dem Herausgabeanspruch des Eigentümers entgegensetzen kann, müßte er diesem die Sache herausgeben. Man wird ihm aber eine *Einwendung aus dem relativen Besitzrechte des Käufers* geben müssen, solange dieser aus dem Kaufvertrage zum Besitz berechtigt ist. Wenn der Vorbehaltskäufer dazu berechtigt ist, sein Anwartschaftsrecht ohne Zustimmung des Verkäufers durch Rechtsgeschäft gemäß § 929 einem Dritten zu übertragen, dann muß er auch als berechtigt

---

[41] Dafür *Bauknecht*, NJW 55, 1252; *Esser/Weyers* § 9 2b; *Westermann*, Sachenrecht § 44, 2; *Baur*, Lehrb. d. Sachenrechts § 59 V 3a; *Fikentscher* § 71 V 3bcc; *Raiser* aaO S. 37f.,62; *Serick* aaO Bd. I S. 262; *Soergel/Mühl* 38 zu § 929; *MünchKomm/Westermann* 50f. zu § 455. Gegen ein dingliches Besitzrecht, mit unterschiedlicher Begründung, *Georgiades* S. 113ff.; *Stoll* JuS 67, 12; *Gudian* NJW 67, 1786; *Medicus*, *MünchKomm* 9 zu § 986; ferner die bei *Georgiades* S. 17. in der Anm. 9 Genannten.

[42] Ausdrücklich gegen ein aus dem Anwartschaftsrecht abgeleitetes dingliches Recht zum Besitz, BGHZ 10, 69 (72). In BGHZ 34, 191 (197) spricht der BGH ebenfalls nur von dem obligatorischen Recht zum Besitz *aus dem Kaufvertrag*, ohne ein dingliches Recht zum Besitz aus der Anwartschaft auch nur zu erwähnen. AA OLG Karlsruhe, NJW 66, 885. Hierzu *Stoll*, JuS 67, 12.

[43] Anders vor allem *Raiser*, *Baur* und *Serick*.

§ 43 II   1. Abschn. 1. Kap. Veräußerungsverträge, insbesondere Kauf

angesehen werden, dem Dritten den Besitz und mit ihm sein relatives Recht zum Besitz aus dem Kaufvertrag mit Wirkung gegenüber dem Verkäufer zur Ausübung zu überlassen.[44] Fällt dieses Recht hinweg, dann allerdings kann der Verkäufer die Sache nunmehr von dem Dritten herausverlangen. Das ist vor allem dann von Bedeutung, wenn der Verkäufer sich im Kaufvertrage das Recht vorbehalten hatte, im Falle des Zahlungsverzuges des Käufers die Sache vorläufig wieder an sich zu nehmen, ohne vom Vertrag zurückzutreten, weil in diesem Fall zwar das Recht des Käufers zum Besitz aus dem Kaufvertrage (vorläufig) endet, nicht aber auch das Anwartschaftsrecht. Dieses bleibt vielmehr so lange bestehen, als die Bedingung noch eintreten kann. Könnte der Erwerber des Anwartschaftsrechts sich auf ein diesem inhärentes dingliches Recht zum Besitz berufen, so könnte er das Rücknahmerecht des Verkäufers vereiteln. Kann er sich dagegen nur auf das relative Recht des Käufers zum Besitz aus dem Kaufvertrag berufen, dann geht sein (von dem des Käufers abgeleitetes) Recht zum Besitz nicht weiter als dieses. Er behält aber, auch wenn er die Sache an den Verkäufer auf dessen berechtigtes Verlangen hin herausgibt, das von ihm erworbene Anwartschaftsrecht, wird also Eigentümer – und damit herausgabeberechtigt –, wenn der Kaufpreis bezahlt wird.[45]

So wie der Vorbehaltskäufer selbst den in der Anwartschaft steckenden gegenwärtigen Vermögenswert – der um so höher sein wird, je geringer die Restzahlung ist, die noch zu leisten ist, um die Umwandlung der Anwartschaft in das Vollrecht herbeizuführen – durch eine Übertragung der Anwartschaft für sich ausnutzen kann, so können auch seine Gläubiger sich durch die Pfändung der Anwartschaft bereits eine Sicherung verschaffen. Auf *welche Weise* dies zu geschehen hat, ist allerdings sehr streitig. Nach der herrschenden Theorie der „Doppelpfändung" ist dem Gläubiger zu raten, sowohl das Anwartschaftsrecht, wie auch die Sache selbst zu pfänden.[46] Mit der Pfändung der Anwartschaft allein, die im Wege der Rechtspfändung gemäß § 857 ZPO geschieht, entsteht ein Pfandrecht nur erst am Anwartschaftsrecht. Dieses hindert zwar dessen weitere Übertragung und ermöglicht dem Gläubiger die Verwertung des *Anwartschaftsrechts*, nicht aber die *Sache*, die ja noch im Eigentum des Verkäufers steht. Es setzt sich nach der hL aus vollstreckungsrechtlichen Gründen auch nicht nach Bedingungseintritt am Eigentum und damit an der Sache fort. Durch die Sachpfändung erreicht dagegen der Gläubiger, daß ein Pfändungspfandrecht an der Sache für ihn in dem Augenblick entsteht, in dem sein Schuldner das Eigentum an der Sache erwirbt, d. h. mit Bedingungseintritt. Diesen kann er durch Zahlung des Restkaufpreises selbst herbeiführen. Bis dahin

---

[44] Ebenso *Georgiades* S. 126f.; vgl. auch *Brox,* JuS 84, 659.
[45] Vgl. *Georgiades* S. 127f. Die Geltendmachung des Herausgabeanspruchs seitens des Vorbehaltsverkäufers und die Herausgabe der Sache an ihn ließen, bemerkt er mit Recht, das Anwartschaftsrecht des Erwerbers unberührt; sie könnten sich nur auf das zwischen ihm und dem Vorbehaltskäufer bestehende Rechtsverhältnis auswirken.
[46] So die hL; vgl. *Rühl* 171; *Holtz* 65ff.; *Enn./N.* § 197 II 4b; *Stein/Jonas/Münzberg,* ZPO, § 857 unter II 9; *Baumbach/Lauterbach,* ZPO, „Vollstreckungsschlüssel" vor § 704; *Serick* 303ff., 314ff. Ebenso der BGH, NJW 54, 1328. Nur die Rechtspfändung (gemäß § 857 ZPO) halten für genügend *Letzgus* S. 40ff. und *Baur,* Lehrb. d. Sachenrechts § 59 V 4; nur die Sachpfändung (gem. § 808 ZPO) *Raiser* S. 91, gemäß seiner Grundauffassung, daß das Anwartschaftsrecht als ein „Eigentumsfragment" die Sache (auch schon) dem Vermögen des Anwärters zuweise. *Georgiades* S. 140f. empfiehlt, die Anwartschaftspfändung genügen zu lassen, diese aber nicht nach § 857 ZPO sondern *analog der Sachpfändung* durchzuführen.

§ 43. Die Sicherung des vorleistenden Verkäufers

freilich bleibt er hinsichtlich der Sachpfändung der Widerspruchsklage des Eigentümers gemäß § 771 ZPO ausgesetzt. Gegen die Theorie der Doppelpfändung werden im Schrifttum zunehmend Bedenken geltend gemacht. Man sollte anerkennen, daß sich das Pfandrecht am Anwartschaftsrecht nach Bedingungseintritt am Eigentum fortsetzt und die Pfändung des Anwartschaftsrechts genügen lassen. – Gesetzliche Pfandrechte, die an der Kaufsache entstehen würden, wenn der Käufer Eigentümer wäre, wie das Pfandrecht des Vermieters (§ 559), ergreifen zunächst die Anwartschaft als die „Vorstufe" des Eigentums und „erstarken" mit deren Erstarkung zum Eigentum zum Pfandrecht an der Sache. Ebenso erstreckt sich eine Hypothek gemäß § 1120 schon auf das Anwartschaftsrecht an solchen Sachen, die der Grundstückseigentümer unter Eigentumsvorbehalt erworben hat, falls sie Zubehör des Grundstücks werden.[47] Insoweit ist allgemein anerkannt, daß sich das Pfandrecht an der Anwartschaft nach Bedingungseintritt am Eigentum – als Pfandrecht an der Sache – fortsetzt.

Gegenüber der Pfändung der Sache durch einen *Gläubiger des Verkäufers* steht dem Vorbehaltskäufer aufgrund seines Anwartschaftsrechts die Drittwiderspruchsklage (§ 771 ZPO) zu.[48]

Wird das Anwartschaftsrecht hinsichtlich seiner Übertragung und sonstiger Verfügungen des Berechtigten dem Eigentum gleich behandelt, so liegt es nahe, analog § 932 auch den **Erwerb eines solchen Rechts** gemäß **§ 929 von einem Nichteigentümer** zuzulassen, wenn der Erwerber (der Käufer) im Augenblick des Erwerbes *des Anwartschaftsrechts,* also der aufschiebend bedingten Übertragung des Eigentums, den Verfügenden (den Verkäufer) gutgläubig für den Eigentümer der Sache hält.[49] Freilich erwirbt er nach unserer Auffassung hierdurch nur die unentziehbare Aussicht auf den Erwerb des Eigentums bei Bedingungseintritt, kein gegenwärtiges dingliches Recht zum Besitz und Gebrauch der Sache. Aus dem Kaufvertrage mit dem unberechtigt Verfügenden kann er dem Eigentümer gegenüber keine Rechte herleiten. Ist er daher nicht bereit, den Kaufpreis unverzüglich zu zahlen und dadurch den Eintritt der Bedingung herbeizuführen,[50] dann muß er die Sache dem Eigentümer für die Zwischenzeit, bis zum Bedingungseintritt, zurückgeben.[51] Das ist nicht unbillig; das Anwartschaftsrecht des Käufers

---

[47] So die heute überwiegende Meinung; vgl. *v. Lübtow,* Das Grundpfandrecht am Vorbehaltseigentum, JuS 63, 171; ferner *Letzgus* S. 27ff.; *Holtz,* JW 33, 2572; *Reinicke,* Gesetzl. Pfandrechte und Hypotheken am Anwartschaftsrecht, 1941; MDR 59, 613; *Westermann,* Sachenrecht § 44, 3; *Raiser* S. 98; *Georgiades* S. 88ff., 147; *Serick* Bd. I S. 279ff.; ebenso der BGH, BGHZ 35, 85. Zweifelhaft ist, ob es zur Aufhebung eines in solcher Weise belasteten Anwartschaftsrechts (durch einen Vertrag zwischen dem Vorbehaltsverkäufer und dem Käufer) der Zustimmung des Hypothekengläubigers bedarf; verneinend der BGH, NJW 85, 376; bejahend – m. E. mit Recht – *Tiedtke,* NJW 85, 1305.

[48] So der BGH, BGHZ 55, 20, 26f., *Serick* 293 (mit weiteren Nachweisen).

[49] Dafür heute die hL; vgl. *Serick* Bd. I S. 268; *Westermann,* Sachenrecht § 46, 4; *Baur,* Lehrb. d. Sachenrechts § 59 V 3; *Raiser* S. 35ff.; *Medicus,* Bürgerl. R. Rdn. 474; *Erman/Weitnauer* 30 zu § 455. Zu dem gleichen Ergebnis kommt der BGH dadurch, daß er für den gutgläubigen Erwerb des Eigentums im Falle einer aufschiebend bedingten Übereignung den guten Glauben im Zeitpunkt der Einigung und Übergabe, also dem Zeitpunkt des Erwerbes des Anwartschaftsrechts, genügen läßt; so BGHZ 10, 69; 30, 377.

[50] Wenn er bereit ist, den restlichen Kaufpreis an den Verkäufer – der seinerseits zur Herausgabe des Erlangten an den Eigentümer nach § 816 Abs. 1 verpflichtet ist – alsbald zu zahlen, wodurch er das Eigentum erwerben würde, verstößt das Herausgabeverlangen des Eigentümers gegen Treu und Glauben, wie BGHZ 10, 69, 75 richtig angenommen hat. Beruft sich der Anwartschaftserwerber aber darauf, daß ihm nach dem Kaufvertrag eine längere Zahlungsfrist gegeben sei, so braucht sich der Eigentümer diese nur schuldrechtliche Abrede nicht entgegenhalten zu lassen.

[51] Ebenso im Ergebnis *Serick* Bd. I S. 272, der, obgleich er dem Anwärter ein dingliches Recht zum

besteht ja auch nach der Herausgabe der Sache an den Eigentümer fort, der Käufer erwirbt also das Eigentum beim Eintritt der Bedingung. § 932 schützt nur den gutgläubigen Erwerb des Eigentums, hier des Anwartschaftsrechts, nicht aber auch den nur schuldrechtlich begründeter Befugnisse aus dem Vertrage des Erwerbers mit dem unberechtigt Verfügenden mit Wirkung gegenüber dem an diesem Vertrage nicht beteiligten Eigentümer.

Erwirbt jemand ein bestehendes Anwartschaftsrecht gutgläubig von einem Besitzer der Sache, dem das Anwartschaftsrecht nicht zusteht, so wird man den § 932 auch hier analog anwenden müssen.[52] Zwar bezieht sich der gute Glaube des Erwerbers hier nicht auf das *Eigentum* des Verfügenden, sondern nur auf dessen *Anwartschaftsberechtigung*. Dieser Glaube ist aber nicht weniger schutzwürdig als der an das Eigentum, wenn nur der Verfügende durch den Besitz der Sache legitimiert ist. Der Erwerber erwirbt das Anwartschaftsrecht aber nur so, wie es tatsächlich (zwischen dem Eigentümer und dem Vorbehaltskäufer und ersten Anwartschaftsberechtigten) begründet war; geschützt wird nur der gute Glaube an die Rechtszuständigkeit des Verfügenden, nicht auch der an die Richtigkeit der von diesem über den Inhalt des Rechts, insbesondere über den Kaufvertrag, gemachten Angaben.[53] Besteht schließlich ein Anwartschaftsrecht überhaupt nicht, so soll nach einer Meinung[54] der gutgläubige Erwerb möglich sein, wenn wenigstens eine Kaufpreisforderung gegen den Erstkäufer der Sache entstanden war, bei deren Bezahlung die Bedingung des Eigentumserwerbs eintreten kann. Die Gegenmeinung, die die Möglichkeit des gutgläubigen Erwerbs hier ablehnt, verdient mit Rücksicht auf den Eigentümer, dessen bisher unbeschränkte Verfügungsmacht dann nach § 161 beschränkt werden würde, den Vorzug.

d) **Grenzen der Wirksamkeit des Eigentumsvorbehalts.** Der Eigentumsvorbehalt erweist sich als wirkungslos, wenn ein Tatbestand eintritt, der kraft Geset-

---

Besitz aus der Anwartschaft zuerkennt, meint, dieses müsse als das ,,schwächere Recht" dem ,,stärkeren" des Eigentümers weichen. Anderseits meint *Georgiades,* der das dingliche Besitzrecht des Anwärters zutreffend verneint, daß ,,angesichts der untrennbaren Verflechtung von dinglichen und obligatorischen Elementen" der dinglichen Seite der Vorrang eingeräumt und hier ein gutgläubiger Erwerb des ,,ursprungsmäßig obligatorischen Rechts zum Besitz" zugelassen werden müsse (S. 130). Gegen ein dem Eigentümer gegenüber wirksames Recht des gutgläubigen Anwartschaftserwerbers zum Besitz *Medicus,* Bürgerl. R. Rdn. 465 (letzter Absatz) u. *MünchKomm* 9 zu § 986; dafür *Baur,* Sachenrecht § 59 V 3a.

[52] Dafür auch *Raiser* S. 38; *Georgiades* S. 132 (doch werde ein Recht zum Besitz in diesem Fall nicht erworben), *Serick* Bd. I S. 270; *Westermann,* Sachenrecht § 45 III 1; *Baur,* Sachenrecht § 59 V 3b; *Reinicke/Tiedtke* (vor § 41) S. 265 zu Anm. 16. Dagegen *Flume* S. 394ff.; *Medicus,* Bürgerl. R. Rdn. 475 aE; *Wieling,* JuS 74, 211; *Brox,* JuS 84, 661 f.; *Bülow* aaO Rdn. 243; *MünchKomm/Westermann* 67 zu § 455.

[53] Vgl. *Georgiades* S. 132f.; *Westermann* aaO.

[54] So *Raiser* S. 38f.; *Serick* Bd. I S. 271. Als ausgeschlossen bezeichnen den Erwerb einer Anwartschaft in diesem Fall dagegen *Westermann* aaO und *Baur* aaO; ebenso diejenigen, die auch den gutgläubigen Erwerb eines immerhin schon bestehenden Anwartschaftsrechts ablehnen.

zes den Übergang des Eigentums – sei es auf den Käufer, sei es auf einen Dritten – zur Folge hat. Derartige Tatbestände sind:

1. *Der Eigentumserwerb vom Nichtberechtigten* auf Grund guten Glaubens des Erwerbers an das Eigentum des Veräußerers, §§ 932 ff. Veräußert der Käufer, obwohl ihm das vom Verkäufer nicht gestattet war, die in seinen Besitz gelangte, aber noch im Eigentum des Verkäufers stehende Sache an einen Dritten, der den Käufer ohne grobe Fahrlässigkeit für ihren Eigentümer hält, so erwirbt der Dritte das Eigentum, wenn ihm die Sache von dem Käufer übergeben wird. Dem guten Glauben des Zweitkäufers (Dritten) an das Eigentum seines Veräußerers steht nach § 366 HGB sein guter Glaube an dessen Verfügungsmacht, daher an eine Gestattung der Weiterveräußerung durch den ersten Verkäufer, gleich, wenn der Veräußerer Kaufmann ist und die Veräußerung im Betriebe seines Handelsgewerbes vornimmt. § 935 schließt den Eigentumserwerb nicht aus, weil der Vorbehaltskäufer den Besitz der Sache in der Regel mit dem Willen des Verkäufers erlangt hat, die Sache diesem also nicht „abhandengekommen" ist. Die Rechtsprechung schützt zwar den Vorbehaltsverkäufer insofern, als sie dazu neigt, eine Erkundigungspflicht des Erwerbers (also des Zweitkäufers) bei solchen Sachen anzunehmen, die heute regelmäßig nur unter Eigentumsvorbehalt verkauft zu werden pflegen, so daß also ein Erwerber, der jede Erkundigung nach den Eigentumsverhältnissen unterließe, sich den Einwand gefallen lassen müßte, daß er grobfahrlässig handelte.[55] Insbesondere im kaufmännischen Verkehr muß, wer Waren vom Verarbeiter bezieht, mit einem Eigentumsvorbehalt des Rohstofflieferanten rechnen. Beim Erwerb eines Kraftfahrzeugs handelt regelmäßig grobfahrlässig, wer sich nicht den Kraftfahrzeugbrief vorlegen läßt. Im übrigen wird man aber eine Erkundigungspflicht nur da annehmen können, wo die Umstände Zweifel an dem Eigentum des Verkäufers nahe legen. Von den begleitenden Umständen hängt es auch ab, ob der Käufer sich, ohne grobfahrlässig zu handeln, mit der bloßen Versicherung des Verkäufers, er sei Eigentümer, begnügen darf, oder einen Nachweis verlangen muß. Tritt gutgläubiger Eigentumserwerb ein, verliert der Vorbehaltsverkäufer dadurch sein Eigentum.

2. *Der Eigentumserwerb durch Verbindung, Vermischung und Verarbeitung,* §§ 946 bis 950. Der Käufer, oder auch ein Dritter, in dessen Person die Voraussetzungen zutreffen, kann das Eigentum auf Grund eines der in den §§ 946 bis 950 geregelten Tatbestände erwerben. Werden beim Käufer gleichartige Sachen, etwa Rohstoffe oder Halbfabrikate, die dieser von verschiedenen Verkäufern jeweils unter Eigentumsvorbehalt bezogen hat, in solcher Weise miteinander oder auch mit bereits dem Käufer gehörenden Stücken oder Teilmengen vermengt, daß diese nicht mehr voneinander unterschieden werden können, so werden die Beteiligten

---

[55] RGZ 147, 331; BGH, JZ 80, 572; *Westermann,* Sachenrecht § 46 2b; *Palandt/Bassenge* 2b, *Erman/Westermann* 10 zu § 932.

§ 43 II   1. Abschn. 1. Kap. Veräußerungsverträge, insbesondere Kauf

nach § 948 in Vbdg. mit § 947 Abs. 1 in der Regel Miteigentümer aller Stücke oder der gesamten Menge. Wenn der Käufer die unter Eigentumsvorbehalt gekaufte und gelieferte Ware in seinem Betriebe zu einer neuen Sache verarbeitet, erwirbt er nach § 950 das Eigentum an ihr. Zur Verarbeitung wird er nach dem Kaufvertrage dem Verkäufer gegenüber meist berechtigt sein. Der Verkäufer kann sich aber nach der Rechtsprechung und der im Schrifttum überwiegenden Ansicht gegen den ihm drohenden Verlust seines Eigentums durch eine sogenannte **Verarbeitungsklausel** schützen. Sie besagt, im Falle der Verarbeitung der gelieferten Stoffe solle sich das Eigentum des Verkäufers an der aus ihr hergestellten neuen Ware, und zwar entweder im vollen Umfang oder als Bruchteilseigentum in dem Verhältnis fortsetzen, in dem der Wert des Stoffes vor der Verarbeitung zu dem des neu hergestellten Produktes steht. Entweder hält man den § 950 trotz seiner systematischen Stellung im Sachenrecht für dispositiv, oder man gibt der Klausel den Sinn, ,,Hersteller" (im Sinne des § 950) solle der Stofflieferant sein.[56] Mit einer an der objektiv gegebenen Sachlage orientierten Auslegung des vom Gesetz gewählten Ausdrucks ,,Hersteller" ist das nicht zu vereinigen, so daß auch die so verstandene Klausel in Wahrheit nichts anderes bedeutet, als daß die Norm des § 950 abbedungen wird.[57] Hält man, wofür vieles spricht, den § 950 dagegen für zwingendes Recht, so muß man mit *Westermann*[58] und einigen anderen eine Erstreckung des Eigentumsvorbehalts auf die vom Käufer durch Verarbeitung hergestellte neue Sache ablehnen. Dieser Meinung zufolge verliert der Verkäufer sein Vorbehaltseigentum mit der Verarbeitung; er kann sich freilich im Wege eines vorweg vereinbarten Besitzkonstituts ein (durch die Preiszahlung auflösend bedingtes) Sicherungseigentum an den neuen Sachen übertragen lassen, das ihm praktisch pfandrechtsartige Befugnisse gewährt.

3. *Die Versteigerung der Sache* im Wege der Zwangsvollstreckung auf Betreiben eines Gläubigers des *Käufers*. Gedacht ist hier an den Fall, daß der Gläubiger des Käufers die Vollstreckung nicht auf das Anwartschaftsrecht, sondern auf die Sache selbst (das Eigentum) richtet und damit Erfolg hat, weil es der Vorbehaltsverkäufer unterlassen hat, rechtzeitig dagegen vorzugehen. Der Erwerb in der Zwangsvollstreckung ist nach hL kein rechtsgeschäftlicher Erwerb, sondern beruht auf einem staatlichen Hoheitsakt. Deshalb ist nach ihr § 161 Abs. 1 Satz 2 (,,Verfügung im Wege der Zwangsvollstreckung") hier nicht anwendbar. Der

---

[56] RGZ 138, 88 (beiläufig); BGHZ 20, 163; 46, 117; *Soergel/Mühl* 9 zu § 950. *Rühl* S. 138 (aber mit Bedenken); *Flume*, NJW 50, 843; *Baur*, Sachenrecht § 53b I 3 und III 3; wohl auch *Staudinger/Honsell* 63, 64 zu § 455. Zur Konstruktion *Nierwethberg*, NJW 83, 2235.

[57] Dem will *Wagner*, AcP 184, 14, dadurch Rechnung tragen, daß er dem § 950 eine ,,beschränkt dispositive Rechtsnatur" zuerkennt. Zwingend sei nur die Rechtsfolge, dispositiv, in bestimmten Grenzen, die Bestimmung des Herstellers. Ähnlich *Bülow* aaO. Rdn. 638.

[58] Sachenrecht § 53 III 2 e. Ebenso *Palandt/Bassenge* 3 a bb, *Erman/Hefermehl* 7, *MünchKomm/Quack* 26, 32, 38 zu § 950; *Medicus*. Bürgerl. R. Rdn. 519.

Ersteher erwirbt das Eigentum ohne Rücksicht auf guten Glauben; der bisherige Eigentümer, also der Vorbehaltsverkäufer, verliert es endgültig.[59]

e) **Erweiterungen des Eigentumsvorbehalts.** Der Eigentumsvorbehalt stellt im allgemeinen eine genügende Sicherung des Verkäufers dar, wenn der Käufer die Sache als Verbraucher in seinem Besitz hält. Anders, wenn er als Geschäftsmann die Ware bezieht, um sie, unverändert oder nach Verarbeitung, weiter zu veräußern. Der Verkäufer ist hier faktisch dazu genötigt, dem Käufer die Weiterveräußerung im Rahmen eines ordnungsgemäßen Geschäftsbetriebes zu gestatten, da andernfalls die Kreditierung des Kaufpreises dem Käufer nichts nützen würde. Gestattet der Verkäufer aber dem Käufer trotz seines Eigentumsvorbehalts die Weiterveräußerung – was rechtlich im Wege der Verfügungseinwilligung (§ 185 Abs. 1) möglich ist –, so verliert er sein vorbehaltenes Eigentum, sobald der Käufer im Rahmen der Gestattung zugunsten seines Abnehmers über die Sache verfügt. Damit verliert aber der Eigentumsvorbehalt bei solchen Waren, die, wie dem Verkäufer bekannt, zur Verarbeitung und zur Weiterveräußerung bestimmt sind, für ihn erheblich an praktischem Wert. Um ihm dennoch die Vorteile des Vorbehalts in möglichst großem Umfange zu erhalten, hat die Praxis der „Geschäftsjuristen" eine Reihe von Klauseln entwickelt, die sich besonders häufig in den allgemeinen Geschäftsbedingungen der Großhändler und Lieferfirmen finden und die insgesamt darauf hinauslaufen, durch Erweiterungen des „normalen" Eigentumsvorbehalts dem Verkäufer zusätzliche Sicherungen zu verschaffen. Von der „Verarbeitungsklausel" war schon die Rede. Zu besonderer Bedeutung sind gelangt:

1. Der „**verlängerte Eigentumsvorbehalt**". Er besteht in der Abrede, daß die Forderungen, die der Käufer auf Grund einer Weiterveräußerung der Vorbehaltsware gegen seine Abnehmer erhält – auch die auf Werklohn, sofern er selbst die Ware weiterverarbeitet hat und in dem Werklohn, wirtschaftlich gesehen, das Entgelt für die Ware einbegriffen ist – ganz oder in bestimmter Höhe an den Vorbehaltsverkäufer im voraus „zur Sicherheit" abgetreten werden.[60] Eine solche vorweg vereinbarte Sicherungsabtretung künftiger Forderungen ist, wie wir früher (Bd. I § 34 III) gesehen haben, grundsätzlich dann möglich, wenn die abgetretenen Forderungen hinreichend bestimmt oder bestimmbar sind. Das RG hat an dieses Erfordernis verhältnismäßig strenge Anforderungen vor allem dann gestellt, wenn die Abtretung auf „Allgemeinen Geschäftsbedingungen" beruht.[61] Der BGH hat die Anforderungen zwar gemildert.[62] Er verlangt jedoch,

---
[59] Vgl. *Serick* Bd. I, S. 299 (zu Anm. 28); eingehend RGZ 156, 395.
[60] Die Ermächtigung zur Weiterveräußerung ist dann im Zweifel dahin zu verstehen, daß sie nur für den Fall gilt, daß der Käufer dem Verkäufer die ihm abgetretene Forderung tatsächlich verschafft. Vgl. BGHZ 27, 306; 30, 176, 181; 51, 113, 116; *Serick,* Bd. I S. 157.
[61] RGZ 142, 142; 149, 100; 155, 29.
[62] NJW 53, 21; BGHZ 26, 178, 189; vgl. *Soergel/Schmidt* 8; *MünchKomm/Roth* 61, *Erman/Westermann* 18 zu § 398.

daß die abgetretene Forderung wenigstens in dem zu entscheidenden Einzelfall bestimmbar ist. Ist das nicht der Fall, ist die Abtretung unwirksam.[63] Der BGH versucht jedoch, dieses Ergebnis nach Möglichkeit dadurch zu vermeiden, daß er im Falle der Undeutlichkeit oder Mehrdeutigkeit der gewählten Kriterien im Wege der Auslegung hilft; so vor allem, wenn nur Teilforderungen abgetreten sind. Unter mehreren möglichen Auslegungen sei derjenigen der Vorzug zu geben, „die am wenigsten der Gefahr ausgesetzt ist, von der Rechtsprechung wegen mangelnder Bestimmbarkeit der abgetretenen Forderung verworfen zu werden".[64] Weiter fragt es sich, ob die Vorausabtretungen etwa auch der Werklohnforderungen – besonders, wenn der auf die verarbeitete Vorbehaltsware entfallende Anteil verhältnismäßig gering ist – in voller Höhe nicht eine übermäßige Sicherung darstellt, die die wirtschaftliche Bewegungsfreiheit des Käufers in einer mit den Grundsätzen gesunden Wettbewerbs nicht mehr zu vereinbarenden Weise übermäßig beschränkt und deshalb nach § 138 nichtig ist.[65] Auch hier sucht der BGH die Nichtigkeitsfolge dadurch zu vermeiden, daß er die Abtretung im Wege der Auslegung auf einen Teilbetrag, etwa den des Wertes der Vorbehaltsware, beschränkt. Im Falle einer Weiterverarbeitung, die der Bedingung des § 950 (Herstellung einer „neuen Sache") genügt, sichert sich der Verkäufer häufig zweifach: durch eine „Verarbeitungsklausel" und durch einen „verlängerten Eigentumsvorbehalt". Nicht selten werden die künftigen Preis- oder Werklohnforderungen von dem Bezieher der Waren oder Rohstoffe nicht nur an seine Lieferanten, sondern im voraus zur Sicherheit für einen aufgenommenen Kredit auch an einen Geldgeber abgetreten. Dann fragt es sich, wie sich die verschiedenen Abtretungen zueinander verhalten – wer Gläubiger der abgetretenen Forderungen wird. Im Falle mehrfacher Vorausabtretung der gleichen Forderung entscheidet nach der hL grundsätzlich die zeitliche Priorität.[66] Hiernach wird, wenn die abgetretene Forderung entsteht, nur diejenige Abtretung wirksam, die *zuerst* vorgenommen worden ist. Die Rechtsprechung ist jedoch hierbei nicht stehen geblieben.

Der Grundsatz der zeitlichen Priorität wird, da er zu einer zu schematischen Lösung führe, im Schrifttum für den Fall in Frage gestellt, daß der verlängerte Eigentumsvorbehalt der Warenlieferanten mit einer von dem Warenkäufer *vor* der Lieferung zugunsten eines Geldkreditgebers sicherungshalber vorgenommenen *Globalzession* zusammentrifft. Geht hier die „Globalzession" als die zeitlich früher liegende Abtretung vor, so haben die Warenlieferanten regelmäßig das Nachsehen. Dagegen

---

[63] Vgl. BGHZ 26, 178, 183.
[64] BGHZ 79, 16, 22.
[65] Eingehend hierüber *Flume,* NJW 50, 841 ff. und *Westermann,* Interessenkollisionen und ihre richterliche Wertung bei den Sicherungsrechten an Fahrnis und Forderungen, 1954. Aus der Rspr. vgl. BGH, NJW 58, 417; BGHZ 26, 178, 183; 26, 185, 190; 79, 16, 18f.
[66] Vgl. hierzu *Baur,* Lehrb. des Sachenrechts § 59 VI 2; *Palandt/Heinrichs* 3c, *Erman/Westermann* 19 zu § 398; *Kaduk,* Festschr. f. Larenz, 1973, S. 692f. Dagegen hält *Beuthien,* BB 71, 375, das Prioritätsprinzip bei der Abtretung erst künftiger Forderungen für unangebracht.

wird eingewandt, daß die abgetretenen Forderungen wirtschaftlich den Gegenwert für die von ihnen gelieferten Waren darstellten. Die Lieferanten verdienten deshalb den Vorzug.[67] Eine grundsätzliche Bevorzugung der Warengläubiger gegenüber dem Geldgläubiger ist indessen, wie auch der BGH anerkennt, aus dem geltenden Recht nicht zu begründen.[68] Für die vielfach vorgeschlagene Teilung der mehrfach abgetretenen Forderung unter die mehreren Abtretungsempfänger[69] läßt sich im geltenden Recht keine hinreichende Begründung finden; sie dürfte nur schwer praktikabel sein. Der BGH ist der Meinung,[70] ohne den Grundsatz der zeitlichen Priorität aufzugeben, die Globalzession sei im Einzelfall insoweit sittenwidrig und deshalb nichtig, als sie auch solche künftigen Forderungen umfassen solle, die der Kreditnehmer, dem Kreditgeber bekannt, an seine Warenlieferanten abtreten müsse, um Waren zu erhalten, da er dadurch dazu genötigt werde, seine Lieferanten zu täuschen. Die Begründung des BGH für die Sittenwidrigkeit solcher Abmachungen überzeugt zwar nicht,[71] jedoch wird man sagen müssen, daß eine Globalzession, die keine Rücksicht darauf nimmt, daß der Zedent den von ihm dringend benötigten Warenkredit nur erhalten kann, wenn er dazu in der Lage ist, die Forderungen an seine Abnehmer sicherheitshalber an seine Lieferanten abzutreten, eine übermäßige Beschränkung der wirtschaftlichen Freiheit der Zedenten darstellt. Allein unter diesem Gesichtspunkt läßt sich die Sittenwidrigkeit bejahen. Im Zweifel legt die Rechtsprechung eine Abmachung über eine Globalzession heute daher dahin aus, daß sie solche Forderungen nicht einschließt, die der Zedent seinen Lieferanten mittels eines „verlängerten Eigentumsvorbehalts" abzutreten genötigt ist. Auf diese Weise vermeidet sie die Nichtigkeit der Globalzession und erhält doch dem Warengläubiger die Möglichkeit seiner Sicherung durch einen verlängerten Eigentumsvorbehalt. Insoweit gibt sie den Kreditgläubigern das Nachsehen.[72] Eine sogenannte „schuldrechtliche Teilverzichtsklausel" genügt nicht, um die Nichtigkeit einer Globalzession zu vermeiden, die auch solche Forderungen einschließt, die der Schuldner an seine Lieferanten abzutreten faktisch genötigt ist.[73]

2. Die Verpflichtung des Käufers zur „Weitergabe" des Eigentumsvorbehalts. Der Käufer kann durch den Kaufvertrag verpflichtet werden, im Falle der Weiterveräußerung seinem Abnehmer die Ware nur unter der Bedingung zu übereignen, daß der Erstverkäufer wegen seiner Forderung befriedigt wird, d. h. also, ihm nur sein Anwartschaftsrecht, nicht schon das volle Eigentum an der

---

[67] Für die grundsätzliche Bevorzugung der Warenlieferanten treten besonders *Flume* (NJW 50, 841; 59, 918) und *Gast* (DB 58, 1235) ein.
[68] BGHZ 30, 149, 152.
[69] Dafür *Erman*, Die Globalzession in ihrem Verhältnis zum verlängerten Eigentumsvorbehalt, 1960; *Esser*, JZ 68, 281; ZHR 135 (1971), 320; *Finger*, JZ 70, 642; *Beuthien* BB 71, 375. Kritisch zum Teilungsgedanken *Kaduk* aaO.
[70] BGHZ 30, 149; 32, 363; 55, 34; 72, 308, 310; BGH, NJW 83, 2502 aE.
[71] Mit Recht bemerkt *Medicus*, Bürgerl. R. Rdn. 527, zu ihr: „Wieso ist es Aufgabe der Banken, ihre Kunden davon abzuhalten, mit Dritten geschlossene Verträge zu verletzen oder strafbare Handlungen zu begehen?" Auch *Medicus* weist stattdessen auf den Gesichtspunkt der Schuldnerknebelung hin.
[72] Vgl. dazu auch Allg. Teil § 22 IIIb unter Nr. 4; *Medicus*, Bürgerl. R. Rdn. 526, 527; *Staudinger/Honsell* 76, 77 zu § 455. *Kaduk* aaO schlägt vor, das Problem im Wege der ergänzenden Auslegung (§ 157) zu lösen. Die Vereinbarung der Globalzession sei dahin einschränkend auszulegen, daß sie keine Forderungen erfassen solle, für die ein verlängerter Eigentumsvorbehalt zu erwarten sei. Das mag vielfach möglich sein, genügt aber nicht, wenn man nicht annimmt, daß eine Vereinbarung, die eine solche Auslegung nicht zuläßt, nichtig ist.
[73] So BGHZ 72, 308 u. der überwiegende Teil des Schrifttums. Die Klausel besagt, die Bank verpflichte sich für den Fall, daß eine ihr im voraus abgetretene Forderung künftig einem Lieferanten im Wege eines „branchenüblichen verlängerten Eigentumsvorbehalts" abgetreten werde, sie diesem auf sein Verlangen hin abzutreten.

§ 43 II   1. Abschn. 1. Kap. Veräußerungsverträge, insbesondere Kauf

Kaufsache zu übertragen. Die Klausel ist gültig; rechtspolitisch bedenklich ist sie insofern, als dadurch die Eigentumsverhältnisse leicht undurchsichtig werden. Da sich ein Zweitkäufer auf eine solche Bedingung kaum einlassen würde, ist die Klausel selten. In Allgemeinen Geschäftsbedingungen dürfte ihr sowohl nach § 3, wie nach § 9 AGBG die Wirksamkeit zu versagen sein.

3. Unter einem **nachgeschalteten Eigentumsvorbehalt** versteht man die Verpflichtung des Käufers, die Sache seinerseits nur unter Eigentumsvorbehalt weiter zu veräußern. Solange er selbst noch nicht – durch Zahlung an den Verkäufer – Eigentümer geworden ist, hält er dadurch dessen Eigentum, hernach sein eigenes aufrecht; beides aber nur so lange, bis sein Abkäufer an ihn zahlt. Der Vorbehaltsverkäufer verliert in diesem Fall sein Eigentum entweder dadurch, daß sein Käufer an ihn, oder dadurch, daß dessen Abkäufer an diesen zahlt.

4. Die Hinausschiebung des Eigentumserwerbs bis zur Begleichung *aller* Forderungen des Verkäufers gegen den Käufer, insbesondere aus laufender Geschäftsverbindung, mit Einschluß auch der erst künftig entstehenden **(Kontokorrentvorbehalt)**. Das RG wie auch der BGH haben eine derartige weite Ausdehnung des Vorbehalts wenigstens im Grundsatz gleichfalls für zulässig erklärt,[74] und die hL ist der Rechtsprechung darin, wenn auch zum Teil unter Hervorhebung der rechtspolitischen Bedenken dagegen, gefolgt.[75] Noch weiter geht der **Konzernvorbehalt**: Eigentumsübergang erst bei Befriedigung aller Forderungen der dem Konzern angehörenden Firmen.

Die hL verdient m. E. keine Zustimmung. Die Klausel hat zur Folge, daß Waren, die der Käufer längst bezahlt hat, immer noch im Eigentum des Verkäufers verbleiben, sofern dieser nur vor ihrer Bezahlung weitere Lieferungen gemacht hat, aus denen er jetzt noch irgendeine Forderung hat. Der Käufer erlangt also nur dann das Eigentum, wenn er in irgendeinem Zeitpunkt alle Lieferungen bezahlt hat, also dem Verkäufer überhaupt nichts mehr schuldet, was bei laufender Geschäftsverbindung vielleicht niemals eintritt. Mit Recht sah schon am Anfang dieser Entwicklung *Rühl*[76] hierin eine „Entartung" des Instituts des Eigentumsvorbehalts, weil der diesem wesentliche „innere Zusammenhang zwischen Sicherungsmittel und zu sichernder Forderung" gelöst und der Eigentumsvorbehalt einem Sicherungsbedürfnis dienstbar gemacht wird, das in dem Kaufvertrage selbst keine

---

[74] RGZ 147, 321; BGHZ 26, 185, 190; BGH, NJW 64, 1788, 1790. Im Falle nicht eindeutigen Wortlauts der Klausel neigt der BGH allerdings dazu, sie eng auszulegen; vgl. LM Nr. 20 zu § 455. Im Konkurse des Käufers soll er, wenn die Sache voll bezahlt ist, nur ein Absonderungs-, kein Aussonderungsrecht geben; so der BGH, JZ 71, 506.

[75] *Flume* aaO; *Rühl* S. 79 ff.; *Enn./L.* § 118 B 5; *Staudinger/Honsell* 66, *Erman/Weitnauer* 47 b zu § 455. Kritisch gegenüber der Zulassung *Mückenberger*, NJW 58, 1753 (vgl. S. 1756), *Wunschel*, NJW 59, 653. Vgl. auch BGH, NJW 58, 1231. Für eine „Übersicherung" hält den Kontokorrentvorbehalt *Westermann* in *MünchKomm* 87 zu § 455. Zur Frage der Wirksamkeit eines Kontokorrentvorbehalts in Allgemeinen Geschäftsbedingungen *Ulmer/Brandner/Hensen*, AGB-Gesetz 4. Aufl. 1982, 657 zu Anhang §§ 9–11 (S. 654) und unten § 43 II aE.

[76] S. 79. Von einer „mißbräuchlichen" Erstreckung der Sicherung spricht auch *Lehmann* S. 58. Vgl. ferner das – in der Ablehnung wohl etwas zu weitgehende, aber sehr aufschlußreiche – Kapitel über „die Mißbräuche bei der Sicherstellung der Abwicklung des Austauschgeschäfts" bei *Brandt*, Eigentumserwerb und Austauschgeschäft S. 203 ff. Ablehnend, wie hier, *Jauernig* 6 B b bb zu § 929; *Reinicke/Tiedtke* (vor § 39) S. 239; Bedenken auch bei *Staudinger/Honsell* 66 zu § 455.

§ 43a. Der Käuferschutz

Grundlage findet. Erst recht gilt das für den Konzernvorbehalt. Seine Zulässigkeit wird auch von solchen Autoren verneint, die den Kontokorrentvorbehalt für unbedenklich halten.[77]

§ 43a. Der Käuferschutz

I. Der Käuferschutz beim Abzahlungskauf

Literatur: *Aubele,* AbzahlungsG, 2. Aufl. 1951; *Klauss/Ose,* Kommentar zum Abzahlungsgesetz, 1979; *Löwe,* Neuerungen im Abzahlungsrecht, NJW 74, 2257; *Marschall v. Bieberstein,* Das Abzahlungsgeschäft und seine Finanzierung, 1959; *Medicus,* Gedanken zum Anwendungsbereich des Abzahlungsgesetzes, Festschr. f. K. *Larenz,* 1983, S. 411; *Ostler/Weidner,* Abzahlungsgesetz, 6. Aufl. 1971; *Reich,* Abzahlungsrecht und Verbraucherschutz, JZ 75, 550; *Rühl,* Eigentumsvorbehalt und Abzahlungsgeschäft 1930; *Westermann/Baltes,* Grundprobleme der Ratenkreditverträge, JA 1983, S. 477.

Der Käufer, der als Endverbraucher („Konsument") von dem für die heutige Gesellschaft typischen massenweisen Warenangebot Gebrauch macht – und Gebrauch machen muß –, befindet sich gegenüber den Anbietern oft in der Lage des unterlegenen Teils, sei es, daß es ihm an Geschäftsgewandtheit fehlt, er den Verlockungen des vielfältigen Angebots und durch die Werbung nicht zu widerstehen vermag und daher sein Interesse falsch einschätzt, oder daß er die ihm durch seine Unterschrift unter ein kompliziertes Vertragswerk drohenden Gefahren nicht erkennt. Er bedarf daher in mehrfacher Hinsicht des rechtlichen Schutzes. Einen solchen gewähren ihm heute vor allem das Gesetz über den Abzahlungskauf und das AGB-Gesetz. Von der Haftung des Warenherstellers für die gefahrlose Beschaffenheit seiner Produkte war bereits die Rede (oben § 41a). Auch bei ihr geht es im weiteren Sinn um Verbraucherschutz.

Unter einem Abzahlungsgeschäft verstehen wir einen Kaufvertrag[1] über bewegliche Sachen, in dem vereinbart wird, daß der Kaufpreis (ganz oder zum Teil) erst nach der Übergabe und zwar in mehreren, zeitlich aufeinander folgenden Teilleistungen (Raten)[2] gezahlt werden soll. Seine wirtschaftliche Bedeutung liegt zunächst einmal darin, daß es dem Käufer, meist dem letzten Verbraucher, die Anschaffung solcher Gegenstände wie z.B. Möbel, Kraftwagen, Musikin-

---

[77] So von *Serick* in Festschr. f. *Weitnauer,* 1980, S. 145 ff.; als „unannehmbar" bezeichnet ihn MünchKomm/*Westermann* 89 zu § 455.
[1] Das AbzG ist auch anwendbar auf *typengemischte* Verträge, die ein nicht unbedeutendes kaufrechtliches Element enthalten, so BGHZ 78, 375 (Bausatzverträge); nicht aber auf Werkverträge mit kaufrechtlichem Einschlag, BGHZ 87, 112.
[2] Es muß sich um mehrere, erst nach der Übergabe zu zahlende Teilbeträge handeln. Hat der Käufer, außer einer vor oder bei der Übergabe geleisteten Anzahlung, den Rest nur in einer einzigen Zahlung zu leisten, so liegt kein Abzahlungsgeschäft vor, weil es an der hierfür typischen Gefahrenlage für den Käufer fehlt. So BGHZ 70, 378. Nach *Medicus,* aaO S. 423 u. SchR II, § 80 III 1 b trifft die Meinung des BGH nur insoweit zu, als es sich um die später eingefügten Tatbestände handelt.

strumente, Waschmaschinen, Kühlschränke, erleichtert, deren Anschaffungskosten den von ihm nicht für den reinen Lebensunterhalt benötigten Teil seines monatlichen Einkommens übersteigen, so daß er sie nur aufzubringen vermag, wenn er den Betrag entweder vorher spart, einen Kredit aufnimmt oder sich seine Zahlungen über einen längeren Zeitraum, etwa ein halbes oder ein ganzes Jahr, verteilen. Da heute die meisten Menschen zwar mit einem bestimmten, wenn auch begrenzten, laufenden Einkommen rechnen, dagegen selten in die Lage kommen, auf einmal über einen größeren Betrag zu verfügen, ist das Abzahlungsgeschäft für den Absatz vieler Gebrauchsgüter nahezu unentbehrlich. Aber es bringt Gefahren für beide Teile mit sich: für den Käufer die, daß er sich zuviel vornimmt, die vereinbarten Zahlungen nicht leisten kann und dann Ersatzansprüchen, Vollstreckungsmaßnahmen und Kostenforderungen ausgesetzt ist, durch die ihm die Sache, wenn er sie überhaupt behält, im Endeffekt außerordentlich teuer zu stehen kommt; für den Verkäufer die, daß sich manche Forderungen als uneinbringlich erweisen, ihre Eintreibung für ihn zumindest mit Mühe und Zeitaufwand verbunden ist und daß sich schließlich der Unsicherheitsfaktor, den er in Form eines Preisaufschlags einzukalkulieren pflegt, nicht immer im voraus mit einiger Sicherheit berechnen läßt – er kann sich z. B. infolge irgendwelcher unvorhergesehener wirtschaftlicher Rückschläge und Krisen sprunghaft steigern. Die Verkäufer waren und sind daher bestrebt, die für sie in dem Abzahlungskauf liegenden Gefahren dadurch zu verringern, daß sie sich von dem Käufer alle denkbaren Sicherungen und für den Fall, daß die Zahlungen nicht pünktlich erfolgen, möglichst weitgehende Rechte einräumen lassen. Als diejenigen, die sich aus den genannten Gründen den Käufern gegenüber meist in einer günstigeren Lage befinden, vermögen sie diese unschwer zur Annahme derartiger Vertragsbedingungen zu veranlassen.

Da hierdurch aber die für den Käufer in dem Abzahlungsgeschäft ohnehin liegenden Gefahren stark vermehrt werden, hat sich der Gesetzgeber schon vor dem Inkrafttreten des BGB veranlaßt gesehen, zum Schutze der Käufer vor allzu drückenden Bedingungen die Vertragsfreiheit einzuschränken und die zulässigen Abreden zu begrenzen. Das ist in dem Gesetz betreffend die Abzahlungsgeschäfte vom 16. 5. 1894 geschehen.[3] Dadurch sollten geschäftlich wenig erfahrene Käufer[4] davor geschützt werden, daß sie sich etwa durch ihre Unterschrift auf einem Formular auf Bedingungen einließen, deren Bedeutung und Tragweite sie nicht zu erkennen vermochten oder deren Gefährlichkeit sie unterschätzten. Da der Gesetzgeber jedenfalls Kaufleute nicht als geschäftlich unerfahren ansah, so findet

---

[3] Zur Entstehungsgeschichte des Gesetzes, den Mißbräuchen, denen es vornehmlich abhelfen wollte, und seiner anfänglich noch beschränkten Zielsetzung *Benöhr,* ZHR 138 (1974), S. 492.
[4] Darauf, ob der jeweilige einzelne Käufer wenig erfahren und daher schutzwürdig ist, kommt es aber nicht an; vgl. auch BGH NJW 77, 1632. (Der Käufer war hier ein Rechtsanwalt.)

§ 43a. Der Käuferschutz

das Gesetz indessen keine Anwendung, wenn der Empfänger der Ware als Kaufmann in das Handelsregister eingetragen ist (§ 8 AbzG). Dabei spielt es keine Rolle, ob er den Kauf für seinen Geschäftsbetrieb oder für seinen privaten Gebrauch tätigt. Geschützt sind nur, aber auch alle Nichtkaufleute.

Der durch das ursprüngliche Gesetz gewährte Käuferschutz erwies sich mit der Zeit als nicht ausreichend. Durch ein Gesetz vom 1. 9. 1969 ist der Schutz der dem Abzahlungsgesetz unterfallenden Käufer deshalb erweitert worden. Der durch dieses Gesetz neu eingefügte § 1a will die Käufer nunmehr auch davor schützen, daß sie die von ihnen eingegangenen finanziellen Verpflichtungen in ihrer Tragweite nicht richtig erkennen, sich etwa durch scheinbar niedrige Raten täuschen lassen und sich nicht darüber klar werden, welchen Mehrbetrag (im Vergleich zu einem Bargeschäft) sie tatsächlich zu zahlen haben. Das Gesetz sucht diesen Schutzzweck durch eine gewisse *Formalisierung des Vertragsabschlusses* zu erreichen. Ferner ist durch § 6a für Klagen aus Abzahlungsgeschäften das Gericht für ausschließlich zuständig erklärt worden, in dessen Bezirk *der Käufer* zur Zeit der Klageerhebung seinen Wohnsitz hat. Damit ist die früher häufige Klausel in den Bedingungen der Verkäufer nichtig, daß das Gericht des Ortes zuständig sein solle, an dem der Verkäufer seine Niederlassung hat. Durch diese Klausel wurde den Käufern die gerichtliche Wahrnehmung ihrer Rechte häufig erschwert. Abweichende Vereinbarungen haben nur noch in den engen Grenzen des § 6a Abs. 2 Wirksamkeit. Für den Gerichtsstand des § 6a ist es gleich, ob der Käufer oder der Verkäufer die Klage erhebt.[5] Schließlich wurde der Käuferschutz durch ein Gesetz vom 15. 5. 1974 nochmals erweitert. Den Käufern wurde jetzt – in § 1b – ein befristetes Widerrufsrecht eingeräumt; die Rechtsfolgen des Widerrufs wurden in einer den Käufern sehr günstigen Weise geregelt (§ 1d). Außerdem wurde der Anwendungsbereich mehrerer Gesetzesbestimmungen auf einige dem Abzahlungskauf nahe verwandte Geschäftstypen ausgedehnt (§ 1c). Mit alledem waren indessen die Käufer vor für sie schwer durchschaubaren, in der Sache unangemessenen Bedingungen in den allgemeinen Geschäftsbedingungen der Verkäufer, die gerade bei Abzahlungsgeschäften eine große Rolle spielen, immer noch nur sehr unvollkommen geschützt. Heute kommt ihnen, wie allen Teilnehmern am Rechtsverkehr – abgesehen von Kaufleuten und juristischen Personen des öffentlichen Rechts – der weitgehende Schutz zugute, den ihnen das AGB-Gesetz (unten II) gewährt.

Der Wortlaut des § 1 Abs. 1 AbzG erweckt den Anschein, als sei das Gesetz immer erst dann anzuwenden, wenn die Kaufsache dem Käufer übergeben ist. Die neueren Bestimmungen gehen hiervon ersichtlich nicht mehr aus; deshalb kann die erfolgte Übergabe jedenfalls für die Anwendung dieser Bestimmungen

---

[5] BGH, NJW 72, 1861 (dazu *Löwe*, NJW 73, 1162); *Palandt/Putzo* 2b, *Erman/Weitnauer/Klingsporn* 10 zu § 6a AbzG.

nicht mehr Voraussetzung sein. Ob man an ihr als Voraussetzung für die Anwendung der ursprünglichen Bestimmungen festhält, hängt davon ab, ob man die Voraussetzungen eines „Abzahlungsgeschäfts" weiterhin glaubt einheitlich bestimmen zu sollen – dann muß man generell auf dieses Erfordernis verzichten[6] –, oder ob man sie mit *Medicus*[7] bezüglich der ursprünglichen und der neu eingefügten Gesetzesnormen unterschiedlich bestimmt. Dafür spricht, daß der Gesetzgeber bei der Schaffung der neuen Bestimmungen zwar den Schutz der Abzahlungskäufer hat erweitern, aber an den bisherigen Bestimmungen nichts hat ändern wollen. Hätte er dies gewollt, hätte er die Worte „dem Käufer übergebenen" in § 1 Abs. 1 AbzG streichen können.

Der Verkäufer kann sich in dem Vertrage für den Fall der Nichterfüllung der dem Käufer obliegenden Pflichten – nicht nur für den Fall des Verzuges – ein *Rücktrittsrecht* ausbedingen. Wenn er es ausübt, ist jeder Teil (entsprechend § 346 BGB) verpflichtet, dem anderen Teil die empfangenen Leistungen zurückzugewähren. Eine entgegenstehende Vereinbarung, also vor allem die Abrede, daß die schon geleisteten Raten vom Verkäufer nicht zurückgezahlt zu werden brauchen (Verwirkungsklausel), ist nichtig (§ 1 Abs. 1 AbzG).[8] Dies gilt auch für den Fall, daß dem Verkäufer ein gesetzliches Rücktrittsrecht zusteht, was mit Rücksicht auf § 454 BGB im Falle des Fehlens eines Eigentumsvorbehalts jedoch von geringer Bedeutung ist.[9] Wenn, wie üblich, ein Eigentumsvorbehalt vereinbart ist, ergibt sich das Rücktrittsrecht regelmäßig aus § 455 BGB. Der Käufer hat, nicht viel anders als nach den allgemeinen Vorschriften des BGB (§§ 347 Satz 2, 987),[10] für die Überlassung des Gebrauchs oder der Nutzung der Sache deren Wert zu vergüten, wobei auf die inzwischen eingetretene Wertminderung Rücksicht zu nehmen ist,[11] und für solche Beschädigungen der Sache Ersatz zu leisten, die durch sein Verschulden oder einen sonstigen, von ihm zu vertretenden Umstand verursacht worden sind. Er hat, über die beim Rücktritt sonst geltenden

---

[6] So *Krippel*, NJW 71, 1117; *Reich* aaO S. 553; *Heckelmann*, Festschr. f. *Bärmann*, 1975, S. 444; KG, NJW 75, 1327; *Palandt/Putzo* 2a vor § 1 AbzG; *Klauss/Ose* 34, *MünchKomm/Westermann* 11 zu § 1 AbzG; *Westermann/Baltes* aaO S. 479.

[7] *Medicus* aaO S. 419 ff.; SchlR II § 80 III 1 b; auch *MünchKomm/Westermann* 1 zu § 10 AbzG.

[8] Der übrige Vertrag bleibt unberührt; *Rühl* S. 247 ff.; *Ostler/Weidner* 194 zu § 1.

[9] *Aubele*, AbzahlungsG, 2. Aufl. 1951, S. 75 hält den § 454 beim Abzahlungsgeschäft nicht für anwendbar. Ebenso *Palandt/Putzo* 4c dd zu § 1 AbzG.

[10] Über die Rechtsfolgen der Rückabwicklung von Kaufverträgen nach dem AbzG und nach dem BGB *Raisch*, Festschr. f. Fr. *Weber*, 1975, S. 337 ff.

[11] Eine zusätzliche Entschädigung für die Wertminderung darf neben der Nutzungsvergütung nur insoweit berechnet werden, als nicht in der Nutzungsvergütung schon eine Entschädigung für die Wertminderung enthalten ist; vgl. RGZ 169, 143; OLG München, MDR 57, 358; *Palandt/Putzo* 5a cc, *Ostler/Weidner* 73, 74 zu § 2 AbzG. Zur Berechnung des Wertes des Gebrauchs BGH, NJW 73, 1078.
Nur die durch den Gebrauch des Kaufgegenstandes eingetretene Wertminderung ist zu berücksichtigen, nicht auch eine solche, die auf einem in der Zwischenzeit eingetretenen Preisrückgang beruht; BGHZ 5, 373; *Ostler/Weidner* 87, 94 zu § 2 AbzG.

§ 43a. Der Käuferschutz

Bestimmungen hinaus, dem Verkäufer die infolge des Vertrages gemachten Aufwendungen zu ersetzen.[12] Der vom Käufer gemäß § 2 AbzG insgesamt zu zahlende Betrag wird durch das Erfüllungsinteresse des Verkäufers nach oben begrenzt.[13] Vertragliche Vereinbarungen, durch die der Käufer sich etwa verpflichtet, für die Überlassung der Benutzung einen höheren Betrag zu zahlen, als er nach dem Gesetz zu zahlen hat, sind nichtig (§ 2 Abs. 1 Satz 3).

Nicht selten wird vereinbart, daß im Falle, daß der Käufer seine Verpflichtungen nicht erfüllt, der *ganze Restbetrag sofort fällig* sein solle. Eine solche Vereinbarung läßt das Gesetz nur für den Fall zu, daß der Käufer mit mindestens zwei aufeinanderfolgenden Raten ganz oder teilweise im Verzug ist und der rückständige Betrag mindestens ein Zehntel des Kaufpreises ausmacht (§ 4 Abs. 2). Hat der Käufer in dem Vertrage für den Fall der Nichterfüllung seiner Verpflichtungen die Zahlung einer Vertragsstrafe versprochen, so kann die *verwirkte* Strafe, wenn sie unverhältnismäßig hoch ist, auf Antrag des Käufers auf den angemessenen Betrag herabgesetzt werden (§ 4 Abs. 1). Die Bestimmung entspricht inhaltlich der des § 343 BGB. Ergänzend sind die, allerdings dispositiven, Regeln der §§ 339 ff. BGB anzuwenden. Nach § 339 BGB ist die Strafe daher nur verwirkt, wenn der Käufer in Verzug gekommen ist.

Für den Fall, daß ein *Eigentumsvorbehalt* ausgemacht ist, schließt das Gesetz es aus, daß der Verkäufer bei teilweisem Verzug des Käufers die Sache auf Grund seines Eigentumsvorbehaltes zurücknimmt, der Käufer also der Vorteile des Abzahlungsgeschäftes verlustig geht, jedoch weiterhin zur Zahlung verpflichtet bleibt. Es bestimmt zwingend, daß die Rücknahme der Sache auf Grund des Eigentumsvorbehalts „*als Ausübung des Rücktrittsrechts gilt*" (§ 5). Es treten also mit der Rücknahme der Kaufsache kraft Gesetzes die Rechtsfolgen der §§ 1 und 2 des Gesetzes ein; der Vertrag ist in ein Rückgewährschuldverhältnis umgewandelt, der Verkäufer hat die empfangenen Zahlungen zurückzugewähren, der Käufer für die bisherige Benutzung der Sache eine Vergütung zu leisten. Die Bestimmung wird, um ihrem Zweck zu genügen, sehr weit ausgelegt. Entgegen ihrem Wortlaut kommt es nicht darauf an, ob ein Eigentumsvorbehalt vereinbart worden ist, es genügt jede auf einen anderen Grund gestützte Rücknahme.[14] Der tatsächlichen Rücknahme steht ein ernstliches Rückgabeverlangen und die Herausgabe an einen Dritten, etwa an einen Treuhänder, auf Verlangen des Verkäu-

---

[12] Der Ersatz von Verwendungen des *Käufers* richtet sich nach den allgemeinen Vorschriften (§§ 346, 347, 994 ff.). Der Abzahlungskäufer kann, da ihm die Nutzungen, die er vor dem Rücktritt gezogen hat, verbleiben, für die gewöhnlichen Erhaltungskosten keinen Ersatz verlangen (vgl. BGHZ 44, 237).
[13] So der BGH, NJW 67, 1807; *Ostler/Weidner* 97, *MünchKomm/Westermann* 38, *Palandt/Putzo* 2a zu § 2 AbzG.
[14] HL; vgl. *MünchKomm/Westermann* 2, *Erman/Weitnauer/Klingsporn* 13 zu § 5 AbzG; *Medicus,* SchR II § 80 III 4 o.

§ 43 a I   1. Abschn. 1. Kap. Veräußerungsverträge, insbesondere Kauf

fers gleich.[15] Sinngemäß wendet die Rechtsprechung § 5 AbzG auch an im Falle der Aussonderung der Sache durch den Verkäufer im Konkurse des Käufers und ihrer Erstehung durch den Verkäufer oder einen Dritten in der Zwangsversteigerung.[16]

Nimmt aber der Verkäufer die Sache aufgrund seines Eigentumsvorbehalts erst zurück, nachdem sein Kaufpreisanspruch verjährt war,[17] so stehen ihm Ansprüche aus § 2 nicht mehr zu; dies begründet der BGH damit, der Abzahlungskäufer, der unter das AbzG fällt, dürfe nach dem Zweck des Gesetzes nicht schlechter stehen als ein Abzahlungskäufer, der dem Gesetz nicht unterliegt, für das daher der § 2 AbzG nicht gilt.[18]

Hinsichtlich der **Formalisierung des Kaufabschlusses** bestimmt das Gesetz in § 1 a nunmehr folgendes: Grundsätzlich bedarf die Willenserklärung des Käufers – nicht so auch die des Verkäufers – zu ihrer Wirksamkeit der *Schriftform*. Die vom Käufer zu unterschreibende Urkunde muß folgende Angaben enthalten: 1. den *Barzahlungspreis,* d. h. den Preis, den der Käufer bei Fälligkeit der Preisforderung spätestens mit der Übergabe der Ware zu zahlen hätte; 2. den *Teilzahlungspreis,* d. h. den Gesamtbetrag *aller* vom Käufer bei Teilzahlung zu leistenden Zahlungen einschließlich Zinsen und Kosten; 3. den Betrag, die Zahl und die Fälligkeit der *einzelnen Teilzahlungen;* 4. den ,,effektiven Jahreszins". Der Verkäufer hat dem Käufer eine Abschrift der Urkunde auszuhändigen. Genügt die Willenserklärung des Käufers den gesetzlichen Anforderungen nicht, ist sie also nur mündlich abgegeben oder enthält die schriftliche Erklärung nicht alle vom Gesetz geforderten Angaben,[19] so ist sie zunächst nur ,,schwebend" unwirksam. Wird indessen die Sache dem Käufer übergeben, so kommt der Kaufvertrag mit der Übergabe der Kaufsache, jedoch mit der Maßgabe zustande, daß der Käufer *insgesamt,* wenn auch in Teilbeträgen, nur den Barzahlungspreis (falls dieser nicht genannt wurde, den Marktpreis) zu zahlen hat (§ 1 a Abs. 3).[20] Der Schriftform

---

[15] *Erman/Weitnauer/Klingsporn* 4 zu § 5 AbzG; *Müller-Laube,* JuS 82, 797.
[16] Vgl. BGHZ 15, 171; 19, 326; 55, 59. Entscheidend ist, daß der Käufer auf Veranlassung des Verkäufers Besitz und Gebrauchsmöglichkeit endgültig verliert. Nach BGHZ 15, 241 soll die gleiche Wirkung auch dann eintreten, wenn der Verkäufer die Kaufsache pfänden und sich gemäß § 825 ZPO zwecks eigener Verwertung zuweisen läßt; nicht aber – so BGHZ 39, 97 – auch schon dann, wenn der Gerichtsvollzieher sie pfändet und an sich nimmt, da es sich hierbei lediglich um eine vorläufige Maßnahme handle.
[17] Darüber, daß der Vorbehaltsverkäufer berechtigt ist, die Sache zurückzufordern, wenn der Kaufpreisanspruch verjährt ist und der Käufer sich darauf beruft, vgl. oben § 43 II b.
[18] BGHZ 48, 249.
[19] Diese müssen ,,zusammenhängend, an einer für den Leser nicht zu übersehenden Stelle und in einer klaren, auch einem geschäftsungewandten Käufer verständlichen Fassung gemacht werden". So BGHZ 62, 42, 47. Zum Effektivzins *Karsten Schmidt,* Geldrecht, 103 ff., 150 ff. zu § 246.
[20] Man kann das so verstehen, daß durch die Übergabe der Mangel der Form, wie im Falle des § 313 Satz 2, ,,geheilt", die Erklärung also – mit der vom Gesetz angeordneten Modifikation – nunmehr wirksam wird (so *Erman/Weitnauer/Klingsporn* 14 zu § 1 a AbzG), oder daß die Erklärung nichtig war und bleibt, das Gesetz aber den Abschluß eines neuen Kaufvertrages mit geändertem Inhalt im Augenblick der Übergabe fingiert (so *Palandt/Putzo* 2 a cc, *MünchKomm/Westermann* 5, 24 zu

§ 43 a. Der Käuferschutz I § 43 a

bedarf es nicht, wenn der Käufer sein Angebot aufgrund eines Prospektes abgibt, der die vom Gesetz geforderten Angaben enthält (Abs. 4); der Angabe eines Barzahlungspreises und eines effektiven Jahreszinses bedarf es unter den Voraussetzungen des Abs. 5 nicht.

Das **Widerrufsrecht,** das nunmehr nach § 1 b jedem Abzahlungskäufer zusteht, der unter den Schutz des Gesetzes fällt, bedeutet, daß die Willenserklärung des Käufers, auch wenn sie den Anforderungen des § 1 a Abs. 1 entspricht, erst wirksam wird, wenn der Käufer sie nicht binnen einer Frist von einer Woche dem Verkäufer gegenüber schriftlich widerruft (§ 1 b Abs. 1). Bis zum Widerruf oder Fristablauf ist sie ,,schwebend unwirksam". Der Lauf der Frist beginnt regelmäßig erst mit der Aushändigung der in § 1 a Abs. 2 verlangten Abschrift an den Käufer. Diese muß außer den in § 1 a Abs. 1 genannten Angaben ,,in drucktechnisch deutlich gestalteter Weise" eine *Belehrung über das Widerrufsrecht* sowie einige weitere Angaben enthalten; die Belehrung über das Widerrufsrecht ist vom Käufer gesondert zu unterschreiben. Unterbleibt die Aushändigung der Urkunde, so wird die Frist nicht in Lauf gesetzt; das Widerrufsrecht erlischt jedoch, d. h. die Vertragserklärung des Käufers wird endgültig wirksam, wenn der Verkäufer die Sache geliefert und der Käufer den Kaufpreis vollständig bezahlt hat (§ 1 b Abs. 2). Teilweise abweichende Bestimmungen für den Lauf der Frist gelten für Käufe aufgrund eines Kaufprospekts (Abs. 3). Hier kann überdies das Widerrufsrecht entfallen, wenn der Verkäufer statt dessen ein ,,uneingeschränktes Rückgaberecht" für die Dauer von mindestens einer Woche seit Erhalt der Ware einräumt (Abs. 5).

Durch die rechtzeitige Ausübung des Widerrufsrechts wird ein *Rückgewährschuldverhältnis* begründet (§ 1 d). Für die Überlassung des Gebrauchs oder der Benutzung hat der Käufer deren Wert zu vergüten. Anders als der Rücktritt (§§ 350, 351 BGB), wird der Widerruf durch den Untergang oder die Verschlechterung der Kaufsache auch dann nicht ausgeschlossen, wenn der Käufer sie zu vertreten hat. Er hat in diesem Fall jedoch den Wert der Sache oder die Wertminderung zu ersetzen. Er haftet aber nur für die ,,Sorgfalt in eigenen Angelegenheiten", wenn er nicht über sein Widerrufsrecht belehrt worden ist und auch nicht anderweit von ihm Kenntnis erlangt hat (§ 1 d Abs. 2).

Das Erfordernis der Schriftform und das Widerrufsrecht des Käufers gelten entsprechend auch für die in § 1 c AbzG unter Nr. 1 bis 3 genannten Verträge, die keine Abzahlungsgeschäfte im Sinne des § 1 AbzG sind, bei denen aber nach der Meinung des Gesetzgebers ebenfalls die Gefahr übereilter Abschlüsse besteht.[21] Unter Nr. 1 fällt beispielsweise der Kauf eines aus mehreren Bänden oder

---

§ 1 a AbzG). Ich ziehe die erste Auffassung vor. Der Grund für die ,,heilende" Wirkung der Übergabe ist darin zu sehen, daß der Käufer durch seine hierbei erforderliche Mitwirkung zu erkennen gibt, daß er am Vertrage festhalten will, und damit sein Schutzbedürfnis entfällt. Deshalb genügt es nicht, daß die Übergabe durch die für den Eigentumserwerb gemäß § 931 genügende, schon beim Kaufabschluß vereinbarte Abtretung des Herausgabeanspruchs ersetzt wird; so der BGH, NJW 77, 1632.

[21] § 1 c AbzG setzt voraus, daß es sich jeweils um einen einzigen Vertrag, nicht um eine Mehrzahl

Teillieferungen bestehenden Werkes – etwa eines Lexikons oder eines BGB-Kommentars –, dessen einzelne Bände oder Lieferungen nacheinander erscheinen und jeweils bei oder nach deren Lieferung zu bezahlen sind.[22] Unter Nr. 2 fällt z. B. ein Zeitschriften-Abonnement, auch wenn keine Teilzahlungen vereinbart sind. Die Fallgruppe 3 unterscheidet sich von der Nr. 2 nur dadurch, daß es sich nicht um den Erwerb oder Bezug gleichartiger Sachen zu handeln braucht, und daß statt eines „regelmäßigen" ein „wiederkehrender" Bezug genügt.[23] Für die unter § 1c AbzG fallenden Geschäfte gilt auch die Bestimmung des § 6a über den Gerichtsstand (§ 6b AbzG).

Die Bestimmungen des Gesetzes sind, um jede Gesetzesumgehung auszuschließen, auch auf solche Verträge anzuwenden, die „darauf abzielen, die Zwecke eines Abzahlungsgeschäfts in einer anderen Rechtsform zu erreichen" (§ 6). Dies trifft jedenfalls zu auf einen Vertrag, der als Miete bezeichnet wird, der aber bestimmt, daß der „Mieter" nach Zahlung einer bestimmten Anzahl von Raten das Eigentum erwerben soll.[24] Es ist nicht einmal erforderlich, daß dem Empfänger der Sache im Vertrage ein Recht zum Eigentumserwerb ausdrücklich eingeräumt ist, wenn nur – so der BGH – „die Übertragung des Eigentums Endziel des Geschäfts ist". Über die Anwendung des Abzahlungsgesetzes auf das Darlehensverhältnis beim sog. finanzierten Abzahlungskauf wird unten in § 63 I, auf Leasingverträge in § 63 II das Nötige gesagt.

Ein dem Widerrufsrecht des Abz.-Gesetzes nachgebildetes Widerrufsrecht gilt nach dem Gesetz vom 16. 1. 1986[25] nunmehr auch für **Haustürgeschäfte und ähnliche Geschäfte,** wie z. B. Geschäfte bei Kaffeefahrten. Es gilt nicht nur für Kaufverträge, sondern für alle auf eine entgeltliche Leistung gerichteten Verträge, ausgenommen Versicherungsverträge. Jedoch besteht es nicht, wenn die abschließenden mündlichen Verhandlungen auf eine vorangegangene Bestellung des Kunden hin geführt worden sind, sowie bei sofortiger Erbringung und Bezahlung der Leistung bei dem Abschluß des Vertrages, wenn das Entgelt 80 DM nicht übersteigt. Der Widerruf muß schriftlich binnen einer Woche erfolgen; die Frist beginnt erst, wenn der Kunde eine ihm vorgelegte „drucktechnisch deutlich gestaltete schriftliche Belehrung" über sein Widerrufsrecht unterzeichnet hat. Die Rechtsfolgen des Widerrufs entsprechen denen des § 1d des Abz.-Gesetzes. Handelt es sich um ein Abzahlungsgeschäft, so ist nur das Abz.-Gesetz anwendbar.

---

unabhängig voneinander geschlossener Verträge handelt. Ein einziger Vertrag kann jedoch vorliegen, wenn mehrere Vertragsurkunden über Lieferungen, die in zeitlichen Abständen erfolgen und bezahlt werden sollen, *gleichzeitig* unterzeichnet werden. Vgl. BGHZ 67, 389.

[22] Vgl. aber auch BGHZ 78, 375.

[23] Nach dem Gesetzestext fallen unter § 1c Nr. 3 AbzG auch Verträge über den wiederkehrenden Bezug von Wasser und Gas, wohl auch von elektrischem Strom. Nach der Vorstellung des Gesetzgebers sollten solche Verträge allerdings nicht darunter fallen. Vgl. *Klauss/Ose* Rdn. 348 zu § 1c. Über die Anwendbarkeit auf *Bierbezugsverträge* BGHZ 78, 248.

[24] Zur Anwendung auf einen Mietkauf BGHZ 62, 42. Keine Anwendung auf Dienst- und Werkverträge; BGH, NJW 73, 2200.

[25] BGBl. 1986 Teil I S. 122.

II. Der Käuferschutz durch das AGB-Gesetz

Literatur: Kommentare zum AGBG von: *Dietlein/Rebmann*, 1976; *Koch/Stübing*, 1977; *Löwe/Graf von Westphalen/Trinkner*, 1977; 2. Aufl. (,,Großkommentar") Bd. II, 1983; *Schlosser* (Sonderausgabe aus dem Kommentar von *Staudinger*), 1980 (zit. *Schlosser*); *Schlosser/Coester-Waltjen/Graba*, 1977; *Ulmer/Brandner/Hensen*, 4. Aufl. 1982; *Wolf/Horn/Lindacher*, 1984.

Der ,,normale" Käufer wird vor möglichen Übervorteilungen durch den Verkäufer, der sich ihm gegenüber häufig in einer günstigeren Lage befindet, heute nicht nur durch das AbzahlungsG, sondern auch durch das Gesetz zur Regelung des Rechts der Allgemeinen Geschäftsbedingungen (ABGB) geschützt. Wegen seiner weittragenden Bedeutung für den gesamten Rechtsverkehr ist dieses Gesetz im Lehrbuch des Allgemeinen Teils dargestellt worden.[26] Auf diese Darstellung muß hier verwiesen werden. Es soll hier nur auf einige gerade bei Kaufverträgen nicht seltene Klauseln und die Frage ihrer Zulässigkeit in den Allgemeinen Geschäftsbedingungen der Verkäufer eingegangen werden. Die Vorschriften über die Unwirksamkeit einzelner Klauseln finden sich in den §§ 9 bis 11 des Gesetzes. Zu beachten ist in diesem Zusammenhang auch der § 3 AGBG über ,,überraschende Klauseln". Auf alle übrigen Bestimmungen wird hier nicht eingegangen. Hervorgehoben sei nur noch, daß nach § 24 des Gesetzes die Vorschriften der §§ 10 und 11 – anders als die Generalklausel des § 9 – keine Anwendung finden auf Geschäftsbedingungen, die gegenüber einem Kaufmann, wenn der Vertrag zum Betriebe seines Handelsgewerbes gehört, oder gegenüber einer juristischen Person des öffentlichen Rechts verwendet werden. Es geht dem Gesetzgeber auch hier vornehmlich, wenn auch nicht allein, um den Schutz des ,,normalen" Verbrauchers. Diesen sucht er einmal durch die Aufstellung bestimmter Erfordernisse für die Einbeziehung der Allgemeinen Geschäftsbedingungen in den einzelnen Vertrag, durch die allein sie für diesen Geltung erlangen (§§ 2, 3 AGBG), sodann durch die Klauselverbote der §§ 9 bis 11 AGBG und endlich durch ein besonderes Verfahren zu erreichen, das bestimmten Verbänden und Kammern die Möglichkeit eines gerichtlichen Vorgehens eröffnet.

Unter den im Gesetz aufgestellten speziellen Klauselverboten unterscheidet es solche mit (§ 10 AGBG) und ohne Wertungsmöglichkeit (§ 11 AGBG). Ohne Wertungsmöglichkeit unwirksam ist eine Klausel, die eine **nachträgliche Preiserhöhung** vorsieht, sofern die Lieferzeit *nicht länger* als vier Monate beträgt (§ 11 Nr. 1 AGBG). Die Bestimmung setzt voraus, daß ein bestimmter Preis vereinbart worden ist, der aber unter Umständen soll erhöht werden können. Da es eine gesetzliche Vorschrift, die nach § 6 Abs. 2 AGBG an die Stelle der unwirksa-

---

[26] Allg. Teil § 29a.

§ 43a II   1. Abschn. 1. Kap. Veräußerungsverträge, insbesondere Kauf

men Klausel treten könnte, nicht gibt, bleibt es dann bei dem vereinbarten Preis.[27]

Ist die vorgesehene Lieferfrist *länger als vier Monate,* so ist die Preiserhöhungsklausel zwar nicht ohne weiteres unwirksam, ihre Gültigkeit ist aber an § 9 AGBG zu messen. Längere Lieferfristen kommen besonders beim *Kauf neuer Kraftfahrzeuge* vor. Der BGH hatte über eine in den allgemeinen Geschäftsbedingungen der Kraftfahrzeughändler enthaltene Klausel zu entscheiden,[28] die lautete: „Preisänderungen sind nur zulässig, wenn zwischen Vertragsabschluß und vereinbartem Liefertermin mehr als vier Monate liegen; dann gilt der am Tag der Lieferung gültige Preis des Verkäufers." Der BGH hielt diese Klausel für unwirksam, da sie es dem Verkäufer ermögliche, über die Abwälzung der Kostensteigerungen hinaus den vereinbarten Preis „ohne jede Begrenzung einseitig anzuheben", und das, ohne dem Käufer wenigstens eine Lösungsmöglichkeit vom Vertrage einzuräumen. Die Frage, wie ein formularmäßiger Preisänderungsvorbehalt „gesetzeskonform" ausgestaltet werden könne, ließ er in dieser Entscheidung noch offen. In einer späteren Entscheidung[29] hat er diese Frage zu beantworten gesucht, und zwar mit Hilfe einer ergänzenden Vertragsauslegung. In dem Kaufvertrag angegeben war der *derzeitige* Listenpreis des Verkäufers; in den Verkaufsbedingungen, auf die darin Bezug genommen war, hieß es, Preisänderungen seien nur zulässig, wenn die Lieferzeit länger als vier Monate betrage; dann gelte der *am Tag der Lieferung gültige Listenpreis des Verkäufers.* Der BGH nahm nun nicht, wie man erwarten könnte, an, es bleibe bei dem im Kaufvertrag angegebenen Listenpreis des Verkaufstages, sondern er ging davon aus, daß der Vertrag in Folge der Unwirksamkeit der Erhöhungsklausel lückenhaft geworden sei und diese Lücke durch eine ergänzende Vertragsauslegung gemäß § 157 geschlossen werden könne. Die Annahme einer Vertragslücke setzt aber voraus, daß der BGH die Erhöhungsklausel wenigstens insoweit gelten ließ, als er ihr, vielleicht wegen der Kennzeichnung des Preises im Vertrag als des nur „derzeitigen", entnahm, daß grundsätzlich eine Anpassung des Preises im Regelungsplan der Parteien lag. Freilich widerspricht dem die Ablehnung eines derartigen Vorgehens in anderen Entscheidungen des BGH.[30] Als Inhalt der ergänzenden Regelung sah der BGH einmal die Geltung des Listenpreises am Tag der *Lieferung* unter der Voraussetzung an, daß dieser einer nach „billigem Ermessen" zu treffenden Leistungsbestimmung durch den Verkäufer (§ 315 Abs. 1) entspricht, zum anderen die Einräumung eines *Rücktrittsrechts an den Käufer* für den Fall, daß die so berechnete Preiserhöhung den Anstieg der allgemeinen Lebenskosten in

---
[27] *Ulmer/Brandner/Hensen* 12, *Koch/Stübing* 23, *Löwe/Graf v. Westphalen/Trinkner,* 12, *Wolf/Horn/Lindacher* 39 zu § 11 Nr. 1 AGBG.
[28] BGHZ 82, 21.
[29] BGHZ 90, 69. Vgl. auch BGH, WM 84, 312; *Bunte,* NJW 84, 1145; *Hager,* JuS 85, 264. Einschränkend BGHZ 93, 292.
[30] Vgl. BGHZ 84, 109, 116f.; 87, 309, 321.

§ 43a. Der Käuferschutz II § 43a

der Zwischenzeit nicht unerheblich übersteigt. Daß gerade nur eine so gefaßte Erhöhungsklausel gesetzeskonform sei und den Absichten der Parteien entspricht, kann allerdings bezweifelt werden.

Anders liegt es, wenn die Parteien im Kaufvertrage keinen bezifferten Preis als den wenigstens zunächst gültigen vereinbaren, sondern formularmäßig etwa nur den künftigen Listenpreis oder einen sonst vom Verkäufer zu bestimmenden Preis. Darin liegt keine Preisänderungsklausel im Sinne von § 11 Nr. 1 AGBG.[31] Da die Vereinbarung über den Preis nach § 8 AGBG nicht der Inhaltskontrolle gemäß den §§ 9 bis 11 AGBG unterliegt, kann eine derartige „offene" Preisvereinbarung auch nicht an § 9 AGBG gemessen werden.[32] Wird aber keine längere Lieferzeit als vier Monate vereinbart, so muß man in einer solchen Preisbestimmung den Versuch einer Umgehung des § 11 Nr. 1 sehen.[33] Sie ist daher nach § 7 AGBG unwirksam. Da die Bestimmung des Kaufpreises nicht durch den Rückgriff auf gesetzliche Vorschriften ersetzt werden kann, für eine ergänzende Vertragsauslegung hier jeder Anhalt fehlt, ist der Kaufvertrag in diesem Fall mangels einer wirksamen Einigung über den Kaufpreis nicht zustandegekommen. War eine längere Lieferfrist als vier Monate vereinbart, so ist die offene Preisvereinbarung zwar gültig, es ist aber § 315 BGB anzuwenden. Der Verkäufer hat die Preisfestsetzung also nach „billigem Ermessen" vorzunehmen, und die von ihm getroffene Bestimmung unterliegt der richterlichen Nachprüfung gemäß § 315 Abs. 3 BGB.

Von besonderem Interesse sind hier sodann die Klauselverbote des § 11 Nr. 10 AGBG, die sich auf die **Gewährleistung** beziehen. Die Bestimmung gilt bei Kaufverträgen freilich nur, soweit „neu hergestellte" Sachen zu liefern sind. Bei gebrauchten Sachen ist die Wirksamkeit solcher Klauseln, durch die die Gewährleistung für das Nichtvorhandensein von Sachmängeln ausgeschlossen oder eingeschränkt wird, lediglich nach der Generalklausel des § 9 AGBG zu beurteilen.[34]

Nach § 11 Nr. 10 Buchst. a ist unwirksam *der völlige Ausschluß der Gewährleistungsansprüche* gegen den Verwender einschließlich etwaiger Nachbesserungs- und Ersatzlieferungsansprüche, auch nur in bezug auf einzelne Teile, sowie die Beschränkung solcher Ansprüche auf die Einräumung von Ansprüchen gegen Dritte (etwa die Lieferanten des Verkäufers). Werden solche Ansprüche gegen den Verwender nur subsidiär, *nach* Ansprüchen gegen Dritte, gewährt, so dürfen sie doch nicht von der vorherigen *gerichtlichen Inanspruchnahme* der Dritten abhängig gemacht werden. Zulässig ist *die Beschränkung auf einen der gesetzlichen Ge-*

---

[31] Koch/Stübing 7, Löwe/Graf v. Westphalen/Trinkner 21 zu § 11 Nr. 1 AGBG; Palandt/Heinrichs 1 zu § 11 AGBG.
[32] Anders Löwe/Graf v. Westphalen/Trinkner 21 zu § 11 Nr. 1, Wolf/Horn/Lindacher L 62 zu § 9 AGBG.
[33] Vgl. Ulmer/Brandner/Hensen 4, Löwe/Graf v. Westphalen/Trinkner 5 zu § 11 Nr. 1.
[34] Vgl. oben § 41 Id Nr. 1; dort insbesondere zum Gebrauchtwagenkauf.

§ 43a II   1. Abschn. 1. Kap. Veräußerungsverträge, insbesondere Kauf

währleistungsansprüche, also auf Wandlung oder auf Minderung; ferner die (vorläufige) Beschränkung auf ein *Recht zur Nachbesserung oder Ersatzlieferung*, wenn dabei dem Erfordernis des § 11 Nr. 10 Buchst. b genügt wird. Danach muß in einem solchen Fall dem anderen Vertragsteil ausdrücklich das Recht vorbehalten werden, ,,bei Fehlschlagen der Nachbesserung oder Ersatzlieferung Herabsetzung der Vergütung oder ... nach seiner Wahl Rückgängigmachung des Vertrages zu verlangen". ,,Fehlgeschlagen" ist die Nachbesserung sowohl dann, wenn sie sich als unmöglich erweist, ein ein- oder, soweit zumutbar, mehrmaliger Versuch mißlungen ist, wie im Falle ernsthafter Verweigerung durch den Verkäufer. Dem gleichzustellen ist der Fall, daß sie – oder die Ersatzlieferung – in unzumutbarer Weise verzögert wird. Wie lange der Käufer warten muß, wann längeres Zuwarten ihm nicht mehr zuzumuten ist, kann nur nach den Umständen des Einzelfalls entschieden werden. Dabei ist ebenso das Interesse des Käufers zu berücksichtigen, wie die Zeit, die die Nachbesserung unter normalen Umständen im Betriebe des Verkäufers erfordert. Das Gesetz hat die Entstehung des Rechts des Käufers, nunmehr Minderung oder Wandlung zu verlangen, nicht, wie die Regel des § 634 Abs. 1 BGB, davon abhängig gemacht, daß der Käufer dem Verkäufer zuvor eine angemessene Frist zur Vornahme der Nachbesserung gesetzt hat;[35] eine solche Frist zu setzen, dürfte sich aber empfehlen, wenn der Verkäufer den Käufer hinzuhalten sucht und dieser klare Verhältnisse schaffen will.

Nach dem Gesagten dürfte folgende Klausel nicht zu beanstanden sein, die sich auf der vom Kunden zu unterschreibenden Auftragsbestätigung eines Verkäufers von Fernsehapparaten findet: ,,Bei Mängeln kann der Käufer als Gewährleistung grundsätzlich zunächst nur Nachbesserung verlangen. Der Verkäufer kann, statt nachzubessern, eine Ersatzlieferung vornehmen. Wird die Nachbesserung bzw. Ersatzlieferung verweigert oder nicht innerhalb einer angemessenen Frist ausgeführt oder kann der Mangel auch nicht durch einen 2. Nachbesserungsversuch beseitigt werden, so kann der Käufer nach seiner Wahl die Rückgängigmachung des Vertrages (Wandlung) oder Herabsetzung des Kaufpreises (Minderung) verlangen."

Durch § 25 AGBG wurde dem BGB die Bestimmung des § 476a neu eingefügt, nach der der Verkäufer, der sich im Vertrage zur Nachbesserung verpflichtet hat, die zum Zweck der Nachbesserung erforderlichen Aufwendungen, wie Transport-, Wege-, Arbeits- und Materialkosten zu tragen hat. Dies gilt allerdings nur dann, wenn zugleich das Recht des Käufers, Wandlung oder Minderung zu verlangen, ausgeschlossen wird. Die Regel des § 476a ist zwar dispositives Recht, sie kann aber gemäß § 11 Nr. 10 Buchst. c AGBG in Allgemeinen Geschäftsbedingungen weder ausgeschlossen noch auch nur beschränkt werden. § 11 Nr. 10 Buchst. d AGBG untersagt es dem Verwender, in seinen Allgemeinen Geschäftsbedingungen die Beseitigung eines Mangels oder die Ersatzlieferung von der vorherigen Zahlung des vollständigen Entgelts oder eines ,,unver-

---
[35] Vgl. *MünchKomm*(Allg. Teil)/*Kötz* Rdn. 92, *Schlosser* Rdn. 51 zu § 11 Nr. 10 AGBG.

§ 43a. Der Käuferschutz

hältnismäßig hohen Teils" des Entgelts abhängig zu machen. § 11 Nr. 10 Buchst. e betrifft die Setzung einer Ausschlußfrist für die Anzeige eines „nicht offensichtlichen" Mangels (vgl. oben § 41 I d Nr. 4); § 11 Nr. 10 Buchst. f AGBG untersagt – immer für den Anwendungsbereich des § 11 Nr. 10, also bei Verträgen über die Lieferung neu hergestellter Sachen – eine Verkürzung der gesetzlichen Gewährleistungsfristen in Allgemeinen Geschäftsbedingungen.

Nicht nur für Kaufverträge über neu hergestellte Sachen, sondern für alle Kauf-, darüber hinaus für Werk- und Werklieferungsverträge gilt § 11 Nr. 11 AGBG. Unwirksam ist danach eine Bestimmung, durch die Schadensersatzansprüche gegen den Verwender wegen Fehlens zugesicherter Eigenschaften gemäß den §§ 463, 480, 635 BGB ausgeschlossen oder eingeschränkt werden. Der Umfang eines derartigen Anspruchs ergibt sich im näheren aus dem, gegebenenfalls durch Auslegung zu ermittelnden, Inhalt der jeweils gegebenen Zusicherung (vgl. oben § 41 II c). Zu ersetzen ist jedenfalls der Mangelschaden im engeren Sinne; wie weit darüber hinaus ein Mangelfolgeschaden, richtet sich nach dem Wortlaut, dem Kontext und dem erkennbaren Zweck der Zusicherung.[36]

§ 11 Nr. 12 AGBG schränkt u. a. für solche Vertragsverhältnisse, die *„die regelmäßige Lieferung von Waren"* zum Gegenstand haben, die Möglichkeit ein, durch Allgemeine Geschäftsbedingungen des Lieferanten den Abnehmer oder Bezieher für längere Zeit an den Vertrag zu binden. „Regelmäßig" ist die Lieferung, wenn sie wiederholt in bestimmten, wenn auch nicht notwendig gleichlangen, Zeitabständen erfolgt, wie etwa beim Bezug von Zeitungen oder Zeitschriften. Voraussetzung ist jedoch, daß der Gesamtumfang der Lieferungen sich nach der zeitlichen Dauer des Bezugsverhältnisses bestimmt, also nicht unabhängig davon von vorneherein feststeht.[37] Der Bezug eines mehrbändigen Werkes, etwa eines Lexikons, wobei jeder Band nach seinem Erscheinen geliefert werden soll, fällt also nicht darunter. Zu beachten sind ferner die in § 23 Abs. 2 Nr. 6 AGBG angeführten Ausnahmen. Soweit die Bestimmung anwendbar ist, bezweckt sie, dem Bezieher eine angemessene Kündigungsmöglichkeit offen zu halten; sie schließt es nicht aus, eine nach ihr noch zulässige Dauer der Bindung im Einzelfall auch am Maßstab des § 9 AGBG zu überprüfen.[38]

Hinsichtlich der Haftung des Verwenders der Allgemeinen Geschäftsbedingungen für Verzug, von ihm zu vertretende Unmöglichkeit, positive Vertragsverletzung und culpa in contrahendo gelten bei Kaufverträgen wie bei allen anderen Verträgen, auf die das AGBG anwendbar ist – vgl. dazu § 23 Abs. 1 und

---

[36] Vgl. dazu *MünchKomm*(Allg. Teil)/*Kötz* Rdn. 123 ff., *Schlosser* Rdn. 14, 16 zu § 11 Nr. 11 AGBG.

[37] Die Bestimmung ist konzipiert nur für Dauerschuldverhältnisse; vgl. *Wolf/Horn/Lindacher* 4, 5, *Ulmer/Brandner/Hensen* 5, 6, *Koch/Stübing* 10 zu § 11 Nr. 12.

[38] Vgl. *Ulmer/Brandner/Hensen* 3 aE, *Löwe/Graf v. Westphalen/Trinkner,* 2. Aufl. 22 zu § 11 Nr. 12 AGBG. Vgl. auch unten § 22 III b aE.

2 AGBG –, die Vorschriften des § 11 Nr. 7 bis 9 AGBG. Die Haftung für **positive Vertragsverletzung** und für **culpa in contrahendo** kann insoweit weder ausgeschlossen noch – etwa auf bestimmte Schadensarten oder eine Höchstsumme – eingeschränkt werden, als der Schaden auf *grober* Fahrlässigkeit des Verwenders selbst, auf Vorsatz oder *grober* Fahrlässigkeit seines gesetzlichen Vertreters oder eines Erfüllungsgehilfen des Verwenders beruht (Nr. 7). Die Haftung für eigenes vorsätzliches Verhalten kann schon nach § 276 Abs. 2 BGB nicht ausgeschlossen oder eingeschränkt werden. Zulässig und wirksam bleibt – sofern darin nicht im Einzelfall ein Verstoß gegen die Generalklausel des § 9 ABGB liegt – sowohl der Ausschluß, wie eine Begrenzung der Haftung für *leichte* Fahrlässigkeit des Verwenders, seiner gesetzlichen Vertreter oder Erfüllungsgehilfen. Mit dem Anspruch aus dem Vertragsverhältnis konkurrierende Ansprüche aus *unerlaubter Handlung* sind in § 11 Nr. 7 AGBG nicht erwähnt; die Bestimmung dürfte aber auf sie analog anzuwenden sein.[39] Im Falle des **Verzuges** und der vom Verwender zu vertretenden **Unmöglichkeit** kann das Recht des anderen Teils, vom Vertrage zurückzutreten, überhaupt nicht ausgeschlossen oder eingeschränkt werden; sein Recht, Schadensersatz zu verlangen, kann ebenfalls nicht ausgeschlossen und nur im Falle, daß der Schaden lediglich auf *leichter* Fahrlässigkeit des Verwenders, seines gesetzlichen Vertreters oder Erfüllungsgehilfen beruht, eingeschränkt werden (Nr. 8). § 11 Nr. 9 AGBG bezieht sich auf die Fälle des teilweisen Verzuges und der teilweisen Unmöglichkeit; hier darf das Recht des anderen Teils nicht ausgeschlossen werden, Schadensersatz wegen Nichterfüllung der ganzen Verbindlichkeit zu verlangen oder vom ganzen Vertrage zurückzutreten, wenn die teilweise Erfüllung des Vertrages für ihn kein Interesse hat (vgl. die §§ 325 Abs. 1 Satz 2, 326 Abs. 1 Satz 3 BGB).

In den Allgemeinen Geschäftsbedingungen der Verkäufer oder in einem Formular, das diese den Käufer unterzeichnen lassen, findet sich fast immer auch ein **Eigentumsvorbehalt.** Es wurde schon bemerkt, daß der *einfache* Eigentumsvorbehalt heute als ein ebenso gebräuchliches, wie sachlich angemessenes Sicherungsmittel angesehen wird, so daß seiner Wirksamkeit in der Regel weder § 3, noch § 9 AGBG entgegensteht. Für § 3 gilt dies jedenfalls dann, wenn man für die Frage, was so ungewöhnlich ist, daß der Vertragspartner des Verwenders damit nicht zu rechnen braucht, wie ich es für richtig halte,[40] auf den durchschnittlichen Verständnis- und Erwartungshorizont eines Angehörigen des angesprochenen Kundenkreises abstellt. Der durchschnittliche Käufer eines Autos, eines Kühlschranks oder Fernsehgeräts, von Möbeln und anderen Gebrauchsge-

---

[39] So auch *MünchKomm*(Allg. Teil)/*Kötz* Rdn. 57, *Löwe/Graf v. Westphalen/Trinkner* 11, *Ulmer/Brandner/Hensen* 11, *Wolf/Horn/Lindacher* 7, *Koch/Stübing* 5, *Schlosser* Rdn. 1 b zu § 11 Nr. 7 AGBG.
[40] Vgl. Allg. Teil § 29 a I b a. E. Ebenso *Kötz* in *MünchKomm*(Allg. Teil) 4, *Ulmer/Brandner/Hensen* 13, 22 zu § 3 AGBG; anders *Graf v. Westphalen*, DB 1977, S. 1637; *Schlosser* Rdn. 13, *Palandt/Heinrichs* 2 b zu § 3 AGBG.

genständen weiß heute, daß er, wenn er den vollen Kaufpreis nicht sogleich bezahlt, mit einem Eigentumsvorbehalt des Verkäufers rechnen muß. Stellt man allerdings mit der Mehrzahl der Kommentatoren des AGB-Gesetzes auf die Erwartung gerade des individuellen Käufers ab, dann besteht die Möglichkeit, daß die Einbeziehung auch des einfachen Eigentumsvorbehalts in den Vertrag gegenüber einem geschäftlich besonders unerfahrenen Käufer an § 3 AGBG scheitert – ein Ergebnis, das angesichts der anerkannten legitimen Sicherungsfunktion des Eigentumsvorbehalts und seiner heutigen weiten Verbreitung wenig überzeugend ist. Der Verwender sollte sich, ist den Erfordernissen des § 2 AGBG genügt, auf die Wirksamkeit eines einfachen Eigentumsvorbehalts verlassen können. Eine ,,unangemessene Benachteiligung" des Käufers im Sinne des § 9 AGBG stellt der einfache Eigentumsvorbehalt deshalb nicht dar, weil er nur dem Verkäufer einen Ausgleich dafür bietet, daß er dem Käufer einen Kredit gewährt, ihm den Besitz und Gebrauch der Sache überläßt, ehe er Zahlung erhält.[41] Auf der anderen Seite verstößt auch der *Ausschluß des Eigentumsvorbehalts* in den Einkaufsbedingungen eines Großabnehmers jedenfalls dann nicht gegen § 9, wenn die ständige Überwachung aller Eigentumsvorbehalte für den Abnehmer wegen der Vielzahl seiner Lieferanten und des raschen Warenumschlags kaum durchführbar wäre.[42]

Als unbedenklich mag noch eine Klausel angesehen werden, durch die der Eigentumserwerb des Käufers von der Bezahlung nicht nur dieser Warenlieferung, sondern auch *aller vorangegangenen Lieferungen* aus derselben Geschäftsverbindung abhängig gemacht wird. Insoweit steht dem Verkäufer ja ein Zurückbehaltungsrecht (§ 273) zu, das er durch diese Klausel nur realisiert. Der sog. *Kontokorrentvorbehalt* geht darüber hinaus. Er bezieht auch *künftige,* also nach dem Kaufabschluß neu entstehende Forderungen des Verkäufers ein, was bei laufender Geschäftsverbindung eine Hinausschiebung des Eigentumsvorbehalts auf einen ganz ungewissen, fernen Zeitpunkt zur Folge haben kann. Hält man ihn mit der hL auch für zulässig, so wird doch das vertragstypische Recht des Käufers auf den Eigentumserwerb dadurch so stark eingeschränkt, daß m. E. der Tatbestand des § 9 in der Variante des Absatzes 2 Nr. 2 gegeben ist.[44] Dasselbe gilt von dem sog. *Konzernvorbehalt*. Seine Einbeziehung in den Vertrag wird häufig, wenn

---

[41] Vgl. *Staudinger/Honsell* 9 zu § 455 BGB, *Ulmer/Brandner/Hensen* 652 zu §§ 9–11, *Wolf/Horn/Lindacher* E 24 zu § 9 AGBG.

[42] So BGHZ 78, 305. Es handelt sich um eine Kette von Verbrauchermärkten; der Einkauf erfolgte durch die Zentrale, die Zahl der Lieferanten betrug etwa 7000.

[43] Vgl. *Graf von Westphalen,* DB 1977, S. 1685; *Staudinger/Honsell* 56 zu § 455 BGB; *Wolf/Horn/Lindacher* E 45 zu § 9.

[44] So auch *Löwe/Graf von Westphalen* 89 zu § 9 AGBG; *Staudinger/Honsell* 66 zu § 455 BGB; *Reinekke/Tiedtke* (vor § 39) S. 239; differenzierend *Ulmer/Brandner/Hensen* 657 Anhang zu §§ 9–11 AGBG; anders aber *Thamm,* BB 78, 20 u. 1042 (Nr. 21). Ihm folgt *Palandt/Heinrichs* 7c zu § 9 AGBG.

auch nicht immer, schon an § 3 AGBG scheitern.[45] Kontokorrentvorbehalt und Konzernvorbehalt sollten, wenn überhaupt, nur dann wirksam sein, wenn sie Gegenstand einer Individualvereinbarung sind.

Von den Klauseln mit Wertungsmöglichkeit sei hier nur noch die des § 10 Nr. 1 AGBG erwähnt. Verboten sind danach solche Klauseln, durch die sich der Verwender „unangemessen lange oder nicht hinreichend bestimmte Fristen" für die Annahme oder Ablehnung eines Angebots oder die Erbringung einer Leistung vorbehält. Der BGH hat hiernach eine Klausel für unwirksam gehalten, durch die sich der Verkäufer eine Überschreitung der vereinbarten Lieferzeit bis zu 3 Monaten vorbehielt.[46] Er hat weiter eine „geltungserhaltende Reduktion" durch eine Verkürzung der Frist auf einen noch angemessenen Umfang abgelehnt und daher angenommen, der Verkäufer sei mit dem Ablauf der kalendermäßig bestimmten Lieferfrist in Verzug gekommen. Auf weitere Klauseln, die in den §§ 10 und 11 AGBG für unwirksam erklärt werden, soll hier nicht mehr eingegangen werden. Hingewiesen sei nur noch auf § 11 Nr. 15 AGBG. Danach ist eine Bestimmung in den Geschäftsbedingungen unwirksam, durch die der Verwender „die Beweislast zum Nachteil seines Vertragspartners ändert, insbesondere, indem er diesem die Beweislast für Umstände auferlegt, die im Verantwortungsbereich des Verwenders liegen". Das gilt insbesondere für die Schadensersatzansprüche des Käufers aus § 463 und aus positiver Vertragsverletzung, sowie für damit konkurrierende Deliktsansprüche.

§ 44. Besondere Gestaltungen des Kaufs

I. Kauf nach Probe, zur Probe und auf Probe

Ein Kauf „nach Probe" oder Muster ist in der Regel ein Gattungskauf, bei dem die Parteien bei der Bestimmung der Gattung von einem Probestück oder Muster ausgehen. Wird von einer individuell verkauften Sache – z. B. diesem bestimmten Faß Wein – eine Probe entnommen und daraufhin der Kauf abgeschlossen, so bringt der Verkäufer damit in der Regel zum Ausdruck, daß der gesamte Kaufgegenstand von der gleichen Beschaffenheit wie die Probe sei. In beiden Fällen sind nach gesetzlicher Auslegungsregel „die Eigenschaften der Probe oder des Musters als zugesichert anzusehen" (§ 494). Ist daher die gelieferte-

---

[45] Vgl. *Löwe/Graf von Westphalen/Trinkner* 18 ff., *Ulmer/Brandner/Hensen* 34 zu § 3, *Palandt/Heinrichs* 7 c zu § 9 AGBG.
[46] BGH, NJW 84, S. 48.

§ 44. Besondere Gestaltungen des Kaufs

te Ware nicht probegemäß, so stehen dem Käufer Gewährleistungsansprüche, bei einem Gattungskauf auch der gemäß § 480 modifizierte Erfüllungsanspruch zu. Entspricht jedoch die Probe, ohne daß der Käufer dies bemerkt hatte, der benannten Warengattung so wenig, daß sie sich dieser gegenüber als ein „aliud" im Sinne des § 378 HGB darstellt,[1] so ist die Lieferung entsprechend der Probe keine Erfüllung;[2] die eindeutig bezeichnete Warengattung, nicht die damit offensichtlich überhaupt nicht zu vereinbarende Probe ist maßgebend.

Ein Kauf „**zur Probe**" ist ein Kauf, bei dem der Käufer zu erkennen gibt, er kaufe die Ware, um zu erproben, ob sie ihm gefalle, und werde, wenn dies der Fall sei, mehr von derselben Sorte kaufen. Die Äußerung des Käufers ist unverbindlich; es steht in seinem Belieben, ob er mehr kaufen will. Tut er dies aber und bezieht er sich dabei auf den ersten, von ihm zur Probe vorgenommenen Kauf, so bringt er zum Ausdruck, daß die erneut gekaufte Ware von derselben Beschaffenheit sein solle wie die frühere. Stimmt der Verkäufer zu, solche Ware zu liefern, dann ist der erneute Kauf als ein Kauf „nach Probe" anzusehen, wobei die zuerst gekaufte Ware als die Probe oder das Muster gilt, dem die jetzt gekaufte in ihrer Beschaffenheit gleichen soll.

Ein Kauf „**auf Probe oder Besicht**" ist ein Kauf, der nur für den Fall gelten soll, daß der Käufer innerhalb einer gewissen Zeit seine Billigung erklärt. Meist wird dann der Käufer, ehe er sich endgültig entschließt, den Kaufgegenstand erproben oder doch näher besichtigen wollen; oft wird ihm die Sache zu diesem Zwecke übergeben werden. Auf jeden Fall hat der Verkäufer dem Käufer die Untersuchung des Gegenstandes zu gestatten (§ 495 Abs. 2). Die Parteien haben sich hier zwar über den Preis und die sonstigen Einzelheiten des Vertrages geeinigt, der Verkäufer ist auch hieran gebunden, der Käufer dagegen behält sich seine letzte Entschließung noch vor. Nicht etwa die objektiv nachprüfbare Brauchbarkeit des Gegenstandes, seine Eignung für die Zwecke des Käufers, entscheidet über die rechtliche Wirksamkeit des Kaufs, sondern *das freie Belieben des Käufers*, der seine Billigung also selbst dann versagen kann, wenn sich die Sache als für seinen Zweck völlig geeignet erweist. Das Gesetz versteht unter einem Kauf auf Probe ausdrücklich einen solchen Kauf, bei dem „die Billigung des gekauften Gegenstandes im Belieben des Käufers" steht (§ 495 Abs. 1 Satz 1). Der Ausdruck „Kauf auf Probe" ist daher insofern irreführend, als er die Vorstellung erweckt, als hinge die Gültigkeit des Kaufs, statt von der freien Entschließung des Käufers, von dem objektiv feststellbaren Ergebnis der Erprobung der Sache ab. In der Tat ist der Käufer nicht einmal gehalten, eine solche vorzunehmen. Es wäre daher treffender, mit *Leonhard*[3] von einem „*Kauf auf Belieben*" des Käufers zu sprechen.

---

[1] Vgl. oben § 41 III aE.
[2] So der BGH; DB 60, 1387; vgl. *Palandt/Putzo* 1 zu § 494.
[3] *Leonhard* B 95; anders (für das gemeine Recht) *Bechmann*, Kauf II 1 S. 240.

§ 44 I   1. Abschn. 1. Kap. Veräußerungsverträge, insbesondere Kauf

Das Gesetz gibt für einen derartigen Kauf folgende Regeln: Im Zweifel ist er als „unter der aufschiebenden Bedingung der Billigung geschlossen" anzusehen (§ 495 Abs. 1 Satz 2). Die Billigung muß dem Verkäufer erklärt werden. Der Kauf ist endgültig unwirksam, wenn die Billigung nicht innerhalb der vereinbarten oder, in Ermangelung einer solchen, innerhalb der vom Verkäufer bestimmten Frist, die „angemessen" sein muß, erklärt, oder wenn sie verweigert wird.[4] Wenn jedoch der Kaufgegenstand dem Käufer zum Zwecke der Erprobung oder Besichtigung übergeben worden war, dann „gilt sein Schweigen als Billigung" (§ 496), d. h. es treten dann mit dem Ablauf der Frist die Rechtsfolgen einer fristgerecht erklärten Billigung ein, gleichviel, wie das Schweigen im Einzelfall gemeint und zu verstehen war.

Die Denkform eines „aufschiebend bedingten Kaufs" (unter einer „Wollensbedingung") wird der wirklichen Sachlage indessen nicht gerecht. Sie verdeckt nämlich die hier vorliegende Besonderheit, daß mit dem „Abschluß" des Vertrages nur erst der eine Vertragsteil, der Verkäufer, an den Vertrag gebunden, d. h. für den Fall des Eintritts der Bedingung zur Erfüllung verpflichtet ist, während sich der andere Teil, der Käufer, noch überhaupt nicht gebunden hat, da ja die Herbeiführung der Bedingung und damit der Rechtsfolgen des Vertrages in seinem Belieben steht. In Wahrheit ist daher der Vertrag noch gar nicht abgeschlossen, da es hierzu zweier, auf den Eintritt der Rechtsfolgen gerichteter „Geltungserklärungen" bedarf.[5] Die Geltungserklärung des Käufers, durch die die vereinbarte Regelung in Geltung gesetzt wird, ist erst seine Billigung. Daher ist die Billigungserklärung, wie die heute herrschende Lehre mit Recht annimmt,[6] nicht nur Meinungsäußerung oder Mitteilung, sondern auf die Herbeiführung der Rechtsfolgen des Vertrages gerichtete *rechtsgeschäftliche Willenserklärung,* und daher bedarf der Käufer zu ihr der vollen Geschäftsfähigkeit. Und während, wie wir früher (§ 42 IIa aE) sahen, beim normalen aufschiebend bedingten Kauf die Gefahr des *zufälligen Untergangs der Sache* mit deren Übergabe, falls nachher die Bedingung eintritt, gemäß § 446 auf den Käufer übergegangen ist, er dann also die Zahlung des Kaufpreises nicht mehr verweigern kann, kann hier von einem Übergang der Preisgefahr insofern nicht die Rede sein, als der Käufer auch nach dem Untergang der Sache noch seine Billigung verweigern und dadurch verhindern kann, daß eine Verpflichtung, den Kaufpreis zu zahlen, für ihn überhaupt entsteht.[7] Für ein Verschulden haftet der Käufer, ob er den

---

[4] RGZ 137, 299.
[5] Vgl. dazu und zur sog. „Wollensbedingung" überhaupt Allg. Teil § 25 I.
[6] *Enn. L.* § 115 zu Anm. 7; *v. Tuhr* III 287; *Leonhard* B 97; *Medicus,* SchR II § 87 II, *Staudinger/Mayer-Maly* 22, *Soergel/Ballerstedt* 7, *Palandt/Putzo* 2c, *Erman/Weitnauer* 3 zu § 495; anders nur *Oertmann* 6, *MünchKomm/Westermann* 8 zu § 495.
[7] Der Gefahrübergang wird verneint von *Muskat,* GruchBeitr. 48, 212; *Oertmann* 4 zu § 495, *Esser* 4. Aufl. § 66 I 3; *Esser/Weyers* § 10, 1; *Medicus,* SchR II § 84 II; *Soergel/Ballerstedt* 8, *Jauernig/Vollkommer* 3b aa, *Palandt/Putzo* 3o zu § 495.

Kauf nun billigt oder nicht, schon aus dem Rechtsverhältnis der Vertragsverhandlung. Da erst die Billigungserklärung des Käufers den Tatbestand des Vertragsschlusses erfüllt, liegt vorher noch kein fertiger Kaufvertrag, sondern gewissermaßen nur erst ein vereinbarter Vertragsentwurf vor, an den lediglich der Verkäufer gebunden ist. Er bedarf jedoch der Form, die für einen Vertrag dieser Art (etwa in § 313) vorgeschrieben ist.

Die Konstruktion eines aufschiebend bedingten Kaufs läßt die, für den Käufer noch unverbindliche, Einigung über den Inhalt als Abschlußtatbestand genügen und wertet die Billigungserklärung als bloßes Wirksamkeitserfordernis. In der Tat ist sie mehr, da sich erst in ihr der Vertragswille des Käufers vollendet, endgültig wird. Doch kann man der nun einmal im Gesetz zum Ausdruck gelangten Konstruktion, deren praktisches Ergebnis die Formfreiheit der Billigungserklärung ist, folgen, wenn man sich nur dessen bewußt bleibt, daß sie dem Sachverhalt nicht vollständig entspricht, und unangemessene Folgerungen daraus vermeidet.
Ob in dem Fall, daß der Käufer den Vertrag billigt, die Rechtsfolgen des Kaufs, z. B. der Übergang der Nutzungsbefugnis und der Lasten auf den Käufer bereits mit der Übergabe, auf den Zeitpunkt des Vertragsabschlusses, d. h. der Einigung über den Inhalt, zurückbezogen werden sollen (§ 159), ist eine Frage der Vertragsauslegung im einzelnen Fall. Für den meisten Fällen dürfte sie zu bejahen sein.[8]

Vom Kauf auf Probe zu unterscheiden ist der **Kauf mit Umtauschberechtigung** des Käufers. Hier ist der Kaufvertrag mit seinem Abschluß für beide Teile sofort bindend; dem Käufer ist aber die Befugnis vorbehalten, nachträglich an Stelle des ursprünglichen Kaufgegenstandes einen anderen, annähernd gleichwertigen zu verlangen. Diese Befugnis hat er freilich nur gegen die Rückgabe der noch völlig unversehrten und unabgenutzten, zuerst gekauften Sache. Die Gefahr ihres zufälligen Untergangs wie auch jeder Verschlechterung ist daher mit der Übergabe oder, im Falle des § 447, mit der Absendung auf ihn übergegangen.[9] Regelmäßig besteht das Umtauschrecht nur innerhalb einer kurz bemessenen, angemessenen oder üblichen Frist; der Käufer kann im Wege des Umtauschs nur solche Sachen verlangen, die der Verkäufer in seinem Geschäfte führt. Geringe Preisunterschiede sind durch Geldzahlung auszugleichen. Das Umtauschrecht ist also ein Gestaltungsrecht des Käufers, dessen Ausübung befristet und durch die Möglichkeit der Rückgabe der noch in keiner Weise verschlechterten ersten Kaufsache auflösend bedingt ist. Die Vereinbarung eines Umtauschrechts ist besonders bei Kauf üblicher Geschenkartikel gebräuchlich und darf hier vielleicht, mangels eines erkennbar entgegenstehenden Willens des Verkäufers, aus den Umständen des Vertrags gefolgert werden.

Nicht um einen Kauf auf Probe handelt es sich auch bei dem im Gesetz nicht geregelten Prüfungskauf oder „*Erprobungskauf*".[10] Hier wird das Zustandekommen des Kaufvertrages nicht vom Belieben des Käufers, sondern von dem, ob-

---

[8] So auch *Muskat*, GruchBeitr. 48, 209; *Enn./L. § 115 II 1*; *Erman/Weitnauer* 2 zu § 495.
[9] HL; *Enn./L.* § 115 III 2; *Oertmann* 1 d zu § 495; *Palandt/Putzo* Vorbem. 2 vor § 494.
[10] Vgl. BGH, NJW 68, 109 (Kauf einer Landmaschine „auf Feldprobe"), BGH, WM 70, 877; *Palandt/Putzo* 1 b cc zu § 495. Zum österreichischen Recht *Bock/Mannagetta*, ÖJZ 1984, S. 427.
[11] So *Reichel*, JW 30, 1457.

jektiv nachprüfbaren, Ergebnis einer vom Käufer selbst oder einem Dritten vorzunehmenden *Eignungsprüfung* abhängig gemacht. Sie soll ergeben, ob der Kaufgegenstand gerade für die speziellen Zwecke des Käufers, unter den besonderen Bedingungen, unter denen er ihn einsetzen will, geeignet ist oder nicht. Ist das der Fall, so ist der Käuer gebunden, andernfalls nicht. Wird der Gegenstand dem Käufer zwecks seiner Erprobung übergeben, wird man diesen für verpflichtet ansehen müssen, die Erprobung in angemessener Zeit vorzunehmen und das Ergebnis dem Verkäufer mitzuteilen; unterläßt er dies, so muß er, analog § 496 Satz 2, den Kauf gegen sich gelten lassen.[11] Auslegungsfrage ist, ob der Kauf unter der aufschiebenden Bedingung eines positiven Prüfungsergebnisses, oder unter der auflösenden eines negativen Ergebnisses und einer entsprechenden Mitteilung, oder ob er unbedingt, jedoch unter dem Vorbehalt eines Rücktrittsrechts für den Käufer im Falle eines negativen Prüfungsergebnisses, geschlossen ist. Von Bedeutung könnte dies für die Frage des Gefahrübergangs nach § 446 Abs. 1 sein. Geht die Sache vor der Erprobung ohne Verschulden des Käufers unter, kann die Bedingung nicht mehr eintreten; der Gefahrübergang ist nur im Falle der auflösenden Bedingung zu bejahen. Im Falle eines Rücktrittsrechts gilt § 350.

II. Wiederkauf

Literatur: *Mayer-Maly*, Beobachtungen und Gedanken zum Wiederkauf, Festschr. f. Franz *Wieakker*, 1978, S. 424.

Der Verkäufer kann sich in dem Kaufvertrage das Recht vorbehalten, die verkaufte Sache innerhalb einer bestimmten Frist zurückzukaufen *(Wiederkaufsrecht, Rückkaufsrecht)*. Ist keine Frist vereinbart, so gilt eine gesetzliche Frist von 30 Jahren bei Grundstücken, von drei Jahren bei anderen Gegenständen (§ 503). Die Ausübung des Wiederkaufsrechts erfolgt durch Erklärung gegenüber dem Käufer, die nicht der für den Kaufvertrag bestimmten Form bedarf (§ 497 Abs. 1). Mit der Erklärung kommt ein neues Kaufverhältnis mit umgekehrten Parteirollen – das Wiederkaufverhältnis – zustande. Wenn nichts anderes vereinbart ist, gilt der für den ersten Kauf vereinbarte Preis auch für den Wiederkauf (§ 497 Abs. 2). Möglich ist z. B. die Vereinbarung, der Wiederkaufpreis solle der Schätzungswert des Kaufgegenstandes zur Zeit des Wiederkaufs sein (§ 501). Diese Vereinbarung ist bei einem Grundstück, das als „wertbeständig" gilt, mit Rücksicht auf eine fortschreitende Geldentwertung für den Käufer günstiger (er erhält wenigstens nominell im Wiederverkaufsfall mehr); bei einer beweglichen Sache, etwa einem Kraftfahrzeug, kann sie mit Rücksicht auf deren zwischenzeitliche Abnutzung für den Verkäufer günstiger sein (er zahlt im Wiederkaufsfall weni-

---

[11] So *Reichel,* JW 30, 1457.

§ 44. Besondere Gestaltungen des Kaufs   II § 44

ger). Der Verkäufer wird sich ein Wiederkaufsrecht vorbehalten, wenn er die Sache nur ungern – etwa, weil er dringend Geld benötigt oder sie nicht aufbewahren kann – verkauft und hofft, daß sich die Lage für ihn ändern wird. Der Verkauf unter Vorbehalt des Wiederkaufs kann auch zum Zwecke der Kreditaufnahme geschehen.

Die praktische Bedeutung des in den §§ 497 ff. geregelten Wiederkaufsrechts ist nicht sehr groß. Von größerer Bedeutung waren zeitweilig *gesetzliche Wiederkaufsrechte,*[12] wie sie sich z. B. in den §§ 20, 21 des Reichssiedlungsgesetzes von 1919 finden. Solche Wiederkaufsrechte wurden eingeräumt, um den mit dem An- oder Verkauf von Land durch ein Siedlungsunternehmen verfolgten Siedlungszweck sicherzustellen. Sie dienten also als ein Mittel staatlicher Bodenpolitik und können in dieser oder einer ähnlichen Funktion auch künftig vom Gesetzgeber neu geschaffen werden.

Das Wiederkaufsrecht ist richtiger Ansicht nach ein Gestaltungsrecht: das Recht, durch einseitige Erklärung ein Schuldverhältnis, nämlich ein Kaufverhältnis mit dem im voraus bestimmten Inhalt, zustandezubringen. Das Gesetz sagt (§ 497 Abs. 1) unzweideutig, daß das zweite Kaufverhältnis, der Wiederkauf, mit der Ausübung des Wiederkaufsrechts „zustande kommt". Da das Recht, das Wiederkaufverhältnis durch einseitige Erklärung zustande zu bringen, seinerseits auf dem Vertrage beruht, durch den es dem Berechtigten eingeräumt wurde, kann das Wiederkaufsverhältnis als eine *mittelbare* Folge dieses Vertrages angesehen werden.[13] Dadurch ist dem Prinzip, daß privatrechtliche Pflichten nicht einseitig auferlegt werden können, sondern eines Vertrages bedürfen, also der Privatautonomie, genügt.

Trotz des hier eindeutig für ein Gestaltungsrecht sprechenden Wortlauts des Gesetzes konstruiert ein Teil der Lehre,[14] der sich frühzeitig auch das RG[15] und leider auch der BGH[16] angeschlossen hat, den Wiederkauf anders, nämlich ebenso wie den Kauf auf Probe als einen sogleich abgeschlossenen, aufschiebend bedingten Kauf. Die Bedingung, mit deren Eintritt das Wiederkaufverhältnis wirksam wird, soll die Erklärung des Wiederkaufsberechtigten sein, daß er die Sache zurückkaufe. Folgerichtig sieht *Leonhard*[17] im Wiederkauf einen „Unterfall des Kaufs auf Belieben"; zugleich mit dem ersten Kaufvertrage schlössen die Parteien einen zweiten Vertrag über den Wiederkauf, dessen Wirksamkeit vom Belieben des Verkäufers und Wiederkäufers abhängig gemacht werde. Gegen diese Auffassung spricht zunächst, daß sie selbst beim Kauf auf Probe, wo sie durch das Gesetz nahegelegt wird, wie

---
[12] Zu ihnen *Mayer-Maly* aaO S. 424 ff.
[13] Mit vollem Recht bemerkt *v. Tuhr* II S. 458 Anm. 2, daß ein Vertragsverhältnis auch auf Grund einer vorausgegangenen Verabredung durch einseitige Erklärung entstehen könne, die die Ausübung eines Gestaltungsrechts sei. Als Beispiele hierfür nennt er den Wiederkauf und den Vorkauf.
[14] *Enn./L.* § 116 II; *Leonhard* B 98; *Heck* 284; *Fikentscher* § 71 III 1; *Palandt/Putzo* 1c zu § 497; *Soergel/Ballerstedt* 7 vor § 497. Bedenken gegen diese Konstruktion äußert *Westermann* in *MünchKomm* 4 zu § 497.
[15] RGZ 69, 282; 121, 369.
[16] BGHZ 38, 369; zweifelnd hinsichtlich der aus dieser Konstruktion zu ziehenden Folgerungen BGHZ 58, 78, 80.
[17] *Leonhard* B 100.

wir gesehen haben, der Sachlage nicht voll entspricht. Während die Konstruktion eines (mit der Einigung über den Inhalt) bereits abgeschlossenen, nur in seiner Wirksamkeit noch von einer ,,Wollensbedingung" abhängigen Kaufs dort immerhin die praktische Bedeutung hat, die Formfreiheit der Billigungserklärung zu rechtfertigen, bedarf es hier dessen nicht, da das Gesetz ausdrücklich sagt, daß die Ausübung des Wiederkaufsrechts formlos erfolgen könne. Gegen sie spricht vor allem, daß sie zwar für ein vertraglich begründetes, nicht aber für ein unmittelbar auf dem Gesetz beruhendes Wiederkaufsrecht denkbar ist. Sie nötigt daher dazu, für dieses eine andere Konstruktion anzuwenden, als für jenes, obgleich die Struktur des Wiederkaufsrechts (nämlich: als eines Rechts, durch eine einseitige rechtsgestaltende Erklärung das Rechtsverhältnis, hier: das Wiederkaufsverhältnis, in Geltung zu setzen) offenbar dieselbe ist, ob es nun auf Vertrag oder Gesetz beruht. Überdies vermag sie nicht anzugeben, welcher Art denn das im Gesetz wiederholt erwähnte ,,Wiederkaufsrecht" (durch dessen ,,Ausübung" der Wiederkauf ,,zustandekommt") sei, wenn es nicht ein Gestaltungsrecht ist. Gibt sie aber zu, daß es ein Gestaltungsrecht ist, so bedarf es der weiteren Konstruktion eines unter einer Wollensbedingung aufschiebend bedingten Kaufs nicht mehr. Dazu, daß das Wiederkaufsrecht ein Gestaltungsrecht ist, paßt auch, daß das Gesetz es einer Ausschlußfrist unterwirft (§ 503). Nach alledem sprechen die besseren Gründe für die Auffassung, der zufolge das Wiederkaufsverhältnis erst durch die Ausübung des Wiederkaufsrechts als eines Gestaltungsrechts zustandekommt. Das Wiederkaufsrecht ist vererblich, doch entgegen der herrschenden Ansicht meiner Meinung nach nur dann übertragbar, wenn der Käufer dem bei seiner Begründung zugestimmt hat;[19] es erlischt, wie andere Gestaltungsrechte, auch durch Verzicht.[20]

Die Einräumung eines Wiederkaufsrechts kann – das ist die Regel – sogleich in dem ersten Kaufvertrage, sie kann aber auch noch nachträglich, in einem besonderen Vertrage, erfolgen.[21] In beiden Fällen bedarf die Vereinbarung der für einen derartigen Kaufvertrag etwa vorgeschriebenen Form (z. B. der des § 313).[22] Zwar wird der Wiederkaufsverpflichtete hierdurch noch nicht unmittelbar zur Rückübereignung verpflichtet, da die Entstehung des Wiederkaufsverhältnisses noch von der Ausübung des dem Berechtigten eingeräumten Gestaltungsrechts

---

[18] Dieser Auffassung sind *Walsmann,* JherJb. 54, 278; *v. Tuhr* II 458 Anm. 2; III 278 Anm. 53; *Kress* B 46; *Siber* 428; *Oertmann* 2 d vor § 497; *Esser* (4. Aufl.) § 66 II; *Esser/Weyers* § 10, 2; *Medicus,* SchR II § 83 II; *Bötticher,* Festschr. f. *Dölle* Bd. I, S. 46 f.; *Jauernig/Vollkommer* 2a zu § 497. Mayer-Maly aaO S. 433 will beide Auffassungen miteinander kombinieren. Er meint, die Ausübung des Gestaltungsrechts werde zur Bedingung des Wiederkaufsvertrages gemacht. Ihm folgt insoweit *Erman/Weitnauer* 1 a, 1 b zu § 497. Wenn aber das Wiederkaufsrecht – so *Weitnauer* – das Recht ist, ,,einen Kaufvertrag mit umgekehrten Parteirollen zustande zu bringen", dann kann das doch nur heißen, daß ein solcher Vertrag erst durch die Ausübung dieses Rechts zustandekommt; dazu paßt es aber nicht, ihn schon vorher als, wenn auch bedingt, geschlossen anzusehen.
[19] Dies fordert m. E. das Interesse des Käufers, der seinem Verkäufer ein Wiederkaufsrecht einräumt. Sein Risiko, die Sache wieder herausgeben zu müssen, ist sehr viel geringer, wenn er nur damit zu rechnen braucht, der Verkäufer (oder sein Erbe) werde einmal willens und in der Lage sein, es auszuüben, als wenn er auch damit rechnen muß, dieser werde es einem Dritten übertragen, der über die nötigen Mittel, es auszuüben, verfügt und sich von rein finanziellen Erwägungen (zwischenzeitliche Wertsteigerung, z. B. eines Kunstwerks, oder Geldentwertung) leiten läßt. Es kann wohl im allgemeinen nicht unterstellt werden, daß er ein so weit gehendes Risiko auf sich nehmen will. Anders die hL; sie nimmt grundsätzlich die Übertragbarkeit an; so *Oertmann* 4, *Staudinger/Mayer-Maly* 10, *MünchKomm/Westermann* 10, *Palandt/Putzo* 3 a, *Erman/Weitnauer* 4 zu § 497.
[20] Ebenso *v. Tuhr* II 271 Anm. 219; *Oertmann* 4 zu § 497; anders (weil es kein Gestaltungsrecht sei) *Enn./L.* § 116 Anm. 6.
[21] RGZ 126, 311; BGH, LM Nr. 1 zu § 497; *Enn./L.* § 116 II 1 a; *Staudinger/Mayer-Maly* 10, *Palandt/Putzo* 2 b, *Erman/Weitnauer* 2 zu § 497.
[22] RGZ 110, 334; 126, 312; hL.

abhängt. Aber er ist bereits mittelbar gebunden: er hat durch die Einräumung des Gestaltungsrechts die Voraussetzung für die Entstehung einer Verpflichtung geschaffen, die nunmehr nicht von seinem Willen, sondern lediglich von einer Willensäußerung des Berechtigten abhängig ist. Der Zweck der Formvorschrift verlangt ihre Anwendung auch im Falle der Begründung einer solchen nur erst mittelbaren Bindung.[23] Dagegen bedarf, wie bemerkt, die rechtsgestaltende Erklärung des Berechtigten, durch die das Wiederkaufverhältnis selbst begründet wird, der Form nicht.

Wird das Wiederkaufsrecht ausgeübt, so ist der Wiederverkäufer *nunmehr verpflichtet, den gekauften Gegenstand nebst Zubehör herauszugeben* (§ 498 Abs. 1), d. h. ihn zu übergeben und zu übereignen (§ 433 Abs. 1), und zwar so, wie er ist. Wegen einer in der Zwischenzeit eingetretenen von ihm nicht zu vertretenden Verschlechterung, einschließlich ihrer normalen Abnutzung, sowie wegen einer von ihm vorgenommenen, aber unwesentlichen Veränderung der Sache haftet er nicht: der Wiederkäufer kann deshalb weder Schadensersatz, noch Wandlung oder Minderung des Wiederkaufpreises verlangen (§ 498 Abs. 2 Satz 2). Dagegen hat der Wiederverkäufer wegen einer vor Ausübung des Wiederkaufsrechtes von ihm *verschuldeten* Verschlechterung oder Unmöglichkeit der Herausgabe und selbst wegen einer von ihm vorgenommenen, nicht schuldhaften wesentlichen Veränderung des Kaufgegenstandes dem Wiederkäufer Schadensersatz zu leisten (§ 498 Abs. 2 Satz 1). Den Käufer, der seinem Verkäufer ein Wiederkaufsrecht eingeräumt hat, trifft also schon vor dessen Ausübung eine Sorgfalts- und Erhaltungspflicht: er muß mit der Ausübung des Wiederkaufsrechts rechnen und darf daher die Sache vorher weder (über ihre Abnutzung durch den normalen Gebrauch hinaus) verschlechtern, noch sich die Rückgabe unmöglich machen, ja, die Sache nicht einmal wesentlich verändern.[24] Hat der Käufer und nunmehrige Wiederverkäufer in der Zwischenzeit über den Kaufgegenstand verfügt, so ist er nunmehr dazu verpflichtet, die dadurch begründeten Rechte Dritter zu beseitigen (§ 499); soweit ihm das nicht möglich ist, ist er zum Schadensersatz verpflichtet. Für Verwendungen, die der Käufer vor dem Wiederkauf auf den Kaufgegenstand gemacht hat, kann er insoweit Ersatz verlangen, als der Wert des Gegenstandes dadurch noch erhöht ist. Ferner hat er ein Wegnahmerecht (§ 500). Die Haftung des Käufers für eine Verschlechterung der Kaufsache und für die Unmöglichkeit ihrer Herausgabe sowie sein Recht auf Verwendungsersatz entfallen, wenn als

---

[23] Zur Begründung des Formzwangs bedarf es also nicht, wie das RG anscheinend angenommen hat, der Konstruktion eines aufschiebend bedingten Kaufs.
[24] Zur Begründung dieser Verpflichtungen bedarf es ebenfalls nicht der Konstruktion eines aufschiebend bedingten Kaufs. Wie *v. Tuhr* II 497 ausführt, ist der Offerent, der zwar noch nicht Vertragsschuldner ist, es aber durch die Annahme seiner Offerte werden kann, bereits nach Analogie des § 160 verpflichtet, dafür zu sorgen, daß ihm die Leistung nicht unmöglich wird; dasselbe muß auch hier gelten.

Wiederkaufspreis der Schätzungswert der Sache zur Zeit des Wiederkaufs vereinbart worden ist (§ 501).

Ist der Kaufgegenstand ein Grundstück, so kann sich der Wiederkaufsberechtigte gegen eine Benachteiligung durch Verfügungen des Wiederkaufsverpflichteten dadurch schützen, daß er zur Sicherung seines künftigen, durch die Ausübung seines Gestaltungsrechts entstehenden Anspruchs auf Rückübereignung eine Vormerkung in das Grundbuch eintragen läßt (§ 883 Abs. 1 Satz 1 und 2).[25] Ist das geschehen, so sind die Verfügungen des Wiederkaufsverpflichteten insoweit unwirksam, als sie den Anspruch des Berechtigten (nach seiner Entstehung) vereiteln oder beeinträchtigen würden (§ 883 Abs. 2). Einer Beseitigung der dadurch begründeten Rechte Dritter gemäß § 499 bedarf es dann also nicht. Der Wiederkaufsverpflichtete ist weiterhin dazu in der Lage, dem Wiederkäufer das Eigentum frei von den diesem gegenüber wirksamen Rechten zu verschaffen. Der Dritte ist verpflichtet, seine Zustimmung zur Löschung des für ihn eingetragenen, dem Berechtigten gegenüber unwirksamen Rechts zu erteilen (§ 888). Den Verfügungen des Wiederkaufsverpflichteten stehen hier, wie auch für den Anspruch gemäß § 499, solche Verfügungen gleich, die im Wege der Zwangsvollstreckung, der Arrestvollziehung oder durch den Konkursverwalter erfolgen.

Möglich, wenn auch selten, ist die Vereinbarung, daß nicht der Verkäufer zum Wiederkauf, sondern der Käufer zum Wiederverkauf berechtigt sein solle **(Wiederverkaufsrecht)**. Auf einen solchen Vertrag, der im Gesetz nicht geregelt ist, sind die Bestimmungen über den Wiederkauf entsprechend anzuwenden.[26]

III. Vorkauf

Literatur *Schurig*, Das Vorkaufsrecht im Privatrecht, 1975.

Die Einräumung eines Vorkaufsrechts gewährt dem Vorkaufsberechtigten die Befugnis, einen Gegenstand dann käuflich zu erwerben, wenn der Vorkaufsverpflichtete – in der Regel der Eigentümer – den Gegenstand an einen Dritten verkauft, und zwar zu den Bedingungen, die der Verpflichtete mit dem Dritten vereinbart hat. Sie geschieht häufig im Rahmen eines Miet-, Pacht- oder Leihvertrages, durch den zunächst ein Recht zu zeitweiligem Gebrauch begründet wird. Der Mieter, Pächter oder Entleiher erhält dadurch die Möglichkeit, die Sache für den Fall selbst zu erwerben, daß der Eigentümer sich zum Verkauf entschließt. Auch gesetzliche Vorkaufsrechte kommen häufig vor; so im Siedlungsrecht (§§ 4ff. ReichssiedlungsG vom 11. 8. 1919) und auf Grund der §§ 24ff. BundesbauG vom 23. 6. 1960. Sie dienen der Beschaffung von Land für die Siedlung oder für andere öffentliche Zwecke, besonders der Durchführung der von den Gemeinden zum Zwecke der städtebaulichen Entwicklung beschlossenen Bebauungspläne.[27] Die Ausübung derartiger Vorkaufsrechte durch die begünstigte Ge-

---

[25] Die Vereinbarung eines (unzulässigen) „dinglichen" Wiederkaufsrechts kann in eine schuldrechtliche Rückkaufsverpflichtung umgedeutet werden (BGH, JZ 65, 215). Dagegen ist das Wiederkaufsrecht nach dem Reichssiedlungsgesetz eintragungsfähig; durch seine Eintragung im Grundbuch tritt die gleiche Wirkung ein wie durch die Eintragung einer Vormerkung zur Sicherung des Rückübereignungsanspruchs; vgl. *Mayer-Maly* aaO S. 425; BGHZ 75, 288, 289.
[26] RGZ 126, 312; *Enn./L.* § 116 II 5.
[27] Über die Grundgedanken des Bundesbaugesetzes vgl. *Baur*, Lehrb. des Sachenrechts § 26 II 3.

§ 44. Besondere Gestaltungen des Kaufs

meinde oder sonstige öffentlich-rechtliche Körperschaft erfolgt zwar zur Erfüllung öffentlicher Aufgaben, aber in den Formen des Privatrechts, durch eine privatrechtsgestaltende Willenserklärung.[28] Ein gesetzliches Vorkaufsrecht haben ferner die Miterben für den Fall, daß einer von ihnen seinen Anteil an der Erbschaft an einen Dritten verkauft (§ 2034).

Das Vorkaufsrecht ist ebenfalls seiner rechtlichen Struktur nach ein *Gestaltungsrecht*; es ist das Recht, durch einseitige, rechtsgestaltende Erklärung ein Kaufverhältnis mit dem Inhalt zustandezubringen, der sich aus dem zwischen dem anderen Teil und einem Dritten geschlossenen Vertrage ergibt (§ 505 Abs. 2). Das Gesetz sagt unzweideutig, daß „mit der Ausübung des Vorkaufsrechts" – die durch formlose Erklärung gegenüber dem Verpflichteten (besser: Gebundenen) erfolgt (§ 505 Abs. 1) – der Kauf zwischen dem Berechtigten und dem Verpflichteten (Gebundenen) zustandekommt. Vor der Ausübung des Vorkaufsrechts besteht also noch kein Kaufverhältnis, sondern nur eine Gebundenheit, die sich aus dem Gestaltungsrecht des zum Vorkauf Berechtigten ergibt. Das Gestaltungsrecht ist ferner zunächst noch (aufschiebend) bedingt: es kann erst ausgeübt werden, wenn der andere Teil einen Kaufvertrag über den Gegenstand mit einem Dritten abschließt (§ 504). Der andere Teil ist nicht verpflichtet, überhaupt zu verkaufen; nur *wenn er* an einen Dritten verkauft, dann wird das Gestaltungsrecht des Vorkaufsberechtigten wirksam.[29] Das Vorkaufsrecht ist, wie die meisten subjektiven Rechte, verzichtbar. Ob dazu die einseitige Erklärung des Berechtigten gegenüber dem gebundenen Teil genügt, oder ein Vertrag erforderlich ist, mag zweifelhaft sein; m. E. genügt die einseitige Erklärung.[30]

Obgleich die Ausdrucksweise des Gesetzes eindeutig für ein Gestaltungsrecht spricht, wird auch hier die Auffassung vertreten,[31] es handle sich bei der Einräumung des Vorkaufsrechts um den Abschluß eines *doppelt bedingten Kaufs*. Der Vorkaufsberechtigte kauft hiernach den Gegenstand schon jetzt unter der doppelten Bedingung, daß der Verpflichtete an einen Dritten verkaufen und er selbst dann das Vorkaufsrecht ausüben werde. Diese Konstruktion hat hier noch weniger Berechtigung als beim Wiederkauf; wird hier doch noch nicht einmal der Inhalt des Kaufs zwischen dem Vorkaufsbe-

---

[28] So BGHZ 36, 155; 60, 275, 279 ff. (mit eingehender Auseinandersetzung mit anderen Meinungen). Vgl. dazu aber *Staudinger/Mayer-Maly* 5 zu § 505.

[29] Diese Bestimmung ist nicht zwingend; abweichende Vereinbarungen können getroffen werden. So RGZ 67, 43; 72, 388.

[30] Für die Möglichkeit des einseitigen Verzichts auf Gestaltungsrechte allgemein *v. Tuhr* II 266 f., 271. Der BGH, der statt des Vorkaufsrechts als Gestaltungsrechts einen doppelt bedingten Anspruch (auf Übereignung) annimmt, verlangt folgerichtig einen Erlaßvertrag (DB 66, 1351); ebenso *Soergel/Ballerstedt* 12 zu § 504. Nach *Staudinger/Mayer-Maly* 17 zu § 505 genügt einseitiger Verzicht.

[31] Von denselben, die diese Auffassung auch für den Wiederkauf vertreten; nicht jedoch von *Palandt/Putzo* (1 a vor § 504). *Ballerstedt,* der für die Theorie des doppelt bedingten Kaufs eintritt, gibt jedoch zu, diese passe nur für vertraglich begründete, nicht für gesetzliche Vorkaufsrechte; für die letzteren erscheine die Deutung als Gestaltungsrecht sachgemäßer (*Soergel/Ballerstedt* 6 vor § 504). Damit entfällt aber sein Hauptargument (auch für den Wiederkauf), daß sich auf diese Weise „die Entstehung eines gegenseitigen Vertrages nicht systematisch befriedigend erklären lasse". Auch durch die Ausübung eines *gesetzlichen* Vorkaufsrechts wird ja ein Kaufverhältnis (im Sinne der normalen Rechtsfolgen eines Kaufvertrages) begründet.

rechtigten und dem Gebundenen festgelegt. Es müßte sich also um einen doppelt bedingten Kauf mit weitgehend (nämlich von der Bestimmung des Kaufgegenstandes abgesehen) noch unbestimmtem Inhalt handeln – eine Konstruktion, die wenn auch denkmöglich, so doch außerordentlich gekünstelt ist! Die Konstruktion versagt wiederum bei den gesetzlichen Vorkaufsrechten. Sie ist überflüssig, da sich alle praktisch wünschenswerten Ergebnisse ohne sie begründen lassen. Im Schrifttum ist die Auffassung, die das Vorkaufsrecht als ein Gestaltungsrecht ansieht, anscheinend im Vordringen, während die Rechtsprechung an der Konstruktion eines doppelt bedingten Kaufs festhält. Neuerdings hat *Schurig*[32] die früher auch vertretene *„Offertentheorie"* erneuert. Nach *Schurig* stellt sich die Einräumung des Vorkaufsrechts als bedingte Offerte zum Abschluß eines Kaufvertrages mit vorerst noch unbestimmtem Inhalt – der aber bei Eintritt der Bedingung feststeht – dar, die Ausübung des Vorkaufsrechts als die Annahme der bedingten Offerte. Da *Schurig* in der Möglichkeit der Annahme einer Offerte ein Gestaltungsrecht sieht,[33] kann er das Vorkaufsrecht als das Recht, durch die Annahme der Offerte einen Kaufvertrag zustandezubringen, ebenfalls als ein Gestaltungsrecht klassifizieren, womit er der hier vertretenen Auffassung sehr nahe kommt. Die „Offertentheorie" paßt aber wiederum nicht für das gesetzliche Vorkaufsrecht.

Die richtige systematische Einordnung des Vorkaufs- und des Wiederkaufsrechts als Gestaltungsrechte ist keine müßige Gedankenspielerei. Sie ermöglicht es z. B., die Gleichartigkeit dieser Rechte mit anderen „Optionsrechten" (unter IV 3) zu erkennen, was wiederum Anlaß zur analogen Anwendung einzelner Vorschriften geben, aber auch zur Vermeidung von Fehlschlüssen beitragen kann.[34] Die heute verbreitete Geringschätzung solcher „konstruktiven" Überlegungen verkennt, daß unsere Rechtsordnung nicht ohne die ihr innewohnende systematische Komponente voll erfaßt und zutreffend verstanden werden kann. Zwar sind dabei die maßgebenden Wertungen ebenso stets im Auge zu behalten, wie die Veränderungen, die sich sowohl in dem geregelten Lebensbereich, wie in den Wertungsgrundlagen ereignen – das System, als ein „offenes", bedarf insoweit immer wieder neuer Anpassungen –, aber das bedeutet nicht, daß die systematische Einordnung der Rechtsfiguren und die Arbeit am System verzichtbar wären.

Die *vertragliche Begründung* des Vorkaufsrechts bedarf der Form *des* Vertrages, durch den eine Verpflichtung zur Veräußerung eines derartigen Gegenstandes begründet wird, bei Grundstücken also der Form des § 313. Das läßt sich damit begründen, daß auch hier schon eine mittelbare Bindung eingegangen wird: wenn der Gebundene später einen Kaufvertrag mit einem Dritten abschließt, wird er dem Berechtigten, sofern dieser sein Gestaltungsrecht ausübt, zur Übereignung verpflichtet.[35]

Die Bedingung, von deren Eintritt das Gestaltungsrecht des Vorkaufsberechtigten abhängt, ist *der Abschluß eines Kaufvertrages* zwischen dem Gebundenen und einem Dritten. Dieser Vertrag muß *rechtsgültig und vollwirksam* sein; falls seine Wirksamkeit von einer behördlichen Genehmigung abhängt, muß also auch diese erteilt sein.[36] Damit sich der Vorkaufsberechtigte nunmehr entschließen kann,

---

[32] AaO S. 81 ff.
[33] Die hiergegen von *Bötticher* (in Festschr. f. *Dölle*, 1963, Bd. I S. 41 ff.) entwickelten Bedenken hat *Schurig* m. E. jedoch ausgeräumt. Vgl. hierzu Allg. Teil § 27 I c.
[34] Dazu, und zur juristischen Konstruktion überhaupt, *meine Methodenlehre der Rechtswissenschaft*, 5. Aufl. 1983, S. 424 ff. (Studienausgabe S. 314 ff.).
[35] Das RG hat die Formbedürftigkeit ständig bejaht; vgl. RGZ 67, 43; 72, 388; 110, 333; 137 31; 148, 108. Die Schutzbedürftigkeit des Verpflichteten ist freilich zweifelhaft, da es ja immer noch von ihm allein abhängt, ob er mit einem Dritten einen Kaufvertrag abschließt, und dieser Vertrag der Form bedarf. Vgl. dazu *Schurig* S. 111 ff.
[36] Vgl. RGZ 98, 44; 106, 320; 114, 158; OLG Stuttgart, DNotZ 1950, 61; BGHZ 14, 2; 23, 344;

verpflichtet das Gesetz den Vorkaufsgebundenen, ihm den Inhalt des Vertrages unverzüglich mitzuteilen (§ 510 Abs. 1).[37] Der Empfang der Mitteilung – einerlei, ob sie von dem Gebundenen oder dem Dritten ausgeht – setzt eine *Ausschlußfrist* in Lauf, die bei Grundstücken zwei Monate, bei anderen Gegenständen eine Woche beträgt, sofern nicht eine andere Frist vereinbart ist (§ 510 Abs. 2). Die Frist wird nur in Lauf gesetzt, wenn der Inhalt des Vertrages vollständig und richtig mitgeteilt wird.[38] Mit dem Ablauf der Frist ist das Vorkaufsrecht erloschen. Die Bindung des Vorkaufsgebundenen schließt es nicht aus, daß er sich der Sache auf andere Weise als durch Verkauf entäußert, z. B. sie verschenkt, vertauscht oder in eine Gesellschaft einbringt. In diesen Fällen entsteht das Vorkaufsrecht nicht;[39] die Bindung fällt fort. Es ist jedoch möglich, durch Vereinbarung das Vorkaufsrecht auch auf solche Fälle zu erstrecken und eine Vergütung zu bestimmen, die der Vorkaufsberechtigte dann zu zahlen hat. Das Vorkaufsrecht versagt ferner gegenüber einem Verkauf im Wege der Zwangsvollstreckung[40] oder durch den Konkursverwalter (§ 512); es erstreckt sich im Zweifel nicht auf einen Verkauf an den künftigen gesetzlichen Erben, der mit Rücksicht auf dessen Erbrecht erfolgt, also z. B. im Falle einer Gutsübernahme (§ 511).

Die Bindung durch das Vorkaufsrecht geht auf den Erben des Gebundenen über. Sie soll aber nicht unbegrenzte Zeit andauern. Daher bestimmt das Gesetz, daß das Vorkaufsrecht, falls nichts anderes bestimmt ist, weder übertragbar, noch vererblich ist, somit spätestens mit dem Tode des Berechtigten erlischt. Ist es aber durch Vereinbarung auf eine bestimmte Zeit beschränkt, so ist es im Zweifel vererblich (§ 514).

Mit der Ausübung des Vorkaufsrechts kommt zwischen dem Berechtigten und dem durch das Vorkaufsrecht Gebundenen ein Kaufverhältnis zustande, dessen *Inhalt* sich im allgemeinen *nach den Bestimmungen des mit dem Dritten geschlossenen Kaufvertrages* richtet.[41] Diese sind aber dem Vorkaufsberechtigten gegenüber in-

---

BGH, MDR 60, 751; Oertmann 1, Staudinger/Mayer-Maly 28, Palandt/Putzo 2b, Erman/Weitnauer 7 zu § 504; *Enn./L.* § 117 II 1a.

[37] Diese Verpflichtung gilt auch dann, wenn die genehmigende Behörde eine Dienststelle der selbst vorkaufsberechtigten Gemeinde ist; BGHZ 23, 348. Die Mitteilung muß an die für die Entscheidung über die Ausübung des Vorkaufsrechts zuständige Dienststelle der vorkaufsberechtigten Gemeinde – oder doch an die Gemeinde zur Weiterleitung an diese Stelle – gerichtet werden. Vgl. BGHZ 60, 275, 288 f.

[38] Vgl. BGH, NJW 73, 1365.

[39] HL; vgl. *Enn./L.* § 117 II 1b; Leonhard B 102; Oertmann 2, Staudinger/Mayer-Maly 10 ff.; Palandt/Putzo 2a, Erman/Weitnauer 6 zu § 504; BGHZ 49, 7 („Ringtausch"). Wird ein derartiger Vertrag aber erkennbar nur zur Umgehung des Vorkaufsrechts geschlossen, so kann er nach § 138 BGB nichtig sein (vgl. BGH, NJW 64, 540) oder zu Schadensersatzansprüchen führen (vgl. Oertmann aaO).

[40] Das gilt jedoch nach hL nicht im Falle der Zwangsversteigerung eines Grundstücks zwecks Aufhebung einer Gemeinschaft (§ 753 Abs. 1); vgl. Oertmann 2, Soergel/Ballerstedt 3, Erman/Weitnauer 1 zu § 512; BGHZ 13, 133 (136); 48, 1 (4).

[41] Eine Ausübung des Vorkaufsrechts, verbunden mit der Erklärung, der Berechtigte lehne es ab, einen Teil der von dem Dritten übernommenen Verpflichtungen zu erfüllen, ist als in sich wider-

§ 44 III 1. Abschn. 1. Kap. Veräußerungsverträge, insbesondere Kauf

soweit unwirksam, als sie darauf abzielen, das Vorkaufsrecht zu vereiteln, wie z. B. ein Rücktrittsvorbehalt für den Gebundenen für den Fall der Ausübung des Vorkaufsrechts (§ 506).[42] Hat sich der Dritte zu einer Nebenleistung (z. B. zu einer Dienstleistung) verpflichtet, die der Vorkaufsberechtigte nicht bewirken kann, so hat dieser statt dessen ihren Wert zu entrichten (§ 507). Ist der Wert der Nebenleistung nicht in Geld zu schätzen – was bei höchstpersönlichen Dienstleistungen der Fall sein kann[43] –, so ist das Vorkaufsrecht ausgeschlossen, falls die Nebenleistung nicht von so geringer Bedeutung ist, daß anzunehmen ist, der Vertrag wäre auch ohne diese Vereinbarung geschlossen worden. Ist der Kaufpreis nach dem Vertrag bereits fällig, bevor der Berechtigte sein Vorkaufsrecht ausübt, ist die Fälligkeitsabrede dem mit der Ausübung neu entstehenden Kaufverhältnis anzupassen, der Fälligkeitszeitpunkt dementsprechend zu verschieben.[44] Eine dem Dritten gewährte Stundung des Kaufpreises kann der Vorkaufsberechtigte nur dann für sich in Anspruch nehmen, wenn er Sicherheit leistet oder, bei einem Grundstückskauf, eine Hypothek bestellt oder übernimmt (§ 509). Dem durch das Vorkaufsrecht Gebundenen will das Gesetz nicht zumuten, auch dem Vorkaufsberechtigten einen Kredit zu gewähren, den er dem Dritten vielleicht nur mit Rücksicht auf dessen persönliche Vertrauenswürdigkeit oder Zahlungsfähigkeit einzuräumen bereit war. Wird der Gegenstand, auf den sich das Vorkaufsrecht bezieht, mit anderen Gegenständen zusammen für einen Gesamtpreis verkauft, so hat der Vorkaufsberechtigte einen verhältnismäßigen Teil des Gesamtpreises als Kaufpreis zu zahlen (§ 508).

Durch die Ausübung des Vorkaufsrechts wird *die Gültigkeit des von dem Gebundenen mit dem Dritten geschlossenen Kaufvertrages nicht berührt*.[45] Der Gebundene wäre hiernach sowohl dem Dritten wie dem Vorkaufsberechtigten zur Übertragung des Kaufgegenstandes verpflichtet. Um Schadensersatzansprüchen des Dritten zu entgehen, wenn er dem Vorkaufsberechtigten leistet, muß er daher mit dem Dritten vereinbaren, daß er ihm gegenüber nur zur Erfüllung verpflichtet ist, wenn das Vorkaufsrecht nicht ausgeübt wird. Eine solche Vereinbarung muß man als getroffen ansehen, wenn der Verkäufer den Käufer auf das bestehende Vorkaufsrecht hingewiesen hat.[46] Leistet er aber den Gegen-

---

sprüchlich unwirksam, es sei denn, die Übernahme der abgelehnten Verpflichtung durch den Dritten sollte nur dazu dienen, die Ausübung des Vorkaufsrechts unmöglich zu machen; vgl. BGH, LM Nr. 3, 5 u. 6 zu § 505 BGB.

[42] Ausnahmsweise können auch solche Bestimmungen des Kaufvertrages für den Vorkaufsberechtigten nicht verbindlich sein, die innerhalb des Kaufvertrages einen „Fremdkörper darstellen", weil sie nichts mit dem vereinbarten Abhängigkeitsverhältnis von Leistung und Gegenleistung zu tun haben und nur dazu dienen sollen, für den Fall der Ausübung des Vorkaufsrechts den Vorkaufsberechtigten zu belasten. So der BGH, BGHZ 77, 359.

[43] RGZ 121, 138.

[44] So auch der BGH, NJW 83, 682.

[45] RGZ 121, 138; Palandt/Putzo 3a vor, *Erman/Weitnauer* 15 zu § 504.

[46] Nach *Staudinger/Mayer-Maly* 34 zu § 504 genügt die bloße Mitteilung vom Bestehen des Vorkaufsrechts hierfür nicht; der Dritte könne in der Regel davon ausgehen, sein Kontrahent werde versuchen, die Ausübung des Vorkaufsrechts abzuwenden. Ob dieser sich dazu verpflichten will, ist durch Auslegung im Einzelfall zu ermitteln; selbst wenn er sich dazu verpflichtet, dürfte er aber schwerlich für den Erfolg garantieren.

stand an den Dritten, so hat er nun dem Vorkaufsberechtigten – wegen Verletzung seiner Verpflichtung,[47] sich für den Fall der Ausübung des Vorkaufsrechts die Erfüllung seiner dann entstehenden Leistungspflicht nicht unmöglich zu machen – Schadensersatz zu leisten. Der Vorkaufsberechtigte kann den Gegenstand von dem Dritten nur dann herausverlangen, wenn es sich um ein Grundstück handelt und der Vorkaufsberechtigte sich zur Sicherung seines künftigen Anspruchs aus dem durch die Ausübung seines Rechts entstehenden Kaufverhältnis *eine Vormerkung* hat eintragen lassen. In diesem Fall ist die Verfügung zugunsten des Dritten ihm gegenüber nach § 883 Abs. 2 unwirksam. Der Vorkaufsverpflichtete ist daher ihm gegenüber nach wie vor zur Erfüllung in der Lage und auch verpflichtet. Gegen den Dritten hat der Berechtigte dann den Anspruch gemäß § 888, wenn er das Eigentum erlangt hat, den Herausgabeanspruch des § 985. Hat der Dritte schon *vor der Ausübung des Vorkaufsrechts* den Besitz erlangt und, bevor das Eigentum auf den Berechtigten übergegangen war, Verwendungen auf das Grundstück gemacht – z. B. einen Umbau vorgenommen –, so wendet der BGH im Verhältnis des Dritten zum Vorkaufsberechtigten die §§ 994 ff., die für das Verhältnis des Eigentümers zum nichtberechtigten Besitzer gelten, analog an.[48] Er sieht jedoch den Dritten als „bösgläubigen Besitzer" im Sinne des ebenfalls analog anzuwendenden § 990 schon dann an, wenn er bei seinem Besitzerwerb das *Vorkaufsrecht* kennt oder nur infolge grober Fahrlässigkeit nicht kennt, mag der Berechtigte es auch noch nicht ausgeübt haben.[49] Der Dritte, der das Vorkaufsrecht kennt, müsse mit der Möglichkeit rechnen, daß es ausgeübt wird und er dann das Grundstück nicht werde behalten können.

Das BGB kennt außer dem schuldrechtlichen Vorkaufsrecht auch ein *dingliches Vorkaufsrecht,* das nur mit Bezug auf ein Grundstück bestellt werden kann, und zwar durch Einigung und Eintragung im Grundbuch. Es kann auch zugunsten des jeweiligen Eigentümers eines anderen Grundstücks bestellt werden (§ 1094). Das Rechtsverhältnis zwischen dem Berechtigten und dem Gebundenen bestimmt sich nach den Vorschriften über das persönliche Vorkaufsrecht; Dritten gegenüber hat es die Wirkung einer Vormerkung zur Sicherung des durch die Ausübung des Vorkaufsrechts entstehenden Anspruchs auf Übertragung des Eigentums (§ 1098). Im Unterschiede zum persönlichen Vorkaufsrecht kann das dingliche auch für mehrere oder alle Verkaufsfälle bestellt werden (§ 1097 2. Halbsatz); es bindet dann den jeweiligen Eigentümer. Wegen weiterer Unterschiede zwischen dem persönlichen und dem dinglichen Vorkaufsrecht muß hier auf die Darstellungen des Sachenrechts verwiesen werden.[50]

IV. Sonstige einseitige Bindungen

Literatur: *v. Einem,* Die Rechtsnatur der Option, 1974; *Georgiades,* Optionsvertrag und Optionsrecht, Festschr. f. *Larenz,* 1973; *Henrich,* Vorvertrag, Optionsvertrag, Vorrechtsvertrag, 1965; *Lorenz,* Vorzugsrechte beim Vertragsschluß, Festschr. f. *Dölle,* Bd. I S. 103.

Auch abgesehen vom Wiederkaufs- und Vorkaufsrecht kommt es nicht selten vor, daß der Eigentümer einer Sache sich einem anderen gegenüber einseitig dahin bindet, ihm diese Sache, überhaupt oder unter bestimmten Voraussetzun-

---

[47] Diese Verpflichtung ergibt sich nach „Treu und Glauben" aus der Einräumung des Vorkaufsrechts als eine Folge des Vertrauenstatbestandes, der dadurch geschaffen ist.
[48] BGHZ 87, 296 = NJW 83, 2024. Zustimmend *Palandt/Bassenge* (in der 43. Aufl.) 3a zu § 1098; *Gursky,* JR 84, 3.
[49] Anders, nämlich dahin, die Bösgläubigkeit des Dritten beginne erst, wenn er Kenntnis von der *Ausübung* des Vorkaufsrechts erhält, hatte der BGH – in BGHZ 75, 288, 294 – in einem Fall entschieden, in dem es sich um ein durch seine Eintragung gesichertes *Wiederkaufsrecht* aufgrund des Reichssiedlungsgesetzes handelte.
[50] Vgl. die Lehrbücher von *Baur* § 21 B; *Westermann* § 125; *Wolff/Raiser* § 126.

gen, auf Verlangen käuflich zu überlassen. Man spricht dann wohl von der Einräumung eines *Ankaufs- oder Optionsrechts,* auch davon, daß jemandem die *„Vorhand"* gegeben oder die Sache „an die Hand gegeben" werde. Die rechtliche Bedeutung derartiger Abreden ist nicht immer zweifellos;[51] es sind verschiedene Möglichkeiten zu unterscheiden:

1. Der **Vorvertrag.** A verpflichtet sich vertraglich dem B gegenüber, mit diesem auf sein Verlangen einen Kaufvertrag über einen bestimmten Gegenstand *abzuschließen* oder ihm ein *Kaufangebot zu machen.* Es handelt sich dann um einen *Vorvertrag zu einem Kaufvertrag* (Bd. I § 7 I).[52] Der Inhalt des abzuschließenden Kaufvertrags wird durch den Vorvertrag regelmäßig nur erst in seinen Grundzügen festgelegt; er bedarf noch der näheren Bestimmung durch die Vertragschließenden. Gerade der Wunsch, Einzelheiten des Vertrages vorerst noch offen zu lassen, wird die Parteien veranlassen, zunächst nur erst einen Vorvertrag zu schließen, statt die dritte oder die vierte Möglichkeit zu wählen. Im Falle eines Grundstückskaufs bedürfen sowohl der Vorvertrag wie der Hauptvertrag der Form des § 313. Ein Kaufverhältnis und damit ein Anspruch auf Übereignung der Kaufsache entsteht erst aus dem Hauptvertrag; der künftige Anspruch kann aber bereits, wenn es sich um ein Grundstück handelt, durch eine Vormerkung gesichert werden. Aus dem Vorvertrag entsteht ein klagbarer Anspruch[53] auf Abschluß eines entsprechenden Hauptvertrages oder Abgabe einer Offerte dazu. Die Klage auf den Abschluß des Hauptvertrages und die auf Herausgabe und Übereignung der Kaufsache können miteinander verbunden werden.[54] Durch den Vorvertrag wird der zum Verkauf Verpflichtete ferner dazu verpflichtet, den Gegenstand im Interesse des zum Kauf Berechtigten schon jetzt sorgsam zu behandeln und sich die Erfüllung seiner künftigen Leistungspflicht nicht unmöglich zu machen.

2. Die Einräumung der **Vorhand.** Hier verpflichtet sich A nicht schlechthin dazu, einen Gegenstand auf Verlangen des B diesem zu verkaufen, sondern nur

---

[51] Vgl. die Angaben in Bd. I zu § 7 I sowie *Nipperdey,* Vorhand, Vorkaufsrecht und Einlösungsrecht, ZBlHR 30, 300; *Hense,* DNotZ 51, 124 und meine Abhandlung über die rechtliche Bedeutung von Optionsvereinbarungen in DB 55, 209.

[52] Um einen solchen dürfte es sich bei der in BGHZ 68, 1 erwähnten *Ankaufsverpflichtung* handeln. Ein Erbbauberechtigter hatte sich dem Eigentümer des Grundstücks gegenüber dazu verpflichtet, auf dessen Verlangen das Grundstück jederzeit käuflich zu übernehmen, und zwar zu dem dann ortsüblichen Verkehrswert. Der Eigentümer machte dem Erbbauberechtigten darauf ein Kaufangebot und verlangte von ihm mit seiner Klage dessen Annahme.

[53] Es handelt sich also um ein Forderungsrecht, nicht um ein Gestaltungsrecht, wie bei den unter Ziff. 3 behandelten sog. Optionsrechten. Dieses Forderungsrecht, wie das der BGH getan hat, ebenfalls als „Optionsrecht" zu bezeichnen (BGHZ 9, 237), scheint mir im Interesse einer eindeutigen Terminologie nicht glücklich zu sein. – der Anspruch unterliegt der 30jährigen Verjährung, nicht der Ausschlußfrist des § 503, was im Hinblick auf die nur für die Verjährung geltenden §§ 202, 208 von Bedeutung ist (BGHZ 47, 387).

[54] Vgl. *Nipperdey* aaO.

dazu, *falls er ihn zu verkaufen wünscht* (was in sein Belieben gestellt bleibt), ihn dem B *zuerst anzubieten,* diesem die ,,Vorhand zu lassen". Er hat ihn dem B nicht erst dann anzubieten, wenn er mit einem Dritten einen Kaufvertrag geschlossen hat, sondern noch ehe er ihn einem Dritten anbietet; ein Kaufverhältnis zwischen A und B kommt hier, wie im ersten Fall, erst dadurch zustande, daß B das Angebot des A annimmt. Das Angebot muß inhaltlich so beschaffen sein, daß es den Umständen nach als angemessen angesehen werden kann. Mit *Nipperdey* kann man in der Einräumung der Vorhand einen *aufschiebend bedingten Vorvertrag* sehen: Die Bedingung, unter der der Vorhandberechtigte die Abgabe einer Offerte zu einem Kaufvertrag verlangen kann, ist der hinreichend deutlich gewordene Wille des Verpflichteten, nunmehr zu verkaufen. Dieser Wille kann in einer Erklärung gegenüber dem Berechtigten, er kann auch z.B. darin seinen Ausdruck finden, daß der Verpflichtete ernsthafte Verkaufsverhandlungen mit einem Dritten beginnt. Nach Eintritt der Bedingung kann der Berechtigte auf die Abgabe eines Angebots (mit angemessenem Inhalt) klagen. Auch hier kann wieder der künftige Anspruch aus dem zu schließenden Kaufvertrag auf Auflassung, wenn es sich um ein Grundstück handelt, durch eine Vormerkung gesichert werden. Der Vertrag, durch den die Vorhand eingeräumt wird, bedarf als Vorvertrag der Form des Hauptvertrages.[55]

Veräußert der Verpflichtete den Kaufgegenstand an einen Dritten, bevor er dem Vorhandberechtigten ein Angebot gemacht und dieser es abgelehnt hat, so ist er schadensersatzpflichtig. Denn in der Einräumung der Vorhand liegt zugleich die Verpflichtung, nicht zu veräußern, solange nicht der Vorhandberechtigte ein ihm gemachtes Angebot abgelehnt oder auf seine ,,Vorhand" verzichtet hat.

3. Die Einräumung eines **Optionsrechts.** Unter einem ,,Optionsrecht" versteht man das Recht, durch einseitige Erklärung ein Vertragsverhältnis, dessen Inhalt im voraus vertraglich vereinbart oder auf andere Weise bestimmt sein kann, zustande zu bringen oder ein bestehendes Vertragsverhältnis zu verlängern. Vorkaufsrecht und Wiederkaufsrecht sind demnach Optionsrechte.[56] Ein Optionsrecht des Inhalts, daß der Berechtigte durch einseitige, rechtsgestaltende Erklärung einen Vertrag mit vorher vereinbartem Inhalt zustandebringen kann, kann durch einen Vertrag eingeräumt werden, der zweckmäßigerweise als ,,**Optionsvertrag**" zu bezeichnen ist.[57] Ein solcher Optionsvertrag unterscheidet sich von einem Vorvertrage dadurch, daß für den Berechtigten nicht eine Forderung

---

[55] Vgl. RGZ 169, 71.
[56] So auch *Esser* 4. Aufl. § 66 II und III; *Esser/Weyers* § 10, 2 u. 3.
[57] Vgl. *meine* Abhandlung in DB 55, 209, und *Oertmann* 5 vor § 504. Der gleichen Terminologie bedienen sich *Henrich* – aaO S. 227 ff. – und *Georgiades* aaO. Dagegen spricht *v. Einem* – aaO S. 82 ff. – von einem ,,Hauptvertrag mit Optionsvorbehalt".

§ 44 IV   1. Abschn. 1. Kap. Veräußerungsverträge, insbesondere Kauf

(auf Abschluß eines Hauptvertrages oder Abgabe einer Offerte dazu), sondern ein Gestaltungsrecht begründet wird, von der Abgabe lediglich einer Offerte (Nr. 4) dadurch, daß es sich bereits um eine vertragliche Vereinbarung handelt. Der BGH kennt allerdings, wie es scheint, einen derartigen Vertrag nicht, sondern nimmt stattdessen wieder, ebenso wie bei der Einräumung eines Vorkaufs- und eines Wiederkaufsrechts, einen *aufschiebend bedingten* Kaufvertrag an.[58] Bedingung der Wirksamkeit des Kaufvertrages sei die Erklärung des Berechtigten, daß er seine Option ausübe. Dagegen bestehen dieselben Bedenken, die wir beim Wiederkaufsrecht und schon beim ,,Kauf auf Probe" geltend gemacht haben.

Über die *rechtliche Bedeutung des Optionsvertrages* bestehen im Schrifttum verschiedene Auffassungen. Nach einer Auffassung[59] handelt es sich um einen *Angebotsvertrag*. Er enthält einmal ein Vertragsangebot, über dessen Inhalt sich die Parteien zuvor geeinigt haben, ferner die Erklärung des Antragenden, sich während der zuvor vereinbarten Frist (§ 148) an sein Angebot gebunden zu halten (§ 145), sowie etwaige Abreden über ein ,,Bindungsentgelt" und andere Modalitäten. Hiernach stellt sich die Ausübung des Optionsrechts als die Annahme des gemachten Angebots, das Optionsrecht als das aus der Bindung des Offerenten erwachsende Recht dar, durch Annahme des Angebots den Vertrag zustandezubringen. Nach der hier vertretenen Auffassung[60] handelt es sich bei dem Optionsvertrag dagegen um die Vereinbarung des Inhalts des Hauptvertrages, an den der eine Vertragspartner sich schon jetzt bindet, verbunden mit der Einräumung des Optionsrechts an den anderen Partner sowie weiteren Abreden, z. B. über ein Bindungsentgelt. Diese Auffassung betont den Unterschied zwischen einem *einseitig* gemachten Vertragsangebot und der *vertraglichen* Festlegung des Inhalts des künftigen Vertrages. Der Optionsvertrag enthält diese vertragliche Festsetzung und zusätzlich die Einräumung eines Gestaltungsrechts, durch dessen Ausübung der Berechtigte den Vertrag mit dem zuvor vereinbarten Inhalt in Geltung setzt.

Ist der Hauptvertrag formbedürftig – z. B. ein Grundstückskauf –, so bedarf sowohl der Optionsvertrag, wie die Ausübung der Option der verlangten Form.[62] Auf das Gestaltungsrecht aus dem Optionsvertrag ist die Ausschlußfrist des § 503 entsprechend anwendbar.[63]

4. Ein **länger bindendes Kaufangebot.** Wer ein Vertragsangebot macht, kann eine Frist bestimmen, innerhalb deren das Angebot angenommen werden kann und er selbst an das Angebot gebunden ist (§§ 145, 148). Durch ein – gegebenenfalls formgerechtes (vgl. § 128) – langfristiges Vertragsangebot kann der Antragende den Empfänger somit in die Lage versetzen, sich bis zum Ablauf der Frist darüber zu entscheiden, ob er durch Annahme des Angebots den Vertrag zustandebringen will oder nicht. Die Annahmeerklärung muß, wenn der Vertrag form-

---

[58] Vgl. BGHZ 47, 387; 71, 277, 280; WM 70, 493; auch schon LM Nr. 16 zu § 433.
[59] Dafür *Henrich* S. 241 ff. u. die bei *Georgiades* in der Anm. 8 Genannten; als einen unter mehreren möglichen Typen behandelt den Angebotsvertrag *v. Einem* 42 ff.
[60] Vgl. dazu vor allem *Georgiades* aaO.
[61] *Georgiades* 415 f.
[62] So auch *Henrich* 244, 273; *Georgiades* 425; für die Ausübung des Optionsrechts anders *v. Einem* 114 und die Vorauflagen.
[63] Ebenso BGHZ 47, 387, 391, obgleich er kein Gestaltungsrecht, sondern einen bedingten Anspruch aus Kaufvertrag annimmt.

bedürftig ist (etwa nach § 313), ebenfalls formgerecht erfolgen. Auch hier von einem „Optionsrecht" zu sprechen, wie es vielfach geschieht, empfiehlt sich deshalb nicht, weil Bedenken dagegen bestehen, die Rechtsposition dessen, dem ein Vertragsangebot gemacht worden ist, schon als „Gestaltungsrecht" anzusehen,[64] vor allem aber, um den Unterschied zu den vertraglich begründeten Optionsrechten deutlich zu machen.

§ 45. Der Kauf von Rechten und von sonstigen unkörperlichen Vermögensgegenständen

I. Der Kauf von Rechten

Wird *ein Recht* – z. B. eine Forderung, eine Forderung nebst der für sie bestellten Hypothek oder dem für sie bestellten Pfandrecht, ein Patentrecht – verkauft, so ist der Verkäufer nach § 433 Abs. 1 Satz 2 verpflichtet, dem Käufer das Recht zu verschaffen und, sofern das Recht – wie z. B. ein Pfandrecht, das Nutzungsrecht aus einem Pachtvertrage, das Erbbaurecht – zum Besitz einer Sache berechtigt, die Sache zu übergeben. So wenig wie beim Sachkauf das Eigentum, so wenig geht beim Rechtskauf das verkaufte Recht schon auf Grund des Kaufvertrages auf den Käufer über; zur Übertragung des Rechts bedarf es vielmehr eines vom Kauf als Verpflichtungsgeschäft zu unterscheidenden *besonderen Verfügungsgeschäfts,* dessen Erfordernisse sich nach der Art des zu übertragenden Rechts richten. Einfache Forderungen werden durch einen formlosen Abtretungsvertrag (§ 398; vgl. Bd. I § 34 I), durch Hypothek gesicherte Forderungen durch Einigung, schriftliche Abtretungserklärung und Übergabe des Hypothekenbriefs oder Eintragung im Grundbuch (§ 1154), Erbbaurechte durch Einigung und Eintragung, andere Rechte, soweit nichts anderes bestimmt ist, durch einfachen Abtretungsvertrag (§ 413 in Verbdg. mit § 398) übertragen. Der Verkäufer eines Rechts ist demnach dazu verpflichtet, die zur Übertragung des Rechts erforderlichen Handlungen vorzunehmen, um den Käufer dadurch zum Inhaber des Rechts (also zum Gläubiger der verkauften Forderung, zum Erbbauberechtigten usw.) zu machen.

Der Verkäufer hat dem Käufer das Recht mit dem Inhalt zu verschaffen, den es nach dem Kaufvertrage haben soll. Hat es diesen Inhalt nicht, so haftet der Verkäufer wegen eines *„Rechtsmangels".*[1] Ist das Recht (z. B. ein Erbbaurecht)

---

[64] Vgl. dazu Allg. Teil § 27 Ic; grundlegend *Bötticher,* Festschr. f. *Dölle* Bd. I S. 52 ff.
[1] Vgl. RG, HRR 32, 440: Der Verkäufer eines Pachtrechts haftet nach § 440 auf das Erfüllungsinteresse, wenn das Pachtrecht nicht den vom Verkäufer zugesicherten Umfang hat.

mit dem Recht eines Dritten belastet, oder steht ihm eine Einrede entgegen, die (gemäß § 404) dem Käufer entgegengesetzt werden kann, so ist der Verkäufer nach § 434 zu ihrer Beseitigung verpflichtet. Der Verkäufer ist zur Verschaffung des verkauften Rechts auch dann verpflichtet, wenn es schon zur Zeit des Kaufabschlusses nicht besteht und seine Verschaffung daher nicht nur dem Verkäufer, sondern überhaupt, also objektiv, unmöglich ist.[2] Denn er haftet nach ausdrücklicher Vorschrift „für den rechtlichen Bestand der Forderung oder des (sonstigen) Rechts" (§ 437 Abs. 1). Damit durchbricht das Gesetz die Regel des § 306, nach der ein Vertrag nichtig ist, der auf eine von Anfang an unmögliche Leistung gerichtet ist (Bd. I § 8 I). Während der Verkäufer einer Sache, die nicht existiert, zur Leistung nicht verpflichtet ist (oben § 39 I), sondern allenfalls gemäß § 307 den Vertrauensschaden zu ersetzen hat, wird der Verkäufer eines nicht bestehenden Rechts, ohne Rücksicht darauf, ob ihn ein Verschulden trifft, gemäß den §§ 437, 440 Abs. 1 und 325 zum Schadensersatz wegen Nichterfüllung, also zur Leistung des „Erfüllungsinteresses", verpflichtet.[3] Er hat für die objektive Unmöglichkeit der Leistung, die sich aus dem Nichtbestehen des Rechts ergibt, in derselben Weise unbedingt, d.h. ohne daß ihn ein Vorwurf zu treffen brauchte, einzustehen, wie der Verkäufer einer Sache nur für sein anfängliches Unvermögen zur Leistung einzustehen hat (vgl. oben § 40 II b).

Die unbedingte Einstandspflicht des Verkäufers *für den Bestand des verkauften Rechts* wenigstens zur Zeit des Kaufabschlusses hat das BGB aus dem Gemeinen Recht übernommen. Sie zu begründen, ist nicht ganz leicht. Warum soll der Verkäufer einer Forderung, die nicht besteht (etwa weil der Vertrag, auf den sie sich gründet, ohne seine Kenntnis nichtig ist), Schadensersatz leisten, während der Verkäufer eines ohne sein Wissen kurz zuvor eingegangenen Pferdes nicht haftet? Die Antwort, in dem Verkauf einer Forderung liege eben eine „stillschweigende Garantie" für ihren Bestand, genügt nicht, denn die Frage ist gerade, warum das Gesetz sie darin erblickt. Weshalb schützt das Gesetz den Käufer einer Forderung oder eines sonstigen Rechts, das nicht besteht, in weiterem Maß als den Käufer einer nicht existenten Sache? Die einzige Antwort, die sich hierauf finden läßt, dürfte die sein, daß das Gesetz den Käufer eines Rechts für schutzbedürftiger hält, weil er mangels sichtbarer Verkörperung des Rechts in höherem Maße auf die bloße Versicherung des Verkäufers, das Recht bestehe, angewiesen und daher gefährdeter ist.[4] Wenn dies aber die ratio legis ist, dann verdient die

---

[2] Nach *Esser/Weyers* § 4 IV 2h handelt es sich nicht um einen Fall objektiver Unmöglichkeit, sondern anfänglichen Unvermögens des Verkäufers; ihm fehle es an der Möglichkeit, das Recht zu begründen. Aber es braucht keineswegs so zu liegen, daß irgendein anderer diese Möglichkeit hätte.
[3] RGZ 90, 240, 244.
[4] So auch *Esser/Weyers* § 4 IV 2; Staudinger/Köhler 2, *MünchKomm*/Westermann 1 zu § 437; *Koller* (Die Risikozurechnung bei Vertragsstörungen in Austauschverträgen, 1979, S. 104 ff.) meint, der Grund liege darin, daß allein der Verkäufer sich im allgemeinen über den Bestand des Rechts zu

§ 45. Der Kauf von Rechten u. von sonst. unkörperl. Vermögensgegenständen **I § 45**

Rechtsprechung Zustimmung, die § 437 Abs. 1 nicht für anwendbar hält, wenn das verkaufte Recht seiner Art nach nicht begründet werden kann, sein Bestehen also überhaupt nicht möglich ist.[5] Denn in diesem Fall hätte auch der Käufer dies erkennen können und verdient er daher keinen gesteigerten Schutz, so daß es bei § 306 (und gegebenenfalls § 307) bewenden kann. Das gleiche muß gelten, wenn das betreffende Recht seiner Art nach nicht übertragbar ist. Der Verkauf eines solchen Rechts, z. B. eines Nießbrauchs oder eines sonstigen „höchstpersönlichen" Rechts,[6] ist also nach § 306 nichtig.[7] Anders, wenn das Recht grundsätzlich übertragbar ist und nur im Einzelfall aus bestimmten Gründen (z. B. eine Forderung gemäß § 399) nicht übertragen werden kann; hier ist die Haftung des Verkäufers in derselben Weise wie für den Bestand des Rechts, nach den Grundsätzen der Rechtsmängelhaftung, angezeigt.

Der Verkäufer einer Forderung haftet dagegen, sofern dies nicht ausdrücklich vereinbart ist, *nicht für die Zahlungsfähigkeit des Schuldners* und damit nicht für die Realisierung der Forderung. Selbst wenn er eine Haftung für die Zahlungsfähigkeit übernimmt, so ist die Haftung im Zweifel nur auf die Zahlungsfähigkeit zur Zeit der Abtretung zu beziehen, also nicht als Garantie für die Erfüllung zu verstehen (§ 438).

Der Verkäufer eines Rechts, das *zum Besitz einer Sache berechtigt* – wie z. B eines Erbbaurechts, eines Pachtrechts –, ist außer zur Rechtsverschaffung auch zur Übergabe der Sache verpflichtet. In diesem Fall gelten nach § 441 die Vorschriften des § 440 Abs. 2 bis 4, d. h. der Verkäufer ist, wenn es sich um eine bewegliche Sache handelt, zum Schadensersatz wegen des Rechts eines Dritten, das diesen zum Besitz berechtigt, nur dann verpflichtet, wenn er die Sache dem Dritten herausgegeben oder sie seinem Verkäufer zurückgewährt hat. Auch die Vorschriften über den Übergang der Preisgefahr sowie der Nutzungsbefugnis und der Lastentragung finden in diesem Fall Anwendung (§ 451). Obgleich das im Gesetz nicht ausgesprochen ist, muß der Verkäufer hier für Mängel der Sache nach den Vorschriften der §§ 459 ff. wenigstens dann einstehen, wenn das verkaufte Recht, z. B. ein Erbbaurecht oder ein Pachtrecht, auch zur Nutzung der

---

informieren vermöge. Nicht immer aber vermag er das, was auch *Koller* zugibt. Im Vergleich zu ihm, wie auch zum Käufer einer Sache, ist das Informationsdefizit des Käufers eines Rechts jedoch ungleich größer, von den gleich im Text genannten Fällen abgesehen.

[5] RGZ 68, 293; 90, 244. Ebenso *Enn./L.* § 106 I 4; *Oertmann* 3, *Staudinger/Köhler* 4, *Soergel/Ballerstedt* 2; *MünchKomm/Westermann* 1, *Palandt/Putzo* 1a, *Erman/Weitnauer* 6 zu § 437; dagegen *Heck* 286.

[6] Der Verkauf eines Nießbrauchs kann aber nach § 140 in die entgeltliche Überlassung des Rechts zur Ausübung (§ 1059 Satz 2) umgedeutet werden. Ein solcher Vertrag ist *Rechtspacht*, nicht *Rechtskauf*; vgl. *Kress* B 1.

[7] Anders (für Erfüllungsanspruch und Haftung nach § 440 Abs. 1) *MünchKomm/Westermann* 5, *Erman/Weitnauer* 2 zu § 437. Wie hier (kein möglicher Kaufgegenstand) *Siber* 222, *Leonhard* B 6, *Staudinger/Köhler* 4, *Soergel/Ballerstedt* 5 zu § 437; *Esser/Weyers*: 4 IV 2, *Medicus* Sch R II: 82 Ib; *Reinicke/Tiedtke* aaO S. 209 (zu Anm. 3).

§ 45 I   1. Abschn. 1. Kap. Veräußerungsverträge, insbesondere Kauf

Sache berechtigt.[8] Dagegen haftet der Verkäufer eines Rechts nach der ganz herrsch. Meinung *im übrigen nicht für Mängel der Sache, auf die sich das Recht bezieht,* also z. B. des Grundstücks beim Verkauf einer Hypothek oder des Anspruchs auf die Auflassung des Grundstücks. Daran ist m. E. festzuhalten, weil die Gegenmeinung[9] praktisch dazu führt, den Verkäufer eines derartigen Rechts (entgegen dem Grundgedanken des § 438) für die Realisierbarkeit oder den wirtschaftlichen Wert dieses Rechts (sofern er von der Beschaffenheit der Sache abhängt, auf die es sich bezieht) nach den Grundsätzen der Sachmängelhaftung einstehen zu lassen. Das findet keine Stütze im Gesetz und würde den Verkäufer, der dem Gegenstand des verkauften Rechts oft ebenso ferne steht wie der Käufer, übermäßig belasten. Anders ist es nach Meinung des überwiegenden Teils des Schrifttums beim Verkauf aller Anteilsrechte (oder einer dem Käufer die volle Beherrschung des Unternehmens sichernden weit überwiegenden Mehrzahl der Anteilsrechte) einer AG oder GmbH. Darin wird in der Regel nach den Vorstellungen der Parteien, dem beabsichtigten wirtschaftlichen Erfolg, ein Kauf des von der Gesellschaft betriebenen Unternehmens als eines wirtschaftlich einheitlichen Vermögensganzen zu sehen sein. Über die sich dann ergebenden Probleme sogleich unter II.

Ein Rechtskauf liegt auch dann vor, wenn das betreffende Recht (z. B. ein Aktienrecht oder die Forderung aus einer Inhaberschuldverschreibung oder aus einer angenommenen Anweisung) *in einem Wertpapier verkörpert ist.* Da aber die Geltendmachung des Rechts an den Besitz des Papiers gebunden ist, das Recht überdies, soweit es sich um ein Wertpapier „im engeren Sinne" handelt, nicht ohne Übergabe des Papiers übertragen werden kann, so ist der Verkäufer hier auch zur Übergabe und zur Übereignung des Papiers verpflichtet; insofern liegt *zugleich ein Sachkauf* vor. Für Mängel des Papiers als körperlichen Gegenstandes haftet der Verkäufer daher grundsätzlich auch nach den Vorschriften über die Gewährleistung wegen Sachmängeln. Bei Wertpapieren „im engeren Sinn" (d. h. Inhaber- und Orderpapieren) werden solche Mängel der Urkunde, sofern sie erheblich sind – also insbesondere die Unechtheit oder die Verfälschung des Papiers, das Fehlen einer zur Gültigkeit erforderlichen Unterschrift oder Stempelung – aber zugleich den Bestand des Rechts „aus dem Papier" zunichte machen und daher einen Rechtsmangel zur Folge haben. Es fragt sich, nach welchen

---

[8] Gegen jede Anwendung der Sachmängelvorschriften auf den Rechtskauf: RG WarnRspr. 09, 528; *Leonhard* B 45; wie hier (d. h. Anwendung nur bei Verkauf eines Rechts, das zum Besitz oder Nutzung der verkauften Sache berechtigt): Enn./L. § 108 IV 3; *Staudinger/Honsel* 6 vor § 459; *Esser/ Weyers* § 4 IV 3a; *Reinicke/Tiedke* S. 210 f. (vgl. zu Anm. 9). Als „sehr zweifelhaft" bezeichnet diesen Fragenkreis *Medicus,* Sch R II § 82 I 2a.
[9] Sie vertritt vor allem *Flume,* Eigenschaftsirrtum und Kauf, S. 177 ff. (entsprechende Anwendung bei Kauf von Rechten an einer Sache und von Forderungen auf Sachleistungen); in vorsichtiger Formulierung auch OLG Braunschweig, OLGZ 33, 277, und *Oertmann* 1b zu § 459.

§ 45. Der Kauf von Rechten u. von sonst. unkörperl. Vermögensgegenständen II § 45

Vorschriften sich dann die Rechte des Käufers bestimmen. Wendet man die Vorschriften über Rechtsmängel an, so hat der Käufer den Erfüllungsanspruch und, bei Unvermögen des Verkäufers, Anspruch auf Schadensersatz wegen Nichterfüllung. Wendet man dagegen die Vorschriften über Sachmängel an, so ist er, außer im Falle einer Arglist des Verkäufers und eines Gattungskaufs, auf die Rechte der Wandlung oder der Minderung beschränkt. Die Ansprüche wegen eines Sachmangels, auch der auf Lieferung einer mangelfreien Sache im Falle eines Gattungskaufs, unterliegen ferner der kurzfristigen Verjährung, die wegen eines Rechtsmangels nicht. Der Käufer steht sich also im allgemeinen besser bei Annahme eines Rechtsmangels. Für die Behandlung dieser Fälle nach den Vorschriften über Rechtsmängel spricht die Erwägung, daß die Sache, das Papier, nicht um ihrer selbst willen, sondern gerade als Träger des in dem Papier verkörperten Rechts Kaufgegenstand ist. Begründet also der Fehler der Sache einen Mangel des Rechts, so liegt das Gewicht nicht auf dem Sachmangel als solchem, sondern auf dem dadurch verursachten Rechtsmangel.[10] Der „an sich" auch vorliegende Sachmangel tritt in seiner Bedeutung so weit hinter den Rechtsmangel zurück, daß die Vorschriften über Rechtsmängel allein anzuwenden sind. Eine andere Beurteilung mag beim Ankauf ausländischer Banknoten (Sortenkauf) angezeigt sein,[11] weil der Verkehr die Note nicht als Träger des darin verkörperten Rechts gegen die Notenbank, sondern unmittelbar als Wertträger und in diesem Sinne als Sache wertet.

Der Verkäufer eines Wertpapiers haftet nach gesetzlicher Vorschrift (§ 437 Abs. 2), über die Haftung für den Bestand des Rechts hinaus, auch dafür, daß es nicht bereits zum Zwecke der Kraftloserklärung aufgeboten (und daher der Fortbestand des Rechts aus dem Papier in Frage gestellt) ist.

II. Der Kauf von Vermögensgesamtheiten, insbesondere eines Unternehmens

Gegenstand eines Kaufvertrags kann auch eine Gesamtheit von Vermögensgegenständen, insbesondere von Sachen und Rechten, sein, wenn sie im geschäftlichen Verkehr als ein der Übertragung auf einen anderen fähiges Wirtschaftsgut angesehen wird. Das trifft vornehmlich auf ein Unternehmen als wirtschaftli-

---

[10] Ähnlich *Oertmann* 4, *Staudinger/Köhler* 20; *MünchKomm/Westermann* 14, *Palandt/Putzo* 3a zu § 437; *Medicus* Sch R II § 82 I 2b; auch schon RGZ 108, 317; 109, 297 (Vertragsgegenstand sei nicht nur das Papier als Sache, sondern „vor allem das in ihm verkörperte Recht"). Nach Ansicht von *Esser/Weyers* § 4 IV 3 würde man bei Wertpapieren überhaupt jeden Mangel am besten dem Rechtsmängelrecht unterstellen. Nach *Leonhard* B 48, *Enn./L.* § 108 IV 5 soll Rechtsmangel vorliegen, wenn die Urkunde von vornherein falsch, Sachmangel, wenn sie nachträglich verfälscht ist. Das überzeugt nicht.
[11] Vgl. den Fall RGZ 108, 280; *Staudinger/Köhler* 14 zu § 433.

che Einheit zu. Darüber hinaus können auch andere unkörperliche Gegenstände ge- und verkauft werden,[12] für die ein Preis gezahlt wird (unten III). Kein übertragbarer Vermögensgegenstand ist die menschliche Arbeitskraft und Arbeitstätigkeit, obgleich sie einen Vermögenswert darstellt, und zwar deshalb, weil sie von der menschlichen Persönlichkeit unabtrennbar ist. Man kann sich daher zwar verpflichten, einem anderen seine Arbeitskraft in einem gewissen Umfange zur Verfügung zu stellen oder eine bestimmte Arbeit zu leisten, allein solche Verträge sind, als Arbeits- oder Dienstverträge, ihrem Typus und ihrer rechtlichen Regelung nach verschieden von einem Kaufvertrag. Der Dienstberechtigte kann wohl von dem Verpflichteten fordern, daß er die versprochene Arbeit leiste, aber nicht, daß dieser ihm seine Arbeitskraft gleichsam wie eine Sache zu eigen gebe, so daß er darüber wie über einen in seine unmittelbare Gewalt gegebenen Gegenstand nach Belieben verfügen könnte. Die Forderung des Dienstberechtigten ist, eben weil sie auf eine bestimmte Tätigkeit der Person und nicht auf die Übertragung eines von der Person ablösbaren Gegenstandes geht, in ganz anderer Weise als die eines Käufers verbunden mit Pflichten menschlicher Rücksichtnahme, so wie auf der anderen Seite die Leistung des Dienstverpflichteten einen Einsatz seiner Person verlangen kann, der dem Wesen eines Kaufvertrages fremd ist. Von einem Kaufvertrage läßt sich also nur dort sprechen, wo *ein von der Person ablösbarer, in diesem Sinne übertragbarer Vermögensgegenstand für dauernd* (sonst würde es sich um bloße Gebrauchs- oder Nutzungsüberlassung auf Zeit handeln) *aus dem Vermögensbereich des einen in den eines anderen überführt* und dafür ein Preis gezahlt werden soll. Welche Vorschriften jeweils anzuwenden sind, richtet sich nach der Art des verkauften Gegenstandes.

a) Der **Kauf eines Unternehmens** umfaßt in der Regel, soweit nichts anderes vereinbart ist, die in diesem Unternehmen zusammengefaßten, ihm dienenden und im Eigentum des verkaufenden Unternehmers stehenden *Sachen* (z. B. Grundstücke, Warenlager, Inventar), die *Rechte aus Miet-, Pacht-* und *Leasingverträgen* hinsichtlich derartiger Sachen, die im Betrieb des Unternehmens entstandenen *Forderungen,* sonstige, dem Unternehmen dienende *Rechte* (z. B. Warenzeichen), regelmäßig auch die Firma (das Namensrecht) und endlich, was das wichtigste sein kann, die sonstigen, in dem Unternehmen enthaltenen *unkörperlichen Vermögenswerte,* wie Organisation, Kundenkreis, Geschäftsbeziehungen und, wenn mitverkauft, auch Geschäftsgeheimnisse, Herstellungsverfahren und dergleichen. In ihrer Zusammenfassung zum Unternehmen, als ein wirtschaftliches

---

[12] HL; vgl. *Enn./L.* § 101 II; *Esser* 4. Aufl., § 61 I; *Oertmann* 1b vor § 433; *Staudinger/Köhler* 20, *MünchKomm/Westermann* 2ff., *Palandt/Putzo* 1c, *Erman/Weitnauer* 25 zu § 433. Enger *Leonhard* B 4ff.: nur Sachen, Rechte und Zusammenfassungen solcher, wie Handelsgeschäft, oder Sondervermögen, wie Erbschaft. Gegen die Anwendung des Kaufrechts auf andere als die im Gesetz genannten Gegenstände (Sachen und Rechte) *Heck* S. 287f.

§ 45. Der Kauf von Rechten u. von sonst. unkörperl. Vermögensgegenständen **II § 45**

Ganzes also, stellen die zum Unternehmen gehörenden Sachen, Rechte und sonstigen Vermögenswerte einen sehr viel höheren Wert dar, als ihn die bloße Summe aller einzelnen Gegenstände darstellen würde. Dieser höhere Wert ist es, der dem Käufer des Unternehmens möglichst ungeschmälert zufließen soll, für den er daher einen entsprechend höheren Preis zahlt. Der Verkäufer des Unternehmens verpflichtet sich dazu, dem Käufer alle diese Gegenstände zu verschaffen, um ihn dadurch in die Lage zu versetzen, das Unternehmen mit den vorhandenen Mitteln fortzuführen. Da nun aber das Unternehmen nach den Strukturprinzipien des BGB kein Gegenstand eines an ihm bestehenden Herrschaftsrechts (kein Rechtsobjekt) und kein Verfügungsgegenstand ist, kann der Verkäufer des Unternehmens seine Verpflichtung nur durch die Vornahme aller derjenigen Einzelakte erfüllen, die nach dem Gesetz erforderlich sind, um dem Käufer die ihm gebührende Rechtsstellung zu verschaffen. Er hat also alle Sachen zu übergeben und, soweit sie in seinem Eigentum stehen, nach den dafür geltenden Vorschriften des Sachenrechts zu übereignen; Rechte hat er, nach den jeweils für Rechte dieser Art geltenden Vorschriften, zu übertragen; darüber hinaus hat er dem Käufer alle Auskünfte zu geben, deren dieser zur Fortführung des Unternehmens bedarf. Zu seiner Verpflichtung gehört regelmäßig daher auch die Auslieferung von Kundenlisten, Vertragsurkunden, Korrespondenzen und sonstigen Geschäftspapieren;[13] falls dies vereinbart ist, auch die Einführung bei der Kundschaft. Hinsichtlich des *Abschlusses* des Kaufvertrages ist zu beachten, daß das Gesetz hierfür zwar keine besondere Form vorgeschrieben hat, daß aber, wenn zu dem verkauften Unternehmen ein Grundstück gehört, der gesamte Vertrag der Form des § 313 bedarf. Soll die Firma mitverkauft sein, bedarf dies nach § 22 HGB wohl der ausdrücklichen Erwähnung.[13a]

Besteht insoweit Übereinstimmung, so gehen die Meinungen weit auseinander bei der Frage, ob und in welchem Umfang der Verkäufer eines Unternehmens für *Sach-* und für *Rechtsmängel* haftet.[14] Wer allerdings in dem Kauf eines Unternehmens nichts anderes als einen *Sachkauf* erblickt,[15] macht es sich leicht damit,

---

[13] Ob er auch Geheimverfahren zu offenbaren, dem Käufer alle Geschäftsgeheimnisse mitzuteilen hat, entscheidet sich nach dem Vertrage. Im Grundsatz bejahend *Reinicke/Tiedtge* (vor § 39) S. 242; *Karsten Schmidt,* Handelsrecht, § 6 I.

[13a] Vgl. *Capelle/Canaris,* Handelsrecht, 20. Aufl. § 8 II 1.

[14] Das Schrifttum hierzu ist nachgerade unübersehbar. Ich führe daraus an: *Baur,* Die Gewährleistung des Unternehmensverkäufers, BB 79, 381; *Canaris,* Leistungsstörungen beim Unternehmenskauf, ZGR 82, 395; *Hadding,* Sicherungsrechte beim Unternehmenskauf, ZGR 82, 476; *Hiddemann,* Leistungsstörungen beim Unternehmenskauf aus der Sicht der Rechtsprechung, ZGR 82, 435; *Hommelhoff,* Die Sachmängelhaftung beim Unternehmenskauf, 1975; *Quack,* Der Unternehmenskauf und seine Probleme, ZGR 82, 350; *Karsten Schmidt,* Handelsrecht § 6 II 2 dbb u. cc; *Willemsen,* Zum Verhältnis von Sachmängelhaftung und culpa in contrahendo, AcP 182, 515.

[15] So *Hiddemann,* aaO. S. 437f. Er hält aber selbst diese Betrachtung nicht durch; so wenn er (S. 444) Fehler einzelner Sachen nur insoweit berücksichtigen will, als durch sie „die wirtschaftliche Grundlage des Unternehmens erschüttert" wird.

die Vorschriften über Sachmängel anzuwenden. Doch ist das Unternehmen als solches weder eine einheitliche Sache, noch eine bloße *Sachgesamtheit*, sondern eben eine Gesamtheit von Sachen, Rechten und sonstigen Vermögenswerten; die Vorschriften über den *Sachkauf* sind daher direkt allenfalls insoweit anwendbar, als Sachen zu übereignen sind. Unterschieden werden muß zwischen Mängeln einer einzelnen mitverkauften Sache und Mängeln des Unternehmens als ganzen. Unmittelbar anwendbar sind die Regeln über Sachmängel nur auf die Mängel einzelner Sachen. Es ist jedoch anerkannt, daß Mängel einer einzelnen, mitverkauften Sache nur dann Gewährleistungsansprüche auslösen, wenn sie *zugleich einen Mangel des Unternehmens darstellen*.[16] Der Käufer eines Unternehmens kann nicht erwarten, daß alle dem Betrieb dienenden Sachen wie z. B. Fahrzeuge, Schreibmaschinen, Heizungs- und Beleuchtungsanlagen, sich in einem bestmöglichen oder auch nur durchschnittlichen Zustand befinden; bei einigen wird die Abnutzung weit fortgeschritten sein, einige werden erneuerungsbedürftig sein. Damit erhebt sich die Frage, wann sich die mangelhafte Beschaffenheit eines einzelnen Gegenstandes als ein Mangel des Kaufgegenstandes, des Unternehmens, darstellt. Hierfür kommt es offenbar darauf an, welche Bedeutung gerade dieser Gegenstand für die Fortsetzung des Unternehmens besitzt. Zu eng dürfte es sein, darauf abzustellen, ob durch den Mangel „die wirtschaftliche Grundlage des Unternehmens erschüttert" sei.[17] Auszugehen ist auch hier von dem sog. subjektiven oder konkreten Fehlerbegriff. Danach ist das Unternehmen als ganzes fehlerhaft, wenn es nicht von der beim Vertragsschluß von den Parteien vorausgesetzten Beschaffenheit ist, die sich aus den vom Verkäufer gemachten Angaben, vorgelegten Unterlagen, einer stattgefundenen Besichtigung oder Überprüfung ergibt. Es muß genügen, daß der Mangel die danach zu erwartende Funktionstauglichkeit des Unternehmens nicht unerheblich beeinträchtigt.[18] Das wäre z. B. der Fall, wenn von mehreren vorhandenen Maschinen sich auch nur eine als unbrauchbar erweist. Kann der Verkäufer seiner Verpflichtung zur Übereignung einer Sache oder zur Übertragung eines Rechts wegen eines *Rechtsmangels* nicht voll nachkommen, so sind insoweit die §§ 434, 437, 440 Abs. 1 anwendbar.[19] Nach der hL kann in dem Rechtsmangel aber auch ein Mangel des Unternehmens liegen.

Ein *Mangel des Unternehmens als solchem kann*, worüber heute Einigkeit besteht, auch vorliegen, *ohne daß ein einzelner*, zu ihm gehörender *Gegenstand mangelhaft wäre*. Wann das der Fall ist, ist streitig. Gewöhnlich denkt man hier an Fälle wie die, daß das verkaufte Hotel in einem schlechten Rufe steht, daß die Buchfüh-

---

[16] Vgl. *Canaris* aaO. S. 399, 431; *MünchKomm/Westermann* 6 zu § 434 a. E., 46 zu § 459.
[17] So *Hiddemann* aaO. S. 444.
[18] Vgl. *K. Schmidt* aaO. S. 114 f.
[19] Vgl. *MünchKomm/Westermann* 18 zu § 434. AA *Canaris* aaO. S. 428 f.

rung mangelhaft war, daß die Fabrikation oder ein Teil derselben von einem Dritten aufgrund eines ihm zustehenden Patentrechts oder von der Behörde wegen des Fehlens vorgeschriebener Sicherheitsmaßnahmen oder der Nichteinhaltung von Auflagen untersagt wird. Nicht als Mangel des Unternehmens gilt der Rechtsprechung ein gegenüber dem zu erwartenden minderer Umsatz oder Ertrag, aber auch ein Minderertrag (gegenüber dem angegebenen) in der Vergangenheit und eine unrichtige Bilanz.[20] Mit dem sonst vom BGH akzeptierten „konkreten" Fehlerbegriff ist das allerdings unvereinbar. *Alle Mängel des Unternehmens* nun, ob sie auf einem Sach- oder Rechtsmangel eines einzelnen zu ihm gehörenden Gegenstandes oder auf anderen Umständen beruhen, werden von der hL und von der Rechtsprechung *als Sachmängel* (des Unternehmens) behandelt. Da dieses aber nun einmal keine Sache und auch keine bloße *Sach*gesamtheit ist, kann es sich dabei nur um eine analoge Anwendung handeln, die sich deshalb aufdrängt, weil hier andere Vorschriften nicht zur Verfügung stehen.

Die Anwendung der Vorschriften über Sachmängel hat, wenn sie ohne Rücksicht auf die Eigenart des Kaufgegenstandes „Unternehmen" erfolgt, erhebliche Nachteile. Gegen die Möglichkeit der Wandlung spricht, daß Rückübertragung des gesamten Unternehmens schon nach geraumer Zeit auf große Schwierigkeiten stößt, da ein Unternehmen nun einmal sich in ständiger Tätigkeit befindet und Veränderungen unterliegt. Vor allem aber ist die Verjährungsfrist des § 477 viel zu kurz, da viele Mängel des Unternehmens dem Erwerber erst dann erkennbar sein werden, wenn der Betrieb einige Zeit weitergelaufen ist und er Gelegenheit gehabt hat, Fehlerquellen aufzuspüren. Der BGH verfolgt, um diese Nachteile in Grenzen zu halten, eine eigentümliche Strategie.[21] Er legt den Begriff „Fehler eines Unternehmens" möglichst eng aus, um dadurch die Möglichkeit zu schaffen, die Regeln über die *Haftung* für *culpa in contrahendo* anzuwenden. Hier ist daran zu erinnern, daß diese Regeln nach der Meinung des BGH da nicht anwendbar sind, wo die Haftung für Sachmängel gegeben wäre (vgl. oben § 41 II a. E.). Da es hier um den Minderwert des Unternehmens infolge des Mangels, somit um den Mangelschaden und nicht um einen Mangelfolgeschaden, geht, sind Ansprüche aus culpa in contrahendo in der Tat ausgeschlossen, wenn der Umstand, den der Verkäufer fahrlässig nicht erwähnt oder über den er unzutreffende Angaben gemacht hat, etwa die falsche Angabe des Ertrags, sich als ein Mangel des Unternehmens darstellt. Ist dies aber nicht der Fall, kann der Verkäufer aus culpa in contrahendo haften – freilich nur, wenn ihn ein Verschulden trifft. Der Ersatzanspruch verjährt dann erst in 30 Jahren. Trifft den Verkäufer aber kein Verschulden, geht der Käufer in den Fällen, in denen der BGH einen Mangel des Unternehmens verneint, leer aus.

---

[20] Vgl. *MünchKomm/Westermann* 49 zu § 459; K. Schmidt aaO. S. 114f.; *Reinicke/Tiedtge* (vor § 39) S. 243; *Erman/Weitnauer* 1 b vor § 459; jeweils mit Nachweisen.
[21] Dazu *Hiddemann* S. 437f.

Die Rechtsprechung des BGH ist im Schrifttum oft kritisiert worden. Man wirft ihr, mit Recht, eine Verkennung des „konkreten" Fehlerbegriffs,[22] eine „gespaltene Lösung" und darüber hinaus vor, sie halte dem Käufer den Schutz einer verschuldensunabhängigen Einstandspflicht des Verkäufers für einen Teilbereich vor.[23] Bedenken ergeben sich aber auch gegen eine Haftung aus culpa in contrahendo in den Fällen, die der BGH durch die Einengung des Fehlerbegriffs von der Haftung für Mängel ausnehmen will.[24] Die Rechtsfolge wäre hier ein Schadensersatzanspruch. Soll er auf die Erstattung des wegen des Mangels „zu hoch" angesetzten Preises, praktisch also auf Minderung, gehen, so müßte der Käufer beweisen, daß sich der Verkäufer auf den entsprechend niedrigeren Preis eingelassen hätte. Dem ließe sich nur mittels einer „unwiderlegbaren Vermutung", d. h. einer Fiktion, abhelfen.[25] Geht er aber auf die Rückgängigmachung des Vertrages, weil ihn der Käufer bei Kenntnis des Mangels nicht geschlossen hätte, so ist die Lage dieselbe wie bei der Wandlung. *Canaris*[26] schlägt vor, auf die analoge Anwendung der §§ 459ff. beim Unternehmenskauf ganz zu verzichten und stattdessen die Grundsätze über den Fortfall der Geschäftsgrundlage anzuwenden. Die Rechtsfolge wäre dann zumeist eine Anpassung des Vertrages, also eine Herabsetzung des Kaufpreises. Zwar weist *Canaris* mit Recht darauf hin, daß es sich bei der Sachmängelhaftung geradezu um einen Sonderfall des Geschäftsgrundlageproblems handle;[27] indessen ist dieser Sonderfall nun einmal in den §§ 459ff. gesetzlich geregelt, und das legt die Anlehnung an diese Regelung auch beim Unternehmenskauf nahe.

Man sollte auch bei den Mängeln des Unternehmens mit dem subjektiven Fehlerbegriff Ernst machen, sich aber stärker als bisher dessen bewußt sein, daß es sich nur um eine *analoge Anwendung* handeln kann. Die §§ 459ff. sind daher nicht uneingeschränkt, sondern nur insoweit anzuwenden, als sie auf das Unternehmen passen.[28] Das gilt vor allem für die Verjährungsfrist des § 477. Sie sollte nur dann angewandt werden, wenn der Mangel des Unternehmens auf dem Fehler einer mit ihm verkauften Sache beruht. Dann ist seine Entdeckung innerhalb der Frist zu erwarten. In den anderen Fällen sollte es, in Ermangelung einer anderen, hier passenden, Vorschrift bei der Regelfrist des § 195 bleiben. Auch wenn man dem nicht zustimmt, ist es doch methodisch falsch, sonst anerkannte

---

[22] So *Erman/Weitnauer* 1b, 1c vor § 459; *Reinicke/Tiedtke* (vor § 39) S. 244.
[23] So *Canaris* aaO. S. 401.
[24] Dazu *Canarais* aaO. S: 415f. Für wenig hilfreich halte ich daher den Vorschlag von *Baur* aaO., statt der Vorschriften über Sachmängel immer und nur die Regeln über culpa in contrahendo anzuwenden.
[25] So in der Tat BGHZ 69, 53, 58.
[26] aaO. S. 396f., 402ff. Vgl. auch *Capelle/Canaris,* Handelsrecht, 20. Aufl. § 8 II 2, b bis d.
[27] aaO. S. 396f.
[28] So auch K. *Schmidt* aaO. S. 116.

§ 45. Der Kauf von Rechten u. von sonst. unkörperl. Vermögensgegenständen **II § 45**

Maßstäbe zu verbiegen, nur um der unerwünschten Konsequenz hinsichtlich der Verjährung zu entgehen. Man sollte bei ihr ansetzen. Zu überlegen bleibt, ob die Wandlung auf die Fälle beschränkt werden soll, in denen die Minderung nicht genügt, weil das Unternehmen für den Zweck des Käufers völlig unbrauchbar ist;[29] auch dies ließe sich nur damit begründen, daß in den anderen Fällen die Analogie zu § 462 nur insoweit paßt, als dieser Minderung vorsieht.

Wird das Unternehmen von einer Gesellschaft betrieben, so kann der Zweck seines Verkaufs auf einfachere Weise dadurch erreicht werden, daß der Käufer entweder sämtliche Gesellschaftsanteile oder doch die Mehrheit von ihnen erwirbt. Der Kauf solcher *Anteilsrechte* ist *Rechts*kauf. Der Verkäufer haftet gemäß § 437 für den rechtlichen Bestand des Rechts; er haftet aber nicht für Mängel der Sache, auf die sich das Recht bezieht (vgl. oben I), hier also des Unternehmens. Bereits das RG hat jedoch im Falle des Verkaufs *aller Anteile* einer GmbH oder AG die Grundsätze über die Haftung für Mängel des Unternehmens angewandt,[30] und der BGH ist ihm darin gefolgt,[31] mit der Maßgabe, daß es nichts ausmache, wenn dem Verkäufer noch ein geringfügiger Rest (etwa 2–3 Prozent) verbliebe. Entscheidend sei, daß der Wille der Vertragsparteien auf den Verkauf des Unternehmens gerichtet sei, der Verkauf der Anteile hierzu nur das Mittel sein sollte. Jedoch hat es der BGH abgelehnt, Anregungen im Schrifttum zu folgen, schon den Verkauf der für eine Satzungsänderung erforderlichen oder gar der einfachen Mehrheit der Anteile genügen zu lassen. Er weist stattdessen wieder auf culpa in contrahendo, ferner auf die Möglichkeit einer Garantieabrede und auf die Irrtumsanfechtung hin. Im Schrifttum werden nahezu alle nur denkbaren Meinungen vertreten.[32] Eine Abgrenzung nach Prozentsätzen ist formalistisch und eher willkürlich. Ob nur der Erwerb von Anteilsrechten – so beim Kauf von Aktien an der Börse – oder darüber hinaus mittels seiner der Erwerb des Unternehmens, also der Unternehmerstellung, gewollt ist, (der Verkäufer diese verschaffen soll), kann nur danach entschieden werden, was die Parteien gewollt haben. Eine sichere Grenze läßt sich nicht angeben.

b) Im Gesetz besonders geregelt ist der **Erbschaftskauf** (§§ 2371 ff.). Er ist formbedürftig, bedarf der gerichtlichen oder notariellen Beurkundung, was beim Unternehmenskauf nur der Fall ist, wenn Grundstücke oder grundstücksgleiche Rechte mitverkauft sind (§ 313); ihn kann als Verkäufer nur ein Erbe, Miterbe oder derjenige schließen, der eine Erbschaft seinerseits durch Vertrag erworben hat. Der Verkäufer haftet wegen eines Mangels seiner eigenen Erbberechtigung und für das Nichtbeste-

---

[29] So im Ergebnis *Canaris* aaO. S. 407f.
[30] RGE 120, 283, 286; 150, 397, 400ff.
[31] BGHZ 65, 246; vgl. auch BGH, NJW 80, 2408.
[32] Erwähnt seien, außer den bereits genannten, noch folgende Veröffentlichungen: *Hommelhoff*, Zur Abgrenzung von Unternehmenskauf und Anteilserwerb, ZGR 82, 366; *Ulrich Huber*, Mängelhaftung beim Kauf von Gesellschaftsanteilen, ZGR 72, 395; *Prölss*, Die Haftung des Verkäufers von Gesellschaftsanteilen für Unternehmensmängel, ZIP 81, 337; Wiedemann, Die Haftung des Verkäufers von Gesellschaftsanteilen für Mängel des Unternehmens, Festschr. f. *Nipperdey*, 1965, Bd. I S. 815.

hen gewisser erbrechtlicher Beschränkungen und Nachteile; hinsichtlich der einzelnen, zur Erbschaft gehörenden Sachen und Rechte hingegen weder für Sach- noch für Rechtsmängel (§ 2376), es sei denn, er habe besondere Zusicherungen gegeben. Die Erbschaft ist eben so verkauft, wie sie „geht und steht", ohne Gewähr. Die Gefahr des zufälligen Untergangs und der zufälligen Verschlechterung einzelner Erbschaftsgegenstände geht bereits mit dem Vertragsschluß auf den Käufer über (§ 2380), also nicht erst mit der Übergabe. Das gleiche gilt von den Nutzungen und den Lasten. Ähnlich wie bei einer Vermögensübernahme (§ 419), haftet der Käufer den Nachlaßgläubigern vom Kaufabschluß an neben dem Verkäufer als Gesamtschuldner (§ 2382), mit den gleichen Möglichkeiten einer Haftungsbeschränkung, wie sie dem Erben zu Gebote stehen (§ 2383).

III. Der Kauf sonstiger unkörperlicher Vermögensgegenstände

Hier kommen etwa in Betracht: der Verkauf eines bestimmten geheimgehaltenen Herstellungsverfahrens, einer noch nicht zu einem Recht verdichteten Erwerbs- oder Gewinnchance,[33] einer bestehenden Praxis, z. B. derjenigen eines Arztes, Zahnarztes, Tierarztes, Rechtsanwalts, Steuerberaters und dergleichen. Die Rechtsprechung des RG hat den Verkauf der Praxis eines Rechtsanwalts, Arztes oder Zahnarztes früher deshalb grundsätzlich als sittenwidrig und daher nichtig angesehen, weil sie mit Rücksicht auf die öffentliche Verantwortung dieser Berufe nicht Gegenstand eines auf Erwerb abzielenden Geschäfts sein dürfe.[34] Andere Entscheidungen des RG, sowie der BGH und die überwiegende Mehrheit des Schrifttums[35] stehen auf dem Standpunkt, daß der Verkauf einer ärztlichen- oder Anwaltspraxis nicht schlechthin, sondern nur unter besonderen Bedingungen sittenwidrig sei; so z. B. dann, wenn dem Käufer solche finanziellen Bedingungen auferlegt werden, daß er dadurch genötigt wird, seinen Beruf fortan vornehmlich unter dem Gesichtspunkt des Gelderwerbs zu betreiben. Dem ist zuzustimmen; insbesondere derjenige Anwalt oder Arzt, der sich wegen Alters oder Erkrankung zurückziehen will, sowie die Witwe müssen in der Lage sein, durch den Verkauf der Praxis an einen als zuverlässig erscheinenden leistungsfähigen Kollegen zu angemessenen Bedingungen sich Mittel für ihren Unterhalt zu verschaffen. Gegenstand des Praxisverkaufs ist, da die „Fortführung" eines in der Vorstellung der Allgemeinheit trotz des Wechsels des Inhabers fortbestehenden Betriebs hier infolge der persönlichen Natur der ärztlichen oder anwaltlichen Tätigkeit nicht der Sachlage entspricht[36] die dem Käufer gegebene

---

[33] Über den Kauf eines Loses vgl. § 39 I.
[34] So zuletzt RGZ 161, 155.
[35] RGZ 115, 173; 153, 296; BGHZ 16, 74, 43, 46 (lesenswerten!); Esser/Weyers § 1, 3 aE; Palandt/Putzo 1c, Staudinger/Köhler 22 zu § 433, mit weiteren Nachweisen. Ebenso für den Verkauf einer Steuerberaterpraxis BGH, BB 58, 496.
[36] So zutreffend RGZ 144, 1 (Vereinigte Zivilsenate). Nach dieser – lesenswerten! – Entsch. betreibt ein Arzt bei Lebzeiten zwar ein Erwerbsgeschäft, dieses endet aber, eben wegen der persönlichen Natur seiner Tätigkeit, notwendig mit seinem Tode (oder seinem Ausscheiden). Was übrig bleibt und verkauft werden kann, sind die Möglichkeiten, die sich aus einer Weiterarbeit am gleichen Platze ergeben. Nach *Karsten Schmidt*, Handelsrecht S. 109f., stellt der Verkauf einer freiberuflichen

§ 45. Der Kauf von Rechten u. von sonst. unkörperl. Vermögensgegenständen **III § 45**

Chance, sich unter Ausnutzung der von dem Vorgänger geschaffenen tatsächlichen Verhältnisse (wie Publikumsgewohnheiten, Fehlen eines anderen Arztes oder Anwalts am gleichen Ort, im gleichen Haus, gegebenenfalls auch persönliche Empfehlung durch den Vorgänger) in verhältnismäßig kurzer Zeit eine neue, der des Vorgängers etwa gleichkommende Praxis aufzubauen.[37] Häufig werden damit noch andere Abmachungen verbunden sein, etwa der Eintritt in ein bestehendes Mietverhältnis über die Praxisräume, die käufliche Übernahme der Einrichtung, der Bibliothek. Regelmäßig wird es sich dann um einen einheitlichen Vertrag handeln, so daß die Nichtigkeit der einen Abmachung gemäß § 139 auch die der anderen nach sich zieht.

Auf den Kauf derartiger einzelner unkörperlicher Gegenstände können die Bestimmungen über den Kaufvertrag *nur entsprechend und weitgehend gar nicht* angewandt werden. Was der Verkäufer zu tun hat, um dem Käufer die Chance zu verschaffen, ist häufig nur ein Unterlassen: er darf dem Käufer bei seinem Bemühen, sich eine Praxis aufzubauen, die Chance auszunutzen, nichts in den Weg legen, vor allem: nicht mit ihm in Konkurrenz treten. An positiven Handlungen können hinzukommen: die Erteilung von Auskünften, Empfehlungen oder Ratschlägen. Eine analoge Anwendung der Vorschriften über Sachmängel hinsichtlich von Mängeln der verkauften Praxis als solcher kann, wenn überhaupt, nur sehr vorsichtig in Betracht gezogen werden.[38] Am ehesten kommt sie noch insoweit in Betracht, als es sich um Eigenschaften handelt, die der Verkäufer zugesichert hat. Man wird jedoch fragen müssen, ob in Anbetracht des geringen Grades von Vergegenständlichung der „Praxis" hier wirklich eine verschuldensunabhängige Einstandspflicht für Fehler am Platze ist – die „gesollte Beschaffenheit", die der Käufer erwarten darf, ist hier doch meist kaum zu bestimmen –; ob hier nicht doch mit der Haftung für ein Verschulden beim Vertragsschluß auszukommen ist, diese aber auch nicht ausgeschlossen werden sollte. Als möglich erscheint die Bestellung eines Wiederkaufs- und eines Vorkaufsrechts, sofern sie nicht wegen der darin etwa liegenden beruflichen Beschränkung des jeweils Verpflichteten sittenwidrig ist. Im übrigen sind die allgemeinen Vorschriften über gegenseitige Verträge (z.B. über Unvermögen und Leistungsverzug) anzuwenden.

Praxis einen Unternehmenskauf besonderer Art dar. Richtig ist, daß eine gut eingerichtete Arztpraxis durch ihre Ausstattung mit Geräten, eine Anwaltspraxis durch die Organisation und Ausstattung etwa des Bürobetriebes heute mehr und mehr einem entsprechend ausgerüsteten Unternehmen ähnelt. Dennoch bleibt m. E. der angegebene Unterschied bestehen.

[37] Diese Chance darf der Praxisverkäufer dem Erwerber nicht durch eine alsbaldige Wiederaufnahme seiner Tätigkeit am gleichen Ort schmälern oder zunichte machen. *Sinngemäß* enthält ein Praxisverkauf oder Tausch daher ein *Rückkehrverbot* für einen angemessenen Zeitraum (etwa 2 bis 3 Jahre); so BGHZ 16, 76. Vgl. zu dieser Entscheidung auch Allg. Teil § 29 I.
[38] Der BGH sieht den Umfang einer veräußerten Arztpraxis als eine Eigenschaft der Praxis an; NJW 59, 1585. Zustimmend *Reinicke/Tiedtge* (vor § 39) S. 247.

§ 45a. Das Sonderrecht der „Einheitlichen Kaufgesetze" für den internationalen Kauf beweglicher Sachen

Literatur: *Bess,* Die Haftung des Verkäufers für Sachmängel und Falschlieferungen im einheitlichen Kaufgesetz, 1971; *v. Caemmerer,* Die Haager Konferenz über die internationale Vereinheitlichung des Kaufrechts, RabelsZ 29, 101; Probleme des Haager einheitlichen Kaufrechts, AcP 178, 121; Vertragspflichten und Vertragsgültigkeit im internationalen Einheitlichem Kaufrecht, Festschr. f. *Beitzke,* 1979, S. 35; *Dölle* (Herausgeber), Kommentar zum Einheitlichen Kaufgesetz, 1976; *Heldrich,* Die Haager Einheitlichen Kaufgesetze, NJW 74, 2156; *U. Huber,* Zur Dogmatik der Vertragsverletzungen nach einheitlichem Kaufrecht und deutschem Schuldrecht, Festschr. f. *v. Caemmerer,* 1978, S. 837; *Leser/v. Marschall,* Das Haager Einheitliche Kaufgesetz und das deutsche Schuldrecht, 1973; *Mertens/Rehbinder,* Internationales Kaufrecht (Kommentar), 1975; *Neumayer,* Zur Revision des Haager Einheitlichen Kaufrechts, Festschr. f. *v. Caemmerer,* 1978, S. 955; *Rabel,* Das Recht des Warenkaufs, Bd. 1, 1936 (Neudruck 1964), Bd. 2, 1958; *Stötter,* Internationales Kaufrecht (Kommentar), 1975.

I. Zweck und Anwendungsbereich der Einheitlichen Kaufgesetze

Weist ein Vertragsverhältnis Beziehungen zu Ländern verschiedener Rechtsordnungen auf, so richtet sich das darauf anzuwendende Recht nach dem „internationalen Privatrecht" desjenigen Staates, bei dessen Gerichten geklagt wird. Das „internationale Privatrecht" enthält lediglich *Kollisionsnormen,* d.h. Normen, die darüber bestimmen, welche Rechtsnormen angewandt werden sollen, keine „Sachnormen", also keine Regelung der betreffenden Rechtsverhältnisse selbst. Die Frage, welche Rechtsordnung anzuwenden ist, ist – vor allem wegen der Möglichkeit von „Rückverweisungen" und „Weiterverweisungen" – oft sehr schwierig zu beantworten. Die Vertragsparteien können nach dem deutschen internationalen Privatrecht zwar grundsätzlich im Vertrage selbst bestimmen, welche Rechtsordnung auf ihr Vertragsverhältnis angewandt werden soll. Auch wenn sie das getan haben, ergeben sich aber für diejenige Partei, die der Anwendung einer ihr fremden Rechtsordnung zugestimmt hat, nicht selten unangenehme Überraschungen. Wegen dieser Nachteile hat sich, im Anschluß an Ernst *Rabels* grundlegendes rechtsvergleichendes Werk über den Warenkauf und an einen von ihm bereits im Jahre 1935 vorgelegten ersten Entwurf,[1] der Gedanke durchgesetzt, für grenzüberschreitende Kaufverträge über bewegliche Sachen ein einheitliches Kaufrecht zu schaffen, das in möglichst vielen Ländern auf alle derartigen Verträge in gleicher Weise angewandt werden solle. Zu diesem Zwecke wurden von dem Internationalen Institut zur Vereinheitlichung des Privatrechts in Rom und von verschiedenen Kommissionen nacheinander mehrere

---

[1] In RabelsZ 9 (1935), 1 u. 339.

Entwürfe erarbeitet,[2] und zwar je einer für ein Gesetz über den Abschluß und einer über den Inhalt internationaler Kaufverträge. Zu zwei Gesetzentwürfen entschloß man sich, um es einzelnen Staaten zu ermöglichen, nur das eine oder das andere Gesetz in ihre Gesetzgebung zu übernehmen. Daraufhin wurden im Haag am 1. 7. 1964 von einer Reihe von Staaten zwei Übereinkommen unterzeichnet, eines „zur Einführung eines Einheitlichen Gesetzes über den Abschluß von internationalen Kaufverträgen über bewegliche Sachen" und eines „zur Einführung eines Einheitlichen Gesetzes über den internationalen Kauf beweglicher Sachen".[3] Die Bundesrepublik Deutschland hat die beiden Übereinkommen ratifiziert und demgemäß die beiden Gesetze – das „Einheitliche Abschlußgesetz", EAG, und das „Einheitliche Kaufgesetz" EKG – unter dem Datum des 17. 7. 1973 als eigene Gesetze erlassen; sie sind hier am 16. 4. 1974 in Kraft getreten. Da aber bisher nur wenige der Unterzeichnerstaaten – unter ihnen Belgien, die Niederlande, Großbritannien, Italien, Israel, dieses aber nur das über das EKG – die Haager Übereinkommen ratifiziert haben, da ferner nach Art. 1 Abs. 1 EKG die Anwendung der Gesetze auf Kaufverträge zwischen solchen Parteien beschränkt ist, die ihre Niederlassung im Gebiet verschiedener *Vertrags*staaten[4] haben,[5] ist freilich das Ziel der Vereinheitlichung noch bei weitem nicht erreicht. Inzwischen ist eine neue Kommission tätig geworden, um eine Revision des EKG vorzubereiten.[6]

Die beiden Gesetze enthalten Sachnormen, die, ihrer Zielsetzung gemäß, soweit ihr Anwendungsgebiet reicht, sowohl die Sachnormen des sonst anwendbaren nationalen Rechts – also etwa des Kaufrechts und des allgemeinen Schuldrechts des BGB – wie auch die Regeln des internationalen Privatrechts ausschließen (Art. 2 EKG). Das EKG – und ihm folgend (Art. 1) das EAG – bestimmt seinen Anwendungsbereich in Art. 1 ff. EKG selbst. Ist seine Anwendung danach geboten, so kommt es nicht darauf an, ob etwa nach dem deutschen internationalen Privatrecht eine andere Rechtsordnung anzuwenden wäre. Auch für die Ausfüllung von Lücken des EKG soll grundsätzlich nicht auf die Rechtsordnung zurückgegriffen werden, die sonst nach dem internationalen Privatrecht anzuwenden wäre, vielmehr sind „Fragen, die ein in diesem Gesetz geregeltes Rechtsgebiet betreffen, aber durch dieses Gesetz nicht ausdrücklich entschieden worden sind, nach den allgemeinen Grundsätzen zu entscheiden, die diesem Gesetz zu-

---

[2] Zur Vorgeschichte des Gesetzes *Mertens/Rehbinder* S. 81 ff.; *Dölle* S. XXXI.
[3] Abgedruckt bei *Stötter* 419 ff., 425 ff.
[4] Das sind nach Art. 102 EKG Staaten, die das Haager Übereinkommen vom 1. 7. 1964 ratifiziert haben oder ihm beigetreten sind.
[5] Mit der Beschränkung auf die „Vertragsstaaten" hat die Bundesrepublik Deutschland von einer in Art. III des Haager Übereinkommens zur Einführung eines EKG vorgesehenen Möglichkeit der Einschränkung des Anwendungsbereichs des EKG Gebrauch gemacht.
[6] Hierzu und über einige der dabei im Vordergrund stehenden Fragen *Neumayer* aaO.

grundeliegen" (Art. 17 EKG).[7] Da zwischen einfacher und ergänzender Gesetzesauslegung (Lückenausfüllung) keine scharfe Grenze zu ziehen ist, wird man in dieser Bestimmung zugleich einen gewissen Vorrang für die – am Sinnzusammenhang und der immanenten Teleologie des Gesetzes selbst orientierte – systematische Auslegung gegenüber anderen Auslegungsmethoden erblicken können.[8] Das schließt indessen nicht aus, die Gesetzesmaterialien zur Aufhellung seiner Grundgedanken und seines systematischen Zusammenhanges mit heranzuziehen. Wie Art. 17 zeigt, betrachtet der Gesetzgeber das EKG aber als eine in sich geschlossene Regelung, die – vorbehaltlich des Vorranges der in Art. 9 Abs. 2 bezeichneten „Gebräuche" – grundsätzlich keinen Rückgriff auf andere Regelungen gestattet. Das ist bei der Auslegung und Anwendung des Gesetzes stets zu beachten.

Der Anwendungsbereich des Gesetzes wird in den Art. 1ff. des EKG im näheren folgendermaßen umschrieben: es muß sich handeln um „Kaufverträge über bewegliche Sachen", und zwar „zwischen Parteien, die ihre Niederlassung im Gebiet verschiedener Vertragsstaaten haben". Hierzu muß weiter eines der in Art. 1 Abs. 1 EKG unter den Buchstaben a bis c aufgeführten weiteren Merkmale hinzutreten, die den Kauf zu einem grenzüberschreitenden stempeln. Ein solcher liegt beispielsweise vor, wenn die verkaufte Sache aus dem Gebiet eines Staates in das eines anderen befördert werden soll,[9] oder wenn das Angebot und die Annahme im Gebiet verschiedener Staaten vorgenommen werden. Den Kaufverträgen über bewegliche Sachen sind nach Art. 6 *Werklieferverträge* über derartige Sachen gleichgestellt, sofern nicht der Besteller „einen wesentlichen Teil der für die Herstellung oder Erzeugung notwendigen Rohstoffe selbst zur Verfügung zu stellen hat". Anders als nach § 651 BGB kommt es nicht darauf an, ob eine vertretbare oder eine nichtvertretbare Sache herzustellen ist. Keine Anwendung findet das Gesetz auf den Verkauf von Wertpapieren und Zahlungsmitteln, von eingetragenen oder eintragungspflichtigen Schiffen und von elektrischer Energie (Art. 5 Abs. 1). Insoweit verbleibt es also bei dem nach den Regeln des internationalen Privatrechts jeweils anwendbaren Recht. Unberührt bleiben ferner „die zwingenden Bestimmungen der innerstaatlichen Rechte zum Schutze des Käufers bei Abzahlungsgeschäften" (Art. 5 Abs. 2). Dagegen macht es für die Anwendung des EKG keinen Unterschied, ob die Vertragspartner Kaufleute oder Nichtkaufleute sind (Art. 7), ob also nach deutschem Recht nur die Vorschriften des BGB oder auch die des HGB anzuwenden wären. Internationale Kaufverträ-

---

[7] Zur Konkretisierung dieser Bestimmung *Dölle* in Festschr. f. *Ficker*, 1967, S. 138; *Dölle/Wahl* Rdn. 50 ff. zu Art. 17 EKG.
[8] Ebenso *Mertens/Rehbinder* 3 zu Art. 17 EKG. Zu den verschiedenen Auslegungsmethoden und ihrem Verhältnis zueinander *meine* Methodenlehre der Rechtswissenschaft, 5. Aufl. S. 305 ff., zum Verhältnis von Auslegung und Lückenergänzung S. 351 ff. (Studienausgabe S. 195 ff., 241 ff.).
[9] Nicht notwendig in das eines anderen Vertragsstaates, vgl. BGHZ 74, 193, 196.

ge der in Art. 1 EKG beschriebenen Art dürften zwar in aller Regel nur von Kaufleuten abgeschlossen werden. Doch ist das Gesetz auch anzuwenden, wenn auf der einen Seite oder auf beiden Nichtkaufleute beteiligt sind. An die Stelle der ,,Niederlassung" einer Partei tritt in Ermangelung einer solchen ihr gewöhnlicher Aufenthalt (Art. 1 Abs. 2). Ausdrücklich bemerkt das Gesetz (in Art. 1 Abs. 3), daß es auf die Staatsangehörigkeit einer Partei für die Anwendung des Gesetzes nicht ankommt.

Das EKG ist ferner auch dann anzuwenden, wenn die Parteien es als das Recht ihres Vertrages vereinbart haben, und zwar ohne Rücksicht darauf, ob sie ihre Niederlassung oder ihren gewöhnlichen Aufenthalt im Gebiet verschiedener Staaten haben oder nicht und ob diese Staaten Vertragsstaaten des Haager Übereinkommens sind oder nicht. Das gilt selbst für Verträge ohne jede Auslandsberührung. Jedoch soll es den Vertragsparteien nicht ermöglicht werden, auf diese Weise die zwingenden Vorschriften der sonst anwendbaren Rechtsordnung zu umgehen. Deshalb ist das EKG lediglich aufgrund einer Vereinbarung der Parteien nur insoweit anzuwenden, als es ,,nicht im Widerspruch zu zwingenden Bestimmungen steht, die anzuwenden wären, wenn die Parteien das Einheitliche Gesetz nicht gewählt hätten" (Art. 4).[10] Auf der anderen Seite können die Parteien dann, wenn die Voraussetzungen für die Anwendbarkeit nach dem Gesetz gegeben sind, seine Anwendung durch Vereinbarung ganz oder teilweise ausschließen.[11] Dies kann auch ,,stillschweigend" geschehen (Art. 3).[12] Das Gesetz ist somit seinem ganzen Umfang nach ,,*dispositives Recht*". Die Parteien, die die Anwendung des EKG ausschließen, können das anzuwendende Recht gemäß den Regeln des dann anwendbaren internationalen Privatrechts selbst bestimmen; unterlassen sie dies, so bestimmen diese Regeln das anzuwendende Recht.[13]

Dem Gegenstand nach regelt das EKG vornehmlich die aus dem Kaufvertrag (oder dem ihm gleichgestellten Werkvertrag) entstehenden Pflichten und Rechte der beiden Parteien sowie die Rechtsfolgen einer Pflichtverletzung. Weiter regelt es das synallagmatische Verhältnis der beiderseitigen Leistungspflichten, den Übergang der Preisgefahr, sowie Einzelheiten des Schadensersatzes und der Vertragsaufhebung. Es befaßt sich ausdrücklich nicht mit den Wirkungen des Kaufvertrages in bezug auf das Eigentum an der verkauften Sache (Art. 8 Satz 2 EKG), daher auch nicht mit dem Eigentumsvorbehalt. Das hat seinen Grund

---

[10] Vgl. dazu aber *Mertens/Rehbinder* 5 zu Art. 4 EKG.
[11] Eine solche Vereinbarung kann auch noch nachträglich, sogar noch im Rechtsstreit, getroffen werden. So der BGH, NJW 81, 1156; WM 83, 1391.
[12] Hierfür müssen aber konkrete Anhaltspunkte gegeben sein. Unkenntnis der Parteien von der Anwendbarkeit des Gesetzes genügt nicht; ein etwaiger Ausschlußwille muß hinreichend deutlich zum Ausdruck gekommen sein. So BGHZ 74, 193, 197 = NJW 79, 1779, m. Anm. von *Landfermann*.
[13] Meist wird aus dem Ausschluß der EKG schon zu ersehen sein, mit welchem Recht als dem hier anwendbaren die Parteien rechnen.

darin, daß nach dem Recht einiger der Vertragsstaaten (vgl. oben § 39 II c) bereits der Kaufvertrag das Eigentum überträgt, während es nach dem deutschen Recht hierfür eines besonderen dinglichen Vertrages bedarf. An die Unterschiedlichkeit der sachenrechtlichen Lösungen wollte man nicht rühren.[14] Für die Frage des Eigentumsüberganges ist daher zuerst wieder auf das internationale Privatrecht zurückzugreifen; ist danach deutsches materielles Recht anwendbar, dann sind die §§ 929 ff. BGB maßgebend. Immerhin spricht das EKG, nicht anders als das BGB, aus, daß der Verkäufer dem Käufer „zur Verschaffung des Eigentums an der Sache verpflichtet ist" (Art. 18; vgl. auch Art. 52). Für diejenigen Rechte, die den Übergang des Eigentums bereits an den Abschluß des Kaufvertrages knüpfen, wird man dies dahin verstehen müssen, daß der Verkäufer seine Verpflichtung zur Eigentumsverschaffung in den Regelfällen schon mit dem Abschluß des Kaufvertrages erfüllt. Ausgeklammert aus der Regelung des EKG ist lediglich die Frage nach dem „Wie" der Erfüllung der Eigentumsverschaffungspflicht; die Rechtsfolgen der Nichterfüllung dieser Pflicht sind dagegen im Gesetz geregelt.

Das EKG befaßt sich ferner, wie in Art. 8 festgestellt wird, weder mit dem Abschluß des Vertrages, noch mit seiner Gültigkeit oder mit der Gültigkeit einzelner seiner Bestimmungen, noch mit der Gültigkeit der im Gesetz mehrfach erwähnten „Gebräuche".[15] Über den *Abschluß* eines internationalen Kaufvertrages enthält dagegen das EAG einige Bestimmungen. Es regelt jedoch die mit dem Abschluß zusammenhängenden Fragen keineswegs vollständig; so enthält es keine Regeln über den Abschluß durch Stellvertreter[16] über den Einfluß von „Willensmängeln" oder über sonstige Gültigkeitsvoraussetzungen. Während das EKG für den von ihm geregelten Sachbereich eine in sich geschlossene Gesamtregelung darstellt, die, soweit sie „Lücken"[17] offen läßt, grundsätzlich aus ihrem eigenen Sinnzusammenhang und den ihr zugrundeliegenden Prinzipien zu ergänzen ist, läßt sich dies von dem EAG so nicht sagen.[18] Es greift aus dem gesamten Regelungsbereich nur einzelne Fragen heraus, die nach der Meinung der Verfasser einer einheitlichen Regelung zugänglich sind. Es handelt sich dabei vornehmlich um das Vertragsangebot, seine bindende Wirkung, die Annahme des Ange-

---

[14] Hierzu *Rabel,* Recht des Warenkaufs Bd. I S. 27 ff.; *v. Caemmerer,* AcP 178, S. 125.
[15] Vgl. dazu *Mertens/Rehbinder* 5, 18, 64, 65 zu Art. 9 EKG. Zur Inhaltskontrolle allgemeiner Geschäftsbedingungen, die für Verträge gelten, die dem EKG unterliegen, vgl. *v. Caemmerer,* AcP 178, S. 128; Festschr. f. *Beitzke* S. 40.
[16] Hierüber gibt es ein Übereinkommen über ein Gesetz über die Vertretung beim internationalen Warenkauf, das noch nicht in Kraft getreten ist. Dazu *Stöcker,* WM 83, 778.
[17] Eine „Lücke" ist eine „planwidrige Unvollständigkeit des Gesetzes" (*meine* Methodenlehre der Rechtswissenschaft, 5. Aufl., S. 354 ff., Studienausgabe S. 244 ff.). Das Gesetz ist daher nicht „lückenhaft" hinsichtlich solcher Fragen, die es gar nicht regeln will, gar, wie in Art. 8 EKG, ausdrücklich aus seiner Regelung ausgeklammert hat.
[18] AA anscheinend *v. Caemmerer,* RabelsZ Bd. 29, 111. Jedoch zeigt sein Beispiel, daß er nur an Fragen aus dem im Gesetz geregelten engeren Fragenbereich denkt. Insoweit ist ihm zuzustimmen.

bots und den Zugang der Vertragserklärungen, um Fragen also, die das BGB in den §§ 130, 145 ff. geregelt hat. Nur hinsichtlich dieser Fragen treten die Bestimmungen des EAG, wenn dieses anzuwenden ist, an die Stelle der entsprechenden Bestimmungen der nationalen Rechtsordnungen; nur soweit *ihre* Regelung etwa unvollständig ist, tritt das Lückenproblem auf. Hinsichtlich aller anderen, das Zustandekommen und die Gültigkeit von Verträgen betreffenden Fragen verbleibt es dagegen bei dem nach dem jeweiligen internationalen Privatrecht anwendbaren innerstaatlichen Recht. Mit gutem Grund fehlt daher im EAG eine dem Art. 17 EKG entsprechende Vorschrift über die Lückenausfüllung.

Da die Abweichungen des EAG von den entsprechenden deutschen Vorschriften nicht prinzipieller Natur sind, beschränken wir uns im folgenden auf die Darstellung der Regelung des EKG.

II. Die Regelung des Einheitlichen Gesetzes über den internationalen Kauf beweglicher Sachen

a) Grundgedanken und Systematik des Gesetzes. Das EKG geht, nicht anders als das deutsche Schuldvertragsrecht, von dem Grundsatz der *Privatautonomie* aus. Es enthält, wie schon bemerkt wurde, ausschließlich dispositives Recht (Art. 3). Als „Maßgabe" für die nähere Ausgestaltung der beiderseitigen Pflichten nennt es daher (in den Art. 18, 56) zuerst den Vertrag und erst nach ihm das Gesetz. Den Regeln des Gesetzes gehen ferner gemäß Art. 9 Abs. 1 nicht nur die Gebräuche vor, auf die sich die Parteien „ausdrücklich oder stillschweigend bezogen haben", sowie die „Gepflogenheiten, die sich zwischen ihnen gebildet haben", sondern, nach Art. 9 Abs. 2, auch diejenigen **Gebräuche,** „von denen vernünftige Personen in der gleichen Lage gewöhnlich annehmen, daß sie auf ihren Vertrag anzuwenden seien". Ihnen kommt der Vorrang vor den Regeln des Gesetzes nur dann nicht zu, wenn das „Gegenteil dem Willen der Parteien entspricht", der insoweit also wieder letztmaßgeblich ist.

Kann man die Geltung der in Art. 9 Abs. 1 genannten Gebräuche und Gepflogenheiten für den einzelnen Vertrag darauf zurückführen, daß sie – wenn auch „stillschweigend" – von den Parteien akzeptiert, also Vertragsinhalt geworden sind, so trifft das für die in Abs. 2 genannten nicht mehr zu. Diesen Gebräuchen kommt, unter den im Gesetz genannten Voraussetzungen und mit der erwähnten Einschränkung eines gegenteiligen Parteiwillens, eine *normative Geltung* zu, unabhängig davon, ob sich die Parteien ihnen unterwerfen wollten oder nicht und ob sie überhaupt kannten.[19] Indessen ist zu beachten, daß nach Art. 8 die Frage nach der „Gültigkeit von Gebräuchen" nicht Gegenstand des Kaufgesetzes ist. Das bedeutet, daß auch dann, wenn die Voraussetzungen des Art. 9 Abs. 1 oder 2 erfüllt sind, die „Gültigkeit" des betreffenden Gebrauchs von seiner Vereinbarkeit mit der nach dem internationalen Privatrecht jeweils anzuwendenden Rechtsordnung abhängt. Das wiederum ist

---

[19] Dazu *Dölle* in Jus Privatum Gentium, Festschr. f. *Rheinstein*, 1969, S. 447; *Dölle/Junge* Rdn. 12 zu Art. 9.

§ 45 a II   1. Abschn. 1. Kap. Veräußerungsverträge, insbesondere Kauf

von großer Bedeutung für die Frage der *Inhaltskontrolle allgemeiner Geschäftsbedingungen,* die im internationalen Handel gebräuchlich sind.[20] M. E. unterliegen solche Geschäftsbedingungen, gleichgültig, ob sie Inhalt des Vertrages geworden oder nach Art. 9 Abs. 2 zu beachten sind, dann, wenn deutsches Recht anzuwenden ist, der Inhaltskontrolle nach den hier entwickelten Maßstäben.

Die weitgehende Beachtung, die das Gesetz den im internationalen Handelsverkehr entstandenen, in den gebräuchlich gewordenen Vertragsmustern, Formularen, Geschäftsbedingungen niedergelegten Gebräuchen sichert, trägt der Tatsache Rechnung, daß sich, wie *Rabel* 1936 schrieb,[21] „der Welthandel mit ihnen eine eigene Rechtsordnung erbaut hat, die sich mehr oder weniger von den Landesrechten und vom internationalen Privatrecht losgelöst hat". Das Einheitliche Gesetz wollte diese vielfältigen und stark ausdifferenzierten Regeln weder allgemein übernehmen, noch sie verdrängen oder überflüssig machen; es ließ ihnen daher ihre Bedeutung in dem Umfange, der sich aus Art. 9 ergibt. Hinsichtlich ihrer Auslegung bestimmt es, daß sich diese nach dem Sinn bestimmt, den ihnen die beteiligten Handelskreise üblicherweise beilegen (Abs. 3), also nicht danach, wie die Parteien sie verstanden haben.

Wie schon bei der Frage nach der Beachtung der Gebräuche, so bedient sich das Gesetz auch sonst nicht selten hinsichtlich der zu unterstellenden Handlungsweise oder Absichten einer Partei sowie solcher Umstände, die sie hätte kennen müssen, des Kriteriums einer *„vernünftigen Person in der gleichen Lage"* – vgl. die Art. 10, 13, 74 Abs. 1 EKG. Dieser Maßstab ist nicht auf die individuelle Person des Vertragspartners bezogen, insoweit ein „objektiver"; er erinnert an den „objektiven" Sorgfaltsmaßstab der vorherrschenden Interpretation des § 276 BGB (vgl. Bd. I § 20 III). Was eine „vernünftige Person" in der gleichen Lage hätte kennen oder wissen müssen, hängt davon ab, welches Maß an Sorgfalt von ihr zu verlangen ist; es handelt sich um einen normativen Maßstab. Unter einer „vernünftigen" Person wird man dabei eine solche verstehen müssen, die mit den geschäftlichen Gepflogenheiten hinreichend vertraut und gewillt ist, ihre Vertragspflichten sorgfältig zu erfüllen; insofern dürfte in dieser Formel auch etwas von dem Prinzip von „Treu und Glauben" enthalten sein.[22] Das Gesetz sagt nichts darüber, wieweit sich eine Partei die Kenntnis oder das Wissen ihres Abschluß- oder Erfüllungsgehilfen zurechnen lassen muß. Hierbei handelt es sich um eine Gesetzeslücke, die aus dem Sinnzusammenhang des Gesetzes selbst zu schließen ist. Das Gesetz enthält keine dem § 278 BGB vergleichbare Bestimmung über „Erfüllungsgehilfen", spricht aber mehrfach (in den Art. 35 Abs. 2, 74 Abs. 3, 79 Abs. 2d, 96) von dem Verhalten einer Person, für die er (d. h. der Verkäufer oder der Käufer) einzustehen hat. Daraus ist zu entnehmen, daß ihm

---

[20] Zu dieser Frage *Mertens/Rehbinder* 64, 65 zu Art. 9 EKG; *Dölle/Herber* 6 zu Art. 8, *Dölle/Wahl* 80 ff. zu Art. 17 EKG.
[21] Recht des Warenkaufs, Bd. I, S. 36. Vgl. des näheren *Mertens/Rehbinder* 30 ff. zu Art. 9 EKG.
[22] Vgl. *Mertens/Rehbinder* 9 zu Art. 10 EKG; *Dölle/Reinhart* 33 ff. zu Art. 13 EKG.

eine Zurechnung des auf die Vertragserfüllung bezogenen Verhaltens von Hilfspersonen nicht fremd ist.[23] Keine Vertragspartei wird ihrer Verantwortung für die Vertragsabwicklung dadurch ledig, daß sie diese durch Hilfspersonen durchführen läßt. Dann aber muß sie sich gegebenenfalls auch deren Wissen oder Kenntnis zurechnen lassen.[24]

Weichen die bisher genannten Grundsätze des Gesetzes von denen unseres Schuldrechts nicht sehr weit ab, so sind die folgenden ihm eher fremd. Das Gesetz geht von einem **einheitlichen Begriff der Nichterfüllung** der vertraglichen Verpflichtungen aus; jede Nichterfüllung löst bestimmte Sanktionen aus. ,,Nichterfüllung" im Sinne des Gesetzes ist auch eine ,,nichtgehörige Erfüllung", überhaupt jede Verletzung einer vertraglichen Pflicht. Darunter fällt auch die Lieferung einer mangelhaften Speziessache. Das erreicht das Gesetz dadurch, daß es die Pflicht des Verkäufers zur Lieferung der Sache stets auf die einer ,,vertragsgemäßen", d. h. einer solchen Sache gerichtet sein läßt, die von der Beschaffenheit ist, die sie nach dem Vertrage haben soll.[25] Der Verkäufer hat, ohne Rücksicht auf ein ,,Verschulden", grundsätzlich, d. h. vorbehaltlich der Begrenzung seiner Haftung gemäß Art. 74, die Nichterfüllung einer Vertragspflicht *stets* zu vertreten. Das ist auch der Grund dafür, daß das Gesetz ohne eine generelle Bestimmung über die Haftung für Erfüllungsgehilfen auskommt. Den für das deutsche Schuldrecht so zentralen Begriff der Unmöglichkeit der Leistung wie den des Unvermögens des Schuldners verwendet das Gesetz nicht. Es unterscheidet nur *verschiedene Arten der Nichterfüllung* – z. B. bei den Pflichten des Verkäufers hinsichtlich der Zeit und des Ortes der Lieferung, hinsichtlich der Vertragsmäßigkeit der gelieferten Sache, der Pflicht zur Eigentumsverschaffung und der Verletzung sonstiger Pflichten – sowie danach, ob die Vertragsverletzung ,,wesentlich" ist oder nicht. Sie ist ,,wesentlich", wenn ,,die Partei, die sie begangen hat, im Zeitpunkt des Vertragsabschlusses gewußt hat oder hätte wissen müssen, daß eine vernünftige Person in der Lage der anderen Partei den Vertrag nicht geschlossen hätte, wenn sie die Vertragsverletzung und ihre Folgen vorausgesehen hätte" (Art. 10). Grundsätzlich löst jede, auch eine ,,unwesentliche", Vertragsverletzung einen *Schadensersatzanspruch* aus; nur im Falle einer ,,wesentlichen" Vertragsverletzung kann der andere Teil die *Aufhebung des Vertrages* erklären. Diese kann er, anders als nach dem deutschen Recht, stets mit

---

[23] Die Frage freilich, *für welche Personen* der Käufer oder Verkäufer jeweils einzustehen hat, beantwortet das Gesetz nicht. Es handelt sich insoweit nicht um eine Lücke des Gesetzes, die nach Art. 17 auszufüllen wäre, sondern um eine Frage, von deren Regelung das Gesetz Abstand genommen hat; vgl. *Neumayer* aaO S. 966 ff.
[24] Ebenso *Mertens/Rehbinder* 5, 6 zu Art. 13, 16 zu Art. 74, *Dölle/Reinhart* 46 zu Art. 13, *Dölle/Stoll* 64 ff. zu Art. 74 EKG.
[25] Es setzt sich also darüber hinweg, daß die Erfüllung dieser Pflicht bei einer mangelhaften Speziessache häufig von vornherein unmöglich ist (vgl. oben § 41 II e).

dem Verlangen nach Schadensersatz kombinieren. Daneben behält der Käufer in der Regel den Anspruch auf (vollständige, dem Vertrag entsprechende) Erfüllung.[26]

In den meisten Fällen der Verletzung einer Vertragspflicht führt das Gesetz unter den Rechtsfolgen das Recht der anderen Partei an, die Erfüllung des Vertrages oder der verletzten Pflicht zu verlangen – falls es ihr auch das Recht zuerkennt, die Aufhebung des Vertrages zu erklären, wahlweise neben diesem Recht (vgl. die Art. 24 Abs. 1, 26 Abs. 1, 27 Abs. 1, 30, 41 Abs. 1, 42, 55 Abs. 2, 61 Abs. 1, 70 Abs. 2). In einigen Fällen ist jedoch das Recht, Erfüllung zu verlangen, ausgeschlossen. (So in den Art. 25, 61 Abs. 2.) Aus der Einreihung des Erfüllungsanspruchs unter die Rechte, die einer Vertragspartei im Falle einer Vertragsverletzung durch die andere Partei zustehen, schließt Ulrich *Huber*,[27] daß der Erfüllungsanspruch nach dem EKG nicht, wie nach dem deutschen Recht, schon mit dem Abschluß des Vertrages entsteht – wenn auch vielleicht als ein noch nicht fälliger Anspruch –, sondern erst mit der Vertragsverletzung; er sei „eine Sanktion für den Fall der Leistungsstörung, eine Sanktion, die genau wie der Schadensersatzanspruch eingreift, in dem Fall eine Partei sich nicht so verhält, wie sie sich nach dem Vertrag verhalten sollte". Diese Auffassung mag dem angloamerikanischen Rechtsdenken nahe liegen, nach dem der Schuldner grundsätzlich nicht Erfüllung, sondern nur Schadensersatz für den Fall der Nichterfüllung schuldet.[28] Allein der Wortlaut der Bestimmungen nötigt keineswegs zu dieser Auslegung, und der des Art. 27 („behält", im englischen Text „shall retain") widerspricht ihr sogar. Nichts steht entgegen, die angeführten Bestimmungen dahin zu verstehen, daß die Gegenpartei in den betreffenden Fällen ihren Erfüllungsanspruch *behält*, sofern sie nicht die Aufhebung des Vertrages erklärt,[29] und ihn nach Maßgabe des Gesetzes nunmehr geltend machen kann.

Zu den maßgebenden Grundgedanken des Gesetzes gehört schließlich die schon erwähnte **Befreiungsklausel** des Art. 74. Jede Partei hat, so sagten wir, jede Art der Nichterfüllung einer ihrer Pflichten, gleich worauf sie beruht, zu vertreten. Das gilt jedoch ohne Einschränkung nur insoweit, als das Gesetz als Sanktion die Aufhebung des Vertrages vorsieht. Hinsichtlich der Schadensersatzpflicht und des Erfüllungsanspruchs wäre dies jedoch unter Umständen zu hart. Das Gesetz sieht daher in Art. 74 eine sog. „Befreiungsklausel" vor. Nach ihr hat eine Partei für die Nichterfüllung einer Vertragspflicht dann nicht einzustehen, „wenn sie beweist, daß die Nichterfüllung auf Umständen beruht, die sie nach den Absichten der Parteien bei Vertragsabschluß weder in Betracht zu ziehen noch zu vermeiden oder zu überwinden verpflichtet war"; in Ermangelung bestimmter Absichten der Parteien sind „die Absichten zugrunde zu legen, die vernünftige Personen in gleicher Lage gewöhnlich haben". Hindernisse oder Erschwerungen, die sie bei Vertragsschluß vorauszusehen vermochte, wird jede Partei in der Regel auch zu vermeiden oder zu überwinden verpflichtet sein, es sei denn, sie habe sich dafür im Vertrag freigezeichnet. Es bleiben Umstände, mit deren Vorliegen oder späterem Eintritt vernünftigerweise nicht zu rechnen war, die zu überwinden der betreffenden Partei auch nicht zumutbar ist – Fälle, in

---

[26] Zum Erfüllungsanspruch nach dem EKG vgl. *v. Caemmerer*, AcP 178, S. 129 ff.
[27] In JZ 74, 433 (440); vgl. *Dölle/Huber* 6 zu Art. 24 EKG.
[28] Vgl. *Rabel*, Recht des Warenkaufs Bd. I, S. 263.
[29] So offenbar auch *Mertens/Rehbinder* 3 zu Art. 24 EKG.

§ 45a. Das Sonderrecht der „Einheitlichen Kaufgesetze" II § 45a

denen man bei uns etwa von einer „überobligationsmäßigen Schwierigkeit" sprechen würde. Daß die Nichterfüllung auf derartigen Umständen beruht, hat diejenige Partei zu beweisen, die sich auf die Klausel beruft; was eine Partei in Betracht zu ziehen, zu vermeiden oder zu überwinden verpflichtet war, ist, wenn darüber nichts Bestimmtes vereinbart wurde, eine Wertungsfrage. Es handelt sich insoweit um eine Generalklausel, deren Konkretisierung Aufgabe der Rechtsprechung ist. Sie hat dabei den eigentümlichen Sinngehalt der Formel wiederum aus dem Gesamtzusammenhang des Gesetzes zu entwickeln.

Daß die Partei, die Umstände zu beweisen vermag, die sie nach Art. 74 Abs. 1 befreien, für die Nichterfüllung „nicht einzustehen" hat, bedeutet zweierlei: sie wird von ihrer Leistungspflicht frei, der (sonst neben dem Recht zur Vertragaufhebung wahlweise gegebene) Erfüllungsanspruch besteht nicht, und sie braucht nicht Schadensersatz zu leisten. Dagegen bleibt das Recht der Gegenpartei, nach dem Gesetz die Vertragsaufhebung zu erklären, ebenso wie ein etwa gegebenes Recht zur Preisminderung unberührt (Art. 74 Abs. 3 – mit der am Schluß genannten Ausnahme!). Die Befreiung von der Leistungspflicht tritt jedoch in der Regel nicht ein, wenn die Umstände, für die eine Partei nicht einzustehen hat, die Erfüllung „nur vorübergehend hindern" (Art. 74 Abs. 2). In diesem Fall ist die Erfüllung nur bis zum Zeitpunkt des Wegfalls des Hindernisses hinausgeschoben; lediglich die Verpflichtung zum Ersatz des Verzögerungsschadens entfällt. Indessen wird die säumige Partei von ihrer Leistungspflicht endgültig befreit, wenn „die Erfüllung durch die Verzögerung so grundlegend verändert wird, daß sie die Erfüllung einer völlig anderen als der im Vertrag vorgesehenen Pflicht darstellen würde". An dieser Stelle des Gesetzes macht sich die vom deutschen Recht so wichtig genommene Unterscheidung zwischen zeitweiligen Leistungshindernissen (bloßer Verzögerung) und dauernder Unmöglichkeit (oder Unvermögen oder Unzumutbarkeit) bemerkbar. Endgültige Befreiung tritt nur im Falle eines dauernden Leistungshindernisses, somit der Unmöglichkeit oder endgültiger Unzumutbarkeit der Leistung, ein. Auch nach dem deutschen Recht steht ein nur zeitweiliges Leistungshindernis in manchen Fällen der dauernden Unmöglichkeit gleich, so beim absoluten Fixgeschäft, mit Ablauf des „Erfüllungszeitraums" und wenn dem anderen ein längeres Zuwarten nicht zumutbar ist (vgl. Bd. I § 21 Ia).

Die **Systematik des Gesetzes** ergibt sich aus den dargelegten Grundgedanken. Nach einleitenden Bestimmungen über den Anwendungsbereich und einigen Bestimmungen allgemeiner Art, die wir zum größten Teil schon erörtert haben, behandelt es im 3. Kapitel die *Pflichten des Verkäufers* und die Rechtsfolgen ihrer Nichterfüllung. Die erste Hauptpflicht des Verkäufers ist die zur Lieferung der Sache, und zwar einer vertragsgemäßen Sache. Der 1. Abschnitt des 3. Kapitels behandelt daher die Pflicht zur Lieferung und die Rechtsfolgen der Nichterfüllung. Dabei werden weiter unterschieden: die Pflichten des Verkäufers hinsichtlich der Zeit und des Orts der Lieferung (Unterabschnitt 1), und die Pflichten des Verkäufers hinsichtlich der Vertragsmäßigkeit der Sache (Unterabschnitt 2). Dieser Unterabschnitt regelt, in der Ausdrucksweise des deutschen Rechts, auch die Haftung des Verkäufers für *Sachmängel*. Es folgen ein kurzer Abschnitt über die Aushändigung von Urkunden und ein dritter über die zweite Hauptpflicht des Verkäufers, die zur Verschaffung (lastenfreien) Eigentums. Hier ist, in der Ausdrucksweise des deutschen Rechts, die Haftung für *Rechtsmängel* geregelt. Ein vierter Abschnitt schließlich erwähnt die sonstigen Pflichten des Verkäufers und regelt die Rechtsfolgen ihrer Verletzung. Das anschließende vierte Kapitel

§ 45a II   1. Abschn. 1. Kap. Veräußerungsverträge, insbesondere Kauf

befaßt sich mit den *Pflichten des Käufers*. Unterschieden werden die Pflicht zur Preiszahlung, die Abnahmepflicht und sonstige Pflichten des Käufers. Das fünfte Kapitel enthält gemeinsame Bestimmungen für die Pflichten des Verkäufers und des Käufers, darunter den Grundsatz der Zug-um-Zug Leistung, die „Befreiungsklausel", sowie ergänzende Vorschriften über die Aufhebung des Vertrages und den Schadensersatz, endlich einige Vorschriften über die Kosten der Lieferung und die Aufbewahrung der verkauften Sache. Das sechste Kapitel regelt den Übergang der Preisgefahr.

Wie diese Übersicht zeigt, regelt das EKG – abgesehen vom Wiederkauf und Vorkauf, sowie von den besonderen Bestimmungen über den Eigentumsvorbehalt und das Abzahlungsgeschäft – im wesentlichen die gleichen Fragen wie das Kaufrecht des BGB, aber in einer von ihm stark abweichenden Systematik. Um diese Systematik zu verstehen, muß man sich von einigen der Grundvorstellungen, auf denen die Regelung des BGB beruht – wie der der grundsätzlichen Unvereinbarkeit von Rücktritt (Wandlung) und Schadensersatz wegen Nichterfüllung, der Trennung von Leistungspflicht und Gewährleistung, sowie von dem Erfordernis eines „Verschuldens" als Voraussetzung der Schadensersatzpflicht – frei machen.[30] Ob die praktischen Ergebnisse im einzelnen sehr weit auseinandergehen werden, muß abgewartet werden; hier wird vieles von der Rechtsprechung, insbesondere von ihrer Konkretisierung der Generalklausel des Art. 74 und des Leitbildes einer „vernünftigen Person" abhängen. Soll dabei die Entwicklung in den einzelnen Staaten nicht doch wieder auseinander gehen, wird es unerläßlich sein, daß die obersten Gerichte eines jeden Vertragsstaates die Rechtsprechung derjenigen der anderen mit in Betracht ziehen.

b) **Die Pflichten des Verkäufers.** Die wichtigste Pflicht des Verkäufers ist nach dem EKG, wie bemerkt, **die Pflicht zur Lieferung,** d. h. zur Aushändigung der verkauften Sache an den Käufer oder eine empfangsberechtigte Person. Im Falle eines Gattungskaufs ist unter der „verkauften Sache" die vereinbarte Menge (Stückzahl, Gewichtsmenge) von Sachen der geschuldeten Gattung zu verstehen. Die Sachen müssen „vertragsgemäß" sein (Art. 19 Abs. 1); das gilt auch für den Fall eines Spezieskaufs. Der Verkäufer schuldet also nicht nur die Lieferung der Speziessache, wie sie nun einmal ist, sondern einer solchen Sache, die *von der nach dem Vertrage vorausgesetzten Beschaffenheit* ist. Hat der Verkäufer die Sache zu versenden, ohne daß – wie im Falle einer „Bringschuld" – ein anderer Ort für die Lieferung vereinbart ist, so erfüllt er seine Lieferpflicht bereits dadurch, daß er eine solche Sache dem Beförderer zur Übermittlung an den Käufer aushändigt (Art. 19 Abs. 2). Damit geht die Preisgefahr, ebenso wie nach § 447 BGB, auf den Käufer über (Art. 97 Abs. 1).

---

[30] Umgekehrt sollte man auch nicht versuchen, die Grundvorstellung des EKG einfach in das BGB hineinzutragen.

§ 45a. Das Sonderrecht der „Einheitlichen Kaufgesetze"

Der **Zeitpunkt der Lieferung** ergibt sich entweder aus dem Vertrage oder den vom Gesetz als maßgeblich erachteten Gebräuchen (Art. 20, 21). Geben diese nichts her, so ist innerhalb einer angemessenen Frist zu liefern (Art. 22). *Ort der Lieferung* ist, wenn nichts anderes vereinbart, der Ort der Niederlassung oder der gewöhnliche Aufenthaltsort des Verkäufers (Art. 23). Erfüllt der Verkäufer seine Pflichten *hinsichtlich der Zeit der Lieferung* nicht, so ist zu unterscheiden, ob der Umstand, daß die Lieferung nicht frist- oder termingerecht bewirkt wurde, im Sinne des Gesetzes eine „wesentliche Vertragsverletzung" darstellt oder nicht. Als „wesentlich" dürfte die Verzögerung immer dann anzusehen sein, wenn der Kaufvertrag ein Fixgeschäft ist, oder wenn der Verkäufer die Lieferung ablehnt.[31] Nach dem Gesetz (Art. 28) ist die Verzögerung ferner stets dann „wesentlich", wenn es sich um Sachen handelt, für die auf einem dem Käufer zugänglichen Markt eine Preisnotierung stattfindet. Er kann sich die Ware dann dort sofort beschaffen. Ist das Ausbleiben der Leistung im maßgebenden Zeitpunkt eine *wesentliche Vertragsverletzung,* so hat der Käufer die *Wahl zwischen dem Erfüllungsanspruch und der Aufhebung des Vertrages* (Art. 26 Abs. 1); in jedem Fall kann er außerdem Ersatz des ihm durch die Verspätung oder die Nichtausführung des Vertrages entstandenen Schadens verlangen (Art. 24 Abs. 1 u. 2). Der Käufer hat dem Verkäufer seine Entscheidung „innerhalb angemessener Frist" bekanntzugeben; unterläßt er dies oder kommt er einer Aufforderung des Verkäufers nicht „innerhalb kurzer Frist" nach, so ist der Vertrag kraft Gesetzes aufgehoben, die Wahl des Erfüllungsanspruchs also nunmehr ausgeschlossen (Art. 26 Abs. 1 Satz 2 und Abs. 2). Der Erfüllungsanspruch besteht nicht, wenn „ein Deckungskauf den Gebräuchen entspricht und in angemessener Weise möglich ist". In diesem Fall ist der Vertrag kraft Gesetzes aufgehoben (Art. 25). Ist die Verzögerung *keine wesentliche Vertragsverletzung,* so behält der Verkäufer das Recht zur Lieferung, der Käufer das Recht, von ihm Erfüllung zu verlangen (Art. 27 Abs. 1); daneben hat der Käufer auch hier den Anspruch auf Ersatz seines Verspätungsschadens. Der Käufer braucht indessen nicht unbegrenzte Zeit auf die Lieferung zu warten. Er kann dem Verkäufer eine angemessene Nachfrist setzen, nach deren vergeblichem Ablauf das Ausbleiben der Lieferung nunmehr als eine „wesentliche" Vertragsverletzung angesehen wird (Art. 27 Abs. 2). Das bedeutet, daß der Käufer nunmehr die Aufhebung des Vertrages erklären und sich zu Lasten des Verkäufers anderweit versorgen kann.

Vergleichen wir diese Regelung mit den Verzugsvorschriften des BGB, so sind folgende Unterschiede hervorzuheben: die Folgen des Ausbleibens der Leistung zur rechten Zeit hängen weder, wie die Verzugsfolgen des BGB, von einer Mahnung, noch von einem „Verschulden" des säumigen Schuldners (oder seines

---

[31] Vgl. *Mertens/Rehbinder* 3 ff. zu Art. 26 EKG.

Erfüllungsgehilfen) ab. Die Pflicht zum Ersatz des Verzögerungsschadens entfällt lediglich beim Vorliegen der Befreiungsklausel des Art. 74. Weiter kommt es nicht darauf an, ob die Leistung noch möglich ist. Da das EKG keine besonderen Regeln für den Fall der Unmöglichkeit der Leistung kennt, gelten seine Regeln über das Ausbleiben rechtzeitiger Erfüllung auch in dem Fall, daß die Leistung jetzt unmöglich ist. Das Anwendungsgebiet dieser Regeln ist daher erheblich weiter als das der Verzugsregeln des BGB, denen ja die Regeln über die Unmöglichkeit der Leistung vorgehen (Bd. I § 23). Was die Folgen betrifft, so kann nach dem EKG der Käufer die Aufhebung des Vertrages, die dem Rücktritt entspricht, zwar nur im Falle einer ,,wesentlichen" Vertragsverletzung,[32] dann aber ohne die in § 326 BGB verlangte Fristsetzung und Androhung erklären. Er kann ferner, anders als nach § 326 BGB, die Aufhebung des Vertrages mit dem Anspruch auf Schadensersatz wegen der Nichtausführung des Vertrages verbinden. Das ist sicher ein Vorzug; insgesamt ist die Regelung des EKG einfacher und für den Käufer auch günstiger als die des BGB.

Eine ähnliche Regelung wie für den Fall, daß die Lieferung nicht rechtzeitig erfolgt, trifft das Gesetz in den Art. 30ff. für den Fall einer Lieferung am falschen Ort. Darauf soll hier, da es uns nicht um eine vollständige Darstellung des Gesetzes zu tun sein kann, nicht weiter eingegangen werden.

Die Frage, wann der Verkäufer seiner Pflicht zur **Lieferung gerade einer vertragsmäßigen Sache** nicht nachgekommen ist, beantwortet das Gesetz des näheren in Art. 33. Danach ist keine vertragsgemäße Lieferung: eine nicht durch den Vertrag gestattete Teillieferung, die Lieferung einer geringeren oder größeren[33] als der bedungenen Menge, die Lieferung einer anderen als der verkauften Sache oder, bei einem Gattungskauf, einer Sache anderer Art, die Lieferung einer Sache, die der ausgehändigten oder übersendeten Probe nicht entspricht, es sei denn, deren Vorlage sei nur unverbindlich erfolgt. Nicht vertragsgemäß ist vor allem die Aushändigung einer **mangelhaften Sache,** einerlei, ob es sich um einen Spezies- oder Gattungskauf handelt. Die Sache ist mangelhaft, wenn sie nicht ,,die für ihren gewöhnlichen Gebrauch oder ihre kaufmännische Verwendung" oder die für einen im Vertrag vorgesehenen besonderen Gebrauch erforderlichen Eigenschaften besitzt, darüber hinaus immer dann, wenn sie ,,nicht die im Vertrag ausdrücklich oder stillschweigend vorgesehenen Eigenschaften und besonderen Merkmale besitzt". Maßgebend ist der Zustand der Sache im Zeitpunkt des Gefahrübergangs (Art. 35). Die Umschreibung der Mangelhaftigkeit kommt in der Sache der des § 459 Abs. 1 sehr nahe, wenn man den ,,konkreten" Fehlerbegriff zugrundelegt.[34] Zugesicherte Eigenschaften werden vom EKG nicht be-

---

[32] Auch die deutsche Rechtsprechung und Lehre wenden den § 326 BGB nur dann an, wenn der Verkäufer mit der Erfüllung einer ,,Hauptpflicht" im Verzuge ist.
[33] Zur ,,Mehrlieferung" Art. 47 EKG.
[34] Vgl. *Bess* 71, *Mertens/Rehbinder* 18 zu Art. 33 EKG.

§ 45a. Das Sonderrecht der „Einheitlichen Kaufgesetze"

sonders erwähnt; sie fallen unter die „im Vertrag vorgesehenen Eigenschaften". Unerhebliche Abweichungen bleiben, ebenso wie nach § 459 Abs. 1 Satz 2, außer Betracht (Art. 33 Abs. 2). Für einen Sachmangel hat der Verkäufer dann nicht einzustehen, wenn der Käufer ihn bei dem Vertragsabschluß gekannt hat oder über ihn „nicht in Unkenntnis hat sein können", d. h. wenn seine Unkenntnis auf grober Fahrlässigkeit beruht (Art. 36; zum Vergleich § 460 BGB).[35]

Der Käufer hat, so wie nach dem deutschen Recht nur im Falle eines beiderseitigen Handelskaufs (§§ 377, 378 HGB), die Obliegenheit,[36] die gelieferte Sache am Liefer- oder Bestimmungsort „innerhalb kurzer Frist" zu untersuchen oder untersuchen zu lassen, um eine Vertragswidrigkeit festzustellen. Er verliert seine Rechte wegen der Vertragswidrigkeit, wenn er sie dem Verkäufer „nicht innerhalb kurzer Frist nach dem Zeitpunkt anzeigt, in dem er sie festgestellt hat oder hätte feststellen müssen". War die Vertragswidrigkeit bei der Untersuchung nicht feststellbar, so behält er seine Rechte, sofern er sie dem Verkäufer innerhalb „kurzer Frist" nach ihrer Entdeckung anzeigt. Er verliert sie aber spätestens 2 Jahre nach der Aushändigung der Sache, wenn er die Vertragswidrigkeit bis dahin nicht angezeigt hat (Art. 39 Abs. 1). Bei der Anzeige hat er die Art der Vertragswidrigkeit genau zu bezeichnen und den Verkäufer zu einer Untersuchung der Sache aufzufordern (Art. 39 Abs. 2).

Der Käufer, der die Vertragswidrigkeit dem Verkäufer ordnungsgemäß angezeigt hat, hat wieder im Grundsatz *die Wahl zwischen dem Erfüllungsanspruch und dem Recht der Aufhebung des Vertrages;* dazu tritt hier als weitere Möglichkeit die *Minderung des Kaufpreises.* Daneben kann er, anders als nach dem deutschen Recht, stets den *Ersatz eines ihm verbleibenden Schadens* verlangen (Art. 41). Diese Rechte schließen gemäß Art. 34 alle anderen, auf die Vertragswidrigkeit der Sache gestützten Rechte – wie etwa eine Anfechtung wegen Eigenschaftsirrtums[37] – aus.

Im einzelnen ist zu diesen Rechten zu sagen: Für den **Erfüllungsanspruch** macht das Gesetz (in Art. 42) mehrere wichtige Unterscheidungen. Bezieht sich der Kauf auf eine *vom Verkäufer zu erzeugende oder herzustellende Sache* – ist dieser also zugleich Produzent –, so geht der Erfüllungsanspruch auf „Behebung der Vertragswidrigkeit", sofern der Verkäufer hierzu in der Lage ist. Im Falle eines Sachmangels (Art. 33 Abs. 1 Buchst. d bis f) hat der Käufer unter dieser Voraussetzung also einen Nachbesserungsanspruch. Im übrigen kommt es darauf an, ob es sich um einen Spezies- oder einen Gattungskauf handelt. Im Falle eines Spezieskaufs hat der Käufer einen Erfüllungsanspruch nur, wenn der Verkäufer eine andere als die vereinbarte Sache geliefert hatte (Falschlieferung), oder wenn Teile fehlten. *Für den Fall des Sachmangels versagt das Gesetz beim Spezieskauf den Erfüllungsanspruch.* Der Käufer hat, wenn nicht der Verkäufer zugleich Erzeuger oder Hersteller war, ebenso wie nach

---

[35] Zu den in § 460 BGB erwähnten Fällen der Zusicherung der Abwesenheit und des arglistigen Verschweigens eines Fehlers *Mertens/Rehbinder* 10 zu Art. 36 EKG.
[36] Dazu, daß Untersuchung und Anzeige keine echten Rechtspflichten, sondern lediglich „Obliegenheiten" des Käufers sind, zutreffend *Bess* 83.
[37] Nicht jedoch auch Rechte wegen arglistiger Täuschung durch den Verkäufer; vgl. Art. 89 EKG, *Bess* 143, *Mertens/Rehbinder* 5 zu Art. 34 EKG.

§ 45a II 1. Abschn. 1. Kap. Veräußerungsverträge, insbesondere Kauf

dem deutschen Recht keinen Anspruch auf Beseitigung des Mangels. Er ist auf die anderen im Gesetz vorgesehenen Rechtsbehelfe, nämlich Schadensersatz, Minderung des Kaufpreises oder Vertragsaufhebung, angewiesen.

Die Versagung des Erfüllungsanspruch (in Gestalt eines Anspruchs auf Beseitigung des Mangels, selbst dann, wenn diese möglich wäre) macht deutlich, daß auch nach dem EKG der Käufer einer Speziessache mit der Klage auf die Primärleistung nicht mehr erreichen kann als die Lieferung der Sache so, wie sie nun einmal ist, unbeschadet anderer Rechtsfolgen, die eintreten, wenn sie nicht von der vertragsgemäßen Beschaffenheit ist. Daran vermag auch die Konstruktion, der zufolge die Lieferung „in vertragsmäßiger Beschaffenheit" Inhalt der Leistungspflicht des Verkäufers ist, nichts zu ändern.[38] Diese Konstruktion ist von der Sache her keineswegs zwingend, vielmehr fragwürdig; sie auf das BGB, das von einer anderen Sicht ausgeht (vgl. oben § 41 II e), zu übertragen besteht daher kein Grund.

Im Falle eines *Gattungskaufs* kann der Käufer, wenn der Verkäufer mangelhafte Ware geliefert hat, wie nach deutschem Recht *Erfüllung* in Gestalt der Lieferung *anderer vertragsmäßiger Sachen* verlangen. Im Gegensatz zum deutschen Recht hat er diesen Anspruch jedoch nicht, wenn ein Deckungskauf den Gebräuchen entspricht und in angemessener Weise möglich ist. Er kann dann nur entweder den Kaufpreis mindern oder den Vertrag aufheben und als Schadensersatz den Unterschied zwischen dem vereinbarten Preis und dem Preis des Deckungskaufs (Art. 85) verlangen.

Statt Erfüllung des Vertrages – in den Fällen, in denen ihm dies nach dem Gesagten gestattet ist – zu verlangen, kann der Käufer die **Aufhebung des Vertrages** erklären – jedoch nur, wenn „sowohl die Vertragswidrigkeit als auch der Umstand, daß die Lieferung nicht in dem festgesetzten Zeitpunkt bewirkt worden ist", eine „wesentliche Vertragsverletzung" darstellen. Ob das der Fall ist, ist nach Art. 10 zu beurteilen.[39] Der Käufer verliert dieses Recht, wenn er es nicht „innerhalb kurzer Frist" nach der Anzeige der Vertragswidrigkeit (oder, wenn er zuvor Erfüllung verlangt hatte, nach dem Ablauf einer gemäß Art. 42 Abs. 2 gesetzten Nachfrist) ausübt (Art. 43). Handelt es sich nicht um eine „wesentliche" Vertragsverletzung, so behält der Verkäufer nach Art. 44 das Recht, den fehlenden Teil oder die fehlende Menge oder (im Fall der Gattungsschuld) andere vertragsgemäße Sachen nachzuliefern oder den Mangel der ausgelieferten Sache zu beseitigen, sofern diese Maßnahmen „dem Käufer keine unverhältnismäßigen Unannehmlichkeiten oder Kosten verursachen". Der Käufer kann ihm jedoch hierfür eine Nachfrist von „angemessener Dauer" setzen, nach deren fruchtlosem Ablauf er alle ihm von dem Gesetz gewährten Rechte hat; das, die Aufhebung des Vertrages zu erklären, jedoch nur während einer „kurzen Frist" (Art. 44 Abs. 2).

Statt die (dem Vertrag entsprechende, vollständige) Erfüllung zu verlangen oder den Vertrag aufzuheben, kann es der Käufer in allen Fällen bei der nicht vertragsgemäßen Lieferung belassen und **den Kaufpreis mindern.** Die dafür vom Gesetz in Art. 46 gewählte Formulierung ist mißverständlich: mit dem „Wert, den die Sache im Zeitpunkt des Vertragsabschlusses gehabt hat", kann nur der Wert gemeint sein, den eine dem Vertrag entsprechende Sache in diesem Zeitpunkt gehabt haben würde. Liest man die Bestimmung so, dann besteht hinsichtlich der Art der Berechnung kein Unterschied zu § 472 Abs. 1 BGB. Im Gegensatz zu § 465 BGB erfolgt sowohl die Aufhebung des Vertrages wie die Minderung durch einseitige rechtsgestaltende Erklärung.[40] Damit entfallen für den Bereich des EKG erfreulicherweise die Kontroversen über die Vollziehung der Wandlung und der Minderung („Vertragstheorie", „Herstellungstheorie"). Der Käufer kann das Recht zur Vertragsaufhebung und das zur Minderung schon vor dem für die Lieferung festgesetzten Zeitpunkt ausüben, „wenn offenbar ist, daß die Sache, die ausgehändigt werden soll, vertragswidrig ist" (Art. 48).

Für alle Rechte des Käufers wegen der Lieferung einer nicht vertragsgemäßen Sache besteht eine *einjährige Ausschlußfrist,* die mit der ihm obliegenden Anzeige[41] beginnt. Nach dem Ablauf der Frist

---

[38] Ist der als „golden" verkaufte Ring aus Messing und klagt der Käufer (etwa im Verzugsfall) trotzdem auf „Lieferung dieses Ringes in vertragsgemäßer Beschaffenheit", also als goldenen, so wäre das entsprechende Urteil so jedenfalls nicht vollstreckbar.

[39] Vgl. dazu *Bess* 101 f.

[40] *Bess* 98, 117; *Dölle/Stumpf* 1 zu Art. 46 EKG.

[41] Es ist streitig, ob der maßgebliche Zeitpunkt derjenige der Absendung der Anzeige – so *Bess* S. 136, *Dölle/Stumpf* 2 zu Art. 49 EKG – oder derjenige ihres Zugangs ist – dafür *Mertens/Rehbinder* 4,

kann der Käufer die Rechte nicht mehr geltend machen, jedoch kann er dem Anspruch auf Zahlung des Kaufpreises noch einredeweise das Recht auf Minderung oder auf Schadensersatz entgegensetzen, sofern er die Vertragswidrigkeit rechtzeitig angezeigt hatte (Art. 49). Die einjährige Ausschlußfrist tritt an die Stelle der kurzen Verjährungsfrist des § 477 BGB, die Erhaltung einer beschränkten Möglichkeit der einredeweisen Geltendmachung erinnert an § 478 BGB.

Die nächst der Pflicht zu vertragsgemäßer Lieferung wichtigste Pflicht des Verkäufers ist die zur **Verschaffung des Eigentums**. Hier taucht das Problem des Rechtsmangels auf. Das EKG trifft in Art. 52 eine im ganzen sehr zweckmäßige Regelung, die sich erheblich von der des BGB unterscheidet. Besteht an der Sache ein Recht eines Dritten, das gegen den Käufer geltendgemacht werden kann, oder beansprucht ein Dritter, ein solches Recht zu haben, so ist der Verkäufer grundsätzlich dazu verpflichtet, „Abhilfe zu schaffen", also das Recht des Dritten zu beseitigen oder ihn zur Aufgabe seiner Rechtsbehauptung zu veranlassen oder aber andere, von Rechten Dritter freie Sachen zu liefern. Der Käufer hat, wenn der Verkäufer die Sachlage nicht bereits kennt, sie dem Verkäufer anzuzeigen und ihn aufzufordern, seiner Verpflichtung nachzukommen. Kommt der Verkäufer der Aufforderung nicht nach, so kann der Käufer, wenn sich daraus eine wesentliche Vertragsverletzung ergibt, die Aufhebung des Vertrages erklären und Schadensersatz verlangen. Das Recht Schadensersatz zu verlangen hat er auch, wenn die Vertragsverletzung nicht wesentlich ist und wenn der Verkäufer der Aufforderung nachkommt. Wieder setzt dieser Schadensersatzanspruch kein Verschulden voraus; das EKG kennt auch keine dem § 440 Abs. 2 BGB entsprechende Bestimmung. Andere als die sich aus Art. 52 ergebenden Rechte sind wiederum ausgeschlossen (Art. 53).

Erfüllt der Verkäufer andere als die im Gesetz genannten und besonders geregelten Pflichten nicht, so kann der Käufer ihre Erfüllung und außerdem Schadensersatz verlangen. Stellt die Nichterfüllung eine wesentliche Vertragsverletzung dar, so kann er, statt die Erfüllung zu verlangen, die Aufhebung des Vertrages erklären; dies jedoch nur innerhalb „kurzer Frist" (Art. 55).

c) **Die Pflichten des Käufers und das Synallagma.** Unter den Pflichten des Käufers nennt das Gesetz, nicht anders als das BGB, in erster Linie die Pflicht zur Zahlung des Kaufpreises und weiterhin die zur Abnahme der gekauften Sache (Art. 56). Die *Höhe des Kaufpreises* richtet sich in erster Linie nach der getroffenen Vereinbarung. Haben die Parteien den Preis weder bestimmt, noch für dessen Bestimmung im Vertrage – etwa durch eine Bezugnahme auf den üblichen oder den Marktpreis – eine Vorsorge getroffen, so „hat der Käufer den Preis zu zahlen, den der Verkäufer im Zeitpunkt des Vertragsabschlusses gewöhnlich gefordert hat" (Art. 57).

Stötter 2a zu Art. 49 EKG. Dem Käufer ist nur der Zeitpunkt bekannt, in dem er die Anzeige abgesandt hat; hiernach kann er sich einrichten. Das spricht m. E. dafür, die Frist mit der Absendung beginnen zu lassen. Das argumentum e contrario aus Art. 39 Abs. 3 ist rein formal.

§ 45a II 1. Abschn. 1. Kap. Veräußerungsverträge, insbesondere Kauf

Die Bestimmung ist sehr problematisch.[42] Sie setzt zunächst einmal voraus, daß überhaupt ein Kaufvertrag zustandegekommen ist. Ob das der Fall ist, wenn die Parteien weder ausdrücklich, noch konkludent irgendetwas über die Bestimmung des Preises vereinbart, also zum mindesten im Vertrage für die Bestimmung „Vorsorge" getroffen haben, kann sehr zweifelhaft sein. Nicht minder wird die Ermittlung des vom Verkäufer im Zeitpunkt des Vertragsabschlusses „gewöhnlich geforderten" Preises häufig Schwierigkeiten bereiten. Sie setzt einen Verkäufer voraus, der derartige Kaufverträge ständig, mindestens in kurzen Zeitabständen, abschließt. Allerdings wird, wenn es sich z. B. um eine Sonderanfertigung handelt, wohl immer über den Preis gesprochen werden. Sollte das nicht der Fall sein, so scheint mir die Regelung der §§ 315, 316 BGB glücklicher zu sein.

Bestimmungen über den **Ort und den Zeitpunkt der Zahlung** trifft das Gesetz in den Artikeln 59 und 60. Erfüllungsort für die Kaufpreisverpflichtung ist im allgemeinen der Ort der Niederlassung des *Verkäufers* (Art. 59 Abs. 1, erster Halbsatz); dies gilt auch bei einem Versendungskauf.[43] Nur wenn die Zahlung Zug-um-Zug gegen die Aushändigung der Sache oder der Dokumente erfolgen soll, ist der Erfüllungsort der Ort, an dem die Aushändigung vorgenommen wird (Art. 59 Abs. 1 zweiter Halbsatz). Art. 60 bestimmt, daß der Preis zu dem Zeitpunkt zu zahlen ist, den die Parteien festgesetzt haben oder der sich aus den Gebräuchen ergibt. In Art. 61 Abs. 1 bestimmt das Gesetz, daß der Verkäufer vom Käufer die Erfüllung seiner Zahlungspflicht verlangen kann, wenn dieser den Preis nicht gemäß den im Vertrag und in diesem Gesetz festgesetzten Bedingungen zahlt. Indessen ist der Erfüllungsanspruch ausgeschlossen, wenn ein Deckungsverkauf den Gebräuchen entspricht und in angemessener Weise möglich ist. Das kommt allerdings nur so lange in Betracht, als die Ware dem Käufer noch nicht ausgehändigt worden ist.[44] Der Vertrag ist dann kraft Gesetzes in dem Zeitpunkt aufgehoben, in dem der Deckungsverkauf vorzunehmen ist (Art. 61 Abs. 2). Der Verkäufer wird ihn im eigenen Interesse durchführen und sodann die Preisdifferenz als Schadensersatz vom Käufer verlangen (Art. 63 u. 85). Für den Fall *nicht rechtzeitiger Zahlung* (Art. 62) unterscheidet das Gesetz wieder danach, ob dieser eine „wesentliche Vertragsverletzung" darstellt oder nicht. Im ersten Fall kann der Verkäufer entweder Zahlung verlangen oder die Aufhebung des Vertrages erklären; entscheidet er sich nicht innerhalb einer angemessenen Frist, so ist der Vertrag kraft Gesetzes aufgehoben. Im zweiten Fall kann der Verkäufer dem Käufer eine angemessene Nachfrist gewähren; nach deren Ablauf kann er wiederum die Zahlung verlangen oder – diesmal nur innerhalb „kurzer Frist" – die Aufhebung des Vertrages verlangen. Wird der Vertrag aufgehoben, so kann der Verkäufer – nach unserer Ausdrucksweise – Schadensersatz wegen Nichterfüllung, andernfalls Ersatz des ihm durch den Verzug entstandenen Scha-

---

[42] Vgl. dazu *Mertens/Rehbinder* 4, *Dölle/v. Caemmerer* 11 ff. zu Art. 57 EKG.
[43] So der BGH, BGHZ 74, 136, 141.
[44] Das Gesetz spricht in Art. 61 von vertragswidriger Nichtzahlung, in Art. 62 von nicht rechtzeitiger Zahlung, vermeidet dagegen den Begriff des Verzuges, da es im Gegensatz zum deutschen Recht auf ein Verschulden nicht ankommt. Vgl. *Dölle/v. Caemmerer* 2 zu Art. 61.

§ 45a. Das Sonderrecht der „Einheitlichen Kaufgesetze" II § 45a

dens verlangen (Art. 63). Als Mindestschaden kann er in diesem Fall Verzugszinsen in Höhe von einem Prozent über dem Diskonstsatz des Landes verlangen, in dem er seine Niederlassung oder seinen gewöhnlichen Aufenthalt hat (Art. 83).
Verletzt der Käufer seine **Pflicht zur Abnahme** (Art. 65), so kann der Verkäufer die Aufhebung des Vertrages erklären, wenn dies entweder eine wesentliche Vertragsverletzung darstellt oder dem Verkäufer berechtigten Anlaß zu der Befürchtung gibt, daß der Preis nicht gezahlt werden wird. Stellt die Nichtabnahme keine wesentliche Vertragsverletzung dar, so kann der Verkäufer eine Nachfrist setzen und nach deren Ablauf „innerhalb kurzer Frist" die Aufhebung des Vertrages erklären (Art. 67). Auf die Abnahme klagen kann er, da das Gesetz hier einen Erfüllungsanspruch nicht erwähnt, nicht. Dagegen kann er wiederum Schadensersatz verlangen (Art. 68). Dieselben Rechte, aber auch das Recht, von dem Käufer die Erfüllung seiner Pflicht zu verlangen, hat der Verkäufer in dem Falle, daß der Käufer andere Pflichten, als die Zahlungs- und die Abnahmepflicht, verletzt (Art. 70). Die Aufhebung des Vertrages kann er aber wiederum nur dann erklären, wenn die Vertragsverletzung eine „wesentliche" ist, und nur innerhalb einer „kurzen Frist".
Der Kaufvertrag ist ein *gegenseitiger Vertrag,* bei dem die beiderseitigen Hauptleistungspflichten, die Lieferpflicht des Verkäufers und die Zahlungspflicht des Käufers, im Verhältnis der Gegenseitigkeit („Synallagma") stehen. Nach Art. 71 des EKG hat die Erfüllung dieser Pflichten daher grundsätzlich **„Zug um Zug"** zu erfolgen. Anders als das BGB, hat das EKG diesen Grundsatz nicht lediglich in die Form einer „Einrede" gekleidet (vgl. Bd. I § 15 I), sondern spricht ihn für die beiden Leistungspflichten unmittelbar aus. Es schränkt ihn freilich sogleich auch wieder ein, indem es bestimmt, daß der Käufer nicht verpflichtet ist, den Kaufpreis zu zahlen, ehe er Gelegenheit gehabt hat, die Sache zu untersuchen. Da er dazu in vielen Fällen keine Gelegenheit haben wird, bevor sie ihm ausgehändigt worden ist, ist der Verkäufer dann doch genötigt, vorzuleisten. Wenn das nach internationalem Privatrecht auf den Vertrag anwendbare innerstaatliche Recht einen Eigentumsvorbehalt kennt, kann er sich wenigstens das Eigentum bis zur Zahlung des Kaufpreises vorbehalten. Der Verkäufer trägt ferner nach der Lieferung, wenn diese den Bedingungen des Vertrages und des Gesetzes entspricht, nicht mehr die Gefahr des Untergangs oder der Verschlechterung der Sache, d. h. die **Preisgefahr** (Art. 96, 97 Abs. 1),[45] es sei denn, der Untergang oder die Verschlechterung seien auf ein Verhalten des Verkäufers oder einer Person zurückzuführen, für die er einzustehen hat.

Wenig klar ist die Regelung des Gesetzes für den Fall, daß der Verkäufer dem Käufer eine Sache übergibt, die nicht dem Vertrag entspricht, also insbesondere eine mangelhafte Sache.[46] In der Termi-

---

[45] Zur Gefahrtragung nach dem EKG Ficker in Leser/v. Marschall, aaO S. 131.
[46] Hierzu Dölle/Neumayer, 26 ff. zu Art. 97; Neumayer in Festschr. f. v. Caemmerer S. 958 f.

§ 45a II   1. Abschn. 1. Kap. Veräußerungsverträge, insbesondere Kauf

nologie des Gesetzes (Art. 19 Abs. 1) ist „Lieferung" nur „die Aushändigung einer vertragsgemäßen Sache". Der Verkäufer hat also in diesem Fall, auch wenn er dem Käufer nicht nur den Besitz, sondern auch das Eigentum verschafft hat, nicht „geliefert". Folglich trüge er nach wie vor die Preisgefahr. Art. 97 Abs. 2 bestimmt nun aber für den Fall der Aushändigung einer vertragswidrigen Sache, daß die Gefahr mit der Aushändigung an den Käufer auf diesen übergeht, „wenn dieser weder die Aufhebung des Vertrages erklärt noch eine Ersatzlieferung verlangt hat." Der Käufer hat es demnach bis zu einem gewissen Grade in der Hand, ob der Gefahrübergang eingetreten ist oder nicht, wobei die Einschränkung seines Rechts, die Aufhebung des Vertrages zu erklären, zu beachten ist, die sich aus Art. 79 ergibt.

Im Fall eines Versendungskaufs erfüllt der Verkäufer seine Lieferpflicht nach Art. 19 Abs. 2 bereits durch die Aushändigung an den Beförderer. Der Verkäufer kann hier entweder die Absendung bis zur Zahlung des Kaufpreises aufschieben – also nur absenden gegen gleichzeitige Zahlung – oder zwar absenden und damit erfüllen, aber in der Weise, daß er während der Beförderung zur Verfügung über die Sache berechtigt bleibt. Er kann dann weiter verlangen, daß die Sache dem Käufer am Bestimmungsort nur gegen Zahlung des Preises ausgehändigt wird. Der Käufer ist jedoch wiederum nicht verpflichtet, den Preis zu zahlen, ehe er nicht Gelegenheit zur Untersuchung der Sache gehabt hat, es sei denn, er habe nach dem Vertrag „Zahlung gegen Dokumente" zu leisten (Art. 72).

Aus dem Vertrage oder den Gebräuchen, die die Parteien nach Art. 9 gegen sich gelten lassen müssen, wird sich häufig eine *Vorleistungspflicht* für den einen oder den anderen ergeben, so daß die praktische Bedeutung der Artikel 71, 72 nicht allzu groß sein dürfte.

Das Gesetz gibt in Art. 73 jeder Partei das Recht, ihre Leistung zurückzuhalten, wenn sich nach dem Vertragsabschluß herausstellt, daß „die wirtschaftliche Lage der anderen Partei so schwierig geworden ist, daß berechtigter Anlaß zu der Befürchtung besteht, die andere Partei werde einen wesentlichen Teil ihrer Pflichten nicht erfüllen". Die Bestimmung ist ein Gegenstück zu § 321 BGB. Anders als nach dem BGB entfällt die Einrede nicht schon dann, wenn Sicherheit geleistet wird. Weitergehend erlaubt es Art. 76 jeder Partei, vorzeitig die Aufhebung des Vertrages zu erklären und sodann Schadensersatz „wegen Nichterfüllung" (Art. 77) zu verlangen, wenn es „offensichtlich" ist, daß die andere Partei eine wesentliche Vertragsverletzung begehen, also etwa nicht zum festgesetzten Zeitpunkt oder überhaupt nicht liefern oder ohne berechtigten Grund die Zahlung verweigern wird. Derselbe Rechtsgedanke findet sich auch in Art. 48. Für Sukzessivlieferverträge gilt zusätzlich die Regel des Art. 75. Hier kann die Verletzung einer nur *eine* der mehreren Lieferungen betreffenden Pflicht – etwa eine mangelhafte Teillieferung oder die Nichtzahlung einer Kaufpreisrate – den anderen Teil unter den im Gesetz genannten Voraussetzungen dazu berechtigen, innerhalb „kurzer Frist" die Aufhebung des Vertrages für die Zukunft zu erklären.[47] Das entspricht nach deutschem Recht der Kündigung, also der Beendigung eines Dauerschuldverhältnisses. Ist es der Verkäufer, der seine Pflicht hinsichtlich einer Teillieferung verletzt hat, so kann der Käufer die Aufhebung nach seiner Wahl entweder nur für die künftigen oder für die bereits erbrachten oder für beide Lieferungen erklären (Art. 75 Abs. 2). Voraussetzung hierfür ist, daß die Lieferungen wegen des zwischen ihnen bestehenden Zusammenhanges für ihn nicht mehr von Interesse sind".

d) **Vertragsaufhebung und Schadensersatz.** Wir haben gesehen, daß das Gesetz in den Fällen einer „wesentlichen" Vertragsverletzung dem anderen Teil das Recht einräumt, die Aufhebung des Vertrages zu erklären,[48] in einigen Fällen den

---

[47] Vgl. BGHZ 90, 302, 308.
[48] Der Setzung einer Nachfrist bedarf es auch in dem Falle, daß die Pflichtverletzung in der Verzögerung der Abnahme und der Bezahlung einer Lieferung besteht, nicht. Die Aufhebungserklärung kann aber mit der Setzung einer Nachfrist verbunden, ihr Wirksamwerden an deren fruchtlosen Ablauf gebunden werden. So BGHZ 74, 193, 203.

Vertrag sogar als kraft Gesetzes aufgehoben erklärt. Die Erklärung, den Vertrag aufzuheben, ist eine einseitige rechtsgestaltende Erklärung; sie entspricht insoweit der Rücktrittserklärung (§ 349 BGB). Im Zusammenhang mit der Vertragsaufhebung entstehen, soweit es um bereits erbrachte Leistungen geht, die gleichen Probleme wie beim Rücktritt.

Durch die **Aufhebung des Vertrages** werden nach Art. 78 Abs. 1 EKG zunächst einmal beide Parteien von ihren Pflichten, jedoch mit Ausnahme einer bereits entstandenen Schadensersatzpflicht, frei. Darüber hinaus kann diejenige Partei, die zur Aufhebung berechtigt ist, soweit nicht etwa die Befreiungsklausel des Art. 74 eingreift, jetzt *Ersatz des ihr durch die Nichtausführung des Vertrages entstehenden Schadens* nach näherer Maßgabe der Art. 84ff. verlangen. Hat eine Partei ihre Leistung bereits ganz oder teilweise erbracht, so kann sie nunmehr *die Rückgabe des von ihr Geleisteten* verlangen.[49] Können beide Parteien Rückgabe von ihnen gemachter Leistungen verlangen, so sind die Leistungen Zug um Zug zurückzugeben (Art. 78 Abs. 2). Die Pflicht zur Rückgabe der erbrachten Leistungen und die Erfüllung der Rückgabepflichten Zug um Zug entspricht der Regelung der §§ 346, 348 BGB. Das bisherige Schuldverhältnis wird durch die „Aufhebung" nicht schlechthin vernichtet, sondern in ein **Rückgewährschuldverhältnis** umgestaltet; es bleibt erhalten als Grundlage von Schadensersatzpflichten. Das entspricht der neueren deutschen Lehre von den Folgen des Rücktritts (vgl. Bd. I § 26). Als fortbestehende Schadensersatzpflichten kommen nach dem deutschen Recht freilich nur solche aus Verzug und „positiver Vertragsverletzung" in Betracht, die stets ein Verschulden voraussetzen; Schadensersatz „wegen Nichterfüllung" kann nach dem deutschen Recht *neben* dem Rücktritt oder der Wandlung im allgemeinen nicht verlangt werden.[50] Die von den Verfassern des BGB hierfür gegebene Begründung – durch den Rücktritt werde das gesamte Vertragsverhältnis „rückwirkend" vernichtet, es sei so anzusehen, als sei der Vertrag nie geschlossen worden – überzeugt heute nicht mehr;[51] rechtspolitisch ist die Lösung des EKG daher vorzuziehen.

Der Käufer hat ferner dem Verkäufer „den Gegenwert aller Nutzungen und Vorteile" zu erstatten, die er aus der Sache gezogen hat (Art. 81 Abs. 2; vgl. § 346 Satz 2 BGB); der Verkäufer hat den empfangenen Kaufpreis, wenn er ihn zurückzuzahlen hat, vom Tage des Empfangs an zu verzinsen (Art. 81 Abs. 1). Der Käufer verliert grundsätzlich sein Recht, die Aufhebung des Vertrages zu erklären, wenn es ihm unmöglich ist, die Sache in dem Zustand zurückzugeben, in dem er sie erhalten hat (Art. 79). Hiervon macht das Gesetz jedoch eine Reihe von Ausnahmen. So behält der Käufer sein Recht, wenn die Sache oder ein Teil

---

[49] Zum Erfüllungsort der Schuld zur Kaufpreisrückgewähr BGHZ 78, 257.
[50] Darüber, wann das doch der Fall ist, vgl. *Weitnauer* in *Wahl/Serick/Niederländer*, Rechtsvergleichung und Rechtsvereinheitlichung, 1967, S. 76ff.
[51] Dazu *Weitnauer*, aaO, S. 100f.

von ihr infolge der Vertragsverletzung, welche die Aufhebung rechtfertigt, untergegangen oder verschlechtert ist, wenn der Käufer vor Entdeckung der Vertragswidrigkeit einen Teil der Sache – den er dann zu vergüten hat – dem gewöhnlichen Gebrauch entsprechend verbraucht oder verändert hat, und ,,wenn die Unmöglichkeit, die Sache zurückzugeben oder sie in dem Zustand, in dem der Käufer sie erhalten hat, zurückzugeben, nicht auf einem Verhalten des Käufers oder einer Person beruht, für die er einzustehen hat". Hier kommen vor allem solche Einwirkungen auf die Sache in Betracht, die vom Käufer nicht beherrschbar waren, die abzuwenden ihm – bei zumutbaren Anstrengungen – nicht möglich war. Das EKG vermeidet auch hier wieder den Begriff des Verschuldens (vgl. demgegenüber §§ 350, 351 BGB); mit Recht, wenn man an die hier im deutschen Recht entstandenen Auslegungsschwierigkeiten denkt (vgl. Bd. I § 26 c). Es ist jedoch nicht zu verkennen, daß ein gewisses normatives Element auch in der angeführten Bestimmung enthalten ist.

Ist die Aufhebung des Vertrages einmal erklärt oder kraft Gesetzes eingetreten, so haftet jeder Teil für die Erfüllung der sich daraus ergebenden Verpflichtungen gemäß den Vorschriften, die das Gesetz allgemein für die verschiedenen Fälle der Nichterfüllung gegeben hat.

Von erheblicher Bedeutung sind endlich die Vorschriften, die das Gesetz über den **Umfang** und die **Art der Berechnung des Schadensersatzes** trifft. Es unterscheidet hier den Fall, daß der Vertrag *nicht* aufgehoben ist – etwa, weil die Vertragsverletzung eine ,,unwesentliche" ist, oder weil der Käufer Erfüllung oder Herabsetzung des Kaufpreises gewählt hat – und den Fall, daß er aufgehoben ist. Im ersten Fall ist als Schadensersatz grundsätzlich ,,der der anderen Partei entstandene Verlust und der ihr entgangene Gewinn" zu ersetzen (Art. 82 Satz 1). Es kann sich dabei handeln um einen Verspätungsschaden oder um Begleit- und Folgeschäden, die, im ursächlichen Zusammenhang mit der Schlechterfüllung oder der Verletzung einer Verhaltenspflicht, an anderen Rechtsgütern des Verletzten oder an seinem Vermögen im ganzen entstanden sind. Indessen darf der Schadensersatz den entstandenen Verlust und entgangenen Gewinn nicht übersteigen, ,,welche die Partei, die den Vertrag verletzt hat, bei Vertragsschluß unter Berücksichtigung der Umstände, die sie gekannt hat oder hätte kennen müssen, als mögliche Folge der Vertragsverletzung hätte voraussehen müssen" (Art. 82, Satz 2). Diese **Begrenzung des ersatzfähigen Schadens** geht über die Begrenzung, die sich bei uns aus der Zurechnung lediglich der im ,,adäquaten" Kausalzusammenhang mit dem die Haftung begründenden Ereignis stehenden Schadensfolgen ergibt, weit hinaus. Sie beruht auf dem Gedanken, daß eine Vertragspartei nur für solchen von ihr verursachten Schaden solle einstehen müssen, dessen Eintritt ein *für sie erkennbares Risiko* darstellt.[52] Daher kommt es auf

---

[52] Über die Herkunft der Formel und ihre Bedeutung im anglo-amerikanischen Recht *König* in *Leser/v. Marschall* aaO S. 75 ff.

die Möglichkeit der Voraussicht gerade für die Partei, die den Vertrag verletzt hat, und zwar im Augenblick des Vertragsabschlusses, an. Nicht jedoch darauf, ob sie die Möglichkeit eines Schadens in dieser Höhe tatsächlich vorausgesehen hat, kommt es an, sondern ob sie sie hätte voraussehen „müssen". Dabei ist die Voraussicht einer „vernünftigen Person" in der gleichen Lage (Art. 13) als maßgeblich anzusehen. Der Käufer, der für den Fall rechtzeitiger Erfüllung mit einem ungewöhnlich hohen Gewinn, für den Fall der Lieferung einer nicht vertragsgerechten Sache mit ungewöhnlichen Folgeschäden rechnet, tut gut daran, den Verkäufer auf diesen Umstand hinzuweisen, um gegebenenfalls den Ersatz seines vollen Schadens beanspruchen zu können.

Unberührt bleibt eine weitergehende Schadenshaftung nach dem anwendbaren innerstaatlichen Recht für den Fall absichtlicher Schädigung oder arglistiger Täuschung (Art. 89).

Ist der Vertrag aufgehoben, so ist, wenn die Sache einen Marktpreis hat, als Schaden in erster Linie der Unterschied zwischen dem im Vertrag vereinbarten Preis und dem Marktpreis der Sache an dem Tage zu ersetzen, an dem der Vertrag aufgehoben worden ist (Art. 84). Die Schadensberechnung kann also „abstrakt" erfolgen. Stattdessen kann auch der Käufer, der einen Deckungskauf, der Verkäufer, der einen Deckungsverkauf „in angemessener Weise" vorgenommen hat, den Unterschied zwischen dem vereinbarten Preis und dem des Deckungskaufs oder Deckungsverkaufs verlangen (Art. 85). Er kann also seinen Schaden auch „konkret" berechnen. Zwischen beiden Möglichkeiten läßt ihm das Gesetz die Wahl. Darüber hinaus kann er auch den Ersatz eines weiteren ihm entstandenen, durch die Berechnung nach Art. 84 oder 85 noch nicht gedeckten Schadens verlangen, jedoch nur bis zu der in Art. 82 bestimmten Grenze der Voraussehbarkeit (Art. 86). Das Gesetz nennt insbesondere die ihm durch die Nichterfüllung entstandenen angemessenen Kosten, wie z.B. Lager- und Transportkosten, doch kommen auch sonstige Folgeschäden in Betracht. Derartige weitere Schäden sind selbstverständlich konkret nachzuweisen.

Das Gesetz enthält schließlich eine dem § 254 Abs. 2 BGB vergleichbare **Schadensminderungspflicht** desjenigen, der sich auf eine Vertragsverletzung des anderen beruft. Im Falle einer Versäumnis dieser Pflicht kann die ersatzpflichtige Partei eine Herabsetzung des Schadensersatzes verlangen (Art. 88). Auf ein „Verschulden" kommt es auch hier nicht an. Der geschädigte Teil hat „alle angemessenen" Maßnahmen zur Verringerung seines Schadens zu treffen. „Angemessen" ist, was die Umstände erfordern und nach der Sachlage zumutbar ist; hinsichtlich der zu erwartenden Umsicht und Sorgfalt wird man wieder den Maßstab einer „vernünftigen Person" anzulegen haben. In welchem Verhältnis der zu leistende Ersatz herabzusetzen ist, sagt das Gesetz nicht. Da das Verschulden als Maßstab hier ausscheidet, wird man auf die Verursachung, d.h. darauf abstellen müssen, um wievieles der Schaden durch die unterlassenen Maßnahmen hätte geringer gehalten werden können.

§ 46. Der Tausch

Es ist früher (§ 39 I) dargelegt worden, daß der Tausch, seinem Grundgedanken nach, die Hingabe eines bestimmten Gegenstandes gegen einen anderen, nicht aber gegen Geld, im Rahmen der heutigen Geldwirtschaft wenigstens so lange, als das Geld seine Funktion als allgemeines Tauschmittel erfüllt, nur eine geringe Rolle spielt. Dem entspricht es, daß das BGB der Regelung dieses Vertragstypus nur einen einzigen Satz gewidmet hat: auf den Tausch finden die Vorschriften über den Kauf entsprechende Anwendung (§ 515). Daraus ergibt sich:

Der Tausch ist, wie der Kauf, ein **gegenseitig verpflichtender Schuldvertrag.** Als solcher ist er von den Verfügungsgeschäften zu unterscheiden, durch die er erfüllt wird. Tauschgegenstände können Sachen, aber auch Rechte und andere unkörperliche Gegenstände, wie z. B. Arztpraxen, sein. Werden Sachen gegeneinander getauscht, so ist jeder Teil gleich einem Verkäufer verpflichtet, dem anderen die zum Tausch gegebene Sache zu übergeben und ihm das Eigentum daran, frei von Rechtsmängeln, zu verschaffen. Bei Nichterfüllung dieser Verpflichtungen hat er gemäß § 440 einzustehen. Jeder Teil ist ferner verpflichtet, die von ihm eingetauschte Sache abzunehmen. Dagegen entfällt die Pflicht zur Zahlung des Kaufpreises, da die Gegenleistung hier eben in der Lieferung einer anderen Sache besteht.[1] Allerdings ändert es den Charakter des Vertrages als eines Tauschvertrages noch nicht, wenn sich der eine oder der andere, etwa zum Ausgleich der angenommenen Wertdifferenz, nebenher noch zur Zahlung eines Geldbetrages verpflichtet. In diesem Fall hat er den Betrag zu zahlen und wohl auch wie ein Käufer gemäß § 452 zu verzinsen.

Der Zeitpunkt des Gefahrenüberganges und ebenso der Zeitpunkt, von dem ab einem jeden die Nutzungen des eingetauschten Gegenstandes gebühren und er die Lasten zu tragen hat, richten sich nach den §§ 446 und 447. Jeder Teil hat wegen eines Mangels der von ihm zum Tausch gegebenen Sache sowie wegen der von ihm zugesicherten Eigenschaften gemäß den §§ 459ff. Gewähr zu leisten.

Ein besonderes Problem ergibt sich lediglich für den Fall der *Minderung,* da eine zahlenmäßige Herabsetzung der Gegenleistung hier nicht möglich ist. A hat seine

---

[1] Auch § 454 wird von der Rechtspr. beim Tausch nicht angewandt, da diese Bestimmung einen „Kaufpreis" voraussetze, vgl. BGH, LM Nr. 1 zu § 454 BGB.

§ 46. Der Tausch

Schreibmaschine gegen das Fahrrad des B getauscht. An dem Fahrrad zeigen sich Mängel; A begehrt Minderung. Gemäß den §§ 472 und 473, die hier entsprechend angewandt werden müssen, ist zunächst der Wert beider Gegenstände zur Zeit des Tauschs in Geld zu veranschlagen; der Wert des Fahrrades so, wie wenn dieses mangelfrei wäre. Der Wert der Schreibmaschine betrage 300.–, der Wert des Fahrrades zur Zeit des Tauschvertrages in mangelfreiem Zustande 240.–, sein wirklicher Wert in dem Zustande, in dem es sich zum gleichen Zeitpunkt befunden hat, 200.–. Die Gegenleistung des A ist dann wertmäßig im Verhältnis 240:200, also von 300.– auf 250.– herabzusetzen. Da diese Herabsetzung aber nur rechnerisch durchgeführt werden kann, B jedoch tatsächlich eine Schreibmaschine im Wert von 300.–, demnach also zuviel erhält, so hat er dem A den „überschießenden Betrag", das sind hier 50.– DM, zu vergüten (entsprechend § 473 Satz 2 letzter Halbsatz). Die gleiche Berechnung ist im Falle einer *quantitativen Teilunmöglichkeit* anzustellen (§ 323 Abs. 1 zweiter Halbsatz). Nehmen wir an, A habe die Schreibmaschine gegen 2 Fahrräder vertauscht, deren jedes 120.– wert sei. Eines dieser Räder werde vor der Übergabe gestohlen, ohne daß den B daran ein Verschulden träfe; der Dieb sei nicht zu ermitteln. Hier bleibt A verpflichtet, seine Schreibmaschine gegen die Lieferung des noch übrigen Fahrrades und Zahlung eines Betrages hinzugeben, der in folgender Weise zu berechnen ist: seine eigene Gegenleistung ist wertmäßig in dem Verhältnis zu kürzen, in dem die noch mögliche Teilleistung des B wertmäßig hinter der ursprünglich geschuldeten Leistung zurückbleibt, also im Verhältnis 2:1. Die Differenz zwischen dem so herabgesetzten Betrag (½ von 300 = 150) und dem tatsächlich von ihm hingegebenen Wert (300), also der Betrag von 150.–, ist als der überschießende Betrag dem A zu vergüten. A erhält also für seine Schreibmaschine im Werte von 300.– ein Fahrrad im Werte von 120.– und außerdem den Betrag von 150.–. In dem Umstand, daß B nunmehr nur noch einen Gewinn von 30.– hat, während er bei Lieferung beider Fahrräder einen Gewinn von 60.– gehabt hätte, kommt zum Ausdruck, daß B nach § 323 hinsichtlich der unmöglich gewordenen Teilleistung die Preisgefahr trägt, d. h. keinerlei Vergütung verlangen kann.[2]

Nehmen wir an, nicht ein Fahrrad, sondern die Schreibmaschine des A wäre gestohlen worden. Dann würde, sofern A dies nicht zu vertreten hätte, nach § 275 und § 323 seine eigene Leistungspflicht und ebenso die des B fortfallen. Hätte A es aber zu vertreten und verlangte B nunmehr Schadensersatz, dann stellt sich das Problem, ob hier die „*Differenz*" – oder die „*Surrogationstheorie*" anzuwenden ist.[3] Da die Surrogationstheorie praktisch bedeuten würde, daß B seine

---

[2] Darüber, wie sich die Lage gestaltet, wenn B die Teilunmöglichkeit zu vertreten hat, vgl. Bd. I § 22 II c. Dem A wäre hier zu raten, gemäß § 325 Schadensersatz wegen der Nichtlieferung eines der beiden Räder zu verlangen, wenn sein Vertragsinteresse nicht fortgefallen ist. Ist es fortgefallen, so hat er die Rechte aus § 325 hinsichtlich des ganzen Vertrages.

[3] Bd. I § 22 II b.

§ 47 I   1. Abschn. 1. Kap. Veräußerungsverträge, insbesondere Kauf

Fahrräder gegen Geld hergeben müßte, während er sie doch gegen einen Sachwert eintauschen wollte, verdient die „Differenztheorie" hier den Vorzug, es sei denn, das Interesse des B an der Abnahme seiner Sache durch A überwiege.

§ 47. Die Schenkung

Literatur: *Eckstein*, Das Schenkungsversprechen, AcP 107, 384; *Erman*, Zur dando- und promittendo Schenkung, AcP 137, 335; *Haymann*, Zur Grenzziehung zwischen Schenkung und entgeltlichem Geschäft, JherJb. 56, 86; Schenkung unter Auflage, 1905; *Knobbe-Keuk*, „Verunglückte" Schenkungen, Festschr. f. *Flume*, 1978, Bd. II S. 149; *Liebisch*, Das Wesen unentgeltlicher Zuwendungen unter Lebenden, 1927; *v. Lübtow*, Schenkungen der Eltern an ihre minderjährigen Kinder und der Vorbehalt dinglicher Rechte, 1949; *Migsch*, Die sogenannte Pflichtschenkung, AcP 173, 46; *Oppenheim*, Schenkungsversprechen, 1906.

I. Typus und rechtlicher Charakter der Schenkung

Die *entgeltliche* Veräußerung einer Sache, eines Rechts oder eines sonstigen unkörperlichen Vermögensgegenstandes geschieht im Wege des Verkaufs oder des Tauschs. Die *unentgeltliche* Veräußerung, die in der erklärten Absicht erfolgt, einem anderen etwas zuzuwenden, ohne dafür eine Gegenleistung zu erhalten, bezeichnet man gemeinhin als „Schenkung". Das Gesetz knüpft an diesen Sprachgebrauch an, erweitert jedoch den Rechtsbegriff der Schenkung darüber hinaus so, daß auch solche unentgeltlichen Zuwendungen darunter fallen können, die auf andere Weise als gerade durch die Veräußerung einer Sache oder eines Rechts bewirkt werden; so z. B. der Erlaß einer Forderung, die Bestellung eines Nießbrauchs. Dennoch geht das Gesetz, wie wir sehen werden, nicht so weit, *alle* unentgeltlichen Zuwendungen unter den Begriff der Schenkung zu subsumieren;[1] ihre Hauptbedeutung liegt doch auf dem Gebiete der Veräußerungsgeschäfte. Daher reiht das Gesetz auch die Schenkung als Vertragstypus den entgeltlichen Veräußerungsgeschäften „Kauf" und „Tausch" an; hiervon abzuweichen, empfiehlt sich nicht.

Das Gesetz bezeichnet als Schenkung „eine Zuwendung, durch die jemand aus seinem Vermögen einen anderen bereichert, wenn beide Teile darüber einig sind, daß die Zuwendung unentgeltlich erfolgt" (§ 516). *Zuwendung* ist eine Handlung, die darauf abzielt, einem anderen einen Vermögensvorteil zu verschaffen.[2] Als „Schenkungen" kommen jedoch nur in Betracht solche Zuwendungen, die

---

[1] Die Schenkung bildet nicht, als Zusammenfassung unentgeltlicher Verträge, das Gegenstück zu den entgeltlichen, insbesondere den gegenseitigen oder Austauschverträgen; sie gehört daher auch nicht in den Allgemeinen Teil des Schuldrechts; anders *Titze* 159.

[2] Vgl. *v. Tuhr* III 49 ff, Allg. Teil § 18 II d.

§ 47. Die Schenkung

„*aus dem Vermögen*" des Schenkers und d. h. aus der Vermögenssubstanz erfolgen. Daher scheiden Arbeitsleistungen und jede Art von bloßem Zeitaufwand oder Mühewaltung aus, auch dann, wenn der Leistende dadurch auf einen sonst möglichen Verdienst verzichtet.[3] Auch die Überlassung einer Sache zu unentgeltlichem Gebrauch gehört nicht hierher, weil sie nicht aus der Substanz des Vermögens erfolgt, sondern allenfalls den Verzicht auf einen möglichen Vermögenserwerb (durch Vermietung) darstellt. Zum mindesten gilt dies von einer kurzfristigen Überlassung sowie dann, wenn eine wirtschaftliche Verwertung etwa durch Vermietung der Sache nicht zu erwarten wäre. Das Gesetz regelt die unentgeltliche Gebrauchsüberlassung auch dann, wenn darin ein Verzicht auf mögliche Einnahmen gelegen ist, generell als Leihe.[4] Auf der gleichen Linie liegt, daß nach ausdrücklicher gesetzlicher Vorschrift eine Schenkung nicht schon darin liegt, daß jemand „zum Vorteil eines anderen einen Vermögenserwerb unterläßt", z. B. ein Vertragsangebot nicht annimmt, ein Vorkaufsrecht nicht ausübt oder „auf ein angefallenes noch nicht endgültig erworbenes Recht verzichtet", also z. B. auf ein bloßes Anwartschaftsrecht,[5] oder daß er eine Erbschaft oder ein Vermächtnis ausschlägt (§ 517). Dagegen stellen eine Zuwendung, die „aus dem Vermögen" des Zuwendenden an einen anderen erfolgt, dar: der Erlaß einer Forderung (an den Schuldner), der Verzicht auf ein beschränktes dingliches Recht (an den Eigentümer), die Verbindung einer eigenen Sache mit einer fremden in der Weise, daß der andere gemäß § 946 oder § 947 Abs. 2 Eigentümer wird, wenn das gewollt ist. Auch eine Aneignungsgestattung (§ 956) erfolgt aus dem Vermögen des Gestattenden, da sie in Verbindung mit der Trennung oder Besitzergreifung einen Eigentumswechsel herbeiführt.

Durch die Zuwendung muß ein anderer *bereichert*, also dessen Vermögen vermehrt werden. „Vermögen" ist dabei im wirtschaftlichen Sinne zu verstehen. Daher kann die Bereicherung auch in der Verminderung der Schulden bestehen,

---

[3] Ebenso *v. Tuhr* III 156; *Siber* 250; *Oertmann* 1 b vor § 516; *Esser/Weyers* § 12 I 2 a; *Staudinger/Reuss* 4, *Erman/Seiler* 3 zu § 516. Vgl. auch BGHZ 84, 361, 365; anders *Leonhard* B 115, Enn./L. § 120 II 1 a, *Siebert*, Rechtsvergl. Hdwb. VI 147.

[4] *Typologisch* handelt es sich bei der Leihe um die unentgeltliche Gebrauchsüberlassung für verhältnismäßig kurze Zeit, mit der eine wirtschaftliche Einbuße für den Verleiher nicht oder in kaum fühlbarem Maße verbunden ist. Die Verpflichtung zu einer *langfristigen* Grbrauchsüberlassung ohne Entgelt, z. B. zur unentgeltlichen Überlassung einer Wohnung an den Berechtigten auf dessen Lebenszeit, nähert sich bei vorwiegend wirtschaftlicher Betrachtungsweise dem Typus „Schenkung". Manche wollen deshalb in solchen Fällen die Schenkungsregeln, etwa die §§ 518, 519, 528, 530, unmittelbar oder entsprechend anwenden; so *Enn./L.* § 120 II 2; *v. Tuhr* III, 156; dagegen *Oertmann* 1 c zu § 516. Der BGH hat in einem solchen Fall einmal den § 518 angewandt; vgl. LM Nr. 7 zu § 518 = NJW 70, 941. In einer neueren Entsch. – BGHZ 82, 354, vgl. auch BGH, NJW 85, 313 – betont er jedoch, es handle sich auch bei einem Vertrag, der die Überlassung einer Wohnung ohne Entgelt auf die Lebenszeit des Berechtigten zum Inhalt hat, um einen Leihvertrag, der formlos gültig ist; § 518 sei nicht anwendbar. Die §§ 528, 530 können aber m. E. für die Zulässigkeit einer Kündigung der Leihe aus „wichtigem Grund" mit herangezogen werden. Dazu *Slapnicar*, JZ 83, 325.

[5] HL, anders *v. Tuhr* III 159, *Siebert* aaO.

also z. B. darin, daß A eine Schuld des B tilgt oder übernimmt. Keine Bereicherung in dem hier gemeinten Sinne stellt eine lediglich fiduziarische Übertragung (das Treugut soll wirtschaftlich nicht, rechtlich jedenfalls nicht endgültig in das Vermögen des Treuhänders überführt werden) und die Bestellung einer Sicherheit für eine Forderung dar, da hierdurch ein anderes Recht lediglich verstärkt, aber kein neuer Vermögenswert zugewandt werden soll.[6] Schließlich fehlt es an der Bereicherung, wenn *durch die Leistung eine Schuld erfüllt wird*: der Empfänger verliert dadurch seine Forderung, so daß seine Vermögenslage, wenigstens rechnerisch, die gleiche bleibt.[7] Dasselbe gilt auch, wenn durch die Leistung eine Verpflichtung des Empfängers zur Rückerstattung begründet wird, wie vor allem beim Darlehen. Daß das zinslose Darlehen als Vertrag über die zeitweilige unentgeltliche Nutzung des Kapitals zu den unentgeltlichen Geschäften gehört, kann hier so wenig wie bei der Leihe den Schenkungscharakter begründen.

Die Zuwendung muß endlich *im beiderseitigen Einverständnis über ihre Unentgeltlichkeit* erfolgen. Es genügt daher nicht, daß der Zuwendende tatsächlich kein Entgelt, keinen Gegenwert erhält, vielmehr muß sowohl sein Wille wie der des Empfängers erkennbar dahin gehen, daß die Leistung weder zur Erfüllung einer Schuld noch zu dem Zwecke gemacht werde, um eine Gegenleistung zu vergüten oder zu erlangen oder den Empfänger dazu zu verpflichten. Während das Moment der Bereicherung des Empfängers objektiv zu verstehen ist, tritt hier ein subjektives Moment hinzu: die ausdrücklich erklärte oder den Umständen zu entnehmende Willensrichtung und Meinung der Beteiligten entscheidet. Dabei kommt es, wie sonst, nur darauf an, was als Inhalt der Geltungserklärung, als rechtlich maßgeblicher Wille also, *erklärt* ist; weitergehende Absichten oder Erwartungen, die etwa dahin gehen können, den Beschenkten durch das Geschenk zu irgendeiner ,,Gegengabe", zur Einräumung besonderer Vorteile etwa, zu veranlassen, verbleiben in dem Bereich der grundsätzlich unbeachtlichen Motive.

Möglich ist, daß sich in einem Vertrag der eine Partner zu einer Leistung verpflichtet, die *nur zu einem Teil* durch eine Gegenleistung des anderen vergütet werden, zu einem anderen Teil aber *unentgeltlich* sein soll. Man spricht dann von einer *gemischten Schenkung*. Bei ihr wird ein entgeltlicher Vertrag – meist ein Kauf – in der Weise mit einer Schenkung kombiniert, daß ein und dieselbe Leistung, z. B. die Übereignung eines Grundstücks, nach ihrem angenommenen Wert nur teilweise vergütet, darüber hinaus schenkweise gemacht wird. Von der gemischten Schenkung soll erst im Zusammenhang mit anderen ,,typengemischten" Verträgen (unten § 62 II c) die Rede sein.

---

[6] In der Bestellung einer Hypothek für eine fremde Schuld kann aber eine Schenkung *im Verhältnis zu dem persönlichen Schuldner*, in der Übernahme einer Bürgschaft im Verhältnis zum Hauptschuldner gelegen sein, wenn sie mit einem Verzicht auf das gesetzliche Rückgriffsrecht verbunden ist; so der BGH, LM Nr. 2 zu § 516.
[7] *Oertmann* 1 c vor § 516; *Esser/Weyers* § 12 I 2 b.

§ 47. Die Schenkung   I § 47

Keine Schenkung, auch keine gemischte Schenkung, ist eine, obschon freiwillige, Vergütung (oder zusätzliche, über das vereinbarte Maß hinausgehende Vergütung) für in der Vergangenheit geleistete Dienste, wie sie auch bei einer freiwillig gegebenen Gratifikation,[8] nachträglicher Entlohnung freiwillig geleisteter Dienste, vielfach wohl auch bei einem sog. Trinkgeld vorliegt.[9] Die Grenzen zu einer Schenkung, durch die „einer auf den Anstand zu nehmenden Rücksicht entsprochen wird" (§ 534), sind freilich flüssig. Es kommt auf den feinen Unterschied an, ob sich der Zuwendende dem Empfänger für eine ihm von diesem erwiesene Gefälligkeit oder eine Leistung, die nicht mit Geldeswert aufzuwiegen ist – z. B. Rettung aus Lebensgefahr – dankbar oder „erkenntlich" zeigen, ihm ebenfalls eine Gefälligkeit erweisen, oder ob er ihn, wenn auch vielleicht „großzügig", entlohnen, ihm seine Mühe und Dienstwilligkeit, sei es auch über das hinaus, wozu er nach „strengem Recht" verpflichtet ist, nach Gebühr und Verdienst entgelten will. Im ersten Fall liegt der Vorgang in der Sphäre der „humanitas", des gesellschaftlichen Anstands und Takts, im letzteren in derjenigen der „aequitas", der Erfüllung einer Verpflichtung, zwar nicht des „strengen" Rechts, aber doch einer nach Billigkeit verstandenen Lohngerechtigkeit. Hier eine Schenkung anzunehmen, wäre deshalb verfehlt, weil die Zuwendung nicht als solche gemeint und angenommen wird. Es bedarf nicht der Annahme, daß die Beteiligten nachträglich noch eine Verpflichtung zu einer entsprechenden Entlohnung vereinbarten, die durch die Leistung gleichzeitig erfüllt würde; vielmehr liegt, genau so wie bei der Handschenkung, kein obligatorischer Vertrag, sondern lediglich eine Abrede über den Rechtsgrund vor: Die Zuwendung erfolgt, obschon ohne eine bestehende rechtliche Verbindlichkeit, „als Entgelt" für eine schon empfangene Gegenleistung, nicht aber „als unentgeltliche". Man könnte, wie dort von einer „causa donandi", so hier von einer „causa der Entgeltlichkeit" (als vereinbartem Rechtsgrund der Zuwendung) sprechen.

Ähnlich liegt es bei der Erfüllung einer nur von der Sitte anerkannten Verbindlichkeit aus Spiel, Wette, Ehevermittlung (§§ 762, 656). Zwar liegt auch hier eine Rechtspflicht nicht vor (Bd. I § 2 III), aber die Beteiligten betrachten die Leistung dennoch nicht als Schenkung, sondern in den beiden ersten Fällen als Erfüllung einer als zwingend empfundenen Pflicht, im dritten Fall als verdienten Lohn.[10] Das Gesetz trägt dem durch den Ausschluß der Rückforderung Rechnung. Keine Schenkung ist endlich, trotz Fehlens einer Rechtspflicht hierzu, die einem Kinde mit Rücksicht auf seine Verheiratung oder die Erlangung einer selbständigen Lebensstellung gewährte Ausstattung (§ 1624), soweit sie das „den Umständen, insbesondere den Vermögensverhältnissen des Vaters oder der Mutter, entsprechende Maß" nicht übersteigt; das Gesetz erblickt darin mit Recht eine freiwillige Mehrleistung auf die Unterhaltspflicht.[11] Dagegen schließt das Vorliegen einer lediglich moralischen Pflicht oder Anstandsrücksicht den Charakter als Schenkung nicht aus;[12] für derartige Schenkungen bestehen aber Sondervorschriften (z. B. §§ 534, 1641, 1804, 2113 Abs. 2).

---

[8] HL; vgl. *Esser/Weyers* § 12 I 2b; *Staudinger/Reuss* 40, *Erman/Seiler* 27 zu § 516; *Nikisch*, Arbeitsrecht, 3. Aufl. Bd. I § 32 IV 1; BAG, AP Nr. 26 zu § 611 BGB Gratifikation (mit Anm. von *Isele*).

[9] So auch RGZ 94, 323. Im Schrifttum str.; vgl. *Staudinger/Reuss* 6 zu § 534; *Liebisch* 37f. (gegen *Oertmann*, Entgeltliche Geschäfte S. 31, 40); *Soergel/Mühl* 23, 24, *MünchKomm/Kollhosser* 19, 20 zu § 516.

[10] Anders *Leonhard* B 116f.

[11] Über das Mitgiftversprechen an den Schwiegersohn vgl. *Leonhard* B 118; *Enn./L.* § 120 II, 3a β; *Esser* 4. Aufl. § 67 I 2b; *Oertmann* 1 d β vor § 516.

[12] So auch RGZ 125, 383; *v. Tuhr* III 149; *Enn./L.* § 120 II 3a α; *Esser* 4. Aufl. § 67 I 2b aE; *Palandt/Putzo* 1 zu § 534; teilweise abweichend *Liebisch* 43ff. Nach *Migsch* aaO (vgl. S. 68f.) handelt es sich nur bei „gebräuchlichen Gelegenheitsgeschenken" um Schenkungen, nicht aber bei „Zuwendungen in Erfüllung von Sittenpflichten", z. B. Unterhaltsleistungen an Geschwister oder sonst nicht unterhaltsberechtigte, nahestehende Personen. Diese Zuwendungen seien „weder unentgeltlich, noch freiwillig, daher trotz ihrer „falschen Etikettierung" durch den Gesetzgeber keine Schenkungen. M. E. ist in den Fällen, in denen es an jedem Bezug zu einer vorangegangenen oder erwarteten Gegenleistung fehlt, die Unentgeltlichkeit nicht zweifelhaft; an der „Freiwilligkeit" kann man, wo ein „moralischer Druck" vorliegt, allerdings zweifeln. Darauf kommt es aber nicht an. Er kann auch bei „gebräuchlichen Gelegenheitsgeschenken" vorliegen, steht jedoch der Annahme einer Schenkung nicht entgegen.

§ 47 I   1. Abschn. 1. Kap. Veräußerungsverträge, insbesondere Kauf

Nicht nur der Zuwendende, sondern auch der Empfänger der Zuwendung muß damit einverstanden sein, daß sie unentgeltlich erfolgt. Darin kommt wieder der vom Gesetz an verschiedenen Stellen durchgeführte Rechtsgedanke zum Ausdruck, daß sich niemand von einem anderen gegen seinen Willen ein Recht, die Befreiung von einer Schuld oder sonst einen unerbetenen Vermögensvorteil solle aufdrängen lassen müssen (Bd. I §§ 4 vor I und 19 I). Da ein beiderseitiges Einverständnis gefordert wird, muß der auf die Unentgeltlichkeit der Zuwendung gerichtete Wille dem anderen, wenn auch nur durch ,,schlüssige Handlung", erklärt sein; *die Schenkung erfordert insofern einen Vertrag*.[13] Die Einverständniserklärung des Empfängers kann nachgeholt werden; der Zuwendende kann ihn unter Fristsetzung zur Erklärung auffordern; in diesem Fall gilt Schweigen als Annahme (§ 516 Abs. 2).

Ist die vom Gesetz geforderte Einigung über die Unentgeltlichkeit der Zuwendung auch im Sinne der Bestimmungen des Allgemeinen Teils (§§ 145 ff.) als ein Vertrag anzusehen, so handelt es sich doch nicht notwendig um einen Schuldvertrag, also um ein verpflichtendes Rechtsgeschäft. Vielmehr ist die Einigung über die Unentgeltlichkeit dann, wenn sie die Hingabe einer Sache oder die Übertragung eines Rechts begleitet, also im Falle einer *Hand- oder Realschenkung,* lediglich eine **Abrede über den Rechtsgrund** (die ,,causa") der Zuwendung. Der Schenker verpflichtet sich hierdurch nicht zu einer Leistung an den Beschenkten, er fügt der ohne eine dahingehende Verpflichtung von ihm (,,freiwillig") gemachten Leistung nur den ihr sonst fehlenden Rechtsgrund hinzu, in Ermangelung dessen sie nicht rechtsbeständig wäre, sondern nach § 812 zurückgefordert werden könnte.[14] Anders als beim Hand- oder Barkauf liegt das Moment der Verpflichtung zur Leistung bei der Hand- oder Realschenkung auch nicht etwa sinngemäß in dem (objektiv verstandenen, typischen) Inhalt der Vereinbarung. Wer eine Sache verkauft, geht um der Gegenleistung willen, auch wenn er sogleich erfüllt, doch zugleich eine Verpflichtung ein; wer sie schenkt, will, ohne eine rechtliche Verpflichtung anzuerkennen oder hiermit einzugehen, ,,freiwillig" etwas geben. Daher hat der Empfänger keinen Anspruch (auf Erfüllung) etwa wegen eines Rechtsmangels (vom Falle der ,,Arglist", § 523, in dem es sich nicht um einen Anspruch wegen Nichterfüllung handelt, abgesehen); den Schenker trifft keine Gewährleistungspflicht für fehlerfreie Beschaffenheit.

Anders ist es, wenn die Schenkung nicht sofort vollzogen, sondern eine Leistung erst **schenkweise versprochen** wird (§ 518). Ein derartiger Vertrag ist, da er eine Verpflichtung zur Leistung begründet, ein *einseitig verpflichtender Schuld-*

---

[13] HL; vgl. *v. Tuhr* III 154; *Leonhard* B 122; *Enn./L.* § 120 II 3b; *Oertmann* 2, *Palandt/Putzo* 1 vor, *Soergel/Mühl* 2, *Erman/Seiler* 13 zu § 516.
[14] *v. Tuhr* III 75; *Enn./L.* § 120 II 1a; *Leonhard* B 112, 122; *Siber* 174; *Esser/Weyers* § 12 I 1; *Erman/ Seiler* 1 zu § 518; anders *Oertmann* 3 vor § 516; *Heck* 295, *Soergel/Mühl* 6 zu § 516.

§ 47. Die Schenkung

vertrag. Die Schenkung liegt hier bereits in der Begründung der Forderung, also in der Zuwendung eines Rechts; die Zuwendung erfolgt insofern aus dem Vermögen des Versprechenden, als sie eine Schuld begründet, die aus diesem Vermögen zu erfüllen ist. Die Leistung des versprochenen Gegenstandes ist nicht erneut „Schenkung", sondern Erfüllung einer Schuld; sie ist dennoch „unentgeltliche Zuwendung", weil das Rechtsgrundverhältnis, auf dem ihre Rechtsbeständigkeit (im Sinne des Bereicherungsrechts) beruht, „Schenkung" ist.[15] Der Rechtsgrund der Schenkung (die „causa donandi") kann, mit anderen Worten, ebensowohl (im Falle der Hand- oder Realschenkung) der Leistung *unmittelbar*, wie (im Falle des Schenkungsversprechens) ihr nur *mittelbar* (unmittelbar dagegen der Verpflichtung zu ihr) zugrundeliegen; in beiden Fällen sehen wir die Leistung als „unentgeltlich", wenn auch nur im ersten Fall selbst als „Schenkung" an.

Das Schenkungs*versprechen*, sowie ein schenkweise erteiltes „selbständiges" Schuldversprechen oder Schuldanerkenntnis – jedoch nur dieses, nicht auch die Annahme – bedarf zu seiner Gültigkeit der *gerichtlichen oder notariellen Beurkundung* (§ 518 Abs. 1). Hauptzweck der Formvorschrift ist der Schutz des Versprechenden vor Übereilung. Demgemäß wird aber der Mangel der Form nachträglich geheilt, wenn die versprochene Leistung bewirkt wird (§ 518 Abs. 2).[16] Über die Anwendbarkeit des § 518 auf die sogenannte „gemischte Schenkung" vgl. unten § 62 II d.

II. Rechtsfolgen und Rechtsbeständigkeit der Schenkung

a) **Haftungsmaßstab.** Der Schenker handelt, wenigstens normalerweise, uneigennützig; er hat nur den Vorteil des Beschenkten im Auge, nicht zugleich, wenigstens unmittelbar, seinen eigenen. Die strenge Verantwortlichkeit des normalen Vertragsschuldners erscheint daher dem Gesetz als zu weitgehend; es bestimmt, daß der Schenker nur Vorsatz und grobe Fahrlässigkeit zu vertreten habe

---

[15] Ebenso *v. Tuhr* III 157. Mit der zutreffenden Feststellung, die Erfüllung des Schenkungsversprechens erfolge solvendi causa und sei „zwar unentgeltliche Verfügung, aber nicht Schenkung", setzt sich *v. Tuhr* allerdings in Widerspruch zu seiner Auffassung (S. 144 ff.), jede Zuwendung, die solvendi causa erfolge, sei entgeltlich, da der Schuldner als „Entgelt" dadurch die Befreiung von seiner Schuld erlange. Die Befreiung von der Schuld ist indessen zwar die Rechtsfolge der Leistung, aber nicht ein Entgelt für die Erfüllung; Leistung zum Zwecke der Erfüllung ist als solche weder entgeltlich noch unentgeltlich, hierfür kommt es auf das zugrunde liegende Geschäft an. Vgl. *Oertmann* 1 c vor § 516.

[16] Die *schenkweise Hingabe eines Schecks* ist keine Realschenkung, weil der Aussteller damit noch keine Leistung aus seinem Vermögen erbringt, sondern nur erst seine Bank dazu ermächtigt, für ihn zu leisten. „Bewirkt" im Sinne des § 518 Abs. 2 ist die Schenkung erst, wenn der Scheck eingelöst wird. Zwar wird der Aussteller eines Schecks dem berechtigten Inhaber für den Fall der Nichteinlösung zur Zahlung verpflichtet; in dem Begebungsvertrag sieht der BGH daher ein abstraktes Schuldversprechen, das der Form des § 518 bedarf. Vgl. BGHZ 64, 340; OLG München, NJW 83, 759.

(§ 521). Diese Bestimmung gilt indessen wohl nur hinsichtlich der Leistung des Schenkers selbst, hinsichtlich des Interesses des Beschenkten am Bekommen und am rechtzeitigen Bekommen des geschenkten Gegenstandes, nicht hinsichtlich etwa begründeter Schutzpflichten des Schenkers und damit des Interesses des Beschenkten an der Erhaltung seiner sonstigen Rechtsgüter.[17] Geht also der schenkweise versprochene Gegenstand vor der Übergabe infolge einer nur leichten Fahrlässigkeit des Schenkers unter, so wird dieser frei. Dagegen ist dem Schenker die Berufung auf § 521 z. B. dann zu versagen, wenn er es unterläßt, den Beschenkten auf die besondere Feuergefährlichkeit des Stoffes hinzuweisen, obgleich er diese kennt, der Beschenkte, wie der Schenker weiß oder wissen muß, aber nicht, und der Beschenkte infolgedessen einen Brandschaden erleidet. Die Uneigennützigkeit des Schenkers hinsichtlich der Fortgabe des Geschenks rechtfertigt es nicht, von ihm nur geringere Sorgfalt bei der Schonung fremder Rechtsgüter zu verlangen.[18] Er haftet also in solchen Fällen sowohl aus Delikt wie aus culpa in contrahendo oder Vertragsverletzung wegen fahrlässiger Verletzung einer Schutzpflicht.

b) **Folgen der Nichterfüllung des Schenkungsversprechens; Haftung für Sachmängel.** Da eine Leistungspflicht nur durch ein Schenkungsversprechen, nicht aber durch eine Hand- oder Realschenkung begründet wird, treten Probleme der Nichterfüllung auch nur beim Schenkungsversprechen auf. Im Falle der Handschenkung können den Schenker allenfalls Nebenpflichten, insbesondere Schutzpflichten treffen, deren Verletzung eine Schadensersatzpflicht nach sich ziehen kann. Erfüllt derjenige, der eine Leistung schenkweise versprochen hat, seine Verpflichtung nicht, so hat der Beschenkte zunächst den Erfüllungsanspruch. Im Verzugsfalle hat er ferner die Rechte aus den §§ 286 ff.;[19] im Falle schuldhaft von dem Schenker herbeigeführter Unmöglichkeit den Anspruch auf Schadensersatz wegen Nichterfüllung (§ 280). Dabei ist die eben erwähnte Mil-

---

[17] Dazu *Thiele*, JZ 67, 649; *Gerhardt*, JuS 70, 597; *Schlechtriem*, Vertragsordnung und außervertragliche Haftung, 1972, S. 332 ff.; *Esser* 4. Aufl. § 112 V 3; *Palandt/Putzo* 2c zu § 521. Anders *Staudinger/Reuss* 1c; *MünchKomm/Kollhosser* 6 zu § 521; *Medicus*, SchR II § 86 IV 4.

[18] Die Freigebigkeit, meint *Schlechtriem* (S. 335), könne billigerweise „nur zu Vertragserwartungen des Beschenkten in Beziehung gesetzt werden, nicht zum allgemeinen Güterschutz". Dem stimmt im Grundsatz jetzt auch der BGH zu – BB 85, 1355 = BGHZ 93, 23 –; er will es jedoch bei der Haftungsmilderung – auch für deliktische Ansprüche – belassen, wenn es (wie in dem Beispiel des Textes) sich um die Verletzung einer Schutzpflicht handelt, die „im Zusammenhng mit dem Vertragsgegenstand steht". Dagegen aber *Schlechtriem*, BB 85, 1356. Man mag in solchen Fällen eine Schutzpflicht aus dem Schenkungsverhältnis verneinen; auf die jedenfalls auch vorliegende Verletzung einer allgemeinen Verkehrssicherungspflicht und die dadurch begründete deliktische Haftung sollte man aber den § 521 nicht anwenden. Die „Uneigennützigkeit" des Schenkers vermag seine Entlastung von der Verkehrssicherungspflicht keinesfalls auch dann zu rechtfertigen, wenn es sich für ihn, wie in dem vom BGH entschiedenen Falle, bei der Schenkung um das einfachste Mittel der Beseitigung für ihn nicht verwendbarer Abfälle handelt.

[19] Der Schenker braucht aber keine Verzugszinsen zu entrichten (§ 522).

derung des Haftungsmaßstabes zu beachten. Besonderes gilt für **Rechts- und Sachmängel**. Hat der Schenker einen Gegenstand versprochen, der (vermeintlich) ihm gehört, so hat er, anders als der Verkäufer, nicht die Verpflichtung, einen etwa vorliegenden *Mangel seiner Berechtigung* zu beseitigen: der Schenker verspricht nach Auffassung des Gesetzes nicht mehr zu leisten, als er selbst hat. Dem Beschenkten stehen keine Ansprüche wegen Nichterfüllung zu. Nur im Falle *arglistigen Verschweigens eines Rechtsmangels* haftet der Schenker gemäß § 523 Abs. 1 (wegen culpa in contrahendo) auf Ersatz des Vertrauensschadens.[20] Das gilt auch im Fall der Handschenkung. Den Schenker trifft insoweit eine Aufklärungspflicht. Der Schaden kann z. B. in unnötigen Aufwendungen des Beschenkten, wie Transport- und Versicherungskosten, in Verwendungen auf die Sache, falls er sie herausgeben muß, oder in der Unterlassung des damals möglichen günstigeren Erwerbs einer anderen Sache liegen. Anders dagegen, wenn der Schenker einen Gegenstand versprochen hatte, *den er erst erwerben sollte*. Dann ist der Schenker verpflichtet, dem Beschenkten den Gegenstand, d. h. das Eigentum an ihm, wie ein Verkäufer und somit frei von solchen Rechten Dritter zu verschaffen, die gegen den Beschenkten geltend gemacht werden können. Der Beschenkte kann daher zunächst volle Verschaffung, also Beseitigung des Rechtsmangels[21] – bei einer Gattungsschuld Verschaffung eines anderen Stücks – und, wenn der Schenker hierzu unvermögend oder ein weitergehender Schaden bereits entstanden ist, *Schadensersatz wegen Nichterfüllung* verlangen. Ein Schadensersatzanspruch ist jedoch nur dann gegeben, wenn der Rechtsmangel dem Schenker beim Erwerb des Gegenstandes bekannt war, oder seine Unkenntnis auf grober Fahrlässigkeit beruht (§ 523 Abs. 2). Da das Gesetz für diesen Anspruch u. a. auf den § 440 verweist, so ist er, wenn es sich um eine bewegliche Sache handelt, nur unter den Voraussetzungen des § 440 Abs. 2 oder 3 gegeben.

Für einen **Sachmangel** hat der Schenker grundsätzlich nicht einzustehen, wenn er eine *ihm bereits gehörende* Sache verschenkt hat. Die Sache ist so verschenkt, wie sie ist – ohne Gewähr. Nur im Falle *arglistigen Verschweigens* eines Fehlers hat er dem Beschenkten den daraus entstehenden Schaden zu ersetzen (§ 524 Abs. 1). Indessen wird man fragen müsen, ob das nicht nur für den Mangelschaden, nicht aber auch für einen *Mangelfolgeschaden* gilt, ob also nicht der Schenker, wenn ihm im Zusammenhang mit einem Sachmangel die Verletzung einer Schutzpflicht, z. B. einer Aufklärungspflicht, zur Last fällt und der Beschenkte in zurechenbarem Kausalzusammenhang damit einen Schaden an seinem Leben, seiner Gesundheit oder seinem sonstigen Eigentum erleidet, nach den allgemeinen Vorschriften (culpa in contrahendo, positive Forderungsverletzung, Delikt), haften

---

[20] Nicht des Erfüllungsinteresses! HL; *Enn./L.* § 121 I; *Staudinger/Reuss* 3 unter bb, *Soergel/Mühl* 2, *Palandt/Putzo* 2b, *Erman/Seiler* 1 zu § 523.
[21] *Oertmann* 2c und 3, *Soergel/Mühl* 4, *Staudinger/Reuss*, *Erman/Seiler* 2 zu § 523.

muß, sofern ihm nur Fahrlässigkeit zur Last fällt. Den Schenker hier von jeder Haftung, etwa auch der deliktischen – weil ihr § 524 Abs. 1 als lex specialis vorginge – frei zu stellen, würde dem Interesse des Beschenkten an der Erhaltung seiner übrigen Rechtsgüter m. E. nicht gerecht werden.[22] Lediglich hinsichtlich der Frage, zu welchen Maßnahmen der Schenker im einzelnen verpflichtet ist, wie weit die Schutzpflicht reicht, wird man an einen Schenker, wenn er nicht gerade Fachmann ist, weniger strenge Anforderungen stellen dürfen als an einen Verkäufer oder Hersteller.[23] Hat der Schenker die Leistung einer *von ihm erst zu erwerbenden gattungsmäßig bestimmten Sache* versprochen, so schuldet er grundsätzlich den Erwerb und die Leistung einer fehlerlosen Sache. Ist daher die geleistete Sache fehlerhaft und war dies dem Schenker bei dem Erwerb bekannt oder infolge grober Fahrlässigkeit unbekannt, so kann der Beschenkte den Erwerb und die Leistung einer fehlerfreien Sache, im Falle der Arglist statt dessen Schadensersatz wegen Nichterfüllung verlangen. Auf diese Ansprüche finden die Vorschriften über die Gewährleistung beim Kauf entsprechende Anwendung (§ 524 Abs. 2). Auch diese Vorschriften sind nur auf den Mangelschaden, nicht auf Mangelfolgeschäden, die die Folge einer Schutzpflichtverletzung sind, zu beziehen.

c) **Rechtsbeständigkeit der Schenkung.** Erkennt das Gesetz grundsätzlich auch die Rechtsverbindlichkeit nicht nur des Schenkungsversprechens, sondern auch der Realschenkung in dem Sinne an, daß es in ihr einen gültigen, die Rückforderung ausschließenden Rechtsgrund der Leistung erblickt, so geschieht das doch nicht ohne Einschränkungen. Diese Einschränkungen der Rechtsbeständigkeit einer Schenkung beruhen zu einem Teil auf billiger Rücksichtnahme auf den Schenker selbst, dem das Gesetz unter gewissen Umständen erlaubt, eine Schenkung rückgängig zu machen oder ihre Vollziehung zu verweigern, wenn sich die Voraussetzungen geändert haben, unter denen er die Schenkung gemacht hatte. Zum anderen Teil beruhen sie darauf, daß das Gesetz die Interessen dritter Personen, insbesondere der Gläubiger des Schenkers (denen der von ihrem Schuldner verschenkte Gegenstand vorher haftete), gegenüber denen des Beschenkten als schutzwürdiger ansieht. Im einzelnen gilt folgendes:

1. Der Schenker darf *die Erfüllung eines Schenkungsversprechens verweigern,* wenn und „soweit" er bei Berücksichtigung seiner sonstigen Verpflichtungen nicht im Stande ist, ohne Gefährdung seines eigenen, angemessenen Unterhalts oder der ihm gesetzlich obliegenden Unterhaltspflichten sein Versprechen zu erfüllen

---

[22] Hier müssen die gleichen Erwägungen wie zu § 521 angestellt werden. Die uneigennützige Absicht entbindet nicht von der gebotenen Rücksichtnahme auf Leben, Gesundheit und Eigentum des Beschenkten. Ist die Sache infolge eines dem Schenker bekannten Fehlers im Gebrauch gefährlich, so hat er den Beschenkten aufzuklären. Vgl. hierzu *Schlechtriem* (Anm 17) S. 334f; BB 85, 1356.
[23] So auch *Schlechtriem* S. 335.

§ 47. Die Schenkung II § 47

(sog. **Einrede des Notbedarfs,** § 519). Es handelt sich um eine aufschiebende Einrede (das ,,soweit" ist auch zeitlich, als ,,so lange", zu verstehen). Das Gesetz schützt nicht nur den Schenker selbst, sondern auch die ihm gegenüber Unterhaltsberechtigten, denen gegenüber es das Interesse des Beschenkten zurücktreten läßt. Die Ansprüche aus früheren Schenkungen gehen denen aus späteren Schenkungen vor.

2. Soweit der Schenker nach Vollziehung der Schenkung (Realschenkung oder erfülltes Schenkungsversprechen) nicht mehr im Stande ist, seinen eigenen angemessenen Unterhalt zu bestreiten und[24] bestimmte gesetzliche Unterhaltspflichten zu erfüllen, kann er *die Herausgabe des Geschenks* ,,nach den Vorschriften über die Herausgabe einer ungerechtfertigten Bereicherung" fordern (**Rückforderung wegen Bedürftigkeit,** § 528). Die Schenkung wird insoweit also nicht mehr als hinreichender Rechtsgrund gewertet. Der Beschenkte kann die Herausgabe des Geschenks durch Zahlung des für den Unterhalt erforderlichen Betrags abwenden (*Ersetzungsbefugnis,* Bd. I § 11 III). Das Rückforderungsrecht besteht nicht, wenn der Schenker seine Bedürftigkeit vorsätzlich oder grobfahrlässig selbst herbeigeführt hat, sowie gegenüber einem Beschenkten, der durch die Herausgabe seinerseits seinen standesgemäßen Unterhalt oder die Erfüllung seiner Unterhaltspflichten gefährden würde; es ist endlich ausgeschlossen, wenn zur Zeit des Eintritts der Bedürftigkeit des Schenkers seit seiner Leistung mehr als 10 Jahre verflossen sind (§ 529). Dem Rückforderungsrecht unterliegen nicht solche Schenkungen, durch die ,,einer sittlichen Pflicht oder einer auf den Anstand zu nehmenden Rücksicht entsprochen wird" (*Pflicht- und Anstandsschenkungen,* § 534).

3. Die Schenkung kann *widerrufen* – und das Geschenk danach gemäß den Vorschriften über die Herausgabe einer ungerechtfertigten Bereicherung zurückgefordert werden (§ 531 Abs. 2) –, wenn ,,sich der Beschenkte durch eine schwere Verfehlung gegen den Schenker oder einen nahen Angehörigen des Schenkers groben Undanks schuldig macht" (**Widerruf wegen Undanks,** § 530). Die ,,schwere Verfehlung" muß schuldhaft[25] und von solcher Art sein, daß in ihr ein Mangel an Dankbarkeit zum Ausdruck kommt. Pflicht- und Anstandsschenkungen sind auch hier wieder privilegiert (§ 534).[26] Die Ausübung des Wider-

---

[24] Gemeint ist, daß er zu beiden nicht zugleich im Stande ist, also auch der Fall, daß er entweder das eine *oder* das andere nicht mehr kann. Vgl. *Oertmann* 2b zu § 528; *Enn./L.* § 122 I.

[25] Im Sinne *moralischer* Vorwerfbarkeit. Eine *Rechts*pflicht braucht nicht verletzt zu sein; es genügt, daß das Verhalten, eben weil es eine ,,undankbare" Gesinnung, eine *Mißachtung* des Schenkers zeigt, *moralisch* tadelnswert ist. Die Vorschriften über Verschuldensfähigkeit (§§ 827, 828) können analog angewandt werden. Eine ,,Stellvertretung" in der moralischen Verantwortung gibt es nicht; daher kann einem Kinde, das selbst verschuldensunfähig ist, auch nicht das Verhalten seines gesetzlichen Vertreters gemäß § 278 zugerechnet werden. So auch OLG Hamburg, FamRZ 60, 151; anders *Schumacher* ebenda.

[26] Einer ,,sittlichen Pflicht" können z. B. Unterhaltsleistungen an bedürftige, aber nach dem Gesetz

rufsrechtes erfolgt durch Erklärung gegenüber dem Beschenkten (§ 531 Abs. 1); das Widerrufsrecht erlischt durch Verzeihung, durch den Ablauf einer Ausschlußfrist von einem Jahr, gerechnet von dem Zeitpunkt an, in dem der Widerrufsberechtigte von dem Eintritt der Voraussetzungen seines Rechts Kenntnis erlangt hat, und mit dem Tode des Beschenkten (§ 532). Auf das Widerrufsrecht kann nicht im voraus verzichtet werden (§ 533).

Grundsätzlich gilt die Möglichkeit des Widerrufs auch für *Schenkungen unter Ehegatten*.[27] Als „schwere Verfehlung" kann z. B. Ehebruch,[28] schwere körperliche Mißhandlung, „Rufmord" durch bewußt falsche Strafanzeigen oder Anschuldigungen in der Öffentlichkeit, in Betracht kommen. Jedoch unterstellt der BGH, wohl mit Recht, nicht alle Zuwendungen unter Ehegatten dem Schenkungsrecht. Erwerben Ehegatten gemeinsam ein Haus oder eine Eigentumswohnung so, daß jeder von ihnen Miteigentümer zur Hälfte wird, um es gemeinsam zu bewohnen, so liegt darin auch dann, wenn der allein verdienende Mann alle erforderlichen Zahlungen leistet, keine Schenkung des Mannes an die Frau, sondern lediglich ein Beitrag des Mannes zu den Kosten der gemeinsamen Lebensführung, dem ein gleichwertiger Beitrag der Frau in Gestalt ihrer Hausarbeit gegenübersteht.[29] Kommt es später zur Scheidung, weil die Ehefrau den Mann verlassen hat, ist der „Zugewinn" nach den §§ 1372 ff. auszugleichen, nicht aber kann der Mann von der Frau deren Eigentumshälfte nach den §§ 530 Abs. 1, 531 Abs. 2 herausverlangen.

Durch die Vorschriften über die Rückforderung und den Widerruf einer Schenkung wird die Anwendbarkeit der Regeln über den Fortfall oder die Erschütterung der *Geschäftsgrundlage* nicht ausgeschlossen, soweit es sich hierbei um Sachverhalte handelt, die außerhalb des Bereichs dieser Vorschriften liegen.[30]

4. Aufgrund der im Schuldrecht grundsätzlich bestehenden Vertragsfreiheit

---

nicht unterhaltsberechtigte Verwandte entsprechen. Geht die Schenkung *ihrem Umfang nach* über das Maß des sittlich Gebotenen – z. B. des für einen angemessenen Unterhalt Erforderlichen – hinaus, so kann bei Vorliegen der Voraussetzungen des § 530 der darüber hinausgehende Teil widerrufen und gemäß § 531 Abs. 2 zurückgefordert werden. Ist der geschenkte Gegenstand (z. B. der Nießbrauch an einem Grundstück) unteilbar, dann kann er Zug um Zug gegen eine der sittlichen Pflicht genügende andere Leistung zurückgefordert werden; so der BGH, MDR 63, 575.

[27] Das gilt auch nach erfolgter Scheidung der Ehe. Anders jedoch *Bosch* in Festschr. f. *Beitzke*, 1979, S. 121. Er meint, die Folgen der Scheidung seien heute im Eherecht abschließend, und zwar ohne Rücksicht auf irgendein Verschulden, geregelt; es gehe nicht an, außer bei „außergewöhnlichen Situationen", im Prozeß um den Widerruf einer Schenkung doch wieder auf ein Verschulden zurückzukommen. Dem ist der BGH nicht gefolgt; vgl. BGHZ 87, 145; auch schon BGH, WM 82, 227; ferner *Gernhuber*, Familienrecht 3. Aufl. § 29 I; *Palandt/Putzo* 1 b zu § 530.

[28] So auch der BGH, WM 82, 1057 (ob eine „schwere" Verfehlung vorliege, sei von einer Gesamtwürdigung abhängig); OLG Köln, NJW 82, 390.

[29] So BGHZ 82, 227; vgl. auch BGH, NJW 82, 2236; 83, 1611.

[30] So der BGH, FamRZ 68, 247. Dagegen verdrängen die Regeln über den Zugewinnausgleich nach der Ehescheidung nach der Meinung des BGH – so BGHZ 68, 299; 82, 227, 232 ff. – in der Regel die Grundsätze über den Fortfall der Geschäftsgrundlage.

kann sich der Schenker im Schenkungsvertrage ein **Widerrufsrecht vorbehalten**. Mit seiner Ausübung entsteht ein im Vertrage selbst begründetes *Rückgewährschuldverhältnis*, ähnlich wie beim Rücktritt. Für die zwischenzeitliche Benutzung der Sache braucht der Beschenkte aber keine Vergütung zu zahlen (vgl. § 346 Satz 2), da es insoweit bei dem Rechtsgrund ,,Schenkung" bleiben dürfte. Ist das Widerrufsrecht des Schenkers an keine Bedingung gebunden, seine Ausübung völlig in sein Belieben gestellt, und hat sich der Schenker obendrein auch die Nutzung vorbehalten und Verfügungsmacht geben lassen, so muß man fragen, ob die angebliche Schenkung nicht ein Scheingeschäft ist. Liegt kein Scheingeschäft vor, ist die Schenkung trotz des Widerrufsvorbehalts zunächst wirksam;[31] daß der Beschenkte den Gegenstand zurückgeben muß, *wenn* der Schenker sein Widerrufsrecht ausübt, ändert nichts daran, daß der Gegenstand zunächst in sein Vermögen gelangt ist und darin auch verbleiben soll, wenn der Schenker sein Widerrufsrecht nicht ausübt.

5. Dem **Schutze der Gläubiger des Schenkers** dienen folgende Bestimmungen: ein Gläubiger, der einen vollstreckbaren Titel erlangt hat, kann, falls die Zwangsvollstreckung zu keiner Befriedigung geführt hat oder aussichtslos erscheint, die im letzten Jahre von dem Schuldner vorgenommenen *unentgeltlichen Verfügungen anfechten*, sofern diese nicht ,,gebräuchliche Gelegenheitsgeschenke" zum Gegenstand hatten; ebenso die in den letzten zwei Jahren von dem Schuldner vorgenommenen unentgeltlichen Verfügungen zugunsten seines Ehegatten (§ 3 Abs. 1 Nr. 3 und 4 AnfG). Unter den gleichen Voraussetzungen sind unentgeltliche Verfügungen des Gemeinschuldners *im Konkursverfahren* anfechtbar (§ 32 KO). Forderungen auf Erfüllung eines Schenkungsversprechens können im Konkursverfahren nicht geltend gemacht werden (§ 63 Nr. 4 KO). Ein *Pflichtteilsberechtigter* kann verlangen, daß bei der Berechnung des Wertes seines Pflichtteils ein vom Erblasser innerhalb zehn Jahren vor dem Erbfall verschenkter Gegenstand dem Nachlaß hinzugerechnet wird (§ 2325). Er kann eine dem entsprechende ,,Ergänzung des Pflichtteils" verlangen und unter gewissen Voraussetzungen von dem Beschenkten die Herausgabe des Geschenks nach den Vorschriften über die Herausgabe einer ungerechtfertigten Bereicherung fordern (§ 2329). Pflicht- und Anstandsschenkungen bleiben auch hier unberücksichtigt (§ 2330).

6. Endlich versagt das Gesetz auch *im Bereicherungsrecht* in einigen Fällen der Schenkung die normale Wirkung eines Rechtsgrundes (nämlich: den Rückforderungsanspruch auszuschließen) gegenüber einem früher Berechtigten. Wenn je-

---

[31] AA. *Knobbe-Keuk* aaO S. 157 ff. So lange der Beschenkte, meint sie, dem Widerrufsrecht und damit dem Rückforderungsrecht des Schenkers ausgesetzt sei, sei er ,,materiell" nicht bereichert; daher liege noch keine Schenkung vor. Dem kann mE für das Zivilrecht nicht gefolgt werden; ob für das Steuerrecht etwas anderes zu gelten hat, sei hier dahingestellt. Wie hier *Erman/Seiler* 9 zu § 516.

mand einen Gegenstand ohne Rechtsgrund erlangt und ihn dann einem Dritten unentgeltlich zugewandt hat, dann hat der Dritte den Gegenstand insofern „mit rechtlichem Grund" erlangt, als eine gültige Schenkung vorliegt. Soweit indessen der zuerst grundlos Bereicherte nunmehr, da nicht mehr bereichert, von der Verpflichtung zur Rückerstattung frei geworden ist (§ 818 Abs. 3), ist der Dritte zur Herausgabe des Gegenstandes an den ursprünglich Berechtigten verpflichtet, wie wenn er die Zuwendung von diesem ohne rechtlichen Grund erlangt hätte (§ 822). Wenn schließlich jemand als Nichtberechtigter unentgeltlich über einen Gegenstand (z. B. über das Eigentum an einer Sache) verfügt hat und diese Verfügung (etwa auf Grund der Vorschriften über den gutgläubigen Erwerb vom Nichteigentümer) dem Berechtigten gegenüber wirksam ist, dann ist der Empfänger dennoch zur Herausgabe an den bisher Berechtigten verpflichtet (§ 816 Abs. 1 Satz 1 und 2), obgleich sein Erwerb dem Verfügenden gegenüber, von dem er erworben hat, insofern nicht rechtsgrundlos war, als ihm eine Schenkung zugrunde lag. In beiden Fällen wertet das Gesetz das Interesse dessen, auf dessen Kosten die Schenkung erfolgte, höher als das Interesse des, obschon gutgläubigen, Empfängers der Schenkung.

III. Schenkung unter Auflage

Eine Schenkung kann mit einer Auflage in dem Sinne verbunden werden, daß sich der Empfänger durch die Annahme der Schenkung *zur Vollziehung der Auflage verpflichtet*. Der Schenker kann in diesem Fall die Vollziehung der Auflage verlangen, sobald er seinerseits geleistet hat (§ 525 Abs. 1). Liegt die Vollziehung im öffentlichen Interesse – z. B. Unterstützung einer Wohlfahrtseinrichtung –, so kann nach dem Tode des Schenkers neben den Erben – die möglicherweise daran kein Interesse haben – auch die zuständige Behörde die Vollziehung verlangen (§ 525 Abs. 2). Geht die Auflage auf Leistung an einen Dritten, so liegt im Zweifel ein echter, den Dritten unmittelbar berechtigender Vertrag zugunsten eines Dritten vor (§ 330 Satz 2; vgl. Bd. I § 17 I).

Die Schenkung unter Auflage ist ein *echter, verpflichtender Schuldvertrag;* dadurch unterscheidet sie sich von einer „Zweckschenkung", die zwar zu einem bestimmten, von dem Beschenkten meist stillschweigend akzeptierten Zweck – z. B. um diesem die Teilnahme an einem Fortbildungskurs zu ermöglichen – vorgenommen wird, ohne daß der Empfänger sich aber zur Vornahme der dafür notwendigen Handlungen verpflichtet. Würde der Zweck verfehlt – z. B. der Kurs findet nicht statt oder der Beschenkte versäumt die rechtzeitige Anmeldung –, so kann eine Rückforderung des Geschenks wegen Fortfalls der Geschäftsgrundlage in Betracht kommen.[32] Die Schenkung unter Auflage ist ein den

---
[32] Vgl. BGH, WM 83, 1194 u. unten § 69 II 2.

Beschenkten einseitig verpflichtender Vertrag, verbunden mit der Rechtsgrundabrede über die Zuwendung, wenn es sich um eine Realschenkung, ein zweiseitig verpflichtender, aber kein gegenseitiger, Vertrag, wenn es sich um ein Schenkungsversprechen handelt. Um einen gegenseitigen Vertrag kann es sich nicht handeln, weil die Auflage, wenn anders der Charakter einer Schenkung gewahrt bleiben soll, nicht die Bedeutung eines „Entgelts" haben darf. Hierfür kommt es entscheidend auf die Vorstellungen der Vertragsparteien an.[33] Meist wird es sich um eine Leistung handeln, die aus den Mitteln der Zuwendung erfolgen soll, ohne aber deren Wert aufzuwiegen, die daher *nicht einen Ausgleich* für die Zuwendung, sondern lediglich *eine Minderung ihres Wertes,* eine Einschränkung hinsichtlich ihrer Verwendung oder Erträgnisse darstellt.[34] So, wenn derjenige, dem ein Grundstück geschenkt wird, sich zur Übernahme der Schulden verpflichtet, die den auf dem Grundstück lastenden Hypotheken zugrunde liegen, oder wenn er sich verpflichtet, einige Räume dem Schenker oder einem Dritten zur Benutzung zu überlassen, oder dem Schenker den Nießbrauch an dem Grundstück zu bestellen,[35] aber auch, wenn er sich dazu verpflichtet, regelmäßige Zahlungen zu leisten, die nach der Vorstellung der Parteien aus den Einkünften des Grundstücks bewirkt werden können und sollen und daher nur dessen Erträge vermindern. Der letzte Fall zeigt freilich, wie schwierig es sein kann, im Einzelfall die Grenze zu ziehen: auch bei einem Ratenkauf mit sehr langer Abzahlungsdauer können ja die einzelnen Raten so bemessen sein, daß sie aus den laufenden Erträgen bestritten werden. Es kommt darauf an, ob der Zuwendende durch die lang dauernden regelmäßigen Zahlungen einen Wertausgleich für die Substanz erhalten soll oder nicht. Bei der Schenkung unter Auflage muß der Wille der Parteien immer noch auf eine, wenn auch um die zur Vollziehung der Auflage erforderlichen Mittel geminderte, *Bereicherung des Empfängers* gerichtet sein; die Absicht, zu schenken, muß neben der, den anderen dadurch zu einer Leistung zu verpflichten, erkennbar sein; der Gesamtcharakter des Geschäfts darf dem Typus einer „unentgeltlichen" Zuwendung nicht widersprechen.[36]

Die zur Vollziehung der Auflage notwendigen Aufwendungen können im ein-

---

[33] Darauf, daß es nicht auf das objektive Wertverhältnis, sondern auf die Vorstellung der Parteien ankommt, haben besonders *Liebisch* S. 31 und *v. Tuhr* III 168 hingewiesen. Ebenso *MünchKomm/Kollhosser* 2 zu § 525: es müsse subjektiv, nach dem Parteiwillen, per saldo eine wenn auch nur geringfügige Bereicherung des Beschenkten verbleiben.
[34] *Leonhard* B 133; *Coing,* NJW 49, 260; *Soergel/Mühl* 3, *Palandt/Putzo* 2c, *Erman/Seiler* 4 zu § 525.
[35] Vgl. OGHZ 1, 258 (260).
[36] Nach RGZ 105, 308 (ähnlich *v. Tuhr* III 168) soll die Vollziehung der Auflage nur ein „Nebenwerk" sein; dies dürfte indessen zu weit gehen, der Schenkungszweck darf nur nicht ganz fehlen. Ebenso *MünchKomm/Kollhosser* 1 zu § 525. *Esser* 4. Aufl. § 67 IV stellt darauf ab, ob „die Zuwendung selbst (bzw. ihr Wert) der Vollziehung der Auflage dienen sollte" oder ob sie „als Gegenleistung für eine aus dem Vermögen des Empfängers zu erbringende Leistung gedacht war"; ebenso *Esser/Weyers* § 12 IV 1; *Erman/Seiler* 4 zu § 525. Es handelt sich bei alle dem um die Beschreibung eines Typus; eine streng begriffliche Abgrenzung ist nicht durchführbar.

zelnen Fall – sei es, weil die Parteien sich geirrt haben, sei es infolge einer nachträglichen Veränderung der Verhältnisse – so hoch sein, daß sie tatsächlich den Wert der Zuwendung aufwiegen, ja übersteigen. In einem solchen Fall würde sich die Schenkung in ihr Gegenteil verkehren. Das Gesetz bestimmt in § 526, daß der Beschenkte die Vollziehung der Auflage verweigern darf, soweit der Wert der Zuwendung *infolge eines Rechtsmangels oder eines Mangels der verschenkten Sache* die zur Vollziehung der Auflage erforderlichen Aufwendungen nicht erreicht, und zwar solange, bis ,,der durch den Mangel entstandene Fehlbetrag ausgeglichen wird". Hat er die Auflage ohne Kenntnis des Mangels bereits vollzogen, so kann er von dem Schenker Ersatz der Mehraufwendungen verlangen (§ 526 Satz 2). Es ist nicht recht einzusehen, warum der Beschenkte diese Rechte nur dann haben soll, wenn der Wert der Zuwendung die Höhe der erforderlichen Aufwendungen gerade infolge eines – man wird annehmen müssen: dem Beschenkten nicht bekannten – Rechts- oder Sachmangels nicht erreicht, nicht aber auch dann, wenn dies infolge anderer Umstände der Fall ist, die den Parteien nicht bekannt waren, vielleicht nicht einmal bekannt sein konnten; z. B. wegen der nicht vorauszusehenden Höhe der zur Vollziehung erforderlichen Aufwendungen, oder wegen nachträglicher, vom Beschenkten nicht zu vertretender Zerstörung oder Entwertung des Gegenstandes, aus dessen Erträgen die Aufwendungen laufend bestritten werden sollten. Für *einen* derartigen Fall, den der Geldentwertung, hat das RG eine analoge Anwendung des § 526 für zulässig angesehen.[37] Bei einer Schenkung unter Auflage gehen die Parteien regelmäßig von der Annahme aus, daß das Geschenk oder sein Wert zur Bestreitung der erforderlichen Aufwendungen mindestens ausreiche. Erweist sich diese Annahme von vornherein als unzutreffend, oder verschiebt sich das Wertverhältnis aus Gründen, die nicht im Einflußbereich des Beschenkten und Verpflichteten liegen, später so, daß diese Voraussetzung nicht mehr zutrifft, so handelt es sich um einen Fall des Fehlens oder des Fortfalls der Geschäftsgrundlage. Für die Bestimmung der dann eintretenden Rechtsfolgen ist § 526 für eine Analogie zu verwerten, soweit sich nicht etwa aus dem Grundsatz von ,,Treu und Glauben" im Einzelfall etwas anderes ergibt.[38]

Unterbleibt die Vollziehung der Auflage, dann hat der Schenker den Erfüllungsanspruch. Im Verzugsfall hat er daher die Rechte aus § 286; wenn der Verpflichtete sich die Erfüllung durch ein Verhalten, das er zu vertreten hat, unmöglich macht, kann der Schenker Schadensersatz wegen Nichterfüllung verlangen (§ 280), soweit er einen Schaden hat. Statt dessen kann er auch die Herausgabe des Geschenks oder seines Wertes insoweit, als es zur Vollziehung der Auflage hätte verwendet werden müssen, verlangen, und zwar ,,unter den für das Rücktrittsrecht bei gegenseitigen Verträgen bestimmten Voraussetzungen nach den Vorschriften über die Herausgabe einer ungerechtfertigten

---

[37] RGZ 112, 213; dazu *Liebisch* 33.
[38] Zustimmend *Staudinger/Reuss* 7 zu § 525; vgl. ferner *MünchKomm/Kollhosser* 4, *Erman/Seiler* 3 zu § 525.

Bereicherung" (§ 527). Die „für das Rücktrittsrecht bei gegenseitigen Verträgen bestimmten Voraussetzungen" sind die der §§ 325 und 326, also entweder eine vom Verpflichteten zu vertretende Unmöglichkeit der Leistung oder Verzug nebst erfolgloser Fristsetzung. Dieser Anspruch entfällt, wenn ein Dritter berechtigt ist, die Vollziehung der Auflage und daher gegebenenfalls Schadensersatz zu verlangen (§ 527 Abs. 2). Wird die Vollziehung der Auflage aus einen Grunde unmöglich, den der Beschenkte *nicht zu vertreten hat,* so wird er nach § 275 von seiner Verpflichtung frei; eine Rückforderung des Geschenks wegen Nichteintritts des bezweckten Erfolgs (§ 812 Abs. 1, Satz 2) oder Fortfalls der Geschäftsgrundlage ist ausgeschlossen, da § 527 das Rückforderungsrecht eben nur für den Fall einer vom Beschenkten *zu vertretenden* Unmöglichkeit gewährt und gegenüber allgemeinen Vorschriften eine Sonderregelung darstellt.[39]

---

[39] Vgl. RG, JW 15, 1117; BGH, LM Nr. 1 zu § 527; zum Unterschied einer Schenkung unter Auflage von einer bloßen „Zweckschenkung" ebenda und *Enn./L.* § 125 I, *Esser/Weyers* § 12 IV 2.

Zweites Kapitel. Verträge über Gebrauchsüberlassung oder volle Nutzung auf Zeit

§ 48. Die Miete

Literatur: *Bettermann,* Das Wohnungsrecht als selbständiges Rechtsgebiet, 1949; *Emmerich/Sonnenschein,* Mietrecht (Sonderausgabe aus dem Kommentar von Staudinger, 1979); Miete (Handkommentar), 2. Aufl. 1984; *Gärtner,* Wohnungsmiete und Bürgerliches Recht, JZ 83, 565; *Gitter,* Die Wohnungsmiete, in: Gitter, Vertragsschuldverhältnisse, 1974, S. 2; *Kiefersauer/Glaser,* Grundstücksmiete, 11. Aufl. 1967; *W. Köhler,* Handbuch der Wohnraummiete, 2. Aufl. 1984; *Krampe,* Die Garantiehaftung des Vermieters für Sachmängel, 1980; *G. Löning,* Die Grundstücksmiete als dingliches Recht, 1930; *Mittelstein/Stern,* Die Miete, 4. Aufl. 1932; *Otte,* Die dingliche Rechtsstellung des Mieters nach ALR und BGB, Festschr. f. Wieacker, 1978, S. 463; *Pergande,* Das Wohnraummietrecht, 1965; Das neue soziale Mietrecht, NJW 68, 129; *Roquette,* Mietrecht, 5. Aufl. 1961; Das Mietrecht des Bürgerlichen Gesetzbuches, 1966; Neues soziales Mietrecht (Kommentar zum 3. Mietrechtsänderungsgesetz) 1969; *Schmidt=Futterer,* Mietrecht, 8. Aufl. 1977; *Schmidt-Futterer/Blank,* Wohnraumschutzgesetz, 5. Aufl. 1984; *Sonnenschein,* Die Entwicklung des privaten Wohnraummietrechts 1982 und 1983, NJW 84, 2121; *Sternel,* Mietrecht, 2. Aufl. 1979; *Todt,* Die Schadensersatzansprüche des Käufers, Mieters und Werkbestellers aus Sachmängeln, 1970; *Weimar,* Die Sachmängelhaftung im Mietrecht, 1957; *Wolf/Eckert,* Handbuch des gewerblichen Miet- und Pachtrechts, 4. Aufl. 1984.

I. Typus, Gegenstand, Abschluß

Während die bisher betrachteten *Veräußerungsverträge* darauf abzielen, die (endgültige) Übertragung eines Vermögensgegenstandes aus dem Vermögen des einen in das eines anderen, also einen Wechsel in der Güterzuordnung,[1] vorzubereiten, handelt es sich bei den Verträgen über Gebrauchsüberlassung oder volle Nutzung um die *nur zeitweilige Überlassung* eines Gegenstandes, wobei, wenn wir vom Darlehen absehen, die *Zuordnung des Gegenstandes zum Vermögen* (des Eigentümers oder Rechtsinhabers) *unverändert* bleibt. Derartige Verträge – *Miete, Pacht, Leihe* – begründen, mit den Worten O. v. Gierkes,[2] ein „auf Dauer, jedoch nicht auf immerwährende Dauer angelegtes Schuldverhältnis", also ein „*Dauerschuldverhältnis*".[3] Sie begründen Leistungspflichten, die während eines längeren Zeitraums entweder kontinuierlich (fortlaufend) oder in regelmäßig wiederkehrenden Zeitabständen, und zwar so lange zu erfüllen sind, bis das Rechtsverhältnis durch Ablauf der vorbestimmten Zeit oder auf andere Weise, insbesondere durch Kündigung, als Dauerverhältnis sein Ende findet. Ebenso wie die Veräußerung, kann auch die nur zeitweilige Überlassung eines Gegenstandes zum

---

[1] Über den Begriff der Güterzuordnung vgl. *Westermann,* Sachenrecht § 2 II.
[2] Deutsches Privatrecht III 509.
[3] Vgl. Bd. I § 2 VI.

§ 48. Die Miete

Gebrauch oder zur vollen Nutzung *entweder entgeltlich oder unentgeltlich* erfolgen. Das Gesetz bezeichnet die entgeltliche Überlassung einer Sache zu zeitweiligem Gebrauch als *Miete* (§ 535), die entgeltliche Überlassung einer Sache oder eines anderen Gegenstandes auf Zeit zum Gebrauch und zum Fruchtgenuß, also zu voller Nutzung, als *Pacht* (§ 581), die unentgeltliche Überlassung des Gebrauchs einer Sache als *Leihe* (§ 598). Demnach unterscheidet sich die Miete von der Pacht im wesentlichen dadurch, daß sie nur den Gebrauch, nicht auch den Fruchtgenuß umfaßt; von der Leihe durch die Entgeltlichkeit der Gebrauchsüberlassung. Gegenstand der Miete und der Leihe im Sinne des BGB können nur Sachen, Gegenstand der Pacht kann auch ein Recht oder ein sonstiger unkörperlicher Vermögensgegenstand sein.

Miete und Pacht spielen im heutigen Wirtschaftsleben eine kaum geringere Rolle als die Veräußerungsverträge. Vor allem die Wohnungsmiete, die Grundstückspacht und die Pacht eines Unternehmens erfüllen als typisierte Rechtsverhältnisse eine wichtige wirtschaftliche und soziale Funktion. Stellen sie für den Vermieter oder Verpächter eine Form der Kapitalnutzung dar, so für den Mieter oder Pächter das Mittel, um sich ohne Aufwand von Kapital (oder mit geringem Eigenkapital) gegen eine meist in regelmäßigen Zeitabschnitten zu entrichtende Vergütung (den Miet- oder Pachtzins) den Gebrauch einer Sache, insbesondere einer Wohnung, oder, im Falle der Pacht, die Möglichkeit selbständiger Bewirtschaftung z. B. eines landwirtschaftlichen oder gewerblichen Betriebes, zu verschaffen. Wegen ihrer Bedeutung, sei es für das häusliche Leben, sei es für die wirtschaftliche Existenz des Mieters oder Pächters (und seiner Familie), greifen diese Verhältnisse meist tiefer und nachhaltiger in den Daseinsbereich des einzelnen ein, als etwa ein gewöhnlicher Kaufvertrag. Daher ist vor allem dem Wohnmiet- und dem Pachtrecht nicht nur mit Rücksicht auf besondere, in einer Notlage begründete Verhältnisse, sondern von der Sache her, auf Dauer, ein ,,soziales Moment" eigen,[4] dem das BGB ursprünglich nur in geringem Maße Rechnung getragen hat. Mit dem ,,sozialen Moment" ist gemeint, daß bei derartigen Rechtsverhältnissen, neben dem den gegenseitigen Verträgen immanenten Gedanken der Austauschgerechtigkeit und der Respektierung des Willens beider Vertragsparteien, von der Rechtsordnung das *besondere Schutzbedürfnis des Wohnungsmieters und des Pächters* zu berücksichtigen ist, das sich aus der tatsächlichen Bedeutung des Miet- oder Pachtverhältnisses für seine gesamte Existenz ergibt. Da die Auflösung eines derartigen Verhältnisses für ihn meist weit schwerer wiegt als die eines beliebigen Geschäftes des Güterumsatzes, da Konfliktmöglich-

---

[4] So mit Recht *Bettermann* S. 37. Eingehend hierzu *Mohnen,* Festschr. f. *Nipperdey* 1965, Bd. I S. 605 ff. Zur verfassungsrechtlichen Problematik, die sich daraus ergibt – nämlich der Spannung zwischen der in ihrem Kerngehalt aufrechtzuerhaltenden Eigentumsgarantie und der gerade hier besonders in die Erscheinung tretenden ,,Sozialpflichtigkeit" des Eigentums – vgl. BVerfGE 37, 132, 140 f.; 68, 361.

keiten hier besonders zahlreich, die Auswirkungen solcher Konflikte oft für beide Teile recht schwerwiegend sind, ist es nicht leicht, hier Regelungen zu finden, die den Interessen aller Beteiligter gerecht werden, und es ist nicht verwunderlich, daß viele der getroffenen Regelungen rechtspolitisch immer wieder umstritten waren.[5] Daran dürfte sich auch in Zukunft nicht viel ändern, zumal gerade hier unterschiedliche gesellschaftspolitische Tendenzen – rein marktwirtschaftlich und stärker sozial orientierte bis zu sozialistischen – aufeinandertreffen. Veranlaßt durch die außerordentlich starke Wohnungsnot nach dem 1. und noch mehr nach dem 2. Weltkriege, hatte der Gesetzgeber ein äußerst kompliziertes *Sonderrecht der Wohnungsmiete* geschaffen, das weitgehende Eingriffe in die Vertragsfreiheit (Mietpreisbindung, Zwangsmietverhältnisse) und in das Eigentumsrecht des Vermieters enthielt. Dieses ,,Mietnotrecht" wurde seit 1960 schrittweise aufgehoben und gleichzeitig das Mietrecht des BGB unter stärkerer Berücksichtigung des sozialen Gesichtspunktes reformiert. Neben den speziell die Wohnungsmiete betreffenden Vorschriften des BGB kommen für das Recht der Wohnmiete auch heute noch verschiedene andere Gesetze in Betracht, von denen das wichtigste, das Gesetz zur Regelung der Miethöhe, in die folgende Darstellung einzubeziehen ist (unten VI a). Im übrigen muß auf die Speziallliteratur zum Recht der Wohnungsmiete verwiesen werden.

Vermietet werden aber nicht nur Wohnungen und andere Räume, sondern auch bewegliche Sachen, wie z. B. Musikinstrumente, Kraftwagen, Reitpferde, Kleidungsstücke (Gesellschaftskleidung, Theaterkostüme), Bücher und anderes. Man darf sich über die rechtliche Natur eines Vertrages als Miete nicht dadurch täuschen lassen, daß im Leben vielfach der Ausdruck ,,Leihe" oder ,,Verleih" gebraucht wird: immer, wenn es sich um eine entgeltliche Gebrauchsüberlassung handelt, liegt juristisch Miete vor.[6] Freilich begründet der ,,Verleih" z. B. eines Fracks für einen Abend, eines Buches für einige Tage oder Wochen eine weit flüchtigere Beziehung als etwa die Miete einer Wohnung oder eines Geschäftshauses; daher wohl auch der teilweise abweichende Lebenssprachgebrauch. Der der Wohnungsmiete immanente ,,soziale Einschlag" fehlt hier; die persönlichen Bindungen sind weniger intensiv; das für ,,Dauerschuldverhältnisse" vielfach als kennzeichnend angesehene ,,Vertrauensverhältnis" braucht nicht unbedingt vorzuliegen. Obgleich so zwischen der Raummiete und der Miete beweglicher Sachen ein typologischer Unterschied besteht, dem auch das Gesetz in manchen Bestimmungen Rechnung trägt, ist die Grundstruktur: zeitweilige Überlassung einer Sache zum Gebrauch gegen Entgelt, doch dieselbe. Aus diesem Grunde vermag das Gesetz eine Reihe von Bestimmungen zu enthalten, die für Mietver-

---

[5] In der rechtspolitischen Beurteilung der gegenwärtig geltenden Regelung stimme ich *Medicus*, SchR II § 90 VI 2 zu.

[6] Über sog. Leasing-Verträge vgl. jedoch unten § 63 II.

§ 48. Die Miete

träge über Sachen jeder Art gelten. Daneben enthält es aber auch zahlreiche Vorschriften, die sich speziell auf die Miete von Grundstücken, damit aber auch von Wohnräumen und anderen Räumen (vgl. § 580!), oder nur von Räumen oder allein von Wohnräumen beziehen. Diese Vorschriften betreffen insbesondere den Fall der Veräußerung der Mietsache durch den Vermieter während der Mietzeit (unten IV), die Sicherung des Vermieters durch ein Pfandrecht an den „eingebrachten Sachen" des Mieters (unten V), die Kündigung und die Fortsetzung eines Mietverhältnisses über Wohnraum auch gegen den Willen des Vermieters unter bestimmten Voraussetzungen (unten VI). Die zuletzt genannten Bestimmungen beruhen auf den Gesetzesänderungen, die im Zusammenhang mit dem Abbau des Sonderrechts der Nachkriegszeit als „soziales Mietrecht" erst im Laufe der beiden letzten Jahrzehnte nach und nach in Kraft getreten sind.

Als eine Sonderart des Mietvertrages sieht die Rechtsprechung und mit ihr ein Teil der Lehre den sog. *Leasing-Vertrag* (in der Ausgestaltung des Finanzierungs-Leasing) an. Hier geht es darum, daß der „Vermieter" in der Funktion eines Kreditgebers den Leasig-Gegenstand auf Veranlassung des Leasingnehmers erst (auf seine Kosten) beschafft, um ihn dann diesem gegen fortgesetzte Zahlungen zum Gebrauch zu überlassen, deren Höhe regelmäßig so bemessen ist, daß ihr Gesamtbetrag den Anschaffungspreis und die sonstigen Aufwendungen des Leasinggebers deckt und ihm einen branchenüblichen Gewinn ermöglicht. Es wird unten (in § 62 II) gezeigt, daß es sich hierbei um einen Vertragstyp eigener Art handelt, dessen Einordnung als Mietvertrag nicht immer zu sachgemäßen Ergebnissen führt.

Der *Abschluß eines Mietvertrages* bedarf grundsätzlich keiner Form. Das gilt auch für die Raummiete und damit für die Wohnungsmiete. Tatsächlich werden z. B. möblierte Zimmer oft durch formlose Abrede gemietet, während Mietverträge über Wohnungen, Geschäftsräume oder Gebäude meist schriftlich abgeschlossen werden. Dies empfiehlt sich aus Beweisgründen und auch deshalb, weil hierbei meist eine eingehendere Regelung der Einzelheiten getroffen wird. Das Gesetz verlangt die Schriftform (§ 126) nur für solche Mietverträge über Grundstücke (also auch Wohnungen und andere Räume), die für längere Zeit als ein Jahr geschlossen werden (§ 566). Entgegen der Regel des § 125 macht die Nichtbeachtung der Form den Vertrag jedoch nicht nichtig, er gilt nur „als für unbestimmte Zeit geschlossen" und kann daher von jedem Teil unter Einhaltung der gesetzlichen Kündigungsfrist, jedoch frühestens für den Schluß des ersten Jahres, gekündigt werden. Die Versäumnis der Form schadet also nur der Vereinbarung einer längeren Vertragsdauer.

Hauptgrund für diese Regelung ist, daß ein Erwerber des Grundstücks, der nach § 571 in das Mietverhältnis eintritt (unten IV), die Möglichkeit haben soll, sich durch Einsichtnahme in den schriftlichen Vertrag über dessen Inhalt zu orientieren. Grundsätzlich muß deshalb zur Wahrung der Form der gesamte

Vertragsinhalt schriftlich festgelegt und durch die Unterschrift der Parteien gedeckt sein; es genügt nicht, daß nur einzelne Vertragsabreden, darunter auch die über die Vertragsdauer, schriftlich niedergelegt werden.[7] Unter den Voraussetzungen des § 566 bedarf der Form auch jeder *Änderungsvertrag* zu dem Mietvertrag, da andernfalls der nunmehr geltende Inhalt des Vertrages nicht mehr aus dem Schriftstück ersichtlich wäre. Wird die Schriftform bei dem Abänderungsvertrag nicht gewahrt, so genügt der abgeänderte Vertrag, auch wenn er ursprünglich schriftlich geschlossen war, nun nicht mehr dem Formerfordernis und kann daher nach § 566 Satz 2 gekündigt werden.[8] Eine Ausnahme macht der BGH jedoch für den Fall, daß lediglich die *Mietdauer verlängert* wird. In diesem Fall bleibt der ursprüngliche Vertrag mit der in ihm vereinbarten Laufzeit wirksam; nur die Abrede über die Verlängerung unterliegt der Vorschrift des § 566.[9] Formbedürftig ist auch der *Beitritt eines weiteren Mieters* zum Mietverhältnis; wird die Form nicht gewahrt, so bleibt der ursprüngliche Mieter an den von ihm formgerecht geschlossenen Mietvertrag gebunden, der Beitretende kann *sein* (durch den Beitritt begründetes) Mietverhältnis gemäß § 566 Satz 2 kündigen.[10] Ebenso ist formbedürftig der *Mieterwechsel*, ob er nun durch einen dreiseitigen Vertrag, oder durch einen Vertrag zwischen dem Alt- und dem Neumieter (mit Zustimmung des Vermieters) zustandekommt.[11] Im letzteren Fall bedarf der Vertrag zwischen dem Alt- und dem Neumieter der Form des § 566. Auch für einen *Untermietvertrag* über ein Grundstück oder Räume, dessen Dauer ein Jahr übersteigen soll, verlangt der BGH die Einhaltung der Form.[12] Das ist vom Zweck der Vorschrift her gesehen kaum geboten, da das Untermietverhältnis das Hauptmietverhältnis unberührt läßt und deshalb den neuen Eigentümer des Grundstücks, der nur in das Hauptmietverhältnis eintritt, nicht zu kümmern braucht. Der BGH beruft sich demgegenüber auf den Wortlaut des § 566 sowie darauf, daß das Gesetz den Untermietvertrag als einen Mietvertrag im Sinne des § 535 mit allen sich daraus ergebenden Folgen ansieht. Darüber hinaus gibt er der Meinung Ausdruck, der Schutz des Grundstückserwerbers sei nicht der *einzige* Zweck der Formvorschrift.[13]

---

[7] Vgl. BGH, LM Nr. 6 zu § 566; BGHZ 40, 255; BGH, NJW 64, 1851. Wird hinsichtlich solcher Bestimmungen, die für den Mietvertrag wesentlich sind, auf andere Urkunden Bezug genommen, so müssen diese der Haupturkunde beigefügt und mit ihr in einer Weise verbunden werden, die die Verbindung der Urkunden „als dauernd gewollte Zusammengehörigkeit äußerlich erkennbar macht" (BGHZ 40, 263).
[8] HL; vgl. BGHZ 50, 39, 43.
[9] So der BGH; vgl. BGHZ 50, 39, 43.
[10] So BGHZ 65, 49.
[11] So BGHZ 72, 394, 397f.; anders ein Teil des Schrifttums. Vgl. dazu *Staudinger/Emmerich* 36, 37; *MünchKomm/Voelskow* 15 zu § 566.
[12] BGHZ 81, 46.
[13] BGHZ 81, 46, 51.

§ 48. Die Miete

Ist ein Mietvertrag, der für längere Zeit als ein Jahr gelten soll, zunächst nur mündlich abgeschlossen, so kann durch Nachholung der Schriftform immer noch auch der Abrede über die Vertragsdauer Gültigkeit verschafft werden.[14] Ein Anspruch auf den Abschluß eines schriftlichen Vertrages besteht aber nur dann, wenn eine schriftliche Fixierung des Vertrages vereinbart worden ist. Durch den zunächst mündlichen Abschluß des Mietvertrages zusammen mit der gleichfalls mündlichen Abrede, die Schriftform solle nachgeholt werden, kann daher im Ergebnis doch von vornherein eine Bindung des anderen Vertragsteils für länger als ein Jahr erreicht werden. Die Rspr.[15] und ihr folgend der größte Teil der Lehre[16] erachtet das deshalb für zulässig, weil der Grundstückserwerber die Abrede über die längere als einjährige Vertragsdauer, solange der Vertrag nicht beurkundet ist, nicht gegen sich gelten zu lassen braucht. Gegen die Wirksamkeit der formlos eingegangenen Verpflichtung zur Nachholung der Schriftform *unter den ursprünglichen Vertragspartnern* bestehe daher vom Zweck der Formvorschrift her gesehen kein Bedenken. Aus den gleichen Gründen wird auch ein *Vorvertrag* zu einem Grundstücksmietvertrag von mehr als einjähriger Dauer ohne Beobachtung der Form des § 566 für gültig erachtet.[17] Die Verpflichtung zum Abschluß eines derartigen Mietvertrages, die durch den Vorvertrag begründet wird, geht auf den Grundstückserwerber nicht über, so daß dieser des ihm durch § 566 gewährten Schutzes nicht bedarf. Zweifelhaft ist indessen, ob § 566 wirklich *nur* den Schutz des Grundstückserwerbers oder nicht wenigstens daneben auch den Schutz der Vertragspartner selbst vor Übereilung und die Beweissicherung bezweckt. Verstärkt wird dieser Zweifel dadurch, daß auch der BGH neuerdings, im Zusammenhang mit der Formbedürftigkeit des Untermietvertrages,[18] angenommen hat, „daß § 566 über § 571 hinaus Bedeutung hat". Die hL ist daher nicht unbedenklich.[19]

Ebenso wie die Bestellung eines (obligatorischen) Vorkaufs-, ist auch die eines *Vormiet-* oder *Vorpachtrechts* möglich, das dem Berechtigten die Befugnis gewährt, in einen Miet- oder Pachtvertrag, den der Verpflichtete als Vermieter etwa mit einem Dritten schließen wird, zu den gleichen Bedingungen einzutreten. Auf einen solchen Vertrag, der im Gesetz nicht geregelt ist, sind die Bestimmungen über das *obligatorische Vorkaufsrecht* entsprechend anzuwenden.[20] Durch die Ausübung des Vormietrechts entsteht daher ein Mietverhältnis zwischen dem Berechtigten als Mieter und dem Verpflichteten als Vermieter zu den von diesem

---

[14] *Roquette,* Mietrecht, S. 107; LG Hildesheim, MDR 58, 103; *Erman/Schopp* 8 zu § 566.
[15] RGZ 104, 132; 141, 373; BGH, NJW 54, 71; LM Nr. 11 zu § 566.
[16] *Roquette* S. 140f.; *Enn./L.* § 127 II 6; *Staudinger/Emmerich* 59, 60; *Palandt/Putzo* 3b; *Soergel/Kummer* 1b zu § 566.
[17] So RGZ 86, 30; *Soergel/Kummer* 11; *Palandt/Putzo* 1b; *Erman/Schopp* 14 zu § 566; *Esser* 4. Aufl. § 69 I 2.
[18] BGHZ 81, 46, 51. Vgl. auch *Emmerich/Sonnenschein,* Handkommentar, 1 zu § 566.
[19] Gegen sie *Heldrich,* AcP 147, 91; *Weimar,* MDR 61, 290; *Leonhard* B 141; *Oertmann* 2 zu § 566; *Esser/Weyers* 20 I 2. Für grundsätzlich verfehlt hält die Vorschrift des § 566 dagegen *Häsemeyer,* Die gesetzliche Form der Rechtsgeschäfte, 1971, S. 110ff., 289ff. Die Auswirkung des Formmangels auf den Inhalt der Vereinbarung, wie er in den Worten „gilt als ..... geschlossen" zum Ausdruck kommt, stehe im Widerspruch zur Privatautonomie. Er empfiehlt eine „offene Korrektur" des § 566 dahin, daß der Mangel der Form die Wirksamkeit des Vertrages mit Einschluß der Vereinbarung über die Dauer des Mietverhältnisses unter den Vertragsparteien nicht berühre, ihm aber *im Verhältnis zum Grundstückserwerber* die Wirksamkeit nehme, so daß dieser nicht gemäß § 571 in das Mietverhältnis eintrete.
[20] RGZ 123, 265; 125, 123; BGH, MDR 58, 234; BGHZ 55, 71, 75; *Soergel/Kummer* 8, *Palandt/Putzo* 1e vor § 535. Über entsprechende Anwendung auf einen Vertrag, der den *Vermieter* berechtigte, im Falle, daß der Mieter das Mietverhältnis auf einen Dritten – was ihm gestattet war – übertrug, in die von ihm mit dem Dritten getroffene Vereinbarung einzutreten, vgl. BGH, LM Nr. 27 zu § 535.

mit dem Dritten vereinbarten Bedingungen. Gebunden wird im allgemeinen derjenige, der den Vertrag abgeschlossen hat; im Falle einer Veräußerung der Sache, auf die sich das Vormiet- oder Vorpachtrecht bezieht, geht die Gebundenheit nach § 571, wenn es sich um ein Grundstück handelt, auf den neuen Eigentümer dann über, wenn die Einräumung des Vormiet- oder Vorpachtrechts im Zusammenhang mit einem Miet- oder Pachtvertrag erfolgte und dem Zwecke diente, dem Mieter oder Pächter die Fortsetzung des Miet- oder Pachtgebrauchs auch nach der Beendigung des ursprünglichen Miet- oder Pachtvertrages zu ermöglichen.[21]

Der Vormiet- oder Vorpachtvertrag darf nicht mit einem *Vorvertrag* zu einem Miet- oder Pachtvertrag verwechselt werden. Dieser verpflichtet zum Abschluß eines Miet- oder Pachtvertrages, ohne Rücksicht darauf, ob ein solcher mit einem Dritten geschlossen wird.

II. Die Pflichten aus dem Mietverhältnis

Das Mietverhältnis ist, so wie es das BGB auffaßt, ein Schuldverhältnis, das für beide Beteiligte Leistungspflichten begründet, die zueinander im Verhältnis der Gegenleistung stehen. Der Mietvertrag ist daher ein zweiseitig verpflichtender und, im näheren, ein *gegenseitiger Schuldvertrag*.

a) **Die Pflichten des Vermieters.** Als Hauptpflicht des Vermieters bezeichnet es das Gesetz, ,,dem Mieter den Gebrauch der vermieteten Sache während der Mietzeit zu gewähren" (§ 535 Satz 1). In dieser Verpflichtung sind nach der ergänzenden Vorschrift des § 536 eingeschlossen: 1. die Pflicht, ,,die vermietete Sache dem Mieter in einem zu dem vertragsmäßigen Gebrauch geeigneten Zustand zu überlassen" und 2. die Pflicht, sie ,,während der Mietzeit in diesem Zustande zu erhalten". Diese Umschreibung ist indessen nicht als erschöpfend zu verstehen.

α) Der Vermieter hat den Mieter zunächst in die Lage zu versetzen, den üblichen oder im Vertrage näher bestimmten Gebrauch von der Sache zu machen. Ob er tatsächlich Gebrauch macht, ist dann Sache des Mieters. Der Vermieter hat ihm nur das ,,Gebrauchmachen" zu ermöglichen. Zu diesem Zwecke hat er die Sache dem Mieter zu ,,überlassen", sie ihm in aller Regel *zu übergeben*,[22] und zwar ,,in einem zu dem vertragsmäßigen Gebrauch geeigneten Zustande".[23] In manchen

---

[21] BGHZ 55, 71; *Soergel/Kummer* 10 vor § 535.
[22] D. h. ihm den Besitz zu verschaffen. Vgl. BGHZ 65, 137, 139f.
[23] Was darunter zu verstehen ist, kann im Einzelfall nicht nur nach dem vereinbarten Gebrauchszweck, sondern auch je nach der Lage und der im Vertrage angegebenen Qualität der Mietsache, der Höhe des Mietzinses und der örtlichen Verkehrssitte verschieden sein. Der Mieter auch nur einer Behelfswohnung kann verlangen, daß er durch den Zustand der Räume, die er betreten muß, um zu

Fällen genügt es, dem Mieter die Sache während bestimmter Zeiten *zugänglich zu machen;* so bei der Vermietung eines Klaviers zur Benutzung in den Räumen des Vermieters, oder einer Hauswand zwecks Anbringung und Unterhaltung einer Reklameschrift.

Der Vermieter hat dem Mieter die Sache aber nicht nur zum Gebrauch zu *überlassen,* sondern sie ihm auch zu diesem Zwecke für die Dauer der Mietzeit zu *belassen.* Während die Übergabe eine einmalige Leistung ist, mit der in der Regel das Mietverhältnis als Dauerverhältnis *in Vollzug gesetzt* wird, stellt die Verpflichtung zum ,,Belassen" eine *Dauerverpflichtung* dar. Sie ist in erster Linie eine Pflicht zur Duldung und zum Unterlassen. Der Vermieter muß es hinnehmen, daß der Mieter den vertragsmäßigen Gebrauch macht, er darf nicht dagegen vorgehen, noch darf er ihn in der Ausübung des Besitzes und des vertragsmäßigen Gebrauchs irgendwie stören. Aus der Pflicht zur fortdauernden Gebrauchsgewährung können sich aber auch als Nebenpflichten Pflichten zu einem positiven Tun ergeben. So ist der Vermieter von Wohn- oder Geschäftsräumen dazu verpflichtet, dem Mieter Störungen seitens anderer Hausbewohner, soweit sie das übliche oder zugelassene Maß überschreiten, fernzuhalten und zu diesem Zwecke die ihm zumutbaren Maßnahmen zu treffen.[24] Wer Räume zu dem ausgesprochenen Zweck vermietet hat, daß der Mieter darin einen bestimmten Gewerbebetrieb, z. B. eine Gaststätte, eine Kantine, ein Lebensmittelgeschäft betreiben könne, ist nach ,,Treu und Glauben" verpflichtet, den vertraglichen Gebrauch des Mieters nicht dadurch zu beeinträchtigen, daß er in dem gleichen Gebäude oder auf demselben Grundstück ein Konkurrenzunternehmen sei es selbst eröffnet, sei es durch einen anderen Mieter eröffnen läßt.[25] Dieselbe Pflicht trifft nach der Meinung des BGH[26] auch denjenigen, der Praxisräume an einen Arzt vermietet. Er darf nicht in demselben Hause Praxisräume an einen Arzt der gleichen Fachrichtung vermieten.

Als Inhalt der Verpflichtung zur Gebrauchsgewährung sieht es das Gesetz schließlich auch an, die Sache während der Mietzeit in einem zu dem vertragsmäßigen Gebrauch geeigneten Zustande *zu erhalten.* Der Vermieter ist daher dazu verpflichtet, die zur Erhaltung oder Wiederherstellung eines solchen Zustandes notwendigen Vorkehrungen zu treffen und die erforderlichen Reparaturen ausführen zu lassen. Dies selbst dann, wenn die Verschlechterung der Mietsache, durch die der vertragsmäßige Gebrauch nunmehr beeinträchtigt wird, allein die Folge der durch den vorangegangenen vertragsmäßigen Gebrauch herbeigeführ-

---

der Wohnung zu gelangen, nicht an Körper und Gesundheit gefährdet wird. So der BGH, VersR 61, 886.

[24] BGH, LM Nr. 8 zu § 536 (mit Nachweisen aus dem Schrifttum). Über die Pflicht des Vermieters, für die Sicherheit des Hauszugangs zu sorgen, vgl. BGH, VersR 65, 364.
[25] BGH, LM Nr. 2, 3, 5, 6, 11/12 zu § 536; MDR 61, 593; NJW 79, 1404.
[26] BGH, JZ 78, 190.

ten Abnutzung ist, denn solche Verschlechterungen hat der Mieter nicht zu vertreten (§ 548). Die Instandhaltungspflicht ist indessen kein unerläßlicher Bestandteil der Verpflichtung zur Gebrauchsgewährung. Sie kann durch den Vertrag beschränkt oder ganz ausgeschlossen werden. Häufig wird vereinbart, daß der Mieter einer Wohnung die sog. „**Schönheitsreparaturen**" auszuführen habe.[27] Darunter versteht man die infolge der Abnutzung von Zeit zu Zeit erforderlich werdenden Ausbesserungen der Wohnung im inneren, vor allem das Tapezieren oder Anstreichen der Wände, Decken, Türen, Fußböden, der Heizkörper und der Fenster von innen.[28] Hat der Mieter diese Reparaturen im Vertrage übernommen, so ist der Vermieter insoweit von seiner Instandhaltungspflicht befreit. Der Mieter hat die Reparaturen während der Mietzeit jedenfalls insoweit auszuführen, als sie erforderlich sind, um „nachhaltige" Schäden an der Mietsache zu vermeiden oder zu beseitigen; sonst spätestens bei Beendigung der Miete. Ob die Überwälzung der Schönheitsreparaturen auf den Mieter auch durch ein von dem Vermieter verwendetes Formular geschehen kann, oder ob dem § 9 AGBG entgegensteht, ist streitig. Gegen die Zulässigkeit könnte sprechen, daß hierdurch in Abweichung von der gesetzlichen Regelung eine *Hauptpflicht* des Vermieters nicht unerheblich eingeschränkt wird.[29] Doch liegt eine „unangemessene Benachteiligung" des Mieters jedenfalls dann nicht vor, wenn der Vermieter nur die sog. Kostenmiete erhält, weil diese dann entsprechend geringer ist.[30] Dasselbe wird gelten müssen, wenn die „Vergleichsmiete" maßgebend ist und bei den verglichenen Mietverhältnissen der Mieter ebenfalls die Schönheitsreparaturen vorzunehmen hat. Im Schrifttum überwiegen die Stimmen, die die Abwälzung der „Schönheitsreparaturen" auf den Mieter mit § 9 AGBG für vereinbar halten.[31] Ist sie wirksam erfolgt, so ist die Verpflichtung des Mieters zur Durchführung eine Hauptpflicht, bei deren schuldhafter Nichterfüllung der Vermieter einen Anspruch auf Schadensersatz wegen Nichterfüllung hat.[32] Der zu

---

[27] Darüber des näheren *Soergel/Kummer* 350 ff. zu §§ 535, 536; BGHZ 49, 56; *Hadding,* JuS 69, 407; *Kiefersauer/Glaser* 4 u. 5 zu § 536; *Sternel* Rdn. II 224 ff.

[28] Vgl. dazu den in *MünchKomm/Voelskow* unter D vor § 535 abgedruckten „Mustermietvertrag" § 7 (Rdn. 222).

[29] Ablehnend daher *Sonnenschein,* NJW 80, 1719; *Staudinger/Emmerich* 142a zu § 536; *Emmerich/Sonnenschein,* Handkommentar 40 zu §§ 535, 536.

[30] So das OLG Hamm, NJW 81, 2362. Vgl. ferner OLG Karlsruhe, NJW 81, 2823; OLG Bremen, NJW 83, 689.

[31] So *Sternel*, Rdz. II, 226; *Köhler* aaO. § 10; *Esser/Weyers* § 15 III; *Medicus*, SchR II, § 88 III 2; *Palandt/Heinrichs* 7 d zu § 9 AGBG; *Ulmer/Brandner/Hensen*, AGB-Gesetz, 4. Aufl. 504 Anhang zu §§ 9–11; *Wolf/Horn/Lindacher*, M 64 zu § 9 AGBG. Dafür jetzt auch der BGH, BGHZ 92, 363.

[32] Vgl. OLG Hamm, NJW 83, 1339. Beabsichtigt der Vermieter, sogleich nach dem Abzug des Mieters einen Umbau vorzunehmen, der eine vorher vorgenommene Schönheitsreparatur zerstören würde, so kann er sie nicht verlangen (Schikaneverbot!). Schadensersatz kann er nicht verlangen, schon weil er keinen Schaden hat. Der BGH nimmt aber im Wege einer ergänzenden Vertragsauslegung an, dem Vermieter stehe „an Stelle des wirtschaftlich sinnlos gewordenen Anspruchs auf Durchführung von Schönheitsreparaturen" ein entsprechender Geldanspruch zu. Er sieht in der

§ 48. Die Miete

ersetzende Schaden kann die Kosten der Vornahme übersteigen, wenn z. B. die Wohnung wegen des Zustandes, in dem sie der Mieter hinterlassen hat, einige Zeit unvermietbar war.

Die Erhaltungspflicht des Vermieters umfaßt nicht die Pflicht zur Neuherstellung, falls die Mietsache untergegangen ist.[33] In diesem Fall gelten vielmehr die Regeln über die Unmöglichkeit der Leistung, d. h. der Vermieter wird, wenn er die Unmöglichkeit nicht zu vertreten hat, gemäß § 275 frei, verliert aber auch den Mietzinsanspruch (§ 323). Er behält ihn, ohne seinerseits zur Leistung verpflichtet zu sein, wenn der Mieter den Untergang der Mietsache zu vertreten hat (§ 324).[34] Die Erhaltungspflicht ist Leistungspflicht. Sie ist, soweit die Erhaltung der Mietsache erforderlich ist, um von ihrem Zustand drohende Gefahren für Leben, Gesundheit und andere Sachen abzuwenden, auch Schutzpflicht gegenüber dem Mieter und den in die Schutzwirkung des Mietvertrages einbezogenen Personen;[35] ihre Verletzung verpflichtet den Vermieter diesen Personen gegenüber zum Schadensersatz.

Der Vermieter trägt während der Mietzeit die auf der Sache ruhenden *Lasten,* wie Grundsteuer, Kanalisations- und Müllabfuhrgebühren (§ 546). Er ist verpflichtet, dem Mieter die von ihm gemachten „notwendigen", d. h. zur Erhaltung der Sache erforderlichen *Verwendungen* – ausgenommen Fütterungskosten eines Tieres – zu ersetzen (§ 547 Abs. 1). Beides ist deshalb gerechtfertigt, weil die Sache der Substanz nach dem Vermieter bleibt. Für andere als notwendige Verwendungen braucht der Vermieter dem Mieter nur nach den Vorschriften über die Geschäftsführung ohne Auftrag Ersatz zu leisten (§ 547 Abs. 2).[36] Der Vermieter von Räumen hat regelmäßig die Pflicht, dem Mieter über die von

---

Vornahme der Reparaturen einen Teil des vom Mieter geschuldeten Entgelts und meint, dessen ersatzloser Fortfall liege nicht im richtig verstandenen Sinn des Vertrages. So BGHZ 77, 301; 92, 363. Kritisch dazu, wohl mit Recht, *Rückert,* Ausgleich durch Auslegung, Schadensersatz oder Kondiktion?, AcP 184, 105.

[33] Über die Pflicht zur Wiederherstellung einer nur *teilweise* zerstörten Wohnung vgl. LG Berlin-West, NJW 52, 747 und Anm. von *Roquette* daselbst. Auch wenn dem Vermieter eine dauerhafte Wiederherstellung des teilzerstörten Gebäudes nicht zuzumuten ist, hat er doch die Pflicht, solange er vermietet hat, den baulichen Zustand des Hauses überwachen zu lassen und bei Gefahr für den Mieter und andere Hausbewohner provisorische Sicherungsmaßnahmen zu treffen, mindestens aber, den Mieter von der Gefahr zu unterrichten; vgl. BGH, NJW 57, 826.

[34] Vgl. BGH, NJW 76, 1506.

[35] Zum Vertrag mit Schutzwirkung für Dritte allgemein vgl. Bd. I § 17 II; zum Umkreis der in die Schutzwirkung des Mietvertrages einbezogenen Personen BGH, JZ 68, 304 (= LM Nr. 33 zu § 328); LM Nr. 41 zu § 535; BGHZ 61, 227, 233; NJW 76, 1843; BGHZ 71, 175, 178f. Nicht einbeziehen, da nicht schutzbedürftig, sei im allgemeinen der Untermieter; so BGHZ 70, 327. Dazu *Krause,* JZ 82, 16; auch Bd. I § 17 II. Zum Umfang der Erhaltungspflicht (als Schutzpflicht) BGH, VersR 69, 754. Vgl. *Erman/Schopp* 32; *MünchKomm/Voelskow* 130 ff zu § 535.

[36] Zur Frage des Ersatzes von Umbaukosten bei vorzeitigem Auszug des Mieters vgl. BGH, NJW 67, 2255.

diesem zu tragenden *Nebenkosten,* wie Heizungs- und Warmwasserkosten, in angemessener Zeit Abrechnung zu erteilen.[37]

b) **Die Pflichten des Mieters.** Die Hauptpflicht des Mieters ist die **Pflicht zur Entrichtung des vereinbarten Mietzinses** (§ 535 Satz 2). Dieser stellt die Gegenleistung, das Entgelt für die Gebrauchsgewährung dar und ist daher dem Vertragstypus ,,Miete" genau so wesentlich wie diese. Auch wenn das Entgelt verhältnismäßig niedrig festgesetzt ist, wird dadurch die Zuordnung zum Typus ,,Miete" noch nicht aufgehoben.[38] Soll indessen der ,,Mieter" lediglich die durch seinen Gebrauch verursachten Kosten für Heizung, Strom, Warmwasser und dergleichen zahlen, die Wohnung aber ,,umsonst" bewohnen dürfen, so handelt es sich um Leihe. Der Mietzins besteht regelmäßig in einer Geldsumme. Daß auch das Gesetz eine solche im Auge hat, ergibt sich einmal aus dem Ausdruck ,,Mietzins" und zum anderen aus den Vorschriften über die Minderung (§ 537). Denkbar wäre allenfalls, als Mietzins eine bestimmte Menge vertretbarer Sachen festzusetzen. Wenn dagegen die Gegenleistung für die Gebrauchsüberlassung ganz oder zu einem nicht unbeträchtlichen Teil in Dienstleistungen, in der Herstellung eines Werkes oder in der niedrigeren Bemessung des Kaufpreises für ein Grundstück besteht, empfiehlt es sich insoweit nicht, sie als ,,Mietzins" zu bezeichnen. Es liegt dann typologisch kein reiner Mietvertrag, sondern ein gemischter Vertrag, und zwar regelmäßig ein Austauschvertrag mit anderstypischer Gegenleistung (unten § 62 II b), vor.[39]

Die *Höhe des Mietzinses* unterliegt im Grundsatz der freien Vereinbarung. Etwas anderes gilt für die *Vermietung von Wohnraum,* sofern er unter Einsatz öffentlicher Mittel geschaffen wurde, nach Maßgabe des Wohnungsbindungsgesetzes vom 22. 7. 82 und des Wohnungsbaugesetzes vom 30. 7. 1980. Beim *frei finanzierten Wohnungsbau* sind die Vertragsparteien beim erstmaligen Abschluß des Mietvertrages (mit jedem neuen Mieter) hinsichtlich der Vereinbarung des Mietzinses frei. Es gelten nur die allgemeinen Grenzen der Vertragsfreiheit, also die §§ 134 und 138. Dabei ist jedoch § 5 des Wirtschaftsstrafgesetzes vom 3. 6. 75 zu beachten. Danach handelt ordnungswidrig und kann mit einer Geldbuße belegt werden, wer ,,vorsätzlich oder leichtfertig für die Vermietung von Räumen zum Wohnen ... unangemessen hohe Entgelte fordert, sich versprechen läßt oder annimmt". Als ,,unangemessen hoch" bezeichnet das Gesetz Entgelte, die die örtliche Vergleichsmiete ,,nicht unwesentlich übersteigen". Die Rechtsprechung

---

[37] Vgl. BGH, LM Nr. 45 zu § 535.
[38] Vgl. BGH, JZ 84, 585.
[39] In der Entsch. BGHZ 86, 71 ging es um einen Vertrag, in dem der ,,Vermieter" dem ,,Mieter" einen Steinbruch zur Auffüllung mit Klärschlamm gegen die Verpflichtung überlassen hatte, einen Geldbetrag als ,,Entschädigung" zu zahlen und die Auffüllung bis zu einer bestimmten Höhe durchzuführen. Der BGH sah darin einen Mietvertrag. Die Verpflichtung zur Auffüllung ist werkvertraglicher Natur; es handelte sich deshalb um einen gemischten Vertrag, bei dem allerdings das mietrechtliche Element überwiegt.

sieht als „nicht unwesentlich" eine Überschreitung um mehr als 20% an. Soweit der vereinbarte Zins darüber hinausgeht, ist die Vereinbarung nach § 134 nichtig: im übrigen bleibt der Vertrag gültig.[40] Zulässig ist die Vereinbarung der sog. Kostenmiete. Ist der Mietvertrag erst einmal geschlossen, so sind *spätere Erhöhungen des Mietzinses* nur nach Maßgabe des Gesetzes zur Regelung der Miethöhe (unten VI a) möglich.

Die Verpflichtung zur Zahlung des Mietzinses kann *auf einmal für die gesamte Mietzeit* zu erfüllen sein – so etwa bei der kurzfristigen Miete eines Buches oder eines Fracks –, sie kann, und das ist vor allem bei der Grundstücks- und Raummiete durchaus die Regel, periodisch, *in regelmäßig wiederkehrenden Zeitabständen*, z. B. monatlich oder vierteljährlich, zu erfüllen sein. Im letzteren Fall stellt der jeweilige Mietzins die Gegenleistung für die Gebrauchsgewährung während eines bestimmten Zeitabschnitts dar. Wenn nichts anderes vereinbart ist, ist der Mietzins nachträglich, d. h. am Ende der Mietzeit oder, falls er nach Zeitabschnitten bemessen ist, nach dem Ablauf des einzelnen Zeitabschnitts zu entrichten (§ 551). Der Vermieter ist demnach vorzuleisten verpflichtet. Tatsächlich wird sehr häufig das Gegenteil vereinbart. Das kann auch durch die Verwendung eines Vertragsmusters geschehen.[41]

Der zeitweilige Fortfall oder doch eine Einschränkung der Pflicht zur Entrichtung des Mietzinses kann sich daraus ergeben, daß der Mieter für eine gewisse Zeit wegen eines Sach- oder Rechtsmangels den vertragsgemäßen Gebrauch nicht oder nicht im vollen Maße machen kann (§§ 537, 541; unten III b Ziff. 2). Ebenso ist der Mieter von der Zahlungspflicht befreit, solange der Vermieter infolge der Überlassung des Gebrauchs an einen Dritten außerstande ist, ihm den Gebrauch zu gewähren (§ 552 letzter Satz). Dagegen wird der Mieter *nicht befreit*, wenn er „durch einen in seiner Person liegenden Grund an der Ausübung des ihm zustehenden Gebrauchsrechts verhindert wird" (§ 552 Satz 1). Der Vermieter muß sich in diesem Fall lediglich den Wert von ihm etwa ersparter Aufwendungen (z. B. Reinigungs-, Heizungs- und Beleuchtungskosten) sowie die Vorteile anrechnen lassen, die er aus einer anderweitigen Verwertung des Gebrauchs erlangt.[42] Der Vermieter hat eben seine Leistungspflicht erfüllt, wenn er seinerseits dem Mieter den Gebrauch ermöglicht hat, was in der Regel schon mit der Übergabe der Sache an den Mieter oder ihrer Zurverfügungstellung geschehen ist. Das Risiko einer in seiner Person liegenden Verhinderung am Gebrauch – etwa infolge einer durch Krankheit, Dienstgeschäfte, auch Militärdienst erzwun-

---

[40] Vgl. BGHZ 89, 316, 319; dazu *Emmerich,* JuS 84, 390; *Hager,* JuS 85, 264.
[41] Vgl. *Staudinger/Emmerich* 1 u. 6 zu § 551.
[42] Durch anderweitige Vermietung oder durch eigenen Gebrauch, dessen Wert dann in Geld zu veranschlagen ist. Der Vermieter ist zu einer anderweitigen Vermietung nicht verpflichtet; eine solche Verpflichtung kann sich aber im Einzelfall aus § 242 ergeben. Vgl. dazu *MünchKomm/Voelskow* 8 ff. zu § 552.

genen Abwesenheit, Nichterteilung einer Konzession aus einem in seiner Person liegenden Grund – hat daher der Mieter zu tragen. Nur wenn die Gebrauchshinderung auf Umständen allgemeiner Art – z. B. auf einem generellen Verbot gerade eines solchen Betriebes, wie er nach dem Inhalt des Mietvertrages als Gebrauchszweck vorgesehen war – beruht, die nichts mit der Person dieses Mieters zu tun haben, ist eine andere Beurteilung angezeigt. Es liegt dann ein Fall des Fortfalls der (objektiven) Geschäftsgrundlage, und zwar im näheren der Vereitelung des objektiven Vertragszwecks, vor. Der Mieter ist dann in entsprechender Anwendung des § 537 von der Verpflichtung zur Zahlung des Mietzinses (ganz oder zum Teil) befreit.[43]

Kommt der Mieter *mit der Zahlung des Mietzinses in Verzug,* so hat er nach § 288 Verzugszinsen zu entrichten und einen nachweisbaren weiteren Verzugsschaden zu ersetzen. Solange die Mietsache dem Mieter noch nicht zum Zwecke des Gebrauchmachens übergeben ist, stehen dem Vermieter die Rechte aus § 326 (nach Fristsetzung) zu. Hat der Mieter den Besitz erlangt, so tritt an die Stelle des Rücktritts bei der Miete als einem Dauerschuldverhältnis die fristlose Kündigung.[44] Für den Fall des Zahlungsverzuges des Mieters trifft § 554 eine Sonderregelung, die den § 326 ausschließt. Der Vermieter kann hiernach *fristlos kündigen,* wenn der Mieter entweder für 2 aufeinanderfolgende Termine mit der Entrichtung des Mietzinses[45] oder eines nicht unerheblichen Teils in Verzug ist oder wenn er in einem Zeitraum, der sich über mehr als 2 Termine erstreckt, mit einem Betrag in Verzug gekommen ist, der den Mietzins für 2 Monate erreicht. Wenn es sich um *Wohnraum*[46] handelt, ist der rückständige Teil des Mietzinses nur dann als „nicht unerheblich" anzusehen, wenn er den Mietzins für einen Monat übersteigt (vgl. § 554 Abs. 2 Nr. 1). Das Kündigungsrecht entfällt, wenn der Mieter den Vermieter befriedigt, bevor die Kündigung erfolgt. Die bereits ausgesprochene Kündigung wird unwirksam, wenn der Mieter aufrechnen kann und die Aufrechnung unverzüglich nach der Kündigung erklärt. Bei Wohnraum wird sie ferner unwirksam unter den Voraussetzungen des § 554 Abs. 2 Nr. 2. Dadurch wird dem Mieter eine Chance eingeräumt, die Kündigungsfolge noch nachträglich etwa dadurch, daß er sich die nötigen Mittel für die Befriedigung des Vermieters beschafft, abzuwenden. Die Bestimmungen des 2. Absatzes, die den Mieter von Wohnraum stärker schützen, sind zu seinen Ungunsten nicht abdingbar (Abs. 2 Nr. 3). Der Vermieter kann, wenn er von dem Kündigungs-

---

[43] *Mein* Buch über die Geschäftsgrundlage, 3. Aufl. S. 96 ff. Vgl. auch Bd. I § 21 II „Zweckvereitelung" Nr. 1.
[44] So auch BGHZ 50, 312.
[45] Zum Mietzins im Sinne dieser Bestimmung sind auch periodisch zu leistende Anzahlungen auf Nebenkosten, wie Heizkosten, zu rechnen, nicht aber einmalige Leistungen, die sich aus deren Abrechnung ergeben; so *Palandt/Putzo* 2a zu § 554; OLG Koblenz, NJW 84, 2369.
[46] Ausgenommen den Fall einer Vermietung zu „nur vorübergehendem Gebrauch" (z. B. für einen Ferienaufenthalt oder für die Dauer eines Semesters, einer Saison).

§ 48. Die Miete

recht Gebrauch macht, in der Regel auch Ersatz des ihm aus der vorzeitigen Beendigung erwachsenden Schadens als eines Teils seines Verzugsschadens verlangen,[47] da ein adäquater Zusammenhang mit dem Verzuge meist vorliegen wird.

Mit der Möglichkeit, die Sache zu gebrauchen, erhält der Mieter auch die Möglichkeit, auf sie einzuwirken. Er ist zu Einwirkungen befugt, soweit sie die Grenze seines Gebrauchsrechts (unten III a) nicht überschreiten. Veränderungen oder Verschlechterungen der Sache, die *lediglich durch ihren vertragsmäßigen Gebrauch* von ihm herbeigeführt werden, hat er keinesfalls zu vertreten (§ 548). Mit dem Mietzins sind sie abgegolten. Anders aber, wenn er *die Grenzen seines Gebrauchsrechts überschreitet* und entweder durch ein Übermaß oder durch unsorgsame Art des Gebrauchs die Sache beschädigt, sie erheblich gefährdet oder gar zerstört. In diesem Fall hat er dem Vermieter, sofern die Voraussetzungen des § 276 (eigenes Verschulden) oder des § 278 (Verschulden eines Gehilfen) vorliegen, wegen ,,positiver Vertragsverletzung" Schadensersatz zu leisten, soweit dem Vermieter daraus ein Schaden entsteht.[48] Die Vereinbarung einer Vertragsstrafe (Bd. I § 24 II a), deren Verwirkung von der Entstehung eines Schadens unabhängig ist, ist allerdings bei der Vermietung von Wohnraum unwirksam (§ 550a). Der Vermieter kann überdies *auf Unterlassung klagen,* wenn der Mieter von der Sache einen vertragswidrigen Gebrauch macht und diesen ,,ungeachtet einer Abmahnung des Vermieters fortsetzt" (§ 550), und zwar auch dann, wenn ein schuldhaftes Verhalten nicht vorliegt. Im Falle, daß der Mieter die Mietsache durch Vernachlässigung der ihm obliegenden Sorgfalt erheblich gefährdet, kann der Vermieter das Mietverhältnis fristlos kündigen (§ 553). Aus diesen Bestimmungen ist zu entnehmen, daß den Mieter die Pflicht trifft, eine über den vertragsmäßigen Gebrauch hinausgehende *Abnutzung* und jede mutwillige oder vermeidbare *Beschädigung* der Mietsache zu unterlassen, mit ihr sorgsam und schonend umzugehen.

Über die Pflicht zu schonendem Umgang mit der Sache und zur Vermeidung von Beschädigungen hinaus trifft den Mieter hinsichtlich der ihm überlassenen Sache eine **Obhutspflicht**,[49] die auch ein positives Tun erfordern kann. Sie ergibt sich daraus, daß ihm der Vermieter mit der Herrschaft über die Sache die Fürsorge für sie anvertraut hat, und geht dahin, die Sache in der erforderlichen und

---

[47] RGZ 76, 368; *Oertmann* 3; *Soergel/Kummer* 29 zu § 554; *Esser/Weyers* § 16 I b; *Emmerich/Sonnenschein*, Handkommentar, 18 zu § 554; für den ebenso liegenden Fall des § 553 *Palandt/Putzo* 1 d zu § 553.
[48] In der Erklärung des Autovermieters, daß das zu vermietende Kraftfahrzeug kaskoversichert sei, kann auch ein Haftungsverzicht im Umfang des bestehenden Versicherungsschutzes liegen (vgl. BGHZ 22, 109; 43, 295).
[49] HL; vgl. *Enn./L.* § 129 I 2; *Esser/Weyers* § 16 I 2 b; *Erman/Schopp* 47; *Soergel/Kummer* 340 zu § 535; *Staudinger/Emmerich* 1; *Palandt/Putzo* 1 zu § 545. Die Obhutspflicht trifft den Mieter auch nach Beendigung des Mietvertrages; so der BGH, NJW 67, 1803.

üblichen Weise zu pflegen und, soweit ihm das möglich und zumutbar ist, Gefahren von ihr abzuwenden. Daher hat er dem Vermieter unverzüglich *Anzeige zu machen*, wenn sich im Laufe der Mietzeit ein Mangel der Mietsache zeigt oder eine Vorkehrung gegen eine nicht vorhergesehene Gefahr erforderlich wird, damit dieser das Erforderliche veranlassen kann (§ 545 Abs. 1). Unterläßt der Mieter die Anzeige schuldhaft,[50] so ist er nach § 545 Abs. 2 zum Ersatz des daraus entstehenden Schadens verpflichtet und verliert überdies seine Rechte wegen des Mangels (vgl. unten III b), soweit der Vermieter bei rechtzeitiger Anzeige Abhilfe hätte schaffen können. Zweifelhaft ist, was es bedeutet, daß sich der Mangel „zeigt". Kommt es dabei darauf an, daß gerade der Mieter (oder eine von ihm mit der Obhut betraute Person) den Mangel erkennt, oder genügt es, daß er ihn erkennen mußte? Der BGH[51] sieht den gesetzlichen Tatbestand nur dann als gegeben an, wenn der Mangel jedem Mieter – oder doch einem solchen, der über die bei der Anmietung einer solchen Sache zu erwartende Sachkunde verfügt – auffallen mußte. Nur wenn der Mieter „das für jedermann Naheliegende" nicht zur Kenntnis genommen habe, seien die für ihn besonders nachteiligen Rechtsfolgen des § 545 gerechtfertigt. Praktisch verlangt der BGH damit, daß die Nichtkenntnisnahme des Mangels durch den Mieter auf *grober* Fahrlässigkeit beruht. Er beruft sich dafür auf eine Analogie zu § 539 Satz 2. Hat der Mieter den Mangel nur infolge *leichter* Fahrlässigkeit nicht erkannt (und ihn deshalb dem Vermieter nicht angezeigt), dann bleibt es zwar bei seiner Schadensersatzpflicht wegen Verletzung der Obhutspflicht, die weitergehenden Folgen des § 545 Abs. 2 treten jedoch nicht ein. Der Mieter behält dann also seine Rechte wegen des Mangels; soweit er infolge des Mangels selbst einen Schaden erlitten hat, für den ihm der Vermieter nach § 538 einzustehen hat, nimmt der BGH einen Ausgleich gemäß § 254 vor. Danach muß sich der Mieter unter Umständen eine seinem Tatanteil entsprechende Minderung seines Schadensersatzanspruchs gefallen lassen.

Der Mieter braucht zwar einen Mangel nicht selbst zu beseitigen – eine andere, zu bejahende Frage ist, ob er es darf – und grundsätzlich auch nicht zur Abwendung einer Gefahr selbst tätig zu werden; aber wenn die Umstände so liegen, daß zur Verhütung eines größeren Schadens sofortiges Handeln erforderlich ist, der Vermieter hierzu nicht imstande oder nicht schnell genug erreichbar ist und der Mieter die drohende Gefahr verhältnismäßig leicht abzuwenden vermag, dann kann sich auch hierzu eine Verpflichtung aus „Treu und Glauben" ergeben. So wird man von dem Mieter eines Hauses verlangen dürfen, daß er im Falle eines plötzlichen Wasserrohrbruchs die Wasserzufuhr abstellt und das eingedrungene Wasser alsbald beseitigt, oder daß er einem schwelenden Brand entgegentritt oder Hilfe herbeiholt. Zu den Obliegenheiten des Mieters gehören auch solche zur Erhaltung der Mietsache notwendigen alltäglichen Verrichtungen, die mit ihrem Gebrauch oder der Innehabung unmittelbar zusammenhängen, wie etwa das Schließen der Fenster bei starkem Regen oder Frost, ein Mindestmaß an Reinigung, Lüftung zwecks Abzug des Küchendunstes und ähnliches mehr. In dauernder

---

[50] Das Erfordernis des Verschuldens ergibt sich schon aus dem Wort „unverzüglich" (vgl. § 121 Abs. 1 S. 1); darüber hinaus aus § 276.
[51] BGHZ 68, 281. Zustimmend *Emmerich/Sonnenschein*, Handkommentar 4 zu § 545.

oder grober Vernachlässigung derartiger Obliegenheiten kann eine Verletzung der Obhutspflicht gelegen sein. Verreist der Mieter für längere Zeit, so hat er dafür Sorge zu tragen, daß ein anderer Zutritt zur Wohnung hat und notwendige Schutzmaßnahmen treffen kann. Als „Erfüllungsgehilfen" des Mieters, für deren Verschulden er wie für eigenes einzustehen hat, sind hinsichtlich seiner Pflicht zu schonendem Gebrauch alle diejenigen anzusehen, denen er, wenn auch nur vorübergehend, einen Mitgebrauch oder die Möglichkeit, auf die Sache einzuwirken, einräumt (Bd. I § 20 VIII); hinsichtlich der Obhutspflicht doch wohl nur die, denen die Mietsache, wie z. B. den ständigen Hausgenossen des Mieters, nach der Verkehrsauffassung mit anvertraut ist oder die der Mieter mit der Obhut betraut.

Den Mieter vor allem von Räumen können noch *weitergehende Pflichten* treffen, z. B. die Pflicht zu rücksichtsvollem Verhalten gegenüber dem Vermieter und anderen Mietern, zur Einhaltung einer von ihm anerkannten Hausordnung, zur Unterlassung vermeidbarer Belästigungen. Sowohl der Vermieter wie der Mieter können ein Mietverhältnis über Räume *fristlos kündigen,* wenn der andere Teil *schuldhaft* seine Verpflichtungen aus dem Mietverhältnis in solchem Maße verletzt, daß ihm die Fortsetzung des Mietverhältnisses nicht mehr zugemutet werden kann. Als Beispiel führt hier das Gesetz eine *nachhaltige Störung des Hausfriedens* an (§ 554a). Die Bestimmung ist unabdingbar. (Vgl. dazu unten VIc).

Grundsätzlich hat sich der Vermieter, der die Mietsache dem Mieter zum Gebrauch überlassen hat, während der Mietzeit jeder Einwirkung auf die Mietsache zu enthalten.[52] Er darf die vermieteten Räume nicht ohne die Erlaubnis des Mieters betreten. Da aber der Vermieter zur Instandhaltung der Mietsache *verpflichtet* ist, muß er auch die Möglichkeit haben, dieser Pflicht nachzukommen. Den Mieter trifft deshalb eine **Duldungspflicht**. Der Mieter von Räumen – also auch von Wohnungen – hat solche Einwirkungen stets zu dulden, die „zur Erhaltung der Mieträume oder des Gebäudes erforderlich sind" (§ 541a). Wie weit er darüber hinaus auch solche Einwirkungen zu dulden hat, die nicht nur der Erhaltung der Sache in ihrem ursprünglichen Zustand, der Beseitigung oder Verhinderung von Schäden, sondern darüber hinaus ihrer Verbesserung dienen, insbesondere also *Modernisierungsmaßnahmen,* regelt jetzt der erst 1982 neu eingefügte § 541b.[53] Danach hat der Mieter solche Maßnahmen, auch wenn sie zur Einsparung von Heizenergie dienen, ebenfalls zu dulden, es sei denn, daß sie unter Berücksichtigung aller im Gesetz aufgeführten Umstände und der zu erwartenden Folgen für den Mieter oder seine Familie eine Härte bedeuten würden, die „auch unter Würdigung des berechtigten Interesses des Vermieters und anderer Mieter in dem Gebäude (!) nicht zu rechtfertigen ist" – eine sehr dehnbare Klausel, die die Entscheidung im Einzelfall weitgehend offen läßt! Der Vermieter hat dem Mieter die beabsichtigte Maßnahme, ihre Art, ihren Umfang, ihre Dauer und eine danach zu erwartende Erhöhung des Mietzinses 2 Monate vor ihrem Beginn schriftlich mitzuteilen; dem Mieter steht darauf ein Kündigungsrecht zu. Wegen Aufwendungen, die er infolge solcher Maßnahmen machen mußte, kann

---

[52] Vgl. BGH, NJW 72, 723.
[53] Vgl. dazu *Röder,* NJW 83, 2665; *Köhler* aaO. § 38.

der Mieter, der z. B. vorübergehend die Wohnung verlassen, Möbel auslagern, die Tapeten oder den Anstrich vorzeitig erneuern mußte, ,,in einem den Umständen nach angemessenen Umfang" von dem Vermieter Ersatz, insoweit auch einen Vorschuß verlangen. Bei einem Mieterverhältnis über Wohnraum sind die Vorschriften des § 541 b zu Gunsten des Mieters zwingend (Abs. 4); im übrigen sind vertragliche Vereinbarungen möglich.[54]

Auch aus § 242 können sich für den Mieter Duldungspflichten ergeben. So hat er eine *Besichtigung* der von ihm gemieteten Räume durch den Vermieter oder seinen Beauftragten nach ,,Treu und Glauben" in folgenden Fällen zu dulden:[55] wenn sie notwendig ist, um festzustellen, ob und welche Maßnahmen zur Erhaltung oder Instandsetzung erforderlich sind; bei Gefahr im Verzug; wenn begründeter Anlaß zu der Annahme besteht, der Mieter (oder Mitbewohner, Untermieter usw.) vernachlässige in erheblichem Maße seine Obhutspflicht, oder er mache einen vertragswidrigen Gebrauch und gefährde dadurch das Interesse des Vermieters erheblich; schließlich, wenn der Vermieter das Haus verkaufen oder die Räume, im Hinblick auf die bevorstehende Beendigung des Mietverhältnisses, neu vermieten will. Im letztgenannten Fall hat der Mieter in zumutbaren Grenzen auch eine Besichtigung durch Interessenten zu dulden. Dagegen braucht der Mieter, auch ein Untermieter, Kontrollen, die nicht durch einen der genannten Gründe veranlaßt sind, oder ein bloßes ,,Herumschnüffeln" des Vermieters nicht zu dulden; er kann verlangen, daß eine veranlaßte Besichtigung nicht zur ,,Unzeit" vorgenommen und nicht über Gebühr ausgedehnt wird.

Ob und inwieweit den Mieter neben seiner Duldungspflicht gemäß den §§ 541 a und 541 b eine *Pflicht zur Mitwirkung* – etwa durch Beiseiteräumen von Möbeln, vorübergehendes Verlassen der Wohnung – trifft, ist ebenfalls von Fall zu Fall gemäß § 242 zu entscheiden. Eine generelle Regel dafür enthält das Gesetz nicht; allein aus der Duldungspflicht kann sie nicht entnommen werden. Aber auch ein Umkehrschluß aus den §§ 541 a, 541 b wäre unberechtigt.[56] Eine Mitwirkungspflicht kann sich für den Mieter aus § 242 freilich nur insoweit ergeben, als ohne seine Mitwirkung die von ihm zu duldende Maßnahme nicht oder, bei Gefahr im Verzuge, nicht rechtzeitig durchgeführt werden kann und die Mitwirkung ihm nach seinen persönlichen Verhältnissen – wie Alter, Krankheit – und den sonstigen Umständen auch zumutbar ist. Grundsätzlich ist die Durchführung der von ihm gewünschten und vom Mieter zu duldenden Maßnahmen Sache des Vermieters.

Weitere Pflichten ergeben sich für den Mieter, unter Umständen auch für den Vermieter, nach der *Beendigung des Mietverhältnisses* als *Dauerschuldverhältnis*. Es handelt sich bei ihnen um Abwicklungspflichten (unten VII a).

---

[54] Bei formularmäßigen Erweiterungen der Duldungspflicht, die möglich sind, wenn es sich nicht um Wohnraum handelt, sind jedoch die Grenzen zu beachten, die sich aus dem AGBG, insbesondere aus § 9 AGBG, ergeben.

[55] Vgl. *Soergel/Kummer* 342 ff. zu §§ 535, 536; *Palandt/Putzo* 3 c cc § 535.

[56] So aber *Emmerich/Sonnenschein*, Handkommentar 3 aE zu § 541 a, auch *Marschalleck* in Ztschr. f. Miet- und Raumrecht 1985, S. 1. Für eine Pflicht zu einer ,,eingeschränkten Mitwirkung des Mieters" *Palandt/Putzo* 2 b; *Jauernig/Teichmann* 2 b zu § 541 a, beide ohne den Rückgriff auf § 242.

§ 48. Die Miete   III § 48

III. *Das Gebrauchsrecht des Mieters*

a) **Inhalt und Grenzen des Gebrauchsrechts.** Der Mieter ist dem Vermieter gegenüber befugt, von der Mietsache den „vertragsmäßigen" Gebrauch zu machen. Inhalt und Grenzen des Gebrauchsrechts bestimmen sich also in erster Linie nach dem Mietvertrage.[57] Vielfach werden hierüber im Vertrag eingehende Bestimmungen getroffen;[58] sonst ist maßgebend der Zweck, zu dem die Sache vermietet worden ist. Bei Räumen kommt es demnach darauf an, ob sie etwa als Wohnung, zu gewerblichen Zwecken, als Gastwirtschaft, Lagerräume oder zu welchen Zwecken sonst vermietet worden sind. In Zweifelsfällen entscheidet die Verkehrssitte.[59] Grundsätzlich hat der Mieter einer Wohnung bei der Ausübung seines Gebrauchsrechts – so etwa beim Musizieren, bei der Betätigung von Tonübertragungsgeräten und bei geräuschvollen Tätigkeiten wie Hämmern und Klopfen – auf die anderen Bewohner des Hauses gebührend Rücksicht zu nehmen, insbesondere deren Nachtruhe nicht zu stören.[60] Das muß auch dann – weil „selbstverständlich" – gelten, wenn es im Mietvertrage nicht ausdrücklich gesagt ist. Auf der anderen Seite ist, wenn das Gebrauchsrecht des Mieters durch ein Formular übermäßig eingeschränkt wird, § 9 Abs. 1 in Verbdg. mit Abs. 2 Nr. 2 AGBG zu beachten. Im Falle, daß der Mieter einen vertragswidrigen Gebrauch von der Sache macht, kann der Vermieter, wie schon erwähnt, nach vergeblicher Abmahnung auf Unterlassung klagen (§ 550). Er kann ferner das Mietverhältnis fristlos kündigen, wenn der Mieter oder derjenige, dem dieser den Gebrauch der Sache überlassen hat, ungeachtet einer Abmahnung des Vermieters einen vertragswidrigen Gebrauch der Mietsache fortsetzt, der „die Rechte des Vermieters in erheblichem Maße verletzt" (§ 553). Als vertragswidrigen Gebrauch sieht es das Gesetz insbesondere an, wenn der Mieter einem Dritten den ihm *unbefugt*

---

[57] Dazu *Leenen*, Der „vertragsgemäße Gebrauch" der Mietsache als Problem der Rechtsgeschäftslehre, MDR 80, 353.
[58] So z.B. über die Haltung von Hunden und anderen Haustieren; vgl. *Sternel* Rdn. II 294ff. Ein im Mietvertrag (oder der zum Bestandteil des Mietvertrages gewordenen Hausordnung) enthaltenes Verbot für den Mieter, Tiere, insbesondere Hunde, zu halten, verstößt weder gegen das Grundrecht der Entfaltung der Persönlichkeit (Art. 2 GG), noch wird es im allgemeinen sittenwidrig oder seine Geltendmachung durch den Vermieter ein Rechtsmißbrauch sein, da zum mindesten bei größeren Miethäusern mit Störungen anderer Hausbewohner gerechnet werden muß; vgl. *Kunkel*, NJW 58, 123; *Emmerich/Sonnenschein*, Handkommentar 21; *Palandt/Putzo* 2a bb zu § 535 („Haustierhaltung").
[59] Aus der Rspr. vgl. OLG Düsseldorf, NJW 58, 1094 (Verwendung der Hauswand für Reklame); OLG Hamm, NJW 58, 1239 (Anbringung von Warenautomaten); BGH, LM Nr. 10 zu § 535; LG Berlin, MDR 64, 237 (Benutzung der Außenwand zur Anbringung von Warenautomaten). Nach Ansicht von v. *Lüpke*, BB 64, 869, besteht heute eine allgemeine Verkehrssitte für die Geschäftsviertel der Städte dahin, daß der Mieter von Geschäftsräumen die Außenwände in Ausdehnung der von ihm gemieteten Räume zum Zweck der Reklame für sein eigenes Geschäft (aber nicht für andere) benutzen darf. Vgl. ferner *Sternel* Rdn. II, 302.
[60] Vgl. *Sternel* Rdn. II 298f.; *Emmerich/Sonnenschein*, Handkommentar 20 zu §§ 535, 536.

überlassenen Gebrauch trotz der Abmahnung beläßt und wenn er die Mietsache durch Vernachlässigung der ihm obliegenden Sorgfalt erheblich gefährdet. Schadensersatzansprüche des Vermieters wegen positiver Vertragsverletzung bleiben unberührt; sie setzen freilich ein Verschulden des Mieters voraus. Zu ersetzen ist auch der Schaden, der dem Vermieter gerade durch die vorzeitige Beendigung des Mietverhältnisses entsteht.

Von großer Bedeutung ist die Frage, wieweit der Mieter berechtigt ist, den Gebrauch der Mietsache einem Dritten – ganz oder zum Teil – zu überlassen. Zwar ist der Mieter einer Wohnung in der Regel dazu befugt, seine Familienangehörigen, Hauspersonal und Gäste in die Wohnung aufzunehmen, ihnen also den Mitgebrauch zu überlassen.[61] Dies ergibt sich, wenn im Mietvertrag nichts anderes bestimmt ist, im Wege der Vertragsauslegung nach § 157. Grundsätzlich ist aber ein Mieter nicht dazu berechtigt, den Gebrauch der gemieteten Sache „Dritten" zu überlassen, insbesondere – ohne Erlaubnis des Vermieters – die Sache *weiter zu vermieten* (§ 549 Abs. 1). Denn dem Vermieter ist es nicht einerlei, wem er die Sache zur Obhut anvertraut. Durch die Überlassung an einen Dritten kann die Abnutzung der Sache erhöht, oder sonst das Interesse des Vermieters berührt werden. <u>Das Gebrauchsrecht des Mieters ist also grundsätzlich nur ein Recht zu eigenem Gebrauch.</u>[62] Der Mieter kann jedoch das Mietverhältnis unter Einhaltung der gesetzlichen Frist kündigen, wenn der Vermieter die Erlaubnis zur Überlassung des Gebrauchs an einen Dritten ohne einen in der Person des Dritten liegenden wichtigen Grund verweigert (§ 549 Abs. 1 Satz 2). Handelt es sich um *Wohnraum,* so kann der Mieter nach § 549 Abs. 2 von dem Vermieter die Erlaubnis zur Untervermietung eines Teils[63] der Wohnung verlangen, wenn *nach dem Abschluß des Mietvertrages*[64] für ihn ein „berechtigtes Interesse"[65] hieran entsteht und die beabsichtigte Überlassung dem Vermieter mit Rücksicht auf seine berechtigten Interessen zumutbar ist (vgl. den Wortlaut der Bestimmung!). Ist dem Vermieter die Erlaubnis nur bei einer „angemessenen Erhöhung" des Miet-

---

[61] Vgl. *Soergel/Kummer* 255 ff. zu §§ 535, 536; *Palandt/Putzo* 2a zu § 549; *Esser/Weyers* § 20 III 2b.

[62] Zum eigenen Gebrauch rechnet die hL auch den sog. „unselbständigen" Mitgebrauch durch Familienmitglieder, Hauspersonal, Gäste; sie bezieht § 549 daher nur auf einen „selbständigen" Gebrauch oder Mitgebrauch. So *MünchKomm/Voelskow* 6, 7; *Palandt/Putzo* 2 zu § 549. Dagegen, mit eingehender Begründung, das OLG Hamm, NJW 82, 2242. Vgl. dazu auch *Esser/Weyers* aaO.; *Emmerich/Sonnenschein,* Handkommentar 1 zu § 549.

[63] Nicht auch zur Untervermietung des gesamten Wohnraums! Vgl. die amtl. Begründung zu Art. I Nr. 7 des 2. Mietrechtsänderungsgesetzes vom 14. 7. 1964 (Bundestagsdrucksache IV 806). Dagegen hält das OLG Hamm – vgl. die vorige Anm. – § 549 Abs. 2 auch dann für anwendbar, wenn der Mieter einen Dritten, der nicht zu seiner Familie oder zum Hauspersonal gehört, für dauernd in der Weise in die Wohnung aufnimmt, daß er den *Mitgebrauch* an der *gesamten* Wohnung, nicht den Alleingebrauch eines Teils, erhält.

[64] Beabsichtigt der Mieter von vornherein, weiter zu vermieten, so muß er sich die Erlaubnis hierzu beim Vertragsschluß ausbedingen.

[65] Dazu, wann ein solches vorliegt, vgl. OLG Hamm, NJW 82, 2224; BGHZ 92, 213.

zinses zumutbar, so kann er sie hiervon abhängig machen. Die Bestimmung ist zugunsten des Mieters unabdingbar.

Hat der Mieter den Gebrauch einem Dritten *unbefugt* überlassen, so macht er damit von der Sache einen vertragswidrigen Gebrauch. Beläßt er dem Dritten den Gebrauch trotz Abmahnung, so hat der Vermieter die erwähnten Rechte aus den §§ 550 und 553. Im Sinne des § 553 verletzt die Belassung des Dritten in dem ihm unbefugt überlassenen Gebrauch die Rechte des Vermieters stets im ,,erheblichen Maße".[65a] Der Vermieter kann also das Mietverhältnis fristlos kündigen und danach gemäß § 556 Abs. 3 (vgl. unten VII a) von dem Dritten die Herausgabe der Mietsache verlangen. Im Falle des Verschuldens haftet der Mieter dem Vermieter für allen Schaden, der diesem aus der Gebrauchsüberlassung an den Dritten ,,adäquat" (also ohne ein weiteres Verschulden) entsteht, also z. B. für eine dadurch eingetretene stärkere Abnutzung. Zur Herausgabe des von ihm erlangten Untermietzinses oder eines Teiles desselben als ,,ungerechtfertigter Bereicherung" ist er aber nicht verpflichtet.[66]

Auch wenn der Vermieter der Überlassung des Gebrauchs an einen Dritten zugestimmt hat, haftet der Mieter ihm für *dessen Verschulden* beim Gebrauch der Mietsache wie für sein eigenes Verschulden (§ 549 Abs. 3). Das Gesetz sieht also den Untermieter auf jeden Fall als ,,Erfüllungsgehilfen" des Mieters hinsichtlich seiner Pflicht zu sorgsamem, schonendem Gebrauch und seiner Obhutspflicht an; der Mieter scheidet durch die, wenn auch befugte, Überlassung des Gebrauchs (und damit auch der Obhut) an den Dritten nicht aus seiner Verpflichtung aus. Hierzu bedürfte es einer Übertragung des ganzen Mietverhältnisses (Vertragsübernahme) auf den Dritten, die jedenfalls nur mit Zustimmung des Vermieters möglich ist. Im Falle der Untermiete findet dagegen keine, auch keine teilweise Übertragung der Rechtsstellung – etwa des Gebrauchsrechts – des Mieters auf den Untermieter statt; vielmehr entsteht nur ein Mietverhältnis zweiter Stufe, eben das Untermietverhältnis, zwischen dem Hauptmieter (Untervermieter) und dem Untermieter, auf Grund dessen der erste seinerseits dem zweiten zur Gebrauchsgewährung verpflichtet ist. Rechtsbeziehungen zwischen dem Hauptvermieter und dem Untermieter entstehen – abgesehen von dem Anspruch aus § 556 Abs. 3 – nicht. Der Untermieter ist gegenüber dem Hauptvermieter,

---

[65a] So auch der BGH, NJW 85, 2527.
[66] BGH, NJW 64, 1853; ebenso BGHZ 59, 51, 58. Zu demselben Ergebnis kommt *Söllner*, JuS 67, 449; auch *Esser/Weyers*, § 16 I 2a zu Anm. 4. *Diederichsen* (NJW 64, 2296) meint, dem Vermieter stehe ein Bereicherungsanspruch nach § 816 Abs. 1 Satz 1 zu, da der unbefugt weiter vermietende Mieter sich in Gestalt des Untermietzinses den *Gebrauchswert der Sache* in der Höhe unbefugt zueigne, in der dieser nicht durch den von ihm gezahlten Mietzins abgegolten sei. Der Mieter habe den Teil des Untermietzinses an den Vermieter herauszugeben, der den von ihm gerade für diese Räume gezahlten Mietzins übersteigt (also seinen Gewinn aus der unberechtigten Untervermietung). So im Ergebnis auch *Neumann/Duesberg* (BB 65, 729), der in Höhe des üblichen Mietzuschlages für Untervermietung dem Vermieter einen Anspruch aus § 812 Abs. 1 (Eingriffskondiktion) sowie aus positiver Vertragsverletzung und § 823 Abs. 1 zubilligt. Noch weitergehend *Staudinger/Emmerich* 61 zu § 549: analog § 816 Abs. 1 Satz 1 habe der Mieter ,,den gesamten von ihm zu Unrecht bezogenen Untermietzins" an den Vermieter herauszugeben. Dagegen spricht, daß der Mieter für den Gebrauch, wenn er ihn auch nicht einem anderen überlassen durfte, immerhin schon ein Entgelt bezahlt hat, das wenigstens in der Regel dem objektiven Gebrauchswert entspricht.

der Eigentümer der Mietsache ist, nach § 986 Abs. 1 Satz 1 so lange zum Besitz berechtigt, als das Hauptmietverhältnis besteht. Versagt der Vermieter dem Mieter die Erlaubnis zur Untermiete, so ändert das nichts an der Verpflichtung des Mieters in seiner Eigenschaft als Untervermieter gegenüber dem Untermieter; er wird diesem gegenüber schadensersatzpflichtig, wenn er ihm, um seiner Verpflichtung dem Vermieter gegenüber nachzukommen, den Gebrauch nicht gewährt oder wenn der Hauptvermieter, in seiner Eigenschaft als Eigentümer, gemäß § 986 Abs. 1 Satz 2 gegen den Untermieter vorgeht.

Hat der Vermieter dem Mieter die Erlaubnis zur Untervermietung *generell* erteilt, so kann er sie im Einzelfall aus „wichtigem Grund" widerrufen, wenn etwa der in Aussicht genommene Untermieter in seiner Person oder durch seinen Verwendungszweck ihm einen solchen bietet.[67] Widerruft er die Erlaubnis ohne einen solchen Grund, so macht er dem Mieter den ihm zugesicherten Gebrauch streitig; dieser kann deshalb das Mietverhältnis nicht nur nach § 549 Abs. 1 Satz 2, sondern sogar nach § 542 Abs. 1 unter den dort genannten Bedingungen fristlos kündigen.[68]

b) **Die Rechte des Mieters bei Vorenthaltung oder Entzug des Gebrauchs und im Falle eines Mangels.** Wird dem Mieter der vertragsmäßige Gebrauch von dem Vermieter nicht oder nicht im vollen Umfange gewährt oder wieder entzogen, so hat er zunächst den **Erfüllungsanspruch.** Er kann daher je nach den Umständen z. B. auf Überlassung der Mietsache, auf Zutrittsgewährung, auf Überlassung eines Schlüssels oder, wenn er ihm von dem Vermieter streitig gemacht wird, auf Duldung eines bestimmten Gebrauchs (z. B. der Herstellung eines Fernsprechanschlusses, der Anbringung einer Antenne, eines Schildes) klagen. Der Mieter hat ferner ein **Recht zu fristloser Kündigung,** und zwar unter folgenden Voraussetzungen (§ 542): Der vertragsmäßige Gebrauch muß ihm ganz oder zum Teil nicht rechtzeitig gewährt oder wieder entzogen sein, und der Vermieter muß in der Regel überdies eine ihm von dem Mieter bestimmte, angemessene Frist haben verstreichen lassen, ohne Abhilfe zu schaffen. Der Fristbestimmung bedarf es jedoch nicht, wenn die Vertragserfüllung infolge der Nichtgewährung oder Entziehung des Gebrauchs für den Mieter kein Interesse hat. Auf der anderen Seite ist die Kündigung „wegen einer unerheblichen Hinderung oder Vorenthaltung des Gebrauchs nur zulässig, wenn sie durch ein besonderes Interesse des Mieters gerechtfertigt wird". Bei *Wohnraum* ist dieses Kündigungsrecht unabdingbar (§ 543 Satz 2). Beruht die Nichtgewährung des Gebrauchs auf einem Mangel der Mietsache oder einem Rechtsmangel, so finden auf das Kündigungsrecht bestimmte der für Mängel geltenden Vorschriften entsprechende Anwendung (§ 543 Satz 1). Das Kündigungsrecht besteht, anders als

---

[67] BGHZ 89, 308, 315; hL.
[68] BGHZ 89, 308, 312; so auch *Erman/Schopp* 9 zu § 549.

§ 48. Die Miete

das Rücktrittsrecht aus den §§ 325, 326, auch dann, wenn die Nichtgewährung (nicht rechtzeitige Gewährung) oder Entziehung des vertragsmäßigen Gebrauchs auf einem Umstande beruht, den der Vermieter nicht zu vertreten hat, wie z. B. auf dem zufälligen teilweisen Untergang der Mietsache. Es ist indessen ausgeschlossen, wenn dieser Umstand durch den Mieter zu vertreten ist (analog § 324 Abs. 1).[69] Im Falle einer von keinem der beiden zu vertretenden nachträglichen Unmöglichkeit der Gebrauchsgewährung, die weder auf einem Sach- noch auf einem Rechtsmangel beruht,[70] etwa der völligen Zerstörung oder des unwiederbringlichen Verlustes der Mietsache, bedarf es jedoch keiner Kündigung, da die beiderseitigen Verpflichtungen dann schon nach den §§ 275, 323 entfallen. Ist der Vermieter von vorherein dazu unvermögend, den Mietvertrag zu erfüllen, oder hat er sein nachträgliches Unvermögen zu vertreten, so hat er nach den allgemeinen Regeln über die Haftung des Schuldners wegen anfänglichen Unvermögens oder nach § 325 Schadensersatz zu leisten; der Mieter ist auch dann, wenn der Vermieter sein Unvermögen nicht zu vertreten hat, von der Pflicht zur Zahlung des Mietzinses nach § 323 frei.[71] Stattdessen gelten wiederum die Sondervorschriften über die Haftung des Vermieters für Sach- oder Rechtsmängel, wenn sich das Unvermögen aus einem derartigen Mangel ergibt.

Besondere Vorschriften gelten für den Fall, daß die Mietsache zur Zeit der Überlassung an den Mieter mit einem Fehler[72] behaftet ist, der ihre Tauglichkeit zu dem vertragsmäßigen Gebrauch aufhebt oder mindert, oder daß im Laufe der Miete ein solcher Fehler entsteht, oder daß eine vom Vermieter zugesicherte Eigenschaft fehlt oder später wegfällt (**Sachmangel**, §§ 537 bis 540). Die gleichen Vorschriften gelten im wesentlichen auch, wenn dem Mieter der vertragsmäßige Gebrauch infolge des Rechts eines Dritten, das gegen den Mieter geltend gemacht werden kann,[73] also wegen mangelnder Berechtigung des Vermieters (zum Besitz oder zur Überlassung des Besitzes), von diesem nicht gewähr-

---

[69] HL; vgl. *Palandt/Putzo* 4, *Erman/Schopp* 4; *Soergel/Kummer* 23; *Staudinger/Emmerich* 40 zu § 542; RGZ 57, 363, 367; *Hassold*, NJW 75, 1863 (unter IV 2b); *ders.*, JuS 75, 550 (zu Anm. 33); zur Beweislast BGHZ 66, 349.

[70] Beruht sie auf einem derartigen Mangel, dann gilt zwar § 275, dagegen wird dann § 323 durch die §§ 537, 542 verdrängt; vgl. *Hassold*, NJW 75, 1863 (unter IV 2a u. V).

[71] Vgl. BGHZ 85, 267, 271; *Emmerich/Sonnenschein*, Handkommentar, 4 vor § 537.

[72] Was ein „Fehler" ist, bestimmt die Rechtsspr. auch hier, wie beim Kauf, „konkret", im Hinblick auf den Vertragszweck. „Fehler" ist jede ungünstige Abweichung der nach dem Vertragszweck erforderlichen, von den Parteien vorausgesetzten Beschaffenheit. So hat der BGH die unzureichende Tragfähigkeit der Decken eines Gebäudes für die darin aufzustellenden schweren Maschinen als einen Fehler angesehen, weil das Gebäude als Fabrikgebäude vermietet worden war und der Mieter vorher auf die Notwendigkeit einer hohen Belastungsfähigkeit hingewiesen hatte (MDR 64, 229). Zum Fehlerbegriff ferner BGH, LM Nr. 47 zu § 535, Nr. 19 zu § 537; *Trenk/Hinterberger*, JuS 75, 501; *Staudinger/Emmerich* 2 ff., *Erman/Schopp* 7 zu § 537.

[73] Auch wenn dieses Recht erst nach der Überlassung der Sache an den Mieter entstanden ist. „Entzogen" ist der Gebrauch dem Mieter bereits dann, wenn der Dritte sein Recht gegen ihn geltend macht. So der BGH, NJW 75, 44.

§ 48 III   1. Abschn. 2. Kap. Gebrauchsüberlassung, volle Nutzung auf Zeit

den kann oder dem Mieter nachträglich wieder entzogen wird (**Rechtsmangel,** § 541). In diesen Fällen hat der Mieter, neben dem Kündigungsrecht, folgende Rechte:

1. Er kann *auf Beseitigung des Mangels* oder, im Falle der Nichtgewährung oder der Entziehung des Gebrauchs infolge eines Rechtsmangels, auf Beseitigung des Rechts des Dritten klagen. Die Beseitigung eines Sachmangels kann der Mieter, anders als der Käufer, deshalb verlangen, weil die Überlassung und Erhaltung der Mietsache in dem zu dem vertragsmäßigen Gebrauch geeigneten Zustande hier *zur Leistungspflicht des Vermieters* gehört (§ 536). Es handelt sich also bei dem Anspruch auf Beseitigung des Fehlers, ebenso wie bei dem auf Beseitigung des den Gebrauch des Mieters hindernden Rechts des Dritten, um den *Erfüllungsanspruch*. Zur Durchsetzung dieses Anspruchs steht dem Mieter auch die *Einrede des nichterfüllten Vertrages* (§§ 320, 322) zur Verfügung.[74] Er kann daher, wenn der Vermieter den Mangel nicht beseitigt, mit der fälligen Reparatur in Rückstand gerät, den Mietzins, genauer: den von ihm unter Berücksichtigung der Minderung gemäß § 537 noch geschuldeten Teil des Mietzinses, solange zurückhalten, bis der Vermieter seiner Beseitigungspflicht nachkommt. Bei verhältnismäßiger Geringfügigkeit des noch zu beseitigenden Mangels ist aber die Einschränkung des Zurückbehaltungsrechts durch § 320 Abs. 2 zu beachten. Solange der Mieter den Mietzins zurückhalten kann, kommt er nicht in Zahlungsverzug,[75] sodaß ein Kündigungsrecht des Vermieters gemäß § 554 nicht entsteht. Der Mieter hat insoweit eine starke Stellung, zumal es für das Zurückbehaltungsrecht auf ein Verschulden des Vermieters nicht ankommt.

2. Der Mieter braucht für die Zeit, während derer die Tauglichkeit der Mietsache für den vertragsmäßigen Gebrauch aufgehoben oder gemindert oder der vertragsmäßige Gebrauch infolge des Rechtsmangels dem Mieter ganz oder zum Teil entzogen ist, *keinen* oder nur einen entsprechend *geminderten Mietzins* zu zahlen (§§ 537, 541). Handelt es sich um einen Fehler (nicht aber: um das Fehlen einer zugesicherten Eigenschaft), so bleibt eine nur unerhebliche Minderung der Tauglichkeit außer Betracht (§ 537 Abs. 1 Satz 2).[76] Bei einem Mietverhältnis über Wohnraum sind diese Bestimmungen zugunsten des Mieters unabdingbar (§ 537 Abs. 3). Befreiung oder Minderung treten von selbst ein, ohne daß es hierzu erst einer Erklärung des Mieters oder eines anderen rechtsgestaltenden Akts (Minderungsvertrag, Urteil) bedürfte. Darauf, ob der Vermieter den Man-

---

[74] So der BGH, BGHZ 84, 42, und der überwiegende Teil des Schrifttums; *Soergel/Kummer* 6, *Palandt/Putzo* 4 d bb, *Emmerich/Sonnenschein* 17 zu § 537; *Medicus,* SchR II; 88 III 4 d; anders *Kubis,* MDR 83, 285.

[75] Vgl. Bd. I, 13. Aufl., § 23 I d aE.; BGHZ 84, 42, 44. Zur Frage einer eventuellen Vorleistungspflicht des Mieters vgl. BGHZ 84, 42, 46; *Emmerich/Sonnenschein* aaO.

[76] Zu der Frage, ob und unter welchen Voraussetzungen ein Wohnungsmieter zur Minderung wegen der Beeinträchtigung durch Straßenlärm berechtigt ist, *Speiser* in NJW 78, 19.

gel (also die Nichterfüllung oder teilweise Nichterfüllung) seiner Leistungspflicht zu vertreten hat, kommt es wiederum nicht an. Das entspricht, da der Mieter hier nicht erhält, was ihm nach dem Vertrage gebührt, dem Rechtsgedanken des § 323, der seinerseits wieder nur eine Folgerung aus dem Grundgedanken des gegenseitigen Vertrages ist. § 537 enthält hinsichtlich nachträglich auftretender Mängel nur eine spezielle Anwendung des § 323; er schließt insoweit den § 323 als Sondervorschrift aus.[77] Er gilt aber auch, wenn der Mangel schon beim Vertragsschluß vorhanden ist, und zwar dann *neben* § 538, erste Alternative. Die Ausschließung des § 323 ist von praktischer Bedeutung mit Rücksicht auf die Einschränkung der Rechte des Mieters durch die Bestimmungen der §§ 539 und 545 Abs. 2. Insofern kann die mietrechtliche Sonderregelung für den Mieter ungünstiger sein.[78] Für die Anwendung des § 323 bleibt nur Raum, wenn die nachträgliche Unmöglichkeit der Gebrauchsgewährung nicht auf einem *Mangel* der Mietsache, sondern auf ihrem Untergang oder einem anderen Grunde, etwa ihrer Beschlagnahme, beruht.[79] Dagegen bleibt § 324 Abs. 1 auch im Falle eines Sachmangels anwendbar; demgemäß bleibt der Mieter zur Zahlung des vollen Mietzinses verpflichtet, wenn er selbst den Mangel schuldhaft herbeigeführt hat.[80]

3. Er kann – nach der ursprünglichen Fassung des Gesetzes nur ,,statt", nach der nunmehr geltenden aber *neben* der Minderung oder dem Fortfall der Zahlungspflicht – *Schadensersatz wegen Nichterfüllung* in folgenden drei Fällen verlangen (§§ 538, 541): wenn der Vermieter mit der Erfüllung seiner Pflicht zur Beseitigung des Mangels *in Verzug kommt*, wenn der Mangel *schon beim Abschluß des Vertrages vorhanden war* (gesetzliche Garantie oder Einstandspflicht)[81] oder wenn er später *infolge eines Umstandes entsteht, den der Vermieter zu vertreten hat* (Verschuldenshaftung). Im ersten Fall kann der Mieter auch den Mangel selbst beseitigen und vom Vermieter den Ersatz der dazu erforderlichen Aufwendungen verlangen. Der zu ersetzende Schaden umfaßt nicht nur das eigentliche Erfüllungsinteresse, d. h. das Interesse des Mieters gerade an dem *Gebrauch* einer mangelfreien Sache, sondern grundsätzlich auch allen weiteren Schaden, z. B. an seinem Körper oder an seiner Gesundheit, den der Mieter infolge der fehlerhaften

---

[77] So zutreffend *Hassold*, NJW 75, 1863 (unter IV 2a); *Palandt/Putzo* 1 c bb zu § 537 (erst für die Zeit nach Überlassung der Mietsache; hiergegen *Hassold*, NJW 74, 1743). Anders für unheilbare Mängel, die den Gebrauch der Sache völlig unmöglich machen, *Soergel/Kummer* 7 zu § 537; wohl auch *Diederichsen*, JZ 64, 24; hiergegen jedoch *Hassold*, NJW 74, 1743 (unter III).
[78] Ein instruktives Beispiel bei *Hassold*, NJW 75, 1865 unter IV 2a (2. Fall).
[79] So auch BGHZ 84, 44.
[80] RGZ 157, 363, 367; *Hassold*, NJW 75, 1863 (unter IV 2b). Ebenso bleibt er zur Zahlung verpflichtet, wenn er den Untergang der Sache zu vertreten hat; vgl. auch zur Beweislast BGHZ 66, 349. Vgl. auch oben unter II a.
[81] Der Anspruch steht auch einem in den Schutzbereich des Mietvertrages einbezogenen Dritten (vgl. Bd. I § 17 II) zu; BGHZ 49, 350 (dazu *Söllner*, JuS 70, 159).

Beschaffenheit der Mietsache oder einer mit ihr verbundenen Einrichtung erleidet, also den **Mangelfolgeschaden**.[82]

Daß sich die Ersatzpflicht des Vermieters auch auf den Mangelfolgeschaden bezieht, ist allerdings bestritten für einen der drei Haftungstatbestände, nämlich für den Fall, daß der Mangel schon beim Abschluß des Vertrages vorhanden war. Ein Teil der Lehre[83] will hier den Ersatzanspruch auf das *unmittelbare Erfüllungsinteresse* – mit Einschluß des Schadens, der dem Mieter infolge einer durch den Mangel veranlaßten vorzeitigen Mietaufhebung entsteht – beschränken; für *Körper- und Gesundheitsschäden,* sowie für Schäden, die infolge des Mangels der Mietsache (z. B. ungenügende Sicherung gegen Kurzschluß und Brand) an anderen Sachen des Mieters entstehen, soll der Vermieter dagegen nur haften, wenn ihn ein Verschulden trifft. Dagegen nehmen der überwiegende Teil der Lehre und die Rechtsprechung an,[84] daß er auch für solche Schäden ohne Rücksicht auf Verschulden einstehen müsse. Für die erste Meinung spricht, daß sich für eine so weitgehende Garantiehaftung des Vermieters nur schwer ein überzeugender Grund finden läßt. Die Garantiehaftung des *Verkäufers* gemäß § 463, erster Fall (oben § 41 II c) beruht auf der *von ihm selbst* gegebenen Zusicherung. Ihre Reichweite muß daher, so hatten wir gesagt, von Fall zu Fall nach dem durch Auslegung zu ermittelnden objektiven Sinn der Zusicherung bestimmt werden. Hier dagegen handelt es sich um eine dem Vermieter *durch das Gesetz* auferlegte Garantiepflicht. Ihre Reichweite kann sich nur aus dem Sinn und Zweck des Gesetzes, dem daraus abzuleitenden *Schutzzweck der Norm* ergeben.[85] Man wird den Grund der strengen – von einem Verschulden unabhängigen – Haftung des Vermieters gerade für schon beim Abschluß des Vertrages vorhandene Mängel darin erblicken müssen, daß der Mieter bei Übernahme der ihm bis dahin fremden Mietsache auf deren einwandfreie Beschaffenheit soll vertrauen können, während er nachher die Möglichkeit hat und ihn auch die Obliegenheit trifft, die sich aus der Benutzung oder auch nur aus dem Zeitablauf ergebenden Veränderungen zu kontrollieren. Wenn das die ratio legis ist, dann ist es nicht begründet, die den Mieter besonders empfindlich treffenden Körper- und Gesundheitsschäden von der strengen Haftung generell auszunehmen. Die Ersatzpflicht umfaßt also in allen 3 Fällen der §§ 538 und 541 auch den Mangelfolgeschaden.

Man darf jedoch, worauf schon *Heck* hingewiesen hat, die gesetzliche Garantie

---

[82] Vgl. über diesen Begriff oben § 41 II c aE.

[83] So *Oertmann* 1 zu § 538; *Enn./L.* § 128 III 2; *Leonhard* B 148; *Todt* aaO. S. 163 ff.; *Siber* 284; *Weimar* aaO. S. 20 ff. und MDR 60, 555; *MünchKomm/Voelskow* 15 zu § 538.

[84] Dafür *Heck* § 98, 5 (aber mit dem Hinweis auf die Notwendigkeit einer einschränkenden Auslegung der gesetzlichen Garantie); *Esser/Weyers* § 15 I 6 c; *Staudinger/Emmerich* 28, 29, *Erman/Schopp* 20, *Palandt/Putzo* 5 b, *Emmerich/Sonnenschein,* Handkommentar 9 zu § 538; RGZ 81, 200 (203); 169, 92; BGH, NJW 62, 908; 63, 1449; BGHZ 49, 350; BGH, NJW 71, 424 = LM Nr. 47 zu § 535.

[85] Vgl. dazu die Abhandlung von *Diederichsen* in AcP 165, 149, 165 ff.

des Vermieters für einwandfreie Beschaffenheit und seine Einstandspflicht für die Folgen nicht über jedes vernünftige Maß hinaus ausdehnen. Der Gesetzgeber ordnete die Garantiehaftung unter anderem deshalb an, weil er glaubte, annehmen zu dürfen, die Übernahme einer solchen Garantie entspreche in den Regelfällen dem mutmaßlichen Willen auch des Vermieters. Nun wird aber kein verständiger Mensch eine Garantie zu übernehmen bereit sein auch für solche verborgenen Fehler, die sich – im Zeitpunkt des Vertragsschlusses – jeder Feststellung entziehen und gegen die daher auch keine Vorkehrungen getroffen werden können. Derartiges kann nicht unterstellt werden. Man wird daher den Vermieter nicht auch für Folgeschäden solcher Mängel einstehen lassen dürfen, die auch bei Anwendung äußerster (überdurchschnittlicher) Sorgfalt *für niemanden erkennbar* waren.[86] Es ist also zwar kein Verschulden des Vermieters – etwa in Form leichter Fahrlässigkeit – erforderlich, der Mangel darf aber nicht so versteckt oder nach aller Lebenserfahrung so fernliegend sein, daß seine Entdeckung schon zur Zeit des Vertragsschlusses auch bei einer gründlichen Untersuchung als ausgeschlossen angesehen werden muß. Es geht dabei nicht um eine Rückkehr zum Verschuldensgrundsatz, sondern lediglich um eine vernünftige Begrenzung des vom Vermieter zu tragenden Risikos.[87]

Zwei Beispiele mögen dies verdeutlichen. In RGZ 81, 200 war die Ehefrau des Wohnungsmieters dadurch verletzt worden, daß ihr bei der Bedienung einer Jalousie eine von vornherein mangelhaft befestigte Klappe des Jalousiekastens auf den Kopf gefallen war. Hier ist die Haftung berechtigt: bei einer genauen Überprüfung hätte der Mangel entdeckt und vor der Vermietung abgestellt werden können. Anders, wenn der Benutzer einer Mietbücherei an einer ansteckenden Krankheit erkrankt, weil das durch viele Hände gegangene Buch, ohne daß dies jemand ahnen konnte, Bazillenträger war (Beispiel von *Siber*). Hier lag die Ursache des Mangels und die Möglichkeit seiner Entdeckung außerhalb der Einwirkungs- und mithin der Risikosphäre auch eines mit höchster Sorgfalt handelnden Vermieters; der Schaden des Mieters liegt daher vernünftigerweise nicht mehr in dem durch die Garantie abgedeckten Bereich. Für seine Überwälzung auf den Vermieter gibt es keinen sachlich berechtigten Zurechnungsgrund.

Bei den Rechtsfolgen der §§ 537, 538 handelt es sich um Folgen der Nichterfüllung (oder nicht zureichenden Erfüllung) der in § 536 bestimmten *Leistungspflicht* des Vermieters, also nicht, wie bei der Haftung des *Verkäufers* für Sachmängel, um eine neben der Leistungspflicht einhergehende gesetzliche Gewährleistung. Der Vermieter, der dem Mieter eine im Sinne des § 537 mangelhafte Sache überläßt oder einen aufgetretenen Mangel nicht sofort beseitigt, erfüllt nicht, oder nicht in vollem Maße, seine Leistungspflicht. Ist der Mangel nicht zu behe-

---

[86] So auch *Diederichsen* aaO.; *Fikentscher* § 74 II 6a; für eine Einschränkung der Garantiehaftung auch *Krampe* aaO. S. 56 ff.; dagegen aber der BGH, NJW 71, 424 = LM Nr. 47 zu § 535, NJW 72, 944; *Todt* S. 165; *Esser/Weyers* aaO. (zu Anm. 25); *Staudinger/Emmerich* 13 zu § 538.
[87] Hierum kann es auch bei der Frage gehen, ob ein erst später zu einem störenden Faktor gewordener Umstand schon einen *anfänglichen* Mangel darstellt; vgl. BGH, JZ 78, 437 u. die Anm. von *Krampe* hierzu (= BGHZ 68, 294).

ben, so ist dem Vermieter seine vertragsmäßige Leistung wenigstens teilweise unmöglich. Ist er zu beheben und wird er beseitigt, so war dem Vermieter seine Leistung doch während der bis dahin verflossenen Mietzeit unmöglich, da eine Nachholung der vertragsgerechten Leistung für diese Zeit nicht möglich ist.[88] Infolgedessen konkurrieren hier, anders als beim Kauf (oben § 41 2c), die Vorschriften über Sachmängel regelmäßig mit denen über die Unmöglichkeit und das Unvermögen. Im Falle eines schon beim Abschluß des Vertrages vorhandenen, nicht zu behebenden Mangels liegt anfängliche objektive Unmöglichkeit vor. § 538 Abs. 1 erste Alternative schließt für diesen Fall aber den § 306 aus.[89] § 537 schließt, wie wir schon sahen, für seinen Anwendungsbereich den § 323 aus. Auch für die Anwendung der §§ 325 und 326 ist neben den genannten Vorschriften und dem Kündigungsrecht nach § 542, soweit sie reichen, kein Raum.[90] Ebenso wie beim Kaufvertrag (oben § 41 II) schließt der BGH auch hier Ansprüche aus culpa in contrahendo im Zusammenhang mit einem Mangel der Mietsache aus.[91] Dies ist hier auch hinsichtlich eines Mangelfolgeschadens wegen der weitgehenden Haftung gemäß § 538, die auch diesen umfaßt, unbedenklich. Anwendbar bleibt dagegen, wie schon erwähnt wurde, § 324. Auch ist eine Anfechtung wegen Eigenschaftsirrtums, also nach § 119 Abs. 2, anders als beim Kauf, nach der hL nicht ausgeschlossen (nicht unbedenklich).[92]

Die in Ziff. 2 und 3 genannten Rechte[93] stehen dem Mieter indessen nicht zu, wenn er den Sach- oder Rechtsmangel *bei dem Abschluß des Mietvertrages gekannt hat* (§ 539 Satz 1; § 541). Wegen eines Sachmangels stehen sie ihm auch dann nicht zu, wenn ihm dieser infolge eigener grober Fahrlässigkeit unbekannt geblieben ist, sofern nicht der Vermieter den Mangel arglistig verschwiegen oder seine Abwesenheit zugesichert hat (§ 539 Satz 2 mit § 460). Nimmt der Mieter die mangelhafte Sache *in Kenntnis des Mangels an,* so stehen ihm die Rechte nur zu, wenn er sie sich bei der Annahme vorbehält (§ 539 Satz 2 mit § 464). Endlich verliert der Mieter seine Rechte wegen eines Sach- oder Rechtsmangels, wenn er dem Vermieter nicht die in § 545 vorgeschriebene Anzeige macht, und zwar

---

[88] Vgl. *Hassold,* NJW 75, 1863 (unter II).
[89] *Hassold,* NJW 75, 1863 (unter IV, 1); *Esser* 4. Aufl. § 70 II 1; *Staudinger/Emmerich* 5, *Emmerich/Sonnenschein,* Handkommentar 3, *MünchKomm/Voelskow* 7 vor § 537; *Palandt/Putzo* 1 c aa zu § 538 (erst ab Überlassung der Mietsache; dagegen *Hassold,* NJW 74, 1743 unter II 2a); *Erman/Schopp* 4 vor § 536; BGH, NJW 80, 777; BGHZ 93, 142 (auch vor Überlassung der Mietsache); *Otto,* JuS 85, 848. Zu der Frage, welcher Anwendungsbereich dem § 306 beim Mietvertrag verbleibt, und zur Rechtslage *vor* der Überlassung der Mietsache *Oehler,* JZ 80, 794.
[90] *Hassold,* NJW 75, 1863 (unter IV 2d); *Esser* 4. Aufl. § 70 II 1; *Soergel/Kummer* 4 zu § 537; *Palandt/Putzo* 1 c aa zu § 538; *Erman/Schopp* 7 vor § 536.
[91] BGH, NJW 80, 777. Dazu *Littbarski,* BB 81, 409.
[92] Vgl. *Weimar* S 54; *Palandt/Putzo* 1 c cc zu § 537; *Erman/Schopp* 3 vor § 536. Anders *Hassold* JuS 75, 550 (unter II 3); *Soergel/Kummer* 94 zu §§ 535, 536; *Esser/Weyers* § 15 IV 2a.
[93] Nicht genannt ist in § 539 der Erfüllungsanspruch (§ 536) in Gestalt des Anspruchs auf Beseitigung des Mangels. Für seine Einbeziehung *Wilhelm,* JZ 82, 488, 494f.

§ 48. Die Miete   III § 48

insoweit, als „der Vermieter infolge der Unterlassung der Anzeige Abhilfe zu schaffen außerstande war" (§ 545 Abs. 2).[94]

Die Rechte des Mieters für den Fall eines Sach- oder Rechtsmangels können zwar *im Vertrage ausgeschlossen oder beschränkt werden*.[95] Eine derartige Vereinbarung ist jedoch in dem Falle nichtig, daß der Vermieter einen Mangel arglistig verschwiegen hat (§ 540). Bei der Vermietung von *Wohnraum* sind die Rechtsfolgen des § 537 zugunsten des Mieters nicht abdingbar (Abs. 3). Durch Vertragsformulare und allgemeine Geschäftsbedingungen können, soweit das AGB-Gesetz anzuwenden ist, die Gewährleistungsrechte des Mieters, wenn man den § 11 Nr. 10 AGBG auch auf Gebrauchsüberlassungsverträge für anwendbar hält,[96] nicht ausgeschlossen und nur insoweit eingeschränkt werden, als diese Bestimmung das zuläßt. Hält man sie für unanwendbar, so richtet sich die Zulässigkeit nach § 9 AGBG.[97]

Neben den genannten Rechten steht dem Mieter auch das bereits erwähnte *Recht zu fristloser Kündigung* unter den in § 542 bestimmten Voraussetzungen zu, das bei Wohnraum unabdingbar ist. Auch dieses Recht entfällt jedoch unter den gleichen Voraussetzungen wie die übrigen Rechte (§ 543). Diesen Beschränkungen unterliegt dagegen nicht das Recht des Mieters von Wohnräumen zu außerordentlicher fristloser Kündigung im Falle ihrer gesundheitsgefährdenden Beschaffenheit (§ 544; vgl. unten VI c). Liegen die Voraussetzungen sowohl des § 538 (oder §§ 541 mit 538) wie des § 542 vor, so kann der Mieter das Mietverhältnis sofort (oder doch nach Verstreichen der Abhilfefrist) auflösen und *wegen des ihm bereits erwachsenen Schadens* Schadensersatz verlangen. Er kann aber auch Ersatz des ihm infolge der Kündigung und der dadurch herbeigeführten vorzeitigen Beendigung des Mietverhältnisses erwachsenen Schadens (z. B. der ihm entstehenden Umzugskosten) verlangen, sofern dieser Schaden eine „adäquate" Folge des vom Vermieter gemäß § 538 zu vertretenden Umstandes ist.[98]

---

[94] Das gleiche muß gelten, wenn der Mieter (oder Pächter) die Instandhaltung selbst übernommen und den ihm bekannten oder erkennbaren Mangel nicht beseitigt hatte; vgl. dazu die Entsch. des BGH in VersR 70, 84 (unter II 4).
[95] So auch *Enn./L.* § 128 III 4; *Soergel/Kummer* 28, *Palandt/Putzo* 1 d zu § 538; *Erman/Schopp* 16 zu § 537, 22 zu § 538. AA, aber ohne jegliche Begründung, das OLG Braunschweig, MDR 63, 416.
[96] Ob § 11 Nr. 10 AGBG auf alle Verträge über „Leistungen", bei denen den Verwender der AGB eine Gewährleistungspflicht trifft, daher auch auf Miet- u. Pachtverträge, oder nur auf solche Verträge anwendbar ist, die eine Lieferung oder eine Werkleistung zum Gegenstand haben, ist str. Für die Anwendung auch auf die Miete *Sonnenschein*, NJW 80, 1715; *MünchKomm* (Allg. Teil)/*Kötz* 78, *Palandt/Heinrichs* 10 cc vor a) zu § 11 AGBG; *Löwe/Graf v. Westphalen/Trinkner*, 2. Aufl. 18 Einl. zu § 11 Nr. 10 AGBG; dagegen *Ulmer/Brandner/Hansen*, 4. Aufl., 3 zu § 11 Nr. 10 AGBG und die dort Genannten; *Wolf/Horn/Lindacher* M 32 zu § 9 AGBG. Vgl. Allg. Teil § 29 a III b.
[97] Nicht ausgeschlossen werden kann § 537, wohl aber § 538 erste Alternative; zweifelhaft ist, ob die Haftung für leichte Fahrlässigkeit in den beiden anderen Alternativen des § 538 ausgeschlossen werden kann. Vgl. dazu *Wolf/Horn/Lindacher* M 34, 35 zu § 9 AGBG.
[98] HL; vgl. RGZ 64, 383; KG, JW 34, 1430; *Enn./L.* § 128 III 2; *Esser* 4. Aufl. § 70, III 6 aE; *Oertmann* 5; *Staudinger/Emmerich* 38; *Palandt/Putzo* 1 (vor a), RGRKomm. 1 h zu § 542.

IV. Die Rechtsstellung des Mieters im Verhältnis zu Dritten

Durch den Mietvertrag wird der Mieter dem Vermieter gegenüber, schuldrechtlich, zum Gebrauch und regelmäßig auch, nachdem ihm die Sache überlassen worden ist, zum Besitz berechtigt. Dagegen erhält er, anders als etwa ein Nießbraucher, **kein jedermann gegenüber wirksames dingliches Recht** an der Mietsache. Sie ist seiner Herrschaft lediglich vermöge der schuldrechtlichen Bindung des Vermieters, und damit auch grundsätzlich nur diesem gegenüber, unterworfen. Ist der Vermieter nicht der Eigentümer der Sache, so kann sich der Mieter dem Eigentümer gegenüber auf den Mietvertrag und das auf ihn gegründete *relative* Recht zum Besitz gegenüber seinem Vermieter nur dann berufen, wenn dieser dem Eigentümer gegenüber zum Besitz berechtigt ist (vgl. § 986 Abs. 1 Satz 1). Darum ist er zur Herausgabe der Sache an den Eigentümer genötigt, wenn der Vermieter beim Abschluß des Mietvertrages weder Eigentümer, noch seinerseits diesem gegenüber zum Besitz berechtigt war, oder wenn das Recht des Vermieters zum Besitz dem Eigentümer gegenüber fortgefallen ist. Es gibt nach der hL[99] auch keinen „gutgläubigen" Erwerb des Mietrechts vom Nichteigentümer. Befindet sich die Sache beim Abschluß des Mietvertrages im Besitze eines Dritten, so kann sie der Mieter von diesem aus eigenem Recht nicht herausverlangen, selbst wenn der Dritte sie ohne Recht besitzt; der Mieter kann sich nur an den Vermieter halten, damit ihm dieser den Besitz verschaffe. Kommt der Vermieter dieser Verpflichtung nicht nach, so hat der Mieter die eben dargelegten Rechte wegen Nichtgewährung des Gebrauchs, die sich sämtlich nur gegen den Vermieter richten. Das Recht des Mieters eines Grundstücks ist kein Recht „am" Grundstück und daher der Eintragung in das Grundbuch weder bedürftig noch fähig. Hat der Vermieter die Sache zweimal vermietet, so geht nicht, wie z. B. bei einem Pfandrecht (§ 1209), das ältere Mietrecht dem jüngeren vor. Der Vermieter ist vielmehr beiden Mietern zur Überlassung verpflichtet und macht sich dadurch, daß er die Sache einem von beiden übergibt, dem anderen gegenüber die Erfüllung seiner Leistungspflicht schuldhaft unmöglich. Gegenüber diesen unbezweifelten Rechtssätzen ist die früher von einigen vertretene These, das Mietrecht, wenigstens das des Grundstücksmieters, sei, wenn auch in irgendeinem abgeschwächten Sinne, ein dingliches Recht,[100] für das

---

[99] Für die Grundstücksmiete vertreten einige die Anwendung des § 893, indem sie die Einräumung des Gebrauchsrechts als eine Verfügung über das Eigentum ansehen; so *Otte* aaO. S. 573; *Canaris,* Festschr. f. *Flume* S. 403.

[100] So *Cosack,* Lehrb. 8. Aufl. II 1 S. 390; *Löning,* aaO.; *Wieacker,* Bodenrecht 261 („ein unvollkommenes, schwaches dingliches Recht"); heute wieder, aber nur für das Mietrecht an beweglichen Sachen (!), nach der Überlassung des Besitzes an den Mieter *Koch,* Ztschr. f. Raum- u. Mietrecht 1985, S. 187.

§ 48. Die Miete

Recht des BGB jedenfalls nicht zu halten.[101] In bezug auf den Schutz des Mieters gegenüber Dritten kann man allenfalls von einer gewissen ,,Verdinglichung" seiner Rechtsstellung sprechen.

Der Mieter ist dennoch, **sobald ihm der Besitz der Sache überlassen ist,**[102] Dritten gegenüber nicht ohne rechtlichen Schutz. Gegen eine vom Gesetz nicht ausdrücklich gestattete *Besitzentziehung oder Besitzstörung* stehen ihm dann nämlich sowohl das Selbsthilferecht wie die durch Klage zu verfolgenden Ansprüche (auf Wiedereinräumung des Besitzes, Beseitigung einer Störung und Unterlassung) des Besitzers (§§ 858 bis 862) zu. Der Mieter einer Wohnung kann also z. B. gegen einen Nachbarn, der ihn wiederholt durch übermäßigen Lärm oder andere Einwirkungen, die nicht auch der Eigentümer nach § 906 zu dulden verpflichtet wäre, in der Ausübung des Besitzes stört, gemäß § 862 Abs. 1 Satz 2 mit einer Unterlassungsklage vorgehen.[103] Der Besitzschutz steht ihm auch gegenüber dem Vermieter zu; der Mieter darf sich daher des unbefugten Eindringens des Vermieters in die dem Mieter überlassenen Räume sowie des Versuchs, ihm die vermietete bewegliche Sache ohne seinen Willen fortzunehmen, wenn nötig, mit Gewalt erwehren.

Wird ein Mieter dadurch *geschädigt,* daß ein Dritter unberechtigt und schuldhaft auf die Sache einwirkt, sie beschädigt oder auf andere Weise durch die Einwirkung den Gebrauch, den der Mieter von ihr zu machen berechtigt ist, beeinträchtigt, dann kann der Mieter Schadensersatz gemäß § 823 verlangen. Dieser Anspruch ergibt sich einmal aus § 823 Abs. 2 in Verb. mit § 858 (als ,,Schutznorm"), falls es sich um eine Entziehung oder Störung des Besitzes handelt, was regelmäßig der Fall sein wird. Aber auch in allen anderen Fällen gewährt die hL den Ersatzanspruch, und zwar nach § 823 Abs. 1, da der Besitz (nicht etwa: das Mietrecht) ein ,,sonstiges", jedermann gegenüber geschütztes Recht im Sinne dieser Bestimmung sei.[104] Diese Begründung ist freilich unhaltbar: der Besitz als die tatsächliche Sachherrschaft (§ 854) ist wohl ein rechtlich geschütztes Gut, wie eben die §§ 858ff. zeigen, aber gerade kein dingliches Recht, wie das Eigentum oder der Nießbrauch. Er ist daher auch nur vorläufig (bis zur endgültigen Klarstellung der Rechtslage im ,,petitorischen" Prozeß) geschützt; er ist nicht Gegenstand einer rechtsgeschäftlichen Verfügung und wird nicht in das Grundbuch

---

[101] So die durchaus hL; vgl. *Mittelstein/Stern* 727; *Enn./L.* § 127 I 6; *Esser* 4. Aufl. § 68 I; *Siber* 291 Anm. 22; *Titze* 164; *Staudinger/Emmerich* 5, 7 zu § 571; *Erman/Schopp* 1 vor § 535.
[102] Besitzüberlassung (§ 854) ist in der Regel erforderlich und genügend; einer Kundbarmachung des Besitzwechsels, etwa durch Anbringung eines Schildes, bedarf es nicht; BGHZ 65, 137. Zum Besitzschutz des Mieters *Otte* aaO. S. 465f.
[103] *Mittelstein/Stern* 733ff.; RGZ 105, 215.
[104] So RGZ 91, 66; 105, 218; 170, 1; v. *Tuhr* I 208; *Enn./L.* § 234 I 1 c; *Wolff/Raiser,* Sachenrecht § 16 I 3; *Westermann,* Sachenrecht § 8, 4; *Oertmann* 3e; *Erman/Drees* 30 zu § 823. Dagegen aber *Leonhard* B 569; *Kress* A 13, B 306 (der jedoch den Besitz den in § 823 Abs. 1 genannten Rechtsgütern gleichstellen will).

§ 48 IV 1. Abschn. 2. Kap. Gebrauchsüberlassung, volle Nutzung auf Zeit

eingetragen. Als „sonstiges Recht" im Sinne des § 823 Abs. 1 kann dagegen *das Recht des Mieters zum Besitz* angesehen werden.[105] Zwar kann dieses Recht, weil es auf dem Mietvertrage beruht, nur dem dinglichen Recht des Vermieters, nicht auch dem eines Dritten entgegengesetzt werden. Es ist aber seiner Struktur nach ein Herrschaftsrecht (d. h. ein Recht zu unmittelbarer Einwirkung auf die Sache), keine Forderung;[106] freilich nur ein *relatives* Herrschaftsrecht,[107] durch das die Sache dem Berechtigten eben nur im Verhältnis zwischen ihm und dem Vertragspartner (dem Vermieter) zugeordnet wird. Als „relatives Herrschaftsrecht" nimmt es eine Zwischenstellung zwischen den „absolut" geschützten Sachenrechten und den relativen Rechten, deren Haupttypus der „Anspruch" ist, ein; diese Zwischenstellung rechtfertigt es, Eingriffe Dritter in den Herrschaftsraum des Besitzers ebenso zu bewerten, wie Eingriffe in ein absolutes Recht, und ihm den Schutz des § 823 Abs. 1 zuteil werden zu lassen.

Ein besonderes Problem ergibt sich dann, wenn der Vermieter während der Mietzeit und *nach der Überlassung der Sache an den Mieter* sie **an einen Dritten veräußert**. Ist dann der Erwerber der Mietsache an das bestehende Mietverhältnis gebunden, anders ausgedrückt, wirkt das Recht des besitzenden Mieters zum Besitz auch ihm gegenüber, oder kann er auf Grund seines Eigentums die Sache ohne Rücksicht auf das Mietverhältnis sofort von dem Mieter herausverlangen? Es liegt auf der Hand, daß im letzten Fall die Stellung des Mieters eine äußerst unsichere wäre; er müßte jeden Augenblick darauf gefaßt sein, die Mietsache an einen neuen Eigentümer herausgeben zu müssen, und wäre dann auf einen Schadensersatzanspruch gegen seinen Vermieter (nach §§ 541, 538) beschränkt. So ist es indessen nicht; vielmehr wird der im Besitz befindliche Mieter im allgemeinen dem Erwerber gegenüber geschützt. Dabei macht es einen Unterschied, ob es sich um eine bewegliche Sache oder um ein Grundstück bzw. um einen Grundstücksteil (wie z. B. eine Wohnung) handelt.

Handelt es sich um eine *bewegliche Sache,* so kann ihre Veräußerung, wenn der Veräußerer nicht im (unmittelbaren) Besitze ist, nur nach § 931 durch Abtretung des Herausgabeanspruchs (gegen den im Besitz befindlichen Mieter) erfolgen. Dann aber kann der Mieter nach § 986 Abs. 2 dem neuen Eigentümer „die Einwendungen entgegensetzen, welche ihm gegen den abgetretenen Anspruch zustehen", d. h. sein Recht zum Besitz aus dem Mietverhältnis. Darin liegt eine gewisse Verdinglichung des – zunächst nur relativen – Rechts des Mieters zum Besitz, die durch dessen Struktur als Herrschaftsrecht (seine Zuordnungsfunk-

---

[105] So richtig RGZ 59, 328; *Löning* 154; *Siber* 451; *Dulckeit,* Die Verdinglichung obligatorischer Rechte, 1951, S. 15; der Sache nach auch *Palandt/Thomas* 6 b zu § 823 (zu ersetzen sei der Schaden, der „durch den Eingriff in das Besitzrecht verursacht" sei); *Medicus,* SchR II § 140 II 1; Bürgerl. R. Rdn. 607; *Esser/Weyers* § 55 I 2b; *Canaris,* Festschr. f. *Flume,* 1978, S. 401.
[106] Deshalb unterliegt es nicht der Verjährung; so auch RGZ 138, 298.
[107] Dazu *Diederichsen,* Das Recht zum Besitz aus Schuldverhältnissen, 1965, S. 87 ff.

§ 48. Die Miete

tion) ermöglicht, ja geradezu gefordert wird.[108] Doch beschränkt sich diese „Verdinglichung" auf die Möglichkeit der Abwehr des Herausgabeanspruchs des Eigentümers; Ansprüche aus dem Mietverhältnis, z. B. auf die Erhaltung der Mietsache in dem zum vertragsmäßigen Gebrauch geeigneten Zustande, stehen dem Mieter einer beweglichen Sache nur gegen den ursprünglichen Vermieter, nicht gegen den Erwerber zu.

Anders ist die Rechtslage, wenn es sich bei der Mietsache um ein **Grundstück** oder einen Grundstücksteil, also z. B. um eine Wohnung, handelt, und der Vermieter das Grundstück nach der Überlassung an den Mieter nunmehr an einen Dritten veräußert. Nach dem in weiten Teilen Deutschlands im 19. Jahrhundert geltenden „gemeinem Recht", von dem auch die Redaktoren des 1. Entwurfs zum BGB ausgingen, war der Mieter hier schutzlos; dem neuen Eigentümer, zu dem er in keiner rechtlichen Beziehung stand, mußte er das Grundstück oder die gemieteten Räume herausgeben („Kauf bricht Miete"). Unter dem Eindruck der daran geübten heftigen Kritik änderte die 2. Kommission den Entwurf zugunsten einer mieterfreundlichen Regelung, die dann Gesetz wurde. Gemäß § 571 Abs. 1 tritt der Erwerber[109] des Grundstücks kraft Gesetzes, und zwar für die Dauer seines Eigentums, **an Stelle des Vermieters in das Mietverhältnis ein**, so daß der Mieter nunmehr auch alle Ansprüche aus dem Mietverhältnis, soweit sie nach dem Eigentumsübergang entstehen,[110] den auf die Gebrauchsgewährung für die Zeit nach dem Eigentumsübergang, gegen ihn geltend machen kann.[111] Voraussetzung ist allerdings, daß der Veräußerer der Vermieter ist; ist er es nicht, wie im Falle eines Untermietverhältnisses, dann ist § 571 nicht anwendbar.[112] Es handelt sich, anders als im Falle des § 986 Abs. 2, nicht um eine beschränkte „Verdinglichung" nur des Rechts des Mieters zum Besitz, sondern um einen vom Gesetz im Interesse des Mieters und der Schaffung klarer Rechtsverhältnisse angeordneten *Übergang des ganzen Mietverhältnisses auf den neuen Eigentümer*.[113] Vom Erwerber

---

[108] Zur Verdinglichung relativer Rechte allgemein vgl. Allg. Teil § 13 III; *Canaris*, Festschr. f. *Flume*, 1978, S. 371; *Weitnauer*, Festschr. f. *Larenz*, 1983, S. 705.

[109] Wird das Grundstück geteilt und werden die Teile an verschiedene Erwerber veräußert, so sind diese gemeinschaftlich „der Erwerber"; sie schulden die Gebrauchsgewährung nach § 431 als Gesamtschuldner. So der BGH, NJW 73, 455.

[110] Die Rechtspr. geht in der Auslegung zugunsten des Mieters sehr weit. Der BGH hat den Erwerber für einen Mangelfolgeschaden gemäß § 538 in einem Fall haften lassen, in dem der Fehler schon zur Zeit des Abschlusses des Mietvertrages durch den Rechtsvorgänger des Erwerbers vorhanden, der Schaden und damit der Ersatzanspruch aber erst nach dem Eigentumsübergang entstanden war. So BGHZ 49, 350; zustimmend *Söllner*, JuS 70, 159. Das ist bedenklich, zumal der Erwerber nach Kaufrecht gegen den schuldlosen Veräußerer nicht Rückgriff nehmen kann.

[111] Bei der Vermietung lediglich von Außenwandflächen eines Hauses findet indessen § 571 keine Anwendung, da der soziale Schutzzweck des § 571 insoweit nicht zutrifft (vgl. LG Düsseldorf, NJW 65, 160). Zur Frage, ob § 571 auf ein zugunsten des Arbeitgebers des Mieters vereinbartes Belegungsrecht anwendbar ist, vgl. BGHZ 48, 244.

[112] Vgl. BGH, NJW 74, 1551; MünchKomm/Voelskow 10 zu § 571.

[113] Heute hL; so *Enn./L.* § 133, I 2; *Kress* B 81 ff.; *Titze* 164; *Esser/Weyers* § 22, 3; *Brox* Rdn. 195,

aus gesehen, bedeutet dies nun allerdings, daß er ein sich auf das von ihm erworbene Grundstück beziehendes Mietrecht (Besitz- und Gebrauchsrecht), wenn der Mieter im Besitze ist, *in derselben Weise gegen sich gelten lassen muß, wie ein an der Sache bestehendes dingliches Recht*,[114] und zwar ohne die Möglichkeit gutgläubigen lastenfreien Erwerbs, da ja das Mietrecht nicht in das Grundbuch eingetragen wird und daher der öffentliche Glaube des Grundbuchs den Erwerber insoweit nicht schützen kann. Gewarnt wird er allerdings dadurch, daß der Mieter im Besitz des Grundstücks oder der gemieteten Räume ist, denn § 571 greift ja erst nach deren Überlassung an den Mieter ein. Eine weitere Folge, die wir bereits kennen, ist, daß der Vermieter, der das Grundstück verkauft, dem Erwerber nach § 434 zur Beseitigung des Rechtes des Mieters verpflichtet ist und, wenn ihm das nicht gelingt, wegen des „Rechtsmangels" Schadensersatz zu leisten hat. Wenn der Erwerber das vermietete Grundstück weiter veräußert, tritt der neue Erwerber statt seiner in das Mietverhältnis ein (§ 579 Satz 1).

Der Schutz des Mieters ist geringer gegenüber demjenigen, der das Grundstück *in der Zwangsversteigerung erwirbt*. Zwar tritt auch dieser kraft Gesetzes in das Mietverhältnis ein – § 571 findet insoweit Anwendung (§ 57 ZVG) –, aber er ist berechtigt, das Mietverhältnis unter Einhaltung der normalen gesetzlichen Kündigungsfrist zu kündigen (§ 57a ZVG). Dieses Kündigungsrecht ist ausgeschlossen, wenn die Kündigung nicht für den ersten zulässigen Termin erfolgt. Einschränkungen dieses Kündigungsrechts ergeben sich aus § 57c ZVG (für den Fall, daß die Miete „zur Schaffung oder Instandsetzung des Mietraums" ganz oder zum Teil im voraus entrichtet war oder der Mieter oder ein anderer zu seinen Gunsten einen Baukostenzuschuß im Betrag von mehr als einer Jahresmiete gegeben hatte). Im Konkurse des Vermieters wirkt das Mietverhältnis auch dem Konkursverwalter gegenüber (§ 21 Abs. 1 KO); eine von diesem vorgenommene Veräußerung des Grundstücks hat dieselbe Wirkung wie eine Zwangsversteigerung (§ 21 Abs. 4 KO). Durch einen langfristigen Mietvertrag ist der Mieter also gegen vorzeitige Kündigung nicht jedem Erwerber des Grundstücks gegenüber geschützt, sondern in der Regel nur demjenigen gegenüber, der das Eigentum vom Vermieter durch Rechtsgeschäft oder als sein Ge-

---

196; *Siber* 288; *Medicus,* SchR II § 89 II 2a; *Staudinger/Emmerich* 6, 47, *Soergel/Kummer* 1, *Erman/Schopp* 10, *Beuthien/Medicus,* StudKomm. 3a zu § 571; aA (Zustandsobligation) *Oertmann* 3b zu § 571; *Löning* aaO. 161.

[114] Der Erwerber muß – so BGHZ 13, 1 – eine Vermietung durch den Veräußerer sogar dann gegen sich gelten lassen, wenn der Veräußerer sie erst vorgenommen hat, nachdem der Auflassungsanspruch des Erwerbers bereits durch die Eintragung einer Vormerkung gesichert war. § 883 Abs. 2 greife hier nicht, da die Vermietung auch in Verbindung mit der Einräumung des Besitzes an den Mieter keine Verfügung über das Grundstück sei. Sehr str.; vgl. *MünchKomm/Wacke* 42 zu § 883 mit weiteren Angaben. Als Verfügung sieht die Schaffung der durch § 571 geschützten Rechtsstellung *Canaris* aaO. S. 403 an.

§ 48. Die Miete

samtnachfolger erwirbt, sowie gegen denjenigen, der es in gleicher Weise von dem Erwerber erwirbt.

Der Übergang des Mietverhältnisses liegt insofern auch im Interesse des Erwerbers selbst, als dieser damit alle Ansprüche gegen den Mieter erlangt, die sich während der Dauer seines Eigentums aus dem Mietverhältnis ergeben; insbesondere also den Anspruch auf den Mietzins und die Rechte, die sich aus einem Zahlungsverzug des Mieters oder einer Verletzung seiner Vertragspflichten ergeben.[115] Hat der Mieter dem Vermieter eine Sicherheit geleistet, so tritt der Erwerber ebenfalls in die daraus sich ergebenden Rechte kraft Gesetzes ein (§ 572).

Dem Interesse des Mieters dient folgende Vorschrift: für den Fall, daß der Erwerber die für ihn entstehenden Verpflichtungen nicht erfüllt, haftet der ursprüngliche Vermieter für den dann von dem Erwerber geschuldeten Schadensersatz für eine gewisse Zeit wie ein Bürge, der auf die Einrede der Vorausklage verzichtet hat (§ 571 Abs. 2). Im Falle der Weiterveräußerung des Grundstücks haftet der ursprüngliche Vermieter, solange seine bürgenähnliche Haftung noch nicht erloschen ist, in derselben Weise auch für die Verpflichtung des neuen Erwerbers (§ 579 Satz 2). Dagegen haftet der mit der Übertragung an den zweiten Erwerber aus dem Mietverhältnis wieder ausscheidende erste Erwerber dem Mieter nicht. Zweifelhaft ist, ob er wenigstens dann haftet, wenn der ursprüngliche Vermieter zur Zeit der Weiterveräußerung an den zweiten Erwerber gemäß § 571 Abs. 2 Satz 2 von seiner Haftung schon befreit war.[116] Der BGH wendet § 571 Abs. 2 entsprechend auch auf den Fall an, daß der Erwerber dem Mieter nach dem Mietvertrage nicht zum Schadensersatz, sondern zu einer anderen Geldleistung verpflichtet ist.[117]

Infolge des Übergangs des Mietverhältnisses auf den Erwerber stehen nach dem Eigentumswechsel die Mietzinsansprüche, die die Zeit betreffen, während der der Erwerber aufgrund des § 571 dem Mieter den Gebrauch zu gewähren hat,[118] nicht mehr dem ursprünglichen Vermieter, sondern dem Erwerber des Grundstücks als demjenigen zu, der jetzt die Stellung des Vermieters hat. **Vorausverfügungen** des alten Vermieters über derartige Mietzinsansprüche würden daher nicht wirksam werden, weil die Verfügungsmacht (noch) in dem Augenblick vorliegen muß, in dem die Verfügung wirksam werden soll, der bisherige Vermieter sie dann aber bereits verloren hat.[119] Ebenso wären **Vorauszahlungen** des Mieters auf die künftigen Mietzinsschulden unwirksam, da im Augenblick ihrer Entstehung der bisherige Vermieter nicht mehr ihr Gläubiger wäre. Der Mieter müßte daher an den neuen Eigentümer als den nunmehrigen Gläubiger

---

[115] Ebenso der Anspruch auf Rückgabe der Mietsache nach Beendigung des Mietverhältnisses (§ 556 Abs. 1), der Anspruch im Falle der Nichtrückgabe gemäß § 557 Abs. 1 sowie der auf Ersatz des Verzugsschadens wegen des Räumungsverzugs, und zwar auch dann, wenn das Mietverhältnis schon vor dem Eigentumswechsel (als Dauerverhältnis) beendet, in ein Abwicklungsverhältnis übergegangen war; der Erwerber tritt auch in dieses ein. So der BGH, BGHZ 72, 147.
[116] Dafür mit guten Gründen *Leonhard* B 169; *Enn./L.* § 133 II 2; *Oertmann* zu § 579.
[117] BGHZ 51, 273 = JZ 69, 633 m. Anm. von *Söllner*.
[118] Die hL stellt darauf ab, ob die Mietzinsansprüche vor oder nach dem Eigentumsübergang *fällig* werden. (Vgl. *Palandt/Putzo* 4a; *Staudinger/Emmerich* 54 zu § 571.) Den Vorzug verdient die Ansicht von *Heck* (S. 316), entscheidend sei der Zeitraum der Entgeltsbeziehung. Unter den „Mietzins, der auf die Zeit der Berechtigung des Erwerbers entfällt", (§ 573) ist *der* Mietzins zu verstehen, der das Entgelt für den Mietgebrauch dieser Zeit darstellt. Der BGH ist in BGHZ 37, 346 aE von der Maßgeblichkeit des Fälligkeitszeitpunktes abgerückt.
[119] So auch *v. Tuhr*, Allg. Teil Bd. II S. 392f. Vgl. dazu ferner *MünchKomm/Thiele* 27ff., *Palandt/Heinrich* 1 c bb zu § 185. Anders *Esser/Weyers* § 22 IV.

erneut zahlen. Diese Rechtsfolgen werden vom Gesetz abgemildert. Hat der Vermieter vor dem Übergang des Mietverhältnisses über die Mietzinsforderung für einen Zeitabschnitt, der nach dem Übergang liegt, zugunsten eines Dritten im voraus – z. B. durch Abtretung oder Verpfändung – verfügt, so ist die Verfügung insoweit noch wirksam, als sie sich auf den Mietzins für den zur Zeit des Eigentumsüberganges laufenden Kalendermonat, unter Umständen auch noch für den folgenden Monat, bezieht (§ 573 Satz 1). Die zweite Gesetzeskommission war der Auffassung,[120] Verfügungen über den Mietzins für die nächste Zeit seien oft für den Vermieter eine wirtschaftliche Notwendigkeit; deshalb müßten sie ihm auch mit Wirkung gegenüber dem Erwerber ermöglicht werden. Eine Verfügung über den Mietzins für eine spätere Zeit muß der Erwerber des Grundstücks ferner dann gegen sich gelten lassen, wenn er sie zur Zeit des Eigentumsüberganges kennt (§ 573 Satz 2). Die Bestimmung des § 573 schützt, im Interesse des Eigentümer-Vermieters, dem dadurch Vorausverfügungen in gewissen Grenzen ermöglicht werden, denjenigen, zu dessen Gunsten er verfügt hat – auf Kosten des Grundstückserwerbers; sie schränkt insoweit den § 571 ein. Der Mieter wird, falls er *den Mietzins im voraus entrichtet* oder sonst über den künftigen Mietzins mit dem Vermieter ein Rechtsgeschäft vorgenommen (z. B. Stundung vereinbart) hat, insoweit geschützt, als sich die Zahlung oder das Rechtsgeschäft auf keinen späteren Kalendermonat als den bezieht, in dem der Mieter *von dem Eigentumsübergang Kenntnis erlangt;* unter Umständen auch noch auf den folgenden (§ 574 Satz 1). Der Erwerber muß eine derartige Zahlung oder ein derartiges Rechtsgeschäft gegen sich gelten lassen, sofern nicht der Mieter bei der Vornahme von dem schon erfolgten Eigentumsübergange Kenntnis hatte (§ 574 Satz 2). Soweit die Zahlung des Mietzinses hiernach dem Erwerber gegenüber wirksam wäre, behält der Mieter eine *Aufrechnungsmöglichkeit,* die er vor der Erlangung der Kenntnis des Eigentumsüberganges gehabt hat (§ 575). Die §§ 573, 574 sind ersichtlich auf Mietverträge zugeschnitten, bei denen der Mietzins in wiederkehrenden Raten, die jeweils das Entgelt für einen Zeitabschnitt darstellen, zu zahlen ist. Sie sind auch anzuwenden, wenn der Mietzins zwar auf einmal für die ganze Dauer der Miete zu zahlen, aber im Vertrage nach Zeitabschnitten *bemessen* ist.[121] Dies gilt indessen, wie alsbald darzulegen ist, nicht, wenn der im voraus gezahlte Mietzins als Baukostenzuschuß gegeben und verwendet worden ist. Hat endlich der Vermieter *dem Mieter angezeigt,* daß er das Eigentum an einen Dritten übertragen habe, so wird der Mieter geschützt, wenn er an den Dritten den Mietzins zahlt oder mit ihm ein Rechtsgeschäft über den Mietzins vornimmt: die Zahlung

---

[120] Vgl. *Mugdan* II S. 823. Wegen der damals – bis etwa zum 1. Weltkrieg – üblichen vierteljährlichen Mietzahlung wählte man das laufende Kalendervierteljahr, später wurde dieses auf den Kalendermonat verkürzt.

[121] So der BGH, in Abweichung von der Rechtspr. des RG; vgl. BGHZ 37, 346.

oder das Rechtsgeschäft ist dem Vermieter gegenüber wirksam, auch wenn die angezeigte Eigentumsübertragung nicht erfolgt oder nicht wirksam ist (§ 576). Die Vorschrift entspricht dem § 409 (vgl. Bd. I § 34 IV). Das dazu Bemerkte gilt auch hier.

Die dargestellten Vorschriften (über den Übergang des Mietverhältnisses, die begrenzte Wirksamkeit von Vorausverfügungen und Vorauszahlungen und den Vertrauensschutz des Mieters nach § 576 finden auch dann Anwendung, wenn der Vermieter nach der Überlassung des Besitzes das Grundstück zwar nicht an einen Dritten veräußert, aber zugunsten eines Dritten *mit einem dinglichen Recht* wie Erbbaurecht oder Nießbrauch *belastet*, durch dessen Ausübung dem Mieter der vertragsmäßige Gebrauch entzogen werden würde (§ 577 Satz 1). Es handelt sich um solche Rechte, die dem Berechtigten ein absolutes, d. h. jedermann gegenüber wirksames Recht zum Besitz geben, wozu außer den genannten noch das dingliche Wohnungsrecht gemäß § 1093 (vgl. den Hinweis auf § 1036 Abs. 1) gehört.[122] Die Vermieterstellung geht also auf den dinglich Berechtigten über, dieser muß dem Mieter für die vereinbarte Dauer der Mietzeit oder bis dem Zeitpunkt, zu dem nach dem Mietvertrage die Kündigung zulässig ist, den Besitz belassen und die übrigen Vermieterpflichten erfüllen und erhält dafür den Anspruch auf den Mietzins sowie nach Beendigung der Miete das Recht, die Herausgabe der Mietsache zu verlangen. Handelt es sich dagegen um ein Recht, dessen Ausübung ,,nur eine Beschränkung des Mieters in dem vertragsmäßigen Gebrauche" zur Folge haben würde – z. B. um das Recht, einen über das vermietete Grundstück führenden Weg zu benutzen, das in der Form einer Grunddienstbarkeit oder einer beschränkten persönlichen Dienstbarkeit (§§ 1018, 1090) bestellt werden kann –, so geht zwar das Mietverhältnis nicht über, doch ist der Berechtigte dem Mieter gegenüber verpflichtet, die Ausübung insoweit zu unterlassen, als sie den vertragsmäßigen Gebrauch des Mieters beeinträchtigen würde (§ 577 Satz 2). Auch hier geht das seinem Ursprung nach nur relative Recht des Mieters zum Besitz dem dinglichen Rechte des Dritten vor, was wiederum eine gewisse Verdinglichung des Besitzrechts bedeutet.[123]

Wenn der Mieter einer neu erbauten oder wiederaufgebauten Wohnung – wie das zur Zeit der Wohnungsnot nach dem 2. Weltkrieg teilweise üblich geworden war – dem Vermieter zwecks Erlangung des Mietrechts einen auf die Mietzinszahlungen anzurechnenden oder später zurückzuzahlenden[124] **Baukostenzuschuß** gezahlt hat, dann fragt es sich, ob im Falle der Veräußerung des Grundstücks der *Erwerber*, im Falle der Zwangsversteigerung der *Ersteher* die mit dem ersten Vermieter getroffenen Abreden über die Rückzahlung des Zuschusses oder seine Anrechnung auf die Mietzinsen gegen sich gelten lassen muß. Hierzu hat die Rechtsprechung bestimmte Grundsätze entwickelt,[125] die auch dann anwendbar sind, wenn der vom Mieter gezahlte Betrag nicht für den Aufbau, sondern für den weiteren Ausbau der Mietwohnung, ihre ,,Modernisierung", bestimmt und auch verwendet worden ist.

1. Ist im Mietvertrag (oder später) vereinbart worden, daß der Zuschuß in bestimmter Höhe **auf die Mietzahlungen anzurechnen** sei, so gelten die anzu-

---

[122] Dazu BGHZ 59, 51. Der Inhaber des Wohnungsrechts wird Gläubiger der Mietzinsansprüche und bleibt es, ohne Rücksicht darauf, ob der Eigentümer die (weitere) Überlassung der Räume an den Mieter dem Wohnungsberechtigten gemäß § 1092 Abs. 1 Satz 2 gestattet oder nicht.
[123] Zur Konstruktion vgl. *Dulckeit* aaO. S. 22 f.
[124] Über sog. ,,verlorene Baukostenzuschüsse" vgl. unten VII a.
[125] Vgl. im näheren *Erman/Schopp* 5 ff. vor § 573.

rechnenden Beträge als *im voraus geleistete Mietzahlungen*. Es müßte also, im Falle des Überganges des Mietverhältnisses nach § 571, der § 574 zur Anwendung kommen, d. h. der Erwerber brauchte sich die Vorauszahlung nur noch für eine kurze Zeit auf den nun ihm zustehenden Mietzinsanspruch anrechnen zu lassen. Die Rechtsprechung schränkt hier aber den allgemeinen Grundsatz sehr viel weitergehend ein, indem sie die ,,Vorauszahlung" *unbefristet* und somit in voller Höhe auch dem Erwerber gegenüber wirken läßt, wenn nur der gegebene Zuschuß tatsächlich für den Bau oder die Instandsetzung der Wohnung verwandt worden ist. Dies wird vom BGH damit begründet, daß durch die Leistung des Mieters und durch ihre Verwendung für die Wohnung ein sachlicher ,,Wert" geschaffen sei, der mindestens für die Zukunft dem Eigentümer zugute komme.[126] Im Falle *vorzeitiger Beendigung* des Mietverhältnisses ist der im voraus gezahlte Mietzins nach Maßgabe des § 557a (früher § 555) vom Vermieter an den Mieter zurückzuzahlen (vgl. unten VIa). Diese Pflicht zur Rückzahlung ist eine Pflicht ,,aus dem Mietverhältnis", die, wenn das Mietverhältnis nach dem Übergang des Eigentums vorzeitig beendet wird, gemäß § 571 den Erwerber oder den Ersteher in der Zwangsversteigerung trifft.[127]

2. Die gleichen Grundsätze gelten dann, wenn der Mieter den Baukostenzuschuß **als Darlehen** gegeben hat und wenn vereinbart ist, dieses solle in Raten zurückgezahlt werden, die gegen entsprechende Teile der Mietraten *verrechnet* würden. Das ,,Darlehen" ist in diesem Fall entweder eine (verdeckte) Mietvorauszahlung, oder es steht doch mit dem Mietverhältnis in einem so engen Zusammenhang, daß die Pflicht des Vermieters, es in Anrechnung auf die Mietzinsen zurückzuerstatten, als eine Verpflichtung ,,aus dem Mietverhältnis" erscheint, die nach § 571 vom Zeitpunkt des Eigentumsübergangs an den Erwerber des Grundstücks trifft.[128] Erforderlich ist, daß das Darlehen in solcher Weise mit dem Mietvertrag gekoppelt ist, daß seine Hingabe, wirtschaftlich gesehen, als Teil des vom Mieter zu erbringenden Entgelts erscheint.[129] Das ist dann nicht der Fall, wenn der Vermieter das Darlehen angemessen verzinst und unabhängig von dem Mietverhältnis zurückzuzahlen hat. In einem solchen Fall hat der Erwerber des Grundstücks für die Rückzahlung nur einzustehen, wenn er die Darlehensschuld vertraglich übernommen hat oder ihr beigetreten ist.

Der gesetzliche Übergang des Mietverhältnisses auf den Grundstückserwerber gemäß § 571 (oder auf denjenigen, dem der Vermieter ein dingliches Recht am

---

[126] BGHZ 6, 202, 206; 15, 296, 304; 37, 346, 349; BGH, NJW 59, 380.
[127] BGHZ 16, 31, 36; 53, 35, 38. Dies gilt jedoch nicht für einen *Altenheimvertrag;* so der BGH, NJW 82, 221. Dieser sei ein gemischter Vertrag, dessen Schwerpunkt nicht in seinen mietrechtlichen, sondern in seinen dienstvertraglichen Elementen liege; deshalb sei § 571 auf ihn nicht anwendbar.
[128] BGHZ 16, 31, 33; 53, 35, 37. Im Falle vorzeitiger Beendigung des Mietverhältnisses ist der noch nicht getilgte Betrag zurückzuerstatten; BGH, NJW 70, 1124.
[129] Sehr weitgegangen ist das OLG Frankfurt, NJW 64, 453.

Grundstück bestellt, gemäß § 577) hat zur Voraussetzung, daß das Grundstück schon *vor* der Veräußerung oder Belastung an den Mieter in Erfüllung des Mietvertrages überlassen war. Die §§ 571 Abs. 1 und 577 finden jedoch auch dann Anwendung, wenn die Überlassung an den Mieter noch nicht stattgefunden hatte, falls nur, wie es in § 578 heißt, ,,der Erwerber dem Vermieter gegenüber die Erfüllung der sich aus dem Mietverhältnis ergebenden Verpflichtungen übernommen hat". Die zwischen dem Vermieter und dem Erwerber (des Eigentums oder des dinglichen Rechts) vereinbarte **Erfüllungsübernahme** hat also kraft Gesetzes in Verbindung mit dem Eigentumsübergang oder der Bestellung des dinglichen Rechts unter den Vertragsschließenden und im Verhältnis zum Mieter die Folge einer *Vertragsübernahme,* ohne daß es hierzu der Zustimmung des anderen Vertragsteils, des Mieters, bedürfte. Auch darauf, ob der Erwerber den betreffenden Mietvertrag kennt, kommt es dann, wenn er die Verpflichtungen aus bestehenden Mietverträgen übernommen hat, nicht an.[130] Die Vorschrift ist insofern rechtstechnisch und rechtsdogmatisch einzigartig, als einem vereinbarten Vertrag – der Erfüllungsübernahme – hier die weitergehende Folge eines anderen, nicht vereinbarten Vertragstypus – eben einer Vertragsübernahme – vom Gesetze beigelegt wird; eine eigentümliche Verbindung von Parteiwillensherrschaft (Privatautonomie) und Gesetzesherrschaft.

V. Das Pfandrecht des Vermieters

Grundstücke, Gebäude und Räume werden in der Regel für einen längeren Zeitraum, nicht nur für einige Tage, vermietet. Daß dann der Mieter den Mietzins für die ganze Mietzeit im voraus bezahlt, kommt kaum vor; vielmehr wird der Mietzins jeweils für einen bestimmten Zeitabschnitt entrichtet. Auch wenn der Mieter, entgegen der Dispositivnorm des § 551 Abs. 1 Satz 2, den Mietzins *für die einzelnen Zeitabschnitte* im voraus zahlt, leistet doch der Vermieter insofern immer vor, als er dem Mieter den Besitz überlassen hat. Kommt der Mieter dann seiner Zahlungspflicht nicht nach, so ist der Vermieter ihm gegenüber in einer ungünstigen Position, da er seine Leistung nun nicht mehr zurückhalten kann und die Räumung, auch wenn er gemäß § 554 fristlos kündigt, besonders bei Wohnraum erst nach längerer Zeit durchsetzen kann. Zum Ausgleich dafür gewährt ihm das Gesetz für seine Forderungen aus dem Mietverhältnis ein Pfandrecht an den ,,eingebrachten Sachen des Mieters" (§ 559). Damit erhält der Vermieter eine dingliche Sicherung sowohl für seine Mietzinsforderung wie für andere Geldansprüche, insbesondere Schadensersatzansprüche wegen einer Beschädigung der Mietsache oder schuldhafter Verletzung der Obhutspflicht. An-

---

[130] Vgl. BGH, LM Nr. 1 zu § 578 (unter bb).

§ 48 V   1. Abschn. 2. Kap. Gebrauchsüberlassung, volle Nutzung auf Zeit

deren Gläubigern des Mieters gegenüber verschafft sie ihm den Vorrang und damit eine erhöhte Sicherheit.

Das Pfandrecht steht nur dem *Vermieter eines Grundstücks* (also auch eines Grundstückteils, insbesondere eines Gebäudes oder Gebäudeteils, einer Wohnung oder eines Zimmers) zu. Es besteht an den *in das Grundstück eingebrachten, pfändbaren Sachen, die dem Mieter selbst* – nicht auch an denen, die seinen Angehörigen oder sonstigen Mitbewohnern – gehören. Hat der Mieter solche Sachen erst unter Eigentumsvorbehalt erworben, so entsteht das Pfandrecht des Vermieters als dingliche Belastung an der Eigentumsanwartschaft des Mieters. Mit deren Umwandlung zum vollen Eigentum verwandelt es sich in eine Belastung des Eigentums, in ein Pfandrecht an der Sache selbst.[131] ,,Eingebracht" sind die Sachen, wenn sie mit dem Willen des Mieters in die von ihm gemieteten Räume zu einem nicht nur vorübergehenden Zweck hineingebracht sind. Der Wille des Mieters bezieht sich dabei lediglich auf das ,,Hineinbringen zu einem nicht nur vorübergehenden Zweck", nicht etwa auf die Entstehung des Pfandrechts. Dieses entsteht vielmehr ohne darauf gerichteten Willen als gesetzliche Folge des ,,Einbringens". Es handelt sich also nicht um einen rechtsgeschäftlichen oder auch nur ,,rechtsgeschäftsähnlichen" (auf Rechtsverhältnisse Bezug nehmenden), sondern um einen rein tatsächlichen Willen; demgemäß genügt die natürliche Willensfähigkeit, auf Geschäftsfähigkeit kommt es nicht an.[132] Erwirbt der Mieter an einer Sache das Eigentum erst, nachdem sie eingebracht war, so entsteht das Pfandrecht in dem Augenblick des Eigentumserwerbs, vorausgesetzt, daß sie sich dann noch auf dem Grundstück befindet. An Sachen, die dem Mieter nicht gehören, erwirbt der Vermieter auch dann kein Pfandrecht, wenn er *gutgläubig* annahm, sie gehörten ihm. Die Vorschriften über den gutgläubigen Erwerb eines vertraglichen Pfandrechts vom Nichteigentümer (§ 1207) können auch nicht entsprechend angewandt werden, weil das gesetzliche Pfandrecht des Vermieters nicht, wie der Erwerb eines vertraglichen Pfandrechts, an den Besitzerwerb geknüpft ist.[133]

Auf das Pfandrecht des Vermieters finden die Vorschriften über das durch Rechtsgeschäft bestellte Pfandrecht (§§ 1205 ff.) entsprechende Anwendung (§ 1257), soweit sich nicht ein anderes eben daraus ergibt, daß der Vermieter nicht im Besitz der Sache ist, und soweit nicht durch die §§ 559 ff. eine Sonderregelung gegeben ist. Die Verwertung der Pfandsachen erfolgt danach *durch Verkauf* (§ 1228 Abs. 1); regelmäßig im Wege öffentlicher Versteigerung (§ 1235)

---

[131] So die heute hL; vgl. statt aller *Serick*, Eigentumsvorbehalt und Sicherungsübertragung Bd. I, S. 279 ff.; BGH, NJW 65, 1475.
[132] Str. Vgl. RGZ 132, 120; *Mittelstein/Stern* 535; *Enn./L.* § 131 I 1; *Leonhard* B 157; *Staudinger/Emmerich* 10; *Soergel/Kummer* 24, *Erman/Schopp* 5 zu § 559.
[133] HL; vgl. *Wolff/Raiser*, Sachenrecht § 163 III; *Westermann*, Sachenrecht § 133 I; *Palandt/Degenhart* 2 zu § 1257 und BGHZ 34, 153 (für gesetzliches Unternehmerpfandrecht nach § 647).

§ 48. Die Miete V § 48

nach Maßgabe der Vorschriften der §§ 1234 bis 1240. Der Vermieter ist zum Verkauf erst berechtigt, wenn er eine fällige Geldforderung hat (§ 1228 Abs. 2). Da der Verkauf voraussetzt, daß der Vermieter im Besitz der zu verkaufenden Sachen ist, kann er in diesem Fall von dem Mieter die Herausgabe einzelner, dem Pfandrecht unterliegender Sachen, und zwar so vieler, wie zu seiner Befriedigung erforderlich sind (§ 1230), verlangen.[134]

Das Pfandrecht besteht an jeder einzelnen Sache grundsätzlich *bis zu ihrer Entfernung vom Grundstück*. Es besteht auch danach weiter, wenn die Entfernung „ohne Wissen oder unter Widerspruch des Vermieters" erfolgt ist. Der Widerspruch ist indessen unbeachtlich, wenn die Entfernung „im regelmäßigen Betriebe des Geschäfts des Mieters oder den gewöhnlichen Lebensverhältnissen entsprechend erfolgt oder wenn die zurückbleibenden Sachen zur Sicherung des Vermieters offenbar ausreichen" (§ 560). In diesen Fällen erlischt das Pfandrecht folgerichtig auch dann, wenn die Sachen ohne Wissen des Vermieters entfernt werden.[135] Das ist zwar dem Text des Gesetzes nicht ohne weiteres zu entnehmen. Es ist jedoch zu bedenken, daß ein Kaufmann, der regelmäßig in seine Geschäftsräume Waren hereinnimmt und sie alsbald wieder veräußert, keinesfalls dem Vermieter von jeder Veräußerung – vielleicht hunderten am Tage! – Mitteilung machen wird; ebensowenig der Wohnungsmieter, der sich entschließt, sich von einigen alten Sachen zu trennen oder sie zur Reparatur wegzubringen. Die Bedeutung des 2. Satzes wäre daher gering, bliebe das Pfandrecht in allen diesen Fällen mangels Kenntnis des Vermieters von der Entfernung doch bestehen – und das, obgleich der Vermieter auch im Falle der Kenntnis sein Erlöschen nicht einmal durch seinen Widerspruch verhindern könnte! Man wird daher den § 560 sinngemäß so auslegen müssen, daß es auf das Wissen des Vermieters nur dann ankommt, wenn dieser die Möglichkeit hat, das Erlöschen des Pfandrechts durch seinen Widerspruch zu hindern.

Um ihm die Möglichkeit einer Befriedigung aus seinem Pfandrecht zu erhalten, die durch eine Entfernung der Sachen von dem Grundstück erschwert oder ganz vereitelt werden könnte, gibt das Gesetz dem Vermieter, sofern er der Entfernung zu widersprechen berechtigt ist, ein *erweitertes Selbsthilferecht* (§ 561 Abs. 1) und ein *Herausgaberecht* (§ 561 Abs. 2). Auf Grund des erweiterten Selbsthilferechts darf der Vermieter „auch ohne Anrufen des Gerichts" – also selbst, wenn er eine einstweilige Verfügung rechtzeitig zu erwirken vermöchte – die Entfernung verhindern und, wenn der Mieter auszieht, die Sachen in seinen Besitz nehmen. Welche Mittel der Vermieter im einzelnen anwenden darf, um die genannten Ziele zu erreichen, sagt das Gesetz nicht; er darf jedenfalls hierbei nicht weiter gehen, als nach den Umständen des Falles erforderlich ist. Insoweit

---

[134] *Mittelstein/Stern* 592; *Staudinger/Emmerich* 6 zu § 559.
[135] Ebenso *Mittelstein/Stern* 571; *Enn./L.* § 131 II; *Esser* 4. Aufl. § 71 II 6; *Palandt/Putzo* 3a zu § 560. Anders O. *Werner*, JR 72, 235; gegen ihn *Trenk/Hinterberger*, JR 73, 139.

enthält § 230 Abs. 1 einen allgemeinen Rechtsgedanken, der auch hier zu beachten ist.[136] Soweit das Vorgehen des Vermieters hiernach gerechtfertigt ist, muß der Mieter es dulden und handelt daher seinerseits rechtswidrig, wenn er sich widersetzt. Sind die Sachen aber einmal entfernt, so steht dem Vermieter ein Selbsthilferecht nur noch unter den Voraussetzungen des § 229 zu. Das Herausgaberecht setzt voraus, daß der Vermieter der Entfernung, sofern sie nicht ohne sein Wissen geschah, tatsächlich widersprochen hat. Es richtet sich gegen den, der die Sache jetzt besitzt und geht regelmäßig auf Herausgabe zum Zweck der Zurückschaffung in das Grundstück. Ist aber der Mieter ausgezogen, so kann der Vermieter jetzt die Überlassung des Besitzes verlangen. Der Herausgabeanspruch besteht nur so lange wie das Pfandrecht. Dieses erlischt, wenn ein Dritter gutgläubig ,,lastenfreies" Eigentum erwirbt (§ 936); ferner einen Monat, nachdem der Vermieter von der Entfernung Kenntnis erlangt hat, sofern er nicht den Anspruch bis dahin gerichtlich geltend gemacht hat (§ 561 Abs. 2 Satz 2).

Das Pfandrecht besteht nur für die Forderungen des Vermieters ,,aus dem Mietverhältnis". Dazu gehören die Mietzinsforderungen, auch der Anspruch auf einen vom Mieter zugesagten Baukostenzuschuß, auf Nebenleistungen, zu denen sich der Mieter im Vertrage verpflichtet hat, auf Schadensersatz wegen Verzuges oder positiver Vertragsverletzung, auf Zahlung einer verwirkten Vertragsstrafe – nicht aber der Anspruch auf Rückzahlung eines dem Mieter zwecks Durchführung eines von ihm übernommenen Umbaus, insofern im Zusammenhang mit dem Mietverhältnis, vom Vermieter gewährten Darlehens.[137] Das Pfandrecht kann nicht geltend gemacht werden – auch nicht durch Selbsthilfe – für künftige Entschädigungsforderungen des Vermieters; für künftige Mietzinsforderungen nur, soweit sie sich auf das laufende und das folgende Mietjahr (nicht Kalenderjahr) beziehen (§ 559 Satz 2). Der Mieter kann die Geltendmachung in jedem einzelnen Fall durch Sicherheitsleistung abwenden; die Höhe der Sicherheit bestimmt sich nach der Höhe der geltend gemachten, durch das Pfandrecht gesicherten Forderung.[138] Der Mieter kann ferner jede einzelne Sache dadurch von dem Pfandrecht befreien, daß er in Höhe ihres Wertes Sicherheit leistet (§ 562). Wird eine dem Pfandrecht unterliegende Sache von einem anderen Gläubiger des Mieters gepfändet, so ist der Vermieter nicht berechtigt, ihrer Wegschaffung durch den Gerichtsvollzieher zu widersprechen. Er kann aber im Wege der Klage gegen den Pfändungspfandgläubiger gemäß § 805 ZPO vorzugsweise Befriedigung aus dem Erlöse verlangen,[139] jedoch (gemäß § 563) nicht wegen des Mietzinses für eine Zeit, die länger zurückliegt als ein Jahr, gerechnet von der Pfändung an. Pfändet der Vermieter selbst (auf Grund eines vollstreckbaren Titels gegen den Mieter) eine Sache des Mieters, die dem Vermieterpfandrecht unterliegt, so soll das nach hL nicht als Geltendmachung des Vermieterpfandrechts, sondern als eine gewöhnliche Pfändung anzusehen sein, so daß dadurch neben dem Vermieterpfandrecht ein zweites Pfandrecht, ein Pfändungspfandrecht, entsteht.[140] Im Konkurse des Mieters gewährt

---

[136] Vgl. *Mittelstein/Stern* 577; über polizeiliches Einschreiten ebendort 581. Überschreitet der Vermieter die Grenzen des ihm gegebenen Selbsthilferechts, so ist der Mieter insoweit zur Notwehr berechtigt. Der Vermieter wird aber schadensersatzpflichtig nur, wenn ihm wenigstens Fahrlässigkeit zur Last fällt; § 231 ist nicht anwendbar.
[137] BGHZ 60, 22.
[138] *Mittelstein/Stern* 563. Teilweise abw. *Oertmann* 1a zu § 562.
[139] Dies aber nur insoweit, als nicht die zurückgebliebenen Sachen zu seiner Sicherung offenbar ausreichen. Der Pfändungsgläubiger kann also, wenn die zurückgebliebenen Sachen ausreichen, den Vermieter in entsprechender Anwendung des § 560 Satz 2 auf diese verweisen. So BGHZ 27, 227 im Anschluß an RGZ 71, 415 und die hL.
[140] *Mittelstein/Stern* 593, 597; *Oertmann* 1b (am Ende) zu § 560; *Staudinger/Emmerich* 63; *Palandt/Putzo* 1; *Erman/Schopp* 4 zu § 559.

das gesetzliche Pfandrecht dem Vermieter das Recht zu abgesonderter Befriedigung wegen seiner gesicherten Forderungen, mit gewissen Einschränkungen (§§ 48, 49 Nr. 2 KO).

Die praktische Bedeutung des Vermieterpfandrechts ist eher gering,[141] da seine Realisierung umständlich ist, die Versteigerung gewöhnlicher Haushaltsgegenstände – soweit sie nicht überhaupt unpfändbar sind – wenig einbringt und an neuen, wertvollen Sachen oft der Eigentumsvorbehalt des Lieferanten besteht, die Verwertung des Anwartschaftsrechts wiederum wenig einbringen wird. Zudem nützt das Pfandrecht dem Vermieter nicht mehr, wenn der Mieter – mit seinem Einverständnis – ausgezogen ist und der Vermieter nun erst die Schäden feststellen kann, für die der Mieter einstehen muß. Um sich auch für diesen Fall – wegen seines Schadensersatzanspruchs und etwa rückständiger Mietzinsen – zu sichern, verlangen viele Vermieter vom Mieter bei Beginn des Mietverhältnisses die Stellung einer Sicherheit, meist in Gestalt einer sog. **Mietkaution.** Sie besteht in einer Geldsumme, die der Vermieter nach Beendigung des Mietverhältnisses an den Mieter zurückzuzahlen hat, soweit er sie nicht zur Befriedigung wegen seiner dann noch anstehenden Forderungen in Anspruch nimmt.

Mangels gesetzlicher Vorschriften war hier manches lange streitig; so vor allem die Frage, ob der Vermieter, wenn darüber nichts vereinbart ist, den Betrag, der ihm ja nur als „Sicherheit" dienen soll, zu verzinsen hat. Der BGH hat diese Frage schließlich bejaht.[142] Seit dem 1. 1. 1983 gilt für die Vermietung von *Wohnraum* nunmehr § 550b. Danach darf die Kaution das Dreifache der Monatsmiete nicht übersteigen (Abs. 1). Der Vermieter hat sie „von seinem Vermögen getrennt bei einer öffentlichen Sparkasse oder bei einer Bank zu dem für Spareinlagen mit gesetzlicher Kündigungsfrist üblichen Zinssatz anzulegen" (Abs. 2 Satz 1). Die Trennung vom übrigen Vermögen des Vermieters soll verdeutlichen, daß seine Stellung die eines Treuhänders ist; das Konto solle deshalb als Treuhandkonto bezeichnet werden. So bleibt es dem Zugriff der Gläubiger des Vermieters entzogen. Die anfallenden Zinsen stehen dem Mieter zu. Sie sind ihm aber nicht auszuzahlen, sondern auf dem Konto zu belassen und erhöhen so die Sicherheit, auch wenn diese dadurch die Grenze der dreifachen Monatsmiete übersteigt (Abs. 2 Satz 2 und 3). Zu Ungunsten des Mieters können diese Bestimmungen nicht abbedungen werden (Abs. 3). Nach Beendigung des Mietverhältnisses hat der Vermieter binnen angemessener Frist den nicht benötigten Betrag zurückzuzahlen.[143]

---

[141] Vgl. *MünchKomm/Voelskow* 5 zu § 559.
[142] BGHZ 84, 345.
[143] Vgl. *Emmerich/Sonnenschein*, Handkommentar, 8 zu § 550b.

VI. Die Beendigung des Mietverhältnisses. Der Kündigungsschutz für Mieter von Wohnraum

Das Mietverhältnis dauert als ein Schuldverhältnis, das ständig zu erfüllende oder in bestimmten Zeitabständen sich wiederholende Leistungspflichten zum Inhalt hat, so lange fort, bis es – als „Dauerverhältnis" – beendet wird. Es kann von vornherein für eine bestimmte,[144] oder für unbestimmte Zeit eingegangen werden. Im ersten Fall endet es, falls nicht eine Verlängerung gemäß § 568, bei der Vermietung von Wohnraum gemäß § 565a oder auf Verlangen des Mieters[145] eintritt, mit dem Ablauf der bestimmten Zeit (§ 564 Abs. 1). Die Parteien des Mietvertrages können ferner jederzeit durch Vereinbarung dem Mietverhältnis ein Ende setzen. Ist ein Zeitpunkt für die Beendigung des Mietverhältnisses nicht bestimmt, so kann grundsätzlich jeder Teil das Mietverhältnis *unter Einhaltung der im Vertrag oder Gesetz bestimmten Termine und Fristen kündigen* (§ 564 Abs. 2). Diese normale, regelmäßig befristete – § 564 Abs. 2 verweist auf § 565 – Kündigung steht grundsätzlich im Belieben des Kündigenden. Das gilt indessen, wie wir gleich sehen werden, nicht von der Kündigung eines Mietverhältnisses über Wohnraum durch den Vermieter (§ 564b). Von der „normalen Kündigung" ist die „außerordentliche Kündigung" zu unterscheiden, die nur in bestimmten Fällen, beim Eintritt bestimmter Umstände zulässig ist. Sie erfolgt entweder ebenfalls unter Einhaltung der im Gesetz bestimmten Kündigungsfristen („außerordentliche *befristete* Kündigung"), oder ohne jede Frist, mit sofortiger Wirkung („außerordentliche *fristlose* Kündigung"). Der Mieter von *Wohnraum* ist, über die Einschränkung des Rechts des Vermieters zu einer „normalen" Kündigung hinaus, einmal durch längere Kündigungsfristen und sodann dadurch geschützt, daß er in „Härtefällen" einer (befristeten) Kündigung durch den Vermieter widersprechen und dadurch eine Fortsetzung des Mietverhältnisses erreichen kann (§ 556a).

Die Kündigung[146] ist ein *einseitiges, gestaltendes Rechtsgeschäft,* für das eine Form, mit Ausnahme jedoch der Kündigung von Wohnraum (§ 564a), nicht vorgeschrieben ist. Sie wird gemäß § 130 wirksam, wenn sie dem anderen Teil zugeht. Ihre Wirkung ist die Beendigung des Mietverhältnisses (als „Dauerverhältnis") von dem in ihr genannten, in Ermangelung ausdrücklicher Angabe von dem nächsten zulässigen Termin an.[147] Sind an dem Mietverhältnis auf der einen oder

---

[144] Aber grundsätzlich ohne Kündigungsmöglichkeit nicht für eine längere Zeit als 30 Jahre (§ 567).

[145] Entweder – sofern nicht der Vermieter ein berechtigtes Interesse an der Beendigung des Mietverhältnisses hat – nach § 564c Abs. 1 oder – auch wenn dies der Fall ist – nach § 556b in Verbindg mit § 556a („Härteklausel").

[146] Zur Kündigung im allgemeinen *Gschnitzer* in IherJb. 76, 317; *Molitor,* Die Kündigung, 2. Aufl. 1951.

[147] Die Kündigung eines Mietverhältnisses kann auch bereits vor dem Beginn der Mietzeit – also

auf der anderen Seite – also als Vermieter oder als Mieter – mehrere Personen beteiligt, so kann das Mietverhältnis durch Kündigung nur mit Wirkung für alle Beteiligten beendet werden.[148] Das Kündigungsrecht steht im Zweifel den mehreren Vermietern oder Mietern nur gemeinsam zu;[149] die Kündigung muß *allen gegenüber* erklärt werden. Liegt ein Kündigungsgrund nur in der Person *eines* Beteiligten vor, so ist jeweils nach dem Sinn und Zweck des Kündigungsrechts zu prüfen, ob das Kündigungsrecht allen oder keinem gegenüber besteht.[150]

a) **Das eingeschränkte Kündigungsrecht des Vermieters von Wohnraum,**[151] **und die nachträgliche Erhöhung des Mietzinses.** Die erwähnten und im folgenden näher darzustellenden Erschwerungen einer einseitigen Beendigung von Mietverhältnissen über Wohnraum durch den Vermieter[151a] waren dem BGB ursprünglich fremd. Sie tragen nunmehr der am Beginn unserer Darstellung (oben unter I) hervorgehobenen sozialen Bedeutung der Wohnungsmiete Rechnung, die sich daraus ergibt, daß die Wohnung für die meisten Mieter den räumlichen Mittelpunkt ihrer Lebensbeziehungen darstellt, den unfreiwillig – eben infolge einer Kündigung durch den Vermieter – aufgeben zu müssen für viele sehr erhebliche materielle wie ideelle Nachteile (Verlust der gewohnten Umgebung) mit sich bringt. Dazu kam das Schutzbedürfnis der wirtschaftlich meist schwächeren Mieter vor allem in den Zeiten starken Wohnungsmangels, der nach dem ersten und besonders nach dem zweiten Weltkrieg als Folge der Kriegszerstörungen, des Zustroms der Flüchtlinge und der Binnenwanderung entstanden war. Der Staat konnte und durfte nicht zusehen, daß manche Vermieter sich hieraus – durch überhöhte Mietforderungen und unbillige Vertragsbedingungen – Vorteile auf Kosten der breiten Bevölkerung und vornehmlich der wirtschaftlich Schwachen verschafften. Das führte zu einer ausgedehnten Schutz-

---

der vereinbarten Dauerleistungen – erfolgen. Geschieht dies so rechtzeitig, daß die vereinbarte Kündigungsfrist gewahrt ist, so kann die Kündigung ausnahmsweise zur Folge haben, daß das Mietverhältnis gar nicht in Vollzug gesetzt wird. So BGHZ 73, 350 gegen einen Teil des Schrifttums, dem zufolge die Kündigungsfrist nicht schon mit der Kündigung, sondern erst in dem Zeitpunkt zu laufen beginnt, in dem das Mietverhältnis als Dauerverhältnis beginnt.

[148] RGZ 90, 330; 141, 392; BGHZ 26, 103. Vgl. auch Bd. I § 33 I.
[149] *Mittelstein/Stern* S. 91 und 92, Anm. 12.
[150] Vgl. BGHZ 26, 102.
[151] Werden durch einen einheitlichen Vertrag Räume teils zu gewerblichen Zwecken, teils als Wohnräume vermietet, so kommt es für die Anwendung der für Wohnraum geltenden Vorschriften darauf an, welche Nutzungsart überwiegt. Vgl. OLG Schleswig, NJW 83, 49. Vermietet der Eigentümer sein Wohnhaus oder seine Eigentumswohnung an ein Unternehmen zu dem Zwecke, daß dieses die Räume zu Wohnzwecken weitervermietet, so ist der Mietvertrag mit dem Unternehmen kein Mietvertrag über Wohnraum; vgl. OLG Karlsruhe, NJW 84, 373; BGHZ 84, 90, 94.
Der Kündigungsschutz für (vermietenen) Wohnraum erstreckt sich nicht auf die Vermietung eines Grundstücks, auf dem der Mieter mit Zustimmung des Vermieters ein Wohngebäude errichtet hat, das nach § 95 Abs. 1 Satz 1 sein Eigentum geblieben ist. So der BGHZ 92, 70; m. E. sehr zweifelhaft. Ich halte eine analoge Anwendung für geboten.
[151a] Zu ihrer Vereinbarkeit mit Art. 14 Abs. 1 GG vgl. BVerfGE 37, 132; 68, 361.

§ 48 VI   1. Abschn. 2. Kap. Gebrauchsüberlassung, volle Nutzung auf Zeit

gesetzgebung außerhalb des BGB,[152] zeitweilig zu einer öffentlichen Zwangsbewirtschaftung der vorhandenen Wohnungen, die den Wohnungseigentümern den freien Gebrauch und die Nutzung ihres Eigentums weitgehend entzog und durch die damit verbundenen bürokratischen Eingriffe Reibungsflächen und neue Unzuträglichkeiten schuf. Auch nach deren Fortfall blieb es bei der Bindung der Mietpreise – mit Ausnahme der für frei, d. h. ohne öffentliche Mittel finanzierten Neubauwohnungen – und dem Ausschluß des Kündigungsrechts für den Vermieter. Nachdem der Gesetzgeber bereits Mitte der fünfziger Jahre Lockerungen verfügt hatte, vor allem, um dadurch Anreize für den privaten Wohnungsbau zu schaffen, leitete er durch ein Gesetz vom 23. 6. 1960 den allmählichen *Abbau der Wohnungszwangswirtschaft* und zugleich den Übergang zu einem neuen ,,sozialen" Mietwohnrecht ein, das nach und nach weiter ausgebaut und zum größten Teil in das BGB integriert wurde. Wichtige Etappen auf diesem Wege waren das erste Mietrechtsänderungsgesetz vom 29. 7. 1963, einige weitere Gesetze über Änderungen des Mietrechts, das Erste Wohnraumkündigungsschutzgesetz vom 25. 11. 1971 und endlich das Zweite Wohnraumkündigungsschutzgesetz vom 18. 12. 1974, dessen Art. 3 als Gesetz zur Regelung der Miethöhe bezeichnet wird. Dieses Gesetz gilt in seinen wichtigsten Teilen noch heute.[153] Schließlich hat das Gesetz zur Erhöhung des Angebots an Mietwohnungen vom 20. 12. 1982 abermals Korrekturen angebracht. Es bezweckt, wie seine Bezeichnung besagt, durch einige Lockerungen der den Vermietern auferlegten Beschränkungen den gering gewordenen Anreiz zu erhöhen, neue Mietwohnungen zu schaffen oder vorhandene, vorübergehend leerstehende, zu vermieten. Das Wohnmietrecht ist so, auch soweit es in das BGB zurückgeführt worden ist, nach wie vor in hohem Maße unstabil, abhängig von der wechselnden Lage auf dem Wohnungsmarkt und den wechselnden sozialpolitischen Vorstellungen. Das dürfte für längere Zeit so bleiben.

Wichtigste Bestandteile des jetzt geltenden ,,sozialen Mietrechts" sind die sog. ,,Sozialklausel" des § 556a (unten e) und die ihr noch vorgeschaltete grundsätzliche *Einschränkung des Kündigungsrechts des Vermieters*. Zeitweilig war ihm dieses sogar ganz genommen und durch die Möglichkeit lediglich der gerichtlichen Auflösung des Mietverhältnisses ersetzt. Nunmehr kann der Vermieter nur kündigen, wenn er ,,ein berechtigtes Interesse an der Beendigung des Mietverhältnisses hat" (§ 564b Abs. 1). Das Gesetz zählt (in Abs. 2) drei Fälle auf, in denen ein solches ,,berechtigtes Interesse" als vorliegend anzusehen ist: den, daß der

---

[152] Ich habe sie zuletzt in der 9. Auflage dieses Lehrbuchs kurz dargestellt. Vgl. auch *Medicus*, SchR II § 90 IV.
[153] Einführende Aufsätze zum 2. Wohnraumkündigungsschutzgesetz: *Löwe*, NJW 75, 9; *Vogel*, JZ 75, 73. Kommentare: *Barthelmess*, Zweites Wohnraumkündigungsschutzgesetz, 1976; *Schmidt/Futterer*, Wohnraumschutzgesetze, 2. Aufl. 1976. Art. 2 des Gesetzes wurde durch das Gesetz zur Erhöhung des Angebots an Mietwohnungen vom 20. 12. 1982 aufgehoben.

Mieter seine vertraglichen Verpflichtungen schuldhaft nicht unerheblich verletzt hat, den, daß der Vermieter die Räume als Wohnung für sich, die zu seinem Hausstand gehörenden Personen oder seine Familienangehörigen benötigt[154] („Eigenbedarf des Vermieters"), und den, daß er „durch eine Fortsetzung des Mietverhältnisses an einer angemessenen wirtschaftlichen Verwertung des Grundstücks" – z. B. der Errichtung eines Neubaus – „gehindert und dadurch erhebliche Nachteile erleiden würde". Die Aufzählung ist nur beispielhaft, nicht erschöpfend. Im einzelnen muß auf das Gesetz und auf die Kommentare zu § 564b verwiesen werden. Die Einschränkung des Kündigungsrechts des Vermieters gilt für jede befristete („normale" oder „außerordentliche") Kündigung, nicht aber für die vom Gesetz an engere Voraussetzungen gebundene fristlose außerordentliche Kündigung (unten c).[155] Keiner Einschränkung unterliegt das Kündigungsrecht des Vermieters im Falle der Vermietung von Wohnraum nur zu vorübergehendem Gebrauch[156] (z. B. Hotelzimmer, Ferienwohnungen), im Falle der Vermietung von möblierten Wohnräumen, die Teil der vom Vermieter selbst bewohnten Wohnung und „nicht zum dauernden Gebrauch für eine Familie überlassen sind", sowie der Vermietung von Wohnraum, der Teil eines Studenten- oder Jugendwohnheims ist (§ 564b Abs. 7). Ebenfalls uneingeschränkt, nur mit einer verlängerten Frist, kündigen kann der Vermieter das Mietverhältnis ferner in den Fällen des 4. Absatzes. In diesen Bestimmungen kommt das Bestreben des Gesetzgebers zum Ausdruck, dem Vermieter dann freiere Hand zu lassen, wenn das Mietverhältnis seinen persönlichen Lebensbereich berührt. Bei nur kurzfristiger Überlassung zu nur „vorübergehendem Gebrauch", etwa einer Ferienwohnung oder für einen nur vorübergehenden, von vornherein zeitlich begrenzten Aufenthalt fehlt es an einem dringenden Schutzbedürfnis des Mieters. Keinen Einschränkungen unterliegt das Kündigungsrecht des Mieters.

Damit jeder Teil klar sehen kann, verlangt das Gesetz bei Mietverhältnissen über Wohnraum für die Kündigungserklärung sowohl des Vermieters wie auch des Mieters in § 564a Abs. 1 die *Schriftform*. Im Falle der Nichteinhaltung der

---

[154] Der Ausdruck „benötigen" soll nicht besagen, daß für den Vermieter oder seine Angehörigen andernfalls eine „Notlage" entstehen müßte. „Der Vermieter hat grundsätzlich das Recht, im eigenen Haus zu wohnen" und die begünstigten Personen darin wohnen zu lassen, wenn er dafür vernünftige Gründe angeben kann"; so *Vogel* aaO; *MünchKomm/Voelskow* 56ff., *Palandt/Putzo* 7a cc zu § 564b; *Medicus*, SchR II, § 90 III 4b. Es genügt „ein konkretes und billigenswertes Räumungsinteresse des Vermieters"; so *Staudinger/Sonnenschein* 65 zu § 564b; *Köhler* aaO § 116 Rdz. 8. Zur verfassungskonformen Auslegung des § 564b Abs. 2 Nr. 2 BVerfGE 68, 361, 373f. Str. ist, ob das Mietverhältnis wieder auflebt, wenn der Eigenbedarf des Vermieters fortfällt, bevor der Mieter die Wohnung geräumt hat. Dafür OLG Zweibrücken, NJW 83, 694; dagegen OLG Karlsruhe, NJW 82, 54 und, überzeugend *v. Stebut*, NJW 85, 289. Den Vermieter trifft dann aber eine nachvertragliche Pflicht, auf Verlangen des Mieters in die Fortsetzung des Mietverhältnisses einzuwilligen.

[155] HL; *Vogel*, aaO; *Schmidt/Futterer* Rdn. B 458, 459; *MünchKomm/Voelskow* 21, *Palandt/Putzo* 2a, *Emmerich/Sonnenschein*, Handkommentar 6, 7, 12 zu § 564b.

[156] Vgl. BGH, NJW 77, 154.

Form ist die Kündigung gemäß § 125 unwirksam. Das Kündigungsschreiben soll die Gründe der Kündigung angeben; bei der Prüfung, ob ein berechtigtes Interesse des Vermieters vorliegt, werden nur die in dem Kündigungsschreiben angegebenen Gründe sowie solche Gründe berücksichtigt, die erst nachträglich entstanden sind (§ 564b Abs. 3). Das hat zur Folge, daß, obwohl § 564a Abs. 1 Satz 2 nur eine ,,Sollvorschrift" ist, eine Kündigung *durch den Vermieter,* die keine Angabe der Gründe enthält und daher nicht auf ihre Berechtigung im Sinne des § 564b Abs. 1 hin überprüft werden kann, das Mietverhältnis nicht zu beenden vermag. Der Vermieter soll ferner den Mieter auf die Möglichkeit des Widerspruchs gemäß § 556a (vgl. unten unter e) sowie auf die Form und die Frist des Widerspruchs rechtzeitig hinweisen (§ 564a Abs. 2). Diese Vorschriften gelten nicht für Mietverhältnisse über Wohnraum, der nur zu vorübergehendem Gebrauch vermietet ist, und für Mietverhältnisse der in § 565 Abs. 3 genannten Art (§ 564a Abs. 3).

Damit die Vorschriften über die Einschränkung des Kündigungsrechts des Vermieters nicht dadurch umgangen werden können, daß das Mietverhältnis von vornherein nur für eine bestimmte Zeit – ohne Verlängerungsklausel[157] – eingegangen wird, kann der Mieter nach § 564c Abs. 1 in diesem Fall spätestens 2 Monate vor dem bestimmten Zeitpunkt der Beendigung des Mietverhältnisses durch schriftliche Erklärung gegenüber dem Vermieter dessen *Fortsetzung auf unbestimmte Zeit verlangen,* wenn nicht der Vermieter an der Beendigung ein berechtigtes Interesse hat. § 564b ist entsprechend anzuwenden. Ausgenommen sind daher auch hier die in § 564b Abs. 4 und Abs. 7 angeführten Mietverhältnisse. Eine weitere Ausnahme enthält der durch das Gesetz zur Erhöhung des Angebots an Mietwohnungen neu eingefügte § 564c Abs. 2. Dadurch soll vermieden werden, daß Wohnungsbesitzer, die ihre Wohnung z. B. wegen eines Auslandsaufenthalts vielleicht für ein oder 2 Jahre nicht selbst bewohnen können, sich durch die Befürchtung, dann den Mieter nicht wieder los zu werden, von einer zwischenzeitlichen Vermietung abhalten lassen. Die einigermaßen eng gefaßten Voraussetzungen dieses Ausnahmetatbestandes sind im Gesetz nachzulesen.[158] Der Mieter kann hier jedoch eine Verlängerung des Mietverhältnisses verlangen, wenn sich die vom Vermieter beabsichtigte Verwendung der Räume ohne sein Verschulden verzögert.

Das **Gesetz zur Regelung der Miethöhe**[159] will vor allem verhindern, daß der Vermieter die Kündigung als Druckmittel benutzt, um den Mieter zu seiner Zustimmung zu einer nachträglichen Erhöhung des vereinbarten Mietzinses zu veranlassen. Deshalb schließt das Gesetz in § 1 die Kündigung eines Mietverhältnisses über Wohnraum zum Zwecke der Mieterhöhung – die sog. *,,Änderungskündigung"* – schlechthin aus. Der Gesetzgeber konnte sich auf der anderen Seite der Einsicht nicht verschließen, daß der Vermieter in manchen Fällen – z. B. dann, wenn die ursprünglich vereinbarte Miete so niedrig war, daß dem Vermie-

---

[157] Im Falle einer Verlängerungsklausel bedarf es nach § 565a Abs. 1 einer Kündigung, wenn die Verlängerung nicht eintreten soll. Für die Kündigungserklärung des Vermieters gilt § 564b. Vgl. dazu unten unter d.
[158] Vgl. dazu auch die Aufsätze von *Gramlich* in NJW 83, 417; *Röder* in NJW 83, 2665.
[159] Dieses Gesetz ist als Art. 3 Bestandteil des 2. Wohnraumkündigungsschutzgesetzes. Es gilt, wie das gesamte zweite WKSchG, auch für solche Mietverhältnisse, die bereits beim Inkrafttreten des Gesetzes bestanden (Art. 4 WKSchG).

ter angesichts der gestiegenen Instandhaltungskosten überhaupt kein oder nur ein ganz minimaler Nutzen aus der Vermietung bleibt – sehr wohl auch ein „berechtigtes Interesse" an einer Mieterhöhung haben kann. Ist dem Vermieter die Kündigung auch in solchen Fällen verwehrt, so muß ihm eine andere Möglichkeit eröffnet werden, um eine Anpassung der Mieten an die Preisentwicklung zu erreichen. Das Gesetz bestimmt daher in § 1 Satz 2 und 3, daß der Vermieter unter den im Gesetz bestimmten Voraussetzungen und bis zu der im Gesetz bestimmten Höhe eine *Erhöhung des Mietzinses verlangen kann*, sofern dies nicht durch den Vertrag ausgeschlossen ist oder der Ausschluß sich aus den Umständen, insbesondere der Vereinbarung eines Mietverhältnisses auf bestimmte Zeit mit festem Mietzins, ergibt. Im Normalfall tritt die Erhöhung nicht schon aufgrund des Verlangens des Vermieters ein, doch gibt das Gesetz ihm einen klagbaren Anspruch gegen den Mieter auf dessen Zustimmung.

Die Voraussetzungen im Normalfall (§ 2 Abs. 1 MHG) sind: der Mietzins muß seit einem Jahr unverändert sein, der verlangte Mietzins darf die in den letzten drei Jahren vereinbarten üblichen Entgelte für vergleichbare Wohnungen in derselben oder einer vergleichbaren Gemeinde – die sog. *örtliche Vergleichsmiete*[160] – nicht übersteigen, und der Mietzins darf sich innerhalb von 3 Jahren nicht um mehr als 30% erhöhen (Höchstgrenze). Der Vermieter hat seinen Anspruch dem Mieter gegenüber schriftlich geltend zu machen und zu begründen (§ 2 Abs. 2 Satz 1). Daher obliegt ihm der Nachweis der hier anzuwendenden Vergleichsmiete. Darüber, wie er diesen Nachweis zu führen vermag, gibt das Gesetz in § 2 Abs. 2 einige Hinweise, die ihm den Nachweis erleichtern sollen.[161] Genannt werden die Bezugnahme auf einen sogenannten „Mietspiegel", Sachverständigengutachten und der Hinweis auf entsprechende Entgelte für mindestens 3 einzeln anzugebende vergleichbare Wohnungen. Stimmt der Mieter dem Erhöhungsverlangen nicht bis zum Ablauf der im Gesetz genannten Frist zu, so kann der Vermieter bis zum Ablauf von weiteren 2 Monaten auf die Erteilung der Zustimmung klagen (Abs. 3). Stimmt der Mieter dagegen zu, so schuldet er den erhöhten Mietzins vom Beginn des 3. Monats an, der auf den Zugang des Erhöhungsverlangens folgt (Abs. 4). Dem Mieter bleibt so auf alle Fälle eine Frist von mehr als 2 Monaten, um sich auf die neue Lage einzustellen. Außer dem Erhöhungsverlangen nach § 2 des Gesetzes läßt das Gesetz Erhöhungen teils des Mietzinses, teils der Nebenkosten (wie Heizungskosten) in drei weiteren Fällen zu. Der erste dieser Fälle liegt vor, wenn der Vermieter *bauliche Veränderungen* durch-

---

[160] Zum Unterschied der örtlichen Vergleichsmiete zur Marktmiete vgl. *MünchKomm/Voelskow* 3ff. zu § 2, Anhang zu § 564b BGB.
[161] Die Rechtspr. zu der entsprechenden Bestimmung des ersten Wohnraumkündigungsschutzgesetzes hatte an diesen Nachweis vielfach praktisch unerfüllbare Anforderungen gestellt. Das BVerfG hat diese Rechtspr. für nicht verfassungskonform erachtet (BVerfGE 37, 132).

geführt hat, die den Gebrauchswert der Mietsache nachhaltig erhöhen oder nachhaltige Einsparungen von Heizenergie bewirken (§ 3). Geregelt ist ferner die Umlegung von Betriebskostenerhöhungen (§ 4) und von Erhöhungen gewisser Kapitalkosten (§ 5). Der Mieter, der einem Verlangen nach Mieterhöhung ausgesetzt ist, hat seinerseits *ein Recht zur vorzeitigen Kündigung* (§ 9). Abweichende Vereinbarungen zum Nachteil des Mieters sind unwirksam (§ 10 Abs. 1). Seit dem Gesetz zur Erhöhung des Angebots an Mietwohnungen ist jedoch eine im voraus vereinbarte periodische Mieterhöhung in Gestalt einer sogenannten *Staffelmiete* zulässig. Die näheren Bedingungen hierfür nennt § 10 Abs. 2 MHG. Solange die Staffelmiete gilt, sind weitere Mieterhöhungen ausgeschlossen. Das Gesetz gilt nicht für ohnehin preisgebundenen, nämlich mit öffentlichen Mitteln geförderten, Wohnraum, für den Fall der Vermietung von Wohnraum zu nur vorübergehendem Gebrauch und die übrigen, nach § 564b Abs. 7 von der Einschränkung des Kündigungsrechts des Vermieters ausgenommenen Fälle (§ 10 Abs. 3). Wegen der Einzelheiten muß auch hier wieder auf die einschlägige Literatur[162] verwiesen werden.

b) **Die gesetzlichen Kündigungsfristen.** Sie gelten, soweit sie nicht zwingend sind, nur wenn im Vertrage nichts anderes vereinbart ist, und zwar für die „ordentliche" und, wo das Gesetz diese Möglichkeit vorgesehen hat, für die befristete außerordentliche Kündigung. Zu unterscheiden sind Mietverhältnisse über Wohnraum, über sonstige Räume, Grundstücke und im Schiffsregister eingetragene Schiffe, und über bewegliche Sachen.

Die *normale gesetzliche Kündigungsfrist* beträgt bei einem Mietverhältnis *über Wohnraum* in der Regel mindestens drei Monate (§ 565 Abs. 2). Die Kündigung ist spätestens am dritten Werktag eines Monats für den Ablauf des *übernächsten* Monats zulässig. Nach fünf-, acht- und zehnjähriger Dauer der Überlassung verlängert sich die Kündigungsfrist jeweils um drei Monate; nach zehnjähriger Dauer beträgt sie also ein Jahr. Diese Fristen können durch Vereinbarung nur für eine Kündigung durch den Mieter, nicht für eine Kündigung durch den Vermieter abgekürzt werden, es sei denn, daß der Wohnraum nur zu vorübergehendem Gebrauch vermietet worden ist. Eine Vereinbarung, nach der die Kündigung nur für den Schluß bestimmter Monate zulässig sein soll, ist unwirksam.

Die langen Fristen für die Kündigung von Wohnraum durch den Vermieter sind Teil des Mieterschutzes. Wesentlich kürzere Fristen gelten infolgedessen für Wohnraum, der vom Vermieter ganz oder überwiegend möbliert und Teil der von ihm selbst bewohnten Wohnung, jedoch nicht zum dauernden Gebrauch für eine Familie überlassen ist. Dann gilt Folgendes: Ist der Mietzins nach Tagen bemessen, so kann an jedem Tag für den Ablauf des folgenden Tages, ist er nach Wochen bemessen, so kann jeweils spätestens am 1. Werktag einer Woche für den Ablauf des folgenden Sonnabends, und ist er nach Monaten oder längeren Zeitabschnitten bemessen (wie regelmäßig bei Studentenzim-

---

[162] Etwa auf den Handkommentar von *Emmerich/Sonnenschein*, S. 362 ff. oder die Kommentierung des MHG durch *Putzo* im Kommentar von *Palandt*.

mern), so kann spätestens am 15. eines Monats für den Ablauf desselben Monats gekündigt werden (§ 565 Abs. 3). Abweichende Vereinbarungen sind hier möglich.[163] Wesentlich kürzere Fristen für die Kündigung durch den Vermieter gelten schließlich für *Werk*wohnungen (§ 565 c); dazu unten unter e.

Bezieht sich das Mietverhältnis auf *Grundstücke* (ausgenommen Wohnräume), im Schiffsregister eingetragene *Schiffe* oder auf *andere Räume als Wohnräume, z. B. Geschäftsräume*, so richtet sich die Länge der Kündigungsfrist nach der Dauer der Periode, für die der Mietzins bemessen ist. Wenn er nach Monaten oder nach längeren Zeitabschnitten bemessen ist, ist die Kündigung spätestens am dritten Werktag eines Monats für den Ablauf des übernächsten Monats zulässig, in einigen Fällen (so bei Geschäftsräumen) jedoch nur für den Ablauf eines Kalendervierteljahrs (§ 565 Abs. 1). Wesentlich kürzer sind die Fristen, wenn der Mietzins nach Wochen oder nach Tagen bemessen ist.

Bei einem Mietverhältnis über *bewegliche Sachen* (z. B. Kraftfahrzeuge, Musikinstrumente) beträgt die Kündigungsfrist, wenn der Mietzins nach Tagen bemessen ist, einen vollen Tag, wenn er für einen längeren Zeitraum bemessen ist, drei volle Tage. Gekündigt werden kann an jedem Tag für den Ablauf des nächsten oder des dritten Tages (§ 565 Abs. 4).

Die **außerordentliche befristete Kündigung** ist nur von Bedeutung, wenn das Mietverhältnis für eine bestimmte Zeit eingegangen ist – dann besteht bis zu deren Ablauf (also vor einer etwa eintretenden unbefristeten Verlängerung) die Möglichkeit einer ordentlichen Kündigung nicht (vgl. § 564 Abs. 2) –, oder wenn die vereinbarte Kündigungsfrist länger ist als die gesetzliche. In diesen Fällen gibt das Gesetz unter bestimmten Voraussetzungen dem einen oder dem anderen Teil das Recht, vorzeitig, jedoch unter Einhaltung der gesetzlichen Frist des § 565, zu kündigen. Als ,,gesetzliche Frist" gilt hier bei Grundstücken und ebenso bei Wohnraum die Frist von drei Monaten, in den Fällen des 3. Absatzes des § 565 die längste der dort genannten Fristen und bei beweglichen Sachen die Frist von drei Tagen (§ 565 Abs. 5).

Das Gesetz gibt in folgenden Fällen ein Recht zu außerordentlicher befristeter Kündigung:
1. dem *Mieter*, wenn der Vermieter grundlos die Erlaubnis zur Untermiete verweigert (§ 549 Abs. 1 Satz 2);
2. *jedem Teil*, wenn ein Mietvertrag für längere Zeit als 30 Jahre geschlossen ist, nach Ablauf von 30 Jahren, ausgenommen jedoch den Fall, daß der Vertrag für die Lebenszeit des Mieters oder Vermieters geschlossen ist (§ 567);

3. im Falle *des Todes des Mieters* sowohl seinem Erben wie dem Vermieter (§ 569 Abs. 1). Dies gilt jedoch nicht bei einem Mietverhältnis über Wohnraum, wenn die Voraussetzungen für einen Eintritt von Familienangehörigen des Mieters in das Mietverhältnis oder seine Fortsetzung mit dem überlebenden Ehegatten (§§ 569a, 569b; unten f) gegeben sind (§ 569 Abs. 2). Im Falle des § 569a haben aber wiederum beide Teile das Kündigungsrecht, wenn weder der überlebende Ehegatte noch andere

---

[163] Vgl. *Staudinger/Sonnenschein* 57 zu § 565.

§ 48 VI   1. Abschn. 2. Kap. Gebrauchsüberlassung, volle Nutzung auf Zeit

Familienangehörige in das Mietverhältnis eintreten, dieses daher nunmehr mit den Erben fortgesetzt wird (§ 569 a Abs. 6). Tritt der Ehegatte oder treten andere Familienangehörige in das Mietverhältnis ein, so kann der Vermieter kündigen, wenn in deren Person ein wichtiger Grund vorliegt (§ 569 a Abs. 5). Im Falle, daß der überlebende Ehegatte Mitmieter war und sich daher das Mietverhältnis mit ihm einfach fortsetzt, hat dieser das Kündigungsrecht (§ 569 b Satz 3). In allen diesen Fällen kann die Kündigung nur für den ersten Termin erfolgen, für den sie zulässig ist.

4. *Beamten* im Falle ihrer Versetzung hinsichtlich der von ihnen für sich oder ihre Familie gemieteten Räume (§ 570);

5. demjenigen, der ein Grundstück in der Zwangsversteigerung erstanden hat (§ 57 a ZVG; oben IV).

6. Dem Mieter von Wohnraum, wenn er dem Verlangen nach Mieterhöhung ausgesetzt ist (§ 9 MHG).

Weitere Fälle ergeben sich aus den §§ 1056 Abs. 1 und 2, 2135; ferner aus § 19 KO.

Zu beachten ist, daß dem *Vermieter von Wohnraum*, der dem Kündigungsschutz untersteht, auch die außerordentliche befristete Kündigung nur bei Vorliegen der Voraussetzungen des § 564 b, also eines berechtigten Interesses an der vorzeitigen Beendigung, und unter Beachtung der Formvorschriften der §§ 564 a, 564 b Abs. 3 möglich ist.[164] Dem Mieter steht auch in diesem Fall das Widerspruchsrecht gemäß § 556 a (unten e) zu.

c) **Die außerordentliche fristlose Kündigung.** Dem *Mieter* gestattet das Gesetz, jederzeit fristlos zu kündigen, wenn ihm der vertragsmäßige Gebrauch ganz oder zum Teil nicht rechtzeitig gewährt oder wieder entzogen wird, jedoch in der Regel erst dann, wenn der Vermieter eine ihm vom Mieter gesetzte angemessene Frist hat verstreichen lassen, ohne Abhilfe zu schaffen (§ 542; oben III b). Der Mieter einer Wohnung oder anderer zum Aufenthalt von Menschen bestimmter Räume kann ferner jederzeit fristlos kündigen, wenn die Benutzung mit einer erheblichen Gesundheitsgefährdung verbunden ist, und zwar auch dann, wenn er die gefahrbringende Beschaffenheit bei dem Vertragsabschluß gekannt oder auf die ihm deshalb zustehenden Rechte verzichtet hat (§ 544, zwingend). Dem *Vermieter* ist die fristlose Kündigung gleichfalls in zwei Fällen gestattet: wenn der Mieter ungeachtet einer Abmahnung des Vermieters einen vertragswidrigen Gebrauch, der die Rechte des Vermieters in erheblichem Maße verletzt, trotz Abmahnung fortsetzt, insbesondere einem Dritten den ihm unbefugt überlassenen Gebrauch überläßt oder die Sache durch Vernachlässigung seiner Sorgfalts- oder Obhutspflicht erheblich gefährdet (§ 553); und wenn der Mieter mit der Entrichtung des Mietzinses in der in § 554 näher bestimmten Weise in Verzug kommt (oben II b). Bei dieser Vorschrift sind wieder die Abmil-

---

[164] Vgl. *Staudinger/Sonnenschein* 32 zu § 564; *Sternel* Rdn. IV, 59 u. 230; zur Form IV 235. Das gilt auch für die Kündigung des Vermieters gegenüber dem Erben des Mieters gemäß § 569 Abs. 1, also im Falle, daß weder § 569 a noch § 569 b zutrifft, und zwar selbst dann, wenn der Erbe die Wohnung bisher nicht mitbewohnt hat, ja sie selbst gar nicht bewohnen will. So das OLG Hamburg, NJW 84, 60; m. E. zweifelhaft.

§ 48. Die Miete   VI § 48

derungen zu beachten, die das Gesetz (in § 554 Abs. 2) für den Fall anordnet, daß es sich um die Vermietung von Wohnraum handelt. Ebenso wie § 554 schließt auch § 553 ein Rücktrittsrecht, etwa wegen positiver Vertragsverletzung, jedenfalls nach Überlassung der Mietsache an den Mieter aus.[165]

Darüber hinaus gewährt die Rechtsprechung seit langem aus allgemeinen Erwägungen das Recht zu fristloser Kündigung wegen eines *„wichtigen Grundes"*, das für alle Dauerschuldverhältnisse gilt (Bd. I § 2 VI), beiden Teilen auch bei Miet- und Pachtverträgen.[166] Ein „wichtiger Grund" zur fristlosen Kündigung ist ein Umstand, der es einem Teile, vornehmlich wegen der Zerstörung des unentbehrlichen Vertrauensverhältnisses, unzumutbar macht, das Rechtsverhältnis fortzusetzen – wie z. B. schwere persönliche Kränkungen, besonders wenn Wiederholung zu besorgen ist. Es handelt sich bei diesem, als unabdingbar anzusehenden Kündigungsrecht indessen nur um einen letzten Behelf, der erst dann in Betracht kommt, wenn andere Abhilfemittel (z. B. die normale Kündigung, Abmahnung, Unterlassungsklage) nicht gegeben oder nicht ausreichend sind, um einem nicht länger tragbaren Zustande abzuhelfen. Für die Raummiete – die auch die Wohnungsmiete umfaßt – hat der Gesetzgeber versucht, diesen Rechtsgedanken in § 554a zu konkretisieren.

Danach hat jeder Teil das Recht zu fristloser Kündigung, wenn der andere seine Verpflichtungen *schuldhaft* in solchem Maße verletzt, insbesondere den Hausfrieden so nachhaltig stört, daß dem ersten die Fortsetzung des Mietverhältnisses nicht zugemutet werden kann. Für *Wohnraum* bestimmt ferner § 554b, daß eine Vereinbarung unwirksam ist, nach der der *Vermieter* aus anderen als den im Gesetz genannten Gründen berechtigt sein soll, fristlos zu kündigen. Daraus hat man geschlossen, daß *für Wohnraum* die gesetzliche Regelung erschöpfend, die Kündigung aus „wichtigem Grund" für den Vermieter von Wohnraum auf die im Gesetz (§§ 553, 554a) genannten Fälle beschränkt sei.[167] Das erweckt jedoch Bedenken im Hinblick auf solche Fälle, in denen objektiv eine „nachhaltige Störung des Hausfriedens" vorliegt, die Fortsetzung des Mietverhältnisses für den Vermieter unzumutbar geworden ist, es mangels Verschuldensfähigkeit aber am Verschulden des Mieters fehlt und § 554a deshalb nicht anwendbar ist. (Geisteskranker Mieter belästigt ständig den Vermieter, seine Familienangehörigen oder auch andere Hausbewohner!). In solchen Fällen muß der Rückgriff auf den allgemeinen Rechtsgedanken, d. h. auf § 242, möglich bleiben.[168] Denn eine alle Fälle deckende Vertatbestandlichung des § 242 ist nicht möglich. Allerdings muß es für die Masse der üblichen Fälle, an die der Gesetzgeber gedacht hat, bei § 554a sein Bewenden haben. Nur wenn die Verhältnisse völlig untragbar geworden sind, kann darüber hinaus auf § 242 zurückgegriffen werden.

Auch für die Kündigung eines Mietverhältnisses über *Wohnraum* aus wichtigem Grund gilt die Formvorschrift des § 564a Abs. 1 Satz 1. Da § 564a Abs. 1 Satz 2 nur eine Sollvorschrift ist, kann die darin angeordnete Angabe der Gründe in dem Kündigungsschreiben auch unterbleiben. § 564b Abs. 3 ist nicht anwendbar; es können daher auch in dem Schreiben nicht genannte Gründe nachträglich

---
[165] Vgl. BGHZ 50, 312.
[166] RGZ 94, 236; 150, 199; 160, 366; allgemein BGHZ 9, 161 f.; BGHZ 50, 312.
[167] So *Soergel/Mezger* 2 zu § 554b, *Schmidt/Futterer* Rdn. B. 68; *Staudinger/Emmerich* 1 zu § 554a.
[168] So auch *Palandt/Putzo* 3b zu § 554a; *Erman/Schopp* 3, *MünchKomm/Voelskow* 3 zu § 554b; *Esser/Weyers* § 21 I 3; *Medicus*, SchR II § 88 V 2b; *Sternel* Rdn. IV 359.

vorgebracht werden, sofern sie zur Zeit der Kündigung bereits vorlagen.[169] Nicht anwendbar ist § 564a Abs. 2, da dem Mieter im Falle einer berechtigten fristlosen Kündigung das Widerspruchsrecht nach § 556a nicht zusteht (§ 556a Abs. 4 Nr. 2). Eine nach dem Gesetz oder Vertrag eines Grundes bedürftige, tatsächlich unbegründete und deshalb unwirksame Kündigung, die der Mieter für wirksam hält, kann eine positive Vertragsverletzung darstellen, die den Vermieter, sofern ihm ein Verschulden zur Last fällt, zum Schadensersatz verpflichtet.[170]

d) Die Verlängerung des Mietverhältnisses. Ein Mietvertrag, der auf eine bestimmte Zeit geschlossen ist, kann durch Vereinbarung der Mietparteien für eine bestimmte weitere oder auch für unbestimmte Zeit verlängert werden. Wird eine solche Vereinbarung erst kurz *nach* dem Ablauf der ursprünglich vereinbarten Zeit getroffen, so wird man darin gleichwohl nicht die Begründung eines neuen, sondern die Fortsetzung des alten Mietverhältnisses zu erblicken haben, so daß auch die Sicherungsrechte weiter bestehen; die bereits eingetretene Beendigung des Mietverhältnisses kann insoweit durch die Parteien noch nachträglich beseitigt werden. Die Parteien können auch vereinbaren, daß ein Mietverhältnis zunächst bis zu einem bestimmten Zeitpunkt dauern, also vorher nicht kündbar sein, dann aber für unbestimmte Zeit weitergelten solle, wenn nicht vorher gekündigt werde. In Wahrheit handelt es sich dann wohl von vornherein um ein Mietverhältnis auf unbestimmte Zeit mit der Maßgabe, daß es nicht vor einem bestimmten Zeitpunkt gekündigt werden kann. Für ein Mietverhältnis über *Wohnraum* mit „Verlängerungsklausel" bestimmt § 565a Abs. 1, daß die Verlängerung eintritt, wenn es nicht unter Einhaltung der gesetzlichen Frist vorher gekündigt wird. Auch hier ist die Formvorschrift des § 564a zu beachten; die Kündigung des Vermieters ist nur zulässig unter den Voraussetzungen des § 564b (Erfordernis eines berechtigten Interesses).[171] Ist eine auflösende Bedingung vereinbart, so endet das Mietverhältnis nicht schon mit deren Eintritt, sondern aufgrund einer gesetzlichen Fiktion „gilt" es nunmehr als auf unbestimmte Zeit verlängert (§ 565a Abs. 2). Es bedarf daher zu seiner Beendigung jetzt einer form- wie fristgerechten Kündigung; der Vermieter kann es nur gemäß § 564b kündigen. Durch diese Bestimmungen soll verhindert werden, daß der Kündigungsschutz für den Mieter dadurch unterlaufen wird, daß im Mietvertrage eine Beendigung des Mietverhältnisses vorgesehen wird, die keine Kündigung erfordert. Die Bestimmungen sind deshalb zum Nachteil des Mieters,

---

[169] OLG Karlsruhe, NJW 82, 2004; vgl. *Emmerich/Sonnenschein*, Handkommentar, 9 zu § 564a.
[170] So BGHZ 89, 296, 302. Den Mieter trifft aber ein Mitverschulden, wenn er auszieht, obgleich die Grundlosigkeit der Kündigung für ihn erkennbar war.
[171] *Erman/Schopp* 4a E zu § 565a; *Schmidt/Futterer* Rdn. B 622; *Emmerich/Sonnenschein*, Handkommentar, 6ff. zu § 565a.

außer in den im Gesetz genannten Fällen, nicht abdingbar (§ 565a Abs. 3). Dem gleichen Zweck dient der bereits früher (unter a) erwähnte § 564c, demzufolge bei einem Mietverhältnis, das ohne Verlängerungsklausel auf bestimmte Zeit eingegangen wurde, der Mieter gleichwohl die Fortsetzung des Mietverhältnisses auf unbestimmte Zeit verlangen kann, falls dem nicht ein „berechtigtes Interesse" des Vermieters (im Sinne des § 564b) entgegensteht oder der Sondertatbestand des § 564c Abs. 2 vorliegt.

Wird *nach dem Ablauf der Mietzeit,* d. h. nach Beendigung des Mietverhältnisses durch Zeitablauf oder eine wirksame Kündigung,[172] der Gebrauch der Sache durch den Mieter einfach fortgesetzt, ohne daß vorher eine Verlängerungsklausel vereinbart gewesen wäre, so gilt gleichwohl „das Mietverhältnis als auf unbestimmte Zeit verlängert, sofern nicht der Vermieter oder der Mieter seinen entgegenstehenden Willen binnen einer Frist von zwei Wochen dem anderen Teil gegenüber erklärt". Die Frist beginnt für den Mieter mit der Fortsetzung des Gebrauchs;[173] für den Vermieter mit dem Zeitpunkt, in welchem er von der Fortsetzung Kenntnis erlangt (§ 568). Die Bedeutung dieser Bestimmung, die für Mietverhältnisse jeder Art gilt, jedoch abdingbar ist, ist nicht zweifellos. Sicherlich ist sie nicht nur eine Auslegungsregel, die besagt, es solle das Verhalten der Parteien *im Zweifel* so verstanden werden, als bedeute es die Abgabe entsprechender Willenserklärungen.[174] In diesem Fall würde es zum Ausschluß der angeordneten Rechtsfolge genügen, daß eine Partei nachwiese, ihr Verhalten habe im konkreten Fall, für die andere erkennbar, nicht diese Bedeutung gehabt. Ferner müßte jeder Teil die ihm vom Gesetz unterstellte „stillschweigende" Willenserklärung wegen Irrtums anfechten können, wenn er sie nicht so gemeint hatte. Das würde aber dem vom Gesetz beabsichtigten Vertrauensschutz (z. B. des Mieters, der den Gebrauch in Kenntnis des Vermieters fortsetzt) nicht gerecht werden. Daher nimmt die hL[175] mit Recht an, daß die Rechtsfolge *als gesetzliche Folge* unabhängig davon eintritt, ob die Parteien im konkreten Fall den entsprechenden Willen gehabt oder erklärt haben. Eine Anfechtung aus irgendeinem Grunde ist deshalb nicht möglich.[176] Eine andere Frage ist, ob das Gesetz die Rechtsfolge auch an das Verhalten eines nicht voll Geschäftsfähigen anknüpfen will, der ohne Zustimmung seines gesetzlichen Vertreters die gleiche Folge auch nicht durch ein entsprechendes Rechtsgeschäft herbeiführen könnte. Das wird zu

---

[172] *Mittelstein/Stern* 500; *Soergel/Kummer* 4 zu § 568.
[173] Die Meinung von *Siber* 270, die Frist setze auch beim Mieter Kenntnis vom Vertragsablauf voraus, findet im Gesetz keine Stütze. Bedenklich ist jedoch die Meinung von *Soergel/Kummer* (2 zu § 568), tatsächliches Behalten ohne Gebrauch genüge schon.
[174] So aber *Leonhard* B 165.
[175] So *Siber* 270, *Mittelstein/Stern* 501; *Oertmann* 3, *Staudinger/Emmerich* 3, *Soergel/Kummer* 2, *Palandt/Putzo* 3, *Emmerich/Sonnenschein,* Handkommentar 1 zu § 568.
[176] Anders *Enn./L.* § 132 IV 3.

verneinen sein.¹⁷⁷ Die Erklärung des entgegenstehenden Willens ist eine Willenserklärung; sie ist als Ablehnung der Verlängerung, nicht etwa als Kündigung zu werten. Ihre Wirkung ist die Beendigung des Mietverhältnisses zu dem anderweit bestimmten Zeitpunkt.

e) Die Fortsetzung des Mietverhältnisses über Wohnraum aufgrund der „Sozialklausel". Schon vor der Einschränkung des Kündigungsrechts des Vermieters von Wohnraum durch den jetzigen § 564b (im Zweiten WohnraumkündigungsschutzG, 1974) hatte der Gesetzgeber im Jahre 1960 durch die Einfügung der sog. „Sozialklausel" dem Wohnungsmieter einen weitgehenden Schutz gegen solche Kündigungen verschafft, die ihn nach Lage der Dinge besonders hart treffen. Der Mieter hat hiernach das Recht, der Kündigung durch den Vermieter zu widersprechen und von diesem die Fortsetzung des Mietverhältnisses zu verlangen, wenn „die vertragsmäßige Beendigung des Mietverhältnisses für den Mieter oder seine Familie eine Härte bedeuten würde, die auch unter Würdigung der berechtigten Interessen des Vermieters nicht zu rechtfertigen ist" (§ 556a Abs. 1). Wann das der Fall ist, haben die Gerichte, wenn es zum Streit kommt, unter Würdigung der besonderen Umstände des Einzelfalls zu entscheiden.¹⁷⁸ Dabei fordert das Gesetz sowohl eine Beurteilung des Härtegrades, wie eine Abwägung des sich aus ihm ergebenden Interesses des Mieters am Fortbestand des Mietverhältnisses und des Interesses des Vermieters an seiner Auflösung.¹⁷⁹ Damit jeder Teil in der Lage ist, sich rechtzeitig über die Aussichten eines Widerspruchs oder der Weigerung, ihm stattzugeben, ein Urteil zu bilden, soll der Vermieter den Mieter rechtzeitig auf die Möglichkeit, sowie auf die Form und Frist des Widerspruchs hinweisen (§ 564a Abs. 2); der Mieter, der der Kündigung widerspricht, soll auf Verlangen des Vermieters diesem über die Gründe seines Widerspruchs unverzüglich Auskunft erteilen (§ 556a Abs. 5 Satz 2). Der Widerspruch bedarf, ebenso wie die Kündigung, der Schriftform (§ 556a Abs. 5 Satz 1); der Vermieter, der seiner Hinweispflicht nachgekommen war, braucht ihm nicht stattzugeben, wenn er nicht spätestens zwei Monate vor der Beendigung des Mietverhältnisses erklärt wird (§ 556a Abs. 6). Das Widerspruchsrecht des Mieters besteht jedoch nicht, wenn es sich um Wohnraum handelt, der nur zu vorübergehendem Gebrauch vermietet ist, oder um vom Vermieter (ganz oder überwiegend) möblierten Wohnraum, der Teil der von ihm selbst bewohnten

---

[177] So auch *Mittelstein, Oertmann, Soergel/Kummer* aaO; *Staudinger/Emmerich* 5 zu § 568; *Esser*, Rechtsfiktionen S. 53.
[178] Als Umstände, die eine besondere Härte begründen können, kommen z. B. in Betracht: Hohes Alter, Pflegebedürftigkeit des Mieters oder seines Ehegatten, Fehlschlagen der Bemühungen um angemessenen Ersatzwohnraum (vgl. Abs. 1 Satz 2), nicht aber die gewöhnlich mit einem Umzug verbundenen Mühen und Kosten; vgl. *Staudinger/Emmerich* 20ff. zu § 556a; *Emmerich/Sonnenschein*, Handkommentar, 14ff. zu § 556a.
[179] Zu dieser Interessenabwägung *Palandt/Putzo* 6a zu § 556a, *Schmidt/Futterer* Rdn. B 181ff.

Wohnung und nicht zum dauernden Gebrauch für eine Familie überlassen ist (§ 556a Abs. 8). Es sind das dieselben Fälle, in denen das Kündigungsrecht des Vermieters nicht eingeschränkt ist (vgl. den § 564b Abs. 7). Das Widerspruchsrecht besteht dagegen in den Fällen des § 564b Abs. 4. Von diesen Fällen abgesehen, beschränkt sich seine Bedeutung nunmehr auf die Fälle, in denen der Vermieter ein „berechtigtes Interesse" an der Beendigung des Mietverhältnisses nachweisen kann, sein Kündigungsrecht daher nicht schon nach § 564b Abs. 1 und 2 ausgeschlossen ist. Das berechtigte Interesse des Vermieters wird dann im Rahmen der in § 556a Abs. 1 verlangten Abwägung erneut gewürdigt,[180] wobei wiederum nur die im Kündigungsschreiben angegebenen oder nachträglich entstandenen Gründe berücksichtigt werden (§ 556a Abs. 1 Satz 3; vgl. auch § 564b Abs. 3). Für den Vermieter bedeutet dies, daß er, um mit seiner Kündigung durchzudringen, zwei Hürden nehmen muß: zuerst muß er nachweisen, daß er im Sinne des § 564b ein „berechtigtes Interesse" an der Beendigung des Mietverhältnisses hat; ist ihm das gelungen, kann er immer noch an der Hürde des § 556a scheitern, dann nämlich, wenn der Mieter widerspricht und die dann vorzunehmende Abwägung ergibt, daß das Interesse des Mieters wegen der sonst für ihn unvermeidlichen Härte sein eigenes, obgleich „an sich" berechtigtes, Interesse überwiegt.

Der Mieter, dem das Widerspruchsrecht zusteht, kann grundsätzlich verlangen, daß das Mietverhältnis für eine *angemessene Zeit* fortgesetzt wird (§ 556a Abs. 2 Satz 1). Ist die Fortsetzung unter den bisherigen Bedingungen dem Vermieter nicht zuzumuten, so kann der Mieter die Fortsetzung nur zu geänderten, angemessenen Bedingungen verlangen (§ 556a Abs. 2 Satz 2). In der Regel werden die Parteien versuchen, sich zu einigen. Einigen sie sich nicht, so wird „über eine Fortsetzung des Mietverhältnisses und über deren Dauer sowie die Bedingungen, nach denen es fortgesetzt wird, durch Urteil Bestimmung getroffen" (§ 556a Abs. 3). Dabei kann auch bestimmt werden, daß das Mietverhältnis auf *unbestimmte Zeit* fortgesetzt wird. Das Urteil ist wie in den Fällen der §§ 315 Abs. 3, 319 Abs. 1 und der Wandlung, *Gestaltungsurteil*. Die Fortsetzung des Mietverhältnisses zu den im Urteil festgelegten Bedingungen ist Urteilswirkung, nicht Folge einer Vereinbarung.[181]

Der Mieter kann die Fortsetzung des Mietverhältnisses nicht verlangen, wenn er selbst gekündigt hat oder wenn der Vermieter einen Grund zur *fristlosen Kündigung* hat (§ 556a Abs. 4). Die Möglichkeit einer außerordentlichen *befristeten* Kündigung schließt sein Recht dagegen nicht aus. Entgegenstehende Vereinbarungen sind unwirksam (§ 556a Abs. 7).

---

[180] Dabei geht es jetzt darum, ob es so stark ist, daß es das Interesse des Mieters – an der Vermeidung von „Härten" – überwiegt, oder ob es hinter diesem zurückstehen muß.
[181] So auch *Staudinger/Emmerich* 76 zu § 556a und die dort Genannten.

§ 48 VI   1. Abschn. 2. Kap. Gebrauchsüberlassung, volle Nutzung auf Zeit

Ist das Mietverhältnis *auf bestimmte Zeit* eingegangen, so kann der Mieter unter den gleichen Voraussetzungen die Fortsetzung des Mietverhältnisses über diese Zeit hinaus verlangen, unter denen er berechtigt wäre, einer Kündigung zu widersprechen (§ 556b Abs. 1). Hat er jedoch die Umstände, die das Interesse des Vermieters an der fristgemäßen Rückgabe des Wohnraums begründen, bei dem Abschluß des Mietvertrages gekannt, so sind zu seinen Gunsten nur solche Umstände zu berücksichtigen, die nachträglich eingetreten sind (§ 556b Abs. 2). Eine *nochmalige Verlängerung* des Mietverhältnisses kann der Mieter nur verlangen, wenn dies durch eine wesentliche Änderung der für die erste Verlängerung maßgeblichen Umstände gerechtfertigt wird (§ 556c).

Einige Sondervorschriften gelten für die Beendigung des Mietverhältnisses oder der Gebrauchsüberlassung bei **Werkwohnungen**. Vornehmlich in der Zeit des großen Wohnungsmangels haben manche Unternehmen Wohnungen erbaut, um sie an die bei ihnen Beschäftigten zu vermieten, oder den Bau von Wohnungen durch eine Baugesellschaft finanziert, die sich dafür dazu verpflichtete, diese Wohnungen nur an ihr von dem Unternehmen benannte Personen zu vermieten. Damit wollten sie sich einen Stamm von Mitarbeitern sichern und an ihren Betrieb binden. Man spricht von *„Werkmietwohnungen"*, wenn Wohnraum „mit Rücksicht auf ein Dienstverhältnis vermietet worden ist" (§ 565b), wobei der Dienstherr (Arbeitgeber) und der Vermieter nicht identisch zu sein brauchen. Für solche Mietverhältnisse verkürzt § 565c im Falle der Beendigung des Dienstverhältnisses die Kündigungsfristen des Vermieters in zwei Fällen, nämlich, falls der Wohnraum für einen anderen zur Dienstleistung Verpflichteten dringend benötigt wird und falls in noch engerer Zusammenhang zwischen der Dienstleistung und der Überlassung dieses Wohnraums besteht. § 565 bleibt daneben anwendbar. Das Widerspruchsrecht des § 556a bleibt dem Mieter nur in dem ersten der beiden Fälle des § 565c; bei der Abwägung der Interessen sind auch die Belange des Dienstberechtigten zu berücksichtigen, selbst wenn dieser mit dem Vermieter nicht identisch ist (§ 565d Abs. 1 und 2). Versagt wird dem Mieter das Widerspruchsrecht, wenn die Kündigung erfolgt, weil der zweite Fall des § 565c gegeben ist, und wenn er das Dienstverhältnis ohne begründeten Anlaß gekündigt oder dem Dienstberechtigten durch sein Verhalten gesetzlich begründeten Anlaß zur Auflösung des Dienstverhältnisses gegeben hat (§ 565d Abs. 3). Schließlich bestimmt § 565e für sogenannte *Werkdienstwohnungen,* daß für die Beendigung des Rechtsverhältnisses hinsichtlich des Wohnraums unter gewissen Voraussetzungen die Vorschriften über die Miete entsprechend gelten. Hier war kein Mietvertrag geschlossen, die Überlassung des Wohnraums Teil der Gegenleistung für die Dienste (Hausmeistervertrag); mit der Beendigung des Dienstverhältnisses würde daher auch das Gebrauchsrecht an der Wohnung enden. Entsprechend anwendbar sind aber auch die §§ 565c und 565d;[182] dabei wird meist der 2. Fall des § 565c vorliegen, die Sozialklausel daher ausgeschlossen sein.

Um eine sonst mögliche Umgehung der Kündigungsvorschriften zu verhindern, bestimmt endlich § 570a, daß bei einem Mietverhältnis über Wohnraum dann, wenn der Wohnraum dem Mieter überlassen – das Mietverhältnis also in Vollzug gesetzt – ist, für ein *vereinbartes Rücktrittsrecht* die gesetzlichen Vorschriften über die Kündigung und ihre Folgen entsprechend gelten.

f) **Eintritt von Familienangehörigen nach dem Tode des Mieters.** Schon das MieterschutzG, das im Jahre 1923 erging, hatte bestimmt, daß beim Tode des Mieters die zu seinem Hausstand gehörenden Familienangehörigen, soweit sie keine gegenteilige Erklärung abgeben, in das Mietverhältnis eintreten und daß ihnen gegenüber das Kündigungsrecht des Vermieters gemäß § 569 BGB nicht besteht. Das 2. MietrechtsänderungsG hat diesen Schutz der mit dem Mieter zusammen lebenden Familienangehörigen nach dem Auslaufen des Mieter-

---

[182] *Palandt/Putzo* 1, *Emmerich/Sonnenschein*, 46, 48 zu § 565e.

schutzgesetzes in das BGB übernommen und ihn weiter ausgebaut. § 569a bestimmt:

1. Hat der Mieter in der Wohnung *mit seinem Ehegatten* den gemeinsamen Hausstand geführt, so tritt mit dem Tode des Mieters der Ehegatte kraft Gesetzes in das Mietverhältnis ein, falls er nicht innerhalb eines Monats dem Vermieter gegenüber erklärt, das Mietverhältnis nicht fortsetzen zu wollen (Abs. 1). Das Kündigungsrecht des § 569 besteht nicht; der Vermieter kann jedoch unter Einhaltung der gesetzlichen Kündigungsfrist kündigen, wenn in der Person des überlebenden Ehegatten ein wichtiger Grund zur Kündigung vorliegt (Abs. 5 in Verbindung mit § 569 Abs. 2).

Der in das Mietverhältnis eingetretene Ehegatte haftet für die bis zum Tode des Mieters entstandenen Verbindlichkeiten aus dem Mietverhältnis neben dem Erben (der für diese Verbindlichkeiten als für „Nachlaßverbindlichkeiten" einsteht) als Gesamtschuldner (Abs. 3); für die danach entstehenden haftet er allein. Im Verhältnis zwischen dem mithaftenden Ehegatten und dem Erben haftet dieser allein. Hat der verstorbene Mieter den Mietzins für einen nach seinem Tode liegenden Zeitraum im voraus entrichtet, so hat der überlebende Ehegatte, wenn er in das Mietverhältnis eintritt, dem Erben das herauszugeben, was er infolge der Vorauszahlung des Mietzinses an Miete erspart oder, im Falle der Rückzahlung durch den Vermieter, erlangt (Abs. 4).

2. Hat der verstorbene Mieter in der Wohnung einen gemeinsamen Hausstand mit einem oder mehreren *anderen Familienangehörigen* (als seinem Ehegatten) geführt, so treten diese – und zwar zu gemeinschaftlichem Recht und als Gesamtschuldner gegenüber dem Vermieter – in das Mietverhältnis ein, sofern nicht einzelne von ihnen – jeder für seine Person – oder alle zusammen die Fortsetzung durch Erklärung gegenüber dem Vermieter ablehnen (Abs. 2). Hinsichtlich der Kündigung, der Haftung für die früher entstandenen Verbindlichkeiten und der Herausgabepflicht gegenüber dem Erben gilt als das gleiche wie im ersten Fall. Hat der verstorbene Mieter den Hausstand gemeinsam sowohl mit seinem Ehegatten wie mit anderen Familienangehörigen geführt, dann tritt grundsätzlich nur der überlebende Ehegatte ein. Lehnt er jedoch die Fortsetzung ab, so treten die anderen Familienangehörigen – vorbehaltlich des Rechts eines jeden, abzulehnen – in das Mietverhältnis ein (§ 569a Abs. 2 Satz 2).

3. Treten der Ehegatte oder andere Familienangehörige in das Mietverhältnis *nicht ein,* so wird es mit dem (oder, falls es mehrere sind, den) Erben fortgesetzt. Erbe wie Vermieter sind berechtigt, das Mietverhältnis unter Einhaltung der gesetzlichen Frist für den ersten danach zulässigen Termin zu kündigen (Abs. 6).

Die Vorschriften über den Eintritt des Ehegatten oder anderer Familienangehöriger (Abs. 1 und 2) sowie über die Kündigungsregelung in diesen beiden Fällen (Abs. 5) sind zwingend (Abs. 7).

Haben Ehegatten *gemeinschaftlich* eine Wohnung gemietet und in ihr den gemeinsamen Hausstand geführt, so setzt beim Tode eines von ihnen der andere allein – unter Ausschluß des oder der (übrigen) Erben – das Mietverhältnis fort (§ 569b). Er kann es unter Einhaltung der gesetzlichen Frist zum ersten danach zulässigen Termin kündigen; das Kündigungsrecht des Vermieters gemäß § 569 ist dagegen ausgeschlossen (vgl. § 569 Abs. 2). Die Vorschriften des § 569a über die Haftung für die früher entstandenen Verbindlichkeiten und über die Herausgabepflicht gegenüber den Erben gelten entsprechend.

VII. Abwicklung und Verjährung

a) **Die Abwicklung des Mietverhältnisses.** Mit der Beendigung des Mietverhältnisses als eines Dauerschuldverhältnisses enden die für dieses charakteristischen, fortdauernd oder periodisch zu erfüllenden Leistungspflichten; so die des Vermieters zur Gebrauchsgewährung und die des Mieters zur Zahlung des Mietzinses für weitere Zeitabschnitte.[183] Jedoch entstehen nunmehr Abwicklungspflichten. Deren wichtigste ist die Pflicht des Mieters zur *Rückgabe der Mietsache*. Diese Pflicht ist eine selbständige Leistungspflicht. Die Rückgabe stellt aber nicht die Gegenleistung (oder einen Teil der Gegenleistung) für die Leistung des Vermieters dar, sondern steht außerhalb des synallagmatischen Zusammenhangs. Die Rückgabepflicht ist dadurch verstärkt, daß dem Mieter eines Grundstücks, damit auch einer Wohnung, ein Zurückbehaltungsrecht wegen etwaiger Ansprüche gegen den Vermieter nicht zusteht (§ 556 Abs. 2). Weiter trifft sie nach gesetzlicher Vorschrift (§ 556 Abs. 3) auch einen, nicht am Mietverhältnis beteiligten, Dritten, dem der Mieter – einerlei, ob befugter- oder unbefugterweise – den Gebrauch der Mietsache überlassen hat, vorausgesetzt, daß der Dritte zur Zeit der Beendigung des Hauptmietverhältnisses im Besitze der Sache ist.[184] Der Dritte und der Mieter sind hinsichtlich der Rückgabepflicht, wie sich aus dem Worte „auch" ergibt, Gesamtschuldner. Man kann hier von einem *gesetzlichen Schuldbeitritt* des Dritten zu der Rückgabepflicht des Mieters sprechen.[185] Denn die Pflicht des Dritten knüpft an das Mietverhältnis *zwischen dem Vermieter und dem Hauptmieter,* das dessen Rückgabepflicht begründet, nicht an das zwischen dem Dritten und dem Hauptmieter, an. Einwendungen des Hauptmieters gegen den Rückgabeanspruch stehen daher auch dem Dritten zu, nicht aber solche aus seinem Verhältnis zu dem Hauptmieter. Er kann insbesondere nicht einwenden, daß er diesem gegenüber, etwa aufgrund eines Untermietverhältnisses, zum Besitz berechtigt sei.[186] Der Untermieter muß also nach der Beendigung des Hauptmietverhältnisses die Mietsache an den Hauptvermieter herausgeben; er kann sich nur an *seinen* Vermieter, den bisherigen Hauptmieter, halten, der ihm nun

---

[183] Zum Einfluß einer *vorzeitigen* Beendigung des Mietverhältnisses auf die Verpflichtung des Mieters, zusätzlich zur Miete einen verlorenen Baukostenzuschuß in monatlichen Raten zu zahlen, BGHZ 71, 243.
[184] *Mittelstein/Stern* S. 632; *Enn./L.* § 129 III 1.
[185] So *Staudinger/Emmerich* 37 zu § 566, im Anschluß an *Reichel,* Schuldmitübernahme S. 112, u. andere. Zum Schuldbeitritt im allgemeinen vgl. Bd. I § 35 II.
[186] *Soergel/Kummer* 22, *Staudinger/Emmerich* 37, *Oertmann* 3b zu § 566.

den Besitz und Gebrauch nicht mehr zu verschaffen vermag und daher wegen „Rechtsmangels" nach § 541 einzustehen hat. Ob der Untervermieter seinem Mieter Schadensersatz zu leisten hat, hängt nach § 538 davon ab, ob er den Mangel seiner Berechtigung, die vorzeitige Beendigung des Hauptmietverhältnisses, dem Untermieter gegenüber zu vertreten hat.

Handelt es sich bei dem Untermietverhältnis um ein solches über *Wohnraum,* nicht aber um ein Mietverhältnis der in § 564 b Abs. 4 bezeichneten Art, so hat der Untermieter den Schutz des § 564 b und auch das Widerspruchsrecht des § 556 a zwar gegenüber *seinem* Vermieter. Er hat ihn aber nicht gegenüber dem Herausgabeverlangen des Hauptvermieters nach § 556 Abs. 3, da er zu diesem in keiner vertraglichen Beziehung steht. Ihm kann er ein Recht zum Besitz nur so lange entgegensetzen, als er es solches aus dem durch den Hauptmietvertrag begründeten Recht zum Besitz des Hauptmieters ableiten kann. Ist mit der Beendigung des Hauptmietverhältnisses dessen Recht zum Besitz fortgefallen, entfällt damit auch die Berechtigung des Untermieters zum Besitz gegenüber dem Hauptvermieter. Er muß also dessen Herausgabeverlangen nachkommen. Dieses Ergebnis erscheint vom Standpunkt des Mieterschutzes wenigstens dann als problematisch, wenn der Eigentümer die Wohnung an ein Vermietungsunternehmen lediglich zu dem Zweck vermietet, damit dieses sie weitervermietet. Er erspart sich damit die Mühe der Auswahl der Mieter und der Verhandlungen mit ihnen, hat es, wenn es eine Mehrzahl von Wohnungen ist, nur mit einem Mieter statt mit einer Vielzahl zu tun, erhält von dem Unternehmen eine feste Miete, mit deren Eingang er sicher rechnen kann. Dem Unternehmen kann er jederzeit kündigen, da ein Mietvertrag lediglich zum Zwecke der gewerblich betriebenen Weitervermietung nicht als ein solcher über Wohnraum angesehen wird. Kann er also auf diese Weise den Mieterschutz derjenigen, die die Wohnung, wenn auch „nur" als Untermieter, wirklich bewohnen, im Ergebnis ausschalten? Der BGH hat das im Grundsatz bejaht,[187] hält aber das Herausgabeverlangen des Hauptvermieters dann für rechtsmißbräuchlich und daher nach § 242 für unzulässig, wenn der Untermieter nicht gewußt hat, daß *sein* Vermieter selbst nur Mieter war, er nur Untermieter wurde.

Die Entscheidung befriedigt nicht. Auch wenn derjenige, der die Wohnung mietet, weiß, daß er nur Untermieter wird, verdient er als derjenige, der sie wirklich bewohnen will, den Mieterschutz. *Gursky*[188] weist auf eine Rechtsprechung des RG[189] hin, nach der der Eigentümer, der einen anderen dazu ermächtigt hat, seine Sache an einen Dritten im eigenen Namen zu vermieten, analog § 185 das dem Mieter von dem dazu Ermächtigten eingeräumte (relative) Recht zum Besitz gegen sich gelten lassen muß, sodaß der Mieter es seinem Herausgabeanspruch als Eigentümer gemäß § 986 Abs. 1

---

[187] BGHZ 84, 90. Vgl. auch OLG Karlsruhe, NJW 84, 313.
[188] In JR 83, 265. Vgl. ferner *Crezelius,* JZ 84, 70.
[189] RGZ 80, 395; 124, 28. Eingehend zu dieser Rechtspr. *Doris,* Die rechtsgeschäftliche Ermächtigung bei Vornahme von Verfügungs-, Verpflichtungs- und Erwerbsgeschäften, 1974, S. 123 ff., 137 ff.

§ 48 VII 1. Abschn. 2. Kap. Gebrauchsüberlassung, volle Nutzung auf Zeit

entgegensetzen kann. *Gursky* meint, so läge es auch hier. Doch handelte in den vom RG entschiedenen Fällen der zur Vermietung Ermächtigte als Geschäftsführer oder Beauftragter, war aber nicht selbst Mieter. Es ging um den Eigentumsanspruch, nicht um den Anspruch aus § 556 Abs. 3. Dieser Anspruch steht aber nach allgemeiner Auffassung auch dem Vermieter zu, der der Untervermietung zugestimmt hatte; er schließt daher im allgemeinen jede Gebundenheit des Vermieters an den Untermietvertrag und damit ein dem Untermieter unmittelbar gegen den Vermieter zustehendes (nicht vom Hauptmieter abgeleitetes) Besitzrecht aus. Man müßte sich daher schon dazu entschließen, in den geschilderten Fällen dem Mieterschutz den Vorrang vor § 556 Abs. 3 einzuräumen.

Der Rückgabeanspruch des Vermieters richtet sich auf Verschaffung des unmittelbaren Besitzes.[190] Der Mieter hat die Sache *in dem Zustand zurückzugeben,* in dem sie sich unter Berücksichtigung zwar der Abnützung durch ihren vertragsgemäßen Gebrauch (§ 548), aber auch der Obhutspflicht des Mieters und einer von ihm etwa übernommenen Pflicht zur Vornahme von Schönheitsreparaturen, jetzt befinden soll, also in dem vertragsgemäßen Zustand.[191] Daraus würde gemäß § 294 folgen, daß der Vermieter nicht in Annahmeverzug kommt, wenn er sich weigert, die ihm in einem schlechteren Zustand angebotene Mietsache anzunehmen. Der BGH ist aber der Meinung,[192] der Vermieter könne „wegen Veränderungen oder Verschlechterungen der Mietsache und wegen Abweichung vom vertragsgemäßen Rückgabezustand zwar Schadensersatz verlangen, nicht aber die Rücknahme der Mietsache ablehnen"; er nimmt daher in einem solchen Falle Annahmeverzug an. Woraus er das schließt, ist allerdings nicht ersichtlich. Richtig ist, daß mit der Weigerung der Annahme der Vermieter dem Mieter weiterhin die Obhutspflicht aufbürdet. Es erscheint dem BGH als angemessen, daß der Mieter dann wenigstens die Haftungserleichterung des § 300 Abs. 2 für sich in Anspruch nehmen kann.

Kommt der Mieter seiner Rückgabepflicht nicht nach, so kann der Vermieter „für die Dauer der Vorenthaltung" als Entschädigung weiterhin den vereinbarten Mietzins verlangen (§ 557 Abs. 1).[193] Der Vermieter von Räumen (Wohn- oder Geschäftsräumen) kann *stattdessen* „als Entschädigung den Mietzins verlangen, der für vergleichbare Räume ortsüblich ist". Er kann also unter Umständen eine höhere als die bisherige Miete verlangen, dann nämlich, wenn die vereinbarte Miete hinter der nunmehr „ortsüblichen" zurückbleibt. Dies gilt auch dann,

---

[190] BGHZ 56, 308. Zur Rückgabepflicht mehrerer Mieter BGHZ 65, 226; OLG Schleswig, NJW 82, 2672.
[191] HL.; *Esser/Weyers* § 17 II; *Soergel/Kummer* 14, *Erman/Schopp* 1, *Palandt/Putzo* 1c, *MünchKomm/Voelskow* 15, *Emmerich/Sonnenschein,* Handkommentar, 11 aE in § 556. Anders aber *Roquette,* Mietrecht 9 zu § 556; *Sternel* aaO S. 655.
[192] BGHZ 86, 204, 210.
[193] Der Mieter einer beweglichen Sache, dem ein Zurückbehaltungsrecht zusteht, schuldet solange keine Entschädigung, als er sich auf die bloße Zurückhaltung der Sache beschränkt, ohne sie weiter zu gebrauchen; BGHZ 65, 56. Hat der Vermieter seinen Rückgabeanspruch an einen Dritten abgetreten, nicht aber den Entschädigungsanspruch gemäß § 557, so kann er die Entschädigung verlangen, wenn der Mieter seiner Rückgabepflicht gegenüber dem Dritten nicht nachkommt; vgl. BGH, NJW 83, 112.

wenn der Mieter die Rückgabe, etwa wegen eigener Erkrankung oder der eines Familienangehörigen, entschuldigterweise verzögert.[194] Dagegen gilt es nicht, wenn die Rückgabe dem Mieter unmöglich ist, etwa weil die Sache untergegangen oder dem Mieter abhanden gekommen ist. Hat der Mieter die Unmöglichkeit der Herausgabe zu vertreten, so haftet er nach § 280 auf Schadensersatz wegen Nichterfüllung; andernfalls wird er nach § 275 von der Rückgabeverpflichtung frei. Kann der Mieter die Mietsache deshalb nicht herausgeben, weil er sie untervermietet hat und der Untermieter sich ihm gegenüber auf den Fortbestand des Untermietvertrages beruft, so sieht der BGH dies nicht als ihn befreiendes Unvermögen des Hauptmieters zur Rückgabe an, sondern läßt diesen dafür gemäß § 557 einstehen; es sei seine Sache, sich auf eine vorzeitige Beendigung des Mietverhältnisses und seine daran folgende Rückgabepflicht einzurichten.[195] Der Mieter kann den Hauptvermieter auch nicht auf *dessen* Herausgabeanspruch gegen den Untermieter gemäß § 556 Abs. 3 verweisen; die im Schrifttum vielfach vertretene Ansicht,[196] der Vermieter müsse, gemäß § 254 Abs. 2, eine Verkürzung seines Entschädigungsanspruchs hinnehmen, wenn er es unterläßt, gegen den Untermieter gerichtlich vorzugehen, wird vom BGH abgelehnt.[197]

Im Falle der schuldhaften Verzögerung der Rückgabe kann der Vermieter neben dem weiter zu entrichtenden Mietzins den Ersatz eines *darüber hinausgehenden Schadens* (als Verzugsschaden) verlangen (§ 557 Abs. 1 Satz 2), wenn die Voraussetzungen des Verzuges vorliegen, insbesondere also, wenn der Mieter die Verzögerung der Rückgabe zu vertreten hat.[198] Dieser Anspruch dürfte bei der Vermietung von Räumen allerdings nur noch von geringerer Bedeutung sein, weil ein über die *ortsübliche* Miete hinausgehender, allein durch die Vorenthaltung verursachter Schaden nur selten nachweisbar sein wird. Für den Fall der Vermietung von *Wohnräumen* ist er weiter eingeschränkt durch den 2. und 3. Absatz des § 557. Die Bestimmungen dieser Absätze sind gemäß Abs. 4 nicht zum Nachteil des Mieters abdingbar. Der BGH gibt dem Vermieter schließlich auch einen *Bereicherungsanspruch* nach § 812, soweit der bisherige Mieter durch die unbefugte Fortsetzung des Gebrauchs um den *objektiven Wert der Nutzung* ohne rechtlichen Grund bereichert ist und diese seine Bereicherung den von ihm fortzuzahlenden Mietzins übersteigt.[199] Auch dieser Anspruch hat dadurch an Bedeutung verlo-

---

[194] *Roquette*, Soz. Mietrecht S. 92 (Rdn. 5); *Enn./L.* § 129 III 2; *Oertmann* 1, *Palandt/Putzo* 3a, *Erman/Schopp* 3 zu § 557.
[195] So BGHZ 90, 145, 148f.; anders *Palandt/Putzo* 3a zu § 557.
[196] So *MünchKomm/Voelskow* 12, *Palandt/Putzo* 3a zu § 557.
[197] BGHZ 90, 145, 149f.
[198] § 326 ist aber nicht anwendbar, da die Rückgabepflicht nicht im synallagmatischen Zusammenhang steht; so richtig *Oertmann* 2 zu § 557. Der Ersatzanspruch gemäß § 286 steht dem Erwerber des Grundstücks nach § 571 auch dann zu, wenn die Kündigung noch der Veräußerer erklärt hatte; vgl. BGHZ 72, 147.
[199] BGHZ 44, 241; NJW 68, 197 (dazu *Rüber*, NJW 68, 1611). Dies gilt nach der insoweit allerdings

ren, daß bei *Raummiete* der Vermieter nunmehr nach § 557 Abs. 1 sogleich den ortsüblichen Mietzins verlangen kann, mit dem sich der objektive Gebrauchswert in der Regel deckt. Bei Wohnraum müssen nach dem Schutzzweck des Gesetzes die Schranken des 2. und 3. Absatzes auch für den Bereicherungsanspruch gelten, obgleich es sich nicht um einen Schadensersatzanspruch handelt.[200]

Die *Obhutspflicht* des Mieters endet erst mit der tatsächlichen Rückgabe der Mietsache an den Vermieter oder einen von diesem ermächtigten Dritten.[201] Nebenpflichten des Mieters können dahin gehen, die Wohnung „besenrein" abzuliefern, Schlüssel, auch solche, die er selbst hat anfertigen lassen, abzugeben, schon vor seinem Auszug, im Hinblick auf eine bevorstehende Beendigung des Mietverhältnisses, die Besichtigung der Mietsache, insbesondere einer Wohnung, durch Interessenten zu dulden. Dem zur Räumung einer Wohnung verurteilten Mieter kann das Gericht gemäß § 721 ZPO im Urteil eine angemessene Räumungsfrist gewähren; die Frist kann auf Antrag verlängert oder verkürzt werden; sie darf insgesamt nicht länger als ein Jahr betragen.

Der Mieter hat das Recht, eine Einrichtung, mit der er die Mietsache versehen hat, *wegzunehmen* (§ 547a Abs. 1). Dieses Recht hat er auch dann, wenn die Einrichtung wesentlicher Bestandteil des Grundstücks geworden sein sollte, was mit Rücksicht auf § 95 Abs. 2 nur selten der Fall sein wird. Ist es aber der Fall, so schließt das Recht zur Wegnahme auch das zur Aneignung des durch die Trennung wieder zu einer selbständigen beweglichen Sache gewordenen Einrichtungsgegenstandes ein. Unter einer „Einrichtung" ist nur eine solche bewegliche Sache zu verstehen, die trotz ihrer Verbindung mit der Mietsache vom Verkehr weiterhin von dieser unterschieden, als eine zusätzliche Einrichtung gewertet wird, wie z. B. Öfen, elektrische oder Gasherde, Waschbecken, nicht aber neue Tapeten, Fensterscheiben oder Dachziegel, da diese als zum Haus selbst gehörig angesehen werden müssen. Wegen der Anbringung oder Einfügung solcher Gegenstände hat der Mieter nur den Anspruch auf Ersatz notwendiger Verwendungen (§ 547 Abs. 1). Der Vermieter von Räumen kann die Ausübung des Wegnahmerechts durch Zahlung einer angemessenen Entschädigung[202] abwenden, wenn nicht der Mieter ein „berechtigtes Interesse" an der Wegnahme hat (§ 547a Abs. 2). Eine Vereinbarung, durch die das Wegnahmerecht des Mieters von *Wohnraum* ausgeschlossen wird, ist nur wirksam, wenn sie für den Mieter einen „angemessenen Ausgleich" vorsieht (§ 547a Abs. 3). Nimmt der Mieter eine Einrichtung weg, so hat er nach § 258 Satz 1 die Mietsache auf seine Kosten in den vorigen Stand zu setzen. Das Wegnahmerecht endet nicht mit der Rückgabe

---

umstrittenen Rechtspr. des BGH auch dann, wenn der Vermieter als Eigentümer Herausgabe nach § 985 verlangen kann und daher die §§ 987 ff. (ebenfalls) Anwendung finden; vgl. etwa *Westermann*, Sachenrecht § 31 III; *Fikentscher* § 101 IV 3.

[200] Ebenso *Esser* 4. Aufl. § 72 III aE (zu Anm. 11); LG Mannheim, NJW 70, 1881. Anders *Palandt/Putzo* 5a zu § 556.

[201] Vgl. BGHZ 86, 204, 208.

[202] Dazu *Kiefersauer/Glaser* 3, *Soergel/Kummer* 13, 19, *Palandt/Putzo* 4b zu § 547a.

der Mietsache, sondern nimmt dann die Gestalt eines Anspruchs auf Gestattung der Wegnahme – daher auf Zutritt und Vornahme der nötigen Handlungen – an (§ 258 Satz 2). Die Trennung vorzunehmen, ist Sache des Mieters; der Vermieter braucht sie ihm nur zu gestatten. Daraus hat schon das RG den Schluß gezogen,[203] auch wenn der Mieter Eigentümer der Einrichtungsgegenstände geblieben sei, könne er ihre Herausgabe mit dem Anspruch aus § 985 nicht verlangen; bis zur Geltendmachung des Wegnahmerechts sei der (frühere) Vermieter ihm gegenüber zum Besitz berechtigt. Der BGH hat sich dem angeschlossen und dem (früheren) Mieter daher alle weitergehenden Rechte, etwa auf eine Nutzungsvergütung, versagt.[204] Die Verjährung des Wegnahmeanspruchs führe zu einem dauernden Recht zum Besitz.

Hat der Mieter den Mietzins oder einen Teil des Mietzinses für die Zeit nach der (vorzeitigen) Beendigung des Mietverhältnisses – etwa in Form eines anrechenbaren Baukostenzuschusses oder eines mit der Miete zu verrechnenden Mieterdarlehens (vgl. oben unter IV) – *vorausbezahlt*, so kann er vom Vermieter die Rückerstattung des im voraus bezahlten Betrages, und zwar regelmäßig in entsprechender Anwendung des § 347, verlangen (§ 557a Abs. 1). Der Vermieter hat den Betrag daher vom Zeitpunkt des Empfanges an zu verzinsen (§ 347 Satz 3). Wenn jedoch die Beendigung des Mietverhältnisses wegen eines Umstandes erfolgt, den der Vermieter *nicht* zu vertreten hat, ist er zur Rückerstattung nur nach den Vorschriften über die Herausgabe einer ungerechtfertigten Bereicherung (§ 818) verpflichtet. Eine zum Nachteil des Mieters von Wohnraum abweichende Vereinbarung ist unwirksam (§ 557a Abs. 2).[205] Im Falle eines sogenannten *„verlorenen" Baukostenzuschusses*, der weder auf die zu zahlende Miete angerechnet, noch zurückgezahlt werden soll, nimmt die Rechtsprechung gleichwohl an, daß er, als eine „Sonderleistung" des Mieters, von diesem bei einem langfristigen Vertrag im Hinblick nur auf die gesamte, im Vertrag vereinbarte Laufzeit des Mietverhältnisses gegeben wird. Wird dieses vorzeitig beendet, gibt die Rechtsprechung dem Mieter daher ebenfalls einen Bereichungsanspruch hinsichtlich des von ihm noch nicht „abgewohnten" Teils.[206] Für *Mietverhältnisse über Wohnraum* hat Art. VI des Gesetzes zur Änderung des 2. Wohnbaugesetzes

---

[203] RGZ 109, 128, 131.
[204] BGHZ 81, 146. Wenn der BGH allerdings daraus, daß sich aus dem Gestattungsanspruch ein Recht zum Besitz mit der Rechtsfolge des § 986 ergibt, folgert, der Anspruch selbst sei „dinglicher Natur", halte ich das nicht für richtig; vgl. dazu *Leonhard* A S. 218.
[205] Unwirksam ist auch eine Vereinbarung, durch die § 557a *zugunsten eines Dritten*, etwa des Erstehers in der Zwangsversteigerung, ausgeschlossen wird; so BGHZ 53, 35. Unwirksam ist ferner eine Vereinbarung, nach der der Mieter bei vorzeitiger Beendigung des Mietverhältnisses nicht die sofortige Rückzahlung eines zinslos gegebenen Mieterdarlehens verlangen kann; BGHZ 56, 285.
[206] BGHZ 29, 289; 71, 243. Folgerichtig entfallen mit der vorzeitigen Beendigung des Mietverhältnisses weitere Leistungen auf den versprochenen Baukostenzuschuß, auch soweit dieser nicht schon „abgewohnt" war.

§ 48 VII 1. Abschn. 2. Kap. Gebrauchsüberlassung, volle Nutzung auf Zeit

vom 21. 7. 1961[207] eine dem § 557a gleichkommende Regelung getroffen, die zugunsten des Mieters zwingend ist. Zu erstatten ist der Betrag, der „nicht durch die Dauer des Mietverhältnisses als getilgt anzusehen ist"; durch eine Mietdauer von 4 Jahren gilt ein Betrag in Höhe einer Jahresmiete als getilgt. Der „verlorene Baukostenzuschuß" wird danach praktisch wie ein vorausgezahlter Mietzuschlag behandelt.

b) **Die Verjährung der Ansprüche.** Einzelne Ansprüche aus dem Mietverhältnis verjähren in kürzeren als den allgemeinen Fristen. Die Ansprüche auf *rückständige Miet- und Pachtzinsen* verjähren in vier Jahren, gerechnet vom Schlusse des Jahres an, in dem sie entstanden sind (§§ 197, 198, 201).[208] *Schadensersatzansprüche des Vermieters* wegen vom Mieter zu vertretender Veränderungen oder Verschlechterungen der Mietsache[209] verjähren in sechs Monaten von dem Zeitpunkt an, in dem er die Sache zurückerhält (und daher die Verschlechterungen feststellen kann),[210] spätestens mit der Verjährung des Anspruchs auf Rückgabe (§ 558). Der Rückgabeanspruch[211] selbst verjährt erst in 30 Jahren nach seiner Entstehung, d. h. nach der Beendigung des Mietverhältnisses. Streitig ist, ob die Verjährungsfristen des § 558 nur für die Ersatzansprüche des Vermieters gelten, die sich auf eine Verletzung der Pflichten aus dem Mietverhältnis gründen, oder auch für konkurrierende Ansprüche, die sich etwa auf *unerlaubte Handlung* (insbesondere auf § 823) gründen.[212] *Unmittelbar* bezieht sich der § 558, nach seinem Wortlaut und seiner Stellung im Gesetz, zwar nur auf Ansprüche aus dem Mietverhältnis. Sein Zweck verlangt aber, ihn *entsprechend* auch auf Ansprüche anzuwenden, die aus anderen rechtlichen Gesichtspunkten hergeleitet werden, sofern sie

---

[207] Geändert durch Gesetz vom 14. 7. 64 und vom 24. 8. 65. Das Gesetz ist abgedruckt bei *Erman*, Anhang zu § 557a, u. *MünchKomm* 17 zu § 557a. Zu Einzelheiten vgl. *Erman/Schopp* 11 ff. vor § 573.

[208] Zu ihnen sind auch die Entschädigungsansprüche gemäß § 557 Abs. 1 zu rechnen; vgl. BGHZ 68, 307; *Staudinger/Sonnenschein* 36 zu § 557. Der BGH wendet dem entsprechend § 197 auch auf weitergehende Ansprüche wegen der Vorenthaltung der Mietsache – aus Verzug und aus ungerechtfertigter Bereicherung – an.

[209] Auch wegen Beschädigung nicht mitvermieteter Gebäudeteile; vgl. BGHZ 61, 227, 230.

[210] Auch dann, wenn der Anspruch erst nach der Beendigung des Mietverhältnisses (aber vor der Rückgabe der Sache) entstanden ist; BGH, NJW 70, 1182.

[211] Mit Einschluß des Anspruchs auf die Rückgabe von dem Mieter überlassenen Zubehörstücken; BGH, NJW 75, 2103.

[212] Für die Anwendung auch auf die konkurrierenden Ansprüche die Rechtspr. – vgl. RGZ 62, 229; 66, 363; BGH, NJW 57, 1436; LM Nr. 5, 7 zu § 558, BGHZ 71, 175, 179f. – und der überwiegende Teil der Lehre; vgl. *Soergel/Kummer* 2, *Oertmann* 1a, *Staudinger/Emmerich* 1, 4, *Erman/Schopp* 1, *Palandt/Putzo* 2b, *Emmerich/Sonnenschein*, Handkommentar zu § 558; *Enn./L.* § 130 2; *Schlechtriem*, Vertragsordnung und außervertragliche Haftung, 1972, S. 391 ff.; *Esser/Weyers* § 16 I 2c; dagegen *Dietz*, Anspruchskonkurrenz bei Vertragsverletzung und Delikt, 1934, S. 147 ff.; *Mittelstein/Stern* 527; *Siebenhaar*, JR 63, 46. Die analoge Anwendung des § 558 setzt nach Ansicht des BGH, BGHZ 47, 53 = NJW 67, 980 m. Anm. v. *Berg* (S. 1320), nicht die Wirksamkeit des Mietvertrages voraus. Über eine entsprechende Anwendung des § 558 auf vom Vermieter geltend gemachte, ihm abgetretene Schadensersatzansprüche Dritter DGHZ 54, 264; vgl. auch unten § 50 aE (zu § 606).

§ 48. Die Miete   VII § 48

mit einem vertraglichen Ersatzanspruch wegen schuldhafter Beschädigung der Mietsache konkurrieren, der Sachverhalt der gleiche ist. Denn wenn auch mit den vertraglichen Ersatzansprüchen keineswegs notwendig und immer solche aus unerlaubter Handlung konkurrieren – der Vermieter ist ja nicht stets auch der Eigentümer der Mietsache –, so doch sehr häufig; der vom Gesetz erstrebte Zweck einer möglichst raschen Abwicklung der mit dem Mietverhältnis (lebensmäßig) zusammenhängenden Ansprüche würde in der Tat vereitelt werden, wollte man § 558 nicht auf die konkurrierenden Ansprüche entsprechend anwenden. Die teleologisch gebotene entsprechende Anwendung des § 558 schränkt zugleich den § 852 Abs. 1 ein. Dagegen wird man § 852 Abs. 2 auch hier auf den Deliktsanspruch und auf den mit ihm konkurrierenden vertraglichen Anspruch analog anwenden müssen, da beide Ansprüche hinsichtlich ihrer Verjährung gleich zu behandeln sind.[213] Die Verjährung der Ersatzansprüche des Vermieters ist demnach gehemmt, solange die Parteien über die Regulierung des Schadens verhandeln. Auf die kurzen Verjährungsfristen können sich nach der Rechtsprechung des BGH auch die in den Schutzbereich des Mietvertrages einbezogenen Personen berufen, wenn sie von dem Vermieter wegen einer Beschädigung der Mietsache, etwa aus Delikt, in Anspruch genommen werden.[214]

§ 558 Abs. 1 nennt nur Ansprüche des Vermieters wegen „Veränderungen und Verschlechterungen" der Mietsache, nicht auch solche wegen ihrer vollständigen Vernichtung. Das beruht nicht etwa auf einem Versehen des Gesetzgebers, sondern darauf, daß für den Beginn der Verjährung der Zeitpunkt maßgeblich sein soll, in dem der Vermieter die Sache zurückerhält, er sie im Falle ihres vollständigen Untergangs aber nicht mehr wiedererlangt.[215] Der Gesetzgeber hätte für diesen Fall einen anderen Zeitpunkt für den Beginn der kurzen Verjährungsfrist bestimmen können; da er dies unterlassen hat, ist § 558 in diesem Fall nicht anwendbar, es muß bei der normalen 30jährigen Frist bleiben, die mit der Entstehung des Anspruchs beginnt. Handelt es sich aber um ein Gebäude, das etwa bis auf die Grundmauern abgebrannt ist, so kann doch das Grundstück zurückgegeben werden. Darauf, wie viele Mauerreste übrig geblieben sind, kann es nicht ankommen; § 558 ist hier m. E. anzuwenden.[216] Der Vermieter kann den Schaden feststellen, sobald er Zutritt zu dem Grundstück erhält.

Die Ansprüche des Mieters auf *Ersatz von Verwendungen* und auf Gestattung der Wegnahme einer Einrichtung verjähren nach § 558 ebenfalls in sechs Monaten, und zwar nach der Beendigung des Mietverhältnisses.[217]

---

[213] BGHZ 93, 64. Anders das OLG Düsseldorf, NJW 83, 1434. Der BGH sieht in § 852 Abs. 2 einen Ausdruck des „allgemeinen Rechtsgedankens, der zum Schadensersatz Verpflichtete dürfe nicht dadurch einen Vorteil erlangen, daß der Berechtigte sich auf Verhandlungen eingelassen hat".
[214] BGHZ 49, 278; 61, 227, 233; 71, 175, 178 f. Vgl. auch Bd. I § 17 II aE.
[215] Vgl. *Mugdan* Bd. II S. 842.
[216] Dazu BGH, NJW 81, 2406.
[217] Das gilt nicht, wenn es sich bei den (noch) zu ersetzenden „Verwendungen" um eine Aufbauleistung des Mieters handelte und die Parteien seinen Ersatzanspruch wie eine anrechenbare Mietvorauszahlung behandelt haben. Auf den dann bei Beendigung des Mietverhältnisses gegebenen Anspruch aus § 557 a ist § 558 nicht anwendbar. So BGHZ 54, 347, 350. Als „Beendigung" des Mietverhältnisses im Sinne des § 558 Abs. 2 sieht der BGH (LM Nr. 8 zu § 558) auch die Veräußerung der Mietsache an, da der bisherige Vermieter gemäß § 571 aus dem Mietverhältnis ausscheidet.

§ 49. Die Pacht

Literatur: *Wolf/Eckert,* Handbuch des gewerblichen Miet- und Pachtrechts, 4. Aufl. 1984. Vgl. im übrigen zu § 48.

I. Typus. Allgemeine Regelung

Der Pachtvertrag ist ein *gegenseitiger Vertrag,* durch den der Verpächter verpflichtet wird, dem Pächter die volle Nutzung des Pachtgegenstandes, d.h. in der Regel, seinen Gebrauch und den Genuß der Früchte, soweit diese „nach den Regeln einer ordnungsmäßigen Wirtschaft als Ertrag anzusehen sind", während der Pachtzeit zu gewähren. Der Pächter hat dafür den vereinbarten Pachtzins zu entrichten (§ 581 Abs. 1). *Pachtgegenstand* kann sowohl eine Sache, insbesondere ein Grundstück, wie ein Recht oder ein unkörperlicher Vermögensgegenstand, etwa ein Unternehmen, sein. *Früchte einer Sache* (§ 99 Abs. 1)[1] sind einmal ihre organischen *Erzeugnisse,* z.B. die Milch einer Kuh, vor allem die sog. Bodenerzeugnisse, d.h. alles, was auf einem Grundstück gewachsen ist, ferner „die sonstige *Ausbeute,* welche aus der Sache ihrer Bestimmung nach gewonnen wird", z.B. der in einem Steinbruch gewonnene Stein. An diesen unmittelbaren Sachfrüchten erwirbt der Pächter, soweit sie nach den Regeln einer ordnungsmäßigen Wirtschaft als Ertrag der Sache anzusehen sind, auf Grund der im Pachtvertrag enthaltenen Aneignungsgestattung das Eigentum nach Maßgabe des § 956 Abs. 1. Früchte (nämlich „mittelbare Früchte") der Sache sind aber auch „die *Erträge,* welche eine Sache vermöge eines Rechtsverhältnisses gewährt", wie die durch ihre Vermietung oder Weiterverpachtung erzielten Einnahmen (§ 99 Abs. 3). Unmittelbare *Früchte eines Rechts* (§ 99 Abs. 2) sind „die Erträge, welche das Recht seiner Bestimmung gemäß gewährt, insbesondere bei einem Recht auf Gewinnung von Bodenbestandteilen die gewonnenen Bestandteile";[2] mittelbare Früchte des Rechts sind die Erträge, die dieses „vermöge eines Rechtsverhältnisses", also etwa durch Weiterverpachtung, abwirft (§ 99 Abs. 3). *Früchte eines Unternehmens,* als eines unkörperlichen Vermögensgegenstandes, sind – das Gesetz sagt darüber nichts – die wirtschaftlichen Erträge, die vermöge der Tätigkeit des Unternehmers daraus gezogen werden; mittelbare Früchte die etwa aus der Weiterverpachtung des Unternehmens gewonnenen Pachtzinsen. Während der Pächter einer Sache sowohl zum Gebrauch wie zum Fruchtgenuß – in den Grenzen einer ordnungsmäßigen Wirtschaft – berechtigt ist, kommt bei der Verpach-

---

[1] Vgl. Allg. Teil § 16 V.
[2] D.h. genau genommen: das Eigentum an ihnen; vgl. *Enn./N.* § 127 III.

tung eines Rechts nur der Fruchtgenuß in Betracht. Der Pächter eines Unternehmens ist jedenfalls zum Gebrauch der mitverpachteten Sachen (Räume, Inventar) und darüber hinaus zum Genuß der Früchte des Unternehmens berechtigt.

Von der *Miete* unterscheidet sich die Pacht demnach dadurch, daß der Pächter nicht nur zum Gebrauch, sondern auch und vornehmlich zum Fruchtgenuß berechtigt ist. Abgrenzungsschwierigkeiten ergeben sich besonders dann, wenn Räume für einen bestimmten Betrieb, z. B. den einer Gastwirtschaft oder einer Bäckerei, überlassen werden und der vorhandene Betrieb fortgeführt werden soll. Handelt es sich dann um Raummiete, Raumpacht oder Pacht eines Unternehmens? Um eine *Pacht des Unternehmens* handelt es sich nur dann, wenn dem Pächter außer den Räumen und dem Inventar irgendwelche weiteren Geschäftswerte, wie z. B. die Ausnutzung der Kundschaft, die Bezeichnung des Unternehmens („Gasthof zum Adler"), die Geschäftsverbindungen u. dgl. für die Dauer der Pachtzeit mit überlassen werden, mögen diese Werte auch dem Werte der überlassenen Räume und beweglichen Sachen nicht gleichkommen.[3] Ein Indiz dafür, daß das Unternehmen selbst den Gegenstand des Vertrages bilden soll, kann in dem Eintritt des Pächters in bestehende Verträge (Übernahme des Personals, der noch nicht erledigten Geschäftsaufträge) und in der Aushändigung der entsprechenden geschäftlichen Unterlagen gelegen sein. Die Verpflichtungen des Verpächters gehen dem entsprechend über die zur Überlassung und Instandhaltung der Räume erheblich hinaus; er hat alles Erforderliche zu tun, um dem Pächter die Fortführung des Unternehmens in diesen Räumen zu ermöglichen. Wenn aber der Pächter nicht das bestehende Unternehmen fortführen, sondern nur durch Übernahme der Räume und vielleicht auch der Einrichtung die Gelegenheit erhalten soll, ein eigenes Unternehmen darin zu eröffnen und zu betreiben, dann kann es sich nach der hL entweder um Raummiete oder um Raumpacht handeln. „Raumpacht" soll dann vorliegen, wenn die Räume gerade für einen Betrieb bestimmter Art – etwa den einer Gastwirtschaft, eines Hotels, einer Bäckerei oder eines Frisiersalons – eingerichtet sind und zu dem Zweck überlassen werden, einen derartigen Betrieb in ihnen zu führen oder fortzuführen.[4] Das soll insbesondere, nach einigen nur dann der Fall sein, wenn die Einrichtungsgegenstände mit überlassen sind. Nach einer anderen Ansicht[5] soll es lediglich darauf ankommen, ob nach dem Willen der Parteien der Übernehmer die Räume lediglich gebrauchen (dann Raummiete), oder mittels ihrer einen Ertrag erwirtschaften, sie zu Erwerbszwecken nutzen darf. Nach dieser Auffassung läge in vielen Fällen, in denen die hL Raummiete annimmt, „Raumpacht" vor; so bei der Überlassung von Geschäftsräumen (auch ohne Inventar), eines Ladens, wohl

---

[3] So RGZ 138, 192 (195). Vgl. auch *Esser/Weyer* § 23 I 3.
[4] RGZ 81, 24; 109, 206; 122, 276; *Erman/Schopp* 6 ff., zu § 581; *Palandt/Putzo* 2a vor § 535.
[5] *Voelskow*, NJW 83, 910; MünchKomm/*Voelskow* 10 vor § 535.

auch von Praxisräumen. Übersehen wird dabei, daß die Erträgnisse nicht Früchte der Räume – weder deren ,,Erzeugnisse" noch ,,sonstige Ausbeute" –, sondern alle Male die des in den Räumen betriebenen Unternehmens sind; es kann sich daher m. E., wenn nicht das Unternehmen als solches verpachtet ist, immer nur um *Raummiete* handeln. Da auf die Pacht im allgemeinen die Vorschriften über die Miete Anwendung finden, ist die vermeintliche Unterscheidung zwischen einfacher Raummiete und ,,Raumpacht" von geringer Bedeutung. Wichtig dagegen ist – wegen der Frage, *was* der Überlasser zu gewähren hat – die Unterscheidung zwischen der bloßen Überlassung von Räumen, mit oder ohne Inventar, und der *Unternehmenspacht*.[6]

Bei der Überlassung der Früchte eines Feldes oder stehenden Holzes kann es im Einzelfall zweifelhaft sein, ob die Früchte oder das Holz (als künftige bewegliche Sachen) *verkauft* oder ob das Grundstück zur Fruchtziehung überlassen, also *verpachtet* sein soll. Kauf liegt vor, wenn der Gedanke der Veräußerung einer bestimmten Substanz (dieser heranreifenden oder schon gereiften Früchte, des vorhandenen Holzbestandes) im Vordergrund steht, Pacht, wenn es sich um eine Nutzung handelt, deren Ausmaß wesentlich mitbestimmt wird durch die Dauer der Zeit, während der sie fortgesetzt werden soll. Der tatsächliche Umfang der zu gewinnenden Nutzungen steht bei der Pacht in der Regel noch nicht von vornherein fest, sondern hängt von verschiedenen Umständen, wie z. B. der Witterung, aber vielfach auch von dem Verhalten des Pächters selbst ab, dem neben der Mühe der Fruchtgewinnung (des Aberntens oder Abholzens), anders als dem Käufer, meist auch noch eine Tätigkeit obliegt, durch die die Entstehung der Frucht erst ermöglicht oder doch gefördert wird.

Auf die Pacht finden, soweit das Gesetz nicht etwas anderes bestimmt, *die Vorschriften über die Miete entsprechende Anwendung* (§ 581 Abs. 2). Diese generelle Verweisung gilt jedoch nicht für den vom Gesetz nunmehr besonders geregelten Landpachtvertrag (unten II). Der Verpächter einer Sache hat danach dem Pächter die Sache in dem zum vertragsmäßigen Gebrauch und Fruchtgenuß geeigneten Zustand zu überlassen und sie während der ganzen Pachtzeit in diesem Zustande zu erhalten (§ 536). Er hat also die notwendigen Ausbesserungen vorzunehmen. Hat die Pachtsache zur Zeit ihrer Überlassung an den Pächter einen *Fehler,* der ihre Tauglichkeit zu dem vertragsmäßigen Gebrauch oder Fruchtgenuß aufhebt oder mindert, oder entsteht ein solcher Fehler im Laufe der Pachtzeit, so ist der Pächter für die Dauer der dadurch entstehenden Beeinträchtigung von der Zahlung des Pachtzinses befreit oder nur zur Zahlung eines entsprechend geminderten Pachtzinses verpflichtet (§ 537). Er kann von dem Verpächter als Erfüllung die Beseitigung des Fehlers verlangen und, wenn dieser mit der Beseitigung in Verzug kommt, sowie in den übrigen Fällen des § 538 Schadensersatz verlangen. Alle diese Rechte stehen ihm aber nur dann zu, wenn es sich um einen *Mangel der Pachtsache selbst* handelt, wenn also deren *Eignung* zum Gebrauch oder zur Hervorbringung und Gewinnung von Früchten beeinträchtigt ist. Dagegen berechtigt ihn der Ausfall der erwarteten Früchte oder ein Minderertrag, dessen Ursache nicht in der fehlerhaften Beschaffenheit der Pachtsache selbst, sondern in

---

[6] Vgl. auch *Esser/Weyer* § 23 I 3; *Medicus,* SchR II § 91 I 2b.

anderen Umständen (wie etwa Dürre, Hagelschlag oder ähnlichen Naturereignissen) liegt, zu einer Minderung des Pachtzinses nicht.[7] Die zweite Gesetzeskommission hat alle Anträge, die dahin zielten, dem Pächter wenigstens eines landwirtschaftlichen Grundstücks im Falle einer unverschuldeten Mißernte das Recht zu geben, einen Nachlaß des Pachtzinses zu verlangen, mit der Begründung abgelehnt, daß dann umgekehrt bei ungewöhnlich günstigen Erträgen der Verpächter eine Erhöhung müsse verlangen können.[8] Jedoch kann im Falle einer Landpacht jeder Vertragsteil eine Anpassung des Vertrages verlangen, wenn sich die für die Festsetzung der Vertragsleistungen maßgeblich gewesenen Verhältnisse nachhaltig geändert haben (§ 593; vgl. unten II). Der Verpächter trägt demnach zwar die Gefahr einer nicht unwesentlichen Verschlechterung und ebenso des zufälligen Unterganges (§ 323) der Pachtsache selbst, grundsätzlich nicht aber die Gefahr ausbleibender oder ungewöhnlich niedriger Erträge. Diese Gefahr trägt vielmehr der Pächter, dem dafür anderseits ein unerwartet hoher Ertrag ausschließlich zugute kommt.[9]

Die dargelegte Gefahrverteilung ist zwar für den Pachtvertrag, wie ihn das Gesetz geregelt hat, „typisch"; sie ist aber nicht zwingend vorgeschrieben. Sie kann durch die Parteien abweichend geregelt werden, ohne daß der Vertrag deshalb seinen Charakter als Pachtvertrag verliert. So kann im Pachtvertrag die Haftung des Verpächters für Mängel der Pachtsache selbst entweder ausgeschlossen oder beschränkt werden. Geschieht dies in einem von dem Verpächter verwendeten Vertragsformular, ist wieder das AGB-Gesetz (vgl. oben § 48 III aE) zu beachten. Möglich ist auch eine Beteiligung des Verpächters am Ertragsrisiko in der Weise, daß der Pächter als Pachtzins einen bestimmten Bruchteil des Ertrages oder seines Wertes zu entrichten hat („*partiarischer Pachtvertrag*", „*Teilpacht*"). Es handelt sich dann um einen Vertrag, der zwar noch die wichtigsten Merkmale eines Pachtvertrages – nämlich die zeitweilige Überlassung eines Gegenstandes zum Gebrauch und zum Fruchtgenuß gegen Entgelt – aufweist, dadurch aber, daß das Entgelt die Gestalt einer Ertragsbeteiligung hat und damit den Verpächter wenigstens zum Teil auch das Ertragsrisiko trifft, vom „Normaltypus" des Pachtvertrages deutlich abweicht. Außer den – hier überwiegen-

---

[7] Wenn die heranwachsende Ernte eines Feldes durch eine *Überschwemmung* vernichtet wird, dann kann man darin – entgegen einer in der 2. Gesetzeskommission geäußerten Ansicht, vgl. Prot. II 242 – einen *anfänglichen Mangel des Grundstücks,* nämlich seiner Eignung dazu, Früchte zu tragen, doch nur dann erblicken, wenn die Überschwemmung als Folge einer besonders gefährdeten Lage des Grundstücks anzusehen ist. In diesem Fall ist ferner § 539 zu beachten. Wird durch die Überschwemmung oder ihre Nachwirkungen, wie z. B. Verschlammung, freilich nicht nur die gegenwärtig heranwachsende Frucht, sondern darüber hinaus auch die Eignung des Grundstücks, Früchte zu tragen, für die Zukunft beeinträchtigt, so ist es fehlerhaft geworden.

[8] *Mugdan* II S. 880 ff.

[9] Der Pächter einer Kiesgrube trägt auch die Gefahr, daß die tatsächlich vorhandene Kiesmenge den Abbau für den Pächter nicht lohnt; so der BGH, NJW 82, 2062.

den – typischen *Hauptmerkmalen* des Pachtvertrages enthält er auch einige charakteristische Züge eines anderen Typus, nämlich der Gesellschaft, und ist daher den typengemischten Verträgen (unten § 62) zuzurechnen.

Einige Abweichungen vom Recht der Miete gelten für die *Kündigung* eines Pachtverhältnisses. Bei der Pacht eines Grundstücks oder eines Rechts beträgt die gesetzliche Kündigungsfrist ein halbes Jahr; die Kündigung ist nur für den Schluß eines Pachtjahres zulässig und hat spätestens am dritten Werktag des halben Jahres zu erfolgen, mit dessen Ablauf die Pacht enden soll (§ 584). Der Pächter hat nicht das Recht, das Pachtverhältnis wegen grundloser Verweigerung der Erlaubnis zur Unterverpachtung vorzeitig zu kündigen (§ 584a Abs. 1); dem Verpächter steht das Recht zur außerordentlichen Kündigung beim Tode des Pächters nicht zu (§ 584a Abs. 2); schließlich ist die nur auf die Wohnungsmiete bezogene Vorschrift des § 570 nicht anwendbar (§ 584a Abs. 3). Nach Beendigung des Pachtverhältnisses hat der Pächter die Pachtsache zurückzugeben (§ 556). Kommt er dieser Verpflichtung nicht nach, so kann der Verpächter für die Dauer der Vorenthaltung als Mindestentschädigung nicht, wie bei der Miete (§ 557), den vereinbarten Miet-(Pacht-)zins schlechthin, sondern den Pachtzins „nach dem Verhältnisse verlangen, in welchem die Nutzungen, die der Pächter während dieser Zeit gezogen hat oder hätte ziehen können, zu den Nutzungen des ganzen Pachtjahrs stehen" (§ 584b). Die Geltendmachung eines weiteren Schadens aus einem anderen Rechtsgrunde, etwa wegen Verzuges, ist nicht ausgeschlossen. Die §§ 584, 584a und 584b gelten nicht auch für Landpachtverträge (vgl. § 585 Abs. 2); für diese hat das Gesetz eine von ihnen abweichende Regelung getroffen.

Dagegen gelten die Vorschriften der §§ 582 bis 583a, die sich auf das Inventar des verpachteten Grundstücks oder Betriebes beziehen, für *alle* Pachtverträge mit Einschluß der Landpacht (§ 585 Abs. 2). Sie gelten auch für die Unternehmenspacht; in den Fällen, in denen die hL eine Raumpacht annimmt, richtiger Ansicht nach aber nur Raummiete vorliegt, können sie entsprechend angewandt werden. In ihrer heute geltenden Fassung beruhen diese Bestimmungen auf dem Gesetz zur Neuordnung des landwirtschaftlichen Pachtrechts vom 8. 11. 1985.

Zum Inventar gehören alle Sachen, die, wie Einrichtungsgegenstände, Geräte, Maschinen, Transportmittel, bei einem landwirtschaftlichem Betriebe auch das gehaltene Vieh („lebendes Inventar"), der wirtschaftlichen Nutzung des verpachteten Grundstücks oder Betriebes dienen und zu ihm in einem entsprechenden räumlichen Verhältnis stehen.[10] Der Begriff berührt sich mit dem des Zubehörs (§ 97), schließt aber, anders als dieser, auch Bestandteile der Hauptsache (des Grundstücks) nicht aus. Denkbar ist, daß der Pächter das benötigte Inventar mitbringt oder selbst beschafft. Denkbar und wohl häufiger ist aber, daß der

---

[10] Vgl. *MünchKomm/Voelskow* 2, *Erman/Schopp* 3 vor § 586 der früheren Zählung.

§ 49. Die Pacht

Verpächter das ihm gehörende, bei Beginn der Pachtzeit vorhandene Inventar *mitverpachtet*. In diesem Fall bleibt er Eigentümer der Inventarstücke; dem Pächter überläßt er für die Dauer der Pachtzeit deren Besitz und Gebrauch. Hier erhebt sich die Frage, wer für die Erhaltung des Inventars und wer für die Erneuerung solcher Inventarstücke aufzukommen hat, die vor dem Ende der Pachtzeit untergehen oder ihre Brauchbarkeit verlieren.

Das Gesetz kennt zwei Arten der Mitverpachtung des Inventars, die einfache Mitverpachtung mit Erneuerungspflicht des Verpächters und die Übernahme des Inventars durch den Pächter zum Schätzungswert. Die **einfache Mitverpachtung des Inventars** regelt § 582. Hier hat der Verpächter die Inventarstücke dem Pächter in dem zu ihrem vertragsmäßigen Gebrauch geeigneten Zustand zu überlassen, sie aber, anders als ein Vermieter (§ 536), nicht auch in diesem Zustand zu erhalten. Ihre Erhaltung, also die Vornahme der notwendigen Reparaturen, bei Tieren auch deren Fütterung und tierärztliche Behandlung, obliegt vielmehr dem Pächter (§ 582 Abs. 1). Der Verpächter ist aber dazu verpflichtet, solche Inventarstücke zu ersetzen, die „infolge eines vom Pächter nicht zu vertretenden Umstandes in Abgang kommen" (§ 582 Abs. 2 Satz 1). Er hat dann neue Stücke anzuschaffen. Die Abnutzung durch den vertragsmäßigen Gebrauch hat der Pächter nicht zu vertreten, da sie durch den Pachtzins abgegolten ist (vgl. § 548). Den „gewöhnlichen Abgang der zum Inventar gehörenden Tiere" hat jedoch der Pächter insoweit zu ersetzen, als dies „einer ordnungsmäßigen Wirtschaft entspricht" (§ 582 Abs. 2 Satz 2). Er wird hierzu in der Regel einige der von ihm gewonnenen Jungtiere verwenden, braucht dies aber nicht zu tun.[11]

Den Fall der **Übernahme des Inventars zum Schätzungswert** regelt § 582a. Hier übernimmt der Pächter das Inventar bei Pachtbeginn zu seinem dann geschätzten Wert und hat bei Pachtende das dann vorhandene Inventar zu seinem nunmehrigen Schätzungswert zurückzugewähren. Der Verpächter bleibt auch hier Eigentümer der von ihm übergebenen Inventarstücke, die Gefahr ihres zufälligen Untergangs trägt aber der Pächter (§ 582a Abs. 1 Satz 1). Der Pächter kann über sie in den Grenzen einer ordnungsmäßigen Wirtschaft verfügen (§ 582a Abs. 1 Satz 2). Nicht nur die Erhaltung der Inventarstücke, auch ihre Ersetzung durch neu anzuschaffende Stücke ist hier die Sache des Pächters. Dem Verpächter gegenüber ist er hierzu in dem Umfang verpflichtet, der „den Regeln einer ordnungsmäßigen Wirtschaft entspricht" (§ 582a Abs. 2 Satz 1). Ihm ist es auch unbenommen, zwecks Verbesserung der Bewirtschaftung bessere Stücke

---

[11] Die frühere Fassung (§ 586 Abs. 2 Satz 2) enthielt die Worte „aus den Jungen". Diese Worte sind in der Neufassung fortgefallen. Die in seinem Betrieb gewonnenen Jungtiere werden zunächst, als „Früchte" der ihm verpachteten Muttertiere, Eigentum des Pächters. Benutzt er sie als Ersatz für „abgegangene" Tiere, so gehen sie mit ihrer Aufnahme in das Inventar in das Eigentum des Verpächters über. Vgl. dazu *MünchKomm/Voelskow* 4 zu § 586 früherer Zählung.

und Stücke solcher Art anzuschaffen, die vorher noch nicht vorhanden waren. Er hat also in bezug auf das Inventar eine freiere Stellung, die es ihm ermöglicht, sich neuen Bedürfnissen, auch im Falle einer Änderung der Bewirtschaftungsart, anzupassen. Freilich werden alle von ihm angeschafften Stücke mit ihrer Einverleibung in das Inventar kraft Gesetzes Eigentum des Verpächters (§ 582a Abs. 2 Satz 2). Einen Wertausgleich erhält der Pächter allenfalls bei Vertragsende.[12]

Daß der Verpächter auch Eigentümer solcher vom Pächter neu angeschafften Stücke wird, die nicht als Ersatz für untergegangene, unbrauchbar gewordene oder vom Pächter veräußerte Stücke dienen, den Wert des Inventars vielleicht erheblich erhöhen, stellt eine gewisse Benachteiligung des Pächters dar. Der Regierungsentwurf zum Gesetz zur Neuordnung des landwirtschaftlichen Pachtrechts[13] wollte deshalb den Eigentumserwerb des Verpächters auf die „notwendigen Ersatzstücke" beschränken; an den darüber hinaus von ihm beschafften Stücken, dem „Überinventar", sollte der Pächter das Eigentum behalten, um sich mit ihrer Hilfe einen Kredit verschaffen zu können. Der Rechtsausschuß des Bundestages ist dem aus der berechtigten Befürchtung heraus nicht gefolgt, daß dann die Eigentumsverhältnisse an den Inventarstücken bald unübersichtlich werden würden. Er hat deshalb gegenüber dem Entwurf die frühere Fassung des BGB im wesentlichen wiederhergestellt.[14]

Bei Beendigung der Pacht hat der Pächter dem Verpächter das dann vorhandene Inventar zurückzugewähren (§ 582a Abs. 3 Satz 1). Der Verpächter kann jedoch die Annahme solcher vom Pächter angeschaffter Stücke ablehnen, die „nach den Regeln einer ordnungsmäßigen Wirtschaft für das Grundstück überflüssig oder zu wertvoll sind"; der Pächter soll ihm solche Stücke nicht aufdrängen können. Das Eigentum an den vom Verpächter abgelehnten Stücken geht mit der Ablehnung auf den Pächter über (§ 582a Abs. 3 Satz 2). Sodann wird der geschätzte Gesamtwert des zurückzugewährenden Inventars mit dem des bei Pachtbeginn übernommenen verglichen; eine sich ergebende Differenz ist in Geld auszugleichen (§ 582a Abs. 3 Satz 3). Der Verpächter erhält so, rein rechnerisch gesehen, nicht mehr, aber auch nicht weniger zurück, als er dem Pächter mit dem Inventar zur Verfügung gestellt hatte. Um bei dem Wertvergleich Änderungen der Kaufkraft des Geldes auszuschalten, bestimmt das Gesetz in § 582a Abs. 3 Satz 4, daß allen Schätzwerten die Preise im Zeitpunkt der Beendigung der Pacht zugrundezulegen sind. Die bei Beginn der Pacht angenommenen Preise sind also auf die bei ihrem Ende gültigen umzurechnen.

In beiden Fällen der Mitverpachtung des Inventars steht dem Pächter für seine Forderungen gegen den Verpächter, die sich auf das mitgepachtete Inventar beziehen, ein gesetzliches Pfandrecht an den in seinen Besitz gelangten Inventarstücken zu (§ 583). In Betracht kommen vornehmlich im ersten Fall die Forderung auf Anschaffung von Ersatzstücken, im zweiten Fall die auf einen Geldausgleich bei Ende der Pacht. Das Pfandrecht sichert den Pächter im Falle des Konkurses des Verpächters und schützt ihn vor Herausgabeansprüchen Dritter,[15] sowie vor Vollstreckungsmaßnahmen der Gläubiger des Verpächters.

---

[12] Eine Ausnahme, die nur für die Landpacht gilt, macht § 590 Abs. 3.
[13] Bundestagsdrucksache 10/509, S. 4 u. 15.
[14] Bundestagsdrucksache 10/3380, S. 28.
[15] Seine Entstehung setzt nicht voraus, daß die Inventarstücke dem Verpächter gehören; vgl. *Erman/Schopp* 2, *Palandt/Putzo* 1 zu § 590 (früherer Zählung); BGHZ 34, 153, 157 (beiläufig).

Wird ein Betrieb ohne das Inventar verpachtet, so ist es Sache des Pächters, sich solches zu verschaffen. Das kann auch in der Weise geschehen, daß er das bereits vorhandene Inventar von dem Verpächter oder einem Vorpächter käuflich erwirbt. Anders als in den Fällen der Mitverpachtung wird er dann Eigentümer der Inventarstücke. Im Pachtvertrag wird mitunter vereinbart, daß er über die Inventarstücke nicht oder nur mit Zustimmung des Verpächters verfügen dürfe und verpflichtet sei, diese am Ende der Pacht an den Verpächter zu veräußern. Derartige Vertragsbestimmungen sind nach dem neu eingefügten § 583a dann unwirksam, wenn sich der Verpächter nicht seinerseits dazu verpflichtet, das Inventar bei Beendigung der Pacht zum Schätzwert zu erwerben. Es soll vermieden werden, daß der Pächter hinsichtlich der ihm gehörenden Inventarstücke gegenüber dem Verpächter weitgehend gebunden ist, dieser aber ungebunden bleibt. Wegen dieses ihres Schutzzwecks ist die Bestimmung unabdingbar.[16]

II. Das Recht der Landpacht

Über die Pacht landwirtschaftlicher Grundstücke oder Betriebe enthielt das BGB ursprünglich nur einige wenige Vorschriften; zu ihnen trat das Landpachtgesetz vom 25. 6. 1952. Das Gesetz zur Neuordnung des landwirtschaftlichen Pachtrechts vom 8. 11. 1985 (BGBl 1985 I S. 2065) hat das Recht der Landpacht wieder in das BGB integriert und es sehr viel eingehender geregelt, als das früher der Fall gewesen war. In Kraft tritt dieses Gesetz am 1. 7. 1986; gleichzeitig tritt das Landpachtgesetz außer Kraft. Der Gesetzgeber des Jahres 1985 wollte unter anderem dem Pächter eine freiere Stellung hinsichtlich der näheren Art der Nutzung einräumen, die Kündigungsfristen verlängern und die Rechtssicherheit erhöhen. Dem Landwirtschaftsgericht wurden erweiterte Zuständigkeiten, auch zu vertragsgestaltenden Maßnahmen, eingeräumt. Um die Regelung übersichtlicher zu gestalten, verzichtete der Gesetzgeber hier auf die generelle Verweisung auf das Mietrecht, die sonst für das Pachtrecht gilt (§ 581 Abs. 2). Stattdessen wurden einzelne Vorschriften des Mietrechts (fast) wörtlich wiederholt, andere nur leicht abgewandelt. In dieser Abkehr von der im BGB so oft geübten Verweisungstechnik liegt zwar ein Stilbruch, den man aber billigen kann. Freilich ist der Gesetzgeber wiederum nicht konsequent dabei geblieben; in einigen Fällen, so hinsichtlich der Rechts- und Sachmängel, hat er sich doch wieder mit einer Verweisung begnügt. Man darf also nicht aus § 581 Abs. 2 schließen, daß das Mietrecht für das der Landpacht nunmehr ohne Bedeutung wäre. Es ist nur nicht mehr, wie sonst bei Pachtverträgen, ohne weiteres entsprechend anwendbar.

---

[16] Vgl. die Bundestagsdrucksache 10/509 S. 16.

Welche Vorschriften des allgemeinen Pachtrechts auch für die Landpacht gelten, sagt § 585 Abs. 2.

Unter „Landpacht" versteht das Gesetz die Verpachtung eines Grundstücks mit den seiner Bewirtschaftung dienenden Wohn- oder Wirtschaftsgebäuden oder eines Grundstücks ohne solche Gebäude „überwiegend zur Landwirtschaft". Landwirtschaft „sind die Bodenbewirtschaftung und die mit der Bodennutzung verbundene Tierhaltung, um pflanzliche oder tierische Erzeugnisse zu gewinnen, sowie die gartenbauliche Erzeugung" (§ 585 Abs. 1). Die Vorschriften über Landpachtverträge gelten auch für die Pacht forstwirtschaftlicher Grundstücke, wenn diese „zur Nutzung in einem überwiegend landwirtschaftlichen Betrieb verpachtet werden" (§ 585 Abs. 3).

Landpachtverträge, die für länger als 2 Jahre geschlossen werden, bedürfen der Schriftform. Die Nichtbeachtung der Form hat nur zur Folge, daß der Vertrag als für unbestimmte Zeit geschlossen gilt (§ 585a). Er kann daher von jedem Vertragsteil nach Maßgabe des § 594a Abs. 1 gekündigt werden. Die Bestimmung ist vergleichbar der des § 566; die Frist von 2 Jahren (statt, wie in § 566, ein Jahr) erklärt sich aus der längeren Kündigungsfrist bei Landpachtverträgen. Bei Beginn des Pachtverhältnisses sollen beide Vertragsteile gemeinsam eine Beschreibung der Pachtsache, ihres Umfanges und des Zustandes, in dem sie sich befindet, anfertigen (§ 585b Abs. 1). Dadurch soll späteren Streitigkeiten vorgebeugt werden. Die Beschreibung ist mit Angabe des Tages ihrer Anfertigung von beiden Vertragsteilen zu unterschreiben. Weigert sich ein Vertragsteil, bei ihrer Anfertigung mitzuwirken, oder ergeben sich unüberwindbare Meinungsverschiedenheiten, so kann jeder, auch derjenige, der seine Mitwirkung verweigert hat,[17] verlangen, daß eine Beschreibung durch einen vom Landwirtschaftsgericht zu ernennenden Sachverständigen angefertigt wird (§ 585b Abs. 2). Unterbleibt die Anfertigung, so hat das auf die Gültigkeit des Pachtvertrages keinen Einfluß. Erfolgt sie aber, so wird im Verhältnis der Vertragsparteien zueinander vermutet, daß sie richtig ist (§ 585b Abs. 3). Eine gleichartige Beschreibung soll bei Beendigung der Pacht angefertigt werden (§ 585b Abs. 1 Satz 2).

Der Verpächter ist auch hier dazu verpflichtet, dem Pächter die Pachtsache in einem zu der vertragsmäßigen Nutzung geeigneten Zustand zu überlassen und sie während der Pachtzeit in diesem Zustand zu erhalten (§ 586 Satz 1). Für Rechts- und Sachmängel der Pachtsache haftet er ebenso wie ein Vermieter (§ 586 Abs. 2); er trägt, wie dieser, die auf der Pachtsache ruhenden Lasten (§ 586a entspricht § 546). Der Pächter hat jedoch, abweichend vom Miet- und vom sonstigen Pachtrecht, „die gewöhnlichen Ausbesserungen der Pachtsache, insbesondere die der Wohn- und Wirtschaftsgebäude, der Wege, Gräben, Dränungen und Einfriedungen, auf seine Kosten durchzuführen" (§ 586 Abs. 1 Satz 2). Dies

---

[17] Vgl. die Bundestagsdrucksache 10/509 S. 18.

§ 49. Die Pacht

ist ihm zumutbar, weil er wegen der meist langen Dauer solcher Pachtverträge in der Lage ist, die Kosten der in kürzeren oder längeren Zeitabständen anfallenden Ausbesserungen aus den Erträgen zu decken. Darüber hinaus ist er, um seiner Pflicht nachkommen zu können, die Pachtsache bei dem Ende des Pachtverhältnisses in einem ordnungsmäßigen Zustand zurückzugeben (vgl. § 596 Abs. 1), zu einer ordnungsmäßigen Bewirtschaftung der Pachtsache verpflichtet (§ 586 Abs. 1 Satz 3). Eine länger andauernde Vernachlässigung dieser Pflicht kann dem Verpächter einen Grund zur fristlosen Kündigung des Pachtverhältnisses (gemäß § 594e Abs. 1 in Vbdg. mit § 553, letzte Alternative) geben. Für Verschlechterungen der Pachtsache, die der Pächter, etwa auch als Folge der Vernachlässigung seiner Bewirtschaftungspflicht, zu vertreten hat, haftet er nach den allgemeinen Regeln.

Die *vertragstypische Hauptpflicht des Pächters* ist die zur Zahlung des vereinbarten Pachtzinses. Die Vorschriften des Mietrechts über die Fälligkeit sowie darüber, daß der Mieter (Pächter) nicht dadurch von seiner Pflicht zur Zahlung des Mietzinses (Pachtzinses) befreit wird, daß er durch einen in seiner Person liegenden Grund an der Ausübung seines Gebrauchsrechts (Nutzungsrechts) verhindert wird (§§ 551, 552), werden in § 587 wiederholt. Im Falle des Zahlungsverzuges gilt § 594e Abs. 2, der dem § 554 Abs. 1 weitgehend, wenn auch mit anderen Säumnisfristen, entspricht.

Einwirkungen auf die Pachtsache, die zu ihrer Erhaltung notwendig sind, hat der Pächter, nicht anders als der Mieter, zu dulden (§ 588 Abs. 1). *Maßnahmen zu ihrer Verbesserung,* etwa Ein- oder Umbauten, hat er ebenfalls zu dulden, es sei denn, daß sie für ihn eine nicht zu rechtfertigende Härte bedeuten. Der Verpächter hat ihm die durch solche Maßnahmen entstandenen Aufwendungen und entgangenen Erträge in einem angemessenen Umfang zu ersetzen (§ 588 Abs. 2). Soweit der Pächter infolge solcher Maßnahmen höhere Erträge erzielt oder bei ordnungsmäßiger Bewirtschaftung erzielen könnte, kann der Verpächter von ihm verlangen, daß er in eine „angemessene Erhöhung" des Pachtzinses einwilligt, es sei denn, daß eine Erhöhung dem Pächter nach den Verhältnissen des Betriebes nicht zugemutet werden kann (§ 588 Abs. 3). Streiten die Vertragsparteien über die Duldungspflicht oder deren Folgen, so entscheidet darüber auf Antrag das Landwirtschaftsgericht. Verweigert der Pächter seine Einwilligung in eine angemessene Erhöhung des Pachtzinses, so kann das Landwirtschaftsgericht diese auf Antrag des Verpächters ersetzen, also den Vertrag gestalten (§ 588 Abs. 4).

Der Pächter ist nicht dazu berechtigt, ohne die Erlaubnis des Verpächters die Nutzung der Pachtsache einem Dritten zu überlassen, insbesondere sie weiter zu verpachten. Er ist auch nicht dazu berechtigt, sie „ganz oder teilweise einem landwirtschaftlichen Zusammenschluß zum Zwecke der gemeinsamen Nutzung zu überlassen" (§ 589 Abs. 1). Anders als der Mieter von Wohnraum (§ 549 Abs. 2) kann er vom Verpächter auch nicht unter bestimmten Voraussetzungen dessen Erlaubnis verlangen.[18] § 589 Abs. 2 entspricht dem § 549 Abs. 3.

---

[18] Der Regierungsentwurf hatte vorgesehen, daß im 2. Fall die Erlaubnis des Verpächters durch das Landwirtschaftsgericht solle ersetzt werden können (Bundestagsdrucksache 10/509, S. 6 u. 19). Die Mehrheit des Rechtsausschusses war dagegen der Meinung, die Einbringung gepachteter Grundstük-

§ 49 II 1. Abschn. 2. Kap. Gebrauchsüberlassung, volle Nutzung auf Zeit

Der Pächter darf von der Pachtsache nur den vertragsmäßigen Gebrauch machen. Er darf insbesondere die landwirtschaftliche Bestimmung der Pachtsache nur mit vorheriger Erlaubnis des Verpächters ändern (§ 590 Abs. 1). Hinsichtlich der *Art und Weise der Nutzung* – etwa überwiegend Ackerbau oder Viehzucht – ist er freier gestellt. Zu einer Änderung der bisherigen Weise der Nutzung bedarf er der vorherigen Erlaubnis des Verpächters nur dann, wenn dadurch die Art der Nutzung über die Pachtzeit hinaus beeinflußt wird. Er bedarf ihrer stets zur Errichtung von Gebäuden. Verweigert der Verpächter seine danach erforderliche Erlaubnis, so kann sie auf Antrag des Pächters durch das Landwirtschaftsgericht ersetzt werden, ,,soweit die Änderung zur Erhaltung oder nachhaltigen Verbesserung der Rentabilität des Betriebes geeignet erscheint und dem Verpächter bei Berücksichtigung seiner berechtigten Interessen zugemutet werden kann" (§ 590 Abs. 2). Hier wirkt das Gericht vertragsgestaltend. Macht der Pächter von der Vertragssache einen vertragswidrigen Gebrauch und setzt er diesen unerachtet einer Abmahnung des Verpächters fort, so kann der Verpächter auf Unterlassung klagen (§ 590 a, wie § 550).

Die §§ 590 b, 591 befassen sich mit dem *Ersatz von Verwendungen,* die der Pächter auf die Pachtsache gemacht hat. Notwendige, also solche Verwendungen, die der Erhaltung oder Wiederherstellung der Pachtsache dienen, hat der Verpächter zwar nach § 590 b dem Pächter zu ersetzen. Dabei ist aber zu beachten, daß nach § 586 Abs. 1 Satz 2 der Pächter die ,,gewöhnlichen Ausbesserungen" der Pachtsache auf seine Kosten durchzuführen hat. Diese Bestimmung wird durch § 590 b nicht außer Kraft gesetzt. Zu ersetzen sind daher nur solche Aufwendungen, die infolge ungewöhnlicher Ereignisse notwendig geworden sind oder doch über die ,,gewöhnlichen Ausbesserungen" hinausgehen. Bei anderen als notwendigen Aufwendungen kommt es zunächst darauf an, ob der Verpächter ihnen zugestimmt hat. Ist das der Fall, hat er sie dem Pächter bei Beendigung des Pachtverhältnisses insoweit zu ersetzen, als sie den Wert der Pachtsache über die Pachtzeit hinaus erhöhen (§ 591 Abs. 1). Weigert sich der Verpächter, den vom Pächter geplanten oder schon erbrachten Verwendungen zuzustimmen, so kann seine Zustimmung auf Antrag des Pächters durch das Landwirtschaftsgericht ersetzt werden, ,,soweit die Verwendungen zur Erhaltung oder nachhaltigen Verbesserung der Rentabilität des Betriebes geeignet sind und dem Verpächter bei Berücksichtigung seiner berechtigten Interessen zugemutet werden können" (§ 591 Abs. 2). Das Landwirtschaftsgericht kann auf Antrag Bestimmung über den bei Pachtende vom Verpächter zu ersetzenden ,,Mehrwert" treffen, seine Höhe bestimmen, Teilzahlungen und Bedingungen für die Bewilligung solcher Teilzahlungen festsetzen. Ist dem Verpächter der Ersatz des ,,Mehrwertes" auch in Teilbeträgen nicht zumutbar, so kann der Pächter nur verlangen, daß das Pachtverhältnis so lange fortgesetzt wird, ,,bis der Mehrwert der Pachtsache abgegolten ist". Auch hierüber entscheidet das Landwirtschaftsgericht (§ 591 Abs. 3). Hat der Pächter die Pachtsache mit einer *Einrichtung* versehen, so ist er berechtigt, sie wegzunehmen. Der Verpächter kann aber die Wegnahme durch Zahlung einer angemessenen Entschädigung abwenden. Eine Vereinbarung, durch die das Wegnahmerecht des Pächters ausgeschlossen wird, ist nur wirksam, wenn ein angemessener Ausgleich vorgesehen ist (§ 591 a, wie § 547 a für die Miete von Wohnräumen). Auch hier ist zu beachten, daß der Pächter solche Einrichtungen belassen muß und für sie keine Entschädigung verlangen kann, deren Anbringung zu den von ihm auf seine Kosten vorzunehmenden gewöhnlichen Ausbesserungen gehört. Auch hinsichtlich der *Verjährung* der Ansprüche des Verpächters wegen Veränderung oder Verschlechterung der Pachtsache und der Ansprüche des Pächters auf Ersatz von Verwendungen oder Gestattung der Wegnahme einer Einrichtung gilt Glei-

---

ke in einen landwirtschaftlichen Zusammenschluß solle der freien Vereinbarung der Vertragsteile überlassen bleiben (Bundestagsdrucksache 10/3830 S. 29).

§ 49. Die Pacht   II § 49

ches wie für die Miete (§ 591 b entspricht § 558). Auf das dazu oben (S. 276 f.) Gesagte kann hier verwiesen werden. Das *Pfandrecht des Verpächters* wegen seiner Forderungen aus dem Pachtverhältnis erstreckt sich hier nicht nur auf die eingebrachten Sachen des Pächters, sondern auch auf die Früchte der Pachtsache, die ja Eigentum des Pächters werden. § 592 entspricht im übrigen weitgehend dem § 559. Der Pächter ist im Falle der *Veräußerung des verpachteten Grundstücks* in derselben Weise geschützt wie der Mieter eines Grundstücks oder von Räumen: die §§ 571 ff. gelten entsprechend (§ 593 b). Neu ist die in § 593 a getroffene Regelung. Sie betrifft den Fall, daß der Eigentümer eines landwirtschaftlichen Betriebes diesen im Wege der vorweggenommenen Erbfolge seinem Nachfolger übergibt. Übergibt er dabei auch ein zugepachtetes Grundstück, das der Landwirtschaft dient, mit, so tritt der Übernehmer an Stelle des bisherigen Pächters in den Pachtvertrag ein. Der Verpächter ist unverzüglich zu benachrichtigen. Er kann das Pachtverhältnis unter Einhaltung der gesetzlichen Kündigungsfrist kündigen, wenn die ordnungsmäßige Bewirtschaftung des Pachtgrundstücks durch den Übernehmer nicht gewährleistet ist.

Eine spezielle Regelung, die aus dem Landpachtgesetz übernommen wurde, trifft das Gesetz nunmehr in § 593 für den *Fortfall der Geschäftsgrundlage* des Pachtvertrages. Er spielt bei der Landpacht eine besondere Rolle einmal wegen der gewöhnlich sehr langen Dauer solcher Verträge, der Unvorhersehbarkeit der Entwicklung in einem so langen Zeitraum, zum anderen wegen der dem Pächter grundsätzlich ungünstigen Verteilung des Ertragsrisikos. Diese Risikozuweisung muß dort enden, wo die Minderung (oder das Ausbleiben) des Ertrages nicht nur vorübergehend ist – so daß sie während der Pachtzeit ausgeglichen werden kann –, sondern lange anhaltend, und wo sie auf Umständen beruht, die nicht dem Pächter zuzurechnen sind und auch nicht von vornherein in Betracht gezogen werden konnten. § 593 bestimmt in Absatz 1: „Haben sich nach Abschluß des Pachtvertrages die Verhältnisse, die für die Festsetzung der Vertragsleistungen maßgebend waren, nachhaltig so geändert, daß die gegenseitigen Verpflichtungen in ein grobes Mißverhältnis zueinander geraten sind, so kann jeder Vertragsteil eine Änderung des Vertrages mit Ausnahme der Pachtdauer verlangen". Der folgende Satz stellt klar, daß das nicht gilt, wenn sich der Ertrag infolge der Bewirtschaftung durch den Pächter verbessert oder verschlechtert. Im ersten Fall ist das sein Vorteil, im zweiten sein Nachteil allein. Als „maßgebende Verhältnisse", die für die Festsetzung der beiderseitigen Vertragsleistungen von Bedeutung waren, kommen etwa in Betracht: der Zustand der Pachtsache, ihre Eignung zu der vorgesehenen Nutzung, die z. B. durch „verwüstende Naturereignisse" (Abs. 2 Satz 2) verloren gegangen sein kann, die Absatzmöglichkeiten und die Preise für die zu gewinnenden landwirtschaftlichen Erzeugnisse. Nicht dazu gehören im allgemeinen die persönlichen Verhältnisse der Beteiligten, auf die bei der Festsetzung der Pachtbedingungen in der Regel keine Rücksicht genommen wird; vgl. aber § 594 c. Die beiderseitigen Verpflichtungen müssen infolge einer *nachhaltigen* Veränderung derartiger Verhältnisse, also nicht nur für kurze Zeit, zueinander in ein „grobes Mißverhältnis" geraten sein; wann das der Fall ist, läßt sich nicht generell sagen. Einige Einschränkungen ergeben sich aus den Absätzen 2 und 3. Die Anpassung des Vertrages an die veränderten Verhältnisse kann jeweils von dem Vertragsteil verlangt werden, der durch die Änderung beschwert ist, also nicht nur vom Pächter, sondern auch vom Verpächter (etwa im Falle einer starken Geldentwertung). Weigert sich der andere Teil, in die verlangte Änderung des Vertrages einzuwilligen, so kann derjenige, der sie begehrt, eine Entscheidung des Landwirtschaftsgerichts beantragen, das hier wieder vertragsgestaltend tätig wird (§ 593 Abs. 4). Auf das Recht, eine Vertragsänderung unter den im Gesetz angegebenen Voraussetzungen zu verlangen, kann nicht wirksam verzichtet werden (§ 593 Abs. 5). In § 593 wird man eine erschöpfende Regelung zu sehen haben, sodaß daneben ein unmittelbarer Rückgriff auf die auf § 242 gegründeten allgemeinen Grundsätze über den Fortfall der Geschäftsgrundlage nicht in Betracht kommt.

Das Pachtverhältnis *endet* mit dem Ablauf der Zeit, für die es eingegangen war. War es auf mindestens 3 Jahre eingegangen, so verlängert es sich auf unbestimmte Zeit, wenn auf die schriftliche Anfrage eines Vertragsteils, ob der andere zu seiner Fortsetzung bereit ist, der andere nicht innerhalb von 3 Monaten, ebenfalls schriftlich, die Fortsetzung ablehnt. Die Anfrage hat diese Folge aber nur, wenn sie innerhalb des drittletzten Pachtjahres, also sehr früh, gestellt wird und wenn in ihr auf die Folge der Nichtbeachtung ausdrücklich hingewiesen wird (§ 594). Pachtverträge, die auf unbestimmte Zeit eingegangen sind, können von jedem Vertragsteil spätestens am 3. Werktag eines Pachtjahres für den Schluß des nächsten Pachtjahres, also mit nahezu zweijähriger Frist, gekündigt werden. Als Pachtjahr gilt im Zweifel das Kalenderjahr (§ 594a, Abs. 1). Die lange Frist ist mit Rücksicht darauf gewählt, daß das Pachtverhältnis für den Pächter häufig die Grundlage seiner wirtschaftlichen Existenz bildet; er soll hinreichend Zeit haben, sich auf die neue Situation einzustellen. Die Vereinbarung einer kürzeren Frist ist möglich, sie bedarf aber der Schriftform. Die Kündigung selbst bedarf ebenfalls der Schriftform (§ 594f).

In den Fällen, in denen das Pachtverhältnis unter Einhaltung der gesetzlichen Kündigungsfrist vorzeitig gekündigt werden kann, ist die Frist kürzer; sie beträgt nur knapp ein halbes Jahr (§ 594a Abs. 2). Im Fall, daß ein Pachtvertrag für *länger als 30 Jahre* geschlossen worden ist, kann jeder Vertragsteil nach 30 Jahren mit nur einjähriger Frist kündigen. Die Kündigung ist aber unzulässig, wenn der Vertrag für die Lebenszeit des Verpächters oder des Pächters geschlossen ist (§ 594b; vgl. § 567). Im Falle des *Todes des Pächters* können sowohl dessen Erben wie der Verpächter das Pachtverhältnis mit einer Frist von 6 Monaten zum Ende eines Kalendervierteljahres kündigen. Die Kündigung kann aber nur für den 1. Termin erfolgen, für den sie zulässig ist. Der Kündigung des Verpächters können die Erben widersprechen, wenn die ordnungsmäßige Bewirtschaftung der Pachtsache durch sie, einen der Miterben oder einen von ihnen beauftragten Dritten gewährleistet ist. Der Verpächter kann aber die Fortsetzung des Pachtverhältnisses ablehnen, wenn nicht der Widerspruch ihm schriftlich spätestens 3 Monate vor Ablauf des Pachtverhältnisses erklärt wird und ihm bis dahin die Erben schriftlich die Umstände mitgeteilt haben, nach denen die weitere ordnungsmäßige Bewirtschaftung der Pachtsache als gewährleistet erscheint. Im Streitfall entscheidet das Landwirtschaftsgericht (§ 594d). Im Falle, daß der *Pächter berufsunfähig* wird, kann er unter Einhaltung der gesetzlichen Kündigungsfrist das Pachtverhältnis kündigen, wenn der Verpächter der Überlassung der Pachtsache an einen Dritten, der eine ordnungsmäßige Bewirtschaftung gewährleistet, widerspricht (§ 594c).

Hinsichtlich der Möglichkeiten einer *fristlosen Kündigung* verweist das Gesetz wieder auf die entsprechenden Vorschriften des Mietrechts (§ 594e Abs. 1). Für den Fall des *Verzuges des Pächters* mit der Zahlung des Pachtzinses trifft das Gesetz in § 594e Abs. 2 eine dem § 554 Abs. 1 ähnliche Regelung, wobei es dem Umstand Rechnung trägt, daß hier der Pachtzins meistens nicht in Monats-, sondern in Jahresraten zu zahlen ist. Ähnlich wie der Mieter von Wohnraum (§§ 556a ff.) kann auch der Pächter eines landwirtschaftlichen Betriebes oder Grundstücks von dem Verpächter unter bestimmten Voraussetzungen die *Fortsetzung des Pachtverhältnisses* über den Zeitpunkt seiner vertragsmäßigen Beendigung (durch Zeitablauf oder Kündigung) hinaus, sogar mehrmals, verlangen. Voraussetzung ist bei einer Betriebspacht, daß der Betrieb die wirtschaftliche Lebensgrundlage des Verpächters bildet, bei der Zupacht eines Grundstücks, daß der Pächter auf dieses Grundstück zur Aufrechterhaltung seines Betriebes, der seine wirtschaftliche Lebensgrundlage bildet, angewiesen ist. Weitere Voraussetzung ist, daß „die vertragsmäßige Beendigung des Pachtverhältnisses für den Pächter oder seine Familie eine Härte bedeuten würde, die auch unter Würdigung der berechtigten Interessen des Verpächters nicht zu rechtfertigen ist" (§ 595 Abs. 1). Wegen der Einzelheiten der Regelung muß hier auf den Gesetzestext verwiesen werden. Hervorzuheben ist die zeitliche Grenze des Fortsetzungsverlangens, die sich aus § 595 Abs. 3 Nr. 3 ergibt. Über diese zeitliche Grenze hinaus kann auch das Landwirtschaftsgericht, das hier wieder vertragsgestaltend tätig werden kann, die Fortsetzung des Pachtverhältnisses nicht anordnen (§ 595 Abs. 6). Das Landwirtschaftsgericht kann auf Antrag eines Vertragsteils Anordnungen über die Abwicklung eines vorzeitig oder teilweise beendeten Landpachtvertrages treffen. Im Falle der Verlängerung eines Landpachtvertrages nur hinsichtlich eines Teils der Pachtsache kann es den Pachtzins für diesen Teil festsetzen (§ 595a Abs. 2). Der Inhalt seiner Anordnungen „gilt unter den Vertragsteilen als Vertragsinhalt" (§ 595a Abs. 3). Darin kommt zum Ausdruck, daß das Landwirtschaftsgericht in diesen Fällen nicht einen Streit über das, was ohnehin gilt, entscheidet, sondern das Vertragsverhältnis gestaltet.

Nach der Beendigung des Pachtverhältnisses ist der Pächter dazu verpflichtet, die Pachtsache „in dem Zustand zurückzugeben, der einer bis zur Rückgabe fortgesetzten ordnungsmäßigen Bewirtschaftung entspricht" (§ 596 Abs. 1). Befindet sie sich nicht in diesem Zustand, und ist das die Folge einer von dem Pächter nach den allgemeinen Grundsätzen zu vertretenden Verletzung seiner Bewirtschaftungspflicht, so hat er Schadensersatz wegen „positiver Vertragsverletzung" zu leisten. Der 2. und der 3. Absatz des § 596 wiederholen die für die Miete und für alle sonstigen Pachtverhältnisse geltenden Regeln des § 556 Abs. 2 und 3.

Endet das Pachtverhältnis – etwa infolge einer fristlosen Kündigung oder einer Kündigung nach § 594d – im Laufe eines Pachtjahres, so hat der Verpächter dem Pächter den Wert der noch nicht getrennten, jedoch nach den Regeln einer ordnungsmäßigen Bewirtschaftung vor dem Ende des

§ 49 II   1. Abschn. 2. Kap. Gebrauchsüberlassung, volle Nutzung auf Zeit

Pachtjahres zu trennenden Früchte unter angemessener Berücksichtigung des Ernterisikos zu ersetzen. Ist der Wert aus jahreszeitlich bedingten Gründen nicht festzustellen, so hat er die wirtschaftlich gerechtfertigten Aufwendungen des Pächters auf diese Früchte zu ersetzen. (§ 596a Abs. 1 u. 2.) Der Pächter eines landwirtschaftlichen Betriebes hat von den bei Beendigung der Pacht noch vorhandenen landwirtschaftlichen Erzeugnissen so viel zurückzulassen, wie zur Fortführung der Bewirtschaftung bis zur nächsten Ernte nötig ist. Ist das mehr oder sind die zurückzulassenden Erzeugnisse von besserer Beschaffenheit, als er bei Beginn der Pacht übernommen hat, so kann er insoweit vom Verpächter Wertersatz verlangen (§ 596b).

Gibt der Pächter die Pachtsache nach Beendigung des Pachtverhältnisses nicht zurück, so kann der Verpächter für die Dauer der Vorenthaltung den vereinbarten Pachtzins verlangen. Die Geltendmachung eines weiteren Schadens, etwa wegen Verzuges, ist nicht ausgeschlossen (§ 597). Die Vorschrift entspricht der des § 557 Abs. 1 für die Miete, weicht aber im ersten Satz von der für andere als landwirtschaftliche Pachtverträge geltenden des § 584b ab. Die Abweichung ist im Zusammenhang mit § 596a zu sehen.

Landpachtverträge können, ebenso wie Verträge über die Veräußerung landwirtschaftlicher Grundstücke, auf ihre Auswirkung in der Vielzahl der Verträge hin gesehen, die *landwirtschaftliche Struktur*, die Verteilung der landwirtschaftlich genutzten Fläche im Hinblick auf die Größe der Betriebe und deren Wirtschaftlichkeit, nachhaltig beeinflussen. Etwa 30% der landwirtschaftlich genutzten Fläche in der Bundesrepublik Deutschland werden von Pächtern bewirtschaftet.[19] Aus diesem Grunde und um Mißständen vorzubeugen unterliegen Landpachtverträge seit längerem einer *behördlichen Kontrolle*. Sie war im Landpachtgesetz aus dem Jahre 1952 geregelt, das am 1. 7. 1986 außer Kraft tritt. An seine Stelle tritt das Landpachtverkehrsgesetz vom 8. 11. 1985 (BGBl 1985 Teil I S. 2075), soweit es nicht Vorschriften privatrechtlicher Art enthielt, die in das BGB übernommen wurden. Die Verpachtung eines landwirtschaftlichen Grundstücks bedarf zwar nicht, wie die Veräußerung (nach dem Grundstücksverkehrsgesetz), zur Gültigkeit des Vertrages der behördlichen Genehmigung. Der Verpächter hat aber den Vertrag sowie jede Änderung des Vertrages innerhalb eines Monats der zuständigen Behörde anzuzeigen. Diese kann (gemäß § 4 des Gesetzes) den Vertrag oder die Vertragsänderung beanstanden, wenn ,,1. die Verpachtung eine ungesunde Verteilung der Bodennutzung, insbesondere eine ungesunde Anhäufung von land- und forstwirtschaftlichen Nutzflächen, bedeutet, 2. durch die Verpachtung ein Grundstück oder eine Mehrheit von Grundstücken, die räumlich oder wirtschaftlich zusammenhängen, unwirtschaftlich in der Nutzung aufgeteilt wird oder 3. der Pachtzins nicht in einem angemessenen Verhältnis zu dem Ertrag steht, der bei ordnungsmäßiger Bewirtschaftung nachhaltig zu erzielen ist." Mit dem Beanstandungsbescheid werden die Beteiligten zunächst dazu aufgefordert, den Landpachtvertrag oder die Vertragsänderung aufzuheben oder in bestimmter Weise zu ändern. Kommen sie dieser Aufforderung nicht nach, so gilt der Vertrag oder die Vertragsänderung nach Ablauf einer bestimmten Frist als aufgehoben, sofern nicht einer von ihnen vor Ablauf der Frist einen Antrag auf gerichtliche Entscheidung des Landwirtschaftsgerichts gestellt hat. Dieses kann entweder feststellen, daß der Vertrag oder die Änderung nicht zu beanstanden ist, oder den Vertrag oder die Vertragsänderung aufheben. Den Vertrag inhaltlich umgestalten kann es nur im 3. Fall; es kann dann, statt den Vertrag aufzuheben, den angemessenen Pachtzins festsetzen. Es kann ferner auf Antrag einer Vertragspartei Anordnungen über die Abwicklung eines aufgehobenen Landpachtvertrages treffen. Der Inhalt seiner Anordnungen gilt dann unter den Vertragsteilen als Vertragsinhalt. Um den Verpächter dazu zu veranlassen, seiner Anzeigepflicht nachzukommen,[20] bestimmt das Gesetz (in § 9), daß im Falle einer Änderung der Geschäftsgrundlage ein Antrag auf Entscheidung des Landwirtschaftsgerichts gemäß § 593 BGB Abs. 4 nur zulässig ist,

---

[19] Ich entnehme diese Angabe der Begründung des Regierungsentwurfs des Landpachtverkehrsgesetzes von 1985, Bundestagsdrucksache 10/508, S. 6.

[20] So die Begründung des Reg.Entwurfs, Bundestagsdrucksache 10/508, S. 12.

wenn der Vertrag angezeigt worden ist. Ist die Anzeige nicht fristgerecht erfolgt, so kann sie doch noch, und zwar von jedem Vertragsteil, nachgeholt werden. Die Vorschrift ist trotzdem problematisch.[21] Sie läuft darauf hinaus, daß der durch die Veränderung der Geschäftsgrundlage benachteiligte Vertragsteil, wenn beide Teile die Anzeige scheuen, durch die Verweigerung des ihm zustehenden Rechtsschutzes bestraft wird.

§ 50. Die Leihe

Literatur: *Boehmer,* Realverträge im heutigen Recht, ArchBürgR 38, 314; *Reichel,* Kosten und Gefahrtragung beim Leihvertrag, LZ 1922, 543; *Zabel,* Der Leihvertrag, 1907.

Die Leihe ist, als Gegenstück der Miete, die *unentgeltliche* Überlassung einer Sache zu zeitweiligem Gebrauch. Die Unentgeltlichkeit teilt sie mit der Schenkung; sie unterscheidet sich von ihr dadurch, daß der verliehene Gegenstand aus dem Vermögen des Verleihers nicht ausscheidet, die Zuwendung (der Gebrauchsvorteile) also nicht aus der Vermögenssubstanz erfolgt.[1] Ebenso wie die Miete und die Pacht hat das Gesetz auch die Leihe als einen verpflichtenden (obligatorischen) Vertrag ausgestaltet. Der Verleiher wird durch den Leihvertrag dazu verpflichtet, während der Leihzeit ,,dem Entleiher den Gebrauch der Sache unentgeltlich zu gestatten" (§ 598); der Entleiher, mit der Sache sorgsam umzugehen (Obhutspflicht), keinen anderen als den vertragsmäßigen Gebrauch zu machen (§ 603) und die Sache nach dem Ablauf der Leihzeit zurückzugeben (§ 604). Somit begründet die Leihe *für beide Vertragsteile* Pflichten, die jedoch nicht zueinander im Verhältnis der Entgeltlichkeit oder Gegenseitigkeit stehen. Insbesondere ist die Pflicht zur Rückgabe nicht das Entgelt für die Gebrauchsüberlassung, sondern, ebenso wie bei der Miete, eine *Abwicklungspflicht,* die sich aus der zeitlichen Begrenzung des Leihverhältnisses ergibt.[2] Die Leihe gehört also nicht zum Typus der ,,gegenseitigen" Verträge, wohl aber ist sie ein ,,zweiseitig verpflichtender Vertrag".

Die ältere Lehre nahm an, die Leihe sei (begriffsnotwendig oder doch nach ihrer positivrechtlichen Ausgestaltung) ein ,,*Realvertrag*"; die bloße Abrede könne für sich allein noch nicht als Begründung der Leihe, sondern allenfalls als Vorvertrag zum Abschluß eines Leihvertrages angesehen werden, der dann erst mit der Hingabe der Sache zustande komme. Diese Lehre begreift sich historisch aus der Entwicklung des römischen Obligationenrechts (vgl. Bd. I § 5), das be-

---

[21] Der Bundesrat hatte vorgeschlagen, die Bestimmung zu streichen. Das ,,Aufstellen von ,,Verfahrenshindernissen für die gerichtliche Geltendmachung privatrechtlicher Ansprüche" sei ,,als Mittel der Durchsetzung öffentlich-rechtlicher Pflichten sachfremd". Das halte ich für zutreffend. Vgl. dazu die Bundestagsdrucksache 10/508, S. 15, zur Entgegnung der Bundesregierung S. 18.
[1] Die Verpflichtung zu langfristiger, unentgeltlicher Überlassung eines sonst durch Vermietung zu nutzenden Gebrauchsgegenstandes, etwa einer Wohnung, wird als Leihe angesehen, auch wenn sie sich, typologisch gesehen, der Schenkung annähert. Vgl. oben § 47 I, Anm. 4.
[2] Vgl. die angeführte Abhandlung von *Boehmer.*

stimmte Verträge, darunter Leihe und Darlehen, nur dann als verbindlich ansah, wenn zu der Abrede ein „reales" Moment hinzukam. Mit der Anerkennung der grundsätzlichen Verbindlichkeit aller mit rechtlichem Bindungswillen getroffenen Abreden hat sie ihre Berechtigung längst verloren. Wenn das Gesetz in § 598 die Verpflichtung des Verleihers dahin umschreibt, er habe dem Entleiher den Gebrauch zu „gestatten", während es beim Mietvertrag (§ 535) von „gewähren" spricht, so denkt es freilich an den im Leben häufigsten Fall, daß die Abrede über die Leihe die Hingabe der Sache begleitet, nicht ihr vorausgeht. Indessen kann der Leihvertrag ebenso, wie das bei der Miete die Regel ist, der Übergabe der Leihsache vorausgehen, und dann wird der Verleiher, genau wie der Vermieter, auch zur Hingabe der Leihsache verpflichtet. Dies folgt, wenn nicht aus dem Gesetz unmittelbar, so doch daraus, daß der Entleiher nur dann, wenn ihm die Sache übergeben ist, den ihm gestatteten Gebrauch machen kann. Sinngemäß umschließt die Pflicht, den Gebrauch zu gestatten, auch die Pflicht, ihn durch die Übergabe der Sache erst zu ermöglichen, wenn und solange der Entleiher noch nicht im Besitze ist. Die typische Hauptpflicht des Verleihers: dem Entleiher den Gebrauch der Sache auf Zeit zu „gestatten" und das heißt: möglich zu machen, beruht alle Male auf dem formlos gültigen Leihvertrag, mag dieser Vertrag nun die Hingabe der Sache begleiten *(„Handleihe")* oder ihr zeitlich vorausgehen *(„Versprechensleihe")*. Diese im Schrifttum heute vorherrschende³ Auffassung macht die gekünstelte Annahme eines „Vorvertrages zum Leihvertrag" in den Fällen der Versprechensleihe überflüssig.

Mit Rücksicht auf die Unentgeltlichkeit sind die Pflichten des Verleihers geringer als die des Vermieters. Der Verleiher haftet, wie der Schenker, nur für Vorsatz und grobe Fahrlässigkeit (§ 599), wegen eines Rechtsmangels oder eines Fehlers der verliehenen Sache sogar nur im Falle arglistigen Verschweigens (§ 600). Diese Bestimmungen bedürfen jedoch, ebenso wie die entsprechenden Beschränkungen der Haftung des Schenkers (vgl. oben § 47 II a und b), entgegen der noch hL. einer teleologischen Reduktion.⁴ Sie sind nur auf das Interesse des Entleihers an der Leistung, also an der Gebrauchsgewährung, nicht aber auch auf sein Interesse an der Erhaltung seiner sonstigen Rechtsgüter zu beziehen. Daher gelten sie für den Fall des Verzuges des Verleihers und einer von ihm verschuldeten Unmöglichkeit der Gebrauchsüberlassung, nicht aber auch für den Fall einer fahrlässigen Schutzpflichtverletzung oder Verletzung einer Verkehrssicherungs-

---

³ *Boehmer,* aaO; *Reichel* aaO; *Zabel* aaO S. 7, 88; *Esser/Weyers* § 25 II; *Fikentscher* § 76 I 6; *Heck* 247 f.; *Siber* 312; *v. Tuhr* II 150; die Kommentare von *Erman/Schopp, Palandt/Putzo, Staudinger/Riedel, Soergel/Kummer* und der RGRKomm. vor oder zu § 598; anders noch *Oertmann* 2 vor § 598; *Enn./L.* § 140 1.
⁴ Überzeugend *Schlechtriem,* Vertragsordnung und außervertragliche Haftung, 1971, S. 332 ff., 346 ff. Ebenso *Esser,* 4. Aufl. § 75 Anm. 3; *Esser/Weyers* § 25 IV; *Palandt/Putzo* 1 b zu § 599; anders *Medicus,* SchR II § 92 II 2, *Erman/Schopp* 1 zu § 599 und die Vorauflagen (bis zur 10.).

pflicht. Überläßt z. B. der Verleiher dem Entleiher einen, wie er weiß, infolge irgendeines Mangels nicht mehr verkehrssicheren Wagen, und unterläßt er es, diesen auf den Mangel aufmerksam zu machen, so kann er sich richtiger Ansicht nach weder auf § 600 noch auch auf § 599 berufen, wenn der Entleiher infolgedessen einen Gesundheitsschaden erleidet. Er haftet für diesen „Mangelfolgeschaden" sowohl aus „positiver Vertragsverletzung" wie aus Delikt, auch wenn ihm nur leichte Fahrlässigkeit zur Last fällt.[5]

Die Sache ist so verliehen, wie sie ist: ohne jede Gewähr. Anders als der Vermieter ist der Verleiher nicht dazu verpflichtet, sie in den für den vertragsmäßigen Gebrauch erforderlichen Zustand zu versetzen und sie während der Leihzeit in diesem Zustande zu erhalten, insbesondere: sie für den Gebrauch des Entleihers reparieren zu lassen. Die gewöhnlichen Kosten der Erhaltung hat vielmehr der Entleiher zu tragen; bei einem Tier insbesondere die Fütterungskosten (§ 601 Abs. 1). Macht der Entleiher andere Verwendungen auf die Sache, so bestimmt sich sein Recht, von dem Verleiher dafür Ersatz zu verlangen, nach den Vorschriften über die Geschäftsführung ohne Auftrag (§ 601 Abs. 2 Satz 1).[6]

Der Entleiher ist, sobald der Besitz ihm überlassen ist, für die Dauer der Leihzeit dem Verleiher gegenüber *zum Besitz berechtigt*. Gleichzeitig trifft ihn, bis zur Rückgabe, die *Obhutspflicht*. Über den Umfang seines *Gebrauchsrechts* entscheidet, mangels näherer Vereinbarung, die Verkehrsanschauung. Er ist nicht berechtigt, ohne Erlaubnis des Verleihers den Gebrauch der Sache einem Dritten zu überlassen (§ 603 Satz 2). Veränderungen oder Verschlechterungen der Sache, die durch den vertragsmäßigen Gebrauch herbeigeführt werden, hat er nicht zu vertreten (§ 602). Im übrigen haftet er für *jedes Verschulden*. Dies gilt besonders für jeden vertragswidrigen Gebrauch, für die Verletzung der Obhutspflicht und für die Unmöglichkeit oder Verzögerung der Rückgabe. Für den zufälligen Untergang der Sache und für ihre zufällige Verschlechterung während seiner Besitzzeit oder auf dem Rücktransport haftet er dagegen nicht. Dies mag mit der Lebensanschauung nicht ganz übereinstimmen; indessen ist eine Haftung für Zufall im Schuldverhältnis vom Gesetz nur für wenige Ausnahmefälle (§ 287 Satz 2, § 848) angeordnet; sie kann ohne ausdrückliche gesetzliche Anordnung nicht angenommen werden.[7]

Nach der Beendigung der Leihe hat der Entleiher die Sache zurückzugeben (§ 604 Abs. 1). Hat er den Gebrauch – befugt oder unbefugt – einem Dritten überlassen, so kann der Verleiher sie auch von diesem zurückfordern (§ 604 Abs. 4). Der

---

[5] Dagegen würde er nicht haften, wenn der Entleiher, der den Mangel noch rechtzeitig bemerkt, auf den Gebrauch des Wagens verzichtet und dadurch einen Schaden erleidet. Es handelt sich insoweit nur um den Mangelschaden, nämlich um den Schaden, der darin besteht, daß der Wagen wegen des Mangels zu dem vertragsmäßigen Gebrauch nicht geeignet ist.
[6] Das heißt, nach den §§ 683, 684 u. 685 (unten § 57 I b u. II a). Dazu BGH, NJW 85, 313.
[7] So die hL; anders *Reichel* aaO und *Heck* S. 223.

§ 51 I   1. Abschn. 2. Kap. Gebrauchsüberlassung, volle Nutzung auf Zeit

Entleiher ist berechtigt, eine Einrichtung, mit der er die Sache versehen hat, wegzunehmen (§ 601 Abs. 2 Satz 2).

Das Leihverhältnis *endet* mit dem Ablauf der dafür bestimmten Zeit. Ist eine Zeit nicht bestimmt, so hat der Entleiher die Sache zurückzugeben, nachdem er den sich aus dem Zweck der Leihe ergebenden Gebrauch gemacht hat. Der Verleiher kann die Sache schon vorher zurückfordern, wenn soviel Zeit verstrichen ist, daß der Entleiher den Gebrauch hätte machen können (§ 604 Abs. 2). Wenn die Dauer der Leihe weder bestimmt, noch aus ihrem Zweck zu entnehmen ist, kann der Verleiher die Sache jederzeit zurückfordern (§ 604 Abs. 3). Das Leihverhältnis endet dann mit der Zurückforderung. Unabhängig von den genannten Endigungsgründen kann der Verleiher das Leihverhältnis fristlos kündigen, wenn er der Sache infolge eines unvorhergesehenen Umstandes selbst bedarf, wenn der Entleiher einen vertragswidrigen Gebrauch von ihr macht oder sie durch Vernachlässigung seiner Obhutspflicht erheblich gefährdet und wenn der Entleiher stirbt (§ 605).

Die Ersatzansprüche des Verleihers wegen Veränderungen oder Verschlechterungen der Leihsache verjähren, einerlei ob sie auf eine Verletzung der Sorgfaltspflicht des Entleihers aus dem Leihverhältnis oder auf Eigentumsverletzung gestützt werden,[8] in sechs Monaten nach der Rückgabe der Sache, die Ansprüche des Entleihers auf Ersatz von Verwendungen und auf Gestattung der Wegnahme einer Einrichtung in 6 Monaten nach der Beendigung des Leihverhältnisses (§ 606 in Verb. mit § 558).

§ 51. Das Darlehen

Literatur: *Affolter,* Das verzinsliche Darlehen, ArchBürgR 26, 1; *Boehmer,* Realverträge im heutigen Recht, ArchBürgR 38, 314; *Canaris,* Bankvertragsrecht, 2. Aufl. 1981, 11. u. 12. Abschnitt; *Dittrich,* Der Darlehensvertrag in seiner rechtlichen Ausgestaltung, Marburger Diss. 1978; *Emmerich,* Zum Verzug bei Ratenkreditverträgen, WM 84, 949; *Genzmer,* Zur Lehre vom verzinslichen Darlehen, AcP 137, 194; *Hohenstein,* Zur Darlehenslehre nach dem BGB, 1908; *Klausing,* Der Krediteröffnungsvertrag, in: Deutsche Landesreferate zum 1. Internat. Kongreß für Rechtsvergleichung, 1932, S. 77; *Kohler,* Das Vereinbarungsdarlehen, ArchBürgR 33, 1; *Lübbert,* Der Kreditvertrag (mit Nachwort von *Regelsberger*), JherJb. 52, 313.

I. Die rechtliche Natur des Darlehens

Unter einem Darlehen ist, nach dem wirtschaftlichen Sinn und Zweck, die – entgeltliche oder unentgeltliche – Überlassung eines bestimmten Kapitals, meist einer Geldsumme, zu zeitweiliger Nutzung zu verstehen. Darlehen kommen im Leben in mannigfachen Formen und Gestaltungen vor: vom kurzfristigen, meist zinslosen Freundschafts- oder Gefälligkeitsdarlehen über die Darlehensgeschäfte der Banken, Sparkassen, Kreditgenossenschaften, langfristige Industrieanleihen bis zur Staatsanleihe. Darlehensgeschäfte werden auch in Verbindung mit anderen Geschäften vorgenommen; so insbesondere zum Zwecke der Finanzierung eines bestimmten Abzahlungskaufs (unten § 63 I). So groß die Lebensbedeutung

---

[8] So jedenfalls der BGH; BGHZ 54, 264, 267. Der BGH wendet in dieser Entscheidung § 606 sogar dann entsprechend an, wenn der Verleiher nicht der Eigentümer ist und gegen den Entleiher den ihm abgetretenen Ersatzanspruch (aus § 823 Abs. 1) des (von ihm entschädigten) Eigentümers geltend macht. Gegen die Anwendung des § 606 auf den Deliktsanspruch aber *Medicus,* SchR II § 92 III.

des Darlehens in einer Wirtschaft ist, in der Geld und Kredit eine hervorragende Rolle spielen, so dürftig ist die Regelung, die das Darlehen im BGB gefunden hat. Für die Frage nach der rechtlichen Natur des Darlehens gibt sie nur wenig her. Wenn das Gesetz in § 607 Abs. 1 sagt, wer Geld oder andere vertretbare Sachen[1] „als Darlehen" empfangen habe, sei verpflichtet, dem Darleiher das Empfangene in Sache von gleicher Art, Güte und Menge zurückzuerstatten, so setzt es im Grunde voraus, daß man wisse, was ein „Darlehen" ist. Um eine Definition handelt es sich jedenfalls nicht.

Gehen wir vom Gelddarlehen als dem Regelfall aus. Wer einem anderen eine Summe Geldes, wie die Umgangssprache sagt, „leiht", will ihm diese Summe zeitweilig überlassen, damit er sich ihrer bedienen kann; er will aber, sowenig wie derjenige, der eine bestimmte Sache verleiht oder vermietet, den Gegenstand des Darlehens, nämlich diesen Geldwert, endgültig fortgeben. Vielmehr will er, das meinen die Worte „als Darlehen", die gleiche Summe, früher oder später, mit oder ohne Zins, von dem Empfänger zurückerhalten. Den Empfänger will er, durch die Darlehensabrede, zur Rückzahlung verpflichten. An die Stelle des von ihm hingegebenen Geldes tritt in seinem Vermögen so der Anspruch auf „Rückerstattung". Während bei der Vermietung und der Ausleihe einer bestimmten Sache diese im Eigentum des Vermieters oder Verleihers bleibt, der Mieter oder Entleiher nur ein Recht auf den Besitz und zu zeitweiligem Gebrauch erhält, ist das beim Darlehen freilich anders. Von Geld kann ich nämlich nur Gebrauch machen, indem ich darüber verfüge; daher fordert es der Zweck des Darlehens, daß der Darlehensnehmer die Verfügung über den Geldbetrag und zu diesem Zweck das Eigentum an den ihm als Darlehen übergebenen Geldzeichen erhält. Sie scheiden damit, sachenrechtlich gesehen, aus dem Eigentum und damit aus dem Vermögen des Darlehensgebers aus, der dafür, an Stelle seines Eigentums, den lediglich schuldrechtlichen Rückerstattungsanspruch (auf die gleiche Summe Geldes) erhält. Der Darlehensgeber geht infolgedessen ein weit größeres Risiko als der Vermieter oder Verleiher ein, weshalb im Geschäftsverkehr Darlehen zumeist nur gegen entsprechende Sicherheiten (durch Hypotheken, Pfandrechte, Sicherungsübereignungen und Sicherungsabtretungen, Bürgschaften) gegeben werden. Zugleich erklärt sich daraus, daß der Rückerstattungsanspruch hier ein ganz anderes Gewicht hat als der Rückgabeanspruch bei Miete und Leihe; er dient nicht nur der Abwicklung, sondern er vertritt, wirtschaftlich, das hingegebene Kapital. Bleibt man sich dieses bedeutsamen Unter-

---

[1] Das sind „bewegliche Sachen, die im Verkehr nach Zahl, Maß oder Gewicht bestimmt zu werden pflegen" (§ 91), also z. B. Kohlen, Kartoffeln, Getreide. Über die Überlassung von Flaschenbierkästen als Darlehen vgl. OLG Celle, BB 67, 779. Das Sachdarlehen sieht der BGH als „kaufähnliches Geschäft" im Sinne des § 493 an. Er wendet daher bei Mängeln der darlehensweise überlassenen Sachen die §§ 459 ff., auch § 377 HGB entsprechend an; BGH, JZ 85, 638.

schiedes bewußt, so ist doch der Vergleich des verzinslichen, daher entgeltlichen Darlehens mit der Miete und des unverzinslichen Darlehens mit der Leihe einer bestimmten Sache aufschlußreich. Hier wie dort handelt es sich um die zeitweilige Überlassung eines Vermögenswertes zu dem seiner Natur entsprechenden Gebrauch.

n₁ Die ältere Lehre sah im Darlehen einen *streng einseitig verpflichtenden* Vertrag, und zwar, wie in der Leihe, einen Realvertrag; nur der Darlehensnehmer werde, durch die Hingabe des Kapitals, verpflichtet (nämlich zur Rückzahlung, eventuell auch zur Zinszahlung), der Geber dagegen erlange nur Rechte.[2] Diese Auffassung kann sich auf den Wortlaut des § 607 berufen, in dem nur von der Rückerstattungspflicht die Rede ist, während das Gesetz bei der Leihe im § 598 die Pflicht des Verleihers zur Gebrauchsgestattung in den Vordergrund stellt. Auch ist nicht zu übersehen, daß § 607 Abs. 1 ersichtlich davon ausgeht, daß die Pflicht

n₂ zur Rückerstattung vom Empfang der Darlehensvaluta abhängig ist.[3] Eine jüngere Gegenansicht,[4] die heute überwiegend vertreten wird, weist mit Recht darauf hin, daß auch der Darlehensgeber in der zeitweiligen Gebrauchsüberlassung des Kapitals eine Leistung, und zwar eine Dauerleistung nicht anders als ein Vermieter oder Verleiher, erbringt. Infolgedessen sieht sie das *verzinsliche* Darlehen als entgeltlichen und im Sinne der §§ 320 ff. als einen *gegenseitigen Vertrag* an, wobei der Darlehenszins die *nach Zeitabschnitten bemessene Vergütung für die Belassung des Kapitals* in dem betreffenden Zeitraum darstellt, nicht anders als der Mietzins die Vergütung für die Überlassung des Sachgebrauchs. Ist aber beim verzinslichen Darlehen neben der einmaligen Hingabe *die fortdauernde Belassung des Kapitals* während der vereinbarten „Laufzeit" des Darlehens die „Leistung" des Kapitalgebers, der der für den Zeitraum der Belassung berechnete Zins als die „Gegenleistung" des Nehmers gegenübersteht, so kann beim zinslosen Darlehen die „Leistung" des Gebers keine andere sein. Denn auch hier soll der Darlehensnehmer das ihm überlassene Kapital während der „Laufzeit" des Darlehens zu nutzen befugt sein, der Darlehensgeber ihm diese Nutzung, durch die Überlassung des Kapitals und seine *Belassung während dieser Zeit,* ermöglichen. Dann aber ist auch das zinslose Darlehen kein nur einseitig verpflichtendes Schuldverhältnis. Vielmehr muß, ebenso wie bei der Leihe, auch hier sinngemäß eine *Pflicht des Darlehensgebers sowohl zur Hingabe wie zur Belassung des Kapitals* bis zur Fälligkeit des Rückforderungsanspruchs angenommen werden.[5] Sie fehlt dagegen bei der

---

[2] So noch *Oertmann* 5a vor § 607; *Enn./L.* § 142 I.
[3] Darin sieht *Dittrich* aaO S. 73 den „richtigen Kern" der – auch von ihm abgelehnten – Realvertragstheorie.
[4] So schon *Affolter, Koehler, Lübbert, Genzmer* aaO; *Heck* 328; *Esser,* 4. Aufl. § 86 I 2 und 3; heute *Esser/Weyers* § 26 II 2, *Brox* Rdn. 223; *Staudinger/Riedel* 3, *Soergel/Lippisch/Häuser* 2 ff., *MünchKomm/Westermann* 5, *Palandt/Putzo* 1b vor § 607; differenzierend *Erman/Schopp* 1 vor § 607.
[5] So auch *Medicus,* SchR II § 93 II 1; *Staudinger/Riedel* 3, *MünchKomm/Westermann* 5 vor § 607 (unter a). *Canaris* – aaO Rdz. 1282 – hält zwar das verzinsliche Darlehen auch für einen gegenseitigen

§ 51. Das Darlehen   I § 51

„unregelmäßigen Verwahrung" (§ 700; vgl. unten § 58 aE). Wenn hiergegen eingewandt worden ist,[6] diese „Pflicht" des Geber stelle sich doch nur als ein „Aufschub seines Rückforderungsanspruchs" dar, so ist das, formal gesehen, gewiß richtig. Aber dieser „Aufschub des Rückforderungsanspruchs" gehört zum Wesen des Darlehens, weil durch ihn erst dem Nehmer die zeitweilige Nutzung des Kapitals ermöglicht wird. Man könnte meinen, es sei doch nur eine Formulierungsfrage, ob man sagt, daß der Darlehensgeber in den Aufschub der Rückerstattung einwillige oder daß er sich dazu verpflichte, das Kapital dem Nehmer für die Laufzeit des Darlehens zu belassen. Die rechtliche Natur des Darlehens kann hiervon in der Tat nicht abhängen. Die zweite Formulierung erleichtert aber das Verständnis der Sache ungemein. Das verzinsliche Darlehen ist dann gleich der Miete als ein gegenseitiger Vertrag, das zinslose gleich der Leihe als zweiseitig verpflichtender Vertrag anzusehen. Der Abhängigkeit des Rückerstattungsanspruchs von der Hingabe der Darlehensvalute, die zweifellos dem Willen der Parteien entspricht, kann dadurch Rechnung getragen werden, daß man seine Entstehung als durch diese bedingt ansieht.[7] Einfacher ist doch wohl die Annahme, daß sich der Darlehensnehmer von vornherein nur zur Rückerstattung dessen verpflichtet, was er (tatsächlich) „als Darlehen" empfangen wird oder gleichzeitig empfängt.

Daß die Leistung des Darlehensgebers in der Belassung des Kapitals für die Laufzeit des Darlehens liegt, hat auch der Große Zivilsenat des RG in der Entsch. über den Darlehenswucher Bd. 161, 52 erkannt. Es heißt dort: „Der Sinn der Darlehenshingabe ist nicht der, das Vermögen des Empfängers dauernd um das Kapital zu vermehren; ihm soll vielmehr nur dessen vorübergehende Nutzung zugewendet werden. Für diese zeitweilige Kapitalnutzung wird als Gegenleistung der Zins oder werden sonstige Vorteile vereinbart. Die Kapitalnutzung in ihrer zeitlichen Begrenzung und die Nutzungsvergütung (zumeist Zins) sind die Leistungen, die gegeneinander ausgetauscht werden, nicht die Darlehenshingabe auf der einen Seite und ein gleicher Geldbetrag, vermehrt durch die Vergütung, auf der anderen Seite. In Ansehung des § 817 Satz 2 ist deshalb diese vorübergehende Belassung des Kapitals zur Nutzung die Leistung des Darlehensgebers."

Aus der Einsicht, daß jedes Darlehen (in dem Aufschub des Rückforderungsanspruchs bis zur Fälligkeit) sinngemäß die Pflicht des Darlehensgebers einschließt, dem Nehmer das gegebene Kapital für die Darlehenszeit zu belassen – eine Pflicht, deren Erfüllung sich, ebenso wie bei der Miete und der Leihe, als eine Dauerleistung darstellt –, ergibt sich, daß das Darlehensverhältnis ein *„Dauerschuldverhältnis"* (Bd. I §§ 2 VI, 19 II c) ist.[8] An die Stelle eines gesetzlichen Rücktrittsrechts tritt daher, sobald das Kapital überlassen worden ist, das Recht zu

---

Vertrag, die Belassung des Kapitals für die Gegenleistung des Kapitalgebers, die Annahme einer Belassungspflicht gleichwohl für entbehrlich (Rdz. 1322). Dadurch kommt er aber in Schwierigkeiten mit der Konstruktion des gegenseitigen Vertrages.

[6] Von *Oertmann* aaO.
[7] So, mit eingehender Begründung, *Dittrich* aaO S. 79 ff.
[8] Ebenso *RGRKomm* 9, *MünchKomm/Westermann* 8, *Palandt/Putzo* 1 b vor § 607; *Canaris* aaO Rdz. 1283; *Medicus* SchR II § 93 II 1; anders *Esser/Weyers* § 26 II 2.

fristloser Kündigung. Die Kündigung des Darlehens ist ebensowohl Fälligkeitskündigung (in Ansehung der Forderung auf Rückerstattung) wie Aufhebungskündigung (in Ansehung des Darlehensverhältnisses als Dauerschuldverhältnis).[9] Die wichtigste Folgerung ist, daß auf das verzinsliche Darlehen *die Vorschriften über gegenseitige Verträge anwendbar* sind, soweit sich nicht aus der Natur des Darlehens oder dem Gesetz ein anderes ergibt.[10]

II. Der Darlehensvertrag und der Krediteröffnungsvertrag

Im Hinblick auf die vertragliche Begründung des Darlehens stehen sich, wie bei der Leihe (oben § 50), die Theorie des *Realvertrages* und des *Konsensualvertrages* gegenüber. Auf das dort Gesagte kann hier verwiesen werden. Während die Rechtsprechung noch an der Theorie des Realvertrages festhält, hat sich im Schrifttum auch hier die Auffassung durchgesetzt, die im Darlehensvertrag einen Konsensualvertrag sieht.[11] Auch hier steht nichts im Wege, wie sich schon aus dem Grundsatz der Vertragsfreiheit ergibt, daß die Parteien den Darlehensvertrag bereits vor der Hingabe des Kapitals abschließen. Dann wird sich der eine Teil, der Geber, zur Hingabe verpflichten, während der Nehmer sich zur Rückerstattung des Empfangenen und gegebenenfalls zu Zinszahlungen verpflichtet; weitere Vereinbarungen können z. B. über die Art der Auszahlung, die Bestellung von Sicherheiten, über Kündigungsfristen und dergleichen mehr getroffen werden. Die Auszahlung der Darlehensvaluta geschieht dann bereits in Ausführung des geschlossenen Vertrages, sie ist Beginn der Erfüllung.[12] Da mit ihr die Dauerleistung des Gebers (die „Belassung des Kapitals auf Zeit") beginnt, für die der nach Zeitabschnitten bemessene Zins die Gegenleistung darstellt, setzt sie das Darlehen als Dauerschuldverhältnis in Vollzug. Ihren rechtlichen Grund aber finden die beiderseitigen Pflichten nicht erst in der Hingabe des Kapitals, sondern in dem vorher geschlossenen Darlehensvertrag. In ihm lediglich erst einen Vorvertrag zu sehen, wozu die Realvertragstheorie genötigt ist, entspricht jedenfalls in den meisten Fällen nicht dem Sinne der Vereinbarung. Aus einem Vorvertrage könnte der Darlehensnehmer ja nicht ohne weiteres auf die Auszahlung der

---

[9] Über den Unterschied dieser beiden Arten der Kündigung v. *Tuhr* I 130 Anm. 33; *Molitor*, Die Kündigung, 2. Aufl. S. 36f.

[10] Hierzu vor allem *Heck* S. 329f. Anwendbar ist insbesondere (bei Verzug des Darlehensnehmers mit Tilgungsraten und Zinsen) § 326 (mit Kündigungs- statt Rücktrittsrecht), wenn auch (nach 242) nicht wegen unerheblicher Rückstände; vgl. *Gernhuber*, JZ 59, 314.

[11] Vgl. *Canaris* aaO Rdz. 1284; *Esser/Weyers* § 26 II 2; *Medicus*, SchR II § 92 II 1.

[12] So auch für das Schweizer Recht *Guhl*, Das Schweizerische Obligationenrecht, 1972, S. 374; „Die Hingabe der Darlehenssumme erscheint rechtlich nicht als Voraussetzung der Entstehung des Darlehensverhältnisses, sondern schon als Vertragserfüllung seitens des Darleihers". Ebenso *Canaris* aaO Rdz. 1284.

Darlehensvaluta, sondern nur auf den Abschluß des Hauptvertrages und allein in Verbindung damit auch auf die Auszahlung klagen. Das schafft durchaus unnötige Komplikationen.[13]

<small>Gewiß *können* die Parteien auch nur erst einen Vorvertrag zu einem Darlehensvertrag abschließen; sie werden das tun, wenn über die Bedingungen im einzelnen noch erst verhandelt werden soll. Die Klage auf Abschluß des Hauptvertrages kann mit der auf Auszahlung der Darlehensvaluta – in dem Zeitpunkt, in dem der Hauptvertrag (Darlehensvertrag) durch die Rechtskraft des Urteils (§ 894 ZPO) wirksam wird – verbunden werden.[14] Ein Darlehensvertrag – mit ,,anderstypischer" Gegenleistung – ist der sog. *Werkförderungsvertrag*.[15]</small>

Daß auch das Gesetz die Möglichkeit vorsieht, daß ein Darlehensverhältnis allein durch den Vertrag, ohne das Hinzukommen eines ,,realen" Akts, begründet wird, zeigt § 607 Abs. 2. Danach kann, wer Geld oder andere vertretbare Sachen aus einem anderen Grunde (z. B. als Kaufpreis) schuldet, mit dem Gläubiger vereinbaren, daß das Geld oder die Sachen (fortan) ,,als Darlehen" geschuldet werden (**,,Vereinbarungsdarlehen"**). Eine solche Vereinbarung hat in der Regel den Sinn, daß dem Schuldner der von ihm geschuldete Betrag noch für eine gewisse Zeit belassen werden soll; oft wird er sich gleichzeitig zu einer Zinszahlung verpflichten oder eine Sicherheit stellen. Hier zeigt sich ganz deutlich, daß die für das Darlehen eigentümliche Leistung des Kreditgebers darin besteht, daß er sich verpflichtet, dem Kreditnehmer das Kapital auf Zeit zur Benutzung zu belassen, und daß es diese Leistung ist, um derentwillen der letztere die Zinsverpflichtung auf sich nimmt. Die Umwandlung der Kaufpreisschuld in eine Darlehensschuld bedeutet nichts anderes, als daß dieses Moment der Belassung der Schuldsumme beim Schuldner auf Zeit in den Vordergrund gerückt wird; dadurch unterscheidet sie sich von einer einfachen Stundung des Kaufpreises. Regelmäßig wird die Absicht der Vertragsparteien im übrigen nicht dahin gehen, die Forderung von ihrem ursprünglichen Schuldgrunde ganz abzulösen und Einwendungen aus dem ersten Schuldverhältnis abzuschneiden; es liegt daher nur ein *Schuldabänderungsvertrag* (Bd. I § 7 II) vor. Infolgedessen bestehen auch die vorher bestellten Sicherungsrechte fort. Möglich ist freilich auch die Vereinbarung einer ,,*Schuldersetzung*" (Bd. I § 7 III) in dem Sinne, daß die bisherige Schuld (aus dem Kaufvertrag) erlischt und eine neue (aus Darlehen) an ihre Stelle

---

<small>[13] Vgl. dazu des näheren Karsten *Schmidt* in JuS 76, 709, besonders zu Anm. 20.
[14] Vgl. BGH, NJW 75, 443. Der BGH geht hier von der Auffassung des Darlehensvertrages als eines Realvertrages aus. Er meint, die Verpflichtung zum Abschluß des Darlehensvertrages (aus dem Vorvertrag) schließe die zur Vornahme des dazu gehörenden ,,realen" Aktes ein. Deshalb nimmt er nicht eine Klagenverbindung, sondern eine einzige, auf Abgabe der Willenserklärung *und* Zahlung der Valuta gerichtete, Klage an.
[15] Durch diesen verpflichtet sich ein Unternehmer, einer Bau- oder Siedlungsgesellschaft ein Darlehen zwecks Erbauung von Wohnungen für seine Werksangehörigen zu gewähren; diese verpflichtet sich dagegen, die Wohnungen, oder einen Teil derselben, nur an Werksangehörige und unter bestimmten Bedingungen zu vermieten. Vgl. dazu *Roquette*, MDR 58, 465; NJW 67, 2239; *Zunft*, NJW 58, 1330; aus der Rspr.: BGH, NJW 67, 2260; OLG Celle, NJW 67, 2264.</small>

tritt. In diesem Fall gilt die alte Schuld durch die Eingehung der neuen Verbindlichkeit als getilgt; die neue Verbindlichkeit hat einen von dem der früheren verschiedenen, ihr gegenüber selbständigen Verpflichtungsgrund. Die Eingehung der neuen Verbindlichkeit kann aber als „rechtsgrundlose Leistung" zurückgefordert werden, wenn die alte Schuld, die sie ersetzen sollte, nicht bestand.

Wer die Hingabe eines Darlehens – sei es in einem Vorvertrag, sei es in dem Darlehensvertrag selbst – versprochen hat, kann im Zweifel *sein Versprechen widerrufen,* wenn in den Vermögensverhältnissen des anderen Teils (nachträglich) eine wesentliche Verschlechterung eintritt, durch die der Anspruch auf die Rückerstattung gefährdet wird (§ 610). In dieser Bestimmung kommt, ebenso wie im § 321, der Gedanke zum Ausdruck, daß Kreditzusagen regelmäßig unter dem Vorbehalt einer „clausula rebus sic stantibus" stehen.[16] Mit dem Wirksamwerden des Widerrufs entfällt der Anspruch auf die Auszahlung des Darlehens; war bereits ein Teil ausgezahlt, so bleibt jedoch hinsichtlich dieses Teils das Darlehensverhältnis unberührt.[17] Der Darlehensgeber kann also nicht die vorzeitige Rückzahlung verlangen.

Im Geschäftsverkehr der Banken hat sich als ein besonderer Vertragstypus, der im Gesetz nicht näher geregelt ist, aber mit dem Darlehensvertrag – jedenfalls wenn man diesen als einen Konsensualvertrag versteht – weitgehende Übereinstimmungen aufweist, der **Krediteröffnungsvertrag** herausgebildet. Durch ihn verpflichtet sich der Kreditgeber, regelmäßig eine Bank, dem Kreditnehmer bis zu einer bestimmten Höhe und unter bestimmten Bedingungen Kredite zu gewähren, wobei es in das Belieben des Kreditnehmers gestellt ist, ob, wann und in welchen Teilbeträgen er den Gesamtkredit in Anspruch nimmt. Ein solcher Vertrag ist kein bloßer Vorvertrag,[18] da er nicht nur zum Abschluß jeweils eines weiteren Kreditvertrages, sondern den Kreditgeber unmittelbar zur Hergabe des Kredits jeweils auf Anfordern („Abruf") des Kreditnehmers und gemäß den vereinbarten Bedingungen verpflichtet. Einen Kredit können Banken auf sehr verschiedene Art gewähren, nicht nur durch die Gewährung eines Darlehens, sondern z. B. auch durch den Ankauf (die „Diskontierung") von Wechseln ihres Kunden oder die Übernahme einer Bürgschaft für ihn. Hier interessieren nur die Krediteröffnungsverträge, die die Gewährung eines Darlehens zum Gegenstand haben. Ein solcher Vertrag begründet die Verpflichtung der Bank zur Gewährung (Auszahlung) des Darlehens bis zu der bestimmten Höhe, und zwar in Teilbeträgen, deren Höhe ebenso wie den Zeitpunkt ihrer Auszahlung der Kunde selbst bestimmt. Dieser hat dadurch den Vorteil, jederzeit über den ihm zugesag-

---

[16] Vgl. Bd. I § 15 zu Anm. 16 und mein Buch „Geschäftsgrundlage und Vertragserfüllung" 3. Aufl. S. 102 ff.
[17] Vgl. *MünchKomm/Westermann* 8 zu § 610; *Canaris* aaO Rdz. 1257.
[18] Ebenso *Esser/Weyers* § 26 II 3; *Canaris* aaO Rdz. 1203.

ten Betrag disponieren zu können, das Darlehen aber erst in Anspruch nehmen und damit verzinsen zu müssen, wenn und soweit er das Geld braucht.

Mit der tatsächlichen Gewährung der einzelnen Darlehensbeträge kommt nicht jedes Mal ein neuer Darlehensvertrag zustande, vielmehr enthält bereits der Krediteröffnungsvertrag den Rechtsgrund für die Hingabe der Beträge ebenso wie die Bedingungen für die Rückzahlung, Verzinsung usw. der einzelnen Kredite. Er ist insoweit Darlehensvertrag. Darüber hinaus begründet er ein *Dauerschuldverhältnis,*[19] dessen Hauptmerkmal die bestehende Gebundenheit des Kreditgebers gegenüber dem Kreditnehmer ist. Er hat während der vereinbarten Dauer des durch den Vertrag eröffneten Rechtsverhältnisses den zugesagten Betrag bereitzuhalten. Der Kunde dagegen hat ein Gestaltungsrecht,[20] durch dessen Ausübung, den „Abruf", er den Anspruch auf Auszahlung des angeforderten Kredits (bis zur vereinbarten Höchstgrenze) jeweils endgültig und mit sofortiger Fälligkeit erwirbt. Erst mit der Auszahlung beginnt die Zinspflicht des Darlehensnehmers und entsteht die Rückzahlungspflicht gemäß den im Vertrage vereinbarten Bedingungen. Die Bank läßt sich als Gegenleistung für die von ihr eingegangene Bindung von dem Kreditnehmer eine sog. „Bereitstellungsprovision" versprechen, die unabhängig davon geschuldet wird, ob und in welcher Höhe der Kredit in Anspruch genommen wird.[21] Das durch den Krediteröffnungsvertrag begründete Dauerverhältnis ist zu unterscheiden von den einzelnen Kreditverhältnissen, die aber ihre Grundlage sämtlich in dem Krediteröffnungsvertrage haben, durch ihn inhaltlich bestimmt werden. Es endet, als Dauerverhältnis, durch vollständige Erledigung, Ablauf der vereinbarten Zeit oder Kündigung.[22] Möglich ist auch, wie bei allen Dauerschuldverhältnissen, eine fristlose Kündigung aus wichtigem Grunde.[23] § 610 ist auch für das durch den Krediteröffnungsvertrag begründete Dauerverhältnis im ganzen anwendbar, und zwar auch dann, wenn die Kreditgewährung nicht durch Darlehen, sondern in anderer Weise, z. B. durch die Akzeptierung von Wechseln, erfolgen soll.[24]

III. Das Darlehensverhältnis und seine Beendigung

Das Darlehensverhältnis ist nach dem bisher Gesagten ein Dauerschuldverhältnis, dem zufolge der Darlehensgeber verpflichtet ist, dem Darlehensnehmer eine Summe Geldes oder eine Menge vertretbarer Sachen, die er ihm überlassen hat

---

[19] *Canaris* aaO Rdz. 1202; vgl. auch BGH, NJW 55, 1229; *Klausing* aaO.
[20] *Canaris* Rdz. 1205; *MünchKomm/Westermann* 17 vor § 607.
[21] *Canaris* Rdz. 1226.
[22] Vgl. *Canaris* Rdz. 1232, 1242 f.
[23] *Canaris* aaO Rdz. 1246 ff.
[24] *Canaris* Rdz. 1251 ff.; *Medicus,* SchR II, § 93 IV.

oder auch erst zu überlassen sich verpflichtet hat, für eine gewisse Zeit zu belassen. Der Darlehensnehmer ist verpflichtet, die gleiche Summe Geldes oder die gleiche Menge gleichartiger Sachen nach Ablauf der Darlehenszeit zurückzuerstatten. Diese Verpflichtung gründet sich auf den Darlehensvertrag, entsteht aber erst dann, wenn der Darlehensnehmer die Darlehenssssumme empfangen hat. Hierfür genügt die Gutschrift auf sein Konto oder die Auszahlung an einen von ihm zum Empfang ermächtigten Dritten (§ 362 Abs. 2), sei es, daß der Darlehensnehmer damit eine eigene Schuld gegenüber dem Dritten tilgen will, sei es, daß der Dritte als sein Beauftragter gemäß seiner Weisung über das Geld soll verfügen können. Anders kann es liegen, wenn der Dritte auch oder vornehmlich im Interesse des Darlehensgebers, als ,,Treuhänder", das Geld so lange zurückhalten soll, bis bestimmte Bedingungen erfüllt sind, etwa eine vereinbarte Sicherheit bestellt ist. Dann hat der Darlehensnehmer den Betrag noch nicht empfangen, er kann noch nicht über ihn verfügen, und ist folglich zur Rückzahlung nicht verpflichtet, wenn der Dritte das Geld veruntreut. Es kommt darauf an, in wessen Interesse der Dritte eingeschaltet ist, ob die Zahlung an ihn im wirtschaftlichen Erfolg der an den Darlehensnehmer selbst gleich kommt oder nicht.[25]

Sind *Zinsen* vereinbart worden, so beginnt die Pflicht zur Zinszahlung mit der Auszahlung der Darlehenssumme an den Darlehensnehmer, weil der Zins die Vergütung für den zeitweisen Gebrauch darstellt und dieser eben durch die Auszahlung ermöglicht wird. Ist über die Fälligkeit der Zinsen im Vertrag nichts gesagt, so bestimmt § 608, daß die Zinsen nachträglich jeweils für ein Jahr, bei kürzerer Laufzeit des Darlehens als ein Jahr bei der Rückerstattung zu entrichten sind. Neben Zinsen verlangen die Banken meist schon für die Hergabe des Darlehens sog. *Bearbeitungsgebühren* oder ähnliche Vergütungen, die unabhängig von der Laufzeit des Darlehens und meist sogleich zu zahlen sind. Sie stellen kein Entgelt für den Gebrauch des Kapitals während einer bestimmten Zeit dar, sondern sind nach ihrem Grundgedanken eine Vergütung für den Arbeitsaufwand, der für die Bank schon mit der Bearbeitung des Darlehensersuchens verbunden ist.[26] Nicht von der Laufzeit des Darlehens abhängig ist im Zweifel auch das sog. *Disagio*,[26a] ein Abzug von der Darlehenssumme, den die Bank bei der Auszah-

---

[25] Vgl. RG, JW 06, 714; BGH, WM 65, 496; NJW 78, 2294; BGHZ 87, 156, 161; LG Köln, ZIP 81, 973; *Canaris* aaO Rdz. 1320.

[26] *Canaris* aaO Rdz. 1324, 1345; auch NJW 78, 1891.

[26a] So auch *Canaris*, Bankvertragsrecht Rdz. 1324; *MünchKomm/v. Maydall* 12 zu § 246. Anders jedoch *Karsten/Schmidt*, Geldrecht, 1983, Rdz. 23 zu § 246. Er meint, auch ein nicht überhöhtes Disagio werde regelmäßig ,,als laufzeitabhängige Leistung kalkuliert und auch von den Parteien so verstanden". Sicher kalkulieren die Parteien so, was besonders deutlich wird, wenn der Kreditnehmer zwischen einem niedrigeren Zins, aber höherem Disagio, und einem höheren laufenden Zins, aber geringerem Disagio oder voller Auszahlung die Wahl hat. Aber ausdrücklich in Beziehung gesetzt zur Laufzeit wie ein Zins wird das Disagio im Vertrage nicht, und für den Kreditnehmer ist es eher ein Rechnungsposten, den er aufzubringen hat, um den Kredit zu den ihm im übrigen als günstig erscheinenden Bedingungen zu erhalten; er weiß, daß er diesen Betrag von vornherein verloren hat.

lung vornimmt, also eine Differenz zwischen dem vereinbarten und daher zurückzuerstattenden und dem tatsächlich auszuzahlenden Betrag. Bei vorzeitiger Kündigung des Darlehens kann der Darlehensnehmer nicht einen der Verkürzung der Laufzeit entsprechenden Teil der Bearbeitungsgebühr oder des Disagios zurückfordern, weil diese in der Regel laufzeitunabhängig sind.[27] Anders ist es jedoch, wenn sie als *verdeckter Zins* anzusehen sind. Das kann der Fall sein, wenn sie im Verhältnis zur Darlehenssumme und zu dem festgesetzten Zins unverhältnismäßig hoch sind. Der BGH hat ein Disagio in Höhe von 6% noch als im üblichen Rahmen liegend angesehen.[28] Bei der Frage, ob eine Darlehensvereinbarung wegen der übermäßigen Belastung des Darlehensnehmers nach § 138 nichtig sei,[29] sind aber alle ihn treffenden Belastungen, also auch die Bearbeitungsgebühr und das Disagio, zu berücksichtigen.[30]

Wie jedes Dauerschuldverhältnis endet das Darlehensverhältnis, wenn es nicht für eine bestimmte Zeit vereinbart worden ist, durch eine Kündigung. Nur ein zinsloses Darlehen kann der Darlehensnehmer jeder Zeit, ohne daß es einer Kündigung bedarf, zurückerstatten (§ 609 Abs. 3). Der Darlehensgeber, der für die Belassung des Kapitals keine Zinsvergütung verlangen kann, büßt hierdurch nichts ein; er bedarf keiner Frist, um sich darauf einzustellen. Die Kündigung führt zur Beendigung des Darlehensverhältnisses. Da das Ende des Darlehensverhältnisses die Verpflichtung des Darlehensgebers zur Belassung des Kapitals beendet, führt sie notwendig die Fälligkeit des Anspruchs auf Rückerstattung herbei. Umgekehrt bedeutet die Fälligkeit des Rückerstattungsanspruchs, bei einem ratenweise zurückzuzahlendem Darlehen die der letzten Rate, die Beendigung des Darlehensverhältnisses als Dauerschuldverhältnis. Wenn also das Gesetz im § 609 Abs. 1 von der Kündigung die Fälligkeit des Rückerstattungsanspruchs abhängen läßt, während es im § 605 von einer Kündigung der Leihe, im § 564 Abs. 2 von einer Kündigung des Mietverhältnisses spricht, so macht das sachlich keinen Unterschied.[31] Die Pflicht zur (weiteren) Verzinsung endet indessen nicht notwendig mit der Beendigung des Darlehensverhältnisses (als Dauerschuldverhältnis), sondern analog § 551 Abs. 1 erst mit der vollständigen Rückzahlung des Darlehens.[32]

Die gesetzliche Kündigungsfrist beträgt bei einem Darlehen von mehr als 300 DM drei Monate, bei einem Darlehen von geringerem Betrag einen Monat (§ 609 Abs. 2). Die Parteien können andere Fristen vereinbaren. Ein außerordent-

---

[27] BGHZ 81, 124; *Canaris* aaO Rdz. 1345.
[28] BGHZ 81, 124, 128. Vgl. *Canaris* aaO Rdz. 1326.
[29] Dazu Allg. Teil, § 22 III Nr. 3; *Esser/Weyers* § 26 IV 2; *Bunte,* Probleme der Ratenkreditverträge, WM 1984, Sonderbeilage Nr. 1; ders. in ZIP 85, 1; NJW 85, 705.
[30] So auch *Canaris* aaO Rdz. 1299, h. L.
[31] Ebenso *Molitor* aaO.
[32] HL.; vgl. *Canaris* aaO Rdz. 1327.

liches gesetzliches Kündigungsrecht, das nicht ausgeschlossen werden kann, steht dem Darlehensnehmer gemäß § 247 Abs. 1 dann zu, wenn der vereinbarte Zinssatz mehr als 6% beträgt.[33] Dieses Kündigungsrecht paßt nicht mehr zu den heutigen Verhältnissen auf dem Kapitalmarkt. Geplant ist deshalb eine Neuregelung.[34] Bis sie Gesetz wird, gilt aber § 247 weiter. Möglich ist auch, wie bei allen Dauerschuldverhältnissen, eine fristlose Kündigung aus wichtigem Grund wegen schwerer Erschütterung der Vertrauensgrundlage.[35] Sie bewirkt die sofortige Fälligkeit des Rückzahlungsanspruchs und des Anspruchs auf die bis dahin aufgelaufenen Zinsen.

---

[33] Dazu bereits Bd. I, § 12 VIII.

[34] Ein Gesetzentwurf der Koalitionsfraktionen (Bundestags-Drucks. 10/4741 vom 29. 1. 1986) sieht die Streichung des § 247 vor. Ein neuer § 609a soll dem Darlehensschuldner je nach der Art des Darlehens unterschiedliche Kündigungsmöglichkeiten gewähren, die nicht abdingbar sind. Mit einer Kündigungsfrist von 3 Monaten können danach gekündigt werden sog. Verbraucherdarlehen und Darlehen mit veränderlichem Zinssatz. Darlehen, bei denen für einen bestimmten Zeitraum ein fester Zinssatz vereinbart wurde, können, wenn die Zinsbindung vor dem Rückzahlungstermin endet, frühestens für den Zeitpunkt gekündigt werden, an dem die Zinsbindung endet. Alle Darlehen mit festem Zinssatz können nach Ablauf von 10 Jahren seit Empfang der Darlehenssumme mit einer Frist von 6 Monaten gekündigt werden. Damit soll einer übermäßig langen Bindung des Darlehensschuldners – ohne Rücksicht auf die Höhe des vereinbarten Zinses – vorgebeugt werden. Ob dieser Entwurf und, wenn ja, wann er Gesetz wird, ist zur Zeit nicht abzusehen. Dasselbe gilt von einem Gesetzentwurf der Abgeordneten Dr. *Schöfberger* u. a. (Bundestags-Drucks. 10/4595), der die Bekämpfung des Kreditwuchers und die Gewährung einer richterlichen Vertragshilfe bei ,,notleidenden" Verbraucherkrediten zum Gegenstand hat.

[35] Anders *Gernhuber*, JZ 59, 314, und die Vorauflagen. Ich halte meine frühere Ansicht nicht aufrecht. Vgl. dazu *Canaris* aaO Rdz. 1341 in Vbdg. mit Rdz. 1246ff. (auch für den Krediteröffnungsvertrag), mit Beispielen; *MünchKomm/Westermann* 13ff. zu § 610.

Drittes Kapitel. Tätigkeit im Dienste oder Interesse eines anderen

§ 52. Der Dienstvertrag

Literatur: *Brox,* Grundbegriffe des Arbeitsrechts, 6. Aufl. 1983; *Bruns,* Das Synallagma des Dienstvertrages, AcP 178, 34; *Fabricius,* Leistungsstörungen im Arbeitsverhältnis, 1970; *Gamillscheg* u. a. (Herausgeber), 25 Jahre Bundesarbeitsgericht, 1979 (zit. Festschr. BAG); *Hanau/Adomeit,* Arbeitsrecht, 7. Aufl. 1983; *Hueck/Nipperdey,* Lehrbuch des Arbeitsrechts, Bd. I, 7. Aufl. 1963, Bd. II, 7. Aufl. 1967 und 1970; dies., Grundriß des Arbeitsrechts, 5. Aufl. 1970; *Lieb,* Arbeitsrecht (Schwerpunkte), 1975; *Nikisch,* Arbeitsrecht, Bd. I, 3. Aufl. 1961; Bd. II, 2. Aufl. 1959; Bd. III, 2. Aufl. 1966; *Picker,* Fristlose Kündigung und Unmöglichkeit, Annahmeverzug und Vergütungsgefahr im Dienstvertragsrecht, JZ 85, 641 u. 693; *Schaub,* Arbeitsrechts-Handbuch, 5. Aufl. 1983; *Schiemann,* Der freie Dienstvertrag, JuS 83, 649; *Schwerdtner,* Fürsorgetheorie und Entgelttheorie im Recht der Arbeitsbedingungen, 1970; *Söllner,* ,,Ohne Arbeit kein Lohn", AcP 167, 132; Arbeitsrecht (zit. Grundriß), 8. Aufl. 1984; *Wiedemann,* Das Arbeitsverhältnis als Austausch- und Gemeinschaftsverhältnis, 1966; *Zöllner,* Arbeitsrecht, 3. Aufl. 1983.

I. Haupttypen und Abschluß

Eine weitere große, im Leben wichtige Gruppe von Schuldverträgen bilden diejenigen, durch die sich der eine verpflichtet, im Dienste oder doch im Interesse eines anderen tätig zu sein. Typologisch macht es hierbei einen wesentlichen Unterschied, ob die Tätigkeit nach näherer Maßgabe desjenigen, der tätig werden soll, also *eigenbestimmt,* oder nach näherer Maßgabe dessen, für den sie erbracht wird, also *fremdbestimmt,* erfolgt. Der Ausdruck ,,fremdbestimmt" meint dabei vornehmlich die Eingliederung in eine arbeitsteilige Organisation,[1] die nicht die eigene, insofern eine ,,fremde" ist; er schließt weder einen *innerhalb* einer solchen Organisation relativ selbständig wahrzunehmenden Aufgabenbereich, noch Mitbestimmung innerhalb eines Betriebes aus. Fehlt es an der Eingliederung, so genügt doch eine weitgehende Weisungsgebundenheit des zu einer Tätigkeit Verpflichteten hinsichtlich der Modalitäten dieser Tätigkeit. *Fremdbestimmte* Tätigkeit für einen anderen – dieser ,,andere" kann auch ein Kollektiv, eine juristische Person oder der Staat sein – gegen Entgelt ist *,,Lohnarbeit".* Sie ist von außerordentlicher gesellschaftlicher Bedeutung, da der größte Teil der Menschen in einer arbeitsteiligen Gesellschaft, ganz gleich ob in einer ,,kapitalistischen" oder ,,kommunistischen", vom Arbeitseinkommen aus Lohnarbeit lebt, darauf angewiesen ist. Das hat zur Ausbildung eines besonderen Rechts der Beziehungen geführt, die im Zusammenhang mit der Verrichtung von Lohnar-

---

[1] *Söllner,* Grundriß § 1 I 3 b.

beit unter den Beteiligten – Arbeitnehmern und Arbeitgebern –, den deren Interessen wahrnehmenden Vereinigungen – Gewerkschaften, Arbeitgeberverbänden –, oder den in demselben Betriebe Beschäftigten (Betriebsverfassung) entstehen – des **Arbeitsrechts**. Es ist heute nur noch zu einem kleinen Teil im BGB, nämlich in dessen Bestimmungen über den Dienstvertrag, zum größten Teil in anderen Gesetzen geregelt. Auf seine Darstellung in den angegebenen Lehrbüchern und Grundrissen muß hier verwiesen werden.

Das BGB stellt nicht den Unterschied von eigenbestimmter und fremdbestimmter Tätigkeit in den Vordergrund, sondern – soweit es sich um *entgeltliche* Tätigkeit handelt –, den zwischen einem „Dienstvertrag" und einem „Werkvertrag". Unter einem **Dienstvertrag** versteht es nicht etwa, wie man dem Wortsinn nach annehmen könnte, den Vertrag, durch den jemand auf Zeit in die Dienste eines anderen tritt, sondern weit allgemeiner den Vertrag, durch den Dienstleistungen irgendwelcher Art gegen eine Vergütung versprochen werden (§ 611). Die Dienste können in körperlicher oder geistiger Arbeit bestehen, mag diese ein besonderes fachliches Können voraussetzen oder nicht. Gleichgültig für die Anwendbarkeit der Normen über den Dienstvertrag ist, ob die Dienste von einem selbständig Tätigen oder ob sie in „abhängiger" Stellung, in Unterordnung unter den Willen des „Dienstherrn" und dann zumeist im Rahmen seines Betriebes oder Haushalts geleistet werden. Nur wenn das letztere der Fall ist, wenn also eine *fremdbestimmte* (unselbständige) Tätigkeit geschuldet wird, handelt es sich um ein „*Arbeitsverhältnis*", auf das nicht nur die Vorschriften des BGB über den Dienstvertrag, sondern darüber hinaus die arbeitsrechtlichen Regeln insgesamt Anwendung finden. Kennzeichnend für das Arbeitsverhältnis ist danach insbesondere, daß der Arbeitnehmer hinsichtlich der Art der Ausführung und, innerhalb gewisser Grenzen, auch der Art der von ihm zu verrichtenden Tätigkeit selbst, dem *Weisungsrecht* („Direktionsrecht") des Arbeitgebers oder desjenigen, der diesen ihm gegenüber vertritt – etwa des Betriebsleiters oder eines anderen „leitenden Angestellten" – unterliegt.[2]

Demnach unterscheiden wir solche Dienstverträge, durch die jemand fremdbestimmte Tätigkeit verspricht, also ein *Arbeitsverhältnis* eingeht, und solche, durch die er eine eigenbestimmte Tätigkeit bestimmter Art, regelmäßig zum (wenigstens vermeintlichen) Nutzen des Dienstberechtigten, verspricht. Ein Dienstvertrag, der auf die Begründung eines *Arbeitsverhältnisses* gerichtet ist, ist ein **Arbeitsvertrag**. Danach ist jeder entgeltliche Arbeitsvertrag zugleich ein Dienstvertrag (im Sinne des BGB), *nicht aber jeder Dienstvertrag auch ein „Arbeitsvertrag"*. Vielmehr werden Dienstverträge auch von *selbständig Tätigen* geschlossen – so

---

[2] *Hueck/N.*, Lehrb. I § 1; Grundriß §§ 1,1 und 16,5; *Söllner*, Grundriß §§ 3 I 3c und 29 I 1; *Nikisch* I 1 ff.; *Enn./L.* § 145 II; *Esser/Weyers* § 27 II 2; MünchKomm/*Söllner* 5, 6 zu, Palandt/*Putzo* 1e, g vor § 611; *Zöllner* § 4 III 5.

§ 52. Der Dienstvertrag

etwa von Ärzten, Anwälten, Steuerberatern, Privatlehrern, Heilgymnasten –, die für andere gegen Entgelt tätig werden, ohne hinsichtlich der Art und der Umstände der Ausführung an deren Weisungen gebunden oder in deren Organisationsbereich eingegliedert zu sein. Die Dienstverträge der selbständig Tätigen unterliegen deshalb nicht dem Arbeitsrecht,[3] das durch seine ausgeprägte *soziale Komponente* zum Schutze der wirtschaftlich, jedenfalls als einzelne, meist schwächeren Arbeitnehmer geprägt ist, weil die Selbständigen in der Regel weit eher als diese in der Lage sind, ihre Interessen in der Gestaltung der Verträge durchzusetzen. Die Vorschriften des BGB für Dienstverträge gelten im allgemeinen für beide Typen von Dienstverträgen – einige auch nur oder vornehmlich für die der nicht selbständig Tätigen, andere nur für die der selbständig Tätigen. Aber nur für die Dienstverträge der selbständig Tätigen enthält das BGB eine in sich einigermaßen geschlossene Gesamtregelung, während, wenn es sich um Arbeitsverträge handelt, auch insoweit das BGB auf sie anwendbar ist, immer auch arbeitsrechtliche Normen herangezogen werden müssen. In der folgenden Darstellung kann auf diese nur insoweit, als das zum Verständnis der Regelungen notwendig ist, hingewiesen werden; im Vordergrund stehen hier zumeist die Dienstverträge der selbständig Tätigen.

Die Dienstverträge derjenigen, die selbständig tätig werden, also eigenbestimmte Arbeit zu leisten versprechen, müssen unterschieden werden von den vom Gesetz so genannten „Werkverträgen". Als **Werkvertrag** bezeichnet das Gesetz den Vertrag, durch den sich jemand gegen Entgelt zur Herstellung eines Werkes verpflichtet (§ 631 Abs. 1). Es handelt sich dabei stets um eine eigenbestimmte Tätigkeit, daher niemals um einen Arbeitsvertrag. Gegenstand eines Werkvertrages kann „sowohl die Herstellung oder Veränderung einer Sache als ein anderer durch Arbeit oder Dienstleistung herbeizuführender Erfolg" sein (§ 631 Abs. 2). Wie besonders die letzten Worte erkennen lassen, stellt es das Gesetz darauf ab, ob Gegenstand der Verpflichtung *die Arbeit oder Dienstleistung als solche ist* – dann Dienstvertrag – oder *der durch sie herbeizuführende Erfolg* – dann Werkvertrag. Ist die geschuldete Leistung lediglich die Arbeit oder Dienstleistung als solche, nicht aber ein bestimmter Erfolg, dann kann das Entgelt verlangt werden, wenn die Arbeit oder die Dienste geleistet worden sind; wird dagegen die Herbeiführung eines bestimmten Erfolges geschuldet, so kann das Entgelt in der Regel nicht verlangt werden, wenn die Bemühung mißlingt. Wer nur die Dienstleistung schuldet, hat lediglich dafür einzustehen, daß er diese sorgsam erbringt; wer die Herstellung eines bestimmten Werkes schuldet, hat auch darüber hinaus dafür einzustehen, daß dieses in mangelfreier Beschaffenheit

---

[3] Eine gewisse Zwischenstellung nehmen die Dienstverträge der Organpersonen der Handelsgesellschaften ein, die nicht zu den Arbeitnehmern gezählt werden; vgl. *MünchKomm/Söllner* 113 ff. zu § 611. S. auch unten III b.

§ 52 I   1. Abschn. 3. Kap. Tätigkeit im Dienste oder Interesse eines anderen

hergestellt wird (vgl. vorläufig § 633). Der Werkunternehmer trägt das Risiko des Gelingens seiner Bemühung, der nur zur Dienstleistung Verpflichtete nicht. Die jeweils vertragstypischen Rechtsfolgen sind also recht unterschiedlich. Welche aber die Parteien jeweils angestrebt haben, oder auch, welche objektiv, nach der Interessenlage und der Art der erwarteten Leistung, hier „passend" sind, ist oft zweifelhaft. Aus diesem Grunde hat man immer wieder nach einem einigermaßen sicheren, praktikablen Abgrenzungskriterium gesucht.

Wird beim Dienstvertrag die geleistete Arbeit oder entfaltete Tätigkeit als solche, nicht ein bestimmter Erfolg, vergütet, so bedarf es eines Maßstabes, an dem der Umfang der zu vergütenden Tätigkeit gemessen wird. Das ist in der Regel die zeitliche Dauer der Tätigkeit. Bezahlt wird nach Arbeitsstunden, oder nach Tagen, Wochen, Monaten, bei bestimmter Arbeitszeit. Deshalb haben manche geglaubt, das gesuchte Kriterium in der Art der Berechnung der Entlohnung finden zu können; wenn nach der aufgewendeten Zeit, dann Dienst-, wenn nach dem Arbeitsergebnis, dann Werkvertrag. Doch kann auch bei einem Dienstvertrag die Höhe der Vergütung vom Arbeitserfolg abhängig gemacht werden; so beim Akkordlohn. Geschuldet wird auch hier nur die Arbeitsleistung, nicht der Erfolg. Anderseits berechnen Handwerker ihre Vergütung oft nach dem Materialaufwand und der Zahl der geleisteten Arbeitsstunden, trotzdem handelt es sich um Werk-, eventuell Werklieferungsverträge, nicht um Dienstverträge. Man kann ferner sagen, daß beim Dienstvertrag typischerweise der Umfang der zu leistenden Arbeit oder Tätigkeit nach der Zeit, beim Werkvertrag dagegen durch den herbeizuführenden Erfolg bestimmt wird.[4] Indessen kann auch beim Dienstvertrag der Umfang der zu leistenden Dienste auf andere Weise, etwa durch sachliche Erfordernisse, zu bestimmen sein; so bei der Übernahme ärztlicher Behandlung oder wenn sich jemand dazu verpflichtet, die Korrektur eines Buches zu lesen. Gerade diese Fälle sind es jedoch, in denen die Abgrenzung oft zweifelhaft ist. Sie läßt sich nicht anhand eines einzigen, streng begrifflichen Kriteriums, sondern nur im Wege der Zuordnung zum Typus, unter Berücksichtigung einer Mehrzahl ihn kennzeichnender „Züge" vornehmen.[5]

Die durchaus hL sieht den *Vertrag des Patienten mit dem Arzt* über ärztliche Behandlung als Dienstvertrag, nicht als Werkvertrag an,[6] weil der Arzt nur die (sachgemäße) Behandlung des Kranken, also gewissenhafte ärztliche Tätigkeit, nicht aber deren erwünschten Erfolg, die Heilung des Kranken, verspreche. Diesen könne er schon darum vernünftigerweise nicht versprechen, weil er auch von Faktoren abhänge, die ein Arzt nicht vollständig zu beherrschen vermag. Aus diesem Grunde hält der BGH auch die zahnärztliche Behandlung für den Gegenstand eines mit dem Zahnarzt abgeschlosse-

---

[4] So *Leonhard* B 197; *Siber* 326.
[5] Vgl. dazu im näheren *Leenen*, Typus und Rechtsfindung, 1971, § 14. 1.
[6] Zum Arztvertrag: *MünchKomm/Söllner* 44ff. zu, *Soergel/Kraft* 94; *Palandt/Putzo* 2a bb vor § 611; *Medicus*, SchR II § 98 Ib; *Esser/Weyers* § 27 II 2d; *Luig* (in *Gitter*, Vertragsschuldverhältnisse, S. 223 ff.) lehnt zwar die generelle Einordnung des Arztvertrages unter einen der gesetzlichen Vertragstypen ab, wendet aber fast ausschließlich Dienstvertragsrecht an.

§ 52. Der Dienstvertrag

nen Dienstvertrages.[7] Übernehme der Zahnarzt auch die Anfertigung einer Zahnprothese, so sei nur deren technische Anfertigung Gegenstand eines Werkvertrages; deren Einpassung sowie die damit zusammenhängenden Verrichtungen gehörten zur Heilbehandlung und damit zum Gegenstand des Dienstvertrages. Da aber der Patient auch in diesem Falle mit dem Zahnarzt doch wohl nur *einen* Vertrag schließt, muß es sich dabei um einen *gemischten* Vertrag handeln, der überwiegend nach Dienstvertragsrecht, soweit es um die technische Anfertigung der Prothese geht, aber nach Werkvertragsrecht (Mängelhaftung!) zu beurteilen ist. Dagegen soll der Vertrag über die Vornahme einer bestimmten Operation nach vielen Werkvertrag sein, wobei diese selbst, die davon erhoffte Heilung oder Besserung eines Leidens, der ,,Erfolg" sein soll. Das ist jedoch sehr zweifelhaft. Der Chirurg schuldet ja nicht nur ,,die Entfernung des Blinddarms",[8] sondern auch die Versorgung der Wunde, also Heilbehandlung; auch hier hängt der ,,Erfolg" von mannigfachen Umständen ab, die der Arzt nicht immer zu beherrschen vermag. Richtig dürfte sein, Verträge über ärztliche Behandlung stets als Dienstverträge anzusehen. Die *Erteilung von Privatunterricht* ist im allgemeinen Gegenstand eines Dienstvertrages – zur Herbeiführung des Erfolgs, der ja nicht allein bei dem Lehrer liegt, wird sich dieser schwerlich verpflichten wollen. Den *Architektenvertrag* sieht der BGH jetzt nicht nur dann, wenn der Architekt lediglich die Bauplanung, sondern auch, wenn er daneben die Bauleitung übernommen hat, als Werkvertrag an.[9] (Näheres unten § 53 I und II b). Verpflichtet sich jemand, den Garten eines anderen in Ordnung zu bringen, so ist das Werkvertrag, auch wenn sein Entgelt nach der dafür von ihm aufgewendeten Zeit berechnet werden soll: Gegenstand seiner Verpflichtung ist ein herzustellender Erfolg. Er hat so lange tätig zu sein, bis dieser erreicht ist. Verpflichtet sich jemand zur Mithilfe bei der Obsternte, so ist das ein Dienstvertrag, auch wenn das Entgelt in einem Anteil an dem von ihm abgeernteten Obst bestehen soll, weil ,,Mithilfe" eben nur die Tätigkeit und nicht einen bestimmten Erfolg bedeutet und außerdem die Mithilfe nach den Anweisungen und unter der Überwachung des Dienstberechtigten, also nicht auf selbständige Weise, zu leisten ist. Zwar wird auch der Gärtner, der es übernommen hat, den Garten in Ordnung zu bringen, dabei den Weisungen des Auftraggebers hinsichtlich der von diesem gewünschten Gartengestaltung zu folgen haben, nicht aber, wie der bloße Gehilfe, auch hinsichtlich des Beginns und Endes seiner Arbeitszeit. Man darf sagen: bei strenger Weisungsgebundenheit des Tätigen, auch hinsichtlich der Arbeitszeit, liegt niemals Werkvertrag, sondern regelmäßig ein Arbeitsvertrag vor; dagegen spricht das Fehlen jeder Weisungsbefugnis nicht unbedingt gegen einen Dienstvertrag (Beispiele: Arzt, Lehrer, die beide keiner Weisungsbefugnis des Patienten oder Schülers unterliegen). Ist der Umfang der zu leistenden Tätigkeit eindeutig zeitbestimmt, so kann es sich nur um einen Dienstvertrag handeln; ist er anders bestimmt, so kommt es darauf an, ob die, wenngleich auf einen gewünschten Erfolg abzielende, Tätigkeit (des Arztes, des Lehrers) nur als solche, oder ob ,,primär" der Erfolg, die Tätigkeit dagegen nur als das Mittel zu seiner Herbeiführung Gegenstand der eingegangenen Verpflichtung ist. Dafür wieder ist es von Bedeutung, ob die Herbeiführung des Erfolgs regelmäßig allein von dem Verpflichteten, oder ob er auch in erheblichem Maße von solchen Umständen abhängt, die dieser nicht zu beeinflussen vermag. Ist letzteres der Fall, der Erfolg typischerweise – mehr oder weniger – ungewiß, so wird sich im allgemeinen niemand dazu verpflichten wollen, einen solchen Erfolg herbeizuführen; daher ist in solchen Fällen im Zweifel eher ein Dienstvertrag anzunehmen, auch wenn es sich um die nicht weisungsgebundene Tätigkeit eines wirtschaftlich Selbständigen handelt.

Vom Dienstvertrag zu unterscheiden ist ferner der **Dienstverschaffungsvertrag.** Darunter versteht man einen Vertrag, durch den sich jemand dazu verpflichtet, einem anderen die Dienste eines Dritten – auf die er seinerseits auf

---

[7] BGHZ 63, 306. Das gilt auch dann, wenn die Behandlung nicht der Heilung, sondern nur der Verschönerung des Gebisses dient; so das OLG Zweibrücken, NJW 83, 2094.
[8] So aber *Jakobs,* NJW 75, 1437. Er hält auch den Vertrag mit dem Zahnarzt für einen Werkvertrag. Dieser schulde jeweils einen bestimmten Erfolg, etwa ,,Konservierung, Entfernung, Ersetzung von Zähnen."
[9] BGHZ 31, 224; 32, 206; 37, 341; 39, 261; 62, 204. Desgleichen ist der Vertrag des Bauherrn mit dem Statiker Werkvertrag, BGHZ 48, 257; *Schmalzl,* MDR 71, 349.

Grund meist eines Arbeitsverhältnisses ein Anrecht hat – zu verschaffen, sie ihm zur Verfügung zu stellen. Nimmt jemand ein Taxi für eine Fahrt zu einem bestimmten Ziel, so handelt es sich um einen Werkvertrag. (Der herzustellende „Erfolg" ist die Beförderung an das Ziel.) Mietet er einen Wagen oder einen Omnibus zu beliebigen Fahrten für einen Tag oder mehrere Tage, und läßt er sich von dem Vermieter den Fahrer dazu stellen, dann handelt es sich um die Kombination eines Mietvertrages und eines Dienstverschaffungsvertrages. Der Dienstverschaffungsvertrag ist ein im Gesetz nicht näher geregelter Vertragstypus eigener Art; erfolgt die Verschaffung der Dienste, wie das regelmäßig der Fall sein wird, gegen ein Entgelt, so ist er ein gegenseitiger Vertrag. Die Leistungspflicht desjenigen, der Dienste eines Dritten zu verschaffen übernommen hat, erschöpft sich in der Zurverfügungstellung der Arbeitskraft und Dienstbereitschaft des Dritten (für die vereinbarte Zeit). Er haftet für jedes Verschulden bei der Auswahl des Dritten, nicht aber für ein Verschulden des Dritten bei der Ausführung der diesem von dem Berechtigten übertragenen Tätigkeit.[10] Denn dieser ist hierbei nicht mehr sein Erfüllungsgehilfe. Der Dritte tritt zu dem Berechtigten meist in ein „Leiharbeitsverhältnis".

Der Dienstvertrag kann hiernach gekennzeichnet werden als ein Vertrag, durch den sich der eine Teil dazu verpflichtet, eine der Art nach in der Regel näher bestimmte, sei es selbständige, sei es unselbständige Tätigkeit für einen anderen auszuführen, deren Umfang meist (aber nicht notwendig) durch die Zeitdauer bestimmt wird, während sich der andere Teil dazu verpflichtet, diese Tätigkeit zu vergüten.[11] Die **Entgeltlichkeit** ist ein unerläßliches Merkmal des Typus „Dienstvertrag", so wie ihn das Gesetz in § 611 umschrieben hat.[12] Verpflichtung zu einer fremdnützigen Tätigkeit ohne Entgelt ist nach der gesetzlichen Typisierung Auftrag. Das Gesetz versteht den Dienstvertrag also als einen *gegenseitigen Vertrag,* wobei die geleisteten Dienste und die dafür gewährte Vergütung im Austauschverhältnis stehen.

In aller Regel – von kurzen, einmaligen Dienstleistungen abgesehen – ist das

---

[10] *Nikisch* I 272; BGH, NJW 71, 1129; *Schaub* § 36 VI; *MünchKomm/Söllner* 36 zu § 611.
[11] Zur Abgrenzung zwischen Dienstvertrag und Gesellschaftsvertrag vgl. BGH, NJW 83, 1191 (Fortgesetzte Betreuung eines Künstlers durch seinen Manager).
[12] Dagegen kann allerdings ein *Arbeitsverhältnis* auch bestehen, ohne daß die von einem Teil im Betriebe oder im Haushalt des anderen zu leistende Arbeit entlohnt zu werden braucht; so z. B. bei Volontären, freiwilligen, aber ständigen Helfern bei kirchlichen oder karitativen Einrichtungen. (Vgl. *Hueck/N.,* Lehrb. § 9 IV 1; *Nikisch* I § 14 I 3a). Daraus ist aber nicht zu schließen, daß der Dienstvertrag i. S. des BGB auch unentgeltlich sein könne (so jedoch *Mayer/Maly,* Erwerbsabsicht und Arbeitnehmerbegriff S. 39 ff.), sondern daß der *unentgeltliche Arbeitsvertrag* nach der Typik des BGB *kein Dienstvertrag* ist. Er ist, wegen der typologischen Verschiedenheit des Arbeitsverhältnisses von bloßer Geschäftsbesorgung, auch kein Auftrag, sondern ein im BGB nicht geregelter Vertragstypus eigener Art. Auf ihn können diejenigen Vorschriften des Dienstvertragsrechts, die keine Entgeltlichkeit voraussetzen und speziell auf *Arbeits*verhältnisse zugeschnitten sind – also z. B. die §§ 617 bis 619, 630 – *analog* angewandt werden.

§ 52. Der Dienstvertrag   I § 52

Dienstverhältnis ein *Dauerschuldverhältnis,* in dem das Moment der Zeit eine essentielle Bedeutung hat (Bd. I § 2 VI). Wie andere Dauerschuldverhältnisse, sogar in besonders hohem Maße, erfordert es ein vertrauensvolles Zusammenwirken und begründet daher in erhöhtem Maße ,,Verhaltenspflichten" nach Treu und Glauben, Pflichten zu menschlicher Rücksichtnahme und zur Zusammenarbeit. Darüber hinaus ist jedem Dienstverhältnis von einiger Dauer ein personhaftes (auf die menschliche Persönlichkeit und ihre Verwirklichung in der Arbeit bezogenes) und darüber hinaus ein besonderes ,,*soziales*" Element eigen, das seinen Ausdruck vornehmlich in der Fürsorgepflicht des Dienstberechtigten und einer entsprechenden Treupflicht des Dienstverpflichteten findet. Es modifiziert aber auch, wie wir sehen werden (vgl. II b), die schuldrechtliche Grundstruktur, insbesondere den strengen Austauschcharakter der Leistungen.

Für den **Abschluß eines Dienstvertrages** gilt im allgemeinen *der Grundsatz der Abschlußfreiheit* (Bd. I § 4 I). Handelt es sich jedoch um einen *Arbeitsvertrag,* so ergibt sich für den *Arbeitgeber* eine Schranke aus § 611a. Diese Bestimmung wurde erst 1980 eingefügt,[13] um die durch Art. 3 Abs. 3 GG geforderte Gleichberechtigung der Geschlechter im Arbeitsleben durchzusetzen. Sie verbietet es dem Arbeitgeber, ,,einen Arbeitnehmer bei einer Vereinbarung oder einer Maßnahme, insbesondere bei der Begründung des Arbeitsverhältnisses, beim beruflichen Aufstieg, bei einer Weisung oder einer Kündigung, wegen seines Geschlechts zu benachteiligen" (§ 611a Abs. 1 Satz 1). Eine unterschiedliche Behandlung wegen des Geschlechts ist nach § 611a Abs. 1 Satz 2 nur zulässig, soweit sie ,,die Art der vom Arbeitnehmer auszuübenden Tätigkeit zum Gegenstand hat" und für diese ein bestimmtes Geschlecht ,,unverzichtbare Voraussetzung" ist. Solche Fälle sind nach heutiger Auffassung selten.[14] Wenn ein Arbeitnehmer im Streitfall Tatsachen glaubhaft macht, die eine Benachteiligung wegen des Geschlechts vermuten lassen, trägt der Arbeitgeber die Beweislast dafür, daß ,,nicht auf das Geschlecht bezogene, sachliche Gründe" die unterschiedliche Behandlung rechtfertigen oder das Geschlecht unverzichtbare Voraussetzung für die auszuübende Tätigkeit ist" (§ 611a Abs. 1 Satz 3). Hat der Arbeitgeber bei der Begründung eines Arbeitsverhältnisses gegen das Benachteiligungsverbot verstoßen, so ist der mit dem von ihm bevorzugten Arbeitnehmer geschlossene Vertrag nicht etwa deshalb nichtig.[15] Der Benachteiligte hat auch keinen Anspruch auf Abschluß eines Arbeitsvertrages mit ihm; der Arbeitgeber hat ihm, wenn er den Verstoß zu vertre-

---

[13] Durch das Gesetz über die Gleichbehandlung von Männern und Frauen am Arbeitsplatz und über die Erhaltung von Ansprüchen bei Betriebsübergang vom 13. 8. 1980, BGBl. 1980, Teil I S. 1308.

[14] Nicht immer unbezweifelbare Beispiele bei *Palandt/Putzo* 2b cc zu § 611a.

[15] Das geht allerdings aus dem Wortlaut des Gesetzes nicht hervor, ist aber wohl daraus zu schließen, daß das Verbot sich nur an den Arbeitgeber richtet und die Nichtigkeit des Arbeitsvertrages für den betroffenen Arbeitnehmer eine unverhältnismäßige Härte darstellen würde. Vgl. auch *Eich* in NJW 80, 2329 ff. unter I 5; *Palandt/Putzo* 1d zu § 611a.

ten hat, nur den Vertrauensschaden zu ersetzen, den der Arbeitnehmer dadurch erleidet, daß er darauf vertraut hatte, die Begründung eines Arbeitsverhältnisses mit ihm werde nicht wegen eines solchen Verstoßes unterbleiben (§ 611a Abs. 2). Hätte der Arbeitnehmer gewußt, seine Einstellung werde schon allein wegen seines Geschlechts unterbleiben, so hätte er sich gar nicht erst beworben; sein Vertrauensschaden beschränkt sich daher in der Regel auf seine Bewerbungskosten. Diese Regelung ist für ihn äußerst unbefriedigend und fordert zu Verstößen gegen das Verbot des § 611a Abs. 1 geradezu heraus. Mehrere Arbeitsgerichte haben sich deshalb an den Europäischen Gerichtshof mit der Frage gewandt, ob nicht die Regelung des § 611a Abs. 2 gegen die Regel 76/207 der EG verstoße. Dieser hat in 2 Urteilen vom 10. 4. 1984 die Frage der Sache nach bejaht,[16] ohne allerdings den § 611a Abs. 2 ausdrücklich für nichtig zu erklären. Die genannte Richtlinie begründet zwar keinen unmittelbaren Anspruch (auf Einstellung oder Schadensersatz), auf den sich ein einzelner unabhängig von den nationalen Rechtsvorschriften berufen könne; sie verpflichtet aber die Mitgliedsstaaten, für eine hinreichende Sanktion des Diskriminierungsverbots zu sorgen. Hierfür genüge, so der Gerichtshof, ein „rein symbolischer Schadensersatz" wie etwa die bloße Erstattung der Bewerbungskosten, nicht. Beschränke sich die Sanktion auf eine Entschädigung, so müße diese „in einem angemessenen Verhältnis zu dem erlittenen Schaden stehen". Der Gesetzgeber wird hiernach alsbald eine neue Regelung zu treffen haben. Das Gleichbehandlungsgebot soll schon in der öffentlichen oder betriebsinternen Ausschreibung Ausdruck finden (§ 611b).

Eine *Form* ist für Dienstverträge nicht vorgeschrieben. Das gilt auch für den Dienstvertrag der unselbständig Tätigen, den Arbeitsvertrag.[17] Zum Vertragsschluß bedarf es keiner *ausdrücklichen* Erklärungen; vielmehr genügt jedes „schlüssige Verhalten", das den Willen zum Abschluß eines derartigen Vertrages, dem anderen verständlich, zum Ausdruck bringt. Der – ausdrücklich oder „stillschweigend", durch „schlüssiges Verhalten" – erklärte Wille beider Teile muß sich nach allgemeinen Grundsätzen auf den Abschluß eines Vertrages richten, durch den Dienstleistungen gegen ein Entgelt versprochen werden. Wenn aber deutlich ist, daß eine Dienstleistung in Anspruch genommen werden soll, von einer Vergütung aber nichts gesagt worden ist, dann *gilt* eine Vergütung als „stillschweigend vereinbart", sofern die Dienstleistung „den Umständen nach nur gegen eine Vergütung zu erwarten ist" (§ 612 Abs. 1). Es handelt sich um eine Fiktion, d. h. um eine gesetzliche Rechtsfolgenanordnung, wenn auch im Gewande einer Auslegungsregel.[18] Die Vergütung wird auf Grund des Gesetzes

---

[16] DB 84, 1042. Dazu *Bertelsmann/Pfarr,* DB 84, 1297; Stellungnahme des Bundesarbeitsministers, DB 84, 1476.
[17] Über einzelne Ausnahmen vgl. *Nikisch* I 181 ff.; *Hueck/N.* Lehrb. I § 29 II; *Schaub* § 32 III 3 u. 4.
[18] *v. Tuhr* II 422 ff.; *Esser,* Wert und Bedeutung der Rechtsfiktionen, S. 52 f.; *Oertmann* 1 und 9; *Soergel/Kraft* 1, *MünchKomm/Schaub* 6 zu § 612; vgl. auch *MünchKomm/Soergel* 1, 3 zu § 632.

geschuldet, so *als ob* sie, wenigstens stillschweigend, vereinbart wäre, auch wenn dies nicht der Fall sein sollte. Durch eine Anfechtung – mit der Begründung, daß derjenige, der die Dienste in Anspruch nimmt, eine Erklärung des Inhalts, daß er die Dienste vergüten wolle, nicht habe abgeben wollen – kann die gesetzliche Rechtsfolge nicht beseitigt werden. Die Beteiligten müssen sich aber wenigstens darüber einig sein, daß der eine dem anderen bestimmte Dienste leisten solle; nur die Vereinbarung, daß dies gegen eine Vergütung geschehen solle, wird durch § 612 Abs. 1 ersetzt. Über die Höhe der Vergütung vgl. § 612 Abs. 2; dazu unten II b.

II. Pflichten und Rechte aus dem Dienstverhältnis

a) **Die Pflicht zur Leistung der Dienste.** Der zur Dienstleistung Verpflichtete hat die versprochenen Dienste im Zweifel *in Person* zu leisten (§ 613 Satz 1). Er darf sie nicht durch einen Ersatzmann ausführen lassen, weil die Übertragung einer Dienstleistung regelmäßig auf Grund des Vertrauens zu einer bestimmten Person erfolgt. Die Zuziehung von Gehilfen ist dagegen häufig aufgrund ergänzender Vertragsauslegung im Rahmen des Verkehrsüblichen (§ 157) für statthaft zu erachten. Dabei ist jedoch nur an solche Hilfs- oder Teilleistungen zu denken, die von einer Hilfsperson nach den Weisungen des Dienstpflichtigen, oft unter seiner Aufsicht, erbracht werden. Der leitende Arzt eines Krankenhauses, der aufgrund des mit dem Patienten geschlossenen Vertrages bei diesem persönlich zu liquidieren berechtigt ist, darf, außer in Eil- oder Notfällen, die von ihm geschuldete Leistung nicht durch einen anderen Arzt erbringen lassen, falls er sich das nicht im Vertrage vorbehalten hat.[19]

Für die Erfüllung der Dienstpflicht (oder der Arbeitspflicht) gilt der Grundsatz des § 242: der Verpflichtete hat die übernommenen Dienste oder die ihm übertragene Arbeit so zu verrichten, wie dies „Treu und Glauben" und der Verkehrssitte entspricht. Er schuldet gewissenhafte Arbeit unter Beachtung der berufsüblichen Sorgfalt z. B. eines Arztes, Betriebsleiters oder Werkmeisters. Bei schuldhafter Schlechterfüllung haftet er wegen „positiver Vertragsverletzung" auf Schadensersatz, vorbehaltlich der Abschwächung der Haftung des Arbeitnehmers – also eines unselbständig Tätigen – bei einer „schadensgeneigten Tätigkeit" (unten II d). Mangelhafte Arbeitsleistung berechtigt jedoch weder zu dem Verlangen nach Nachbesserung (d. h. nach Wiederholung) der Arbeitsleistung noch zu einer Zurückhaltung des Lohns gemäß § 320 (das käme einem Zwang zur Wiederholung gleich) noch zu einer Kürzung des Lohnes entsprechend dem Minderwert der Dienstleistung als solcher, da es hierfür an einem brauchbaren

---

[19] Vgl. die Entsch. des OLG Celle, NJW 82, 2129.

Maßstab fehlt.[20] Meist wird aber durch die Minderleistung dem Dienstberechtigten auch ein Vermögensschaden entstehen, so daß der Schadensersatzanspruch – dieser ist dann so zu stellen, als hätte der Dienstpflichtige einwandfreie Arbeit geleistet – genügt. Wird die mangelhafte Arbeitsleistung trotz entsprechender Mahnung längere Zeit hindurch fortgesetzt, geschieht das etwa vorsätzlich oder doch unter solchen Umständen, daß die längere Fortsetzung des Arbeitsverhältnisses dem Arbeitgeber nicht mehr zumutbar ist, so kann dadurch ein Recht zu fristloser Kündigung (§ 626) begründet werden.

Der Anspruch des Dienstberechtigten auf die Leistung der Dienste ist im Zweifel nicht übertragbar (§ 613 Satz 2). Die Übertragung ist möglich und wirksam, wenn der Verpflichtete ihr zustimmt. Auch der Übergang des gesamten Dienst- oder Arbeitsverhältnisses im Wege einer ,,Vertragsübernahme" (Bd. I § 35 III) ist möglich. Erforderlich ist hierfür entweder ein dreiseitiger Vertrag, oder ein Vertrag zwischen dem bisherigen und dem übernehmenden Dienstberechtigten und die Zustimmung des Dienstverpflichteten. Der früher praktisch wichtigste Fall eines Überganges des gesamten Arbeitsverhältnisses auf einen neuen Arbeitgeber, der des *Betriebsüberganges,* ist jetzt im Gesetz geregelt worden. Geht ein Betrieb oder Betriebsteil durch Rechtsgeschäft auf einen anderen Inhaber über, so ,,tritt dieser in die Rechte und Pflichten aus den im Zeitpunkt des Übergangs bestehenden Arbeitsverhältnissen ein", und zwar auch insoweit, als sie nicht auf dem Arbeitsvertrag, sondern auf einem Tarifvertrag oder einer Betriebsvereinbarung beruhen. Sie werden in diesem Fall Inhalt des Arbeitsverhältnisses zwischen dem neuen Inhaber und dem Arbeitnehmer und dürfen nicht vor Ablauf eines Jahres nach dem Zeitpunkt des Übergangs zum Nachteil des Arbeitnehmers geändert werden (§ 613a Abs. 1). Kündigungen eines Arbeitsverhältnisses durch den bisherigen oder den neuen Inhaber wegen des Übergangs des Betriebs oder eines Betriebsteils sind unwirksam (§ 613a Abs. 4). Dadurch soll verhindert werden, daß die Bestimmung des ersten Absatzes auf diese Weise umgangen wird. Allerdings bleibt ,,ein Recht zur Kündigung des Arbeitsverhältnisses aus anderen Gründen unberührt". Es ist daher zu prüfen, ob unabhängig vom Betriebsübergang ein hinreichender Grund für eine Kündigung vorliegt – dann ist sie zulässig – oder nicht. Ohne einen solchen Grund ist eine Kündigung unwirksam, die nur deshalb erfolgt, weil der (potentielle) Übernehmer nicht bereit ist, alle Arbeitnehmer zu übernehmen, selbst wenn deshalb die geplante Übernahme und damit im äußersten Fall die Fortführung des Betriebs scheitern sollte.[21]

Nach seinem Wortlaut gilt § 613a Abs. 4 für alle Arbeitnehmer, gleichgültig, ob sie sonst Kündigungsschutz genießen oder nicht. In diesem Sinne wird er von der wohl hL verstanden.[22] Eine andere

---

[20] Das Gesagte ist str., manche reden einer Lohnkürzung das Wort. Vgl. *Ullrich,* NJW 84, 585; *Zöllner* § 18 III; *Medicus,* SchR II § 97 II 1 c; *Palandt/Putzo* 1 e cc u. dd zu § 611; *Schiemann* aaO. S. 657.
[21] Vgl. dazu BAG, WM 83, 1226; *Willemsen,* ZIP 83, 411; *Hanau,* ZIP 84, 141.
[22] BAG, ZIP 83, 1377; *Willemsen* aaO. S. 414; *Palandt/Putzo* 5a aa zu § 613a.

Meinung versteht ihn einschränkend dahin, daß er nur auf Arbeitnehmer anwendbar sei, die dem Kündigungsschutzgesetz (unten III c) unterliegen.[23] Ein Arbeitnehmer, dem ohne einen die Kündigung im Sinne des Gesetzes rechtfertigenden Grund, beliebig, gekündigt werden kann, muß nach dieser Meinung auch eine Kündigung hinnehmen, die aus Anlaß des Betriebsübergangs erfolgt.

Der bisherige Arbeitgeber haftet dem Arbeitnehmer für bereits entstandene und nicht später als ein Jahr nach dem Übergang fällig werdende Verbindlichkeiten neben dem neuen Inhaber als Gesamtschuldner (§ 613a Abs. 2). Die Bestimmung des § 613a dient vornehmlich dem Interesse der Arbeitnehmer an der Erhaltung ihrer Arbeitsplätze im Betrieb und der Sicherung ihrer erworbenen Ansprüche; sie ist insoweit zwingend.[24] Zweifelhaft und umstritten ist allerdings ihre Anwendbarkeit im Falle des Konkurses des bisherigen Arbeitgebers.[25] Streitig ist auch, ob der einzelne Arbeitnehmer den Übergang *seines* Arbeitsverhältnisses durch seinen ausdrücklichen Wunsch verhindern und dadurch erreichen kann, daß es mit seinem bisherigen Arbeitgeber solange fortdauert, bis es durch eine wirksame Kündigung beendet wird.[26] Die besseren Gründe dürften für die Regelfälle, in denen ihm die Fortsetzung des Arbeitsverhältnisses mit dem neuen Arbeitgeber zumutbar ist, dagegen sprechen.

b) **Der Anspruch auf die Vergütung.** Die Vergütung besteht regelmäßig in Geld; sie kann auch in anderen Leistungen, insbesondere in Sachleistungen (Naturalien), bestehen. Die Bemessung des Lohnes kann nach der tatsächlich geleisteten Arbeitszeit (Stundenlohn), nach dem Arbeitsergebnis (Akkordlohn, Provision) oder, bei länger dauernden Arbeitsverhältnissen, nach der Kalenderzeit (Wochenlohn, Monatslohn, Jahresgehalt) erfolgen.[27] Die Vergütung kann auch für einzelne Leistungen ohne Rücksicht auf deren Umfang und Zeitdauer bestimmt sein (z. B. bestimmte ärztliche Leistungen, Wahrnehmung eines Termins). Die *Höhe der Vergütung* richtet sich in erster Linie nach dem Vertrag. Bei einem *Arbeitsverhältnis* darf für gleiche oder gleichwertige Arbeit nicht eine verschiedene Vergütung nur wegen des unterschiedlichen Geschlechts des einen und des anderen Arbeitnehmers vereinbart werden (§ 612 Abs. 3). Durch die Einführung dieser Bestimmung im Jahre 1980 wollte der Gesetzgeber der immer noch zu beobachtenden minderen Bezahlung weiblicher Arbeitskräfte ein Ende bereiten.

Ist über die Höhe der Vergütung im Vertrage nichts bestimmt, und ergibt sie

---

[23] LAG Berlin, DB 84, 1151; *Schaub*, ZIP 84, 272.
[24] Vgl. BAG, NJW 82, 1607.
[25] Vgl. BAG, ZIP 80, 117; LAG Hamm, NJW 83, 242; *Henckel*, ZIP 80, 2 u. 173; *Zöllner*, Arbeitsrecht § 20 III 5.
[26] Dafür das BAG, BB 78, 153; NJW 80, 2149; DB 84, 1403 (mit leichten Einschränkungen); *MünchKomm/Schaub* 41 zu § 613a, wohl auch *Zöllner*, Arbeitsrecht § 20 III 2; dagegen *Gitter*, Festschr. BAG S. 133; *Kraft*, Festschr. BAG, S. 290.
[27] Über den Unterschied zwischen dem Stundenlohn und der Vergütung nach der Kalenderzeit *Nikisch* I 327 f.

sich bei einem Arbeitsverhältnis nicht etwa aus dem für dieses maßgebenden kollektiven Vertrag (Tarifvertrag), so wird „beim Bestehen einer Taxe die taxmäßige Vergütung, in Ermangelung der Taxe die übliche Vergütung" geschuldet (§ 612 Abs. 2). Unter eine „Taxe" ist nur eine gesetzliche oder auf gesetzlicher Grundlage behördlich angeordnete Gebührenregelung zu verstehen; die wichtigsten derartigen Regelungen sind die Gebührenordnung für Ärzte und die für Rechtsanwälte. „Üblich" ist die für gleichartige Arbeiten unter im wesentlichen gleichen Bedingungen an diesem Ort oder allgemein regelmäßig gewährte Vergütung. Im Streitfall ist sie durch einen Sachverständigen zu ermitteln.[28] In letzter Linie gelten die §§ 316, 315; danach hat derjenige, der die Dienste leistet, die Vergütung nach „billigem Ermessen" zu bestimmen. Entspricht die von ihm getroffene Bestimmung nicht der Billigkeit, so ist sie für den anderen nicht verbindlich; dann entscheidet der Richter. Die Vergütung ist nach der Leistung der Dienste, wenn sie nach Zeitabschnitten (Kalenderzeit) bemessen ist, nach dem Ablauf der einzelnen Zeitabschnitte zu entrichten (§ 614).[29] Der zur Leistung von Diensten Verpflichtete hat also vorzuleisten, falls nicht im Vertrage, bei Arbeitsverhältnissen auch im Tarifvertrage, etwas anderes bestimmt ist.

Der Vergütungsanspruch steht nach der Grundstruktur des Dienstverhältnisses im synallagmatischen Zusammenhang mit dem Anspruch auf die Dienstleistung. Nur für tatsächlich geleistete Dienste kann der zur Dienstleistung Verpflichtete in der Regel die Vergütung fordern.[30] Diese strenge Verknüpfung wird aber vom Gesetz in zwei Fällen zugunsten des zur Dienstleistung Verpflichteten gelockert. Damit tritt ein dem Dienstverhältnis eigentümliches „soziales" Element auch an der Gestaltung der schuldrechtlichen Beziehung in die Erscheinung. Gemeint ist damit, daß, je stärker das Dienstverhältnis die Arbeitskraft des Dienstverpflichteten in Anspruch nimmt, je mehr von ihm die Gewinnung der für seinen Lebensunterhalt notwendigen Existenzmittel und damit auch sein wirtschaftlicher und sozialer „Standard" abhängt, um so stärker sein Bedürfnis nach einiger Sicherheit in diesem Verhältnis, insbesondere nach Unabhängigkeit seines Lohnanspruchs von seinem Einfluß entzogenen Zufälligkeiten ist, die seine Dienstlei-

---

[28] Das Gesetz sieht in dem „üblichen Lohn" einen objektiven Maßstab, auch wenn dieser vielleicht nicht auf den Pfennig genau zu ermitteln ist. Die Nennung des genauen Betrags auf Anfrage oder in der Rechnung füllt dann, sofern sie im Rahmen des Üblichen bleibt, zwar den verbliebenen (geringen) Spielraum aus, unterscheidet sich aber von der Bestimmung der Leistung gemäß den §§ 315, 316 dadurch, daß der Rahmen des Üblichen in sehr viel höherem Maße – nötigenfalls eben durch den Sachverständigen – objektivierbar ist als die Billigkeit. Man sollte in der Erteilung der Rechnung hier daher nicht einen Gestaltungsakt, sondern nur die Mitteilung des sich aus der Üblichkeit ergebenden Betrages sehen; so *Junker* ZIP 82, 1158; *Palandt/Thomas* 3b zu § 632; anders *Rother*, AcP 164, 102ff.
[29] Gegenüber dem Vergütungsanspruch eines Dienstleistungspflichtigen, der nicht Arbeitnehmer ist, hat der Berechtigte die Einrede des § 320, wenn und so lange die Dienstleistung nicht vollständig oder nur mangelhaft erbracht worden ist; dazu *Roth*, VersR 79, S. 494, 600.
[30] Vgl. hierzu *Söllner*, AcP 167, 132.

§ 52. Der Dienstvertrag   II § 52

stung zeitweilig verhindern können. Das Gesetz trägt dem in bestimmten Grenzen Rechnung. Es zeigt sich, daß der Lohn, wenn er auch in erster Linie Leistungsentgelt ist, so doch zum mindesten bei länger dauernden Arbeitsverhältnissen auch etwas vom Charakter einer dem Unterhalt dienenden Leistung hat.[31] Deshalb nimmt das Gesetz dem zur Dienstleistung Verpflichteten bestimmte Risiken, die ihn sonst treffen würden, ab. Deutlicher noch als im BGB zeigt sich dies im Arbeitsrecht, etwa in den Regeln über die Lohnfortzahlung im Krankheitsfall und über den bezahlten Urlaub.

Der erste Fall, in dem die strenge Verknüpfung des Vergütungsanspruchs mit der Erbringung der Dienstleistung gelockert ist, ist der **Annahmeverzug des Dienstberechtigten** (§ 615; über die Voraussetzungen des Annahmeverzuges vgl. Bd. I § 25 I). Das Gesetz bestimmt, daß der zur Dienstleistung Verpflichtete in diesem Fall die Vergütung verlangen kann, *ohne zur Nachleistung verpflichtet zu sein*. Er wird von seiner Leistungspflicht frei, auch wenn seine Leistung, weil nachholbar, immer noch möglich ist, behält aber trotzdem seinen eigenen Anspruch; nur muß er sich auf die Vergütung den Wert dessen anrechnen lassen, was er infolge des Unterbleibens der Dienstleistung (z. B. an Fahrgeld) erspart oder durch anderweitige Verwendung seiner Dienste erwirbt oder zu erwerben böswillig unterläßt.[32] Es tritt also die gleiche Regelung ein, wie wenn die Leistung des Dienstverpflichteten infolge eines *vom Dienstberechtigten* zu vertretenden oder während seines Verzuges eintretenden Umstandes *unmöglich* geworden wäre (§ 324 Abs. 1 und 2). Häufig wird die Leistung in der Tat schon durch die Annahmeverweigerung des Gläubigers unmöglich werden: dann nämlich, wenn sie gerade nur zu der bestimmten Zeit erbracht werden kann. (Beispiel: Annahme eines Aushilfskellners für einen ganz bestimmten Tag, etwa den 1. Pfingsttag. Der Gastwirt schickt den sich verabredungsgemäß einfindenden Kellner mangels Bedarfs wieder weg.) Die Befreiung des Schuldners von seiner Leistungspflicht ergibt sich dann schon aus § 275. In anderen Fällen ist die Leistung des Dienstverpflichteten trotz des Annahmeverzuges, der nur ein zeitweiliges Hindernis darstellt, nachholbar (Beispiel: der Schüler versäumt die festgesetzte Unterrichtsstunde; die Hausfrau schickt die für diesen Tag bestellte Reinmachefrau wieder weg, weil sie ihren Hausputz verschieben will). Der Schuldner bliebe hier nach

---

[31] So *Nikisch* I 326. Dagegen *Schwerdtner* S. 134 ff. Doch handelt es sich m. E. um ein Mißverständnis. Auch *Schwerdtner* will nicht leugnen, daß der Arbeitslohn den meisten zu ihrem Lebensunterhalt (im weitesten Sinne) dient. Wenn das Gesetz daraus gewisse Konsequenzen zieht und das hier betont wird, heißt das nicht, daß der Gegenleistungscharakter des Arbeitslohns „verschleiert" oder gar, daß verkannt würde, daß für die Lohnhöhe keinesfalls der Unterhaltsbedarf maßgebend ist.
[32] Zur Frage des „böswilligen Unterlassens" vgl. LAG Frankfurt, NJW 57, 79; BAG, BB 58, 1169. „Böswilligkeit" liegt nur vor, wenn dem Arbeitnehmer aus seiner Untätigkeit ein Vorwurf zu machen ist. Das ist in der Regel der Fall, wenn ihm die Aufnahme einer anderen Arbeit möglich und zumutbar war; eine Schädigungsabsicht ist nach der Ansicht des BAG nicht erforderlich. So auch *Hueck/N*. Lehrb. I, § 44 II 2; *Nikisch* I 279; *Soergel/Kraft* 25 zu § 615.

§ 52 II 1. Abschn. 3. Kap. Tätigkeit im Dienste oder Interesse eines anderen

der allgemeinen Regelung (vgl. Bd. I § 25 vor I) weiterhin zu seiner Leistung verpflichtet, müßte sie also nachholen, und könnte nur dann seine Vergütung verlangen, wenn er nachleistet. Die Nachholung würde aber auf Kosten der künftigen Arbeitszeit des Verpflichteten und damit eines möglichen anderen Erwerbs gehen. Dies mutet ihm das Gesetz sowenig zu wie den Verzicht auf den Verdienst aus der ohne sein Zutun unterbliebenen Dienstleistung. Es befreit ihn deshalb von der Verpflichtung zur Nachholung seiner Leistung und hält seinen Vergütungsanspruch trotzdem grundsätzlich aufrecht. Der zur Dienstleistung Verpflichtete muß jedoch, von Ausnahmefällen abgesehen,[33] seine Leistung *tatsächlich angeboten* haben und, soweit das an ihm liegt, zur Leistung imstande gewesen sein (§§ 294 bis 297; vgl. Bd. I § 25 I). Annahmeverzug des Arbeitgebers und nicht etwa Leistungsunmöglichkeit (mit der Folge, daß der Arbeitnehmer seinen Lohnanspruch nach § 323 verliert) muß man dann annehmen, wenn die Unmöglichkeit, die Leistung, für die der Arbeitnehmer eingestellt war, zeitgerecht zu erbringen, auf einem Umstand beruht, der, wie z. B. der Ausfall einer Maschine, das Ausbleiben eines benötigten Rohstoffs, *dem Betriebsrisiko des Arbeitgebers* zuzurechnen ist. Im näheren muß hier auf die arbeitsrechtliche Literatur verwiesen werden.[34]

Der zweite Fall einer Lockerung des „synallagmatischen" Bandes ist der, daß der zur Dienstleistung Verpflichtete „für eine verhältnismäßig nicht erhebliche Zeit durch einen in seiner Person liegenden Grund **ohne sein Verschulden an der Dienstleistung verhindert wird**" (§ 616 Abs. 1). Er behält dann, entgegen der Regel des § 323 Abs. 1, seinen Vergütungsanspruch, ohne nachleisten zu müssen. Nur muß er sich den Betrag anrechnen lassen, der ihm für die Zeit der Verhinderung aus einer Kranken- oder Unfallversicherung zukommt, die auf Grund einer gesetzlichen Verpflichtung besteht. Diese Anrechnung ist aber durch die seit 1930 geltende Neufassung des § 189 RVO nahezu bedeutungslos geworden, da hiernach der Anspruch des Versicherten auf Kranken- und Hausgeld ruht, wenn und soweit er während der Krankheit Arbeitsentgelt erhält. Die Vorschrift des § 616 Abs. 1 Satz 1 gilt nicht nur für Arbeitnehmer – für „Arbeiter" mit der Einschränkung, die sich aus Abs. 3 ergibt –, sondern für alle zu einer Dienstleistung Verpflichteten, also auch für die selbständig Tätigen. Sie paßt aber für diese nur schlecht. Wer als selbständig Tätiger anderen seine Dienste anbietet, sollte das Risiko tragen, daß er dazu imstande ist, sie zu erbringen. Ein Arzt kann nicht für einen Krankenbesuch liquidieren, den er nicht hat ausführen können, weil er

---

[33] Ein *wörtliches* Angebot genügt in den Fällen des § 295. Ob es in diesen Fällen immer erforderlich ist, ist str.; vgl. Bd. I § 25 I b; *Söllner*, Grundriß § 32 4. Nach einer Entsch. des BAG, der zuzustimmen ist (NJW 85, 935), bedarf es auch eines wörtlichen Angebots dann nicht, wenn der Arbeitgeber das Arbeitsverhältnis unberechtigterweise fristlos gekündigt hat. Das BAG hält dann den § 296 für anwendbar.
[34] Vgl. etwa *Zöllner*, Arbeitsrecht § 18 V (mit Nachw.); *MünchKomm/Schaub* 93 ff. zu § 615.

unterwegs ohne sein Verschulden in einen Unfall verwickelt wurde; ein Musiklehrer nicht für eine Unterrichtsstunde, die er aus in seiner Person liegenden Gründen hat ausfallen lassen.[35] Man begründet dies meist damit, es handle sich nicht nur um eine Verhinderung für „eine verhältnismäßig nicht erhebliche Zeit". Dabei denkt man aber nur an den nicht zustande gekommenen einzelnen Besuch, die ausgefallene eine Unterrichtsstunde, auch wenn es sich um eine lange Zeit hindurch fortgesetzte Behandlung oder Unterrichtung handelt. Man sollte anerkennen, daß § 616 Abs. 1 in solchen Fällen der Sachlage nicht angemessen ist.

Der Anspruch auf Fortzahlung des Lohns hat nach § 616 Abs. 1 Satz 1 drei Voraussetzungen: 1. der zur Dienstleistung Verpflichtete muß *„für eine verhältnismäßig nicht erhebliche Zeit"* an der Dienstleistung verhindert sein.[36] Dabei kommt es auf das Verhältnis der Zeit der Verhinderung zu der bisher schon verflossenen und mutmaßlichen weiteren Dauer des Dienstverhältnisses an. 2. der Grund seiner Verhinderung muß *„in seiner Person"* liegen, d. h. er darf nur ihn, nicht alle Betriebsangehörigen oder einen unbestimmten Personenkreis gleichmäßig treffen. Gedacht war ursprünglich vor allem an Krankheit und Unfall des Arbeitnehmers, doch gilt jetzt für *Arbeiter* in diesen Fällen gemäß Abs. 3 allein das Lohnfortzahlungsgesetz. Im Krankheitsfall hat § 616 Abs. 1 daher heute seine Hauptbedeutung für Angestellte[37] (in Verbdg. mit Abs. 2). Hierbei gilt als eine „verhältnismäßig nicht erhebliche Zeit" eine solche von 6 Wochen (§ 616 Abs. 2 Satz 2). In Betracht kommen neben Krankheit aber auch Ereignisse, die dem Arbeitnehmer die Wahrnehmung seines Dienstes als „unzumutbar" erscheinen lassen können, wie schwere Erkrankung oder Tod eines nahen Angehörigen, nicht dagegen allgemeine Verhältnisse, wie eine Verkehrssperre. Insoweit ist § 616 Abs. 1 auch für Arbeiter weiterhin von Bedeutung. 3. die Verhinderung darf *nicht durch ihn „verschuldet"* sein. Unter einem „Verschulden" im Sinne dieser Bestimmung kann nicht nur ein Verstoß gegen die Pflichten aus dem Dienstverhältnis verstanden werden. Ein solcher Pflichtenverstoß wird verhältnismäßig selten sein, denn man kann vom Dienstnehmer nicht (etwa aufgrund seiner Treupflicht) verlangen, daß er in seinem Privatleben ängstlich alles meidet, was vielleicht einen Unfall zur Folge haben und ihn arbeitsunfähig machen könn-

---

[35] Vgl. *Esser/Weyers* § 29 I 3 aE.; *Medicus,* SchR II § 97 III 2b aa.

[36] Ist die Zeit der Verhinderung „verhältnismäßig erheblich", so steht dem Arbeitnehmer der Lohnanspruch auch nicht für einen „verhältnismäßig nicht erheblichen" Teil der Krankheitszeit zu, es sei denn, es handle sich um einen Angestellten gem. § 616 Abs. 2. So das BAG (Großer Senat), Entsch. 8, 314. Str.; wie hier *MünchKomm/Schaub* 18; *Palandt/Putzo* 2b zu § 616; anders *Zöllner* § 18 II 3c.

[37] Teilweise gelten auch hier Sondervorschriften; so für Handlungsgehilfen § 63 HGB, für technische Angestellte § 133c GewO. Vgl. dazu die Übersicht bei *MünchKomm/Schaub* 4, *Palandt/Putzo* 4 zu § 616; *Zöllner* § 18 II 2.

te.³⁸ Um ein echtes Verschulden im Sinne eines pflichtwidrigen Verhaltens handelt es sich daher nicht. Vielmehr ist hier an den Rechtsgedanken des § 254 zu denken: dem zur Dienstleistung Verpflichteten soll es nicht gestattet sein, die Folgen seines eigenen, in hohem Maße leichtfertigen oder unsachgemäßen Verhaltens auf seinen Arbeitgeber abzuwälzen.³⁹ Allerdings dürfte für den Verlust des Anspruchs eine nur leichte Nachlässigkeit oder Sorglosigkeit nicht genügen; das ergibt sich aus dem Zweck der Vorschrift, die eben doch dem Dienstverpflichteten das Krankheits- und Unfallrisiko weitgehend abnehmen will.⁴⁰ Vielmehr wird man einen ,,gröblichen Verstoß gegen das von einem verständigen Menschen im eigenen Interesse zu erwartende Verhalten"⁴¹ verlangen müssen.

Die Regelung des § 616 Abs. 1 Satz 1 ist zwar grundsätzlich *dispositiver* Natur. Sie kann durch Tarifvertrag oder durch den einzelnen Arbeitsvertrag ausgeschlossen oder beschränkt werden.⁴² Das gilt jedoch nach § 616 Abs. 2 Satz 1 nicht für den *Krankheitsfall* und einige dem im Gesetz gleich gestellte Fälle, wenn es sich um einen Angestellten i. S. des Angestelltenversicherungsgesetzes handelt.

Wenn § 616 Abs. 1 Satz 1 für Angestellte durch Vereinbarung ausgeschlossen werden könnte, müßte, falls dies geschehen, die gesetzliche Kranken- oder Unfallversicherung durch Zahlung des Krankengeldes eintreten. Im Interesse der öffentlichen Krankenversicherung bestimmt aber § 616 Abs. 2, daß der Vergütungsanspruch eines *Angestellten* für den Krankheitsfall nicht durch Vertrag ausgeschlossen oder beschränkt werden kann. Damit ist § 616 Abs. 1 Satz 1 insoweit *für Angestellte* zwingend. Als ,,verhältnismäßig nicht erhebliche Zeit" gilt bei Angestellten eine solche von sechs Wochen, wenn nicht durch Tarifvertrag etwas anderes bestimmt ist.

Für einen *Arbeiter* bestimmen sich seine Ansprüche nunmehr allein nach dem Lohnfortzahlungsgesetz vom 27. 7. 1969, wenn er durch Arbeitsunfähigkeit infolge Krankheit oder aus anderen, dem im Gesetz gleich gestellten Gründen an der Dienstleistung verhindert ist (§ 616 Abs. 3). In der Regel ist ihm danach, wie einem Angestellten, der Lohn bis zur Dauer von 6 Wochen weiterzuzahlen. Voraussetzung ist, daß ihn an der Krankheit kein Verschulden trifft.⁴³ Ausnahmen bestehen für kurzzeitige Arbeitsverhältnisse von höchstens 4 Wochen und für solche, bei denen die regelmäßige Arbeitszeit wöchentlich 10 Stunden nicht übersteigt. Von diesen Bestimmungen kann in Einzelvereinbarungen oder Tarifverträgen nicht zuungunsten der Arbeiter abgewichen werden.⁴⁴ Wegen der Einzelheiten ist wiederum auf die Darstellungen des Arbeitsrechts zu verweisen.

---

³⁸ Vgl. *Nikisch* I 614; *Zöllner* § 18 II 2e.
³⁹ So zutreffend *Hofmann*, ZfA 1979, S. 275, 292 ff.
⁴⁰ Das hat – allerdings nur für § 1 des Lohnfortzahlungsgesetzes – *Hofmann* aaO (vorige Anm.) S. 298 ff. näher begründet. Nach ihm ist entweder Vorsatz oder *grobe* Fahrlässigkeit erforderlich.
⁴¹ Formulierung von *Hueck/N.*, Lehrb. S. 332.
⁴² Vgl. BAG, AP Nr. 8 zu § 616 BGB; BAGE 9, 179; NJW 61, 749.
⁴³ Das ,,Verschulden" ist hier im gleichen Sinne zu verstehen wie in § 616; vgl. LAG Düsseldorf, DB 58, 1423; *Nikisch* I 628; *Hofmann*, ZfA 79, 275, 280.
⁴⁴ Zur Frage der Verzichtbarkeit des Lohnfortzahlungsanspruchs *Hofmann*, Festschr. BAG S. 242.

c) **Die Fürsorge- und die Treupflicht.** Dienst-, insbesondere Arbeitsverhältnisse sind, in anderem Maße als Kauf-, Miet- oder die meisten Werkverträge, durch ihren Inhalt, die Pflicht zur Leistung von Diensten oder von abhängiger Arbeit, *personbezogen:*[45] Indem er Arbeit leistet, ist der Mensch, als *diese* Person (als „er selbst"), wenn auch nur „mehr oder weniger", mit dabei; die „Leistung" ist von seiner Person nicht *schlechthin* abtrennbar. Er kann erwarten, darin auch als Person anerkannt, geachtet zu werden, so wie andererseits von ihm, wiederum je nach den Umständen in höherem oder geringerem Maße, eine „persönliche" Leistung, ein Interesse an seiner Tätigkeit, der volle Einsatz seiner Kräfte erwartet wird. Dem entspricht eine Steigerung, Intensivierung des für alle Schuldverhältnisse geltenden Gebots von „Treu und Glauben", die ihren Ausdruck in einer beiderseitigen „Treupflicht" findet. Deren Inhalt richtet sich nach solchen Kriterien wie Art und Dauer der Arbeitsleistung, dem dabei dem Dienst- oder Arbeitnehmer besonders gewährten Vertrauen, dem von ihm zu leistenden Einsatz und ähnlichem mehr. Handelt es sich um fremdbestimmte Arbeit, um ein Arbeitsverhältnis also, bei dem sich der Arbeitnehmer weitgehend nach den Wünschen des Arbeitgebers und den von ihm geschaffenen Bedingungen zu richten hat, dann verlangt die Treupflicht vom Arbeitgeber auch ein gewisses Maß von „Fürsorge" für den Arbeitnehmer, d. h. von vorsorglichen Maßnahmen zur Erhaltung seiner Gesundheit, zur Schaffung erträglicher, „menschenwürdiger" Arbeitsbedingungen, Schutz vor Gefahren und Förderung seiner beruflichen Fähigkeiten. Mit dem Ausdruck „Fürsorge" verbindet sich heute, da es einen Rechtsanspruch auf sie gibt, gewiß nicht mehr der Gedanke bloßer „Wohltätigkeit";[46] er erscheint heute zwar manchem als antiquiert, ist aber schwerlich entbehrlich.[47] Das BGB gebraucht ihn zwar nicht, hat aber wenigstens einige „fürsorgliche" Leistungen des Dienstberechtigten normiert. Die im BGB geregelten Fälle einer Fürsorgepflicht sind, von den schon besprochenen Fällen einer Lockerung der strengen „synallagmatischen" Verknüpfung des Lohnanspruchs mit der Dienstleistung abgesehen, die folgenden:

1. Ist bei einem dauernden Dienstverhältnisse, welches die Erwerbstätigkeit des Verpflichteten vollständig oder hauptsächlich in Anspruch nimmt, der Verpflichtete in die häusliche Gemeinschaft aufgenommen, so hat ihm der Dienstbe-

---

[45] Von einem „personenbezogenen Rechtsverhältnis" sprechen deshalb *Schwerdtner* aaO S. 85 ff.; *Fabricius* aaO S. 23 ff.; auch *Söllner*, Grundriß § 28 III 2.
[46] Dieser Meinung ist jedoch *Schwerdtner* S. 88 ff.
[47] Auch *Söllner* (Grundriß § 31 II) verwendet ihn weiter. *Zöllner* § 16 III hält ihn „in der Sache" für unentbehrlich, will ihn aber wegen seiner vermeintlich „partriarchaischen Anklänge" vermeiden. Richtig ist, daß manche Leistungen des Arbeitgebers, die ursprünglich mit seiner Fürsorgepflicht begründet wurden, wie etwa die Gewährung bezahlten Urlaubs, heute überwiegend Entgeltscharakter tragen. Die Fürsorgepflicht geht aber über die Pflicht zur Vergütung ebenso hinaus wie die Treupflicht über die Pflicht, die geschuldete Arbeitsleistung zu erbringen.

rechtigte *im Falle der Erkrankung* Verpflegung und ärztliche Behandlung bis zur Dauer von 6 Wochen zu gewähren. Dies kann auch durch die Aufnahme des Verpflichteten in eine Krankenanstalt bewirkt werden. Weitere Einzelheiten sind dem Gesetz (§ 617) zu entnehmen. Da die Verpflichtung insoweit entfällt, als für die Verpflegung und ärztliche Behandlung durch eine Versicherung oder Einrichtung der öffentlichen Krankenpflege gesorgt ist, so beschränkt sie sich in der Regel darauf, dem Arbeitnehmer in leichteren Krankheitsfällen, in denen seine Überführung in eine Krankenanstalt nicht erforderlich ist, im Hause die nötige Pflege angedeihen zu lassen sowie während der Rekonvaleszenz die nötige Rücksicht auf seinen Gesundheitszustand zu nehmen. Die Bestimmung hat heute deshalb keine große Bedeutung mehr, weil, anders als zur Entstehungszeit des BGB, Dienstverhältnisse, bei denen der zur Dienstleistung Verpflichtete in die häusliche Gemeinschaft des Dienstberechtigten aufgenommen ist, selten geworden sind.

2. Allgemein hat der Dienstberechtigte die von ihm verlangten oder geleiteten Arbeiten so zu regeln und Räume,[48] Vorrichtungen und Gerätschaften, die er zu beschaffen oder zur Verfügung zu stellen hat, so einzurichten und zu unterhalten, daß „der Verpflichtete gegen Gefahr für Leben und Gesundheit soweit geschützt ist, als die Natur der Dienstleistung es gestattet" (§ 618 Abs. 1). Konkretisiert werden die sich hieraus ergebenden Pflichten vornehmlich heute durch die Regeln des technischen Arbeitsschutzes, deren Durchführung von staatlichen Behörden wie auch von den Betriebsräten überwacht wird.[49] Sie bestimmen nach der hL auch den Inhalt der Fürsorgepflicht und damit den § 618 Abs. 1.[50] § 618 Abs. 1 und 3 sind insoweit auf Dienstverhältnisse selbständig Tätiger anwendbar, als diese ihre Tätigkeit in den Räumen des Dienstberechtigten oder mittels von ihm gestellter Geräte zu erbringen haben.

3. Darüber hinaus hat der Dienstberechtigte, wenn der Verpflichtete in die häusliche Gemeinschaft aufgenommen ist, „in Ansehung des Wohn- und Schlafraums, der Verpflegung sowie der Arbeits- und Erholungszeit diejenigen Einrichtungen und Anordnungen zu treffen, welche mit Rücksicht auf die Gesundheit, die Sittlichkeit und die Religion des Verpflichteten erforderlich sind" (§ 618 Abs. 2).

Die gesetzliche Regelung ist für alle drei Fälle unabdingbar (§ 619). Erfüllt der Dienstberechtigte die ihm „in Ansehung des Lebens und der Gesundheit des Verpflichteten obliegenden Verpflichtungen" nicht, so gelten für seine Schadensersatzpflicht (aus positiver Vertragsverletzung) die Bestimmungen der §§ 842 bis 846, die sonst nur für unerlaubte Handlungen gelten (§ 618 Abs. 3). Doch haftet

---

[48] Der Ausdruck „Raum" wird von der Rechtsprechung sehr weit gefaßt; es wird darunter z. B. auch ein Schiff, ja sogar eine offene Arbeitsstelle (Bauplatz) begriffen. Vgl. BGHZ 26, 370; 27, 82.
[49] Vgl. hierzu wiederum die Darstellungen des Arbeitsrechts, etwa *Zöllner* §§ 29, 30.
[50] *Zöllner* § 29 II; *MünchKomm/Lorenz* 6, 7; *Erman/Küchenhoff* 13 zu § 618.

nach den §§ 547ff., 636f. RVO in diesen Fällen regelmäßig an Stelle des Arbeitgebers, soweit es sich um Arbeitsunfälle handelt, die Berufsgenossenschaft, bei der der Arbeitgeber versichert ist. Im übrigen aber braucht der Arbeitnehmer nicht zu warten, bis eine Schädigung eingetreten ist. Er hat vielmehr da, wo die Fürsorgepflicht auf die Herstellung oder Beschaffenheit bestimmter Einrichtungen oder Schutzmaßnahmen oder auf ein künftiges Verhalten des Arbeitgebers geht, auch einen klagbaren Erfüllungsanspruch[51] und, soweit ihm die Arbeit unter den obwaltenden Umständen nicht zumutbar ist, ein Leistungsverweigerungsrecht. Die Fürsorgepflicht hat insoweit den Charakter einer Leistungspflicht.

Nach den allgemeinen Grundsätzen des Schuldrechts ist der Dienstberechtigte nur *berechtigt,* die vereinbarten Dienste zu verlangen, nicht aber auch *verpflichtet,* sie anzunehmen; im Falle der Nichtannahme treffen ihn nur die Folgen des Gläubigerverzuges und gilt überdies § 615. In der Zurückweisung der angebotenen Dienste kann aber im Einzelfall eine persönliche Kränkung oder Zurücksetzung des Dienstverpflichteten, mitunter auch eine Benachteiligung im Hinblick auf sein berufliches Fortkommen liegen. Ist z. B. ein Schauspieler von der Leitung eines Theaters fest engagiert, so würde es ihn schwer treffen, wenn man ihm jede Rolle verweigerte. Hier zeigt sich der besondere, „personbezogene" Charakter vieler Dienstverhältnisse. Die Verweigerung der angebotenen Dienstleistung verstößt in diesen Fällen, falls sie nicht durch besondere Gründe gerechtfertigt ist, gegen die *Treupflicht* des Dienstberechtigten. Positiv gewendet, bedeutet dies, daß der Dienstberechtigte unter Umständen gemäß § 242 dazu verpflichtet ist, von den ihm angebotenen Diensten Gebrauch zu machen, den Dienstverpflichteten in angemessener Weise zu beschäftigen. Daher wird heute eine **Beschäftigungspflicht** grundsätzlich bejaht.[52] Ob sie im Einzelfall besteht, kann, da es um die Konkretisierung des § 242 unter Berücksichtigung vornehmlich des persönlichen, ideellen Interesses des Dienstnehmers geht, nur unter Berücksichtigung aller Umstände von Fall zu Fall entschieden werden. Dabei ist zu beachten, daß einerseits nicht *jede* vorübergehende Nichtbeschäftigung, die etwa durch mangelhafte Aufträge oder eine Betriebsumstellung bedingt ist, eine Kränkung und damit schon ein Verstoß gegen die Treupflicht zu sein braucht, anderseits das Verhalten des Dienstnehmers oder ein begründet erscheinender Verdacht gegen ihn seine Weiterbeschäftigung wenigstens zeitweilig für den Dienstberechtigten unzumutbar machen kann. Es ist also stets das – zumeist ideelle – Interesse

---

[51] *Nikisch* I 485; *Hueck/N.* Lehrb. I, § 48 II 5 a; *Kaskel/Dersch* § 30 IV 1.
[52] *Hueck/N.,* Lehrb. I § 46; Grundriß § 25 I; *Nikisch* I 513 f.; *Fabricius* aaO S. 16 ff.; ZfA 72, 35 ff.; *Dütz,* Festschr. BAG S. 71; *Enn./L.* § 146 III 4; *Esser/Weyers* § 29 II 1; *Zöllner* § 16 II 1; *Schaub* § 110 II; *Soergel/Kraft* 206; *Palandt/Putzo* 10 zu § 611; weitgehend das BAG, AP Nr. 2 zu § 611 BGB Beschäftigungspflicht.

§ 52 II 1. Abschn. 3. Kap. Tätigkeit im Dienste oder Interesse eines anderen

des Dienstnehmers an der *Ausübung* seiner Tätigkeit gegen die Berechtigung der Gründe abzuwägen, die der Dienstberechtigte etwa für die *Ablehnung* der Beschäftigung geltend machen kann.

Den Arbeitgeber, der in seinem Betriebe eine größere Zahl von Arbeitnehmern beschäftigt, trifft ihnen allen gegenüber ferner eine **Pflicht zur Gleichbehandlung,** und zwar hinsichtlich solcher Maßnahmen, die nicht nur einen einzelnen Arbeitnehmer, sondern die Gesamtheit oder doch eine Vielheit von ihnen und damit die „kollektive Sphäre", das Miteinander im *Betrieb*, betreffen, wie z. B. die Gestaltung der Arbeitsbedingungen, die Teilnahme an sozialen Einrichtungen des Betriebes, die Gewährung eines Weihnachtsgeldes oder zusätzlicher Urlaubstage. Freilich werden dadurch *sachlich begründete* Differenzierungen – etwa eine unterschiedliche Dauer des Urlaubs je nach dem Lebensalter oder der Dauer der Betriebszugehörigkeit – nicht ausgeschlossen.[53] Gegen die Pflicht zur Gleichbehandlung verstößt nur die *willkürliche* Ausschluß einzelner Arbeitnehmer oder Gruppen von Arbeitnehmern von sonst gewährten Vergünstigungen sowie eine Maßnahme, die einzelne Arbeitnehmer „diskriminiert". Der Grundsatz der Gleichbehandlung verlangt, daß der Arbeitgeber da, wo er nach einer bestimmten Regel verfährt, diese gleichmäßig für und gegen alle anwendet, d. h. keine unbegründeten Ausnahmen macht. Nachdem bereits das frühere Reichsarbeitsgericht diesen Grundsatz entwickelt hatte, ist er heute in der Rechtsprechung und im Schrifttum allgemein anerkannt.[54] Es handelt sich um ein objektives Postulat der Gerechtigkeit, das überall dort gilt, wo Menschen, die sich in der gleichen Lage befinden – hier eben, in dem gleichen Betrieb tätig sind –, in Bezug auf diese Lage einer Regelung unterliegen. *Gesetzlich normiert* ist heute das Gebot der Gleichbehandlung in der Gestalt des Verbots einer unterschiedlichen Behandlung der Arbeitnehmer wegen ihres Geschlechts und unterschiedlicher Bezahlung wegen des Geschlechts (§ 611a Abs. 1, 612 Abs. 3; vgl. oben unter I). Hierbei geht es um die Durchsetzung des Verfassungsgebots des Art. 3 Abs. 2 u. 3 GG. Das spezifisch arbeitsrechtliche Gleichbehandlungsgebot geht darüber hinaus, ist aber als ein der Rechtsordnung immanentes Prinzip geltendes Recht. Lediglich einen Sonderfall ungerechtfertigter Benachteiligung betrifft § 612a; er besagt nur eine Selbstverständlichkeit.

Der Treu- und insbesondere der Fürsorgepflicht des Dienstberechtigten entspricht die **Treupflicht des Dienstpflichtigen,** deren Inhalt sich besonders nach der Art und Dauer des Dienstverhältnisses, der Stärke der damit gegebenen persönlichen Beziehung und dem Grade des geschenkten Vertrauens bestimmt. Aus ihr ergibt sich je nach den Umständen z. B. eine Pflicht zur Verschwiegenheit, zur Unterlassung von den Betrieb schädigenden Handlungen, zur Abwehr einer dem Betrieb unmittelbar drohenden Gefahr oder doch zur Anzeige einer solchen Gefahr. Es handelt sich bei dieser „Treupflicht", ebenso wie bei der des Arbeit- oder Dienstgebers, im Grunde um nichts anderes, als um die allgemeine Pflicht zur Wahrnehmung von „Treu und Glauben" in jedem Schuldverhältnis (§ 242), bezogen auf die Eigenart gerade eines Dienst- oder Arbeitsverhältnisses *solcher Art,* um das dabei von jedem dem anderen gewährte Vertrauen. Gefordert wird die schuldige Rücksicht auf die Person und auf berechtigte sachliche Interessen des anderen, auf die Zusammenarbeit auch mit anderen Mitarbeitern im Betrieb und die allgemeinen Erfordernisse des Arbeitsprozesses. Inhalt und In-

---

[53] Vgl. dazu die Entsch. des BAG in SAE 85, S. 200, 204, 206 mit Anm. von *Misera* S. 208.
[54] Vgl. BAG, NJW 82, 461; *Söllner,* Grundriß § 31 III; *Zöllner* § 17; *Palandt/Putzo* 9 zu § 611; grundlegend noch heute Götz *Hueck,* Der Grundsatz der gleichmäßigen Behandlung im Privatrecht, 1958, S. 58 ff., 133 ff., 232 ff., 350 ff.

tensität dieser Pflicht können je nach der Art der Beziehung und den Umständen sehr verschieden sein. Überlicherweise spricht man von einer „Treupflicht" nur im Zusammenhang mit Arbeitsverhältnissen, doch besteht kein Grund, nicht auch eine Treupflicht des selbständig Tätigen anzunehmen, wo die Art der zu leistenden Dienste ein besonderes Vertrauen voraussetzt, wie das z. B. bei Anwälten und Steuerberatern der Fall ist.

d) **Haftungsbeschränkung bei schadensgeneigter Arbeit im Arbeitsverhältnis.** Wer einem anderen Dienste zu leisten hat, hat dabei die nötige Sorgfalt walten zu lassen und darauf Bedacht zu nehmen, dem Dienstgeber nicht durch unsorgsame Ausführung der ihm übertragenen Tätigkeit einen Schaden zuzufügen. Fügt er ihm schuldhaft einen Schaden zu, so hat er ihm diesen nach allgemeinen Grundsätzen, wegen „positiver Vertragsverletzung" und gegebenenfalls auch gemäß § 823 wegen „unerlaubter Handlung", zu ersetzen. Es ist aber nicht zu verkennen, daß viele der Tätigkeiten, die im heutigen Berufsleben von den dazu angestellten Arbeitnehmern in ständiger Wiederholung massenweise ausgeführt werden, nicht nur die Gefahr gelegentlicher Unachtsamkeit, sondern auch die eines aus einer solchen hervorgehenden unverhältnismäßig hohen Schaden mit sich bringen. Die Belastung des Arbeitnehmers mit hohen Schadensersatzverbindlichkeiten auch im Falle einer nur geringen Unachtsamkeit, wie sie immer wieder einmal vorkommen kann, würde ihn überfordern und in vielen Fällen eine unbillige Härte darstellen. Diese Erwägung hat die Rechtsprechung schon seit längerem dazu geführt, die Haftung des Arbeitnehmers, der im Vollzuge einer ihm übertragenen **schadensgeneigten Arbeit** infolge eines Mangels an Sorgfalt, also fahrlässig, den Arbeitgeber geschädigt hat, entgegen der allgemeinen gesetzlichen Regelung einzuschränken.[55] Die Einschränkung, die sich sowohl auf den vertraglichen Schadensersatzanspruch (aus „positiver Vertragsverletzung") wie auf einen etwa daneben bestehenden deliktischen Ersatzanspruch des Arbeitgebers bezieht,[56] wird unter Berücksichtigung der Umstände des Einzelfalls vorgenommen, wobei neben der Gefährlichkeit der ausgeübten Tätigkeit der *Grad des Verschuldens des Arbeitnehmers* im Vordergrund steht. Lange sollte nach der Rechtsprechung des BAG die Haftung des Arbeitnehmers bei nur „leichtester" Fahrlässigkeit, d. h. bei einem ganz geringen Grad von Unaufmerksamkeit, ganz entfallen, bei grober Fahrlässigkeit voll bestehen bleiben und in den dazwischen liegenden Fällen leichter Fahrlässigkeit entsprechend den jeweiligen Umständen gemindert werden. Nunmehr sieht das BAG im Falle einer mit

---

[55] Erstmalig das RAG i. J. 1937 (Arbeitsrechts-Sammlung Bd. 30, S. 1 ff.); ferner BGHZ 16, 111; BAGE 5, 1; 7, 290; NJW 59, 1796 (dazu *meine* Anm. SAE 59, 189). Weitere Angaben bei *Schaub*, § 52 VI 3. Über die Anwendung der Haftungsbeschränkung im öffentlichen Recht vgl. OVG Münster, VersR 65, 965; auf ein Leiharbeitsverhältnis (gegenüber einem Schadensersatzanspruch des „entleihenden" Arbeitgebers) BGH, NJW 73, 2020.

[56] BAG, AP Nr. 16 zu § 611 BGB; BAG, JZ 67, 179.

erhöhter Gefahr verbundenen, "schadensgeneigten" Arbeit die Haftung bei leichter Fahrlässigkeit stets als ausgeschlossen an.[57] Ob das für alle Fälle, etwa auch bei wiederholten Unaufmerksamkeiten, billigenswert ist, ist mir zweifelhaft. Die Gründe für den Bruch mit der bisherigen Rechtsprechung überzeugen nicht.

Wenngleich die Haftungsbeschränkung im Wege der ständigen Rechtsprechung heute bereits als "Gewohnheitsrecht" gelten kann, ist ihr Umfang wie auch ihre Begründung und Rechtfertigung doch immer noch zweifelhaft. Überwiegend sieht man ihre Grundlage gerade in der besonderen Natur des Arbeitsverhältnisses, so daß sie für das Dienstverhältnis des selbständig Tätigen wenigstens in der Regel keine Anwendung finden kann.[58] Im allgemeinen sieht man es weiter als unerläßliche Voraussetzungen an, daß der Schaden gerade bei der Ausführung einer "schadensgeneigten" Arbeit zugefügt wurde.[59] Ursprünglich dachte man dabei etwa an Tätigkeiten wie die eines berufsmäßigen Kraftfahrers, Kranführers oder Maschinisten. Jedoch hat die Rechtsprechung den Kreis der schadensgeneigten oder gefahrenbehafteten Tätigkeiten allmählich immer weiter ausgedehnt, und neuerdings mehren sich daher die Stimmen, die auf dieses Erfordernis überhaupt verzichten und die Haftungsbeschränkung bei *jeder* im Rahmen eines Arbeitsverhältnisses ausgeübten Tätigkeit eintreten lassen wollen.[60] Als Rechtfertigungsgrund der Haftungsbeschränkung wurde lange überwiegend die *Fürsorgepflicht* des Arbeitgebers angesehen.[61] Durchgesetzt hat sich zunehmend der Gedanke des Betriebsrisikos als eines bei der Schadenszurechnung zu berücksichtigenden Umstands. Es geht um Schäden, mit deren Eintritt man bei einer derartigen Tätigkeit erfahrungsgemäß immer wieder einmal rechnen muß,

---

[57] BAG, NJW 83, 1693 = JZ 84, 283. Dazu *Naendrup,* JuS 84, 336; *Kohte,* Jura 85, 304.

[58] Vgl. BGH, AP Nr. 28 zu § 611 BGB Haftung d. Arbeitnehmers m. Anm. von *Hueck* = NJW 63, 1100 m. Anm. von *Isele;* BGH, JZ 70, 69; *Esser/Weyers* § 29 II 1 aE. Für eine Anwendung auf Dienst-, Werk- und Auftragsverhältnisse bei Vorliegen entsprechender Voraussetzungen – überzeugend – *Neumann/Duesberg,* JZ 64, 433. Es ist jedoch zu bedenken, daß der selbständig Tätige das spezifische Risiko der von ihm berufs- oder gewerbsmäßig ausgeübten Tätigkeit in der Regel selbst tragen muß.

[59] Arbeitsmäßige Überlastung kann jedoch auch bei einer sonst nicht besonders gefahrgeneigten Tätigkeit eine schadensgeneigte Situation herbeiführen, die die Anwendung der Grundsätze über die Haftung bei schadensgeneigter Arbeit rechtfertigt; so das BAG, NJW 70, 1206. – Nicht als gefahrgeneigt betrachtet der BGH die Tätigkeit eines Justitiars; JZ 70, 69. Im übrigen kommt es auf die konkrete Situation an; vgl. *MünchKomm/Söllner* 426 zu § 611.

[60] So schon *Schnorr v. Carolsfeld,* Arbeitsrecht 2. Aufl. 1954, S. 305, Anm. 5; ferner *Helm,* AcP 160, 149; *Rother,* Haftungsbeschränkung im Schadensrecht, 1965, S. 260; *Mayer-Maly,* Festschr. f. *Hilger,* 1983, S. 409; LAG Frankfurt, BB 64, 965; NJW 65, 788. Auch der 3. Senat des BAG scheint hierzu zu neigen; er hat deshalb den Großen Senat angerufen (DB 85, 497).

[61] So von *Hueck/N.,* Lehrb. I, § 35 II 4; *Nikisch* § 27 V 4; *Achterberg,* Der Rechtsgrund der Haftungsbeschränkung und der Ersatzansprüche des Arbeitnehmers bei schadensgeneigter Arbeit, AcP 164, 14; *Zöllner* § 19 II 3d. Ebenso BGHZ 16, 116. Gegen die Begründung auf die Fürsorgepflicht, m. E. überzeugend, *Gamillscheg* in Verhandlg. des 45. Deutschen Juristentages, Bd. II/G, S. 23 ff.

die sich, auf längere Zeit kaum ganz vermeiden lassen, in denen sich daher ein spezifisches Risiko verwirklicht. Dieses Schadensrisiko gehört zu dem *Betriebsrisiko,* das demjenigen zur Last fallen sollte, auf dessen Veranlassung und zu dessen Nutzen die mit Gefahr behaftete Tätigkeit ausgeübt wird, der in der Lage ist, das Gefahrenrisiko durch geeignete Maßnahmen wenigstens zu verringern und den erforderlichen Aufwand aus den Erträgen zu decken, d. h. dem Inhaber des Betriebs.[62] Nicht zum Betriebsrisiko gehören dagegen Schäden, die ein Arbeitnehmer vorsätzlich oder durch grobe Fahrlässigkeit herbeiführt; mit ihnen braucht regelmäßig nicht gerechnet zu werden. Hinsichtlich solcher Schäden muß es daher bei der zivilrechtlichen Verantwortung des Arbeitnehmers bleiben, die freilich auch im Falle grober Fahrlässigkeit gemäß § 254 durch ein mitwirkendes *Verschulden* des Arbeitgebers – wie z. B. durch mangelhafte Instruierung, Verstoß gegen Arbeitsschutzvorschriften – gemindert werden kann. Nur der spezifisch arbeitsrechtliche Haftungszurechnungsgrund, daß *derartige* Schadenszufügungen, weil typisch für eine Tätigkeit *dieser* Art, zum Betriebsrisiko des Arbeitgebers gehören, scheidet bei vorsätzlichen und bei grob fahrlässigen Schadenszufügungen aus.

Außerhalb des Arbeitsrechts trifft zwar der Gedanke, daß das mit einer derartigen Tätigkeit typischerweise verbundene Schadensrisiko dem vom Unternehmer zu tragenden Betriebsrisiko zuzurechnen ist, nicht zu. Eine entsprechende Risikozurechnung kommt aber in Betracht, wenn jemand einen anderen, in seinem eigenen Interesse, dazu bestimmt, eine gefahrgeneigte Tätigkeit für ihn zu übernehmen, ohne daß dieser eine solche Tätigkeit für andere berufs- oder gewerbsmäßig ausübte – dann fällt die Gefahr von vornherein in *sein* Berufs- oder Unternehmensrisiko – oder das Risiko erkennbar auf sich genommen hätte (vgl. dazu unten § 56 III). Grundlage der Zurechnung des Schadensrisikos ist in diesen Fällen das Veranlassungsprinzip,[63] das freilich nur beim Hinzutritt weiterer Umstände eine solche Zurechnung zu rechtfertigen vermag.[64] Sollte die Rechtsprechung künftig bei Arbeitsverhältnissen auf das Erfordernis besonderer ,,Scha-

---

[62] Mit dem Gedanken des Betriebsrisikos begründen die Haftungsermäßigung *Gamillscheg/Hanau,* Die Haftung des Arbeitnehmers, 1965; *Gamillscheg,* Festschr. f. *Rheinstein,* 1969; auch *Gick,* JuS 80, 393 (zu Anm. 99); *Söllner,* Grundriß § 30, 1; *MünchKomm/Söllner* 423 zu § 611; jetzt auch das BAG, NJW 83, 1693. Es nennt das Betriebsrisiko des Arbeitgebers einen ,,verschuldensunabhängigen haftungsrechtlichen Zurechnungsfaktor".

[63] Vgl. hierzu *Canaris,* RdA 66, 41. Dieses Prinzip, das etwa besagt, daß die spezifischen Schadensrisiken einer gefahrgeneigten Tätigkeit dem zuzurechnen sind, auf dessen Veranlassung und zu dessen Vorteil sie vorgenommen wird, darf freilich nicht undifferenziert angewandt werden. Insofern gebe ich *Genius,* AcP 173, 523 durchaus recht. Näher dazu *Koller,* Die Risikozurechnung bei Vertragsstörungen in Austauschverträgen, 1979, S. 71 ff., 402 ff.

[64] Ein solcher Umstand könnte beispielsweise der sein, daß das Schadensrisiko, das mit der von einem anderen veranlaßten Tätigkeit verbunden ist, außer jedem Verhältnis zu dem dafür vereinbarten Entgelt steht, wenn es sich nicht sogar um eine unentgeltliche Tätigkeit handelt.

densgeneigtheit" der betreffenden Arbeit verzichten, wofür einiges spricht, dann bliebe es doch für die Zurechnung des (erhöhten) Schadensrisikos an denjenigen, der einen anderen dann veranlaßt hat, eine solche Tätigkeit zu übernehmen, unerläßlich.

Schädigt ein Arbeitnehmer in Ausführung einer ihm aufgetragenen schadensgeneigten Tätigkeit, z. B. als Kraftfahrer, durch fahrlässiges Verhalten einen nicht dem gleichen Betrieb angehörenden *Dritten*, also einen Außenstehenden, so kann dieser unter den Voraussetzungen des § 823 regelmäßig von dem Schädiger vollen Ersatz beanspruchen. Auch hier erscheint jedoch die Belastung des Arbeitnehmers mit dem ganzen Schaden *in seinem Verhältnis zum Arbeitgeber* vielfach als unbillig, da dieser den Arbeitnehmer zu einer derartigen Tätigkeit bestellt und damit ein Gefahrenrisiko geschaffen hat. Die Rechtsprechung gibt daher dem Arbeitnehmer in der Höhe, in der nach den Grundsätzen des „innerbetrieblichen Schadensausgleichs" im Verhältnis beider der Schaden vom Arbeitgeber zu tragen ist, einen **Anspruch auf Freistellung** von seiner Verpflichtung dem Dritten gegenüber oder auf *Erstattung,* wenn er diesem schon geleistet hat. Haftet auch der Arbeitgeber, etwa aus § 278 (bei Bestehen eines Vertragsverhältnisses) oder § 831 (wenn ihm der Entlastungsbeweis nicht gelingt) oder aus Gefährdungshaftung (z. B. als Kraftfahrzeughalter) dem geschädigten Dritten, so sind er und sein Arbeitnehmer insoweit Gesamtschuldner (§ 840 Abs. 1). Im *Innenverhältnis* richtet sich der Ausgleich unter ihnen dann, abweichend von der sonstigen gesetzlichen Regelung (§§ 426, 840 Abs. 2), nach den dargelegten Grundsätzen. Schwierigkeiten können sich dann ergeben, wenn die Haftung des Arbeitgebers dem Dritten gegenüber nicht so weit geht wie die des Arbeitnehmers, z. B. weil seine Haftung auf eine Höchstsumme begrenzt ist, und wenn im Verhältnis zwischen beiden der Schaden von ihm allein oder doch überwiegend zu tragen wäre. Soll hier der Arbeitnehmer den weitergehenden Schaden wegen der Begrenzung der Haftung des Arbeitgebers im Innenverhältnis allein tragen, oder soll die Begrenzung der Haftung des Arbeitgebers auf dem Umweg über den Freistellungsanspruch des unbegrenzt haftenden Arbeitnehmers wieder zunichte werden?[65] Der BGH meint, der Freistellungsanspruch des Arbeitnehmers könne jedenfalls insoweit nicht an den geschädigten Dritten abgetreten oder von diesem gepfändet werden, als er über den Betrag hinausgeht, mit dem der Arbeitgeber selbst dem Dritten haftet.[66] Er verwehrt es also dem geschädigten Dritten, mit Hilfe der weitergehenden Haftung des Arbeitnehmers und einer Abtretung oder Pfändung seines Freistellungsanspruchs den Arbeitgeber über die für ihn geltende Haftungsgrenze hinaus in Anspruch zu nehmen. Dagegen kann der Dritte von dem Arbeitnehmer vollen Ersatz seines Schadens verlangen. Offen bleibt, ob dem Arbeitnehmer der *Erstattungsanspruch* in voller Höhe verbleibt, wenn er, weil er dazu vermögend genug ist, den Dritten in der vollen Höhe seiner eigenen Schuld, über die für den Arbeitgeber (in seinem Verhältnis zum Dritten) geltende Haftungsbeschränkung hinaus, befriedigt hat. Mit *Helm*[67] wird man diese Frage wohl bejahen müssen.[68] Die Begrenzung der Haftung des Arbeitgebers wirkt nur gegenüber dem geschädigten Dritten, nicht gegenüber seinem Arbeitnehmer.

---

[65] Mit dieser Frage befaßt sich der Aufsatz von *Helm* über den arbeitsrechtlichen Freistellungsanspruch bei schadensgeneigter Arbeit in AcP 160, 134. Vgl. auch *Gerhardt,* Der Befreiungsanspruch (1966).

[66] BGHZ 41, 203, 205; *Gamillscheg,* VersR 67, 513.

[67] aaO S. 146 ff.

[68] Das gleiche gilt, wenn der Arbeitgeber dem Dritten, etwa weil ihm der in § 831 vorgesehene Entlastungsbeweis gelingt und kein Tatbestand einer Gefährdungshaftung vorliegt, unmittelbar überhaupt nicht haftet. Der Dritte kann sich dann zwar nicht den Freistellungsanspruch des Arbeitnehmers abtreten lassen oder ihn pfänden, aber der Arbeitnehmer hat den Erstattungsanspruch, soweit er den Dritten selbst befriedigt und der Schaden nach arbeitsrechtlichen Grundsätzen dem Arbeitgeber zur Last fällt.

III. Die Beendigung des Dienstverhältnisses

a) **Beendigungsgründe, Verlängerung.** Ein Dienstverhältnis kann von vornherein für eine bestimmte Zeit oder für einen bestimmten, zeitlich begrenzten Dienst, also befristet, eingegangen werden.[69] Es endet dann mit dem Ablauf der Zeit, für die es eingegangen ist (§ 620 Abs. 1), mit der Erledigung des betreffenden Dienstes oder dem Eintritt des Ereignisses, bis zu dem es andauern soll. (Beispiel: A ist als Vertreter für den erkrankten B oder zur Hilfe bei der Obsternte eingestellt. Sein Dienstverhältnis endet im ersten Fall mit der Rückkehr des B zum Dienst, im zweiten Fall mit der Beendigung der Ernte, ohne daß es noch einer weiteren Erklärung bedarf.) Das Dienstverhältnis wird in der Regel durch den Tod des Verpflichteten, nicht aber auch durch den des Dienstberechtigten, beendet. Die Parteien können sich ferner jederzeit über die Beendigung des Dienstverhältnisses einigen, einen Aufhebungsvertrag schließen. Im übrigen endet ein unbefristetes Dienstverhältnis durch Kündigung (§ 620 Abs. 2).

Wird das Dienstverhältnis nach dem Ablauf der Dienstzeit – mag dieser auch erst durch eine Kündigung herbeigeführt sein – von dem Verpflichteten mit Wissen des Dienstberechtigten fortgesetzt, so „gilt" es als auf unbestimmte Zeit verlängert, sofern nicht der Dienstberechtigte „unverzüglich" (also ohne schuldhaftes Zögern) widerspricht (§ 625). Es handelt sich auch hier, ebenso wie bei der „stillschweigenden" Verlängerung der Miete, nicht nur um eine Auslegungsregel, sondern um eine gesetzliche Rechtsfolgeanordnung, so daß eine Anfechtung wegen Erklärungsirrtums ausgeschlossen ist. Das verlängerte Dienstverhältnis kann fortan von jedem Teil mit der gesetzlichen Frist gekündigt werden, auch wenn vorher andere Fristen vertraglich vereinbart waren.

b) **Beendigung durch normale Kündigung.** Die Kündigung – richtiger: ihre Rechtsfolge, die Beendigung des Dienstverhältnisses als weiter bestehenden „Dauerschuldverhältnis" – ist regelmäßig an die Einhaltung bestimmter Fristen und Termine gebunden, die den Zweck haben, dem andern Teil die Möglichkeit zu geben, sich auf die neue Lage einzurichten. Kündigungsfristen und Kündigungstermine können nur bei solchen Dienstverhältnissen, die nicht Arbeitsverhältnisse sind, völlig frei vereinbart werden. In Ermangelung einer Vereinbarung gelten für solche Dienstverhältnisse, also die der freiberuflich Tätigen, die Bestimmungen des § 621. Danach richten sich die Fristen und Termine im allgemeinen nach der Länge des Zeitabschnitts, für den die Vergütung bemessen ist.

---

[69] Beim Arbeitsvertrag ist eine Befristung nach der Rspr. (BAG, NJW 61, 798; LAG Berlin, AP Nr. 29 zu § 620 BGB) jedoch nur wirksam, wenn sie im Einzelfall sachlich gerechtfertigt ist. Der Grund liegt in der Befürchtung, andernfalls könnten die Kündigungsschutzbestimmungen umgangen werden; vgl. dazu unten c aE („Kettenarbeitsverträge").

§ 52 III   1. Abschn. 3. Kap. Tätigkeit im Dienste oder Interesse eines anderen

Im einzelnen gilt folgendes: Ist die Vergütung nach Tagen bemessen, so kann jeden Tag für den Ablauf des folgenden Tages, ist sie nach Wochen bemessen, spätestens am 1. Werktag der Woche für ihren Schluß, ist sie nach Monaten bemessen, spätestens am 15. des Monats für den Monatsschluß gekündigt werden. Ist sie nach Vierteljahren oder längeren Zeitabschnitten bemessen, so kann die Kündigung nur für den Schluß eines Kalendervierteljahres und unter Einhaltung einer Mindestfrist von sechs Wochen erfolgen. Ist die Vergütung nicht nach Zeitabschnitten bemessen, so kann jederzeit, ein die Erwerbstätigkeit des Verpflichteten vollständig oder hauptsächlich in Anspruch nehmendes Dienstverhältnis aber nur mit einer Frist von 2 Wochen gekündigt werden.

Für *Arbeitsverhältnisse* gelten indessen besondere Vorschriften (§ 622). Das Arbeitsverhältnis eines *Angestellten* kann danach grundsätzlich mit einer Frist von sechs Wochen für den Schluß eines Kalendervierteljahrs gekündigt werden;[70] einzelvertraglich kann eine kürzere Frist vereinbart werden, wenn sie einen Monat nicht unterschreitet und die Kündigung nur für den Schluß eines Kalendermonats zugelassen wird (§ 622 Abs. 1). Die Rechtsprechung wendet diese Bestimmung auf das Dienstverhältnis des Vorstandes einer AG oder des Geschäftsführers einer GmbH *analog* an, obgleich diese Dienstverhältnisse keine Arbeitsverhältnisse im Sinne des Arbeitsrechts sind.[71] Sie sind es nicht, weil diese Personen allen anderen Angestellten des Unternehmens gegenüber die Funktionen des Arbeitgebers ausüben; sie stellen aber ihre ganze Arbeitskraft gegen Entgelt in den Dienst der Gesellschaft, stehen ihr gegenüber in einem Angestelltenverhältnis. Die Fristen des § 621 passen für sie deshalb nicht. Das Arbeitsverhältnis eines *Arbeiters* kann regelmäßig mit einer Frist von zwei Wochen gekündigt werden; die Frist erhöht sich mehrmals bei langdauernder Zugehörigkeit zu demselben Betrieb oder Unternehmen (§ 622 Abs. 2). Weitere Einzelheiten sind dem Gesetz zu entnehmen (vgl. § 622 Abs. 3 bis 5); hinsichtlich der Unterscheidung von Arbeitern und Angestellten muß auf die Darstellungen des Arbeitsrechts verwiesen werden.

In § 622 Abs. 2 heißt es am Schluß (Satz 2, zweiter Halbsatz): ,,bei der Berechnung der Beschäftigungszeiten werden Zeiten, die vor der Vollendung des 35. Lebensjahres liegen, nicht berücksichtigt". Ein Arbeiter, der seit mehr als 20 Jahren in demselben Betrieb beschäftigt war, kann hiernach doch nicht vor Vollendung seines 40. Lebensjahres in den Genuß auch nur der ersten, eine fünfjährige Beschäftigungsdauer erfordernden, Fristverlängerung gelangen. Dagegen werden bei einem Angestellten gemäß § 2 des Angestelltenkündigungsschutzgesetzes vom 9. 7. 1926 bei der Berechnung der Beschäftigungsdauer nur die Dienstzeiten nicht mitgerechnet, die vor der Vollendung seines 25. Lebensjahres liegen, so daß ein Angestellter schon nach der Vollendung seines 31. Lebensjahres in den Genuß der in diesem Gesetz bestimmten ersten Fristverlängerung gelangen kann. Das Bundesverfassungsgericht vermochte keinen hinreichenden sachlichen Grund für diese unterschiedliche Behandlung zu erkennen. Es hat daher entschieden:[72] ,,§ 622 Abs. 2 Satz 2 zweiter Halbsatz BGB ist mit Art. 3 Abs. 1 GG nicht vereinbar, soweit bei der Berechnung der für die verlängerten Kündigungsfristen maßgeblichen Beschäftigungsdauer eines Arbeiters Zeiten nicht berücksichtigt werden, die vor

---

[70] Längere Fristen für eine Kündigung durch den Arbeitgeber können sich jedoch aus dem noch geltenden Gesetz über die Fristen für die Kündigung von Angestellten vom 9. 7. 1926 ergeben; vgl. etwa *Söllner*, Grundriß § 35 II; *MünchKomm/Schwerdtner* 16 ff. zu § 622.
[71] BGH, NJW 82, 1970; OLG München, WM 84, 896.
[72] BVerfGE 62, 256, 274, 289.

§ 52. Der Dienstvertrag   III § 52

Vollendung des 35. Lebensjahres liegen, während bei einem Angestellten bereits Zeiten nach Vollendung des 25. Lebensjahres mitgerechnet werden." Es hat jedoch darauf verzichtet, § 622 Abs. 2 Satz 2 für nichtig zu erklären, da dies zu einer noch größeren Ungleichbehandlung von Arbeitern und Angestellten führen müßte. Infolgedessen haben mehrere Landesarbeitsgerichte gemeint,[73] bis zu einer gesetzlichen Neuregelung müsse § 622 Abs. 2 Satz 2 zweiter Halbsatz weiter angewandt werden. Dagegen meint das LAG Hamm,[74] an die Stelle des 35. Lebensjahres sei nunmehr das 25. einzusetzen, da dies die einzig mögliche verfassungskonforme Lösung sei. Indessen wäre die Beseitigung der Ungleichheit auch im Wege einer Änderung der für Angestellte geltenden Anrechnungszeiten denkbar,[75] wozu die Gerichte freilich nicht befugt sind. Es bliebe noch der Verzicht auf jede Altersgrenze für die Anrechenbarkeit der Beschäftigungszeit bei Arbeitern, womit aber eine neue Ungleichheit, diesmal zuungunsten des Angestellten, geschaffen würde. Auch hierzu sind die Gerichte nicht befugt. Ein Eingreifen des Gesetzgebers ist daher unumgänglich; bis dahin verdient die Lösung des LAG Hamm den Vorzug.

Ist ein Dienstverhältnis für die Lebenszeit eines Menschen oder für eine längere Zeit als fünf Jahre eingegangen, so will das Gesetz dem Verpflichteten (nicht dem Dienstberechtigten) doch die Möglichkeit eröffnen, das Dienstverhältnis nach einem längeren Zeitraum zu lösen. § 624 bestimmt (zwingend), daß er es nach dem Ablauf von fünf Jahren mit einer Frist von sechs Monaten kündigen kann.

Dagegen schützt das AGB-Gesetz in § 11 Nr. 12 denjenigen, der regelmäßige Dienst- oder Werkleistungen *fordern* kann, vor einer übermäßig langen Bindung an das Vertragsverhältnis, wenn diese in den Allgemeinen Geschäftsbedingungen dessen enthalten ist, der die Dienst- oder die Werkleistungen zu erbringen hat. Da das AGB-Gesetz gemäß § 23 Abs. 1 auf Verträge auf dem Gebiet des Arbeitsrechts nicht anzuwenden ist, kommen hier nur Dienstverträge selbständig Tätiger in Betracht. Genannt werden etwa Unterrichtsverträge – wobei für Fernunterricht aber das FernunterrichtsschutzG vom 24. 8. 76 noch vorgeht –, Wartungsverträge z. B. über Heizungsanlagen (wohl als Werkverträge einzustufen), Verträge mit Steuerberatern. Unwirksam sind eine länger als 2 Jahre bindende Laufzeit des Vertrages,[76] damit auch der Ausschluß des Kündigungsrechts für eine Zeit, die nicht (unter Einrechnung der Kündigungsfrist) die Beendigung des Vertrages spätestens mit dem Ablauf des 2. Jahres ermöglicht, die Vereinbarung einer ,,stillschweigenden" Verlängerung des Vertragsverhältnisses um jeweils mehr als ein Jahr, und die einer längeren Kündigungsfrist von mehr als 3 Monaten zu Lasten des Gegners des Verwenders der Geschäftsbedingungen. Auch wenn die vereinbarte Laufzeit oder Verlängerungszeit hiernach (noch gerade) zulässig wäre, kann sie mit Rücksicht auf die besondere Art des Vertrages unangemessen und nach § 9 AGBG unwirksam sein.[77] So hat das OLG Köln[78] den

---

[73] LAG Düsseldorf, DB 83, 2042; LAG Schleswig-Holstein, DB 84, 1482.
[74] LAG Hamm, DB 84, 1480.
[75] So auch der Richter Dr. Katzenstein in seinem abweichenden Votum S. 293.
[76] Str. ist, wann die ,,Laufzeit" beginnt: ob mit dem Vertragsabschluß (so *Ulmer/Brandner/Hensen* 9) oder mit dem Beginn der Vertragsleistung (so *Wolf/Horn/Lindacher* 10 zu § 11 Nr. 12 AGBG).
[77] Vgl. *Löwe/Graf v. Westphalen/Trinkner* 2. Aufl. 22 zu § 11 Nr. 12 AGBG.
[78] NJW 83, 1002. Nicht unangemessen ist eine Laufzeit des Vertrages von einem Jahr; BGH, JZ 84, 634.

Ausschluß der ordentlichen Kündigung in einem *Direktunterrichtsvertrag* nach § 9 AGBG für unwirksam erklärt, demzufolge der vorgesehene Lehrgang 22 Monate dauern sollte, ohne daß der Veranstalter sich vor dem Vertragsabschluß vergewissert hätte, daß sich niemand verpflichte, der für den Lehrgang ungeeignet ist.

c) **Der Kündigungsschutz für Arbeitnehmer.** Die normale Kündigung setzt im allgemeinen nicht voraus, daß dem Kündigenden ein von der Rechtsordnung als zureichend anerkannter Grund für die Beendigung des Dienstverhältnisses zur Seite steht. Die Ausübung des Kündigungsrechts ist vielmehr in der Regel in das Belieben des Berechtigten gestellt. Sind Fristen und Termine gewahrt, so muß sich der andere Teil damit abfinden, daß mit dem Wirksamwerden der Kündigung das Dienstverhältnis sein Ende erreicht. Das gilt jedoch uneingeschränkt nur für solche Dienstverhältnisse, die keine Arbeitsverhältnisse sind, also die der selbständig Tätigen. Bei Arbeitsverhältnissen bedeutet regelmäßig die Kündigung für den Arbeitnehmer, dessen wirtschaftliche Existenz dadurch betroffen wird, eine Härte, die abzumildern das Ziel des in der arbeitsrechtlichen Gesetzgebung entwickelten „Kündigungsschutzes" ist. Maßgebend ist heute, neben anderen Gesetzen, die für bestimmte Gruppen von Arbeitnehmern Sonderregelungen enthalten, vor allem das KündigungsschutzG vom 10. 8. 1951 idF vom 25. 8. 1969.[79] Es gilt für Arbeitsverhältnisse in Betrieben und Verwaltungen des privaten und öffentlichen Rechts, mit Ausnahme solcher Betriebe, in denen in der Regel nicht mehr als fünf Arbeitnehmer beschäftigt werden. Geschützt sind Arbeitnehmer, die länger als sechs Monate ohne Unterbrechung in demselben Betrieb oder Unternehmen beschäftigt sind. Der Schutz besteht darin, daß eine Kündigung unwirksam ist, wenn sie im einzelnen Fall „sozial ungerechtfertigt" ist, und wenn der Arbeitnehmer dies kurzfristig im Wege einer Klage beim Arbeitsgericht geltend macht.

Versäumt er dies, so gilt die Kündigung, auch wenn sie sozial nicht gerechtfertigt war, als von Anfang an rechtswirksam, falls sie nicht etwa aus einem anderen Grunde unwirksam ist. Nur wenn die Kündigung gegen die guten Sitten verstößt, kann ihre Nichtigkeit unbeschränkt geltend gemacht werden. Besondere Vorschriften gelten für den Schutz von Betriebsratsmitgliedern und für den Fall von Massenentlassungen. Einen weitergehenden Kündigungsschutz genießen insbesondere weibliche Arbeitnehmer im Falle einer Schwangerschaft auf Grund des Mutterschutzgesetzes vom 24. 1. 1952, idF vom 18. 4. 1968, ferner Schwerbehinderte und Heimarbeiter. Wegen der Frage, unter welchen Voraussetzungen eine Kündigung „sozial gerechtfertigt" ist, unter welchen dagegen nicht, sowie wegen weiterer Einzelheiten des Kündigungsschutzes muß hier auf die Darstellungen des Arbeitsrechts verwiesen werden.

Der Kündigungsschutz bezweckt nur den Schutz der *Arbeitnehmer*. Beschränkt wird daher nur das Kündigungsrecht des Arbeitgebers; das Kündigungsrecht des Arbeitnehmers bleibt unberührt. Zu beachten ist auch hier wieder das Benachtei-

---

[79] *Alfred* u. *Goetz Hueck,* KündigungsschutzG, 10. Aufl. 1982; *Stahlhacke,* Kündigung und Kündigungsschutz im Arbeitsrecht, 4. Aufl. 1982.

ligungsverbot des § 611a Abs. 1. Über Kündigungen im Zusammenhang mit einer Betriebsveräußerung (§ 613a Abs. 4) vgl. oben unter II a.

Das Kündigungsschutzgesetz ist seinem Wortlaut nach nur dann anwendbar, wenn das Arbeitsverhältnis durch eine *Kündigung* von seiten des Arbeitgebers beendet werden soll. Es schützt also den Arbeitnehmer nicht gegen eine Beendigung durch Ablauf der von vornherein vereinbarten Zeit, wenn das Arbeitsverhältnis befristet eingegangen ist. Indessen geht es nicht an, daß der Arbeitnehmer des ihm vom Gesetz zugedachten Schutzes dadurch verlustig geht, daß der Arbeitgeber, statt ihn auf unbestimmte Zeit einzustellen, mit ihm immer wieder *kurzfristig begrenzte* Arbeitsverträge schließt. Derartige ,,Kettenarbeitsverträge" müssen daher, wie das BAG bereits frühzeitig entschieden hat,[80] hinsichtlich des ,,Bestandsschutzes" wie ein auf unbestimmte Zeit eingegangenes Arbeitsverhältnis behandelt, d. h. das KSchG muß auf sie *entsprechend angewandt* werden. Von vornherein befristete Arbeitsverträge sind jedoch dann zulässig und wirksam, enden also mit dem Ablauf der vereinbarten Zeit, wenn ein *sachlicher Grund* für die Befristung vorliegt. Das ist z. B. der Fall bei einem Probearbeitsverhältnis, bei Einstellung für eine einzige Saison oder für vorübergehend anfallende Mehrarbeit, zur Aushilfe (für einen erkrankten Arbeitnehmer oder Urlaubsvertretung) und in ähnlichen Fällen.[81]

d) **Die außerordentliche Kündigung.** Die außerordentliche fristlose Kündigung ist nach § 626 jedem Teil aus einem ,,wichtigen Grund" gestattet. Es ist hierbei einerlei, ob es sich um ein befristetes Dienstverhältnis handelt, für das eine normale Kündigung nicht vorgesehen ist, oder um ein unbefristetes, das normalerweise unter Einhaltung der vereinbarten oder gesetzlichen Kündigungsfrist gekündigt werden kann. Im Gegensatz zur normalen Kündigung ist die außerordentliche nicht allein in das Belieben des Kündigenden gestellt, sondern nur zulässig, wenn ein von der Rechtsordnung als hinreichend erachteter Grund vorliegt.[82] Als einen solchen sieht das Gesetz nur *Tatsachen* an, ,,auf Grund derer dem Kündigenden unter Berücksichtigung aller Umstände des Einzelfalls und unter Abwägung der Interessen beider Vertragsteile die Fortsetzung des Dienstverhältnisses bis zum Ablauf der Kündigungsfrist oder bis zu der vereinbarten Beendigung des Dienstverhältnisses nicht zugemutet werden kann". Die Bestimmung gilt für *alle* Dienstverhältnisse, also sowohl für die der selbständig Tätigen wie auch für Arbeitsverhältnisse.[83] Die Kündigung kann aber nur innerhalb einer

---

[80] BAG, AP Nr. 7, 8, 14, 29 zu § 1 KSchG. Vgl. dazu *Bötticher,* BB 55, 673; *Siebert,* RdA 58, 369.
[81] Zur Typologie zulässiger Zeitarbeitsverträge *Wiedemann* in Festschr. f. H. *Lange,* 1970, S. 395.
[82] Über die Abschwächung des Unterschiedes der beiden Kündigungsarten durch den Kündigungsschutz vgl. *Nikisch* I S. 759.
[83] Über einige Sonderregelungen vgl. *Staudinger/Neumann* 7ff., *MünchKomm/Schwerdtner* 6ff., *Palandt/Putzo* 1b zu § 626.

§ 52 III 1. Abschn. 3. Kap. Tätigkeit im Dienste oder Interesse eines anderen

Frist von 2 Wochen erfolgen, die in dem Zeitpunkt beginnt, in dem der Berechtigte von den für die Kündigung maßgebenden Tatsachen Kenntnis erhält (vgl. § 626 Abs. 2).[84]

> Zur Wirksamkeit der ausgesprochenen Kündigung genügt es, daß ein „wichtiger Grund" tatsächlich vorliegt; daß der Kündigende ihn bei der Kündigung *angibt,* ist zur Wirksamkeit auch hier nicht erforderlich. Es genügt, daß der Wille, fristlos zu kündigen, von der Befugnis zu einer außerordentlichen Kündigung Gebrauch zu machen, für den Erklärungsempfänger zweifelsfrei erkennbar ist.[85] Die Wirksamkeit der Kündigung wird auch nicht dadurch berührt, daß der anfangs angegebene, aber vielleicht nicht zureichende Grund später durch einen anderen (zureichenden) Grund ersetzt wird, der dem Kündigenden möglicherweise erst jetzt bekannt geworden ist, wenn dieser andere Grund nur *zur Zeit der Kündigung bereits vorhanden war.* Es kommt also für die Wirksamkeit der Kündigung nicht auf den Willen des Kündigenden an, das Dienst- oder Arbeitsverhältnis gerade aus einem bestimmten Grunde (dem etwa angegebenen) fristlos zu beenden, sondern nur auf den (unzweideutig erklärten) Willen, es unter allen Umständen sofort zu beenden; die ausgesprochene Kündigung ist wirksam, wenn objektiv *zu diesem Zeitpunkt* ein „wichtiger Grund" gegeben ist. Ist dies nicht der Fall, tritt ein solcher Grund aber später ein, so bedarf es einer erneuten Kündigung, da die erste unwirksam war. – Wenn es hiernach auch zur *Wirksamkeit* der außerordentlichen Kündigung keiner Angabe von Gründen bedarf, sofern solche nur objektiv vorliegen, so hat doch der Kündigende dem anderen Teil auf dessen Verlangen die (ihm bis dahin bekannten) Kündigungsgründe unverzüglich schriftlich mitzuteilen (§ 626 Abs. 2 Satz 3). Ein Verstoß hiergegen macht zwar die Kündigung, falls ein genügender Grund vorliegt, nicht unwirksam, kann aber eine Schadensersatzpflicht begründen.[86]

Dauerschuldverhältnisse können nach heutiger Auffassung allgemein und von jedem Teil aus einem (objektiv) wichtigem Grunde gekündigt werden. § 626 spricht insoweit einen allgemeinen Grundsatz aus. Seine heutige, im Vergleich zu der ursprünglichen etwas ausführlichere Fassung beruht auf einem Gesetz vom 14. 8. 1969. Sie soll klarstellen, daß bestimmte *Tatsachen* vorliegen müssen, die die Fortsetzung des Dienstverhältnisses dem Kündigenden *unzumutbar* machen, und daß bei der Beurteilung der Zumutbarkeitsfrage sowohl alle Umstände des Einzelfalls zu beachten, wie die Interessen beider Vertragsteile *abzuwägen* sind. Als Tatsachen, die einen „wichtigen Grund" darstellen können (nicht: unter allen Umständen müssen), kommen z. B. schwere oder wiederholte Verstöße gegen die Pflichten aus dem Arbeitsverhältnis, Arbeitsverweigerung,[87] Ehrverletzungen, strafbare Handlungen, Täuschung des anderen Teils bei der Einstellung oder über die Erfüllung der Dienstobliegenheiten, länger dauernder Verzug mit der Zahlung des Lohnes, grobe Verletzungen der Fürsorgepflicht des Arbeitgebers, etwa der Pflichten aus § 618, in Betracht. Der bloße *Verdacht* einer strafbaren Handlung oder schweren Pflichtverletzung reicht nur unter besonderen Umständen aus; etwa dann, wenn es trotz entsprechender Bemühungen nicht ge-

---

[84] Zur Problematik dieser Bestimmung vgl. *Zöllner* § 22 III 4a. Nimmt ein Arbeitnehmer sich eigenmächtig Urlaub, so beginnt die Frist für eine darauf gestützte Kündigung erst mit seiner Rückkehr; so das BAG, NJW 83, 2720.
[85] So das BAG, NJW 83, 303.
[86] So auch *Staudinger/Neumann* 96, *Palandt/Putzo* 3c zu § 626; *Zöllner* Arbeitsrecht § 22 I 5.
[87] Auch der eigenmächtige Antritt eines Erholungsurlaubs kann eine solche darstellen; so das LAG Frankfurt, BB 84, 786. Zur Beweislast BAG, DB 84, 684.

§ 52. Der Dienstvertrag

lingt, ihn auszuräumen, die Vertrauensgrundlage völlig zerstört ist, so daß eine weitere Zusammenarbeit als ausgeschlossen erscheinen muß.[88] Jedoch können auch unverschuldete Umstände, die kein Teil zu vertreten hat, die Kündigung rechtfertigen. Ein solcher Grund kann auch die mangelnde Eignung des Leistungssubstrats sein, an dem die Dienstleistung zu erbringen ist.[89] Hat dieses der Dienstberechtigte zu stellen, so kann es sachgerecht sein, seine Vergütungspflicht trotz der Beendigung aller übrigen Pflichten in demselben Umfang wie im Falle des § 615 fortbestehen zu lassen.[89a] Auch lang dauernde Arbeitsunfähigkeit infolge Krankheit kann einen wichtigen Kündigungsgrund darstellen,[90] doch wird man in diesen Fällen dem Arbeitgeber meistens die Einhaltung der normalen Kündigungsfrist zumuten können. Nur etwa dann, wenn der Fortgang des Betriebes die sofortige Wiederbesetzung der Stelle erfordert, eine zeitweilige Aushilfe nicht möglich ist, darf der Arbeitgeber zu diesem äußersten Mittel greifen. Anders kann es bei einem kurzfristigen Arbeitsverhältnis, etwa bei einer Anstellung nur für eine Saison, liegen. Erforderlich ist stets „eine umfassende Würdigung des gesamten Sachverhalts".[91] Schlechter Geschäftsgang des Unternehmens, ja sogar Betriebsaufgabe genügen *allein* noch nicht, da sie grundsätzlich in die Risikosphäre des Arbeitgebers fallen.[92]

Das Recht zur außerordentlichen Kündigung kann durch Tarifvertrag oder Einzelvertrag nicht ausgeschlossen oder in einer Weise beschränkt werden, die dem Schutzzweck des Gesetzes zuwiderläuft.[93]

Reicht der von dem Kündigenden vorgebrachte Grund nicht aus, um die außerordentliche fristlose Kündigung zu rechtfertigen, so kann die ausgesprochene Kündigung in eine ordentliche Kündigung auf den nächsten zulässigen Termin umgedeutet werden (§ 140), falls nach der Sachlage anzunehmen ist, daß dies der dem anderen Teil erkennbaren Willensrichtung des Kündigenden entspricht.[94]

---

[88] Vgl. hierzu *Hueck/N.*, Grundriß § 29 V 2; BAG, SAE 65, 65; eingehend, mit Nachweisen aus der Rechtspr., Staudinger/Neumann 48, MünchKomm/Schwerdtner 112ff. zu § 626.
[89] So hat der BGH den Selbstmordversuch eines Internatsschülers, der den Aufenthalt in dem Internat nicht ertrug, als wichtigen Kündigungsgrund für den Internatsvertrag angesehen; vgl. JZ 84, 1046. Hierher gehört auch der Fall des Schülers, der die Ordnung des Internats ständig störte; BGH, NJW 84, 2093. Zu beiden Fällen *Picker* aaO durchgehend.
[89a] Dafür *Köhler*, Unmöglichkeit und Geschäftsgrundlage bei Zweckstörungen im Schuldverhältnis S. 55f. Picker aaO nimmt an, in den §§ 615 und 645 habe ein allgemeines Gefahrtragungsprinzip hinsichtlich der Eignung des Leistungssubstrats im Gesetz Ausdruck gefunden, das nicht nur für einen einzigen Vertragstypus Geltung habe. Vgl. auch Bd. I § 21 Ic.
[90] Vgl. Staudinger/Neumann 46, MünchKomm/Schwerdtner 77 zu § 626.
[91] Vgl. MünchKomm/Schwerdtner 55ff. zu § 626.
[92] BGH, BB 57, 521; Staudinger/Neumann 51 zu § 626. Dagegen bildet der Tod des Arbeitgebers dann einen „wichtigen Grund" zur Kündigung, wenn die Tätigkeit mit der Person des Arbeitgebers so eng verbunden war, daß für ihre Fortsetzung kein Raum mehr ist; vgl. BAG, NJW 58, 1013.
[93] HL. Wegen einer etwa vereinbarten Zustimmungsbedürftigkeit durch den Betriebsrat vgl. BAG, NJW 57, 118.
[94] *Hueck/N.*, Lehrb. I § 56 IX 4; Grundriß § 29 III; Palandt/Putzo 3e zu § 626.

Freilich unterliegt sie bei einem Arbeitsverhältnis dann den Bestimmungen des Kündigungsschutzgesetzes, darf also nicht „sozial ungerechtfertigt" sein.

Eine fristlose Kündigung auch ohne das Vorliegen eines „wichtigen Grundes", also nach freiem Ermessen sowohl des einen wie des anderen Teils, ist unter Umständen dann rechtswirksam, wenn es sich nicht um ein Arbeitsverhältnis, sondern um das Dienstverhältnis eines selbständig Tätigen handelt. Weitere Voraussetzung ist, daß die übernommenen Dienste solche „höherer Art" sind, die „auf Grund besonderen Vertrauens übertragen zu werden pflegen" (§ 627 Abs. 1). In Betracht kommen etwa in regelmäßigen Zeitabständen oder nach Bedarf wiederkehrende Leistungen wie z.B. als Arzt, Rechts- und Steuerberater, Sprach- oder Gesanglehrer,[95] wobei weiter zu beachten ist, daß kein „dauerndes Dienstverhältnis" mit „festen Bezügen" vereinbart sein darf, durch die der Verpflichtete ein regelmäßiges Einkommen erhält.[96] Der Grund für die jederzeitige Lösungsmöglichkeit liegt in dem „besonderen Vertrauen". Dieses kann schon durch unwägbare Umstände, ja durch rational nicht begründbare Empfindungen gestört werden, die objektiv, nach „verständiger Beurteilung", keinen „wichtigen Grund" darstellen. Bei derartigen, ganz auf persönliches Vertrauen gestellten und zudem lockeren, nicht auf eine ständige Tätigkeit gerichteten Dienstverhältnissen soll die Freiheit der persönlichen Entschließung eines jeden Teils im weitesten Ausmaß gewahrt bleiben. Freilich „darf" der *Verpflichtete,* wenn ihm kein „wichtiger Grund" im Sinne des § 626 zur Seite steht, nur „in der Art kündigen, daß sich der Dienstberechtigte die Dienste anderweit beschaffen kann" (§ 627 Abs. 2). Er darf insoweit das Vertrauen des Dienstberechtigten nicht enttäuschen. Kündigt er dieser Verpflichtung zuwider, so ändert das zwar nichts an der Wirksamkeit der Kündigung, er ist dann aber verpflichtet, dem Dienstberechtigten den daraus entstehenden Schaden zu ersetzen.[97] § 627 ist, anders als § 626, abdingbar; nach wohl überwiegender Meinung jedoch nicht durch Allgemeine Geschäftsbedingungen.[98]

e) **Abwicklungsvorschriften. Nachwirkende Pflichten.** Wird nach dem Beginn der Dienstleistungen das Dienstverhältnis von einem der Beteiligten auf Grund des § 626 oder 627 fristlos gekündigt, so kann der Verpflichtete einen

---

[95] Das gilt jedenfalls dann, wenn die Person des Lehrers oder/und die des Schülers für den Abschluß des Dienstvertrages gerade mit diesem bestimmend waren; bei Verträgen mit einem Unterrichtsinstitut mag es anders liegen. Vgl. *Palandt/Putzo* 1 b bb zu § 627; *Wolf/Horn/Lindacher* U 5 zu § 9 AGBG.

[96] Ein „dauerndes Dienstverhältnis" ist ein solches für eine längere Zeit (etwa ein Jahr); „feste Bezüge" sind in ihrer Höhe im voraus feststehende Bezüge, mit denen der Dienstverpflichtete von vornherein rechnen kann. Vgl. dazu *Nikisch* I 709; BGHZ 47, 303.

[97] Er „*kann*" also das Dienstverhältnis durch seine Kündigung auflösen, „*soll*" es aber nicht und handelt daher pflichtwidrig, wenn er es tut.

[98] Vgl. *Ulmer/Brandner/Hensen* Rdn. 684 Anhang zu §§ 9 bis 11; *Wolf/Horn/Lindacher* R 19, U 5 zu § 9 AGBG.

§ 52. Der Dienstvertrag   III § 52

seinen bisherigen Leistungen entsprechenden Teil der Vergütung verlangen.[99] Kündigt indessen der zur Dienstleistung Verpflichtete, ohne durch vertragswidriges Verhalten des Dienstberechtigten dazu veranlaßt zu sein, oder hat er seinerseits durch vertragswidriges Verhalten die Kündigung des Dienstberechtigten veranlaßt, so steht ihm der Anspruch auf die Vergütung „insoweit nicht zu, als seine bisherigen Leistungen infolge der Kündigung für den anderen Teil kein Interesse haben". Unter „vertragswidrigem Verhalten" ist nur ein solches zu verstehen, das der zur Dienstleistung Verpflichtete (gemäß §§ 276, 278) zu vertreten hat.[100] Hatte er Lohn für eine spätere Zeit im voraus empfangen, so ist er zur Rückzahlung, wenn auch bei fehlendem eigenem Verschulden nur nach Bereicherungsgrundsätzen, verpflichtet (§ 628 Abs. 1).

Wer durch vertragswidriges Verhalten des anderen Teils, das im Sinne des § 626 als ein „wichtiger Grund" anzusehen ist, dazu veranlaßt worden ist, fristlos zu kündigen, kann von dem anderen Teil Ersatz des Schadens verlangen, der ihm durch die Aufhebung des Dienstverhältnisses entstanden ist (§ 628 Abs. 2). Auch hier ist ein solches Verhalten gemeint, das der andere Teil zu vertreten hat.[101] Dieser Anspruch entsteht erst mit der Beendigung des Dienstverhältnisses und überdauert dieses als ein „Dauerschuldverhältnis" so lange, bis er durch Erfüllung oder auf andere Weise erlischt.

Kündigt der Arbeitgeber fristlos wegen vertragswidrigen Verhaltens seines Arbeitnehmers, so kann er verlangen, so gestellt zu werden, wie wenn er dessen Dienstleistungen weiterhin erhalten hätte. Er kann daher z. B. Ersatz der Mehraufwendungen verlangen, die er hat machen müssen, um eine Aushilfskraft zu bezahlen. Findet er eine solche nicht und muß er deshalb seinen Betrieb einschränken, so kann er Ersatz des ihm „entgangenen Gewinns" (§ 252) verlangen. Er hat sich jedoch um eine Ersatzkraft in angemessener Weise zu bemühen; das ergibt sich aus seiner Schadensminderungspflicht (§ 254 Abs. 2). Zu beachten ist, daß es sich in dem einen wie in dem anderen Fall um einen allgemeinen Vermögensschaden, nicht um die Schädigung eines bestimmten einzelnen Rechtsgutes handelt und daher auch der *hypothetische Kausalverlauf* zu berücksichtigen ist, der ohne die fristlose Kündigung eingetreten wäre (vgl. Bd. I § 30 I). Ein solcher Umstand, der als hypothetische

---

[99] Die Parteien können im Vertrage vereinbaren, daß der Verpflichtete im Falle, daß der Berechtigte gemäß § 627 kündigt, den vollen Lohn erhalten solle; vgl. BGH, LM Nr. 3 zu § 611. Eine entsprechende Klausel in Allgemeinen Geschäftsbedingungen kann jedoch unwirksam sein, wenn sie das volle Entgelt auch für den Fall zuspricht, daß der zur Dienstleistung Verpflichtete noch keine oder nur eine ganz geringfügige Tätigkeit entfaltet hat; so BGHZ 54, 106 (zur Gebührenordnung für Wirtschaftsprüfer und Steuerberater). Vgl. auch *Ulmer/Brandner/Hensen*, Rdn. 684 Anhang zu § 9 bis 11 AGBG.
[100] *Staudinger/Neumann* 24, 25; *Palandt/Putzo* 2b zu § 628.
[101] *Enn./L.* § 148 Anm. 13; *Staudinger/Neumann* 32; *MünchKomm/Schwerdtner* 10; *Erman/Küchenhoff* 12; *Palandt/Putzo* 3a zu § 628. – Der Anspruch entfällt, wenn auch der andere Teil aus einem von dem Kündigenden zu vertretenden wichtigen Grund fristlos hätte kündigen können (BGHZ 44, 217 = JZ 66, 273 m. Anm. *v. Grunsky*; BAG, SAE 67, 75 m. Anm. von *Canaris*). Er kann auch dann gegeben sein, wenn das Arbeitsverhältnis im Wege der Vereinbarung beendet wurde; BAG, NJW 71, 2092. Der BGH läßt – so NJW 84, 2093 – die Eltern eines Schülers nach § 628 Abs. 2 haften, der wegen grober Verstöße gegen die Internatsordnung von der Internatsschule verwiesen wurde; der Schüler sei ihr Erfüllungsgehilfe. Die Begründung überzeugt nicht. Vgl. zu dieser Entsch. auch *Picker* aaO (durchgehend).

Schadensursache schadensmindernd zu berücksichtigen ist, ist auch eine seine zeitweilige Arbeitsunfähigkeit bewirkende Erkrankung des gekündigten Arbeitnehmers nach der Entlassung. Denn für die Zeit der Erkrankung hätte der Arbeitgeber die Dienste des Arbeitnehmers auch dann nicht erlangt, wenn er ihn nicht fristlos entlassen hätte; sein Schaden ist insoweit also nicht „durch" die vorzeitige Auflösung des Arbeitsverhältnisses entstanden.[102]

Nach der Kündigung eines dauernden Dienstverhältnisses hat der Dienstberechtigte (in der Zwischenzeit bis zum Wirksamwerden der Kündigung) dem Verpflichteten „auf Verlangen angemessene Zeit zum Aufsuchen eines anderen Dienstverhältnisses zu gewähren" (§ 629), und zwar ohne Rücksicht darauf, wer die Kündigung ausgesprochen hat. Man wird darin einen Ausdruck der Fürsorgepflicht sehen müssen. Die Pflicht zur Vergütung bleibt für eine den Umständen nach angemessene Zeit gemäß § 616 Abs. 1 Satz 1 bestehen. Sinngemäß gilt dasselbe bei einem länger dauernden befristeten Dienstverhältnis für die Zeit vor seiner Beendigung.[103]

Bei der Beendigung eines dauernden Dienstverhältnisses hat der Dienstberechtigte dem Verpflichteten auf dessen Verlangen ein schriftliches Zeugnis über das Dienstverhältnis und dessen Dauer, auf besonderes Verlangen auch über die Leistungen des Verpflichteten und über seine Führung im Dienste, auszustellen (§ 630). Die darin gemachten tatsächlichen Angaben müssen der Wahrheit entsprechen; eine Bewertung muß an den üblichen Maßstäben ausgerichtet und darf nicht von Vorurteilen bestimmt sein.[104] Auch hierbei handelt es sich um eine Auswirkung der Fürsorgepflicht, die in dieser einzelnen Hinsicht über die Beendigung des Dienstverhältnisses hinaus insoweit noch fortwirkt, als das Zeugnis auch noch *nach der Beendigung,* in zumutbarem Zeitabstand, verlangt werden kann. Aus dem gleichen Gedanken einer „Nachwirkung" der Fürsorgepflicht kann sich für den Dienstberechtigten auch die Verpflichtung ergeben, auf Anfrage eines Dritten diesem über seinen früheren Arbeitnehmer wahrheitsgemäße Auskunft zu erteilen, wenn der Arbeitnehmer an einer solchen Auskunft – etwa weil von ihr seine Anstellung abhängt – ein schutzwürdiges Interesse hat.[105]

Weitere „nachwirkende" Pflichten, d. h. Pflichten, deren Grundlage ein Dienstverhältnis – nicht notwendig ein Arbeitsverhältnis – ist, die aber auch oder erst nach dessen Beendigung als Dienstschuldverhältnis (weiter) zu erfüllen sind,

---

[102] Vgl. die Entsch. des BAG in AP Nr. 2 zu § 628 BGB (m. Anm. von *Brecher*) = SAE 63, 59 (m. Anm. von *Larenz*).

[103] So die heute herrschende Ansicht; vgl. *Nikisch* I 856 Anm. 18; *Hueck/N.,* Lehrb. I § 50, 4; *Erman/Küchenhoff* 1; *Palandt/Putzo* 1 zu § 629.

[104] Das gilt im Verhältnis des Dienstberechtigten zum Dienstverpflichteten. Eine ganz andere Frage ist, ob und, wenn überhaupt, in welchem Umfang den Aussteller des Zeugnisses gegenüber einem Dritten, der sich auf die darin gemachten Angaben verläßt, eine Einstandspflicht für deren Richtigkeit trifft; dazu BGHZ 74, 281 und unten 56 VI Nr. 6.

[105] Vgl. BAG, NJW 58, 1061. Die Pflicht besteht selbstverständlich nur dem früheren Arbeitnehmer, nicht dem Dritten gegenüber; ihre Begrenzung richtet sich nach § 242. Von der erteilten Auskunft ist dem früheren Arbeitnehmer auf Verlangen Kenntnis zu geben; BAG, NJW 59, 2011.

können sich sowohl aus den getroffenen Vereinbarungen, wie aus der insoweit fortwirkenden Treupflicht ergeben. Zwar sind Vereinbarungen über ein nachvertraglich wirkendes *Wettbewerbsverbot* für kaufmännische Angestellte durch die §§ 74 ff. HGB enge Grenzen gezogen. Das Verbot darf nicht länger als 2 Jahre andauern, dem Angestellten ist für die Dauer des Verbots eine Entschädigung zu zahlen, dieses darf nicht „unter Berücksichtigung der gewährten Entschädigung nach Ort, Zeit oder Gegenstand eine unbillige Erschwerung des Fortkommens des Gehilfen" enthalten. Uneingeschränkt vereinbart werden kann dagegen auch für die Zeit nach der Beendigung des Arbeitsverhältnisses ein *Verschwiegenheitsgebot* hinsichtlich solcher Betriebsgeheimnisse, die der Arbeitnehmer aufgrund seiner Tätigkeit, etwa einer besonderen Vertrauensstellung, erfährt.[106] Auch ohne ausdrückliche Vereinbarung kann sich eine solche Pflicht aus der Treupflicht ergeben.[107] Die *Verschwiegenheitspflicht des Arztes*[108] ist stets auch eine nachwirkende Pflicht.

§ 53. Der Werkvertrag und ähnliche Verträge

Literatur: *Ballerstedt,* Zur Auslegung der §§ 635, 638 bei den verschiedenen Werkvertragstypen, Festschr. f. *K. Larenz,* 1973, S. 717; *Ganten,* Pflichtverletzung und Schadensrisiko im privaten Baurecht, 1974; *Gillig,* Nichterfüllung und Sachmängelgewährleistung, 1984; *Jakobs,* Zur rechtlichen Einordnung des Architektenvertrages, Festschr. f. *Ballerstedt,* 1975, S. 355; Die Schadensersatzpflicht des Unternehmers wegen mangelhafter Werkleistung in ihrem Verhältnis zu Wandlung und Minderung, JuS 74, 341; Nichterfüllung und Gewährleistung beim Werkvertrag, Festschr. f. *Beitzke,* 1979, S. 67; Die Abnahme beim Werkvertrag, AcP 183, 145; *Koller,* Die Risikozurechnung bei Vertragsstörungen in Austauschverträgen, 1979; *Korintenberg,* Der Mängelbeseitigungsanspruch und der Anspruch auf Neuherstellung beim Werkvertrag, 1927; Erfüllung und Gewährleistung beim Werkvertrag, 1935; *Lorenz,* Einige rechtsvergleichende Bemerkungen zur Gefahrtragung im Werkvertragsrecht, Festschr. f. *Ferid,* 1978, S. 579; *Niklisch,* Die Schadensersatzhaftung für Eigenschaftszusicherungen im Werkvertragsrecht und deren Einschränkung durch Allgemeine Geschäftsbedingungen, Festschr. f. *Beiztke,* 1979, S. 89; Empfiehlt sich eine Neukonzeption des Werkvertragsrechts? JZ 84, 757; *Rengier,* Die Abgrenzung des positiven Interesses vom negativen Vertragsinteresse und vom Integritätsinteresse, 1977; *Rümerlin,* Dienstvertrag und Werkvertrag, 1905; *Todt,* Die Schadensersatzansprüche des Käufers, Mieters und Werkbestellers aus Sachmängeln, 1970; *Weyers,* Typendifferenzierung im Werkvertragsrecht, AcP 182, 60; ders. in: Gutachten zur Überarbeitung des Schuldrechts (dazu *Köhler,* NJW 84, 1841).

I. Typus und Abschluß

Der Werkvertrag ist ein gegenseitiger Vertrag, durch den sich der eine Teil zur Herstellung eines „Werkes", der andere zur Entrichtung einer Vergütung für das Werk verpflichtet. Das „Werk" kann in der Herstellung oder Veränderung einer

---

[106] Vgl. BAG, NJW 83, 134.
[107] So das BAG aaO.; *Zöllner* § 26 I 1 zu Anm. 3.
[108] Zu ihr *MünchKomm/Söllner* 58 ff. zu § 611.

Sache, es kann auch in jedem anderen „durch Arbeit oder Dienstleistung herbeizuführenden Erfolg" bestehen (§ 631). Die Arbeit oder Dienstleistung wird beim Werkvertrag aber nicht als solche, sondern nur als Mittel für den herzustellenden Erfolg geschuldet. Dieser ist somit, anders als beim Dienstvertrag (oben § 52 I), der primär geschuldete Leistungsgegenstand. Infolgedessen braucht die dazu erforderliche Arbeit auch nicht notwendig durch den Verpflichteten persönlich geleistet zu werden, es sei denn, daß es sich um ein in seiner Eigenart gerade durch die Persönlichkeit seines Urhebers gekennzeichnetes Werk handelt, wie etwa ein Kunstwerk, ein wissenschaftliches Gutachten, eine Romanübersetzung. Nicht immer lassen sich jedoch der mit einer Tätigkeit erstrebte Erfolg – jede menschliche Tätigkeit richtet sich letztlich auf irgendeinen bezweckten Erfolg – und die zu ihm hinführende Tätigkeit so voneinander trennen, daß gesagt werden kann, nur das eine oder das andere sei hier der Gegenstand der Leistungspflicht.[1] Daher rühren die schon erwähnten Schwierigkeiten der Abgrenzung von Dienst- und Werkvertrag (oben § 52 I). Es kann recht zweifelhaft sein, ob sich jemand dazu verpflichtet, einen bestimmten Erfolg herbeizuführen oder ob er nur die dazu erforderliche Tätigkeit verspricht. Dabei wird es darauf ankommen, ob der Erfolg im wesentlichen nur von der Tätigkeit, oder auch von anderen, von dem Verpflichteten nicht zu beherrschenden Faktoren abhängt, ob dieser daher das Erfolgsrisiko zu übernehmen bereit sein wird oder nicht, ob die Vergütung nur nach dem Arbeitsaufwand oder (auch) nach der Güte, Originalität des erwarteten Werkes bemessen ist, ob eine Risikoprämie darin enthalten ist oder nicht. Die Zuordnung zum Vertragstypus kann daher nicht begrifflich, sondern nur typologisch[2] vorgenommen werden.

Die Parteien des Werkvertrages werden vom Gesetz als „Besteller" und „Unternehmer" bezeichnet. Der Ausdruck „Unternehmer" deutet darauf hin, daß der Verpflichtete regelmäßig als wirtschaftlich Selbständiger – wenn auch nicht gerade als „Unternehmer" im Sinne des Unternehmensrechts –, somit nicht in der Stellung eines abhängigen Arbeitnehmers tätig wird. Er trägt das Erfolgsrisiko (vgl. vorläufig § 644 Abs. 1 Satz 1). An Weisungen hinsichtlich seiner Arbeitszeit und deren Dauer ist er nicht gebunden; wieweit an Weisungen hinsichtlich der näheren Ausgestaltung des Werks, hängt vom Vertrag und den näheren Umständen ab. Im allgemeinen wird der Werkunternehmer das Werk auf Grund seiner besonderen Sachkunde in eigener Verantwortung ausführen. Wenn es sich um die Herstellung einer Sache handelt, dann kann der Stoff, aus dem sie herzustellen ist, vom Besteller zur Verfügung gestellt oder vom Unternehmer zu

---

[1] Vgl. *Ganten* aaO. S. 53f.
[2] Zur Eigenart typologischer Zuordnung *meine* Methodenlehre der Rechtswissenschaft, 5. Aufl., S. 207ff., 443ff. (Studienausgabe S. 97ff., 333ff.); *Leenen*, Typus und Rechtsfindung, 1971; in bezug auf den Werkvertrag auch *Ganten* S. 49ff.

liefern sein; im letzteren Fall handelt es sich meist um einen sog. Werklieferungsvertrag (unten IV). Die Beschaffung lediglich von „Zutaten oder sonstigen Nebensachen" durch den Unternehmer ändert aber an dem Charakter des Werkvertrages nichts (§ 651 Abs. 2).

Als ein *Sondertypus,* der sich in ein begriffliches Schema nicht fügt, ist der **Architektenvertrag** anzusehen. Das RG sah den Vertrag, durch den ein Architekt sowohl die Bauplanung, wie die Bauleitung und die Führung der Aufsicht übernimmt, einheitlich als Dienstvertrag, der BGH sieht ihn einheitlich als Werkvertrag an.[3] Sogar dann, wenn der Architekt nur die Bauleitung übernimmt, der Plan von einem anderen stammt, sieht der BGH in dem Vertrag einen Werkvertrag.[4] Denn die gesamte, von dem Architekten geschuldete Tätigkeit diene einem einzigen Ziel: der Erstellung des Bauwerks. Zwar verkennt der BGH nicht, daß der Architekt nicht die Herstellung des Bauwerks als körperliche Sache schuldet, sondern nur die dazu erforderliche planende, lenkende, die Leistungen der beteiligten Unternehmer koordinierende und kontrollierende Tätigkeit. Aber er sieht diese Tätigkeiten in einem höheren Maße, als es dem Typus „Dienstvertrag" entspricht, als *erfolgsbezogen* an. Sie zielten in ihrer Gesamtheit darauf ab, daß „das Bauwerk plangerecht und mängelfrei zur Vollendung kommt".[5] Dies sei der von ihm geschuldete Erfolg.[6] Obgleich er deshalb grundsätzlich das Werkvertragsrecht anwenden will, läßt der BGH den Architekten doch für Mängel des Bauwerks, die nicht auf einem Fehler des Planes beruhen, nur insoweit einstehen, als sie von dem Architekten durch eine objektiv mangelhafte Erfüllung seiner Bauführungsaufgaben (mit) verursacht sind. Damit will er dem Umstand Rechnung tragen, daß der bauführende Architekt das Gesamtbauwerk nur zusammen mit anderen errichtet. Für die, wenigstens teilweise, Anwendung des Werkvertragsrechts mit der bezeichneten Einschränkung spricht in der Tat, daß sich derartige „Fehlleistungen" des Architekten gewöhnlich in Mängeln des Bauwerks niederschlagen und als solche in die Erscheinung treten. Das legt die Anwendung der Vorschriften des Werkvertrages über die Rechte des Bestellers bei Mängeln des Werkes wenigstens in dem engeren Rahmen nahe, in dem diese auf der mangelhaften Arbeitsleistung des Architekten beruhen (oder mitberuhen). Auf der anderen Seite bringt die Anwendung des Werkvertragsrechts statt des Dienstvertragsrechts den Architekten auch Vorteile; so die Anwendung des § 649 Satz 2 im Falle der Kündigung durch den Besteller (statt des § 628 Abs. 1 Satz 1 in Vbdg. mit § 627). Unangemessen ist das aber nicht. Man wird im Architektenvertrage am ehesten einen dem Werkvertrage nahestehenden Sondertypus sehen müssen, der sich vom „Normaltypus" vornehmlich dadurch unterscheidet, daß der Architekt nur eben seinen Beitrag zu dem Enderfolg (dem Bauwerk) schuldet, seine Tätigkeit aber an diesem Enderfolg gemessen wird.[7]

Die Vergütung des Werkes ist dem Typus „Werkvertrag" wesentlich. Ebenso wie beim Dienstvertrag (§ 612) bestimmt das Gesetz auch hier (§ 632 Abs. 1), daß eine Vergütung als „stillschweigend vereinbart" gilt – d. h. auf Grund des Gesetzes geschuldet wird –, wenn ein Auftrag zur Herstellung eines Werkes

---

[3] Zuerst BGHZ 31, 224; seither ständig. Gleichwohl läßt er den Honoraranspruch des Architekten gemäß § 196 Abs. 1 Nr. 7 in 2 Jahren verjähren; vgl. BGHZ 59, 163; 60, 98.
[4] BGHZ 62, 204; 82, 100. So schon *Hess,* Die Haftung des Architekten für Mängel des errichteten Bauwerks, 1966, S. 42 ff. Einen gemischten Vertrag nehmen *Esser/Weyers* § 27 II 3d an.
[5] So BGHZ 82, 100, 106.
[6] Deshalb komme es für seine Honorarforderung auch nicht auf seine Einzelleistungen, sondern nur auf diesen Erfolg an. So BGHZ 45, 372; 83, 181.
[7] Für die grundsätzliche Einordnung als Werkvertrag, aber eine ergänzende Anwendung des Dienstvertragsrechts auf die handlungsbezogenen Teile der Architektenleistung, *Medicus* SchR II § 99 I 2b. Gegen die einheitliche Einordnung des Gesamtarchitektenvertrages und für die gesonderte Beurteilung der typischen Architektenleistungen – Planung, Bauaufsicht, Sonderleistungen – *Tempel* bei *Gitter,* Vertragsschuldverhältnisse S. 173 ff.; wohl auch *Esser/Weyers* § 27 II 3d.

erteilt worden ist und „die Herstellung des Werkes den Umständen nach nur gegen eine Vergütung zu erwarten ist". Ist die Höhe der Vergütung nicht bestimmt,[8] so richtet sie sich auch hier bei dem Bestehen einer Taxe nach dieser, sonst nach der Ortsüblichkeit (§ 632 Abs. 2) und in letzter Linie nach den §§ 316, 315. Die ortsübliche Vergütung ist vor allem bei Verträgen mit Handwerkern als vereinbart anzusehen, wenn über das Entgelt nicht gesprochen wurde und sich dieses auch nicht etwa aus einer anhängenden Preisliste, auf die dann Bezug genommen ist, ergibt. Das zu § 612 Gesagte gilt auch hier.

Der Anwendungsbereich der Vorschriften über den Werkvertrag ist sehr weit. Das hat darin seinen Grund, daß das Gesetz den Vertragstypus nicht auf die Hervorbringung oder Umgestaltung eines, sei es körperlichen, sei es geistigen, aber doch irgendwie verkörperten, abgesondert für sich bestehenden Werkes – also z.B. die Anfertigung oder Reparatur eines Schrankes, eines Anzugs, die Schaffung eines Porträts, einer Büste, eines Filmdrehbuchs oder dergleichen – beschränkt, sondern die Herbeiführung jedes noch so flüchtigen „Erfolgs" genügen läßt, wie z.B. die Verbringung einer Person oder einer Sache an einen anderen Ort (Beförderungsvertrag), die Vorführung eines Musikstücks oder Schauspiels (Theaterbesuchsvertrag[9]), die gewerbsmäßige Erteilung bestimmter Auskünfte[10] und anderes mehr. Dadurch werden die Grenzen des Anwendungsbereichs unscharf; die Bestimmungen, die auf die typischen Fälle der Herstellung oder Veränderung einer Sache oder doch eines irgendwie verkörperten Werkes zugeschnitten sind, passen auf solche Grenzfälle, wie den Theaterbesuchsvertrag, schlecht. Statt einer schematischen Subsumtion unter die gesetzlichen Bestimmungen des Werkvertragsrechts sollte hier stets danach gefragt werden, wieweit die Zuordnung eines derartigen Vertrages zum Typus „Werkvertrag" sachgerecht ist, welche Modifikationen hier angebracht sind.

Der Beförderungsvertrag ist zwar nach der Konstruktion des Gesetzes eine Unterart des Werkvertrages, wirft aber durchaus andere Probleme auf als etwa ein Vertrag über die Herstellung einer Sache. In der Tat gelten für viele Arten der Transportverträge Sondervorschriften, hinter denen die Vorschriften des BGB über den Werkvertrag nur subsidiär zur Anwendung gelangen.[11]

Unterschiedliche Bestimmungen gelten für die Beförderung von Gütern und die von Personen. Für die Beförderung von Gütern zu Lande und auf Binnengewässern durch „Frachtführer" (das sind Personen, die solche Beförderungen gewerbsmäßig ausführen) gelten die §§ 425 ff. HGB, zusätzlich

---

[8] Das hat, sofern der Besteller die Vereinbarung einer niedrigeren als der sich aus § 632 Abs. 2 ergebenden Vergütung behauptet, der diese Vergütung verlangende Unternehmer zu beweisen. So die Rechtspr.: BGHZ 80, 257; BGH, NJW 83, 1782, *Baumgärtel*, Handbuch der Beweislast im Privatrecht; vgl. Rdn. 6 ff. zu § 632 BGB.
[9] Zum Theaterbesuchsvertrag *Fessmann*, NJW 83, 1164.
[10] Vgl. RGZ 115, 122, 125.
[11] Vgl. die Übersicht über diese Bestimmungen und ihr Verhältnis zueinander bei *Karsten Schmidt*, Handelsrecht, § 31 I.

§ 53. Der Werkvertrag und ähnliche Verträge   I § 53

das BinnenschiffahrtsG; handelt es sich aber um eine Beförderung durch Eisenbahnen des öffentlichen Verkehrs, so gelten weiter die §§ 453ff. HGB und die Eisenbahnverkehrsordnung. Für die Beförderung von Gütern mit Kraftfahrzeugen kommen das Güterkraftverkehrsgesetz idF vom 6. 8. 1975 und die Kraftverkehrsordnung von 1936 in Betracht. Für die Beförderung von Gütern zur See gelten die §§ 474ff., insbesondere 556ff. HGB. Für die Beförderung von Personen durch die Eisenbahn gelten ebenfalls die §§ 453ff. HGB und die Eisenbahnverkehrsordnung, für die Beförderung zur See die §§ 664ff. HGB. Weiter kommen hier § 1 HaftpflG und für die Beförderung zur Luft das LuftVG in Betracht. Bei der Beförderung von Personen durch Kraftfahrzeuge auf Grund eines entgeltlichen Vertrages ist § 8a StVG zu beachten. Im übrigen gelten aber für die Beförderung von Personen durch Kraftfahrzeuge die Vorschriften des BGB über den Werkvertrag.

Bei den verschiedensten Unterarten von Werkleistungen ergeben sich verschiedene Regelungsprobleme, je nachdem, ob z.B., wie bei Verträgen über die Reparatur beweglicher Sachen, Sachen des Bestellers in die Hand des Unternehmers gelangen oder nicht, ob eine einmalige und kurzfristig zu erbringende oder eine, wie bei Bauten, über eine längere Zeit sich erstreckende Leistung zu erbringen ist, ob eine Mitwirkung des Bestellers - und welche - notwendig ist, ob das Werk ein körperlicher Gegenstand oder, wie eine Zeichnung, ein Manuskript, wenigstens in einem solchen verkörpert ist, daher übergeben werden kann oder, wie eine Theateraufführung, aber auch die Beförderung einer Person oder einer Sache, die Durchführung einer Reise, eine solche ,,Vergegenständlichung" nicht ermöglicht. Das Gesetz stellt nur einige sehr allgemeine Regeln auf, die die Problematik nicht zu erschöpfen vermögen. Sie bedürfen mehr noch als sonst der Ergänzung durch Parteivereinbarungen. Wo es sich um von einem Unternehmer in großer Zahl gleichartig erbrachte Leistungen handelt - wie z. B. bei Reparaturbetrieben, Reinigungsunternehmen, Wartungsdiensten - spielen daher die Allgemeinen Geschäftsbedingungen dieser Unternehmer eine große Rolle.

In Verträgen zwischen dem ,,Bauherrn" und einem Bauunternehmer, die auf die Erstellung eines Bauwerks abzielende ,,Bauleistungen" zum Gegenstand haben, wird üblicherweise die Geltung der ,,Allgemeinen Vertragsbedingungen für die Ausführung von Bauleistungen", d. h. des Teiles B der ,,Verdingungsordnung für Bauleistungen" (VOB)[12] vereinbart. Regelmäßig geschieht das bei Bauvorhaben der öffentlichen Hand. Die Bestimmungen der VOB (Teil B) gehen, soweit ihre Geltung vereinbart ist, den nur dispositiven Normen des BGB vor. Als ,,Allgemeine Geschäftsbedingungen" unterliegen sie jedoch sowohl hinsichtlich der Geltungsvoraussetzungen wie der Inhaltskontrolle dem AGBG. Dieses läßt aber in § 23 Abs. 2 Nr. 5 für sie zwei sonst für unwirksam erklärte Bestimmungen zu; praktisch am wichtigsten ist die dadurch möglich gebliebene Verkürzung der Verjährungsfrist des § 638 für Bauwerke durch die VOB auf 2 Jahre.

---

[12] Kommentare zur VOB von *Hereth/Naschold*, Bd. I, 2. Aufl. 1960, Bd. II, 1954; *Ingenstau/Korbion*, 9. Aufl. 1980; *Korbion/Hochstein*, Der VOB-Vertrag, Handbuch, 3. Aufl. 1982; eingehende Darstellung auch im *MünchKomm/Soergel* 20ff. zu § 631.

II. Die Rechte des Bestellers

Der Besteller kann verlangen, nicht nur, daß der Unternehmer zwecks Herstellung des Werkes tätig wird, sondern: daß er es herstellt, und zwar so herstellt, daß es „die zugesicherten Eigenschaften hat und nicht mit Fehlern behaftet ist, die den Wert oder die Tauglichkeit zu dem gewöhnlichen oder dem nach dem Vertrage vorausgesetzten Gebrauch aufheben oder mindern (§ 633 Abs. 1). „Fehler" ist jede Abweichung des Werkes von der nach dem Vertrage gesollten Beschaffenheit, durch die sein Wert oder sein Gebrauchszweck beeinträchtigt wird („subjektiver" oder „konkreter" Fehlerbegriff; vgl. oben § 41 Ia). Im Gegensatz zum Stückkauf, bei dem die „Fehlerlosigkeit" der verkauften Sache nicht Inhalt der Leistungspflicht, sondern nur Gegenstand einer neben dieser einhergehenden besonderen Gewährleistung des Verkäufers ist (oben § 41 IIe), ist die Fehlerlosigkeit des herzustellenden Werkes – und seine Ausstattung mit den zugesicherten Eigenschaften – in der Leistungspflicht des Unternehmers eingeschlossen. Der Besteller hat ein Recht auf ein fehlerfreies und mit den zugesicherten Eigenschaften versehenes Werk. Entspricht das von dem Unternehmer hergestellte Werk dieser Forderung nicht, ist es also „mangelhaft", so hat er nicht ordnungsgemäß erfüllt.

Daraus, daß die vom Unternehmer geschuldete Leistung die Herstellung eines *mangelfreien* Werkes ist, könnte gefolgert werden, daß die Leistung dann von Anfang an unmöglich und der Vertrag daher nach § 306 nichtig sei, wenn eine *zugesicherte Eigenschaft* nach dem derzeitigen Stande des menschlichen Könnens, der Technik, *nicht herstellbar* ist. Es wird z. B. die Anfertigung einer Maschine versprochen, die laut Zusicherung einen bestimmten hohen Wirkungsgrad erreichen soll. Bei den angestellten Proben stellt sich heraus, daß ein derartiger Wirkungsgrad, bei Anwendung aller heutigen technischen Möglichkeiten und bei Verwertung alles Erfahrungswissens, auf keine Weise zu erreichen ist. Das Werk kann also jedenfalls *so,* wie es vereinbart war – nämlich so, daß es die vertraglich zugesicherte Eigenschaft besitzt – nicht nur gerade von dem Schuldner, sondern überhaupt nicht hergestellt werden. Das RG hat dennoch, und mit Recht, § 306 in solchen Fällen nicht angewandt.[13] Der Vertrag sei nun dann als auf eine unmögliche Leistung gerichtet anzusehen, wenn die Herstellung einer Maschine solcher Art, nicht auch dann, wenn nur die Gewährung der zugesicherten Eigenschaft unmöglich sei. Daß das richtig ist, ergibt sich aus der Überlegung, daß, sofern die Maschine überhaupt nur zu dem gedachten Zwecke brauchbar ist, der Besteller ein Interesse daran haben kann, sie zu erhalten, auch wenn der Wirkungsgrad ein geringerer (aber der höchstmögliche) ist. Der Vertrag ist also nicht von vornherein zweck- und gegenstandslos. Überdies wäre es auch nicht angebracht, den Unternehmer, der die Eigenschaft immerhin zugesichert hat, auf diese Weise von jeder vertraglichen Haftung freizustellen. Es ist daher berechtigt, zu sagen, daß die Bestimmungen der §§ 633 Abs. 2 und 3, 634 und 635, die die Folgen der Herstellung eines „mangelhaften" Werkes regeln, für ihren Anwendungsbereich den § 306 ausschließen. Sie kommen auch dann zur Anwendung, wenn die Herstellung eines *mangelfreien* Werkes dieser Art deshalb von vornherein objektiv unmöglich ist, weil es technisch überhaupt nicht möglich ist, das Werk so herzustellen, daß es die zugesicherte Eigenschaft hat.[14]

---

[13] Vgl. die Entsch. in LZ 1927, Sp. 845 (Entaschungsanlage) u. JW 36, 2392.
[14] So auch der BGH, JZ 71, 134.

§ 53. Der Werkvertrag und ähnliche Verträge

a) Die gesetzlichen Ansprüche des Bestellers wegen eines Mangels des Werkes und wegen nicht rechtzeitiger Herstellung.

Welche Rechte der Besteller hat, wenn das von dem Unternehmer hergestellte Werk im Sinne des § 633 Abs. 1 mangelhaft ist, hat das Gesetz eingehend, jedoch trotzdem nicht erschöpfend geregelt. Zwar setzt die Verantwortung des Unternehmers für den Mangel kein Verschulden voraus, doch kann sie ausgeschlossen sein, wenn dieser auf einer Anweisung des Bestellers, einem Fehler des von diesem gelieferten Stoffs oder der fehlerhaften Arbeit eines Vorunternehmers beruht, die dieser Unternehmer weiter zu führen hatte, und wenn er selbst alles ihm Mögliche getan hatte, um den Fehler zu vermeiden.[15] Es handelt sich um eine Einschränkung aus Billigkeitsgründen, die in Anbetracht des Umstandes, daß der Unternehmer im Grundsatz das Erfolgsrisiko trägt, eng zu begrenzen ist. Im übrigen ist zunächst einmal unstreitig, daß der Besteller das mangelhafte Werk nicht „abzunehmen" braucht (§ 640), und daß er gegenüber dem Vergütungsanspruch des Unternehmers die Einrede des nicht erfüllten Vertrages (§ 320) geltend machen kann.[16] Durch die Nichtannahme kommt er nicht in Annahmeverzug (§ 294). Das Gesetz gibt dem Besteller sodann, anders als beim Kauf, ausdrücklich das Recht, von dem Unternehmer die Beseitigung des Mangels zu verlangen, sofern dies nicht einen „unverhältnismäßigen Aufwand" erfordert (§ 633 Abs. 2). § 476a gilt entsprechend. Wenn der Unternehmer mit der Beseitigung des Mangels in Verzug kommt – hier wird offenbar vom Gesetz vorausgesetzt, daß die Beseitigung objektiv überhaupt möglich ist –, kann der Besteller den Mangel selbst beseitigen und Ersatz der erforderlichen Aufwendungen verlangen (§ 633 Abs. 3).[17] Er kann dem Unternehmer zur Beseitigung des Mangels

---

[15] Nach der sehr allgemeinen Fassung des Gesetzes macht es keinen Unterschied, ob die Fehlerhaftigkeit des Werkes auf einer mangelhaften Arbeit des *Unternehmers*, der Verwendung schlechten Materials durch ihn, oder auf einem Fehler des vom *Besteller* gelieferten Stoffes oder der von dem Unternehmer zu benutzenden Vorarbeit eines *Vorunternehmers* beruht. Indessen hat die Rspr. die Haftung des Unternehmers dahin eingeschränkt, daß er in den beiden zuletzt genannten Fällen für den Fehler des Stoffes oder der Leistung des Vorunternehmers nur dann haftet, wenn er ihn auf Grund der von ihm als Fachmann zu verlangenden Kenntnisse erkennen konnte und ihn entweder nicht erkannt, oder es unterlassen hat, den Besteller auf die möglichen Folgen hinzuweisen; RGZ 64, 295; BGH, JZ 57, 442; *Staudinger/Riedel* 22, *MünchKomm/Soergel* 38, 39 zu § 633. Der Unternehmer muß aber für solche Fehler einstehen, die auf der Arbeit eines von ihm beauftragten *Subunternehmers* oder dem von diesem verwendeten Material beruhen. Beruht der Fehler auf einer Anweisung des Bestellers, so haftet der Unternehmer nicht, wenn er den Besteller auf die mögliche Folge hingewiesen hatte; OLG Celle, NJW 60, 102. Eines solchen Hinweises bedarf es dann nicht, wenn der Besteller fachkundig ist; OLG München, MDR 60, 399.

[16] Auch noch nach der Abnahme des Werkes, sofern der Besteller seinen Anspruch auf Beseitigung des Mangels (und damit auf Erfüllung) nicht nach § 640 Abs. 2 verloren hat. Der Besteller ist auf die Klage des Unternehmers zur Zahlung der Vergütung Zug um Zug gegen die Beseitigung des Mangels zu verurteilen; die sich aus § 641 Abs. 1 Satz 1 ergebende Vorleistungspflicht des Unternehmers ist mit der Abnahme entfallen. Vgl. BGHZ 26, 337; 55, 354; 61, 42.

[17] Daneben kommen die §§ 677ff. und §§ 812ff. als Anspruchsgrundlage nicht in Betracht; BGH, NJW 68, 43. – Zu den erstattungsfähigen „Aufwendungen" gehören auch eigene Arbeitsleistungen des Bestellers und solche seiner Familienangehörigen; BGHZ 59, 328.

eine „angemessene Frist" mit der Erklärung bestimmen, daß er die Beseitigung nach dem Ablauf der Frist ablehne. Wird der Mangel darauf nicht fristgemäß beseitigt, so kann der Besteller nunmehr *Wandelung oder Minderung* (gemäß den Kaufregeln) verlangen; der Anspruch auf Beseitigung des Mangels ist jetzt ausgeschlossen (§ 634 Abs. 1, 4). Der Fristsetzung bedarf es nicht, wenn die Beseitigung des Mangels unmöglich ist oder von dem Unternehmer verweigert wird oder wenn die sofortige Geltendmachung des Anspruchs auf Wandelung oder Minderung „durch ein besonderes Interesse des Bestellers gerechtfertigt wird" (§ 634 Abs. 2).[18] Nur Minderung, nicht aber Wandlung kann der Besteller verlangen, wenn der Mangel den Wert oder die Brauchbarkeit des Werks zu dem nach dem Vertrage vorgesehenen Zweck „nur unerheblich mindert" (§ 634 Abs. 3). Wenn endlich der Mangel auf einem Umstande beruht, den der Unternehmer zu vertreten hat, dann kann der Besteller *statt der Wandelung oder der Minderung Schadensersatz wegen Nichterfüllung* verlangen (§ 635). Zu „vertreten" hat er im Sinne dieser Bestimmung jede schuldhafte[19] Herbeiführung des Mangels – also insbesondere fehlerhafte Konstruktion, Verwendung ungeeigneten, nicht genügend erprobten Materials und schlechte Arbeitsleistung –, und jede Nichteinhaltung einer Zusicherung, wenn er versprochen hatte, für diese *unbedingt* einzustehen (unten c Ziff. 2). Sein Verschulden kann auch schon darin bestehen, daß er eine Leistung versprochen hat, zu deren Erbringung es ihm, wie er wußte oder wissen mußte, an der nötigen Fachkunde fehlte.[19a] Auch dieser Anspruch ist nach der Rechtspr. und der hL nur unter den Voraussetzungen des § 634, also nur dann gegeben, wenn der Mangel nach vorausgegangener Fristsetzung und Androhung durch den Besteller vom Unternehmer nicht fristgemäß beseitigt wird, sowie in den gleichgestellten Fällen.[20] Der Besteller hat zwischen ihm und dem auf Wandelung oder Minderung die Wahl.[21]

Offen geblieben ist im Gesetz, ob der Besteller im Falle, daß ein mangelhaftes Werk hergestellt ist, das er nicht abzunehmen braucht, stets auf die im Gesetz genannten Rechte beschränkt ist, oder ob er, wenn eine Nachbesserung nicht

---

[18] Ein solches besonderes Interesse kann vorliegen, wenn durch die Art der Ausführung das Vertrauen des Bestellers zu dem Unternehmer erschüttert ist; so der BGH, LM Nr. 1 zu § 634. Vgl. auch BGHZ 46, 242 (zu § 13 Nr. 5 Abs. II VOB, Teil B).
[19] Die Beweislast hinsichtlich des Verschuldens trifft wie bei der pos. Vertragsverletzung den Unternehmer, wenn die Schadensursache in seinem Gefahrenbereich liegt; BGHZ 48, 310 = NJW 68, 43 m. Anm. *Fuchs* (S. 835).
[19a] So BGHZ 92, 308, 312.
[20] So ausdrücklich BGHZ 26, 337, 339; ferner 59, 328, 329. Vgl. *MünchKomm/Soergel* 1, *Palandt/Thomas* 2a zu § 635. Der Fristsetzung bedarf es jedoch nicht für den Ersatz eines bis zur Beseitigung des Mangels bereits eingetretenen Schadens sowie dann, wenn sie zwecklos ist, weil der Unternehmer nach mehreren gescheiterten Versuchen offenbar nicht in der Lage ist, den Mangel zu beseitigen. Vgl. hierzu BGHZ 92, 308.
[21] Darüber, wie lange er dieses Wahlrecht behält, vgl. *MünchKomm/Soergel* 2 zu § 635 m. Nachw.

§ 53. Der Werkvertrag und ähnliche Verträge

oder nur mit einem ,,unverhältnismäßigen Aufwand" möglich ist und deshalb von dem Unternehmer verweigert wird, als Erfüllung der noch nicht erloschenen Leistungspflicht des Unternehmers von diesem *die Neuherstellung eines nunmehr einwandfreien Werkes* verlangen kann, und wenn ja, bis zu welchem Zeitpunkt. Praktisch bedeutsam ist diese Frage vor allem dann, wenn der Versuch der Nachbesserung fehlgeschlagen ist, seine Wiederholung als aussichtslos erscheint, die Neuherstellung aber möglich und auch dem Unternehmer zumutbar ist. Ist der Besteller dann darauf beschränkt, ohne Fristsetzung (§ 634 Abs. 2) Wandelung oder Minderung, im Falle, daß der Unternehmer den Mangel zu vertreten hat, wahlweise stattdessen Schadensersatz wegen Nichterfüllung, zu verlangen, oder besteht sein ursprünglicher Anspruch auf Herstellung eines Werkes von der gesollten Beschaffenheit noch fort? Die früher herrschende Auffassung beschränkte den Besteller auf die im Gesetz ausdrücklich erwähnten Rechte; sie lehnte ein Recht auf Neuherstellung auch in dem Falle, daß die Beseitigung des Mangels von vornherein unmöglich ist, ab.[22] Die vornehmlich von *Korintenberg* begründete, heute vorherrschende Auffassung spricht dem Besteller dagegen grundsätzlich auch ein Recht auf Neuherstellung zu, wenn das hergestellte Werk nicht die vertragsmäßige Beschaffenheit hat und eine Nachbesserung nicht möglich ist oder nicht genügt.[23] Der Unternehmer kann seinerseits statt der vielleicht zweifelhaften oder zu kostspieligen Ausbesserung die Neuherstellung anbieten.

Ein Malermeister hat es übernommen, ein Zimmer mit einer bestimmten Farbe anzustreichen. Der Anstrich ist ungleichmäßig. Auf die Beanstandung des Bestellers hin versucht er zunächst, den Anstrich auszubessern; das mißlingt. Der Besteller verlangt nunmehr einen Neuanstrich. Nach der ersten Ansicht wäre er hierzu nicht berechtigt; er könnte nur Wandelung oder Minderung oder, falls der Maler die Fehlerhaftigkeit des Anstrichs (was der Besteller beweisen muß) zu vertreten hat, Schadensersatz wegen Nichterfüllung, d. h. Geldersatz verlangen. Wäre der Anstrich aber nicht ungleichmäßig, sondern in einer anderen als der vereinbarten Farbe ausgeführt, so würde auch die erste Ansicht anders entscheiden: das hergestellte Werk wäre dann nicht ,,fehlerhaft", sondern ein ,,aliud" (ein grüner ist kein mangelhafter gelber Anstrich!); die Vorschriften über die Folgen einer mangelhaften Herstellung kämen gar nicht zur Anwendung, der Besteller könnte nach wie vor den Anstrich mit der ,,richtigen" Farbe verlangen. Indessen ist eine scharfe Unterscheidung von ,,mangelhafter" Herstellung und Herstellung eines ,,aliud" oft nicht möglich: wie, wenn die verwendete Farbe nur in der Tönung ein wenig von der vereinbarten abweicht, gerade an dieser Farbtönung aber dem Besteller besonders gelegen war?

Es ist davon auszugehen, daß der Besteller einen Anspruch auf die Herstellung eines mangelfreien Werkes hat. Dieser Anspruch erlischt nicht einfach dadurch,

---

[22] So die älteren Auflagen der Kommentare und anscheinend auch RGZ 107, 342. Ebenso jetzt wieder *Stütz,* Mangelhafte Werkherstellung und der Neuherstellungsanspruch, Münchener Diss. 1970. Ein Anspruch auf Neuherstellung besteht nach ihm nur dann, wenn entweder das Werk vor der Abnahme untergegangen, oder aber ein anderes als das bestellte ist. Damit gerät aber auch *Stütz* in die Problematik der Unterscheidung eines ,,nur" mangelhaften Werkes und eines ,,aliud" (vgl. dazu oben § 41 Ia).
[23] *Korintenberg* aaO, *Staudinger/Riedel* 1 ff., *Soergel/Ballerstedt* 1, *Erman/Seiler* 2; *Jauernig/Schlechtriem* 6b, *MünchKomm/Soergel* 74ff. zu; *Palandt/Thomas* 3a vor § 633; *Enn./L.* § 151 I; *Fikentscher* § 80 II 1 aE; *Esser/Weyers* § 32 II 3a; *Medicus,* SchR II § 99 II 3.

daß der Unternehmer ein mangelhaftes Werk herstellt und anbietet oder abliefert. Sofern allerdings der Mangel durch Nachbesserung zu beseitigen und dadurch dem Interesse des Bestellers Genüge zu tun ist, wäre das Verlangen nach Neuherstellung unbillig. Deshalb muß sich in diesem Fall der Erfüllungsanspruch des Bestellers auf das Verlangen beschränken, den Mangel zu beseitigen. Der Beseitigungsanspruch ist also nichts anderes als *der Erfüllungsanspruch in modifizierter Gestalt.*[24] Neben ihm und, solange er besteht, ist für einen darüber hinausgehenden Erfüllungsanspruch – auf Neuherstellung – kein Raum. Wenn aber die Beseitigung nicht möglich oder mißlungen ist, geht der Erfüllungsanspruch immer noch oder nun wieder auf Herstellung des vertragsgemäßen Werkes, d. h. also: auf Neuherstellung. Hierbei muß freilich die Einschränkung des § 633 Abs. 2 Satz 2 gelten:[25] Der Unternehmer ist zur Neuherstellung sowenig wie zu der (an sich möglichen) Ausbesserung verpflichtet, wenn sie einen „unverhältnismäßigen Aufwand" erfordert, d. h., wenn sie für ihn ein im Verhältnis zu dem Interesse des Bestellers unverhältnismäßig großes Opfer bedeuten würde.[26] Ferner wird der Erfüllungsanspruch auf Neuherstellung in der Tat dann zu versagen sein, wenn das hergestellte Werk von dem Besteller als Erfüllung angenommen, in der Regel also, wenn es von ihm abgenommen (unten III a) ist. Der Unternehmer braucht mit einem so weitgehenden Anspruch nicht mehr zu rechnen, wenn der Besteller das Werk einmal als vertragsgerecht anerkannt hat. Von diesem Zeitpunkt an ist also der Besteller auf den Beseitigungsanspruch und die unter den Voraussetzungen des § 634 an seine Stelle tretenden Ansprüche auf Wandelung oder Minderung, eventuell den Schadensersatzanspruch nach § 635, beschränkt.[27]

Entgegen einer verbreiteten Auffassung[28] hat die bloße Setzung einer Frist zur Beseitigung des Mangels mit der in § 634 Abs. 1 Satz 1 bestimmten Erklärung die gleiche Wirkung noch nicht. Der

---

[24] Ebenso BGHZ 26, 340; BGH NJW 63, 806; u. die hL. Wenn die Beseitigung des Mangels nicht ohne Beeinträchtigung anderer, im Eigentum des Bestellers stehender Sachen möglich ist, hat der Unternehmer auch diese wiederherzustellen; diese Pflicht ergibt sich unmittelbar aus der Pflicht zur Mängelbeseitigung und ist daher Teil der Erfüllungspflicht, nicht eine auf anderen Rechtsgründen beruhende Schadensersatzpflicht. So der BGH, NJW 63, 806.

[25] So auch die heute hL.

[26] Auch wenn der Unternehmer nach § 633 Abs. 2 Satz 2 die Beseitigung des Mangels oder die Neuherstellung ablehnen kann, haftet er unter den Voraussetzungen des § 635 auf Schadensersatz. Dazu BGHZ 59, 365.

[27] *Jakobs* – aaO. S. 71 ff. – ist der Meinung, der Anspruch auf die Beseitigung des Mangels entstehe – ausgenommen den Fall des § 634 Abs. 1 Satz 2 – überhaupt erst mit der Abnahme des Werkes; vorher habe der Besteller nur den Anspruch auf die Herstellung des Werkes in der vertragsgemäßen Beschaffenheit. Wie der dem nachkomme – ob durch Beseitigung des Mangels oder durch Neuherstellung –, sei allein Sache des Unternehmers. Richtig ist, daß der Besteller nicht 2 Ansprüche hat, einen auf Beseitigung und einen auf Neuherstellung, unter denen er wählen könnte. Aber sollte er, um die Beseitigung eines Mangels verlangen zu können, erst das mangelhafte Werk (unter Vorbehalt) abnehmen müssen? M. E. geht sein Anspruch schon vorher auf Beseitigung des Mangels, wenn diese möglich, andernfalls auf Neuherstellung, sofern diese dem Unternehmer zumutbar ist; letzteres nur bis zur Abnahme.

[28] So *Soergel/Ballerstedt* 5 zu § 633; *Esser* 4. Aufl. § 80 II 1 a.

§ 53. Der Werkvertrag und ähnliche Verträge   II § 53

Besteller weiß häufig nicht, ob die Nachbesserung gelingen wird; mißlingt sie, so wäre es nicht gerechtfertigt, ihm nun den Anspruch auf Neuherstellung zu versagen, nur weil er zunächst Nachbesserung verlangt hat. Ist dagegen die Frist abgelaufen, ohne daß der Besteller den weitergehenden Anspruch auf Neuherstellung erhoben hätte, so ist dieser nunmehr ebenso wie der auf Nachbesserung ausgeschlossen; der Besteller ist jetzt auf die in den §§ 634 Abs. 1 und 635 bestimmten Ansprüche beschränkt.

Unter den Voraussetzungen des § 634 Abs. 1 oder Abs. 2 tritt *an die Stelle des Erfüllungsanspruchs,* gleich in welcher Gestalt, das Recht, Wandelung oder Minderung zu verlangen;[29] das Recht auf Wandelung ist ausgeschlossen, wenn „der Mangel den Wert oder die Tauglichkeit des Werkes nur unerheblich mindert" (§ 634 Abs. 3). Es handelt sich hierbei um *Rechtsfolgen der Nichterfüllung* (nämlich des Leistungsanspruchs entweder in seiner ursprünglichen Gestalt oder in seiner abgewandelten Gestalt als Beseitigungsanspruch); da der Unternehmer mangelfreie Herstellung als Inhalt seiner Leistung schuldet, bedarf es hier, anders als beim Stückkauf, keiner neben der Leistungspflicht einhergehenden Gewährleistung. Die für den Kauf (oben § 41 IIe) von uns abgelehnte Ansicht (von *Brox, Korintenberg* u. a.), die Mängelansprüche seien keine Ansprüche aus einer besonderen Gewähr, sondern „Ersatzerfüllungsansprüche", trifft für den Werkvertrag zu. Auch der Schadensersatzanspruch gemäß § 635 ist ein echter Anspruch wegen Nichterfüllung der Leistungspflicht. Allerdings reicht er, wegen seiner Anbindung an § 634, für den Ersatz von Mangelfolgeschäden nicht aus. (Dazu sogleich unter b.) Für die Anwendung der allgemeinen Regeln über eine teilweise *Unmöglichkeit der Leistung* (§ 323, § 325) ist, auch soweit es sich um nicht zu beseitigende Mängel handelt, kein Raum.[30] Anwendbar bleiben aber die Verzugsregeln (§ 636 Abs. 1 Satz 2).

Das nach § 635 regelmäßig in Geld[31] zu ersetzende Erfüllungsinteresse des Bestellers kann, ebenso wie beim Kaufvertrage (§ 463 BGB, oben § 41 IIc), auf verschiedene Weise realisiert werden. Der Besteller kann auch hier das mangelhafte Werk behalten und lediglich Ersatz des Minderwertes verlangen, der sich gerade aus der Mangelhaftigkeit des Werkes ergibt,[32] er kann aber auch, ohne

---

[29] Im Falle der Unmöglichkeit der Beseitigung des Mangels stehen dem Besteller die Ansprüche auf Wandelung oder Minderung (ohne Fristsetzung, Abs. 2!) und der Erfüllungsanspruch (auf Neuherstellung) zunächst wahlweise zu; verlangt er Wandelung oder Minderung, so ist der Erfüllungsanspruch ausgeschlossen.

[30] Zutreffend *Jakobs* aaO. (Festschr. f. Beitzke), S. 69. Vgl. auch *Siber* S. 343f.; anders MünchKomm/*Soergel* 2 zu § 634. Das gleiche gilt von Bereicherungsansprüchen, die darauf gestützt werden, der Unternehmer habe durch die schlechtere Ausführung des Werkes Aufwendungen, die zu machen er verpflichtet gewesen wäre, auf Kosten des Bestellers erspart. Vgl. BGH, NJW 63, 806.

[31] Beseitigung des Mangels als „Naturalherstellung" (§ 249) kann mit dem Schadensersatzanspruch aus § 635 nicht verlangt werden; BGHZ 61, 28, 30; 61, 369, 371. Das folgt schon daraus, daß der Anspruch aus § 635 erst gegeben ist, wenn der Anspruch auf Beseitigung ausgeschlossen ist (§ 634 Abs. 1 Satz 3 aE.).

[32] Der Minderwert ergibt sich aus dem Betrag, der aufgewendet werden muß, um den Mangel zu beseitigen, und einem dann etwa noch verbleibenden merkantilen Minderwert, oder dem merkantilen Minderwert allein. Vgl. BGHZ 58, 181, 184; 59, 365, 366.

nachweisen zu müssen, daß sein Interesse an der Vertragsdurchführung fortgefallen ist, das mangelhafte Werk als nicht leistungsgerecht ablehnen oder zurückgeben, seine Gegenleistung verweigern und darüber hinaus Ersatz des ihm aus der *Nichtausführung des Vertrages* entstehenden Schadens verlangen. Dieser früher bestrittenen Auffassung ist insbesondere auch der BGH.[33] Mit Recht hat aber der BGH hinzugefügt, daß der Schadensersatzanspruch wegen Nichtausführung des Vertrages nach § 242 dann ausgeschlossen ist, wenn der Mangel ganz geringfügig ist, so daß dem Besteller nach „Treu und Glauben" zugemutet werden kann, das Werk abzunehmen oder zu behalten und sich mit dem Ersatz des Minderwertes zu begnügen. Bedenkt man, daß mit der Ablehnung der Vertragsausführung, verbunden mit dem Verlangen nach Schadensersatz, im Ergebnis ein Mehr gegenüber der Wandelung, somit *auch* deren Erfolg, angestrebt wird, so folgt dies bereits aus dem jedenfalls analog anzuwendenden § 634 Abs. 3.[34]

Der Besteller verliert den Anspruch auf Beseitigung des Mangels, wie auch die Ansprüche auf Wandelung oder Minderung – nach der Wortfassung und der, jedoch nicht unbestrittenen, Meinung des BGH nicht aber auch den Schadensersatzanspruch[35] nach § 635 – wenn er das mangelhafte Werk *in Kenntnis des Mangels abnimmt,* ohne sich seine Rechte hierbei vorzubehalten (§ 640 Abs. 2).

Im Falle **nicht rechtzeitiger Herstellung des Werkes** hat der Besteller, auch ohne daß die Verzugsvoraussetzungen vorliegen, ein Recht zum Rücktritt nach Maßgabe der für die Wandelung geltenden Vorschriften des § 634 Abs. 1 bis 3. Grundsätzlich bedarf es danach einer Fristsetzung. Seine weitergehenden Rechte im Verzugsfalle bleiben unberührt (§ 636).[36]

Der Erfüllungsanspruch in der Abwandlung als Beseitigungsanspruch und sämtliche Ersatzerfüllungsansprüche der §§ 634 und 635 *verjähren,* ausgenommen im Falle arglistigen Verschweigens des Mangels,[37] in 6 Monaten, bei Arbeiten an einem Grundstück in einem Jahr, bei Bauwerken[38] in 5 Jahren, und zwar vom Zeitpunkt der Abnahme des Werkes (§ 638 Abs. 1). Die Gründe für die Verkürzung der Verjährungsfristen sind dieselben wie beim Kauf (oben § 41 IId). Die

---

[33] BGHZ 27, 215. So auch *Esser/Weyers* § 32 II 5b; *MünchKomm/Soergel* 25 ff.; *Palandt/Thomas* 3 a zu § 635. Hat der Besteller noch nicht (voll) bezahlt, so kann sich aus dem Schadensersatzanspruch seine Befreiung von der (weiteren) Vergütungspflicht ergeben, sofern sein „Schaden" gerade darin besteht, daß er für das für ihn unbrauchbare Werk eine Vergütung zahlen soll. So BGHZ 70, 240, 245.

[34] *Esser* 4. Aufl. § 80 II 3a.

[35] So BGHZ 61, 369, 371; 77, 134. Dagegen *Peters,* NJW 80, 750; *Wilhelm,* JZ 82, 488; überzeugend.

[36] Soweit die Geltung der Allgemeinen Vertragsbedingungen der VOB im Einzelfall vereinbart ist, ist § 636 BGB durch die Sonderregelung der §§ 5, 6 VOB (Teil B) ersetzt.

[37] Zur Frage, wer „Erfüllungsgehilfe" des Unternehmers hinsichtlich seiner Pflicht zur Offenbarung von Mängeln ist, BGHZ 62, 63.

[38] Nicht nur bei einem Neubau, sondern auch bei erheblichen Erneuerungsarbeiten; vgl. BGHZ 19, 319; 53, 43; BGH, NJW 74, 136. Zum Begriff „Bauwerk" BGHZ 57, 60; zu „Arbeiten bei Bauwerken" BGHZ 68, 209; BGH, JZ 79, 66.

längere Frist bei Bauwerken soll dem Umstand Rechnung tragen, daß sich die Mängel hier oft erst nach Jahren zeigen. Die Verjährungsfrist kann durch Vertrag sowohl verkürzt (§ 225 Satz 2) wie auch verlängert (§ 638 Abs. 2) werden; die Vorschriften über die Verjährung der Mängelansprüche des Käufers und die Erhaltung der Mängeleinrede bei rechtzeitiger Absendung der Mängelanzeige finden Anwendung (§ 639 Abs. 1). Eine *Verkürzung* der Verjährungsfristen in Allgemeinen Geschäftsbedingungen ist jedoch nach § 11 Nr. 10 Buchst. f AGBG bei Verträgen über die Lieferung neu hergestellter Sachen und über (andere) Leistungen (als Sachlieferungen)[39] unwirksam. Dies gilt nicht für Leistungen aufgrund von Verträgen, für die die Parteien die Geltung der VOB (vgl. oben unter I aE.) vereinbart haben (§ 23 Nr. 5 AGBG).[40] Diese sieht für Arbeiten an Bauwerken eine Verjährungsfrist von 2 Jahren vor.[41] Ist die Geltung der VOB im Vertrag nicht vereinbart worden, so bleibt es bei der Unwirksamkeit der Verkürzung und daher bei der Regelung des § 639.[42] Die Hemmung der Unterbrechung der Verjährung eines der Ansprüche hemmt oder unterbricht auch die der übrigen.[43] Prüft der Unternehmer im Einverständnis mit dem Besteller das Vorhandensein des Mangels oder versucht er seine Beseitigung, so ist die Verjährung so lange gehemmt (§ 639 Abs. 2).[44]

Die gesetzlichen Ansprüche wegen eines Mangels des Werkes sind *grundsätzlich abdingbar*. Das Gesetz versagt einer Vereinbarung, durch die die Verpflichtung des Unternehmers, für einen Mangel des Werks einzustehen, „erlassen oder beschränkt wird", nur dann die Geltung, wenn der Unternehmer den Mangel „arglistig verschweigt" (§ 637). Gedacht ist wohl an den Fall, daß der Unternehmer den Mangel *bei der Abnahme des Werkes* arglistig verschweigt;[45] gleichstehen muß, mindestens dann, wenn eine Abnahme ausgeschlossen ist (§ 646), der Fall, daß er den Mangel arglistig, in der Absicht, den Besteller zu schädigen, herbeigeführt hat. Erfolgt die Einschränkung der Rechte des Bestellers aber durch die Allgemeinen Geschäftsbedingungen des Unternehmers, so ist sie nur insoweit wirksam, als ihr nicht der § 11 Nr. 10 oder Nr. 11 AGBG entgegensteht.[46] Ein

---

[39] Vgl. zu dem mißverständlichen Gesetzestext Allg. Teil § 29a III b (S. 557 der 6. Aufl.).
[40] Über die Gründe hierfür vgl. *Ulmer/Brander/Hensen* Rdn. 44 zu § 23 AGBG.
[41] VOB Teil B § 13 Nr. 4. Der BGH wendet diese Frist auch dann an, wenn der Anspruch auf Ersatz von Mängelbeseitigungskosten auch auf § 4 Nr. 7 Satz 2 VOB (Teil B) gestützt wird; vgl. BGHZ 54, 352.
[42] Dies gilt auch dann, wenn der Besteller Kaufmann, § 11 AGBG auf ihn daher nicht anwendbar ist – nach § 9 AGBG. So BGHZ 90, 273.
[43] Vgl. hierzu BGHZ 39, 189; 58, 30, 35 ff.
[44] Die Hemmung tritt auch ein, wenn der Unternehmer in Unkenntnis des wirklichen Mangels erfolglos nur dessen Symptome zu beseitigen versucht. Sie endet, wenn er die Verantwortung für bestimmte Mängel ablehnt oder ihre Beseitigung verweigert. So BGHZ 48, 108. Während der Zeit, in der der Unternehmer den gerügten Mangel prüft, ist die Verjährung auch dann gehemmt, wenn eine Beseitigung des Mangels ausgeschlossen ist; BGHZ 66, 367.
[45] Vgl. *Soergel/Ballerstedt* 1 zu § 637.
[46] Hierzu vgl. oben § 43a II.

völliger Ausschluß der Gewährleistungsansprüche kommt danach keinesfalls in Betracht. Die Rechtsprechung hat ihm auch schon vor dem Inkrafttreten des AGBG die Gültigkeit versagt.[47] Durch die Abtretung aller seiner Gewährleistungsansprüche gegen die am Bau Beteiligten kann sich der Bauträger in seinen Allgemeinen Geschäftsbedingungen von seinen *eigenen* Gewährleistungspflichten gegenüber dem Erwerber nur insoweit freizeichnen, als diese ihn trotzdem treffen, wenn und soweit der Erwerber sich aus den ihm abgetretenen Ansprüchen nicht schadlos zu halten vermag.[48] Dabei kann der Bauträger seine eigene Haftung zwar davon abhängig machen, daß der Erwerber zunächst versucht, aus den ihm abgetretenen Ansprüchen Befriedigung zu erlangen, nicht aber von deren *gerichtlicher* Geltendmachung (vgl. § 11 Nr. 10a AGBG aE.).[49] Eine Beschränkung auf das Recht, Nachbesserung zu verlangen, ist nur nach Maßgabe des § 11 Nr. 10 Buchst. b AGBG wirksam. Es muß also für den Fall des Fehlschlagens der Nachbesserung dem Besteller das Recht vorbehalten werden, nach seiner Wahl Wandelung oder Minderung, wenn es sich um eine Bauleistung handelt, wenigstens Minderung zu verlangen. Schadensersatzansprüche nach § 635 können nur gemäß § 11 Nr. 7 AGBG eingeschränkt werden. Nicht ausgeschlossen werden können solche Ansprüche, wenn sie auf das Fehlen einer zugesicherten Eigenschaft gestützt werden (§ 11 Nr. 11 AGBG).[50]

b) Der Anspruch aus positiver Vertragsverletzung wegen eines Mangelfolgeschadens.

Durch die mangelhafte Ausführung der Werkleistung kann dem Besteller ein *weiterer Schaden* an einem anderen Rechtsgut, z. B. an seiner Gesundheit oder an seinem Eigentum, ein *Mangelfolgeschaden*, entstehen. Infolge unsachgemäßer Verlegung einer elektrischen Leitung kommt es zu einem Kurzschluß und da-

---

[47] So zuletzt in BGHZ 62, 323. Diese Rechtspr. – vgl. zu ihr *Palandt/Thomas* 1a u. b zu § 637 – behält ihre Bedeutung in den Fällen, in denen die §§ 10, 11 AGBG gemäß § 24 AGBG nicht anwendbar sind.

[48] So schon BGHZ 62, 251; vgl. *Löwe/Graf v. Westphalen/Trinkner* 2. Aufl. 27, 29, *Wolf/Horn/Lindacher* 22 zu § 11 Nr. 10a AGBG. Gleichgültig ist, aus welchem Grunde der Erwerber aus dem ihm abgetretenen Anspruch sich nicht zu befriedigen vermag; vgl. hierzu BGH, NJW 82, 169. Nach BGHZ 92, 123 hat der Bauträger dem Erwerber auch die Kosten zu ersetzen, die diesem aus dem Versuch entstanden sind, seine Ansprüche gegen einen am Bau Beteiligten durchzusetzen, soweit der Erwerber sie von diesem, als dem zuerst Verpflichteten, nicht zu erlangen vermag. Der BGH begründet dies zutreffend damit, diese Kosten gehörten zu dem „Restrisiko" der vollen Befriedigung des Erwerbers, das dem Bauträger verbleiben müsse, wenn seine formularmäßige Freizeichnung von der Gewährleistung wirksam sein solle. Der Hinweis auf den Auftrag (§ 670) trifft dagegen die Sache nicht. Der Erwerber, der seine Ansprüche geltend macht, tut dies im eigenen Interesse, nicht in dem des Bauträgers.

[49] Auch hinsichtlich eines außergerichtlichen Vorgehens darf von dem Erwerber nicht mehr verlangt werden, als diesem nach den Umständen möglich und zumutbar ist; *Wolf/Horn/Lindacher* 18, 19 zu § 11 Nr. 10a AGBG.

[50] Als „Zusicherung" im Sinne des § 11 Nr. 11 AGBG ist nur eine (unselbständige) Garantieübernahme (unten c Nr. 2) zu verstehen; vgl. *Nicklisch* aaO.

§ 53. Der Werkvertrag und ähnliche Verträge   II § 53

durch zu einem Brand; an der hergestellten und in Betrieb genommenen Maschine fehlt eine erforderliche Sicherheitsvorkehrung, dadurch entsteht nach einiger Zeit ein Unfall, der Personen- und Sachschaden zur Folge hat. Mit Recht nimmt die Rechtsprechung[51] an, daß der Besteller in solchen Fällen nicht auf die Mängelansprüche beschränkt ist, sondern daneben wegen des Folgeschadens auch einen Ersatzanspruch wegen sog. *„positiver Vertragsverletzung"* geltend machen kann. Im Schrifttum wird gegen diese Rechtsprechung eingewandt,[52] der Ausdruck „Schadensersatz wegen Nichterfüllung" umfasse in § 635 wie in § 463 (vgl. oben § 41 II c 3) und auch sonst, *allen* auf der „Nichterfüllung" (hier: der Herstellung eines mangelhaften Werks) ursächlich beruhenden Schaden, also auch den Mangelfolgeschaden. § 635 sei lex specialis gegenüber den allgemeinen Vorschriften, soweit es sich um Schäden handle, die auf einem Mangel des Werks beruhen; für Ansprüche aus positiver Vertragsverletzung sei daneben kein Raum. § 635 ist jedoch im Zusammenhang mit § 634 zu lesen. Der Anspruch aus § 635 setzt daher, ebenso wie das Recht, Wandelung oder Minderung zu verlangen, abgesehen von den Fällen des § 634 Abs. 2 voraus, daß der Unternehmer den Mangel nicht fristgerecht beseitigt hat.[53] Beseitigt er ihn rechtzeitig, so besteht dieser Anspruch nicht. Das Gesetz geht davon aus, daß dann ein Schaden, der zu ersetzen wäre, nicht mehr bestehe. Das trifft aber nicht auf den Mangelfolgeschaden zu. Dieser bliebe also, ist nur der Mangel am Werk beseitigt, unberücksichtigt. Ferner könnte der Besteller für ihn keinen Ersatz verlangen, wenn er bereits wegen des Mangels Wandelung oder Minderung erreicht hätte, denn den Anspruch aus § 635 hat er ja nur *statt* der Wandelung oder Minderung.[54] Das alles spricht dafür, mit der Rechtsprechung in § 635 eine abschließende Regelung nur hinsichtlich des reinen Mangelschadens, nicht auch des Mangelfolgeschadens, zu sehen.[55]

Schwierigkeiten bereitet die **Verjährung** des Anspruchs auf Ersatz eines Mangelfolgeschadens, wenn er auf „positive Vertragsverletzung", statt auf § 635, gegründet wird. Es ist den Gegnern der Rechtsprechung, besonders *Medicus*[56]

---

[51] Vgl. RGZ 62, 121 (Beförderungsvertrag); 64, 43 (unrichtige Grundstückstaxe); 66, 16 (Beförderungsvertrag); 71, 175 (mangelhafte Kühlanlage, Benutzungsschaden); 95, 3 (unbrauchbare Maschine, vergebliche Aufwendungen); 115, 125; BGHZ 35, 130 (132); 37, 342; 46, 238; 58, 87; BGH, NJW 79, 1651.
[52] So von *Medicus*, Festschr. f. Ed. *Kern*, 1970, S. 321 ff.; *Esser* 4. Aufl. § 80 II 3 b; *Soergel/Ballerstedt* 11 zu § 635; *Ballerstedt* in Festschr. f. *Larenz*, 1973, S. 717; ähnlich *Laufs/Schwenger*, NJW 70, 1817.
[53] Für den durch die Nachbesserung nicht (oder nicht mehr) zu beseitigenden Schaden – z. B. in der Zwischenzeit entgangenen Gewinn – gilt dies allerdings nicht; so BGHZ 72, 31; BGH, NJW 85, 381 = JZ 85, 239.
[54] Hierüber sich hinwegzusetzen, empfiehlt *Jakobs*, JuS 74, 341.
[55] So auch *MünchKomm/Soergel* 18 zu, *Palandt/Thomas* 4 e vor § 638. Für eine unterschiedliche Behandlung, wenn auch mit teilweise abweichenden Vorschlägen zur Abgrenzung, *Rengier* aaO (durchgehend), *Peters* NJW 78, 665; dagegen *Esser/Weyers* § 32 II 6.
[56] AaO S. 326; ebenso *Ganten*, VersR 70, 1080. Für eine dreißigjährige Verjährungsfrist *Hoche*,

zuzugeben, daß die dreißigjährige Verjährungsfrist des § 195 hier nicht paßt, weil sie die Beweisschwierigkeiten hinsichtlich des Vorliegens (und hier: der Ursächlichkeit) von Mängeln und das Interesse des Unternehmers außer Acht läßt, möglichst bald über seine Verpflichtungen Klarheit zu gewinnen. Wollte man anderseits § 638 auf den Anspruch aus positiver Vertragsverletzung auf Ersatz des Mangelfolgeschadens analog anwenden, wie das die Rechtsprechung bei entsprechenden Ansprüchen beim Kaufvertrag tut (vgl. oben § 41 II e),[57] so würde der Besteller in den nicht seltenen Fällen schutzlos bleiben, in denen der Mangel vor Eintritt des Schadens für ihn nicht erkennbar ist, der Schaden – z. B. Sturz von der mangelhaft gesicherten Leiter, Kurzschluß und Brand infolge mangelhafter Isolierung der gelegten Leitung – aber erst nach Ablauf der Fristen des § 638 eintritt. Den schutzwürdigen Belangen beider Parteien würde man am ehesten gerecht werden, wenn man § 638 nur mit der Maßgabe analog anwenden würde, daß die Verjährung des Anspruchs, statt mit der Abnahme des Werks, erst mit der Kenntnis des Bestellers vom Eintritt eines Schadens beginnt.[58]

Der BGH ist diesen Weg bisher nicht gegangen. Weil er aber die dreißigjährige Verjährungsfrist in manchen Fällen ebenfalls für zu lang ansieht, hat er Mangelfolgeschäden, die seiner Meinung nach mit dem Mangel des Werks in einem „besonders engen" Zusammenhang stehen, den Mangelschäden gleichgestellt, auf sie die §§ 635 und 638 angewandt und für diese Schäden nunmehr den Anspruch aus positiver Vertragsverletzung ausgeschlossen. Als mit dem Werkmangel „unmittelbar zusammenhängend" hat er im Falle der mangelhaften Herstellung einer Wohnung, der ihre zeitweilige Unbenutzbarkeit zur Folge hatte, die Aufwendungen des Bauherrn für die dadurch notwendig gewordene Anmietung einer Ersatzwohnung angesehen;[59] in einem anderen Fall[60] die Kosten eines für die Feststellung des Mangels erforderlichen Gutachtens. Schäden an einem Bauwerk, die als Folge der Fehlerhaftigkeit eines geologischen Gutachtens über den Baugrund entstanden waren, sah er mit dem Mangel des Gutachtens als eng zusammengehörend an; für den Ersatzanspruch gegen den Gutachter nahm er deshalb die fünfjährige Verjährungsfrist des § 638 an.[61] In anderen Fällen nahm der BGH dagegen einen nur „entfernten Zusammenhang" und daher eine Haftung aus positiver Vertragsverletzung an. Das von einem Transportunternehmer mangelhaft aufgestellte Regal stürzte nach einiger Zeit um und beschädigte andere Sachen des Bestellers.[62] Bei der Montage eines Ölofens unterblieb die notwen-

---

Festschr. f. Heinrich *Lange*, 1970, S. 245; *Palandt/Thomas* 1 b zu § 638. Differenzierend *Jakobs*, JuS 75, 76.

[57] Dafür *Todt* aaO S. 180 ff.; *Finger*, NJW 73, 81.
[58] Dagegen aber der BGH, so BGHZ 67, 1, 7; ferner G. *Schmitz*, NJW 73, 2081.
[59] BGHZ 46, 238.
[60] BGHZ 54, 352.
[61] BGHZ 72, 257.
[62] BGH, NJW 79, 1651.

dige Isolierung eines Abzugrohrs; daraus entstand ein Brand und ein erheblicher Schaden an anderen Sachen.[63] Ein fehlerhaftes tierärztliches Gutachten über den Gesundheitszustand eines Pferdes brachte dem Besteller, der das Pferd darauf als Reit- und Dressurpferd kaufte, einen Vermögensverlust. Dieser Schaden, so der BGH, sei ein „entfernterer Mangelfolgeschaden".[64] Er verjähre daher erst nach 30 Jahren.

Die Einbeziehung „naher" Mangel*folge*schäden in die Haftung für Werkmängel kann nur Verwirrung schaffen;[65] ein überzeugendes Abgrenzungskriterium ist nicht ersichtlich. In einigen Fällen handelt es sich in der Tat um einen Mangelschaden; dazu gehört die Miete für eine Ersatzwohnung, soweit sich darin nur der Minderwert der mangelhaft hergestellten Wohnung, als Folge ihrer Unbenutzbarkeit, zu erkennen gibt. Um einen Mangelschaden, nicht nur um einen mit dem Mangel „eng zusammenhängenden" Folgeschaden handelt es sich auch in dem folgenden Fall:[66] der Unternehmer hatte in einen gebrauchten Lastwagen eine Ladebordwand einzubauen. Infolge fehlerhaften Einbaus brach nach einiger Zeit der Fahrzeugrahmen. Das herzustellende Werk war das intakt gebliebene Fahrzeug mit Einschluß des eingefügten Teils; dieses Werk war mangelhaft. Mit Recht hat daher der BGH in diesen Fällen die Bestimmungen über die Mängelhaftung angewandt. Man sollte es dabei belassen, daß nur Mangelschäden von § 635 (und daher auch von § 638) erfaßt werden, alle Mangelfolgeschäden, das sind Schäden, die nicht an dem hergestellten Werk, sondern infolge seiner Fehlerhaftigkeit an anderen Rechtsgütern des Bestellers eintreten, dagegen einen Anspruch aus positiver Vertragsverletzung auslösen, und man sollte zur Behebung der Unzuträglichkeiten bei der Verjährung bei den Verjährungsvorschriften einsetzen.[67]

Besondere Probleme hinsichtlich des Mangelschadens wirft der *Architektenvertrag* auf, den ja der BGH, wie wir gesehen haben, nahezu in allen Fällen als einen Werkvertrag ansieht. Das von einem Bauunternehmer (U) nach den Plänen und Zeichnungen des Architekten (A) hergestellte Bauwerk erweist sich als fehlerhaft, weil bereits in der Planung des A ein Fehler enthalten war, oder weil U schlecht gearbeitet und A die ihm obliegende Bauaufsicht vernachlässigt hat. Der Bauherr verlangt von A, auf dessen Verschulden der Fehler allein oder doch mit beruht, Schadensersatz wegen der Mangelhaftigkeit *des Bauwerks*. Dessen Herstellung ist aber nicht die Sache allein des Architekten. Man könnte daher der Meinung sein, es handle sich bei dem Schaden, den der Bauherr infolge der Mangelhaftigkeit des Bauwerks hat, im Hinblick auf die mangelhafte Leistung des Architekten um einen *Mangelfolgeschaden*.[68] In der Tat entsteht jedoch aus dem fehlerhaften Plan oder aus dem Mangel

---

[63] BGH, NJW 82, 2244.
[64] BGHZ 87, 239. Vgl. auch BGHZ 67, 1 (unrichtige Bewertung eines Grundstücks).
[65] So hinsichtlich der Frage nach dem Umfang einer Haftpflichtversicherung; vgl. BGHZ 80, 284; *Prölss/Martin*, VersicherungsvertragsG 1 zu § 1 AHB; *Eiselt/Trapp*, NJW 84, 899.
[66] BGH, NJW 83, 2440.
[67] Das wollen auch *Medicus*, SchR II, § 99 III 2c, und *Esser/Weyers* § 32 II 6, die aber § 635 auf *alle Folgeschäden* anwenden wollen. Sie übersehen dabei die enge Bindung des § 635 an § 634, die das m. E. ausschließt.
[68] So anscheinend das OLG Köln, VersR 62, 992, u. *Schmalzl* in der Anm. in NJW 62, 735.

§ 53 II   1. Abschn. 3. Kap. Tätigkeit im Dienste oder Interesse eines anderen

der Aufsicht erst dadurch überhaupt ein Schaden, daß infolge dieses Mangels der Architektenleistung ein fehlerhaftes Gebäude errichtet wurde. Der Fehler der Architektenleistung tritt als Schaden des Bauherrn erst in dem Mangel des Bauwerks in Erscheinung. Der BGH hat daher mit Recht angenommen,[69] daß „ein Mangel, der in dem Entwurf des Architekten enthalten ist, dem Mangel gleichzusetzen ist, der dem Teil eines materiellen Bauwerks anhaftet". Demgemäß ist das Interesse des Bauherrn an der Fehlerlosigkeit der Architektenleistung gleichzusetzen seinem Interesse an der Fehlerlosigkeit des Bauwerks, soweit diese auf jener beruht. Der in Gestalt des Minderwertes des Bauwerks in die Erscheinung tretende Schaden ist daher, wenn man ihn auf die fehlerhafte Leistung des Architekten bezieht, Mangelschaden, nicht Mangelfolgeschaden, ohne daß man, um das zu begründen, auf die Nähe des Kausalzusammenhanges abzustellen braucht. Der Anspruch gegen den Architekten kann danach nur auf § 635, nicht auf „positive Vertragsverletzung" gestützt werden. Er verjährt in fünf Jahren nach der „Abnahme" der Leistung des Architekten, d. h., wenn dieser nicht auch die Oberleitung des Baus und die Bauaufsicht hatte, fünf Jahre nach dem Zeitpunkt, zu dem der Bauherr den Entwurf als vertragsmäßige Leistung entgegengenommen hatte, sonst wohl nach der Abnahme des Bauwerks. Anders wäre es, wenn der Bauherr infolge der Fehlerhaftigkeit des Plans (und darauf beruhend des Bauwerks) einen Gesundheitsschaden erlitte. Dabei würde es sich, auch im Verhältnis zum Architekten, um einen Mangelfolgeschaden handeln.

Handelt es sich bei dem Minderwert des Bauwerks, der auf der fehlerhaften Leistung des Architekten beruht, auch im Verhältnis zum Architekten, nicht nur in dem zum Bauunternehmer, um einen Mangelschaden, so ist der Architekt zur Beseitigung des Mangels jedenfalls allein doch nicht in der Lage. Allenfalls schuldet er „Beseitigung des Mangels" in Gestalt erneuter Aufsicht der Arbeiten zur Ausbesserung. Unpraktisch sind zumeist auch Wandelung und Minderung.[70] Es bleibt somit in der Regel nur der Schadensersatzanspruch aus § 635, der ein Verschulden des A voraussetzt. Ist dagegen die Arbeit des Bauunternehmers U mangelhaft, so richten sich die Ansprüche des Bauherrn gegen ihn zuerst nach den §§ 633 Abs. 2, 634. Fällt dabei dem A ein Mangel seiner Aufsicht zur Last, so sind nach der Rechtsprechung[71] A und U auch dann Gesamtschuldner, wenn U nur erst Nachbesserung, oder wenn er, nach vergeblicher Fristsetzung, Durchführung der verlangten Wandelung oder Minderung schuldet, während der Anspruch gegen A bereits auf Schadensersatz (in Geld) gerichtet ist. Dies kann damit begründet werden, daß es sich trotz der Verschiedenheit des jeweiligen Leistungsinhalts doch um die Befriedigung desselben Leistungsinteresses des Gläubigers handelt (vgl. Bd. I § 37 I). Im Innenverhältnis zueinander sind A und U daher einander zum Ausgleich gemäß §§ 426, 254 analog verpflichtet.

Zeigen sich Mängel am Bauwerk, so schuldet der Architekt dem Bauherrn seine Mitwirkung bei der Untersuchung der Ursachen – selbst wenn diese in Fehlern seiner eigenen Planung oder mangelnder Aufsicht liegen sollten –, sowie sachgemäße Unterrichtung und Beratung. Unterläßt er dies, so haftet er ihm wegen des diesem *daraus* entstehenden Schadens aus positiver Vertragsverletzung.[72]

Der BGH hat sich nicht damit begnügt, den Architekten für solche Mängel seiner Leistung, die sich in einem Mangel des Bauwerks niederschlagen (und dadurch zu einem Schaden des Bauherrn führen), nach den Vorschriften über Werkmängel haften zu lassen, er will ihn in dieser Weise auch für *Folgeschäden seines Leistungsverhaltens* haften lassen, die nicht auf einem Mangel des Bauwerks beruhen, sofern sie nur mit seinem Leistungsverhalten „unmittelbar und eng" zusammenhängen.[73] Er entzieht sie damit der Haftung für positive Vertragsverletzung und unterwirft den Schadensersatzanspruch den Verjährungsfristen des § 638. Ein Architekt, zu dessen Aufgaben auch die Überprüfung der Abrechnungen der am Bau beteiligten Unternehmer gehörte, hatte hierbei an der nötigen Sorgfalt fehlen lassen. Der Bauherr hatte infolgedessen zu viel bezahlt und, da der Bauunternehmer inzwischen in Konkurs gefallen war, einen Vermögensschaden erlitten. Der BGH sah diesen als im

---

[69] BGHZ 37, 341 (344). Vgl. ferner BGH, NJW 63, 1791; 64, 1022; JZ 63, 596; BGHZ 48, 257 (Statikervertrag).
[70] Vgl. *Jakobs* aaO S. 369.
[71] BGHZ 43, 227; 51, 275; zum Innenausgleich BGHZ 58, 216.
[72] So BGHZ 71, 144.
[73] Dazu *Schmalzl*, NJW 83, 1717.

"engen Zusammenhang" mit dem Mangel des vom Architekten geschuldeten Werks stehend an.[74] In einem anderen Fall hatte der Architekt eine von dem Unternehmer verlangte zusätzliche Vergütung dem Bauherrn gegenüber als berechtigt bezeichnet, obgleich sie es nicht war, der Bauherr sie darauf dem Unternehmer bewilligt.[75] In diesen Fällen war das Bauwerk nicht mangelhaft.[76] Auch wenn man das Bauwerk als das letzten Endes vom Architekten herzustellende Werk, und deshalb, mit dem BGH, den Architektenvertrag als Werkvertrag ansieht (vgl. oben unter I), bleibt unerfindlich, wie man hier zu einem *Werkmangel* kommen will. Der Architekt hat durch unsorgfältige Arbeit dem Bauherrn einen Schaden zugefügt, der mit einem Mangel des – von ihm mangelfrei hergestellten – Werks nichts zu tun hat; das ist ein klassischer Fall der "positiven Vertragsverletzung". Der BGH nimmt hier eine Begriffsvertauschung vor, indem er eine mangelhafte Tätigkeit als einen Mangel des – von ihr zu unterscheidenden – Werkes behandelt, um so zur Anwendung der fünfjährigen Verjährungsfrist des § 638 Abs. 1 zu gelangen.

Mit einem Anspruch aus § 635 oder aus positiver Vertragsverletzung kann ein Anspruch des Bestellers aus *unerlaubter Handlung* zusammentreffen; so wenn der Unternehmer die von ihm zu reparierende Sache des Bestellers nicht nur mangelhaft repariert, sondern dadurch zugleich beschädigt oder zerstört. Der BGH läßt diesen Anspruch in der Frist des § 852 verjähren.[77] Ein Anspruch aus *culpa in contrahendo* wegen fahrlässig unrichtiger Angaben des Unternehmers vor dem Vertragsschluß über Eigenschaften des von ihm herzustellenden Werkes wird nach richtiger Ansicht durch § 635 nicht immer ausgeschlossen;[78] zu beachten ist aber, daß er nur auf Ersatz des negativen Interesses geht, nicht das Erfüllungsinteresse einschließt. Es ist daher zu fragen, ob der Besteller bei richtiger Auskunft vom Vertragsschluß abgesehen hätte; ist das zu bejahen, ist er so zu stellen, wie er stehen würde, wenn der Vertrag nicht zustande gekommen wäre. Hat sich der Unternehmer freilich dazu verpflichtet, das Werk so herzustellen, daß es die angegebene Eigenschaft hat, dann ist es bei deren Fehlen mangelhaft; in einem solchen Fall ist, neben den Ansprüchen gemäß den §§ 634, 635, für einen Anspruch aus culpa in contrahendo ist kein Raum.[79]

c) **Die Rechte des Bestellers aus einer vom Unternehmer gegebenen Garantie.** Nicht selten erklärt der Unternehmer bei dem Abschluß des Vertrages, daß er für bestimmte Eigenschaften des von ihm herzustellenden Werkes, z. B. für eine bestimmte Leistungsfähigkeit der bestellten Maschine, für ihre Eignung zu einem ganz bestimmten Zweck, oder auch für die Abwesenheit bestimmter Mängel "Gewähr übernehme"; er versichert, daß das Werk diese bestimmten

---

[74] BGH, WM 81, 1384.
[75] BGH, NJW 81, 82. Vgl. ferner BGH, WM 83, 152.
[76] Ebensowenig war es das im Fall BGHZ 58, 225; wohl aber im Fall BGHZ 58, 85.
[77] BGHZ 55, 392; BGH, NJW 77, 1819, m. Anm. von *Schlechtriem*.
[78] Vgl. *Littbarski*, JZ 78, 3; anders aber die hL.; vgl. *Rengier*, aaO S. 101 ff.; *Palandt/Thomas* 4d vor § 633; *Erman/Seiler* 34 zu § 635.
[79] Hat der Unternehmer gewußt oder aufgrund seiner Fachkenntnis wissen müssen, daß er das Werk mit der zugesagten Eigenschaft nicht werde herstellen können, dann dürfte er den Mangel im Sinne des § 635 zu vertreten haben; damit ist aber sein – in diesem Fall vorvertragliches – Verschulden durch § 635 abgedeckt. (Abweichung von den Vorauflagen.)

Eigenschaften haben werde. Die rechtliche Bedeutung derartiger Versicherungen ist häufig recht zweifelhaft. Enthalten sie nur eine „Zusicherung" im Sinne des § 633, oder, weitergehend, eine Verpflichtung, unbedingt dafür einzustehen mit der Folge, daß der Unternehmer das Fehlen der garantierten Eigenschaft auch ohne jedes Verschulden im Sinne des § 635 zu „vertreten", also bei Vorliegen der übrigen Voraussetzungen Schadensersatz wegen Nichterfüllung zu leisten hat, oder gar ein selbständiges, über den Rahmen des Werkvertrages hinausgehendes Garantieversprechen, auf das die Regeln des Werkvertrages (z. B. die kurze Anspruchsverjährung gemäß § 638) überhaupt nicht mehr anwendbar sind? Jede dieser drei Möglichkeiten besteht, wie das RG in einer auch heute noch grundlegenden Entscheidung[80] ausgeführt hat. Wir vergegenwärtigen uns zunächst die verschiedenen Rechtsfolgen, die mit diesen Gestaltungsmöglichkeiten verbunden sind, und suchen sie sodann gegeneinander abzugrenzen.

1. Handelt es sich um eine *einfache Zusicherung* im Sinne des § 633, so bedeutet das nach dem früher Gesagten, daß der Unternehmer sich dazu verpflichtet, das Werk mit der zugesicherten Eigenschaft herzustellen. Stellt sich heraus, daß es die zugesicherte Eigenschaft nicht hat, so kann der Besteller Nachbesserung und, unter den Voraussetzungen des § 634, Wandelung oder Minderung verlangen. Zur Leistung von Schadensersatz ist der Unternehmer nach § 635 aber nur verpflichtet, wenn er den Mangel im Sinne der allgemeinen Vorschriften (§§ 276, 278) zu vertreten hat; er haftet also, trotz der Zusicherung, auf Schadensersatz *nur bei Verschulden*. Läßt sich die zugesicherte Eigenschaft trotz obligationsmäßiger Bemühung und verkehrsmäßiger Sorgfalt nicht erreichen, so kann der Besteller – falls nicht im Vertrage etwas anderes bestimmt ist – nur Wandelung oder Minderung, nicht aber Schadensersatz wegen Nichterfüllung verlangen. Seine Ansprüche unterliegen der kurzfristigen Verjährung des § 638.

2. Ist dagegen die Übernahme der Gewähr im Sinne einer *unbedingten Einstandspflicht im Rahmen des Werkvertrages* (einer „unselbständigen Garantie") zu verstehen, so haftet der Unternehmer, wenn im übrigen die Voraussetzungen des § 634 gegeben sind, grundsätzlich auch *ohne Verschulden* auf Schadensersatz, da er dann den Mangel auf Grund seiner Gewähr schlechthin zu „vertreten" hat. Voraussetzung eines Schadensersatzanspruchs ist auch hier, daß die für die Nachbesserung gesetzte Frist abgelaufen ist oder ein Fall des § 634 Abs. 2 vorliegt; der Anspruch unterliegt der Verjährungsfrist des § 638. Die Abgrenzung zwischen „einfacher Zusicherung" im Sinne des § 633 Abs. 1 und „unselbständiger Garantie" ist problematisch. Versteht man den Ausdruck „Zusicherung" hier in demselben Sinne wie beim Kauf (vgl. oben § 41 Ib), dann enthält die einfache Zusicherung

---

[80] RGZ 165, 41; ihm folgend BGHZ 65, 107, 109. Zustimmend *Enn./L.* § 151 II 2e; *Soergel/Ballerstedt* 18, *Erman/Seiler* 20 ff. zu § 633; *Palandt/Thomas* (zweifelnd bezüglich der Abgrenzung) 3d vor § 633.

§ 53. Der Werkvertrag und ähnliche Verträge

bereits die Erklärung, für das Vorhandensein der Eigenschaft einstehen zu wollen, ist also nichts anderes als eine „unselbständige Garantie".[81] Soll er dagegen hier weniger bedeuten, dann kann es sich nur um eine „Zusage" in dem Sinne handeln, daß der Unternehmer das Vorhandensein dieser Eigenschaft in Aussicht stellt, das Werk so herzustellen verspricht, daß es diese Eigenschaft hat. Die „Zusage" ist lediglich bestimmend für die „Sollbeschaffenheit" des Werkes. Eine darüber hinausgehende (echte) „Zusicherung" muß dagegen als (unselbständige) Garantie verstanden werden. Der Ausdruck „Zusicherung" in § 633 Abs. 1 ist dahin zu verstehen, daß er auch bloße „Zusagen" umfaßt, deren Nichteinhaltung – im Gegensatz zur echten Zusicherung – zwar die Rechtsfolgen der §§ 633 Abs. 2, 634 auslöst, eine Schadensersatzpflicht aber nur im Verschuldensfall. Ob es sich um eine bloße Zusage, oder um eine echte Zusicherung und damit um eine Garantie handelt, ist jeweils durch Auslegung zu ermitteln. Es kommt darauf an, wie der Besteller die Erklärung des Unternehmers auffassen durfte;[82] ob als bloße Zusage einer entsprechenden Beschaffenheit des herzustellenden Werks oder als Ausdruck eines darüber hinausgehenden Verpflichtungswillens. Letzteres darf er etwa dann annehmen, wenn er dem Unternehmer bedeutet hat oder diesem ersichtlich ist, daß es ihm gerade auf diese Eigenschaft entscheidend ankommt, und wenn der Unternehmer darauf erklärt hat, hierfür stehe er ein.

Zu beachten ist ferner, daß sich aus dem konkreten Vertrage, sei es aus einer ausdrücklichen Vereinbarung, oder im Wege „ergänzender Vertragsauslegung", aus seinem Zusammenhang, eine Einschränkung der Haftung ergeben kann. Das RG hat in der erwähnten Entsch. ausgeführt, daß sich selbst dann, wenn es sich um ein selbständiges Garantieversprechen handle (3. Fall), aus dem Vertrage eine Einschränkung dahin ergeben könne, daß der Besteller nur Ersatz seiner vergeblichen Aufwendungen solle verlangen dürfen oder daß jedenfalls ein entgangener Gewinn nicht zu ersetzen sei. Es ist, mit anderen Worten, stets sorgfältig zu prüfen, wie weit die übernommene Einstandspflicht *nach dem konkreten Vertrage* reicht. Das gilt insbesondere auch für die Frage, ob der Unternehmer für den durch das Fehlen der zugesicherten Eigenschaft adäquat verursachten *Mangelfolgeschaden* einzustehen hat.[83] Dies wird man z. B. bejahen müssen, wenn er etwa das Vorhandensein einer Schutzvorkehrung zugesichert hatte, deren Fehlen als ursächlich für den Schaden anzusehen ist. Denn die Zusicherung des Vorhandenseins einer Schutzvorrichtung bezweckt gerade die Sicherung des Bestellers gegen eine solche Gefahr, wie sie sich nunmehr verwirklicht hat. Hatte der Unternehmer dagegen eine bestimmte Leistungsfähigkeit der herzustellenden Maschine garantiert und entsteht der Folgeschaden daraus, daß der Besteller die Maschine, weil sie diese Leistungsfähigkeit nicht erreicht, überbeansprucht, so dürfte der Ersatz eines solchen Folgeschadens, an dessen möglichen Eintritt überhaupt nicht gedacht war, nicht mehr von der Garantie umfaßt werden.

---

[81] So zutreffend *Eimer*, NJW 73, 590. Er folgert daraus, daß „die gleichen Umstände, die beim Kaufvertrag die Annahme einer Zusicherung rechtfertigen, beim Werkvertrag die Voraussetzungen einer unselbständigen Garantie erfüllen."

[82] Vgl. *Erman/Seiler* 24 und 25 zu § 633 (mit Beispielen).

[83] Vgl. dazu die entsprechenden Ausführungen zur Garantiehaftung des *Verkäufers* oben § 41 II c und die dort erwähnte Abhandlung von *Diederichsen*. Über die gesetzliche Garantiehaftung des *Vermieters* oben § 48 III b.

3. Ein *selbständiges Garantieversprechen,* das den Rahmen des Werkvertrages überschreitet und daher nicht mehr nach den Regeln der §§ 633 ff. zu beurteilen ist, liegt dann vor, wenn nicht nur die vertragsmäßige Beschaffenheit des Werkes gewährleistet wird, sondern ein *darüber hinausgehender,* auch noch von anderen Faktoren abhängender Erfolg. Das RG hat ein selbständiges Garantieversprechen z. B. angenommen in einem Fall, in dem der Unternehmer garantiert hatte, der Besteller werde mit Hilfe der von ihm herzustellenden Anlage bei ordnungsgemäßem Betrieb einen bestimmten Reinverdienst erzielen.[84] Es liegt auf der Hand, daß sich hier die Garantie auf einen Erfolg bezieht, dessen Herbeiführung nicht mehr Gegenstand der Leistungspflicht des Unternehmers aus dem Werkvertrage ist. Der Sinn einer solchen Garantie kann nur in dem Versprechen gefunden werden, dem Empfänger für sein Interesse einzustehen, d. h. bei Nichteintritt des Erfolges sei es vollen, sei es einen irgendwie beschränkten Schadensersatz zu leisten. Der Anspruch aus einem solchen selbständigen – wenn auch in Verbindung mit einem Werkvertrag abgeschlossenen – Garantievertrag geht auf Erfüllung des Garantieversprechens in Form einer Geldzahlung; er ist ein *Erfüllungsanspruch* und kein ,,Schadensersatzanspruch wegen Nichterfüllung" des Werkvertrages. Mit dem Anspruch aus § 635 hat er nichts zu tun; er verjährt, als ein normaler Erfüllungsanspruch, in 30 Jahren.

Es dürfte vornehmlich diese letzte Konsequenz sein, die das RG dazu bewogen hat, mit der Annahme eines selbständigen Garantieversprechens im Zusammenhang mit einem Werkvertrag äußerst zurückhaltend zu sein. In den meisten von ihm entschiedenen Fällen hat das RG nur die schwächste Form, nämlich eine einfache Zusicherung im Sinne des § 633 Abs. 1, also eine bloße Zusage, angenommen.[85] Dabei kam es ihm auf die von den Parteien gebrauchten Worte nicht an; insbesondere schließe der Ausdruck ,,Garantie" die Annahme nur einer einfachen Zusicherung nicht aus.

III. Die Pflichten und Obliegenheiten des Bestellers

a) **Vergütungspflicht, Abnahmepflicht und Gefahrtragung.** Der Besteller hat die vereinbarte oder gemäß § 632 geschuldete Vergütung grundsätzlich ,,*bei der Abnahme des Werkes*" zu entrichten. Der Unternehmer hat also vorzuleisten. Wenn das Werk in einzelnen Teilen abzunehmen und die Vergütung für die

---

[84] RG in JW 1919, 241 m. Anm. von *Oertmann.* Vgl. ferner die Entsch. in JW 21, 829 (m. Anm. von *Riezler*); JW 39, 38.
[85] So RGZ 71, 173; RG JW 1912, 289; JW 26, 2526 (m. Anm. von *Hoeniger*); wohl auch in RGZ 165, 41. Gegen die Annahme eines selbständigen Garantieversprechens im Zusammenhange mit einem Architektenvertrage das OLG Köln, MDR 63, 132. Der BGH (NJW 75, 685) hält eine unselbständige Garantie im Verhältnis zur bloßen Zusage für die ,,Ausnahme"; an ihr Vorliegen müßten ,,strenge Anforderungen" gestellt werden. Das steht in auffallendem Gegensatz zu der im allgemeinen großzügigen Annahme einer Zusicherung durch die Rechtspr. bei Kaufverträgen. Darauf hat mit Recht *Eimer* aaO hingewiesen.

§ 53. Der Werkvertrag und ähnliche Verträge

einzelnen Teile bestimmt ist, dann ist sie „für jeden Teil bei dessen Abnahme zu entrichten" (§ 641 Abs. 1). Abweichende Vereinbarungen gehen vor.

Der Besteller ist verpflichtet, das vertragsmäßig[86] hergestellte – also nur: ein mangelfreies – Werk abzunehmen, falls nicht „nach der Beschaffenheit des Werkes die Abnahme ausgeschlossen ist" (§ 640 Abs. 1). In diesem Fall tritt an die Stelle der Abnahme hinsichtlich der Fälligkeit des Vergütungsanspruchs und der sonstigen Rechtsfolgen die Vollendung des Werkes (§ 646). Da der Unternehmer an der Abnahme, von der regelmäßig seine Vergütung abhängt, ein dringendes Interesse hat, ist die Abnahmepflicht des Bestellers – anders als die des Käufers (oben § 42 Ib) – eine Hauptleistungspflicht.[87]

Bis zur Abnahme – oder gegebenenfalls (§ 646) bis zur Vollendung – des Werkes trägt der Unternehmer grundsätzlich die Gefahr (§ 644 Abs. 1 Satz 1). Gemeint ist die Gefahr des Verlustes seines Vergütungsanspruchs, die „*Preisgefahr*" (Bd. I § 21 Ib). Mißlingt dem Unternehmer die Herstellung des Werkes, wird er zu ihr, auch ohne sein Verschulden, unvermögend, oder geht das von ihm schon fertiggestellte Werk vor seiner Abnahme durch einen Zufall unter, so kann er die Vergütung nicht, auch nicht teilweise, verlangen.[88] Er hat also „umsonst" gearbeitet.[89] Das ergibt sich bereits daraus, daß der Unternehmer beim Werkvertrag seine Vergütung im allgemeinen nicht für die von ihm aufgewandte Zeit und Arbeitsmühe erhält, sondern für die Herstellung des vollendeten Werkes. Er trägt, von einigen noch zu erwähnenden Einschränkungen abgesehen, das Risiko jedes Fehlschlags und auch des Verlustes des beinahe fertigen, ja vielfach selbst des fertigen, nur noch nicht „abgenommenen", Werkes. Das bedeutet freilich nicht, daß er etwa auch für den zufälligen, d.h. nicht von ihm zu vertretenden Untergang oder eine zufällige Verschlechterung des von dem Besteller gelieferten Stoffes aufzukommen hätte (§ 644 Abs. 1 Satz 3). Es bedeutet aber, daß er für seine erfolglos gebliebene Tätigkeit nichts erhält. Er hat seine Arbeit, Zutaten und sonstige Nebenkosten vergebens aufgewandt. Wenn nicht die Herstellung jetzt unmöglich oder der Unternehmer zu ihr unvermögend geworden ist, bleibt

---

[86] Darüber, wann ein nach einem vom Besteller genehmigten Entwurf herzustellendes Kunstwerk „vertragsmäßig" ist, vgl. BGHZ 19, 382. Auch wenn das Werk nur verhältnismäßig geringe Mängel aufweist, braucht es der Besteller, solange diese nicht beseitigt sind, nicht abzunehmen; OLG Karlsruhe, MDR 67, 669. Er braucht dann auch die Vergütung noch nicht zu zahlen.

[87] Keine „Hauptleistungspflicht", jedoch eine einklagbare Nebenleistungspflicht ist die Pflicht des Bestellers, die Werkleistung in angemessener Zeit abzurufen, wenn sie erst auf Abruf erfolgen soll; BGH, NJW 72, 99.

[88] Eine teilweise abweichende, dem Unternehmer günstigere Regelung gilt, soweit die VOB anwendbar ist, für *Bauverträge* gemäß § 7 Nr. 1 in Vbdg. mit § 6 Nr. 5 VOB Teil B.

[89] Haben Haupt- und Subunternehmer nebeneinander an einem Bauwerk gearbeitet, das während dieser Arbeiten durch Verschulden eines Dritten abbrennt, so trifft die Vergütungsgefahr beide in gleicher Weise, d.h. jeden hinsichtlich seiner Vergütung. Der Subunternehmer hat keinen Vergütungsanspruch gegen den Hauptunternehmer, wenn dieser nichts getan hat, was die Entstehung des Brandes begünstigte. So der BGH, JZ 81, 98.

er weiter zur Leistung verpflichtet, muß das Werk also neu herstellen, soweit nicht im Einzelfall sich aus dem Grundsatz von ,,Treu und Glauben" ein anderes ergibt.[90] Für das neu hergestellte Werk kann er zwar dann, nach seiner Abnahme oder gegebenenfalls Vollendung, die Vergütung verlangen – aber ohne eine Entschädigung für den nötig gewordenen Mehraufwand an Arbeitszeit, Mühe und Zutaten. In dieser Regelung des Entgeltrisikos liegt der praktisch bedeutendste Unterschied zum Dienstvertrag.

Überblicken wir die angeführten Bestimmungen (§§ 640, 644 Abs. 1 Satz 1) im Zusammenhang, so wird deutlich, daß das Gesetz dem Vorgang der ,,Abnahme" für die Entwicklung der Beziehungen der Vertragsteile offenbar eine wesentliche Bedeutung beilegt. An die Abnahme knüpft das Gesetz auch den Beginn der Verjährung der Ansprüche des Bestellers wegen eines Mangels des Werkes (§ 638 Abs. 1); Abnahme trotz Kenntnis des Mangels und ohne Vorbehalt der Rechte führt zum Verlust der Rechte nach §§ 633, 634 (§ 640 Abs. 2; vgl. oben S. 352). Was ist nun unter der ,,Abnahme" zu verstehen, und wann ist eine Abnahme ,,nach der Beschaffenheit des Werkes ausgeschlossen"?

Eine ältere Lehre[91] meinte, die ,,Abnahme" bedeute ebenso wie beim Kauf nichts anderes als die *körperliche Entgegennahme des Werkes,* seine Überführung in den unmittelbaren Besitz des Bestellers. Für sie kann man anführen, daß von dem Augenblick an, in dem das fertiggestellte Werk in seine tatsächliche Gewalt gelangt ist, der *Besteller* die Gefahr eines zufälligen Ereignisses tragen sollte, das das Werk jetzt etwa betrifft, und daß der Unternehmer, der mit der Ablieferung des fertigen Werks in der Regel das Seinige getan hat, nun die Vergütung sollte fordern können.[92] Wenn freilich der Besteller schon vorher im Besitze war, wie bei Arbeiten auf seinem Grundstück und an seinem Gebäude, dann wäre, ebenso wie bei allen nichtkörperlichen Werken (Beförderung, Theateraufführung), nach dieser Auffassung die Abnahme ,,nach der Beschaffenheit des Werkes ausgeschlossen", so daß hier immer die Vollendung des Werkes der maßgebende Zeitpunkt wäre (§ 646). Gegen diese Lehre läßt sich nun aber einwenden, daß der Lebenssprachgebrauch unter der ,,Abnahme" z. B. eines Gebäudes, einer baulichen Anlage oder einer technischen Einrichtung, einerlei, ob eine körperliche Hinnahme durch den Besteller in Frage kommt oder nicht, vielfach etwas ande-

---

[90] HL; vgl. *Münch/Komm/Soergel 2, Palandt/Thomas* 2b zu § 644.
[91] So besonders *Heck* 347 ff.; *Siber* 337; *Titze* 175.
[92] *Heck* (S. 348) brachte hierzu folgendes Beispiel, das einen Werklieferungsvertrag (beachte § 651 Abs. 1 Satz 2 zweiter Halbsatz!) betrifft: Der Schneider hat den fertiggestellten Maßanzug in der Wohnung des Bestellers während dessen Abwesenheit abgeliefert (Bringschuld). Bevor dieser ihn in Augenschein nehmen und sich zu ihm äußern kann, geht der Anzug durch einen (vom Besteller nicht zu vertretenden) Wohnungsbrand zugrunde. Nach der damals schon herrsch. Lehre, die für die ,,Abnahme" stets eine ,,Billigung" des Werks durch den Besteller verlangt, hätte eine Abnahme trotz der Übergabe nicht stattgefunden. Der Schneider ginge leer aus, ein Ergebnis, das *Heck* mit Recht als unangemessen ansieht.

res, nämlich die im Anschluß an eine Besichtigung, mitunter auch Erprobung, zum Ausdruck gebrachte *Zustimmung des Bestellers zu der Leistung des Unternehmers*, eine Erklärung (nicht notwendig rechtsgeschäftlichen Charakters) des Inhalts versteht, er sehe das hergestellte Werk im wesentlichen als vertragsgemäß an, er habe keine wesentlichen Beanstandungen. Erst mit einer solchen „Abnahme" durch den Besteller im Sinne einer Anerkennung des Werkes als „im wesentlichen vertragsgemäß", meist auf Grund einer Besichtigung, sieht die Verkehrsauffassung in diesen Fällen die Tätigkeit des Unternehmers als beendet an; erst hierdurch wird außer Zweifel gestellt, daß das Werk, vorbehaltlich einzelner Mängel, in der vertragsmäßigen Beschaffenheit hergestellt ist. Die im Schrifttum[93] und besonders in der Rechtsprechung[94] vorherrschende Auffassung versucht daher, beide Gesichtspunkte, den Besitzübergang und die Billigung, miteinander zu kombinieren; sie versteht unter der „Abnahme" regelmäßig „die körperliche Hinnahme der Leistung des Unternehmers durch den Besteller, verbunden mit der Erklärung des Bestellers, daß er die Leistung als eine der Hauptsache nach dem Vertrag entsprechende Erfüllung anerkenne". Diese Erklärung soll zwar nach manchen nicht so weit gehen, wie eine Annahme als Erfüllung im Sinne des § 363, aber doch eine, wenn auch nicht ganz uneingeschränkte, Billigung darstellen.[95] Wenn eine körperliche Hingabe des Werks nicht in Betracht kommt, weil es sich schon im Besitz des Bestellers befindet, wie vor allem bei Arbeiten an seinem Grundstück, soll die Billigung des Werkes als (im wesentlichen) vertragsgerecht allein die „Abnahme" darstellen. Bei unkörperlichen Werken wie bei einer Beförderung oder einer Aufführung, tritt dagegen auch nach dieser Auffassung gemäß § 646 an die Stelle der hier nicht möglichen Abnahme die Vollendung des Werks. Endlich wird auch die Auffassung vertreten, die „Abnahme" im Sinne des Gesetzes sei *stets und allein* die Billigung des Werkes als „im großen und ganzen vertragsgerecht" durch den Besteller; die Übergabe – so *Jakobs*[96] – sei „überhaupt kein wesentliches Element des Tatbestandes der Abnahme".

Was die zuletzt genannte Auffassung betrifft, so muß sie sich fragen lassen, welche Bedeutung dann dem § 646 zukommt. Denn, wie *Jakobs*[97] richtig sieht,

---

[93] *Enn./L.* § 152 I 2; *Leonhard* B 227f.; *Staudinger/Riedel* 3, *Oertmann* 2b, *MünchKomm/Soergel* 2ff., *Palandt/Thomas* 1a zu § 640. Eine eingehende Darstellung der geschichtlichen Entwicklung der Lehre gibt *Pietsch*, Die Abnahme im Werkvertragsrecht, Hamburger Diss. 1976.
[94] Grundlegend waren RGZ 57, 338; 110, 406.
[95] Sie kann auch durch schlüssiges Verhalten erfolgen; als solches sieht der BGH bei einem Bauwerk seine Ingebrauchnahme zu dem vorbestimmten Zweck an, selbst wenn erst ein Teil des im ganzen fertiggestellten Gebäudes in Benutzung genommen wird. Vgl. BGH, JZ 85, 351. Eine „förmliche Abnahme" kennt die VOB in Teil B § 12 Nr. 4. Sie verlangt eine Niederschrift, in die „etwaige Vorbehalte wegen bekannter Mängel und wegen Vertragsstrafen", sowie etwaige Einwendungen des Unternehmers aufzunehmen sind.
[96] In AcP 183, 114, 158.
[97] aaO S. 183. So auch schon *Siber* S. 337.

steht der Möglichkeit einer Abnahme auch eines unkörperlichen Werks nichts entgegen, wenn die Abnahme allein die Annahme als Erfüllung ist. Die Antwort, die *Jakobs* gibt, es handle sich etwa bei Transporten oder Aufführungen um Leistungen, die man „so wie sie erbracht werden, hinzunehmen hat", befriedigt nicht, weil sie ihrerseits einer Begründung bedarf. Aber auch die hL. muß sich fragen lassen, warum sie bei den nicht irgendwie verkörperten Werken die Abnahme für „nach der Beschaffenheit des Werkes ausgeschlossen" ansieht, obgleich die bloße Billigung doch auch hier möglich ist[98] und sie diese in anderen Fällen – denen der Arbeiten am Bauwerk des Bestellers – für die Abnahme genügen läßt. Der Grund für die verschiedene Behandlung dieser Fälle liegt m. E. darin, daß bei Arbeiten an Bauwerken des Bestellers, auch wenn eine Übergabe hier nicht in Betracht kommt, doch eine „Abnahme" im Sinne einer Prüfung und der Erklärung, das Werk sei „im ganzen" vertragsgerecht hergestellt, *verkehrsüblich* ist und daher auch erwartet wird, in den Fällen eines unkörperlichen Werks dagegen regelmäßig nicht.[99]

Es bleibt noch die Frage zu beantworten, ob es etwa auch Fälle gibt, in denen zwar die körperliche Entgegennahme des fertigen Werks durch den Besteller möglich ist und erfolgt, diese aber für die „Abnahme" genügt, weil eine Erklärung im Sinne der von der hL. verlangten Billigung hier nicht regelmäßig erwartet wird und im Hinblick auf die Rechtsfolgen als entbehrlich erscheint. Es geht dabei vornehmlich um die *Reparatur von beweglichen Sachen des Bestellers*. Gewiß wird dieser in vielen Fällen die Sache, bevor er sie entgegennimmt, besehen; in diesen Fällen kann man in der Entgegennahme eine Billigung sehen. Aber das braucht nicht so zu sein. Häufig, so etwa bei der Reparatur eines Autos, verläßt sich der Besteller auf die Angabe des Unternehmers, der Schaden sei behoben. Eine Erklärung des Inhalts abzugeben, er billige die Reparatur, hat er keinen Anlaß. Ob sie sachgerecht durchgeführt wurde, merkt er dann erst, wenn er mit dem Wagen einige Zeit gefahren ist. Trotzdem zweifelt niemand daran, daß mit der – widerspruchslosen – Entgegennahme des Wagens die Rechtsfolgen der Abnahme eintreten. Die hL. kann dies nur so begründen, daß sie in der Entgegennahme doch eine „stillschweigende" Billigung erblickt. Dabei handelt es sich jedoch um eine Fiktion.[100] In anderen Fällen wird die reparierte Sache, z.B. gereinigte Wäsche, dem Besteller oder einem Mitglied seines Hausstandes ver-

---

[98] Ein Möbeltransport kann, worauf *Enn./L.* § 152, Anm. 2 mit Recht hinweisen, sehr wohl in der Weise „abgenommen" werden, daß der Empfänger nach der Durchführung des Transports erklärt, die Möbel seien unbeschädigt angekommen. *Möglich,* wenn auch nicht üblich, ist dies bei jedem anderen Transport, auch bei einer Personenbeförderung. Warum sollte es nicht *möglich* sein, daß der Fahrgast, am Ziel angelangt, erklärt, er sei richtig befördert worden? Daß eine solche Erklärung nach der Verkehrssitte nicht zu erwarten ist, ist etwas anderes.
[99] Zustimmend *Erman/Seiler* 10; *Jauernig/Schlechtriem* 1a zu § 640.
[100] Von Fiktionen spricht auch *Esser/Weyers* § 33 II 1 zu Anm. 6.

packt übergeben. Auch wenn er sie nicht sogleich auspackt und überprüft, sondern nur wortlos annimmt, geht es wohl nicht an, daß der Unternehmer weiterhin die Gefahr trägt und seine Vergütung noch nicht verlangen kann. Für diese Fälle behält die ältere Lehre, die gerade solche Fälle im Auge hatte, ihre Berechtigung. Man sollte daher anerkennen, daß der Begriff „Abnahme" im Werkvertragsrecht nicht einheitlich bestimmt werden kann.[101] Vielmehr muß man hier, wie das auch sonst geschieht, die Verkehrsauffassung heranziehen und unterscheiden: „Abnahme" bedeutet in den Fällen, in denen eine Besichtigung, Prüfung und Erklärung der Billigung durch den Besteller verkehrsüblich oder im konkreten Fall vereinbart ist, vor allem also bei Arbeiten an Bauwerken, bei der Anfertigung, Montage und Inbetriebsetzung von Maschinen, technischen Anlagen und Gerätschaften, diese Erklärung (und ist dann m. E. mit der „Annahme als Erfüllung" identisch); wo das nicht der Fall ist, jedoch die körperliche Entgegennahme des Werkes möglich ist, die widerspruchlose Entgegennahme durch den Besteller (ob mit oder ohne „Billigung") oder eine dazu von ihm autorisierte Person. Ist eine körperliche Entgegennahme wegen der Beschaffenheit des Werkes nicht möglich und die „Abnahme" im Sinne einer Billigung des Werkes, weil unüblich, nicht zu erwarten, wie vor allem bei der Personenbeförderung, der Beförderung von Stückgut und bei Theateraufführungen und dergleichen, so tritt gemäß § 646 an die Stelle der Abnahme die Vollendung des Werkes.

In einigen Fällen wird der Unternehmer jedoch schon vor der Abnahme oder der Vollendung des Werkes *von der Vergütungsgefahr befreit*. Die Gefahr geht auf den Besteller über, wenn dieser in Annahmeverzug kommt (§ 644 Abs. 1 Satz 2; entsprechend § 324 Abs. 2). Sie geht ferner dann auf ihn über, wenn der Unternehmer das Werk auf sein Verlangen an einen anderen Ort als den Erfüllungsort übersendet, und zwar entsprechend der Regelung beim Versendungskauf (§ 447) mit der Auslieferung an den Spediteur, Frachtführer oder die Transportanstalt (§ 644 Abs. 2). Wenn schließlich das Werk vor der Abnahme (oder, in den Fällen des § 646, vor der Vollendung) infolge eines Mangels des von dem Besteller gelieferten Stoffes (z. B. der von ihm gelieferten Farbe) oder einer von ihm für die Ausführung erteilten Anweisung[102] untergegangen, verschlechtert oder unausführbar geworden ist, ohne daß ein Verschulden des Unternehmers oder seines Erfüllungsgehilfen mitgewirkt hat, dann kann der Unternehmer „einen der ge-

---

[101] Für eine weitergehende Differenzierung, und zwar im Hinblick auf die verschiedenen Rechtsfolgen der Abnahme, *Böggering* in JuS 78, 512; *Esser/Weyers* § 33 II 1.
[102] In Frage kommen hier wohl nur solche Anweisungen, die der Besteller *nachträglich,* d. h. erst nach dem Abschluß des Vertrages, erteilt, nicht solche, die in die Vertragsinhalt gewordene Leistungsbeschreibung eingegangen sind, und hier wieder nur solche, die der Unternehmer als für ihn verbindlich – also nicht nur als bloße Vorschläge – verstehen muß. Daß der Besteller das mit der Ausführung seiner Anweisung verbundene Risiko „konkludent" übernimmt, ist nicht zu fordern; anders *Nicklisch,* Festschr. f. *Bosch* 1976, S. 731.

§ 53 III   1. Abschn. 3. Kap. Tätigkeit im Dienste oder Interesse eines anderen

leisteten Arbeit entsprechenden Teil der Vergütung und Ersatz der in der Vergütung nicht inbegriffenen Auslagen" verlangen (§ 645 Abs. 1 Satz 1). Ein Verschulden des Bestellers – Voraussehbarkeit des Erfolgs und Sorgfaltsmangel – ist hier nicht vorausgesetzt. Eine weitergehende Haftung des Bestellers wegen schuldhafter Verletzung einer Vertragspflicht bleibt unberührt (§ 645 Abs. 2). Das Gesetz gibt den Anspruch auf eine Teilvergütung zwar nur in bestimmten Fällen, die Vorschrift enthält aber einen allgemeineren Rechtsgedanken und ist daher der Analogie fähig. Der Unternehmer braucht das Risiko des Mißlingens oder Unmöglichwerdens des Werkes dann jedenfalls nicht voll zu tragen, wenn dies auf einem Umstand beruht, der *dem Besteller zuzurechnen* ist, als *sein* Risiko angesehen werden muß.

Als einen solchen Umstand hat der BGH zunächst eine Handlung des Bestellers angesehen, die eine Gefährdung des Werks mit sich brachte, wenn sich die dadurch geschaffene Gefahr verwirklicht hat.[103] Dem „Mangel" des vom Besteller gelieferten Stoffes wird man dessen Untauglichkeit und weiterhin die Untauglichkeit oder den Untergang des vom Besteller zur Verfügung gestellten „Leistungssubstrates" gleichstellen können.[104] (Beispiel: die auszumalende Kirche brennt, vor oder nach dem Beginn der Arbeiten, infolge Blitzschlags ab.) Sodann hat der BGH bei einem Reisevertrag auch den Fall gleichgestellt,[105] daß die Reise deshalb unterbleiben mußte, weil ein mitreisendes Familienmitglied des Bestellers sich aus gesundheitlichen Gründen der vorgeschriebenen Impfung nicht unterziehen konnte. Denn es sei sachgerecht, den Besteller die Verantwortung dafür tragen zu lassen, „daß die Person, an der oder unter deren Mitwirkung das Werk herzustellen ist, dazu auch in der Lage, d.h. tauglich ist". Als Umstände, die dem Risiko des Bestellers zuzurechnen sind, wird man danach etwa ansehen müssen:[106] seine eigenen Handlungen, sofern sie die Gefahr, die sich verwirklicht hat, erst geschaffen oder entscheidend erhöht haben; ferner Ereignisse, die sich in seinem Einflußbereich zutragen oder in seinen persönlichen Lebensverhältnissen (oder denen einer auf seiner Seite beteiligten Person) begründet sind, die der Unternehmer, da nicht zum typischen Risiko der Herstellung eines solchen Werks gehörend, auch nicht in Betracht zu ziehen brauchte.

b) **Vergütungspflicht im Falle der Kündigung.** Beim Werkvertrag ist das Moment der Zeit, anders als in den Regelfällen beim Dienstvertrag, von keiner Bedeutung für die Bestimmung des Umfangs der Leistung des Unternehmers

---

[103] BGHZ 40, 71.
[104] Vgl. dazu *Köhler,* Unmöglichkeit und Geschäftsgrundlage bei Zweckstörungen im Schuldverhältnis, 1971, S. 38 ff.; sowie Bd. I § 21 I v.
[105] BGHZ 60, 14 = JZ 73, 366 (m. Anm. von *Medicus*). Kritisch zu dieser Entsch. Ernst *Wolf,* DB 74, 465; zustimmend dagegen, mit eingehender Begründung, *Koller* aaO. S. 290 ff. Gegen jede „Sphärentheorie" als Hilfsmittel der Risikozurechnung *Nassauer,* „Sphärentheorien" zu Regelungen der Gefahrtragungshaftung in vertraglichen Schuldverhältnissen, 1978, S. 142 ff. Vgl. ferner *Lorenz* aaO S. 592 ff.; *Esser/Weyers* § 34 III 1 a.
[106] Noch weiter gegangen ist der BGH in einer Entsch., in der es um die Lieferung einer industriellen Anlage an eine Firma im Iran und ihre Montage ging (NJW 82, 1458). Nachdem alle Teile der Anlage bereits geliefert waren, mußte die Montage wegen der inzwischen im Iran herrschenden Verhältnisse unterbleiben. Der BGH sah in der zeitweiligen Unausführbarkeit des Werks, weil deren Ende nicht abzusehen war, eine dauernde; er sprach dem Unternehmer die Vergütung gemäß § 645 zu. Zwar beruhe die Unausführbarkeit hier weder auf Handlungen des Bestellers noch auf Umständen, die in seiner Person liegen, doch stehe er den Umständen, die hier die Unausführbarkeit bewirken, „näher" als der Unternehmer. Das reicht als eine verallgemeinerungsfähige Begründung kaum aus.

§ 53. Der Werkvertrag und ähnliche Verträge   III § 53

und regelmäßig auch nicht für die Bemessung der Vergütung. Der Werkvertrag begründet also in der Regel kein „Dauerschuldverhältnis", bei dem sich die fortdauernd oder in regelmäßigen Abständen zu erfüllenden Leistungspflichten so lange fortsetzen, bis das im voraus bestimmte oder durch Aufhebungsvertrag oder Kündigung herbeigeführte zeitliche Ende erreicht ist. Die Tätigkeit des Unternehmers endet normalerweise mit der Fertigstellung, gegebenenfalls mit der Ablieferung des fertigen Werks. Sie erstreckt sich aber vielfach über einen längeren Zeitraum. Während dieser Zeit kann sich die Interessenlage des Bestellers ändern; er braucht das Werk jetzt vielleicht nicht mehr, seine Dispositionen haben sich geändert. Das Gesetz räumt dem Besteller bis zur Vollendung des Werks das Recht zu jederzeitiger (fristloser) Kündigung ein. Er kann dadurch aber den selbst vertragstreuen Unternehmer nicht um seinen Anspruch auf die vereinbarte Vergütung bringen. Der Unternehmer muß sich nur den Betrag abziehen lassen, den er „infolge der Aufhebung des Vertrages an Aufwendungen erspart oder durch anderweitige Verwendung seiner Arbeitskraft erwirbt oder zu erwerben böswillig unterläßt" (§ 649). Soweit er das Werk bereits hergestellt hat, wird er es dem Besteller auf Verlangen zu überlassen haben. Unberührt bleibt das Recht des Bestellers, bei einem Werkvertrag, der auf ein längeres Zusammenwirken angelegt ist und ein Vertrauensverhältnis zur Voraussetzung hat, wegen schuldhafter „positiver Vertragsverletzung" des Unternehmers (analog § 326) mit sofortiger Wirkung das Vertragsverhältnis zu kündigen, wenn ihm die Fortsetzung nicht mehr zumutbar ist.[107] Der Anspruch des Unternehmers gemäß § 649 besteht in diesem Fall nicht.[108] Für die Abwicklung wird man in diesem Fall (analog § 327) die Rücktrittsvorschriften anzuwenden haben; für die vom Unternehmer bereits geleisteten Dienste ist also deren Wert zu vergüten (§ 346 Satz 2).

Häufig wird vor der Erteilung des Werkauftrags von dem Unternehmer ein *Kostenanschlag* eingereicht und der Auftrag auf Grund dieses Kostenanschlags erteilt. Der Kostenanschlag kann die Bedeutung haben, daß der Unternehmer sich verpflichtet, das Werk in der aus dem Anschlag ersichtlichen Weise für die darin genannte Endsumme herzustellen, daß er die Richtigkeit des Anschlags garantiert. Dann ist er verpflichtet, das Werk für die genannte Summe herzustellen. Sind seine tatsächlichen Aufwendungen – z. B. für Löhne und Materialkosten – höher als vorgesehen, so trägt er das Risiko. Häufig dient der Kostenanschlag aber auch nur zur Orientierung des Bestellers über die ungefähre Höhe der

---

[107] Dies hat der BGH in der Entsch. NJW 60, 431 (am Ende) verkannt. Zutreffend BGHZ 31, 224 (229).
[108] Vgl. BGH, BB 62, 497; BGHZ 45, 372, 375; *Palandt/Thomas* 2, *Erman/Seiler* 17 zu § 649. Der Besteller hat in diesem Fall ferner einen Anspruch auf Ersatz des ihm durch die Beendigung des Vertragsverhältnisses entstehenden Schadens; dieser Anspruch verjährt in 30 Jahren. Dagegen verjährt ein Anspruch auf Erstattung der Kosten für die Beseitigung von Mängeln des bereits fertiggestellten und vom Besteller behaltenen Teilwerks gemäß § 638. So der BGH, NJW 83, 2439.

zu erwartenden Kosten; die endgültige Berechnung der Vergütung soll nach einem anderen Maßstabe (tatsächliche Materialaufwendungen, Zahl der Arbeitsstunden) erfolgen. Diese Bedeutung wird der Anschlag vor allem dann haben, wenn der Umfang der erforderlichen Arbeiten – wie vielfach bei Bauten oder bei Reparaturen, wenn der Fehler vorher nicht zu ermitteln ist – noch gar nicht mit Sicherheit vorausgesehen werden kann. Der Anschlag hat dann nur den Charakter einer Schätzung, für deren Richtigkeit der Unternehmer keine Gewähr übernehmen will. Welche Bedeutung der Kostenanschlag im Einzelfall hat, ist eine Frage der Vertragsauslegung. Hat der Unternehmer keine Gewähr für die Richtigkeit übernommen, ergibt sich sodann, daß das Werk nicht ohne eine wesentliche Überschreitung des Anschlags[109] ausführbar ist, und kündigt der Besteller aus diesem Grunde, so kann der Unternehmer entgegen der Regel des § 649 nicht die volle Vergütung abzüglich seiner Ersparnisse und anderweitigen Verdienstes verlangen, sondern lediglich einen der bereits von ihm geleisteten Arbeit entsprechenden Teil der Vergütung zuzüglich der in der Vergütung nicht inbegriffen Auslagen (§ 650 in Vbdg. mit § 645 Abs. 1).[110] Ist eine derartige Überschreitung des Anschlags zu erwarten, so hat er dem Besteller unverzüglich davon Anzeige zu machen.

c) **Die Folgen unterlassener Mitwirkung.** In manchen Fällen ist die Herstellung des Werkes nicht ohne eine Mitwirkung des Bestellers möglich. Er hat z. B. den Stoff zu liefern, aus dem es hergestellt werden soll, bestimmte Maße anzugeben, zur Anprobe zu erscheinen, einen Raum oder Geräte zur Verfügung zu stellen. Die Unterlassung einer solchen Mitwirkungshandlung bewirkt nach der allgemeinen Regelung „Annahmeverzug" des Gläubigers (vgl. § 295 Satz 1 zweiter Halbsatz). Das Gesetz sieht diesen nicht als eine Pflichtverletzung an (vgl. Bd. I § 25 I); es gibt daher dem Schuldner im allgemeinen keinen Schadensersatzanspruch, sondern nur einen Anspruch auf Ersatz seiner Mehraufwendungen (§ 304). Beim Werkvertrag geht es darüber hinaus und gewährt dem Unternehmer, wenn die Voraussetzungen des „Annahmeverzuges" durch Unterlassung einer Mitwirkungshandlung vorliegen, dann aber auch ohne ein Verschulden des Bestellers, ein Recht auf „angemessene Entschädigung" (§ 642). Der Unternehmer erhält somit einen Ausgleich nicht nur für nutzlose Mehraufwendungen, sondern auch für versäumte Arbeitszeit sowie dafür, daß er seine Produktionsmittel weiter bereit hält. Die Höhe der Entschädigung richtet sich „einerseits

---

[109] „Wesentlich" ist eine Überschreitung im Sinne des § 650 dann, wenn sie „einen redlich denkenden Besteller zur Kündigung veranlassen kann". So *Köhler*, NJW 83, 1633.

[110] Die Bestimmung ist nicht anwendbar auf die Honorarforderung des Architekten, wenn der Besteller den Architektenvertrag deshalb kündigt, weil das Haus nicht für die angenommene Summe gebaut werden kann. Der Architekt, der die Kostenüberschreitung nicht zu vertreten und keine Gewähr für die Einhaltung der Kosten übernommen hat, behält den Anspruch nach § 649 Satz 2; BGHZ 59, 339.

nach der Dauer des Verzugs und der Höhe der vereinbarten Vergütung, anderseits nach demjenigen, was der Unternehmer infolge des Verzugs an Aufwendungen erspart oder durch anderweitige Verwendung seiner Arbeitskraft erwerben kann" (§ 642 Abs. 2). Die Mitwirkung des Bestellers ist trotzdem vom Gesetz nicht als eine Rechtspflicht ausgestaltet, sie ist lediglich eine vertragliche „Obliegenheit" (str.).[111] Das bedeutet, daß die Verzögerung der Mitwirkung im allgemeinen noch keine Pflichtverletzung und daher auch keinen Schuldnerverzug darstellt, es sei denn, der Besteller habe sich im Vertrage zur Mitwirkung verpflichtet.[112] Der Unternehmer ist aber berechtigt, dem Besteller zur Erfüllung dieser seiner Obliegenheit eine angemessene Nachfrist mit der Erklärung zu bestimmen, daß er den Vertrag kündige, wenn die unterlassene Handlung nicht bis zum Ablauf der Frist vorgenommen werde. Nach Ablauf der Frist ist der Vertrag aufgehoben, wenn die Nachholung bis dahin nicht erfolgt ist; der Unternehmer kann dann, außer der Säumnisentschädigung, einen der von ihm schon geleisteten Arbeit entsprechenden Teil der Vergütung zuzüglich seiner Auslagen verlangen (§§ 643, 645 Abs. 1 Satz 2).

Hat die Unterlassung der Mitwirkung nicht nur eine Verzögerung, sondern die *endgültige Unmöglichkeit* der Herstellung des Werks zur Folge, und hat der Gläubiger diese Unterlassung im Sinne des § 324 Abs. 1 zu vertreten,[113] dann kann der Unternehmer nach dieser Bestimmung, wie im Falle des § 649 (Kündigung durch den Besteller), den *vollen Werklohn abzüglich seiner Ersparnis* verlangen. § 645 Abs. 1 Satz 2 steht dem nicht entgegen, was aus § 645 Abs. 2 zu folgern ist. Dasselbe muß gelten, wenn der Besteller seine Mitwirkung und damit auch die Abnahme und die Bezahlung des Werks grundlos und endgültig verweigert; dieser Fall ist dem der Kündigung durch den Besteller (§ 649) gleichzustellen.[114]

Die gesetzliche Regelung wird dem Interesse des Unternehmers nicht in allen Fällen voll gerecht.[115] Bei Verträgen, deren Ausführung einen längeren Zeitraum in Anspruch nimmt und dabei immer wieder die Mitwirkung des Bestellers – etwa in Gestalt von ihm zu beschaffender Angaben oder Pläne, von ihm zu treffender Entscheidungen – verlangt, so bei Bauverträgen,[116] hat der Unternehmer, besonders wenn die Ausführung die Kapazität seines Unternehmens voll oder zu einem großen Teil auslastet, ein dringendes Interesse daran, zügig arbeiten und das Werk termingerecht

---

[111] Über diesen Begriff *Reimer Schmidt*, Die Obliegenheiten, 1953; vgl. Allg. Teil § 12 II d. Als „Obliegenheit" des Gläubigers bezeichnen seine Mitwirkung *MünchKomm/Soergel* 2, *Palandt/Thomas* 1, *Jauernig/Schlechtriem* 1 zu § 642; *Esser/Weyers* § 33 II 3; *Medicus* SchR § 99 IV 4; als echte Schuldnerpflicht *Erman/Seiler* 2 zu § 642; *Fikentscher* § 80 II 3; im Ergebnis auch BGHZ 50, 175, 178 f.
[112] So schon die 1. Gesetzeskommission, *Mugdan* Bd. IV S. 277; vgl. auch *MünchKomm/Soergel* 9 zu § 642.
[113] Vgl. dazu Bd. I § 25 III.
[114] Der BGH meint sogar, der Unternehmer könne die (volle) Zahlung des Werklohns, ohne den in § 649 Satz 2, zweiter Halbsatz erwähnten Abzug, verlangen; so BGHZ 50, 175. Das überzeugt nicht.
[115] Zum Folgenden *Nicklisch*, Mitwirkungspflichten des Bestellers beim Werkvertrag, BB 79, 533; vgl. auch *MünchKomm/Soergel* 9, 10, *Erman/Seiler* 13, *Palandt/Thomas* 1 aE. zu § 642.
[116] Soweit auf den Vertrag die VOB Anwendung findet, gelten deren Vorschriften.

herstellen zu können. In solchen Fällen kann sich aus dem Vertrage im Wege der Auslegung gemäß § 157 eine Mitwirkungspflicht als eine Pflicht zu kooperativem Zusammenwirken ergeben. Jedoch reicht hierfür nicht schon ein dringendes Interesse des Unternehmers am zügigen Fortgang der Arbeiten aus;[117] dieses muß dem Besteller erkennbar und sein Wille, dem Rechnung zu tragen, irgendwie zum Ausdruck gekommen sein. Bei *schuldhafter* Nichterfüllung dieser Pflicht hat der Unternehmer, unbeschadet seiner Rechte gemäß den §§ 642, 643, 645, wegen Verletzung einer vertraglichen Nebenpflicht einen Anspruch auf Schadensersatz; kündigt er in einem solchen Fall den Vertrag aus „wichtigem Grunde", weil ihm ein weiteres Zuwarten wegen des pflichtwidrigen Verhaltens des Bestellers nicht mehr zumutbar ist, so kann er als seinen Mindestschaden nunmehr den vollen Werklohn – abzüglich seiner Ersparnis – verlangen.[118]

d) **Die Fürsorgepflicht.** Der Werkvertrag ist zwar regelmäßig durch das besondere Vertrauen gekennzeichnet, das der Besteller in die Sachkunde und die Sorgfalt des Unternehmers setzt; er nimmt dadurch aber noch nicht, wie der Dienstvertrag, einen personenrechtlichen Charakter an. Der Unternehmer tritt nicht in den Betrieb oder in den Haushalt des Bestellers ein; er widmet ihm auch regelmäßig nicht seine ganze Arbeitskraft. Der Austauschcharakter von Werkherstellung und Werkvergütung bleibt streng gewahrt. Eine dem Dienstverhältnis ähnliche Situation kann sich aber dann ergeben, wenn der Unternehmer das Werk in den Räumen des Bestellers, mit dessen Geräten, oder ausnahmsweise unter dessen Anleitung vorzunehmen hat. Er tritt dann, wenn auch nur vorübergehend, in dessen Einflußbereich, und er ist genötigt, ebenso wie der unter gleichen Umständen zu Dienstleistungen Verpflichtete, sich insoweit der Voraussicht, Sorgfalt und fürsorglichen Rücksichtnahme des Bestellers anzuvertrauen. Das rechtfertigt die von der Rechtsprechung anerkannte[119] analoge Anwendung des § 618, die deshalb von Bedeutung ist, weil der Besteller danach im Falle einer Verletzung seiner Fürsorge- und Sorgfaltspflicht gemäß den §§ 842 bis 846, daher unter Umständen auch Drittgeschädigten (§ 844), Ersatz zu leisten hat (vgl. § 618 Abs. 3). Den Unterschieden, die sich daraus ergeben, daß der Werkunternehmer meist nur vorübergehend in den Räumen des Bestellers tätig wird, die zu ganz anderen Zwecken eingerichtet sind, und daß er oft besser als dieser zu beurteilen vermag, ob die ihm zur Verfügung gestellten Geräte für seine Arbeit geeignet und ohne Gefahr zu benutzen sind, ist bei der Bemessung der Pflichten des Bestellers Rechnung zu tragen.[120]

---

[117] So aber *Müller/Foell,* Die Mitwirkung des Bestellers beim Werkvertrag, 1982, S. 102 ff.
[118] Andere, so *Nicklisch* aaO, nehmen hier eine Analogie zu § 324 Abs. 1 an.
[119] RGZ 159, 270; BGHZ 5, 62; 16, 268; 26, 370; BGH, VersR 63, 1076. Zustimmend *Enn./L.* § 152 III 2; *Esser* 4. Aufl. § 79 II 2c; *MünchKomm/Soergel* 154 zu § 631. Die Fürsorgepflicht kann jedoch dann abbedungen werden, wenn es sich um den Schutz nicht der Arbeitnehmer des Unternehmers, sondern des Unternehmers selbst oder eines selbständigen Subunternehmers handelt; § 619 ist insoweit ebenfalls nicht analog anzuwenden. So BGHZ 56, 269, 274.
[120] Es können hier daher nicht ohne weiteres alle Regeln des technischen Arbeitsschutzes zur Konkretisierung der sich aus § 618 Abs. 1 ergebenden Pflichten herangezogen werden. Insoweit ist *Lewer,* JZ 83, 336 zuzustimmen; seine gänzliche Ablehnung der Analogie geht m. E. jedoch zu weit.

§ 53. Der Werkvertrag und ähnliche Verträge   III § 53

e) **Die Sicherung des Unternehmers.**[121] Für seine Forderungen aus dem Vertrage – also den Vergütungsanspruch, Entschädigungsansprüche gemäß § 642 und Schadensersatzansprüche wegen positiver Vertragsverletzung, sowie Verzugsschadensersatzansprüche – hat der Unternehmer ein gesetzliches Pfandrecht an den von ihm hergestellten oder ausgebesserten beweglichen Sachen des Bestellers, wenn sie bei der Herstellung oder zum Zwecke der Ausbesserung in seinen Besitz gelangt sind (§ 647). Das Pfandrecht gewährt dem Unternehmer das Recht, sich durch Pfandverkauf gemäß den Vorschriften der §§ 1228 ff. zu befriedigen, wenn seine Forderung fällig ist (§ 1257). Voraussetzung für die Entstehung des Pfandrechts ist aber, daß die Sache *dem Besteller* gehört. Das wird häufig nicht der Fall sein; so wenn der Besteller, der die Sache zur Reparatur gibt, sie nur geliehen, gemietet oder aber unter Eigentumsvorbehalt erworben und den Preis noch nicht bezahlt hatte. Eine im Schrifttum verbreitete Meinung nimmt an, daß der Unternehmer in diesen Fällen dann, wenn er den Besteller ohne grobe Fahrlässigkeit für den Eigentümer hält, das Pfandrecht *analog* § 1207 „gutgläubig" erwirbt.[122] Der BGH hat diese Auffassung abgelehnt.[123] Er beruft sich für die Ablehnung einmal auf den *Wortlaut* des § 1257 (danach entsprechende Anwendung der Vorschriften über das vertraglich begründete Pfandrecht nur auf ein bereits kraft Gesetzes *entstandenes* Pfandrecht) und die Entstehungsgeschichte des Gesetzes; ferner darauf, daß der „gute Glaube" an die Berechtigung eines anderen sinngemäß nur bei *rechtsgeschäftlichem Erwerb* von Bedeutung werden könne. Diesen Gründen kann die Berechtigung nicht abgesprochen werden.[124] Es kommt hinzu, daß der „gute Glaube" häufig zweifelhaft sein wird, weil der Unternehmer bei einigermaßen neuen Kraftfahrzeugen, Radioapparaten und dergleichen heute mit einem Eigentumsvorbehalt rechnen muß.[125] Eine andere Auffassung will es für die Entstehung des Pfandrechts genügen lassen, daß der Eigentümer in die Reparatur und damit in die Übergabe eingewilligt hat.[126] Der

---

[121] Vgl. *Riemenschneider,* Die Sicherung des Werkunternehmers, 1967.
[122] So *Enn./L.* § 154, I; *Siber* S. 345; *Staudinger/Riedel* 2c zu § 647; *Wolff/Raiser,* Sachenrecht § 163 III 2; *Westermann,* Sachenrecht § 133, I; *Baur,* Sachenrecht § 55 C II.
[123] BGHZ 34, 153.
[124] Gegen den BGH *Raiser,* JZ 61, 285; *Kraft,* NJW 63, 741; *Frohn,* AcP 161, 31; *Schwerdtner,* JuS 70, 64; ihm zustimend *Henke,* AcP 161, 1; *Soergel/Ballerstedt* 4, *MünchKomm/Soergel* 6, *Palandt/Thomas* 2b zu § 647; *Berg,* JuS 70, 12; *Fikentscher* § 80 II 5 a.
[125] Über die Anforderungen, die an den „guten Glauben" beim Erwerb eines *vertraglichen* Pfandrechts zu stellen sind, vgl. BGHZ 68, 323; *Berg,* JuS 78, 86.
[126] So *Beutler,* NJW 57, 1560; *Götber,* NJW 58, 821; *Benöhr,* ZHR 135, 144; *Medicus,* Bürgerl. Recht Rdn. 594; *Erman/Seiler* 11 zu § 647. Dagegen *Soergel/Ballerstedt* 7, *Palandt/Thomas* 2b zu § 647. Das bloße Einverständnis des Eigentümers damit (oder auch sein Wunsch), daß der Besitzer die Reparatur vornehmen läßt, ist keine „verfügungsähnliche" Handlung, wie *Benöhr* annimmt. Selbst wenn sie es wäre, könnte das nur für ein rechtsgeschäftliches, nicht für ein gesetzliches Pfandrecht von Bedeutung sein. Die Entstehung eines Pfandrechts ist besonders dann bedenklich, wenn der Eigentümer von der Reparatur nichts weiß, seine Einwilligung nur vermutet werden kann. Der Unternehmer ist

BGH hat auch das zutreffend abgelehnt.[127] Dem Unternehmer steht *gegenüber dem Besteller* das Zurückbehaltungsrecht des § 273 zu. Gegenüber dem Herausgabeanspruch des mit dem Besteller nicht identischen *Eigentümers*, sofern dieser gegeben ist, spricht ihm der BGH den Anspruch auf Ersatz von Verwendungen nach § 994 und damit ein Zurückbehaltungsrecht nach § 1000 zu, das freilich erlischt, wenn er die reparierte Sache ohne Bezahlung dem Besteller zurückgibt.[128] Hat der Besteller die Sache unter Eigentumsvorbehalt erworben, so wird man ein Pfandrecht des Unternehmers an dem Anwartschaftsrecht des Bestellers annehmen müssen,[129] das mit dem Übergang des Eigentums auf den Besteller zum Pfandrecht an der Sache erstarkt. Fällt dagegen die Anwartschaft hinweg, weil der Verkäufer in Folge Zahlungsverzuges vom Kaufvertrage zurücktritt, dann entfällt auch das Pfandrecht an der Anwartschaft und damit die dingliche Sicherung des Unternehmers; in diesem Fall hat er aber den Verwendungsanspruch gegenüber dem herausgabeberechtigten Eigentümer gemäß § 994. Der Unternehmer, dem das gesetzliche Pfandrecht nicht genügt, kann sich im Vertrage ein rechtsgeschäftliches Pfandrecht durch den Besteller einräumen lassen. Das kann auch durch Allgemeine Geschäftsbedingungen geschehen. In diesem Fall kommt ihm der § 1207 zugute; der BGH stellt, wenn es sich um ein zur Reparatur gegebenes Kraftfahrzeug handelt, an den guten Glauben des Unternehmers geringere Anforderungen als an den des Erwerbers beim Eigentumsübergang.[130]

Das Pfandrecht bezieht sich nur auf bewegliche Sachen, nicht auf Grundstücke. Der Unternehmer eines Bauwerkes oder eines Teiles eines Bauwerkes – gleichgültig, ob es sich um einen Neubau, um eine bauliche Veränderung, oder um die Reparatur eines Bauwerkes oder eines Gebäudeteiles handelt – kann für seine Forderungen aus dem Vertrage, jedoch nur entsprechend der jeweils bereits geleisteten Arbeit,[131] die Bestellung einer Sicherungshypothek an dem Baugrundstück des Bestellers verlan-

---

trotzdem gegenüber dem Eigentümer nicht schutzlos, wie sich aus dem Text und der übernächsten Anm. ergibt. Vgl. dazu auch *Fikentscher* § 80 II 5a.

[127] BGHZ 34, 122, 125.

[128] BGHZ 34, 122, 127ff.; 51, 250. Hierzu ist zu beachten: Solange der Besteller dem Eigentümer gegenüber zum Besitz berechtigt ist, ist es der Werkunternehmer ebenfalls (§ 986 Abs. 1 Satz 1). Er braucht daher die Sache an den Eigentümer nicht herauszugeben, hat anderseits aber auch keinen Anspruch auf Verwendungsersatz, da die §§ 987ff. einen nach § 985 herausgabepflichtigen Besitzer voraussetzen. Endet dagegen das Besitzrecht des Bestellers, so unterliegt der Unternehmer nunmehr der Vindikation durch den Eigentümer, kann sich aber diesem gegenüber jetzt auch auf die §§ 987ff. berufen. Zweifelhaft ist nur, ob er den Anspruch gemäß § 994 auch bezüglich der Verwendungen hat, die er bereits zu der Zeit gemacht hat, als er noch zum Besitz berechtigter Besitzer war. Dies wird man deshalb bejahen können, weil andernfalls der zunächst zum Besitz berechtigte Besitzer schlechter stehen würde als ein von vornherein nicht berechtigter, aber gutgläubiger Besitzer, was offenbar unbillig wäre. Vgl. zu dieser Frage, außer den Lehrbüchern des Sachenrechts, *Raiser*, JZ 58, 681; *Schönfeld*, JZ 59, 301; *Donau*, NJW 61, 10 u. die Kieler Diss. von *Beuthien* über Verwendungsansprüche des Werkunternehmers, 1959.

[129] Vgl. *Raiser*, JZ 61, 285; *Serick*, Eigentumsvorbehalt u. Sicherungsübereignung, Bd. I, S. 279ff.; *Soergel/Ballerstedt* 5 zu § 647.

[130] BGHZ 68, 323. Kritisch hierzu *Esser/Weyers* § 33 III 1 aE.

[131] Das Recht steht ihm nicht zu, soweit die geleistete Arbeit mangelhaft und der Mangel noch nicht beseitigt ist; so BGHZ 68, 180, 184f.

gen (§ 648). Die Hypothek entsteht nicht kraft Gesetzes, sondern erst dann, wenn der Grundstückseigentümer sie bestellt; zur Sicherung des Anspruchs aus § 648 (auf Einräumung der Hypothek) kann eine Vormerkung (§ 883) eingetragen werden; die Eintragung der Vormerkung kann auf Grund einer vom Unternehmer beantragten einstweiligen Verfügung erfolgen (§ 885). Nachdem der Architektenvertrag vom BGH nunmehr als Werkvertrag angesehen wird (oben I), gibt die Rechtspr. auch dem Architekten einen Anspruch auf Einräumung einer Sicherungshypothek für seine Honorarforderung.[132] Jedoch setzt der Anspruch nach der Meinung des KG voraus,[133] daß es tatsächlich zur Errichtung des von dem Architekten geplanten Bauwerks gekommen ist.

IV. Der Werklieferungsvertrag[134]

Wenn sich der Unternehmer dazu verpflichtet, das Werk aus einem von ihm zu beschaffenden Stoffe herzustellen, dann wird er während der Herstellung regelmäßig Eigentümer des Stoffes und damit auch des daraus hergestellten Werkes sein. Der Besteller will dann mit dem fertigen Werk zugleich *das Eigentum an ihm erwerben*. Demgemäß ist der Unternehmer in diesem Fall dazu verpflichtet, dem Besteller die hergestellte Sache zu übergeben und das Eigentum daran zu verschaffen (§ 651 Satz 1). Damit trifft ihn die gleiche Verpflichtung wie den Verkäufer einer Sache. Handelt es sich bei der herzustellenden Sache um eine vertretbare Sache – etwa um eine solche, die serienmäßig hergestellt und nach einem Katalog oder Muster bestellt wird –, so tritt die Verpflichtung zur Herstellung hinter der zur Lieferung und Übereignung völlig zurück. Der „Unternehmer", der hier richtiger als „Lieferant" bezeichnet wird, kann ebensowohl eine bei Vertragsschluß schon hergestellte, wie eine erst nach der Bestellung von ihm hergestellte Sache liefern. Es kommt nur darauf an, daß die von ihm gelieferte Sache vertragsgemäß ist und daß er dem Besteller das Eigentum an ihr verschafft. Ein derartiger Vertrag ist der Sache nach ein *Kaufvertrag* mit der einzigen Besonderheit, daß der Verkäufer regelmäßig auch der Hersteller der Sache ist.[135] Will man für diesen Typus des Kaufvertrags eine besondere Bezeichnung, so empfiehlt sich dafür der Ausdruck „Lieferungskauf".[136] Andere bezeichnen ihn als „Werklieferungsvertrag nach Kaufrecht". Es ist möglich, daß dem Käufer (Be-

---

[132] BGHZ 51, 190; teilweise anders OLG Düsseldorf, NJW 72, 1863; LG Nürnberg-Fürth, NJW 72, 453. Ablehnend *Tempel*, JuS 73, 414; *Jakobs* aaO. S. 375 ff. Die Frage, ob der Architekt „Unternehmer eines Bauwerks" i. S. des § 648 ist, ist mit der Zuordnung zum Werkvertrag noch nicht entschieden. Er ist es jedenfalls nur insoweit, als sich seine Tätigkeit in dem zur Ausführung kommenden Bauwerk als werterhöhender Faktor niederschlägt, daher noch nicht im Stadium der bloßen Planung.
[133] KG, NJW 63, 813.
[134] *Ehrenberg*, Kauf und Werkvertrag, JherJb. 27, 253; *Emerich*, Kauf und Werklieferungsvertrag, 1899; *Henle*, Grenzbestimmung zwischen Kauf und Werkvertrag, 1902; *Petri*, Ein Beitrag zum Werklieferungsvertrag, AcP 109, 202.
[135] Läßt der Lieferant der Sache diese durch einen Dritten bearbeiten, so ist der Dritte nicht sein Erfüllungsgehilfe; BGHZ 48, 118.
[136] So *Soergel/Ballerstedt* 1 zu § 651; auch *Esser/Weyers* § 31, 3.

steller) erkennbar gerade an der Herstellung durch diesen Lieferanten gelegen ist. Dann hat dieser jedenfalls sein eigenes Fabrikat zu liefern (beschränkte Gattungsschuld). Denkbar wäre, dem Verkäufer, da er hier zugleich Hersteller ist, eine Nachbesserungspflicht aufzuerlegen; das Gesetz hat davon jedoch abgesehen, indem es die Bestimmungen über den Kauf, die eine solche ja nicht vorsehen, allein für anwendbar erklärt (§ 651 Abs. 1 Satz 2). Zu beachten ist freilich, daß es sich regelmäßig um einen Gattungskauf handeln wird, bei dem der Käufer die Lieferung einer mangelfreien Sache verlangen kann (§ 480 Abs. 1 Satz 1). Dem Lieferanten wird man nach Treu und Glauben die Befugnis zubilligen müssen, dieser Pflicht, statt durch Lieferung eines anderen, einwandfreien Stückes, auch durch Ausbesserung des gelieferten nachzukommen, falls dadurch dem Interesse des Käufers voll Genüge geschieht.[137]

Anders ist es, wenn der Verpflichtete aus einem von ihm zu beschaffenden Stoff eine *nicht vertretbare*, also einmalige Sache herstellen soll, wie z. B. einen Maßanzug, ein Möbelstück genau nach Zeichnung und Maß, eine Zahnprothese. Hier ist die Herstellung, genau nach der Vereinbarung, regelmäßig von nicht geringerer Bedeutung als die Lieferung. Während es im Falle der Lieferung einer vertretbaren Sache dem Lieferanten nur um den Absatz der von ihm hergestellten Ware geht, geht es hier dem Hersteller gerade auch um die Verwendung seiner Arbeitskraft; dem Besteller ist es wesentlich um diese Tätigkeit des Unternehmers, um die Ausführung der von ihm gewünschten Arbeit, und dann erst um den Erwerb des hergestellten Werkes zu tun. Es handelt sich daher nicht um ein Umsatzgeschäft, um den Vertragstypus „Kauf", freilich auch nicht um einen „reinen" Werkvertrag, sondern um einen eigenen Vertragstypus, der Elemente des Kauf- und des Werkvertrages in sich vereint. Auf diesen Vertragstypus paßt die Bezeichnung *„Werklieferungsvertrag."* Man sollte sie daher, wie es im folgenden geschieht, auf diesen Typus beschränken.[138] Nur wenn es sich bei den von dem Unternehmer zu beschaffenden Stoffen lediglich um „Zutaten oder sonstige Nebensachen" handelt, bleibt es allein beim Werkvertragsrecht (§ 651 Abs. 2). Das ist z. B. der Fall, wenn der Schneider aus einem vom Besteller gelieferten Stoff einen Anzug herstellen soll und nur das Garn und die Knöpfe hinzu liefert; ferner in der Regel bei Reparaturen.

Bei einem Werklieferungsvertrag hat der Unternehmer das hergestellte Werk wie ein Verkäufer dem Besteller zu übergeben und ihm das Eigentum daran zu verschaffen; für Rechtsmängel haftet er wie ein Verkäufer. Im übrigen aber bestimmen sich seine Pflichten nach den Vorschriften über den Werkvertrag. Das

---

[137] Wenn der Lieferant im Einverständnis mit dem Besteller die Nachbesserung versucht, ist die Verjährung der Mängelansprüche während dieser Zeit (analog § 639 Abs. 2) gehemmt; so der BGH, LM Nr. 1 zu § 639.
[138] So auch *Esser/Weyers* aaO.

§ 53. Der Werkvertrag und ähnliche Verträge

Gesetz erklärt zwar auch hier die Vorschriften über den Kauf für anwendbar, läßt aber an die Stelle der meisten Vorschriften über den Kauf die Vorschriften über den Werkvertrag treten, und zwar alle Vorschriften mit Ausnahme der hier nicht passenden Vorschriften über die Sicherung des Unternehmers für seine Forderungen (§ 651 Abs. 1 Satz 2 zweiter Halbsatz). Es wäre der Sachlage also angemessener gewesen, wenn das Gesetz erklärt hätte, es seien die Vorschriften über den Werkvertrag, daneben auch gewisse Regeln des Kaufs anwendbar. In der Tat steht der Typus „Werklieferungsvertrag" dem Werkvertrag näher als dem Kaufvertrag, eben weil hier nicht der Absatz, sondern die Herstellung, die Tätigkeit des Unternehmers für einen bestimmten Erfolg, im Vordergrund steht.[139] Der Unternehmer ist demnach zur Herstellung des Werkes in der vereinbarten Beschaffenheit verpflichtet; ist das Werk nicht von der gesollten Beschaffenheit, so hat er seine Vertragspflicht mangelhaft erfüllt, und es treten die in den §§ 633 bis 635 bestimmten Folgen ein. Der Besteller hat das fertige Werk in der besprochenen Weise „abzunehmen". Der Unternehmer trägt bis zur Abnahme oder, wenn diese ausgeschlossen ist, bis zur Vollendung des Werkes die Vergütungsgefahr. Er trägt bis dahin die Gefahr nicht nur im Hinblick auf seine Arbeit, sondern auch auf den Stoff (§ 644 Abs. 1 Satz 3 nimmt von der Regel der Gefahrtragung nur einen „vom Besteller gelieferten Stoff" aus). Im Falle, daß der Besteller eine erforderliche Mitwirkung unterläßt, hat der Unternehmer die Rechte gemäß den §§ 642, 643, 645 Abs. 1 Satz 2. Auch die Bestimmungen über das Kündigungsrecht des Bestellers und die Überschreitung eines Kostenanschlags sind anzuwenden. Von den Kaufvorschriften sind, neben denen über die Pflicht zur Eigentumsverschaffung und deren Nichterfüllung (Rechtsmängel), insbesondere die §§ 434 und 440, ferner die über den Zeitpunkt des Überganges der Nutzungen und Lasten (§ 446 Abs. 1 Satz 2), sowie über die Durchführung der Wandelung und Minderung anzuwenden. Die Sondervorschriften des Handelsgesetzbuches über den Handelskauf gelten auch für den Werklieferungsvertrag (§ 381 Abs. 2 HGB); daher trifft den Besteller, wenn der Vertrag für beide Teile ein Handelsgeschäft ist, die Obliegenheit, das Werk unverzüglich nach der Ablieferung zu untersuchen und Mängel unverzüglich anzuzeigen (§ 377 HGB). Möglich ist ein Eigentumsvorbehalt (§ 455 ist anwendbar); zulässig sind alle abweichenden Vereinbarungen, soweit nicht zwingende Vorschriften, wie z. B. § 637, entgegenstehen.

Den Vertrag über die Errichtung eines Bauwerks oder sonstige Bauarbeiten auf dem Grundstück des Bestellers betrachtet die hL als reinen Werkvertrag, nicht als Werklieferungsvertrag (§ 651 Abs. 2), auch wenn der Unternehmer das Baumaterial liefert, da hier stets das Grundstück als die „Hauptsache" anzusehen ist, an

---

[139] AA. *Enn./L.* § 156; *Leonhard* B 233; vgl. aber *Ehrenberg* 284ff. Wie hier *Soergel/Ballerstedt* 1 zu § 651.

der die Arbeit ausgeführt wird.[140] Wird ein Grundstück mit der Verpflichtung verkauft, darauf ein Haus zu errichten („Kaufeigenheim") oder ein Miteigentumsanteil am Grundstück zusammen mit dem dazu gehörenden Wohnungseigentum, mit der Verpflichtung, die Wohnung zu bauen, so handelt es sich um einen aus Elementen des Kaufs – hinsichtlich des Grundstücks oder des Miteigentumsanteils und des zu ihm gehörenden Wohnungseigentums – und, hinsichtlich des Baus des Hauses, des Werkvertrages gemischten „Typenkombinationsvertrag" (unten § 62 II). Für die jeweils anzuwendenden Normen kommt es nach dem BGH darauf an, ob der geltendgemachte Anspruch sich aus der Verpflichtung zur Übereignung oder aus der zur Errichtung des Gebäudes herleitet.[141] Wegen der Verpflichtung zur Veräußerung eines Grundstücks bedarf der Vertrag der Form des § 313. Die Haftung für Sachmängel des Gebäudes richtet sich nach Werkvertragsrecht.[142] Auch für die Verjährung des Vergütungsanspruchs ist nach dem BGH einheitlich – also auch, soweit er den Kaufpreis für das Grundstück einschließt – Werkvertragsrecht, daher § 196 Nr. 1, maßgebend.[143]

Als *reinen Werkvertrag* hat der BGH[144] den Vertrag über die *Lieferung und Errichtung* eines *Fertighauses* aus vom Lieferer vorgefertigten Teilen auf dem Grundstück des Bestellers angesehen. Die Lieferung trete hier hinter die Errichtung des Gebäudes als dem eigentlichen Vertragsziel zurück. Um einen Werklieferungsvertrag handle es sich deshalb nicht, weil es sich um Arbeiten an dem Grundstück des Bestellers handle. Dieser werde Eigentümer der Teile durch deren Verbindung mit seinem Grundstück; einer Übereignung, wie sie § 651 Abs. 1 vorsieht, bedürfe es daher nicht. Anders hat der BGH beim *Erwerb eines Bausatzes ohne Errichtungsverpflichtung* (mit Ausnahme der Errichtung des Dachstuhls) entschieden.[145] Hier nahm er einen aus Kauf- und Werkvertrag gemischten Vertrag an und bejahte, da Teillieferungen und entsprechende Teilzahlungen vereinbart waren, die Anwendbarkeit des § 1c Nr. 1 AbzG. Ebenfalls einen gemischten Vertrag nahm – wenigstens der Sache nach – das OLG Köln[146] bei einem Vertrag über die *Lieferung und Montage* von *Heizkörpern* an: für Mängel der Heizkörper gelte die Verjährungsfrist des § 477, für die der Montage die des § 638, freilich nur die sechsmonatliche. Ebenso entschieden hat das LG Rottweil bei dem Kauf einer *Markise mit Montageverpflichtung*.[147] Es handle sich bei der Montage nicht um eine Arbeit am Bauwerk, weil die Markise eine selbständige bewegliche Sache bleibe.

---

[140] *Enn./L.* § 156 Anm. 4; *Leonhard* B 234; *Oertmann* 2; *Palandt/Thomas* 3b vor § 631; *MünchKomm/Soergel* 5, *Erman/Seiler* 6 zu § 651.
[141] So BGHZ 60, 362, 364; vgl. ferner BGH, JZ 79, 756.
[142] Selbst dann, wenn das Gebäude (oder die Wohnung) zur Zeit des Vertragsabschlusses tatsächlich schon fertiggestellt ist; so BGHZ 63, 96; 65, 359; 68, 372; 74, 204; BGH, NJW 81, 2344; 82, 2243. Begrifflich liegt hier freilich, da nichts mehr herzustellen ist, Kauf vor – soweit zutreffend *Köhler,* NJW 84, 1321 –, die Anwendung des Werkvertragsrechts hinsichtlich der Sachmängel ist aber beim Verkauf eines Neubaus durch den Hersteller der Sachlage nach angemessener als die des Kaufrechts und deshalb zu billigen.
[143] BGHZ 72, 229. Zweifelnd *MünchKomm/Westermann* 25, 26 vor § 433.
[144] BGH, NJW 83, 1489 u. 1491.
[145] BGHZ 78, 375.
[146] OLG Köln, BB 82, 1578.
[147] LG Rottweil, DB 82, 2398 = VersR 83, 572.

V. Der Reisevertrag

Literatur: *Bartl*, Reiserecht, 2. Aufl. 1981; Das neue Reisevertragsrecht, NJW 79, 1384; *Brox*, Das Reisevertragsgesetz, JA 79, 493; *Eberle*, Neuregelung des Reiserechts durch das Reisevertragsgesetz, DB 79, 341; *Eichinger*, Der Rücktritt des Reisenden vom Reisevertrag vor Reisebeginn, 1984; *Heinz*, Die Rechtsstellung des Reisenden nach Inkrafttreten der Reisevertragsnormen, 1983; *Larenz*, Zur Typologie des Reisevertrages, VersR 80, 689; *Löwe*, Das neue Reisevertragsgesetz, BB 79, 1357; Das neue Pauschalreiserecht, 1981; *Teichmann*, Die Struktur der Leistungsstörungen im Reisevertrag, JZ 79, 737; *Tempel*, Entwicklungen im Reisevertragsrecht, JuS 84, 81; *Tonner*, Der Reisevertrag, 1979; *Wolter*, Das Verhältnis des reiserechtlichen Gewährleistungsrechts zum allgemeinen Recht der Leistungsstörungen, AcP 183, 35.

a) **Vertragstypus und Regelungszweck.** Der „Reisevertrag" – oder „Reiseveranstaltungsvertrag" – gehört zu den Vertragstypen, die sich erst im Laufe dieses Jahrhunderts im Verkehr herausgebildet haben, denen der Gesetzgeber des BGB daher noch keine Aufmerksamkeit geschenkt hat. Die Rechtsprechung wandte auf derartige Verträge zunächst die Regeln über den Werkvertrag an; ihre nähere Ausgestaltung erfuhren sie vornehmlich durch die Allgemeinen Geschäftsbedingungen der Reiseveranstalter. Diese enthielten vielfach Bestimmungen, die dem Kunden, dem „Reisenden", nachteilig, überdies für ihn schwer verständlich waren; das hatte die Folge, daß die Gerichte sich zunehmend mit der Auslegung und mit der Gültigkeit solcher Bestimmungen im Wege der richterlichen Inhaltskontrolle zu befassen hatten. Daraus ergab sich eine gewisse Rechtsunsicherheit; überdies wurde deutlich, daß es sich um einen eigenen Vertragstypus handelt, für den sich angemessene Maßstäbe nicht allein dem Recht des Werkvertrages entnehmen lassen. Der Gesetzgeber entschloß sich daher Mitte der siebziger Jahre, den „Reisevertrag" im Rahmen des BGB besonders zu regeln. Die Regelung ist in den §§ 651a bis 651k enthalten, die am 1. 10. 1979 in Kraft getreten sind. Sie schließt an die Regelung des Werkvertrags an, behandelt den Reisevertrag aber zutreffend nicht als eine Unterart des Werkvertrags, sondern als einen dem Werkvertrag nur ähnlichen eigenen Vertragstypus. Dementsprechend wurde die Überschrift des 7. Titels (vor § 631) durch die Hinzufügung der Worte „und ähnliche Verträge" geändert. Beim Fehlen einer speziellen Vorschrift kann demnach zwar auf das Werkvertragsrecht zurückgegriffen werden, aber nur insoweit, als die Ähnlichkeit der Vertragstypen reicht. Vorzuziehen ist, soweit das möglich ist, die Schließung einer Regelungslücke durch die analoge Anwendung einer der Vorschriften über den Reisevertrag. Im übrigen bleiben die allgemeinen Vorschriften des Schuldrechts, z. B. über gegenseitige Verträge, Verzug und Unmöglichkeit, insoweit anwendbar, als sich nicht aus der speziellen Regelung der §§ 651a ff. etwas anderes ergibt.

Partner eines „Reisevertrages" sind nach der Terminologie des Gesetzes der „Reiseveranstalter" und der „Reisende". Durch den Vertrag wird der Reiseveranstalter dazu verpflichtet, dem Reisenden „eine Gesamtheit von Reiseleistungen

(Reise) zu erbringen", der Reisende, den vereinbarten Reisepreis zu zahlen (§ 651a Abs. 1). Was „Reiseleistungen" sind, sagt das Gesetz nicht; es können dies Leistungen verschiedener Art sein, wenn sie nur im Zusammenhang mit einer zu unternehmenden Reise stehen. In Betracht kommen etwa die Beförderung des Reisenden und seines Gepäcks, Unterkunft und Verpflegung unterwegs oder am Zielort, Besichtigungen, Führungen, Beratung und Betreuung des Reisenden. Wesentlich ist, daß eine „Gesamtheit" derartiger Leistungen zu erbringen ist; die Zusage einer Beförderung oder einer Unterkunft für sich allein reicht nicht aus.[148] Die verschiedenen Leistungen müssen in der Weise aufeinander abgestimmt sein, daß sie in ihrer Gesamtheit sich zum Bilde einer „Reise" zusammenfügen. Nicht erforderlich ist, daß *alle* mit der Reise im Zusammenhang stehenden Leistungen angeboten werden; so kann es dem Reisenden überlassen sein, sich unterwegs selbst zu verpflegen. Dagegen gehört es zu den charakteristischen Merkmalen des Reisevertrages, daß der Reisende für die Gesamtheit der ihm angebotenen Leistungen einen Gesamtpreis zu zahlen hat.

Der Reiseveranstalter erbringt die verschiedenen Leistungen in der Regel nicht alle selbst (durch seine Organisation), sondern zum Teil durch andere Unternehmer, die das Gesetz als „Leistungsträger" bezeichnet. Es sind das vornehmlich Unternehmer des Verkehrs- und des Gaststättengewerbes. Mit Hilfe seiner eigenen Organisation leistet der Reiseveranstalter vor allem die Vorbereitung der Reise, die Auswahl und Überprüfung der Leistungsträger, die Beschaffung und Übermittlung der notwendigen Informationen (etwa bei einer Auslandsreise) und die Betreuung der Reisenden. Er kann auch etwa die Beförderung selbst erbringen; so wenn ein Unternehmer die Reise mit seinem eigenen Autobus durchführt. „Reiseveranstalter" aber ist er nur dann, wenn er außerdem noch andere Leistungen, die nicht bloße Nebenleistungen sind, also etwa Unterkünfte und/oder Verpflegung, anbietet. Da er auch die Leistungen zu „erbringen" hat, zu denen er sich eines „Leistungsträgers" bedient, sind die Leistungsträger im Verhältnis zum Reisenden seine Erfüllungsgehilfen. Er hat daher grundsätzlich für deren Verschulden gemäß § 278 wie für eigenes Verschulden einzustehen. Das hat für den Reisenden den großen Vorteil, daß er sich wegen aller Beanstandungen nur an eine Person, den Reiseveranstalter, halten kann; dieser mag sich dann seinerseits mit seinen „Leistungsträgern" auseinandersetzen.

---

[148] Wird nur die Benutzung eines Ferienhauses angeboten, so ist der Anbieter – etwa ein Reisebüro – nicht „Reiseveranstalter", sondern, je nachdem wie er auftritt, entweder Vermittler (der dem Reisenden einen Mietvertrag mit dem Eigentümer vermittelt), oder selbst Vermieter. Vgl. *Bartl*, Reiserecht, Rdn. 8, 18f.; ders. in NJW 79, 1384 unter II. Tritt der Anbieter indessen als Veranstalter von Ferienhausaufenthalten auf, so ist er dem Ferienhausmieter für die Verschaffung einer im Sinne seiner Angaben mangelfreien Ferienunterkunft verantwortlich. Der BGH wendet in einem solchen Fall, obgleich nur eine einzige Reiseleistung, eben die Unterkunft, geschuldet wird, den § 651f. Abs. 2 *analog* an. So der BGH, JZ 85, 844 mit Anm. von *Blaurock* = NJW 85, 906.

Eine andere Frage ist, ob der Reisende auch zu den Leistungsträgern in eine unmittelbare schuldrechtliche Beziehung tritt. Das könnte der Fall sein, wenn der Vertrag zwischen dem Reiseveranstalter und dem Leistungsträger als ein *berechtigender Vertrag zugunsten eines Dritten* im Sinne des § 328 anzusehen wäre. Ob das der Fall ist, ist eine Frage der Auslegung dieses Vertrages (§§ 328 Abs. 2; 157). Der Reisende hat wohl ein Interesse daran, neben dem Anspruch gegen den Reiseveranstalter auch einen direkten Anspruch gegen den Leistungsträger auf dessen Leistung zu erhalten. Für die Auslegung des Vertrages zwischen Veranstalter und Leistungsträger kommt es aber darauf an, ob dies auch dem Interesse beider Vertragspartner entspricht. Dies wird man doch nur bejahen können, wenn der Name des Reisenden dem Leistungsträger vor Erbringung seiner Leistung mitgeteilt worden ist, so daß kein Zweifel möglich ist, wem er die Leistung zu erbringen hat. So war es in dem vom BGH entschiedenen Fall,[148a] in dem es um eine Flugreise ging.

Der Reisevertrag hat mit dem Werkvertrag zwar gemeinsam, daß der Veranstalter nicht nur eine Tätigkeit schlechthin, sondern einen durch ihn zu bewirkenden Erfolg, nämlich die Durchführung der Reise in der vorgesehenen Weise, schuldet. Dieser „Erfolg" verkörpert sich indessen nicht in einem fertigen Werk und erschöpft sich auch nicht in der Bewirkung einer Veränderung, wie dem Transport einer Person oder Sache von einem Ort zu einem anderen, sondern besteht in nichts anderem, als in der Erbringung der verschiedenen Teilleistungen selbst in ihrer – zeitlichen, räumlichen und funktionellen – Verbindung zu der Gesamtleistung, der „Reise". Der „Erfolg" kann nicht von den einzelnen Leistungen und ihrer zeitlichen Abfolge getrennt und auf einen bestimmten Zeitpunkt, etwa den der Abnahme oder auch der „Vollendung" des Werks (im Sinne seiner endgültigen Fertigstellung) konzentriert werden, wie das die Vorschriften über den Werkvertrag voraussetzen.[149] Den Reisevertrag als eine Unterart des Werkvertrages zu bezeichnen, wie das meist noch geschieht, halte ich daher für falsch; er ist ihm nur „ähnlich". Auf die Vorschriften über den Werkvertrag darf daher nur mit Vorsicht zurückgegriffen werden. Wird etwa die Reise aus irgendwelchen Gründen um einige Tage verkürzt, so wäre es doch nicht angebracht, dem Veranstalter jede Vergütung zu versagen, weil er das Werk nicht im Sinne des § 646 „vollendet" hätte;[150] die Vorschriften über die Gefahrtragung (§ 644) und die Fälligkeit der Vergütung (§ 641) passen insoweit nicht. Anderseits kann eine ausgefallene oder schlecht erbrachte Einzelleistung – etwa eine ausgefallene Mahlzeit oder eine Übernachtung in einem nicht vertragsgerechten Hotel – im

---

[148a] BGHZ 93, 271.
[149] Ebenso *Wolter* aaO S. 59 f.; *Tempel* aaO S. 86; vgl. auch *Teichmann*, JZ 85, 317 (zu Anm. 35).
[150] Es bleibt in diesem Fall ja unvollständig. Die bloße Beendigung der Reise darf nicht der „Vollendung des Werks" im Sinne des § 646 gleichgesetzt werden.

allgemeinen nicht nachgeholt, sondern es kann allenfalls für die noch ausstehenden Leistungen vorgesorgt werden; daher spricht § 651c Abs. 2, statt von einer Beseitigung des Mangels (§ 633 Abs. 2), nur von „Abhilfe". Da solche Abhilfe wegen der Kürze der Zeit vielfach nicht möglich sein wird, gewinnen die sonstigen Rechtsbehelfe, die auch das Werkvertragsrecht kennt, wie die Minderung des Reisepreises, vorzeitige Beendigung des Vertragsverhältnisses und vor allem der Anspruch auf Schadensersatz, erhöhte Bedeutung. Dem trägt auch die gesetzliche Regelung Rechnung.

Zweck der Regelung durch den Gesetzgeber war aber nicht nur die Beseitigung bestehender Unklarheiten im Interesse größerer Rechtssicherheit – es ist sehr zweifelhaft, ob ihm das gelungen ist[151] –, sondern auch und vornehmlich der Schutz der Reisenden vor ungerechtfertigten Nachteilen, die sich für sie aus der Gestaltung der Geschäftsbedingungen durch die Veranstalter ergeben können. Insoweit handelt es sich wieder um ein Stück „Verbraucherschutz". Deshalb bestimmt § 651k, daß in den Vereinbarungen von den Vorschriften der §§ 651a bis 651j nicht zum Nachteil des Reisenden abgewichen werden kann. Das gilt nicht nur für Allgemeine Geschäftsbedingungen, sondern auch für Einzelvereinbarungen, geht daher über den Schutz des AGB-Gesetzes hinaus. Soweit allerdings die gesetzlichen Bestimmungen über den Reisevertrag Vertragsbedingungen ausdrücklich erlauben, die nach dem AGBG nicht zulässig wären, haben die §§ 651a ff. den Vorrang. Im übrigen bleibt das AGBG auf die Allgemeinen Geschäftsbedingungen der Veranstalter anwendbar.[152] Das gilt insbesondere auch für die Vorschriften über die Einbeziehung der Geschäftsbedingungen in den einzelnen Vertrag.

Dem Schutz der Reisenden dient vor allem auch die Bestimmung des § 651a Abs. 2. Danach bleibt die Erklärung des Veranstalters, er wolle nur Verträge mit den einzelnen Leistungsträgern vermitteln, unberücksichtigt, wenn „nach den sonstigen Umständen der Anschein begründet wird, daß der Erklärende vertraglich vorgesehene Reiseleistungen in eigener Verantwortung erbringt". Der Reiseveranstalter soll sich nicht seiner Verantwortung für die Erbringung vertraglich übernommener Leistungen, insbesondere seiner Haftung für die Leistungsträger als seine Erfüllungsgehilfen, dadurch entziehen können, daß er entgegen dem durch seine übrigen Äußerungen, etwa durch die Gestaltung seiner Werbung und seiner Prospekte, erweckten Eindruck mehr oder weniger „versteckt" erklärt, er vermittle nur den Abschluß von Verträgen mit den einzelnen Leistungsträgern. Will er nur dies – und ein großer Teil der Tätigkeit der Reisebüros besteht in solcher bloßen Vermittlertätigkeit –, so muß er das deutlich zum

---

[151] *Teichmann* aaO (unter IV) meint, insgesamt hätten die §§ 651a bis k wohl mehr Probleme aufgeworfen als geklärt.
[152] Vgl. *Löwe*, BB 79, S. 1358; zur Einbeziehung in den Vertrag *Bartl*, Reiserecht Rdn. 167ff.

Ausdruck bringen und sorgfältig den Anschein vermeiden, als biete er von ihm zu erbringende Reiseleistungen an. Wie aus den Worten ,,bleibt unberücksichtigt" zu schließen ist, kann ein Veranstalter, der diesen Anschein erweckt hat, auch wenn er tatsächlich nur vermitteln wollte, seine, seinem Gesamtverhalten entsprechend ausgelegte, Erklärung auch nicht wegen Inhaltsirrtums anfechten. § 651a Abs. 2 geht daher über die Grundsätze der Auslegung empfangsbedürftiger Willenserklärungen gemäß dem Verständnishorizont des Erklärungsempfängers[153] im Sinne eines verstärkten Vertrauensschutzes hinaus.

Das Gesetz erwähnt zwar die Verpflichtung des Reisenden, dem Reiseveranstalter den vereinbarten Reisepreis zu zahlen, sagt aber nichts über die *Fälligkeit der Preisforderung*. Es wurde schon bemerkt, daß die Vorschriften des Werkvertragsrechts, nach denen die Vergütung bei der Abnahme, in Ermangelung einer solchen im Zeitpunkt der ,,Vollendung" des Werks zu zahlen ist, hier nicht passen. Vereinbart wird regelmäßig eine Anzahlung bei Vertragsschluß und die Restzahlung vor Antritt der Reise oder gegen Aushändigung der Reisepapiere (Fahrkarten, Gutscheine). Das ist zweckmäßig und typengerecht, da der Veranstalter schon vor dem Beginn der Reise oder während derselben hohe Aufwendungen machen muß und, müßte er bis zur Beendigung der Reise warten, jeder Sicherheit entbehren würde. Der entsprechenden Regelung in den Geschäftsbedingungen des Veranstalters kann daher auch nicht nach § 9 Abs. 2 Nr. 1 AGBG die Wirksamkeit versagt werden.[154]

Die wichtigsten gesetzlichen Bestimmungen über den Reisevertrag betreffen die Folgen von Reisemängeln.

b) **Die Haftung des Veranstalters für Mängel der Reise.** Der Reiseveranstalter ist dazu verpflichtet, die Reise so zu erbringen, ,,daß sie die zugesicherten Eigenschaften hat und nicht mit Fehlern behaftet ist, die den Wert oder die Tauglichkeit zu dem gewöhnlichen oder nach dem Vertrage vorausgesetzten Nutzen aufheben oder mindern" (§ 651c Abs. 1). Diese Bestimmung ist ersichtlich dem § 633 Abs. 1 nachgebildet; lediglich das Wort ,,Gebrauch" ist durch ,,Nutzen" ersetzt. Der Veranstalter ist also zur Erbringung einer mangelfreien Leistung verpflichtet. Seine Leistung, ,,die Reise", setzt sich aus einer Mehrzahl von ,,Reiseleistungen" zusammen (§ 651a Abs. 1). Jede dieser Leistungen kann, für sich allein genommen, mangelhaft, d.h. nicht von der nach dem Vertrage gesollten Beschaffenheit sein. Ist eine einzelne Leistung mangelhaft, erfolgt z.B. die Unterbringung in einem Hotel einer geringeren Güteklasse als der angegebenen oder

---

[153] Aufgrund einer derartigen Auslegung der Erklärung des Reisebüros hatte der BGH schon vor dem Inkrafttreten des Reisevertragsgesetzes ein Reisebüro, das seinen Willen, lediglich Vermittler zu sein, nur mehr oder weniger versteckt zum Ausdruck gebracht hatte, als Reiseveranstalter angesehen; so BGHZ 61, 275; 77, 310.
[154] So auch *Bartl*, Reiserecht Rdn. 188; *Löwe*, BB 79, S. 1360; *Teichmann*, JZ 85, 314.

ist das dem Reisenden zugewiesene Zimmer – die zugewiesene Schiffskabine[155] – ständig sich wiederholendem, das zumutbare Maß überschreitendem Lärm ausgesetzt, so ist damit auch die Reise insgesamt mangelhaft.[156] Fraglich ist, ob sie *nur* in einem solchen Fall mangelhaft sein kann. Es wird die Meinung vertreten,[157] trotz des Wortlauts des § 651 c Abs. 1 u. 2, der von „der Reise" spricht, sei „bezüglich der Bestimmung eines Mangels im Sinne des § 651 c Abs. 1 nur an die einzelne Reiseleistung, nicht an die Reise als solche anzuknüpfen". Wir stellen die Beantwortung dieser Frage zunächst zurück, um uns den Rechtsfolgen eines Reisemangels zuzuwenden.

Im Falle, daß die Reise mangelhaft ist, hat der Reisende verschiedene Rechte. An erster Stelle nennt das Gesetz das Recht, *Abhilfe* zu verlangen, soweit diese nicht etwa einen „unverhältnismäßigen Aufwand" erfordert (§ 651 c Abs. 2). Ausgefallene oder schlecht erbrachte Einzelleistungen werden nur selten nachgeholt werden können; so möglicherweise ein ausgefallener Ausflug. Die „Abhilfe" besteht daher in der Regel in der Vorsorge für noch ausstehende Leistungen. Entspricht die Unterkunft nicht den gegebenen Zusagen, so hat sich der Veranstalter oder sein Vertreter am Ort unverzüglich um eine andere, vertragsgerechte Unterkunft zu bemühen. Tut er das nicht oder bleibt sein Bemühen innerhalb einer vom Reisenden bestimmten angemessenen Frist ohne Erfolg, so kann dieser selbst Abhilfe schaffen und Ersatz seiner dafür erforderlichen Aufwendungen verlangen (§ 651 c Abs. 3 Satz 1). Einer Fristsetzung bedarf es nicht in den Fällen des § 651 c Abs. 3 Satz 2.

Ist die Reise im Sinne des § 651 c Abs. 1 mangelhaft, so *mindert sich für die Dauer des Mangels der Reisepreis* in dem Verhältnis, in dem der Wert der Reise in mangelfreier Beschaffenheit zu ihrem nunmehrigen Wert steht (§ 651 d Abs. 1 in Verbdg. mit § 472). Die Minderung setzt nicht, wie beim Werkvertrag (§ 634), eine Fristsetzung und eine entsprechende Erklärung des Reisenden voraus; sie tritt, ähnlich wie bei der Miete (§ 537), als gesetzliche Folge der Mangelhaftigkeit ein. Der Reisende ist jedoch gehalten, den Mangel unverzüglich dem Veranstalter, d. h. in der Regel dem Reiseleiter oder dem Vertreter des Veranstalters am Ort, anzuzeigen, damit dieser die Behauptung eines Mangels überprüfen und gegebenenfalls für Abhilfe sorgen kann; unterläßt der Reisende die Anzeige „schuldhaft", so tritt die Minderung nicht ein (§ 651 d Abs. 2). Eine Beschwerde nur bei dem betreffenden Leistungsträger ersetzt die Anzeige nicht.

Für den Fall, daß die Reise durch einen Mangel „erheblich beeinträchtigt" wird,[158] gibt das Gesetz dem Reisenden ferner ein Recht zur *Kündigung*. Diese ist aller-

---

[155] Vgl. die Entsch. des OLG Frankfurt, NJW 83, 235.
[156] HL.; *MünchKomm/Löwe* 2, einschränkend (aber wohl nur hinsichtlich der *Gewichtung* eines Mangels, insoweit zutreffend) *Erman/Seiler* 2, *Palandt/Putzo* 2 zu § 651 c.
[157] So *Tempel* aaO S. 85 f. Ebenso das LG Frankfurt, NJW 83, 2264.
[158] Gleichgestellt ist in § 651 e Abs. 1 Satz 2 der Fall der Unzumutbarkeit. Das Wort „solchen" in diesem Satz beruht auf einem Redaktionsversehen; vgl. *Bartl*, Reiserecht, Rdn. 72 f.

dings in der Regel erst zulässig, wenn der Veranstalter eine ihm vom Reisenden gesetzte angemessene Frist hat verstreichen lassen, ohne Abhilfe zu schaffen (§ 651e Abs. 1 u. 2). Für die Frage, ob ein Mangel eine „erhebliche" Beeinträchtigung darstellt, kommt es u. a. auf den Zweck der Reise, die nach den Angaben des Veranstalters zu erwartende Güte der einzelnen Leistungen (z. B. die angegebene Hotelklasse), auf die Dauer oder die Häufigkeit einzelner Minderleistungen – z. B. wiederholter Mängel des Essens – an. Einmalige, rasch vorübergehende Störungen, leichte Enttäuschungen der gehegten Erwartungen werden hinzunehmen sein. Die Folgen der Kündigung, die in § 651e Abs. 3 und 4 geregelt sind, entsprechen weder denen der Kündigung eines Dauerschuldverhältnisses, etwa der Miete, noch denen der Wandlung oder des Rücktritts, sondern liegen dazwischen. Das Vertragsverhältnis wird nicht sofort beendet, sondern, wie beim Rücktritt, umgestaltet, und zwar auch hinsichtlich der schon verstrichenen Erfüllungszeit. Der Reiseveranstalter bleibt verpflichtet, den Reisenden zurückzubefördern, falls der Vertrag die Rückbeförderung umfaßte. Er hat darüber hinaus alle infolge der Aufhebung des Vertrages notwendig werdenden Maßnahmen zu treffen; die Mehrkosten fallen ihm zur Last. Auf der anderen Seite verliert er zwar den Anspruch auf den vereinbarten Reisepreis, kann aber für die von ihm bereits erbrachten und die von ihm zur Beendigung der Reise noch zu erbringenden Leistungen eine Entschädigung verlangen, deren Höhe wiederum von der des Reisepreises abhängig ist. Dieser ist nämlich in dem Verhältnis herabzusetzen, in dem der Wert der erbrachten oder noch zu erbringenden Leistungen zu dem Gesamtwert der Reise – wäre sie mangelfrei erbracht worden – steht. Dabei bleiben jedoch solche Leistungen außer Betracht, die „infolge der Aufhebung des Vertrages für den Reisenden kein Interesse haben". Die Beförderung zum Zielort und ebenso die Rückbeförderung ist z. B. für den Reisenden ohne Interesse, wenn sich die zugesagte Unterkunft gleich nach der Ankunft als unzureichend erweist und eine angemessene auch nicht gefunden werden kann. In einem solchen Fall kann der Reisepreis bis auf null herabgesetzt werden. Ist dagegen von einer Reise, die 2 Wochen dauern sollte, der Mangel erst am Beginn der 2. Woche aufgetreten, die erste Woche aber so wie vorgesehen verlaufen, so kann der Veranstalter jedenfalls noch die Hälfte des Reisepreises verlangen.

Da der Reisende in aller Regel den gesamten Reisepreis schon vor dem Beginn der Reise bezahlt haben wird, muß er ihn im Falle der nach § 651e berechtigten Kündigung insoweit zurückfordern können, als er nicht dem Veranstalter als „Entschädigung" gebührt. Das Gesetz enthält, anders als die Bestimmungen über die Wandlung, keinen Hinweis auf die Rücktrittsvorschriften. Daraus wurde geschlossen, daß der Reisende nur einen Anspruch aus ungerechtfertigter Bereicherung (§ 812, Wegfall des rechtlichen Grundes) habe.[159] Dem ist nicht zu

---

[159] So von *Löwe* BB 79, S. 1363; ders. in *MünchKomm* 18 zu § 651e.

folgen. Das Kündigungsrecht des § 651 e tritt im Falle des Reisevertrages an die Stelle des Wandlungsrechts im Werkvertragsrecht. Es geht nicht so weit wie dieses, weil es dem Veranstalter den Anspruch auf Entschädigung beläßt; seine Ausübung bewirkt aber ebenso wie die Wandlung und der Rücktritt eine Umgestaltung des Schuldverhältnisses. Zu dieser gehört, daß der Veranstalter den Teil des Reisepreises, der ihm nun nicht mehr gebührt, zurückzuerstatten hat. Daß er demgegenüber sich auf den Wegfall seiner Bereicherung (§ 818 Abs. 3) sollte berufen dürfen, ist nach der Sachlage ganz und gar unangemessen. Man muß daher, obwohl das Gesetz darüber schweigt, den Grund des Rückforderungsanspruchs in dem (umgestalteten) Vertragsverhältnis selbst sehen.[160] Eines Anspruchs aus ungerechtfertigter Bereicherung bedarf es nicht.

Die bisher erwähnten Rechte stehen dem Reisenden ohne Rücksicht darauf zu, ob der Veranstalter den Mangel zu vertreten hat oder nicht. Hat er ihn jedoch zu vertreten, dann kann der Reisende, unbeschadet der anderen Rechte, *Schadensersatz wegen Nichterfüllung* verlangen (§ 651 f). Zu vertreten hat der Veranstalter gemäß den §§ 276 Abs. 1, 278 eigenes Verschulden sowie das seiner gesetzlichen Vertreter und seiner Erfüllungsgehilfen; zu den Erfüllungsgehilfen gehören auch die Leistungsträger und deren Erfüllungsgehilfen. Hinsichtlich der Beherbergungsleistung wird die Meinung vertreten,[161] der Veranstalter müsse hier für anfängliche Mängel der Unterkunft wie ein Vermieter gemäß § 538 Abs. 1 auch ohne Verschulden des betreffenden Leistungsträgers (des Hoteliers) oder eines von dessen Erfüllungsgehilfen einstehen. Für diese Meinung spricht, daß auf diese Weise der Zweck des Gesetzes, daß sich der Reisende statt nur an die einzelnen Leistungsträger in allen Fällen an den Reiseveranstalter soll halten können, im weitesten Umfang verwirklicht wird; gegen sie, daß der Reiseveranstalter nicht Vermieter und daher auch nicht, wie ein solcher, in der Lage ist, vor der Vermietung die Mietsache auf verborgene Fehler hin zu untersuchen. Der Schadensersatzanspruch ist nicht, wie der aus § 635, nur *statt* der Minderung oder des Kündigungsrechts gegeben, sondern *daneben*.

Der Schadensersatzanspruch nach § 651 f wird vom Gesetz, anders als die Minderung (§ 651 d Abs. 2) und das Kündigungsrecht des § 651 e (vgl. Abs. 2), nicht ausdrücklich davon abhängig gemacht, daß der Reisende den Mangel dem Reiseveranstalter alsbald angezeigt und ihm Gelegenheit gegeben hat, dem Mangel abzuhelfen. Die bisher überwiegende Meinung nahm daher an, es bedürfe dessen nicht.[162] Das Unterlassen alsbaldiger Anzeige könne nur im Rahmen des § 254, als Verletzung einer „Obliegenheit", gewürdigt werden und dem gemäß zu einer Kürzung, im äußersten Fall auch

---

[160] So auch *Teichmann* aaO S. 741, Anm. 54. Vgl. *Larenz* aaO S. 691; *Wolter* aaO S. 47. Zustimmend BGHZ 85, 50, 60.
[161] Von *Tempel* aaO S. 90. Weitergehend meinen er, das LG Frankfurt – NJW 83, 2263 = JZ 84, 136 mit Anm. von *Blaschczok* – und das LG Berlin – NJW 85, 2425 –, den Reiseveranstalter treffe auch die verschuldensunabhängige Haftung des Gastwirts gemäß §§ 701 ff. Dem ist jedoch nicht zuzustimmen; vgl. dazu unten § 59.
[162] So *MünchKomm/Löwe* 13, *Erman/Seiler* 4, *Palandt/Thomas* 2c, *Jauernig/Teichmann* 2c zu § 651 f.; *Teichmann* aaO S. 742 und die Vorauflagen dieses Buches.

§ 53. Der Werkvertrag und ähnliche Verträge

zum Fortfall der Schadensersatzpflicht führen. Der BGH hat sich jetzt der Gegenmeinung angeschlossen,[163] der zufolge es sich bei dem Erfordernis der Anzeige des Mangels an den örtlichen Reiseleiter um eine ungeschriebene, weil selbstverständliche Voraussetzung auch des Schadensersatzanspruchs handelt. Nur dann soll es der Anzeige nicht bedürfen, wenn dem Mangel nicht abzuhelfen ist, der Schaden auch im Falle der möglichen Abhilfe eingetreten wäre oder der Reisende die Unterlassung der Anzeige nicht zu vertreten hat (z. B. weil der Reiseleiter nicht erreichbar war). Diese Meinung verdient den Vorzug. Sie entspricht der Regelung bei der Miete (vgl. § 545 Abs. 1 u. 2, zweiter Halbsatz) und der Logik der Sache (es wäre widersprüchlich, wenn dem Reisenden wegen des Unterlassens der Anzeige zwar die Minderung versagt wäre (§ 651 d Abs. 2), es ihm aber unbenommen wäre, den Minderwert der Reise als Schadensersatz geltend zu machen). § 651 d Abs. 2 muß auch für den Anspruch aus § 651 f gelten.

Da der eigentliche Mangelschaden, der in dem Minderwert der Reise besteht, schon durch die Minderung oder, im Falle daß der Reisende kündigt, durch die Regelung des § 651 e Abs. 3 abgedeckt ist, ist der Ersatzanspruch hauptsächlich von Bedeutung für den Mangelfolgeschaden. Der Reisende kann sich z. B. infolge schlechter Unterbringung (keine Heizung, Ungeziefer) oder verdorbener Speisen eine Krankheit zugezogen haben, sein Gepäck kann infolge unsorgsamer Behandlung bei der Beförderung beschädigt werden oder verloren gehen. Wird somit hier vom Gesetz der Mangelfolgeschaden, anders als in § 635 (der einen Ersatzanspruch nur bei Vorliegen der Voraussetzungen des § 634 gibt), bereits ausreichend berücksichtigt, dann liegt es nahe, in § 651 f, anders als in § 635, auch für diesen Schaden eine Spezialregelung zu sehen, neben der ein Anspruch aus positiver Vertragsverletzung wegen desselben Schadens nicht mehr geltend gemacht werden kann.[164] Ansprüche aus unerlaubter Handlung bleiben unberührt.[164a]

Im Falle, daß die Reise vereitelt oder erheblich beeinträchtigt wird, kann der Reisende über den wie sonst zu ersetzenden Vermögensschaden hinaus auch eine angemessene Entschädigung in Geld wegen der *nutzlos aufgewendeten Urlaubszeit* verlangen (§ 651 f Abs. 2). Wie bereits in Bd. I § 29 II d dargelegt wurde, handelt es sich hierbei der Sache nach um einen immateriellen Schaden, weshalb § 651 f Abs. 2 als eine weitere Ausnahme (vergleichbar § 847) von der Regel des § 253 anzusehen ist.[165] Indirekt hat dies auch der BGH dadurch anerkannt, daß er eine Entschädigung nach § 651 f Abs. 2 im Grundsatz auch solchen Personen zubilligt, die nicht im Erwerbsleben stehen, bei denen eine vermögensmäßige Auswirkung der ,,verlorenen Urlaubszeit" daher nicht in Betracht kommt.[166] Bei der Beant-

---

[163] BGHZ 92, 177; vorher schon das LG Hannover, NJW 84, 1626 und die in der Entsch. des BGH Genannten.

[164] Für einen Anspruch auch aus positiver Vertragsverletzung *Löwe* aaO S. 1363; wie hier wohl *Teichmann* aaO S. 742 (zu Anm. 65); *Palandt/Thomas* 3 a vor §§ 651 c bis g; *Wolter* aaO S. 65.

[164a] Ein solcher Anspruch setzt auf Seiten des Reiseveranstalters ein Organisationsverschulden oder ein Verschulden bei der Überprüfung der Leistungsträger voraus; vgl. LG Frankfurt, NJW 85, 2424.

[165] Ebenso *Löwe* BB 79, S. 1364 (zu Anm. 37); *Medicus,* SchR II § 101 III 2 c bb; *Jauernig/Teichmann* III 6 vor §§ 249–253. Die Bedenken, die *Burger* (NJW 80, 1249) hiergegen vornehmlich aus dem Wortlaut des Gesetzes herleitet, vermag ich nicht zu teilen.

[166] BGHZ 85, 168. Anders das LG Frankfurt, NJW 83, 1127.

wortung der Frage, ob die Urlaubszeit „nutzlos vertan" ist, mißt er bei Kindern und Jugendlichen dem „Erlebniswert" der Reise eine herausragende Bedeutung zu. Auch darin zeigt sich, daß es um ein Defizit an den zu erwartenden ideellen Vorteilen der Reise, nicht um ein Vermögensdefizit geht. Für die Höhe der Entschädigung kommt es insbesondere auf das Ausmaß der Beeinträchtigung, gemessen auch an der Höhe des Reisepreises, auf die Verfehlung oder nur teilweise Erreichung des Reisezwecks (Erholung, Teilnahme an bestimmten Veranstaltungen), andersseits aber auch darauf an, was der Reisende aus seinem Urlaub noch hat machen können, wieviel Zeit er wirklich „nutzlos vertan" hat.

Die Geltendmachung aller Mängelansprüche – auch der kraft Gesetzes eingetretenen Minderung – ist nach § 651g Abs. 1 ausgeschlossen, wenn der Reisende sie nicht innerhalb eines Monats nach dem im Vertrage vorgesehenen Zeitpunkt der Beendigung der Reise gegenüber dem Reiseveranstalter geltendmacht.[167] Einer Form bedarf es hierfür nicht. Der Ausschluß gilt dann nicht, wenn der Reisende ohne sein Verschulden an der Einhaltung der Frist verhindert worden ist. Er muß in einem solchen Fall jedoch, um den Ausschluß zu vermeiden, seine Ansprüche ohne schuldhaftes Zögern nach dem Ende der Verhinderung geltendmachen. Nach § 651g Abs. 2 verjähren die Ansprüche innerhalb einer Frist von 6 Monaten, die wiederum im Zeitpunkt der vertraglich vorgesehenen Beendigung der Reise beginnt.

Schwierigkeiten können sich aus der Überschneidung der Vorschriften über Reisemängel mit denen über die teilweise Unmöglichkeit der Leistung (vgl. die §§ 323 Abs. 1, zweiter Halbsatz, § 325 Abs. 1 Satz 2) ergeben. Wird die Durchführung der gesamten Reise nach dem Vertragsschluß,[168] aber vor ihrem Beginn unmöglich, weil z.B. das für sie vorgesehene Schiff einen Maschinenschaden erleidet, der nicht mehr rechtzeitig behoben werden kann, dann liegt eine nachträgliche Unmöglichkeit vor. Es sind also die §§ 323 oder 325 anzuwenden, je nachdem, ob der Veranstalter den Maschinenschaden und damit die Unmöglichkeit zu vertreten hat oder nicht. Um teilweise Unmöglichkeit handelt es sich dann, wenn der Maschinenschaden unterwegs eintritt, die schon begonnene Reise daher nicht fortgesetzt werden kann. In diesem Fall wird man neben den Regeln über die teilweise Unmöglichkeit mindestens den § 651e Abs. 4 analog anzuwenden haben;[169] der Veranstalter hat also für die Rückbeförderung der

---

[167] Beanstandungen beim örtlichen Reiseleiter genügen nicht – hL.; anders *MünchKomm/Löwe* 11 zu § 651g –; doch genügt es, wenn der Reisende bei der Geltendmachung gemäß § 651g Abs. 1 auf seine früheren Beanstandungen am Urlaubsort hinweist, ohne sie im einzelnen zu wiederholen. So BGHZ 90, 363.

[168] Ist sie schon im Augenblick des Vertragsschlusses objektiv unmöglich, gilt § 306; sein anfängliches Unvermögen hat der Reiseveranstalter zu vertreten.

[169] *Tempel* aaO S. 89 befürwortet auch die entsprechende Anwendung des § 651e Abs. 3, lehnt aber jede entsprechende Anwendung dann ab, wenn „die Teilunmöglichkeit auf Umständen beruht,

Reisenden zu sorgen und die anfallenden Mehrkosten zu tragen, und zwar auch dann, wenn er die Unmöglichkeit der weiteren Durchführung der Reise im Sinne der §§ 276, 278 nicht zu vertreten hat. Der Fall liegt insoweit nicht anders als der eines Reisemangels, der den Reisenden zur Kündigung berechtigt. Eine generelle Verdrängung der §§ 325, 326, wie *Wolter*[169a] sie befürwortet, liegt aber doch wohl nicht im Sinne des Gesetzes. Von dem Fall, daß die gesamte Reise unterbleibt oder vorzeitig abgebrochen werden muß, während eines Teils der vorgesehenen Zeit also gänzlich ausfällt, ist aber der zu unterscheiden, daß nur einzelne der nebeneinander zu erbringenden Leistungen während der ganzen Reise oder zeitweilig ausfallen, also z. B. der Service im Hotel wegen eines Streiks des Hotelpersonals oder die Benutzung des Schwimmbades wegen einer Reparatur. Einige wollen auch in diesen Fällen die Vorschriften über eine teilweise Unmöglichkeit annehmen;[170] richtiger Ansicht nach handelt es sich hier um einen *Mangel der Reise als Gesamtleistung.*[171] Die Vorschriften über Reisemängel passen gerade auch auf diese Fälle; sie gehen denen über teilweise Unmöglichkeit insoweit als Sonderregelung vor. Andernfalls würden sie stark an Bedeutung verlieren, da ausgefallene ebenso wie schlecht erbrachte Einzelleistungen wegen der zeitlichen Abfolge regelmäßig nicht nachholbar sind und daher bei Reisemängeln fast immer auch eine teilweise Unmöglichkeit (vollständiger und ordnungsgemäßer) Erfüllung vorliegen wird. Dem Zweck des Gesetzes wird nur der Vorrang der Gewährleistungsvorschriften gerecht.

Hier ist der Ort, auf die zunächst zurückgestellte Frage einzugehen, ob die Reise als Gesamtleistung nur dann *fehlerhaft* sein kann, wenn mindestens *eine Einzelleistung* fehlerhaft ist. Sie ist dahin zu beantworten, daß die Reise auch dann fehlerhaft sein kann, wenn eine Einzelleistung *ganz oder zum Teil ausfällt,* also nicht erbracht wird. Sind dagegen *alle Einzelleistungen vollständig und fehlerfrei* erbracht, ist die Reise als solche, weil in allen Teilen von der gesollten Beschaffenheit, zwar fehlerlos. Sie könnte trotzdem mangelhaft sein, weil ihr eine *zugesicherte Eigenschaft fehlt;* dann nämlich, wenn sich die Zusicherung nicht auf eine bestimmte Reiseleistung, sondern auf einen Umstand bezieht, der für den Wert

---

die von dem Reiseveranstalter auch bei gesteigerter Sorgfalt nicht abzuwenden gewesen wären". Dann dürfte meist § 651g anwendbar sein.

[169a] In seinem Beitrag in AcP. Ein großer Teil der von ihm behandelten Fälle ist aber nach der im Text vertretenen Ansicht deshalb über das Gewährleistungsrecht zu lösen, weil nur einzelne Teilleistungen – z. B. nur das Anlaufen eines bestimmten Hafens – unmöglich wurden, die Reise als ganzes jedoch durchführbar blieb.

[170] So *Löwe* BB 79, S. 1361; ders. in *MünchKomm* 8, 9 vor § 651c bis g. Ebenso BGHZ 77, 320 (Nichtanlaufen eines vorgesehnen Hafens und damit Ausfall bestimmter Besichtigungen). Anders aber BGHZ 85, 301. Hier sah der BGH in der unberechtigten Verweisung eines Reisenden aus dem Flugzeug einen Fehler der Beförderung und damit der Reise; Rechte aus § 325 lehnte er ausdrücklich ab.

[171] So – überzeugend – *Teichmann* aaO S. 738. Ebenso *Wolter* aaO S. 45; *Esser/Weyers* § 34b III 4a.

oder den Nutzen der Reise als solcher von Bedeutung ist. Das Nichtvorhandensein derartiger Umstände kann zwar, wenn sie nicht zugesichert waren, keinen Mangel im Sinne des § 651e Abs. 1, wohl aber eine Beeinträchtigung der Reise im Sinne des § 651f Abs. 2 und des § 651g darstellen.

> Im Falle einer viertägigen Flugreise nach Athen mußten die Reisenden bei ihrer Ankunft feststellen, daß alle Sehenswürdigkeiten – Akropolis, Nationalmuseum – wegen eines gerade ausgebrochenen Streiks geschlossen waren. Das LG Frankfurt[172] lehnte einen Mangel der Reise zutreffend ab, da alle Leistungen erbracht wurden und eine Zusicherung hinsichtlich der Öffnung nicht gegeben war. Eine Zusicherung hinsichtlich der Möglichkeit einer Elefanten-Jagd hat dagegen der BGH in der „Safari-Reisen" Entsch.[173] angenommen. Den Wegfall dieser Möglichkeit wegen Fortzugs der Elefanten aus dieser Gegend sah er deshalb als einen Mangel der Reise an. Ohne Zusicherung hätte hier aber von einem Mangel nicht die Rede sein können.

c) **Weitere Vorschriften für den Reisevertrag.** Unter den weiteren Vorschriften über den Reisevertrag ist zunächst die des § 651h über die *Zulässigkeit von Haftungsbeschränkungen* zu erwähnen. Sie erlaubt es dem Reiseveranstalter, seine Haftung für einen Schaden des Reisenden, für den er verantwortlich ist, durch Vereinbarung, auch im Wege seiner Allgemeinen Geschäftsbedingungen, für zwei Fälle auf den dreifachen Reisepreis zu beschränken. Die Beschränkung ist möglich einmal für den Fall, daß der Schaden von dem Veranstalter oder einem seiner (normalen) Erfüllungsgehilfen nur *leicht* fahrlässig herbeigeführt wurde – das steht im Einklang mit § 11 Nr. 7 AGBG –, und ferner für den Fall, daß der Veranstalter allein wegen des Verschuldens – auch eines schweren Verschuldens – eines „Leistungsträgers" verantwortlich ist. Da auch die Leistungsträger Erfüllungsgehilfen des Veranstalters sind, bedeutet das eine Verschlechterung für den Reisenden gegenüber der Rechtslage, die sich bei Anwendung des AGB-Gesetzes für ihn ergeben würde. Eine weitere Verschlechterung seiner Rechtslage kann sich aus § 651h Abs. 2 ergeben. Der Grund für diese Regelung ist darin zu sehen, daß der Reiseveranstalter auf seine Leistungsträger, besonders wenn diese im Ausland sind, oft geringere Einwirkungsmöglichkeiten besitzt, als sie im allgemeinen hinsichtlich der Erfüllungsgehilfen angenommen werden können. Unbeachtlich wäre jedoch ein völliger Ausschluß der Haftung. Das ergibt sich aus dem Wortsinn und aus § 651k.[174] Insoweit ist § 651h auch eine Schutzvorschrift für den Reisenden, die über den Schutz, den ihm das AGBG gewährt, hinausgeht, weil sie auch für Individualvereinbarungen gilt. Unberührt von einer Haftungseinschränkung gemäß § 651h Abs. 1 Nr. 2 bleibt ferner eine Haftung des Veranstalters wegen eigenen Verschuldens bei der Auswahl oder Überprüfung des Leistungsträgers.

Nicht eindeutig dem Gesetz zu entnehmen ist, ob sich die Zulässigkeit einer

---

[172] NJW 83, 237.
[173] BGHZ 77, 310. Ablehnend *Tempel* aaO S. 87.
[174] So auch BGHZ 87, 191; *MünchKomm/Löwe* 18 zu § 651h. Anders *Tempel* aaO. S. 90; LG Frankfurt, NJW 83, 2263; *Erman/Seiler* 8 zu § 651h.

Haftungsbeschränkung nur auf den Schadensersatzanspruch wegen eines Reisemangels gemäß § 651 f, oder ob sie sich auf alle im Vertragsverhältnis begründeten Ansprüche, also auch auf solche wegen Unmöglichkeit oder Verzuges, sowie auch auf die mit einem vertraglichen Anspruch konkurrierenden Deliktsansprüche bezieht. Die Stellung der Vorschrift (erst nach § 651 g) und die Zweckmäßigkeit einer für alle Ansprüche gleichen Regelung sprechen eher für das zweite.[175] Ist eine Haftungsbeschränkung auch zulässig, so greift sie doch nur dann ein, wenn sie im Vertrage, sei es auch durch die Allgemeinen Geschäftsbedingungen des Veranstalters, vereinbart ist, und nur in dem Umfang, in dem sie vereinbart ist.

Reisen der Art, wie sie das Gesetz regeln will, werden oft längere Zeit vor ihrem Beginn gebucht. In der Zwischenzeit bis zu ihrem Beginn können sich die für den Entschluß des Reisenden bedeutsamen Umstände ändern; seine Gesundheit, berufliche oder familiäre Rücksichten können ihn dazu veranlassen, auf die Reise zu verzichten. Das Gesetz trägt dem durch zwei Bestimmungen Rechnung. Zum einen kann der Reisende nach § 651 b bis zum Beginn der Reise verlangen, daß statt seiner ein Dritter an der Reise teilnimmt (*„Ersetzungsbefugnis"*). Der Reiseveranstalter kann dem nur unter den im Gesetz genannten Voraussetzungen widersprechen; er kann von dem Reisenden die ihm durch die Teilnahme des Dritten etwa entstehenden Mehrkosten verlangen. Der Dritte wird nicht Vertragspartei;[176] er ist lediglich Begünstigter. Zur Zahlung des Reisepreises ist nicht er, sondern weiterhin der „Reisende", also derjenige, der den Vertrag mit dem Veranstalter geschlossen hat, verpflichtet. Ob der Dritte selbst dazu berechtigt sein soll, die Leistung von dem Reiseveranstalter zu verlangen, ob also der Vertrag dadurch ein berechtigender Vertrag zugunsten eines Dritten wird, richtet sich nach dem Inhalt der Vereinbarung, etwa den Geschäftsbedingungen des Reiseveranstalters; in Ermangelung einer Vereinbarung nach den Umständen (vgl. § 328 Abs. 2).[177] Selbstverständlich kann der Reisende auch sogleich den Vertrag zugunsten eines oder mehrerer Mitreisenden schließen; in diesem Fall wird man ihm die Ersetzungsbefugnis auch hinsichtlich dieser Dritten zubilligen müssen.[178]

Zum zweiten räumt das Gesetz dem Reisenden das Recht ein, bis zum Beginn der Reise jederzeit *vom Vertrag zurückzutreten* (§ 651 i Abs. 1). Ähnlich wie im Falle der Kündigung gemäß § 651 e verliert dann der Veranstalter zwar den An-

---

[175] Dafür *Bartl*, Reiserecht, Rdn. 130; *Brox* aaO. S. 497; Bes. Schuldrecht Rdn. 289k; *Esser/Weyers* § 34 b III 4 d aE.; anders *Löwe* BB 79, S. 1365; *MünchKomm* 4 zu § 651 h; *Palandt/Thomas* 1 aE. zu § 651 h.
[176] Anders (für eine Vertragsübernahme) *Held* BB 80, 185.
[177] Der „Ersatzreisende" muß jedenfalls als dazu ermächtigt angesehen werden, während der Reise die Rechte gemäß den §§ 651 c Abs. 2 und 3, 651 e geltendzumachen.
[178] Ebenso *Löwe* BB 79, S. 1361; ders. in *MünchKomm* 3 zu § 651 b.

spruch auf den Reisepreis, kann aber eine angemessene Entschädigung verlangen. Um einen „Schadensersatzanspruch" im strengen Sinne handelt es sich bei diesem Anspruch des Veranstalters wohl nicht.[179] Die Höhe der Entschädigung richtet sich nach dem Reisepreis unter Abzug des Wertes der vom Veranstalter ersparten Aufwendungen sowie dessen, was dieser durch anderweitige Verwendung der Reiseleistungen erwerben kann (§ 651i Abs. 2). Unterläßt er die anderweitige Verwendung, obgleich sie ihm möglich gewesen wäre, so muß er den dadurch versäumten Erwerb sich auf seine Entschädigung anrechnen lassen. Da das Gesetz hier, anders als in § 651e, nicht von „Kündigung", sondern von „Rücktritt" spricht, ist unzweifelhaft, daß der Reisende den von ihm schon gezahlten Reisepreis oder seine Anzahlung – abzüglich der dem Veranstalter gebührenden Entschädigung – in diesem Fall nach § 346 zurückverlangen kann, also nicht auf einen Bereicherungsanspruch angewiesen ist. Er sollte es deshalb auch nicht im Fall des § 651e. Nach dem Beginn der Reise ist das Rücktrittsrecht des § 651i ausgeschlossen; der Reisende kann jetzt nur noch unter den Voraussetzungen entweder des § 651e oder des § 651j kündigen. Ein Kündigungsrecht analog § 649 steht ihm m. E. weder vor dem Antritt der Reise noch nach deren Beginn zu.[180] Gewiß kann der Reisende die Reise nach seinem Belieben zu jeder Zeit abbrechen; liegen aber die Voraussetzungen weder des § 651e noch die des § 651j vor, so kann er daraus Rechte gegen den Veranstalter nicht herleiten; die §§ 651i, 651e und 651j müssen als abschließende Regelung der Rücktritts- oder Kündigungsmöglichkeiten gesehen werden. Ist der Reisende, oder ein mitreisender „Dritter", im Zeitpunkt des Reisebeginns reiseunfähig, so handelt es sich zwar nach allgemeinen Grundsätzen um eine (wenn nach Vertragsschluß eingetretene, nachträgliche) Unmöglichkeit der Leistung, die von keinem Teil zu vertreten ist. Der BGH hat in einem solchen Fall vor dem Inkrafttreten der Bestimmungen über den Reisevertrag § 645 analog angewandt;[181] es empfiehlt sich indessen, auch in diesem Fall den § 651i als allen anderen Vorschriften vorgehende Sonderregelung anzuwenden.[182] Denn er wird der beim Reisevertrag bestehenden Interessenlage in sehr viel höherem Maße gerecht, als etwa die analoge Anwendung des § 645. Die Anwendung des § 651i ist auch dann geboten, wenn der Reisende, ohne den Rücktritt erklärt zu haben, sich bei Beginn der Reise am Ausgangspunkt, gleich aus welchem Grund, nicht einfindet. Eine Rücktrittserklärung durch „schlüssiges Verhalten" wird man darin freilich nicht ohne weiteres sehen dürfen;[183] hat der Reisende nur einen Anschluß versäumt

---

[179] *Eichinger* aaO. S. 79 ff. Die Anwendbarkeit des § 11 Nr. 5 AGBG bedarf deshalb besonderer Prüfung. (Dazu alsbald im Text.)
[180] So auch *MünchKomm/Löwe* 6 zu § 651i; anders *Eichinger* S. 38.
[181] So auch *Teichmann* aaO. S. 740; *Jauernig/Teichmann* 1 zu § 651i.
[182] Vgl. *Bartl*, Reiserecht Rdn. 143.
[183] Vgl. *Eichinger* aaO. S. 43f.

§ 53. Der Werkvertrag und ähnliche Verträge

und reist er auf eigene Kosten nach, gilt der Vertrag weiterhin. Andernfalls ist aber die analoge Anwendung des § 651i die angemessene Lösung.

Was der Reiseveranstalter durch anderweitige Verwertung der Reiseleistung hätte erwerben können, ist im Einzelfall oft schwer nachweisbar. § 651i Abs. 3 erlaubt deshalb eine *Pauschalierung der Entschädigung* in Gestalt eines Prozentsatzes vom Reisepreis je nach den bei einer solchen Reiseart *gewöhnlich* ersparten Aufwendungen und dem durch anderweitige Verwendung der Reiseleistungen *gewöhnlich möglichen* Erwerb. Da dieser ganz unterschiedlich ist, je nachdem wie lange oder wie kurz vor dem Reisebeginn der Rücktritt erfolgt, sehen die Bedingungen der Veranstalter meist eine entsprechende zeitliche Staffelung vor. Die Regel des § 651i Abs. 3 entspricht der des § 11 Nr. 5a AGBG. Wollte man auf den Reisevertrag aber den § 11 Nr. 5b AGBG anwenden, so müßte dem Reisenden die Möglichkeit gelassen werden, nachzuweisen, der Veranstalter habe einen „Schaden" überhaupt nicht erlitten, oder sein „Schaden" sei wesentlich niedriger als die Pauschale, etwa weil er die Reiseleistung tatsächlich in vollem Umfang anderweitig verwertet hat. Da aber in die dem Gesetz entsprechend berechnete Pauschale Fälle fehlenden oder geringeren „Schadens" schon ebenso einberechnet sind wie solche, in denen der tatsächliche „Schaden" die Pauschale übersteigt, der Veranstalter aber auch in den letzteren Fällen nur die Pauschale verlangen darf, so würde er, bezogen auf die Masse der Fälle, nicht auf seine Kosten kommen, könnte er nicht in allen Fällen stets die Pauschale verlangen. Man wird daher, zumal es sich bei der Entschädigung nicht um Schadensersatz im gewöhnlichen Sinne handelt, den § 11 Nr. 5b AGBG hier nicht anwenden dürfen. Im Falle der Pauschalierung gemäß § 651i Abs. 3 muß es für beide Teile bei der Pauschale verbleiben.[184]

Schließlich gewährt das Gesetz in § 651j *beiden Parteien* ein Recht zu fristloser Kündigung des Vertrages, wenn „die Reise infolge bei Vertragsabschluß nicht voraussehbarer höherer Gewalt erheblich erschwert, gefährdet oder beeinträchtigt wird." Als „höhere Gewalt"[x] sind Ereignisse anzusehen, die ihren Ursprung weder in der Sphäre des Veranstalters, noch in der des Reisenden haben, mit denen nicht gerechnet werden konnte und denen der Veranstalter auch nicht mehr – etwa durch eine Änderung der Reiseroute oder eine leichte Umstellung des Programms – ausweichen kann. Gedacht ist etwa an Krieg, innere Unruhen, Erdbeben oder den Ausbruch von Seuchen im Reiseland. Streik des Hotelpersonals der Leistungsträger gehört nach überwiegender Meinung[185] nicht hierher, da er in den Risikobereich des Veranstalters fällt. Er kann jedoch für den Reisenden einen Kündigungsgrund nach § 651e darstellen. Es genügt, daß die Reise erheb-

---

[184] So, überzeugend, *Eichinger* S. 102ff. (Anders noch die Vorauflage u. die wohl hL.)
[185] *Löwe* BB 79, S. 1366; *MünchKomm/Löwe* 3, *Erman/Seiler* 4 zu § 651j; *Esser/Weyers* § 34b III 5; *Bartl*, Reiserecht Rdn. 148, im Hinblick auf die Gesetzesmaterialien; zweifelnd *Brox* aaO. S. 497.

[x] ein von außen kommendes, keinen betrieblichen Zusammenhang aufweisendes, auch durch äußerste vernünftigerweise zu erwartende Sorgfalt nicht abwendbares Ereignis.

lich erschwert oder gefährdet wird; daß sie unmöglich wird, verlangt das Gesetz nicht. Die Grenze zwischen einer erheblichen Erschwerung oder Gefährdung der Reise und ihrer Unmöglichkeit ist aber fließend. Man wird daher § 651j, wenn seine sonstigen Voraussetzungen vorliegen, gegenüber den Unmöglichkeitsregeln – in Betracht käme § 323 – als Sonderregelung den Vorzug geben müssen.[186]

Die Kündigung kann vor oder nach Beginn der Reise ausgesprochen werden. Für den Fall der Kündigung vor Beginn der Reise enthält das Gesetz keine Bestimmungen. Der Reiseveranstalter kann hier nicht, wie im Falle des § 651i, eine angemessene Entschädigung verlangen; insoweit trägt er also das Risiko allein. Im Falle der Kündigung nach Reisebeginn versucht das Gesetz, die nachteiligen Folgen zu verteilen. Es ordnet eine Abwicklung entsprechend der im Falle des § 651e Abs. 3 und 4, aber mit folgenden Änderungen an: Für die bereits erbrachten Leistungen kann der Veranstalter die Entschädigung auch insoweit verlangen, als sie für den Reisenden nun ohne Interesse sind; die Mehrkosten der Rückbeförderung tragen beide Parteien je zur Hälfte; andere Mehrkosten (z. B. für zusätzliche Übernachtungen) fallen dem Reisenden allein zur Last. Hinsichtlich der Rückforderung des Reisepreises muß dasselbe gelten wie im Falle des § 651e. Auch die Kündigung gemäß § 651j beendet nicht nur das Vertragsverhältnis als Dauerschuldverhältnis, sondern gestaltet es, ähnlich wie der Rücktritt, um. Es ist kein Grund dafür einzusehen, den Reisenden hinsichtlich der Rückforderung im Falle des § 651j schlechter zu stellen, als im Falle, daß er, aus rein persönlichen Gründen, nach § 651i zurücktritt. Höchst unbillig wäre es, könnte sich der Veranstalter unter Hinweis auf „höhere Gewalt" seinen eigenen Verpflichtungen entziehen, der Forderung des Reisenden nach Rückzahlung des Reisepreises aber den Einwand des Wegfalls seiner Bereicherung entgegensetzen. Der Rückforderungsanspruch des Reisenden gründet sich vielmehr auch hier, wie im Falle des § 651e, auf das durch die „Kündigung" in ein Abwicklungsverhältnis umgestaltete Vertragsverhältnis selbst.

Zweifelhaft ist das Verhältnis des § 651j zu § 651e. Das Ereignis, das sich als „höhere Gewalt" darstellt, kann, ja wird häufig bewirken, daß einzelne Leistungen des Veranstalters nur noch mangelhaft erbracht werden können. Ein Erdbeben hat das gebuchte Hotel zwar unbeschädigt belassen, doch fehlt es jetzt am fließenden Wasser und Strom, das Schwimmbad ist unbenutzbar, die Verpflegung reicht nicht aus. Ist der Reisende hier auf die Kündigungsmöglichkeit des § 651j beschränkt, oder kann er auf die für ihn günstigere des § 651e zurückgreifen? Die hL[187] und auch der BGH[188] gestattet ihm das; sie engt damit den Anwendungsbereich des § 651j zugunsten der Mängelgewähr stark ein. Mißlich

---

[186] Vgl. *Jauernig/Teichmann* 1a zu § 651j; *Wolter* aaO. S. 48f.; *Erman/Seiler* 9 zu § 651j.
[187] *MünchKomm/Löwe* 2, *Erman/Seiler* 8 zu § 651j.
[188] BGHZ 85, 50.

wäre es, könnte der Veranstalter der auf § 651e gestützten Kündigung des Reisenden dadurch zuvorkommen, daß er selbst nach § 651j kündigt, so daß es also darauf ankäme, wer zuerst kündigt. Eine Mindermeinung[189] sieht dagegen den § 651e als durch § 651j eingeschränkt an. Im Falle der „höheren Gewalt" brauche der Unternehmer das Risiko, das ihm § 651e auferlegt, nur in einem geminderten Umfange zu tragen. Sieht man darin den Sinn der Bestimmung, so muß man ihr gegenüber § 651e den Vorrang geben. Diese Auffassung hat vieles für sich; sie dürfte sich aber, nachdem der BGH gesprochen hat, kaum durchsetzen.

§ 54. Der Maklervertrag

Literatur: *Dyckerhoff,* Das Recht des Immobilienmaklers, 8. Aufl. 1977; *Gilles,* Gewerbsmäßige Ehevermittlung, 1977; *Knieper,* Der Maklervertag im System des BGB; NJW 70, 1293; *Kohler,* Die Ersatzansprüche des Grundstücksmaklers bei nichtigen Kaufverträgen, NJW 57, 327; *H. Krause,* Studien zum Recht des Grundstücksmaklers, Festschr. f. *Molitor,* 1962; *Reichel,* Die Mäklerprovision, 1913; *Schmidt/Salzer,* Probleme des Maklerrechts, DB 69, 1091 u. 1137; *Schwerdtner,* Maklerrecht, 2. Aufl. 1979 (zit. *Schwerdtner*); ders., Neuere höchstrichterliche Rechtsprechung zum Maklerrecht, JZ 83, 777; *Tempel,* Das Maklerrecht, in *Gitter,* Vertragsschuldverhältnisse S. 367.

Der Maklervertrag ist ein Vertrag, durch den jemand einem anderen für den Nachweis der Gelegenheit zum Abschluß eines Vertrages oder für die Vermittlung eines Vertrages einen Lohn verspricht. Er ist vom Gesetz als ein eigener Vertragstypus geregelt worden (§§ 652ff.). Er gehört in die Reihe der Verträge, die eine Tätigkeit im Dienste oder Interesse eines anderen zum Gegenstand haben, unterscheidet sich aber, wie wir sehen werden, in charakteristischer Weise sowohl vom Dienst- wie vom Werkvertrag, wenn er auch durch entsprechende Einzelabreden dem einen oder dem anderen dieser Vertragstypen angenähert werden kann. Das Handelsgesetzbuch hat die Rechte und Pflichten des „Handelsmaklers" im Verhältnis zum Auftraggeber in den §§ 93ff. näher geregelt. „Handelsmakler" ist aber nur, wer gewerbsmäßig für andere Personen, ohne von ihnen ständig damit betraut zu sein, die Vermittlung von Verträgen über „Gegenstände des Handelsverkehrs" übernimmt. Zu den „Gegenständen des Handelsverkehrs" gehören Grundstücke, Grundstücksteile (Wohnungen, Geschäftsräume) und Grundstücksrechte (Hypotheken) nicht. Daher gelten für den Grundstücksmakler und den Hypothekenmakler die Sondernormen des HGB nicht; sein Rechtsverhältnis zum Auftraggeber bestimmt sich allein nach dem BGB. Zusätzlich gelten für die Vermittlung des Abschlusses oder den Nachweis der Gelegenheit zum Abschluß von *Mietverträgen über Wohnräume* die Bestimmungen des Gesetzes zur Regelung der Wohnungsvermittlung (Art. 9 des Gesetzes zur Verbesserung des Mietrechts vom 4.11.1971, BGBl. I S. 1745). Die

---

[189] *Teichmann,* JZ 79, 741; 83, 110; *Wolter* aaO. S. 49ff.

Regelung des Maklerrechts im BGB ist dürftig und entspricht kaum noch den Anforderungen, die heute an eine solche Regelung gestellt werden müssen. Deshalb ist eine Reform geplant, die auch die private Wohnungsvermittlung – mit Ausnahme ihrer gewerberechtlichen Aspekte – einbeziehen soll. Es liegt seit 1982 ein Regierungsentwurf vor,[1] der noch nicht Gesetz geworden ist. Da die Rechtsbeziehungen zwischen den Maklern und ihren Auftraggebern heute weitgehend durch die Allgemeinen Geschäftsbedingungen der Makler bestimmt werden, kommt hier dem AGB-Gesetz besondere Bedeutung zu.

Wer **gewerbsmäßig** die Tätigkeit eines Grundstücksmaklers, Wohnungsvermittlers oder eine Reihe weiterer, im Gesetz bezeichneter Tätigkeiten als Makler oder Betreuer von Bauvorhaben ausüben will, bedarf hierzu nach § 34c der Gewerbeordnung – eingefügt durch Gesetz vom 16. 8. 1972 – einer behördlichen Erlaubnis.[2] Diese ist nur aus den im Gesetz angeführten Gründen zu versagen. Solchen Gewerbetreibenden sind gemäß § 34c Abs. 3 „zum Schutze der Allgemeinheit und der Auftraggeber" durch eine Rechtsverordnung vom 11. 6. 1975 (BGBl. I, S. 1351) eine Reihe von Pflichten auferlegt, die teils die Überwachung ihres Geschäftsbetriebes durch die Behörden ermöglichen, teils die Auftraggeber vornehmlich in solchen Fällen schützen sollen, in denen sie dem Makler, Bauträger oder Baubetreuer Vermögenswerte zum Zwecke der Durchführung der ihm übertragenen Aufgabe in der einen oder anderen Weise anvertrauen. Die Verpflichtungen gegenüber dem Auftraggeber können nicht abbedungen werden.

Der Makler – das Gesetz nennt ihn Mäkler – tritt zu seinem Auftraggeber[3] in ein Rechtsverhältnis eigener Art. Er bietet sich diesem zu einer bestimmten Tätigkeit an – nämlich entweder nur zum Nachweis der Gelegenheit zum Abschluß eines Vertrages (Nachweismakler) oder, weitergehend, zur Vermittlung eines Vertrages (Vermittler). Doch ist es nach dem Gesetz nicht erforderlich und auch nicht üblich, daß er sich zu dieser Tätigkeit, oder gar zu einem Erfolg, etwa zur Herbeiführung eines Vertragsabschlusses, *verpflichtet*. Geht der Makler vertraglich eine solche Verpflichtung ein, dann allerdings nähert sich das Verhältnis einem Dienst- oder Werkvertrage (Maklerdienst-, Maklerwerkvertrag[4]), und es müssen die Regeln dieser Vertragstypen ergänzend herangezogen werden. Bei dem Vertragstypus, den das Gesetz im Auge hat, besteht eine Verpflichtung des Maklers, tätig zu werden, nicht. Es handelt sich daher bei ihm nicht um einen gegenseitigen, sondern um einen nur einseitig verpflichtenden Schuldvertrag.[5]

---

[1] Über seinen Inhalt berichten kritisch *Vollkommer,* Das neue Maklerrecht – ein Vorbild für die Überarbeitung des Schuldrechts? in Festschr. f. H. K. *Larenz,* 1983, S. 663; *Tonner,* BB 84, 241.
[2] Fehlt diese, so ist der Maklervertrag deshalb allein noch nicht nichtig; BGH, NJW 81, 387.
[3] Das Gesetz vermeidet diesen Ausdruck, weil es sich nicht um einen „Auftrag" im technischen Sinne handelt; der Ausdruck ist aber nicht zu entbehren.
[4] Auch bei diesen Sondergestaltungen des Maklervertrages ist der Lohn, wenn nichts anderes vereinbart wurde, nur verdient, wenn der vom Auftraggeber gewünschte Vertrag mit einem Dritten zustandekommt, und bleibt es dem Auftraggeber frei gestellt, ihn abzuschließen oder nicht. Vgl. dazu *Münch Komm/Schwerdtner* 11, 12 zu § 652.
[5] HL; vgl. *Schwerdtner* aaO Rdn. 7 aE (m. Nachw.); *Dyckerhoff* aaO S. 2, 43 (anders für den Fall des Alleinauftrags); *Erman/Werner* 18 vor § 652; *Vollkommer* aaO S. 671; *Brox* Rdn. 310; *Medicus,* SchR II § 106, I, 2.

§ 54. Der Maklervertrag § 54

Verpflichtet ist lediglich der Auftraggeber, und zwar dazu, den vereinbarten Maklerlohn zu zahlen, wenn der von ihm gewünschte Vertrag[6] „infolge des Nachweises oder der Vermittlung des Mäklers zustandekommt" (§ 652 Abs. 1). Seine Verpflichtung ist also *aufschiebend bedingt,* und zwar einmal dadurch, daß der gewünschte Vertrag zustandekommt,[7] und ferner dadurch, daß er „infolge" der Tätigkeit des Maklers zustandekommt.[8] Vorausgesetzt ist dabei, daß der Vertrag mit einem *Dritten* zustandekommt; der Anspruch auf den Maklerlohn entsteht daher nicht, wenn der Vertrag mit dem Makler selbst oder mit einer Gesellschaft geschlossen wird, an der dieser maßgeblich beteiligt ist.[9] Dem Wohnungsvermittler steht (nach § 2 Abs. 2 des Gesetzes zur Regelung der Wohnungsvermittlung) ein Anspruch auf Entgelt u. a. dann nicht zu, wenn ein Mietvertrag über Wohnräume abgeschlossen wird, deren Eigentümer, Verwalter oder Vermieter der Wohnungsvermittler selbst, oder eine juristische Person ist, an der dieser rechtlich oder wirtschaftlich beteiligt ist. Der Auftraggeber ist nicht verpflichtet, von einer ihm von dem Makler nachgewiesenen Gelegenheit zum Vertragsschluß oder von seiner Vermittlung Gebrauch zu machen;[10] er darf, wenn nichts anderes vereinbart ist, sich seinerseits ebenfalls um den Vertragsschluß bemühen und sogar die Hilfe weiterer Makler in Anspruch nehmen. Kommt der Vertrag dann zustande, ohne daß hierbei die Tätigkeit dieses Maklers irgendwie mitgewirkt hätte, oder entschließt sich der Auftraggeber, von einem Vertragsschluß überhaupt abzusehen, so bleibt der Makler, mag er auch tätig geworden sein, ohne Lohn und im Zweifel auch ohne Ersatz seiner Aufwendungen (§ 652 Abs. 2). Der Makler trägt somit die Gefahr des Nichteintritts des Erfolges, den durch seine Bemühung herbeizuführen nur teilweise in seiner Macht steht, dessen Eintritt oder Nichteintritt vielmehr ebensosehr von anderen Umständen abhängt, darunter auch von einem Willensentschluß desjenigen, der ihm den Lohn zu zahlen bedingt verpflichtet ist.

Abweichungen von dieser dem Makler ungünstigen Regelung werden nicht selten vereinbart. Das ist bisher möglich, weil die §§ 652 ff. BGB – nicht aber die

---

[6] Daß es sich um den nach dem Inhalt des Maklervertrages von dem Auftraggeber angestrebten Vertrag gehandelt habe, hat der BGH in einem Fall verneint, in dem der Auftraggeber das ihm nachgewiesene Grundstück nicht, wie ursprünglich geplant, allein, sondern nur einen Miteigentumsanteil von einem Viertel erwarb; WM 84, 560.
[7] Der Vertrag muß *wirksam* zustande kommen, eine etwa erforderliche Genehmigung daher erteilt worden sein. Vgl. KG, JR 60, 418; BGHZ 60, 385.
[8] Zur Beweislast vgl. *Knieper* aaO S. 1296; *Schwerdtner* Rdn 113 ff.; KG, NJW 70, 901.
[9] BGH, LM Nr. 41, 47, 50 zu § 652; *Schwerdtner* Rdn 176 ff.; *Erman/Werner* 31 zu § 652. Weitere Nachweise bei *Schwerdtner,* JZ 83, 783 f.
[10] Verpflichtet sich der Auftraggeber dazu, ein Grundstück zu festgelegten Bedingungen an jeden ihm von dem Makler zugeführten Interessenten zu verkaufen, so bedarf der Maklervertrag der Form des § 313. Das gilt auch dann, wenn der Auftraggeber eine Vertragsstrafe allein für den Fall verspricht, daß er den Verkauf des Grundstücks ablehnt. So der BGH, NJW 70, 1915. Kritisch dazu *Schwerdtner,* JR 71, 196.

Bestimmungen des Gesetzes über die Wohnungsvermittlung – dispositives Recht sind. Es ist zwar verständlich, daß die Makler versuchen, die ihnen ungünstige gesetzliche Regelung zu ihren Gunsten im Wege der Vereinbarung abzuändern. Das bringt anderseits erhebliche Gefahren vornehmlich für solche Auftraggeber mit sich, die, weil geschäftlich unerfahren, die Tragweite solcher Vereinbarungen nicht durchschauen oder aber glauben, auf die Dienste des Maklers nicht verzichten zu können. Nach dem Gesetz über die Wohnungsvermittlung (§ 2 Abs. 1 u. 5) ist eine Vereinbarung unwirksam, die besagt, der Wohnungsvermittler solle auch dann ein Entgelt fordern können, wenn ein Mietvertrag nicht gerade auch infolge *seiner* Vermittlung oder *seines* Nachweises zustandekommt. Der BGH hat im Wege der Inhaltskontrolle Allgemeiner Geschäftsbedingungen Klauseln für unwirksam erklärt, nach denen die Vergütung für den bloßen Nachweis von Interessenten und ohne Rücksicht darauf zu zahlen war, ob es zu einem Vertragsschluß gekommen war.[11] Eine solche Klausel widerspreche dem „gesetzlichen Leitbild des Maklervertrages" und verstoße gegen „Treu und Glauben". Diese Rechtsprechung hat auch nach dem Erlaß des AGB-Gesetzes ihre Bedeutung behalten, da sie zu der Konkretisierung des § 9 Abs. 2 Nr. 1 AGBG herangezogen werden kann.[12] Mit Recht hat das LG Frankfurt einer Klausel die Wirksamkeit versagt, nach der der Makler eine erfolgsunabhängige „Aufwandsentschädigung" beanspruchen konnte.[13] Sie verstoße gegen das gesetzliche Leitbild des Maklervertrages. Unwirksam sind auch Klauseln in Allgemeinen Geschäftsbedingungen, nach denen der Vergütungsanspruch schon mit der Unterzeichnung des gewünschten Vertrages, ohne Rücksicht auf seine Wirksamkeit, z. B. auf eine noch ausstehende behördliche Genehmigung, oder mit der Unterzeichnung einer bloßen Absichtserklärung entstehen soll. Wie weit derartige Klauseln im Wege der Individualvereinbarung Gültigkeit zu erlangen vermögen, ist streitig. Eine Vereinbarung des Inhalts, der Auftraggeber habe „ohne Nachweis eines Schadens" die volle Vergütung zu zahlen, wenn er gegen den Vertrag oder die Allgemeinen Geschäftsbedingungen verstoße, sieht der BGH mit Recht als die Vereinbarung einer Vertragsstrafe an, die gemäß § 343 vom Gericht herabgesetzt werden kann.[14]

Auch beim Maklervertrag gilt ein Lohn als „stillschweigend vereinbart, wenn die dem Makler übertragene Leistung den Umständen nach nur gegen eine Vergütung zu erwarten ist" (§ 653 Abs. 1). Es genügt also, daß der Auftraggeber zu erkennen gegeben hat, er wolle sich der Dienste des Maklers bedienen. Das kann jedoch nicht schon dann angenommen werden, wenn sich jemand auf eine vom

---

[11] LM Nr. 14 u. 23 zu § 652 BGB; BGHZ 60, 385, 390; 61, 17, 23 (nur für Doppelmakler), BGH, NJW 75, 647.
[12] Zur Kritik dieser Rechtsprechung *Schwerdtner* aaO Rdn. 51 ff., *Dyckerhoff* aaO S. 66 ff.
[13] NJW 84, 2419.
[14] BGHZ 49, 84. (Vgl. dazu Bd. I § 24 II c.)

§ 54. Der Maklervertrag

Makler aufgegebene Anzeige hin als Interessent meldet oder Auskünfte über das angebotene Objekt begehrt.[15] Tritt der Interessent von sich aus an den Makler heran und veranlaßt er ihn zu entsprechenden Diensten, so weiß er in aller Regel, daß er diese nicht unentgeltlich erhalten kann. Der Fiktion des § 653 Abs. 1 bedarf es dann nicht, weil bereits die Auslegung seiner Erklärung ergibt, daß er mit einer Entlohnung einverstanden ist. Daß die Leistung des als Makler tätig Gewordenen ,,nur gegen eine Vergütung zu erwarten ist", nimmt die Rechtsprechung vornehmlich dann an, wenn es sich um einen gewerbsmäßigen Makler handelt.[16] Die Höhe des Lohnes richtet sich in Ermangelung einer ausdrücklichen Vereinbarung bei dem Bestehen einer amtlichen Taxe nach dieser, sonst nach der Ortsüblichkeit (§ 653 Abs. 2). Taxen bestehen nicht; Gebührenordnungen der Maklerverbände sind nur insoweit maßgebend, als die darin genannten Sätze als verkehrs- und ortsüblich angesehen werden können.[17] Ist ein fester Satz als ortsüblicher Lohn nicht festzustellen, sondern nur ein Rahmen, innerhalb dessen der Lohn üblicherweise liegen kann (,,übliche Spanne"), so hat das Gericht innerhalb dieses Rahmens den hier angemessenen Lohn zu ermitteln; § 316 ist hier nicht anzuwenden.[17a] Die Höhe des Lohns bestimmt sich zumeist nach einem Hundertsatz des Wertes des zustande gekommenen Geschäfts, z. B. des vereinbarten Grundstückskaufpreises. Im Falle der Wohnungsvermittlung hat der Vermittler das Entgelt in einem Bruchteil oder Vielfachen der Monatsmiete anzugeben; darüber hinaus darf er keine Vergütungen für Nebenleistungen verlangen. Für die Höhe der Vergütung kann es einen Unterschied machen, ob der Makler nur als Nachweismakler oder als Vermittler tätig wird. Als ,,Vermittler" wird er tätig, wenn er mit dem Vertragsgegner Verhandlungen aufnimmt, seine Wünsche erkundet, ihn zum Vertragsschluß geneigt zu machen sucht.[18]

Der Makler erwirbt den Lohnanspruch nur, wenn der gewünschte Vertrag ,,infolge" seiner Tätigkeit zustandekommt. Nach hL genügt jedoch, daß diese *mitursächlich* war.[19] Hat der Auftraggeber *mehrere Makler beauftragt*, die unabhängig voneinander tätig werden, so gilt folgendes: Handelt es sich um Nachweis-

---

[15] Vgl. *Schwerdtner* Rdn. 21, 22; *Palandt/Thomas* 2 A a zu § 652; BGH, WM 83, 764. Übersendet der Makler *unaufgefordert* einen Prospekt und bedient sich der Empfänger desselben, so liegt darin allein noch nicht der ,,stillschweigende" Abschluß eines Maklervertrags; BGH, DB 59, 231. Zur Beweislast vgl. LM Nr. 1 zu § 653. Weitere Nachweise aus der Rechtsprechung bei *Schwerdtner*, JZ 83, S. 778 f.; zur Beweislast S. 782.
[16] So der BGH, LM Nr. 3 zu § 653.
[17] *Erman/Werner* 6 zu § 653.
[17a] So der BGH, JZ 85, 897; dazu *Vollkommer*, JZ 85, 879.
[18] *Reichel* aaO S. 144 ff. Zur ,,Vermittlung" gehört, daß der Makler auch mit dem anderen Teil Verbindung aufnimmt; er kann sich hierzu einer Zwischenperson bedienen. Vgl. BGH, LM Nr. 28 zu § 652 unter 4b.
[19] *MünchKomm/Schwerdtner* (2. Aufl.) 146 ff., *Erman/Werner* 48, *Palandt/Thomas* 5 zu § 652; *Esser/Weyers*, § 36 III 2; BGH, NJW 83, 1849.

makler, so erwirbt in der Regel nur derjenige den Lohnanspruch, der *zuerst* den Nachweis erbracht hat; der spätere Nachweis wird nicht mehr kausal. Bei Vermittlungsaufträgen kann es sein, daß es nur den Bemühungen mehrerer Makler gelingt, den Kontrahenten zum Abschluß zu bewegen, keiner von ihnen allein dazu imstande war. Nach der hL hat dann jeder von ihnen, da mitursächlich, die von ihm ausbedungene Provision *in voller Höhe* verdient. *Oertmann*[20] hielt das für „nicht unbedenklich"; *Knütel*[21] hält den Fall für im Gesetz nicht geregelt und empfiehlt, in Analogie zu § 660 Absatz 1 Satz 1 eine Aufteilung der nur einmal zu zahlenden Provision entsprechend dem Kausalbeitrag eines jeden Maklers. Es ist jedoch zweifelhaft, ob eine Regelungslücke vorliegt.

Nicht selten ist zweifelhaft, ob der Makler, falls seine Bemühung Erfolg hat, von *beiden Vertragspartnern* den Lohn beanspruchen kann. In erster Linie hängt dies von der mit jedem getroffenen Vereinbarung ab. Dem Handelsmakler, der stets Vermittler ist, ist jede Vertragspartei im Zweifel zur Zahlung der Hälfte des Lohnes verpflichtet (§ 99 HGB). Der Handelsmakler ist unparteiischer Dritter, der die Interessen beider Parteien wahrzunehmen und miteinander zu vermitteln hat und beiden Parteien zur Sorgfalt verpflichtet ist (§ 98 HGB). Dagegen wird der „Zivilmakler" vielfach nur für eine Partei tätig und steht dann zu ihr allein in einem Vertragsverhältnis. Das ist vor allem dann anzunehmen, wenn er mit der Führung der Verhandlungen beauftragt ist und für den Auftraggeber die bestmöglichen Bedingungen herausholen soll. Ist nach dem Inhalt des Vertrages eine Tätigkeit auch für den anderen Teil nicht zulässig, so verliert der Makler den Lohnanspruch, wenn er dennoch auch für den anderen Teil tätig wird (§ 654). Häufig ist sie aber zulässig *(„Doppelmakler").* Der Makler hat dann *jeder Partei* gegenüber die Pflicht, ihr Interesse zu wahren, die andere nicht zu bevorzugen. Handelt er dieser Pflicht in schwerwiegender Weise schuldhaft zuwider, so verliert er in entsprechender Anwendung des § 654 seinen Lohnanspruch gegen die von ihm benachteiligte Partei.[22] Entscheidend dafür, ob er, kommt der Vertrag zustande, auch von der zweiten Partei – die sich mit ihm erst in Verbindung gesetzt hat, nachdem er von der ersten beauftragt war – einen Maklerlohn verlangen kann, ist, ob er *auch mit dieser Partei einen Maklervertrag schließt.* Hierzu genügt es nicht, daß er ihr die von ihr gewünschten Auskünfte gibt und eine vermittelnde Tätigkeit entfaltet. Der Makler, der bereits von einer Partei beauftragt ist,

---

[20] *Oertmann* 5 zu § 652.
[21] *Knütel* in ZHR 1980, S. 289 ff.
[22] BGHZ 48, 344; 61, 17, 22; *Jauernig/Vollkommer* 3a zu § 654; anders *Schwerdtner* Rdn. 261 (gegen analoge Anwendung des § 654; in Betracht komme nur ein Schadensersatzanspruch aus Vertragsverletzung). Eine Verwirkung des Provisionsanspruchs kommt jedoch nicht mehr in Betracht, wenn der Makler eine „nachvertragliche" Pflicht zu einem mZeitpunkt verletzt, in dem der Hauptvertrag bereits abgeschlossen und die Provision an den Makler gezahlt ist; so BGHZ 92, 184 (keine rückwirkende Verwirkung!).

muß vielmehr nach einer Entsch. des BGH der anderen „klar und eindeutig" zu erkennen geben, daß er auch für sie tätig werden und von ihr im Falle des Zustandekommens des Geschäfts Provision fordern wolle.[23] Ist das geschehen, dann nimmt die zweite Partei, wenn sie sich nunmehr die Dienste des Maklers gefallen läßt, durch „konkludentes Handeln" das Angebot zum Abschluß des Maklervertrages an.

Ein besonderer, von dem durch das Gesetz geregelten Normaltypus nicht unerheblich abweichender Vertragstypus liegt dann vor, wenn dem Makler ein sog. **Alleinauftrag** erteilt worden ist. In diesem Fall verpflichtet sich der Auftraggeber, während einer gewissen Zeit keinen weiteren Makler zu beauftragen. Dadurch verringert der Makler sein Risiko erheblich, erfolglos und daher ohne Vergütung tätig geworden zu sein. Darüber hinaus wird manchmal vereinbart, der Auftraggeber solle alle ihm bekannt werdenden Interessenten an den Makler verweisen und, bei Verstoß hiergegen, im Falle eines Vertragsabschlusses die volle Provision zahlen, ohne daß der Vertrag in diesem Fall infolge der Tätigkeit des Maklers zustandegekommen sein müßte. Einer solchen Vereinbarung versagt der BGH jedoch jedenfalls dann, wenn sie in Allgemeinen Geschäftsbedingungen enthalten ist, die Wirksamkeit, da die Ursächlichkeit der Tätigkeit des Maklers für den Geschäftsabschluß zum gesetzlichen Leitbild des Maklervertrages auch im Falle des Alleinauftrags gehöre.[24] Ebenfalls unwirksam ist die Klausel, der Auftraggeber verpflichte sich, eigene Verhandlungen mit einem Interessenten nur unter Hinzuziehung des Maklers zu führen.[25] Als Korrelat für die Verpflichtung des Auftraggebers, keine anderen Makler hinzuzuziehen, nimmt die Rechtsprechung eine Pflicht des allein beauftragten Maklers an, tätig zu werden.[26] Dadurch wird der Vertrag aber noch nicht zum Dienstvertrag und damit zu einem gegenseitigen Vertrag,[27] denn vergütet werden auch hier nicht die tatsächlich geleisteten Dienste, vergütet wird ein durch sie, aber nicht durch sie allein, ursächlich bedingter Erfolg, dessen Eintritt von der freien Entschließung des Auftraggebers abhängig ist. Es können aber einzelne Vorschriften des Dienstvertragsrechts, etwa die §§ 625, 626, analog angewandt werden.

Auch wenn der Makler sich nicht verpflichtet hat, tätig zu sein, so tritt er doch mit dem Abschluß des Vertrages zu seinem Auftraggeber, der „Doppelmakler" zu beiden Auftraggebern, in ein besonderes Vertrauensverhältnis, das für beide Teile Verhaltenspflichten begründet. Man spricht geradezu von einer „*Treue-*

---

[23] BGH, JR 60, 417; LM Nr. 8a zu § 652 BGB; BGH, NJW 81, 279 = JZ 81, 146. Vgl. dazu *Schwerdtner* Rdn. 24 ff.
[24] BGHZ 60, 377, 381 Anders noch BGH, LM Nr. 17 u. 20 zu § 652). Dagegen *Tempel* aaO S. 414. Hierzu *Ulmer/Brandner/Hensen,* Anhang zu §§ 9–11 AGBG, Rdn. 487.
[25] BGHZ 88, 368.
[26] *Schwerdtner* Rdn 187, 204 ff., *Palandt/Thomas* 10 B c zu § 652.
[27] So jedoch *Schwerdtner* Rdn. 187 („Maklerdienstvertrag"); ihm folgt jetzt auch *Dyckerhoff* S. 43.

pflicht" des Maklers;[28] er ist verpflichtet, die ihm von seinem Auftraggeber vertraulich gemachten Angaben vertraulich zu behandeln, dessen Interesse nicht zuwiderzuhandeln und, wenn er tätig wird, sorgfältig zu handeln, um seinen Auftraggeber vor Schaden zu bewahren. Wenn ihm, sei es hinsichtlich der Person des Verhandlungspartners, sei es hinsichtlich der Güte und Beschaffenheit des zu erwerbenden Objekts, Zweifel oder Bedenken kommen oder kommen müssen, hat er sie dem Auftraggeber mitzuteilen.[29] Er hat ihn auf solche Umstände hinzuweisen, deren Bedeutung für den Entschluß des Auftraggebers dem Makler erkennbar ist, wenn diesem ein solcher Umstand offenbar nicht bekannt ist.[30] Er braucht freilich nicht von sich aus Erkundigungen einzuziehen, falls der ihm speziell erteilte Auftrag das nicht einschließt. Weisungen des Auftraggebers hat er zu beachten. Der Auftraggeber ist seinerseits verpflichtet, den Makler zu unterrichten, wenn der Vertrag infolge der Bemühung des Maklers zustandegekommen ist, sowie auch, wenn das ohnedies geschehen und dadurch eine weitere Tätigkeit der Maklers zwecklos geworden ist.

Der Auftraggeber kann den dem Makler erteilten Auftrag (das Wort im untechnischen Sinn genommen) jederzeit *widerrufen,* falls er sich nicht im Vertrage für eine gewisse Zeit gebunden hat. Eine solche Bindung wird vom Auftraggeber in der Regel beim Alleinauftrag eingegangen. Auch wenn das der Fall sein sollte, bleibt ihm das Recht, aus wichtigem Grunde zu kündigen, wenn sein Vertrauen erschüttert ist. Ist ein „Alleinauftrag" erteilt, durch den auch der Auftraggeber für die vereinbarte Zeit gebunden ist, so kann es einen „wichtigen Grund" für eine vorzeitige Kündigung bilden, wenn der Makler nicht oder nur in unzureichendem Maße tätig wird und dadurch die Interessen des Auftraggebers so sehr gefährdet werden, daß ihm die Bindung nicht länger zugemutet werden kann.[31] Widerruf und Kündigung haben aber nur die Bedeutung, daß künftige Bemühungen des Maklers nicht mehr honoriert zu werden brauchen; hat er dagegen durch seine Tätigkeit bereits vorher die Grundlagen für einen Vertragsabschluß geschaffen und kommt dieser hinterher dann zustande, so hat er

---

[28] *Burghart,* Die Treupflicht des Grundstücksmaklers, AcP 140, 81. Wenn der Makler seine Treupflicht vorsätzlich oder „in einer dem Vorsatz nahekommenden grob leichtfertigen Weise" verletzt, *verwirkt* er in entsprechender Anwendung des § 654 seinen Anspruch auf Lohn. § 654 hat Strafcharakter; er setzt daher den Nachweis eines Schadens nicht voraus. Unberührt bleibt das Recht des Auftraggebers, wenn ihm durch die – vorsätzliche oder auch nur fahrlässige – Verletzung der Treupflicht ein Schaden entstanden ist, wegen „positiver Vertragsverletzung" Ersatz zu verlangen. Vgl. hierzu BGHZ 36, 323; *Schwerdtner,* JZ 83, 782.
[29] Vgl. dazu BGH, LM Nr. 22, 26 zu § 652 BGB.
[30] Zu solchen Umständen kann auch das Vorhandensein einer rechtlichen Vorschrift gehören, die der Verwirklichung der dem Makler bekannten Absicht des Auftraggebers – wie etwa der, die gekaufte Wohnung alsbald selbst zu beziehen – entgegensteht; vgl. BGH, NJW 81, 2685. Das Rechtsberatungsgesetz steht einem solchen Hinweis nicht entgegen.
[31] Vgl. BGH, LM Nr. 30 zu § 652 BGB.

§ 54. Der Maklervertrag § 54

Anspruch auf den Lohn.[32] Die durch seine Tätigkeit entstandene Anwartschaft, die mit dem Eintritt der Bedingung (Abschluß des Vertrages) zum Anspruch auf den Maklerlohn erstarkt, kann ihm nicht mehr entzogen werden, wenn nur zwischen seiner Tätigkeit und dem späteren Abschluß des Vertrages ein Kausalzusammenhang besteht. Wird aber der Eintritt der Bedingung von dem Auftraggeber wider Treu und Glauben verhindert – so, wenn der Lohn nur für den Fall versprochen war, daß der Vertragsschluß bis zu einem bestimmten Termin zustande komme, und der Auftraggeber ihn dann, um den Makler zu prellen, so lange hinauszögert, bis der Termin verstrichen ist[33] –, dann ist § 162 Abs. 1 anzuwenden.

Der Makler kann seinerseits den Vertrag stets kündigen, wenn er sich nicht zur Ausführung verpflichtet hat. Hat er sich verpflichtet, tätig zu werden, so kann er jedenfalls aus „wichtigem Grunde" kündigen. Darüber hinaus ließe sich an eine entsprechende Anwendung des § 627 Abs. 2 denken, falls der Vertrag unbefristet war.

§ 655 bestimmt für den Fall, daß für den Nachweis der Gelegenheit zum Abschluß eines Dienstvertrages oder für die Vermittlung eines solchen ein „unverhältnismäßig hoher" Mäklerlohn vereinbart ist, daß dann eine Herabsetzung durch Urteil erfolgen kann. Die Bestimmung ist kaum noch praktisch, da der Stellennachweis heute fast ausschließlich durch die Arbeitsämter erfolgt.

Besonderes gilt für den **Ehemaklervertrag.** Wie bereits früher (Bd. I § 2 III) bemerkt wurde, begründet das Versprechen eines Lohnes für den Nachweis der Gelegenheit zur Eingehung einer Ehe oder für die Vermittlung einer Ehe keine einklagbare Rechtspflicht.[34] Für den Fall freiwilliger Erfüllung eines solchen Versprechens sieht das Gesetz jedoch in ihm einen hinreichenden Rechtsgrund (§ 656 Abs. 1). Das gleiche gilt für eine zum Zwecke der Erfüllung eines derartigen Versprechens eingegangene weitere Verbindlichkeit, insbesondere für ein selbständiges Anerkenntnis (§ 656 Abs. 2). Derartige Versprechen begründen, wenn auch keine Rechtspflicht, so doch eine Pflicht der Sitte und des Anstands, was das Gesetz durch den Ausschluß der Rückforderung mangels Rechtsgrundes indirekt anerkennt. Der Grund für die Versagung eines Anspruchs kann daher nicht darin gefunden werden, daß die entgeltliche Ehevermittlung als solche sittenwidrig sei, sondern nur darin, daß die Anrufung der Gerichte zur Durchsetzung derartiger

---

[32] RGZ 148, 356; RG, JW 37, 1489. Zur Frage, ob der Makler mit seiner Forderung am Vergleichsverfahren des Auftraggebers teilnimmt, oder ihre volle Erfüllung verlangen kann, wenn ihm der Auftrag vor der Eröffnung des Verfahrens erteilt wurde, seine für den Abschluß kausal gewordene Nachweis- oder Vermittlungstätigkeit aber in die Zeit danach fällt, vgl. BGHZ 63, 74.
[33] Vgl. den vom RG entschiedenen Fall in GruchBeitr. 64, 724.
[34] In Ermangelung der Entstehung einer rechtlichen Verbindlichkeit können auch Abreden über die Einräumung von Sicherheiten für sie nicht wirksam sein. Das LG Trier hat aber eine Forderungsabtretung „an Erfüllungs Statt" als Leistung i. S. des § 656 Abs. 1 Satz 2 und deshalb als wirksam angesehen (NJW 84, 181), kritisch dazu *Loddenkemper,* NJW 84, 160.

Forderungen als anstößig und unerwünscht erscheint. Die Rspr. nimmt daher auch an, daß trotz der Unverbindlichkeit des Lohnversprechens ein Schuldverhältnis begründet wird, aus dem Verhaltenspflichten nach § 242 entstehen können. Zwar braucht der Ehemakler selbst dann, wenn er sich dazu verpflichtet hatte (Ehemakler – Dienstvertrag), nicht tätig zu werden, da diese Verpflichtung so wenig einklagbar sein kann wie die auf die Gegenleistung. Wenn aber der Makler tätig wird, hat er die Interessen seines Auftraggebers zu berücksichtigen. Ihn kann daher z. B. eine Aufklärungspflicht treffen. Wegen der schuldhaften Verletzung einer solchen Pflicht kann der Auftraggeber Schadensersatz von ihm verlangen und diesen einklagen.[35] Die Rückforderung des bereits geleisteten Ehemaklerlohns sieht die Rechtsprechung nur dann durch § 656 Abs. 1 Satz 2 als ausgeschlossen an, wenn sie nur darauf gestützt wird, daß eine einklagbare Verpflichtung nicht bestanden habe.[36] Sie läßt sie dagegen zu, wenn „Umstände vorliegen, die auch bei einer klagbaren Verpflichtung den Leistenden zur Rückforderung berechtigen würden", wie vorzeitige Vertragsauflösung, Nichteintritt des Erfolgs. Das ist deshalb wichtig, weil sich die meisten Ehemakler, wegen der Uneinklagbarkeit ihrer Forderung, vorherige Zahlung (oder eine hohe Anzahlung) ausbedingen. Das Verlangen der Vorauszahlung verstößt (in einem Makler-Dienstvertrag) nach Meinung des BGH auch nicht gegen ein Verbot des AGB-Gesetzes.[37] Die gewerbsmäßige Ehevermittlung ist heute, anders als zur Entstehungszeit des BGB, eine gesellschaftlich durchaus anerkannte Tätigkeit, die Versagung des Rechtsschutzes für den Anspruch des Vermittlers daher rechtspolitisch kaum noch zu rechtfertigen. Es ist gleichwohl noch geltendes Recht.[38] § 656 ist auch anzuwenden, wenn sich der Makler zu einer Tätigkeit verpflichtet hat, aber ein Maklerdienstvertrag vorliegt.[39] Unanwendbar ist er dagegen auf Verträge, die die Anbahnung einer sogenannten *Partnerschaft*, auch einer als lebenslänglich gedachten, zum Gegenstand haben.[40] Solche Verträge sind, da es gar nicht um das Zustandekommen eines rechtlich bindenden *Vertrages* unter den „Partnern" geht, keine Makler –, sondern je nach dem, wozu der Vermittler sich verpflichtet, entweder reine Dienste – oder Werkverträge,[41] auch eine analoge Anwendung des § 656 scheidet aus.[42]

---

[35] BGHZ 25, 124. Hier hatte es der Makler unterlassen, die Auftraggeberin darauf hinzuweisen, daß der ihr von ihm vermittelte Ehepartner u. a. wegen Doppelehe vorbestraft und hoch verschuldet war. Vgl. hierzu **MünchKomm/Schwerdtner** (2. Aufl.) 19 zu § 656.
[36] BGHZ 87, 309, 316; BGH, NJW 84, 2407.
[37] BGHZ 87, 309, 318. Unwirkam ist dagegen eine Klausel, nach der der Makler eine im voraus empfangene Vergütung auch im Falle vorzeitiger Kündigung voll behalten darf.
[38] Er verstößt nicht gegen das GG; so das BVerfG, NJW 66, 1211.
[39] BGHZ 87, 309, 313.
[40] Dazu *Gilles*, Partnerschafts-Service statt Ehemakelei NJW 83, 361.
[41] Für Dienstvertrag AG Hamburg, NJW 83, 395 m. Anm. von *Gilles;* für Werkvertrag; LG Berlin, MDR 83, 753.
[42] So auch *Gilles* aaO; LG Berlin, MDR 83, 753; LG *Rottweil*, NJW 83, 2824. Für analoge Anwen-

§ 55. Die Auslobung

Literatur: *Elster*, Die Lehre von der Auslobung, ArchBürgR 18, 125; *Kohler*, Auslobung und Wette, ArchBürgR 25, 1; v. *Mayr*, Die Auslobung, 1905.

Unter einer ,,Auslobung" versteht das Gesetz die Aussetzung einer Belohnung für die Vornahme einer Handlung, insbesondere für die Herbeiführung eines Erfolges, durch eine öffentliche Bekanntmachung (§ 657). Die Bekanntmachung kann durch Zeitungsinserat, Plakat, Aushang am ,,schwarzen Brett" oder in sonstiger Weise erfolgen; wesentlich ist, daß nicht bestimmte einzelne Personen angesprochen werden, sondern eine unbestimmte Vielzahl, ein, wenn auch vielleicht irgendwie begrenzter, Personenkreis, wie z. B. die Studierenden einer bestimmten Hochschule, die Hausfrauen, die Abonnenten einer Zeitung, die Besucher einer bestimmten Veranstaltung.[1] Durch die Bekanntmachung muß eine Vielzahl von Personen, zum mindesten von Angehörigen des angesprochenen Kreises, in die Lage versetzt werden, von der ausgesetzten Belohnung Kenntnis zu nehmen.[2] Häufig, wenn auch nicht immer, geschieht die Auslobung zu dem Zwecke, irgendeinen zu der von dem Auslobenden gewünschten Tätigkeit zu veranlassen, etwa zur Wiederbeschaffung einer verlorenen Sache, eines entlaufenen Tieres, zur Aufklärung eines Verbrechens, zur Mitteilung einer Beobachtung. Aus diesem Grunde hat sie das Gesetz in die Reihe der Geschäfte gestellt, die eine Tätigkeit im Interesse eines anderen zum Gegenstand haben.

Das Gesetz bestimmt, daß, wer die Belohnung ausgesetzt hat, verpflichtet ist, sie an denjenigen zu entrichten, der die Handlung, die belohnt werden soll, vorgenommen hat, und zwar auch dann, wenn dieser ,,nicht mit Rücksicht auf die Auslobung gehandelt hat". Es kann also auch derjenige die ausgesetzte Belohnung beanspruchen, der, *ohne überhaupt von der Auslobung zu wissen,* die gewünschte Handlung vorgenommen hat. Hieraus muß geschlossen werden, daß es, um die – durch die Vornahme der von ihm bezeichneten Handlung bedingten – Verpflichtung des Auslobenden zu begründen, nicht eines Vertrages bedarf. Die Auslobung ist nicht etwa nur ein Vertragsangebot, das durch die Vornahme der Handlung angenommen würde, sondern für sich allein der Verpflichtungs-

---

dung LG Würzburg, MDR 83, 755; LG Essen, NJW 84, 178. Einen verschleierten Ehemaklervertrag nimmt das LG Freiburg an in MDR 83, 754.

[1] Dies ist nicht der Fall, wenn sich das Versprechen einer Belohnung an eine Mehrzahl von vornherein *bestimmer Personen*, z. B. an eine bestimmte Sportmannschaft, richtet. Es kann sich dann um ein Schenkungsversprechen gegenüber diesen Personen handeln, das von ihnen angenommen werden muß und der Form des § 518 bedarf. So das OLG München, JZ 83, 955 = NJW 83, 759.

[2] Von der Auslobung als einer öffentlich bekanntgemachten einseitigen Erklärung zu unterscheiden ist ein *Vertrag*, der eine Preisbewerbung zum Gegenstand hat. Auf einen solchen Vertrag kann § 661 *analog* angewandt werden; so BGHZ 17, 366.

grund. Die Vornahme der Handlung ist lediglich Erfüllung der Bedingung, nicht „Annahme" eines Vertragsantrags.³ Es handelt sich bei der Auslobung also um ein *einseitiges Rechtsgeschäft,* das in Abweichung von dem Vertragsgrundsatz des § 305 verpflichtend ist.⁴

Die Auslobung braucht jedoch nicht unwiderruflich zu sein. Falls der Versprechende nicht in der Auslobung auf die Widerruflichkeit verzichtet hat – ein solcher Verzicht liegt im Zweifel in der Bestimmung einer Frist –, kann er die Auslobung bis zur Vornahme der Handlung widerrufen. Der Widerruf muß in derselben Weise wie die Auslobung bekanntgemacht werden. Er kann auch durch eine besondere Mitteilung erfolgen, ist dann aber nur demjenigen gegenüber wirksam, der diese Mitteilung erhalten hat (§ 658).

Zu Reklamezwecken und aus ähnlichen Gründen wird manchmal eine Belohnung für die Erbringung eines Nachweises ausgesetzt, der, wie der Auslobende meint oder wünscht, nicht erbracht werden kann. Dies geschieht in der Absicht, durch das erwartete Mißlingen jedes derartigen Versuchs die aufgestellte Behauptung zu erhärten, eine Anpreisung glaubhaft zu machen. (Ein Schausteller setzt eine hohe Belohnung demjenigen aus, dem es gelinge, ihm eine bestimmte Kraftprobe nachzumachen, ein Fabrikant demjenigen, der nachweise, daß sein Fabrikat bestimmte Eigenschaften nicht habe.) Da hier der Erfolg, für dessen Herbeiführung die Belohnung ausgesetzt wird, gar nicht gewünscht, ja vielleicht seine Herbeiführung für unmöglich gehalten wird, ist bezweifelt worden, daß in solchen Fällen ein ernstlicher Verpflichtungswille vorliege.⁵ Indessen ist es ein anderes, ob der Versprechende den Erfolg, für dessen Herbeiführung er die Belohnung verspricht, nicht ernstlich wünscht, oder ob ihm der Wille, sich (bedingt) zu verpflichten, fehlt. Gerade, wenn ihm daran liegt, andere davon zu überzeugen, daß die zu belohnende Handlung nicht möglich ist. muß er einen Anreiz dafür schaffen, sie dennoch zu versuchen, und diesen Anreiz kann er nur dadurch schaffen, daß er eine ernstlich gemeinte Verpflichtung eingeht. Es handelt sich auch nicht um einen Antrag zum Abschluß einer Wette, die nach § 762 eine Rechtspflicht nicht zu begründen vermag. Unter einer *Wette* verstehen wir einen zweiseitig verpflichtenden Vertrag, durch den jeder Teil dem anderen eine Leistung (seinen „Einsatz") für den Fall verspricht, daß von zwei gegensätzlichen Behauptungen die seinige sich als unrichtig erweist. Die Auslobung unterscheidet sich hiervon durch die Einseitigkeit der Bindung;⁶ derjenige, der den Versuch

---

³ Sie ist also ein „Realakt", den auch ein Geschäftsunfähiger vornehmen kann.
⁴ Heute hL. Im Gemeinen Recht überwogen die Ansichten, die die Auslobung als Vertrag konstruierten, da dem römischen Recht ein verpflichtendes einseitiges Rechtsgeschäft nahezu unbekannt war.
⁵ So v. *Mayr* aaO S. 22 ff.
⁶ Sehr str. Wie hier *Enn./L.* § 159 II 3a, *Titze* 186, *Heck* 364, *Elster* aaO S. 138, *Oertmann* 5, *Erman/Hauß* 5, MünchKomm/*Seiler* 17 (zum Fall Dasbach), *Soergel/Mormann* 4 zu § 657. Anders *Kohler* aaO, *Leonhard* B 242, *Kress* B 245, *Siber* 360 f.; *Medicus,* SchR II: § 112 II 1 b. Die Wette, meinen sie,

§ 55. Die Auslobung

unternimmt, die ausgesetzte Belohnung zu verdienen, „riskiert" gewiß den Fehlschlag seines Versuchs, nutzlosen Zeit- und Kraftaufwand, vielleicht sogar Schaden und Spott, aber er verpflichtet sich nicht zu einer Leistung an den anderen für den Fall, daß sein Versuch mißlingt.

Bezüglich der Erfüllung des gegebenen Versprechens enthält das Gesetz folgende näheren Vorschriften: 1. Wenn die Belohnung für die Vornahme einer Handlung (z. B. für eine bestimmte sportliche Leistung) ausgesetzt und die Auslobung dahin zu verstehen ist, daß die Belohnung nur einmal erfolgen soll, dann gebührt sie demjenigen, der die Handlung zuerst vorgenommen hat. Wird die Handlung von mehreren gleichzeitig vorgenommen, so gebührt jedem ein gleicher Teil der Belohnung; bei Unteilbarkeit der Belohnung sowie dann, wenn sie nach dem Inhalt der Auslobung nicht geteilt werden soll, entscheidet das Los (§ 659). 2. Ist die Belohnung für die Herbeiführung eines bestimmten Erfolgs (z. B. Aufklärung eines Verbrechens, Wiedereinfangen eines entlaufenen Tiers) ausgesetzt und haben mehrere zu dem Erfolg mitgewirkt, dann hat der Auslobende sie „unter Berücksichtigung der Anteile jeden an dem Erfolge nach billigem Ermessen" unter die Beteiligten zu verteilen. Die Verteilung ist nicht verbindlich, wenn sie „offenbar unbillig" ist; dann entscheidet der Richter (§ 660, mit weiteren Einzelheiten). 3. Ein **Preisausschreiben**, das ist eine Auslobung, die „eine Preisbewerbung zum Gegenstand hat", ist nur gültig, wenn für die Bewerbung eine Frist gesetzt ist (§ 661 Abs. 1). Dadurch soll verhindert werden, daß der Auslobende die Entscheidung über den ausgesetzten Preis in der Erwartung weiterer Bewerbungen immer weiter hinauszögert, die Bewerber ungebührlich lange im ungewissen läßt. Kennzeichend für ein Preisausschreiben ist, daß unter den Bewerbern ein Wettbewerb stattfindet und daß derjenige den Preis erhalten soll, der die nach den in dem Preisausschreiben genannten Bedingungen beste Leistung erbringt. Infolgedessen müssen die von den Bewerbern eingereichten Arbeiten oder Lösungen daraufhin geprüft werden, ob sie den Bedingungen entsprechen und, falls das für mehrere Arbeiten zutrifft, welchen den Vorzug verdient und welcher daher der Preis zuzuerkennen ist. Das Gesetz bestimmt, daß die Entscheidung über den Preis „durch die in der Auslobung bezeichnete Person, in Ermangelung einer solchen durch den Auslobenden", zu treffen ist; sie ist für alle Beteiligten verbindlich (§ 661 Abs. 2). Daraus und aus dem Fehlen einer dem § 660 Abs. 1 Satz 1 entsprechenden Bestimmung wird meist geschlossen, daß die Entscheidung von den Gerichten inhaltlich nicht überprüfbar ist;[7] der BGH läßt jedoch eine Nachprüfung des *Verfahrens* im Rahmen des für Schiedssprüche geltenden § 1041 ZPO zu.[8] Die Versagung des Rechtsschutzes auch dann, wenn die Entscheidung offenbar völlig willkürlich oder grob unbillig ist, ist nach heutiger Auffassung über rechtsstaatliche Mindestanforderungen nicht unbedenklich.[9] Bei Bewerbungen „von gleicher Würdigkeit" findet, soweit nicht in dem Preisausschreiben ein anderes bestimmt ist, § 659 Abs. 2 Anwendung (§ 661 Abs. 3). Die Übertragung des Eigentums an dem von dem Bewerber hergestellten, mit dem Preis ausgezeichneten Werke (man denke an ein Kunstwerk) kann der Auslobende nur dann verlangen, wenn er dies in der Auslobung zur Bedingung gemacht hat (§ 661 Abs. 4). Für das Urheberrecht an einem hergestellten Geisteswerke muß dasselbe gelten (hL).

---

könne auch einseitig sein; zum Wesen der „Belohnung" gehörte, daß die zu belohnende Handlung dem Auslober nach dem Inhalt der Bekanntmachung als erwünscht erscheine. Die Rechtsfolge des § 762 ist jedoch in diesen Fällen nicht angemessen (so auch *Erman/Hauß* aaO); wer durch die Aussetzung einer Belohnung einen anderen zu einer ernsthaften Bemühung veranlaßt, sollte bei seinem Wort genommen werden können.

[7] HL.; so *MünchKomm/Seiler* 12, *Erman/Hauß* 3, *Palandt/Thomas* 2b zu § 661. Diese Auffassung hat das historische Argument für sich; die Gesetzesverfasser hielten die Entscheidung für „unanfechtbar". Vgl. *Mugdan* Bd. II S. 293.
[8] BGHZ 17, 366; BGH, NJW 83, 442; WM 83, 4266.
[9] Bedenken äußert auch *Medicus*, SchR II § 109 II 2a, wenigstens für den Fall, daß „eine ablehnende Entscheidung von dem Auslobenden selbst oder seinen Leuten getroffen wird".

§ 56. Geschäftsbesorgung auf Grund eines Auftrags

Literatur: *Dniestrzanski*, Aufträge zugunsten Dritter, 1905; Zur Lehre von der Geschäftsführung, JherJb. 77, 48; *Isay*, Geschäftsführung, 1900; *Isele*, Geschäftsbesorgung, 1935; *Lenel*, Unentgeltliche und entgeltliche Geschäftsbesorgung, AcP 129, 1; *Lammel*, Verträge auf Interessenwahrung, in *Gitter*, Vertragsschuldverhältnisse S. 259; *Lent*, Wille und Interesse bei der Geschäftsführung, 1938.

I. Geschäftsbesorgung und Auftrag im allgemeinen

Das Gesetz kennt zahlreiche Fälle, in denen jemand als *gesetzlicher Vertreter* (Vater, Mutter, Vormund), auf Grund einer *Amtsstellung* (als Testamentsvollstrecker, Konkursverwalter, Nachlaßverwalter, behördlich eingesetzter „Treuhänder") oder einer *Organstellung* für eine juristische Person (als Vorstand eines Vereins oder einer AG, als Geschäftsführer einer GmbH) dazu berufen ist, die Interessen eines anderen im Rechtsverkehr wahrzunehmen, insbesondere, dessen Vermögen oder einzelne Vermögensgegenstände zu verwalten. Ähnliche Verhältnisse können *durch Vertrag* begründet werden: jemand bestellt für die Zeit seiner Abwesenheit einen anderen zum Verwalter seines Vermögens, überträgt ihm die Regelung bestimmter Vermögensangelegenheiten, etwa die Verwaltung seines Hauses. seines Grundbesitzes, läßt sich durch ihn vor Gericht oder vor einer Behörde oder allgemein in bestimmten Angelegenheiten vertreten. In allen diesen Fällen, so verschieden sie im einzelnen immer liegen, ergeben sich gewisse gleichartige Grundsätze, die im Wesen einer solchen Geschäftsführung begründet sind: der Geschäftsführer hat mit dem ihm anvertrauten Vermögen *treu* und *gewissenhaft* umzugehen, er hat im fremden Interesse *fürsorglich* tätig zu sein; er hat demjenigen, der ihn betraut hat (das kann auch eine Behörde oder ein Kontrollorgan der betreffenden juristischen Person sein), Auskünfte zu geben, Rechenschaft zu legen; ihm sind seine *Aufwendungen* unter bestimmten Voraussetzungen zu ersetzen. Es wäre denkbar, daß das Gesetz diese Grundsätze für alle Fälle einer Geschäftsführung oder doch für die wichtigsten im „Allgemeinen Teil" geregelt hätte. Das ist nicht geschehen; wohl mit Recht, da die Verschiedenheiten im einzelnen doch recht erheblich sind.[1] Statt dessen hat das Gesetz einen bestimmten Typus der Geschäftsbesorgung für einen anderen, nämlich den der Geschäftsbesorgung *auf Grund eines Auftrags*, eingehender geregelt und in manchen anderen Fällen (vgl. die §§ 27 Abs. 3, 86, 675, 713, 2218) auf diese Regelung verwiesen. Dadurch ist das Auftragsverhältnis bis zu einem gewissen Grade das Vorbild der gesetzlichen Regelung der Geschäftsbesorgung überhaupt geworden.

---

[1] Vgl. *Isele* aaO S. 2ff.

§ 56. Geschäftsbesorgung auf Grund eines Auftrags

Überträgt jemand durch Rechtsgeschäft die Besorgung seiner Angelegenheiten auf Zeit oder die Besorgung einer bestimmten Angelegenheit einem anderen, so kann die Tätigkeit des Geschäftsführers entweder entgeltlich oder unentgeltlich geschehen. Wenn sie ihm vergütet wird, so liegt nach der Typisierung des BGB ein Dienstvertrag oder ein Werkvertrag, unter Umständen auch ein spezieller Vertragstypus, wie etwa ein Kommissionsvertrag (§§ 383 ff. HGB), ein Speditionsvertrag (§§ 407 ff. HGB) oder ein Maklervertrag vor. Über die dann gebotene entsprechende Anwendung mancher Auftragsregeln wird unter V zu sprechen sein. Von einem „**Auftrag**" spricht das Gesetz nur dann, wenn die Tätigkeit des Geschäftsführers *unentgeltlich* erfolgen soll. Zur Begründung des Auftragsverhältnisses fordert es einen Vertrag. Durch die Annahme des erteilten Auftrags verpflichtet sich der Beauftragte, ein ihm von dem Auftraggeber übertragenes Geschäft für diesen unentgeltlich zu besorgen (§ 662).

Beauftragt jemand einen anderen dazu, für seine Rechnung, aber im eigenen Namen – also als „mittelbarer" Stellvertreter – ein Grundstück zu erwerben, so bedarf dieser Vertrag der Form des § 313, da er eine Verpflichtung des Beauftragten zum *Erwerb* des Grundstücks begründet.[2] Durch die Eintragung des Beauftragten in das Grundbuch wird dieser Formmangel geheilt. Die Verpflichtung des Beauftragten zur Weiterübereignung des Grundstücks an den Auftraggeber folgt aus § 667 und ist daher eine gesetzliche Pflicht, die nach hL. eine Formbedürftigkeit des Auftrags nicht begründet. Verpflichtet sich aber der Auftraggeber dem Beauftragten gegenüber, ihm das Grundstück abzunehmen, so kann *diese* Erwerbsverpflichtung wiederum die Formbedürftigkeit des Auftrags begründen. Die Berufung darauf durch den Auftragnehmer kann aber gegen Treu und Glauben verstoßen.[3]

Die gesetzlichen Vorschriften über den Auftrag passen zwar vornehmlich auf Geschäftsbesorgungen in dem bisher hervorgehobenen, engeren Sinne, also etwa auf eine Interessenvertretung im Rechtsverkehr, Vermögensverwaltung, Beratung und Unterstützung in Rechts- und Vermögensangelegenheiten, Prozeßvertretung. Aber Rechtsprechung und Lehre wenden die Vorschriften darüber hinaus auf die Erledigung auch *aller sonstigen Angelegenheiten eines anderen* an; also z. B. auch dann, wenn es jemand für einen anderen (ohne Entgelt) übernimmt, während dessen Abwesenheit seine Wohnung zu betreuen und seine Post nachzusenden, oder ihm vorzulesen, seine Korrespondenz zu führen, sein Rundfunkgerät zu reparieren oder seine Gartenmöbel anzustreichen. Das ist gerechtfertigt, weil auch hierbei gewisse Lagen, die für eine Geschäftsbesorgung (im engeren Sinne) typisch sind, eintreten können. So können in den zuletzt genannten Beispielen Aufwendungen für die Beschaffung von Material oder Farbe notwendig sein; die Ausführung des übernommenen Auftrags kann es, besonders bei längerer Abwesenheit des Auftraggebers, erforderlich machen, ihm Nachrichten zu geben, und so fort. Die hL versteht daher unter der Besorgung eines Geschäfts für einen anderen im Sinne des § 662 *jede fremdnützige Tätigkeit,* gleich welcher

---

[2] Vgl. BGHZ 85, 245.
[3] So der BGH aaO. Vgl. dazu Bd. I, § 5 u. § 10 III.

§ 56 I   1. Abschn. 3. Kap. Tätigkeit im Dienste oder Interesse eines anderen

Art.[4] Dem ist mit der Einschränkung zuzustimmen, daß ein wenn auch geringes Maß von eigener Initiative oder Selbständigkeit der Ausführung gegeben sein muß; reine Handreichungen müssen jedenfalls insoweit ausscheiden, als bei ihnen die vom Gesetz vorausgesetzte, für die Geschäftsbesorgung typische Lage, die eine Regelung erforderlich macht, nicht entstehen kann. Daß der Beauftragte ein eigenes Interesse mitverfolgt, steht nicht im Wege, wenn er nur die Wahrnehmung eines fremden Interesses versprochen hat.[5] Durch die Einbeziehung praktisch jeder fremdnützigen Tätigkeit verliert freilich der Begriff der Geschäftsbesorgung, wie wir ihn eingangs andeuteten, für den Bereich des Auftrags die klare Begrenzung und damit seinen spezifischen Gehalt; dieser tritt aber dort wieder in Erscheinung, wo es um die entsprechende Anwendung der Auftragsregeln auf andere Geschäftsbesorgungen geht (unten V).

Zu beachten ist, daß der Ausdruck ,,Auftrag" vom Gesetz in einem engeren Sinne gebraucht wird, als das im Leben der Fall ist. So spricht man im Leben vielfach von der Erteilung eines Auftrags z. B. dann, wenn jemand seinem Angestellten (oder ein Angesteller einem ihm im Betriebe nachgeordneten Angestellten) oder der Vater, die Mutter dem Kinde eine bestimmte Arbeit oder Verrichtung ,,aufträgt", von ihm ein bestimmtes Tun verlangt. Im Sprachgebrauch des Gesetzes handelt es sich hier nicht um ,,Aufträge", sondern um ,,Weisungen". Eine solche Weisung wird stets einseitig erteilt; ob der Empfänger verpflichtet ist, ihr zu folgen, hängt von dem ihr zugrunde liegenden Rechtsverhältnis ab, also z. B. von dem Arbeitsverhältnis des Weisungsempfängers, von dem Sorgerecht der Eltern. Der gewöhnlich so genannte Bankauftrag, z. B. ein Überweisungsauftrag, ist gleichfalls rechtlich kein selbständiger Auftrag, sondern eine Weisung des Kunden an seine Bank, der diese im Rahmen des zwischen ihr und dem Kunden bestehenden Rechtsverhältnisses – das ein Geschäftsbesorgungsvertrag i. S. des § 675 ist – nachzukommen hat. Ein ,,Beauftragter" i. S. des § 662 dagegen ist erst dann verpflichtet, den Auftrag auszuführen, wenn er ihn angenommen hat, d. h., wenn er sich freiwillig, durch Vertrag, dazu verpflichtet hat. Ist das geschehen, dann freilich ist er auf Grund des Auftragsverhältnisses nunmehr auch an Weisungen des Auftraggebers grundsätzlich gebunden. Diese Gebundenheit ist aber hier erst eine Folge des nur mit seiner Zustimmung, also zweiseitig, begründeten Auftragsverhältnisses und fällt mit diesem wieder fort. Der Verkehr spricht ferner oft auch da von einer ,,Auftragserteilung", so es sich um den

---

[4] *Enn./L.* § 160 I 3; *Siber* 363; *Fikentscher* § 81 I 1 3; *Medicus*, SchR II § 104 I 1; *Palandt/Thomas* 3, *Soergel/Mühl* 10, *MünchKomm/Seiler* 15 zu § 662; *Erman/Hauß* 7 vor § 662; auch *Isele* 92f. Für eine engere Begrenzung trat vielfach die ältere Lehre ein, so *Isay* 44, *Dniestrzanski* 44ff. Kritisch zu dieser, im Gesetz freilich angelegten, Ausweitung des Anwendungsbereichs der Auftragsregeln über den Bereich der Geschäftsbesorgungen im engeren Sinn hinaus und zu dem Kriterium der Unentgeltlichkeit *Esser* 4. Aufl. § 82, I 1; *Esser/Weyers* § 35 I 1.

[5] Vgl. BGHZ 16, 266.

§ 56. Geschäftsbesorgung auf Grund eines Auftrags

Abschluß eines entgeltlichen Vertrages, etwa um die Beauftragung eines Anwalts („Mandatserteilung"), eines Maklers, oder um einen Werkvertrag, Werklieferungsvertrag oder sogar um einen Kaufvertrag, handelt. Demgegenüber beschränkt das Gesetz den Ausdruck auf den Abschluß eines Vertrages, der eine *unentgeltliche* Geschäftsbesorgung zum Gegenstand hat. „Unentgeltlich" bedeutet, daß der Beauftragte *für seine Tätigkeit,* für den damit verbundenen Aufwand an Zeit, Mühe und Arbeitskraft keine Vergütung beanspruchen kann. Sie schließt nicht aus, daß es für die im Interesse des Auftraggebers von ihm gemachten Vermögensaufwendungen Ersatz verlangen kann.

Durch die Annahme des Auftrags[6] verpflichtet sich der Beauftragte zur Besorgung des ihm übertragenen Geschäfts. Er übernimmt also eine ihn rechtlich bindende Verpflichtung zum Handeln. Infolgedessen erhebt sich die Frage, wie ein solcher „Auftragsvertrag" von einer *unverbindlichen Gefälligkeitszusage* abzugrenzen ist. Die Frage ist praktisch bedeutsam, weil der Beauftragte bei schlechter Ausführung nach allgemeinen Grundsätzen der Vertragshaftung schon für leichte Fahrlässigkeit haftet. Im Falle einer reinen Gefälligkeit ohne rechtliche Bindung kommt dagegen eine Haftung nur nach dem Deliktsrecht in Betracht. Für reine (primäre) Vermögensschäden, die hier vornehmlich in Betracht kommen, wird nach Deliktsrecht aber nur bei vorsätzlicher Schädigung (§ 826; Betrug in Verbindg. mit § 823 Abs. 2) gehaftet (vgl. unten § 71 I b). Ob ein Auftragsvertrag vorliegt oder, weil eine rechtsgeschäftliche Bindung nicht eingegangen wurde, nur ein reines Gefälligkeitsverhältnis, ist jedoch, da sich die Beteiligten selbst hierüber meist keine Gedanken machen, in vielen Fällen nur schwer zu entscheiden.

Ein Reisender bittet einen Mitreisenden, während seines Aufenthalts im Speisewagen auf sein Gepäck achtzugeben, was dieser zusagt. Auf der nächsten Station entsteht ein großes Gedränge von Ein- und Aussteigenden; der Mitreisende gibt nicht acht, ein Koffer des ersten Reisenden verschwindet. – Die Nachbarin hat der Hausfrau zugesagt, während deren Abwesenheit ihre Blumen zu pflegen. Sie vergißt es einige Tage oder verreist selbst, ohne weitere Vorsorge zu treffen; ein Teil der Blumen geht ein. – Jemand hat es übernommen, für einen Freund einen Brief in den Kasten zu werfen. Er steckt ihn in die Rocktasche – und dort findet er ihn nach 14 Tagen wieder. Der Brief war ein Geschäftsbrief, der Freund erleidet einen Vermögensschaden. – Jemand hat einem Bekannten versprochen, ihn am nächsten Morgen (unentgeltlich) zum Bahnhof zu fahren. Er verspätet sich, der Bekannte versäumt den Zug und dadurch einen geschäftlichen Termin mit der Folge, daß ihm ein sonst sicheres Geschäft entgeht.

Es kommt darauf an, ob der Auftraggeber nach der Verkehrsauffassung und den Umständen des Falles die gegebene Zusage *als rechtlich bindend verstehen durfte.*[7] Das ist besonders dann der Fall, wenn, für den Auftraggeber, für den

---

[6] Darin liegt der Abschluß des „Auftragsvertrages", wie *Leonhard* B 245 dieses Rechtsgeschäft zutreffenderweise genannt hat.

[7] Vgl. BGHZ 21, 102, 106 f. Der BGH sieht als für die Beurteilung der Frage eines Bindungswillens bedeutsam „die Art der Gefälligkeit, ihren Grund und Zweck, ihre wirtschaftliche und rechtliche Bedeutung, insbesondere für den Empfänger, die Umstände, unter denen sie erwiesen wird, und die

Beauftragten ersichtlich, erhebliche Vermögensinteressen auf dem Spiele stehen, insbesondere wenn er den Beauftragten vor dessen Zusage auf die Gefahr eines Vermögensschadens hingewiesen hat. Ist das nicht geschehen, so dürfte in den beispielhaft genannten Fällen die rechtliche Bindung im allgemeinen zu verneinen sein. Reine Gefälligkeiten auf freundschaftlicher oder gesellschaftlicher Ebene, bei denen es nicht ersichtlich gerade um die Wahrnehmung bestimmter Vermögensinteressen geht, erzeugen bei den Beteiligten in der Regel nicht das Bewußtsein einer rechtlichen Bindung oder Verantwortung und werden im Verkehr nicht als „Verträge" gewertet. Daher darf auch der, der eine solche Gefälligkeit erbittet, die ihm gegebene Zusage nicht ohne weiteres als eine rechtlich bindende verstehen. Anders ist es, wenn es sich dabei, für den Zusagenden erkennbar, um die Wahrnehmung eines beruflichen, geschäftlichen oder das Vermögen betreffenden Interesses desjenigen handelt, der sich auf die Zusage verläßt; in solchen Fällen muß der Zusagende für die Erfüllung seiner Zusage nach Vertragsgrundsätzen einstehen.[8] Die unentgeltliche Erteilung *eines Rates oder einer Empfehlung* begründet, sofern sie nicht im Rahmen eines bereits bestehenden oder gleichzeitig begründeten Vertragsverhältnisses – sei dies ein selbständiger Beratungs- oder Auskunftsvertrag, sei es ein Vertrag anderer Art, der eine Nebenpflicht zu sachgemäßer Beratung einschließt, – erfolgt oder im Einzelfall ein Deliktstatbestand (etwa § 826) vorliegt, nach ausdrücklicher Vorschrift des Gesetzes (§ 676) keine Schadensersatzpflicht, auch wenn sich ihre Befolgung für den Empfänger ungünstig auswirkt, weil der Ratgeber dabei unsorgsam verfuhr. Das Gesetz verweist somit Ratschläge und Empfehlungen, die nicht im Rahmen eines Vertragsverhältnisses oder der Anbahnung eines solchen gegeben werden, allesamt in den Bereich unverbindlicher Gefälligkeiten. Dem aber entspricht die heutige Rechtslage nicht mehr; darüber Näheres unten unter VI.

Der Auftrag – genauer: der angenommene Auftrag oder der Auftragsvertrag – begründet zwischen dem Auftraggeber und dem Beauftragten ein Schuldverhältnis, auf Grund dessen der Beauftragte dem Auftraggeber zur Besorgung einer bestimmten Angelegenheit oder zur Wahrnehmung bestimmter Interessen des Auftraggebers verpflichtet und, soweit dadurch dessen „Rechtskreis" berührt wird, ihm gegenüber auch berechtigt ist.[9] Dieses Schuldverhältnis, das ebenso wie ein Dienstverhältnis regelmäßig ein Dauerschuldverhältnis ist – es sei denn,

---

dabei bestehende Interessenlage der Parteien" an. Es liegt auf der Hand, daß hierbei ein erheblicher Beurteilungsspielraum verbleibt, den durch eindeutige Kriterien einzuengen bisher nicht gelungen ist. Keine rechtsgeschäftliche Verpflichtung sieht der BGH – BGHZ 56, 207 – in der Übernahme einer politischen Widerstandstätigkeit im Zusammenwirken mit einer politischen Organisation.
Aus dem Schrifttum vgl. hierzu *Esser/Weyers* § 35 I 3b; *MünchKomm/Seiler,* 2. Aufl. 61 ff. zu, *Erman/Hauß* 6 vor § 662, *MünchKomm/Kramer,* 2. Aufl., 30 f. Einleitung zu Bd. 2.

[8] Vgl. BGH, LM Nr. 4 zu § 676.

[9] Er ist ermächtigt, die zur Ausführung des Auftrags erforderlichen Handlungen im Rechtskreis des Auftraggebers zu dessen Gunsten oder Lasten vorzunehmen; vgl. *Isele* 23, 65 ff.

§ 56. Geschäftsbesorgung auf Grund eines Auftrags

die Tätigkeit des Beauftragten erschöpfe sich in einer einmaligen Handlung –, begründet, wie jedes Schuldverhältnis, rechtliche Beziehungen *nur unter den Beteiligten*. Es verleiht dem Beauftragten also noch keine Rechtsmacht *Dritten gegenüber,* Rechtshandlungen vorzunehmen, durch die der Auftraggeber unmittelbar ihnen gegenüber berechtigt oder verpflichtet oder über seine Rechte verfügt wird. Ist eine solche Rechtsmacht zur Durchführung des Auftrags erforderlich, so muß sich der Beauftragte von dem Auftraggeber eine rechtsgeschäftliche Vertretungsmacht (Vollmacht) oder, wenn es sich nur um die Vornahme einer Verfügung handelt, Verfügungsmacht erteilen lassen. Im Gegensatz zum Auftrag, der einen Vertrag erfordert, genügt zur Erteilung einer Vollmacht die einseitige Erklärung des Vollmachtgebers (§ 167). Dasselbe gilt von der Erteilung einer Verfügungsmacht (§ 185). **Auftrag und Vollmacht** sowie Auftrag und Verfügungsmacht, die tatsächlich oft miteinander verbunden sind, werden vom Gesetz streng unterschieden und sind nach ihrer Erteilung, ihrem Fortbestand und ihren Rechtsfolgen stets gesondert zu prüfen.

II. Die Pflichten des Beauftragten

Der Beauftragte ist verpflichtet, das übernommene Geschäft auszuführen, dabei sorgsam zu verfahren und das Interesse des Auftraggebers nach bestem Wissen und Können wahrzunehmen. Zwar ist bestritten worden, daß der Beauftragte zur Ausführung des Auftrags verpflichtet sei: er habe nur dann, wenn er ihn ausführe, dabei Sorgfalt walten zu lassen.[10] Daß dies nicht die Auffassung des Gesetzes ist, ergibt nicht nur § 662, sondern auch § 664 Abs. 2, der von dem „Anspruch auf Ausführung des Auftrags" spricht. Richtig ist nur, daß die danach von dem Beauftragten geschuldete Tätigkeit sich vielfach im voraus nicht genau wird umreißen lassen: er hat eben alles das zu tun, was die Wahrnehmung dieses Interesses des Auftraggebers erfordert. Das kann im einzelnen Fall mehr oder weniger sein, als zunächst angenommen wurde. Ergibt sich bei der Ausführung des Auftrags die Möglichkeit, über den erstrebten Erfolg hinaus dem Auftraggeber ohne den Einsatz weiterer finanzieller Mittel einen zusätzlichen Vermögensvorteil zu verschaffen, so hat der Beauftragte auch diese Möglichkeit wahrzunehmen.[11] Das Maß der von ihm aufzuwendenden Mühe ergibt sich einerseits aus seiner *Treupflicht*,[12] die das personenrechtliche Element des Auftragsverhältnisses bildet – der Auftraggeber vertraut dem Beauftragten seine eigene

---

[10] So *Lenel* 3 ff. Nach *Kress* B 216 wird das Versprechen erst mit seiner Ausführung bindend. Wie hier die hL.: *MünchKomm/Seiler* 36, *Palandt/Thomas* 5 zu, *Erman/Hauß* 2 vor § 662; *Medicus*, SchR II § 104 II 1.
[11] Vgl. die Entsch. des BGH in ZIP 83, 781.
[12] Zur Treuepflicht des Beauftragten BGH, NJW 82, 1752.

Angelegenheit an! –, anderseits aus dem, was ihm zuzumuten ist, somit wiederum aus ,,Treu und Glauben" (§ 242).

Eine eigentümliche *vorvertragliche Sorgfaltspflicht* bestimmt § 663. Wer zur Besorgung gewisser Geschäfte ,,öffentlich bestellt" ist (d. h. durch öffentliche Bekanntmachung, gleich von wem,[13] bestellt ist) oder ,,sich öffentlich erboten hat", ist, wenn er einen auf die Ausführung eines solchen Geschäfts gerichteten Auftrag erhält, zwar nicht verpflichtet, ihn anzunehmen, wohl aber, wenn er ihn nicht annehmen will, dies dem Auftraggeber unverzüglich anzuzeigen. Unterläßt er dies, so hat er diesem den Vertrauensschaden zu ersetzen. Das gleiche gilt, wenn sich jemand einem bestimmten Auftraggeber gegenüber zur Besorgung gewisser Geschäfte erboten hat, diesem gegenüber. Es handelt sich um einen gesetzlich geregelten Fall einer culpa in contrahendo. Diese Bestimmung kommt jedoch nur zur Anwendung, wenn das Schweigen auf die Auftragserteilung nicht nach den besonderen Umständen des Falles als Annahme auszulegen ist. Sie hat für das Gebiet des Auftrags im engeren Sinne kaum Bedeutung, da es nur selten vorkommen wird, daß sich jemand öffentlich zur unentgeltlichen Besorgung bestimmter Angelegenheiten für andere erbietet oder dazu bestellt wird; die Hauptbedeutung der Vorschrift liegt in ihrer entsprechenden Anwendung (§ 675) auf entgeltliche Geschäftsbesorgungen (vgl. unten V).

Die Erteilung eines Auftrags geschieht in der Regel auf Grund besonderen persönlichen Vertrauens. Je nach der Art der übernommenen Tätigkeit kann mit dem Auftrag eine *,,treuhänderische"* Stellung verbunden sein[14] – so wenn der Beauftragte Vermögenswerte des Auftraggebers verwalten soll und zu diesem Zwecke Verfügungsmacht darüber erhält, wenn er Sachen für den Auftraggeber erwirbt oder Forderungen für ihn einzieht – sowie die Pflicht zu *besonderer Diskretion* – so wenn die Art des Geschäfts, wie etwa die Führung eines Rechtsstreites, Beratung in Steuerangelegenheiten, Führung einer Korrespondenz, es erforderlich macht, den Beauftragten mit bestimmten privaten Verhältnissen des Auftraggebers bekanntzumachen, ihm Einsicht in Geschäftsbücher, Briefe und sonstige Aufzeichnungen zu verstatten. Von dem Beauftragten wird erwartet, daß er das Anliegen des Auftraggebers sich zu eigen macht, seine Wünsche versteht und ihnen Rechnung trägt. Diesem stark persönlichen Charakter des Auftragsverhältnisses trägt das Gesetz einmal durch die Bestimmungen über seine Beendigung (unten IV) und ferner dadurch Rechnung, daß es im Zweifel die *Übertragung der Ausführung des Auftrags* an einen Dritten für unstatthaft erklärt (§ 664 Abs. 1 Satz 1).

Die Übertragung der Ausführung an einen Dritten – mit einem unschönen Ausdruck als ,,Substitution" bezeichnet – ist von der Zuziehung eines Gehilfen, die im Zweifel statthaft ist, zu unterscheiden. Ein Verschulden des Gehilfen bei der Ausführung hat der Beauftragte nach § 278 wie eigenes Verschulden zu vertreten (§ 664 Abs. 1 Satz 3). Dagegen hat er, wenn ihm die Übertragung gestattet ist, nur sein eigenes Verschulden bei der Auswahl oder Unterrichtung, soweit erforderlich, auch bei der Anleitung und Überwachung des Dritten, nicht aber ein Verschulden des ,,Substituten" selbst zu

---

[13] Praktisch in Frage kommen nur staatliche Stellen, vgl. *MünchKomm/Seiler* 6, 7 zu § 663. Anders *Erman/Hauß* 4, *Palandt/Thomas* 2a zu § 663.
[14] Dieses Moment betont besonders *Esser* 4. Aufl. § 82 I 1 und 2c. Über den Zusammenhang von Geschäftsbesorgung und Treuhand im älteren deutschen Recht Fr. *Beyerle,* Die Treuhand im Grundriß des deutschen Privatrechts, 1932.

§ 56. Geschäftsbesorgung auf Grund eines Auftrags

vertreten (§ 664 Abs. 1 Satz 2). Denn dieser führt den Auftrag im Gegensatz zum Gehilfen *in eigener Verantwortung*, wenn auch nach den ihm von dem ersten Beauftragten mitgegebenen Weisungen, aus. Er *unterstützt* den Beauftragten nicht nur bei seiner Tätigkeit, sondern handelt *selbständig*, d. h. er entscheidet selbst über die zur Durchführung erforderlichen Maßnahmen und tritt daher bei der Ausführung *an die Stelle des ersten Beauftragten*.[15] Fraglich kann sein, ob er unmittelbar als Beauftragter des Auftraggebers oder nur als Beauftragter des zuerst Beauftragten, also als dessen „Unterbeauftragter", anzusehen ist. Unmittelbar Beauftragter des ersten Auftraggebers kann der „Substitut" nur dann werden, wenn der zuerst Beauftragte auf Grund einer dahingehenden Vollmacht ihm den Auftrag *namens seines Auftraggebers* erteilt hat. Dann wird es sich in der Regel um eine „Weitergabe" des Auftrags in dem Sinne handeln, daß damit die Tätigkeit des zuerst Beauftragten beendet, sein Auftrag erloschen ist. Möglich ist aber auch eine Unterbeauftragung in dem Sinne, daß der zuerst Beauftragte dem Auftraggeber weiterhin zur Ausführung des Auftrags verpflichtet bleibt, daher den Unterbeauftragten zu überwachen und gegebenenfalls ihm Weisungen zu erteilen oder ihn abzuberufen hat, dieser dagegen nur der Beauftragte des zuerst Beauftragten ist, nur zu ihm, nicht zu dessen Auftraggeber in Rechtsbeziehungen steht.[16]

Hat der Beauftragte einen Unterbeauftragten bestellt, obgleich ihm das nicht gestattet ist, so haftet er dem Auftraggeber für jeden Schaden, der sich hieraus für ihn ergibt, also nicht nur für ein Verschulden des Unterbeauftragten, sondern für jedes Versagen, sofern nur ein adäquater Kausalzusammenhang besteht.

Über die Streitfrage, ob § 664 im Falle des § 675 analog anzuwenden ist, vgl. unten V aE.

Auf der anderen Seite erklärt das Gesetz auch den Anspruch des Auftraggebers auf die Ausführung des Auftrags für im Zweifel nicht übertragbar (§ 664 Abs. 2). Der Beauftragte hat sich durch die Annahme des Auftrags verpflichtet, gemäß dem ihm mitgeteilten Wunsch und Willen des Auftraggebers tätig zu werden. Er hat daher grundsätzlich **Weisungen des Auftraggebers** – sie mögen nun in dem ursprünglichen Auftrag enthalten oder nachträglich erteilt sein – nachzukommen, und zwar hat er den ihm klar zum Ausdruck gebrachten Willen des Auftraggebers selbst dann zu respektieren, wenn er der Meinung ist, daß dieser sein wahres Interesse verkennt. Ist er, wie etwa ein Rechtsanwalt, gerade wegen seiner Sachkunde mit der Durchführung einer bestimmten Angelegenheit betraut worden, so hat er, wenn sich ihm Bedenken gegen eine Weisung des Auftraggebers aufdrängen, deren mögliche Konsequenzen dieser vielleicht nicht überblickt, bevor er sie ausführt, ihn auf sie hinzuweisen; ihn trifft dann eine „Warn- und Hinweispflicht".[17] Bei unüberwindlicher, schwerwiegender Meinungsverschiedenheit bleibt ihm die Möglichkeit, den Auftrag (unter Beachtung der Schranken des § 671 Abs. 2) zurückzugeben, das Auftragsverhältnis aufzukündigen. Unter besonderen Umständen darf der Beauftragte von den Weisungen des Auftraggebers abweichen, und zwar dann, wenn die Umstände so liegen, daß er annehmen darf, der Auftraggeber werde bei Kenntnis der Sachlage die Abweichung billigen (§ 665 Satz 1). Dieser Fall kann insbesondere dann eintreten, wenn sich unvorhergesehene Hindernisse einstellen, wenn sich herausstellt, daß die

---

[15] RGZ 161, 73; BGH, DB 58, 133.
[16] RGZ 78, 312 und hL; anders *Isele* 107.
[17] So der BGH, NJW 85, 42.

§ 56 II   1. Abschn. 3. Kap. Tätigkeit im Dienste oder Interesse eines anderen

Sachlage anders ist, als der Auftraggeber sie sich bei der Erteilung seiner Weisung vorgestellt hatte, oder wenn sich die bei der Erteilung des Auftrags oder einer bestimmten Weisung sinngemäß als fortbestehend vorausgesetzten Verhältnisse geändert haben. Doch hat der Beauftragte auch dann regelmäßig erst die Meinung des Auftraggebers einzuholen und seine Entschließung abzuwarten, sofern nicht „mit dem Aufschub Gefahr verbunden", schnelles Handeln im Interesse des Auftraggebers geboten ist (§ 665 Satz 2). Soweit die erteilten Weisungen dem Beauftragten einen Spielraum lassen oder die Natur des aufgetragenen Geschäfts ein selbständiges Handeln des Beauftragten erforderlich macht, hat er nach eigenem Ermessen, gemäß dem ihm erkennbaren Willen und Interesse des Auftraggebers, zu entscheiden. In zweifelhaften Fällen, besonders wenn die erteilten Weisungen unklar sind, wird der Beauftragte gut daran tun, nähere Weisung einzuholen, falls nicht das Interesse des Auftraggebers ein sofortiges Handeln als geboten erscheinen läßt.

Der Auftraggeber ist befugt, nicht nur den erteilten Auftrag jederzeit zu widerrufen (§ 671 Abs. 1), sondern auch seine Weisungen zu ändern und neue Weisungen zu erteilen. Er bleibt, mit anderen Worten, trotz einer gewissen Selbständigkeit des Beauftragten in der Art der Durchführung „Herr des Geschäfts". Das ist aber nur dann möglich, wenn er sich jederzeit über den Stand der Angelegenheit unterrichten und alle dazu notwendige Aufklärung verschaffen kann. Das Gesetz verpflichtet demgemäß den Beauftragten, dem Auftraggeber „die erforderlichen Nachrichten zu geben" und ihm „auf Verlangen über den Stand des Geschäfts Auskunft zu erteilen" (§ 666). Nach der Ausführung des Auftrags hat der Beauftragte Rechenschaft abzulegen; er hat also, wenn er irgendwelche Vermögenswerte des Auftraggebers verwaltet hat, Rechnung zu legen und, soweit üblich, Belege vorzulegen (§ 259).

Wenn der Beauftragte zur Durchführung des Auftrags von dem Auftraggeber (oder auf seine Veranlassung von einem Dritten) irgendwelche Gegenstände – z. B. Urkunden, Geräte, Material – erhalten hat, so hat er sie, sofern er sie nicht mehr benötigt und soweit er sie nicht etwa bestimmungsgemäß verbraucht hat, spätestens bei der Beendigung des Auftrags zurückzugeben. Er hat dem Auftraggeber ferner alles das herauszugeben, „was er aus der Geschäftsbesorgung erlangt", also was er für Rechnung des Auftraggebers (sei es diesem unmittelbar, sei es zunächst im eigenen Namen) erwirbt oder in Besitz nimmt (§ 667).[18] Verwendet er Geld, das er dem Auftraggeber herauszugeben oder für ihn zu verwenden hat, zunächst für sich, so hat er es – unbeschadet einer Haftung auf Schadensersatz im Falle einer Pflichtverletzung, also auch dann, wenn es ihm gestattet war – von der Zeit der Verwendung an zu verzinsen (§ 668).

---

[18] Handelt es sich um Geld, so ist die Regel des § 270 Abs. 1 nicht anzuwenden, da sich aus der „Natur des Auftragsverhältnisses" ein anderes ergibt. Der Beauftragte schuldet die Leistung nicht aus

III. Die Pflichten des Auftraggebers

Der Auftraggeber schuldet dem Beauftragten keine Vergütung für dessen Tätigkeit, da es ja für den Auftrag gerade typisch ist, daß der Beauftragte unentgeltlich tätig wird. Wohl aber hat ihm der Auftraggeber die **Aufwendungen zu ersetzen,** die der Beauftragte zum Zwecke der Ausführung des Auftrages gemacht hat und den Umständen nach für erforderlich halten durfte (§ 670). Für erforderliche Aufwendungen hat er ihm auf Verlangen Vorschuß zu leisten (§ 669).[18a]

„Aufwendungen" sind besondere Vermögensopfer, die jemand für einen bestimmten Zweck, also bewußt, erbringt, insbesondere Geldauslagen, aber auch die Übernahme von Verpflichtungen oder Vermögenslasten. Unter die zu ersetzenden Aufwendungen fallen alle Geldausgaben, die mit der Ausführung des Auftrags im Zusammenhang stehen und dafür erforderlich sind, wie z. B. Reisekosten, Porto, verauslagte Gebühren.[19] Der Grundgedanke ist, daß der Beauftragte, wenn er schon seine Zeit und seine Arbeitskraft unentgeltlich in den Dienst des Auftraggebers stellt, ihm doch nicht noch besondere Vermögensopfer bringen soll. Deshalb kann er auch Ersatz nicht nur solcher von ihm gemachter Aufwendungen verlangen, die objektiv erforderlich waren, sondern auch solcher, die er nur subjektiv den Umständen nach für erforderlich halten durfte. Der Anspruch auf Aufwendungsersatz findet sich überall dort, wo jemand unentgeltlich fremde Interessen wahrnimmt, insbesondere fremdes Vermögen verwaltet. Besteht die Aufwendung in der Eingehung einer eigenen Verbindlichkeit, so kann der Beauftragte vom Auftraggeber Befreiung von der Verbindlichkeit verlangen[20] (§ 257; vgl. Bd. I § 13 I).

Erleidet der Beauftragte im Zusammenhang mit der Ausführung des Auftrags einen **Schaden,** den er ohnedies nicht erlitten hätte, so fragt es sich, ob er dafür von dem Auftraggeber Ersatz verlangen kann. Beruht der Schaden nicht auf einer mit einem solchen Auftrag verbundenen spezifischen Gefahr, ist er vielmehr nur zufällig bei Gelegenheit der Ausführung des Auftrags eingetreten, so handelt es sich um einen Zufallsschaden, den grundsätzlich der tragen muß, den er trifft, soweit ihm nicht ein anderer aus unerlaubter Handlung oder Gefährdung verantwortlich ist oder eine Versicherung das Schadensrisiko ganz oder zum Teil zu decken verpflichtet ist. Zu einer Überwälzung des Schadens auf den Auftraggeber liegt kein zureichender Grund vor. Anders liegt es aber, wenn mit der

---

seinem Vermögen, sondern soll nur das Empfangene weiterleiten. Es ist daher nicht gerechtfertigt, ihm die Gefahr des Verlustes auf dem Wege zum Geschäftsherrn aufzubürden. So BGHZ 28, 127.

[18a] Bei nicht bestimmungsgemäßer Verwendung kann er ihn zurückfordern; *Raape,* AcP 141, 88.

[19] Schmiergelder sind grundsätzlich nicht erstattungsfähig, da sie einen von der Rechtsordnung mißbilligten Aufwand darstellen (BGH, NJW 65, 293).

[20] Zur Verjährung dieses Anspruchs BGH, WM 83, 598.

§ 56 III   1. Abschn. 3. Kap. Tätigkeit im Dienste oder Interesse eines anderen

Ausführung des Auftrags nach der Natur einer solchen Tätigkeit oder den besonderen Umständen, unter denen sie auszuführen war, die nicht unerhebliche Gefahr eines derartigen Schadens *erkennbar verbunden war,* anders ausgedrückt, wenn *das Risiko eines derartigen Schadens* durch die Art des Auftrags oder seine – im Interesse des Auftraggebers liegende – Ausführung erheblich erhöht worden war. So, wenn der Auftrag dahin geht, einen Hengst zuzureiten, oder wenn der Beauftragte es übernommen hat, dem krank in einer Berghütte liegenden Auftraggeber eine von diesem verlangte Medizin zu bringen und sich unterwegs bei plötzlich aufkommendem Nebel vor die Frage gestellt sieht, entweder umzukehren oder unter eigener Gefährdung den Aufstieg zu der Hütte fortzusetzen. Im ersten Fall ist eine Schädigung des Beauftragten infolge eines Reitunfalls durch den Inhalt des Auftrags in der Art bedingt, daß sie als Folge seiner Ausführung *mit nicht ganz geringer Wahrscheinlichkeit* vorauszusehen war. Im zweiten Fall wurde die Ausführung wegen der besonderen Umstände zu einer besonders gefährlichen Unternehmung. In solchen Fällen wendet die Rechtsprechung und die heute wohl noch hL § 670 *analog* an.[21] Die Analogie wird darauf gestützt, daß das freiwillige Aufsichnehmen eines besonderen Schadensrisikos der freiwilligen Erbringung eines Vermögensopfers gleichzustellen sei. Verwirkliche sich das mit der Tätigkeit erkennbar verbundene Risiko in einem Schaden des Beauftragten, so müsse er vom Auftraggeber den Ersatz dieses Schadens „gleich wie" einer von ihm gemachten Vermögensaufwendung verlangen können.

Die hL ist mit Recht von *Canaris*[22] und, mit den gleichen Argumenten, von *Genius*[23] kritisiert worden. Sie paßt jedenfalls in den Fällen nicht, in denen sich der Beauftragte des erhöhten Risikos nicht bewußt geworden ist. Denn in diesen Fällen kann jedenfalls nicht davon die Rede sein, er habe es freiwillig auf sich genommen. Aber auch dann, wenn er es erkennt, erwartet er in der Regel, es vermeiden zu können, nimmt daher den möglichen Schaden nicht in Kauf. Die hL kann ferner, da sie nur einen Anspruch auf *Aufwendungsersatz,* nicht auf Schadensersatz anzunehmen vermag, weder die in der Rechtsprechung anerkannte[24] Anwendung des § 844, noch die des § 254 – bei einem Mitverschulden – begründen. Es handelt sich vielmehr um eine auf richterlicher Rechtsfortbildung beruhende *Risikohaftung des Geschäftsherrn* für die spezifischen Gefahren der in seinem Interesse erfolgten Tätigkeit.[25] Sie beruht auf dem auch die Beschränkung

---

[21] So *Enn./L.* § 162, 4; *Esser* 4. Aufl. § 82 III 3b; *Brox* Rdn. 301; *Oertmann* 3b, *Soergel/Mühl* 7 zu § 670; RGZ 98, 200; 167, 89; BGHZ 33, 251, 257; 38, 270, 277 („heute allgemein anerkannt"). Für den Fall, daß jemand auf Grund einer öffentlich-rechtlichen Pflicht auf Aufforderung einer Behörde eine gefährliche Tätigkeit ausführt und dabei zu Schaden kommt, ist mit *Enn./L.* § 162, 4 aE und *Esser* aaO ein „Aufopferungsanspruch" zu bejahen.
[22] In RdA 66, 41.
[23] Im AcP 173, 481.
[24] RGZ 167, 89.
[25] Vgl. dazu *Honsell* in De justitia et jure, Festschr. f. *v. Lübtow* S. 485; *Ermann/Hauß* 8, Jauernig/

§ 56. Geschäftsbesorgung auf Grund eines Auftrags   III § 56

der eigenen Haftung des Arbeitnehmers bei „schadensgeneigter Arbeit" (oben § 52 II d) tragenden Prinzip der Zurechnung des mit einer Tätigkeit verbundenen *spezifischen* Schadensrisikos an denjenigen, der die risikobehaftete Tätigkeit veranlaßt hat und/oder in dessen Interesse sie ausgeführt wird. Da es sich somit um einen Anspruch auf Schadensersatz (und nicht nur um einen solchen auf Aufwendungsersatz) handelt, kann eine etwa mitwirkende Nachlässigkeit des Beauftragten seinen Ersatzanspruch in *analoger Anwendung* des § 254 mindern oder aufheben; auch die analoge Anwendung des § 844 ist unbedenklich.[26]

> Weiter könnte man auch daran denken, den Schadensersatzanspruch des Auftraggebers gegen den Beauftragten wegen der fahrlässigen Beschädigung einer dem Auftraggeber gehörenden Sache bei der Ausführung des Auftrags dann entsprechend zu mindern, wenn die Art des Auftrags die Gefahr eines solchen Schadens mit sich brachte. (Der Beauftragte, der ein dringend benötigtes Medikament besorgen soll, benutzt dafür auf ausdrücklichen Wunsch des Auftraggebers dessen Wagen, mit dem er nicht vertraut ist, und beschädigt dabei den Wagen). Hier wären das Verschulden des Beauftragten und das dem Auftraggeber zuzurechnende besondere Risiko des Fahrens mit einem dem Fahrer unbekannten Wagen bei der gebotenen Eile in entsprechender Anwendung des § 254 gegeneinander abzuwägen. Verwirklicht sich das der Tätigkeit eigentümliche besondere Schadensrisiko dadurch, daß der Beauftragte durch leichte Fahrlässigkeit *einen Dritten* schädigt, so könnte ihm ferner, wie das beim Arbeitsverhältnis anerkannt ist, ein Anspruch auf (teilweise) Freistellung von seiner Ersatzpflicht gegenüber dem Dritten gegen den Auftraggeber gegeben werden.[27]

Erforderlich ist stets ein mit dieser Tätigkeit verbundenes *erhöhtes* Risiko; das allgemeine Risiko, etwa der Teilnahme am Straßenverkehr, der Benutzung eines Autos, Flugzeugs usw., einer Verkehrsstockung reicht nicht aus. Auch ist zunächst zu prüfen, ob nicht das Risiko von dem Beauftragten übernommen ist;[28] das kann z. B. der Fall sein, wenn er sich zu der Tätigkeit erboten und erklärt hat, das Risiko mache ihm nichts aus. Das erwähnte Zurechnungsprinzip greift gerade in den Fällen ein, in denen die Parteien das Risiko nicht bedacht oder nicht ernstgenommen und infolgedessen nichts vereinbart haben.

Schließlich wendet die Rechtsprechung[29] zum Schutze des Beauftragten, ebenso wie beim Werkvertrag (oben § 53 III d), die §§ 618, 619 entsprechend an, bejaht damit also auch eine **Fürsorgepflicht** des Auftraggebers, wenn „der Beauftragte gerade solche Dienste verrichten soll, die sonst von einem Dienstverpflichteten geleistet werden müssen".[30]

Vollkommer 3b, *Beuthien* 2, *Palandt/Thomas* 3b zu § 670; *Medicus*, SchR II § 104 III 1 b; *Esser/Weyers* § 35 III 2 aE. Ein gewisses Abrücken von seiner bisherigen Auffassung, es handle sich um Aufwendungsersatz, und eine Annäherung an arbeitsrechtliche Grundsätze läßt die Entsch. des BGH zum Freistellungsanspruch eines Auftragnehmers, BGHZ 89, 153, 157 erkennen. Zu dieser Entsch. *Löwisch*, JZ 84, 622.

[26] Dagegen ist eine analoge Anwendung des § 847 allerdings auch dann, wenn man den Anspruch als Schadensersatzanspruch ansieht, abzulehnen, da § 847 nur für deliktische Ansprüche gilt und auf sie beschränkt bleiben muß; vgl. dazu BGHZ 52, 115.
[27] So auch *Canaris* aaO; jetzt auch der BGH, vgl. BGHZ 89, 153.
[28] Darauf weist zutreffend *Esser* 4. Aufl. § 82 III 3b hin.
[29] BGHZ 16, 265.
[30] Zur Möglichkeit der Abdingbarkeit jedoch BGHZ 56, 269, 274.

IV. Die Beendigung des Auftrags

Das Auftragsverhältnis kann von jedem Teil grundsätzlich *jederzeit gekündigt* werden; die Kündigung durch den Auftraggeber bezeichnet das Gesetz als Widerruf (§ 671 Abs. 1). Der Beauftragte darf jedoch nur in der Weise kündigen, daß der Auftraggeber für die Besorgung des Geschäfts anderweit Vorsorge treffen kann, sofern ihm nicht ein (objektiv) wichtiger Grund für die unzeitige Kündigung zur Seite steht. Kündigt er ohne solchen Grund „zur Unzeit", so ist die Kündigung zwar dennoch wirksam, er hat dann aber dem Auftraggeber den Schaden zu ersetzen, der diesem daraus entsteht (§ 671 Abs. 2). Die Bestimmung entspricht der des § 627. Die Gemeinsamkeit beider Tatbestände liegt darin, daß es sich beide Male um ein Rechtsverhältnis handelt, dem ein besonderes persönliches Vertrauensverhältnis zugrunde liegt. Der Beauftragte bedarf eines Kündigungsschutzes noch weniger als der zu Dienstleistungen „ohne feste Bezüge" Verpflichtete, da sein Unterhaltserwerb nicht berührt wird. Dagegen bedarf der Auftraggeber ebenso wie der Dienstberechtigte eines gewissen Schutzes gegen eine „unzeitige Kündigung", die einen Verstoß gegen die Treupflicht darstellen kann. Das Kündigungsrecht *des Beauftragten* kann vertraglich – auch nachträglich durch Verzicht – ausgeschlossen oder beschränkt werden, jedoch nicht für den Fall eines „wichtigen Grundes" zur sofortigen Kündigung (§ 671 Abs. 3). Ob das Widerrufsrecht *des Auftraggebers* ausgeschlossen werden kann, ist streitig;[31] für den Fall eines „wichtigen Grundes" kann es sicher nicht ausgeschlossen werden.[32] Dem persönlichen Charakter des Auftragsverhältnisses entsprechend erlischt es im Zweifel durch den *Tod des Beauftragten*. Jedoch hat dessen Erbe den Tod dem Auftraggeber unverzüglich anzuzeigen und, wenn mit dem Aufschube Gefahr verbunden ist, die Ausführung so lange fortzusetzen, bis „der Auftraggeber anderweit Fürsorge treffen kann"; der Auftrag „gilt" insoweit als fortbestehend.[33] (§ 673). Durch den *Tod des Auftraggebers* erlischt dagegen das Auftragsverhältnis im Zweifel nicht. Wenn es aber nach dem Inhalt des Auftrages (bei sinngemäßer Interpretation, § 157) erlöschen soll, hat der Beauftragte gleichwohl, falls mit dem Aufschub Gefahr verbunden ist, die Besorgung so lange für den Erben fortzusetzen, bis dieser anderweit Fürsorge treffen kann; das Auftragsverhältnis „gilt" auch hier insoweit als fortbestehend. Entsprechendes gilt, wenn der Auftraggeber geschäftsunfähig wird (§ 672).

---

[31] Vgl. *Enn./L.* § 163 I 1a; *Oertmann* 1a, *Staudinger/Nipperdey* 11, *Palandt/Thomas* 2, *Erman/Hauß* 3a zu § 671.

[32] Der Ausschluß auch für diesen Fall würde den Auftraggeber ganz in die Hände des Beauftragten geben und wäre daher nach § 138 nichtig.

[33] Es ist unerfindlich, warum das Gesetz die Fiktionsform wählt, statt einfach anzuordnen, daß das Auftragsverhältnis so lange fortdauert. Vgl. auch *Esser,* Wert und Bedeutung der Rechtsfiktionen, 1940, S. 124 Anm. 99.

§ 56. Geschäftsbesorgung auf Grund eines Auftrags   V § 56

Erlischt der Auftrag in anderer Weise als durch Widerruf, etwa durch den Tod, Eintritt der Geschäftsunfähigkeit oder Konkurs (vgl. § 23 KO) des Auftraggebers, so gilt er zugunsten des Beauftragten so lange als fortbestehend, bis dieser von dem Erlöschen Kenntnis erlangt oder das Erlöschen kennen muß (§ 674). Hier wird also *nur zugunsten des Beauftragten* die Rechtslage bis zu dem genannten Zeitpunkt noch so angesehen, als bestünde das Auftragsverhältnis fort. Im Falle der Endigung durch Widerruf ist der Beauftragte durch das Erfordernis des Zugehens (§ 130 Abs. 1) hinreichend geschützt.

V. Entsprechende Anwendung auf Dienst- und Werkverträge

Die meisten Vorschriften des Auftragsrechts finden nach § 675 „entsprechende Anwendung" auf Dienst- oder Werkverträge, die eine Geschäftsbesorgung zum Gegenstand haben. Hier ist daran zu erinnern, daß die Besorgung einer fremden Angelegenheit auf Grund eines Vertrages nur dann unter den gesetzlichen Begriff des „Auftrags" fällt, wenn sie *unentgeltlich* erfolgt. Soll sie vergütet werden, so liegt nach der gesetzlichen Typisierung, je nachdem ob die Tätigkeit als solche oder ein bestimmter Erfolg versprochen wird, ein Dienst- oder ein Werkvertrag vor. Das gilt auch dann, wenn es sich um eine echte „Geschäftsbesorgung" in dem früher gekennzeichneten engeren Sinn handelt, also z. B. um eine Vermögensverwaltung, Rechtsberatung oder Prozeßführung. Aber in diesen Fällen entstehen gerade auch jene Probleme, die mehr oder weniger für alle Geschäftsführungen typisch sind, die das Gesetz aber gerade im Zusammenhang mit dem Auftrag geregelt hat. Daher liegt es in der Tat nahe, auf solche Dienst- oder Werkverträge, deren Gegenstand eine Geschäftsbesorgung im engeren Sinne ist, neben den Vorschriften über den Dienst- oder den Werkvertrag auch die Auftragsregeln weitgehend anzuwenden.

§ 675, der dies anordnet, setzt ersichtlich voraus, daß es *auch* Dienst- und Werkverträge gibt, die *nicht* eine Geschäftsbesorgung zum Gegenstand haben. Das wäre aber nicht der Fall, wollte man den Ausdruck „Geschäftsbesorgung" hier in dem gleichen weiten Sinne verstehen, in dem ihn die hL in § 662 versteht, nämlich als *jede* Tätigkeit im Interesse eines anderen. Er muß daher in § 675 in einem engeren Sinne verstanden werden;[34] in einem Sinne, der dem wenigstens nahe kommt, den er auch in der Umgangssprache hat. Wie das bei Ausdrücken der Umgangssprache meist der Fall ist, widerstreben sie einer genauen Festlegung ihres Inhalts durch eine begrifflich scharfe Definition. Das enthebt uns aber nicht der Notwendigkeit, anzugeben, was hier gemeint ist.[35] Wo die begriffliche

---

[34] Vgl. *Enn./L.* § 164 I; *Leonhard* B 255; *Siber* 348; *Soergel/Mühl* 1, *Palandt/Thomas* 2a, *Erman/Hauß* 1, *Jauernig/Vollkommer* 2b zu § 675; *Esser/Weyers* § 35 I 1 c; *Medicus,* SchR II § 105 II; RGZ 109, 299; BGH, DB 59, 168; BGHZ 45, 223 (228).

[35] Man mag in dem Ausdruck einfach eine „abgekürzte Ausdrucksweise" für ein jedes Rechtsverhältnis sehen, das „die beim Auftrag geltenden Rechtsfolgen notwendig macht" – so *MünchKomm./ Seiler* 14 zu § 662 –, so ist es doch nicht überflüssig, wenigstens annäherungsweise zu verdeutlichen, um was für Rechtsverhältnisse es sich dabei handelt.

Erfassung nicht gelingt, ist die Beschreibung eines Typus möglich;[36] sie ist auch hier angebracht.

<small>Die vorherrschende Auffassung verlangt „eine selbständige Tätigkeit wirtschaftlicher Art, die für einen anderen und in seinem Interesse" vorgenommen wird.[37] „Wirtschaftlicher Art" soll eine Tätigkeit dann sein, wenn sie für das Vermögen des Geschäftsherrn, nicht, wenn sie etwa nur für seine Gesundheit oder seine Fortbildung von Bedeutung ist. Daher wird die Tätigkeit des Arztes, der Krankenschwester, des Lehrers ausgeschieden. Ferner werden meist unselbständige Dienste ausgeschieden; von *Ennecerus-Lehmann,* m. E. mit Recht, auch die Tätigkeit der Bauunternehmer und Handwerker, obgleich sie selbständig geleistet wird und regelmäßig auch das Vermögen des Auftraggebers berührt. (Die Reparatur meiner Uhr erhöht deren Vermögenswert, berührt also mein Vermögen; es handelt sich jedoch nicht um die Wahrnehmung von Vermögensangelegenheiten in dem Sinne, der hier gemeint ist). Aufschlußreicher als eine Definition sind die Beispiele, die dafür gegeben werden, wann eine Geschäftsbesorgung im Sinne des § 675 vorliege. Genannt werden vor allem: die Tätigkeit des Anwalts als Prozeßvertreter oder Berater, etwa bei der Abfassung von Verträgen, die eines Steuerberaters, Wirtschaftsprüfers, Schiedsrichters oder Gutachters; ferner der Girovertrag, den die Bank mit demjenigen schließt, der ein Girokonto bei ihr eröffnet,[38] der Baubetreuungsvertrag (im engeren Sinne),[39] jede Tätigkeit auf Grund eines Treuhandverhältnisses, die Verwaltung fremden Vermögens, die Grundstücksverwaltung. Weitere Beispiele finden sich in allen Kommentaren.[40]</small>

Wie aus den zumeist genannten Beispielen hervorgeht, besteht in der Sache, wenn auch nicht in der Formulierung, weitgehend Einigkeit. Gemeint ist *die selbständige Wahrnehmung fremder Vermögensinteressen,* wobei es sich vornehmlich um solche Angelegenheiten handelt, die wahrzunehmen grundsätzlich Sache des Vermögensinhabers selbst ist.[41] Der Geschäftsbesorger nimmt ihm die Besorgung derartiger Angelegenheiten entweder ab, oder unterstützt ihn dabei, indem er eine eigene, zwar weisungsgebundene, jedoch in der Art der Ausführung mehr oder weniger selbständige Tätigkeit entfaltet, wobei er zumeist seine besonderen beruflichen oder fachlichen Kenntnisse und Erfahrungen zum Einsatz bringt. Als Indizien für das Vorliegen einer Geschäftsbesorgung in diesem Sinne sind anzusehen: die Entstehung eines *Treuhandverhältnisses* (Vermögensverwaltung, Kommissionsgeschäft); *ein enges Vertrauensverhältnis,* insbesondere die Gewährung von Einblick in die Vermögensverhältnisse oder die geschäftlichen Angelegenheiten des Auftraggebers und die daraus sich ergebende *Pflicht zur Diskretion* (Beratung und Unterstützung in Rechts- und Steuerangelegenheiten, Prozeßvertretung, Tätigkeit als Schiedsrichter oder Gutachter, Bankverbindung); endlich die Befugnis, *Vermögensdispositionen für den Auftraggeber zu treffen* und die sich daraus ergebende Notwendigkeit der Rechenschaftsablegung. Wie stets bei einer Typenbeschreibung, brauchen keineswegs immer *alle* Indizien vorzuliegen.

<small>[36] Dazu *meine* Methodenlehre der Rechtswissenschaft, Studienausgabe 1983 S. 97 ff.
[37] *Enn./L.* § 164 I; RGRKomm. 1, *Palandt/Thomas* 2a, *Erman/Hauß* 1 zu § 675; RGZ 109, 301; BGH, DB 59, 168; BGHZ 45, 223, 228 f.
[38] *Canaris,* Bankvertragsrecht 2. Aufl. Rdz. 315; *Erman/Hauß* 5 zu § 675.
[39] *Erman/Hauß* 10, *Palandt/Thomas* 6 zu § 675.
[40] Vgl. *MünchKomm/Seiler* 46, *Erman/Hauß* 3 ff., *Palandt/Thomas* 3 zu § 675.
[41] Vgl. BGHZ 45, 223, 229.</small>

§ 56. Geschäftsbesorgung auf Grund eines Auftrags   VI § 56

Wenn aber keines dieser Indizien zutrifft, handelt es sich im allgemeinen nicht um eine Geschäftsbesorgung in dem hier gemeinten Sinn.

Liegt der in § 675 umschriebene Typus „Geschäftsbesorgungsvertrag" vor, dann sind alle Vorschriften über den Auftrag anwendbar mit Ausnahme der §§ 662, 664 und 671. Sie sind dann neben den Vorschriften über den Dienst- oder den Werkvertrag anzuwenden. Dagegen bedarf es des § 675 nicht,[42] wenn im Rahmen eines gewöhnlichen Dienstvertrages, der kein Geschäftsbesorgungsvertrag ist, eine einzelne Geschäftsbesorgung vorgenommen werden soll (die Hausangestellte soll einen Einkauf besorgen, eine Rechnung bezahlen). In diesem Fall können auf diese Besorgung einzelne Vorschriften des Auftragsrechts, vor allem die §§ 665 bis 670, entsprechend angewandt werden, während für das Vertragsverhältnis im ganzen, etwa für die Beendigung des Vertragsverhältnisses, Fürsorgepflichten und nachwirkende Pflichten (z. B. zur Zeugniserteilung) die Dienst- oder Werkvertragsregeln allein maßgebend bleiben.

Nicht anwendbar auf einen Geschäftsbesorgungsvertrag ist § 671, der jedem Teil die jederzeitige Kündigung ermöglicht. Sie paßt nicht auf einen entgeltlichen Vertrag. Die *Kündigungsbefugnis* richtet sich danach auch dann, wenn die versprochene Hauptleistung eine Geschäftsbesorgung ist, nach den Vorschriften des Dienst- oder Werkvertrages; doch wird man dem Geschäftsbesorger auch, wenn der Vertrag als Werkvertrag zu kennzeichnen ist, das Recht zur Kündigung aus wichtigem Grunde zubilligen müssen. Ist ihm vertraglich das Recht eingeräumt worden, ohne Einhaltung einer Frist zu kündigen, so ist § 671 Abs. 2 entsprechend anzuwenden. Bei einem Dienstvertrage, der auf eine Geschäftsbesorgung gerichtet ist, wird regelmäßig § 627 anzuwenden sein.[43] Die *Nichterwähnung des § 664* schließt die entsprechende Anwendung dieser Vorschrift nicht schlechthin aus.[44] Die Anwendung des ersten Satzes des ersten Absatzes erübrigt sich bei einem Dienstvertrag mit Rücksicht auf § 613. Auf einen Werkvertrag, der eine Geschäftsbesorgung zum Gegenstand hat, ist er aber mit Rücksicht auf das ihr zugrunde liegende persönliche Vertrauensverhältnis entsprechend anzuwenden. Ist die Übertragung (Weitergabe oder Unterbeauftragung) ausnahmsweise gestattet, so ergibt sich die Anwendung des zweiten Satzes des ersten Absatzes bereits aus der Natur solcher Gestattung.[45] Der dritte Satz (Verantwortlichkeit für Gehilfen) versteht sich von selbst. Der zweite Absatz des § 664 erübrigt sich beim Dienstvertrag wieder mit Rücksicht auf § 613; beim Werkvertrag wird man infolge des persönlichen Charakters der Geschäftsbesorgung regelmäßig schon auf Grund des § 399 zu dem gleichen Ergebnis kommen.

VI. Anhang: Haftung für Rat und Empfehlungen

Literatur: *Bohrer,* Die Haftung des Dispositionsgaranten, 1980; *Canaris,* Schutzgesetze, – Verkehrspflichten-Schutzpflichten, Festschr. f. K. *Larenz,* 1983, S. 27; *Herrmann,* Die Sachwalterhaftung vermögenssorgender Berufe, JZ 83, 422; *Hohloch,* Vertrauenshaftung-Beginn einer Konkretisie-

---

[42] AA das BAG; BAGE 12, 24f.; MDR 67, 24f.
[43] So für den Girovertrag *Canaris,* Bankvertragsrecht 2. Aufl. Rdz. 489; BGHZ 54, 106, 108 für den Vertrag mit einem Steuerberater, dem der Auftraggeber allgemein „die Wahrnehmung seiner steuerlichen Interessen" übertragen hatte.
[44] Ebenso der BGH, LM Nr. 1 zu § 664, gegen RGZ 161, 70; *Enn./L.* § 164 I; *Palandt/Thomas* 4 zu § 644; anders *Staudinger/Nipperdey* 27, *Erman/Hauß* 7, *MünchKomm/Seiler* 21 zu § 664.
[45] So zutreffend RGZ 78, 313.

rung?, NJW 79, 2369; *Honsell,* Probleme der Haftung für Auskunft und Gutachten, JuS 76, 661; *Hopt,* Berufshaftung und Berufsrecht der Börsendienste, Anlageberater und Vermögensverwalter, Festschr. f. *Robert Fischer,* 1979, S. 237; ders., Nichtvertragliche Haftung außerhalb von Schadens- und Bereicherungsausgleich, AcP 183, S. 608; *Konrad Huber,* Verkehrspflichten zum Schutz fremden Vermögens, Festschr. f. *v. Caemmerer,* 1978, S. 359; *Köndgen,* Selbstbindung ohne Vertrag, 1981; *Lammel,* Zur Auskunftshaftung, AcP 179, S. 237; *Littbarski,* Die Berufshaftung, NJW 84, 1667, *Lorenz,* Das Problem der Haftung für primäre Vermögensschäden bei der Erteilung einer unrichtigen Auskunft, Festschr. f. K. *Larenz,* 1973, S. 575; *Musielak,* Haftung für Rat, Auskunft und Gutachten, 1974; *Picker,* Positive Forderungsverletzung und culpa in contrahendo – Zur Problematik der Haftungen „zwischen" Vertrag und Delikt, AcP 183, S. 369; *Schulze,* Grundprobleme der Dritthaftung bei Verletzung von Auskunfts- und Beratungspflichten in der neueren Rechtsprechung, JuS 83, S. 81; *Hans Stoll,* Vertrauensschutz bei einseitigen Leistungsversprechen, Festschr. f. *Flume* 1978, S. 741.

Wie oben (unter I) erwähnt wurde, bestimmt das Gesetz in § 676, daß aus der Erteilung eines Rates oder einer Empfehlung keine Verpflichtung zum Ersatz des Schadens folgt, der dem Empfänger aus der Befolgung entstanden ist, „unbeschadet der sich aus einem Vertragsverhältnis oder einer unerlaubten Handlung ergebenden Verantwortlichkeit". Eine Verantwortung für die Richtigkeit eines gegebenen Rats oder einer Empfehlung aus einer unerlaubten Handlung ergibt sich nur selten, da hier weder eines der in § 823 Abs. 1 genannten Rechtsgüter, noch ein Schutzgesetz im Sinne des § 823 Abs. 2 verletzt wird,[46] der aus der Befolgung des falschen Rates entstehende Schaden nur ein allgemeiner Vermögensschaden sein kann. Ein solcher begründet aber, wenn keiner der anderen Unrechtstatbestände vorliegt, nur im Falle des § 826, also einer sowohl vorsätzlichen[47] wie sittenwidrigen Schädigung einen Ersatzanspruch. Aus einem Vertragsverhältnis ergibt sich die Verantwortlichkeit vornehmlich dann, wenn die Erteilung des Rates oder der Empfehlung gerade die vertraglich geschuldete Leistung oder Teil derselben ist (Fallgruppe 1), oder wenn sie Inhalt einer sich aus dem Vertrage ergebenden Nebenpflicht ist (Fallgruppe 2). In diesen Fällen richtet sich die Haftung nach den Grundsätzen des Vertragsrechts; gehaftet wird also für jede Fahrlässigkeit (§ 276 Abs. 1) und auch für das Verschulden eines Erfüllungsgehilfen (§ 278). Frei von jeder Verantwortung für die „Richtigkeit" des von ihm gegebenen Rates oder seiner Empfehlung bleibt hiernach, abgesehen von dem Falle des § 826, wer den Rat oder auch eine Auskunft, die oft einer Empfehlung gleichkommt, aus reiner Gefälligkeit und außerhalb des geschäftlichen Verkehrs erteilt; so, wenn jemand auf der Straße nach der Uhrzeit oder nach dem besten Wege befragt wird oder einem Bekannten seinen Zahnarzt oder einen bestimmten Handwerker empfiehlt. Dazwischen aber liegen zahlreiche Fälle

---

[46] Konrad *Huber* aaO. meint, von der Rechtspr. entwickelte „Verkehrspflichten zum Schutze fremden Vermögens" seien als „Schutzgesetze" i. S. des § 823 Abs. 2 anzuerkennen. Das ist mit der Konzeption des Gesetzes nicht zu vereinigen; vgl. dazu *Picker* aaO. S. 495 ff.

[47] Die Rechtspr. hat allerdings in manchen Fällen grobe Fahrlässigkeit genügen lassen; Nachweise bei *Honsell* aaO. S. 628. Diese Rechtspr. läßt sich nicht als gesetzeskonform ansehen und führt zu widersprüchlichen Entscheidungen.

§ 56. Geschäftsbesorgung auf Grund eines Auftrags VI § 56

(Fallgruppen 3 bis 7), in denen ein Rat oder eine Empfehlung zwar nicht im Rahmen eines (bereits) bestehenden Vertragsverhältnisses, aber doch im Zusammenhang mit der Anbahnung eines solchen oder mit einer wenn auch nur lockeren geschäftlichen Verbindung oder mit bestimmten geschäftlichen Aktivitäten der Auskunftsperson gegeben werden. Hier besteht, was heute kaum noch bezweifelt wird, häufig ein Bedürfnis nach einem rechtlichen Schutz desjenigen, der sich auf eine solche Empfehlung verläßt, einem Schutz, der nur erreicht werden kann, wenn man die Haftungsregeln des Vertragsrechts für anwendbar hält. Ihre Anwendbarkeit ist heute unstreitig in den Fällen der Anbahnung eines Vertragsschlusses (Fallgruppe 3); für die übrigen Fallgruppen gelangt man aufgrund unterschiedlicher Erwägungen zu ähnlichen Resultaten. Im einzelnen ist hier noch manches offen. Es geht um die Kriterien einer nicht vertraglich, also gesetzlich begründeten Haftung, deren Ausgestaltung jedoch derjenigen des Vertragsrechts gleicht.

Als eine solche Haftung „zwischen Vertrag und Delikt" ist heute anerkannt die Haftung für ein Verschulden bei dem Vertragsschluß (Bd. I, § 9 I). Suchte man sie anfänglich noch aus dem erst abzuschließenden Vertrag abzuleiten, so ist heute unbestritten, daß es sich um ein gesetzliches Schuldverhältnis (ohne primäre Leistungspflicht) handelt. Für die in diesem Rahmen vom BGH entwickelte Haftung des sog. „Sachwalters" wird allerdings die Auffassung vertreten, dessen Haftung beruhe auf der freiwilligen Übernahme eigener Verantwortung, einem „Haftungsversprechen", das wegen seiner Vertrauenswirkung einem Leistungsversprechen gleich zu erachten sei.[48] Nach *Köndgen*[49] erhebt derjenige, der eine Auskunft oder einen Rat erteilt, damit implicite den Anspruch, daß die Auskunft richtig, der Rat sachlich wohl begründet sei, einen „Geltungsanspruch". Aus diesem ergebe sich ein „Selbstbindungseffekt".[50] Allerdings bedürfe es zu dessen Umsetzung noch der rechtlichen Bindung noch der Differenzierung je nach der Person oder der sozialen Rolle des Rat- oder Auskunftgebenden. Damit gibt er zu, daß der „Selbstbindungseffekt" für die Begründung einer rechtlichen Einstandspflicht nicht ausreicht. Hierfür bedarf es einer Rechtsnorm, die nur eingreift, wenn bestimmte weitere Voraussetzungen vorliegen. Um diese Voraussetzungen und ihre Tragweite und um die leitenden Gesichtspunkte einer solchen Haftung geht es in der Diskussion. Während die Rechtsprechung vielfach zu dem Aushilfsmittel eines fingierten Vertrages greift, steht im Schrifttum der Gedanke im Vordergrund, daß es in den fraglichen Fällen um den gesteigerten Schutz eines Vertrauens geht, den die Rechtsordnung um der Sicherheit des geschäftlichen Verkehrs willen demjenigen gewährt, der einem solchen Rat oder einer solchen Empfehlung folgt. Erkennt man das an und sieht man in der Haftung für die Verletzung von Auskunfts- oder Beratungspflichten im Rechtsverhältnis der Vertragsverhandlung nur *einen* unter mehreren Anwendungsfällen dieses Gedankens, so muß man, um den heute geltenden Rechtszustand zu erfassen, den zweiten Halbsatz des § 676 wie folgt ergänzen: unbeschadet der sich aus einem Vertragsverhältnis, einer unerlaubten Handlung oder einem anderen gesetzlichen Schuldverhältnis ergebenden Verantwortlichkeit.

Im folgenden geben wir einen Überblick über die wichtigsten, heute in der Rechtsprechung und überwiegend auch im Schrifttum anerkannten Fallgruppen, in denen eine Einstandspflicht für die Richtigkeit gegebener Auskünfte und Rat-

---

[48] Von *Hohloch,* aaO. Die Annahme eines solchen Versprechens dürfte in den meisten Fällen auf eine Fiktion hinauslaufen.
[49] aaO. S. 156 ff.
[50] aaO. S. 190, 356 ff. Kritisch dazu *Canaris* aaO. S. 93.

schläge mit der Folge einer Haftung gemäß den Regeln des Vertragsrechts – also schon bei Fahrlässigkeit (mangelnder Sorgfalt) und für den reinen Vermögensschaden – angenommen werden kann.

1. Verträge, die eine Raterteilung zum Gegenstand haben. Die Erteilung eines Rates oder einer Empfehlung kann die vertragliche Hauptleistung oder Teil derselben sein; so häufig bei Verträgen mit Steuerberatern, Anlageberatern, auch mit Anwälten und Ärzten.[51] Es versteht sich, daß in diesen Fällen ein den Umständen nach ,,richtiger", zum mindesten wohlbegründeter Rat zu geben ist. Das Maß der anzuwendenden Sorgfalt richtet sich dabei nach dem Standard des betreffenden Berufes; aufzuwenden ist die Sorgfalt eines ,,ordentlichen" Steuerberaters, Anwalts, Arztes. Hat der Ratgeber es daran fehlen lassen und erleidet der Auftraggeber deshalb einen Schaden, so haftet der Berater wegen der ,,Schlechtleistung" aus ,,positiver Vertragsverletzung".[52] Die Beratung kann auch in einem Typenkombinationsvertrag (unten § 62 II a) *eine* der mehreren geschuldeten verschiedenartigen Leistungen sein. Im ,,Börsendienstfall"[53] handelte es sich um eine Zeitschrift, die neben Informationen über das Geschehen an der Börse bestimmte Anlageempfehlungen enthielt. Diese beruhten nach dem an die potentiellen Bezieher versandten Werbeschreiben auf Recherchen eines ,,eingespielten Teams hochqualifizierter erfahrener Spezialisten". Ein Bezieher, der einer solchen Empfehlung folgte, erlitt einen hohen Vermögensverlust. Der BGH sah in dem Abonnement der Zeitschrift nicht nur einen Kaufvertrag (über das Druckwerk als solches), sondern darüber hinaus zugleich einen Vertrag über die Beratung der Bezieher in dem angegebenen Sinne. Er schloß das u. a. aus der Höhe des Entgelts. Da somit die Beratungspflicht eine selbständige, zweite Hauptpflicht neben der kaufrechtlichen Lieferungspflicht darstellte, ließ er den Herausgeber der Zeitschrift wegen einer grob fahrlässigen Verletzung dieser Pflicht durch seine Leute haften. Allerdings meinte er, daß wegen des ,,stark spekulativen Charakters" einer Anlageempfehlung nur eine ,,ganz gewichtige Außerachtlassung der Sorgfaltspflicht" – die hier vorliege – eine Haftung begründe.[54] Einen im Impressum der Zeitschrift enthaltenen Haftungsausschluß sah er, falls er überhaupt Vertragsinhalt geworden wäre, wegen der groben Fahrlässigkeit als unwirksam an. Dies würde sich heute aus § 11 Nr. 7 AGBG ergeben.

2. Verträge, die eine Beratungspflicht als Nebenpflicht begründen. Auskunfts-, Warnungs- und Beratungspflichten können sich als Nebenpflichten aus den verschie-

---

[51] Über die Beratungspflicht eines Anwalts vgl. BGHZ 89, 178; über die eines Arztes BGHZ 86, 240; 89, 95, 98 ff.

[52] Dies gilt m. E. auch dann, wenn der Vertrag als Werkvertrag einzuordnen ist, da es sich um einen Mangelfolgeschaden handelt; anders *Honsell* aaO. S. 621 f.

[53] BGHZ 70, 356.

[54] Gegen diese Beschränkung *Hopt*, Festschr. f. *Fischer* S. 253. Das Anlageempfehlungen notwendig innewohnende Risiko ist aber schon bei der Frage, ob auch nur leichte Fahrlässigkeit vorliegt, mit zu berücksichtigen.

densten Verträgen ergeben, etwa aus einem Kauf-, Werk- oder Geschäftsbesorgungsvertrag, sei es aufgrund ausdrücklicher Vereinbarung, ergänzender Vertragsauslegung oder ergänzender Rechtsnormen, vor allem des § 242. Der (sachkundige) Verkäufer oder Hersteller einer technischen Anlage oder eines Gerätes kann danach dazu verpflichtet sein, den Käufer hinsichtlich der Bedienung und Wartung zu unterweisen, ihm Ratschläge zu erteilen und ihn vor Gefahren, die bei einem falschen Umgang mit dem Gerät auftreten können, zu warnen. Auch wenn eine solche Pflicht nicht besteht, er aber ungefragt oder auf Befragen solche Auskünfte oder Ratschläge erteilt, hat er sie mit der gebotenen Sorgfalt zu erteilen und haftet daher, wenn er es an dieser fehlen läßt. Dies gilt jedenfalls dann, wenn ihn der andere Teil für sachkundig halten kann. Dieser wird dann der ihm erteilten Weisung oder Empfehlung folgen und ist schutzwürdig, wenn er dadurch einen Schaden erleidet. Es besteht daher eine Schutzpflicht, wenn schon im Zusammenhang mit dem Vertragsgegenstand eine Auskunft oder Empfehlung gegeben wird, nur eine richtige, wohlbegründete zu geben. Die schuldhafte Verletzung einer solchen Schutzpflicht oder einer Warnungspflicht stellt eine „positive Vertragsverletzung" dar und begründet daher eine Schadensersatzpflicht.

3. *Raterteilung im Zusammenhang mit Vertragsverhandlungen.* Die gleichen Pflichten können für einen der künftigen Vertragspartner schon im Stadium der Vertragsverhandlungen begründet sein. Es kann keinen Unterschied machen, ob sich der Käufer eines Geräts seine Bedienung von dem Verkäufer schon vor dem Vertragsabschluß oder danach zeigen läßt, ob er sich Ratschläge für die zweckmäßige Verwendung, Aufbewahrung und Wartung vorher und nachher geben läßt. Nicht selten macht der Käufer oder, bei einem Werkvertrag, der Besteller seinen Entschluß zum Kauf oder zur Wahl gerade dieser Ausführung von den Ratschlägen des Verkäufers oder Herstellers hinsichtlich der Verwendbarkeit für seinen speziellen Zweck abhängig. Wiederum kommt es darauf an, ob er sich auf dessen Empfehlungen verlassen darf, weil dieser sachkundig ist oder sich als sachkundig ausgibt. Die Pflicht, derartige Auskünfte, Ratschläge und Empfehlungen, *wenn* sie denn gegeben werden – wozu in diesem Stadium meist keine Pflicht besteht – mit der nötigen Sorgfalt, nicht „leichtfertig" zu erteilen, ergibt sich nach heutiger Auffassung aus dem Rechtsverhältnis der Vertragsverhandlung als einem Schuldverhältnis ohne primäre Leistungspflicht.[55] Ihre schuldhafte Verletzung verpflichtet, ebenso wie die Verletzung einer vertraglichen Nebenpflicht, zum Schadensersatz. Zu ersetzen ist der Schaden, den der demnächstige Vertragspartner dadurch erlitten hat, daß er dem Ratschlag gefolgt ist, sich auf die ihm gegebene Auskunft oder Empfehlung verlassen hat.

---

[55] Dazu Bd. I, § 9 I.

§ 56 VI 1. Abschn. 3. Kap. Tätigkeit im Dienste oder Interesse eines anderen

Besondere Beachtung verdienen in diesem Zusammenhang die Erweiterungen, die die Lehre vom Verschulden bei den Vertragsverhandlungen in neuerer Zeit durch die Rechtsprechung erfahren hat. Läßt sich der eine Vertragsteil bei den Verhandlungen und beim Abschluß des Vertrages vertreten, so haftet zwar in erster Linie der Vertretene aus dem für ihn begründeten Verhandlungsverhältnis für ein Verschulden seines Vertreters analog § 278. Neben ihm kann aber auch der Vertreter selbst haftbar sein, wenn er – nur dieser Fall interessiert hier – durch sein Auftreten, in Verbindung etwa auch mit seiner beruflichen Stellung, z. B. als Anwalt oder als Sachverständiger, bei den Verhandlungen ein persönliches Vertrauen in Anspruch genommen hat.[56] Hier einschlägig ist der folgende, vom BGH entschiedene Fall.[57] Der Beklagte hatte für eine Kommanditgesellschaft den Vertrieb von Anteilen dieser Gesellschaft übernommen. Er bot dem Kläger einen solchen Anteil unter Beifügung eines Prospekts der Gesellschaft, der falsche Angaben enthielt, an und verkaufte ihm den Anteil als deren Vertreter. Die Gesellschaft geriet nach einiger Zeit in Konkurs und der Kläger verlor seine gesamte Einlage. Der BGH nahm einmal an, zwischen dem Kläger und dem Beklagten sei ,,stillschweigend'' ein Beratungsvertrag abgeschlossen, was doch wohl schwerlich zutreffen dürfte. Der Beklagte hafte dem Kläger aber auch aus culpa in contrahendo, da er durch die Art seiner Werbung persönliches Vertrauen für sich in Anspruch genommen habe. Er habe nämlich in seinem Schreiben an den Kläger angegeben, das Verkaufsobjekt sei, bevor er es in seinen Vertrieb aufgenommen habe, wie alle seine Angebote ,,durch mehrere Wirtschaftsprüfer und Steuerfachleute geprüft'' worden; eine Beteiligung könne nachhaltig empfohlen werden. Damit habe er den Eindruck erweckt, besondere Sorgfalt aufgewandt zu haben und besonders vertrauenswürdig zu sein. Hierdurch habe er den in dem Werbeprospekt enthaltenen und den sonst von ihm gemachten Angaben in den Augen des Klägers ein besonderes Gewicht verliehen; damit seien die Voraussetzungen für die eigene Haftung des Beklagten aus Verschulden bei Vertragsverhandlungen erfüllt.

Eine nochmalige Erweiterung hat der BGH dadurch vorgenommen, daß er dem Vertreter unter gewissen Umständen einen sog. ,,Sachwalter'' gleichstellt.[58] Als ,,Sachwalter'' bezeichnet der BGH Personen, die bei der Vertragsverhandlungen von einer Partei, ohne deren Vertreter zu sein, mit eingeschaltet werden, wenn diese Personen durch das besondere Vertrauen, das ihnen der andere Teil aufgrund ihrer Sachkunde oder des von ihnen gezeigten Interesses an dem Zustandekommen des Vertrages entgegenbringt, hierauf einen maßgeblichen Einfluß genommen haben. Hierauf ist bei der Prospekthaftung zurückzukommen.

---

[56] Vgl. die Nachweise in Bd. I, § 9 Anm. 33; *Palandt/Heinrichs* 6 C c zu § 276.
[57] BGHZ 74, 103, 108 ff.
[58] Hierzu *Bohrer* aaO. S. 84; *Hohloch* aaO. S. 2369. Skeptisch *Medicus*, Schuldrecht I § 14 IV.; *Esser/ Schmidt* § 29 II 4 a.

§ 56. Geschäftsbesorgung auf Grund eines Auftrags VI § 56

4. Auskünfte und Empfehlungen im Rahmen einer bestehenden Geschäftsverbindung. Ähnlich dem Rechtsverhältnis der Vertragsverhandlung stellt auch eine bestehende Geschäftsbeziehung eine „Sonderverbindung" dar, die einen über den des Deliktsrechts hinausgehenden, gesteigerten Schutz des in ihrem Rahmen in Anspruch genommenen und gewährten Vertrauens rechtfertigt, daher Schutz- wie Loyalitätspflichten begründet. Werden im Rahmen einer solchen Verbindung, auch ohne eine dahingehende Verpflichtung, Auskünfte oder Empfehlungen erteilt, so besteht daher auch hier die Verpflichtung, sie sorgfältig zu erteilen, mit der Folge einer Schadensersatzpflicht im Falle eines schuldhaften Verstoßes gegen diese Verpflichtung.[59] Die Grenzen zur zweiten Fallgruppe sind insoweit flüssig, als man diese Pflicht mitunter auch einem der Geschäftsverbindung zugrundeliegenden Rahmenvertrag zuordnen kann, was jedoch keineswegs immer der Fall ist. Hierher gehören insbesondere die Auskünfte und Empfehlungen, die Banken ihren Kunden geben. Der Kunde fragt an, ob ein auf die Bank gezogener Scheck gedeckt oder ob ein anderer Kunde der Bank kreditwürdig ist; er läßt sich von seiner Bank bei der Anlage seines Geldes in Wertpapieren beraten. Manche leiten die Pflicht der Bank, die Auskunft, wenn sie sie gibt, richtig zu erteilen, bei der Anlageberatung mit der nötigen Sorgfalt zu verfahren, aus einem bei der Aufnahme der Geschäftsbeziehung geschlossenen „allgemeinen Bankvertrag", andere aus einem besonderen Beratungsvertrag her. Beide Annahmen sind überflüssig. Schon das RG sprach davon, daß „für die von den Banken erteilten Auskünfte in gewissem Umfang eine Verantwortlichkeit besteht", wenn sie die Auskunft mit Bezug auf ein zwischen ihnen und dem Kunden geschlossenes Geschäft „oder auch nur allgemein im Rahmen bestehender Geschäftsverbindung einem Kunden erteilen".[60] Die neuere Lehre sieht in der Geschäftsbeziehung des Kunden zur Bank ein gesetzliches Schuldverhältnis (ohne primäre Leistungspflicht) ähnlich dem Rechtsverhältnis der Vertragsverhandlung, das wie dieses die Grundlage von Schutzpflichten und im Falle deren schuldhafter Verletzung einer Schadensersatzpflicht bildet.[61] Zur Begründung dieses Rechtsverhältnisses bedarf es keines eigens darauf gerichteten Vertrages; es genügt eine auf Dauer angelegte Beziehung im Bereich des rechtsgeschäftlichen Verkehrs. Neben der Beziehung zwischen Banken und ihren Kunden kommen vor allem dauernde Lieferbeziehungen in Betracht.[62] Es ist nicht nötig, eine in diesem

---

[59] So auch *Palandt/Thomas* 5 zu § 676; *MünchKomm/Emmerich* 188 ff. vor § 275, *Müller-Groff,* JZ 76, 153; *Karsten Schmidt,* Handelsrecht § 19 I 3c.
[60] RGZ 126, 50, 52.
[61] Ausführlich *Canaris,* Bankvertragsrecht 2. Aufl. Rdz. 12 ff., 77 ff., 100 f. und die in der Anm. 59 Genannten. In die gleiche Richtung weisen die Ausführungen von *Lorenz* aaO. S. 582, 615; *Erman/Hauß* 3 zu § 676; mit Bezug auf das österreichische Recht *Welser,* Die Haftung für Rat, Auskunft und Gutachten, 1983, S. 54 ff.
[62] Nachweise aus der Rechtspr. in *MünchKomm/Emmerich* 192 vor § 275.

Rahmen erteilte Auskunft oder Empfehlung einem einzelnen Liefervertrag zuzuordnen oder, wozu die Rechtsprechung neigt, einen besonderen Auskunfts- oder Beratungsvertrag anzunehmen. Die Geschäftsverbindung genügt, sofern nur die Auskunft oder die Empfehlung mit Rücksicht auf diese Verbindung nachgesucht und gegeben wird.

5. *Einmalige Auskünfte außerhalb einer bestehenden Geschäftsverbindung.* Die Rechtsprechung und die Lehre sind noch einen Schritt weiter gegangen. Sie haben eine Haftung wegen einer fahrlässig unrichtig gegebenen Auskunft unter gewissen Voraussetzungen auch in solchen Fällen bejaht, in denen eine Geschäftsverbindung zwischen den Beteiligten weder vorher bestand, noch durch die Anfrage angebahnt werden sollte, in Fällen *einmaliger Auskünfte*.[63] Eine Bank erteilt eine Auskunft darüber, ob ein Scheck gedeckt sei, einem Dritten, der nicht ihr Kunde ist;[64] Versicherungsgesellschaften, Anwälte, Lagerhalter erteilen einem Dritten, der daran erkennbar mit Rücksicht auf seine Vermögensdispositionen ein Interesse hat, eine Auskunft über Tatsachen, von denen sie aufgrund ihrer geschäftlichen oder beruflichen Tätigkeit Kenntnis haben. (Ob sie dazu demjenigen gegenüber, auf dessen Angelegenheit sich die Auskunft bezieht, berechtigt sind, ist eine andere, hier nicht interessierende Frage). Von Auskünften, die ohne rechtliche Folgen bleiben, unterscheidet diese Auskünfte, daß sie im Bereich des geschäftlichen Verkehrs gegeben werden und daß derjenige, der sie erteilt, dies im Zusammenhang mit seiner beruflichen oder geschäftlichen Tätigkeit und überdies in dem Bewußtsein tut, daß der Empfänger sie erbittet, um je nach ihrem Ausfall eine Vermögensdisposition zu treffen oder zu unterlassen. Der Auskunftempfänger bringt dem Auskunftgebenden hier meist nicht so sehr mit Rücksicht auf dessen Person, als auf dessen besondere Stellung oder Rolle im Verkehr ein gesteigertes Vertrauen entgegen. Die Frage ist, ob das ausreicht, um auch hier eine gesteigerte Haftung wie in den Fällen der Vertragsverhandlung und der bestehenden Geschäftsverbindung und somit ein gesetzliches Schuldverhältnis (ohne primäre Leistungspflicht) anzunehmen. Während die Rechtsprechung hier meist mit einer Vertragsfiktion arbeitet, besteht im Schrifttum eine deutliche Neigung, die Frage grundsätzlich zu bejahen.[65] Dabei wird meist darauf hingewiesen, daß der Auskunftgebende hier ein Vertrauen in Anspruch nimmt, das ihm gerade mit Rücksicht auf seine berufliche Stellung, seine Stellung im Wirtschaftsleben, wenn man so will, auf seine ,,soziale Rolle" entgegengebracht wird. Man spricht von einer ,,Haftung auf Grund einer Berufsstellung", einer ,,berufsspezifischen Haftung".[66] Hier ist allerdings die Frage aufzuwerfen, wann

---

[63] Dazu *Lorenz* aaO. S. 618 ff.; *Erman/Hauß* 4 zu § 676; *Canaris*, Bankvertragsrecht Rdz. 88 ff.
[64] Auch wenn das durch die Vermittlung einer anderen Bank geschieht; vgl. BGH, WM 80, 527.
[65] So bei den in der Anm. 63 Genannten.
[66] *Lammel* aaO. S. 345 ff.; *Hopt*, AcP 183, S. 634 ff.; *MünchKomm/Kramer*, 2. Aufl., 34 ff. Einleitung zu Bd. 2. Ablehnend *Musielak* aaO. S. 29 ff.

denn die soziale Rolle einer Person oder eines Unternehmens ein solches gesteigertes Vertrauen rechtfertigt. Bei Banken wird diese Frage offenbar ohne weiteres bejaht. Man mag dies damit begründen, daß sie einer staatlichen Aufsicht unterliegen oder bei Auskünften als besonders zuverlässig angesehen werden. Entscheidend dürfte doch wohl sein, daß man den Geschäftsverkehr, der ohne solche Auskünfte offenbar nicht auskommt, für schutzbedürftig ansieht. Der Hinweis auf die Berufsstellung des Auskunftgebenden reicht nicht aus. Statt von einer Berufshaftung sollte man daher lieber von einer ,,Haftung kraft geschäftlichen Auskunftskontakts" sprechen,[67] wobei die berufliche Stellung oder soziale Funktion des Auskunftgebenden für die weiter zu stellende Frage von Bedeutung ist, ob ihm der Auskunftempfänger ein gesteigertes Vertrauen entgegenbringen durfte. Ist das der Fall, kommt durch die Anfrage ein gesetzliches Schuldverhältnis zustande, das den Auskunftgeber, wenn er die Auskunft gibt, dazu verpflichtet, sie mit der im Verkehr üblichen oder aufgrund seiner Berufsstellung von ihm zu erwartenden Sorgfalt zu geben.

6. Zur Weitergabe an Dritte bestimmte gutachtliche Äußerungen und Empfehlungen. An die Fälle einmaliger Auskünfte schließen sich die Fälle an, in denen sich jemand eine gutachtliche Äußerung oder eine Empfehlung geben läßt, um sie dann einem Dritten, mit dem er in Vertragsverhandlungen steht oder solche aufzunehmen beabsichtigt, zu dem Zwecke vorzulegen, dadurch dessen Entschlüsse zu beeinflussen. Ein Unternehmen, das einen Kredit aufnehmen will, läßt sich von einem Wirtschaftsprüfer einen Bericht über seine wirtschaftliche Lage zum Zwecke der Vorlage an den erhofften Kreditgeber anfertigen; der Verkäufer eines Kunstwerks läßt sich von einem Sachverständigen die Echtheit des Bildes bestätigen, um die Bestätigung bei der Verkaufsverhandlung zu verwenden. Nicht der Besteller des Gutachtens wird hier geschädigt, wenn es sich hernach als unrichtig erweist, sondern der Dritte, dem es vorgelegt wurde und der sich dadurch dazu hat bestimmen lassen, den Kredit zu geben, das Kunstwerk zu kaufen. Zwischen ihm und dem Gutachter besteht aber kein unmittelbarer Kontakt. Das unterscheidet diese Fälle deutlich von den bisher besprochenen. Es ist deshalb fraglich, ob hier nicht allein die deliktische Haftung am Platze ist, die aber, wie wir wissen, für den Geschädigten nur selten zum Ziele führt.

An einem unmittelbaren Kontakt fehlte es freilich nicht in einem Fall, der deshalb für diese Fallgruppe untypisch ist.[68] Der Besteller des Gutachtens beabsichtigte, zusammen mit einem zweiten Interessenten, dem Kläger, ein bestimmtes Haus zu kaufen. Um sich darüber Klarheit zu verschaffen, ob der geforderte Preis angemessen sei, beauftragte er den Beklagten, einen beeidigten Sachverständigen für Bauwesen, dazu, das Haus zu bewerten. An der Vorbesprechung darüber war der Kläger als gleichermaßen Interessierter zugegen. Danach entschloß sich der Besteller des Gutachtens, das Haus nicht zu kaufen; er überließ das Gutachten dem Kläger, der dann das Haus allein kaufte. Das Gutach-

---

[67] So *Lorenz,* aaO. S. 619.
[68] BGH, NJW 84, 355.

ten erwies sich als unzutreffend; der Kläger verlangte Ersatz des ihm aus dem Kauf entstandenen Schadens. Der BGH nahm in diesem Fall an, der Beratungsvertrag sei ein Vertrag mit Schutzwirkung für einen Dritten, den Kläger, gewesen; deshalb stehe diesem ein Schadensersatzanspruch zu. Die Annahme, der Kläger sei in den Schutzbereich des Beratungsvertrages einbezogen, war hier deshalb vertretbar, weil der Kläger von vornherein und dem Beklagten erkennbar an dem Gutachten mit interessiert war; der Beklagte vermochte zu erkennen, daß sein Gutachten für den Kläger mit bestimmt war. Der Besteller des Gutachtens war notwendig auch daran interessiert, daß sein Mitkäufer nicht geschädigt wurde. In den typischen Fällen dieser Gruppe hat der Besteller aber kein Interesse daran, eine mögliche Schädigung seines Contrahenten zu vermeiden; deshalb ist die hier vom BGH gewählte Lösung in diesen Fällen nicht anwendbar.[69]

Ebenso wie in den Fällen der vorigen Gruppe vertraut auch in diesen Fällen der Geschädigte, der sich auf die Richtigkeit des ihm vorgelegten Gutachtens oder der Bestätigung verläßt, dem Verfasser derselben in der Regel nicht deshalb, weil er ihn als eine zuverlässige Person kennt, sondern mit Rücksicht auf dessen Berufsstellung oder die durch seine Tätigkeit ausgewiesene Sachkunde. Auch hier handelt es sich vielfach um Anwälte, Banken, Versicherungsgesellschaften,[70] um Kraftfahrzeugsachverständige, Wirtschaftsprüfer, Kunstexperten. Der BGH spricht von „Personen und Unternehmen, die mit Rücksicht auf ihre besondere berufliche und wirtschaftliche Stellung oder auf ihre Eigenschaft als berufsmäßige Sachkenner eine Garantenstellung einnehmen", und nennt als Beispiele Rechtsanwälte und Wirtschaftsprüfer.[71] Wenn er diese Personen und Unternehmen freilich, ähnlich wie die von ihm so genannten „Sachverwalter", aus culpa in contrahendo haften lassen will, verkennt er, daß sie bei den Vertragsverhandlungen zwischen dem Besteller und dem Dritten überhaupt nicht in die Erscheinung treten und daß sie selbst zumeist gar nicht wissen, wem ihre Äußerungen vorgelegt werden und wer also möglicherweise geschädigt werden kann. Wenn hier eine Haftung dennoch bejaht werden soll, dann kann sie wieder nur darauf gestützt werden, daß ein derartiges, auf die berufliche Stellung oder die soziale Rolle gestütztes gesteigertes Vertrauen im Rahmen des geschäftlichen Verkehrs um der Sicherheit dieses Verkehrs willen schutzwürdig ist.[72] Dabei muß aber bedacht werden, daß derjenige, der in dieser Weise ihm im voraus nicht bekannten Personen gegenüber verpflichtet sein soll, vor einer uferlosen Ausdehnung einer solchen Haftung geschützt werden muß. Er muß daher wenigstens wissen oder leicht erkennen können, daß die von ihm erbetene Äußerung zu dem Zwecke von ihm verlangt wird, daß sie der Besteller einem anderen vorlegen kann,

---

[69] Gegen die Annahme eines Vertrages mit Schutzwirkung für Dritte in solchen Fällen zutreffend *Honsell* aaO. S. 626f.
[70] Aus der Rechtspr.: BGHZ 77, 172 (Anwälte); BGH, NJW 79, 1595 (Bank); BGH, NJW 83, 276 (Versicherungsgesellschaft).
[71] BGHZ 77, 172. Hier war die gutachtliche Äußerung in einem Emissionsprospekt abgedruckt; die Entsch. gehört daher auch in den Zusammenhang der Prospekthaftung (Fallgruppe 7).
[72] So die Anhänger einer berufsbezogenen Haftung. Vgl. dazu auch *Erman/Hauß* 5, *Jauernig/Vollkommer* 2d zu § 676.

dessen Entschluß, eine vermögensrechtliche Disposition zu treffen, dadurch beeinflußt werden soll. Nur wenn er dies weiß, kann man sagen, daß er mit der Verlautbarung seines Namens und seiner Stellung in dem Schriftstück das Vertrauen auch derjenigen in Anspruch nimmt, denen es vorgelegt werden soll. *Canaris*[73] spricht deshalb von einem Erfordernis der „Gerichtetheit", *Lorenz*[74] verlangt, daß „die Auskunftsperson die vermögenswirksame Bedeutung ihrer Mitteilung in einer Weise erkennen kann, daß ihr eine Einschätzung des involvierten Haftungsrisikos möglich ist". Wo der Gutachter nicht weiß oder wissen muß, daß sein Gutachten nicht nur die Vermögensdispositionen des Bestellers, sondern auch die dritter Personen beeinflussen soll, da kann er von diesen Dritten auch nicht in Anspruch genommen werden.

In diese Fallgruppe gehören auch *Dienstleistungszeugnisse,* die ein Arbeitgeber dem ausscheidenden Arbeitnehmer ausstellt. Er weiß, daß der Arbeitnehmer das Zeugnis, wenn er sich um eine neue Stelle bewirbt, dem neuen Arbeitgeber vorlegen wird, und daß der Inhalt des Zeugnisses für dessen Entscheidung von ausschlaggebender Bedeutung sein kann. Mit Recht hat der BGH bemerkt,[75] sein „vertrauenheischender Bescheinigungscharakter" und dessen Anerkennung im Verkehr mache den Wert des Zeugnisses für den ausscheidenden Dienstverpflichteten aus. Wenn er daraus aber eine „stillschweigende Haftungsübernahme" des Ausstellers gegenüber „jedem, den es angeht", glaubte ableiten zu können, nahm er seine Zuflucht wiederum zu einer Fiktion. Eher als an einen Vertrag ließe sich noch an ein einseitiges Haftungsversprechen im Sinne *Hohlochs*[76] denken, das aber mit der Systematik unseres Schuldrechts (§ 305) nicht zu vereinbaren ist. Entscheidend ist wieder, daß der Aussteller, der den Verwendungszweck kennt, Vertrauen in Anspruch nimmt, und daß er weiß, daß ein neuer Arbeitgeber sich bei der Einstellung des Arbeitnehmers auf den Inhalt des Zeugnisses verläßt. Es handelt sich, wie *Canaris*[77] zutreffend bemerkt, um einen weiteren Fall der Vertrauenshaftung, somit um eine gesetzliche Einstandspflicht. Die typischen Merkmale einer Vertrauenshaftung lägen vor, „Gerichtetheit der Erklärung" sei unzweifelhaft gegeben. Da es sich aber um einen Sonderfall der Vertrauenshaftung handelt, steht nichts entgegen, der Besonderheit dieses Tatbestandes im Umfang der Haftung Rechnung zu tragen. Der Arbeitgeber braucht nicht jeden dem Arbeitnehmer ungünstigen Umstand in das Zeugnis aufzunehmen; der Gesamteindruck, den das Zeugnis vermittelt, darf nur kein falscher sein. Ein weitergehendes Vertrauen ist nach der Sachlage nicht berechtigt, daher nicht schutzwürdig. Der BGH sieht sich genötigt, solche in der Sache begründete Einschränkungen wiederum dem Bindungswillen des Ausstellers zu unterstellen; in Wahrheit ist es die Rechtsprechung, die sie formuliert und dadurch zur Geltung bringt.

7. *Die Prospekthaftung der Gründer einer Publikums-Gesellschaft.* Eine letzte Fallgruppe im Rahmen einer Vertrauenshaftung „zwischen Vertrag und Delikt" bildet die von der Rechtsprechung seit längerem angenommene Haftung der „Gründer und Initiatoren" einer Publikums-Kommanditgesellschaft für die Richtigkeit der Angaben eines von ihnen oder der Gesellschaft herausgegebenen Werbeprospekts gegenüber allen denjenigen, die im Vertrauen auf diese Angaben sich an der Gesellschaft beteiligen. Die hier haftenden Personen brauchen in dem

---

[73] *Canaris,* Festschr. S. 95.
[74] *Lorenz* aaO. S. 619.
[75] BGHZ 74, 281, 290. Kritisch zu dieser Entsch. *v. Bar,* JZ 79, 728; *Loewenheim,* JZ 80, 469.
[76] *Hohloch* aaO. S. 2369.
[77] *Canaris* aaO. S. 96.

Prospekt nicht einmal namentlich genannt zu sein; es genügt, daß sie „das Management bilden oder beherrschen" oder „neben der Geschäftsleitung besonderen Einfluß in der Gesellschaft ausüben und deshalb Mitverantwortung tragen".[78] Sie haften also gleichsam anonym; ihre Haftung kann daher schwerlich gerade darauf gestützt werden, daß ihnen wegen ihrer *beruflichen Stellung* oder einer besonderen Sachkunde ein besonderes Vertrauen entgegengebracht würde. Der BGH hat die Haftung anfänglich wieder auf ein Verschulden bei den Vertragsverhandlungen gestützt; damit würde dieser Begriff aber völlig ausgeleert und so praktisch wertlos werden. Später ist er vorsichtiger geworden und hat nur noch von einer „aus dem Rechtsinstitut der culpa in contrahendo entwickelten Prospekthaftung" gesprochen.[79] Hierbei gehe es „um eine Weiterführung der Grundgedanken einer Vertrauenshaftung, wie sie für die Grundfälle eines Verschuldens bei Vertragsverhandlungen entwickelt worden ist, in einem bestimmten vom Gesetzgeber als regelungsbedürftig nicht vorhergesehenen, aber ausfüllungsbedürftigen Bereich". Er weist sodann auf die Fälle hin, in denen die Grundlage der Haftung nicht „das von einem bestimmten Menschen ausgehende persönliche Vertrauen", sondern ein Vertrauen sei, das „sich aus einer Art Garantenstellung herleitet, die kraft Amtes oder Berufes entsteht oder auf einer besonderen Fachkunde oder einer allgemein anerkannten und hervorgehobenen beruflichen und wirtschaftlichen Stellung beruht". Eine solche „Garantenstellung" und die damit verbundene Einstandspflicht für die Richtigkeit und Vollständigkeit der Prospektangaben treffe auch „Personen und Unternehmen, die den Prospekt unmittelbar herausgeben oder für die Herausgabe verantwortlich sind".[80] Dabei kann es sich wieder nur um eine gesetzliche Einstandspflicht handeln, deren Begründung jedoch deshalb, weil wegen der Anonymität der Haftung auch ein nur „berufsbezogenes Vertrauen" hier ebenfalls nicht vorzuliegen braucht, weiterhin fragwürdig ist.

Daraus, daß anders als in den Fällen eines Verschuldens beim Vertragsschluß, hier kein persönliches Vertrauen in Anspruch genommen und gewährt wird, hat der BGH[81] die merkwürdige Konsequenz gezogen, daß der Ersatzanspruch hier nicht, so wie dort, erst nach 30 Jahren, sondern bereits 6 Monate nach dem Zeitpunkt verjähre, in dem der Gesellschafter, der im Vertrauen auf die Angaben

---

[78] BGHZ 71, 284, 287f.; 72, 382.
[79] BGHZ 79, 337, 340ff.
[80] *Neben* einer solchen Haftung aus einer Garantenstellung kommt nach der Meinung des BGH – vgl. NJW 85, 380 – auch eine solche aus culpa in contrahendo – mit der Folge längerer Verjährungsfrist – in Betracht, wenn der für den Prospekt Verantwortliche als „Gründer-Kommanditist" Vertragspartner des Beitretenden wird.
[81] BGHZ 83, 222. Vgl. auch BGH, NJW 84, 2524. Diese Rechtsprechung verliert allerdings wieder erheblich an Bedeutung durch die Entsch. des BGH in NJW 85, 380, nach der *neben* der Prospekthaftung auch eine Haftung des Initiators als Vertragspartners des Beitretenden aus culpa in contrahendo gegeben sein kann. Vgl. die Anm. 80.

des Prospekts der Gesellschaft beigetreten war, Kenntnis von der Unrichtigkeit oder Unvollständigkeit des Prospekts erlangt hatte, spätestens aber in 3 Jahren seit seinem Beitritt. Ausdrücklich betont er, das gelte nicht für Ansprüche gegen „Vertreter, Sachwalter" oder solche „Garanten, die mit dem Anlage-Interessenten unter Inanspruchnahme persönlichen Vertrauens oder aus eigenen wirtschaftlichen Interessen" verhandeln, und zwar selbst dann, wenn sie dies unter Verwendung des Prospekts tun. Für sie bleibe es bei der dreißigjährigen Verjährung. Dieser auffallende Unterschied wird erst dann verständlich, wenn man die vom BGH in dieser Entscheidung herangezogene Parallele zu der in den §§ 45 ff. BörsG geregelten *gesetzlichen Prospekthaftung* beachtet, die für solche Prospekte gilt, auf Grund deren Wertpapiere zum Börsenhandel zugelassen sind. Hier haften für unrichtige Angaben, die für die Beurteilung des Wertes des Papiers von Bedeutung sind, „diejenigen, welche den Prospekt erlassen haben, sowie diejenigen, von denen der Erlaß des Prospekts ausgeht"; jedoch nur für Vorsatz und grobe Fahrlässigkeit. Der Ersatzanspruch verjährt in 5 Jahren seit der Zulassung des Wertpapiers zum Börsenhandel. Grund für diese Regelung ist offenbar das Bedürfnis nach einem wirksamen Schutz der Kapitalanleger, die nicht umhin können, sich auf die Angaben in derartigen Prospekten zu verlassen. Der BGH hat richtig erkannt, daß ein gleiches Schutzbedürfnis auch für diejenigen besteht, die ihr Geld, statt in einem an der Börse gehandelten Papier, in einer Beteiligung an einer Handelsgesellschaft anlegen. Mit Rücksicht auf die heutige Bedeutung solcher Publikumsgesellschaften liegt eine Regelungslücke vor, die der BGH in einer nicht in allen Punkten überzeugenden Weise auszufüllen versucht hat. Um hier einen festeren Boden zu gewinnen, sollte er stärker als bisher auf eine Analogie zu den Vorschriften des Börsengesetzes abstellen.[82]

§ 57. Geschäftsführung ohne Auftrag

Literatur: *Batsch,* Aufwendungsersatzanspruch und Schadensersatzpflicht des Geschäftsführers im Falle berechtigter und unberechtigter Geschäftsführung ohne Auftrag, AcP 171, 218; *Berg,* Hauptprobleme der Geschäftsführung ohne Auftrag, JuS 75, 681; *Dietrich,* Auftraglose Hilfeleistung in gefährlichen Situationen, JZ 74, 535; *Ernst,* Das Interesse und der Wille des Geschäftsherrn, AcP 96, 440; *Gursky,* Der Tatbestand der Geschäftsführung ohne Auftrag, AcP 185, 13; *Hauß,* Ein strapaziertes Rechtsinstitut. Zur Eingrenzung der Geschäftsführung ohne Auftrag, Festschr. f. *Weitnauer,* 1980, S. 333; *Helm,* Gutachten in: Gutachten und Vorschläge zur Überarbeitung des Schuldrechts, Bd. III, 1983, S. 335; *Kohler,* Die Menschenhilfe im Privatrecht, JherJb. 25, 1; *Lent,* Der Begriff der auftraglosen Geschäftsführung, 1909; Wille und Interesse bei der Geschäftsbesorgung, 1938; *Schubert,* Der Tatbestand der Geschäftsführung ohne Auftrag, AcP 178, 425; Grenzen der Geschäftsführung ohne Auftrag, NJW 78, 687; *Schwark,* Der Fremdgeschäftsführungswille bei der Geschäftsführung ohne Auftrag, JuS 84, 321; *Schwerdtner,* Geschäftsführung ohne Auftrag, Jura 82, 593 u. 642; *Seiler,* Über

---

[82] So auch *Canaris,* Bankvertragsrecht, 2. Aufl. Rdz. 2294 Abs. 2. Zur Prospekthaftung vgl. *Schwark,* BB 79, 897; *Coing,* WM 80, 206; *Schulze,* aaO. S. 86, 88; *Erman/Hauß* 6 zu § 676.

§ 57   1. Abschn. 3. Kap. Tätigkeit im Dienste oder Interesse eines anderen

die Vergütung von Dienstleistungen des Geschäftsführers ohne Auftrag, Festschr. f. Heinz *Hübner*, 1985, S. 239; *Wittmann*, Begriff und Funktion der Geschäftsführung ohne Auftrag, 1981; *Wolf*, Zur Anwendung der Geschäftsführung ohne Auftrag neben Leistungsbeziehungen, Festschr. f. *Mühl*, 1981, S. 703; *Wollschläger*, Die Geschäftsführung ohne Auftrag, Theorie und Rechtsprechung, 1976; *Zitelmann*, Ausschluß der Widerrechtlichkeit, AcP 99, 104.

Von einer Geschäftsführung *„ohne Auftrag"* spricht das Gesetz dann, wenn jemand „ein Geschäft für einen anderen besorgt, ohne von ihm beauftragt oder ihm gegenüber sonst dazu berechtigt zu sein" (§ 677). Die Bezeichnung „ohne Auftrag" ist demnach zu eng; gemeint ist eine Geschäftsführung, die ihren Grund nicht in einem bereits bestehenden Rechtsverhältnis findet, – mag dieses nun vertraglichen Charakters (Auftrag, Dienst- oder Werkvertrag) oder gesetzlich begründet (wie das des Vormundes, Konkursverwalters usw.) sein. Eine solche, gewissermaßen „spontane", weder durch den Geschäftsherrn selbst noch durch eine gesetzliche oder vertragliche Pflicht des Geschäftsführers gegenüber dem Geschäftsherrn veranlaßte Geschäftsbesorgung wird häufig, wenn auch nicht immer, aus fürsorglicher Gesinnung, aus der Absicht, dem anderen einen Gefallen zu erweisen, ihm aus einer Verlegenheit zu helfen oder einen ihm drohenden Schaden von ihm abzuwenden, erwachsen;[1] sie kann freilich auch mehr oder weniger eigennützige Motive haben. Die Rechtsprechung hat den Anwendungsbereich der Vorschriften über den Kreis der „Gefälligkeitsverhältnisse" hinaus dadurch stark erweitert, daß sie in § 683 so etwas wie eine Regreßnorm in zahlreichen Fällen erblickt, in denen eine vorwiegend zur Erfüllung einer eigenen Verpflichtung (einem Dritten oder der Allgemeinheit gegenüber) unternommene Besorgung zugleich die Angelegenheit eines anderen betrifft. (Dazu gleich unter I a.) Dadurch ist die Geschäftsführung o. A. heute zu einer Art Auffangtatbestand für sehr verschieden gelagerte Fälle geworden, dessen Konturen weithin undeutlich geworden sind.

Indem der Geschäftsführer für einen anderen tätig wird, dessen Angelegenheit wahrnimmt (oder mit wahrnimmt), greift er in dessen Rechtskreis oder Geschäftsbereich ein. Das unerbetene Eingreifen des Geschäftsführers wird dem Geschäftsherrn bald erwünscht, bald – als eine Einmischung in seine eigenen Angelegenheiten – unerwünscht sein. Für die Rechtsordnung ergibt sich die nicht leichte Aufgabe, zwischen den Fällen zu unterscheiden, in denen die spontane Geschäftsführung als helfende oder doch förderliche Tätigkeit für einen anderen Anerkennung und Förderung verdient, und den Fällen, in denen sie, mag selbst die Absicht des Geschäftsführers die beste gewesen sein, dem Geschäftsherrn mehr lästig als nützlich ist und dieser daher nach Möglichkeit vor ihr zu schützen ist. Aus dieser Scheidung ergibt sich die für das Verständnis des Gesetzes unent-

---

[1] Daß derartige Fälle in der Praxis der Gerichte eine geringere Rolle spielen, rechtfertigt es mE noch nicht, ihre tatsächliche Bedeutung für gering zu erachten – so aber *Wollschläger* aaO S. 28 ff. Sie sind nur in der Regel unproblematisch und beschäftigen deshalb weniger die Gerichte.

§ 57. Geschäftsführung ohne Auftrag   § 57

behrliche Einteilung in die berechtigte und die unberechtigte Geschäftsführung ohne Auftrag. Aus einer berechtigten Geschäftsführung läßt das Gesetz ein dem Auftragsverhältnis ähnliches Rechtsverhältnis zwischen dem Geschäftsführer und dem Geschäftsherrn entstehen; insbesondere hat der Geschäftsführer das Recht, Ersatz seiner Aufwendungen zu verlangen (§ 683). Aus einer unberechtigten Geschäftsführung ist der Geschäftsführer unter bestimmten Voraussetzungen schadensersatzpflichtig (gemäß § 678 und den Bestimmungen über unerlaubte Handlungen); im übrigen können Bereicherungsansprüche entstehen (vgl. vorläufig § 684 Satz 1). Ein dem Auftrag ähnliches Rechtsverhältnis entsteht hier indessen nicht. Besonders geregelt ist der Fall, daß jemand ein fremdes Geschäft als sein eigenes behandelt, obwohl er weiß, daß er dazu nicht berechtigt ist (§ 687 Abs. 2). In diesem meist als „unechte Geschäftsführung" bezeichneten Fall gibt das Gesetz dem Geschäftsherrn das Recht, die Vorteile des Geschäfts für sich in Anspruch zu nehmen, wie wenn es sich um eine berechtigte Geschäftsführung für ihn gehandelt hätte.

Die Einteilung in die berechtigte und die unberechtigte Geschäftsführung o. A. tritt im Gesetz nicht klar hervor. § 677 erwähnt sie nicht und erweckt daher den Anschein, als entstehe das auftragsähnliche Rechtsverhältnis auch dann, wenn die Geschäftsbesorgung nicht gerechtfertigt ist. Erst § 683 Satz 1 bringt das Erfordernis der *rechtmäßigen* Geschäftsführung o. A. zum Ausdruck, aber nur als Voraussetzung des Anspruchs auf Aufwendungsersatz. Die §§ 677 und 681 finden daher anscheinend auch auf die unberechtigte Geschäftsführung o. A. Anwendung. So faßte es die Lehre früher auf. Allein, das Ergebnis wäre ungereimt. Wenn die in § 683 Satz 1 genannten Voraussetzungen rechtmäßiger Geschäftsführung nicht vorliegen, dann ist, darüber besteht Einigkeit, die in der Geschäftsführung liegende Einwirkung auf den Rechtskreis des Geschäftsherrn objektiv rechtswidrig. Der Geschäftsführer ist dann verpflichtet, die Geschäftsführung zu unterlassen, nicht aber, sie so zu führen, wie es das Interesse und der Wille des Geschäftsherrn verlangen. Die Abwicklung der durch die unberechtigte Geschäftsführung eingetretenen Vermögensverschiebungen erfolgt nach dem Bereicherungsrecht. Wenn der Geschäftsherr die Vorteile des Geschäfts für sich in Anspruch nehmen will, kann er die Geschäftsführung genehmigen und dadurch nachträglich zu einer berechtigten machen; dadurch wird er seinerseits zum Aufwendungsersatz verpflichtet (§ 684 Satz 2). Er kann aber nicht, ohne die Geschäftsführung zu genehmigen (und damit zum Aufwendungsersatz verpflichtet zu werden), nach § 681 Satz 2 in Verb. mit § 667 vom Geschäftsführer die Herausgabe des aus der Geschäftsbesorgung Erlangten verlangen. Könnte er dies, so wäre seine Befugnis zu genehmigen ohne praktische Bedeutung. Eine von *Nipperdey*[2] begründete, heute im Schrifttum durchaus überwiegende Lehre,[3] der wir uns anschließen, betont daher, daß das auftragsähnliche Schuldverhältnis der „Geschäftsführung o. A", wie es inhaltlich durch die §§ 677, 681, 683 geregelt wird, nur im Falle einer *berechtigten* Geschäftsführung entsteht, deren Voraussetzungen aus den §§ 677 und 683 Satz 1 zu entnehmen sind. Lediglich die §§ 680 und 682, die eine Milderung des Haftungsmaßstabes oder der Haftungsvoraussetzungen anordnen, und § 681 Satz 1 gelten sowohl für die berechtigte wie für die unberechtigte Geschäftsführung ohne Auftrag.

---

[2] *Staudinger/Nipperdey* (11. Aufl.), Bem. 8, 13–15 vor § 677, 21 zu § 677.
[3] Dafür *Enn./L.* § 155 II und III; *Esser* 4. Aufl. § 98 III 2 und IV 2; *Esser/Weyers* § 46 I 2; *Berg* aaO zu Anm. 5; *Schwerdtner* aaO S. 593; *Wittmann* aaO S. 162; *Medicus*, Bürgerl. R. Rdz. 421, 422; SchR II, § 124 II; *Brox* Rdz. 359; *Fikentscher* § 83 I 3a; RGRKomm. 4 zu § 677, die Kommentare von *Soergel/Mühl* 1, *Palandt/Thomas* 2a vor § 677, *Erman/Hauß* 2 zu § 677. Dagegen aber *Wollschläger* aaO S. 45 ff.; *MünchKomm/Seiler* 12 vor, 43 zu § 677. Nach *Helm* aaO. S. 366 hat die Unterscheidung „kaum praktische Bedeutung". Sie erleichtert aber zum Mindesten das Verständnis der Gesetzesregelung.

§ 57 I   1. Abschn. 3. Kap. Tätigkeit im Dienste oder Interesse eines anderen

I. Berechtigte Geschäftsführung ohne Auftrag

a) **Voraussetzungen.** Die Voraussetzungen der echten Geschäftsführung o. A. überhaupt ergeben sich aus § 677, die der *berechtigten* Geschäftsführung im besonderen aus § 683. § 677 verlangt die Führung eines Geschäfts „für einen anderen", sowie das Fehlen eines sie dem Geschäftsherrn gegenüber rechtfertigenden Rechtsverhältnisses. Unter der Besorgung eines „Geschäfts" im Sinne des § 677 ist nicht nur eine Geschäftsbesorgung im engeren Sinn, sondern ebenso wie im Falle des § 662 die Besorgung *jeder* Angelegenheit zu verstehen, gleich welcher Art diese ist.[4] Es braucht sich also keineswegs um eine Interessenwahrnehmung im Rechtsverkehr oder auch nur um eine Vermögensangelegenheit zu handeln; auch eine tatsächliche Hilfeleistung, z. B. im Falle einer Gefahr für Leben oder Gesundheit des Geschäftsherrn, kann darunter begriffen werden. Gerade derartige Fälle einer tätigen Menschenhilfe – wie z. B. die vorübergehende Aufnahme und erste Pflege eines Verletzten, die Mithilfe beim Löschen eines Brandes, die Bergung vom Feuer bedrohter Sachen, die Rettung aus See- oder Bergnot usw. – sollen ja (vgl. besonders § 680!) durch die Vorschriften des Gesetzes eine angemessene Regelung finden.

Die Führung des Geschäfts **„für einen anderen"** erfordert, daß es sich bei dem Geschäft um eine Angelegenheit des anderen handelt[5] – mag sie dazu auch erst durch die Willensrichtung des Handelnden werden (sog. „subjektiv fremdes Geschäft") – ferner, daß es dem Handelnden *bewußt* ist, daß es sich um die Angelegenheit eines anderen handelt, und daß er auch *gewillt* ist, sie so zu behandeln. Hält er eine Angelegenheit, die in Wahrheit die eines anderen ist, irrtümlich für seine eigene, so liegt keine Geschäftsführung „für einen anderen" vor (§ 687 Abs. 1). Aber auch wenn er weiß, daß es sich um eine fremde Angelegenheit handelt und er sie dennoch ausschließlich als seine eigene führt, handelt er gleichfalls nicht „für einen anderen". Es genügt hierfür also nicht das *Bewußtsein,* daß es sich um eine fremde Angelegenheit handelt, es muß auch der Wille hinzukommen, diese Angelegenheit *wie eine fremde* zu behandeln, d. h., sie (wenigstens: *mit*) im Interesse des anderen zu führen. Ein mitwirkendes, vielleicht sogar im Vordergrund stehendes Eigeninteresse an der Erledigung der fraglichen Angelegenheit schließt diesen Willen nach der durchaus herrschenden Auffassung jedoch nicht notwendig aus, sofern nur die fragliche Angelegenheit eine solche ist, die zum mindesten auch in den Sorgebereich oder den Geschäftskreis des anderen

---

[4] HL, Nachweis bei *Berg* aaO Anm. 1; *MünchKomm/Seiler* 2 zu § 677.
[5] Die Erwähnung dieses Erfordernisses dient nur der Klarstellung (mit Rücksicht auf die gleich zu treffende Unterscheidung von schon objektiv und erst subjektiv fremden Geschäften); eine selbständige Bedeutung neben dem, das Geschäft als das eines anderen führen zu *wollen*, kommt ihm nicht zu. Das zu *Gursky,* aaO. S. 14ff.

fällt. Der Untermieter, der einen Brand in seinem Zimmer löscht, tut dies in seinem eigenen Interesse wie in dem seines Vermieters, nimmt damit eine eigene und zugleich eine Angelegenheit des anderen wahr.

Man unterscheidet die sog. **„objektiv fremden Geschäfte"**, das sind diejenigen, die schon nach ihrem Inhalt einen anderen angehen, dessen Rechtskreis oder Geschäftsbereich betreffen und daher normalerweise von diesem oder von einer von ihm damit betrauten Person besorgt werden (z. B. Bezahlung fremder Rechnungen, Annahme einer Sendung für den abwesenden Empfänger), und die sog. **„subjektiv fremden Geschäfte"**, die allein durch die Willensrichtung des Geschäftsführers zum Geschäft eines anderen werden (z. B. Ankauf einer Sache für einen anderen). Bei einem objektiv fremden Geschäft (das nach seinem Inhalt zumindest *auch* die Angelegenheit eines anderen ist) wird der Wille des Handelnden, das Geschäft für den anderen (mit) zu führen, von der Rechtsprechung vermutet[6] oder es werden doch an seinen Nachweis nur minimale Anforderungen gestellt, während bei einem subjektiv fremden Geschäft dieser Wille nach durchaus herrschender Meinung in entsprechenden Handlungen oder Äußerungen hervorgetreten sein muß, aus denen er nachgewiesen werden kann.[7]

Schwierigkeiten ergeben sich, wenn jemand eine eigene Angelegenheit wahrnimmt, die zugleich auch die eines anderen ist (sogenannte *„auch fremde"* Geschäfte) hinsichtlich der Frage, ob er das Geschäft dann „auch" für den anderen führt. Diese Frage darf nicht mit der verwechselt werden, ob die Übernahme der Geschäftsführung dem *Interesse* des anderen entspricht. Denn diese zweite Frage wird erst für die Anwendung des § 683 bedeutsam. Vor der Entscheidung darüber, ob die Übernahme der Geschäftsführung im Interesse des anderen liegt, ist die Vorfrage zu beantworten, ob der Handelnde überhaupt (auch) *für den anderen* tätig werden will. Das kann, muß aber nicht immer der Fall sein. In manchen Fällen ist er sich des fremden Interesses bewußt und gewillt, es mit zu fördern; in anderen Fällen kümmert er sich um dieses Interesse nicht, sondern hat nur sein eigenes Interesse oder die Erfüllung einer ihn treffenden Pflicht im Auge. Die Rechtsprechung hat dadurch, daß sie einmal den Begriff des „objektiv fremden" Geschäfts sehr weit auslegt und darüber hinaus den Willen des Handelnden, das Geschäft für den anderen mit zu besorgen, schon dann vermutet, wenn es sich nur objektiv *auch* um ein fremdes Geschäft handelt, den Anwendungsbereich des § 677 (und damit auch des § 683) in oft sehr bedenklicher Weise erweitert. Dies wird deutlich, wenn wir einige der zweifelhaften Fälle ansehen.

Das RG hatte im Jahre 1935 über folgenden Fall zu entscheiden.[8] Von einer über den Bahngleisen befindlichen Felskuppe drohte Steinschlag und damit eine Gefährdung des Bahnbetriebs. Um dieser

---

[6] So BGHZ 40, 28, 31; 65, 354, 357
[7] Vgl. *Palandt/Thomas* 3b, *Erman/Hauß* 4 zu § 677.
[8] RGZ 149, 208.

439

§ 57 I   1. Abschn. 3. Kap. Tätigkeit im Dienste oder Interesse eines anderen

Gefährdung vorzubeugen, ließ die Bahn einen Schutzzaun errichten. Die Kosten dafür verlangte sie von dem Grundeigentümer, da sie auch dessen Geschäft geführt habe. Das RG bejahte dies mit der Begründung, daß der Grundeigentümer zur Durchführung dieser Maßnahme nach § 908 verpflichtet gewesen wäre. Die Bahn nahm damit in der Tat eine Angelegenheit wahr, die wahrzunehmen in erster Linie dem Grundeigentümer oblag. Den Willen der Bahn, das Geschäft für den Grundstückseigentümer zu führen, entnahm das RG einer von ihr vorher an diesen gerichteten Erklärung, die Vornahme der erforderlichen Maßnahmen sei *seine* Sache. Damit hatte das RG in diesem Fall die Voraussetzungen des § 677 festgestellt, ohne auf die bloße Vermutung des Willens, das Geschäft *auch* für einen anderen führen zu wollen, zurückgreifen zu müssen. Seine weitere Feststellung, die Übernahme der Geschäftsführung durch die Bahn habe auch im Interesse des Grundstückseigentümers gelegen, da diesem im Falle eines durch Steinschlag von seinem Grundstück verursachten Eisenbahnunglücks hohe Ersatzansprüche gedroht hätten, betraf bereits die Voraussetzungen des § 683, nicht mehr die des § 677.

Dagegen ist der BGH in einigen Fällen zur Bejahung eines „Fremdgeschäftsführungswillens" und damit der Voraussetzung des § 677 nur mit Hilfe der von ihm angenommenen Vermutung gelangt. Im Jahre 1963 hat er der eine Feuerwehr unterhaltenden Gemeinde einen Anspruch auf Ersatz der Aufwendungen zugesprochen, die ihr durch den Einsatz der Feuerwehr zwecks Löschung eines durch Funkenflug einer Lokomotive der Bundesbahn entstandenen Waldbrandes entstanden waren.[9] Die Löschung des Brandes habe zwar im Aufgabenkreis der Feuerwehr gelegen, aber auch im *Interesse* der Bundesbahn, da diese für den angerichteten Sachschaden auch ohne Verschulden gehaftet habe und sich der Schaden ohne das Eingreifen der Feuerwehr stark vergrößert haben würde. Der Wille, *auch* deren Geschäft zu führen, sei daher zu vermuten. *Medicus*[10] hat schon darauf hingewiesen, daß die Bahn doch nur bis zu einer Höchstsumme von 25 000.– DM haftet. Aber auch wenn man das Interesse der Bahn an der Löschung des Waldbrandes bejaht, ist es fraglich, ob das genügt, um das Löschen damit schon als *ihre* Angelegenheit erscheinen zu lassen. Die Bahn ist nicht dazu ausgerüstet, und es ist auch nicht ihre Aufgabe, Waldbrände zu löschen. Es handelt sich daher schon objektiv nicht um ein Geschäft der Bahn, das die Feuerwehr „für" diese, gleichsam stellvertretend, geführt hätte. Die Frage, ob der Träger der Feuerwehr für deren Löschaufwand Ersatz von demjenigen verlangen kann, der für die Entstehung des Brandes verantwortlich ist, muß in den die Einrichtung der Feuerwehr betreffenden (öffentlichrechtlichen) Bestimmungen geregelt werden. Die Bestimmungen über die Geschäftsführung o. A. passen hierfür nicht. Nach der Logik des BGH könnte sich die Gemeinde auch an alle diejenigen halten, deren Häuser ohne ein Eingreifen der Feuerwehr von den Flammen ergriffen worden wären, denn ihr Eingreifen lag zweifellos auch in deren Interesse. Aber es ist eben die Aufgabe der Feuerwehr im Interesse aller durch einen Brand Bedrohten ihn zu löschen, wozu diese allein gar nicht in der Lage wären.

In einem weiteren, vom BGH entschiedenen Fall[11] war ein Tankwagen auf vereister Straße umgestürzt und von der Feuerwehr wieder aufgerichtet worden. Gewiß nahm diese hier auch eine Angelegenheit des Fahrzeughalters wahr, führte also ein „objektiv fremdes Geschäft". Aber führte sie es auch „*für* den Fahrzeughalter", oder nicht vielmehr nur als eigenes? Der BGH bemerkte, Zweck des Eingreifens der Feuerwehr sei auch eine Hilfeleistung „für alle gewesen, die durch die Fortdauer der Gefahr Schaden erleiden können", daher auch für den Fahrzeughalter wegen einer ihm sonst drohenden Schadensersatzpflicht. Daraus ergebe sich „in aller Regel" auch ihr Wille, die Interessen aller betroffenen Dritten mitwahrzunehmen und daher deren Geschäft mitzubesorgen. Der BGH schließt also aus dem auch dem Handelnden (der Feuerwehr) ersichtlichen Interesse eines Dritten an der Wahrnehmung dieser Angelegenheit auf den Willen, das Geschäft auch *für diesen* zu führen. Dieser Schluß ist aber sehr zweifelhaft. Denn zu dem Willen der Feuerwehr, das Geschäft als ein solches des Fahrzeughalters zu führen, würde auch die Bereitschaft gehören, von diesem Weisungen entgegenzunehmen und ihm über die Art der Ausführung, die Notwendigkeit ihrer Aufwendungen Rechenschaft zu geben (vgl. § 681 in Verbdg. mit § 666). Dazu dürfte sie kaum bereit gewesen sein. Das aber

---

[9] BGHZ 40, 28.
[10] *Medicus* Bürgerl. R. Rdz. 412. Vgl. zu dieser Entsch. auch *Hauß* aaO S. 343; *Schwerdtner* aaO. S. 596; *Schubert*, NJW 78, 687.
[11] BGHZ 63, 167.

§ 57. Geschäftsführung ohne Auftrag

deutet darauf hin, daß sie das Geschäft, zur Erfüllung ihrer Aufgabe, nur als ihr eigenes führen wollte. Keinesfalls genügt zur Bejahung ihres Willens, das Geschäft auch als das eines anderen – hier des Fahrzeughalters – zu führen, die Absicht, bei diesem Regreß zu nehmen; der Regreßanspruch soll sich ja erst aus dem Vorliegen einer Geschäftsführung für den anderen ergeben. Der Wille, Regreß zu nehmen, kann nicht eine der Voraussetzungen der Fremdgeschäftsführung ersetzen und so seinerseits den Regreßanspruch begründen. In einem ähnlich liegenden Fall, in dem die Straßenbaubehörde Straßenverschmutzungen beseitigt hatte, zu deren Beseitigung deren Urheber, der Betreiber einer Bimsgrube, verpflichtet war, hat der BGH den Willen der Behörde, das Geschäft mit für diesen zu führen, wiederum einfach vermutet.[12] Wenn dieser Wille hier wirklich vorgelegen haben sollte, dann ließ sich die Behörde hierbei doch wohl von nichts anderem leiten als von ihrer Absicht, bei ihm Rückgriff zu nehmen.

Wandeln wir den Fall des umgestürzten Tankwagens dahin ab, daß nicht die Feuerwehr, sondern *auf Veranlassung der Polizei ein privater Unternehmer* ihn aufrichtet und anschließend abschleppt. Auch für derartige Fälle wird die Frage erörtert, ob der Unternehmer, der hier aufgrund eines Werkvertrages mit der Polizei tätig wurde, also in Erfüllung seiner Vertragspflicht handelte, zugleich ein Geschäft des Fahrzeughalters geführt hat und deshalb nach § 683 (in Verbdg. mit § 670) auch diesen in Anspruch nehmen kann. Wiederum ist zu sagen, daß der Unternehmer hier nur tun wollte, wozu er sich in dem Vertrage verpflichtet hatte; deckte sich das mit dem recht verstandenen Interesse des Fahrzeughalters, so ist das noch kein hinreichender Grund dafür, daß der Unternehmer das Geschäft auch für diesen vornehmen wollte. Er kann – und sollte sich allein – an seinen Vertragspartner halten. Eine ganz andere Frage ist, ob und aufgrund welcher Vorschrift, etwa des öffentlichen Rechts, die Polizei bei dem Halter Regreß nehmen kann. Ähnlich liegt es, wenn ein Arzt oder ein Krankenhaus, weil es von seinem Vertragsschuldner, dem Patienten, keine Zahlung zu erlangen vermag, sich nunmehr an denjenigen halten will, der diesem unterhaltspflichtig ist, weil es auch dessen Geschäft besorgt und dies ebenfalls gewollt habe. Auch hier ist dieser Wille überaus zweifelhaft; die Gefahr liegt nahe, daß er erst nachträglich konstruiert wird, um zu dem Vertragsschuldner einen weiteren, solventeren hinzuzugewinnen. Die Inanspruchnahme eines nicht am Vertrage beteiligten Dritten zur Leistung des vertraglichen Entgelts ist mit der Vertragsordnung kaum zu vereinbaren.[13] Kaum mit der Vertragsordnung vereinbar ist auch die Benutzung der Bestimmungen über die Geschäftsführung o. A. zum Zwecke der Abwicklung eines nichtigen Vertrages.[14] Wer seine eigene (vermeintliche) Schuld erfüllt, will das *ihm Obliegende* tun. Daß er damit auch eine Angelegenheit seines vermeintlichen Gläubigers wahrnimmt, tritt dem gegenüber für ihn zurück. Das Gesetz regelt zudem diese Fälle im Bereicherungsrecht. Ebensowenig liegen die Voraussetzungen des § 677 vor, wenn von mehreren zu derselben Leistung Verpflichteten, die keine Gesamtschuldner sind, weil ihre Verpflichtungen nicht gleichrangig sind, der nur sekundär Verpflichtete die Leistung erbringt (Dombrandfall; vgl. Bd. I § 32 II). Sein Regress gegen den primär Verpflichteten richtet sich nach anderen Bestimmungen.[15]

In einigen Fällen hat auch der BGH erkannt, daß allein der Umstand, daß die Ausführung eines Geschäfts, das der Handelnde vornehmlich in seinem eigenen Interesse führt, *auch im Interesse eines Dritten* liegt, noch nicht für die Annahme genügt, der Handelnde *führe* es auch *für den Dritten*. Der BGH spricht hier von einer ,,nur mittelbaren" Beziehung zu dem Dritten. Die Behörde, die einen Ölschaden hatte beseitigen lassen, nahm für ihre Kosten nicht nur den für ihn verantwortlichen Fahrzeughalter, sondern, da dieser zahlungsunfähig war, auch dessen Haftpflichtversicherer in Anspruch, da dieser ebenfalls ein Interesse an der raschen Beseitigung des Schadens gehabt habe, um seine Ersatzpflicht gering zu halten. Dies reiche, so meinte der BGH, nicht aus, um in der durchgeführten Maßnahme die Besorgung ,,eines zu seinem Rechtskreis gehörenden Geschäfts" zu sehen.[16]

---

[12] BGHZ 65, 354.
[13] Vgl. dazu *Schubert* aaO S. 440; *Medicus,* Bgl.R. Rdz. 414; *Erman/Hauß* 10 vor § 677.
[14] So aber BGHZ 37, 258; 39, 87, 90; *Wolf* aaO. Dagegen *Erman/Hauß* 9 vor, *MünchKomm/Seiler* 41 zu § 677; *Medicus,* Bürgerl. R. Rdz. 410–412.
[15] Vgl. *Medicus,* Bürgerl.R. Rdz. 415; *Erman/Hauß* 11 vor § 677.
[16] BGHZ 54, 157, 161. Vgl. auch BGHZ 72, 151,; OLG Frankfurt, VersR 81, 786.

§ 57 I 1. Abschn. 3. Kap. Tätigkeit im Dienste oder Interesse eines anderen

In einer anderen Entscheidung[17] verneinte es der BGH, daß der Bauunternehmer, der aufgrund eines Vertrages mit der Gemeinde die Erschließung eines Baugeländes durchgeführt hatte, damit auch ein Geschäft der künftigen Straßenanlieger geführt habe. Diese hätten zwar ein Interesse an der Erschließung gehabt, damit werde deren Vornahme aber noch nicht zu einem Geschäft der Grundstückseigentümer. Diesen Entscheidungen ist zuzustimmen.

Die Stellungnahme des Schrifttums zu der geschilderten Rechtsprechung ist kontrovers. *Wollschläger*[18] sieht in § 683 eine Norm, die den Regreß in allen Fällen ermöglicht, in denen jemand etwas tut, was zu tun vorrangig ein anderer verpflichtet war. Auf den Willen, das Geschäft für den anderen zu führen, soll es nicht ankommen. *Schubert*[19] lehnt diese Thesen ab. Nach ihm ist in allen Fällen, in denen jemand in Wahrnehmung eigener Aufgaben oder zur Erfüllung seiner Pflicht einem Dritten gegenüber tätig wird, die Anwendung der Bestimmungen über die Geschäftsführung ohne Auftrag ausgeschlossen. Dies begründet er damit, der so Handelnde könnte sich sonst einem Pflichtenkonflikt ausgesetzt sehen. *Schwark*[20] hält den Fremdgeschäftsführungswillen mit Recht für ein unverzichtbares Kriterium; er hält es für falsch, ihn in den Fällen des „auch fremden" Geschäfts stets zu vermuten. Es müßten schon besondere äußere Umstände dafür sprechen, daß er vorliegt. *Wittmann*[21] hält ihn ebenfalls für erforderlich, versucht aber, ihn zu objektivieren. Die Handlung müsse „so angelegt" sein, daß ihr Erfolg auch einem anderen zugute kommen solle. *Gursky* verlangt, daß er, wenn streitig, „mit Hilfe von lebensnahen, tatsächlichen Vermutungen" nachgewiesen wird. Die meisten halten eine Einschränkung der „ausufernden Rechtsprechung" für erforderlich und glauben, diese am ehesten durch die *Aussonderung bestimmter Fallgruppen* erreichen zu können.[22] Genannt werden hier vor allem die Fälle, in denen eine Behörde lediglich die Aufgaben erfüllt, zu deren Erfüllung sie eingesetzt wurde (Feuerwehr, Polizei), die Fälle, in denen der Handelnde seine eigene Vertragspflicht gegenüber einem Dritten erfüllt[23] (Abschleppfälle, auch Krankenhausfälle), Fälle, in denen es um den Regreß unter mehreren zur gleichen Leistung Verpflichteten (Dombrandfall) oder um die Abwicklung eines nichtigen Geschäftsbesorgungsvertrages geht. Damit sind aber nur erst die vornehmlich problematischen Fallgestaltungen bezeichnet.

Meiner Meinung nach sollten deutlicher als bisher zwei Gesichtspunkte berücksichtigt werden. Einmal: nicht jede Angelegenheit, an deren Erledigung (möglichst rascher, möglichst vollständiger Erledigung) ein anderer als der tätig

---

[17] BGHZ 61, 359, 362. Ähnlich BGHZ 82, 323, 330.
[18] *Wollschläger* aaO (durchgehend).
[19] *Schubert,* AcP 178, S. 432 ff.
[20] *Schwark* aaO. S. 325 f.
[21] *Wittmann* aaO. S. 30, 162 f.
[22] So *Medicus,* Bürgerl.R. Rdz. 412, 414 f., SchR II § 124 III 1; *Esser/Weyers,* § 46 II 2d; *Hauß* aaO. u. *Erman/Hauß* 8 ff. vor § 677; *MünchKomm/Seiler* 15 ff. zu § 677.
[23] Zu diesen Fällen – differenzierend – auch *Gursky* aaO. S. 36 ff.

§ 57. Geschäftsführung ohne Auftrag

Gewordene auch ein Interesse hat, ist damit schon eine Angelegenheit auch dieses anderen. Das ist sie nur, wenn im allgemeinen erwartet werden kann, daß er sich um sie kümmert, für ihre Erledigung nötigenfalls Sorge trägt. (Begrenzung der „objektiv fremden" Geschäfte.) Zweitens: der Wille, ein Geschäft (auch) „für einen anderen" zu führen, setzt die Bereitschaft voraus, dessen Interesse dabei (mit) im Auge zu haben, sich davon wenigstens in gewissem Umfang leiten zu lassen. Wo das *typischer Weise* nicht der Fall ist, darf der „Fremdgeschäftsführungswille" nicht vermutet werden. Wenn man diese beiden Einschränkungen beachtet, wird man m. E. in der Regel zu vernünftigen Ergebnissen kommen. Freilich wird es immer wieder Fälle geben, deren Zuordnung fraglich ist.

Negativ wird für eine Geschäftsführung „ohne Auftrag" erfordert, daß der Geschäftsführer von dem Geschäftsherrn weder beauftragt, noch sonst ihm gegenüber zu der Geschäftsführung (sei es vertraglich, sei es gesetzlich) berechtigt oder gar verpflichtet ist. Eben die fehlende Berechtigung zur Geschäftsführung (und zu dem darin vielfach liegenden Eingriff in den Rechtskreis) *dem Geschäftsherrn gegenüber* ist es ja, was die Geschäftsführung „ohne Auftrag" problematisch macht und zu der Unterscheidung einer berechtigten und einer unberechtigten Geschäftsführung nötigt. Liegen alle in § 677 genannten Voraussetzungen vor, so ist nunmehr zu fragen, ob die Geschäftsführung im konkreten Fall berechtigt war.

Eine Geschäftsführung o. A. ist **berechtigt,** wenn ihre Übernahme „dem Interesse und dem wirklichen oder dem mutmaßlichen Willen des Geschäftsherrn entspricht" (§ 683 Satz 1). Es kommt also entscheidend auf den Akt der „Übernahme" an, unter dem man den Beginn der Ausführung zu verstehen haben wird. In diesem Moment muß also das Bewußtsein, eine fremde Angelegenheit wahrzunehmen, und der Wille, sie (wenigstens auch) als eine solche wahrzunehmen, vorliegen. Der Akt der Übernahme ist sodann am Maßstab sowohl des Interesses des Geschäftsherrn, wie seines „wirklichen" oder „mutmaßlichen" Willens zu messen.[24]

Das *Interesse* des Geschäftsherrn ist zwar in vielen Fällen, so besonders, wenn es sich um Schadensverhütung handelt, objektiv, aus den Umständen, festzustellen;[25] in manchen Fällen ergibt es sich aber auch erst aus seinen irgendwie zum

---

[24] Es ist umstritten, ob und unter welchen Voraussetzungen die Geschäftsführung o. A. eines Privatmanns für den Staat oder einen anderen Hoheitsträger im Bereich von dessen hoheitlichen Aufgaben berechtigt sein kann. Nach den überzeugenden Ausführungen von *Freund,* JZ 75, 513 ist die Berechtigung dann zu bejahen, wenn der zuständige Hoheitsträger im konkreten Fall außerstande ist, selbst zu handeln, und wenn außerdem die Voraussetzungen des § 683 erfüllt sind.

[25] Zur Abgrenzung von nützlicher und unerwünschter Geschäftsführung bei der Bezahlung fremder Schulden und den sich dabei ergebenden Verjährungsproblemen vgl. BGHZ 47, 370. Die Bezahlung einer fremden Schuld gemäß § 267 liegt nach Meinung des BGH regelmäßig im Interesse des Schuldners und wird auch seinem mutmaßlichen Willen entsprechen, da er befreit wird und zumeist Zeit gewinnt. Vgl. auch BGH, BB 69, 194. AA *Soergel/Mühl* 3 zu § 683.

§ 57 I   1. Abschn. 3. Kap. Tätigkeit im Dienste oder Interesse eines anderen

Ausdruck gebrachten Wünschen oder Neigungen; so wenn er als Sammler ein Interesse an bestimmten Gegenständen nimmt oder ein Grundstück in einer bestimmten Lage zu erwerben wünscht oder einen Gegenstand bei einer sich etwa bietenden günstigen Gelegenheit zu verkaufen wünscht. In diesen Fällen kann also das „Interesse" nicht ohne Rücksichtnahme auf subjektive, in der Person des Geschäftsherrn gelegene Momente festgestellt werden.[26] Einen „*wirklichen Willen*" mit Bezug auf die Geschäftsführung[27] wird der Geschäftsherr dann nicht haben, wenn er von der Geschäftsführung nichts weiß, auch nicht mit ihr gerechnet hat. Hat er sich aber eine solche Geschäftsführung, sei es dem Geschäftsführer gegenüber, sei es allgemein, sogar verboten, so steht sein „wirklicher Wille" entgegen. Auch hier muß aber der „wirkliche" Wille, um überhaupt „Wille" zu sein, irgendwie (wenn auch nicht notwendig: dem Geschäftsführer gegenüber) zum Ausdruck gelangt sein. Ist ein „wirklicher Wille" nicht festzustellen, so kommt es auf den nach den Umständen und etwa vorliegenden Äußerungen des Geschäftsherrn *zu mutmaßenden Willen* an, d. h. auf den Willen, den er vermutlich haben würde, wenn ihm die Übernahme der Geschäftsführung bekannt wäre. Dieser mutmaßliche Wille wird sich in der Regel mit dem – unter Beachtung auch der dafür maßgeblichen subjektiven Momente – richtig verstandenen Interesse des Geschäftsherrn decken, es sei denn, daß aus irgendwelchen Äußerungen zu schließen ist, er werde sich in einem solchen Fall entgegen seinem eindeutig zu bestimmenden Interesse verhalten. Das „Interesse" einerseits, der „wirkliche" und (statt seiner) „mutmaßliche" Wille andererseits sind vom Gesetz koordiniert; die Geschäftsführung ist also weder dann berechtigt, wenn sie zwar dem objektiven Interesse, nicht aber dem wirklichen oder mutmaßlichen Willen des Geschäftsherrn entspricht (von einem gleich zu erwähnenden Ausnahmefall abgesehen), noch dann, wenn sie zwar dem wirklichen oder mutmaßlichen Willen, nicht aber dem Interesse entspricht (Beispiel; ein Verschwender ist bereit, für seine Sammelleidenschaft Phantasiepreise zu zahlen und sein gesamtes Vermögen und Einkommen hinzugeben).[28] Daß der Geschäftsführer annehmen durfte, die Übernahme der Geschäftsführung entspreche dem Interesse und dem Willen des Geschäftsherrn, genügt nach durchaus hL[29] nicht.

---

[26] Zutreffend meint *Erman/Hauß* 2 zu § 683, ein personaler Einschlag bei der Interessenbestimmung sei „schon deshalb unvermeidlich, weil es auf die besonderen Verhältnisse des Geschäftsherrn ankommt".

[27] Der Wille des Geschäftsherrn muß darauf gerichtet sein, daß der Geschäftsführer das Geschäft *für ihn zu besorgen* unternimmt; nicht genügt sein Einverständnis mit dem sich für ihn daraus etwa ergebenden Vorteil (vgl. BGH, LM Nr. 3 zu § 583).

[28] Nach einer anderen Ansicht ist der Wille vorrangig, die Geschäftsführung auch dann berechtigt, wenn sie objektiv interessenwürdig ist, aber dem wirklichen oder mutmaßlichen Willen entspricht. So *Fikentscher* § 83 I 4 b aa; *Medicus,* Bürgerl.R. § 12 4 I b; zweifelnd *MünchKomm/Seiler* 13 zu § 683. M.E. läßt der Gesetzeswortlaut keine andere Deutung zu.

[29] *Enn./L.* § 167, 1a; *Esser/Weyers* § 46 II 3a; *Medicus,* Bürgerl.R. § 124 II 1b; *MünchKomm/Seiler*

§ 57. Geschäftsführung ohne Auftrag

b) Ein der Geschäftsführung entgegenstehender Wille des Geschäftsherrn bleibt jedoch dann außer Betracht, wenn „ohne die Geschäftsführung eine Pflicht des Geschäftsherrn, deren Erfüllung im öffentlichen Interesse liegt, oder eine gesetzliche Unterhaltspflicht des Geschäftsherrn nicht rechtzeitig erfüllt werden würde" (§§ 679, 683 Satz 2). Nicht nur die Erfüllung der Pflicht, sondern auch ihre Erfüllung durch Eingreifen eines anderen muß im öffentlichen Interesse gelegen sein.[30] Ein Beispiel bietet der erwähnte Fall RGZ 149, 208: die Erfüllung der dem Gebäudebesitzer gemäß § 908 obliegenden Pflicht lag im öffentlichen Interesse, da ohnedies der Bahnverkehr gefährdet war.[31] Die Pflicht des Geschäftsherrn kann eine privatrechtliche oder öffentlich-rechtliche sein; eine lediglich moralische Pflicht, z. B. der Dankbarkeit oder der Pietät, genügt nach hL nicht.

Die Bestimmung kann auch nicht auf den Fall angewendet werden, daß jemand einen anderen, der seinem Leben ein Ende machen will, vor dem drohenden Tode rettet, indem er ihn z. B. aus dem Wasser zieht. Ein Teil der Lehre[32] versucht, diesen Fall unter § 679 zu bringen, indem sie argumentiert, der entgegenstehende Wille des Geschäftsherrn sei hier deshalb unbeachtlich, weil er sittenwidrig sei. Aber erstens ist, wenigstens nach den heutigen sittlichen Anschauungen, die Selbsttötung (und damit der Wille des Lebensmüden nicht gerettet zu werden) nicht unter allen Umständen sittlich verwerflich, zweitens ist es zweifelhaft, ob die Verhinderung des Freitodes gerade im öffentlichen Interesse liegt, und drittens liegt der in Wahrheit entscheidende Grund dafür, daß wir die Rettung des Lebensmüden auch gegen seinen Willen als gerechtfertigt ansehen, doch wohl darin, daß *der Retter* meist selbstlos und in dem Glauben handelt, damit eine Menschenpflicht zu erfüllen.[33] Ihm will man deshalb den Anspruch auf Ersatz seiner Aufwendungen nicht versagen. Der Fall ist daher nicht nach Analogie des § 679, sondern nur so zu lösen, daß man diese Wertung offen ausspricht. Hält man sie nicht für richtig, muß man die Konsequenzen ziehen und einen Aufwendungsersatz verneinen.[34] Das Problem hat dadurch an Bedeutung verloren, daß der Retter wegen der bei der Rettung erlittenen Körper- und Sachschäden jetzt nach den §§ 539 Nr. 9 Buchst. a und 765a Abs. 1 RVO von dem Träger der Unfallversicherung Ersatz zu erlangen vermag (vgl. unten unter b).

Wenn die dargelegten Voraussetzungen einer berechtigten Geschäftsführung o. A. nicht vorliegen, dann kann der Geschäftsherr doch nachträglich sein Ein-

---

12, *Palandt/Thomas* 2, *Jauernig/Vollkommer* 2 zu § 683. Vgl. aber Hans *Stoll* in Festschr. f *Weitnauer*, 1980, S. 411.

[30] HL; *Lent*, Wille und Interesse 29; *Enn./L.* § 166 II 1; *Staudinger/Wittmann* 7, *Palandt/Thomas* 2b zu § 679.

[31] Ein anderes Beispiel ist der Fall BGHZ 16, 12 (einsturzgefährdete Giebelmauer).

[32] *Enn./L.* § 166 II 1; *Jauernig/Vollkommer* 2 zu § 679. Zweifelnd *Erman/Hauß* 4 zu § 679; er meint aber, die Hilfeleistung entspreche nicht selten dem mutmaßlichen Willen des Lebensmüden.

[33] So die Kieler Diss. von G. *Hildebrand*, Die auftraglose Hilfeleistung nach geltendem und künftigen Recht (1939).

[34] Das tun *Wollschläger* aaO S. 311; *Esser/Weyers* § 46 II 3 aE, (wenngleich ersichtlich ungern). Nach ihnen handelt, wer glaubt, eine andere an der von ihm versuchten Selbsttötung hindern zu sollen, auf sein eigenes Risiko. *Medicus* (SchR II § 124 II 1 c) und *MünchKomm/Seiler* (13 zu § 679 a. E.) ziehen einen Schadensersatzanspruch des Retters aus § 823 Abs. 1 in Betracht wenn der Lebensmüde durch sein Handeln den Rettungsversuch „herausgefordert" hat. Ein solcher Anspruch setzt aber voraus, daß der Lebensmüde sowohl das Eingreifen eines anderen, wie die damit für diesen verbundene Gefahr einer Körper- oder Eigentumsverletzung voraussehen konnte; beides wird häufig nicht der Fall sein. Dann aber fehlt es an dem von § 823 erforderten Verschulden; der Selbstmordversuch als solcher ist ja nicht rechtswidrig.

verständnis mit der Geschäftsführung erklären. **Genehmigt** er sie (§ 684 Satz 2), so ist sie als eine von Anfang an berechtigte anzusehen.

Nach einem Teil der Lehre setzt das gesetzliche Schuldverhältnis der (berechtigten) Geschäftsführung ohne Auftrag **Geschäftsfähigkeit des Geschäftsführers** voraus.[35] Zwar sei, so sagt man, die Übernahme der Geschäftsführung für einen anderen *kein Rechtsgeschäft*, aber doch, da es hierbei auf eine bestimmte Willensrichtung ankommt, eine *geschäftsähnliche Handlung*, auf die die Vorschriften über Rechtsgeschäfte, und zwar über Verträge, *analog* anzuwenden seien. Ein beschränkt Geschäftsfähiger werde daher aus der Geschäftsführung nach den Regeln der §§ 677ff. nur dann berechtigt und verpflichtet, wenn sein gesetzlicher Vertreter in die Übernahme der Geschäftsführung eingewilligt habe oder sie genehmige. Dies folge auch aus § 682, der alle Ansprüche des Geschäftsherrn gegen den geschäftsunfähigen oder geschäftsbeschränkten Geschäftsführer aus der Geschäftsführung (etwa aus den §§ 677, 681 Satz 2) ausschließe und ihn auf Ansprüche aus unerlaubter Handlung (falls eine solche vorliegt) und aus ungerechtfertigter Bereicherung beschränke. Folgerichtig versagt diese Lehre dem in der Geschäftsfähigkeit beschränkten Geschäftsführer, sofern nicht sein gesetzlicher Vertreter zugestimmt hat, auch den Anspruch aus § 683 auf Aufwendungsersatz. Die heute hL[36] spricht ihm diesen, wenn die sonstigen Voraussetzungen des § 683 vorliegen, dagegen zu; sie weist darauf hin, daß die Geschäftsführung ohne Auftrag meist nur ein tatsächliches Tun erfordert, bei dem jede Bezugnahme auf Rechtliches fehlen kann, und sieht in § 682 lediglich eine Norm, die die *Herausgabepflicht* und die *Haftung für Schadenszufügung* begrenzt, die Grundpflicht des Geschäftsführers aus § 677 und seine Rechte gemäß § 683 aber unberührt läßt. Diese Meinung verdient, da sie der Lebenswirklichkeit und dem Gedanken des Minderjährigenschutzes besser entspricht, den Vorzug. Nimmt ein beschränkt Geschäftsfähiger allerdings (im eigenen Namen) für Rechnung des Geschäftsherrn ein *Rechtsgeschäft* vor, so ist dieses nur wirksam, wenn sein gesetzlicher Verteter darin eingewilligt hat oder es genehmigt.

b) **Rechtsfolgen.** Ist die unbeauftragte Geschäftsführung für einen anderen nach dem Gesagten berechtigt, so entsteht mit der Übernahme durch den Geschäftsführer zwischen ihm und dem Geschäftsherrn[37] ein *gesetzliches Schuldverhältnis*, das inhaltlich weitgehend dem Auftragsverhältnis entspricht. Das ist deshalb sachgerecht, weil der Geschäftsführer, wenn auch spontan, die Tätigkeit eines Beauftragten auf sich nimmt und damit in derselben Weise wie ein solcher berechtigt und verpflichtet sein muß, wenn dies interessegemäß ist und nicht gegen den (wirklichen oder mutmaßlichen) Willen des Geschäftsherrn geschieht. Es liegt in der Konsequenz seines Handelns, daß er dem Geschäftsherrn dann ähnlich wie ein Beauftragter verpflichtet wird, und es ist nur billig, ihm in diesem Fall auch die Rechte eines solchen zu geben.

Die *Hauptpflicht des Geschäftsführers* ist, das einmal übernommene Geschäft, „so zu führen, wie das Interesse des Geschäftsherrn mit Rücksicht auf dessen wirklichen oder mutmaßlichen Willen es erfordert" (§ 677). Er haftet hierbei für jedes Verschulden (§ 276); doch hat er nur Vorsatz und grobe Fahrlässigkeit zu vertre-

---

[35] So *Staudinger/Wittmann* 1, 2, *Soergel/Mühl* 1 zu § 682; LG Aachen, NJW 63, 1252.

[36] So schon *v. Tuhr*, Allgemeiner Teil II, S. 112 Anm. 59; ferner *Flume*, Allgemeiner Teil II, 3. Aufl. S. 217; MünchKomm/*Seiler* 3, *Palandt/Thomas* 1, *Erman/Hauß* 2 zu § 682; *Knoche*, MDR 64, 193; *Diederichsen*, MDR 64, 889; *Canaris*, NJW 64, 1988; *Esser/Weyers* § 46 II 1 b.

[37] Geschäftsherr ist derjenige, den es angeht, nicht der, den der Geschäftsführer irrtümlich dafür hält (§ 686).

ten, wenn die Geschäftsführung „die Abwendung einer dem Geschäftsherrn drohenden dringenden Gefahr" bezweckt (§ 680). Aus dem Wort „bezweckt" schließt die hL, daß es hier darauf ankommt, wie der Geschäftsführer die Lage sieht. Die Haftungsmilderung kommt ihm auch dann zugute, wenn die von ihm (ohne *grobe* Fahrlässigkeit) angenommene drohende und dringende Gefahr objektiv nicht bestand, oder der Geschäftsherr sich aus der gefährlichen Lage auch ohne fremde Hilfe hätte retten können.[38] Bei der Beantwortung der Frage, ob der Geschäftsführer grob fahrlässig gehandelt hat, ist die gefährlich erscheinende Situation, die ein rasches Handeln verlangt, zu berücksichtigen;[39] auch ist hier meiner Meinung nach ausnahmsweise ein subjektiver, das individuelle Können in Betracht ziehender Maßstab anzulegen.[40] Darauf, ob das Eingreifen des Geschäftsführers den von ihm bewirkten Erfolg gehabt hat, kommt es nicht an.[41]

Der Geschäftsführer hat die Übernahme der Geschäftsführung dem Geschäftsherrn sobald als tunlich anzuzeigen[42] und dessen Entschließung abzuwarten, wenn nicht mit dem Aufschub Gefahr verbunden ist (§ 681 Satz 1). Wie sich aus dem allen ergibt, darf er die Geschäftsführung nicht gegen den ihm zum Ausdruck gebrachten Willen des Geschäftsherrn fortsetzen und hat sich nach dessen ihm bekannten Entschließungen zu richten. Wenn daher § 677 das Interesse des Geschäftsherrn, anders als § 683 Satz 1, nicht nur neben dem wirklichen oder mutmaßlichen Willen, sondern vor ihm nennt, so bedeutet das nicht, daß sich der Geschäftsführer bei der Ausführung des Geschäfts über den ihm bekannten oder erkennbaren wirklichen oder den von ihm zu mutmaßenden Willen des Geschäftsherrn einfach hinwegsetzen dürfte. Das Interesse ist nur dann allein maßgebend, wenn dem Geschäftsführer der wirkliche oder mutmaßliche Wille des Geschäftsherrn nicht zweifelsfrei erkennbar ist.[43] Widerspricht der ihm nicht erkennbare Wille des Geschäftsherrn dessen richtig (d. h. auch unter Berücksichtigung der subjektiven Momente) verstandenem Interesse, so handelt der Geschäftsführer nicht pflichtwidrig, wenn er dem Interesse gemäß handelt; wenn ihm aber ersichtlich ist, daß der Geschäftsherr die Fortführung der Geschäftsführung in der von ihm für interessegemäß gehaltenen Weise nicht wünscht und er nicht bereit ist, sich dessen Willen unterzuordnen, bleibt ihm nur die Möglich-

---

[38] *Dietrich* aaO in Anm. 33 (mit Nachweisen). AA. aber *Wollschläger* aaO S. 277 ff.; *MünchKomm/Seiler* 5 zu § 680. Streitig ist, ob die Haftungsmilderung nur dann eintritt, wenn der Irrtum über das Bestehen der Gefahrenlage unverschuldet war, oder auch dann, wenn er auf leichter Fahrlässigkeit beruht. Entgegen der Meinung von *Dietrich* (zu Anm. 35 ff.) und *Erman/Hauß* (2 zu § 680) ist letzteres anzunehmen; so *Esser* 4. Aufl. § 99 I 3 b; *Palandt/Thomas* 2, *Jauernig/Vollkommer* 2 zu § 680.
[39] Dazu eingehend *Dietrich* aaO; *MünchKomm/Seiler* 9 zu § 680; anders BGH, NJW 72, 475.
[40] Vgl. dazu Bd. I § 20 III; *Dietrich* zu Anm. 18.
[41] BGHZ 43. 188, 192.
[42] Zur Rechtsfolge der Verletzung der Anzeigepflicht BGHZ 65, 354.
[43] Die Frage nach dem Rangverhältnis der Kriterien ist hier ebenso wie im Fall es § 683 str. Für den Vorrang des Interesses *MünchKomm/Seiler* 45, *Palandt/Thomas* 5, *Jauernig/Vollkommer* 3b aa, für den des Willens *Erman/Hauß* 3 zu § 677, *Esser/Weyers* § 46 II 4b; *Fikentscher* § 83 II 1b aa.

keit, die Geschäfsführung nicht weiter fortzusetzen. Dazu ist er nur dann nicht berechtigt, wenn dadurch dem Geschäftsherrn ein übermäßiger Nachteil droht. Im übrigen wird man die Frage, ob der Geschäftsführer seine Tätgikeit jeder Zeit einstellen darf, in Analogie zu § 671 Abs. 2 beantworten müssen. So wie ferner der Auftraggeber jederzeit den Auftrag widerrufen kann, muß auch der Geschäftsherr in der Lage sein, die Fortführung der Geschäftsführung jederzeit zu untersagen. Setzt der Geschäftsführer sie dann trotzdem fort, so ist sie nicht mehr berechtigt.

Der Geschäftsführer hat dem Geschäftsherrn wie ein Beauftragter die erforderlichen Nachrichten zu geben, ihm auf Verlangen über den Stand des Geschäfts Auskunft zu erteilen und nach der Ausführung Rechenschaft abzulegen. Er hat alles, was er aus der Geschäftsbesorgung erlangt, an ihn herauszugeben (§ 681 Satz 2 in Verbindung mit § 666, 667). Er darf seine Tätigkeit nicht zur Unzeit abbrechen; § 671 Abs. 2 kann insoweit analog angewandt werden.

Die berechtigte Geschäftsführung gibt dem Geschäftsführer die Berechtigung zu solchen Einwirkungen auf den Rechtskreis des Geschäftsherrn, die sich im Rahmen der ihm erlaubten Geschäftsführung halten. Sie ist also ein gesetzlicher „Rechtfertigungsgrund",[44] jedoch nur insoweit, als der Geschäftsführer auch bei der Ausführung die gebotene Sorgfalt walten läßt.[45] Das bedeutet, daß eine sich aus der berechtigten Einwirkung ergebende Beeinträchtigung der Rechte des Geschäftsherrn nicht widerrechtlich ist. Es bedeutet aber nicht, daß der Geschäftsführer die Macht hätte, wirksam über Rechte des Geschäftsherrn zu verfügen oder diesen Dritten gegenüber zu verpflichten. Hierzu bedürfte es vielmehr dessen Genehmigung nach § 185 oder, falls der Geschäftsführer als Stellvertreter aufgetreten ist, nach § 177 BGB.[46]

Der berechtigte Geschäftführer kann wie ein Beauftragter *Ersatz seiner Aufwendungen* verlangen (§ 683 Satz 1).[47] Es muß sich um Aufwendungen zum Zwecke der Ausführung der von ihm übernommenen Geschäftsbesorgung handeln, die er den Umständen nach für erforderlich halten durfte (vgl. § 670). Für seine Tätigkeit als solche kann der Geschäftsführer keine Vergütung verlangen. Anders ist es nur, wenn es sich um eine Tätigkeit im Rahmen seines Berufes (z. B. als Arzt oder Anwalt) oder Gewerbes handelt, die regelmäßig nicht ohne Vergütung geleistet wird; dann liegt darin eine mittelbare Vermögensaufwendung, für

---

[44] *Zitelmann* aaO.
[45] So zutreffend *Batsch* aaO S. 223 f.
[46] So auch der BGH, LM Nr. 2 zu § 683; BGHZ 17, 181, 188; anders *Baur,* JZ 52, 328.
[47] Auch dann, wenn sie sich als nutzlos erweisen, weil der beabsichtigte Erfolg – aus einem vom Geschäftsführer nicht zu vertretenden Grunde – ausgeblieben ist; vgl. das instruktive Beispiel bei *Batsch,* aaO S. 219. Zur Haftung mehrerer Geschäftsherrn vgl. BGH, MDR 67, 111; *Laufs,* NJW 67, 2294.

§ 57. Geschäftsführung ohne Auftrag

die er, analog § 1835 Abs. 2, Ersatz in Gestalt der tarifmäßigen oder der üblichen Vergütung verlangen kann.[48]

Das Gesetz versagt dem Geschäftsführer den Anspruch auf Aufwendungsersatz dann, wenn er „nicht die Absicht hatte, von dem Geschäftsherrn Ersatz zu verlangen" (§ 685). In vielen Fällen, besonders bei einer spontanen Hilfeleistung, wird sich der Geschäftsführer überhaupt keine Gedanken darüber machen, ob ihm Aufwendungen entstehen und ob er ihren Ersatz verlangen wird. Das Gesetz wird daher allgemein so verstanden, daß der Anspruch nur ausgeschlossen ist, wenn der Geschäftsführer positiv die Absicht hatte, keinen Ersatz zu verlangen.[49] So verstanden, läßt sich die Bestimmung als Anwendung des Verbots eines „venire contra factum proprium" begreifen. Die Absicht, keinen Ersatz zu verklangen, ist nach § 685 Abs. 2 im Zweifel anzunehmen, wenn Eltern oder Voreltern ihren Abkömmlingen oder diese jenen (über das Maß ihrer gesetzlichen Unterhaltspflicht hinaus) Unterhalt gewähren. Im übrigen muß eine solche Absicht, soll sie beachtet werden, irgendwie hervorgetreten sein.

So wie beim Auftrag, ergibt sich auch hier die Frage, ob der Geschäftsführer, im Falle einer berechtigten Geschäftsführung ohne Auftrag, vom Geschäftsherrn **Ersatz für Schäden** verlangen kann, die er bei der Besorgung des Geschäfts erleidet, wenn diese Schäden sich als die Verwirklichung einer mit einer solchen Tätigkeit typischerweise verbundenen Gefahr darstellen. Das ist besonders wichtig für den Fall der Errettung eines anderen aus einer Gefahr – Brandgefahr, Gefahr des Ertrinkens, des Verschüttetwerdens –, da sich hier der Retter meist unvermeidlicherweise selbst in die Gefahr begibt. Die hL[50] will auch hier die Frage durch die Gleichstellung derartiger Schäden mit Aufwendungen lösen. Dagegen sprechen die oben (§ 56 III) erwähnten Gründe. Richtigerweise ist auch hier ein *Schadensersatzanspruch aufgrund einer Risikozurechnung* zu bejahen.[51] Zwar hat der Geschäftsherr hier die gefahrbringende Tätigkeit des anderen nicht veran-

---

[48] *Enn./L.* § 167, 1 vor a; *Medicus* SchR § 124 II 2a, Bürgerl.R. Rdz. 430; *Palandt/Thomas* 4a, *Ermann/Hauß* 6 zu § 683; weitergehend *Esser/Weyers* § 46 II 4c; *MünchKomm/Seiler* 26 zu § 683. Zur Ersatzfähigkeit anteiliger Gemeinkosten im Falle sonst anderweitig genutzter Hilfsmittel BGHZ 65, 384, 389.

[49] *Enn./L.* § 167, 3; *Staudinger/Wittmann* 2, *Oertmann* 1, *Erman/Hauß* 1 zu § 685. Einschränkend (bei Hilfeleistung des Sohnes für den Vater) BGHZ 38, 302: die Absicht, keinen Ersatz zu verlangen, könne hier vermutet werden. Dagegen, überzeugend, *Erman/Hauß* aaO.

[50] BGHZ 33, 251, 257; 38, 270, 277; *Soergel/Mühl* 5 zu § 683; *Esser* 4. Aufl. § 99 II 1b; *Fikentscher* § 83 II 4b; *MünchKomm/Seiler* 18 zu § 683; *Otto*, JuS 84, 687 (zu Anm. 37).

[51] So jetzt auch *Erman/Hauß* 6 zu § 683 (in Verbdg. mit 8 zu § 670); *Palandt/Thomas* 4 zu § 683 (in Verbdg. mit 3b zu § 670); *Jauernig/Vollkommer* 3b zu § 670; vgl. auch *Medicus* Bürgerl.R. Rdn. 428, 429. Sowohl gegen die hL, wie gegen die Annahme einer Risikohaftung bei Tätigkeit im fremden Interesse wendet sich *Wollschläger* aaO S. 284ff. In Betracht kommt nach seiner Meinung nicht ein vollständiger Ersatz des erlittenen Schadens, sondern nur ein „angemessener Ausgleich", bei dem auch die wirtschaftliche Leitungsfähigkeit des Geretteten zu berücksichtigen sei. Es gehe um „eine billige Verteilung der Unglücksfolgen" (S. 299); hierfür sei das Prinzip der Totalreparation ungeeignet.

laßt, aber sie erfolgt in seinem Interesse und ist durch § 683 gedeckt. Da es sich um einen Schadensersatzanspruch handelt, ist mitwirkendes Verschulden des Geschäftsführers gemäß § 254 zu berücksichtigen; dabei kommt ihm in den Fällen der Abwendung einer drohenden dringenden Gefahr die Haftungsmilderung des § 680 auch hier zugute.[52] Handelt es sich bei der Geschäftsführung um Nothilfe, so bedarf der Helfer eines solchen Anspruchs gegen den Geretteten häufig jedoch nicht, da ihm wegen seines Nothilfeschadens bereits ein Anspruch gegen die Sozialversicherung gemäß § 539 Abs. 1 Nr. 9 RVO zusteht.

Nach Buchst. a erhalten von dem Träger der Unfallversicherung nach Maßgabe des § 547ff. RVO Ersatz für Körper- und Gesundheitsschäden ,,Personen, die bei Unglücksfällen oder gemeiner Gefahr oder Not Hilfe leisten oder einen anderen aus gegenwärtiger Lebensgefahr oder erheblicher gegenwärtiger Gefahr für Körper oder Gesundheit zu retten unternehmen". Gleichgestellt sind Helfer, die im öffentlichen Interesse handeln, in den Fällen des § 539 Nr. 9 Buchst. b und c. Nach § 765c RVO werden diesen Personen auf Antrag auch die Sachschäden, die sie bei ihrer Tätigkeit erleiden, ,,sowie die Aufwendungen ersetzt, die sie ,,den Umständen nach für erforderlich halten dürfen".

Ob in diesen Fällen der Sozialversicherungsträger nach der Regel des Teil X § 116 SGB (früher § 1542 RVO) Regreß bei dem Geretteten nehmen kann, ist zweifelhaft. Mit einer neueren Ansicht,[53] der sich jetzt auch der BGH angeschlossen hat, sollte man dies insoweit verneinen, als es sich um den Anspruch aus der Risikozurechnung und nicht etwa um einen Deliktsanspruch handelt, da es dem Sinn und Zweck des § 539 Abs. 1 Nr. 9 entsprechen dürfte, wenigstens insoweit die Sozialversicherung mit dem von ihr zu deckenden Schaden des Nothelfers endgültig zu belasten. Im Falle, daß sich derjenige, dem die Nothilfe geleistet wurde, ,,schuldhaft" der Not- oder Gefahrenlage ausgesetzt hat, könnte man an eine analoge Anwendung des § 254 denken.

Problematisch und viel erörtert ist die Frage der **Selbstgefährdung im Verkehr** um eines anderen willen.[54] Der für sein Handeln nicht verantwortliche A führt durch *sein* verkehrswidriges Verhalten eine Lage herbei, in der der Kraftfahrer B eine Verletzung des A nur noch dadurch vermeiden kann, daß er sich selbst gefährdet, indem er z. B. den Wagen in den Straßengraben lenkt. Er erleidet dadurch selbst einen erheblichen Vermögens-, vielleicht auch Körperschaden. Da Ansprüche aus unerlaubter Handlung gegen A hier ausscheiden, weil dieser schuldunfähig ist, fragt es sich, ob B von A Ersatz seines Schadens deshalb verlangen kann, weil er mit seinem für ihn selbst gefährlichen Ausweichmanöver ein ,,Geschäft des A" für diesen besorgt habe. Voraussetzung dafür ist zunächst, daß die drohende Verletzung des A im Sinne des § 7 Abs. 2 StVG für B ein ,,unabwendbares Ereignis" darstellt, daß also B jede nur gebotene Sorgfalt beachtet hat und daher, im Falle einer Schädigung des anderen, selbst nicht haften würde. Denn wäre das der Fall, so müßte er nach den Zurechnungskriterien der Rechtsordnung den eigenen ebenso wie einen fremden Schaden selbst tragen. Weiter ist zu

---

[52] Auch dann, wenn er seinen Anspruch gegen den Geschäftsherrn auf unerlaubte Handlung stützen kann; vgl. BGHZ 43, 188, 194; DB 72, 721. *Palandt/Thomas* 1, *Erman/Hauß* 1 zu § 680.
[53] Dafür *Wollschläger* aaO S. 303 f.; *Esser/Weyers* § 46 II 4c aE; *Medicus*, Bürgerl. Recht Rdz. 424, 431; *Erman/Hauß* 13 zu § 670, *MünchKomm/Seiler* 21 zu § 683; BGH, NJW 85, 492.
[54] Vgl. dazu das OLG Koblenz, NJW 53, 1633 sowie BGHZ 38, 270; die Aufsätze von *Imlau*, NJW 63, 1039; *Böhmer*, MDR 63, 184; *Belemann*, MDR 63, 186; *Kallfelz*, MDR 63, 544; Herm. *Lange*, JZ 63, 547; *Canaris*, JZ 63, 655; *Deutsch*, AcP 165, 193; *Hagen*, NJW 66, 1893; *Helm*, VersR 68, 209, 318; ferner *Esser/Weyers* § 46 II 2d 4; *Erman/Hauß* 5 vor § 677.

fragen, ob dem B seine Selbstgefährdung nach den Grundsätzen *der Güterabwägung im Notstand* etwa mit Rücksicht darauf zuzumuten war, daß ihm nur ein Sach- oder geringfügiger Körperschaden, dem A aber Gefahr für Leben oder Gesundheit drohte.[55] Ist das der Fall, so hat er nur die ihm dem A gegenüber obliegende Rechtspflicht, ihn nicht zu verletzten, erfüllt und muß den Schaden, den er dabei erlitten hat, selbst tragen. Anders, wenn der ihm drohende und vielleicht sogar eingetretene Schaden nicht geringer zu bewerten ist als der dem A drohende. Dann ist es angebracht, ihm einen Ersatzanspruch aufgrund des Prinzips der Risikozurechnung bei Tätigkeit im fremden Interesse zu gewähren. Der BGH, der einen Anspruch unter dem, wie oben (§ 56 III) gezeigt, nicht haltbaren Gesichtspunkt der Gleichstellung von Schäden mit „Aufwendungen" stets geben will, wenn nur der Fall des § 7 Abs. 2 StVG vorliegt, beschränkt ihn aber auf „angemessenen" Ersatz (im Gegensatz zu vollem Schadensersatz).[56] Auf diese Weise läßt sich ebenso dem Umstand Rechnung tragen, daß hier beide für die Gefahrenlage ursächlich waren, wie auch dem, daß das Ausweichmanöver mehr oder weniger auch im Eigeninteresse des B gelegen gewesen sein mag, der andernfalls gleichfalls einen eigenen Schaden zu erwarten gehabt hätte.

II. *Unberechtigte und „unechte" Geschäftsführung ohne Auftrag*

a) **Unberechtigte Geschäftsführung.** Die Geschäftsführung ohne Auftrag für einen anderen ist unberechtigt, wenn die Übernahme der Geschäftsführung entweder dem Interesse oder dem wirklichen oder statt seiner dem mutmaßlichen Willen des Geschäftsherrn widerspricht und dieser sie auch nicht genehmigt. Dies ergibt sich durch einen Umkehrschluß aus § 683 Satz 1 und aus § 684 Satz 2. Wie schon gesagt wurde, entsteht dann das dem Auftragsverhältnis nachgebildete gesetzliche Rechtsverhältnis nicht. Der Geschäftsführer ist nicht gemäß § 677 dazu verpflichtet, das Geschäft so zu führen, wie es das Interesse des Geschäftsherrn mit Rücksicht auf dessen wirklichen oder mutmaßlichen Willen erfordert, sondern er ist vielmehr dazu verpflichtet, die Geschäftsführung zu unterlassen.[57] Die Einwirkung auf den Rechtskreis des Geschäftsherrn ist unbefugt, daher rechtswidrig. Soweit sie die Voraussetzungen einer unerlaubten Handlung erfüllt, haftet der Geschäftsführer dem Geschäftsherrn auf Schadensersatz nach Deliktsrecht. Darüber hinaus ist er, falls er erkennen mußte, daß die Übernahme der Geschäftsführung entweder mit dem wirklichen oder mit dem zu mutmaßenden Willen des Geschäftsherrn in Widerspruch stand, insoweit also schuldhaft gehandelt hat, zum Ersatz des dem Geschäftsherrn aus der Geschäftsführung entstehenden Schadens auch dann verpflichtet, wenn ihm ein weiteres Verschulden nicht zur Last fällt, wenn er also bei der Ausführung sorgfältig verfahren ist (§ 678). Er trägt damit, wenn auch nur im Falle eines Übernahmeverschuldens,[58] das Risiko

---

[55] Diesen Gesichtspunkt hebt besonders *Canaris* aaO hervor; gegen ihn aber *Helm* aaO; *Deutsch* aaO S. 202ff.
[56] BGHZ 38, 270, 277f. Zustimmend *Deutsch* S. 208; gegen eine Berücksichtigung der Mitursächlichkeit *Helm* S. 213; für vollen Ersatz *Fikentscher* § 83 II 1 d aE.
[57] So auch *Esser/Weyers* § 46 III 2a; *Beuthien* 2a, *Erman/Hauß* 2, *Jauernig/Vollkommer* 1 aE. zu § 677; jetzt auch *Fikentscher* § 83 II 2 a, aa.
[58] Den Anspruch aus § 678 deshalb, weil er eine schuldhafte Mißachtung des Willens des Geschäfts-

eines Fehlschlags. Bezweckte indessen die Geschäftsführung die Abwendung einer dem Geschäftsherrn drohenden dringenden Gefahr, dann gilt auch für das Übernahmeverschulden die Haftungsmilderung des § 680,[59] der Geschäftsführer haftet also nicht, wenn ihm hinsichtlich der Übernahme nur leichte Fahrlässigkeit zur Last fällt. Ferner gilt die Einschränkung des § 682 auch hier.

In Ermangelung eines auftragsähnlichen Rechtsverhältnisses kann der Geschäftsherr, sofern er nicht genehmigt, die Vorteile aus der Geschäftsführung nicht für sich in Anspruch nehmen und ist andererseits nicht zum Aufwendungsersatz verpflichtet. Das, was er etwa aus der Geschäftsführung erlangt, hat er, da er darauf kein Anrecht hat, dem Geschäftsführer nach den Vorschriften über die Herausgabe einer ungerechtfertigten Bereicherung herauszugeben (§ 684 Satz 1). Der unberechtigte Geschäftsführer kann daher Ersatz für Verwendungen, die er auf eine Sache des „Geschäftsherrn" gemacht hat, nur insoweit verlangen, als dieser durch sie jetzt noch bereichert ist.[60] Hat umgekehrt der Geschäftsführer etwas auf Kosten des Geschäftsherrn erlangt, so hat er es ihm nach Bereicherungsrecht herauszugeben, sofern er nicht weitergehend auf Schadensersatz haftet.

b) **„Unechte" Geschäftsführung.** Von unechter Geschäftsführung ohne Auftrag oder „Geschäftsanmaßung" spricht man dann, wenn jemand ein fremdes Geschäft als sein eigenes führt, obwohl er weiß, daß er dazu nicht berechtigt ist (§ 687 Abs. 2). Das Geschäft kann ein „fremdes" für ihn auch deshalb sein, weil er sich einem anderen gegenüber verpflichtet hat, ihm derartige Geschäfte zu überlassen (z. B. durch ein vertragliches Wettbewerbsverbot).[61] „Als eigenes" führt er das (objektiv) fremde Geschäft, wenn er es ausschließlich zu seinem eigenen Vorteil, also mit dem Willen führt, den Erfolg sich selbst, nicht dem anderen, zugute kommen zu lassen. Er nimmt z. B. die für den anderen bestimmte Sendung an, um sie selbst zu behalten, verkauft oder vermietet fremde Sachen für eigene Rechnung, benutzt ein fremdes Grundstück gegen den Willen des Eigentümers. <u>Um eine</u> – sei es auch unberechtigte – <u>Geschäftsführung ohne</u>

---

herrn zur Voraussetzung hat, als deliktischen Anspruch i. S. der §§ 823 ff. einzuordnen (so *Batsch* aaO S. 229 ff.) und ihn damit den Regeln auch der §§ 842 ff. zu unterstellen, scheint mir nicht im Sinne des Gesetzes zu liegen. *Inhaltlich* ist der Anspruch, wenn seine Voraussetzungen auch andere sind, vielmehr wie ein Anspruch aus Forderungsverletzung oder aus culpa in contrahendo zu behandeln.

[59] *Dietrich* aaO zu Anm. 9; *Berg* aaO zu Anm. 60; *Soergel/Mühl* 1, *Palandt/Thomas* 1, *Erman/Hauß* 1, *MünchKomm/Seiler* 5 aE zu § 680.

[60] Wenn die Herausgabe in natura nicht möglich ist, hat der Geschäftsherr gemäß § 818 Abs. 2 Wertersatz zu leisten. Zu dem hier sich ergebenden Problem einer „aufgedrängten", d. h. dem Geschäftsherrn unerwünschten Bereicherung vgl. unten § 70 I. Die Einschränkung des § 685 gilt nach hL. auch für den Bereicherungsanspruch gemäß § 684 Satz 1; vgl. *MünchKomm/Seiler* 1, *Erman/Hauß* 1 zu § 685; BGH, NJW 85, 313.

[61] Vgl. OLG Saarbrücken und die Anm. von *Gass* hierzu in NJW 60, 2339. Vgl. auch *Nipperdey*, Festschr. für F. *Böhm*, 1965, S. 163 ff.

§ 57. Geschäftsführung ohne Auftrag

Auftrag handelt es sich hier deshalb nicht, weil der Fremdgeschäftsführungswille fehlt. Es kommen daher in erster Linie andere Vorschriften zur Anwendung. Die Einwirkungen auf die Güter des anderen sind rechtswidrig und verpflichten, wenn schuldhaft, regelmäßig zum Schadensersatz nach Deliktsrecht. Soweit der „Geschäftsführer" daraus etwas auf Kosten desjenigen, um dessen Geschäft es sich handelt, erlangt, ist er ihm, soweit er nicht nach anderen Vorschriften (z. B. §§ 987ff.) haftet, zur Herausgabe nach Bereicherungsgrundsätzen (§§ 812 oder 816 Abs. 1, und zwar unter der verschärften Haftung des § 819 Abs. 1) verpflichtet. Jedoch hat er, nach allerdings bestrittener Auffassung (vgl. unten § 69 IV a), den Gewinn aus dem Geschäft insoweit nicht „auf Kosten" des anderen erlangt, als der Gewinn den objektiven Wert des dem anderen durch die „unechte Geschäftsführung" entzogenen Gutes übersteigt. § 687 Abs. 2 erlaubt es nun demjenigen, in dessen Rechtskreis eingegriffen wurde, die Ansprüche aus den §§ 677, 678, 681, 682 geltend zu machen, das heißt zu verlangen, so gestellt zu werden, als hätte der Geschäftsführer das Geschäft *für ihn* geführt. Er kann danach insbesondere die Herausgabe alles von dem Geschäftsführer Erlangten, also auch des „Reingewinns"[62], sowie Auskunft und Rechenschaftslegung verlangen. Er hat, da die Übernahme der „Geschäftsführung", also die Wahrnehmung seiner eigenen Angelegenheit durch den „unechten Geschäftsführer", hier gegen seinen Willen erfolgt ist, auch den weitgehenden Schadensersatzanspruch gemäß § 678. Macht er diese Ansprüche geltend, so ist er seinerseits dem „Geschäftsführer" zur Herausgabe der von ihm erlangten Bereicherung verpflichtet (§ 687 Abs. 2 Satz 2). Diese Bestimmung hat einen vernünftigen Sinn nur dann, wenn man sie so versteht, daß er dann zum Aufwendungsersatz bis zur Höhe seiner Bereicherung verpflichtet ist.[63] Dagegen besteht für ihn keine Verpflichtung zum Aufwendungsersatz nach den Regeln der Geschäftsführung, wenn er die Ansprüche aus § 687 Abs. 2 nicht geltend macht.[64]

Führt jemand ein fremdes Geschäft als eigenes nicht in böslicher Absicht, sondern in der irrigen Meinung, daß es sein eigenes sei, so finden die Vorschriften über die Geschäftsführung ohne Auftrag, auch die über die „unechte", keine Anwendung (§ 687 Abs. 1). Es bleibt also bei den Bereicherungsvorschriften; falls der Irrtum auf Fahrlässigkeit beruht, kann eine unerlaubte Handlung vorliegen.

---

[62] Die Funktion des § 687 Abs. 2 läßt sich daher mit v. *Caemmerer*, Ges.Schriften S. 232, 284f., dahin umschreiben: „Bei wissentlichem Eingriff Gewinnherausgabe gemäß § 687 Abs. 2, bei unwissentlicher Verwendung fremden Gutes nur Wertersatz" (nach Bereicherungsrecht). Ebenso *Fikentscher* § 83 III 1b; *Medicus*, Bürgerl.R. Rdz. 418, 726; SchR II § 130 II 3a; *Beuthien* 3b zu § 687; *Esser/Weyers* § 46 IV 2a.
[63] *Enn./L.* § 168 I 2; *Siber* 372; *Medicus*, Bürgerl.R. Rdz. 419, SchR II § 124 III 2; *Erman/Hauß* 17 zu § 687.
[64] Vgl. BGHZ 39, 186, 188.

§ 58. Der Verwahrungsvertrag

Literatur: *Kuhlenbeck,* Der Verwahrungsvertrag, JW 09, 649; Der unregelmäßige Verwahrungsvertrag, JW 10, 641.

Die Verwahrung einer Sache für einen anderen ist eine besondere Art, fremde Interessen wahrzunehmen. Sehr häufig ergibt sich eine Pflicht zur Verwahrung aus einem bestehenden Rechtsverhältnis: der Vormund verwahrt Papiere des Mündels, der Beauftragte Unterlagen, die ihm der Auftraggeber zur Durchführung seines Auftrags überlassen hat, der Werkunternehmer die ihm zur Reparatur übergebene Sache des Bestellers, der mit der Geschäftsführung betraute Gesellschafter Gegenstände des Gesellschaftsvermögens. In diesen Fällen ergibt sich die Pflicht zu sachgemäßer und sorgfältiger Verwahrung sowie die Rückgabepflicht aus dem betreffenden Rechtsverhältnis; sie ist entweder ein Teil der Leistungspflicht (z. B. zur ordnungsmäßigen Besorgung der übernommenen Angelegenheit), oder eine selbständige Nebenpflicht. Eine Verletzung dieser Pflicht stellt regelmäßig eine sog. „positive Vertragsverletzung" dar, sofern sie nicht, darüber hinaus, eine Unmöglichkeit der Hauptleistung zur Folge hat.

Die Verwahrung einer fremden, freilich nur einer beweglichen, Sache kann aber auch Gegenstand eines besonderen, hierauf gerichteten Vertrages, eines *Verwahrungsvertrages,* sein. Ein solcher Vertrag begründet ein Schuldverhältnis, dessen Inhalt in den §§ 688 ff. geregelt ist. Der Verwahrer ist hiernach verpflichtet, „eine ihm von dem Hinterleger übergebene bewegliche Sache aufzubewahren". Diese Verpflichtung muß den wesentlichen Inhalt des Vertrages bilden. Wann ein solcher selbständiger Verwahrungsvertrag, neben einem Vertrage anderer Art, geschlossen wird, ist nicht immer leicht zu sagen. Der Arzt, der Anwalt, der Architekt, der seine Besucher ihre Überkleidung im Vorzimmer oder im Flur ablegen läßt, schließt mit ihnen in der Regel keinen Verwahrungsvertrag; eine gewisse Sorgfaltspflicht hinsichtlich der Beschaffenheit der Garderobenablage und der Verhütung von Schädigungen ergibt sich aus dem Hauptvertrage oder dem Rechtsverhältnis der Vertragsverhandlung, das schon mit dem Betreten der Räume begründet wird. Dasselbe gilt im allgemeinen von Gastwirtschaften. Anders ist es, wenn, wie das vor allem in Theatern, aber auch in manchen Gaststätten der Fall ist, eine mit Überwachungspersonal besetzte Garderobenablage eingerichtet ist, besonders, wenn für die Aufbewahrung ein Entgelt verlangt wird. In diesem Fall tritt der Wille, sich zu einer Leistung, eben der Aufbewahrung, zu verpflichten, unzweideutig hervor. Auch ohne Abschluß eines solchen Vertrages nimmt die Rechtsprechung eine Pflicht zur Verwahrung aus dem Hauptvertrage und die entsprechende Anwendung der Vorschriften über den Verwahrungsvertrag dann an, wenn der Inhaber der Gaststätte, des Theaters usw. von den Besuchern die Ablegung der Überkleidung und ihre Unterbringung an einem Orte verlangt, an dem sie ihrer eigenen Aufsicht entzogen sind.[1] Für den Arbeitgeber ergibt sich nach hL aus seiner Fürsorgepflicht die Pflicht, den Arbeitnehmern Raum und Gelegenheit zu angemessener Unterbringung der Überkleidung und anderer, üblicherweise mitgebrachter, Sachen zu gewähren;[2] die vollen Pflichten eines Verwahrers (also etwa die Pflicht, die Sachen ständig beaufsichtigen zu lassen oder unter sicherem Verschluß zu halten) hat er in der Regel jedoch nicht. Es muß genügen, daß er die nach Lage der Dinge möglichen und zumutbaren Sicherheitsvorkehrungen trifft. Im Gegensatz zum Verwahrer wird er nicht Besitzer. Ähnliches dürfte, aus dem Gesichtspunkt einer öffentlichrechtlichen Fürsorgepflicht, hinsichtlich der Überkleidung und der Fahrräder der Schüler für den Schulträger gelten. Nach Ansicht des BGH besteht zwischen dem Schulträger und dem Schüler ein „einem Schuldverhältnis ähnliches Rechtsverhältnis", dem zufolge die Schule für die Möglichkeit einer hinreichend gesicherten Kleiderablage zu sorgen hat. Den Schüler oder seine Eltern (§ 278) trifft ein Mitverschulden (§ 254), wenn er ungewöhnlich wertvolle Sachen mit in die Schule nimmt.[3] Ein *öffentlichrechtliches Verwahrungsverhältnis,* auf das die Grundsätze der Vertragshaftung, insbesondere die §§ 276, 278, 282 entsprechend angewandt werden und für das nach § 40 Abs. 2 VwGO der ordentliche Rechtsweg gegeben ist, wird nach ständiger Rechtsprechung dann begründet, wenn der Staat oder ein anderer Hoheitsverband fremde Sachen auf Grund öffentlichrechtlicher Ermächtigung, etwa im Wege einer Vollstreckungsmaßnahme oder Beschlagnahme, in Besitz nimmt.[4]

Die Verwahrung auf Grund eines besonderen Verwahrungsvertrages kann **entgeltlich oder unentgeltlich** geschehen. Die unentgeltliche Verwahrung ist ein *Gefälligkeitsverhältnis.* Sie teilt diesen Charakter mit der Leihe, unterscheidet sich von ihr aber dadurch, daß sie kein Gebrauchsrecht gewährt. Die Interessenlage ist gerade die umgekehrte: der Verleiher überläßt dem Entleiher den Gebrauchsvorteil, der Hinterleger sucht sich von der Schwierigkeit oder Last der Aufbewahrung zeitweilig zu befreien. Dort steht im Vordergrund die Pflicht des Verleihers zur Gebrauchsgestattung (§ 598), hier die des Verwahrers zur Aufbewahrung. Die Obhutspflicht des Entleihers ist wie des Mieters eine Verhaltenspflicht, die sich aus seinem Besitz- und Gebrauchsrecht ergibt, die des Verwahrers primäre Leistungspflicht. Der Vertrag über eine entgeltliche Verwahrung ist ein *gegenseitige Vertrag;* die – meist in einer Geldsumme bestehende und nach der Zeitdauer bemessene – Vergütung ist die Gegenleistung für die Aufbewahrung

---

[1] Nachweise bei *Erman/Seiler* 12 zu § 688. Vgl. BGH, NJW 80, 1096.
[2] *Erman/Seiler* 14 in § 688; *Zöllner,* Arbeitsrecht § 16 I 3.
[3] BGH, NJW 64, 1670 (Mitnahme eines wertvollen Armbandes durch ein sechsjähriges Schulkind); NJW 73, 2102 (unzureichende Kleiderablage in Hochschulen).
[4] BGHZ 3, 172; LM Nr. 1, 2, 4 und 6 zu § 688. Vgl. Bd. I § 26a. Auf das öffentlich-rechtliche Verwahrungsverhältnis ist § 690 grundsätzlich nicht anwendbar; so BGHZ 4, 192.

§ 58   1. Abschn. 3. Kap. Tätigkeit im Dienste oder Interesse eines anderen

und die mit ihr verbundene Mühewaltung. Eine Vergütung „gilt als stillschweigend vereinbart, wenn die Aufbewahrung den Umständen nach nur gegen eine Vergütung zu erwarten ist" (§ 689).

Das Gesetz geht davon aus, daß die Sache, die verwahrt werden soll, dem Verwahrer übergeben, dieser also „unmittelbarer Besitzer" wird. Nach der früher herrschenden Lehre kennt das Gesetz den Verwahrungsvertrag nur als „*Realvertrag*". Hierzu ist dasselbe zu sagen, wie zur Leihe; auf das dort Gesagte (oben § 50) kann verwiesen werden. Durch die Übergabe wird das Verwahrungsverhältnis, das richtiger Ansicht nach auch schon vorher, allein durch Vertrag, begründet werden kann, lediglich, ähnlich wie die Miete und das Darlehen, *als Dauerschuldverhältnis in Vollzug gesetzt;* die Übergabe ist die Voraussetzung dafür, daß der Verwahrer mit seiner Leistung beginnen kann, wie auch seiner Rückgabepflicht. Nach der erfolgten Übergabe ist der Verwahrer auf Grund des Verwahrungsverhältnisses zum Besitz berechtigt, und zwar so lange, bis das Verwahrungsverhältnis beendet ist.

Die Pflicht zur Aufbewahrung wird zutreffend meist dahin umschrieben, der Verwahrer habe *Raum und Obhut* zu gewähren.[5] Stellt jemand einem anderen zwecks Aufbewahrung seiner Sache nur den Raum zur Verfügung, ohne eine weitere Verpflichtung zu übernehmen, so handelt es sich bei Entgeltlichkeit um Raummiete, bei Unentgeltlichkeit um Raumleihe.[6] Die – regelmäßig entgeltliche – Überlassung von Schließfächern durch Banken oder in Bahnhöfen ist Raummiete. Zweifelhaft ist häufig die Abgrenzung im Falle der Abstellung eines Kraftfahrzeugs auf einem Parkplatz, in einem Parkhaus oder einer Tiefgarage. Stellt ein Hotel seinen Gästen, ein Kaufhaus seinen Kunden einen *unbewachten* Parkplatz zur Verfügung, ohne für die Benutzung ein Entgelt zu erheben, so handelt es sich in der Regel um Grundstücksleihe. Der BGH hat jedoch in einem Falle, in dem das Hotel den nach einer Garage fragenden Gast auf den Hotelparkplatz verwies, angenommen, es handle sich um eine Nebenleistung aus dem Beherbergungsvertrag, und das Hotel deshalb für den Zustand des Parkplatzes nach Mietrecht (§ 538 Abs. 1!) haften lassen.[7] Bei Parkhäusern und Tiefgaragen, die regelmäßig ein Entgelt verlangen, liegt zumeist Raummiete vor. Dagegen dürfte bei einem *bewachten* Parkplatz ein Verwahrungsvertrag anzunehmen sein.[8] Hiergegen wird eingewandt, es fehle an einer Übergabe des Wagens, da der Benutzer den Wagenschlüssel zu behalten pflegt und somit dem Parkwächter keinen Besitz verschafft. Doch überläßt er den Wagen seiner Aufsicht und Obhut, und für diese Leistung, nicht nur für die bloße Benutzung der Stellfläche, zahlt er das Entgelt. Das muß genügen, um hier einen, wenn auch atypischen, Verwahrungsvertrag anzunehmen.[9]

„Obhut" heißt sichernde, schützende Tätigkeit. Der Verwahrer hat die Sache nach Möglichkeit vor Schaden zu bewahren, zu diesem Zweck sich von Zeit zu

---
[5] *Leonhard* B 260; *Siber* 373; *Palandt/Thomas* 2 vor., *Erman/Seiler* 2 zu § 688.
[6] Vgl. BGHZ 3, 200, 202.
[7] BGHZ 63, 333. Die Entscheidung überzeugt mich nicht.
[8] *MünchKomm/Hüffer* 52 zu § 688 nimmt einen aus Elementen der Verwahrung und der Raummiete gemischten Vertrag an.
[9] So auch *Esser/Weyers* § 38 I 3; *Medicus,* SchR. II § 107 I 2; *Erman/Seiler* 9 zu § 688.

456

§ 58. Der Verwahrungsvertrag

Zeit von ihrem Zustand zu überzeugen, schädliche Einwirkungen zu beseitigen. Um sie vor Diebstahl zu schützen, hat er sie sicher zu bewahren oder zu beaufsichtigen. Was er im einzelnen zu tun hat, um seiner Obhutspflicht nachzukommen, richtet sich nach den gegebenen Umständen. Zur Instandhaltung der Sache ist er nicht verpflichtet, falls er dies nicht übernommen hat. Im Zweifel hat er seine Pflicht persönlich zu erfüllen (Vertrauensverhältnis!), darf aber Gehilfen zuziehen. Die Weitergabe des Verwahrungs„auftrags", die Hinterlegung bei einem Dritten, ist ihm im Zweifel nicht gestattet (§ 691). Der Verwahrer haftet, wenn er ein Entgelt erhält, für *jedes Verschulden;* für den zufälligen Untergang oder eine zufällige Verschlechterung der Sache hat er nicht einzustehen. Der unentgeltliche Verwahrer hat dagegen nur für diejenige Sorgfalt einzustehen, die er *in eigenen Angelegenheiten anzuwenden pflegt* (§ 690). Dies einmal deshalb, weil er nur aus Gefälligkeit tätig wird, zum anderen aus der Erwägung, daß, wer seine Sache einem anderen zur Aufbewahrung anvertraut, sich um dessen Gepflogenheiten kümmern mag. Diese Erwägung begründet die Haftungsmilderung aber wiederum, wie die der Haftung des Schenkers (oben § 47 II a) und des Verleihers (oben § 50), nur für die eigentliche Vertragsleistung, d. h. hier: für den Umgang des Verwahrers mit der ihm anvertrauten Sache. Unberührt bleibt demnach seine Haftung für eine Verletzung solcher Schutzpflichten, die dem Schutz anderer Rechtsgüter des Hinterlegers dienen;[10] so wenn der Hinterleger beim Abholen der verwahrten Sache deshalb einen Körperschaden erleidet, weil der Zugang zu dem Raum, in dem die Sache verwahrt wird, nicht verkehrssicher ist und der Verwahrer den Hinterleger darauf auch nicht hingewiesen hat.

Der Hinterleger hat den dem Verwahrer durch die Beschaffenheit der hinterlegten Sache entstehenden Schaden zu ersetzen, wenn er ihre gefahrdrohende Beschaffenheit entweder kannte oder kennen mußte, sie dem Verwahrer nicht angezeigt hat und dieser sie auch nicht kannte. Der Verwahrer braucht nur zu beweisen, daß sein Schaden durch die Beschaffenheit der hinterlegten Sache entstanden ist; die Beweislast für die ihn entlastenden Tatsachen trifft den Hinterleger (§ 694).

Die Verwahrung ist eine besondere Art der *Tätigkeit im Interesse eines anderen,* nämlich des Hinterlegers. Sie weist daher Züge auf, die ihr mit dem Auftragsverhältnis gemeinsam sind. Auf die Bedeutung des Vertrauensmomentes wurde schon hingewiesen. Der Verwahrer hat sich hinsichtlich der *Art der Aufbewahrung* an die getroffene Vereinbarung zu halten, ist aber berechtigt (und bei Gefahr für die Sache sogar verpflichtet), sie zu ändern, wenn er den Umständen nach annehmen darf, daß der Hinterleger bei Kenntnis der Sachlage damit einverstanden wäre. Er hat vor der Änderung dem Hinterleger Anzeige zu machen und dessen

---

[10] Vgl. *Schlechtriem,* Vertragsordnung und außervertragliche Haftung, 1972, S. 389; *MünchKomm/ Hüffer* 9 zu § 690.

Entschließung abzuwarten, wenn nicht mit dem Aufschube Gefahr verbunden ist (§ 692). Verwendet er hinterlegtes Geld für sich, so ist er, abgesehen von einer Schadensersatzpflicht nach allgemeinen Regeln, verpflichtet, es zu verzinsen (§ 698; vgl. § 668). Auf der anderen Seite kann er, ebenso wie ein Beauftragter, Ersatz der von ihm zur Erhaltung oder zum Schutz der Sache gemachten **Aufwendungen** (wie z. B. Reparaturkosten, bei einem Tier Fütterungs- und gegebenenfalls Arztkosten, Versicherungsbeiträge, Kosten der Verbringung an einen anderen Ort, wenn der bisherige Aufbewahrungsort sich als ungeeignet erweist) verlangen, soweit er sie den Umständen nach für erforderlich halten darf (§ 693; vgl. § 670). Dagegen kann er eine *Vergütung* für den zur Verfügung gestellten Raum und für seine Tätigkeit nur dann verlangen, wenn eine solche vereinbart oder nach den Umständen zu erwarten (§ 689) ist. Ist das der Fall, so hat der Hinterleger die Vergütung entweder bei der Beendigung der Aufbewahrung, oder, falls die Vergütung nach Zeitabschnitten bemessen ist, jeweils am Ende eines Zeitabschnitts zu entrichten (§ 699; vgl. die entsprechende Bestimmung beim Dienstvertrag, § 614). Möglich ist, daß bestimmte Aufwendungen – z. B. bei der entgeltlichen Verwahrung eines Tiers („Hundepension") die Kosten für das Futter – in dem Entgelt inbegriffen sind; in diesem Fall können sie selbstverständlich nicht noch daneben, gesondert, verlangt werden. Gesondert zu ersetzen sind dann nur solche Aufwendungen, die, weil mit ihnen nicht gerechnet wurde, nicht einbegriffen sind.

Das Verwahrungsverhältnis ist, gleich der Leihe, Miete und Pacht, ein Dauerschuldverhältnis. Es kann für eine bestimmte Zeit oder für unbestimmte Zeit vereinbart sein. Auch wenn es für eine bestimmte Zeit vereinbart ist, kann der Hinterleger die Sache *jederzeit zurückfordern* – so wie der Auftraggeber den Auftrag jederzeit widerrufen kann (§ 695; vgl. § 671 Abs. 1). Der Verwahrer kann, wenn keine Zeit bestimmt ist, jederzeit die Rücknahme verlangen; ist eine Zeit bestimmt, so kann er die vorzeitige Rücknahme nur aus „wichtigem Grunde" verlangen (§ 696). Die Rückgabe der Sache nach Ablauf der bestimmten Zeit oder auf ihre Rückforderung hin ist **Abwicklungspflicht;** sie steht bei entgeltlicher Verwahrung außerhalb des vertraglichen Synallagmas. Wenn nichts anderes vereinbart, ist sie Holschuld (§ 697). Der Rückgabepflicht des Verwahrers entspricht, wie aus § 696, aber auch aus der typischen Interessenlage zu entnehmen ist, eine *Rücknahmepflicht des Hinterlegers;* verzögert dieser die Rücknahme, so kommt er daher gegebenenfalls nicht nur in Gläubiger-, sondern auch in Schuldnerverzug.[11] Bei entgeltlicher Verwahrung wird man dem Verwahrer, wenn der Hinterleger die Rücknahme verzögert, in analoger Anwendung des § 557 und im Einklang mit dem Gedanken des § 699 Abs. 2 das Recht geben müssen, für die

---

[11] HL.; vgl. *Palandt/Thomas* 1, *Erman/Hüffer* 6 zu § 696.

§ 58. Der Verwahrungsvertrag

Dauer der Verzögerung die Fortzahlung der vereinbarten Vergütung entsprechend der Zeitdauer zu verlangen.[12]

Besondere Vorschriften gelten für das **Lagergeschäft**, d. h. für die Einlagerung von Sachen bei einem Lagerhalter (§§ 416 ff. HGB). Lagerhalter ist, wer „gewerbsmäßig die Lagerung und Aufbewahrung von Gütern übernimmt". Der Lagerhalter hat Anspruch auf das vereinbarte oder das ortsübliche Entgelt, genannt „Lagergeld", und auf die Erstattung von Fracht und Zöllen sowie sonstiger für das Lagergut gemachter Aufwendungen, „soweit er sie den Umständen nach für erforderlich halten durfte (§ 420 Abs. 1 HGB). Er hat zur Sicherung dieser Ansprüche ein gesetzliches Pfandrecht an dem eingelagerten Gut, solange er es im Besitz hat oder mittels eines Lagerscheins (§ 424 HGB) oder sonstigen Traditionspapiers über es verfügen kann (§ 421 HGB). Er kann, falls nicht ein wichtiger Grund vorliegt, die Rücknahme des eingelagerten Gutes nicht vor dem Ablauf der vereinbarten Zeit, wenn keine Zeit vereinbart ist, nicht vor Ablauf von 3 Monaten und nur nach vorgängiger Kündigung mit Frist von einem Monat, verlangen (§ 422 HGB). Bei vertretbaren Sachen (z. B. Getreide) kann ihm der Einlagerer die Vermischung mit Sachen gleicher Art und Güte anderer Einlagerer gestatten; die Gestattung muß ausdrücklich erfolgen („Mischlagerung"). Durch die Vermischung werden die mehreren Einlagerer Miteigentümer des ganzen Vorrates nach Bruchteilen (§ 948 BGB); der Lagerhalter selbst wird nicht Eigentümer, ist aber befugt, jedem Einlagerer den ihm gebührenden Anteil ohne Genehmigung der anderen auszuliefern (§ 419 Abs. 1 u. 2 HGB). Die Auslieferung des einem Einlagerer gebührenden Anteils durch den Lagerhalter stellt nach hL eine Verfügung desselben über das Eigentum an der ausgelieferten Menge dar.[13] Schließlich sieht § 419 Abs. 3 HGB die Möglichkeit vor, zu vereinbaren, daß das Eigentum an dem hinterlegten Gut auf den Lagerhalter übergeht und dieser nur zur Rückgabe von Sachen gleicher Art und Menge verpflichtet ist; in diesem Fall finden die Vorschriften über das Lagergeschäft keine Anwendung, sondern die des BGB über die unregelmäßige Verwahrung (§ 700 BGB).

Die Verwahrung von Wertpapieren durch die Banken regelt das DepotG vom 4. 2. 1937. Es kennt 3 Arten der Verwahrung: die Sonderverwahrung (§ 2), die Sammelverwahrung (§ 5) und die Tauschverwahrung (§ 10). Die heute praktisch wichtigste Art ist die *Sammelverwahrung*. Bei ihr darf der Verwahrer „Wertpapiere einer und derselben Art ungetrennt von seinen eigenen Beständen derselben Art oder von solchen Dritten aufbewahren oder einem Dritten zur Sammelverwahrung anvertrauen". Der Einlieferer verliert mit dem Eingang beim Sammelverwahrer sein bisheriges Eigentum an den eingelieferten Stücken und erwirbt stattdessen „Miteigentum nach Bruchteilen an den zum Sammelbestand des Verwahrers gehörenden Wertpapieren derselben Art" (§ 6 Abs. 1 DepG).[14] Kauft der Kunde durch Vermittlung der verwahrenden Bank Wertpapiere, so erhält er nicht die betreffenden Stücke, sondern lediglich den entsprechenden Miteigentumsanteil von dem Sammelbestand der Bank; zu dessen Erwerb genügt die Übersendung eines Stückeverzeichnisses durch die Bank, zu der diese dem Kunden verpflichtet ist (§ 18 DepG). Obgleich der Kunde das gekaufte Wertpapier selbst nie zu Gesicht bekommt, ist er durch das Stückeverzeichnis bereits mit seiner Absendung weitgehend vor Benachteiligungen durch die Bank und vor Beweisschwierigkeiten geschützt.[15] Eine weitere Vereinfachung der Verwahrung für die Banken stellt die Möglichkeit dar, sie einem Dritten, nämlich einer vom Bundesminister der Justiz als solcher zugelassenen *Wertpapiersam-*

---

[12] Anders die hL, die hier nur Verzugsansprüche gewährt. Nach *Erman/Seiler* 3 zu § 696 bedarf es der Analogie zu § 557 deshalb nicht, weil das Verwahrungsverhältnis stets erst mit der tatsächlichen Rückgabe der Sache ende. Das ist jedoch mindestens dann, wenn es für eine bestimmte Zeit eingegangen war, zweifelhaft. Das Rücknahmeverlangen steht in diesem Fall einer Kündigung des Verwahrungsverhältnisses aus wichtigem Grunde gleich, beendet dieses mit sofortiger Wirkung. Auch bei Eingehung auf unbestimmte Zeit erfüllt das Rücknahmeverlangen die Funktion der Kündigung. (So auch *Medicus* SchR. II § 107 II 1 aE.; *MünchKomm/Hüffer* 5 zu § 696). § 557 ist aber nicht analog anwendbar, wenn der Verwahrer die hinterlegte Sache wegen des Verwahrungsentgelts zurückbehält; vgl. OLG Celle, NJW 67, 1967.
[13] Über die sich hier ergebenden Probleme vgl. *Karsten Schmidt*, Handelsrecht, § 33 VI 2.
[14] Vgl. *Canaris*, Bankvertragsrecht 2. Aufl. Rdz. 2104.
[15] Vgl. *Canaris* aaO. Rdz. 1949 ff., 1969.

§ 58   1. Abschn. 3. Kap. Tätigkeit im Dienste oder Interesse eines anderen

melbank (§ 1 Abs. 3 DepG), zu übertragen. In diesem Fall hat die Bank dem Kunden einen Miteigentumsanteil an dem zum Sammelbestand der Wertpapiersammelbank gehörenden Wertpapieren der betreffenden Art zu verschaffen (§ 24 Abs. 1 DepG; zur Zulässigkeit der ,,Drittverwahrung" § 3 DepG). Der Kunde erwirbt den Miteigentumsanteil mit der Eintragung eines Übertragungsvermerks im Verwahrungsbuch seiner Bank (§ 24 Abs. 3 DepG). Diese ist verpflichtet, ihm die Verschaffung des Miteigentums unverzüglich mitzuteilen. Die tatsächliche Lieferung von Wertpapieren wird so, ähnlich wie beim bargeldlosen Zahlungsverkehr, durch Buchungsvorgänge ersetzt.[16] Den letzten Schritt in dieser Richtung stellt die Ausstellung und Hinterlegung einer *,,Sammelurkunde"* an Stelle der sonst üblichen Einzelurkunden (einzelner Aktien oder Schuldverschreibungen über Teilbeträge) dar (§ 9a DepG).[17] Für die Sammelurkunde gelten die Vorschriften über die Sammelverwahrung sinngemäß; an der Summe der in ihr verbrieften Einzelrechte sind daher Miteigentumsanteile möglich und ebenso wie die an einem Sammelbestand übertragbar. Der Erwerber eines Einzelrechts bekommt eine dieses verkörpernde Urkunde nicht nur nicht zu sehen, eine solche existiert überhaupt nicht; an ihrer Stelle existiert nur die Sammelurkunde. Allerdings kann er nach § 9a Abs. 3 DepG verlangen, daß die Sammelurkunde insoweit durch einzelne Wertpapiere ersetzt wird, als dies erforderlich ist, um seinem Verlangen gemäß § 7 DepG nach Auslieferung einzelner Stücke nachzukommen.

Von der eigentlichen Verwahrung ist die **unregelmäßige Verwahrung** (,,depositum irregulare"), das sog. Hinterlegungsdarlehen, zu unterscheiden. Hier werden vertretbare Sachen oder auch Geld in der Weise hinterlegt, daß *das Eigentum daran auf den Verwahrer übergehen* und dieser nur dazu verpflichtet sein soll, Sachen von gleicher Art, Güte und Menge (oder die gleiche Summe Geldes) zurückzugewähren (§ 700 BGB). Auf den ersten Blick gesehen, handelt es sich dann um ein Darlehen. Das Gesetz bestimmt denn auch grundsätzlich die Anwendung der Vorschriften über das Darlehen. Indessen unterscheidet sich die unregelmäßige Verwahrung vom Darlehen in ähnlicher Weise wie die regelmäßige von der Leihe. Die Hingabe des Darlehens geschieht im Interesse des Darlehensnehmers, um diesem die Kapitalnutzung zu ermöglichen. Dagegen geschieht die Hingabe der Sachen oder des Geldes bei der unregelmäßigen Verwahrung vorwiegend im Interesse des Hinterlegers, der der Mühe oder der Risiken der Aufbewahrung enthoben sein will. Das Interesse des Verwahrers (Empfängers), die empfangenen Gegenstände oder die Geldsumme für sich zu nutzen, findet nur soweit Berücksichtigung, als dies mit dem Interesse des Hinterlegers, sie jederzeit zurückfordern zu können, wenn er sie benötigt, vereinbar ist. Das Gesetz trägt dem durch die Bestimmung Rechnung, daß sich Zeit und Ort der Rückgabe im Zweifel nach den Vorschriften über den Verwahrungsvertrag richten. In dem Aufschub der Rückforderung beim Darlehen hatten wir den rechtlichen Ausdruck dafür gefunden, daß der Darlehensgeber, entsprechend dem wirtschaftlichen Sinne des Darlehens, dem Darlehensnehmer auf Zeit zur Belassung des Kapitals verpflichtet ist. Das Recht des Hinterlegers zu jederzeitiger Rückforderung bei der unregelmäßigen Verwahrung ist demgegenüber der Ausdruck dafür, daß hier eine Pflicht, das Kapital zu belassen, nicht besteht. Der typische

---

[16] Vgl. *Canaris* aaO. Rdz. 1988 ff., 1993.
[17] *Canaris* aaO. Rdz. 2042, 2126 ff.; vgl. auch Rdz. 1817.

Sinn und Zweck des Verhältnisses ist nicht der des Darlehens, sondern der der Verwahrung, wenn auch die Art und Weise der Ausführung einen darlehensartigen Charakter trägt.

Die unregelmäßige Verwahrung kann auch in der Weise begründet werden, daß der Hinterleger dem Verwahrer gestattet, hinterlegte vertretbare Sachen (oder Geld) zu verbrauchen. Mit dem Zeitpunkt, zu dem sich der Verwahrer die Sachen aneignet, verwandelt sich dann die regelmäßige Verwahrung in eine unregelmäßige.[18]

An dem Charakter der unregelmäßigen Verwahrung wird dadurch allein nichts geändert, daß der Verwahrer, wie das bei der Einlage von „täglichem Geld" bei Banken und Sparkassen üblich ist,[19] eine geringe Zinsvergütung zahlt. Sobald aber die Rückforderung, wie das bei Termingeld und bei Spareinlagen der Fall ist, erst nach einer bestimmten Frist erfolgen kann oder von einer Kündigung abhängig gemacht wird, § 695 also nicht anwendbar ist, überwiegt der Charakter des Darlehens.

§ 59. Die Einbringung von Sachen bei Gastwirten

Literatur: *Hohloch*, Grundfälle zur Gastwirtshaftung, JuS 84, 357; *Koch*, Zur Neuregelung der Gastwirtshaftung, VersR 66, 705; *Lindemeyer*, Die Haftung des Hotelwirts für die eingebrachten Sachen des Gastes, BB 83, 1504; *Niessen*, Zur Reform der Haftung für Beherbergungsbetriebe, MDR 66, 718; *Weimar*, Die Neuregelung der Gastwirtshaftung, NJW 66, 1155.

Wer sich als Gast in einem Hotel oder in einer Fremdenpension aufhält, ist genötigt, seine mitgebrachten Sachen dort zu lassen, ohne sie jederzeit selbst beaufsichtigen oder so verschließen zu können, daß außer ihm selbst niemand sich Zugang verschaffen kann. Denn der Zutritt zu dem von ihm bewohnten Zimmer steht während seiner zeitweiligen Abwesenheit in der Regel wenigstens dem Wirt und seinen Leuten offen. Der Gast muß also darauf vertrauen, daß der Wirt soweit wie möglich Vorkehrungen für die Sicherheit trifft und die nötige Kontrolle ausübt. Wenn diese Sachen dem Wirt auch nicht zur Aufbewahrung gegeben sind – Besitzer bleibt in der Regel der Gast –, so befinden sie sich doch in seinem Schutzbereich; es ist nach dem Sinne des Beherbergungsvertrages Aufgabe des Wirtes, für den Schutz dieser Sachen Vorsorge zu treffen, soweit das in seiner Macht steht. Über diese, im Beherbergungsvertrage – er mag sich im Einzelfall als Mietvertrag oder als ein aus Elementen des Miet-, Kauf-, Dienst- und Werkvertrages gemischter Vertrag darstellen – begründete Schutzpflicht des Gastwirtes hinaus trifft ihn eine **gesetzliche Einstandspflicht,** die keine nach-

---

[18] *Heussner*, Der Übergang der regelmäßigen Verwahrung in eine unregelmäßige Verwahrung oder ein Darlehen, 1921.
[19] Zur Rechtsnatur des Einlagengeschäfts *Canaris*, Bankvertragsrecht Rdn. 63f.

weisliche Verletzung der Schutzpflicht und somit kein Verschulden des Gastwirts oder seiner Leute voraussetzt und auch nicht an den Abschluß eines Beherbergungsvertrages, sondern allein an die Tatsache der ,,Aufnahme" des Gastes und der ,,Einbringung" der Sachen des Gastes geknüpft ist.[1] Das so geschaffene gesetzliche Schuldverhältnis tritt *ergänzend neben den Vertrag,* soweit ein solcher geschlossen wird. Seine Voraussetzungen und sein Inhalt ergeben sich im näheren aus den §§ 701 bis 703. Der systematische Standort dieser Vorschriften im Gesetz ist irreführend, da sie mit dem Verwahrungsvertrag und überhaupt mit dem Vertragsrecht nichts zun tun haben; sie gehören in den Zusammenhang der Gefährdungshaftung oder, allgemeiner, der Haftung für zurechenbare Schadensrisiken, die jedoch im BGB keinen eigenen Standort gefunden hat.

Die genannten Vorschriften, die bis auf das römische Recht zurückgehen und vom BGB aus dem gemeinen Recht übernommen wurden, sind durch Gesetz vom 24. 3. 1966 in einiger Hinsicht geändert oder erweitert worden. Die Neuregelung geht zurück auf ein Europäisches Abkommen über die Haftung der Gastwirte, das am 17. 12. 1962 in Paris unterzeichnet wurde. Es verpflichtet die Unterzeichnerstaaten, ihr nationales Recht den in diesem Abkommen niedergelegten Grundsätzen anzupassen. Zweck des Abkommens war, den Reisenden in allen beteiligten Ländern einen gewissen Schutz hinsichtlich der von ihnen in Gasthäusern eingebrachten Sachen zu gewährleisten.

Nach der grundlegenden Vorschrift des § 701 Abs. 1 hat ,,ein Gastwirt, der gewerbsmäßig Fremde zur Beherbergung aufnimmt, den Schaden zu ersetzen, der durch den Verlust, die Zerstörung oder die Beschädigung von Sachen entsteht, die ein im Betriebe dieses Gewerbes aufgenommener Gast eingebracht hat". Ausgenommen von der Haftung sind jedoch Fahrzeuge,[2] Sachen, die in einem Fahrzeug belassen worden sind, und lebende Tiere (§ 701 Abs. 4). Entscheidend ist, neben der ,,Aufnahme" des Gastes in den Beherbergungsbetrieb, die Verbringung seiner Sachen in den *räumlichen Herrschaftsbereich* des Gastwirts. Für die Sicherheit der Sachen innerhalb dieses Bereichs soll der Gastwirt seinem Gast einstehen. Vertragliche Ansprüche, etwa aus der Verletzung einer Schutzpflicht, bleiben unberührt; wichtig ist das vor allem für Körper- und Gesundheitsschäden sowie für die nach Abs. 4 von der Gastwirtshaftung ausgenommenen Sachen.

Im einzelnen ist zu bemerken:

1. Es muß sich um einen Gastwirt handeln, der ,,gewerbsmäßig Fremde zur Beherbergung aufnimmt". Die Verabreichung nur von Speisen und Getränken genügt also nicht. Auch für Krankenan-

---

[1] So die heute hL; *Enn./L.* § 173 I 2, *Esser/Weyers* § 39 I; *Brox* Rdn. 332; *Fikentscher* § 87 I 2; *Medicus,* SchR II § 108 I; *Koch* aaO. S. 709; *Hohloch* aaO. S. 359; *Erman/Schopp* 2 vor, *Jauernig/ Vollkommer* 1 a zu § 701.

[2] Zu denken ist hier wohl in erster Linie an Kraftfahrzeuge und an Fahrräder. Kinderwagen und Krankenfahrstühle, die mit auf das Zimmer genommen werden, fallen m. E. nicht darunter. So auch *Palandt/Thomas* 6, *Jauernig/Vollkommer* 2 d zu § 701. AA *Koch* aaO zu Anm. 81.

§ 59. Die Einbringung von Sachen bei Gastwirten   § 59

stalten gilt die Bestimmung nicht, da der Hauptzweck der Aufnahme nicht die Beherbergung, sondern die ärztliche Betreuung und die Pflege ist. Zweifelhaft ist die Anwendung auf Schlafwagengesellschaften; die hL hält die Transportleistung der Bahn für so überwiegend, daß eine „Beherbergung" nicht gegeben sei.[3] Das überzeugt nicht: mit der Schlafwagengesellschaft wird ein besonderer Vertrag geschlossen, der Reisende erhält nicht nur einen „Platz", sondern einen „Raum"; die Beförderung wird ihm nicht von der Schlafwagengesellschaft, sondern von der Bahn geschuldet. Die Leistung der Schlafwagengesellschaft entspricht durchaus der eines Hotelwirts, nämlich Gewährung von Unterkunft und des dazu gehörenden Service. Auch das Risiko des Verlustes des Gepäcks ist vergleichbar. Das alles sollte doch wohl *für* die Anwendung der Vorschrift sprechen.[4] Nicht anwendbar ist die Vorschrift dagegen auf den Reiseveranstalter im Sinne des § 651 a.[5] Auch wenn dieser Beherbergungsleistungen schuldet, wird er damit noch nicht zum Gastwirt im Sinne des § 701. Entscheidend ist, daß die Sachen nicht in *seinen* räumlichen Herrschaftsbereich verbracht werden, sondern nur in den der beteiligten Gastwirte. Lediglich soweit diese eine Verletzung ihrer vertraglichen Sorgfaltspflicht trifft, haftet er für deren Verschulden als das seiner Erfüllungsgehilfen. Die außervertragliche Haftung des Gastwirts trifft ihn nicht.

2. Der Gast muß „im Betriebe dieses Gewerbes" – also zur Beherbergung und im Rahmen des Betriebes, nicht nur als privater Besucher des Wirtes – „aufgenommen" sein. Die Aufnahme ist nach heute hL ein tatsächlicher Akt, kein Rechtsgeschäft, also nicht identisch mit dem Abschluß eines Beherbergungsvertrages. Sie kann gleichwohl nicht ohne den Willen des Gastwirts geschehen; jedoch genügt ein Verhalten, das nach der Verkehrsauffassung als Ausdruck dieses Willens anzusehen ist, wie Empfangnahme des Gepäcks durch den Hoteldiener am Bahnhof oder die Bemerkung: „Es wird sich schon ein Zimmer finden, lassen Sie Ihr Gepäck vorläufig hier".

3. Es muß sich um Sachen handeln, die der Gast „eingebracht" hat. Als eingebracht gelten (§ 701 Abs. 2):

a) Sachen, die in der Zeit, in der der Gast zur Beherbergung aufgenommen ist, in die Gastwirtschaft oder an einen von dem Gastwirt oder dessen Leuten angewiesenen oder von dem Gastwirt allgemein hierzu bestimmten Ort außerhalb der Gastwirtschaft (z. B. in einen Schuppen) gebracht oder sonst außerhalb der Gastwirtschaft von dem Gastwirt oder dessen Leuten in Obhut genommen sind;

b) Sachen, die innerhalb einer angemessenen Frist *vor* oder *nach* der Zeit, in der der Gast zur Beherbergung aufgenommen war, von dem Gastwirt oder seinen Leuten in Obhut genommen sind. Dadurch wird klargestellt, daß der Gastwirt auch dann haftet, wenn er Sachen des Gastes vorläufig in Obhut genommen hat, ohne ihm schon eine Unterkunft zugesagt oder in Aussicht gestellt zu haben.

Eine Anweisung oder eine Übernahme der Sache durch „Leute des Gastwirts" liegt nur dann vor, wenn die betreffenden Personen durch den Gastwirt zu diesen Verrichtungen bestellt oder wenn sie „nach den Umständen als dazu bestellt anzusehen" waren.

Nicht erforderlich ist nach der Neufassung des § 701 im Jahre 1966, daß die von dem Gast eingebrachten Sachen ihm auch gehören. Obgleich die frühere Fassung einen Schaden des Gastes verlangte, hatte die Lehre hier, wenn die von ihm eingebrachten Sachen nicht dem Gast gehörten, einen Fall des ersatzfähigen

---

[3] So *Staudinger/Werner* 17, *MünchKomm/Hüffer* 15, *Palandt/Thomas* 2, *Jauernig/Vollkommer* 2a zu § 701; *Esser/Weyers* § 39 II.
[4] So besonders *Oertmann* 1b zu § 701 („Die rechtspolitischen Gründe der Sonderhaftung treffen Punkt für Punkt auch in dem hier streitigen Fall zu"); *Heck* S. 362; *v. Tuhr* Bd. I, S. 42; *Soergel/Mühl* 3, *Erman/Schopp*, 4 zu § 701; *Fikentscher* § 87 II 1; für das österreichische Recht (mit rechtsvergleichender Übersicht) *Voggenberger*, Jur. Blätter 1955, Heft 9/10. „Doch wohl zu bejahen" ist die Anwendung nach *Medicus*, SchR II, § 108 II 1.
[5] Dafür aber das LG Frankfurt, NJW 83, 2263; das LG Berlin, NJW 85, 2425; *Tempel*, JuS 84, 90; *Jauernig/Vollkommer* 1c–bb zu § 701; dagegen überzeugend *Blaschczek*, JZ 84, 136; auch *Palandt/Thomas* 2 zu § 701.

Drittschadens angenommen (vgl. Bd. I § 27 IV b). Die Neufassung gibt Anlaß zu der Frage, wem der Ersatzanspruch in solchen Fällen zusteht: dem Gast (als Anspruch auf Ersatz eines Drittschadens) oder direkt dem Eigentümer? Mit dem *Wortlaut* der jetzigen Bestimmung wäre beides zu vereinbaren. Indessen liegt es nahe, anzunehmen, daß der Gesetzgeber lediglich die bisherige Lehre, nach der der Gast den Schaden des Eigentümers liquidieren kann, hat legalisieren wollen. Dafür spricht insbesondere der unveränderte Wortlaut des § 703, in dem von dem ,,dem Gast auf Grund der §§ 701, 702 zustehenden Anspruch" die Rede ist. Es ist auch zweckmäßig, daß der Gast die nötigen Schritte unternimmt, da er am ehesten in der Lage ist, die in § 703 vorgeschriebene Anzeige zu machen und Beweismittel sicherzustellen. Es handelt sich also jetzt um einen gesetzlich anerkannten Fall der Drittschadensliquidation.[6]

Die Ersatzpflicht tritt, wie bisher, nicht ein, wenn der Schaden ,,von dem Gast, einem Begleiter des Gastes oder einer Person, die der Gast bei sich aufgenommen hat, oder durch die Beschaffenheit der Sachen oder durch höhere Gewalt verursacht wird" (§ 701 Abs. 3). ,,Höhere Gewalt" sind von außen auf den Betrieb der Gastwirtschaft einwirkende Ereignisse, wie Erdbeben, Blitzschlag, Orkan, die auch bei äußerster Sorgfalt durch den Wirt und seine Leute nicht abgewandt werden konnten und auch nicht, wie etwa Diebstähle, zu dem gerade mit der Beherbergung verbundenen *typischen Risiko* gehören, das durch die Haftung dem Gastwirt auferlegt werden soll.

Die wichtigste Änderung, die die Neuregelung gebracht hat, ist folgende: die Haftung des Gastwirts ist grundsätzlich **unabdingbar,** aber für die Regelfälle **der Höhe nach beschränkt.** Bis zur Neuregelung war sie der Höhe nach unbegrenzt, aber, wenn auch nur unter leicht erschwerten Bedingungen, abdingbar.

Der *Höchstbetrag,* bis zu dem der Gastwirt normalerweise haftet, beträgt das Hundertfache des Beherbergungspreises für einen Tag, jedoch mindestens 1000 und höchstens 6000 DM. Für ,,Geld, Wertpapiere und Kostbarkeiten" beträgt der feste Höchstbetrag 1500 DM (vgl. § 702 Abs. 1). Als ,,Beherbergungspreis" ist der (aus dem Anschlag im Zimmer ersichtliche oder übliche) Preis des dem Gast überlassenen Zimmers ohne Nebenleistungen (wie Frühstück, Heizung, Bedienung) anzusehen; war dem Wirt noch kein bestimmtes Zimmer überlassen, so ist der durchschnittliche Zimmerpreis des betreffenden Gasthauses zugrunde zu legen. Werden mehrere Gäste in einem Zimmer untergebracht, so haftet der Gastwirt jedem Gast für seinen Schaden bis zu dem vollen Höchstbetrag; als ,,Beherbergungspreis" ist der auf jeden entfallende Anteil am Zimmerpreis anzusehen.[7] Im Falle mitwirkenden Verschuldens eines Gastes ist nicht etwa die Höchstsumme herabzusetzen. Vielmehr ist zunächst die gesamte Schadenssumme in dem sich aus § 254 ergebenden Verhältnis aufzuteilen. Auf den danach dem Gast zu ersetzenden Schaden findet sodann die Höchstsumme Anwendung.[8]

Der Gastwirt ist verpflichtet, Geld, Wertpapiere, Kostbarkeiten ,,und andere Wertsachen" zur Aufbewahrung zu übernehmen, sofern sie nicht ,,im Hinblick auf die Größe oder den Rang der

---

[6] So auch *Esser/Weyers* § 39 III 2, *Fikentscher* § 87 II 5; *MünchKomm/Hüffer* 27, *Erman/Schopp* 8, *Palandt/Thomas* 1, *Jauernig/Vollkommer* 2c aa aE zu § 701. Dagegen aber *Hagen,* Die Drittschadensliquidation im Wandel der Rechtsprechung, 1971, S. 223f.

[7] BGHZ 63, 65, 66.

[8] BGHZ 63, 65, 73.

§ 59. Die Einbringung von Sachen bei Gastwirten § 59

Gastwirtschaft von übermäßigem Wert oder Umfang" oder etwa gefährlich sind. Hat er sie übernommen oder ihre Übernahme zur Aufbewahrung entgegen seiner gesetzlichen Verpflichtung abgelehnt, so haftet er unter den Voraussetzungen des § 701, also wenn sie eingebracht sind und kein Fall des § 701 Abs. 3 vorliegt, *der Höhe nach unbeschränkt* (vgl. § 702 Abs. 2 Nr. 2 und Abs. 3). Er haftet ferner – ebenfalls ohne Rücksicht auf das Zustandekommen eines Beherbergungsvertrages, sofern nur die Voraussetzungen des § 701 vorliegen – dann unbeschränkt, wenn der Verlust, die Zerstörung oder die Beschädigung einer eingebrachten Sache von ihm selbst oder seinen Leuten verschuldet ist (§ 702 Abs. 2 Nr. 1). Hierbei ist an Fälle zu denken, in denen Sachen des Gastes durch unsorgsames Verhalten des Personals, etwa bei der Reinigung des Zimmers, beschädigt oder zerstört werden, aber auch an Fälle, in denen ein Diebstahl durch das Fehlen einfachster Sicherheitsvorkehrungen begünstigt wurde.[9]

Ein Mitverschulden des Gastes – z. B. besonders nachlässige Aufbewahrung – ist in allen Fällen nach § 254 zu berücksichtigen. Sofern die Haftung des Gastwirts eine summenmäßig beschränkte ist, hat das Gericht bei der Anwendung des § 254 zunächst den auf den Wirt entfallenden Schadensanteil zu berechnen und den so errechneten Betrag alsdann auf die Höchstsumme zurückzuführen.[10]

Soweit die Haftung den nach § 702 Abs. 1 maßgeblichen Höchstbetrag nicht übersteigt, kann sie nicht im voraus erlassen werden (§ 702a Abs. 1 Satz 1). Auch soweit sie ihn (in den Fällen des § 702 Abs. 2) übersteigt, kann sie nicht im voraus erlassen werden für den Fall, daß dem Wirt oder seinen Leuten Vorsatz oder grobe Fahrlässigkeit zur Last fällt oder daß es sich um Sachen handelt, deren Übernahme zur Aufbewahrung er entgegen seiner gesetzlichen Verpflichtung abgelehnt hatte (§ 702a Abs. 1 Satz 2). Eine Beschränkung der gemäß § 702 Abs. 2 eintretenden, grundsätzlich unbeschränkten Haftung (bis auf den Höchstbetrag gemäß § 702 Abs. 1) ist danach nur möglich für den Fall lediglich *leichter* Fahrlässigkeit des Gastwirts oder seiner Leute und hinsichtlich der zur Aufbewahrung übernommenen Sachen. Ein danach zulässiger Erlaß ist nur wirksam, ,,wenn die Erklärung des Gastes schriftlich erteilt ist und wenn sie keine anderen Bestimmungen enthält" (§ 702a Abs. 2). Hiernach genügt es z. B. nicht, daß sich eine derartige Klausel auf einem von dem Gast unterschriebenen Anmeldeformular oder in den ihm zur Unterschrift vorgelegten allgemeinen Beherbergungsbedingungen, einer Hotelordnung oder dergleichen befindet. Es soll nach Möglichkeit sichergestellt werden, daß der Gast, der unterschreibt, sich dessen bewußt wird, daß er auf gesetzlich ihm zustehende Rechte verzichtet.

Der Gast hat dem Gastwirt unverzüglich, nachdem er von dem Verlust, der Zerstörung oder der Beschädigung der eingebrachten Sache Kenntnis erlangt hat, Anzeige zu machen. Unterläßt er dies, so erlischt sein Anspruch (§ 703 Satz 1; Fall einer gesetzlichen Verwirkung des Anspruchs). Der Gastwirt soll dadurch in die Lage versetzt werden, so schnell wie möglich Nachforschungen anzustellen und Maßnahmen gegen eine Wiederholung zu treffen. Die Erfüllung dieser Pflicht, die besser wohl als eine ,,Obliegenheit" zu bezeichnen wäre, liegt auch im eigenen Interesse des Gastes, der sich nur so Beweismittel sichern und vor weiteren ähnlichen Verlusten schützen kann. Doch trifft den Gast die Obliegenheit nicht, wenn die Sachen von dem Gastwirt zur Aufbewahrung übernommen waren oder wenn diesen oder seine Leute ein Verschulden trifft (§ 703 Satz 2).

Da das gesetzliche Schuldverhältnis gemäß §§ 701 ff. nur ergänzend *neben*, nicht an die Stelle des vertraglichen Schuldverhältnisses aus dem regelmäßig

---

[9] Zu den Diebstahlsfällen vgl. *Lindemeyer* aaO., der in solchen Fällen die Verletzung einer Verkehrssicherungspflicht des Gastwirts annimmt.
[10] Vgl. BGHZ 32, 149.

abgeschlossenen Beherbergungsvertrag tritt, so bleibt die Haftung des Gastwirts aus dem Vertragsverhältnis unberührt.[11] Für sie gelten weder die Höchstsummen des § 702, noch die Einschränkung der Haftung gemäß § 701 Abs. 4. Sie ist zwar im allgemeinen eine Haftung nur für ein Verschulden des Gastwirts und seiner Leute (§§ 276, 278); soweit der Beherbergungsvertrag aber ein mietrechtliches Element enthält und deshalb auch Mietrecht anzuwenden ist, kann auch die Garantiehaftung des § 538 zur Anwendung kommen. Sie wird, soweit es sich um ein Kraftfahrzeug handelt, nicht etwa durch § 701 Abs. 4 ausgeschlossen.[12]

Für seine Forderungen für Wohnung ,,und andere dem Gaste zur Befriedigung seiner Bedürfnisse gewährte Leistungen", also aus dem Beherbergungsvertrag, ,,mit Einschluß der Auslagen", etwa aus einer Geschäftsbesorgung für den Gast, hat der Wirt ein **gesetzliches Pfandrecht** an den eingebrachten Sachen des Gastes (§ 704). Dieses ist dem Pfandrecht des Vermieters nachgebildet, und wohl nur als eine besondere Ausgestaltung desselben anzusehen. Das Pfandrecht besteht nur an den Sachen, die dem Gast gehören. Der Wirt kann entgegen § 560 Satz 2 der Mitnahme des Gepäcks bei der Abreise des Gastes, obgleich sie den ,,gewöhnlichen Lebensverhältnissen" entspricht, widersprechen, wenn er noch Forderungen hat und soweit die zurückbleibenden Sachen zu seiner Sicherung nicht offenbar ausreichen, da andernfalls sein Pfandrecht ziemlich wertlos wäre.[13] Soweit er der Entfernung zu widersprechen berechtigt ist, darf er sie gemäß § 561 Abs. 1 ,,auch ohne Anrufen des Gerichts verhindern" (Selbsthilfe) und die Sachen bei Abreise des Gastes in seinen Besitz nehmen.

---

[11] BGHZ 63, 333, 336. Zu dem Zusammenspiel der Gastwirtshaftung und der Vertragshaftung *Hohloch* aaO. S. 360 ff. Auch die Haftung aus culpa in contrahendo und die Deliktshaftung bleiben unberührt.
[12] BGHZ 63, 333, 337. Der BGH meint, andernfalls werde der Gastwirt gegenüber anderen Vermietern privilegiert. Die praktische Bedeutung des § 701 Abs. 4 ist danach allerdings nur gering.
[13] HL; so *Enn./L.* § 174, 2, *Medicus* SchR, § 108 IV, und alle Kommentare.

Sachverzeichnis

Abhilfeanspruch (bei Reisemängeln) 382, 384
Ablieferung der Kaufsache 63
Abnahme des Werkes 352, 362 ff.
Abnahmepflicht des Bestellers 363; des Käufers 94, 189
Abschluß -freiheit 313; -pflicht 156
Abstraktionsgrundsatz 10 ff., 21, 159
Abwicklungspflichten 270 ff., 282, 291, 293, 338 ff., 458; s. auch Rückgewährschuldverhältnis
Abzahlungskauf 127 ff., 174
Änderungs -kündigung 285; -vertrag 216, 301
Äquivalenzstörung 68, 289
Akkordlohn 310, 317
aliud 41, 80, 143, 184 f., 349
Allgemeine Geschäftsbedingungen 46 ff., 91, 108, 135 ff., 229, 333, 345, 353 f., 383, 390, 393, 398
Altenheimvertrag 248 Anm. 127
Altwagenkauf 46
Aneignungsgestattung 197, 278
Anfängliche Unmöglichkeit 32, 67, 160, 238, 388 Anm. 108
Anfängliches Unvermögen 32 f., 233
Anfechtung wegen Irrtum 40, 73 ff., 315; wegen Täuschung 75
Annahme als Erfüllung 48, 238
Annahmeverzug s. Gläubigerverzug
Anwaltspraxis (Verkauf) 170
Anwartschaftsrecht des Vorbehaltskäufers 115 ff., 250, 374
Anzeigepflicht des Geschäftsführers 447; des Hinterlegers 457; des Mieters 226, 238 f.; des Reisenden 384; des Unternehmers 370; des Verwahrers 457; des Gastes 465; s. auch Aufklärungspflicht, Rügepflicht des Käufers
Arbeits -kraft 164; -pflicht 315 f.; -unfall 325; -verhältnis 308 f., 316, 317 f., 323 ff., 327 ff., 332 f., 334; -vertrag 308, 313 f.; -verweigerung 336
Architektenvertrag 311, 343, 357 f., 370 Anm. 110. 375
Arglistiges Verschweigen oder Vorspiegeln 35, 47, 48, 59 f., 203, 239, 294, 353; s. auch Anfechtung wegen Täuschung
Arzneimittel 88
Arzt -praxis (Verkauf) 170 f.; -praxisräume 219, 280; -vertrag 310 f., 315, 318, 338
„Auch fremdes" Geschäft 439 ff.

Aufhebung des Kaufvertrages (internat. Kauf) 180, 183 f., 185 f., 188, 190 f.
Aufklärungspflicht des Verkäufers 26, 71, 75, 203; des Warenherstellers 85, 88, 90; des Maklers 402, 404; s. auch Anzeigepflicht, Auskunftspflicht
Auflage (bei einer Schenkung) 208 ff.
Auflassung 11, 25, 30
Auftrag 408 ff.
Aufwendungen, Ersatz von 131, 225 f., 347, 368, 397, 417 f., 448 f., 458; s. auch Verwendungen
Auskunft, Haftung für 426 ff.
Auskunftspflichten 26, 171, 402, 416, 426 ff., 448; s. auch Anzeige-, Aufklärungspflicht
Auslegung des Einheitlichen Kaufgesetzes 174
Auslobung 405 ff.; und Wette 406
Aussonderung im Konkurs 14, 105, 111, 113 f., 132
Ausstattung 199

Bank -auskunft 429, 430; -überweisung 410; -vertrag (sog. allgemeiner) 429
Barzahlungspreis 132
Bau -beschränkungen 29, 39; -kostenzuschuß 247 f., 275 f.; -vertrag 345, 363 Anm. 88, 371, 377 f.; -werk 352, 357 f., 364, 366, 374 f.
Beanstandung eines Landpachtvertrages 292
Bearbeitungsgebühren (beim Darlehen) 304
Bedingter Kaufvertrag 8, 99 ff., 144, 147 f., 151 f., 158
Bedingte Übereignung s. Eigentumsvorbehalt
Beförderungsvertrag 344 f., 365
Befreiungsklausel (internat. Kauf) 180
Beherbergungsvertrag 461, 466
Beobachtungspflicht (des Warenherstellers) 88
Beratungs -pflicht 27, 71, 426 ff.; -verträge 426 f.
Berechtigtes Interesse des Vermieters 256 f.
Berufshaftung 430 f.
Beschäftigungspflicht 325
Beschreibung der Pachtsache 286
Beseitigungsanspruch (bei Sachmängeln) 47, 51 Anm. 53, 67, 185, 234, 347 f., 352, 382
Besitz, Besitzverschaffung 22 f., 96, 161, 218, 293 f., 456; s. auch Recht zum Besitz
Besitzschutz (des Mieters) 241
Betriebs -risiko 328 f.; -übergang 316
Bewachter Parkplatz 456
Beweislast - Änderung der Beweislast in Allgemeinen Geschäftsbedingungen 142; - bei Pro-

Sachverzeichnis

Zahlen = Seiten

duzentenhaftung 85 ff., 90; - bei unterschiedlicher Behandlung 313; - für fehlendes Verschulden 348 Anm. 19, 457; - für Rechtsmangel 33; -gemäß internat. Kaufgesetz 180
Billigung (Kauf auf Probe) 143 f.; des Werkes 365 f.
Börsendienst 426
Brunnensalzfall 81

Causa (Rechtsgrund) 21, 403; -abrede 199, 200
Chance, Kauf einer 8 f., 170 f.
Clausula rebus sic stantibus 302; s. auch Geschäftsgrundlage
Culpa in contrahendo s. Verschulden bei Vertragsverhandlungen

Darlehen 296 ff.
Darlehens -versprechen 302; -vertrag 300 ff.
Dauerschuldverhältnis (Miete) 212, 219, 254, 263; (Darlehen) 299 f., 305; (Dienstvertrag) 313, 336; (Auftragsverhältnis) 412, 420; (Verwahrung) 456
Depositum irregulare 460
Dienst -leistung 308, 315; -leistungszeugnis 340, 433; -verhältnis 313, 315 ff.; 331 ff.; -verschaffungsvertrag 311; -vertrag 308, 312 ff. und Werkvertrag 309 ff.
Differenztheorie 195
Dingliches Rechtsgeschäft 10 f., 25, 107 f., 159
Direktionsrecht 308
Disagio 304 f.
Dispositives Recht 3, 175
Dombrandfall 441
Doppelmakler 400, 401
Drittschaden 83, 464
Druckwerk, mangelhaftes 40
Duldungspflicht des Mieters 227 f.; des Pächters eines Landgutes 287

Effektiver Jahreszins 132
Ehemaklervertrag, Ehevermittlung 199, 403 f.
Eigenbedarf des Vermieters 257
Eigenschaften, zugesicherte einer Sache 42 f.; eines Werkes 346
Eigenschaftsirrtum, Anfechtung 73 f., 185, 238
Eigentums -erwerb 121; -übergang 11, 25, 30, 97, 104 ff.; -vorbehalt 106 ff., 131, 140, 250, 373; (Erweiterungen) 123 ff.
Eingebrachte Sachen des Gastes 463, des Mieters 250
Einheitliche Kaufgesetze 172 ff.
Einrede des nicht erfüllten Vertrages 28, 69, 234, 347; des Notbedarfs 205; des Zurückbehaltungsrechts 141, 270

Einstandspflicht, gesetzliche, des Gastwirts 461 ff. s. Garantie, Gewährleistung
Eintritt in ein Pachtverhältnis (Landpacht) 289; von Familienangehörigen in das Mietverhältnis 268 f.
Empfehlungen, Haftung für 423 ff.
Emtio rei speratae, emtio spei 8 f.
Entgangener Gewinn 60, 83, 192
Entlastungsbeweis 85, 87
Erbschaftskauf 96, 169
Erfüllungs -anspruch 30, 41, 78, 80, 180, 183, 185 f., 202, 210, 232, 234, 350 f., 362; -gehilfe 82 Anm. 1, 178, 227, 315, 380, 390, 424; -interesse 60, 193, 235, 351; -ort 100, 188, 367; -übernahme 249
Erhaltung der Mietsache 219 f., 227; der Pachtsache (Landpacht) 286, 288; der verliehenen Sache 295; der verwahrten Sache 457; des Inventars 283
Erhöhung des Kaufpreises, nachträgliche 91, 136 f.; - des Mietzinses 258 ff.; - des Pachtzinses (Landpacht) 287
Erlaß 197
Erprobungskauf 145 f.
Ersetzungsbefugnis 92, 205; des Reisenden 391
Ertragsrisiko (bei Pacht) 281, 289
Europäischer Gerichtshof 314
Eviktionshaftung 31, 34

Fahrlässigkeit s. grobe F.; Sorgfalt „wie in eigenen Angelegenheiten"
Falschlieferung 41, 80, 185
Fehler der Sache (als Sachmangel) 38 ff., 59, 184, 233, 294, (als Schadensursache) 82; der Reise 383 f., 389; des Unternehmens 165 f.; des Werkes 347 ff.
Ferienwohnung 257, 380 Anm. 148
Fertighaus 378
Feuerwehr 440
Fixgeschäft 28
Formerfordernis beim Abzahlungskauf 132, 133; beim Grundstückskauf 7, 156, 158; bei der Grundstücksmiete 215 f; bei Haustürgeschäft 134; bei der Landpacht 286, 290; bei der Wohnungsmiete 215 f., 257 ff., 263, 264, 266; beim Schenkungsversprechen 201; für die Beschränkung der Haftung des Gastwirts 465, s. auch Schriftform
Fortsetzung des Mietverhältnisses (Wohnungsmiete) 266 f.; des Pachtverhältnisses (Landpacht) 290, 291
Fortzahlung des Lohns 320 ff.
Freistellungsanspruch des Arbeitnehmers 330, 419

Zahlen = Seiten

Sachverzeichnis

Fremdgeschäftsführungswille 438, 439 ff.
Fristlose Kündigung 224, 227, 232, 239, 262 f., 291, 296, 303, 306, 335 ff., 369, 393 f., 402, 403, 420
Früchte der Pachtsache 278, 280; des verpachteten Unternehmens 278
Fürsorgepflicht 323 ff., 328, 340, 372, 419, 455
Fütterungskosten 221, 283, 295, 458

Garantenstellung 432, 434
Garantie beim Kauf 42 ff., 58, 62; beim Werkvertrag 359 ff.; des Warenherstellers 71, 83; s. auch gesetzliche G.
Garantievertrag 83, 362
Garderobe, Haftung für 454 f.
Gastwirt (Haftung) 461 ff.; (Pfandrecht) 466
Gaszugfall 72 f., 89
Gattungskauf 7 f., 37, 70, 77 ff., 99, 142, 182, 186
Gebrauchsrecht des Mieters 229 ff.; des Pächters 278; des Entleihers 295
Gebrauchtwagenkauf 46
Gefahrgeneigte Arbeit s. schadensgeneigte Arbeit
Gefahrübergang beim Kauf 95 ff., 144, 189; beim Werkvertrag 363, 367
Gefälligkeit (ohne rechtliche Bindung) 411 f., 424
Gegenseitiger Vertrag, Gegenseitigkeit der Leistungen 6, 90, 189, 194, 218, 278, 298, 312, 318 ff., 341 f., 379, 396, 401, 455
Geld -darlehen 297; -schuld 91 f.
Gemischte Schenkung 198
Genehmigung der Geschäftsführung 446; durch eine Behörde 7, 152
Gerichtsstandvereinbarung 129
Geschäfts -besorgung 408 ff., 421 ff., 436 ff.; -fähigkeit 446; -führung ohne Auftrag 435 ff.; -grundlage 74, 206 Anm. 30, 210, 224, 289; -räume 261, 279; -verbindung 429
Gesetzliche Garantie des Verkäufers bei Rechtsmangel 32 ff., 160 f.; des Vermieters für anfängliche Mängel 235 ff.; 386; 466
Gesetzliche Pfandrechte s. Pfandrecht
Gesollte Beschaffenheit der Kaufsache 39, 43; des herzustellenden Werkes 346
Gestaltungs -recht 147, 151, 157 f.; -urteil 55 f., 267; s. auch richterliche Vertragsgestaltung
Gewährleistungsansprüche des Käufers 51 ff., 66 ff., 137, 161 f.; des Mieters 232 ff.; des Bestellers 347 ff.; s. auch gesetzliche Garantie
Girovertrag 422
Gläubigerverzug 94, 96, 319, 367, 370
Gleichbehandlungsgrundsatz 313, 326
Globalzession 124 f.

Gratifikation 199
Grobe Fahrlässigkeit 140, 201 f., 294, 327, 446
Grober Undank 205 f.
Grundstücks -kauf 7, 26, 100, 156, 158; -makler 395; -miete 215 f., 240, 243 f., 249 ff., 261; -pacht 278, 282, 285 ff.; s. auch Raummiete, Wohnungsmiete
Gutgläubiger Erwerb des Anwartschaftrechts 119 f.; des Eigentums 30, 121; des gesetzlichen Pfandrechts (des Vermieters) 250, (des Unternehmers) 373

Härteklausel 266, 291
Haftungsbeschränkung durch den Gastwirt 465; im Reisevertrag 390; in Allgemeinen Geschäftsbedingungen 46, 137, 139 f., 239, 353 f.
Handels -kauf 8, 49, 80; -makler 395, 400
Hand -leihe 294; -schenkung 200
Hauptmängel (beim Viehkauf) 50, 58
Haustürgeschäft 134
Hebebühnenfall 72
Herausgabe -anspruch des Eigentümers 23, 106, 113, 117, 240, 242 f., 374; des Auftraggebers 416; des Geschäftsherrn 448; -pflicht des auftraglosen Geschäftsführers 448, des Beauftragten 416; s. auch Rückforderungsrecht, Rückgabepflicht
,,Hersteller" im Sinne des § 950 BGB 122
Herstellungspflicht des Unternehmers 341 f., 346, 375 ff.
Herstellungstheorie 54
Hoffnungskauf 8 f.
Höchstbeträge der Haftung des Gastwirts 464
Höhere Gewalt 393, 464
Hotelzimmer 257
Hühnerpestfall 86
Hundepension 458
Hypothek am Baugrundstück 374 f.

Ideeller (immaterieller) Schaden 387 f.
Innerbetrieblicher Schadensausgleich 327 f.
Instruktionspflicht des Warenherstellers 85, 90
Internationaler Kauf 174 f., 177 ff.
Internationales Privatrecht 172
Inventar 282; Verpachtung 283 f.
Inzahlungnahme des Altwagens 92 ff.
Irrtumsanfechtung 40, 73 ff., 315

Jugendwohnheim 257
Jus ad rem 18, 21

Kauf 6 ff.; auf Probe 143; einer Sache 22 ff., 375 f.; einer Chance 8, 170; einer Erbschaft 169; einer Praxis 170; eines Rechts 159 ff.; ei-

469

Sachverzeichnis

Zahlen = Seiten

nes Unternehmens 164 ff.; mit Umtauschberechtigung 145; nach Probe 142; unter Eigentumsvorbehalt 106 ff.; zur Probe 143; s. auch Abzahlungskauf, Erprobungskauf, Handelskauf, Gattungskauf, internationaler Kauf, Vorkauf, Wiederkauf
Kauf -angebot 158; -eigenheim 378; -gegenstand (unkörperlicher) 164, 170 f.; -preis 90 f., 95 ff., 127, 132, 187
,,Kauf bricht (nicht) Miete" 243
Käufer -pflichten 90, 94 f., 187, 189; -schutz 127 ff.
Kaution (des Mieters) 253
Kettenarbeitsverträge 335
Kommissionsvertrag 409
Konkreter s. subjektiver Fehlerbegriff
Konkurs des Käufers 105 f., 111, 113; des Verkäufers 14, 114; des Mieters 252; des Vermieters 244; -anfechtung 207; s. auch Aussonderung im Konkurs
Kontokorrent-, Konzernvorbehalt 126, 141
Kostenanschlag 369
Kosten der Auflassung und Eintragung 95; der Erhaltung der -Miet- (Pacht)sache 219 f., 286; der verliehenen Sache 295; der verwahrten Sache 457; des mitverpachteten Inventars 283; - der Übergabe 24; der Versendung 95
Kredit -eröffnungsvertrag 302 f.; -kauf 127 ff.; -sicherung 104 ff., 297, 302; s. auch Pfandrechte, gesetzliche
Kraftfahrzeugkauf s. Alt-, Neuwagenkauf
Kündigung der Geschäftsbesorgung 423; der Leihe 296; der Miete 254 ff., 257 ff.; der Pacht 282, 290 f. (Landpacht); des Auftrags 420; des Darlehens 305; des Dienstverhältnisses 331 ff., 335 ff.; des Maklervertrages 402 f.; des Reisevertrages 384 f., 393; des Werkvertrages 369; s. auch fristlose Kündigung
Kündigungsschutz für Arbeitnehmer 334; für Wohnungsmieter 255 ff., 266 ff.
Kunsthandel 46

Lagergeschäft 459
Land -pacht 285 ff.; -wirtschaft 286
Lasten der Kaufsache 24; der Mietsache 221
Ledergürtelfall 81, 84
Leiharbeitsverhältnis 312
Leihe 213, 293 ff.; und Miete 222; und Schenkung 197 Anm. 4
Leistungs -ort (Kauf) 91, 100 f., 183, 188; -substrat 337, 368, 392; -träger 380 f., 386, 390
Lieferung (internat. Kauf) 182 ff.
Lieferungskauf 375
Listenpreis 91, 136

Lohn -anspruch des Dienstverpflichteten 317 ff.; des Maklers 399 ff.; des Werkunternehmers 343 f., 362, 368 f.; -fortzahlung im Krankheitsfall 320 ff.
Loskauf 9

Maklervertrag 395 ff.
Mangel s. Rechts-, Reise-, Sachmangel; –, des Werkes 346 ff.
Mangelfolgeschaden 61 ff., 70 ff., 203 f., 236, 238, 294 f., 354 ff., 361, 387
Marktpreis 91, 132, 193
Mehrere Makler 399
Miete 212 ff.; kein dingliches Recht 240; und Leihe 222
Mieter -darlehen 248, 275; -kaution 253; -schutz 213, 255 ff.; -wechsel 216
Miet -spiegel 259; -verhältnis 218 ff., (Übergang) 243 ff.; (Beendigung) 254 ff.; (Verlängerung) 264 ff.; (Fortsetzung) 266 ff.; (Abwicklung) 270 ff.; -zins 222 ff., (Erhöhung) 258 ff.
Minderung beim Tausch 194 ff.; des Kaufpreises 57 f., 78, 186; des Mietzinses 234; des Reisepreises 384; des Werklohns 348
Mittelbarer Besitz des Vorbehaltsverkäufers 113
Mitverschulden 226, 329, 418 f., 450, 465
Mitwirkung des Bestellers 370 ff.
Modernisierung vermieteter Wohnungen 227
Modifizierte Vertragstheorie 56
Möblierte Zimmer (Vermietung) 257, 260, 266 f.
Mutmaßlicher Wille 443 f., 446

Nachbesserung bei der Miete 234; beim Kauf 47, 51, 67, 137 f., 185 f.; beim Werkvertrag 347; s. auch Abhilfeanspruch
Nachträgliche Unmöglichkeit, nachträgliches Unvermögen 27, 32, 140, 221, 233, 371, 388
Nachwirkende Pflichten 340 f.
Nebenkosten der Miete 222, 259
Nebenleistungen 57, 154
Nebenpflichten des Käufers 95; des Mieters 274; des Verkäufers 26, 70 f.
Neuherstellung des Werkes 349
Neuwagenkauf 92 ff., 136
Nichterfüllung beim internat. Kauf 179; der Pflichten des Verkäufers 27 f.; des Unternehmers 347 ff.; s. auch Erfüllungsanspruch, Schadensersatz wegen Nichterfüllung
Notbedarf (Einrede) 205
Nothilfe 447, 450
Nutzungen (Herausgabe) 52; (Vergütung) 130, 133
Nutzungsrecht des Käufers 24, 96 f., 99, 111, 161; des Pächters 278 f., (bei Landpacht) 288

Zahlen = Seiten

Sachverzeichnis

Obhutspflicht des Entleihers 295; des Mieters 225f., 274; des Verwahrers 456f.
Objektive Fahrlässigkeit 178
Objektiv fremdes Geschäft 439
Obliegenheiten des Käufers 49, 95, 185; des Bestellers beim Werkvertrag 371; des Reisenden 384
Öffentliche Abgaben und Lasten 25, 29, 221
Öffentliche Versteigerung 50, 250
Öffentlichrechtliche Verwahrung 455
Örtliche Vergleichsmiete 259
Operation 311
Options -recht, -vertrag 157f.
Organperson (Verschulden) 87

Pacht 275ff.
Parkplatz (Benutzung) 456
Partiarische Pacht 281
Partner-Vermittlung 404
Pauschalierung des Schadens beim Reisevertrag 393
Pfandrecht, gesetzliches des Gastwirts 466; des Pächters am Inventar 284; des Vermieters 249ff.; des Verpächters 289; des Unternehmers 373ff.
Pfändung des Anwartschaftsrechts 118
Pflicht- und Anstandsschenkung 199 Anm. 12, 205, 207
Positive Forderungs- (Vertrags)verletzung 26, 70f., 140, 142, 202, 225, 327, 354ff., 369, 387, 426f.
Praxis -kauf 170; -tausch 194
Preis -ausschreiben 407; -erhöhung, nachträgliche 91, 136f.; -gefahr 95ff., 161, 189, 363, 367f., 377
Prioritätsgrundsatz bei Forderungsabtretungen 124
Privatautonomie 5, 177, 249
Produzentenhaftung 80ff.
Prospekthaftung 433f.
Publizitätsgrundsatz 11, 108

Quantitätsmangel 41, 53
Quantitative Teilunmöglichkeit 195

Raterteilung 423ff.
Ratenkauf s. Abzahlungskauf
Raum -leihe 456; -miete 227f., 261, 274, 280, 456; -pacht 280; s. auch Grundstücksmiete, Wohnungsmiete
Räumungsfrist 274
Real -akt 22, 406 Anm. 3; -schenkung 200; -vertrag 293, 298, 456
Rechenschaftspflicht 416, 448

Recht zum Besitz - des Entleihers 295; - des Käufers 23, 111f., 117f.; - des Mieters 241f., 247; -des Verwahrers 456
Rechtfertigungsgrund 448
Rechts -grund 21, 403; -grundabrede 199, 200; -kauf 159ff.; -mangel (beim Kauf) 28ff., 159f., 162f., 165, 187; (bei der Leihe) 294; (bei der Miete) 233f.; bei der Pacht 278; (bei der Schenkung) 203; -widrigkeit 451
Regreßnorm 436, 442
Reise -mängel 383ff., 389f.; -veranstalter 380; -vertrag 379ff.
Relatives Recht zum Besitz 23, 117, 242
Richterliche Vertragsgestaltung 267, 288, 290, 291, 292
Risikozurechnung beim Werkvertrag 368f.; s. auch Betriebsrisiko, Ertragsrisiko, Schadensrisiko
Rück -erstattungsanspruch (Darlehen) 297, 299; -forderungsrecht des Hinterlegers 458; des Schenkers 205; des Verleihers 296; -gabepflicht des Beauftragten 416; des Entleihers 295f.; des Mieters 270ff.; des Pächters 284, 291; -gewährschuldverhältnis 51f. (Wandlung), 131 (Rücktritt), 133 (Widerruf), 191 (Vertragsaufhebung), 207 (Widerruf), 386, 394 (Kündigung beim Reisevertrag); -nahmepflicht des Hinterlegers 458
Rückkaufsrecht 146f.
Rücktrittsrecht des Reisenden 392; des Verkäufers 105, 106, 130, 131; des Vermieters von Wohnraum 268
Rügepflicht des Käufers 49, 185, 377; s. auch Anzeigepflicht des Mieters, des Reisenden

Sach -früchte 278,; -kauf 7, 22ff.; -mängel beim Kauf 35ff., 161f., 165ff., 179, 184f.; bei der Leihe 294; bei der Miete 233ff.; bei der Pacht 280, 286; bei der Schenkung 203f.; -pfändung beim Anwartschaftsrecht 118f.; -walter 428
Safarireisefall 390
Sammel -urkunde 460; -verwahrung von Wertpapieren 459f.
Schadens -ersatz wegen Nichterfüllung 60, 79, 192f., 202f., 235, 351; -geneigte Arbeit 327ff.; -minderungspflicht 193, 339; -risiko bei Auftrag und Geschäftsführung 417ff., 449f.
Schätzungswert, Verpachtung des Inventars 283f.
Scheck 201 Anm. 16
Schenkung 196ff.; gemischte 198; unter Ehegatten 206; unter einer Auflage 208f. - und Leihe 197 Anm. 4

471

Sachverzeichnis

Zahlen = Seiten

Schenkungsversprechen 200 ff.
Schlafwagengesellschaft 463
Schließfach 456
Schmiergelder 417 Anm. 19
Schönheitsreparaturen 220
Schriftform 132, 133, 134, 215 f., 257 f., 259, 266, 286, 290, 465; s. auch Formerfordernis
Schuld -abänderung 216, 301; -beitritt 216, 270; -ersetzung 92, 301; -verhältnis ohne primäre Leistungspflicht 404, 427, 429, 430
Schuldnerverzug s. Verzug
Schutzpflichten 26, 202, 203 f., 294, 426 f., 429, 457
Schweigen als Billigung 144; auf die Erteilung eines Auftrags 414
Schwimmerschalterfall 71 f., 89
Selbstgefährdung im Straßenverkehr 450 f.
Selbstmörder, Aufwendungsanspruch des Retters 445
Selbsthilferecht des Gastwirts 466; des Vermieters 251 f.
Sicherungs -abtretung (in Vbdg. mit Eigentumsvorbehalt) 123; -hypothek am Baugrundstück 374; -übereignung 110, 122
Sollbeschaffenheit der Kaufsache 39, 43; des herzustellenden Werkes 346
Sorgfalt wie in eigenen Angelegenheiten 457
Sorgfaltspflicht des Beauftragten 413 f.; des Dienstverpflichteten 315; des Mieters 225; des Verwahrers 457; des Wiederverkäufers 149
Soziales Mietrecht 213 f., 255 ff., 266 ff.
Sozialklausel im Wohnmietrecht 266
Spielschuld 199
Staffelmiete 260
„Stillschweigende" Vereinbarung einer Vergütung 314, 343, 398, 456
Störung des Hausfriedens 227
Studentenwohnheim 257
Stückkauf 7, 36, 51 ff.
Stundung 105, 154
Subjektiv fremdes Geschäft 439
Subjektiver (konkreter) Fehlerbegriff 38 f., 43, 166, 184, 233 Anm. 72, 346
Substitut 414
Surrogationstheorie 195

Tagespreis (bezogen auf den Tag der Lieferung) 91, 136
Tarifvertrag 318, 322
Tausch 194 ff.
Täuschung s. Anfechtung, arglistiges Verschweigen
Taxe, taxmäßige Vergütung 318, 344, 399
Teilweise Unmöglichkeit 195, 388 f.

Theaterbesuchsvertrag 344, 364 f.
Tod des Auftraggebers 420; des Beauftragten 420; des Beschenkten 206; des Dienstberechtigten 311; des Dienstverpflichteten 311; des Mieters 261, 268 f.
Traditionspapier 22
Transportgefahr 101 f., 367
Treupflicht des Beauftragten 413; des Dienstverpflichteten 323, 326; des Maklers 401
Treuhandverhältnis 198, 414, 422
Treu und Glauben s. Gesetzesregister §§ 157, 242
Trinkgeld 199
Typengemischte Verträge 5, 93, 198, 376, 378
Typus 4

Überbau 29
Übergabe 22, 96 f., 218, 375
Übergang des Arbeitsverhältnisses 316; des Mietverhältnisses 243 f. 268 f.
Überlassung des Gebrauchs der Mietsache 230 f.; der Pachtsache 287
Übernahmeverschulden 451
Übertragung des Anwartschaftsrechts 115; des Auftrags 414
Üblicher Lohn 318; Werklohn 344
Umtauschberechtigung beim Kauf 145
Unangemessen hoher Mietzins 222
Unbebaubarkeit eines Grundstücks 29, 39; des Nachbargrundstücks 39
Unberechtigte Geschäftsführung 437, 451
Unechte Geschäftsführung ohne Auftrag 452
Unentgeltliche Zuwendungen 196 f., 201
Unerlaubte Handlung neben Vertragshaftung 71 f., 359
Unkörperliche Vermögensgegenstände, Verkauf 164 ff., 170 ff
„Unmittelbarer" Mangelfolgeschaden 356 f.
Unmöglichkeit der Leistung, Unvermögen des Schuldners s. anfängliche, nachträgliche Unmöglichkeit u. Unvermögen
Unregelmäßige Verwahrung 460
Unter -beauftragung 415; -miete 230, 231, 271, 273
Untergang der Mietsache 221; des hergestellten Werkes 363, 367
Unternehmens -kauf 163 ff.; -pacht 278
Unternehmer -pfandrecht 373 ff.; -risiko 342, 363
Urlaubszeit, nutzlos aufgewendete 387

Venire contra factum proprium 449
Veräußerung der Mietsache 260; der Pachtsache 287

Zahlen = Seiten

Sachverzeichnis

Veräußerung der vermieteten Sache 242 ff.
Verarbeitungsklausel 122
Verdingungsordnung für Bauleistungen 345, 353
Vereinbarungsdarlehen 301
Verwirkungsklausel 130
Verfolgungsrecht im Konkurs 105
Vergleichsmiete, örtliche 259
Verhinderung am Gebrauch der Mietsache 223; an der Dienstleistung 320
Verjährung der Ansprüche aus (im Zusammenhang mit) Kauf, wegen Sachmängeln 63 ff., 76; wegen eines Mangelfolgeschadens 70 f., 76; aus Leihe 296; aus Miete und Pacht 276 ff., 288; aus Werkvertrag, des Vergütungsanspruchs 378, wegen Mängeln des Werks 352 ff., wegen Mangelfolgeschadens 355 ff.; aus Reisevertrag wegen Reisemängeln 388
Verkauf s. Kauf
Verkehrs (-sicherungs)pflicht 85, 88, 294
Verlängerter Eigentumsvorbehalt 123
Verlängerung des Dienstverhältnisses 331; des Mietverhältnisses 264 ff.
Verlorener Baukostenzuschuß 275 f.
Vermieterpfandrecht 249 ff.
Vermietung von Wohnraum zu nur vorübergehendem Gebrauch 257, 260, 266
Vermögens -gesamtheit 163 ff.; -schaden (allgemeiner) 424
Verpachtung eines landwirtschaftlichen Grundstücks 285 ff.; mit Inventar 282 ff.
Verschulden bei Vertragsverhandlungen 50 Anm. 51, 59, 75 f., 82, 140, 203, 238, 359, 414, 427, 434
Verschuldensvermutung 86 f., 348 Anm. 19, 457
Verschweigen eines Fehlers s. arglistiges V.
Verschweigung (Rechtsverlust durch) 48, 364
Verschwiegenheitspflicht des Arbeitnehmers 326, 341; des Arztes 341; des Beauftragten 414; des Maklers 402
Versendungs -kauf 100 f., 182, 188; -werkvertrag 367
Versendungskosten beim Kauf 95
Versprechens -darlehen 300; -leihe 294
Vertrag mit Schutzwirkung für Dritte 83, 221
Vertrags -freiheit 3, 91, 128, 214; -gerechtigkeit 68; -grundsatz 1; -lücke 91, 136; -strafe 131, 225, 398; -theorie (Wandlung) 54; -typen 1, 4 f.; -übernahme 116, 249, 316; -verletzung s. Nichterfüllung, positive Forderungsverletzung, Verzug
Vertrauens -haftung 84, 429 ff.; -schaden 203, 314, 359, 414, 427
Vertretbare Sachen 174, 297, 375 f.

Verwahrung 454 ff.; - von Wertpapieren 459
Verwendungen, Ersatz von 52, 131 Anm. 12, 149, 221, 274, 277, 288
Verwirkungsklausel (beim Abzahlungsgeschäft) 130
Verzinsliches Darlehen 298 f., 304 f.
Verzinsung der Kaution 253; des Kaufpreises 53, 95; fremden Geldes 416, 458
Verzug des Bestellers (mit seiner Mitwirkung) 370 f.; des Käufers (mit der Abnahme) 94; (mit der Zahlung) 106, 111 f., 131, 188; des Mieters 224; des Pächters (Landpacht) 287; des Schenkers 202; des Unternehmers 347 f., 352; des Verkäufers 28, 31, 140, 183; s. auch Gläubigerverzug
Viehkauf 50, 52, 58, 63
Vollziehung der Auflage 209; der Wandlung 51, 53 ff.; der Minderung 57
Voraus -abtretung der Forderungen 123; -verfügung über den Mietzins 245 f.; -zahlung des Mietzinses 246 ff.; - des Reisepreises 383, 385 f.
Vorhand 156
Vorkaufsrecht 150 ff.; dingliches 155; gesetzliches 150 f.; durch Vertrag begründetes 152
Vormerkung 14, 150, 155, 374
Vormiet-, Vorpachtvertrag 217 f.
Vorvertrag 156, 218, 293 f., 300 f., 302
Vorweggenommene Erbfolgen 289

Wandlung beim Kauf 51 ff., 78; beim Werkvertrag 348, 351
Warenhersteller, Haftung 80 ff.
Wegnahmerecht des Entleihers 296; des Mieters 274; des Pächters (Landpacht) 288; des Wiederverkäufers 149
Weisung 410
Weisungsbefugnis des Auftraggebers 414; des Dienstberechtigten 308
Weitergabe des Auftrags 415; des Eigentumsvorbehalts 125; des Verwahrungsauftrags 457
Werkvertrag 341 ff.; und Dienstvertrag 309 ff.
Werk -förderungsvertrag 301 Anm. 15; -lieferungsvertrag 174, 375 ff.; -lohn 343, 362 ff., 371; -wohnungen 261, 268
Wertpapier -verkauf 162 f., 174; -verwahrung 459
Wettbewerbsverbot 341
Wette 199, 406
Wichtiger Grund 263, 306, 335, 402, 403, 420, 458
Widerruf der Auslobung 406; der Schenkung 205; des Abzahlungskaufs 133; des Auftrags 420; des Darlehensversprechens 302; des

473

Sachverzeichnis

Zahlen = Seiten

Haustürgeschäfts 134; des Maklerauftrags 402
Widerspruchsrecht des Wohnungsmieters 266 f.; der Erben des Pächters (bei Landpacht) 290
Wieder -kauf, -kaufsrecht 146 ff.; -verkaufsrecht 150
Wohnungs -mietrecht 256 ff., 266 ff.; -vermietung zu nur vorübergehendem Gebrauch 257, 260, 266 f.; -vermittlung 395, 399
Wucherisches Darlehen 299, 305

Zeitliche Priorität s. Prioritätsgrundsatz
Zeitschriften-Abonnement 134
Zeugnis 340, 433

Zinsen; s. verzinsliches Darlehen, Verzinsung
Zupacht eines Grundstücks (bei Landpacht) 289, 291
Zurückbehaltungsrecht 141, 270
Zusicherung einer Eigenschaft beim Kauf 42 ff., 58 f., 62, 142; bei der Miete 233 ff.; beim Werkvertrag 346, 359 f.
Zuwendung, unentgeltliche 196 ff.
Zwangsversteigerung 35, 50, 100, 122, 132, 244
Zwangsvollstreckung 35, 50, 114, 122
Zwingende (nicht abdingbare) Vorschriften 4, 46 f., 128 ff., 135 ff., 224, 227, 228, 230, 256 ff., 260, 266 ff., 269, 274, 288 ff., 313, 322, 323 f., 333, 353 f., 377, 382 ff., 465

Verzeichnis der Gesetzesstellen

Fette Zahlen = Paragraphen oder Artikel des Gesetzes,
magere Zahlen = Seiten des Buches

Bürgerliches Gesetzbuch

27: 408
86: 408
95: 274
97: 282
99: 278
119: 40, 45, 48, 73 ff., 238
122: 84
123: 75
125: 215, 258
126: 215
128: 158
130: 177, 154, 421
134: 222, 223
138: 91, 124, 222, 305
139: 16, 171
140: 337
145: 158, 177, 200
148: 158
151: 83
155: 91
157: 26, 95, 98, 136, 230, 315, 381, 420
158: 99 f., 107, 113
159: 145
161: 115, 120, 122
162: 403
167: 413
177: 448
185: 31, 123, 271, 413, 448
194: 23, 54
195: 70, 168, 356
196: 378
197: 276
198 ff.: 276
201: 276
205: 63
209: 64
225: 353
229: 252
230: 252
242: 26, 50, 95, 103, 228, 263, 271, 290, 315, 325, 326, 352, 404, 414, 427
243: 37, 68
244 ff.: 91
247: 306
249: 351 Anm. 31
252: 339
253: 387
254: 47, 193, 226, 254, 273, 322, 329, 339, 358, 386, 418 f., 450, 455, 464, 465
257: 417
258: 274 f.
259: 418
267: 116
269: 100 f.
270: 92, 416 Anm. 18
271: 104
273: 141, 374
275: 8, 27, 32, 95, 99 f., 102, 195, 211, 221, 233, 273, 319
276: 27, 32 f., 178, 225, 339, 360, 386, 389, 424, 446, 455, 466
278: 26, 32 f., 83, 101, 178, 225, 330, 339, 360, 380, 386, 389, 414, 424, 428, 455, 466
280: 202, 210, 273
281: 27, 273
284: 28, 104
286: 28, 94, 104, 202, 210
287: 94, Anm. 14, 295
288: 92, 104, 224
293 ff.: 96
294: 272, 320, 347
295: 320, 370
300: 272
304: 370
305: 406, 433
306: 32, 48, 99, 160 f., 238, 346
307: 160 f.
308: 8
313: 7, 132, Anm. 20, 145, 148, 152, 156, 159, 165, 169, 378
315 ff.: 56, Anm. 69, 91, 267, 318, 344, 399
320 ff.: 9, 27, 30, 33, 66 ff., 90, 234, 298, 315, 347
321: 190, 302
322: 90, 234
323: 9, 27, 32, 69, 93, 95, 96, 99, 101, 102, 195, 221, 233, 235, 238, 281, 320, 388, 394, 409
324: 45, 96, 221, 233, 235, 238, 319, 371
325: 14, 28, 32 f., 35, 69, 105, 140, 160, 211, 233, 238, 388, 389
326: 28, 31, 33, 69, 79, 80, 94, 104, 105, 111, 115, 140, 184, 211, 224, 238, 369, 389
327: 369, 381
328: 381, 391
330: 208
339 ff.: 131
343: 56, Anm. 69, 134, 395
346: 50, 53, 79 f., 130, 191, 207, 369, 392
347: 52 f., 130
348: 53
349: 53, 191
350: 34, 52, 133, 192
351: 34, 35, 49, 52, 79, 133, 192
352: 52
353: 52
354: 53
361: 28
362: 41, 304
363: 48, 365
390: 65
397: 49
398: 159
399: 423
404: 160
409: 247
413: 159
419: 170
426: 330, 358
433: 6, 22, 25, 28, 36, 67, 90, 94, 149, 159
434: 25, 28, 30, 36, 67, 69, 160, 166, 244, 377
435: 26
436: 26, 28, 29
437: 160 f., 163, 166, 169
438: 161, 162
439: 30, 33
440: 27, 29, 30 ff., 111, 160, 161, 166, 187, 194, 203, 377
441: 161

475

Verzeichnis der Gesetzesstellen

Fette Zahlen = Paragraphen

442: 35
443: 35
444: 26
446: 17, 24, 96ff., 102, 107, 111, 144, 146, 194, 377
447: 96, 101ff., 145, 182, 194, 367
448: 24, 95
449: 95
451: 161
452: 95, 194
453: 91
454: 105, 111, 130
455: 106ff., 114f., 130, 377
459: 36, 37ff., 40, 42, 47, 49, 58, 66ff., 75, 78, 82, 98, 161, 168, 184f., 194
460: 47f., 74, 185, 238
461: 44, 50, 51, 53, 59
462: 66, 70, 169
463: 44, 48, 51, 58ff., 65, 66, 69, 70, 76, 79, 82, 90, 142, 236, 351, 355
464: 45, 79
465: 52, 53ff., 79, 186
466: 53
467: 50, 52f., 55, 79
468: 42, 53
469: 53
470: 53
471: 53
472: 57, 186, 195, 384
473: 57, 195
474: 58
475: 58
476: 46
476a: 138, 347
477: 29, 40, 49, 52, 53f., 57, 63f., 70, 71, 78, 167f., 187, 378
478: 57, 65
479: 65, 95, 187
480: 37, 78ff., 90, 376
481ff.: 50, 52, 58, 63
487: 52
494: 142

495: 143f.
496: 144, 146
497: 146f.
498: 149
499ff.: 149f.
501: 146
503: 146, 148, 158
504: 151
505: 151
506: 154
507: 154
508: 154
509: 154
510ff.: 153
515: 194f.
516: 196, 200
517: 197
518: 200f.
519: 205
521: 202, 204 Anm. 22
522: 202 Anm. 19
523: 200, 203
524: 203f.
525: 208
526: 210
527: 211
528f.: 205
530ff.: 205f.
534: 199, 205
535: 213, 216, 218
536: 218, 234, 280
537: 222, 223, 224, 233, 234f., 237f., 239, 280, 384
538: 226, 235, 236ff., 241, 271, 280, 386, 456, 466
539: 226, 235, 238
540: 239
541: 223, 234, 242, 271
541a: 227
541b: 227f.
542: 232, 238, 239, 262
543: 232, 239
544: 239, 262
545: 226, 235, 238f., 387
546: 221, 286
547: 221, 274
547a: 274, 288

548: 220, 225, 272, 283
549: 230ff., 261, 287
550: 225, 229, 230, 288
550a: 225
550b: 253
551: 223, 249, 287, 305
553: 225, 227, 231, 262, 263, 287
554: 224, 234, 249, 262f., 287, 291
554a: 227, 263
554b: 263
556: 231, 270ff.
556a: 254, 256, 258, 262, 264, 266f., 268, 271, 291
556b: 265, 268
556c: 268
557: 272ff., 282, 292, 458
557a: 248, 275
558: 276f., 289, 296
559: 119, 249, 250, 252, 289
560: 251, 466
561: 251f., 466
562: 252
563: 252
564: 238, 254, 261, 305
564a: 254, 257f., 262, 263, 266
564b: 254, 256ff., 260, 262ff., 265, 267, 271
564c: 258, 265
565: 254, 258, 260f., 268
565a: 254, 264f.
565b: 268
565c: 268
565d: 268
565e: 268
566: 215ff., 286
567: 261, 290
568: 254, 265
569: 261, 268ff.
569a: 261f., 269f.
569b: 261, 269
570: 262, 282
570a: 268

571: 25, 215, 217, 218, 243, 244, 248, 289
572: 245
573: 246
574: 248
577: 247, 249
578: 249
579: 244, 245
580: 215
581: 25, 213, 270, 280, 285
582: 283
582a: 283f.
583: 284
583a: 285
584: 282
584a: 282
584b: 282, 292
585: 282f.
585a: 286
585b: 286
586: 286, 287, 288
586a: 286
587: 287
588: 287
589: 287
590: 288
590a: 288
590b: 288
591: 288
591a: 288
591b: 289
592: 289
593: 289, 290, 292
593a: 289
593b: 289
594ff.: 290f.
595: 291
595a: 291
596: 287, 291
596aff.: 292
597: 292
598: 213, 293f., 455
599: 294f.
600: 294f.
601: 295, 296
602: 295
603: 293, 295
604: 293, 295, 296
605: 295, 305
606: 295
607: 297f., 301
608: 304

magere Zahlen = Seiten

Verzeichnis der Gesetzesstellen

609: 305
610: 302, 303
611: 308, 312
611a: 313f., 326, 335
611b: 314
612: 314, 317f., 326
612a: 326
613: 315f., 423
613a: 316f., 335
614: 318
615: 319, 325, 337
616: 320ff.
617: 324
618: 324, 336, 372, 419
619: 324, 419
620: 331
621: 331f.
622: 332f.
624: 333
625: 331, 401
626: 316, 335f., 338, 401
627: 338, 343, 403, 420, 423
628: 339, 349
629: 340
630: 340
631: 309, 342
632: 343f., 362
633: 67, 310, 346, 347, 350, 358, 360f., 362, 364, 371, 383
634: 138, 346, 348, 349ff., 352, 355, 358, 359f., 361, 364, 377, 387
635: 346, 348, 350ff., 354, 355f., 362, 377, 386, 387
636: 351, 352
637: 353, 377
638: 345, 352f., 356ff., 360, 378
639: 63, 353
640: 347, 352, 364
641: 362, 381
642: 370ff., 377
643: 371f., 377
644: 342, 367, 377, 381
645: 368, 370, 371f., 377, 392

646: 353, 363, 364, 365, 381
647: 250, Anm. 133, 373
648: 375
649: 343, 369, 370, 371, 392
650: 370
651a: 379f., 382f., 463
651b: 391
651c: 382, 383ff.
651d: 384, 386, 387
651e: 386, 388, 390, 391, 392, 393, 394f.
651f: 386, 387, 390, 391
651g: 390
651h: 390
651i: 391, 392f., 394
651j: 392, 393ff.
651k: 382, 390
652: 395, 397ff.
653: 398f.
654: 400, 402, Anm. 28
655: 403
656: 199, 403f.
657: 405
658: 406
659ff.: 407
660: 400
662: 409f., 413, 421, 423, 438
663: 414
664: 413, 414f., 423
665: 415f., 423
666: 416, 448
667: 409, 416, 448
668: 416, 458
669: 417
670: 417, 418, 423, 448, 458
671: 415, 416, 420, 423, 448
672: 420
673: 420
674: 421
675: 408, 410, 414, 421ff.
676: 412, 424, 425
677: 436, 437, 438, 439ff., 446f., 451, 453
678: 437, 453
679: 445
680: 438, 452
681: 437, 446, 447, 448, 453
682: 446, 452, 453
683: 436, 437, 438, 439ff., 443, 445, 446f., 450, 451
684: 437, 446, 451, 452
685: 449
686: 446, Anm. 37
687: 437, 438, 452, 453
688: 454
689: 456, 458
690: 457
691: 457
692: 458
693: 458
694: 457
695ff.: 458
700: 299, 460
701ff.: 462ff.
704: 466
713: 408
762: 199, 406
812: 15, 21, 200, 211, 273, 385, 453
813: 65
816: 119, Anm. 50, 208, 453
817: 208, 259
818: 386
819: 453
820: 99
822: 208
823: 71, 75, 82, 85, 89, 241, 242, 276, 327, 330, 411, 424
826: 48, 75, 82, 411, 412, 424
831: 83, 85, 330
840: 330
842ff.: 324, 372
844: 418f.
847: 387, 419, Anm. 26
848: 295
852: 70, 277, 359

854: 22, 241
858: 23, 241
862: 241
868: 113
869: 113
873: 11, 30
883ff.: 14, 150, 155, 375
892: 20, 26, 30
906: 241
908: 440, 445
912: 29
925: 11, 30
929: 10, 22, 25, 30, 97, 106, 107, 108, 113, 117, 119, 176
930: 14, 22, 25, 97, 110, 115
931: 25, 97f., 132, Anm. 20, 242
932: 30, 106, 119f., 121
935: 12, 30, 121
936: 30, 252
946ff.: 121f., 197
950: 122, 124
956: 197, 278
985: 23, 106, 113, 275, 374, Anm. 128
986: 23, 25, 117, 232, 242, 243, 374, Anm. 128
987ff.: 52, 374, Anm. 128, 453
989: 34
990: 34
994: 52, 131, Anm. 12, 155, 374
1000: 374
1018: 247
1036: 247
1056: 262
1090: 247
1092: 247, Anm. 122
1093: 247
1094ff.: 155
1113ff.: 106, Anm. 5
1154: 159
1205: 106, 250
1207: 250, 251, 373f.
1209: 240

Verzeichnis der Gesetzesstellen

Fette Zahlen = Paragraphen

1228: 250, 251, 373	**1641:** 199	**2135:** 262	**2371 ff.:** 96, 169
1230: 251	**1804:** 199	**2218:** 408	**2380:** 96, 170
1234 ff.: 251	**1835:** 449	**2325:** 207	**2382 f.:** 170
1235: 250	**2034:** 151	**2329:** 207	
1372 ff.: 206	**2113:** 199	**2330:** 207	

Gesetz betr. die Abzahlungsgeschäfte (Abzahlungsgesetz)

1: 129 f., 131	**1 c:** 133 f., 378	**4:** 131	**6 a:** 129, 134
1 a: 129, 132 f.	**1 d:** 133	**5:** 131 f.	**6 b:** 134
1 b: 129, 133	**2:** 131 f.	**6:** 134	**8:** 129

Gesetz zur Regelung des Rechts der Allgemeinen Geschäftsbedingungen (AGB – Gesetz)

2: 108, Anm. 9, 135, 141	**9:** 46, 50, 126, 135 ff., 140, 141, 220, 229, 239, 333 f., 383, 398	**11 Nr. 5:** 393	**11 Nr. 11:** 139, 353, 354
3: 110, Anm. 13, 126, 135, 140 ff.		**11 Nr. 7:** 139 f., 354, 370, 426	**11 Nr. 12:** 139, 333
6: 135	**10:** 135	**11 Nr. 8:** 140	**11 Nr. 15:** 142
7: 137	**10 Nr. 1:** 142	**11 Nr. 9:** 140	**23:** 138, 333, 345, 353
8: 137	**11 Nr. 1:** 135, 137	**11 Nr. 10:** 47, 49, 137 ff., 239, 353	**24:** 135
			25: 138

Anfechtungsgesetz

3 f.: 207

Gesetz über die Fristen für die Kündigung von Angestellten (Angestelltenkündigungsschutzgesetz)

2: 332

Börsengesetz

45 ff.: 435

Bundesbaugesetz

24 ff.: 150

1: 460	**5 f.:** 459	**9 a:** 460	**18:** 459
2: 459	**7:** 460	**10:** 459	**24:** 460
3: 460			

Einheitliches Gesetz über den Abschluß von internationalen Kaufverträgen über bewegliche Sachen (Einheitliches Abschlußgesetz)

–: 172, 176
1: 173

magere Zahlen = Seiten

Verzeichnis der Gesetzesstellen

Einheitliches Gesetz über den internationalen Kauf beweglicher Sachen (Einheitliches Kaufgesetz)

1: 173 ff.	25: 183	53: 187	78: 191
2: 173	26 f.: 180, 183	55: 180, 187	79: 178, 190, 191
3: 175, 177	28: 183	56: 177, 187	81: 191
4: 175	30 ff.: 180, 184	57: 187	82: 192
5 ff.: 174	33: 184, 185	59 f.: 188	83: 189
8: 175, 177	35: 178, 180	61: 180, 188	84 ff.: 191, 193
9: 174, 177 f., 190	36: 185	62 ff.: 188 f.	85: 186, 188, 193
10: 178, 179, 186	39: 185	65 ff.: 189	86 ff.: 193
13: 178, 193	41 f.: 180, 185 f.	70: 180, 189	89: 185, Anm. 37, 193
17: 174	43 ff.: 186	71 f.: 189 f.	96: 178, 189
18: 176, 177	47: 184, Anm. 33	73: 190	97: 182, 189 f.
19: 182, 190	48: 186, 190	74: 178, 179, 180 f., 182, 184, 191	102: 173, Anm. 4
20 ff.: 183	49: 187	75 ff.: 190	
24: 180, 183	52: 176, 187		

Gewerbeordnung

34 c: 396
133 c: 321

Grundgesetz

3: 326, 332

Haftpflichtgesetz

1: 345

Handelsgesetzbuch

1 ff.: 22, 165	343: 8	381: 8, 377	425 ff.: 344
25: 25	366: 121	383 ff.: 409	450: 22
63: 321, Anm. 37	376: 28	407 ff.: 409	453 ff.: 345
74 ff.: 341	377: 49, 95, 185, 377	416 ff.: 459	474 ff.: 345
93 ff.: 395	378: 80, 143, 185	424: 22	556 ff.: 345
98 f.: 400			

Gesetz über den Widerruf von Haustürgeschäften und ähnlichen Geschäften

–: 134

Konkursordnung

17: 14, 105, 113 f.	21: 2444	24: 14	41: 105
19: 262	23: 421	32: 207	48 f.: 253

Kündigungsschutzgesetz

–: 334

Verzeichnis der Gesetzesstellen

Fette Zahlen = Paragraphen

Gesetz zur Neuordnung des landwirtschaftlichen Pachtrechts (Landpachtgesetz)

–: 282, 285 ff.

Landpachtverkehrsgesetz

4: 292
9: 292

Lohnfortzahlungsgesetz

–: 322

Gesetz zur Regelung der Miethöhe

1: 258 f. **3 ff.:** 260 **9:** 260, 262 **10:** 260
2: 259

Reichssiedlungsgesetz

4 ff.: 150
20 f.: 147

Reichsversicherungsordnung

189: 320 **547 ff.:** 325 **636:** 325 **765 a:** 445
539: 445, 456

Sozialgesetzbuch Teil X

116: 450

Straßenverkehrsgesetz

7: 451

Straßenverkehrs-Ordnung

8 a: 345

Wirtschaftsstrafgesetz

5: 222

Gesetz zur Regelung der Wohnungsvermittlung

2: 397, 398

Zivilprozeßordnung

72: 65 **771:** 14, 114, 119 **806:** 35, 50 **894:** 54, 301
721: 274 **805:** 114, Anm. 32, 252 **857:** 118 **1041:** 407

Zwangsversteigerungsgesetz

56: 35, 50, 100 **57:** 245 **57 a:** 244, 262 **57 c:** 244